O NOVO
TESTAMENTO E
O POVO DE DEUS

Tradução
Elissamai Bauleo

N. T. WRIGHT

O NOVO
TESTAMENTO E
O POVO DE DEUS

VOL. 1

ORIGENS CRISTÃS
E A QUESTÃO
DE DEUS

THOMAS NELSON
BRASIL

The New Testament and the People of God: Christian Origins and the Question of God
Copyright © 1992, 1995 por Nicholas Thomas Wright
Edição original por Society for Promoting Christian Knowledge (SPCK). Todos os direitos reservados.
Copyright da tradução © Vida Melhor Editora LTDA, 2022.

Os pontos de vista desta obra são de responsabilidade de seus autores e colaboradores diretos, não refletindo necessariamente a posição da Thomas Nelson Brasil, da HarperCollins Christian Publishing ou de sua equipe editorial.

Publisher	*Samuel Coto*
Editor	*André Lodos Tangerino*
Preparação	*Shirley Lima*
Revisão	*Davi Freitas e Gabriel Braz*
Diagramação e Projeto gráfico	*Sonia Peticov*
Capa	*Rafael Brum*

Dados Internacionais de Catalogação na Publicação (CIP)

(BENITEZ Catalogação Ass. Editorial, MS, Brasil)

W934n
1.ed.
	Wright, N. T. (Nicholas Thomas), 1948
	    O Novo Testamento e o povo de Deus: Origens Cristãs e a Questão de Deus / N. T. Wright; tradução Elissamai Bauleo. — 1.ed. — Rio de Janeiro: Thomas Nelson Brasil, 2022.
	    720 p.; 15,5 x 23 cm.
	
	    Título original: The New Testament and the People of God: Christian Origins and the Question of God.
	    Bibliografia.
	    ISBN: 978-65-56893-84-6
	
	1. Cristianismo primitivo. 2. Escrituras cristãs. 3. Judaísmo — História. 4. Templo de Salomão — Judaísmo. 5. Teologia. I. Bauleo, Elissamai. II. Título.

01-222/10	CDD: 270.1

Índice para catálogo sistemático:

1. Cristianismo primitivo: História   270.1

Bibliotecária responsável: Aline Graziele Benitez CRB-1/3129

Thomas Nelson Brasil é uma marca licenciada à Vida Melhor Editora LTDA.
Todos os direitos reservados à Vida Melhor Editora LTDA.
Rua da Quitanda, 86, sala 218 — Centro
Rio de Janeiro — RJ — CEP 20091-005
Tel.: (21) 3175-1030
www.thomasnelson.com.br

para Brian Walsh

SUMÁRIO

Prefácio	13
Lista de reduções	23

PARTE I: INTRODUÇÃO

1. ORIGENS CRISTÃS E O NOVO TESTAMENTO · 27

Introdução	27
A tarefa	31
1. O que fazer com os lavradores infiéis?	31
2. As perguntas	37
3. A história do cristianismo primitivo	41
4. "Teologia do Novo Testamento"	46
5. Crítica literária	54
6. A tarefa reformulada	56

PARTE II: FERRAMENTAS PARA A TAREFA

2. CONHECIMENTO: PROBLEMAS E VARIAÇÕES · 61

Introdução	61
Rumo ao realismo crítico	63
Histórias, cosmovisões e conhecimento	69
Conclusão	78

3. LITERATURA, HISTÓRIAS E ARTICULAÇÃO DE COSMOVISÕES · 81

Introdução	81
Sobre o ato de ler	86
1. Introdução	86
2. "Tem alguém aí?"	91
3. Leitura e realismo crítico	100
Sobre a literatura	104

A natureza das histórias	110
1. Análise textual: estrutura narrativa	110
2. Análise textual: os lavradores infiéis	116
3. Jesus, Paulo e as histórias judaicas	120

4. História e o primeiro século | 124

Introdução	124
A impossibilidade da "mera história"	125
Isso não significa "ausência de fatos"	133
1. Realismo crítico e a ameaça do objeto em desaparecimento	133
2. As causas do equívoco	138
3. À procura de novas categorias	143
Método histórico: hipótese e verificação	146
1. Introdução	146
2. Os requisitos de uma boa hipótese	147
3. Problemas de verificação	153
Do evento ao significado	160
1. Evento e intenção	160
2. História e narrativa	164
3. História e significado	167
4. Conclusão	171
Estudo histórico dos movimentos religiosos do primeiro século	171
1. Introdução	171
2. O judaísmo no primeiro século	171
3. O cristianismo no primeiro século	173

5. Teologia, autoridade e o Novo Testamento | 174

Introdução: da literatura e da história à teologia	174
Cosmovisão e teologia	176
1. Sobre cosmovisões	176
2. Sobre a teologia	181
3. Sobre a teologia cristã	187
4. Cosmovisões, teologia e estudos bíblicos	194
Teologia, narrativa e autoridade	197
Conclusão	202

PARTE III: O JUDAÍSMO DO PRIMEIRO SÉCULO NO MUNDO GRECO-ROMANO

6. Contexto e história | 205

Introdução	205
1. Propósito	205
2. Fontes	210

| O mundo greco-romano como contexto do judaísmo primitivo | 212 |

A história de Israel (587 a.C.—70 d.C.) — 219
  1. De Babilônia a Roma (587 a.C.—563 a.C.) — 219
  2. Judeus sob o governo romano (63 a.C.—70 d.C.) — 222
  3. Judaísmo reconstruído (70 d.C.—135 d.C.) — 224
  4. Conclusão — 231

7. O DESENVOLVIMENTO DA DIVERSIDADE — 232

Introdução: contexto social — 232

Movimentos de revolta — 236

Os fariseus — 250
  1. As fontes — 250
  2. A identidade dos fariseus — 254
  3. O plano ideológico e a influência dos fariseus — 256

Essênios: destaques de uma seita — 279

Sacerdotes, aristocratas e saduceus — 287

"Judeus comuns": introdução — 292

8. HISTÓRIAS, SÍMBOLOS E PRÁXIS: ELEMENTOS DA COSMOVISÃO ISRAELITA — 294

Introdução — 294

Histórias — 294
  1. Introdução — 294
  2. A história fundamental — 295
  3. Histórias menores — 299
  4. Conclusão — 301

Símbolos — 304
  1. Introdução — 304
  2. Templo — 305
  3. Terra — 308
  4. Torá — 309
  5. Identidade racial — 313
  6. Conclusão — 315

Práxis — 316
  1. Introdução — 316
  2. Adoração e festas — 316
  3. Estudo e aprendizado — 318
  4. A Torá na prática — 321

Segundo as escrituras: a âncora da cosmovisão — 326

Conclusão: a cosmovisão de Israel — 328

9. AS CRENÇAS DE ISRAEL — 330

Introdução — 330

Monoteísmo judaico do primeiro século	335
1. Monoteísmo criacional	336
2. Monoteísmo providencial	337
3. Monoteísmo pactual	339
4. Tipos de dualidade	340
5. Monoteísmo e suas modificações	345
Eleição e aliança	349
1. Introdução	349
2. Aliança	350
3. Israel, Adão e o mundo	352
Aliança e escatologia	359
Aliança, redenção e perdão	365
Crenças: conclusão	374

10. A ESPERANÇA DE ISRAEL — 376

"Apocalíptico"	376
1. Introdução	376
3. Os contextos do apocalíptico	384
4. Sobre "representação"	388
5. Daniel 7 e o Filho do Homem	390
6. Apocalíptico, história e "dualidades"	397
O fim do exílio, a era vindoura e a nova aliança	399
Nenhum rei além de Deus	403
O Rei que haveria de vir	410
A renovação do mundo, de Israel e do ser humano	427
Salvação e justificação	445
Conclusão: o judaísmo do primeiro século	449

PARTE IV: O PRIMEIRO SÉCULO CRISTÃO

11. A BUSCA PELA IGREJA QUERIGMÁTICA — 453

Introdução	453
Tarefas e métodos	458
Pontos fixos: história e geografia	460
Preenchendo as lacunas: literatura em busca de um contexto	474

12. PRÁXIS, SÍMBOLO E PERGUNTAS: POR DENTRO DAS COSMOVISÕES
DO CRISTIANISMO APOSTÓLICO — 477

Introdução	477
Práxis	477
Símbolos	485

Perguntas	489

13. Narrativas no cristianismo apostólico (1) — 492

Introdução	492
Lucas e suas histórias	494
1. Uma estranha comparação?	494
2. A forma da história de Lucas	501
O escriba e o enredo: a história de Mateus	508
"Quem lê, entenda": a história de Marcos	517
Evangelhos sinóticos: conclusão	525
Paulo: de Adão a Cristo	533
O mundo narrativo da carta aos Hebreus	541
A história de João	542

14. Narrativas no cristianismo apostólico (2) — 552

Introdução: crítica da forma	552
Rumo a uma crítica da forma revisada	564
1. Introdução	564
2. Atos proféticos	567
3. Controvérsias	569
4. Parábolas	571
5. Unidades mais longas	573
6. Conclusão	574
Narrativas sem história? "Q" e *Tomé*	575

15. Os primeiros cristãos: um esboço preliminar — 586

Introdução	586
Objetivos	586
Comunidade e definição	589
Desenvolvimento e variedade	596
Teologia	602
Esperança	605
Conclusão	611

PARTE V: CONCLUSÃO

16. O Novo Testamento e a questão de Deus — 615

Introdução	615
Jesus	616
O Novo Testamento	617
A questão de Deus	620

Apêndice	627
Tabela cronológica da história judaica do segundo templo e do cristianismo primitivo	627
Bibliografia	633
A. Fontes primárias	633
1. Bíblia	633
2. Outros textos judaicos	633
3. Textos cristãos relacionados ao período apostólico/ pós-apostólico	633
4. Textos pagãos	634
B. Fontes secundárias	637
Índice de fontes antigas	688
1. Antigo Testamento	688
2. Apócrifos	691
3. Pseudoepígrafos	693
4. Qumran	694
5. Josefo	695
6. Filo	697
7. Obras rabínicas	697
8. Novo Testamento	698
9. Outras obras do cristianismo primitivo	702
10. Fontes gnósticas	703
11. Fontes pagãs	703
Índice de autores modernos	705
Índice de tópicos selecionados	712

PREFÁCIO

Há alguns anos, tenho tentado escrever paralelamente dois livros: um sobre Paulo e sua teologia; e o outro sobre Jesus em seu contexto histórico. Gradualmente, ocorreu-me que ambos mantinham estreita correlação: ambos se voltavam à descrição histórica de acontecimentos e crenças do primeiro século; ambos enfatizavam uma forma particular de compreender os textos e os eventos relevantes; ambos exigiam uma compreensão prévia do judaísmo primitivo; ambos exigiam reflexões teológicas, práticas e definitivas. Foi assim que concluí que seria melhor uma obra de dois volumes sobre Jesus e Paulo.

Entretanto, o material e a natureza dos argumentos que eu desejava apresentar sobre o assunto não permitiram que eu me contentasse com isso. Uma das perguntas vitais que devemos fazer como parte da busca por Jesus diz respeito à forma como os evangelhos são apresentados, mas os enormes problemas levantados por essa questão dificilmente seriam abordados no escopo de um único capítulo de um livro, longo por si só. Após ceder e admitir para mim mesmo que eu planejava escrever três volumes, bastou um pequeno passo para perceber que eu realmente tinha em mente cinco volumes: um sobre Jesus, outro sobre Paulo, outro sobre os evangelhos — acompanhados de uma introdução (o presente volume) e de uma conclusão em que várias coisas (que, de outra forma, teriam de ser ditas no início e no fim de cada um dos livros anteriores) poderiam convergir. O resultado é um projeto que, embora ainda tendo Jesus e Paulo como ponto central, também diz respeito, inevitavelmente, ao Novo Testamento como um todo.

Uma razão para permitir que o material se expandisse dessa maneira é a brevidade frustrante, na época em que vivemos, de tantas "teologias do Novo Testamento", compactadas em apenas um ou dois volumes. Comprimir a discussão das parábolas, ou da justificação, em duas ou três páginas não é de muito proveito — nem para o leitor, nem para o avanço no campo da pesquisa bíblica. Na melhor das hipóteses, tudo o que podemos esperar com esse método é tocar algumas notas e esperar que alguns ouvintes descubram algum padrão melódico por si mesmos. Espero fazer mais que isso, e abordar de fato questões substanciais, envolvendo-me nos debates que divergem da minha perspectiva em certos pontos-chave.

No extremo oposto das pesquisas genéricas e breves, há também uma fragmentação de boa parte da disciplina, com algumas pessoas dedicando toda a sua carreira profissional à especialização em uma subárea, nunca tentando juntar os fios de hipóteses mais abrangentes. Creio que é importante esboçar uma síntese, mas sem falsas compreensões ou excessivas simplificações. Espero, então, oferecer uma hipótese consistente acerca da origem do cristianismo no que concerne a Jesus, a Paulo e aos evangelhos, estabelecendo novas formas de compreensão e padrões de pensamento, além de sugerir novas diretrizes que a exegese possa seguir. Espero poder, eu mesmo, contribuir para essa tarefa.

Atualmente, a expressão "teologia do Novo Testamento", analisada no primeiro capítulo deste volume, está carregada de diversas conotações. Ainda que, de muitas maneiras, minha prática se enquadre no padrão de livros com títulos semelhantes, preferi deixar concreto, e não abstrato, o título principal do projeto. Um dos temas subjacentes é o significado da palavra "Deus" — ou, na verdade, "deus" (veja a seguir). Supostamente, os primeiros cristãos, inclusive os escritores do Novo Testamento, lutaram com essa questão mais do que costumamos imaginar. Para os falantes de língua grega, a palavra *theos* (e seus cognatos em outras línguas faladas na época) continha ambiguidades; e os primeiros cristãos argumentaram, de modo convincente, quanto à necessidade de compreendê-la em um sentido particular. Desse modo, não investigo apenas a área "geral" da "teologia" (ou seja, qualquer coisa que passe pela reflexão "teológica" acerca de qualquer assunto), mas ressalto, em particular, a "teologia" propriamente dita — ou seja, o significado e o referente desta importante palavra: "deus". Tal pesquisa, talvez de uma forma surpreendente, tem sido um tanto negligenciada na "teologia do Novo Testamento". É tempo de corrigir essa situação.

Há cinco pontos relacionados ao uso linguístico que devo comentar — quer desculpando-me, quer, talvez, explicando o porquê de o pedido de desculpas ser desnecessário. O primeiro é que, como muitos escritores antigos, normalmente me refiro a Jesus como "Jesus", e não simplesmente como "Cristo". Não se trata de evitar ofender amigos judeus e outros, para quem a messianidade de Jesus é motivo de debate. Antes, comporto-me assim pela seguinte razão: a própria messianidade está em questão ao longo da narrativa do evangelho, e a tarefa do historiador é ver as coisas, o mais longe possível, com os olhos das pessoas da época. Em particular, isso pode servir de lembrete ao fato de "Cristo" ser um título com um significado específico e bastante limitado (veja discussões nos volumes 2 e 3). O título não era, por si só, "divino", por mais que tenha sido usado com esse sentido nos

PREFÁCIO

círculos cristãos. Tampouco era, nos primórdios do cristianismo, redutível a um mero nome próprio.[1]

O segundo ponto é que, com frequência, empreguei "deus" no lugar de "Deus". Não se trata de um erro de impressão, nem de uma irreverência deliberada. Na verdade, é o contrário. O uso moderno, sem o artigo e com a inicial em maiúsculas, parece-me realmente perigoso. O uso da palavra, que às vezes equivale a considerar "Deus" o nome próprio da Deidade, e não um substantivo comum, implica que todos os que a empregam são monoteístas, e que, dentro desse subgrupo de falantes, todos os monoteístas acreditam no mesmo deus. Evidentemente, ambas as proposições me parecem falsas. Pode ou não ser verdade que qualquer adoração a um deus qualquer seja traduzida, por alguma graça misteriosa, na adoração do Deus único e verdadeiro. Alguns estudantes de religião acreditam nisso. Contudo, muitos praticantes das principais religiões monoteístas (judaísmo, cristianismo e islamismo) não compartilham essa crença, bem como os praticantes de religiões politeístas (hinduísmo, budismo e congêneres). Por certo, judeus e cristãos do primeiro século não acreditavam nessa ideia. Antes, criam que os pagãos adoravam ídolos, ou até mesmo demônios. (A questão de como os judeus e os cristãos consideravam, de forma recíproca, suas crenças a respeito desse tópico será abordada na "Parte V" deste volume.)

Parece-me, portanto, simplesmente um equívoco usar "Deus" na presente obra. Muitas vezes, preferi referir-me ao deus de Israel pelo nome bíblico, YHWH (a despeito dos debates sobre o uso do nome no judaísmo do segundo templo), ou, em frases cujo objetivo é lembrar-nos do que ou de quem estamos falando, referir-me ao "criador", ao "deus da aliança" ou ao "deus de Israel". Os primeiros cristãos usavam "deus" acompanhado do artigo definido (*ho theos* [literalmente, "o deus"]), provocando, penso, certa polêmica, pois estabeleciam uma ideia essencialmente judaico-monoteísta contra o politeísmo. Em um mundo no qual havia muitos sóis, não seria possível dizer "o sol". Além disso, os primeiros cristãos normalmente sentiam a necessidade de deixar claro o deus a respeito do qual falavam, qualificando o termo, como Paulo costumava fazer, com uma referência à revelação desse deus em Jesus de Nazaré. Visto que, de fato, este trabalho defende, entre outras coisas, a ideia de uma nova compreensão do significado e do conteúdo da palavra "deus" — à luz, em última análise, de Jesus, do Espírito e do Novo Testamento —, não seria plausível seu uso nos moldes como já a temos interpretado. Segundo penso, é provável que muitos dos que abordam um livro dessa natureza com a firme convicção de que "Jesus é Deus", e outros com a convicção igualmente firme de que "Jesus não

---

[1]Veja Wright, *The Climax of the Covenant: Christ and the Law in Pauline Theology*, 1991a, cap. 3.

é Deus", possam ter opiniões sobre o significado de "deus" ou de "Deus" que devem ser calibrados à luz do Novo Testamento. A questão cristológica sobre a validade da afirmação "Jesus é Deus" — e, se sim, em que sentido — é, com frequência, formulada como se "Deus" fosse o objeto conhecido, e "Jesus", o desconhecido. Isso, sugiro, está flagrantemente errado. Na realidade, é precisamente o contrário.[2]

O terceiro ponto é que algumas pessoas se irritam ao notar o uso de a.C. e d.C. como referências a datas anteriores e posteriores ao nascimento de Jesus, uma vez que as consideram um sinal do imperialismo cristão. Outras pessoas ficam irritadas ao notar cristãos usando as alternativas "neutras", cada vez mais populares, de AEC ("Antes da Era Comum") e EC ("Era Comum"), já que isso soa como uma atitude complacente ou covarde. Existem debates semelhantes quanto ao dever de nos referirmos à Bíblia hebraica como "Tanakh", "Antigo Testamento" ou até mesmo "Testamento Mais Antigo" (na minha opinião, a opção mais transigente de todas); ou se os termos "Primeiro Testamento" e "Segundo Testamento" são mais apropriados. De uma forma estranha, parece que, em geral, são os eruditos da tradição cristã que se afligem com esses problemas. Os escritores judeus não se deixam afetar por maneiras "cristãs" de fazer referência a datas e livros — e eu não desejo que o façam. Em todos esses exemplos, receio que exista uma espécie de mal-estar entre nós, consistente no desejo de apresentar uma perspectiva "neutra" ou "objetiva", como se todos nós fôssemos historiadores desinteressados, olhando lá do alto, do topo do Olimpo. Conforme argumentarei na "Parte II" deste volume, tal epistemologia é inapropriada e, de fato, até mesmo impossível. Portanto, também ciente da impossibilidade de agradar a todas as pessoas o tempo todo, continuarei a seguir o uso ao qual estou acostumado (a.C. e d.C., "Antigo Testamento" ou "Bíblia hebraica"), sem qualquer intenção imperialista ou paternalista. A propósito: cabe observar que os mesmos termos são empregados na revisão da obra clássica de Schürer, produzida por uma equipe de historiadores de orientações totalmente diferentes, sob a liderança do professor Geza Vermes.[3]

O quarto ponto é que lidamos com a questão controversa e atual no que diz respeito ao gênero da linguagem sobre "Deus" ou os deuses. Nesse ponto, encontramos, mais uma vez, algo desconcertante. Ninguém insiste em que um teólogo muçulmano se refira ao deus acerca do qual fala como "ela"; e isso é

---

[2]Sinto-me encorajado ao ver que o uso que faço não é inteiramente original. Veja Lane Fox, *Pagans and Christians*, 1986, p. 27; Hengel, *Judaism and Hellenism: Studies in Their Encounter in Palestine During the Early Hellenistic Period*, 1974, 266-s.

[3]Schürer, *The History of the Jewish People in the Age of Jesus Christ (175 B.C.—A.D. 135)*, p. 1973-87. Veja também Goodman, *The Ruling Class of Judaea: The Origins of the Jewish Revolt Against Rome A.D. 66-70*, 1987.

PREFÁCIO

bom, pois, do contrário, nenhum muçulmano conseguiria produzir muita teologia. O mesmo seria verdadeiro, penso, para todos os judeus até recentemente, mas, com certeza, para a maioria dos judeus de hoje. Ninguém insiste com um hindu que torne suas divindades indiscriminadamente andrógenas: algumas são claramente masculinas, enquanto outras, igualmente, femininas. No mundo antigo, as divindades pagãs também não ficariam satisfeitas caso alguns devotos trocassem o sexo de um deus ou de uma deusa. Em uma obra histórica, creio ser apropriado referir-me ao deus dos judeus, aos deuses do mundo greco-romano e ao deus da igreja primitiva de uma forma que os respectivos grupos reconheceriam e aceitariam.

O quinto ponto é que precisarei mencionar constantemente a parte do Oriente Médio onde se passam os acontecimentos do evangelho. Se eu chamar, sistematicamente, esse território de "Palestina", meus amigos judeus poderão opor-se; se eu me referir a essa região como "Israel", os amigos palestinos poderão sentir-se menosprezados (além do mais, a maioria dos cristãos nativos que atualmente vivem na região é composta por palestinos). Portanto, não adotarei nenhuma política consistente, mas desejo registrar meu respeito para com os sentimentos, os medos e as aspirações de todas as partes envolvidas, bem como minha gratidão pela recepção maravilhosa e a hospitalidade que recebi de ambos os lados quando, em 1989, trabalhei nos primeiros três volumes deste projeto, em Jerusalém.

A esta altura, algo deve ser dito em relação ao escopo deste primeiro volume. Trata-se, em essência, de um exercício de "preparação de terreno", cujo propósito é que eu me envolva mais profundamente em uma obra sobre Jesus, Paulo e os evangelhos, sem ter de comprimir certas questões — o que eu teria feito se tentasse incluir este material nos primeiros capítulos de outros livros. Na maior parte desta obra, então, escrevo como um amador fascinado, e não como um profissional altamente treinado. Minhas próprias especializações foram em Jesus e Paulo, apesar de abordar a teoria hermenêutica e teológica, assim como o estudo do judaísmo do primeiro século, como um entusiasta "fora da área". Alguns, ansiosos por exegese, verão boa parte deste livro como porções misteriosas e desnecessárias; outros, depois de terem passado a vida peneirando o material que aqui reúno de forma bastante rápida, suspeitarão que ainda faltam algumas informações essenciais. (Isso é particularmente verdadeiro na "Parte II".) Achei necessário, no entanto, invadir esses territórios, visto que a atual conjuntura dos estudos do Novo Testamento tem gerado tanta confusão de método e conteúdo que a única esperança é retornar ao início. A única maneira de avaliar as demais inadequações deste trabalho seria transformar cada parte em um livro inteiro.

Isso significa, entre outras coisas, que os leitores que procuram um longo "histórico de pesquisa" ficarão desapontados. Incluir esse tipo de material tornaria o projeto ainda mais longo. Em outro lugar, escrevi sobre o estado atual dos estudos do Novo Testamento e sobre questões específicas relativas à pesquisa recente, algo que continuarei a fazer.[4] Todavia, em um trabalho como este, é preciso ser seletivo na escolha dos parceiros de diálogo, mesmo que corramos o risco de parecer ignorar certas questões. Aqueles que desejam averiguar detalhes ou acompanhar debates encontrarão muitos livros como forma de auxiliá-los.[5]

Ao apresentar minhas propostas, entro, ao menos implicitamente, em diálogo com muito mais escritores do que os listados nas notas de rodapé. Em quase todas as páginas, seria possível duplicar ou triplicar as fontes secundárias mencionadas, mas é preciso traçar uma linha em algum lugar. Minha tendência foi referir-me às discussões recentes, as quais, em grande parte, fornecem referências bibliográficas completas de trabalhos anteriores.

Cabe, aqui, uma palavra sobre a categoria "narrativa", que me vi usando cada vez mais. Já se mostrou proveitosa em diversos campos atuais de estudo, não apenas na crítica literária, como também em áreas tão diversas quanto antropologia, filosofia, psicologia, educação, ética e teologia. Estou bem ciente de que alguns considerarão modesto meu uso do termo; além disso, é verdade que "narrativa" ou "história" são características centrais da crítica pós-moderna, com sua rejeição da atitude antitradicional e anti-histórica do Iluminismo. Ao empregar, porém, essa categoria, não tenho a intenção de endossar o pós-modernismo. Pelo contrário: enquanto o pós-modernismo às vezes usa "narrativa" ou "história" como um meio pelo qual alguém pode dizer algo distinto da realidade espaçotemporal, tentei empregar termos semelhantes à epistemologia "crítico-realista", exposta na "Parte II", usando-os como um caminho a seguir na história e na teologia, bem como nos estudos literários.

Isso, por sua vez, leva a uma palavra final de advertência: é provável, segundo costumo dizer aos meus alunos, que uma grande porção do que digo esteja errada, ou pelo menos incompleta ou distorcida, de uma maneira que não percebo neste momento. O único problema é que não sei quais partes estão erradas; se soubesse, poderia consertá-las. Cabe uma analogia com outras áreas da vida: se cometo muitos erros em questões morais e práticas, por que deveria imaginar que meu pensamento se apresenta misteriosamente isento? No entanto, se eu ferir alguém, ou entrar na contramão ao dirigir, não demorará para que eu seja confrontado com meu erro, ao passo que, se expuser perspectivas erráticas no mundo da teologia acadêmica, será menos provável que eu

---

[4]Veja Neill e Wright, *The Interpretation of the New Testament*, 1998; e meu artigo sobre a busca moderna pelo Jesus histórico no *Anchor Bible Dictionary* (1992c).

[5]Veja, por exemplo, Epp e MacRae, *The New Testament and Its Modern Interpreters*. In *The Bible and Its Modern Interpreters*, 1989, para material neotestamentário; Kraft e Nicklesurg, *Early Judaism and Its Modern Interpreters*, 1986, para o judaísmo primitivo.

PREFÁCIO

seja convencido por contradição. (Meu uso da primeira pessoa inclui o genérico, como algumas vezes encontramos em Paulo.) Todos nós temos maneiras de lidar com comentários adversos, sem mudar de ideia. Contudo, como estou ciente de que certamente cometerei erros em algumas das coisas que escrevo, espero prestar a devida atenção aos comentários (e haverá muitos, sem dúvida) daqueles que desejam chamar minha atenção para os trechos em que consideram insatisfatória minha declaração da evidência, julgam meus argumentos fracos e minhas conclusões, injustificadas. Confrontações fazem parte da vida acadêmica, de modo que antecipo — não sem algum receio, claro — mais debates como resultado deste projeto.

Restam-me apenas pequenos aspectos técnicos. Primeiro: ao fazer citações de autores bíblicos e fontes antigas, usei, em geral, minhas próprias traduções. Nos contextos em que me vi seguindo outros, isso aconteceu por eles parecerem adequados, e não por eu ter uma política consistente de seguir uma versão específica — embora minha tendência tenha sido o uso da *New Revised Standard Version* (substituindo "Senhor" por "YHWH"), a menos que indicado de outra maneira [em português foram adotadas a *Nova Versão Internacional* ou a tradução livre como padrão, mas outras versões foram utilizadas e indicadas quando se aproximavam mais do original]. Segundo: mantive deliberadamente o mínimo de citações em línguas antigas, transliterando também o grego e o hebraico da forma mais simples possível.

Por fim, devo agradecer a diversos amigos que contribuíram com este projeto, lendo trechos do manuscrito, criticando e encorajando, fazendo sugestões de todos os tipos e, em geral, levando-me à produção de um projeto amplo e denso. Leitores críticos e valiosos de várias partes incluíram os professores Michael Stone e a saudosa Sara Kamin, da Universidade Hebraica; o professor Richard Hays, da Duke Divinity School, em Durham, Carolina do Norte; o ex-professor de Cambridge, Charlie Moule; e os professores Christopher Rowland, Rowan Williams e Oliver O'Donovan, de Oxford. A amizade desses três últimos colegas foi, para mim, uma das maiores bênçãos de viver e trabalhar em Oxford. Sou particularmente grato a amigos que me ajudaram a ver o trabalho em progresso, antes da publicação. Penso particularmente no Dr. Anthony Thiselton, do St. John's College, Durham, cujo importantíssimo livro, *New Horizons in Hermeneutics* [Novos horizontes em hermenêutica], tive o privilégio de ler ainda na forma de rascunho. Tenho também uma dívida de gratidão com meus alunos de graduação e pós-graduação, que escutaram pacientemente minhas ideias no decorrer dos anos e, com frequência, fizeram observações e críticas contundentes. Gostaria de agradecer aos editores e à equipe da SPCK e da Fortress, particularmente a Philip Law, por seu entusiasmo com este projeto, além do cuidado que lhe devotaram e da paciência com que o aguardaram — e ainda o aguardam! David Mackinder, Andrew Goddard e Tony Cummins leram o manuscrito completo e perceberam diversas formas como o texto podia ser melhorado e esclarecido; sou grato a eles. Uma palavra especial de gratidão deve ser dirigida aos fabricantes do software *Nota Bene*, o qual fez praticamente tudo o que eu pedi, o que possibilitou a elaboração deste livro no meu próprio escritório. Naturalmente, os demais erros, grandes e pequenos, não são de responsabilidade de nenhuma das pessoas mencionadas, mas somente de minha responsabilidade.

Assistências secretarial e editorial de alta qualidade me foram fornecidas ao longo dos anos em que me envolvi neste trabalho por Jayne Cummins, Elisabeth Goddard, Lucy Duffell e, particularmente nas etapas finais, por Kathleen Miles, que realizou um trabalho excepcional na organização e no esclarecimento de diversos processos, incluindo a compilação de índices. Ao agradecer a essas quatro pessoas, desejo também reconhecer aqueles que estabeleceram o fundo por meio do qual consegui empregá-las, nesses dias de austeridade acadêmica. Faço menção particular a Paul Jenson, de Orange, Califórnia, e ao Rev. Michael Lloyd, do Christ's College, Cambridge. Nesse e em diversos outros aspectos, o apoio, o encorajamento e a ajuda prática de ambos me foram de grande valor.

O principal esboço dos volumes 1 e 2, assim como a primeira metade do volume 3, foram escritos no decorrer de um período sabático, em Jerusalém, durante o verão de 1989. Por isso, devo agradecer não apenas ao Worcester College e à Universidade de Oxford, por me concederem dispensa, e ao Leverhulme Trust, por uma generosa bolsa de cooperação e pesquisa, mas também aos meus anfitriões em Jerusalém, a saber, David Satran, professor da Universidade Hebraica e organizador do meu ensino na instituição, e o Rev. Hugh Wybrew, deão da St. George's Cathedral, o qual me concedeu um maravilhoso *pied-à-terre* em seu apartamento e me proporcionou um contexto ideal, em termos domésticos e eclesiásticos, para a escrita. Também sou profundamente grato ao Rev. Michael Lloyd, ao Rev. Andrew Moore e à Dra. Susan Gillingham, por cuidarem dos diferentes trechos do meu trabalho durante minhas várias ausências e lerem partes do texto, oferecendo comentários cujas pesquisa e natureza refletiram o melhor tipo de colegialidade. Bibliotecários da Universidade Hebraica e da École Biblique me foram muito úteis; já de volta a Oxford, a Biblioteca Bodleiana continua a ser um lugar agradável e privilegiado para se trabalhar, apesar dos problemas com a redução de recursos. As bibliotecas das faculdades de Estudos Orientais e de Teologia também me foram de grande auxílio.

Um lugar de destaque nos agradecimentos deve ser dado, como sempre, à minha querida esposa e aos meus filhos, que suportaram minha ausência

PREFÁCIO |

durante minha estada em Jerusalém e inúmeras outras ausências e pressões ao longo do trabalho.

Se a hermenêutica — e, de fato, a própria história — são inevitavelmente uma questão de interação entre leitor e evidência, aqueles que auxiliaram o leitor em seu desenvolvimento precisam ser reconhecidos como arquitetos parciais dos resultados produzidos. Um desses arquitetos parciais que, de diversas maneiras, tem sido um *sine qua non* para o projeto todo, bem como para meu pensamento teológico e particularmente hermenêutico, é o Dr. Brian Walsh, de Toronto. Foi por seu entusiasmo com o trabalho que ele tirou seis semanas, no verão de 1991, para me ajudar a refletir e reformular os cinco primeiros capítulos do presente volume. Os muitos defeitos que o livro ainda tem pertencem apenas a mim; vários de seus pontos fortes, se é que podemos identificá--los, provêm desse ato de generosidade e amizade acadêmica, o qual se reflete, embora, dificilmente, seja recompensado de forma adequada, nesta dedicatória.

N. T. WRIGHT
Worcester College, Oxford
Dia de São Pedro
Junho de 1992

LISTA DE REDUÇÕES

ANF   Pais pré-nicenos

ANRW   *Aufstieg und Niedergang der Römischen Welt* [Ascensão e queda do mundo romano], ed. H. Temporini e A. Haase Berlim: de Gruyter.

ARA   Almeida Revista e Atualizada

ARC   Almeida Revista e Corrigida

Arist.   Aristóteles

CAH   *Cambridge Ancient History*

cf.   confira

CHJ   *Cambridge History of Judaism*

Compendia   *Compendia Rerum Iudaicarum ad Novum Testamentum.* Seção Um: *The Jewish People in the First Century* [O povo judeu no primeiro século], ed. S. Safrai e M. Stern, 2 vols. Seção Dois: *The Literature of the Jewish People in the Period of the Second Temple and the Talmud* [Literatura do povo judeu no período do segundo templo e no Talmude], ed. M. J. Mulder, M. E. Stone e S. Safrai, 3 vols. Filadélfia: Fortress; Assen/ Maastricht: Van Gorcum. 1976-87.

cp.   compare

Dio Cás.   Dio Cássio

Diod. Sic.   Diodoro Sículo

Epit.   Epiteto (*Disc.* = *Discursos*)

esp.   especialmente

Euséb.   Eusébio

Iná.   Inácio

Jos.   Josefo

JTS   *Journal of Theological Studies*

LCL   Loeb Classical Library

LXX   Septuaginta

NT   Novo Testamento

NTLH   Nova Tradução da Linguagem de Hoje

NVI   Nova Versão Internacional

AT   Antigo Testamento

par(s)   e paralelo(s) [na tradição sinótica]

PG   J. P. Migne, *Patrologia Graeca.* Paris, 1857-66

SB	H. L. Strack e P. Billerbeck, *Kommentar zum Neuen Testament aus Talmud und Midrasch* [Comentário do Novo Testamento a partir do Talmude e da Midrash], 6 vols. Munique: C. H. Beck, 1926-56.
Sab. Sal.	Sabedoria de Salomão
Sl. Sal.	Salmos de Salomão
Schürer	E. Schürer, *The History of the Jewish People in the Age of Jesus Christ* [A história do povo judeu na era de Jesus Cristo] (175 a.C.—135 d.C.). Rev. e ed. M. Black, G. Vermes, F. G. B. Millar. 4 vols. Edimburgo: T & T Clark, 1973-87.
Suet.	Suetônio
Tác.	Tácito
TDNT	*Theological Dictionary of the New Testament* [Dicionário teológico do Novo Testamento], ed. G. Kittel e G. Friedrich, 10 vols. Trad. e ed. G. W. Bromiley. Grand Rapids, Michigan: Eerdmans, 1964-76.

PARTE I

INTRODUÇÃO

ORIGENS CRISTÃS E O NOVO TESTAMENTO

CAPÍTULO 1

INTRODUÇÃO

Israel é um país pequeno. Podemos caminhar por toda a sua extensão territorial, de norte a sul, em alguns dias; e, a partir das montanhas centrais, podemos avistar suas fronteiras laterais, o mar a oeste e o rio a leste. No entanto, a nação teve uma importância desproporcional ao seu tamanho. Impérios lutaram por ela. Em média, nos últimos quatro mil anos, um exército marchou, a cada quarenta e quatro anos, através do território israelita — tanto para conquistá-lo como para resgatá-lo de alguém, usá-lo como campo de batalha neutro para combater outro inimigo ou utilizá-lo como rota natural para chegar a outro lugar.[1] A nação contém muitas regiões que, outrora belas, agora revelam as cicatrizes e as mutilações que foram o legado dessas guerras. Mesmo assim, Israel permanece uma terra bonita, uma terra que ainda produz uvas e figos, leite e mel.

O Novo Testamento não existe há tanto tempo quanto a terra de Israel, mas, em alguns aspectos, podemos estabelecer paralelos notáveis entre ambos. O Novo Testamento é uma seção bíblica curta, a ponto de podermos lê-lo em um ou dois dias. Todavia, teve uma importância oculta por seu aspecto compacto. Vez após vez, serviu de campo de batalha para exércitos em guerra. Algumas vezes, saquearam seus tesouros para uso próprio, ou anexaram parte de seu território como porção de um império maior, necessitando de algumas montanhas estratégicas extras, especialmente os montes sagrados. Outras vezes, vieram para travar batalhas particulares em seu território neutro, encontrando,

---

[1]Devo essa estatística ao Reverendo David Praill, ex-professor do St. George's College, Jerusalém.

nos debates sobre um livro ou uma passagem particular, um lugar conveniente no qual encenar uma guerra cujo propósito, na verdade, diz respeito a duas visões de mundo ou filosofias, comparativamente não relacionadas à mensagem do Novo Testamento. Há muitos lugares cuja beleza frágil foi pisoteada por exegetas de pés pesados em busca de um lexema grego, um sermão rápido ou um *slogan* político. Mesmo assim, o Novo Testamento ainda é um livro poderoso e evocativo, cheio de delicadezas e majestade, lágrimas e risos.

O que devemos fazer com o Novo Testamento? Uma coisa é certa: não adianta tentar impedir que ele ainda seja usado como campo de batalha. Nenhum bloqueio de fronteira seria forte o suficiente para afastar filósofos, filólogos, políticos e, de vez em quando, turistas; nem mesmo deveríamos erguer esses bloqueios, se pudéssemos. Muitos vieram para saqueá-lo e acabaram permanecendo como peregrinos. Colocar a totalidade ou parte do Novo Testamento em um invólucro sagrado seria pedir por uma repreensão do Senhor: "A minha casa será chamada casa de oração para todos os povos" [cf. Marcos 11:17]. Tentativas passadas de mantê-lo como exclusividade de um único grupo — por eruditos e pietistas, fundamentalistas de direita e de esquerda — culminaram em batalhas indevidas, o equivalente à triste luta pelo controle dos lugares sagrados da terra de Israel. O Novo Testamento é um livro de sabedoria para todos os povos, porém nós o transformamos em um covil de erudições, quando não em um manual de piedade rigoroso, severo e exclusivista.

Em geral, dois grupos tentaram herdar para si esse território, tornando-o parte de sua reserva particular. Como no caso dos dois principais reivindicadores da terra de Israel atualmente, cada grupo contém alguns cujo comprometimento é com a aniquilação completa do outro, embora cada qual também tenha aqueles que persistem na busca de soluções e concessões. Precisamos entender algo a respeito de ambas as posições, se quisermos apreciar os contornos gerais e específicos da tarefa que temos pela frente — em especial, o estudo de Jesus, de Paulo e dos evangelhos.

De um lado, há aqueles que, por haverem tomado o poder há um ou dois séculos, ocupando muitas das fortalezas principais (posições de destaque em universidades, editoras conhecidas etc.), insistem em que o Novo Testamento seja lido de maneira exclusivamente histórica, sem incidir sobre ele o peso de ser teologicamente normativo. Devemos descobrir o significado dos textos originais e apresentá-los com o máximo de cuidado, independentemente dos sentimentos daqueles que pensavam que uma passagem específica lhes pertencia e significava para eles algo diferente. Às vezes, há uma arrogância atrelada a essa reivindicação de poder. Com base na aparente força da história, e capazes de demonstrar as inadequações do modo de vida simples que os precedeu, esses eruditos estabeleceram postos de armas de concreto em lugares nos quais antes havia vinhedos, patrulhando as ruas para perseguir aqueles que insistem nos caminhos antigos, simplistas.

Do outro lado, há aqueles que demonstram a mesma determinação em resistir ao avanço do novo regime. Alguns ainda consideram o Novo Testamento um tipo de livro mágico, cujo "significado" tem pouca relação com a intenção dos autores do primeiro século, mas muita relação com o modo pelo qual algum grupo contemporâneo acostumou-se a ouvir, nele, um chamado para um tipo particular de espiritualidade ou estilo de vida. Esse fenômeno é visto de maneira mais evidente nos círculos fundamentalistas, embora não se limite, de maneira alguma, a grupos (encontrados, em sua maior parte, nas tradições protestantes) para os quais o termo geralmente é reservado. Para alguns, o Novo Testamento simplesmente se tornou parte da liturgia, um documento a ser cantado, lido em pequenos trechos isolados e usado em orações públicas, mas não um objeto de estudos ou um registro pelo qual devemos lutar, na esperança de descobrir alguma coisa que ainda não sabemos. O Novo Testamento existe, ao que tudo indica, para sustentar a alma, e não a mente. Tais atitudes usam a arrogância como resposta à arrogância, tentando criar áreas do tipo "proibida a entrada", em que forças acadêmicas de ocupação não podem penetrar e barricadas de piedade pessoal foram estabelecidas, tendo histórias de atrocidades acadêmicas como pretexto e justificativa.

Como tantas vezes é o caso no mundo cotidiano da política, é difícil pensar que um lado está totalmente certo e o outro, totalmente errado. Sem dúvida, o Novo Testamento é uma coletânea de livros escritos em uma época particular, por pessoas específicas; se o tratássemos como se tivesse caído do céu, aparecendo na *King James Authorized Version*, encadernado em couro preto e "com mapas",[2] seríamos como aqueles que, no Israel de hoje, não querem saber nada do que aconteceu ·antes de 1948. Porventura nos esquecemos de que havia uma Bíblia muito antes da "nossa", e que o apóstolo Paulo falava grego, e não o inglês do século 17? Em contrapartida, imaginar que aspectos religiosos, teológicos e espirituais do Novo Testamento são questões secundárias e que, devido à existência de algo chamado "fundamentalismo", devemos evitá-lo e aceitar alguma espécie de reducionismo, seria como ignorar problemas e conflitos atuais na terra de Israel ao argumento de que a única questão relevante é o significado do livro de Josué. De um lado, então, temos uma insistência justificável sobre a importância da história como aquilo que fornece profundidade e dimensão extra à consciência contemporânea; de outro, uma insistência justificável de que a descrição histórica é, por si só, incompleta. De fato, ambos os

---

[2]Frase do Arcebispo Michael Ramsay, ao palestrar em Cambridge, em 1980.

O NOVO TESTAMENTO E O POVO DE DEUS

lados defendem posições relativamente modernas: em uma extremidade, racionalismo pós-iluminista e, na outra, sobrenaturalismo anti-iluminista. Ambos os lados devem considerar o fato de que podem existir alternativas, ou seja, de que a postura "ou uma coisa ou outra", imposta no século 18, talvez seja falsa.

Outras simplificações excessivas se acumulam neste momento, se não tomarmos cuidado. Nos exércitos atualmente em campo, há alguns cuja lealdade primária é direcionada a causas mais antigas. A divisão entre "acadêmico" e "popular" tem raízes muito mais profundas do que as controvérsias do século 18 entre "história" e "teologia", raízes que incluem, de maneiras distintas, os movimentos montanista, franciscano, lollardo, protestante e quaker, assim como reações favoráveis e contrárias a esses movimentos. A disputa entre os que concebem o cristianismo como fundamentalmente uma questão de sinais externos e físicos, em oposição aos que o concebem como uma questão de "luz interior", é quase tão antiga quanto o mundo; o mesmo se dá com a desconfiança profunda que separa aqueles que defendem a piedade simples dos que insistem na fé como a "busca constante por entendimento". Combatentes de todas essas guerras podem muito bem juntar-se às batalhas atuais, não necessariamente desejando apoiar ao extremo a causa atual, mas vendo-a como o equivalente mais próximo de sua *tendência* particular. Há também os que correspondem aos observadores das Nações Unidas, aqueles que, pelo menos em tese, abordam o Novo Testamento como *outsiders* e "neutros": são os teóricos da literatura ou os historiadores antigos, que, de vez em quando, avaliam o campo de batalha e dizem como os guerreiros estão todos enganados. Como seus homólogos seculares, às vezes esses profissionais estão certos, mas também podem servir de obstáculo.[3] O que, então, devemos fazer com esse pequeno mas estranho e poderoso livro? Este projeto tem como objetivo principal oferecer um conjunto de respostas que podem muito bem resultar em controvérsia. Nesse ponto, porém, temos de dizer algo em termos gerais, na esperança de estabelecer um acordo inicial, ainda que superficial. É claro que está aberta a qualquer pessoa a opção de fazer o que bem entender com este ou com qualquer outro livro. Um volume de Shakespeare pode ser usado para sustentar a perna de uma mesa ou como base para uma teoria filosófica. Contudo, não é difícil ver que empregá-lo para a produção de peças dramáticas carrega mais autenticidade do que qualquer outra opção (embora, claro, suscite algumas questões, como, por exemplo, se a produção com "figurino moderno" seria mais apropriada do que uma produção "histórica", e assim por diante).

---

[3]Dois dos que foram de grande ajuda são Kermode (*e.g.*, *The Sense of an Ending: Studies in the Theory of Fiction* 1968; *The Genesis of Secrecy: On the Interpretation of Narrative*, 1979) e Sherwin-White (*Roman Society and Roman Law in the New Testament*, 1969 [1963]).

ORIGENS CRISTÃS E O NOVO TESTAMENTO

Existe um acordo implícito para o uso de Shakespeare na produção de peças teatrais que dispensa qualquer argumentação.

Qual seria, então, o equivalente ao Novo Testamento?[4] É precisamente essa a pergunta a que devemos responder. Sugiro que o Novo Testamento deve ser lido para ser compreendido, lido em seu devido contexto, em um acústico que nos permita escutar todas as suas conotações. Deve ser lido com o mínimo de distorção possível e com a maior sensibilidade possível aos seus diferentes níveis de significado. Deve ser lido para que as narrativas, em conjunto com a Narrativa, sejam ouvidas como enredos coerentes, e não como maneiras aleatórias de declarar "ideias" descontextualizadas. Deve ser lido sem a suposição de que já sabemos o que será dito, e sem a arrogância que presume que "nós", a despeito de qualquer grupo, temos direitos exclusivos sobre essa ou aquela passagem, sobre esse ou aquele livro ou escritor. O Novo Testamento, enfim, deve ser lido de modo a desencadear o drama que sugere. Estes volumes são uma tentativa de articular uma leitura que faça jus a essas exigências.

A TAREFA

1. O que fazer com os lavradores infiéis?

Qual, então, é a natureza de nossa tarefa? Pode ajudar se começarmos com outra ilustração, mais uma vez relacionada a um conflito territorial:

> Certo homem plantou uma vinha, colocou uma cerca ao redor dela, cavou um tanque para prensar uvas e construiu uma torre. Depois arrendou a vinha a alguns lavradores e foi fazer uma viagem. Na época da colheita, enviou um servo aos lavradores, para receber deles parte do fruto da vinha. Mas eles o agarraram, o espancaram e o mandaram embora de mãos vazias. Então, enviou-lhes outro servo; e bateram em sua cabeça e o humilharam. E enviou ainda outro, a quem mataram. Enviou muitos outros; em alguns bateram, a outros mataram.
>
> Faltava-lhe ainda um para enviar: seu filho amado. Por fim o enviou, dizendo: "A meu filho, respeitarão".
>
> Mas os lavradores disseram uns aos outros: "Este é o herdeiro. Venham, vamos matá-lo, e a herança será nossa". Assim eles o agarraram, o mataram e o lançaram para fora da vinha.
>
> O que fará então o dono da vinha? Virá e matará aqueles lavradores e dará a vinha a outros. Vocês nunca leram esta passagem das Escrituras?

---

[4]Uma questão semelhante é levantada, usando a analogia da apresentação musical, por Young, *The Art of Performance: Towards a Theology of Holy Scripture*, 1990.

O NOVO TESTAMENTO E O POVO DE DEUS

"A pedra que os construtores rejeitaram
tornou-se a pedra angular;
isso vem do Senhor,
e é algo maravilhoso para nós."[5]

O que devemos fazer com um texto como esse? A fim de vermos como é possível abordar a questão, precisamos estar cientes das pressões oriundas da cultura confusa ao nosso redor. Vivemos um tempo de grandes transformações e "mudanças de humor" na cultura ocidental: do modernismo ao pós-modernismo; dos dualismos iluministas aos panteísmos da "nova era"; do existencialismo a novas formas de paganismo. Para tornar as coisas ainda mais confusas, elementos de todas essas camadas coexistem lado a lado: na mesma cidade, na mesma família e, às vezes, até na mesma mente, na mesma imaginação. É importante estarmos cientes de que a força dos questionamentos que fazemos depende de todo o tipo de suposição a respeito da forma como o mundo funciona e do papel da humanidade no mundo. Como não há um acordo em vista quanto a essas questões, a única possibilidade é procedermos com cautela, procurando, ao menos para começar, em tantas direções quanto razoavelmente pudermos.

Talvez existam quatro tipos de leitura que podem ser oferecidos, ilustrando quatro movimentos na história da interpretação do Novo Testamento. Essas quatro leituras (pré-crítica, histórica, teológica e pós-moderna) correspondem, em linhas gerais, a três movimentos na história da cultura ocidental dos últimos séculos. A primeira pertence ao período anterior ao Iluminismo do século 18; a segunda, à principal vertente do Iluminismo, às vezes conhecida como "modernismo" ou "modernidade"; a terceira, a uma correção frente à segunda, ainda dentro de uma cosmovisão iluminista; e a quarta, ao período recente, em que a visão de mundo iluminista começou a se desfazer sob questionamentos de muitos lados e que ficou conhecida como "pós-moderna".[6]

A primeira forma de ler a parábola é a de cristãos devotos. Para estes, a Bíblia é a Escritura Sagrada, de modo que não há necessidade de fazer muitas perguntas — ou até mesmo nenhuma — sobre o significado da passagem em seu contexto histórico; basta ouvir a voz de Deus enquanto, em oração,

---

[5]Marcos 12:1-11 [NVI].

[6]Para uma análise do colapso da visão de mundo iluminista, veja, por exemplo, Gilkey, *Society and the Sacred: Toward a Theology of Culture in Decline*, 1981; Louth, *Discerning the Mystery: An Essay on the Nature of Theology*, 1983; MacIntyre, *After Virtue: A Study in Moral Theory*, 1985; Gunton, *Enlightenment and Alienation: An Essay Towards a Trinitarian Theology*, 1985; O'Donovan, *Resurrection and Moral Order:An Outline for Evangelical Ethics*, 1986; Meyer, *Critical Realism and the New Testament, The Gospel in a Pluralist Society*, 1989; Newbigin, *The Gospel in a Pluralist Society*, 1989; Milbank, *Theology and Social Theory: Beyond Secular Reason*, 1990; e muitos outros.

estudam o texto. Talvez vejam a si mesmos como os lavradores, precisando de repreensão por seu próprio fracasso em reconhecer o Filho de Deus; ou, em um contexto de perseguição, possam identificar-se com os profetas, rejeitados pelos poderosos proprietários *de facto*, mas publicamente reconhecidos como justos no final. Essa abordagem *pré-crítica* visa proteger o *status* autoritativo do texto, ainda que seja passível de críticas em pelo menos três aspectos, correspondentes às demais formas de leitura: falha em levar o texto a sério, em seu contexto histórico; falha em integrá-lo à teologia do Novo Testamento como um todo; e falha em criticar, de modo substancial, pressupostos e pontos de vista inerentes à abordagem em si.

Permitindo que cada uma dessas objeções tenha seu direito de defesa, prosseguimos para a *abordagem histórica*. Associada primariamente à insistência do Iluminismo na valorização da história, a abordagem formulará uma série de perguntas: (1) Jesus realmente contou a parábola e, em caso positivo, o que quis dizer? Havia, no meio judaico, outras histórias semelhantes acerca de lavradores e proprietários de vinhas, capazes de nos auxiliar na descoberta de nuances que os ouvintes porventura tenham captado? (2) Como a igreja primitiva fez uso da parábola em sua pregação? Seria o caso de a parábola haver sido recontada no contexto em que a igreja precisava explicar a razão pela qual a maioria dos judeus contemporâneos de Jesus rejeitou sua mensagem? Que novo impacto a história teria nesse novo contexto? Será que a parábola foi adaptada para suprir diferentes necessidades — destacando, por exemplo, a filiação divina de Jesus? Será que a parábola realmente foi contada, ou apenas inventada para atender às necessidades que não foram supridas pelos verdadeiros dizeres de Jesus? (3) Como o evangelista a utilizou em seu próprio texto? Que nova tonalidade adquire pelo fato de haver sido encaixada nesse ponto da narrativa, logo após Jesus ter realizado uma ação dramática no Templo, quando o ritmo da história se acelera em direção à crucificação? O escritor a alterou, adaptando-a a esses propósitos?

Em termos gerais, os três tipos de perguntas mencionados correspondem a questionamentos feitos pela (1) suposta crítica histórica dos evangelhos, (2) pela crítica das fontes e pela crítica da forma e (3) pela crítica da redação. Discorrerei com mais detalhes a respeito de cada posição na Parte IV, pois a maioria dos eruditos concorda que questões dessa natureza continuam indispensáveis para uma leitura séria do texto.

Existem ainda vários níveis adicionais de investigação histórica, os quais também podem ser proveitosos. Se deparássemos com a parábola de modo desprevenido e fora de contexto, poderíamos tratá-la como um relato histórico ou quase-histórico de um incidente real, embora um tanto improvável. Talvez nos interessássemos por ela em termos de história social de seu período. Entretanto, talvez também descobríssemos, por fontes históricas, sinais na própria narrativa de que a história não deveria, como dizemos, ser "tomada literalmente". Sua própria improbabilidade indicaria que a história estaria sendo usada para dizer mais do que sugere seu significado superficial. Posicionada em um contexto narrativo cujo personagem central conta muitas dessas histórias e rotulada, com outras histórias semelhantes, sob o gênero de "parábola", descobrimos que a narrativa pertence a uma tradição que já contém histórias semelhantes (Isaías 5:1-7, por exemplo), concluindo, com razão, que pode ser mais bem-interpretada como uma meta-história — não por seu próprio significado superficial, mas por algum outro. Todas essas discussões têm lugar na leitura histórica do texto, a tentativa de "encaixá-lo" em seu contexto histórico.

Tal leitura histórica pode ser contestada com base em três premissas. Em primeiro lugar, não está clara, a despeito de todas as exigências que a abordagem apresenta, a forma como, lido nesses moldes, o texto pode fornecer qualquer "autoridade" para a igreja ou o mundo de hoje, já que as pessoas que leem o Novo Testamento, em sua maioria, o abordam com certa expectativa particular. Em segundo lugar, a abordagem suscitaria, necessariamente, questões sobre a teologia dos próprios documentos originais. Em terceiro lugar, talvez seja otimista demais pensar que poderíamos voltar ao que "realmente aconteceu", chegando, finalmente, à verdade histórica e "objetiva". Pelas razões citadas, o método histórico-crítico se ampliou, particularmente nos últimos cem anos, e passou a incluir o estudo teológico dos textos.

A abordagem *teológica* levanta questionamentos diferentes, embora sobrepostos. Qual é a teologia subjacente à parábola? Que cristologia está implícita na figura do "filho"? Onde se encaixa na declaração teológica de Marcos (ou de Mateus, de Lucas ou da igreja primitiva)? Essas questões, oriundas do projeto "Teologia do Novo Testamento" (conforme concebido por Rudolf Bultmann, em meados do século 20), têm estado em voga. Embora possam ser respondidas de modo a incluir questões relacionadas à autoridade e à historicidade, também podem evitá-las, relativizando uma afirmação potencialmente "normativa" ou outra potencialmente "histórica" em "um único aspecto da teologia de Mateus". Também não está claro se esse método levou a sério a acusação de críticos recentes, segundo a qual é preciso prestar atenção, de forma mais cuidadosa, aos processos envolvidos em sua própria leitura.

A quarta e última abordagem é a dos chamados críticos literários *pós-modernos*. Rejeitando, por um lado, a piedade pré-crítica e, por outro, a abordagem histórica do Iluminismo, o método insiste em examinar o processo de leitura em si. O que fazemos ao ler um texto? O que trago para o texto como pressuposto e de que maneira mudo a mim mesmo por meio da leitura?

ORIGENS CRISTÃS E O NOVO TESTAMENTO

Embora a resposta a essa pergunta dependa, em parte, do fato de eu pensar que Jesus realmente contou a parábola, essa pergunta histórica seria apenas complementar ao questionamento mais importante, cujo foco sou eu e minha leitura. Se tal questionamento ganha sua força aparente devido à dificuldade que outros projetos têm de fundamentar seu método, a vitória é ganha à custa de objeções naturais: sim, eu posso acabar descobrindo o que está acontecendo comigo; todavia, pensei que descobriria algo a respeito de Deus, de Jesus ou sobre os primeiros cristãos. Devo simplesmente desistir dessas possibilidades? Essa leitura pode coexistir com a autoridade, a história ou a teologia? É provável que, por causa desses problemas, a teoria literária pós-moderna ainda não tenha feito muitas incursões nos principais estudos bíblicos, embora tenhamos todas as razões para supor que, em breve, o fará.[7]

Problemas que surgem quando essas diferentes abordagens são justapostas se concentram, em geral, em um ponto específico, a saber, a tensão entre uma leitura que busca ser, até certo ponto, normativamente cristã e a que procura ser fiel à história. O leitor moderno (ao contrário do pós-moderno) passou por duas pressões conflitantes. Em primeiro lugar, há a insistência do Iluminismo de que todo dogma seja testado no tribunal da história. Assim, H. S. Reimarus (1694—1768), um dos principais representantes do Iluminismo nos estudos do Novo Testamento, acreditava que Jesus era um revolucionário judeu comum, e que esse fato refutava o cristianismo ortodoxo. Em segundo lugar, há a insistência cristã de que, por assim dizer, Pôncio Pilatos faça parte do Credo; de que os acontecimentos centrais à fé e à prática cristãs não sejam reduzidos a uma realidade além da esfera espaçotemporal, correspondendo, antes, a acontecimentos do mundo real. Por isso o enraizamento do cristianismo na história é inegociável; não podemos escapar da crítica do Iluminismo ao afirmar que a história não pode questionar a fé. (Tentativas de fazê-lo, desde o início do gnosticismo até o recente teólogo Paul Tillich, foram amplamente consideradas uma forma de evitar o problema em vez de encará-lo.)

Parte da dificuldade tem sido, penso, que os herdeiros do Iluminismo foram muito estridentes na denúncia do cristianismo tradicional e que o cristianismo tem sido, em geral, muito arrogante em resistir a novas perguntas, quanto mais a novas respostas, em sua defesa obstinada… exatamente do quê? Os cristãos sempre imaginaram que estavam defendendo o cristianismo ao resistirem aos ataques do Iluminismo; mas é igualmente plausível sugerir que o cristianismo ortodoxo estava defendendo a visão de mundo pré-iluminista, a qual, por si só, não era mais especificamente "cristã" do que qualquer outra. Quem são os verdadeiros lavradores infiéis, na vinha do Novo Testamento?

---

[7]Veja o capítulo 3.

Qual é a responsabilidade deles? Quem tem o direito de ser visto com o grupo dos personagens proféticos, que veio para resgatar a vinha da devastação de usurpadores?

Eis o paradoxo na essência de todo esse projeto: embora o Iluminismo tenha começado, entre outras coisas, como uma crítica ao cristianismo ortodoxo, pode funcionar, e de várias formas funcionou, como um meio de chamar o cristianismo de volta às raízes, à sua história genuína. Parte do cristianismo teme a história, com o receio de que, se realmente descobrirmos o que aconteceu no primeiro século, nossa fé entre em colapso. No entanto, sem uma investigação histórica, não há controle sobre a propensão cristã de reconstruir Jesus, sem mencionar YHWH, à sua própria imagem. De modo semelhante, grande parte do cristianismo teme o aprendizado acadêmico e, na proporção em que o programa do Iluminismo era um empreendimento intelectual, o cristianismo respondeu com as simplicidades da fé. Contudo, embora seja verdade que, sem o amor, o aprendizado não passa de algo estéril e seco, também é verdade que, sem a instrução, o entusiasmo pode facilmente transformar-se em arrogância cega. Reitero: boa parcela do cristianismo teme a redução da fé sobrenatural em categorias racionalistas, mas a distinção nítida entre "sobrenatural" e "racional" é, em si, um *resultado do pensamento iluminista*. Assim, enfatizar o "sobrenatural" em detrimento do "racional" ou do "natural" é ceder à cosmovisão iluminista em um nível mais profundo do que se meramente endossássemos um programa racionalista e pós-iluminista.

Desse modo, é impossível ao cristianismo ignorar ou relativizar o desafio "modernista" do século 18 em diante. Naturalmente, isso não significa que devemos simplesmente endossar a crítica iluminista, mas tão somente que suas perguntas devem permanecer postas sobre a mesa. Além disso, como argumentarei mais adiante, a própria crítica pós-moderna contra o Iluminismo, impondo restrições bem necessárias às suas ambições, não invalida, de modo inequívoco, o projeto "moderno". Enquanto a disputa entre os lavradores continua, somente alguém muito ousado assumiria falar em nome do Proprietário [da vinha].

Tudo isso pode parecer muito negativo. Ler o Novo Testamento de uma forma séria, no momento atual da cultura ocidental, parece tão problemático que alguns podem até ter o desejo de desistir. A vinha está superlotada e, aparentemente, é infrutífera. Entretanto, essa resposta também é inapropriada. Independentemente dos pontos de vista de alguém, o Novo Testamento é totalmente relevante. Se há alguma verdade nas reivindicações cristãs dessa porção da Bíblia, não podemos vê-la como um jardim seguro para o qual os cristãos poderão refugiar-se do mundo contemporâneo. Antes, deve funcionar como parte do desafio e da expressão do deus criador *para* o mundo contemporâneo.

ORIGENS CRISTÃS E O NOVO TESTAMENTO

Se, porém, as alegações cristãs sobre o Novo Testamento são falsas, então — como dizem os críticos do século 18 em diante —, quanto mais cedo suas deficiências forem apontadas, melhor. Portanto, a despeito de alguém ter um ponto de vista cristão, o exame minucioso do Novo Testamento é uma responsabilidade necessária.

Por trás de toda essa perplexidade, sugiro duas perguntas em particular das quais não podemos escapar. São elas: (1) Como o cristianismo começou e por que assumiu a forma que tem? (2) Faz sentido aquilo em que o cristianismo acredita? Daí o título geral deste projeto: Origens Cristãs e a Questão de Deus. Ambas as perguntas, obviamente, abordam a questão do Novo Testamento. Faz parte da primeira pergunta abordar a razão pela qual os cristãos apostólicos escreveram de determinada forma. Faz parte da segunda explorarmos a relação dinâmica entre o que o Novo Testamento diz e aquilo em que os cristãos acreditam, e se há coerência nessa fé.

2. As perguntas

As duas perguntas principais que expusemos dividem-se em questionamentos mais detalhados. Para começar, devemos levantar questões a respeito do estudo *literário* desses textos. O que conta como leitura adequada? Como podemos avaliá-la? Olhando para os métodos de leitura do Novo Testamento, institucionalizados e até mesmo sacralizados ao longo dos anos na devoção pública e particular da igreja, somos compelidos a indagar se essas leituras fazem jus aos textos: se, por exemplo, um livro como o Evangelho de Marcos é bem servido ao se ler uma dúzia de versículos por vez, fora de seu contexto. Estamos à procura de uma leitura adequada e, no momento, não há acordo quanto ao que conta como tal. Prosseguiremos com essa busca no capítulo 3.

Olhando, a seguir, para o conjunto *histórico* de perguntas, encontramos questões relacionadas a Jesus, a Paulo e aos evangelhos: (a) Quem era Jesus e por que ele foi, de alguma maneira, responsável pelo início do "cristianismo"? (b) Paulo foi o verdadeiro fundador do "cristianismo", o corrompedor da mensagem original ou o verdadeiro intérprete de Jesus? Quais estruturas e conteúdo de seu sistema de crenças o motivaram a realizar uma obra tão extraordinária? (c) Por que os evangelhos apresentam determinadas características próprias? Onde se encaixam em relação a Jesus e a Paulo? E, respondendo a essas três perguntas, podemos relacioná-las umas com as outras? Podemos traçar linhas do pensamento cristão primitivo de modo a se interligarem? Em caso positivo, como? Esses tipos de perguntas — sem contar outros questionamentos interessantes relacionados à origem e à teologia da carta aos Hebreus, ou das principais obras não canônicas, como *Didaquê* ou *Evangelho segundo Tomé* — é que, segundo sugiro, devem ter respostas.

Até certo ponto, o fato de termos de estudar o Novo Testamento com profundidade a fim de responder a questões históricas sobre o cristianismo primitivo é fruto do acaso. Em tese, poderia ter havido excelentes registros alternativos, escritos capazes de nos fornecer um conjunto completo e adequado de respostas históricas, levando-nos, apenas de vez em quando, aos livros escritos pelos próprios cristãos. Evidentemente, alguns se oporiam a essa sugestão, insistindo em que os eventos só podem ser entendidos pelo olhar da fé e que, por isso, nada menos do que o próprio Novo Testamento serviria — e que talvez a Providência tenha ordenado a obliteração de quase todas as demais evidências com o objetivo de deixar isso claro. Para mim, essa objeção parece antecipar a resposta, muito antes da apresentação das evidências; só chegaremos adequadamente a determinada conclusão quando a maior parte do trabalho estiver concluída. A despeito, porém, da opção que adotarmos, esse segundo conjunto de perguntas continua firmemente enquadrado no que costuma ser considerado "história". Veremos questões metodológicas atreladas ao questionamento histórico no capítulo 4.

Entretanto, há ainda um terceiro conjunto de perguntas que também devem ser abordadas de várias maneiras ao longo deste trabalho. O que é *teologia* cristã? Em que aspectos deveria continuar a mesma, como no princípio? Essa continuidade é razoável ou até mesmo possível? O que conta como cristianismo normativo? Como podemos saber? Existe alguma cosmovisão disponível ao ser humano moderno capaz de interpretar o mundo da forma como o conhecemos e que tenha uma continuidade apropriada e reconhecível com a cosmovisão dos primeiros cristãos? Deveríamos procurar uma declaração autoritativa sobre o que constituem fé legítima e vida verdadeira? Se sim, onde podemos encontrá-la? Como ela seria reproduzida na igreja e no mundo modernos? E, subjacente a todas essas perguntas: qual é o significado por trás do uso da palavra "deus" ou "Deus"?

Algumas pessoas (em sua maioria, pretensos historiadores) protestam contra a ideia de que devemos mesclar esse conjunto de perguntas com os questionamentos históricos.[8] Alguns teólogos levaram a advertência a sério e escreveram sobre teologia cristã com pouca atenção à questão histórica dos primórdios cristãos.[9] Contudo, o fato é que a maioria das pessoas que tentaram escrever acerca de teologia cristã considerou apropriado dedicar algum espaço a questões históricas,[10]

---

[8]Por exemplo, Vermes, *Jesus the Jew: A Historian's Reading of the Gospels*, 1973a; Sanders, *Jesus and Judaism*, 1985.

[9]Por exemplo, Macquarrie, *Principles of Christian Theology*, 1966. Seu mais recente livro sobre cristologia (1990) corrige essa perspectiva em alguns aspectos; mas apenas em alguns.

[10]Veja, por exemplo, Pannenberg, *Jesus: God and Man*, 1968 [1964]; Moltmann, *The Way of Jesus Christ: Christology in Messianic Dimensions*, 1990.

ORIGENS CRISTÃS E O NOVO TESTAMENTO

e que a ampla maioria dos que leram seriamente o Novo Testamento por um ponto de vista histórico — e que escreveram sobre o assunto dessa forma — também pretendeu, de uma forma ou de outra, abordar questões teológicas, ainda que, obviamente, eles busquem abarcar uma ampla gama de respostas.[11] Naturalmente, muitas vezes as perguntas foram confundidas entre si e interagiram de modo a produzir distorções. Isso, em geral, aconteceu em detrimento da história, pois vários programas foram projetados de forma anacrônica em relação ao primeiro século.[12] Felizmente, porém, os riscos não impediram outras pessoas de se esforçar na descoberta de uma forma apropriada de integrar literatura, história e teologia — ou seja, questões relativas aos escritos do cristianismo primitivo, das origens cristãs e do deus cristão.[13]

Sem essa tentativa de integração, há sempre o perigo de que a história e a teologia se apartem. Muitas pessoas ainda insistem em que a única tarefa adequada ao estudioso do Novo Testamento é a descrição histórica "neutra".[14] "História" é considerada uma tarefa pública, exercida em campo aberto. Qualquer um pode envolver-se com a história — e, de fato, qualquer um desejaria fazê-lo —, visto que, segundo argumenta Räisänen, o início do cristianismo serviu de parte vital na história mundial, de modo que entendê-lo pode muito bem contribuir para a maior compreensão mútua de nossa comunidade mundial. Enquanto isso, com frequência, a teologia é vista como um jogo cristão particular, praticado em um campo seguro, longe de qualquer oposição séria. Na verdade, muitos cristãos encorajaram essa concepção e agiram como se fosse esse o caso. Muitos consideram o estudo histórico "legítimo" apenas se sua relevância contemporânea for imediatamente óbvia e acessível. ("O que o estudo significa para nós, atualmente?" — questionamento cuja conotação implica que uma falta de resposta rápida e fácil demonstraria que, em algum ponto ou lugar, um erro foi cometido.)[15]

---

[11]Eis o porquê, por exemplo, das diversas linhas de pesquisa do Novo Testamento — de Bultmann, Perrin e Käsemann; de Lightfoot, Dodd e Moule; de Schweitzer a Sanders; de Montefiore e Klausner, de Vermes e Maccoby. Acerca desses movimentos, veja Neill e Wright, *The Interpretation of the New Testament*, 1988, *passim*.

[12]Podemos citar, como exemplos extremos, o trabalho de alguns apologetas judeus, como Rivkin, *What Crucified Jesus?*,1984, e Maccoby, *The Mythmaker: Paul and the Invention of Christianity*, 1986, 1991; ou de alguns supostos apologetas cristãos, como Gerhard Kittel. Sobre Kittel, veja MacKinnon, *Explorations in Theology*, 1979, cap. 9.

[13]No século 20, alguns exemplos são: Bultmann, Käsemann, Moule, Caird, Meyer, Stuhlmacher, Morgan e Dunn.

[14]Veja, por exemplo, Räisänen, *Beyond New Testament Theology: A Story and a Programme*, 1990a, seguindo o caminho estabelecido por Wrede (a ser analisado adiante).

[15]Veja o protesto contra esse tipo de reação em Käsemann, *Commentary on Romans*, 1980, viii: "Os impacientes, preocupados apenas com resultados ou aplicações práticas, devem tirar as mãos da exegese, pois não somente não servem para ela, como também a exegese, mesmo que bem-acabada, não serve para eles". Trata-se de um exagero, claro, que precisa ser equilibrado, por

O NOVO TESTAMENTO E O POVO DE DEUS

O potencial para a mútua hostilidade entre "história" e "teologia" resultou na conhecida divisão, em estudos do Novo Testamento, segundo a qual o assunto é dividido em "Introdução", tido como um dever "puramente histórico", e "Teologia", concebida menos historicamente e mais em termos sintéticos. Hoje, a divisão está consagrada no conteúdo programático de muitas universidades e nos sistemas de classificação de muitas bibliotecas — área cujo rigor classificatório parece inalterável. Contudo, essa divisão mais ampla, por mais incentivada que seja por alguns de ambos os lados, não é nem necessária, nem automática; na verdade, é altamente enganadora. Por um lado, o estudo da teologia do Novo Testamento depende de uma crença, ainda que vaga, de que alguns *acontecimentos* do primeiro século são, em certo sentido, normativos ou autoritários para o desenvolvimento subsequente do cristianismo. Por outro lado, o estudo histórico do cristianismo primitivo é impossível sem uma clara compreensão das crenças cristãs primitivas. Trata-se de uma tarefa notoriamente difícil ir além dessas duas declarações vagas — fato que não diminui, mas, ao contrário, enfatiza, a ideia de que a teologia, especificamente a teologia cristã, não pode existir no vácuo, em um mundo fechado, longe do escrutínio público e de questionamentos. A integração, embora se mostre difícil, continua a ser uma tarefa apropriada.

Enquanto a história e a teologia continuam trabalhando em seu relacionamento tempestuoso, sempre há o perigo, particularmente no pós-modernismo, de que o estudo literário prossiga por si só, sem afetar ou ser afetado pela história e pela teologia. Quanto mais nos movemos em direção a um entendimento de que "minha leitura do texto" é o que importa, menor será a pressão para ancorarmos o texto em seu devido contexto histórico ou para integrarmos uma "mensagem" mais ampla do texto com outras mensagens, produzindo uma declaração ou uma síntese teológica geral. Mais uma vez, como argumentarei mais adiante, representa um passo desnecessário, embora impedir que ele seja tomado nem sempre seja uma tarefa fácil.

O presente trabalho, então, é uma tentativa de integrar três tarefas tidas como normalmente díspares. Algumas vezes, nossa ênfase recairá mais sobre uma área do que sobre as demais. Em certo sentido, o estudo de Jesus é, antes de tudo, uma questão histórica, demandando o estudo auxiliar de textos literários e de suas implicações teológicas. Descreverei Jesus do ponto de vista de eventos históricos que precipitaram uma revolução teológica e literária. Em certo sentido, o estudo de Paulo é uma questão de teologia, demandando o

---

exemplo, por Käsemann, "The Problem of a New Testament Theology", 1973, p. 236, em que o teólogo declara que, se o seu trabalho não tivesse benefício algum para alguém como Dom Hélder Câmara, ele "não gostaria de continuar como erudito do Novo Testamento".

ORIGENS CRISTÃS E O NOVO TESTAMENTO |

auxílio cuidadoso de trabalhos históricos e literários. Discorrerei acerca de Paulo em termos de uma teologia revolucionária, que precipitou uma conquista histórica. Por fim, em certo sentido, o estudo dos evangelhos é, por si só, uma tarefa antes de tudo literária, que não pode ser feita, porém, sem uma atenção cuidadosa ao cenário histórico e teológico, ao contexto e às suas implicações. Analisarei os evangelhos do ponto de vista de uma conquista literária que incorpora uma cosmovisão revolucionária (ou várias cosmovisões revolucionárias?). Ademais, como argumentarei na Parte II do livro, nenhum estudo desse tipo pode ser feito com uma "objetividade" desapegada e positivista. Todos envolvem, como acontece com toda forma de conhecimento, o conhecedor e o pesquisador, o aluno e o leitor. A não ser que deixemos isso bem claro desde o início, trabalharemos sob uma concepção simplista demais. As coisas podem parecer agradavelmente simples para começar, mas os problemas serão reservados para mais tarde.

E, se desejarmos levar o programa adiante, precisaremos, então, analisar brevemente o que foi feito nas áreas em questão e oferecer um breve comentário sobre cada uma delas. Elaboro-os aqui na ordem em que emergiram, como ideias poderosas e influentes nos estudos do Novo Testamento do século 19.

3. A história do cristianismo primitivo

Nos últimos duzentos anos ou mais, estudiosos se engajaram na busca do que pode ser chamado de *história cristã primitiva*. Como realmente era a igreja primitiva? Quais foram seus principais movimentos? Como mudou, em cem anos, de uma pequena "seita judaica" para um grande grupo multicultural e interligado, estendendo-se por todo o Império Romano?[16] Cobriremos toda essa área na Parte IV do presente volume; por isso, não há necessidade de anteciparmos a suma dessa pesquisa aqui. Como já vimos, o estudo histórico deve incluir o que pode ser chamado de *teologia cristã primitiva* — ou seja, uma descrição histórica das visões de mundo e do sistema de crenças dos cristãos professos entre, por exemplo, os anos 30 e 130 d.C.[17] Se esse é nosso objetivo, o Novo Testamento é, obviamente, o principal lugar aonde ir, ainda que apenas por falta de material adicional. Todavia, será necessário empreender muita leitura nas entrelinhas, uma vez que os escritores do Novo Testamento não tentavam, na maioria das vezes, dar aos leitores certo tipo de informação. Na verdade, o que faziam era, às vezes, *combater* certos sistemas de crenças dos cristãos primitivos. A reconstrução da teologia do cristianismo primitivo incluirá a

---

[16]Para o histórico dessa discussão, veja Kümmel, *The New Testament: The History of the Investigation of Its Problems*, 1972. Para um tratamento pleno, embora controverso, veja Koester, 1982b.
[17]Sobre cosmovisões, sistemas de crenças e sua inter-relação, veja o capítulo 5.

reconstrução das teologias daqueles cujos próprios escritos (se é que existiram) não foram preservados. Pois bem: esse tipo de reconstrução nas entrelinhas é o que os historiadores costumam fazer. Em tese, isso é possível. Sem dúvida, muito esforço foi concentrado nessa direção nas últimas décadas.[18]

A grande vantagem dessa tarefa é que ela pode ser vista claramente como uma operação pública. Está aberta a todos e segue os mesmos métodos adotados por qualquer historiador que reconstrói qualquer sociedade e seu sistema de crenças. Além do mais, há uma grande abertura para a tarefa nos estudos contemporâneos. Novas ferramentas e textos abriram mundos de pensamento e de vida que nossos antecessores, cem anos atrás, desconheciam. Estudar a história da igreja primitiva, incluindo a história de suas crenças, é não somente possível, como também algo fascinante e proveitoso.

Ao mesmo tempo, essa tarefa esbarrará em diversas dificuldades. Para começar, partilha da dificuldade geral de toda história antiga: não existe material suficiente para realizarmos um trabalho completo. Não podemos obter uma descrição tão completa da religião cristã primitiva — e, portanto, da teologia — quanto gostaríamos. A documentação, não tendo sido projetada para nos dar informação, é inadequada. Por conseguinte, há sempre o perigo de um círculo vicioso: parte do objetivo do estudo histórico do cristianismo primitivo consiste em chegarmos a um ponto de vista a partir do qual podemos examinar o cenário como um todo, incluindo o Novo Testamento; porém, a maior parte do material para realizar essa tarefa está contida no próprio Novo Testamento.

O resultado, por sua vez, é a possibilidade de haver especulações intermináveis e que não levam a lugar algum. Hipóteses extraordinárias podem crescer da noite para o dia, como a planta sobre a cabeça de Jonas, sem que haja, no dia seguinte, uma lagarta para fazê-la secar. Antes, elas sobrevivem, abrangendo diversas perspectivas contemporâneas e indignas do cristianismo. Existe a teoria do "Big Bang" das origens cristãs, segundo a qual o cristianismo verdadeiro, puro e inalterado apareceu brevemente no início, esfriando e maculando-se com outras ideias desde então. Existe a hipótese do "desenvolvimento constante", segundo a qual ideias e planos ideológicos se desenvolvem em linhas retas, sem distorções, giros ou segundas intenções. Existe ainda a velha teoria da escola de Tübingen, segundo a qual o cristianismo se desenvolveu de duas maneiras paralelas e distintas, segmentadas pelo contexto racial, encontrando-se, posteriormente, na segunda geração da Igreja Católica. Há muito a ser dito contra cada uma dessas teorias, mas elas continuam a exercer influência implícita.

---

[18]Veja, por exemplo, Dunn, *Introduction to the New Testament*, 1977, e o estudo (ilustrativo) dos opositores de Paulo, por Georgi, *The Opponents of Paul in Second Corinthians*, 1986 [1964]; Barclay, 1987, e outros.

ORIGENS CRISTÃS E O NOVO TESTAMENTO

Outro problema com uma concepção comum dessa tarefa é sua autodescrição positivista. No capítulo 4, argumentarei que toda história envolve seleção, priorização de elementos etc., de modo que a ideia de história "neutra" ou "objetiva" não passa de uma invenção pós-iluminista. Se, neste ponto, devemos estabelecer alguma distinção, é melhor pensarmos em tarefas "públicas" e "particulares" em vez de "objetivas" e "subjetivas". No entanto, o elemento positivista permanece, defendendo uma historiografia livre de juízos e isenta de dogmas, como se algo assim fosse possível.[19] Tal abordagem é, em certa medida, autorrefutável: o próprio relato de Räisänen acerca da história da disciplina constitui, por si só, um bom exemplo de seleção e organização com base em concepções previamente estabelecidas.

Tendo em vista que certo tipo de conhecimento histórico é possível e resistindo à queda ao subjetivismo tão firmemente quanto resistimos ao objetivismo arrogante, questionamos: para que *serve* essa tarefa? Não nos basta dizer, como alguns gostariam, que a investigação histórica é feita pelo amor a si mesma, ou seja, como um meio de descobrir as coisas que aconteceram. O fato é que todos os escritores do Novo Testamento e do cristianismo primitivo trazem, sem exceção, suas próprias ideias sobre a importância dos acontecimentos envolvidos, sem se contentarem com uma descrição superficial. A história narrada sobre esse aspecto do passado é universalmente percebida como se fosse relevante para o presente. Em relação a esse aspecto, todos concordam. Mas *como* a história do cristianismo primitivo pode ser "relevante" para a atualidade? Nesse ponto, não há acordo; apenas muitas vozes confusas.

Primeiro, muitos escritores recentes e alguns mais antigos enxergam a experiência religiosa dos primeiros cristãos (às vezes incluindo sua "teologia") como o elemento normativo do cristianismo. Trata-se da aparente vantagem de permitir que se conduza o estudo "científico", supostamente "objetivo", da religião e da teologia cristã primitiva com o conhecimento de que, ao depararmos com ele, entraremos em contato com o modelo real de como o cristianismo supostamente deveria ser. Seria esperado, então, reativar esse modelo pela pregação e pela oração.[20] Esse pressuposto, em certa medida, integra-se com o plano ideológico anunciado por Wrede e Räisänen, pois apela a uma história que, em tese, é observável a todos. Também se encaixa convenientemente no programa do denominado movimento da "teologia bíblica", do período pós-guerra, que rejeitou a ideia de que a Bíblia é uma "revelação" e optou pelo pressuposto

---

[19]Veja a linha de Wrede (cujo ensaio programático foi publicado em Morgan, *The Nature of New Testament Theology: The Contribution of William Wrede and Adolf Schlatter*, 1973, p. 68-116) a Räisänen, *Beyond New Testament Theology: A Story and a Programme*, 1990a.

[20]Esse plano ideológico descreve vagamente o trabalho de Rudolf Bultmann e de sua escola, combinando o programa "descritivo" de Wrede com um programa teologicamente prescritivo.

de que Deus se revela nos atos poderosos da história, da qual observadores, especificamente os primeiros cristãos, dão testemunho, consagrando-o em seus escritos.[21] Nessa perspectiva, o Novo Testamento, lido de forma histórica, é "autoritativo", por constituir o conjunto de documentos mais próximos dos fatos. Portanto, é "autoritativo" no mesmo sentido que Suetônio representa a melhor "autoridade" como narrador da vida de Domiciano. Entretanto, esse exemplo mostra quão escorregadia realmente é a palavra "autoridade". Suetônio não é mais confiável do que um tabloide. A mera proximidade com o acontecimento não é suficiente.

Em segundo lugar, se o cristianismo primitivo deve, de alguma maneira, funcionar como norma, o processo abarcará claramente não apenas a seleção envolvida em qualquer relato histórico de qualquer coisa, mas também a seleção dos tipos de cristianismo primitivo segundo um arranjo *avaliativo* preestabelecido. Inevitavelmente, o processo envolverá exceções. Há mais tipos de cristianismo primitivo do que podem ser facilmente agrupados e receber *status* autoritativo. Nesse ponto — já que, segundo o modelo adotado, o cânone já não tem mais importância —, somos obrigados a importar outros critérios externos, que nos permitam distinguir o tipo "certo" de experiência religiosa inicial do tipo "errado". Assim, de duas, uma: ou elevaremos o período mais antigo por ser mais primitivo e, portanto, mais puro;[22] ou adotaremos um *tipo* particular de religião, descrito de acordo com sua procedência cultural (judaica ou grega) ou em conformidade com uma norma teológica (cristianismo paulino, por exemplo).[23] Mais uma vez, isso parece altamente problemático: de onde vieram esses critérios? Não parecem ter vindo da Bíblia ou da tradição. Só podem ter-se originado no ponto de vista do intérprete, o qual define como o cristianismo tradicional, ou "autêntico", realmente era. Nesse

---

[21]Veja o famoso artigo de Stendahl, "Biblical Theology", 1962 (discutido em Morgan, "The Historical Jesus and the Theology of the New Testament", 1987, p. 189; Räisänen, *Beyond New Testament Theology: A Story and a Programme*, 1990a, p. 74-s.).

[22]Um bom exemplo disso pode ser encontrado em Küng, *The Church*, 1967, p. 180, 293-4. Outro exemplo pode ser encontrado na tentativa atual, por Crossan, Mack e outros, de defender que Q e o *Evangelho segundo Tomé* são as fontes mais antigas da vida de Jesus, não os evangelhos canônicos (veja o cap. 14). O ponto aqui não é se tal abordagem é correta, mas o pressuposto de que fontes *mais antigas* são mais *autoritativas*, impulsionando pessoas das mais diversas opiniões a empurrar seu material preferido para o período mais longínquo possível. Isso difere de uma perspectiva contemporaneamente luterana, exemplificada por Käsemann, segundo a qual o cristianismo mais antigo (judaico) foi *corrigido* por Paulo. Aqui, o *status* de Paulo é tão forte em uma tradição a ponto de anular uma tendência poderosa de preferir o material mais antigo.

[23]A escola mais antiga da "história da religião", datada da primeira metade do século 20 (exemplificada por W. Bousset e outros), elevava categorias gregas; a escola pós-guerra idealizava categorias judaicas. O cristianismo paulino sempre esteve no centro do cânon protestante, conforme visto recentemente nos trabalhos de Käsemann e outros.

ORIGENS CRISTÃS E O NOVO TESTAMENTO

caso, porém, o pretenso estudo "objetivo" do cristianismo primitivo foi abandonado. A tentativa é de uma teologia cristã muito mais generalizada (com um ponto de partida desconhecido), ou pelo menos algum sub-ramo da teologia do Novo Testamento.[24]

De forma semelhante, o problema é evidente no trabalho de Räisänen, o qual, defendendo o estudo "objetivo" da história da fé cristã primitiva, sustenta que seria bom aplicar os resultados do estudo do Novo Testamento ao mundo, e não apenas à igreja. Isso está em consonância com os pressupostos dos judeus e dos cristãos do primeiro século, segundo o autor observa corretamente (ainda que, de uma forma curiosa, não possa explicar esse fenômeno em termos históricos ou teológicos).[25] No entanto, isso levanta duas objeções. A primeira: por que alguém de fora das tradições judaica ou cristã encontraria alguma relevância na reexposição de um capítulo histórico dessas tradições? Seria, no mínimo, um exemplo de loucura ou de perseverança humana — ou talvez uma mistura das duas categorias; e isso dificilmente mereceria a atenção que os estudiosos, inclusive Räisänen, ainda devotam ao material. A segunda: a alegação de Räisänen de ler o Novo Testamento e de encontrar um material com o qual possa abordar questões modernas constitui, para ele, um problema de seleção: de onde vem seu critério avaliativo, o critério que o leva a separar o trigo do joio e usá-lo como meio de abordar as questões contemporâneas? A principal mensagem que parece emergir de seu tratamento é que as primeiras divisões entre judaísmo e cristianismo são tão interligadas e confusas que faríamos muito melhor em repensar a questão toda a partir do zero. Podemos ver mensagens generalizadas semelhantes em alguns historiadores recentes, que tentam passar de uma afirmação descritiva para outra, de cunho normativo.[26] Um método alternativo é sugerir, pela reconstrução histórica de Jesus e de seus primeiros seguidores, que, posteriormente, o cristianismo errou ao lhes atribuir o *status* que eles têm.[27]

Por fim, o que essa abordagem faz com Jesus? É residualmente estranho incluir Jesus na "experiência cristã primitiva" — ou na teologia ou na religião —, como se Jesus fosse simplesmente o primeiro cristão cuja "experiência" do seu deus poderia ser considerada a mais normativa.[28] De certa forma, como veremos, é naturalmente vital descrever Jesus com a maior precisão histórica

---

[24]Bultmann toma a primeira dessas rotas; Dunn, a segunda.

[25]Räisänen, *Beyond New Testament Theology: A Story and a Programme*, 1990a, p. 199, n. 48.

[26]Veja Theissen, *Sociology of Early Palestinian Christianity*, 1978, p. 119; Meeks, *The Moral World of the First Christians*, 1986, p. 161-s.

[27]Veja a linha seguida por Reimarus, Vermes e Sanders.

[28]Veja, de diferentes maneiras, Kümmel, Jeremias, Goppelt e Dunn; veja discussão em Morgan, 1987; Räisänen, 1990a.

possível. Mas seria uma inovação bastante radical afirmar categoricamente que a experiência de Jesus em relação a deus deveria ser a mesma dos cristãos subsequentes. Existem, sem dúvida, paralelos e analogias (a oração a "Aba", por exemplo), e certamente há um fio de *imitatio Christi* que percorre o Novo Testamento. Contudo, há também o pensamento comum de que existe uma singularidade sobre Jesus. Nesse aspecto, seria estranho considerar a imitação de sua experiência e fé parte normativa do cristianismo primitivo, copiada, da forma mais fiel possível, pelas gerações cristãs subsequentes.

Por todas as razões mencionadas, parece-me claro que a simples descrição histórica do cristianismo primitivo e de sua teologia não pode, por si só, constituir um empreendimento completo, ainda que permaneça, claro, como parte vital da tarefa; mais adiante, veremos que, sem ela, a tentativa de montar uma leitura bem-sucedida do Novo Testamento, sem falar da teologia cristã, está fadada ao fracasso. A abordagem propõe um plano ideológico claro e simples; contudo, a clareza é apenas superficial, adquirida à custa de outras dificuldades. Em termos teóricos, tende ao positivismo e ao idealismo, ou a uma incômoda inter-relação entre ambos. Em termos práticos, encontra-se presa a duas coisas: à sua aparente arbitrariedade na escolha de amostras supostamente normativas e às dificuldades de extrair, à luz do primeiro século, com todas as suas armadilhas culturais, uma imagem desse cristianismo supostamente normativo — uma imagem não apenas adequada, mas também transponível, para ser aplicada a outras culturas e épocas.[29] Se o projeto histórico deseja ser bem-sucedido, mesmo em seus próprios termos, deve, então, ampliar seus horizontes.

4. "Teologia do Novo Testamento"

O segundo modelo que devemos explorar é o da *teologia do Novo Testamento* propriamente dito. A expressão passou a designar, em maior ou menor grau, a tentativa de ler o Novo Testamento de um ponto de vista histórico e, ao mesmo tempo, reunir suas principais ênfases teológicas em uma declaração coerente, capaz de ser transmitida às gerações subsequentes, inclusive à nossa própria geração.[30]

---

[29]Veja a crítica de Meyer (1989, p. 63) a James M. Robinson.

[30]Para discussões relacionadas à "teologia do Novo Testamento", veja particularmente Räisänen, 1990a; Meyer, 1989, capítulo 3 e, especialmente, o capítulo 10. Veja também Morgan, *The Nature of New Testament Theology: The Contribution of William Wrede and Adolf Schlatter*, 1973; "A Straussian Question to 'New Testament Theology'", 1977; "The Historical Jesus and the Theology of the New Testament", 1987; Käsemann, "The Problem of a New Testament Theology", 1973; Strecker, *Das Problem der Theologie des neuen Testaments*, 1975; Stuhlmacher, *Historical Criticism and Theological Interpretation of Scripture: Towards a Hermeneutics of Consent*, 1977; Dunn e Mackey, *New Testament Theology in Dialogue*, 1987; Fuller, "New Testament Theology", 1989. Para "teologias do Novo Testamento", veja, por exemplo, Bultmann, *Theology of the New Testament*, 1951-5; Conzelmann, *An Outline of the Theology of the New Testament*, 1969;

ORIGENS CRISTÃS E O NOVO TESTAMENTO

Quanto aos dois aspectos desse termo ambíguo — a saber, "teologia do Novo Testamento" —, precisamos dizer algumas coisas preliminares.[31] O primeiro aspecto, a descrição da teologia do Novo Testamento, forma, obviamente, o subconjunto de uma categoria que acabamos de examinar: a teologia do Novo Testamento faz parte da teologia do cristianismo primitivo, o qual, por sua vez, integra a história geral do cristianismo primitivo. Não podemos confundir um elemento com o outro, conforme costumamos fazer. Além disso, não pode haver uma garantia prévia, a menos que adotemos uma postura irrefletida *a priori*, de que as teologias dos diferentes escritores serão as mesmas; de fato, boa parte dos escritos recentes tem-se dedicado à demonstração de que elas não são. Assim, é necessário haver alguma precisão no uso dessa expressão.

O segundo aspecto (com o qual o mundo moderno poderá ser abordado) é mais complexo, trazendo-nos, naturalmente, para a esfera a que nos referimos, de forma comum e espantosa, como "hermenêutica".[32] Antes de tudo, precisamos olhar para as raízes da questão. De onde surgiu a ideia de que, ao estudarmos o Novo Testamento, estamos ouvindo algo da parte do nosso deus?

Essa fé nasce da convicção cristã antiga e inabalável de que ser cristão significa, entre outras coisas, viver, crer e caminhar em uma espécie de continuidade, em tese demonstrável, com o Novo Testamento (e, portanto, com o Antigo Testamento também, embora isso sempre gere outras dificuldades, que não serão abordadas neste livro). Essa convicção ganhou impulso adicional como resultado da Reforma Protestante, quando o princípio *sola scriptura* foi articulado, posicionando a Bíblia (e pelo menos o Novo Testamento) na classificação de autoridade suprema. O pensamento defendido desde o início do protestantismo é este: de que o ponto de partida do cristão é a leitura do Novo Testamento, a partir da qual ele será equipado, desafiado e fortalecido, recebendo as bases de sua vida e de sua fé.

Kümmel, *The Theology of the New Testament: According to Its Major Witnesses, Jesus—Paul—John*, 1973; Neill, *Jesus Through Many Eyes: Introduction to the Theology of the New Testament*, 1976; Goppelt, *Theology of the New Testament* [Teologia do Novo Testamento]. Vol. 1. *The Ministry of Jesus in Its Theological Significance*, 1981-2.

[31]Veja uma declaração equilibrada sobre o assunto em Morgan, "The Historical Jesus and the Theology of the New Testament",1 987, p. 198-s.

[32]Em geral, o termo é usado para se referir a um processo de "aplicação" que ocorre apenas *após* um texto haver sido historicamente compreendido. Argumentarei contra essa posição essencialmente positivista na Parte II, adotando o sentido comum e mais amplo durante os últimos duzentos anos, em que "hermenêutica" se refere a uma atividade de compreensão, incluindo a leitura histórica dos textos. Veja particularmente Thiselton, *The Two Horizons: New Testament Hermeneutics and Philosophical Description with Special Reference to Heidegger, Bultmann, Gadamer and Wittgenstein*, 1980; *New Horizons in Hermeneutics: The Theory and Practice of Transforming Biblical Reading*, 1992; e, para um resumo, Jeanrond, "Hermeneutics", 1990.

O NOVO TESTAMENTO E O POVO DE DEUS

A ênfase particular que passou a significar a atual expressão "teologia do Novo Testamento" foi a insistência protestante no *sentido literal ou histórico das escrituras* como árbitro do significado do texto e, portanto, como veículo de sua autoridade. Tal princípio, articulado originalmente como meio de manter distantes as fantasias alegóricas, deixou problemas residuais nas igrejas que adotaram a Reforma, que lutavam com o sentido literal do texto e com sua aplicação autoritativa. Os mesmos problemas acabaram aparecendo, na nova situação apresentada pelo Iluminismo, com o movimento histórico-crítico. Insistiu-se novamente no sentido literal, mas com dois resultados possíveis. No primeiro, seria possível demonstrar que o sentido histórico das escrituras era de fato falso, questionando-se a veracidade do cristianismo como um todo. No segundo, seria possível explorar o significado histórico a fim de abstrair princípios de verdades teológicas atemporais, na esperança de se renovarem áreas da vida contemporânea que o sentido literal seria incapaz de alcançar. Foram as tensões implícitas nessa situação que deram origem aos debates dos séculos 19 e 20 sobre a teologia do Novo Testamento. A exegese histórica forneceria à igreja material para sua proclamação, ou problemas que essa proclamação teria de contornar ou com os quais teria de lidar? Como as leituras histórica e normativa poderiam ser combinadas? Em outras palavras, a "teologia do Novo Testamento" é, em seu sentido combinado, uma proposição viável?

Duas maneiras de viabilizá-la, e que foram exploradas, revelaram-se, no fim das contas, insatisfatórias. A primeira, que reúne pensadores de Lessing (século 18) a Bultmann (século 20), segue a linha indicada há pouco: a de fazer o trabalho histórico com o objetivo de se mover para além dele, para uma verdade definitiva, para além do tempo e do espaço, completamente fora da história. O resultado, então, é uma mensagem atemporal, uma verdade atemporal ou um apelo atemporal à decisão. Segundo essa abordagem, é isso que podemos utilizar hoje. Tal "teologia atemporal" é, assim, o objeto real da busca histórica. Ao descobrirmos as crenças dos escritores do Novo Testamento, podemos, como arqueólogos teológicos, descobrir a subestrutura essencial do cristianismo a fim de executá-lo e exibi-lo em outro lugar, disponibilizando-o a todas as gerações, em uma espécie de museu. A "teologia" torna-se a coisa "real" à qual o Novo Testamento se refere, o verdadeiro fruto que surge quando a camada externa das circunstâncias históricas é removida. Isso, em geral, é afirmado em termos de aspectos "verdadeiramente eternos" e "culturalmente condicionados".

O problema com esse programa é que a camada externa não se desprende de maneira tão clara. É muito difícil produzir uma "teologia" do Novo Testamento que se enquadre em categorias "atemporais"; e, se conseguirmos fazê-lo, podemos suspeitar, justificadamente, que boa parte do fruto foi jogada fora, aderindo-se ainda à casca descartada. Todo o Novo Testamento é "culturalmente

ORIGENS CRISTÃS E O NOVO TESTAMENTO |

condicionado": se isso desqualifica uma ideia ou um tema para atingir "relevância" em relação a outros períodos ou culturas, o Novo Testamento como um todo está desqualificado.

Dois resultados desse método, nos estudos do século 20, foram: (1) demitologização: a tentativa de se afastar das formas de discurso e pensamento específicas da cultura do primeiro século, de que a mensagem ou o chamado atemporal se revestiram; e (2) crítica da forma: os meios de analisar o material que, a princípio, oferece narrativas históricas sobre Jesus, de modo a permitir que ele revele a (suposta) fé "atemporal" da igreja primitiva. Ambos os movimentos têm raízes culturais e teológicas, não apenas nos movimentos críticos modernos, mas também nas formas pietistas pré-modernas de ler as escrituras, extraindo uma "mensagem" de passagens cujo sentido literal não é necessariamente oferecido. Todo o processo remonta, em última análise, à exegese alegórica dos pais da igreja.[33] Aqui está uma grande ironia enraizada na ideologia de Bultmann, que nasce da teologia protestante, insistindo em uma mensagem que rompe com a aparente camisa de força imposta pela história e pela lei, oferecendo perdão gratuito, graça, um novo começo. Ao fazê-lo, ainda enfatiza o sentido literal das escrituras, pelo menos em relação aos evangelhos — mas apenas para insistir em que o sentido literal deve ser transcendido para que a verdadeira voz das escrituras seja ouvida. Os evangelhos são, na verdade, "sobre" a fé cristã em Jesus, e não sobre o próprio Jesus. Podemos relativizar os acontecimentos em si: notoriamente, até Jesus pode tornar-se simplesmente um dos primeiros pregadores da mensagem atemporal, tendo sua morte como um acontecimento simples, o qual, de uma forma ou de outra, desencadeou a fé primitiva da igreja, aquela "experiência" primitiva que, como expresso nos escritos do Novo Testamento, tornou-se o fenômeno realmente normativo.[34] Essa proposta está sujeita às críticas prejudiciais que não deram à história, nem à criação, peso suficiente para que fossem levadas a sério na leitura do Novo Testamento, em que ambas demonstram ser de enorme importância. O primeiro modelo, movendo-se da história para a verdade atemporal, traz consigo grandes problemas e não pode mais ser afirmado sem sérias dificuldades.

O segundo modelo foi proposto pela escola da "teologia bíblica" das décadas de 1950 e 1960.[35] Em termos filosóficos, essa escola se opôs ao idealismo

---

[33]Veja Kermode, *The Genesis of Secrecy: On the Interpretation of Narrative*, 1979, p. 44: "A alegoria é a forma patrística de lidar com um potencial hermenêutico inextinguível"; compare com Louth, *Discerning the Mystery: An Essay on the Nature of Theology*, 1983.
[34]Detecto essa ênfase por trás do impulso, bem como do título geral, de livros como os escritos por Bornkamm, em 1969, *Early Christian Experience* [Experiência cristã primitiva]).
[35]Veja Wright, *God Who Acts: Biblical Theology as Recital*, 1962; Stendahl, "Biblical Theology", 1962.

de Bultmann com uma espécie de realismo. O Novo Testamento recebe autoridade não por dar testemunho de uma verdade atemporal, mas por testemunhar os atos poderosos do deus criador na história, especialmente nos eventos relativos a Jesus. O texto é, então, revelador e, portanto, autoritativo, visto testemunhar a "coisa real" — ou seja, dar testemunho do(s) acontecimento(s). O modelo pode ser combinado com a visão da história da igreja. Nela, a igreja é vista como iniciando-se em um período "puro" e, portanto, com algumas das maneiras pelas quais, como vimos, o estudo da história cristã primitiva pode ser usado em um programa normativo. Mas isso, por sua vez, parece não fazer jus à insistência protestante no próprio texto como revelação divina. O modelo também não consegue destacar os acontecimentos que devem contar como revelação, tampouco dar uma explicação teológica clara sobre como essa revelação deve ser concebida.

Outro problema em relação aos dois modelos é causado pela diversidade do material. A fim de produzir uma declaração "normativa" fora do Novo Testamento, é praticamente inevitável que alguém enfatize uma parte do texto à custa do restante. Isso funciona, em termos tanto acadêmicos como populares, por meio da elevação de certas partes da teologia do Novo Testamento — a teologia de Paulo, por exemplo — em um "cânone dentro do cânone". Tal método é normalmente justificado pelo apelo ao princípio de que as partes mais difíceis da Bíblia devem ser interpretadas à luz das mais fáceis. É notável constatar por quanto tempo esse "princípio" perdurou, considerando o subjetivismo flagrante que ele contém.[36] Naturalmente, o que é "mais fácil" ou "mais difícil" variará consideravelmente de uma geração para outra, de um cenário cultural para outro: observe, por exemplo, a diversidade de explicações "apocalípticas" em nosso próprio tempo.[37] Isso não quer dizer que não se deve trabalhar com algum tipo de cânone interno: todos os intérpretes o fazem, quer admitam, quer não, pois todos chegam ao texto com um conjunto de perguntas que dão início ao processo de interpretação. Então, a questão é: o que devemos fazer com esse ponto de partida? Devemos usá-lo simplesmente como ponte de acesso ao material, mantendo-nos conscientes de nossas tendências

---

[36]Veja Kermode, *The Genesis of Secrecy: On the Interpretation of Narrative*, 1979, p. 35: "Minha forma de ler os detalhes da parábola do Bom Samaritano parece-me natural; mas essa é apenas minha forma de autenticar, ou de reivindicar como universal, um hábito de pensamento cultural e arbitrário".

[37]Sobre a questão do "cânone dentro do cânone", veja as discussões clássicas de Käsemann, *Das Neue Testament als Kanon*, 1970; Schrage, "Die Frage nach der Mitte und dem Kanon im Kanon des Neuen Testaments in der Neueren Diskussion", 1979; e, mais recentemente, Räisänen, *Beyond New Testament Theology: A Story and a Programme*, 1990a. Sobre as diversas versões do "apocalíptico", veja Koch, *The Rediscovery of Apocalyptic: A Polemical Work on a Neglected Area of Biblical Studies and Its Damaging Effects on Theology and Philosophy*, 1972, e o capítulo 10 deste livro.

ORIGENS CRISTÃS E O NOVO TESTAMENTO

implícitas? Ou devemos usá-lo como uma espécie de leito de Procusto, com o qual podemos medir, e condenar, trechos que não se encaixam em nossa perspectiva? Teoricamente, a primeira alternativa é possível; a segunda, porém, é bastante tentadora.

O maior problema enfrentado pelo projeto "teologia do Novo Testamento", particularmente no paradigma oferecido por Bultmann e suas variantes, é o que fazer com Jesus. A "teologia do Novo Testamento", estritamente falando, não inclui o ensino (ou os fatos de vida, morte e ressurreição) de Jesus, mas apenas a fé dos escritores do Novo Testamento *sobre* Jesus (ou talvez as supostas crenças mitologicamente expressas *em termos de* histórias de Jesus). É a estranha nêmese do princípio protestante *sola scriptura* o fato de um dos modelos básicos por ele suscitados ter pouco espaço, em sua estrutura hermenêutica ou sistema de autoridade, para o próprio Jesus, visto que ele mesmo não foi o autor de nenhum livro do Novo Testamento. Segundo esse ponto de vista, Bultmann estava perfeitamente correto em sua famosa frase de abertura de sua *New Testament Theology* [Teologia do Novo Testamento]:[38] "A *mensagem de Jesus* é o pressuposto para a teologia do Novo Testamento, e não parte dessa teologia em si". Nessa afirmação, vemos a linha que vai de Melanchthon a Bultmann e além: uma vez que captamos o *pro me* do evangelho, a ideia de que Deus está "sendo gracioso *para comigo*", não precisamos mais de Jesus tão firmemente enraizado na história.[39] Mas as críticas ao cristianismo, apresentadas por Reimarus e outros — sem mencionar as artimanhas revisionistas de muitos escritores judeus de nosso tempo —, não se satisfarão com uma retirada da história, exemplificada por Kähler, Bultmann e Tillich. Tampouco o problema de como Jesus é retratado por acadêmicos modernos, como Sanders, evaporará. Se Jesus foi como Reimarus, Schweitzer ou Sanders demonstraram, então a igreja precisa, no mínimo, de uma revisão substancial de sua fé.

Além do mais, como veremos na Parte IV, há algo particularmente estranho na ideia de posicionar a "teologia do Novo Testamento" como norma contra o próprio Jesus, como foi feito notoriamente por Bultmann. É verdade que o Novo Testamento nos apresenta a teologia de Paulo, Marcos, Lucas etc. *sobre* Jesus, de modo que as crenças teológicas do próprio Jesus não podem ser

---

[38]Bultmann, *Theology of the New Testament*, 1951, p. 3 (itálicos originais).
[39]Um exemplo interessante dessa posição é a de Tillich, convenientemente destacada em seu debate com C. H. Dodd, registrada por Langdon Gilkey e publicada em Dillistone, *C. H. Dodd: Interpreter of the New Testament*, 1977, p. 241-3. Sobre Melanchthon, veja, por exemplo, a declaração encontrada em seu *Loci Communes*, de 1521: "A não ser que alguém entenda a razão pela qual Cristo assumiu carne humana e foi crucificado, que vantagem teria de aprender a história de sua vida?". Um intérprete moderno, adotando essa perspectiva, escreve que não se alcança o conhecimento sobre Cristo "por uma familiarização com o Jesus histórico ou terreno" (Hultgren, *Christ and His Benefits: Christology and Redemption in the New Testament*, 1987, p. 3).

O NOVO TESTAMENTO E O POVO DE DEUS

interpretadas na superfície do texto. Alguns diriam que o Jesus real sequer *pode* ser redescoberto, por estar agora tão sobrecarregado com a teologia dos evangelistas; outros diriam que ele não *deveria* ser procurado, visto que procurar por Jesus à luz dos evangelistas é buscar a construção feita por um historiador (ou outra figura "ideal") em vez do Senhor, a quem os primeiros cristãos adoravam e seguiam. Mas até mesmo falar assim sugere que os escritores do Novo Testamento não pensavam em estabelecer, por meio de seus próprios escritos, uma autoridade em oposição à de Jesus. Tem sido comum dizer que os escritores do Novo Testamento "não pensavam em si mesmos produzindo a "escritura"; e, ainda que, conforme veremos, tal formulação deva ser revisada, principalmente à luz da recém-estabelecida crítica da redação, a alegação é certamente verdadeira no seguinte sentido: para os apóstolos e os primeiros cristãos, o lugar no qual o deus de Israel agiu definitivamente para a salvação do mundo não jazia na pena e na tinta com que escreveram os evangelhos, mas no fato de seu deus se haver revestido de carne e sangue para morrer em uma cruz. O trabalho desses escritores foi concebido como algo derivado desse fato e dependente dele. Assim, embora seja verdade que Jesus e seu sistema pessoal de crenças não integram, estritamente falando, "a teologia do Novo Testamento", isso não quer dizer que Jesus e sua proclamação devam ser relativizados em favor da "coisa real", ou seja, da teologia do Novo Testamento.[40] Em detrimento da "teologia do Novo Testamento", poderíamos dizer ainda mais: se ela não contém a proclamação definitiva de Jesus, não pode ser, ela mesma, o todo e o fim da revelação divina, o lócus supremo da autoridade, *a* "coisa" que todo o estudo do Novo Testamento está inclinado a encontrar.

Se o projeto da "teologia do Novo Testamento" é tão cheio de problemas como aqueles que mencionei, por que alguém desejaria prosseguir com ele? Por que nos esforçamos freneticamente, tanto no trabalho popular como no acadêmico, para localizar, destilar, salvar e até mesmo inventar algo novo, capaz de ainda ser chamado de "teologia do Novo Testamento" e ter alguma utilidade para cursos acadêmicos como ponto de partida da vida eclesiástica, da pregação, de missões e do evangelismo? A resposta, acredito, é tríplice. Primeiro: o setor teológico em que essa tarefa tem sido realizada com maior urgência é o protestantismo; e os protestantes ainda consideram o Novo Testamento, em um ou outro sentido, a "verdadeira" autoridade para os cristãos. Segundo: o contexto filosófico de grande parte desse trabalho tem sido o idealismo, contentando-se muito mais com ideias abstratas do que com a história concreta; dessa forma, a *teologia*, vista como um conjunto de ideias abstratas, atinge um

---

[40]Veja discussão em Räisänen, *Beyond New Testament Theology: A Story and a Programme*, 1990a, p. 114-s.

status privilegiado. Se o Novo Testamento é "autoritativo", sua autoridade jaz na *teologia* que ele contém. Terceiro: o contexto prático da "teologia do Novo Testamento" tem sido a tarefa percebida pela igreja de dirigir a si mesma e ao mundo em geral com uma palavra do deus verdadeiro. Acredita-se que a "teologia do Novo Testamento" impulsiona a pregação. Os problemas com os quais esse modelo deparou levaram alguns a objetar que não passava de tolice procurar por autoridade, coerência ou até mesmo relevância no Novo Testamento; que o estudo histórico-objetivo deve renunciar a todo e qualquer *a priori*; ou que o projeto simplesmente retorna ao que foi articulado por Wrede e, mais recentemente, por Räisänen (descrição "objetiva" de escritos religiosos em seu contexto histórico). Isso levou outros a tentarem reafirmar uma forma de continuar fazendo algo que pode ser chamado de "teologia do Novo Testamento", que ainda é capaz de se apegar à descrição e à prescrição, e entrelaçar as duas linhas ao longo do Novo Testamento — ou pelo menos no caso de algumas de suas supostas "principais testemunhas". Suponho, entretanto, que o caminho certo para sair dessa confusão não seja por um retorno anterior a Wrede (Räisänen), nem por uma expansão lateral, ou seja, para um pós-modernismo de Bultmann (Morgan), mas, sim, para uma categoria mais ampla, com uma nova perspectiva de "autoridade", "teologia" e "relevância".

Em qualquer projeto cristão tradicional — evocado aqui não como um *a priori* para resolver questões históricas, mas como fundamento necessário para demonstrar como os julgamentos cristãos tradicionais realmente funcionam —, toda autoridade pertence, em última análise, ao deus criador; e se (como o cristianismo tradicional continua a afirmar) esse deus se faz conhecido de forma suprema em Jesus, então Jesus também tem uma autoridade superior à de todos que escreveram a seu respeito. Muitos, claro, supõem que isso se trata de uma antítese falsa, visto que o que sabemos a respeito de Jesus provém exatamente desses escritos. Mas o mesmo problema é encontrado na linha principal da "teologia do Novo Testamento", segundo a qual, como vimos, o fato de os evangelhos não nos darem acesso direto a Jesus, mas apenas à teologia dos evangelistas e de seus antecessores, é axiomático. Se toda autoridade pertence ao deus criador, trata-se de uma questão delicada descrever como tal "autoridade" passa a ser investida no Novo Testamento, e quais são os limites desse processo.

As três abordagens que examinamos até agora (história cristã primitiva e as duas formas distintas da "teologia do Novo Testamento") continuaram a ser seguidas na guilda da erudição do Novo Testamento. Boa parte da "ciência normal" dos estudos do Novo Testamento (para usar a terminologia de Kuhn)[41] preencheu os paradigmas representados pelo plano ideológico de Wrede, a

---

[41]Kuhn, *Beyond New Testament Theology: A Story and a Programme*, 1970 [1962], *passim*.

"teologia do Novo Testamento" de Bultmann e os vestígios do movimento da "teologia bíblica". Afinal, são grandes linhas ideológicas como essas que conferem significado e propósito, além de senso de expectativa, às atividades detalhadas dos eruditos bíblicos, em comentários, artigos e monografias. Surgiu, da sede histórica do Iluminismo, a busca por Jesus, produzindo questões intermináveis, mas também possibilidades, tanto para os estudiosos como para a igreja. Da sede de Bultmann pela teologia do Novo Testamento, surgiram, entre outras coisas, grandes estudos da teologia paulina e as principais reconsiderações das tradições do evangelho. Do movimento da "teologia bíblica" pós-guerra, surgiram, entre outras coisas, ensaios sobre a "história da salvação". Novos planos ideológicos entraram em jogo, principalmente o desejo pós-guerra de libertar o cristianismo e o Novo Testamento da suspeita de cumplicidade no Holocausto (ou, alternativamente, culpá-los por esse acontecimento). Em todas as frentes, não houve escassez de atividades.

É desse leque de questões interligadas que o presente capítulo e, de fato, os presentes volumes se ocupam — segundo espero, com algumas propostas novas e positivas. Devemos fazer tanto história como teologia: mas como? Em última análise, este projeto faz parte da tarefa mais ampla — que, acredito, posiciona-se frente à cultura ocidental moderna e em sua totalidade, e não apenas a teólogos ou cristãos — de tentar repensar uma visão de mundo fundamental em face do colapso interno da perspectiva que dominou o mundo ocidental nos últimos duzentos anos. E é precisamente uma das características da visão de mundo agora sob ataque de que "história" e "teologia" pertencem a compartimentos separados. Agora, o desafio se apresenta diante de nós: articular novas categorias que farão jus ao material relevante, sem esse dualismo prejudicial e, obviamente, sem trapacear, coletando dados em um monismo segundo o qual um "lado" simplesmente reaparece no outro. Esse desafio é enfrentado em todas as áreas, das quais o estudo do Novo Testamento constitui apenas uma. No entanto, antes de prosseguirmos com este projeto, devemos examinar brevemente o terceiro elemento no estudo do Novo Testamento. Se desejamos ser historiadores e teólogos, também devemos ser críticos literários.

5. Crítica literária

Ainda há alguns estudiosos do Novo Testamento para quem a expressão "crítica literária" significa a aplicação, ao Novo Testamento, de questões e métodos críticos que se tornaram famosos na primeira metade do século 20. As críticas da fonte, da forma e da redação eram a ordem do dia; e alguns desejavam que tudo continuasse assim. Uma boa parte dos estudos especializados do Novo Testamento tem-se preocupado com essas coisas e com a análise histórica da

ORIGENS CRISTÃS E O NOVO TESTAMENTO

intenção dos escritores ou transmissores do material que, agora, encontramos no Novo Testamento.

Tal mundo, porém, tornou-se irreconhecível nos últimos anos. O surgimento das críticas literárias pós-modernas (cf. cap. 3) fez com que as disciplinas essencialmente *modernistas* — de investigar a comunidade primitiva que transmitia tradições, de tentar descobrir fontes literárias complexas, de desvendar o que exatamente os evangelistas faziam com essas fontes — soassem, decididamente, como algo do passado. A nova ênfase nos estudos do evangelho não está tanto no evangelista criativo, mas no texto em si. O estudo da fenomenologia da leitura, assim como sua aplicação ao que acontece quando o leitor de hoje lê o Novo Testamento, é um campo cada vez mais popular.[42] Recentemente, argumentou-se que, como a crítica histórica não parece ter produzido tudo o que os críticos estavam procurando, um passo lateral, rumo ao mundo da crítica literária (pós-moderna), talvez ajudasse. Já que estamos apenas observando a forma como o leitor se apropria das coisas para si, talvez esse processo produza uma leitura nova e satisfatória do Novo Testamento.[43]

A abordagem fornece, na prática, uma nova maneira de ser bultmanniano. Em vez de fazer história para descobrir verdades eternas, estudaremos a leitura (bíblica) para receber mensagens que transcendem o tempo e o espaço. Trata-se de uma tentativa de realizar, na pós-modernidade, aquilo que, na modernidade, o pacote de Bultmann não foi capaz de fazer. Como tal, a proposta se afasta do positivismo estéril de Wrede e Räisänen, e abre possibilidades para explicar como os textos podem falar mais uma vez em situações diferentes das vivenciadas originalmente. Em particular, diferentemente das fontes clássicas adotadas pela teologia bultmanniana, esse método tem a vantagem inestimável de partir do conhecido (o texto) em vez do desconhecido (o cristianismo primitivo, da forma como pode ser reconstruído a partir das entrelinhas do Novo Testamento).

Entretanto, a proposta defronta-se ainda com questões sérias. Não está claro, a partir do modelo, por que alguém deveria ler o Novo Testamento para alcançar esse efeito. Por que não deveríamos ler, como algo de igual valor, o *Evangelho segundo Tomé* ou a *Ética dos Pais* [*Pirkei Avot*] — ou até mesmo *Orgulho e preconceito*? Da mesma forma, não está claro o *status* contínuo que o modelo confere à história, nem o porquê de alguém, em seus próprios termos, ter de se concentrar especificamente em *literatura*. Por que não na arte e nos artefatos cristãos primitivos? Será que a literatura é obviamente mais acessível

---

[42]Veja Sanders e Davies, *Studying the Synoptic Gospels*, 1989, capítulos 15–16.
[43]Veja Morgan, *Biblical Interpretation*, 1988, p. 199, 289, citando boa parte da literatura relevante atual.

ao estudo pós-moderno? Ou que o obscurecimento de toda a área por um texto complexo — o Novo Testamento — induz-nos a pensar que toda a tarefa pode ser realizada em termos de textos? Particularmente, ainda não está claro onde Jesus se encaixaria nessa leitura. Será que nos basta dizer que, ao lermos as parábolas, deparamos, a despeito dos diversos graus de separação que nos distanciam delas, com uma versão oral das próprias obras de arte de Jesus? Como esse método evita a propensão ao subjetivismo? Retornaremos a essas questões no capítulo 3.

Paralelamente à mudança pós-moderna na ênfase para o estudo orientado ao leitor, o estudo histórico da literatura em seu contexto original teve continuidade. Contudo, passou a procurar por fenômenos bastante diferentes de seus antecessores. Finalmente, os especialistas bíblicos estão seguindo seus colegas clássicos ao abandonarem a busca interminável e torturante por fontes rigorosamente reconstruídas.[44] Vimos, recentemente, uma série de estudos sobre convenções e antigas formas retóricas e literárias, além de uma insistência em que a pesquisa do Novo Testamento se desse conta deles.[45] Trata-se, em certa medida, de simplesmente preencher uma nova lacuna no programa elaborado por Wrede, tentando posicionar os documentos do Novo Testamento no mapa histórico de sua época. Ao mesmo tempo, funciona como uma tentativa de avaliar a provável recepção dos escritos em suas próprias comunidades, algo que, na prática, serve como uma análise modernista (histórica) de um fenômeno pós-moderno. Por tempo demais, os eruditos presumiram que os leitores de (digamos) Paulo ou Mateus se assemelhavam muito aos modernos, de modo que algo que nos parece difícil provavelmente lhes pareceu difícil também. O estudo das antigas convenções de retórica e escrita expõe essa espécie de anacronismo maciço pelo que é; como tal, é muito bem-vindo. Embora não seja, por si só, uma forma plena de ler o Novo Testamento, pode dar uma grande contribuição à tarefa em geral.

6. A tarefa reformulada

Agora, examinaremos brevemente os principais componentes da tarefa de ler o Novo Testamento à luz de algumas discussões modernas e da direção em que apontam. Para tanto, precisamos de uma síntese criativa de todos eles. Devemos tentar combinar a ênfase pré-moderna no texto como, em certo sentido, autoritativo; a ênfase moderna no texto (e no próprio cristianismo) como

---

[44]Trata-se, claro, de uma generalização. Ainda existem aqueles para quem a busca pelo Q histórico continua com a mesma vitalidade de sempre. A esse respeito, veja o capítulo 14.

[45]Betz, *Galatians: A Commentary on Paul's Letter to the Churches in Galatia*, 1979, é um bom exemplo. Veja também, por exemplo, Stowers, *Letter-Writing in Greco-Roman Antiquity*, 1986. O próprio Bultmann começou sua carreira com esse tipo de trabalho (1910).

ORIGENS CRISTÃS E O NOVO TESTAMENTO

irredutivelmente integrado à história e envolvido com a teologia; e a ênfase pós-moderna na leitura do texto. Dito de outra forma, precisamos fazer jus, simultaneamente, à ênfase de Wrede na seriedade histórica (incluindo a história de Jesus), à ênfase de Bultmann na teologia normativa e à ênfase pós-moderna no texto e em seus leitores. Evidentemente, cada uma delas está inclinada a reivindicar direitos exclusivos e a se ressentir de compartilhar o território que considera seu. Mas é preciso resistir a tais reivindicações grandiosas.[46] Parece-nos improvável encontrar esse trajeto adiante pela rota do positivismo (cf. cap. 2), pela busca de verdades eternas ou simplesmente concentrando-nos em *nossa* leitura *agora*. Sugiro que a única maneira de unirmos o que deve ser unido é por meio de um novo exame de como se assemelharia um projeto literário, histórico e teológico cristão contemporâneo. Esse é o objetivo da Parte II. No decorrer deste trabalho, contaremos algumas histórias sobre como essas tarefas são executadas, algo que, espero, subverterá algumas das histórias contadas a seu respeito em outros lugares. Não permitir essa possibilidade seria fechar antecipadamente o leque de respostas históricas e teológicas concebíveis, de uma forma um tanto inaceitável. No mundo contemporâneo, com todas as suas incertezas sobre o controle de paradigmas, temos a chance de abordar essas tarefas de novas maneiras. Esperamos que isso contribua não apenas para a edificação particular ou para a satisfação acadêmica — ainda que, de forma ideal, ambas devam ser atendidas *en route* —, mas também para projetos mais amplos, incluindo o avanço do "reino de deus". Isso, no entanto, está um pouco à frente do argumento.

À luz da Parte II, precisamos defender algumas hipóteses sobre a situação histórica na qual os escritos do Novo Testamento nasceram. Isso envolverá uma reconstrução histórica do judaísmo e do cristianismo do primeiro século. Sabemos muito mais sobre o judaísmo antigo do que antes, de modo que recorrerei a esse novo conhecimento, de forma um tanto detalhada, na Parte III. A tentativa de reconstrução da história da igreja primitiva foi muito menor, e a falta de material resultou em certa dose de fantasia. Nossa tarefa específica, a de descrever o cristianismo entre 30 e 150 d.C., sem discutir Jesus ou Paulo, é um tanto artificial — como seria discutir música europeia de 1750 a 1850 sem mencionar Mozart e Beethoven. Por pelo menos duas razões, porém, a tentativa deve ser levada a cabo. A primeira é a relevância de estabelecer, o mais claramente possível, o contexto histórico no qual os dois principais protagonistas, Jesus e Paulo, podem ser estudados. A segunda é que praticamente todas as nossas informações sobre Jesus vêm na forma de documentos

---

[46]Conforme defende Kermode, *The Genesis of Secrecy: On the Interpretation of Narrative*, 1979, p. 78-s, acompanhando Ricoeur.

nos quais encontramos tradições transmitidas e, com o tempo, escritas por cristãos — alguns dos quais viveram naquele período inicial e tratavam de suas necessidades particulares. Dessa forma, devemos entender algo sobre a própria igreja primitiva para podermos ler os evangelhos com a devida sensibilidade e o necessário cuidado histórico. Esse é o assunto da Parte IV, o qual nos permitirá avançar, na Parte V, para uma reafirmação preliminar de alguns pontos-chave. Evidentemente, há uma inevitável circularidade aqui; mas, como mostrarei na Parte II, não é, de forma alguma, um círculo vicioso. Trata-se da circularidade necessária de toda a reconstrução histórica e até mesmo epistemológica, séria.

O trabalho estabelecerá o contexto para os volumes subsequentes, que abordarão Jesus, Paulo e os evangelhos. Nas últimas décadas, cada área demonstrou diferentes ondas de estudo e interesse; mas elas não foram integradas, quer histórica, quer teologicamente. Ao tentar empreender essa grande tarefa, escrevo algo como "teologias do Novo Testamento", que repetidas vezes foram escritas. No entanto, também estou ciente, conforme já argumentei, das diferenças entre as formulações clássicas desse modelo e o modo como concebo tanto essa tarefa como seu objetivo.

Este primeiro volume, portanto, introduz, até certo ponto, todo o projeto em questão; em outros aspectos, porém, ele se autossustenta. Defende uma maneira particular de fazer história, teologia e estudos literários em relação às questões do primeiro século; defende uma maneira particular de entender o judaísmo e o cristianismo do primeiro século; e oferece uma discussão preliminar do significado da palavra "deus" nas formas de pensamento desses grupos, bem como as maneiras pelas quais esse estudo histórico e teológico pode mostrar-se relevante para o mundo moderno. E se essas tarefas são, de certa forma, simplesmente preliminares ao trabalho de entrar e tomar posse da terra prometida em si, não se trata, então, de algo ruim. Se os lavradores tivessem ouvido as instruções do proprietário, não haveria disputas sobre a vinha. Se os filhos de Israel tivessem prestado atenção às advertências feitas em Deuteronômio, haveria mais leite e mel, e menos miséria e injustiça, quando, finalmente, atravessaram o Jordão.

PARTE II

FERRAMENTAS PARA A TAREFA

CONHECIMENTO: PROBLEMAS E VARIAÇÕES

CAPÍTULO 2

INTRODUÇÃO

Vimos que o estudo do Novo Testamento envolve três disciplinas em particular: literatura, história e teologia. Encontram-se, por assim dizer, entre os exércitos que usam o Novo Testamento como campo de batalha. Muitos dos debates que ocuparam eruditos ao longo de sua travessia pelo terreno dos evangelhos e das cartas não foram tanto a exegese detalhada de uma ou outra passagem, mas as questões mais amplas sobre o rumo de determinada perspectiva histórica ou teológica, e quais partes do território poderiam ser anexadas com uma reivindicação de lealdade justificada. Dessa maneira, é inevitável — embora alguns acreditem ser lamentável — que passemos um tempo nesse estágio, vendo como são esses grandes problemas e desenvolvendo uma ideia das opções entre eles. Até que o façamos, estudar sobre Jesus, Paulo e os evangelhos dará continuidade, em grande medida, à projeção de uma metafísica não discutida: se não explorarmos os pressupostos, poderemos antecipar um debate sem-fim e infrutífero. Aqueles que estão ávidos para continuar com o que consideram o assunto em si são, naturalmente, convidados a pular esta seção; mas não devem preocupar-se se, ao fazê-lo, enfrentarem algumas perplexidades posteriormente. Eles sempre poderão voltar ao tópico discutido neste capítulo.

A lógica interna desta parte do livro é a percepção de que todos os problemas que encontramos no estudo da literatura, da história e da teologia estão interligados. Cada qual reflete, segundo sua área, o problema do conhecimento em si. Isso não é novidade, mas merece ser ressaltado; afinal, resolver os problemas por etapas, sem reconhecer suas amplas semelhanças, seria privar toda a discussão de seu senso de direção. Portanto, a melhor coisa é lidarmos com

O NOVO TESTAMENTO E O POVO DE DEUS

os assuntos mais amplos antes de mergulharmos nas especificidades de cada questão particular.

Enfrentar tais questões é ainda mais necessário do que antes. Atualmente, as ciências humanas encontram-se em um estado de crise, por sinal muito observado e discutido. O ponto de vista dominante dos últimos duzentos anos, associado particularmente ao Iluminismo, encontra-se em estado de desordem há algum tempo; e seu suposto "modernismo" está sendo gradativamente ultrapassado pelo que rotulamos, de modo um tanto infeliz, como "pós-modernismo".[1] Antigas certezas deram lugar a novas incertezas; por isso, é vital que um projeto como este mostre, desde o início, em que pontos se fundamenta em relação às questões básicas de método. Aqui, não será possível argumentar longamente sobre o ponto de vista que proponho adotar. Isso exigiria um livro inteiro dedicado ao assunto; e, de qualquer maneira, a verdadeira prova da qualidade do pudim está em comê-lo — ou seja, na capacidade de o método adotado dar mais sentido ao assunto quando o abordamos.[2] Pretendo, de qualquer maneira, retornar a essas questões no volume final deste projeto.

O argumento básico que defenderei nesta parte do livro é que o problema do conhecimento em si — assim como os três ramos que dele se originam e constituem o foco de nossa atenção — pode ser esclarecido quando visto à luz de uma análise detalhada das *cosmovisões* que formam as lentes através das quais os seres humanos, individual e coletivamente, percebem a realidade. Particularmente, uma das características-chave de todas as visões de mundo é o aspecto da *narrativa*. Isso é de vital importância, principalmente em relação ao Novo Testamento e ao início do cristianismo, porém compõe, na verdade, o sintoma de um fenômeno universal. As "narrativas", conforme defenderei, ajudam-nos a articular uma epistemologia crítico-realista, podendo, então, servir a usos mais amplos no estudo da literatura, da história e da teologia.[3]

---

[1]Para descrição e discussão, veja, por exemplo, Lyotard, *The Postmodern Condition: A Report on Knowledge,* 1984; MacIntyre, *After Virtue: A Study in Moral Theory*, 1985; Appignanesi e Lawson, *Dismantling Truth: Reality in the Post-Modern World*, 1989; Falck, *Myth, Truth and Literature: Towards a True Post-Modernism*, 1989; Harvey, *The Condition of Postmodernity: An Enquiry Into the Origins of Cultural Change*, 1989; Jencks, *What is Post-Modernism?*, 1989 [1986]; Milbank, *Theology and Social Theory: Beyond Secular Reason*, 1990; e muitos outros textos semelhantes.

[2]Veja Crites, "The Narrative Quality of Experience", 1989 [1971], p. 72, n. 6: "(...) ao final, o argumento é circular, como qualquer bom argumento filosófico. Por isso, ao final, conta apenas com o poder explicativo desse círculo particular para defendê-lo".

[3]Depois de já ter escrito um primeiro rascunho desta seção, surgiu o livro de Ben Meyer, *Critical Realism and the New Testament* [Realismo crítico e o Novo Testamento] (1989), em que boa parte do que tento dizer é, a meu ver, explicada e argumentada com bases sólidas. Também fui encorajado pela semelhança entre meu amplo argumento e as discussões (muito sofisticadas), por exemplo, de Torrance, *Space, Time and Resurrection*, 1976, p. 2-7; Louth, *Discerning the Mystery: An Essay on the Nature of Theology*, 1983; Gunton, *Enlightenment and Alienation: An Essay Towards a Trinitarian Theology*, 1985; e Thiselton, 1992.

CONHECIMENTO: PROBLEMAS E VARIAÇÕES

RUMO AO REALISMO CRÍTICO

A posição que esboçarei brevemente aqui é aquela que ficou conhecida, em termos amplos, como *realismo crítico*.[4] Trata-se de uma teoria epistemológica e parece oferecer um caminho para avançar, em contraste com as teorias concorrentes que se configuram em diversas áreas (principalmente nas três com as quais estamos particularmente preocupados) e que atualmente entraram, ao que tudo indica, em estado de colapso. Para vermos isso com mais clareza, precisamos de um relato breve e abrangente dessas teorias rivais, que são, mais ou menos, versões otimistas e pessimistas do projeto epistemológico do Iluminismo, ou seja, de um empirismo mais amplo. Nesse estágio, os termos técnicos que empregarei são deliberadamente gerais e obviamente bastante controversos; mas espero conseguir formular um esboço claro dessas ideias.

Por um lado, temos o otimismo da posição *positivista*.[5] O positivista acredita que há certas coisas sobre as quais podemos ter um conhecimento definido. Algumas coisas são simples e "objetivamente" verdadeiras — ou seja, há coisas sobre as quais podemos ter, e realmente temos, um conhecimento sólido e inquestionável. São coisas que podem ser "empiricamente" testadas no mundo físico, ou seja, observando-se, medindo-se etc. Levando essa ideia à sua conclusão lógica, coisas que não podem ser testadas dessa maneira não podem ser expressas sem denotar algum tipo de absurdidade.[6] Embora esse ponto de vista tenha sido amplamente abandonado por filósofos, tem persistido em outras esferas, principalmente a das ciências físicas. Apesar dos grandes avanços no conceito de autopercepção que vieram (por exemplo) da sociologia do conhecimento, sem contar a própria filosofia da ciência, ainda encontramos alguns cientistas (e muitos não cientistas) que dizem que a ciência simplesmente tem um olhar objetivo para as coisas que existem.[7] O contrário dessa crença é a de que, nas esferas em que o positivismo não consegue expressar suas certezas estridentes, tudo o que resta é subjetividade

---

[4] O termo é usado amplamente em diversas disciplinas. Foi discutido de uma forma bastante útil em relação ao Novo Testamento por Meyer, 1989.

[5] Sobre o positivismo e o positivismo lógico, veja Abbagnano, 1967; Passmore, 1967.

[6] A apresentação mais clara desse tipo de posição ainda é a de Ayer 1946 [1936].

[7] Sobre a sociologia do conhecimento, veja Berger e Luckmann, 1966; Berger, 1969; Wilson, 1982; e a discussão em Thiselton, *New Horizons in Hermeneutics: The Theory and Practice of Transforming Biblical Reading*, 1992, cap. 16 seção 2. Sobre a filosofia da ciência, veja Polanyi, 1958, 1966; Kuhn, *Beyond New Testament Theology: A Story and a Programme*, 1970 [1962]; Barbour, *Myths, Models and Paradigms: A Comparative Study in Science and Religion*, 1974; Greene, *Science, Ideology and World View: Essays in the History of Evolutionary Ideas*, 1981; Newton-Smith, *The Rationality of Science*, 1981; Gerhart e Russell, *Metaphoric Process: The Creation of Scientific and Religious Understanding*, 1984; Yee, 1987; Banner, *The Justification of Science and the Rationality of Religious Belief*, 1990.

ou relatividade. O fenômeno contemporâneo muito discutido do relativismo cultural e teológico é, nesse sentido, simplesmente o lado sombrio do positivismo.

Assim, as pessoas presumem, dentro do mundo positivista do pós-Iluminismo, que sabem das coisas "da forma certa". No que muitos consideram uma pequena dose de senso comum, essa posição pode ser chamada de "realismo ingênuo". Ilusões óticas e outras similares são tidas por aberrações, afastando-se da norma — segundo a qual os seres humanos, com os devidos controles científicos disponíveis, têm acesso instantâneo a dados brutos acerca dos quais podem simplesmente fazer proposições verdadeiras, com base em experiências sensoriais. Visto ser evidente que nem todo conhecimento humano pertence a essa categoria, os tipos de conhecimento que quebram o padrão são rebaixados: classicamente, no positivismo do século 20, a metafísica e a teologia entram nessa marginalização. Como elas não admitem verificação, tornam-se crenças, não conhecimento (como sugerido por Platão há muito tempo), passando, então, a crenças incoerentes e desprovidas de sentido (como argumenta Ayer). Estética e ética são reduzidas às funções experimentais de uma ou mais pessoas: "belo" e "bom" simplesmente significam "eu gosto disso" ou "nós aprovamos aquilo". Desse modo, o positivismo consegue resgatar certos tipos de conhecimento, mas em detrimento de outros.

Para o positivismo, há algumas coisas para as quais temos (em tese) uma perspectiva completamente objetiva e transparente, enquanto, para outras, uma visão preconceituosa e caprichosa. O fato de o positivismo haver sido submetido a críticas duras nas últimas décadas, sendo drasticamente modificado até mesmo por seus defensores (incluindo o próprio Ayer), não o impediu de continuar exercendo influência em nível popular, esfera na qual atua em consonância com a perspectiva ocidental predominante. Nela, o conhecimento científico e o controle tecnológico têm valor preeminente, enquanto valores e sistemas de crenças intangíveis da sociedade humana são relativizados. Encontramo-lo entre teólogos ingênuos, que reclamam que, enquanto outras pessoas têm "pressuposições", os teólogos simplesmente leem o texto de uma forma direta, já que ninguém pode ter "acesso direto" aos "fatos" sobre Jesus; assim, tudo o que nos resta é um pântano de fantasias do primeiro século. E vamos deparar com muitos argumentos semelhantes à medida que prosseguimos.[8]

---

[8]O problema pode ser encontrado na esfera musical. Montreal tem duas (excelentes) estações de rádio e música clássica: uma francesa e outra inglesa. Locutores ingleses dizem com frequência que a música é "tocada por…"; os franceses, que é *interprété par* [interpretada por]…". Temos aqui, em poucas palavras, o positivismo anglo-saxão e a cautela da Europa continental. Sobre a tentativa de encontrar um ponto de vista "neutro", de Descartes a Dummett, veja, por exemplo, Kerr, "Idealism and Realism: An Old Controversy Dissolved", 1989.

CONHECIMENTO: PROBLEMAS E VARIAÇÕES

A história vê-se presa entre dois polos: trata-se de um conhecimento "objetivo" ou tudo realmente não passa de "subjetivismo"? Ou seria o caso de uma falsa dicotomia?[9] Que tipo de conhecimento temos sobre acontecimentos históricos? Por um lado, o conhecimento histórico está sujeito às mesmas ressalvas que todo conhecimento em geral. É possível estar enganado. Posso pensar que estou segurando um livro quando, na verdade, é um pedaço de madeira; posso pensar que César atravessou o Rubicão, mas pode ter sido outro rio; posso pensar que Paulo fundou a igreja de Filipos, mas é concebível que alguém tenha chegado lá primeiro. Quando, então, as pessoas falam ansiosamente sobre em que medida há "prova real" para esse ou aquele "acontecimento" histórico, geralmente concluindo que não existe, é provável que estejam perigosamente próximas da fronteira "ou uma coisa ou outra" da armadilha positivista: plena certeza *versus* mera opinião não fundamentada.

Evidências quanto à travessia do Rubicão por César são basicamente da mesma ordem que as evidências de que estou segurando um livro. De fato, procedimentos de verificação muito semelhantes se aplicam a ambas as proposições. Nenhuma está absolutamente certa; nenhuma é tão incerta a ponto de ser inútil. Se não reconhecermos essa semelhança fundamental, ignoraremos a dúvida cartesiana sobre a vida cotidiana, adotando-a de forma acrítica no caso de questões mais "sérias". No campo do Novo Testamento, alguns críticos fizeram uma ótima música e dançaram sobre o fato de os detalhes da vida de Jesus, ou o fato de sua ressurreição, não poderem ser "cientificamente" provados. Contudo, o rigor filosófico deve obrigá-los a admitir que o mesmo problema pertence a uma vasta gama de conhecimentos humanos comuns, incluindo a alegação implícita de que o conhecimento exige verificação empírica.

O lado pessimista do programa do Iluminismo pode ser visto com mais clareza em certas formas mais modestas de empirismo, principalmente no *fenomenalismo*.[10] A única coisa de que posso realmente ter certeza quando sou confrontado por coisas (o que parece ser) no mundo externo são meus próprios dados sensoriais. Essa visão, com uma aparente espécie de humildade epistemológica, traduz, então, uma conversa sobre os objetos externos ("isto é um copo") em declarações sobre dados sensoriais ("percebo algo sólido, redondo e de superfície lisa nas mãos"). Nesse ponto, o positivismo continuaria a inferir e, se possível, averiguar a presença de objetos externos; por sua vez, a fenomenologia permanece cautelosa, e essa cautela afeta boa parte do discurso popular: em vez do impetuoso "isto está correto", dizemos: "gostaria de defender que isto está correto", reduzindo uma declaração perigosamente arrogante a

---

[9]Veja Bernstein, *Beyond Objectivism and Relativism: Science, Hermeneutics and Praxis*, 1983.
[10]Sobre a fenomenologia, veja Hirst, "Phenomenalism", 1967.

respeito do mundo a uma declaração humilde sobre mim mesmo. Todavia, os problemas conhecidos sob essa perspectiva não a impediram de exercer enorme influência, principalmente em alguns aspectos do pós-modernismo.

Quando pareço olhar para um texto, para a mente de um autor dentro do texto ou para acontecimentos dos quais o texto parece tratar, tudo o que realmente faço é ter a mesma perspectiva que o autor tem dos acontecimentos, a aparência do texto acerca da intenção do autor ou talvez apenas meus pensamentos na presença do texto e... será que se trata mesmo de um texto?[11]

Um diagrama pode ajudar neste momento. O positivista concebe o conhecimento como uma linha simples, que vai do observador para o objeto. Isso resulta no seguinte modelo:

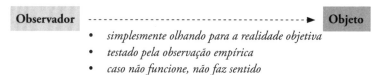

O fenomenalista, entretanto, tenta esse modelo e descobre que todos os resultados retornam ao conhecedor:

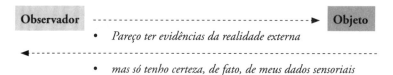

É claro que existem todos os tipos de variação sobre esses temas, porém suas diferenças podem ser resumidas a duas posições mais amplas. Podemos caracterizá-las com uma ilustração. Se conhecer algo é como olhar por um telescópio, um positivista simplista pode imaginar que está apenas olhando para o objeto, esquecendo, por um instante, o fato de estar olhando *através* de lentes; já o fenomenalista pode suspeitar que está olhando para um espelho no qual vê o reflexo de seu próprio olho. Evidentemente, um resultado lógico da posição do fenomenalista é o solipsismo, a crença de que eu — e apenas eu — existo. Para o que mais tenho provas?

Contra essas duas posições, proponho uma forma de *realismo crítico*. É um modo de descrever o processo de "conhecimento" em que, de acordo com essa abordagem, reconhecemos *a realidade da coisa conhecida, diferenciando-a do conhecedor* (daí o "realismo"), enquanto também reconhecemos plenamente que o único acesso que temos a essa realidade consiste, ao longo de um

---

[11]Veja o cap. 3.

caminho em espiral, no *devido diálogo entre o conhecedor e a coisa conhecida* (daí "crítico").[12] Esse caminho conduz a uma reflexão crítica sobre os produtos de nossa investigação da "realidade", de modo que nossas afirmações sobre a "realidade" reconhecem seu aspecto provisório. Em outras palavras, o conhecimento, embora, a princípio, esteja concentrado em realidades independentes do conhecedor, nunca é, ele próprio, independente do conhecedor.[13]

Podemos, então, tentar um esboço preliminar da forma do conhecimento, segundo o modelo do realismo crítico, da seguinte maneira:

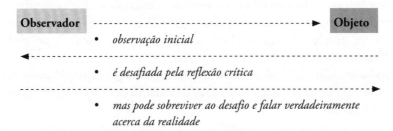

O segundo e o terceiro desses estágios demandam, claramente, mais discussões. A consciência crítica revela pelo menos três coisas sobre o processo de conhecimento, desafiando um realismo ingênuo ou um positivismo popular. Primeiro: o observador olha de um único ponto de vista, apenas um; não existe um tipo de visão divino-panorâmica (ou seja, uma visão divino-panorâmica *deísta* de deus) disponível aos seres humanos — em outras palavras, um ponto de vista que não seja humano.[14] Segundo: como resultado dessa percepção limitada, todo ser humano interpreta, de modo inevitável e natural, informações recebidas por seus sentidos por meio de um filtro de expectativas, memórias, histórias, estados psicológicos etc. O ponto de vista não é apenas peculiar em termos de localização (estou de pé deste lado do cômodo, e não daquele outro; então, meu ponto de vista é diferente do seu); também é peculiar no que diz respeito às lentes da minha visão de mundo (como vários escritores já

---

[12]Talvez devamos notar que o adjetivo "crítico" na expressão "realismo crítico" tem uma função diferente do mesmo adjetivo na expressão "razão crítica". Nesse último sentido (como em Kant, por exemplo), o adjetivo é ativo: "razão que *fornece* uma crítica". No primeiro, o adjetivo é passivo: "realismo *sujeito* à crítica".
[13]A exceção que prova a regra é o caso especial (e altamente complexo) do autoconhecimento.
[14]Sobre a importância de diferentes perspectivas de deus/Deus nesse argumento, veja o capítulo 5. É evidente que, por exemplo, em Hawking, 1988, a discussão da deidade sugere que a palavra "Deus", se tiver qualquer referente, remete ao deus imaginado pelo deísmo, sem se considerarem outras opções (as opções bíblicas, por exemplo). O deus deísta seria o realista ingênuo definitivo; no entanto, quando o Deus de Abraão, Isaque e Jacó — e de Jesus — "conhece" coisas ou as pessoas, há, implicitamente, um nível de engajamento e de envolvimento ativo, de que o deísmo não sabe absolutamente nada.

demonstraram, um ponto de vista tácito e pré-teórico é requisito necessário para que ocorram percepção e conhecimento).[15] Terceiro — e mais importante: onde estou e as lentes (metafóricas) por intermédio das quais enxergo são fatores intimamente relacionados às comunidades a que pertenço. Algumas coisas que vejo de maneira particular, eu as vejo por pertencer a uma comunidade humana específica, a uma rede de familiares e amigos; outras, por pertencer a uma profissão; ainda outras, por ser um músico amador etc. Cada comunidade humana partilha e aprecia certas suposições, tradições, expectativas, ansiedades etc. que encorajam seus membros a interpretar a realidade de forma particular, criando contextos em que certos tipos de afirmação são percebidos como coisas que fazem sentido. Não existe observador "neutro" ou "objetivo"; de modo semelhante, não existe observador *desapegado*.[16]

Todos esses fatores significam que qualquer "realismo" capaz de sobreviver deve levar em conta o caráter provisório de todas as suas declarações. Como proceder, então?

A única coisa que não é possível neste momento é reavivar alguma forma de positivismo, ainda que em um quadro teórico reduzido. Ou seja: neste momento, não é necessário dizer que, feitas as concessões já descritas, ainda assim há coisas que podem ser ditas, com base em dados sensoriais empíricos, sobre o mundo externo ao observador. Não; em vez de trabalhar a partir das particularidades da observação ou de "dados sensoriais" para a formulação de afirmações confiantes sobre a realidade externa, o realismo crítico, conforme o proponho, vê o conhecimento de particularidades ocorrendo na estrutura mais ampla da história ou da visão de mundo; e ambos compõem o modo de ser do observador em relação ao mundo. (No capítulo 5, falarei mais detalhadamente sobre cosmovisões e a forma como funcionam.) Em vez de trabalhar como se estivesse partindo de dados empíricos — ainda que em um quadro teórico reduzido e cauteloso —, o conhecimento ocorre, nesse modelo, quando as pessoas *encontram coisas que se encaixam* em sua história particular ou (mais provavelmente) em histórias às quais estão acostumadas a devotar sua lealdade. Cabe-nos, agora, discutir alguns problemas adicionais oriundos dessa abordagem.

Estou ciente de que, isoladamente, essa afirmação soará intrigante. Parece que o conhecimento é apenas um fator particular; nesse caso, os fenomenalistas e subjetivistas venceram. Tudo o que sei é o que acontece em minha própria história. Para mostrar por que essa redução é injustificada, precisamos

---

[15]Veja Polanyi, 1958; Wolterstorff, *Reason Within the Bounds of Religion*, 1984 [1976].

[16]Veja MacIntyre, *After Virtue: A Study in Moral Theory*, 1985, p. 220-s. Toda essa crítica corresponde ao senso de "explicação" de Ricoeur; veja a discussão em Thiselton, *New Horizons in Hermeneutics: The Theory and Practice of Transforming Biblical Reading*, 1992, cap. 10.

CONHECIMENTO: PROBLEMAS E VARIAÇÕES

examinar a questão da verificação. O que conta como "verificar" que é reivindicado como conhecimento?[17]

Relatos comuns do método "científico" se concentram (por motivos legítimos, em minha opinião) em hipóteses e verificação/falsificação. Formulamos uma hipótese sobre o que é verdadeiro e, em seguida, passamos a verificá-la ou falsificá-la, por meio da experimentação. Mas como chegamos às hipóteses, e o que conta como verificação ou falsificação? Segundo o modelo positivista, as hipóteses são construídas a partir de dados sensoriais recebidos e, em seguida, saem à procura de mais evidências sensoriais que confirmarão, modificarão ou destruirão a hipótese formulada. Sugiro que esse processo é enganoso. Utilizando-se apenas de dados sensoriais, é bastante improvável que alguém construa uma boa hipótese de trabalho; de fato, nenhum pensador sério, de qualquer área, acredita nisso. Precisamos de uma tela maior sobre a qual desenhar, um conjunto maior de *histórias* sobre coisas que provavelmente acontecem no mundo. Sempre deve haver um salto feito pela imaginação amigavelmente sintonizada com o objeto analisado, desde, em tese, a observação aleatória dos fenômenos até a hipótese de um padrão. De forma semelhante, a verificação ocorre não apenas pela observação de dados sensoriais aleatórios (para ver se eles se encaixam na hipótese), mas também pela criação de meios — precisamente com base em narrativas mais amplas (incluindo a própria hipótese) — pelos quais fazemos perguntas específicas sobre determinados aspectos da hipótese. Mas isso nos conduz à seguinte questão: de que maneira essas narrativas mais amplas e os dados específicos se "encaixam"? A fim de examinarmos essa questão, precisamos observar mais de perto as narrativas em si.

HISTÓRIAS, COSMOVISÕES E CONHECIMENTO

As histórias constituem um dos elementos mais fundamentais da vida humana.[18] Não praticamos atos aleatórios para, só então, tentar compreendê-los; se alguém faz isso, dizemos que essa pessoa está bêbada ou louca.

---

[17]Sobre o que será explorado a seguir, veja Barbour, *Issues in Science and Religion*, 1966, Parte II.

[18]Sobre esse tópico atualmente muito discutido, veja em particular Frei, *The Eclipse of Biblical Narrative: A Study in Eighteenth and Nineteenth Century Hermeneutics*, 1974; Alter, *The Art of Biblical Narrative*, 1981; Ricoeur, *Time and Narrative*, 1984, 1985, 1988; Funk, *The Poetics of Biblical Narrative*, 1988; Hauerwas e Jones, *The Condition of Postmodernity: An Enquiry Into the Origins of Cultural Change*, 1989 (principalmente o artigo escrito por Crites (p. 65-88) e a discussão entre Hartt, Crites e Hauerwas (p. 279-319)). MacIntyre, *After Virtue: A Study in Moral Theory*, 1985, especialmente o capítulo 15, também é vital. Já em uma fase tardia na reformulação deste capítulo, li o trabalho de John Milbank, *Theology and Social Theory: Beyond Secular Reason*, 1990, cap. 12, sobre o que ele chama de "verdadeiro realismo metanarrativo cristão" (p. 389), que, se bem entendi, parece-me próximo do que defendo, embora sua obra seja, obviamente, muito mais refinada.

O NOVO TESTAMENTO E O POVO DE DEUS

Segundo argumenta MacIntyre, diálogos em particular e ações humanas em geral são "narrativas encenadas". Ou seja, a narrativa geral forma a categoria mais básica, enquanto o momento e o indivíduo particulares só podem ser entendidos nesse contexto:[19]

> A história não é uma sequência de ações; antes, o conceito de uma ação corresponde a um momento em uma história factual ou fictícia, extraído dessa história com algum propósito específico. Da mesma forma, personagens em uma história não são um conjunto de pessoas. Pelo contrário: o conceito de "pessoa" corresponde a um personagem extraído de uma história.[20]

A vida humana, então, pode ser vista como fundamentada e constituída pelas histórias implícitas ou explícitas que os seres humanos contam a si mesmos e uns aos outros. Isso contraria a crença popular de que as histórias existem para "ilustrar" um ponto ou outro que, em tese, pode ser declarado sem recorrermos à narrativa como veículo inadequado de comunicação. Normalmente, as histórias são consideradas pobres substitutas de uma "coisa real", algo capaz de ser encontrado em alguma verdade abstrata ou em declarações sobre "fatos simples". Uma alternativa igualmente insatisfatória é considerar a história uma vitrine para um dizer retórico ou um conjunto de dizeres. As narrativas são um constituinte básico da vida humana; elas são, de fato, um elemento-chave na construção plena de uma cosmovisão. Argumentarei, no capítulo 5, que todas as visões de mundo contêm um elemento narrativo irredutível — um elemento que permanece ao lado de outros relacionados a essa visão de mundo (símbolos, práticas, perguntas e respostas básicas) e que não podem ser "simplificados" ainda mais. Portanto, as visões de mundo, o prisma através do qual os seres humanos percebem a realidade, emergem em consciência explícita em termos de crenças e objetivos humanos, os quais funcionam, em tese, como expressões controversas de visões de mundo. As histórias que caracterizam a própria visão de mundo estão localizadas, no mapa do conhecimento humano, em um nível mais fundamental do que as crenças explicitamente formuladas, incluindo as crenças teológicas.

Entre as narrativas que incorporam, de forma mais óbvia, as cosmovisões, estão os mitos de fundação, contados pelos chamados "povos nativos primitivos" como explicação para as origens do mundo em geral e de sua raça em particular. Antropólogos e outros, ansiosos por descobrirem vestígios de pontos de vista primordiais, agora escondidos de olhares aparentemente mais civilizados,

---

[19]MacIntyre, *After Virtue: A Study in Moral Theory*, 1985, p. 211.
[20]*Ibidem*, p. 217.

70

CONHECIMENTO: PROBLEMAS E VARIAÇÕES

estudam essas histórias como os meios devidos para alcançar esse fim. No entanto, se procurarmos análogos modernos, eles não se encontram assim tão longe de nós; um bom exemplo disso é a narrativa adotada no debate político. Histórias de como a situação estava durante a Grande Depressão são usadas para alimentar um senso de simpatia pela classe trabalhista oprimida; histórias de terrorismo são empregadas para justificar os atuais regimes de direita. Em um contexto mais restrito, histórias são contadas no discurso pessoal e doméstico, não apenas para fornecer informações sobre eventos pretéritos, mas também para incorporar — e, portanto, reforçar ou modificar — uma visão de mundo compartilhada dentro de uma família, de um escritório, de um clube ou de uma universidade. Assim, as histórias fornecem uma estrutura vital segundo a qual experimentamos o mundo. Também fornecem o meio pelo qual as visões de mundo podem ser desafiadas.

O fato de as histórias serem a característica fundamental das cosmovisões também pode ser ilustrado em relação à cosmovisão judaica e às suas mutações, que nunca podem ser reduzidas a um conjunto de máximas ou regras de conduta. Mesmo em sua forma mais proverbial e epigramática, a escrita judaica mantém a subestrutura da história judaica sobre o deus da aliança, o mundo e Israel. Para a maioria dos judeus do primeiro século, as histórias certamente eram a maneira natural e até mesmo inevitável pela qual sua visão de mundo encontraria expressão, fosse narrando os feitos poderosos que YHWH realizou em favor de seu povo, fosse na criação de novas histórias como forma de instigar os fiéis da época a perseverar na paciência e na obediência, fosse ainda na antecipação ansiosa da ação poderosa que ainda estava por vir, ação que coroaria todas as outras ações divinas até aquele momento e levaria Israel a uma libertação verdadeira e duradoura, de uma vez por todas.[21]

As histórias, sempre populares entre as crianças e aqueles que leem por puro prazer, têm-se tornado moda ultimamente entre os estudiosos, principalmente no campo de estudos bíblicos. Na última geração, vários escritores recorreram ao trabalho de analistas de contos populares, como Vladimir Propp, para ajudá-los a entender a estrutura e o significado de diversos trechos bíblicos. Em vez de "traduzir" a narrativa em outra coisa, somos agora incentivados a lê-la da forma como é, compreendendo-a em seus próprios termos.[22] Em termos

---

[21]Veja a Parte III deste livro. Exemplos relativamente recentes são Jubileus, 4Macabeus e Josefo. Até os escritos cuja forma não é narrativa contam, mesmo assim, histórias: comentários de Qumran sobre as escrituras contam a história da comunidade — suas origens, lutas e destino — por meio de uma exegese mais detalhada. Filo pode ser uma exceção à regra, embora ele também tenha empregado histórias em certos estágios, como o próprio Platão havia feito.

[22]Veja particularmente Frei, *The Eclipse of Biblical Narrative: A Study in Eighteenth and Nineteenth Century Hermeneutics*, 1974; Alter, *The Art of Biblical Narrative*, 1981.

literários e teológicos, isso me parece um desenvolvimento totalmente admirável; demanda, sem dúvida, alguns freios e contrapesos, mas, a princípio, é algo que pode ser recebido com entusiasmo.

Esta pesquisa, além disso, examinou como as histórias funcionam em si mesmas e em relação a outras histórias. Em termos de estrutura interna, as histórias são compostas de enredos e personagens. Recorrem a várias técnicas retóricas, incluindo modo de narração (o narrador é um personagem do drama ou tem uma visão privilegiada de todos os acontecimentos?), ironia, conflito, diferentes padrões narrativos (como "enquadramento") etc. As histórias terão, por conseguinte, o que alguns chamam de "leitor ideal" — ou seja, as narrativas sugerem e atraem um tipo específico de leitura. Tudo isso tem seu próprio efeito sobre a forma como os leitores de uma história veem as coisas. Em outras palavras, somos convidados a fazer, com uma história complexa, aquilo que (conforme veremos no capítulo seguinte) fazemos com qualquer crítica literária: estudar o efeito criado e os meios pelos quais esse efeito é criado. A intenção do autor não deve ser excluída desse processo, embora, com frequência, isso aconteça. Por exemplo: ao lidarmos com textos antigos, devemos lembrar que os comentaristas antigos da retórica estavam perfeitamente cientes dos vários efeitos possíveis das narrativas; por isso, devemos considerar a possibilidade de os evangelistas estarem cientes dessas ideias. De modo semelhante, contudo, um escritor como Marcos pode muito bem ter produzido esses efeitos da mesma forma que um orador "natural" faria, usando uma variedade de técnicas sem estar ciente delas.[23]

Quando examinamos a forma como as histórias funcionam entre si, descobrimos que o ser humano cria narrativas por corresponderem à forma como percebemos o mundo com o qual nos relacionamos. O que vemos de perto, em uma infinidade de pequenos incidentes — tanto isolados como, mais provavelmente, inter-relacionados —, compreendemos ao recorrer a formas narrativas mais ou menos conhecidas, inserindo, então, informações nelas. As histórias, com seus padrões de problemas e conflitos, com suas tentativas abortadas de resolução e resultados finais, tristes ou alegres, são, se pudermos inferir da prática comum do mundo, universalmente percebidas como a melhor maneira de falarmos de como o mundo realmente é. Boas histórias partem do pressuposto

---

[23]Sobre isso, veja a seguir o capítulo 3; veja também Beardslee, *Literary Criticism of the New Testament*, 1969; Rhoads e Michie, *Mark as Story: An Introduction to the Narrative of a Gospel*, 1982, e outros escritores atuais. Confira também o comentário de Gálatas feito por H.-D. Betz, *Galatians: A Commentary on Paul's Letter to the Churches in Galatia*, 1979. Boa parte dos trabalhos recentes sobre os evangelhos como histórias (p. ex., Mack, *A Myth of Innocence: Mark and Christian Origins*, 1988) presume que o fenômeno "história" é um desenvolvimento posterior, mas isso é, na verdade, um absurdo; veja a Parte IV, especialmente o capítulo 14.

CONHECIMENTO: PROBLEMAS E VARIAÇÕES

de que o mundo é um lugar de conflitos e resoluções, sejam cômicas, sejam trágicas. As narrativas selecionam e organizam o material segundo esses princípios. Ademais, conforme já sugerimos, as histórias podem incorporar ou reforçar, ou até mesmo modificar, as visões de mundo com que se relacionam.[24]

As histórias são, na verdade, peculiarmente boas em modificar e subverter outras histórias e visões de mundo. Naquilo em que um ataque frontal certamente falharia, as parábolas escondem a sabedoria da serpente por trás da inocência da pomba, obtendo uma espécie de abertura e favor que podem ser usados para mudar suposições que, de outra forma, o ouvinte manteria escondidas, por segurança. Natã conta a Davi uma história sobre um homem rico, um homem pobre e um cordeirinho; Davi fica furioso, e Natã o enlaça. Mande alguém fazer alguma coisa, e você afetará sua vida — por um dia; conte uma história a alguém, e você mudará sua vida. As histórias, ao surtirem esse efeito, funcionam como metáforas complexas. A metáfora consiste em aproximar dois conjuntos de ideias próximas o suficiente para produzir uma faísca que, se lançada ao ar, iluminará, por um instante, toda a área ao seu redor, mudando as percepções ao fazê-lo.[25] A história subversiva aproxima-se o suficiente da história já acreditada pelo ouvinte para que uma faísca salte entre ambas; e, daí em diante, nada mais voltará a ser igual.

Seria possível — e, em tese, até mesmo desejável — dar continuidade a esse *insight* por meio de várias ramificações adicionais. Sociedades são entidades complexas, de modo que as visões de mundo que as dominam dão origem não apenas a histórias diretas, mas também a versões fragmentadas e distorcidas dessas histórias, na proporção em que diferentes grupos e indivíduos marcam, em um cenário mais amplo, seu próprio caminho. Os seres humanos vivem em mundos sobrepostos e, como indivíduos ou grupos, podem muito bem contar a si mesmos histórias diferentes e sobrepostas, mas também concorrentes. Ademais, as histórias narradas explicitamente por grupos ou indivíduos podem ser enganosas — quer estejam cientes disso, quer não —, de modo a exigir uma verificação à luz da prática factual e de um universo simbólico mais amplo. O que alguém habitualmente *faz*, bem como os símbolos em torno dos quais organiza sua vida, servem, no mínimo, como indicadores tão confiáveis para sua visão de mundo quanto as histórias que "oficialmente" contam.[26]

---

[24]Sobre as diferentes coisas que as histórias podem fazer, veja Thiselton, *New Horizons in Hermeneutics: The Theory and Practice of Transforming Biblical Reading*, 1992, capítulo 15, seção 3.
[25]Veja Crossan, *The Dark Interval: Towards a Theology of Story*, 1988b [1975]. Sobre a metáfora, veja Ricoeur, *The Rule of Metaphor: Multi-Disciplinary Studies of the Creation of Meaning in Language*, 1977; Caird, *The Language and Imagery of the Bible*, 1980; Soskice, *Metaphor and Religious Language*, 1985.
[26]Veja o capítulo 5. Sou grato ao professor Christopher Rowland, por sua ênfase sobre esse ponto.

O resultado de tudo isso em nosso campo específico — ou seja, o Novo Testamento — é o seguinte: certo grupo de judeus do primeiro século, que guardava e desejava honrar uma variante específica da cosmovisão judaica da época (que descreveremos em detalhes na Parte III), ansiava por dizer: "A esperança que caracteriza nossa cosmovisão foi cumprida nesses acontecimentos". E escolheram expressar isso da maneira mais natural (e, obviamente, judaica) possível — ou seja, contando uma *história* —, a fim de subverter outras formas pelas quais a sociedade judaica olhava o mundo. Para ser mais explícito: os judeus do primeiro século, como todos os demais povos, percebiam o mundo e os acontecimentos ao seu redor através de uma "matriz" de interpretações e expectativas. Sua matriz particular consistia na crença de que o mundo foi criado por um deus bom, sábio e onipotente, que escolheu Israel como seu povo especial. Os judeus criam que sua história nacional, comunal e tradicional lhes dava lentes pelas quais podiam perceber os acontecimentos do mundo, lentes pelas quais podiam entendê-lo e adequar a própria vida. Contavam histórias que personificavam, exemplificavam e reforçavam sua visão de mundo — e, ao fazê-lo, lançavam um desafio particularmente subversivo às visões de mundo alternativas. Aqueles que desejavam encorajar seus companheiros judeus a pensar de forma diferente contavam as mesmas histórias, mas com reviravoltas e elementos distintos. Os essênios contavam uma história sobre o começo secreto da nova aliança; Josefo, uma história sobre o deus de Israel alcançando os romanos; Jesus, uma história sobre lavradores cuja infidelidade causaria a morte do filho do proprietário e sua própria expulsão; os primeiros cristãos, histórias sobre o reino de deus e sua inauguração por meio de Jesus. Contudo, eis uma coisa que nunca faziam: eles nunca expressavam uma visão de mundo na qual o deus em questão não estivesse interessado ou envolvido com o mundo criado em geral, nem com o destino de seu povo, em particular. Mais adiante, retornaremos a esse tema.

O motivo pelo qual as histórias entram em conflito entre si é que as visões de mundo e as histórias que as caracterizam são, em tese, *normativas* — ou seja, afirmam dar sentido a toda a realidade. Até mesmo o relativista — cuja crença é que o ponto de vista de todos é igualmente válido em relação a todos os assuntos, embora os pontos de vista sejam aparentemente incompatíveis — é obediente a uma história subjacente acerca de toda a realidade. Segundo ele, a realidade é, em última análise, composta por uma rede perfeitamente interligada, aberta, em tese, à experiência, à observação e à discussão. É irônico que muitas pessoas no mundo moderno tenham o cristianismo como uma visão de mundo particular, um conjunto de histórias particulares. Alguns cristãos realmente caíram nessa armadilha. Em tese, porém, a questão

CONHECIMENTO: PROBLEMAS E VARIAÇÕES

toda do cristianismo é que ele oferece uma narrativa correspondente à história do mundo inteiro. Trata-se de uma verdade pública; do contrário, desmorona em alguma versão do gnosticismo.[27]

Podemos, assim, traçar uma espécie de escala móvel para mostrar o que acontece quando as histórias contadas por determinado grupo como explicação do mundo entram em contato com as histórias de outros grupos. Em uma extremidade, temos o fenômeno da confirmação direta: a história implícita por um "objeto", por uma ação ou um acontecimento que se encaixa, sem problema algum, em minha visão de mundo. Na outra extremidade, está o confronto direto: para dar sentido às histórias que se desenrolam à minha frente, tenho de abandonar minha narrativa dominante e encontrar uma nova — o que acontece não por minha construção a partir de evidências extraídas de dados sensoriais diretos, mas escutando a narrativa de outra comunidade que, *aparentemente*, dá sentido a esse (até então incompreensível) acontecimento.[28] A única maneira de resolver o conflito entre as duas histórias é contar outra história, explicando como a evidência para a narrativa desafiadora é, na verdade, enganosa. Trata-se de uma postura bastante comum na ciência (o experimento não "funcionou"; portanto, alguma variável inesperada deve ter-se infiltrado nos procedimentos), na história (os textos não se encaixam nos fatos; portanto, alguém os distorceu) e em outras áreas. Além disso, entre esses dois extremos de confirmação e confronto, acontecimentos e "objetos" podem modificar ou subverter a narrativa ou as narrativas pelas quais começamos; desse modo, como sempre, a prova do pudim está em comê-lo. Não existe algo como prova "neutra" ou "objetiva"; apenas a afirmação de que a história que agora contamos a respeito do mundo como um todo faz mais sentido, em seu contorno e em seus detalhes, do que outras histórias disponíveis, reais ou potenciais. Simplicidade de esboço, elegância no manuseio dos detalhes, inclusão de todas as partes da história e capacidade de fazer sentido da forma mais ampla possível: são esses os fatores que contam.[29]

---

[27]Veja Newbigin, *Foolishness to the Greeks: The Gospel and Western Culture*, 1986; *The Gospel in a Pluralist Society*, 1989; Walsh, *Who Turned Out the Lights? The Light of the Gospel in a Post-Enlightenment Culture*, 1989; e muitos outros escritores.

[28]Meu uso de "narrativas dominantes" é semelhante à discussão de Wolterstorff sobre "crenças dominantes" (1984 [1976], Parte I, especialmente o capítulo 1). A questão de saber se alguém poderia, de fato, "ver" evidências contraditórias (já que, supostamente, poderiam ser "filtradas" por uma cosmovisão segundo a qual tais evidências nem sequer deveriam existir) é complexa, embora eu suspeite fortemente que o problema se resuma a uma variante do paradoxo da lebre e da tartaruga. Todos sabemos que a lebre realmente ultrapassa a tartaruga; todos sabemos que conversões radicais — mudanças radicais de perspectiva e que acomodam novas evidências — realmente acontecem, ainda que normalmente sem os traumas previsíveis.

[29]Veja o capítulo 4.

Retornamos, então, a algo como uma noção de hipótese e verificação. Em geral, uma hipótese (em qualquer área) é tida como "verificada" se incluir dados relevantes, apresentar alguma simplicidade e mostrar-se frutífera em áreas além de sua preocupação imediata. O que fizemos, porém, foi preencher lacunas no relato do que uma hipótese realmente é e do que conta como verificação. Um relato completo, ao que parece, deve incluir os seguintes elementos: questionamento, hipótese e teste de hipótese.[30]

Existe, em primeiro lugar, a *pergunta* para a qual a hipótese é, como resposta, formulada. A pergunta não surge "do nada"; antes, tem origem precisamente nas *histórias* que certos seres humanos contam uns aos outros, em todos os níveis. Alguém faz perguntas porque sua narrativa atual é, de alguma forma, enigmática ou incompleta. Dirijo, por exemplo, ao longo da estrada, pensando em uma série de coisas, mas tendo como certa uma história subjacente sobre carros, direções e estradas. Então, o carro começa a tremer. Imediatamente, passo a contar a mim mesmo diversas histórias capazes de explicar esse fenômeno. Talvez a prefeitura esteja trabalhando nesse trecho da estrada, de modo que ainda não está devidamente asfaltado; talvez o pneu do carro tenha furado; talvez haja algo de errado com a suspensão. Essas hipóteses se apresentam para mim como potenciais elos perdidos de narrativas mais amplas: quando inseridas de forma adequada, transformam minhas histórias habituais em possíveis *histórias explicativas*. É difícil descrever de onde elas vêm, embora sua origem não seja irrelevante: parecem surgir por meio de um processo de intuição. Em seguida (retornando ao exemplo), o veículo atrás de mim pisca as luzes e o motorista aponta para uma das rodas do meu carro. Imediatamente, a segunda história/hipótese vem à tona. Eu paro e examino o pneu, que parece mesmo encontrar-se em estado lamentável. Dois outros dados — a saber, a ação do outro motorista e minha visão do pneu — convencem-me de que a segunda história corresponde à realidade. Uma das histórias que contei a mim mesmo emergiu como a *melhor explicação*. Naturalmente, a estrada e a suspensão podem apresentar problemas; mas a explicação mais simples é esta: o estremecimento que senti enquanto dirigia foi causado pelo pneu furado. Em cada fase do processo, o essencial pode ser mais bem-descrito em termos de história: a história que dá origem ao questionamento, as novas histórias que se oferecem como explicação e a narrativa bem-sucedida de uma das histórias, a qual inclui todos os dados relevantes, utilizando-se de um quadro teórico simples e contribuindo para a melhor compreensão de outras histórias ("sempre desconfiei da loja em que comprei esses pneus"). Essa descrição de um processo bastante simples de conhecimento demonstra o que

---

[30]Meyer, *The Aims of Jesus*, 1979, p. 80.

CONHECIMENTO: PROBLEMAS E VARIAÇÕES

está envolvido no modelo de "hipótese e verificação", tornando-o mais palpável. Buscarei desenvolvê-lo mais completamente no capítulo 5, ao tratar da natureza das visões de mundo e do lugar que as narrativas ocupam dentro delas, o que será de extrema importância na discussão da história em particular (cap. 4), em que discutiremos também alguns dos problemas mais relacionados ao processo de "verificação".

Quando, portanto, percebemos a realidade externa, fazemos isso com base em um quadro teórico preexistente. Em essência, tal quadro teórico consiste em uma visão de mundo; e as visões de mundo, segundo enfatizamos, caracterizam-se, entre outras coisas, por certos tipos de história. As tradições positivista e tradicionalista erram ao imaginar que a percepção antecede a compreensão de realidades mais amplas. Pelo contrário: percepções sensoriais detalhadas não ocorrem apenas no âmbito de histórias, porém são verificadas nelas (se é isso mesmo que acontece). O crucial é perceber que aquilo que a tradição positivista veria como "fatos" já vem com teorias anexadas; e teorias são precisamente histórias contadas como o quadro teórico para incluir "fatos". O que é verdade sobre "fatos" também é verdade sobre "objetos": "objetos" também carregam histórias sobre eles. A palavra "xícara" não denota apenas um objeto de certas propriedades físicas; tampouco, quando eu olho para uma xícara, ou a manuseio, simplesmente "vejo" ou "sinto" essas propriedades físicas. A palavra, como o próprio objeto, diz respeito ao conjunto de histórias implícitas em que a xícara pode figurar, sejam elas relativas a uma aula de cerâmica, uma tradição familiar, um chá ou a pedir açúcar emprestado a um vizinho. Em outras palavras, só sabemos o que *são* os objetos quando os vemos, ao menos implicitamente, no âmbito de *acontecimentos*. E acontecimentos, por sua vez, dizem respeito (em princípio) a ações inteligíveis. Como resultado, em vez do diálogo ou da conversa que examinamos anteriormente — entre "observador" e "objeto" do modo como concebidos na tradição empirista, seja em sua forma otimista, seja em sua forma pessimista —, temos um diálogo ou uma conversa entre seres humanos (não apenas plataformas meramente neutras e isoladas) e acontecimentos (não apenas objetos isolados, sem sentido). Desse modo, em ambos os lados desse diálogo, temos histórias: histórias que os seres humanos contam implicitamente sobre o mundo, histórias sugeridas por acontecimentos e, em seu âmbito, pelos "objetos" que formam suas partes componentes.[31]

Podemos, então, elaborar uma versão modificada do diagrama anterior da epistemologia crítico-realista, levando em consideração os novos detalhes agora introduzidos:

---

[31]Devo esse parágrafo a MacIntyre, *After Virtue: A Study in Moral Theory*, 1985.

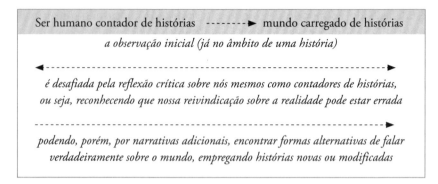

Tal abordagem, penso, guarda várias semelhanças com a "hermenêutica da suspeita e da recuperação", defendida por Paul Ricoeur, embora discuti-la aqui possa desviar-nos para muito longe.[32] Ela sugere que, naquilo em que o mundo ocidental tende a dividir como conhecimento "objetivo" e conhecimento "subjetivo", uma maneira menos enganosa de falar seria em termos de conhecimento "público" ou "particular". O caráter público de determinados tipos de conhecimento não é ameaçado pelo fato de algumas pessoas o formularem. Pelo contrário, é aumentado.

CONCLUSÃO

A distinção aparentemente clara entre "objetivo" e "subjetivo" deve ser abandonada como inútil. Se alguém, ao ler essa frase, concluir imediatamente que "não existe algo como conhecimento objetivo", isso apenas mostrará quão profundamente enraizada a tradição positivista se tornou em nossa cultura, exatamente quando seus perpetradores admitiram, por fim, que ela está errada. O essencial, conforme argumentei, é uma epistemologia mais equilibrada; e, sujeito aos limites deste livro e às limitações da minha experiência, foi o que tentei oferecer. Contudo, partindo, por um instante, de uma visão de mundo cristã — a ser discutida em mais detalhes em outra ocasião —, podemos ao menos dizer o seguinte: o conhecimento diz respeito às inter-relações entre seres humanos e o mundo criado. Essa ideia conduz o conhecimento à esfera da crença bíblica, segundo a qual o ser humano é feito à imagem do criador e, como consequência, é incumbido da tarefa de exercer uma administração sábia na ordem criada. A humanidade não é nem observadora isolada, nem

---

[32] Veja Thiselton, *New Horizons in Hermeneutics: The Theory and Practice of Transforming Biblical Reading*, 1992, p. 327: "Uma ideia central para Ricoeur é a dupla função da hermenêutica: a hermenêutica da suspeita, que desmascara o anseio humano e destrói ídolos, e a hermenêutica da recuperação, que escuta os símbolos e o discurso narrativo simbólico. A crítica opera apenas para chegar à criatividade pós-crítica, ou seja, do outro lado do deserto crítico".

CONHECIMENTO: PROBLEMAS E VARIAÇÕES

predadora da criação. Sob essa perspectiva, o conhecimento pode ser uma forma de administração; pode ser, em face do presente estado do mundo, uma forma de administração *redentora*; pode ser, em certo sentido, uma forma de amor. (Se mal empregado, pode tornar-se, obviamente, o oposto de todas essas coisas: o conhecimento pode ser visto como um dom projetado para ser *usado* na administração.) "Conhecer" é relacionar-se com o "conhecido". Em outras palavras, o "conhecedor" deve estar aberto à possibilidade de o "conhecido" ser diferente do que era esperado ou até mesmo desejado, e deve estar preparado para responder da maneira adequada, e não apenas observar a distância.

Desse modo, o realismo crítico aqui oferecido corresponde essencialmente a uma epistemologia *relacional* em oposição a uma epistemologia isolada, desapegada. As histórias por meio das quais se chega ao relato (potencialmente) verdadeiro da realidade são, irredutivelmente, histórias sobre a inter-relação de seres humanos com o restante da realidade (incluindo, naturalmente, outros seres humanos). Ademais, as próprias histórias cruciais são, evidentemente, um elemento vital no relacionamento entre aqueles que partilham de uma mesma visão de mundo (que contam histórias uns aos outros para confirmar e ajustar sua visão de mundo) e entre os detentores de diferentes visões de mundo (que contam histórias destinadas a subverter as posições uns dos outros). Esse modelo abre espaço para a realidade do conhecimento além dos próprios dados sensoriais (aquilo que o "objetivista" deseja salvaguardar) e, ao mesmo tempo, abre espaço para o desenvolvimento do conhecedor no ato de conhecer (aquilo em que o "subjetivista" corretamente insistirá). Tal modelo, acredito, tem muito a oferecer. E pode servir como uma espécie de fio de Ariadne para nos guiar pelos labirintos do estudo do Novo Testamento.

Essa teoria crítico-realista do conhecimento e da verificação, então, reconhece a natureza essencialmente "histórica" do conhecimento, do pensamento e da vida humana, encaixando-se no modelo mais amplo das cosmovisões e de suas partes componentes. Reconhece que todo conhecimento de realidades externas a si ocorre no quadro teórico de uma visão de mundo da qual as histórias são parte essencial; e estabelece como hipóteses várias histórias sobre o mundo em geral ou partes dele em particular, testando-as ao ver que tipo de "encaixe" elas têm com as histórias já existentes. Se alguém perguntar quais argumentos indisputáveis posso produzir para mostrar que essa teoria do conhecimento humano é de fato verdadeira, obviamente seria contraditório responder em termos essencialmente empiristas. O único argumento apropriado é aquele simples, já apresentado, sobre "comer o pudim". De fato, propor uma nova epistemologia é intrinsecamente difícil, justamente pela dificuldade causada pelo próprio empirismo. É impossível encontrar uma base sólida ("objetiva") na qual firmar-se: isso não existe. Todas as epistemologias devem ser, elas mesmas, defendidas como hipóteses: elas são testadas não por sua coerência com um ponto fixo previamente acordado, mas, sim (como, de fato, outras hipóteses), por sua simplicidade e capacidade de dar sentido a um amplo escopo de experiências e acontecimentos. Contei uma história sobre como os seres humanos conhecem as coisas. Agora, devemos exemplificar e, espero, verificar adequadamente essa história, vendo maneiras pelas quais ela pode dar sentido à forma como o ser humano conhece certas coisas específicas — a saber, literatura, história e teologia.

LITERATURA, HISTÓRIAS E ARTICULAÇÃO DE COSMOVISÕES

CAPÍTULO 3

INTRODUÇÃO

O estudo do cristianismo primitivo de Jesus e de Paulo — especialmente o da teologia de todo o movimento e dos indivíduos que dele participaram — é conduzido por meio do estudo da literatura. (As únicas exceções a essa regra são achados arqueológicos esporádicos, como moedas e inscrições.) Devemos, assim, indagar, pelo menos em termos gerais, acerca da função da literatura, e qual é a melhor forma de tratá-la. A pergunta "Como devemos abordar o Novo Testamento?" é um caso mais específico de um questionamento mais amplo a ser feito a respeito de qualquer livro. Somos particularmente compelidos a esse questionamento no século 21. A maré da teoria literária finalmente atingiu o ponto na praia onde os teólogos têm brincado e, após encher com água o pequeno fosso em torno de seus castelos de areia, agora ameaça forçá-los a recuar, a não ser que cavem mais fundo e construam um castelo mais resistente.

Problemas atuais relativos à literatura têm estreita afinidade com aqueles que já examinamos.[1] Deparamos, mais uma vez, com problemas acerca do *conhecimento*, embora correspondam a questões altamente especializadas. Em primeiro lugar, precisamos discutir a questão da leitura em si: o que acontece quando o leitor depara com o texto? Em seguida, precisamos indagar sobre a natureza da própria literatura. Depois, à luz das perguntas anteriores, devemos questionar o papel da crítica na literatura e, visto que esses questionamentos nos levarão mais uma vez à questão da Narrativa, devemos, então, averiguar, com

---

[1]Veja, por exemplo, Young e Ford, *Meaning and Truth in 2 Corinthians*, 1987, cap. 5; Morgan, *Biblical Interpretation*, 1988, cap. 7.

O NOVO TESTAMENTO E O POVO DE DEUS

mais detalhes, a forma como as histórias/narrativas funcionam. Finalmente, devemos aplicar tudo isso de modo mais específico ao Novo Testamento.[2]

Podemos começar, porém, com alguns exemplos que nos ajudarão ao longo da caminhada.

"Tem alguém aí?", pergunta o Viajante,
Ao bater à porta pelo luar iluminada;
Seu cavalo, no silêncio, roçando a grama
Da forragem fértil da floresta.

Um pássaro sobrevoa a torre,
Acima da cabeça do Viajante
"Tem alguém aí?" Mas nenhum som se ouve!
Ao bater uma segunda vez, relutante.

Mas ninguém desce ao Viajante;
Nem se inclina pela janela.
Para ver seu rosto cansado
Enquanto ele, perplexo, espera.

Somente fantasmas o escutam
De dentro daquele lugar,
Na hora em que uma voz humana
Ecoa à luz do luar.

Em um cômodo escuro, lá estavam
Outros, assentados na escada
Percebendo o ar se agitando
Enquanto o Viajante clamava.

---

[2]Para mais detalhes, veja Beardslee, *Literary Criticism of the New Testament*, 1969; "Recent Literary Criticism", 1989; Frei, *The Eclipse of Biblical Narrative: A Study in Eighteenth and Nineteenth Century Hermeneutics*, 1974; Alter, *The Art of Biblical Narrative*, 1981; Frye, *The Great Code: The Bible and Literature*, 1983; Barton, *Reading the Old Testament: Method in Biblical Study*, 1984; Cotterell e Turner, *Linguistics and Biblical Interpretation*, 1989; Hauerwas e Jones, *Why Narrative? Readings in Narrative Theology*, 1989; Sanders e Davies, *Studying the Synoptic Gospels*, 1989, caps. 15–16; Warner, *The Bible as Rhetoric: Studies in Biblical Persuasion and Credibility*, 1990; e muitos outros, como, por exemplo, Poythress, "The Philosophical Roots of Phenomenological and Structuralist Literary Criticism", 1978. Duas das obras recentes mais importantes e que cobrem toda a extensão deste capítulo são Moore, *Literary Criticism and the Gospels: The Theoretical Challenge*, 1989; e Thiselton, *New Horizons in Hermeneutics: The Theory and Practice of Transforming Biblical Reading*, 1992.

LITERATURA, HISTÓRIAS E ARTICULAÇÃO DE COSMOVISÕES

Mas no coração o Viajante
Sentiu uma estranheza afetá-lo:
Aquele silêncio o escutava?
Sim. Atendia ao seu chamado.

Então ele, batendo à porta,
Bradou, erguendo a cabeça:
"Chamei, mas ninguém respondeu.
Ainda assim, mantive minha promessa".

Por mais que um ruído irrompesse
Por sombras escuras da casa
Nenhum som fizeram os ouvintes
À voz que o Viajante alçava.

Seus pés no estribo ouviram,
O som de um ferro na pedra,
E como o silêncio surgia suave
Lá se ia o único Vivo.[3]

Como devemos abordar esse poema? Podemos nos concentrar nele, se quisermos, em termos de arte literária, como, por exemplo, o uso da aliteração. A sensação tranquila e suave da floresta é transmitida pela sequência dos sons de "f" na quarta linha;[4*] o retorno ao silêncio, como o de um lago perturbado que recupera a quietude, pelos sons de "s" na penúltima linha.[5*] Observamos o efeito e explicamos o método. Mas existem efeitos mais amplos, que merecem ser ponderados. O título do poema é: "Os Ouvintes", um nome que talvez nós mesmos não escolhêssemos ("O Cavaleiro Solitário"? "O Cavaleiro do Luar"?). O título direciona nossa atenção a determinado ponto, mesmo quando a introdução do poema nos transpõe para outro lugar. Convida o leitor a refletir: quem são esses ouvintes fantasmas? O que estão fazendo? Quem fez o cavaleiro prometer voltar, e onde ele se encontra agora? A tensão entre título e poema, apenas parcialmente resolvida pelo fato de os ouvintes se tornarem o assunto da segunda metade, combina-se com todas as alusões inexplicáveis ("Ainda assim, mantive minha promessa") para criar

---

[3] Walter de la Mare, "The Listeners" [Os ouvintes], em de la Mare, *Stories, Essays and Poems*, 1938, p. 316-17.
[4*] No original: "Of the forest's ferny floor" [literalmente, do chão folheado da floresta].
[5*] No original: "And how the silence surged softly backward" [literalmente, e como o silêncio retrocedeu suavemente].

O NOVO TESTAMENTO E O POVO DE DEUS

o efeito de um grande e solene mistério do qual somos apenas parcialmente sabedores, mas não totalmente. Percebemos, de fato, que testemunhamos o auge de um drama muito mais longo e complexo, emaranhado, implícito e cheio de significados. Sentimo-nos, na realidade, irresistivelmente atraídos para um mundo narrativo, para uma história que, como o "conto" moderno, convida-nos a compartilhar seu mundo, não tanto pelas coisas que diz, mas também pelo que não diz. O efeito do poema é mais do que a soma total das rimas, da assonância, do cenário evocativo. Todos esses elementos se enquadram no — e, obviamente, como o poema é bom, acentuam o — efeito mais amplo da história/narrativa[6] em si. (Algo semelhante, sugiro, é verdadeiro acerca dos evangelhos.) Ao longo dessas discussões, deparamos com perguntas como: quão aberto está o poema a novas formas de leitura? O que podemos considerar uma leitura "correta", e quão importante é alcançar uma leitura dessa natureza?[7]

Vejamos um segundo exemplo. Em *Doutor Fausto*, célebre e alarmante romance de Thomas Mann, somos apresentados a Adrian Leverkühn, um brilhante compositor que inventou um método inteiramente novo de escrever música.[8] Mann alude quase imediatamente ao pacto faustiano do compositor com o Diabo e, então, finge, na pessoa do narrador, estar aborrecido consigo mesmo por haver deixado escapar tão rápido um tema tão importante. No entanto, o verdadeiro tema principal permanece oculto, sendo revelado apenas implicitamente, à medida que o romance vai se aproximando de seu estupendo clímax. Paralelamente à trajetória de vida do compositor, encontramos a trajetória da Alemanha moderna, culminando com a ascensão de Hitler e a Segunda Guerra Mundial. E, apenas na última frase do romance, o paralelo é finalmente explicitado, enquanto o narrador olha para a ruína de seu amigo Leverkühn e para a ruína de sua terra natal, combinando os dois: "*Gott sei euerer armen Seele gnädig, mein Freund, mein Vaterland!*" — "Deus tenha

---

[6]O termo empregado em inglês aqui e em diversos lugares é "story"; ao longo do livro, ele foi traduzido como "história(s)" ou "narrativa(s)", a fim de diferenciar da tradução de "history" como "história" propriamente dita. A diferença fica evidente pelo contexto; onde possa haver ambiguidade, optamos por marcar o termo "history" como "*história*" ou "História". [N. E.]

[7]Veja Louth, *Discerning the Mystery: An Essay on the Nature of Theology*, 1983, p. 103, analisando a distinção proposta por Eliot entre coisas que podem e devem "estar certas" na crítica e coisas que devem ser deixadas em aberto.

[8]Mann, *Dr Faustus: The Life of the German Composer Adrian Leverkühn as Told by a Friend*, 1968 [1947]. Mann foi forçado a reconhecer, em uma nota no final do livro (p. 491), que a linha dodecafônica "é, na verdade, propriedade intelectual de um compositor e teórico contemporâneo: Arnold Schönberg". É compreensível a contrariedade de Schönberg com o "empréstimo", mais particularmente se considerarmos as implicações do romance como um todo. Veja Carnegy, *Faust as Musician. A Study of Thomas Mann's "Doctor Faustus"*, 1973, cap. 4 (sou grato ao meu colega, o Sr. F. J. Lamport, por essa referência e por algumas discussões úteis).

LITERATURA, HISTÓRIAS E ARTICULAÇÃO DE COSMOVISÕES

misericórdia de sua pobre alma, meu amigo, minha pátria!".[9] Aqui, o efeito é de uma grande e sustentada crítica da Alemanha do século 20, feita por um alemão, por alguém que ama sua nação e agora lamenta por ela. O efeito é alcançado por justaposição e paralelismo em grande escala, nunca exagerado, emergindo apenas gradualmente das sombras. Em outras palavras, a própria história produz o efeito, por trás de todas as brilhantes reconstruções musicais e caracterizações de Mann (somente um romancista ousado descreveria peças fictícias de música). Ademais, parte do poder da história, dentro da cultura ocidental, reside precisamente na recontagem de Mann da lenda de Fausto, de modo a subverter algumas outras narrativas, notadamente a de Goethe. É a respeito disso, ele está dizendo, que essa história *realmente* trata.

Mais uma vez, encontramos semelhanças notáveis com tudo isso nos evangelhos; e, mais uma vez, surge a seguinte questão: quanto disso tudo podemos, ou devemos, "acertar", e quanto permanece aberto a novas leituras e interpretações?

Para nosso terceiro exemplo, retornamos a um território agora familiar. Na parábola de Jesus sobre os lavradores infiéis, encontramos um exemplo clássico de história subversiva. Seu paralelo com a história da vinha (Isaías 5) fornece-nos um ponto de partida, assim como a conclusão de Mann nos oferece um ponto fixo a partir do qual trabalhar a história, começando do fim e voltando ao começo. A parábola conta a história de Israel; já era uma tragédia quando Isaías a contou, mas, na época de Jesus, tornou-se ainda mais intensa, mais comovente. Por esse tempo, já não se trata mais de uma história sobre um proprietário de terras e seus lavradores, mas de um pai e seu filho. Esse elemento também é subversivo: no Antigo Testamento, Israel é o filho amado do deus criador; agora, porém, ao que tudo indica, há um filho tanto no lugar de Israel como contra Israel. Observamos como a história é construída em etapas, até seu auge: (1) a vinha está preparada; (2) o dono envia mensageiros, os quais, então, recebem um tratamento cada vez mais duro; (3) por último, o filho é enviado, rejeitado e morto. Resta a seguinte conclusão: (4) a vinha lhes será tirada e entregue a outros. A sequência dramática está completa e (curiosamente, como veremos) se revela essencialmente trágica: a vocação dos lavradores, tomada de forma isolada e levada ao limite, é a causa de sua própria ruína. Chamados como arrendatários, aspiram a ser proprietários. Como em muitas tragédias, temos aqui uma ênfase essencialmente prometeica. Desse modo, já podemos ver como a história funciona em seu contexto; como funciona em sua estrutura interna; e onde localizá-la no mapa geral de histórias. Mais uma vez, podemos perguntar: qual é a importância de *acertarmos* os detalhes? Ainda

---

[9]Mann, *Dr Faustus: The Life of the German Composer Adrian Leverkühn as Told by a Friend*, 1968 [1947], p. 490.

outra pergunta: que diferença faz, se houver alguma, lermos o texto como parte da "escritura sagrada"?

SOBRE O ATO DE LER

1. Introdução

Com esses exemplos em mente, voltamo-nos à seguinte pergunta: o que acontece quando lemos? As observações do capítulo 2 sobre a natureza do conhecimento devem ser aplicadas a essa área específica. Que tipo de "conhecimento" adquirimos ao ler?

Muitas vezes, os leitores ocidentais modernos são tentados a dar uma resposta ingenuamente realista. Pego um jornal e leio; os autores me contam o que aconteceu ontem no mundo. O "telescópio" do texto é simplesmente uma janela através da qual olho para a realidade. Leio um livro de história e simplesmente descubro "o que aconteceu" em algum momento do passado. Mas então, um dia, leio em um jornal ou em um livro de história um relato de algo que conheço por meio de uma fonte diferente; e isso me faz parar para pensar. De repente, o realismo ingênuo me parece preocupante e, em vez disso, caminho em direção a um reducionismo ingênuo, nos moldes fenomenológicos: palavras não são "sobre" a realidade, mas tão somente "sobre" as opiniões do escritor. Houve uma mudança: em vez de olhar "através" das palavras do escritor para o acontecimento, começo a suspeitar que estou apenas, ou principalmente, olhando para o escritor. O telescópio tornou-se um espelho angular: o que se vê não é um acontecimento, apenas um autor. Isso pode ser demonstrado no seguinte diagrama:

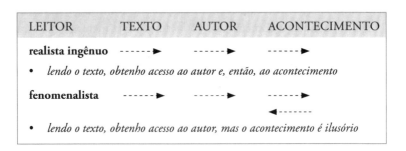

Um bom exemplo dessa mudança, em uma área "neutra", pode ser encontrado na pintura de Monet. O artista começou, como a maioria dos pintores, pintando objetos do mundo real: pontes, catedrais, seu jardim, sua esposa. À medida que o impressionismo foi se tornando, por assim dizer, mais impressionista — e, particular e curiosamente, à medida que a própria visão do pintor ia se deteriorando —, Monet começou a pintar cada vez menos os objetos da

LITERATURA, HISTÓRIAS E ARTICULAÇÃO DE COSMOVISÕES

forma como eram, e cada vez mais sua *impressão* dos objetos. Assim, na metade de sua carreira, pegamo-nos olhando — muitas vezes, claro, com grande deleite — não para uma imagem quase fotográfica, mas para a representação dos dados sensoriais de alguém. Contudo, segundo seu próprio relato, Monet tornou-se cada vez menos interessado em dados sensoriais que os objetos em si lhe apresentavam, e cada vez mais interessado em padrões e formas, cores e movimentos, que ele simplesmente imaginava. Em seus trabalhos posteriores, vamos encontrá-lo caminhando para a abstração absoluta. Obviamente, esse resumo da progressão de Monet é, como muitas outras coisas nesta seção do livro, uma simplificação grosseira, mas suficientemente satisfatória para estabelecer o ponto que desejo.[10]

Podemos suspeitar, na verdade, que a maioria das pessoas oscila de uma posição para a outra, dependendo das circunstâncias. Nós, ingleses, tendemos a nos considerar realistas robustos: apenas observamos os fatos e os descrevemos; somente lemos o texto como ele é. Entretanto, conforme acabamos de ver, assim que lemos uma reportagem de jornal sobre um evento a respeito do qual temos algum conhecimento, estamos cientes da diferença entre o ponto de vista do jornalista e o nosso; e, tão logo nos envolvemos, por exemplo, na prática de aconselhamento, tornamo-nos cientes de que uma pessoa pode, com toda a aparente inocência, sobrepor ou "projetar", na imagem que forma de outra pessoa, fenômenos que estão apenas em sua própria cabeça. Retornando ao exemplo do jornalismo, o que vemos com frequência — em documentários televisivos ou pseudodocumentários, por exemplo — parece ao leitor ou ao espectador um fato simples; muito provavelmente, porém, o que está realmente acontecendo é (a) a ideia do repórter sobre o acontecimento, projetada em um mundo aparentemente "real"; (b) essa ideia aparecendo como "seu ponto de vista sobre a realidade"; e (c) esse ponto de vista aparecendo como a própria realidade.[11] Ao concordar com um ponto de vista, você tende a observá-lo como um realista ("é assim que as coisas realmente são"); ao discordar, torna-se rapidamente um fenomenalista e assume o mesmo patamar de autor/ acontecimento ("era só seu ponto de vista") ou até mesmo um subjetivista ("ele simplesmente inventou tudo isso").

Tudo isso pode parecer um pouco distante do mundo do Novo Testamento. Na verdade, porém, defrontamo-nos com esse problema assim que pegamos um livro moderno sobre os evangelhos. Recentemente, o estudioso

---

[10]Sobre o desenvolvimento das intenções e realizações de Monet, veja, por exemplo, House, *Monet*, 1977, p. 3-13; sobre essa ideia que expus, especialmente p. 12-s.

[11]Sobre a ideia de algo que *se assemelha a* outra coisa, veja especialmente Berger, *The Sacred Canopy*, 1969.

alemão G. Strecker publicou um livro sobre o Sermão do Monte.[12] Na contracapa, somos informados, com ar de triunfo, que o Sermão do Monte não corresponde aos dizeres de Jesus, mas aos de Mateus. Trata-se, suponho, não de um juízo primariamente exegético ou histórico, mas de um juízo filosófico. Strecker nos convida a passar do terreno arriscado de fazer afirmações sobre Jesus para o terreno aparentemente mais seguro de dizer que o ensinamento representa o estado de espírito de Mateus.[13] Lemos o Sermão do Monte e perguntamos: "Tem alguém aí?". A resposta é: "não" — não no sentido de um orador original, de um Jesus sentado em um monte, dirigindo-se às multidões. Só existe Mateus. Saltamos do realismo, passando por cima de uma leitura empirista (a *impressão* de Mateus sobre Jesus), e aterrissamos no fenomenológico (o *estado de espírito* de Mateus). A aparente força da proposta de Strecker tem, comparativamente, pouco a ver com a história do primeiro século e muito mais a ver com hábitos modernos de reflexão e leitura.

Ou tome como outro exemplo a descrição que Josefo faz dos fariseus. Josefo refere-se a eles como se fossem uma seita filosófica, com opiniões sobre determinismo etc.[14] Ninguém duvida da existência dos fariseus, nem de que tinham opiniões; mas todos duvidam de que os fariseus realmente fossem como os filósofos gregos. Nessa situação, optamos por uma leitura empirista cautelosa: Josefo, dizemos, fornece sua percepção dos fariseus ou, mais precisamente, a percepção que sabia ser compreensível ao seu público pagão. Tal percepção não é *apenas* uma ideia em sua própria mente; contudo, também não corresponde exatamente ao modo como as coisas realmente eram.

Um terceiro exemplo, apesar de originado na tradição oral recente, também é interessante. Assegurado por diversas testemunhas oculares — alunos e pesquisadores em uma universidade que visitei —, testifico que um dos professores afirmou, em público, que Rudolf Bultmann não foi influenciado por convicções teológicas ou filosóficas ao estudar a história da tradição sinótica, mas que se envolveu em uma pesquisa histórica puramente "objetiva". A reivindicação, que contradiz o próprio relato de Bultmann sobre o método histórico e hermenêutico, envolve qualquer pessoa que a retenha em uma posição complexa: positivismo em relação aos escritos de Bultmann a respeito da igreja primitiva ("ele apenas narrou os fatos"); ceticismo quanto ao próprio relato de Bultmann sobre o que estava fazendo ("Bultmann disse que partiu de

---

[12]Strecker, *The Sermon on the Mount: An Exegetical Commentary*, 1988.

[13]Falar de Jesus é algo filosoficamente arriscado, da mesma forma que (em última análise) é arriscado dizer "Eu vejo uma casa"; podemos estar enganados. Há riscos teológicos também, principalmente o perigo de, ao encontrarmos Jesus, não sabermos o que fazer com ele. Falaremos desses perigos posteriormente.

[14]Veja Jos. *Ant.* 18.12-15.

LITERATURA, HISTÓRIAS E ARTICULAÇÃO DE COSMOVISÕES

pressuposições;[15] mas sabemos que não"); e fenomenologia, segundo o próprio Bultmann, em relação à igreja primitiva e aos seus escritos sobre Jesus ("escreveram 'sobre' Jesus, mas realmente estavam, na maior parte do tempo, falando 'sobre' sua própria fé").

Uma variação muito importante desses temas tem sido a concentração, em algumas partes do estudo bíblico moderno, na *comunidade* que, segundo se pressupõe, está por trás de um texto. Assim como, em muitos lugares, o estudo histórico de Jesus *por meio* do texto deu lugar ao estudo dos evangelistas, desde o surgimento da crítica da forma, noventa anos atrás, o foco tem sido não um *referente* além do texto, mas as comunidades que transmitiram as tradições. Mesmo naquilo em que a crítica da forma deu lugar à crítica da redação, o estudo dos evangelistas muitas vezes se concentrou simplesmente em suas igrejas e em seus ambientes comunitários. Assim, o termo "comunidade" funcionou como um tipo alternativo de referente, além do texto e subjacente a ele:

LEITOR[16] ----▶ TEXTO ----▶ [AUTOR] ----▶ COMUNIDADE

Esse movimento tem, para muitos teólogos contemporâneos, uma utilidade hermenêutica e teológica mais óbvia: sabemos (ou pensamos saber) o que fazer com uma comunidade e com sua teologia, mas lidar com um acontecimento é mais difícil. Mas logo ficará óbvio que o tapete poderia ser tirado até mesmo dos pés da crítica da redação por algum tipo de leitura pós-moderna dos evangelhos, a qual negaria a validade de podermos descobrir o pensamento do próprio Mateus, quanto mais o de sua "comunidade", a partir do evangelho, insistindo, em vez disso, na interação entre leitor e texto (ou mesmo entre o leitor e sua própria mente) como a única fonte de "significado". Essas leituras são todas inerentemente instáveis: as próprias razões filosóficas pelas quais elas surgem (ansiedade cartesiana em relação aos referentes segundo os quais a realidade é pregada) vão engoli-las.

Tudo isso significa que o fenômeno da leitura, em qualquer nível que não o ingênuo, tornou-se muito confuso. As pessoas têm lido a Bíblia e grandes textos literários de múltiplas formas. Às vezes, como realistas ingênuas: "Shakespeare nos conta uma história sobre Júlio César; ponto-final". Outras vezes, ouvindo ecos de algo mais: "Será que ele não está discutindo a tirania e a democracia em geral? Talvez esteja usando César como alegoria de um tirano que nos é familiar". Como podemos saber? De la Mare nos conta uma história sobre um

---

[15]Veja Bultmann, *Existence and Faith*, 1960, p. 342-51.
[16]Obviamente, o leitor nunca é um indivíduo isolado. Veja o capítulo 2.

cavaleiro e uma casa vazia. Isso é tudo? O autor "realmente" fala sobre alguém à procura de "Deus"? Fala sobre a própria literatura moderna, com sua sensação de que costumava existir um autor "dentro" do texto, mas que agora não há mais ninguém em casa? Como podemos descobrir?[17] Mann narra uma história sobre um compositor fictício, mas certamente também nos conta uma história sobre a Alemanha moderna. E, ao fazer isso, naturalmente o autor revela suas próprias opiniões e crenças, que estão totalmente "envolvidas" na realidade acerca da qual escreve. Nesse caso, o meio pelo qual podemos decidir o assunto é bastante claro: sua última frase nos dá a pista, de um modo artisticamente apropriado (i.e., sem qualquer efeito *deus ex machina*).[18] Da mesma forma, Jesus conta uma história sobre os lavradores de uma vinha. (Ou, para sermos menos ingênuos, os evangelhos contam uma história sobre Jesus contando uma história sobre os lavradores de uma vinha.) Mas muitos leitores concluíram que a história, cujo conteúdo é, em certo nível, sobre a "vinha", diz respeito, "na verdade", a "Deus" e Israel. Deparamos, sugiro, com uma confusão em vários níveis:

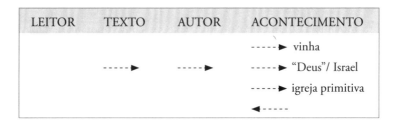

De modo semelhante, muitos leitores devotos, achando o aspecto histórico hermeneuticamente desinteressante, leram o texto como uma história sobre si mesmos. Como podemos entender isso? Será que basta dizer que os escritores bíblicos também contavam uma história sobre "Deus" e, uma vez que "Deus" é sempre o mesmo, a história pode tornar-se "nossa" história hoje? Em outras palavras, em que ponto a analogia com Thomas Mann se sustenta — que o escritor, em cada caso, estava "realmente" escrevendo sobre a Alemanha/"Deus", e que Leverkühn/Jesus era apenas um "veículo" (fictício) para esse interesse "real"? Em

---

[17]Sobre a estranha sensação de ansiarmos por algo que está além do nosso alcance, ideia que permeia boa parte da obra de la Mare, veja Leavis, *New Bearings in English Poetry: A Study of the Contemporary Situation*, 1963 [1932], p. 47-51.
[18]Neste exemplo, podemos, por assim dizer, "checar" a intenção do autor: o próprio Mann disse ter escrito as últimas linhas do livro em 27 de janeiro de 1947, "conforme as elaborara em minha mente por muito tempo" (Mann, *The Genesis of a Novel*, 1961, p. 183). (No entanto, o relato em si é muito estilizado, de modo que podemos legitimamente questionar se o próprio Mann é confiável a esse respeito.) Sobre o contraponto entre a Alemanha e o compositor, veja *ibid.*, p. 107.

que ponto essa análise pode falhar e por quê? Parece que deparamos aqui, em uma antecipação pré-crítica de algumas leituras pós-críticas, com a seguinte situação:

LEITOR	TEXTO	AUTOR	ACONTECIMENTO

- - - - - - - ▶
leitura devota do texto

◀ - - - - - - - - -
traduzido imediatamente em uma mensagem sobre o leitor

- - - - - - - ▶ [inspiração divina]
possivelmente explicado ao postular "Deus" como referente/ fonte do texto

Substitua a possibilidade de alguma estrutura textual por "Deus", e temos aqui um modelo de trabalho de algumas leituras estruturalistas; exclua essa possibilidade e temos, embutido na tradição pietista, exatamente o mesmo relato de leitura que encontramos no pós-modernismo de Barthes, Derrida, Rorty ou Fish. O que importa é "o que o texto me comunica".

Até pensarmos claramente sobre esse conjunto de problemas, não saberemos realmente o que está acontecendo. Muitos métodos "críticos" parecem propriamente "neutros" quando, na verdade, encapsulam posições filosóficas inteiras que são, em si mesmas, controversas e altamente discutíveis. Tudo isso me parece exigir uma análise mais aprofundada das diferentes etapas do processo de leitura dos textos.

2. "Tem alguém aí?"

Já vimos que, enquanto o realismo ingênuo imagina ter acesso direto ao evento ou ao objeto falado no texto, uma leitura mais fenomenológica percebe que só pode ter certeza do ponto de vista do autor. Trata-se de uma afirmação menos ambiciosa, mais difícil de refutar. Soa totalmente mais segura. Mas não é o fim da linha. Os exemplos que acabamos de discutir abordam a relação entre o texto e a realidade que ele pretende escrever. Os mesmos problemas ocorrem quando lidamos com a relação entre nós e o texto. Conforme já expus, o objetivo da crítica é descrever o efeito de um texto escrito e mostrar como esse efeito é alcançado (o que pode, naturalmente, incluir comentários negativos sobre qualquer fase, efeito ou meio). Podemos, porém, dizer que o autor "pretendia" criar esse ou aquele efeito? Ao traçar o efeito que observamos, estamos lendo a mente do autor? "Tem alguém aí?"

Os extensos debates sobre esse ponto ocupam livros inteiros, de modo que não podemos analisá-los em detalhes. Contudo, podemos observar o movimento da crítica do século 20 e fazer um comentário breve.[19] Como um exemplo do que veio a ser conhecido como "Nova Crítica", podemos tomar as questões levantadas por C. S. Lewis em seu famoso debate com E. M. W. Tillyard.[20] Lewis lançou um forte ataque a esse estilo de crítica que busca desenterrar, da obra em consideração, detalhes sobre a vida, hábitos, emoções, entre outras informações acerca do autor. Para Lewis, não é esse o papel da crítica. A resposta de Tillyard tentou apresentar um caso moderado para manter, dentro de uma crítica adequada, algum elemento de comentário sobre o escritor.[21] No entanto, o argumento de Lewis prevaleceu. Muitos estudos modernos da literatura simplesmente rejeitaram a ideia de que temos acesso à mente ou às intenções de um escritor. O caminho para o inferno é pavimentado por intenções autorais: tudo o que temos é a obra em si, vista como uma entidade independente. Ao que parece, o que importa agora é a interação entre leitor e texto, e não entre leitor e autor *por meio* do texto. "Tem alguém aí?" — perguntamos, ao lermos o texto antigo ou moderno. Mas tudo o que às vezes imaginamos é uma multidão de ouvintes silenciosos, testemunhando que mantivemos nossa promessa, que retornamos ao texto, crescido e reflorestado. Os fantasmas saberão que ocorreu uma leitura do texto, mas a casa em si — o mundo particular no qual o escritor viveu — permanece trancada e inacessível.

Evidentemente, Lewis não recomendava essa posição em toda a sua rigidez. Antes, sua reação era contrária a uma ênfase exagerada particular, ressaltando (como em seu *Um experimento em crítica literária*) a importância dos efeitos do texto sobre o leitor.[22] A ideia remete à leitura moderna, uma leitura sem autor, mas não chega a acolhê-la. Como no caso de tantos debates, ambos os lados parecem apresentar pontos válidos. Lewis estava totalmente correto ao rejeitar a ideia, produto de um casamento entre romantismo e empirismo, de que a crítica poderia ou deveria tentar descobrir, lendo nas entrelinhas do poema, o

---

[19]Veja especialmente Meyer, *Critical Realism and the New Testament*, 1989, cap. 2; Bergonzi, *Exploding English: Criticism, Theory, Culture*, 1990, *passim*; Thiselton, *New Horizons in Hermeneutics: The Theory and Practice of Transforming Biblical Reading*, 1992, *passim*.

[20]Sobre a "Nova Crítica" em geral e seus efeitos nos estudos bíblicos, veja Morgan, *Biblical Interpretation*, 1988, p. 217-s; Moore, *Literary Criticism and the Gospels: The Theoretical Challenge*, 1989, p. 9-13; Thiselton, *New Horizons in Hermeneutics: The Theory and Practice of Transforming Biblical Reading*, 1992, cap. 2, seção 2.

[21]Tillyard e Lewis, *The Personal Heresy: A Controversy*, 1939. O debate é proveitoso e colocado no contexto mais amplo da chamada Nova Crítica, por Bergonzi, *Exploding English: Criticism, Theory, Culture*, 1990, p. 62-s. Veja também Moore, *Literary Criticism and the Gospels: The Theoretical Challenge*, 1989, p. 9-13.

[22]Lewis, *An Experiment in Criticism*, 1961. A importância quase profética da posição de Lewis também é discutida por Bergonzi 1990, p. 64-s.: Lewis "até mesmo sugeria os 'significantes flutuantes' da teoria pós-estruturalista".

LITERATURA, HISTÓRIAS E ARTICULAÇÃO DE COSMOVISÕES

que o autor comeu no café da manhã, ou se ele acabara de se apaixonar pela empregada. Situações desse tipo podem, claro, ser tema de um poema, explícita ou alegoricamente; trata-se, porém, de uma questão completamente diferente. Obviamente, parte da dificuldade está no fato de muitos poetas do século 19 *falarem*, em essência, de suas emoções e estados de espírito, atraindo críticos a concluírem que descobrir essas coisas era o trabalho normal de toda a crítica literária. Assim, o texto foi libertado do fardo do autor:

LEITOR ----- ▶ TEXTO ----- ▶ AUTOR ----- ▶ ACONTECIMENTO
◀ ------

Argumentarei, em breve, que a devida rejeição adequada de uma crítica voltada simplesmente à descoberta da vida interior do poeta, reduzindo o "significado" do poema em termos dessa descoberta, foi longe demais (de uma forma que Lewis, podemos dizer, não pretendia) ao absolutizar o poema a ponto de rejeitar não apenas o desejo, mas até mesmo a possibilidade, de se conhecer a intenção do autor. Nos estudos bíblicos, esse é o movimento feito pela "crítica da redação" ("o que Lucas estava fazendo ao escrever sua obra como um todo?") para a "crítica da narrativa" ("Lucas não interessa. O que o livro como um todo está fazendo por si mesmo?").[23] Mas, se o foco do estudo recai sobre o texto em si, o que deve ser dito *sobre* para, ao final, não contrabandearmos as intenções do autor? Nesse ponto, existem vários movimentos possíveis, todos relevantes para os estudos bíblicos.

Em primeiro lugar, tem sido lugar-comum nas principais correntes da hermenêutica ocidental, pelo menos desde Schleiermacher, que é possível, até mesmo provável, que o poeta ou o evangelista escrevia, em certo nível, com uma intencionalidade consciente, mas que podemos detectar, dentro do poema, níveis de significado de que, na natureza do caso, o autor não estava consciente. Trata-se de uma versão mais grandiosa do conhecido fenômeno do "trocadilho não intencional", capaz de revelar, em termos freudianos, algo do qual o falante não está consciente. Pode ser que vejamos, com a vantagem de uma retrospectiva ou de uma análise psicológica (Freud é lido hoje não só por psicólogos, mas também por críticos literários), que o autor foi, sem perceber, influenciado por fatores internos e externos, de modo que o poema aponta para direções que apenas posteriormente se tornam claras, direções cuja existência nem sequer poderia ter sido imaginada pelo escritor. Podemos realmente saber mais sobre o autor do que estava, ou poderia ter estado,

---

[23]Veja Moore, *Literary Criticism and the Gospels: The Theoretical Challenge*, 1989, p. 4-13.

presente em sua mente na época da escrita.[24] Obviamente, esse fator é, por si só, um tipo de pseudointencionalidàde ou intencionalidade oculta, passível de tratamento como qualquer outro problema comum.

Ou, em segundo lugar, talvez, ao projetar um método semelhante em uma tela mais ampla, o poema possa servir como evidência para a estrutura mais profunda de todo o pensamento humano, que, então, se torna objeto real da investigação crítica, a ser organizado, em conjunto com todos os outros dados antropológicos, em conclusões sobre a natureza do ser humano e das sociedades humanas. É assim que procede o movimento conhecido como "estruturalismo": do texto às estruturas profundas do pensamento e, em seguida, às conclusões sobre uma realidade que está além da consciência comum. Tal estruturalismo aparece como uma das versões modernas do platonismo — a tentativa de ir atrás de fenômenos para analisar o que "realmente" está lá.[25] A atração de um movimento dessa natureza pode residir, em parte, no fato de que parece evitar os problemas que afligem uma grande parcela da exegese bíblica de determinado tipo, ou seja, o problema de sempre ir atrás do texto (seja em busca de "acontecimentos descritos", seja da mente do autor), a fim de obter um significado real. Afinal, não seria muito melhor, não seria muito mais "científico", se o sentido universalizável estivesse escondido no próprio texto? A intenção autoral atrapalhou a universalização; a estrutura profunda é muito mais eficaz.[26] Por essas e outras razões, toda uma gama de escritores, especialmente na América do Norte, tentou olhar para os textos dessa nova maneira.[27] Nessas obras, vemos a reintro-

---

[24]Um exemplo nos estudos bíblicos modernos é a técnica conhecida como *Sachkritik*, a crítica de um escritor com base na lógica interna de suas próprias ideias. É o que acontece, por exemplo, quando alguém relativiza uma seção de Paulo (como Bultmann faz com Romanos 9–11) com base no pensamento de que, se Paulo tivesse organizado devidamente suas ideias, jamais as teria apresentado da maneira como fez. É também o que acontece quando as pessoas acusam Bultmann de não seguir suficientemente sua própria teologia, retendo, ainda, a historicidade da cruz. Sobre isso, veja Wright, *The Climax of the Covenant: Christ and the Law in Pauline Theology*, 1991a, p. 4, 6.

[25]Segundo Caird, *The Language and Imagery of the Bible*, 1980, p. 222-s. Meyer, *Critical Realism and the New Testament*, 1989, p. 28, descreve a análise estruturalista, juntamente com várias outras opções atuais, como "a fuga contemporânea da interpretação".

[26]Veja Thiselton, *New Horizons in Hermeneutics: The Theory and Practice of Transforming Biblical Reading*, 1992, sobre as razões por trás do estruturalismo, que surgiu como parte do anseio, no período pós-guerra, por uma meta quase objetiva nos estudos literários, uma vez que a intenção autoral foi declarada inválida. Mas, pelo menos para os estudos bíblicos, parte da prova desse pudim consiste em comê-lo. A análise estrutural do texto bíblico falhou até agora em ressoar com o poder e a promessa que muitos leitores ainda encontram na abordagem, instintivamente. Podemos pregar, semana após semana, usando apenas estruturas profundas?

[27]Beardslee, *Literary Criticism of the New Testament*, 1969; Johnson, *The New Testament and Structuralism*, 1976; Polzin, *Biblical Structuralism: Method and Subjectivity in the Study of Ancient Texts*, 1977; Patte, *What is Structural Exegesis?*, 1976; *Structural Exegesis: From Theory to Practice*, 1978; *Paul's Faith and the Power of the Gospel: A Structural Introduction to the Pauline Letters*, 1983; Petersen, *Literary Criticism for New Testament Critics*, 1978; *Rediscovering Paul: Philemon and the*

dução nos estudos bíblicos de uma espécie de questionamento que deveria há muito ter sido feito, mas que foi excluído da maior parte do movimento crítico moderno. Os críticos tendem a fazer dois tipos de perguntas: (a) A que acontecimentos o texto se refere, e o que esses acontecimentos significam? (b) Que ideias teológicas o autor desse texto teve? O "significado" está localizado, nesses modelos, tanto nos acontecimentos como nas crenças dos escritores. A crítica literária formalista ou estruturalista mais recente, no entanto, não busca significado em nenhum desses elementos, mas na forma literária, na própria estrutura do texto.[28] Como podemos encontrar "significado" no texto, e o que podemos fazer com ele depois de o encontrarmos?

Em terceiro lugar, há uma analogia entre esse nível de investigação e a sugestão, às vezes feita dentro da exegese bíblica tradicional, de que existe, além do significado do autor, um *sensus plenior*, pelo qual um texto "inspirado" realmente diz mais do que o autor percebeu na época, com o Espírito Santo preenchendo a lacuna da ignorância autoral ou realizando uma profecia "não intencional", pela qual, por exemplo, Caifás fala uma palavra do Senhor, mesmo quando pretendia dizer outra. O reconhecimento de tal sentido, bem como as possibilidades de exegese alegórica e outras formas de exegese que se abrem, têm, em vários estágios da leitura da escritura pela igreja, formas de permitir a experiência dos cristãos de que o texto bíblico lhes "fale" de maneiras que o autor não poderia ter imaginado.[29] Temos, portanto, uma nova gama de possibilidades:

Tais propostas — a última das quais se encontra claramente no próprio Novo Testamento — são maneiras de garantir que o significado não se *limite* à intenção do autor. Quer sigamos ou não o caminho do estruturalismo, devemos levar em conta um *je ne sais quoi* que vai além do que o autor tinha em

---

Sociology of Paul's Narrative World, 1985. Veja discussões em Barton, *Reading the Old Testament: Method in Biblical Study*, 1984, caps. 8-9; Tuckett, *Reading the New Testament: Methods of Interpretation*, 1987, cap. 10; Sanders e Davies, *Studying the Synoptic Gospels*, 1989, cap. 15; e Thiselton, *New Horizons in Hermeneutics: The Theory and Practice of Transforming Biblical Reading*, 1992.
[28]Sobre todo o assunto, veja Petersen, *Literary Criticism for New Testament Critics*, 1978, 20f.; Galland, "An Introduction to the Method of A. J. Greimas", 1976, p. 3-s.
[29]Sobre recursos alegóricos e outros métodos exegéticos pré-críticos e hermenêuticos, veja Louth, *Discerning the Mystery: An Essay on the Nature of Theology*, 1983; Thiselton, *New Horizons in Hermeneutics: The Theory and Practice of Transforming Biblical Reading*, 1992, caps. 4–5.

mente, explicitamente, na época. Não é preciso refletir muito para ver que a crítica não pode fechar a porta a essa possibilidade, embora possa considerar difícil lidar com ela em termos descritivos ou hermenêuticos. Mas (apenas no caso de alguém pensar que isso nos leva de volta à leitura subjetivista do texto) isso não significa que a intenção do autor não seja importante ou, em última análise, indiscutível. Obviamente, uma descrição completa da intenção autoral é impossível. O conhecimento de toda a motivação, tal como sonhado pelos primeiros behavioristas, recua como o fim de um arco-íris quanto mais nos aproximamos dele.[30] No entanto, como muitas vezes destacado, ainda é muito difícil manter uma leitura subjetiva "pura". Até mesmo os estruturalistas mais ardentes gostariam de sustentar que estão falando sobre algo, e que seus livros, embora "abertos", significam e pretendem algumas coisas, e não outras. Resta, ao menos em tese, sabermos a intenção básica de um autor e reconhecermos tal possibilidade — verificando, por exemplo, a leitura de um texto pessoalmente com seu autor (temos em mente os comentários de aprovação de Barth sobre a tentativa de Hans Küng de ler sua mente sobre o assunto da justificação).[31] Não há nada de estranho em dizer que "o governo tencionava que essa legislação tivesse o efeito x quando, na verdade, o efeito foi y", quando x e y são claramente incompatíveis; em tese, não há nada de estranho em dizer que um autor pretendeu o efeito x (uma grande tragédia, digamos), mas alcançou o efeito y (uma farsa tumultuosa); assim, porém, acusamos diretamente o governo, ou o autor, de incompetência ou fracasso. No entanto, em um livro que pretendemos levar a sério, é uma crítica bastante séria dizer: "O autor tinha em mente x, mas o livro significa y". Sugerir que tal comentário é irrelevante é como insistir que a lebre não pode realmente ultrapassar a tartaruga, uma vez que, como se sabe, a tartaruga simplesmente continua reduzindo pela metade a distância entre ambas, em porções cada vez menores. Os truques filosóficos pelos quais a intenção do autor foi afastada do cálculo são, em última análise, mais impressionantes do que o conhecido truque matemático que mantém a lebre em uma corrida permanente.

Um problema com a tentativa de fornecer uma análise que vai além do texto, mas não do autor, é a falta de *controle*. Há pouca concordância entre os estruturalistas quanto ao que conta como estrutura profunda de uma passagem ou de um livro, e como podemos saber quando a encontramos. Ademais, como os reformadores argumentaram, embora possa realmente existir um *sensus plenior* no que diz respeito às Escrituras Sagradas, é difícil dizer a diferença

---

[30]Em relação aos estudos bíblicos, veja Moore, *Literary Criticism and the Gospels: The Theoretical Challenge*, 1989, p. 174.

[31]Küng, *Justification: The Doctrine of Karl Barth and a Catholic Reflection*, 1964 [1957], xvii: Barth, em seu prefácio, escreve que "seus leitores podem ficar despreocupados (...) pois você me interpreta da forma correta".

LITERATURA, HISTÓRIAS E ARTICULAÇÃO DE COSMOVISÕES

entre o sentido mais profundo do texto e a projeção, no texto, de uma ideia teológica ou crença adquirida por algum outro meio. Se alguém, então, apela para o "sentido literal" como o controle, terá realmente aprendido algo novo com uma passagem pelo método *plenior*?

As dificuldades em relação a todos esses modelos potenciais para ir "além" do texto *sem passar pela mente do autor* significam que muitos críticos, como já vimos, insistiram em trazer de volta o foco da atenção simplesmente para o próprio texto. Uma vez, porém, que nos movemos nessa direção, por que parar por aí? A mesma coisa não se aplica ao primeiro estágio? A visão ingenuamente realista desse estágio — o "leitor" apenas lendo o "texto" — pode ela mesma ruir: no bom estilo fenomenológico, tudo aquilo de que estou realmente ciente na presença desse texto são meus próprios dados sensoriais. A coisa toda se "desconstrói" nos sentimentos, pensamentos e impressões que tenho perante o texto:

LEITOR ----▶ TEXTO ----▶ AUTOR ----▶ ACONTECIMENTO
◀------

... de modo que, agora, não somente não há nenhum acontecimento ou autor com uma intenção, como nem mesmo um texto. E isso resultará em múltiplas possibilidades de "leitura", com análises intermináveis e muitas vezes minuciosas, para as quais aqueles que estão fora do jogo podem olhar com considerável ceticismo.[32] Essa posição, que pode parecer a morte de qualquer leitura ou crítica, naturalmente se tornou o ponto de partida para escolas totalmente novas de crítica literária, das quais o "desconstrucionismo" propriamente dito é apenas mais uma: Stephen Moore, em seu livro recente, descreve estágios na crítica recente que podem ser rotulados por escritores como Kermode, Fish e, em última análise, Roland Barthes e Jacques Derrida.[33] A ideia dessa escola,

---

[32]Veja Meyer, *Critical Realism and the New Testament*, 1989, p. 87: "Sem a autenticidade humana, a interpretação segue para o capricho, frustrada pela absorção em trivialidades pretensiosas ou despretensiosas (…). Isso inclui, da parte dos estudiosos da literatura que, por qualquer motivo, não têm nada de muito convincente ou definido a fazer, um desejo equivocado de se tornar criativo e inventivo. Seguem-se declarações de independência das tiranias da filologia e da história, do sentido meramente pretendido do texto e, finalmente, do próprio texto. Mas o modismo, e particularmente o modismo que gira em torno de formas de alienação, é uma terapia ocupacional notoriamente ineficaz".

[33]Moore, *Literary Criticism and the Gospels: The Theoretical Challenge*, 1989, caps. 7–8. Sobre Barthes e sua "infinita pluralidade de significados", veja Thiselton, *New Horizons in Hermeneutics: The Theory and Practice of Transforming Biblical Reading*, 1992, cap. 3, seção 3; sobre Derrida, *ibid.*, cap. 3, seção 5, e Bergonzi, *Exploding English: Criticism, Theory, Culture*, 1990, cap. 8. Para uma crítica completa de Fish (e Rorty), veja Thiselton, *New Horizons in Hermeneutics: The Theory and Practice of Transforming Biblical Reading*, 1992, cap. 14; veja Moore, *Literary Criticism and the Gospels: The Theoretical Challenge*, 1989, cap. 7.

O NOVO TESTAMENTO E O POVO DE DEUS

exposta de maneira absurdamente simples, é que a única coisa a fazer com um texto é brincar com ele: devo ver o efeito que ele me causa, e não questionar se há outra mente por trás do texto.[34] E, naturalmente, se é esse o caso, não faz mais sentido discutir o texto com alguém. Não haverá uma leitura "certa" ou "errada"; mas tão somente a minha leitura e a sua leitura.[35]

Acho que ficará claro até que ponto essa última posição agradará a muitos elementos da consciência contemporânea. Vivemos em uma era relativista e pluralista, época que coloca a autorrealização acima da integração do "eu" com os outros. Há, evidentemente, muitas críticas diferentes que poderiam ser feitas contra toda essa visão de mundo. Ela traça sua ancestralidade filosófica e até mesmo literária por intermédio de Foucault e Nietzsche em particular, partilhando com eles algo do niilismo, que é, na minha opinião, a feia irmã gêmea do positivismo, que ainda se atrela a algumas partes da cultura contemporânea. Devo, contudo, reservar essas críticas a contextos diferentes por uma razão: até agora, o desconstrucionismo, em toda a sua estranha glória, ainda não alcançou um *status* considerável no mundo dos estudos neotestamentários, permanecendo, desse modo, estritamente fora de nossos propósitos neste livro. Houve algumas tentativas de introduzi-lo, principalmente nas várias obras do brilhante escritor J. Dominic Crossan.[36] Crossan, apesar de amplamente lido, ainda não foi seguido por muitos outros, talvez porque, conforme ressaltado por Moore, sua obra se subverte por sua insistência em tentar, ao mesmo tempo que desconstrói os textos, descobrir o Jesus histórico por meio dos textos e de uma forma subjacente a eles.[37] É difícil o caminho que leva ao desconstrucionismo genuíno, e aqueles que o seguem de forma consistente são poucos.

---

[34]Veja Taylor, *The Social Setting of Pauline Christianity: Essays on Corinth*, 1982, p. 114, falando da leitura em termos de autoerotismo. Isso não está longe da frase de Roland Barthes sobre o leitor "ter prazer com o texto", em que a ênfase está no prazer do *leitor*; veja Moore, *Literary Criticism and the Gospels: The Theoretical Challenge*, 1989, p. 144. Veja a crítica dessa ideia por Lundin, em Lundin, Walhout e Thiselton, *The Responsibility of Hermeneutics*, 1985.

[35]Tal ponto acentuado se ampliou em estudos bíblicos recentes, no que é chamado de "crítica da resposta do leitor"; veja Sanders, e Davies, *Studying the Synoptic Gospels*, 1989, cap. 16.

[36]Veja, por exemplo, Crossan, *Raid on the Articulate: Cosmic Eschatology in Jesus and Borges*, 1976; *Cliffs of Fall: Paradox and Polyvalence in the Parables of Jesus*, 1980; *The Dark Interval: Towards a Theology of Story*, 1988b.

[37]Moore, *Literary Criticism and the Gospels: The Theoretical Challenge*, 1989, p. 143-6; e veja Wilder, *Jesus' Parables and the War of Myths: Essays on Imagination in the Scriptures*, 1982, p. 29-33; Thiselton, *New Horizons in Hermeneutics: The Theory and Practice of Transforming Biblical Reading*, 1992, cap. 3, seção 6; e Crossan, *The Historical Jesus: The Life of a Mediterranean Jewish Peasant*, 1991. O "Jesus" que Crossan deseja encontrar é muito mais gnóstico do que a imagem que poderíamos obter da tradição sinótica; daí sua preferência pelo *Evangelho segundo Tomé* e por um "Q" reconstruído (e reinterpretado) como as fontes favoritas (veja o cap. 14). Mas alguém, como um bom desconstrucionista, pode esperar encontrar um referente histórico *qualquer*, até mesmo outro desconstrucionista (como Crossan supõe que Jesus tenha sido)?

LITERATURA, HISTÓRIAS E ARTICULAÇÃO DE COSMOVISÕES

A maioria dos leitores bíblicos de orientação conservadora não vê com bons olhos o desconstrucionismo. Mas seu modelo proposto realmente se aproxima muito de diversos modelos implicitamente adotados, amplamente falando, pela tradição pietista. A igreja, na verdade, institucionalizou e sistematizou formas de ler a Bíblia que são estranhamente semelhantes a algumas vertentes do pós-modernismo. Em particular, a igreja viveu com os evangelhos durante praticamente toda a sua vida, e a familiaridade gerou uma variedade de modelos hermenêuticos mais ou menos desprezíveis. Às vezes, mesmo nos círculos que afirmam levar a Bíblia mais a sério — muitas vezes, na verdade, acima de tudo o mais —, há uma recusa lamentável de fazer exatamente isso, em especial no que diz respeito aos evangelhos. Os métodos de leitura e interpretação adotados são, na verdade, funções dos modelos de inspiração e autoridade das escrituras que foram mantidos em vários círculos, explícita ou (de modo mais frequente) implicitamente, tornando muitas vezes absurda qualquer tentativa de leitura histórica da Bíblia. O predecessor devoto do desconstrucionismo é aquela leitura do texto que insiste no fato de que o que a Bíblia *me* diz, *neste exato momento*, é o princípio e o fim de todo o seu significado; uma leitura que não deseja saber da intenção do evangelista, da vida da igreja primitiva, ou mesmo sobre como Jesus realmente é. Encontramos alguns companheiros estranhos desse método de leitura no mundo da epistemologia literária.

Diversas vezes, claro, a prática tem sido melhor do que a teoria, e uma palavra do deus dos leitores foi ouvida, apesar da terrível confusão em que os leitores e intérpretes se envolveram. Isso simplesmente mostra, no mínimo, que esse deus é gracioso e talvez até tenha senso de humor. Não é desculpa para deixar de pensar ou de trabalhar mais cuidadosamente o que se passa com as pessoas enquanto leem os evangelhos. Levar, porém, essa discussão adiante neste ponto exigiria uma consideração dos tipos de leitura que são apropriados a diferentes tipos de escrita, bem como para os evangelhos como um caso especial; e isso deve ser adiado até consideravelmente mais tarde.

Protestos, então, contra leituras pós-modernas da Bíblia provavelmente serão ineficazes — ou seja, a não ser que aqueles que se preocupam com a leitura séria dos evangelhos comecem a explorar maneiras de articular uma epistemologia melhor, levando a uma melhor descrição do que acontece quando um texto está sendo lido; a uma melhor descrição do que acontece quando um texto *sagrado* está sendo lido; a uma melhor descrição do que acontece quando *um texto sagrado que se apresenta como histórico* está sendo lido. Isso, por sua vez, levará a uma melhor descrição do que acontece quando os próprios evangelhos estão sendo lidos. Qualquer crítico literário de orientação filosófica em busca de uma obra cujo esforço valha a pena pode considerar essa ideia um possível projeto. Eu não fingiria ser suficientemente competente para fazer algo assim, nem teria tempo ou paciência de fazê-lo. Contudo, como este capítulo já está

O NOVO TESTAMENTO E O POVO DE DEUS

se transformando em um *tour de force* de áreas nas quais não sou (para dizer o mínimo) totalmente competente, devo dizer como penso que tal projeto poderia prosseguir.

3. Leitura e realismo crítico

O que precisamos, sugiro, é de uma descrição *crítico-realista do fenômeno da leitura, em todas as suas dimensões*.[38] De um lado, podemos ver o positivista, ou o realista ingênuo, movendo-se tão suavemente ao longo da linha do leitor para o texto, do texto para o autor e do autor para o referente que, a cada passo, deixa de perceber as cobras na grama; do outro lado, vemos o reducionista, que, parando para olhar as cobras, é engolido por elas e não segue adiante. Evitando esses dois extremos, sugiro que devemos articular uma teoria capaz de localizar todo o fenômeno da leitura textual no âmbito da natureza histórica e relacional da consciência humana.

Tal teoria pode ser mais ou menos assim. Nós (seres humanos em geral; comunidades das quais eu e você, como leitores, fazemos parte) contamos a nós mesmos algumas histórias sobre o mundo e sobre quem somos nele. Nessa narrativa, faz sentido, "é cabível", o fato de nos descrevermos como leitores de textos; segundo já vimos, até mesmo os próprios desconstrucionistas escrevem textos cujo conteúdo desejam que outros leiam a fim de descobrir o que eles, os desconstrucionistas, pretendem dizer.[39] Nessa atividade de leitura textual, faz sentido, "é cabível", o fato de entrarmos, às vezes e em tese, em contato com a mente e a intenção do autor. Discutir a mente do autor pode ou não ser uma tarefa fácil; em tese, é uma tarefa possível e, conforme sugiro, até mesmo desejável.[40] Eu, por exemplo, nunca ficarei convencido de que la Mare não tencionava

---

[38]Neste ponto, estou ciente de uma dívida contínua com Meyer, *Critical Realism and the New Testament*, 1989; veja também seus artigos de 1990 e 1991b.

[39]Compare o ponto (levantado por Meyer, "The Philosophical Crusher", 1991b, p. 10, com base em Bergonzi, *Exploding English: Criticism, Theory, Culture*, 1990, p. 111): "Os seguidores de Nietzsche e Foucault estão apaixonadamente persuadidos de que a verdade é um mero dispositivo retórico empregado a serviço da opressão, algo que afirmam extensivamente. Qual é, então, o *status* de sua afirmação? Devemos dar a eles sua própria escolha. Ela é falsa? Está a serviço da opressão?". Veja também as críticas de Moore, *Literary Criticism and the Gospels: The Theoretical Challenge*, 1989, p. 145-s., com respeito a Crossan. O próprio Moore, embora, em muitos aspectos, seja defensor de uma leitura textual pós-moderna, fornece-nos uma leitura essencialmente *moderna* dos escritores que discute. Veja, por fim, a crítica de Norris a Rorty, discutida em Thiselton, *New Horizons in Hermeneutics: The Theory and Practice of Transforming Biblical Reading*, 1992, cap. 11, seção 3.

[40]Veja a defesa veemente desse ponto em Meyer, *Critical Realism and the New Testament*, 1989, xi e seguintes (esp. p. 17-55). Veja também Young e Ford, *Meaning and Truth in 2 Corinthians*, 1987, p. 135: "(...) o progresso na compreensão é uma experiência real. O significado é, em princípio, determinável, mesmo que na prática tenhamos de conviver com grandes áreas de incerteza, e mesmo que nos recusemos a restringi-lo à intenção autoral. Debates sobre o significado nem sempre são

LITERATURA, HISTÓRIAS E ARTICULAÇÃO DE COSMOVISÕES

produzir os óbvios efeitos "superficiais" de seu poema, embora os significados mais profundos sejam, como vimos, uma questão de especulação, hipótese e discussão. O autor poderia, por exemplo, ter escrito a respeito desses significados em outro lugar.[41] Nem posso acreditar que o paralelo entre Leverkühn e a Alemanha nunca tenha ocorrido a Mann enquanto ele escrevia seu romance.

Ao mesmo tempo, é importante ressaltar que ambos os autores queriam que seus leitores refletissem sobre o tema de suas obras, não sobre si mesmos como autores em primeiro lugar. Seu trabalho não remete ao leitor, nem para dentro de suas próprias cabeças. Autores não constroem espelhos, nem caleidoscópios. Antes, oferecem telescópios (ou talvez microscópios, que são realmente a mesma coisa): novas maneiras de enxergar uma realidade que está fora e é distinta do leitor, do texto e do autor, embora, claro, relacione-se de forma vital com todos os três. Assim, "encaixa-se" na história que contamos sobre nós mesmos e o mundo o fato de os textos e os autores apontarem para realidades no mundo, para entidades além de si mesmos. Somente um leitor muito ingênuo sugeriria que o único referente do poema seria um cavaleiro e uma casa vazia em um bosque, que a única coisa descrita na narrativa de Mann seria um compositor possuído por demônios ou que a única realidade retratada na parábola seria uma história trágica envolvendo uma comunidade agrícola. Descrever os reais referentes em casos tais é a complexa tarefa da crítica literária séria, a qual ressaltarei em breve.

O que precisamos, então, é de uma teoria da leitura que, no âmbito do leitor/texto, faça jus ao fato de o leitor ser um *indivíduo particular* e ao fato de o texto ser uma *entidade independente*, não uma substância plástica a ser moldada a gosto do leitor. Também deve fazer jus, no âmbito de texto/autor, ao fato de que o autor *pretende transmitir* certas coisas e que o texto também pode conter elementos — ecos, evocações, estruturas etc. — que *não estavam presentes* na mente do autor e, naturalmente, podem muito bem não estar presentes na mente do leitor. Precisamos de uma teoria da leitura de ambos — não de uma coisa ou de outra.[42] De modo semelhante, precisamos de uma teoria que faça

---

resolvíveis, mas são debates sobre realidades objetivas. Há uma diferença entre "eisegese" e exegese, e quanto mais informados estamos, mais é possível sentir em que ponto a linha deve ser traçada".

[41]Já que estamos tratando de ideologias alemãs, podemos comparar a tarefa de interpretar as óperas de Wagner por meio de suas obras em prosa pouco conhecidas, como o trabalho realizado pela Dra. Margaret Brearley (1988).

[42]Veja Funk, *The Poetics of Biblical Narrative*, 1988, p. 298: "Partilho a convicção de que a interação dos textos é inevitável e perpétua, mas também estou convencido de que a humanidade, em raras ocasiões, capta vislumbres da realidade nascendo, de homens e mulheres sem disfarce, do 'além' dos textos." Sobre essa possibilidade, mesmo na teoria moderna e pós-moderna, consulte a discussão da noção de Heidegger de uma "abertura" em Thiselton, *New Horizons in Hermeneutics: The Theory and Practice of Transforming Biblical Reading*, 1992, cap. 3, seção 5.

justiça, ainda no âmbito do texto/autor, ao fato de (1) os textos, incluindo os textos bíblicos, não representarem a mente do autor *em sua totalidade* (inclusive no caso das passagens que mais se aproximam da mente do autor) e, ao mesmo tempo, (2) *falarem muito* sobre seu autor — ao menos em tese. Por último, precisamos reconhecer, no âmbito de autor/acontecimento, que os autores não escrevem *sem um ponto de vista* (já que são humanos e olham para as coisas de maneiras específicas e sob ângulos específicos) *e* que realmente podem falar e escrever sobre acontecimentos e objetos (no sentido pleno de acontecimentos e objetos, conforme exploramos no capítulo 2) que *não são redutíveis* nos termos de seu próprio estado de espírito.

Há um sentido, o qual não podemos explorar em detalhes aqui, em que isso exige uma teoria completa da linguagem. Precisamos entender, melhor do que costumamos fazer formalmente, a forma como a linguagem funciona. Palavras que descrevem acontecimentos funcionam regular e adequadamente em todos os níveis, já que os próprios acontecimentos funcionam em todos os níveis. O que um marciano poderia ter visto eram seres humanos colocando pedaços de papel em pequenas caixas de lata; o que os políticos da época viram foi uma eleição tensa em andamento; o que os historiadores verão é a virada na qual um país moveu-se de uma era para outra. A linguagem é normalmente usada como referência a todos os três níveis de ações físicas de "acontecimento", significado percebido ou imaginado no momento e significado percebido mais tarde — de todas as formas sutis, por meio de metáforas, símbolos, imagens e mitos. Isso é inevitável, e não demanda desculpas.[43] E essa linguagem em si desempenha muitas outras funções: edifica, incomoda, diverte, evoca associações, cria novas possibilidades de compreensão etc. O perigo é estabelecermos uma espécie de reducionismo. Podemos imaginar que o que chamamos de "significado" é algo artificialmente "adicionado" às ações (na verdade, ninguém se teria incomodado em colocar papel nas caixas se não tivesse pensado em fazer algo com um significado mais amplo); ou que as palavras que investem ações físicas com seu significado são, portanto, simplesmente decoração ou bordado, a fim de serem vistas como "simples metáfora". (Alternativamente, claro, o acontecimento pode perder-se na significância.) Isso nos alerta, mais uma vez, para o fato de que não existe algo como um "simples acontecimento", como veremos no próximo capítulo. E, se tudo isso

---

[43]Sobre a importância da metáfora, veja particularmente Ricoeur, *The Rule of Metaphor: Multi-Disciplinary Studies of the Creation of Meaning in Language*, 1977, discutido de forma útil em Thiselton, *New Horizons in Hermeneutics: The Theory and Practice of Transforming Biblical Reading*, 1992, cap. 10, seção 2; Soskice, *Metaphor and Religious Language*, 1985; o ensaio sugestivo de Roger White, "Notes on Analogical Predication and Speaking About God", 1982; e, particularmente, Caird, *The Language and Imagery of the Bible*, 1980.

LITERATURA, HISTÓRIAS E ARTICULAÇÃO DE COSMOVISÕES

é verdade para a linguagem em geral, há regras e casos especiais na escrita histórica; em sistemas de linguagem religiosa, outros casos especiais; em textos sagrados, casos especiais inseridos em casos ainda mais especiais; nos evangelhos, que combinam tudo isso e muito mais, um conjunto altamente complexo de questões e problemas. Até mesmo começar a abordar essas questões aqui nos distanciaria demais de nosso propósito.

Sugiro, então, que a epistemologia que delineei anteriormente — aquela que vê o conhecimento como parte da responsabilidade dos que são feitos à imagem do criador de agir com responsabilidade e sabedoria no mundo criado — resulta, no nível da literatura, em um realismo crítico sensível. Devemos, por um lado, renunciar à ficção de uma visão soberana dos acontecimentos e, por outro, à redução do acontecimento à mera percepção individual. Até que realmente resolvamos essa questão, a maioria das batalhas atuais sobre a leitura dos evangelhos — e a maioria das anteriores também — serão diálogos de surdos, fadados ao fracasso. Para começar, porém, sugiro um possível modelo hermenêutico a ser explorado mais amplamente em outra ocasião. Sugiro uma hermenêutica do *amor*.

No amor, pelo menos na ideia de *ágape* da forma como a encontramos em algumas partes do Novo Testamento,[44] aquele que ama afirma a realidade e a alteridade do amado. O amor não busca arruinar o amado em termos de si mesmo; e, embora possa falar de se perder na pessoa amada, essa perda sempre acaba sendo um verdadeiro achado. No paradoxo familiar, alguém se torna totalmente pleno ao se entregar a outra pessoa. No fato do amor, em suma, ambas as partes são simultaneamente afirmadas.[45]

Aplicado à leitura de textos, isso significa que o texto pode ser ouvido em seus próprios termos, sem ser reduzido à escala do que o leitor pode ou não compreender no momento. Se o texto for de difícil compreensão, o bom leitor fará o esforço necessário para entendê-lo, retornando sempre ao texto e continuando a ouvi-lo. Entretanto, por mais perto que o leitor chegue de compreendê-lo, a leitura continuará a ser peculiarmente aquela do leitor: o subjetivo nunca se perde, fator que não é nem necessário nem desejável. Nesse sentido, "amor" significará "atenção": prontidão para deixar que o outro *seja* o outro, vontade de crescer e mudar a si próprio em relação ao outro. Ao aplicarmos esse princípio a todos os três estágios do processo de leitura — relação do leitor com o texto, do texto com os autores, dos autores

---

[44]Estou bem ciente — e estar ciente dessas coisas faz parte do próprio modelo — de que essa palavra tem vários outros matizes de significado em outros lugares. Veja Barr, "Words for Love in Biblical Greek", 1987.

[45]Uma possibilidade semelhante é discutida por Thiselton, *New Horizons in Hermeneutics: The Theory and Practice of Transforming Biblical Reading*, 1992, cap. 16, seção 2.

com as realidades que pretendem descrever —, será possível fazermos várias afirmações simultâneas. Em primeiro lugar, poderemos afirmar simultaneamente que o texto tem *tanto* um ponto de vista particular, a partir do qual tudo é visto, *como* o fato de que a leitura feita por alguém não é mera "observação neutra". Em segundo lugar, poderemos afirmar que o texto tem *tanto* vida própria *como* que o autor tinha intenções das quais podemos, em tese, saber alguma coisa. Em terceiro lugar, poderemos afirmar que as ações ou os objetos descritos são, em princípio, *tanto* ações e objetos no mundo público *como* que o autor os contemplava de um ponto de vista particular e talvez até mesmo distorcido. Em cada nível, precisamos dizer as duas coisas — ou seja, não uma coisa em detrimento da outra.

Cada estágio desse processo se transforma em uma *conversa* na qual o mal--entendido é provável, talvez até mesmo inevitável, mas na qual, por meio da escuta paciente, a compreensão real (e o acesso real à realidade externa) é realmente possível e alcançável.[46] O que defendo é um realismo crítico — embora eu prefira descrevê-lo como uma epistemologia ou hermenêutica do amor — como o único tipo de teoria que fará jus à natureza complexa dos textos em geral, da história em geral e dos evangelhos em particular. Armados com isso, seremos capazes de enfrentar as questões e os desafios da leitura do Novo Testamento com alguma esperança de dar sentido ao seu conteúdo.

SOBRE A LITERATURA

Se, então, podemos concordar que algo como a literatura existe, e que há como lê-la e falar de forma sensata sobre o tema sem que nossas palavras desmoronem sobre si mesmas, importa perguntarmos, embora de forma breve, o que é a literatura e o que fazer com ela. (Refiro-me à "literatura" em seu sentido mais amplo, incluindo a maioria dos escritos da maior parte dos seres humanos, mas não incluindo listas telefônicas, bilhetes de ônibus e coisas do tipo, por mais valiosas que sejam como símbolos culturais.) Nesse contexto, a agora familiar história da epistemologia moderna se repete, embora exemplos de pontos de vista extremos possam ser difíceis de encontrar. Na extremidade positivista, a literatura pode ser concebida simplesmente como a descrição "neutra" do mundo — as tentativas bizarras de gerações anteriores de nivelar a poesia, reduzindo a metáfora a uma linguagem simples e sem adornos, parecem ter operado sob esse equívoco. Na outra extremidade da escala, a literatura foi considerada

---

[46]Sobre a questão de o modelo "conversacional" ser adequado a essa tarefa — uma questão que remonta a Schleiermacher, pelo menos —, veja Thiselton, *New Horizons in Hermeneutics: The Theory and Practice of Transforming Biblical Reading*, 1992, cap. 10, seção 3, cap. 11, seção 3, discutindo Gadamer e Tracy.

LITERATURA, HISTÓRIAS E ARTICULAÇÃO DE COSMOVISÕES

(e talvez, como já vimos, os poetas românticos nos tenham encorajado a fazer isso)[47] uma coletânea de sentimentos subjetivos.

Como alternativa para ambos os extremos, sugiro que a escrita humana é mais bem concebida como a articulação de visões de mundo ou, melhor ainda, *a narração de histórias que conduzem à articulação de visões de mundo*. É claro que isso acontece de várias maneiras. Algumas são bastante óbvias: o romance, o poema narrativo e a parábola já contam histórias; assim, não é difícil descrever o movimento que precisa ser feito do enredo específico em questão (ou de seus subenredos) para o tipo de visão de mundo que está sendo articulado. Outros não são tão óbvios, mas nem por isso deixam de ser importantes à sua maneira. A carta sucinta a um colega reforça nosso mundo narrativo partilhado em que os arranjos para o ensino do próximo semestre devem ser feitos com antecedência e, assim, reforça, por sua vez, o mundo mais amplo em que ambos contamos a nós mesmos, e uns aos outros, a história das universidades, do estudo, do ensino e da teologia — ou, se formos cínicos, a história de termos um emprego e não querermos perdê-lo. A carta de amor, não importa quão agramatical ou rapsódica, conta, em um nível mais profundo, uma história muito poderosa sobre o que significa ser humano. O livro árido, com suas listas e teoremas, conta a história de um mundo ordeiro e fala da possibilidade de os seres humanos compreenderem essa ordem e trabalharem proficuamente dentro dela. Poemas curtos e aforismos são para as visões de mundo o que as fotos instantâneas são para a *história* de um feriado, de uma infância, de um casamento etc.

Sugiro, portanto, que parte da tarefa da crítica literária consista em desnudar e explicar o que o escritor produziu em nível de narrativa implícita e, em última análise, de visão de mundo implícita, bem como o método que empregou com esse propósito.[48] A tarefa pode ser realizada, ainda que o escritor permaneça desconhecido (o que também é bom, em vista do anonimato de muitas obras, inclusive no Novo Testamento). Mas pode contar com a ajuda, em seu caminho, de alguma consideração, mesmo em nível hipotético, do que o escritor *tentava* ou pretendia fazer. Aqui, mais uma vez, deparamos com a familiar dicotomia. O crítico positivista dirá que o objetivo da crítica é estabelecer o significado "certo" ou "verdadeiro" do texto, partindo

---

[47]Veja página 55 e seguintes.

[48]Para uma descrição fascinante da tarefa análoga dentro de uma esfera muito diferente, a da música, veja Menuhin, *Unfinished Journey*, 1977, p. 182-9: "Como um bioquímico descobrindo que cada célula humana carrega a marca do corpo a que pertence, tive de estabelecer por que essas notas e nenhuma outra pertenciam a esta sonata; e era importante que eu mesmo fizesse isso, não aceitando mais explicações prontas, para que eu não me familiarizasse em segunda mão com o trabalho de alguém" (p. 184).

do pressuposto de que tal significado existe e que pode, hipoteticamente, ser encontrado. O leitor fenomenalista — que, nesse caso, pode muito bem acabar sendo um desconstrucionista — passará a dizer que tal coisa não existe. Há apenas a minha leitura, a sua leitura e um número infinito de outras leituras possíveis. Em resposta a ambos os extremos, a leitura crítico-realista de um texto reconhecerá e levará em consideração a perspectiva e o contexto do leitor. Mas tal leitura continuará a insistir que, dentro da história/narrativa ou das histórias que parecem dar sentido a toda a realidade, existem, como aspectos essencialmente diferentes do leitor, textos que podem ser lidos, que têm uma vida e um conjunto de significados adequados, não apenas potencialmente independentes de seu autor, mas também de seu leitor; e que o nível mais profundo de significado consiste nas histórias — e, em última análise, nas visões de mundo — que os textos articulam. Assim, o crítico positivista, lendo a parábola dos lavradores infiéis, procurará localizá-la em um contexto histórico particular — seja a vida de Jesus, a pregação da igreja primitiva ou a escrita de um dos evangelhos. Tentará uma descrição completa e "objetiva" do que a narrativa significava na época. O aparente sucesso desse projeto poderá atrair os inexperientes a pensarem que o positivismo provou seu ponto — até que outros comentários sejam consultados, nos quais relatos igualmente "objetivos", embora muito diferentes, são oferecidos. Eles podem, claro, dialogar entre si. No entanto, ao começarem a fazê-lo, já estão admitindo que o positivismo não é tão simples quanto parece, e que talvez um modelo epistemológico diferente seja a melhor opção.

Já o fenomenalista, por sua vez, lê a parábola e se enxerga abordado nela. Embora perceba que a parábola pode ter um contexto histórico, o importante, para ele, é o que a história lhe diz hoje. Até certo ponto, essa explicação se ajusta, conforme observamos anteriormente, tanto ao fundamentalista como ao desconstrucionista. O que não pode ser feito com esse tipo de leitura, porém, é reivindicar qualquer normatividade para ela: só porque o texto diz algo para *mim*, não há por que dizer a mesma coisa para *você*. Se não formos cuidadosos, a afirmação "esta parábola me diz que devo ser fiel às responsabilidades que me foram dadas por Deus", ou "esta parábola fala de Jesus morrendo por mim", ruirá e se resumirá a declarações cujo sentido público não é diferente de "eu gosto de sal" ou "eu gosto de Sibelius". O fenomenalista "compra" a certeza e a segurança de suas declarações em relação ao texto à custa da perda de sua relevância pública.

Realistas críticos, no entanto, procurarão evitar ambas as armadilhas. Devemos estar cientes do nosso próprio ponto de vista. Leitores de textos sobre senhores e servos podem muito bem demonstrar uma simpatia instintiva em relação a um ou ao outro tipo; o mesmo se dá com leitores de textos sobre pais

LITERATURA, HISTÓRIAS E ARTICULAÇÃO DE COSMOVISÕES

e filhos. Leitores que, de alguma forma, consideram alguns textos normativos (com base em sua própria perspectiva ou na perspectiva de outros) os abordam com certas esperanças, ou até mesmo com determinados receios. Em outras palavras, lemos uma história à luz de todos os tipos de outras histórias que habitualmente trazemos conosco — ou seja, à luz de nossa visão de mundo fundamental. Todavia, é precisamente parte da história que continuamente contamos a nós mesmos, como forma de dar maior sentido ao nosso ser no mundo, o fato de que existem, além de nossas próprias narrativas particulares, *outras* histórias, outros textos — incluindo os textos encontrados no Novo Testamento —, e que, para eles, essas histórias podem, se atentarmos para elas, modificar ou subverter algumas ou todas as demais histórias que temos contado a nós mesmos. Existem outras visões de mundo; essas visões expressam-se em formas de literatura e interagem com nossa perspectiva particular. A leitura crítico-realista é uma *lectio catholica, semper reformanda*: busca ser verdadeira consigo mesma e com o mundo público, embora sempre esteja aberta à possibilidade do desafio, da modificação, da subversão.

Portanto, não somente lemos o texto e o examinamos em toda a sua alteridade histórica em relação a nós, como também em toda a sua relação transtemporal, com a consciência da complexa interligação existente entre essas duas análises. Quando chegamos à parábola, nós a lemos como uma narrativa que já tem uma trajetória histórica: lemos a narrativa *de* Israel, que agora sofre uma nova e alarmante reviravolta; lemos uma narrativa *sobre* Israel cuja essência, surpreendentemente, concerne a Jesus; lemos uma narrativa com um significado *no* ministério de Jesus, mas com outro sentido, muito diferente, ao ser recontada pela igreja primitiva, assim como um livro a respeito de um romance é diferente do próprio romance. Além do mais, ainda que, como parte de nossa história em geral (e, em tese, passível de subversão), acreditemos em nossa capacidade de, novamente em tese, alcançar algum tipo de precisão histórica nessas leituras, o "significado" que a parábola *continua a ter* permanecerá aberto em diversos aspectos importantes. Haverá espaço para uma adequação sobre certos significados potenciais, e não sobre outros. A discussão de onde surgem os diferentes "significados" sugeridos poderá e deverá ocorrer; não se trata de um jogo privado. E o teste de novos significados propostos vai condizer com sua continuidade demonstrável em relação aos significados históricos. Quanto ao que conta como continuidade, por ora a ideia deve permanecer em aberto. O ponto em questão é que a história/narrativa trouxe à luz uma visão de mundo, de modo que, ao lê-la historicamente, posso detectar que sempre teve a intenção de ser uma narrativa subversiva, minando uma visão de mundo e tentando substituí-la por outra. Ao lê-la com atenção, percebo que ela também pode subverter a minha visão de mundo.

O NOVO TESTAMENTO E O POVO DE DEUS

Aplicando tudo isso em um contexto mais amplo para a literatura judaica e cristã do primeiro século, descobrimos, sem dificuldade, que boa parte do material tem uma forma de história facilmente discernível, quer na superfície do texto, quer não muito abaixo dela.[49] Existem, porém, em ambas as tradições religiosas, dois tipos de narrativas notadamente diferentes. Há, em primeiro lugar, histórias que incorporam e articulam uma visão de mundo, embora seja claro que não se referem a acontecimentos do mundo público. Obviamente, as parábolas se enquadram nessa categoria e, no judaísmo, tem-se um livro como *José e Azenate*.[50] Em segundo lugar, há histórias que incorporam e articulam uma visão de mundo ao contar (mais ou menos) o que realmente aconteceu no domínio público, uma vez que *essa é a perspectiva que pretende explicar*. No judaísmo, trata-se, obviamente, do caso de livros como 1 e 2Macabeus, e *Antiguidades* e *Guerras judaicas*,[51]* de Josefo: Josefo está bem ciente da acusação de ter inventado tudo, de modo que lhe é claramente importante negar tal acusação.[52] No cristianismo, a questão é, obviamente, bastante controvertida. O livro que professa mais ruidosamente ter sido escrito por alguém que sabia do que estava falando (o evangelho de João, cf. 21:24) é o que costuma ser considerado uma história do primeiro tipo, não do segundo. Encontramos ironia semelhante no trabalho de alguns críticos que consideram os evangelhos "gnósticos" histórias do segundo tipo, mais próximas dos acontecimentos, e os sinóticos, histórias do primeiro tipo, ou seja, mitos etiológicos para um tipo de cristianismo fora de sintonia com seu fundador.[53] Teremos de examinar essas questões em mais detalhes na Parte IV, mas, por ora, podemos afirmar o seguinte: na visão de mundo judaica, era de vital importância que certos eventos se passassem na história pública, precisamente pelo fato de a maioria dos judeus acreditar, como veremos, que o seu deus era o criador do mundo e con-

---

[49]No caso de Paulo, o argumento foi sustentado de forma mais convincente por Hays, *The Faith of Jesus Christ: An Investigation of the Narrative Substructure of Galatians 3:1—4:11*, 1983 (que lista, entre seus predecessores, Via, *Kerygma and Comedy in the New Testament: A Structuralist Approach to Hermeneutic*, 1975); e Petersen, *Rediscovering Paul: Philemon and the Sociology of Paul's Narrative World*, 1985; veja o cap. 13 (b).

[50]Charlesworth, *The Old Testament Pseudepigrapha*, 1985, p. 177-247.

[51]*Outros títulos do livro incluem *A guerra dos judeus* ou *História das guerras judaicas*.

[52]Veja *Ápio* 1.53: "(...) esse é o dever de quem promete apresentar aos leitores os fatos: primeiro, obter conhecimento exato deles, em primeira mão, seja por ter estado em contato próximo com os acontecimentos, seja pela investigação daqueles que os conheceram. Em relação a esse dever, considero-me cumprindo-o em minhas duas obras". Veja também sua polêmica contra a ficção histórica em 1.293. O fato de os críticos modernos terem pouca dificuldade em criticar Josefo (ou os livros de Macabeus) segundo esses padrões não significa que Josefo não soubesse o que estava falando. Veja a discussão da historiografia no capítulo seguinte.

[53]Veja, por exemplo, Mack, *A Myth of Innocence: Mark and Christian Origins*, 1988; Crossan, *The Historical Jesus: The Life of a Mediterranean Jewish Peasant* ,1991; e o capítulo 14.

LITERATURA, HISTÓRIAS E ARTICULAÇÃO DE COSMOVISÕES

tinuava a agir em sua criação. Embora os judeus fossem capazes de expressar toda ou parte de sua história em narrativas sem referente histórico real, tais histórias são essencialmente derivadas, destinadas a extrair, reforçar ou talvez até mesmo subverter a ênfase das histórias do segundo tipo. Uma história sobre um deus que não agiu ou sequer desejaria agir na história subverteria a história judaica básica de forma tão completa que não sobraria nada. Foi o que Marcião e os gnósticos fizeram; curiosamente, os movimentos modernos que mais se aproximam do gnosticismo são também as vozes contemporâneas mais ruidosas no incentivo à "desjudaização" da tradição de Jesus.[54]

Neste ponto, sugiro que o crítico que deseja fazer jus aos próprios textos, em vez de desconstruí-los e torná-los irreconhecíveis, deve aceitar a necessidade de falar de assuntos no mundo extralinguístico, caso queira evitar que aquilo que é dito no mundo linguístico não caia na incoerência. É o caso de um dos principais argumentos do trabalho recente de Anthony Thiselton.[55] Com fundamento na teoria dos atos da fala proposta por Searle, assim como nos argumentos filosóficos de Wolterstorff, Habermas e, acima de tudo, Wittgenstein, Thiselton argumenta, de forma convincente, que, para muitos atos da fala, existe um elemento vital e inegociável, o qual consiste no "encaixe" entre o que é dito e os acontecimentos do mundo extralinguístico. Embora grande parte de sua atenção seja concentrada nos atos da fala relacionados a eventos não linguísticos presentes e futuros, também inclui, de forma explícita, o ponto que desejo destacar: que uma parte vital na apropriação de pelo menos *alguns* textos bíblicos é o trabalho da reconstrução histórica.[56] O fato de essa reconstrução ser possível e também conveniente será abordado no próximo capítulo. Cheguei à conclusão de que os argumentos contrários a essa possibilidade são, com frequência, reduzidos a argumentos contra sua conveniência. A cosmovisão filosófica que o torna inconveniente oferece, ao mesmo tempo, ferramentas para torná-lo aparentemente impossível. Toda a seção deste livro foi projetada para subverter essa visão de mundo. O crítico literário que trabalha com documentos de movimentos religiosos do primeiro século deve, assim, extrair e explicar a história que os escritos contam ou para a qual, em suas diversas formas, contribuem. Tal análise da visão de mundo por meio da

---

[54]Veja particularmente Mack, *A Myth of Innocence: Mark and Christian Origins*, 1988, e a obra da escola de Claremont, de que seu livro é um produto característico.

[55]Thiselton, *New Horizons in Hermeneutics: The Theory and Practice of Transforming Biblical Reading*, 1992, esp. caps. 8 e 16.

[56]Thiselton, *New Horizons in Hermeneutics: The Theory and Practice of Transforming Biblical Reading*, 1992, cap. 15, seção 1. Veja também Ricoeur, *The Rule of Metaphor: Multi-Disciplinary Studies of the Creation of Meaning in Language*, 1977, esp. p. 191, sobre a forma como a narrativa histórica, embora enfaticamente não seja concebida em termos positivistas, inclui um referente além do mundo do texto em si.

história é central à tarefa. Ao fazer isso, também é necessário, obviamente, examinar a história ou as histórias que os próprios escritos abordam, reforçam, subvertem etc. E, assim como o crítico trabalhando em de la Mare ou Mann também deve mostrar *como* os textos em questão *cumprem* sua função — também indagando, talvez, se essa é a função que o autor pretendia —, o crítico do Novo Testamento deve estudar as partes à luz do todo, traçando a relação entre forma e conteúdo, estrutura e impacto, arte e efeito. Sem dúvida, há muito mais a ser dito sobre esse assunto. Mas pelo menos abrimos algum espaço no qual podemos assumir nossa posição e prosseguir com a tarefa. Antes de passarmos para os principais componentes do assunto, da história e da teologia do Novo Testamento, devemos olhar com mais detalhes para a categoria central que temos usado desde o início. Vimos, ao longo de nossa argumentação, que um dos temas mais fundamentais da consciência humana é o da *história/narrativa*. Ademais, é inquestionável que uma boa parte do Novo Testamento (e da literatura judaica que forma parte de seu contexto) consiste em histórias reais. Devemos, portanto, examinar mais de perto o que são essas histórias e como funcionam.

A NATUREZA DAS HISTÓRIAS

1. Análise textual: estrutura narrativa

A forma como as histórias exercem um tipo de poder — pelo qual mudam a forma como as pessoas pensam e se comportam, alterando, portanto, a forma como o mundo é — pode ser vista mais claramente por meio de uma análise dos componentes essenciais que elas contêm. Entre muitas características que foram estudadas nos últimos anos, encontram-se: narrador, ponto de vista, padrões de julgamento, autor implícito, leitor ideal, leitor implícito, estilo, técnicas retóricas etc. Poderíamos dizer muito mais sobre esses assuntos, mas este livro não se destina a isso.[57] Muita atenção, entretanto, tem sido dada a um elemento em particular: a estrutura narrativa das histórias e como ela funciona; e esse elemento formará uma parte vital de diversos argumentos que, mais adiante, apresentarei neste livro. Sigo aqui, mais ou menos, a análise de histórias elaborada por A. J. Greimas, acompanhando o trabalho pioneiro de Vladimir Propp.[58] A esse respeito, cabem algumas observações preliminares.

---

[57]Veja literatura já citada, esp. as obras de Patte, Petersen, Funk e Thiselton; e compare com Rhoads e Michie, *Mark as Story: An Introduction to the Narrative of a Gospel*, 1982.

[58]Veja Greimas, *Sémantique structural*, 1966; 1970; Propp, *The Morphology of the Folktale*, 1968. Veja esp. Galland, "An Introduction to the Method of A. J. Greimas", 1976; Patte, *What is Structural Exegesis?*, 1976; *Structural Exegesis: From Theory to Practice*, 1978. Para uma aplicação do método exegético paulino, veja Hays, *The Faith of Jesus Christ: An Investigation of the Narrative*

LITERATURA, HISTÓRIAS E ARTICULAÇÃO DE COSMOVISÕES

O trabalho de Greimas foi frequentemente incorporado aos estudos bíblicos nos últimos anos, segundo vemos, por exemplo, nos trabalhos de D. O. Via e J. D. Crossan, já discutidos de forma sucinta. Em geral, isso tem sido feito a serviço de uma abordagem formalista e/ou estruturalista, a qual, como vimos, tem sido uma forma de ler o texto e talvez de tentar dizer algo "objetivo" a seu respeito. Tal abordagem se distingue daquela que tenta situar o texto dentro da história de um autor ou comunidade,[59] usando-o como base para a reconstrução histórica. Pode-se pensar, portanto, que o uso de Greimas é aderir a um modelo estruturalista um tanto ultrapassado e, de qualquer forma, decididamente anti-histórico. Contra isso, e a favor de um uso cauteloso de uma análise narrativa do tipo articulado por Greimas no presente projeto, sugiro que a ênfase recente na narrativa, no contexto das teorias da epistemologia e da hermenêutica (cap. 2) e do estudo histórico (cap. 4), exige que busquemos uma compreensão de como funcionam as narrativas e que reempreguemos Greimas nesse cenário — não para segui-lo servilmente ou em um contexto formalista, mas a serviço de um programa histórico e hermenêutico mais amplo. O método de Greimas, sem dúvida, não é infalível, e não vou entrar aqui nos debates a esse respeito.[60] Como de costume, a prova do pudim está em comê-lo.

O esquema de Greimas pode ser mais bem visualizado em uma série de diagramas. Sua complexidade, principalmente para aqueles que não estão familiarizados com Greimas e seus projetos, pode parecer proibitiva, como se alguém tentasse explicar o desconhecido utilizando-se do incognoscível.[61] Mas o objetivo do que pode parecer uma análise tortuosa, espero, gradualmente se tornará aparente. Sem muita atenção às diferentes fases de como a história realmente funciona, o intérprete está quase fadado a saltar muito rapidamente para esta ou aquela conclusão (provavelmente errada), especialmente quando a história em questão é muito familiar devido ao seu recontar frequente. As exigências do método nos obrigam a desacelerar e prestar atenção em cada estágio quanto ao que realmente está acontecendo. Posteriormente, sugerirei que a falha em dar atenção à história real contada tanto por judeus como por cristãos — ou seja,

---

Substructure of Galatians 3:1—4:11, 1983, p. 92-103; Wright, *The Climax of the Covenant: Christ and the Law in Pauline Theology*, 1991a, cap. 10; e, para outros usos da teoria literária recente na exegese paulina, veja Moore, *Literary Criticism and the Gospels: The Theoretical Challenge*, 1989, xx, n.º 18.

[59]Veja Thiselton, 1992, cap. 13, seção 4; e veja também p. 94.

[60]Veja, por exemplo, Thiselton, *New Horizons in Hermeneutics: The Theory and Practice of Transforming Biblical Reading*, 1992, cap. 13, seção 3.

[61]Veja Moore, *Literary Criticism and the Gospels: The Theoretical Challenge*, 1989, xix, para a descrição de um cenário: "O estruturalista se arrastaria, sobrecarregado com algum tipo de... aparato greimasiano para chegar à conclusão de que, quase invariavelmente, o exegeta histórico desimpedido estaria esperando, tendo já alcançado a mesma coisa, mas de modo mais eficiente".

a história do Antigo Testamento — foi a acusação básica que a igreja primitiva levantou contra o judaísmo. Também é possível sugerir que uma falha semelhante por parte dos cristãos contemporâneos é generalizada e, além disso, está na raiz de muitos mal-entendidos da tradição cristã em geral e dos evangelhos em particular.

Uma história típica pode ser dividida em três momentos. Há a *sequência inicial*, em que um problema é armado e criado, com um herói (ou heroína) encarregado de uma tarefa cujo cumprimento parece difícil ou até mesmo impossível; a *sequência tópica*, na qual o personagem central tenta resolver o problema proposto e acaba conseguindo; e a *sequência final*, em que a tarefa é enfim concluída. Assim:

a. sequência inicial: Chapeuzinho Vermelho recebe comida de sua mãe para levar para a avó, mas é impedida pelo lobo de fazê-lo.
b. sequência tópica: o resgate chega, com o tempo, na forma do lenhador.
c. sequência final: Chapeuzinho Vermelho consegue, ao final, entregar a comida para a avó.

Tais sequências podem ser definidas em diagramas úteis, adotando-se o seguinte esquema:

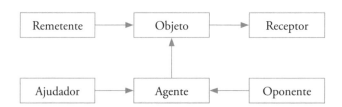

O "remetente" é o iniciador da ação, que comissiona o "agente" para executá-la — ou seja, para pegar ou transmitir o "objeto" ao "receptor". O "agente" é impedido de fazer o que lhe é exigido por alguma força — o "oponente" — e é, ao menos potencialmente, auxiliado pelo "ajudador". Na sequência inicial, obviamente, o oponente (que pode ser simplesmente um defeito de caráter do agente) é mais poderoso do que o agente ou qualquer ajuda disponível. Se não fosse assim, não haveria história, mas apenas uma frase: "Chapeuzinho Vermelho foi enviada por sua mãe para levar um pouco de comida para a avó; foi o que ela fez, e todos viveram felizes para sempre". Pode ser encantador, mas não é uma história. Não tem enredo. Não incorpora uma visão de mundo, exceto, talvez, uma cosmovisão extremamente ingênua. Então:

Apesar de seu charme e de sua obediência — as únicas coisas com as quais a protagonista pode contar —, a heroína não consegue impedir o lobo de frustrar o plano, visto que ele come a avó de Chapeuzinho e ameaça comê-la também. O plano da mãe de fornecer comida para a moradora da casinha na floresta recebe uma reviravolta monstruosa. Mas, então, a sequência tópica fornece uma ajuda, como deve ser para que a história não seja abortada novamente: "Chapeuzinho Vermelho levou um pouco de comida para sua avó, mas o lobo comeu as duas"; a ideia não corresponde, mais uma vez, a uma história em seu sentido pleno. Na sequência tópica, é importante ressaltar que o agente da sequência inicial passa a ser o receptor, pois é ele, agora, que precisa de algo, a saber, de ajuda para sair da confusão. Não há um "remetente" aparente nesse caso particular, como em muitas sequências de várias histórias — o que não representa nenhum problema e, de fato, normalmente até confere certo ar de mistério, como no caso de *O Senhor dos Anéis*, de Tolkien, em que o leitor está sempre ciente de que até mesmo os líderes raramente vistos em ambos os lados representam poderes que circundam os protagonistas.

Sequências tópicas assumem a mesma forma que as sequências iniciais: na natureza do caso, porém, o "Agente" do primeiro esquema é o "Receptor" deste, visto que, agora, o agente precisa de resgate e ajuda. Um novo "Agente" é, portanto, necessário, trazendo um novo "Objeto" — relacionado à libertação do Agente de sua situação difícil — para o resgate. Nessa fase, novos oponentes podem ou não ser adicionados. Desse modo:

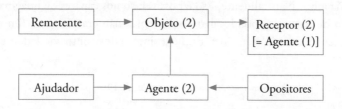

Ao aplicarmos tal esquema a essa sequência tópica de um conto popular, deparamos com o seguinte:

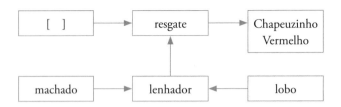

O machado é poderoso demais para o lobo; a pobre garota é resgatada; a avó, após ser libertada do estômago do lobo (ao menos em algumas versões da história), finalmente recebe comida. A sequência final, portanto, repete a sequência inicial, com a importante diferença de que revela uma situação bem-sucedida:

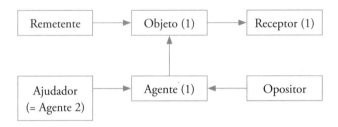

Assim, aplicando-o à nossa heroína e ao seu destemido salvador:

John Barton, um dos atuais defensores de diferentes métodos de estudo bíblico, afirma que a história exige esse final: se o lenhador tivesse libertado o lobo e se casado com Chapeuzinho Vermelho, uma cosmovisão inteiramente nova viria à luz. Naturalmente, isso é possível: somos capazes de imaginar um discípulo de Sartre propondo algo assim;[62] mas não era para esse fim que a história remetia desde o início.[63] Esta é a sintaxe dos contos de fadas: é sim-

---

[62]Barton, *Reading the Old Testament: Method in Biblical Study*, 1984, p. 116, referindo-se a Propp e outros.
[63]Sobre Sartre, porém, veja Meyer, "The Philosophical Crusher", 1991b, p. 9-s., argumentando que os romances sartrianos são, em última análise, autocontraditórios: "Um romance autenticamente sartriano seria uma confusão caótica. Mas os novelistas, incluindo Sartre, trabalham sob a ótica de um mandamento: 'Não serás enfadonho'".

LITERATURA, HISTÓRIAS E ARTICULAÇÃO DE COSMOVISÕES

plesmente assim que funcionam. Se essa sintaxe for alterada, um movimento poderosamente subversivo de pensamento torna-se manifesto.

Devemos, obviamente, reconhecer de imediato que a maior parte das histórias apresentam muito mais complexidade do que essa. É comum que contenham subdivisões, enredos dentro de enredos etc.; veremos, em um momento, uma história bíblica conhecida que tem essencialmente um enredo dentro do outro. E também deve-se dizer que uma divisão importante da narrativa, a saber, a tragédia, não se encaixa tão obviamente no esquema mencionado. Nos contos populares, as coisas tendem a dar certo no final: sem dúvida, isso diz respeito às funções para as quais elas foram projetadas. Penso que a tragédia pode ter um esboço próprio, encaixando-se no esquema elaborado por Greimas ao seu próprio modo. A história que contarei a seguir também ilustrará esse ponto.[64]

Conforme veremos, as muitas reviravoltas do enredo de uma história, a qual recairá principalmente em subdivisões da "sequência tópica", exibem sequências em miniatura da mesma forma, às vezes até mesmo pequenos detalhes. Essa análise minuciosa já foi praticada nos evangelhos,[65] com o texto sendo posto ao microscópio para ver o que de fato está "acontecendo" por trás de uma narrativa cujas características externas são frequentemente tão conhecidas que proíbem, em vez de encorajar, uma nova compreensão. Embora esse exercício às vezes pareça tão denso que se transforma, por sua vez, em mais uma barreira para a compreensão, pode ajudar-nos, por exemplo, a localizar onde residem as ênfases principais de uma narrativa (que podem não estar onde as leituras "normais" do texto nos condicionam a olhar), e como as diversas partes se relacionam com o todo. Há uma necessidade premente de exercer melhor controle na prática desse método, ou seja, de encontrarmos meios de avaliar as respectivas afirmações dos críticos que o utilizaram.[66] Creio, por exemplo, que muitos daqueles que praticaram essa análise abordaram o texto com pressuposições não examinadas e chegaram a conclusões que devem ser contestadas.[67] Em tese, porém, a análise narrativa é mais do que apenas um exercício útil. Em um mundo (acadêmico) que não sabe o que são e para que servem as histórias, essa é uma tarefa necessária se desejarmos recapturar as importantes dimensões do texto.

---

[64] 4Esdras e 2Baruque podem ser considerados exemplos de uma história ainda mais trágica; veja a Parte III.

[65] Marin, "Jesus Before Pilate: A Structural Analysis Essay", 1976a; "The Women at the Tomb: A Structural Analysis Essay of a Gospel Text", 1976b; Chabrol, "An Analysis of the 'Text' of the Passion", 1976; Patte, *Structural Exegesis: From Theory to Practice*, 1978, cap. 3; etc.

[66] Veja Patte, *Structural Exegesis: From Theory to Practice*, 1978, cap. 4.

[67] Por exemplo, Marin, "The Women at the Tomb: A Structural Analysis Essay of a Gospel Text", 1976b, p. 74, presumindo que a história é simplesmente sobre "Deus" e o "Homem" (i.e., não sobre Israel especificamente).

2. Análise textual: os lavradores infiéis

Como exemplo, olhemos brevemente para nossa velha amiga, a parábola dos lavradores infiéis (Marcos 12:1-12 e passagens paralelas). Nela, encontramos uma estrutura suficientemente clara, que demonstra ser um enredo dentro de um enredo, sendo o enredo interior essencialmente trágico. A história tem início com um proprietário que planta uma vinha a fim de (ao que parece) obter fruto para si mesmo, empregando lavradores como agentes, a despeito (ao que parece) da ganância desses trabalhadores:

1. *Sequência inicial*

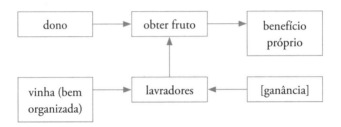

Até aqui, tudo bem. O dono envia mensageiros aos lavradores para obter os frutos; esse é o primeiro movimento da história interna. Os lavradores, porém, acabam sendo não apenas o objeto da jornada dos mensageiros, mas também os oponentes do plano; esse elemento precipita a natureza trágica da história interna, o fato de que sua conclusão carrega uma triste ironia.[68]

2. *Sequência tópica (1) [= nova sequência inicial para a história interna]*

---

[68] A declaração reflete a mesma preocupação que vemos em Tannehill, "Israel in Luke-Acts: A Tragic Story", 1985b, embora eu não concorde com a avaliação do autor sobre Lucas—Atos como um todo.

Após falhar no movimento inicial, o dono envia seu próprio filho para substituir os mensageiros:

3. *Sequência tópica (2)* [= *Sequência tópica da história interna*]

Há, agora, duas coisas que devem ser feitas para que o plano original seja bem-sucedido. Como o ponto culminante trágico da história interna, os lavradores devem colher o destino que semearam para si mesmos. E, como o clímax de sucesso da história externa, o plano original, de alguma forma, tem de ser realizado, apesar da rebelião dos lavradores. Assim, primeiro o proprietário vem pessoalmente e destrói os lavradores:[69]

4. *Sequência tópica (3)* [= *Sequência final da história interna*]

(Em breve, veremos que o espaço em branco na posição "ajudante" é importante.) Por fim, o dono instala novos lavradores, que produzirão os frutos de que ele necessita, voltando, por fim, à sequência inicial.[70] Contudo, em vez de os mesmos lavradores finalmente fazerem o que deveriam fazer — como Chapeuzinho Vermelho, que, finalmente, entregou a comida para a avó —, a natureza trágica da história interna significa que o agente original deve ser suplantado por um novo agente:

---

[69] No relato de Mateus (21:41), essa parte da história é adicionada pelos ouvintes em resposta à pergunta de Jesus sobre o que o dono deve fazer.
[70] Somente Mateus (21:41) torna explícito o fato de que novos lavradores darão fruto ao proprietário, mas a mesma ideia está implícita nos demais evangelhos.

5. Sequência final da história principal

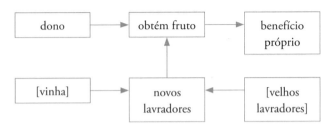

O que aprendemos sobre a história por esse meio? Muito, em todos os sentidos. Em primeiro lugar, penso que devemos destacar (mais do que faríamos de outra forma) a questão das intenções do dono. Evidentemente, elas dizem respeito a uma realidade para além da vinha em si. A vinha está lá para cumprir um propósito. Nos contextos históricos da parábola (ou seja, o cenário óbvio no trabalho dos evangelistas, além do cenário hipoteticamente histórico na vida de Jesus), a vinha é certamente Israel; e a história pressupõe que Israel não foi criado para benefício próprio, mas para cumprir os propósitos do deus com quem fez aliança, propósitos que se estendem para além de suas próprias fronteiras.

Em segundo lugar, o papel do filho é mais limitado do que se poderia pensar por uma leitura menos cuidadosa, superconsciente de uma cristologia posterior. Não há nada na morte do filho que sugira outra coisa senão o fracasso da sequência (3), nenhuma sugestão, dentro das possibilidades narrativas, de que essa morte, de alguma forma, fosse o meio de a história sofrer uma reviravolta — exceto no sentido negativo de que, não tendo mais nada a fazer, o dono agora deve ir pessoalmente e resolver aquela bagunça. No drama da história, o filho é basicamente o último e mais comovente dos mensageiros fracassados. Após o seu fracasso, o desastre é a única coisa que resta.

Em terceiro lugar, observamos que, nas sequências (2) e (4), os lavradores aparecem em duas posições distintas. Talvez isso faça parte da essência da tragédia: que os personagens da história que foram projetados para se envolver em algum outro papel, como receptores ou sujeitos, apareçam na mesma história como oponentes. (O papel ambíguo dos discípulos nos evangelhos, tomados como um todo, deve ser considerado a partir desse ponto de vista.) A menos que outro subenredo intervenha, um subenredo através do qual eles são removidos dessa categoria, sua parte na história está fadada, no final, ao desastre.

Em quarto lugar, dentro da função da narrativa em seus contextos históricos, os novos lavradores, que aparecem como agentes na sequência (5), não podem ser identificados (conforme presumiríamos inicialmente) apenas como gentios. A intenção do dono era conseguir algo *por meio* dos lavradores, e esse "algo", como fica claro de várias maneiras nas narrativas gerais dos evangelhos,

LITERATURA, HISTÓRIAS E ARTICULAÇÃO DE COSMOVISÕES

parece ser a *bênção* dos gentios.[71] Os "novos lavradores", através dos quais isso agora deve ser alcançado, não podem, portanto, ser gentios *per se*, mas devem ser um novo grupo de judeus por meio dos quais o propósito será cumprido.[72]

Em quinto lugar, o espaço em branco sob "ajudador" na sequência (4) pode ocultar uma implicação significativa. Normalmente, os espaços em branco são cheios de significado nas histórias, conforme vimos em relação ao "Remetente" em *O Senhor dos Anéis,* e segundo pode ser visto no "Objeto" não mencionado em "Os ouvintes", poema escrito por de la Mare. Nos contextos da narrativa (algo mais evidente em Lucas, porém implícito também em Mateus e Marcos), o meio pelo qual o dono (o deus de Israel) virá e destruirá os lavradores acabará sendo uma ação militar levada a cabo por Roma. Isso prepara o caminho, na narrativa mais ampla dos evangelhos, para a denúncia do Templo e a profecia de sua queda (Marcos 13 e passagens paralelas).

Além dos pontos exegéticos mencionados, porém, há uma questão de significado muito mais amplo do que a análise, em tese, abriu. A parábola, como a maioria das parábolas de Jesus, conta a história de Israel — ou seja, estabelece a cosmovisão judaica da forma regular, apropriada —, porém lhe confere uma reviravolta surpreendente. Uma vez que compreendemos a estrutura histórica das cosmovisões em geral, e da cosmovisão judaica em particular, estamos na posse de uma ferramenta que, embora não seja frequentemente usada dessa forma, pode ajudar-nos a compreender o que estava em jogo nos debates entre o judaísmo e o cristianismo do primeiro século. Não se tratava apenas de uma questão de debate "teológico", no sentido de controvérsias relacionadas a algumas doutrinas abstratas. Tampouco o problema pode ser reduzido em termos de pressão social e de facções, no sentido de uma controvérsia entre judeus e não judeus ou entre judeus que praticavam ou não praticavam a lei. Tratava-se, em termos muito mais fundamentais, de uma controvérsia sobre *diferentes narrativas da história do deus de Israel, de seu povo e do mundo.* E é possível, em tese, traçar essas diferentes narrativas em diagramas como aqueles que acabamos de utilizar, a fim de expor, em detalhes, as diferentes formas como as histórias foram contadas, compreendendo, assim, o que realmente estava em jogo no primeiro século. Tarefas dessa natureza serão uma característica do restante deste livro e, de fato, de todo o projeto.

Uma reflexão final: essa análise da parábola abre uma janela sobre a maneira como as histórias dos evangelhos, bem como a própria história do evangelho, articulam, de forma típica, a tragédia dentro da comédia, o fracasso de um

---

[71]Veja os caps. 13–15.

[72]Isso poderia ser questionado com base na nota explicativa de Mateus (21:43), texto em que a vinha é dada a uma nação (*ethnos*) que produz os frutos. Não cabe aqui discutirmos essa ideia.

conjunto de agentes em meio ao "sucesso" do plano em geral.[73] A história do próprio Jesus, de morte e ressurreição, sofrimento e justificação, tem essa forma; e o mesmo acontece com a história contada pelos cristãos sobre Israel, o povo do deus criador. A história dos lavradores infiéis, portanto, traz à luz a mesma estrutura narrativa que algumas das principais apresentações da cosmovisão cristã primitiva.

3. Jesus, Paulo e as histórias judaicas

Evidentemente, a parábola dos lavradores infiéis não é um caso isolado. Contar histórias era (segundo os evangelhos sinóticos) um dos métodos de ensino mais característicos de Jesus. Ademais, à luz de todo o argumento apresentado até então, seria claramente equivocado ver essas narrativas como meras ilustrações de verdades que poderiam, em tese, ter sido articuladas de forma mais pura e abstrata. Histórias eram uma forma de romper com a visão de mundo dos ouvintes, a fim de que sua cosmovisão fosse remodelada segundo aquela aceita e defendida por Jesus. Suas histórias, como hipoteticamente todas as histórias, convidavam seus ouvintes para um novo mundo, sugerindo, de forma implícita, que uma nova cosmovisão fosse experimentada e permanentemente adotada. Como veremos na parte seguinte deste livro, a teologia de Israel quase sempre foi caracteristicamente expressa em termos de história explícita: a história do Êxodo, dos juízes, de Davi e sua família, de Elias e Eliseu, do exílio e da restauração — e, dentro do cânon hebraico que se estabeleceria, a história da criação e dos patriarcas, abrangendo todas as outras e dando expressão ao seu significado mais amplo. Jesus simplesmente mantinha, nesse aspecto, uma longa tradição.

Se é verdade que todas as cosmovisões são, em um nível mais profundo, fórmulas abreviadas para a expressão de histórias, isso é particularmente claro no caso do judaísmo. A crença em um único deus, que chamou Israel para ser seu povo, é o fundamento do judaísmo. A única maneira adequada de falar sobre um deus como esse, que faz o mundo e atua nele, é por meio da narrativa. "Evaporar" um conjunto abstrato de proposições, como se assim alguém chegasse a uma declaração mais fundamental, seria, na verdade, descaracterizar uma visão de mundo. Isso não quer dizer que não possamos utilizar frases e palavras abreviadas para nos referirmos, de forma concisa, a uma cosmovisão cuja complexidade seria, de outra forma, tediosa de elaborar sempre. Desse modo, a expressão "monoteísmo e eleição" (cf. cap. 9) não se refere a duas entidades abstratas, existentes fora do espaço e do tempo. É uma forma de convocar os olhos

---

[73]Veja observações de D. O. Via no prefácio a Beardslee, *Literary Criticism of the New Testament*, 1969, vi; e Via, *The Parables, Their Literary and Existential Dimension*, 1967, *passim*.

LITERATURA, HISTÓRIAS E ARTICULAÇÃO DE COSMOVISÕES

da mente a toda uma visão de mundo. Nesse sentido, segundo descreveremos a seguir, Israel contou e recontou a história de como havia um único deus, o criador, de como ele escolhera Israel para ser seu povo particular e de como, portanto, restauraria sua sorte, levando toda a sua criação ao cumprimento pretendido. Dar uma explicação completa todas as vezes seria algo extremamente desgastante. Também seria, de qualquer modo, algo desnecessário — desde que nos lembremos de que, como tantos outros termos teológicos, palavras como "monoteísmo" são constructos tardios, abreviações convenientes de realidades cujo conteúdo, muito mais complexo, é o verdadeiro material da teologia, não meras expressões infantis de uma verdade abstrata "mais pura".

Que *tipo* de histórias são mais características dos judeus nesse período? Conforme já sugerimos, histórias/narrativas de todos os tipos podem expressar o conjunto de crenças sustentadas pela maioria dos judeus, incluindo a crença de que seu deus foi o criador do mundo; mas essa crença (ao contrário de várias formas de dualismo, por exemplo) nasce, de forma mais natural e característica, em histórias acerca de *acontecimentos no mundo real*. Ou seja: quando monoteístas criacionais e pactuais narram o que lhes sucedeu, o nível narrativo mais básico para sua visão de mundo é a *história*. Dizer que podemos analisar narrativas de forma bem-sucedida sem mencionar sua possível referência pública — e, portanto, que não podemos nem devemos fazer tal referência — é cometer o tipo de erro epistemológico contra o qual tenho argumentado nos últimos dois capítulos. É negar o referente ao enfatizar os dados sensoriais. Se deixarmos de ver a importância da natureza histórica real de pelo menos algumas das narrativas contadas pelos judeus nesse período, não compreenderemos o significado, nem na forma nem no conteúdo, das narrativas em si. Somente quando insistimos em ler as narrativas judaicas no âmbito de um conjunto de pressupostos culturais estranhos à sua visão de mundo e à sua história subjacente é que podemos imaginá-las como que falando sobre um deus distante, o qual não age na história e não a levará, com um suspiro de alívio, a um ponto-final.[74] Mas essa ideia já está nos levando muito longe de nosso objetivo atual.

O que é verdadeiro sobre as histórias/narrativas judaicas pré-cristãs também é verdadeiro a respeito das primeiras histórias/narrativas cristãs. Se Jesus ou os evangelistas contam histórias, isso não significa que deixam a história ou a teologia de fora da equação e fazem outra coisa. Se, como vimos, foi assim que a teologia de Israel (sua crença no criador como deus da aliança e vice-versa) caracteristicamente encontrou expressão, não deveríamos nos surpreender se a teologia cristã, pelo menos em suas formas iniciais, acabasse por ser muito

---

[74] Sobre esse ponto, veja Pannenberg, *Basic Questions in Theology: Collected Essays*, 1970, p. 15-80, esp. p. 77-80; e caps. 8–10.

semelhante. O que temos de fazer, como historiadores, é descobrir como chamar a visão de mundo antiga para o olhar moderno; assim, ela poderá ser discutida com clareza, e novos movimentos que nela ocorriam poderão ser traçados com uma precisão histórica. Em outras palavras, temos de aprender a ler as narrativas com os olhos abertos. O ramo histórico que escrutiniza a cosmovisão de sociedades e indivíduos deve envolver-se com a investigação cuidadosa das narrativas, implícitas ou explícitas, que eles contaram uns aos outros e ao mundo.

Assim, conforme veremos na Parte IV, quando a igreja primitiva contava histórias sobre Jesus, essas narrativas não eram, como se poderia imaginar, meras seleções aleatórias, episódicas. Antes, davam a entender que cada acontecimento poderia encaixar-se em uma história/narrativa geral e sugeriam uma forma narrativa na qual as histórias menores se amoldariam. Das menores unidades que a crítica da forma pode isolar até o mais longo dos primeiros evangelhos cristãos, as histórias que foram contadas têm uma forma que pode, em tese, ser estudada, traçada e comparada com outras narrativas da história judaico-cristã. Essas narrativas um tanto óbvias da história de Jesus formarão uma parte importante de nosso argumento posterior.

Mas e quanto a Paulo? Certamente, ele rejeitou a forma narrativa, discutindo Deus, Jesus, o Espírito, Israel e o mundo em termos muito mais abstratos, não é? Não é o caso de, com isso, o apóstolo haver abandonado o mundo judaico da teologia-história, partindo sozinho para o território rarefeito da especulação helenística abstrata? A resposta é um enfático "não"! Como recentemente foi demonstrado em relação a algumas áreas-chave da escrita de Paulo, as declarações e os argumentos mais enfaticamente "teológicos" do apóstolo são, na verdade, expressões da *história essencialmente judaica, redesenhada, agora, em torno de Jesus.*[75] Isso pode ser visto com mais clareza em suas declarações frequentes, às vezes tão reduzidas que chegam a ser quase estereotipadas, sobre a cruz e a ressurreição de Jesus; o que, de fato, acontece é que Paulo conta, repetidas vezes, toda a história de Deus, de Israel e do mundo como estando agora comprimida na história de Jesus. Da mesma forma, seu uso repetido do Antigo Testamento não é projetado como mera prova por meio de textos, mas, pelo menos em parte, para sugerir novas maneiras de ler histórias conhecidas e sugerir que encontram um clímax mais natural na história de Jesus do que em qualquer outro lugar. É claro que todo esse tema deverá ser explorado

---

[75]Veja Hays, *The Faith of Jesus Christ: An Investigation of the Narrative Substructure of Galatians 3:1—4:11* 1983; *Echoes of Scripture in the Letters of Paul*, 1989; Fowl, *The Story of Christ in the Ethics of Paul: An Analysis of the Function of the Hymnic Material in the Pauline Corpus*, 1990; Wright, *The Climax of the Covenant: Christ and the Law in Pauline Theology*, 1991a, cap. 10; veja também o cap. 13.

LITERATURA, HISTÓRIAS E ARTICULAÇÃO DE COSMOVISÕES

posteriormente; aqui, eu o menciono apenas para que ninguém pense que Paulo realmente foi uma exceção à regra por mim formulada. Na verdade, trata-se de um excelente exemplo.

Ao longo de todo o projeto, nossa tarefa, então, envolverá o discernimento e a análise, em um nível ou em outro, de histórias do primeiro século e suas implicações. Narrativas, tanto em sua forma como em seu modo de ser contadas, são os agentes cruciais que revestem "acontecimentos" de "significados". O modo como os fatos físicos desnudos são descritos, o ponto no qual há tensão ou clímax, seleção e organização — tudo isso remonta ao significado que, segundo acreditamos, o acontecimento tem.[76] Nossa tarefa geral é discutir a origem histórica do cristianismo e, em uma relação complexa com essa origem histórica, discutir a questão teológica, a questão de "deus"; e as matas nas quais a presa se esconde, em cada caso, pode ser rotulada de Narrativa. Para o historiador, tentar entender a cosmovisão, a mentalidade, a motivação e a intenção (cf. cap. 4) de Jesus, de Paulo e dos evangelistas — caçar a presa — significa principalmente entender as histórias que os personagens contavam, tanto verbalmente, em sua pregação, como na escrita, e andar pelos caminhos que eles escolheram trilhar, vendo como as histórias funcionavam, onde estava sua ênfase e, em particular, onde representavam um desafio, implícito ou explícito, às histórias contadas no judaísmo e no paganismo da época. Temos de dar atenção, como vimos, às diferenças e semelhanças entre as histórias que os autores bíblicos contavam e que funcionavam sem relação com possíveis referentes no mundo público e aquelas que perderiam seu sentido se não se referissem à realidade histórica. E, ao tentar essa tarefa complexa, o teólogo descobrirá que a questão de "deus" não pode, ao mesmo tempo, deixar de ser tratada.

Não estou preocupado, aqui, em discutir qual rótulo devemos atribuir a essa tarefa multifacetada (Crítica literária? História? Teologia?). Estou certo de que a tarefa confronta o historiador e o teólogo como algo necessário — não só por se tratar de uma tarefa em tese possível, mas também, no estado atual das pesquisas, de um trabalho vital e oportuno. E, certamente, é óbvio para qual direção devemos olhar a seguir. Após examinar o conhecimento e a literatura, estamos em condições de analisar um tipo particular de conhecimento, um tipo particular de literatura. Devemos nos mover para dentro — de histórias para a história.

---

[76]Como um bom exemplo, veja Caird, *The Language and Imagery of the Bible*, 1980, p. 211, listando dez maneiras diferentes como os escritores do NT descrevem a morte de Jesus.

CAPÍTULO 4

HISTÓRIA E O PRIMEIRO SÉCULO

INTRODUÇÃO

O conhecimento histórico, conforme sugeri no capítulo 2, realmente constitui um tipo de *conhecimento*. Precisamos deixar claro esse ponto, principalmente após o último capítulo. Em boa parte da crítica literária moderna, como vimos, há tanta ênfase no texto isolado do autor — e no leitor isolado do texto — que qualquer ideia de que alguém possa ler algo que vá além do texto em si soa como um projeto tão ambicioso que é totalmente desconsiderado — ao menos em tese e quando se mostra conveniente. Todavia, isso me parece, em essência, contraintuitivo. O desconstrucionista mais convicto ainda rastreará a ancestralidade de seu movimento a Foucault, Nietzsche, Saussure ou qualquer outro; e àqueles a quem o estudo e a escrita da história correspondem ao seu trabalho cotidiano, os escrúpulos do pós-modernismo parecerão incrivelmente — quase impossivelmente — cautelosos, tímidos e retraídos. O fato é que *podemos* escrever história, sim. Podemos saber a respeito de coisas que aconteceram no passado.

Entretanto, que tipo de conhecimento é esse? Evidentemente, não há espaço aqui para uma discussão completa da natureza da história em si.[1] Para começar,

---

[1] Entre as obras importantes que só podem ser mencionadas, E não discutidas em detalhes, estão as de Collingwood, 1956 [1946], *The Idea of History; Faith and Reason: Essays in the Philosophy of Religion*, 1968; Butterfield, *Man on His Past*, 1969; Elton, *The Practice of History*, 1984 [1967]; e Doran, *Theology and the Dialectics of History*, 1990. Considero Carr, *What is History?*, 1987 [1961], particularmente útil (veja, porém, Elton, *The Practice of History*, 1984, p. 24-8); Fornara, *The Nature of History in Ancient Greece and Rome*, 1983; Meyer, *Critical Realism and the New Testament*, 1989, *passim*; Gilkey, *Reaping the Whirlwind: A Christian Interpretation of History*, 1976, parte 1; Florovsky, *Christianity and Culture*, 1974, p. 31-65; e Caird, *The Language and Imagery of the Bible*, 1980, cap. 12.

HISTÓRIA E O PRIMEIRO SÉCULO |

vou me limitar a uma discussão geral, defendendo uma teoria "crítico-realista" do que a história como disciplina é e faz e, em seguida, aplicarei essa posição aos principais problemas históricos que nos aguardam no corpo do projeto. Ao longo da minha argumentação, porém, vamos descobrir que, quanto mais olhamos para a "história" em si, mais percebemos que ela não pode existir sozinha. Ela aponta para algo além de si. Em nossa área específica, é impossível falar da origem do cristianismo sem ser confrontado com a questão de deus, assim como, ao considerarmos a teologia, descobriremos que o oposto também é verdadeiro. A história, conforme veremos, é vital; sozinha, porém, não é suficiente.

Começamos, então, com um breve relato acerca do termo história. A palavra "história"[2] é comumente empregada de duas maneiras bem distintas, porém correlatas, como referência (1) a acontecimentos reais e do mundo real e (2) àquilo que as pessoas escrevem sobre os acontecimentos reais e do mundo real. Embora a segunda dessas definições seja tecnicamente a mais correta (é o único significado no *Concise Oxford Dictionary* [Dicionário conciso de Oxford]), é importante reconhecer a presença da primeira definição, pelo menos na fala popular: não é autocontraditório dizer: "Eu sei que não está escrito em lugar algum, mas o fato realmente aconteceu *na história*". Confundir esses dois significados — o de "história como acontecimento" e o de "história como escrita a respeito dos acontecimentos" — abre espaço para muitos mal-entendidos e frustrações. Concentrarei a atenção de boa parte deste capítulo na segunda definição, mas de modo a incluir, e não a excluir, a primeira: a história, conforme argumentarei, não é nem "fatos desnudos" nem "interpretações subjetivas", mas, sim, a *narrativa significativa de acontecimentos e intenções*.

A atividade humana da escrita, incluindo a escrita histórica, constitui ela mesma um acontecimento real e do mundo real. Por conseguinte, a confusão entre história como acontecimento e história como escrita pode tornar-se ainda maior; no entanto, reconhecer esse fato também é uma saída para a dificuldade. Quando os historiadores escrevem como se não tivessem um ponto de vista, como se eles próprios fossem observadores "não históricos", é aí que começa o problema. Eis precisamente o ponto de partida para a nossa tarefa.

A IMPOSSIBILIDADE DA "MERA HISTÓRIA"

Não existe, nem pode existir, algo do tipo uma crônica nua de acontecimentos destituídos de um ponto de vista.[3] O grande sonho iluminista de registrar

---

[2] As definições aqui abordam o termo "history", em inglês. Em português, o termo "história" também é a tradução para o termo inglês "story", conforme já mencionado em nota anterior e que tem sido tratado ao longo do livro como história, histórias, narrativas. [N. E.]
[3] Veja Carr, *What is History?*, 1987 [1961], *passim*.

"o que, de fato, aconteceu" é apenas isto: um sonho. O sonhador é, mais uma vez, o positivista, aquele que, olhando para a história, crê que é possível ter acesso instantâneo e não adulterado aos "acontecimentos". Em um nível ingênuo, isso resulta na seguinte perspectiva pré-crítica:

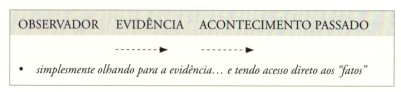

Em um nível mais sofisticado, a percepção de que a evidência pode conduzir a equívocos dá origem a um positivismo mitigado: o observador peneira a evidência, reconhecendo que, embora parte dela não tenha muita utilidade, outras partes fornecem o desejado acesso direto.[4] Essa é a analogia da rejeição positivista da metafísica em favor do suposto conhecimento científico "claro":

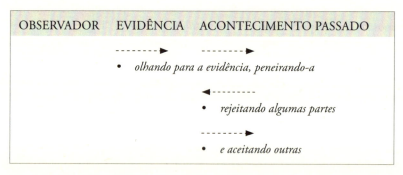

Entretanto, para repetir minha declaração inicial, esse sonho de encontrar fatos desnudos e não envernizados não corresponde à realidade — o que procurarei demonstrar de forma sucinta a seguir, embora se trate de um ponto praticamente óbvio.

Em um nível geral, não demora para ficar claro que a história como um todo envolve seleção. Ela compartilha esse elemento com outras áreas do saber. A todo instante, estou ciente de um vasto número de impressões sensoriais, das quais faço uma seleção muito limitada para meu foco atual de atenção e interesse. (Uma das razões pelas quais, por exemplo, apreciamos arte ou nos apaixonamos por alguém talvez seja pelo fato de essas experiências inebriantes envolverem um conjunto mais amplo do que o normal de seleções simultâneas.) No nível mais trivial, qualquer tentativa de registrar "o que aconteceu" sem algum tipo de seletividade falharia, apenas pelo enorme volume

---

[4]Vemos mais do que uma sugestão dessa ideia em Sanders, *Jesus and Judaism*, 1985, p. 321-7.

HISTÓRIA E O PRIMEIRO SÉCULO

de informações — cada suspiro de cada ser humano, cada folha que cai, cada nuvem que transita no céu. *Alguns* suspiros humanos talvez sejam dignos de registro: o suspiro de alguém que suspeitávamos estar morto, por exemplo. O cair de algumas folhas e o transitar de algumas nuvens podem repentinamente adquirir importância, dependendo do contexto (considere a pequena nuvem que o servo de Elias viu no topo do monte Carmelo). Mas até mesmo uma câmera de vídeo configurada aleatoriamente não resultaria em uma perspectiva completamente "neutra" dos acontecimentos. Sua localização estará fixa apenas em um local; terá apenas um comprimento focal; apontará apenas em uma direção. Se, em um sentido, a câmera nunca mente, podemos ver que, em outro sentido, ela não faz outra coisa senão mentir. A câmera exclui muito mais do que inclui.

A fim de fazer, então, qualquer afirmação sobre o passado, o ser humano precisa engajar-se em um esforço massivo de seleção. Fazemos isso o tempo todo — e nos tornamos muito bons nessa prática —, quando selecionamos rapidamente pequenos fragmentos de nossa vida, organizando-os em narrativas, anedotas, lendas familiares etc. E esse processo envolve inevitavelmente um importante elemento de *interpretação*. Tentamos dar sentido ao mundo em que vivemos; do contrário, não passaremos de esponjas em vez de seres humanos. Todo conhecimento e toda compreensão dizem respeito à reflexão por parte do ser humano; todo conhecimento *decorre* das percepções e reflexões de alguém. Como vimos no capítulo 2, o legado do positivismo muitas vezes nos seduz a imaginar que um "fato" é uma coisa "puramente objetiva" e imaculada pelo processo de conhecimento de qualquer pessoa.[5] Na realidade, porém, o que chamamos de "fatos" sempre faz parte de um contexto de resposta, percepção e interação — um processo complexo e contínuo. As narrativas, como vimos, são mais fundamentais do que os "fatos"; as partes devem ser vistas à luz do todo.

Isso se torna mais obviamente verdadeiro, e em um nível mais sério, quando tentamos falar dos acontecimentos do passado. Suponhamos, por exemplo,

---

[5]Veja Florovsky, *Christianity and Culture*, 1974, p. 34-s. Um bom exemplo da perspectiva que estou criticando pode ser encontrado em Nineham, *The Use and Abuse of the Bible: A Study of the Bible in an Age of Rapid Cultural Change*, 1976, p. 187-8: "Como os primeiros cristãos pertenciam a um período anterior ao surgimento da história científica e eram, em sua maioria, homens analfabetos, eles não apenas misturaram história e narrativa, como também deve-se confessar que, às vezes, permitiam que as exigências da narrativa modificassem os detalhes históricos. Cabe enfatizar que não havia a intenção de enganar; naquele período, parecia perfeitamente natural (...) modificar uma narrativa histórica de modo a trazer à tona o lugar do incidente na história total (...) Isso significa que, muitas vezes, é impossível voltarmos à história (...)". Esse positivismo paternalista é curiosamente contraditório. Ao contar a história que deseja, Nineham (como veremos) está, na verdade, falsificando a história da historiografia.

O NOVO TESTAMENTO E O POVO DE DEUS

que tentemos fazer uma afirmação modesta, porém central, sobre Jesus.[6] Se dissermos que "Cristo morreu pelos nossos pecados", não é tão difícil perceber um elemento óbvio de interpretação: "pelos nossos pecados" é um adendo teológico a uma declaração que, de outra forma, seria "histórica". Mas, ainda que digamos, "Cristo morreu", não escaparemos da interpretação: escolhemos nos referir a Jesus como "Cristo", atribuindo-lhe uma messianidade que nem seus contemporâneos nem os nossos conferiram-lhe universalmente. Muito bem, então. E se dissermos apenas: "Jesus morreu"? Mesmo assim, ainda não escaparemos da "interpretação" — e, de fato, a interpretação parece, nesse caso, maior do que nunca: três pessoas morreram fora de Jerusalém naquela tarde, mas optamos por mencionar apenas uma. Aliás, milhares de judeus foram crucificados pelos romanos nas proximidades de Jerusalém ao longo do primeiro século, mas nós optamos por mencionar apenas um. Nossa observação histórica aparentemente desnuda é o produto de uma decisão interpretativa multifacetada. Isso também não é incomum. É típico da história. Toda história envolve seleção, e é sempre o ser humano que faz a seleção.

Segundo uma visão "moderna" popular, foi apenas nos últimos duzentos anos que descobrimos em que realmente a "história" consiste, enquanto os escritores do mundo antigo eram ignorantes sobre o assunto — inventando fatos livremente, tecendo fantasias com lendas e chamando-as de história. Há uma grande ironia nessa perspectiva, já que ela mesma é um mito moderno, legitimando o imperialismo cultural do Iluminismo sem ter qualquer base na história real do mundo antigo. Na verdade, os historiadores da antiguidade sabiam em que consiste a história tão bem quanto nós, e muitas vezes ainda melhor.[7] Não tinham a ilusão de meramente observar os fatos e registrá-los. Heródoto organizou os acontecimentos de forma a apresentar sua teoria sobre como a história funciona — a saber, que tudo resulta do ciúme e da ganância do ser humano. Ele criticou alguns dos contos que registrou a partir de outras pessoas, alegando que continham, em grande medida, os pontos de vista dos observadores (presumivelmente excêntricos). Heródoto não diz que os observadores não deveriam ter um ponto de vista, mas apenas que ele tinha motivos para pensar que o ponto de vista deles resultara na distorção de acontecimentos reais. Como todos os principais historiadores do mundo antigo, Heródoto reconhecia a diferença entre *história* propriamente dita e a mera horografia, a tentativa de registrar "o que aconteceu" de um dia para o outro.[8] Ao mesmo tempo, Heródoto sabia tão bem quanto nós que existem coisas como

---

[6]Sobre isso, veja Caird, *The Language and Imagery of the Bible*, 1980, p. 209-14.

[7]Sobre o teor desse parágrafo, veja esp. Fornara, *The Nature of History in Ancient Greece and Rome*, 1983; compare com Hemer, *The Book of Acts in the Setting of Hellenistic History*, 1989, cap. 3.

[8]Fornara, *The Nature of History in Ancient Greece and Rome*, 1983, p. 16-s.

HISTÓRIA E O PRIMEIRO SÉCULO |

acontecimentos reais e que é tarefa do historiador escrever sobre eles, desconsiderando os acontecimentos que considera implausíveis.[9] De modo semelhante, Tucídides sustentou uma doutrina de *anangke* — de necessidade — segundo a qual causa e efeito ocorrem na esfera histórica. Embora ele tenha vivido suficientemente perto dos acontecimentos da Guerra do Peloponeso para saber com muita precisão "o que aconteceu", Tucídides não fingiu, assim como não devemos supor, que seu relato era, portanto, "imparcial". Na verdade, como um general demitido, observando a sorte do país que o rejeitou, dificilmente poderíamos esperar algo assim. Contudo, é precisamente a partir desse ponto de vista que ele teve a oportunidade de escrever de modo envolvente e ao mesmo tempo desapegado: selecionando e organizando, claro, mas também fornecendo aos leitores um conhecimento factual de acontecimentos factuais. Coisas semelhantes poderiam ser ditas, *mutatis mutandis*, sobre Lívio e Josefo, sobre César e Tácito, sobre até mesmo, em certa medida, Suetônio. O fato de a mente humana ter de organizar e dispor o material não "falsifica" a história. Ao mesmo tempo, Tucídides e os demais estavam tão cientes quanto nós do dever solene do historiador de se empenhar pela honestidade intelectual e a imparcialidade rigorosa.[10]

Não foram os antigos que se enganaram quanto à natureza da história, vivendo em uma era pré-moderna e não sabendo em que consistia o pensamento crítico. Somos nós que, na rejeição iluminista da confiança em *auctores*, "autoridades" em sentido múltiplo, passamos a nos imaginar como os primeiros a ver a diferença entre sujeitos e objetos, julgando erroneamente, portanto, nossos antepassados e nos enganando. Inventar "história" por uma recapitulação ideológica projetada é um fenômeno tanto moderno como antigo — talvez até mais moderno do que antigo. É algo de que os próprios eruditos do Novo Testamento não estão isentos.

Assim, por um lado, tanto os historiadores antigos como os modernos estavam cientes da obrigação do historiador de fazer o possível para não se posicionar de modo a prejudicar seus próprios interesses: o famoso *sine ira et studio*, de Tácito — honrado, claro, pela violação e não pela observância —, serve de evidência suficiente desse fato.[11] Por outro lado, nenhum historiador

---

[9]*Ibidem*, p. 163.

[10]Fornara, *The Nature of History in Ancient Greece and Rome*, 1983, p. 99-101; veja a discussão acerca de Josefo, p. 109. O capítulo de Fornara sobre o registro de discursos (p. 142-68) deve ser do interesse de todo estudioso do Novo Testamento. O autor sintetiza a ideia da seguinte forma: "Podemos certamente afirmar que o registro dos discursos dos romanos e seus oponentes é substancialmente confiável, desde o tempo da Segunda Guerra Púnica até o final do 4º século d.C.".

[11]Tác., *Anais*, 1.1: "Escreverei sem indignação ou partidarismo". Veja também a menção de Cícero a "leis da história", citado por Fornara, *The Nature of History in Ancient Greece and Rome*, 1983, p. 101.

O NOVO TESTAMENTO E O POVO DE DEUS

moderno escapou da necessidade inevitável da seletividade, e a seletividade não pode ser feita sem um ponto de vista. (Em contrapartida, nenhum ponto de vista pode ser sustentado sem seletividade, ainda que inconsciente.) O mito da "história não interpretada" funciona precisamente como isto: um mito em meio ao discurso moderno — ou seja, expressa um estado ideal cuja realidade erroneamente imaginamos existir, e cuja influência afeta nossa forma de pensar e falar. No entanto, apesar de tudo, trata-se apenas de um "mito", no sentido popular da palavra.

É correr atrás do vento, então, imaginar que alguém, antigo ou moderno, poderia "simplesmente registrar os fatos". Em minha juventude, o jornal que afirmava "dar ao leitor os fatos, com toda a franqueza", era notoriamente o órgão de propaganda oficial do Partido Comunista Britânico. Aprendemos a suspeitar de pessoas que reivindicam ser a única voz imparcial sobre o assunto abordado; em geral, essa alegação simplesmente significa que seu plano ideológico é tão grande que, como uma montanha obscurecendo o céu, elas se esquecem da existência de sua ideologia. Não existe um ponto de vista imparcial, desinteressado. Imaginar, portanto, como fizeram alguns pensadores pós-iluministas, que nós, do mundo moderno, descobrimos a "história pura", de modo que tudo o que fazemos é registrar "o que realmente aconteceu", sem o acréscimo de qualquer elemento interpretativo ou perspectiva do observador — e que isso, de alguma forma, nos eleva a uma posição de superioridade sobre aqueles pobres ignorantes do passado, cuja objetividade não era suficiente, por não distinguirem fatos de ficção —, não passa de insensatez e arrogância. Pareceria estranho até mesmo ter de refutar algo assim, não fosse a influência tão grande que essa ideia exerce precisamente na área em que desenvolvemos nosso tema.

Toda história, assim, consiste em uma espiral de conhecimento, um longo processo de interação entre o intérprete e o material de origem. Trata-se de uma verdade, a despeito de o historiador em questão ser cristão, escrevendo sobre Jesus e Paulo com algum compromisso prévio em relação a ambos, ou um não cristão, escrevendo sobre ambos com a expectativa de que eles estejam errados. Nesse ponto, Rudolf Bultmann e Bertrand Russel estão de acordo.[12] Esse processo de interação não é um fenômeno estranho ou inusitado, mas, sim, um fenômeno humano perfeitamente comum. Cada vez que pego o telefone e ouço uma voz, faço um julgamento, formulo uma hipótese acerca de quem fala do outro lado da linha. Algumas vezes, estou certo; outras vezes, mesmo

---

[12]Veja Russell, *History of Western Philosophy and Its Connection with Political and Social Circumstances from the Earliest Times to the Present Day*, 1961 [1946], p. 311-s. Veja também o relato mais vívido e imparcial em Russel, *Why I Am not a Christian and Other Essays on Religious and Related Subjects*, 1967 [1957].

HISTÓRIA E O PRIMEIRO SÉCULO |

quando a pessoa revela seu nome, estou errado. No último caso, sou obrigado a contornar a espiral várias vezes, o que me levará, espero, à sua identificação. Em seguida, posso concentrar-me na próxima espiral de conhecimento (que já pode ter começado), a de realmente ter um diálogo em que um ou ambos os envolvidos nem sempre entendem o que está sendo imediatamente dito. Não é o caso de eu ser simplesmente um ouvinte neutro, gravando tudo o que é dito em um disco rígido vazio. Ocorre uma interação. Em tese, com a história, isso não é diferente, exceto que os materiais de base geralmente são mais complicados do que as chamadas telefônicas.

Quando o material de origem do historiador consiste na literatura do cristianismo primitivo, a situação é, obviamente, ainda mais complicada. Como já discutimos no capítulo 1, muitos leitores do Novo Testamento o abordam de modo a considerá-lo, de alguma maneira, *autoritativo*. É como se alguém pegasse o telefone e esperasse ouvir uma voz que lhe diz o que fazer. O processo normal da espiral do conhecimento continuaria, mas, dessa vez, seria recoberto, e talvez até mesmo confundido, por um conjunto diferente de questões. No caso dos evangelhos, a situação é ainda mais complexa. Agora, é como se a voz na linha, que se presume autoritativa, não desse instruções, nem emitisse ordens, mas apenas *contasse uma história*. Não causa surpresa que aqueles que reivindicam a escritura como sua autoridade tenham dificuldade em descobrir o que fazer com os evangelhos. Os historiadores têm lutado para se libertar da suposição de que a história é confiável; os teólogos, às vezes, do reconhecimento de que essa autoridade se apresenta de forma narrativa. Deparamos com o mesmo problema duplo nas cartas neotestamentárias. Como esses documentos históricos podem funcionar como autoritativos? A impressão *prima facie* das cartas, de que são mais fáceis de usar como autoridade por dizerem às pessoas em que acreditar e como se comportar, pode, na verdade, ser enganosa. E se Paulo estiver falando aos gálatas que evitem ser atraídos para o judaísmo e exortando os romanos a evitar ser atraídos para o antissemitismo? Como é possível um bilhete dizendo a um amigo que Paulo espera, em breve, visitá-lo e hospedar-se em sua casa ser "autoritativo" para a igreja em uma geração subsequente? Nem está claro, na superfície do texto, como uma discussão sobre a carne oferecida aos ídolos se tornará relevante para a igreja do século 21. Mesmo quando a voz na linha parece dar instruções, como podemos estar certos de que se destinam a nós? Em contrapartida, se estamos determinados a empregar as cartas como autoritativas em certo sentido, como podemos fazê-lo sem levar em consideração também os aspectos históricos, como notoriamente aconteceu em muitos estudos de Paulo?

Existem, então, pelo menos três tipos distintos de exercícios envolvidos na leitura dos evangelhos e das cartas, os quais normalmente parecem cruzar

O NOVO TESTAMENTO E O POVO DE DEUS

o caminho uns dos outros — com o elemento extra, claro, de que o que faz a ligação está falando em uma língua estrangeira e pertence a uma cultura bem diferente. O primeiro é o exercício da escuta, pura e simples; o segundo, o da interação; o terceiro, o exercício da prontidão para responder de forma adequada (ou a intenção de evitar dar uma resposta). Todos dizem respeito a questões mais amplas do que simplesmente a história, garantindo, assim, que a tarefa do historiador nunca pode ser simplesmente observar e registrar "o que realmente aconteceu". Mesmo aqueles que não consideram os textos, de alguma forma, autoritativos deparam com o fato de que sua leitura é inevitavelmente conduzida em diálogo com outros leitores, antigos e modernos, que *os consideram* dessa forma; e que ao menos algumas das questões discutidas por aqueles que se encontram nessa outra ponta da linha telefônica foram moldadas, ao longo dos anos, por essa perspectiva.[13] Além disso, mesmo aqueles que gostam de se considerar individualistas ferrenhos terão de enfrentar o fato de que compartilham o telefone com outras pessoas. A alternativa é simplesmente ignorar os outros falantes e, desse modo, não dialogar com eles. Estudar a história, ao que tudo indica, não é uma tarefa tão simples quanto às vezes se imagina; e ler o Novo Testamento de um ponto de vista histórico é menos ainda.

Há duas áreas de particular interesse histórico para o estudante do Novo Testamento. No presente volume, elas nos ocuparão posteriormente. Ambas fornecem exemplos clássicos do modo como as pressuposições interpretativas inevitavelmente interagem com o manuseio dos dados.

Na primeira, o estudo do judaísmo antigo há muito tem sido atormentado por uma leitura que "sabia", de antemão, que o judaísmo era o tipo errado de religião, o contexto obscuro para a luz gloriosa do evangelho. Agora, estamos em um período de reação categórica e justificada contra isso. Tal reação, entretanto, traz seus próprios problemas; atualmente, há uma leitura atomística e não teológica do judaísmo, uma leitura que o divide em suas diferentes expressões e rejeita qualquer síntese coerente, exceto a mais generalizada.[14]

Na segunda, e de forma semelhante, o estudo do cristianismo primitivo tem sido prejudicado por gerações, pela necessidade que a maioria dos escritores sente de organizar o material de uma forma teologicamente desejável, comprimindo os dados de forma deveras espúria. A ideia é: "Os primeiros

---

[13]Compare com as observações de Carr, *What is History?*, 1987 [1961], p. 13-s., sobre a forma como nossa impressão da Idade Média como um período em que as pessoas estavam profundamente preocupadas com a religião deriva do fato de que as fontes das quais dependemos foram todas escritas por pessoas profundamente preocupadas com a religião.

[14]Veja a Parte III.

cristãos *devem* ter sido pessoas de características peculiares; precisamos que tenham sido, pois, do contrário, não sustentaremos nossa interpretação do cristianismo".[15] Isso produziu, como agora é comum observar, o "mito das origens cristãs". Como no caso do judaísmo, começaram as reações, mas o atomismo, atualmente, tem aumentado.[16] Em ambos os casos, podemos ser um pouco solidários com os movimentos modernos. Como veremos a seguir, o historiador enfrenta duas tarefas: os dados devem ser incluídos e uma simplicidade geral deve emergir. Mas essas tarefas devem ser mantidas com o devido equilíbrio. Se a simplicidade (de um tipo espúrio) governou por muito tempo, produzindo o "mito de um judaísmo sombrio" ou o "mito de um cristianismo recém-nascido", é hora de os dados não selecionados receberem uma nova audiência. Contudo, aqui também, há um contramito implícito: o mito dos dados objetivos ou da história sem pressuposições, de modo que o objetivo do meu presente argumento é desafiá-lo: na verdade, não existe algo como "mera história". Existem dados. Existem manuscritos, incluindo os muito antigos. Moedas e dados arqueológicos estão disponíveis. A partir desses elementos, podemos saber muito sobre o mundo antigo, chegando a um conhecimento tão bom quanto o que temos de qualquer outra coisa. No entanto, mesmo na coleta de manuscritos e moedas — quanto mais para lê-los, traduzi-los ou organizá-los em edições ou coleções! —, já devemos engajar-nos na "interpretação".[17] Houve, obviamente, disciplinas que se desenvolveram em torno de todas essas atividades, projetadas precisamente para evitar que tais tarefas caiam na arbitrariedade. Meu ponto atual é simplesmente que toda a história é história interpretada.

ISSO NÃO SIGNIFICA "AUSÊNCIA DE FATOS"

1. Realismo crítico e a ameaça do objeto em desaparecimento

A absoluta complexidade da tarefa do historiador, assim como sua manifesta diferença da "mera observação", pode levar, e levou alguns, à conclusão de que não existem, então, coisas como "fatos". Se tudo é colorido pela perspectiva de alguém, então tudo pode ser reduzido aos termos dessa perspectiva. Este é o análogo do historiador para uma epistemologia fenomenológica:

---

[15]Veja livro com o mesmo título, de autoria de R. L. Wilken (1971).

[16]Veja a Parte IV. Um bom exemplo da natureza fragmentada da atual figura do cristianismo primitivo pode ser encontrado em Koester, *Introduction to the New Testament*, 1982b.

[17]Veja Carr, *What is History?*, 1987 [1961], p. 14-s, destacando a preocupação desnecessária de Lorde Acton de que a pressão de escrever história ameaçava "transformá-lo de um homem de letras em um compilador de uma enciclopédia". Carr prossegue, falando (p. 16) de um "fetichismo de fatos no século 19".

OBSERVADOR	EVIDÊNCIA	ACONTECIMENTO PASSADO

• olhando para a evidência   que parece oferecer acesso aos acontecimentos

mas que pode ser apenas evidência sobre si

ou que, na verdade, serve apenas de evidência para o ponto de vista do observador

Tão frequente é essa suposição que, diariamente, encontramos exemplos de reducionismo com base na crença equivocada de que apenas um ponto de vista "puro" ou "neutro" será de alguma utilidade para qualquer pessoa. A declaração: "Você só diz isso por ser um pessimista" pode ou não ser uma réplica contundente a uma afirmação de que o bom clima dos últimos dias não durará por muito tempo. O "pessimista" pode ter escutado uma previsão precisa do tempo. Da mesma forma, a declaração: "Você só diz isso por ser um matemático" não tem força alguma para anular a ideia de que dois mais dois são quatro. Nesse caso, como em vários outros, a ressalva aduzida como motivo da redução deveria funcionar de forma inversa: o fato de a pessoa abordada ser um matemático é um *bom* motivo, não um mau motivo, para acreditarmos em sua afirmação se diz respeito à matemática.[18] O equivalente à leitura dos evangelhos no século 20 foi a afirmação aparentemente "científica" de que "todo texto é, antes de mais nada, uma evidência das circunstâncias em que foi composto e para as quais foi composto".[19] O crítico, então, responde aos evangelistas: "Você só escreve isso (essa história ou dizer de Jesus) por ser cristão". Verdadeiro o suficiente em alguns aspectos, mas manifestamente não suficiente em outros. Se o fato de ser um matemático pode dar a alguém o direito de falar quando o assunto são números, ser cristão *pode* significar que alguém tem o direito a uma audiência quando o assunto é Jesus. Se seguíssemos a linha reducionista até o fim — e, hoje, alguns tentam fazer isso —, chegaríamos, como vimos no capítulo 2, ao *cul-de-sac* da fenomenologia: o solipsismo. Só se conhece sobre si mesmo, sobre os próprios dados sensoriais. Marcos sabia apenas sobre sua própria teologia, não sobre Jesus.

Pode ser útil retornarmos por um instante à teoria do conhecimento. O fato de *alguém* estar *em algum lugar*, de ter determinado *ponto de vista* e de saber algo não significa que tal conhecimento seja menos valioso: significa apenas

---

[18]Exemplo adaptado de Lewis, *The Pilgrim's Regress: An Allegorical Apology for Christianity, Reason and Romanticism*, 1943 [1933], p. 62-s.
[19]Perrin, *What is Redaction Criticism?*, 1970, p. 69.

HISTÓRIA E O PRIMEIRO SÉCULO |

que aquilo que o indivíduo tem é, de fato, *conhecimento*. Não há necessidade, apesar das alegações de muitos empiristas de épocas anteriores e de alguns fenomenalistas em épocas mais recentes, de reduzirmos a conversa sobre objetos que nos são externos para falarmos sobre nossos próprios dados sensoriais — de modo que, em vez de dizermos: "Isto é uma mesa", o que realmente deveríamos dizer é: "Ao me sentar aqui, tenho sensações de rigidez causadas por uma superfície nivelada e de madeira"; ou, possivelmente, para me livrar da sugestão de que importei ilicitamente uma referência a um objeto real (a saber, eu mesmo): "Há uma sensação de rigidez causada por uma superfície nivelada e de madeira" — ou talvez, de forma mais simples: "rigidez — superfície nivelada — madeira!". O medo de que "eventos reais" desapareçam sob uma confusão de percepções de alguns indivíduos específicos é um medo desse tipo, e deve ser rejeitado como infundado. Como exemplo particular, devemos afirmar com mais veemência que descobrir que determinado escritor tem uma "tendência" a determinado assunto não nos diz nada sobre o valor das informações que ele apresenta. Apenas nos convida a estarmos cientes da tendência (não só dele, mas também a nossa) e a avaliarmos o material segundo o máximo possível de fontes. "A honestidade intelectual não consiste em forçar uma neutralidade impossível, mas em admitir que a neutralidade não é possível."[20] De modo semelhante, o medo da "objetivação", que tanto afetou a teologia de Rudolf Bultmann, pode ser posto de lado. Bultmann, no contexto de sua herança filosófica neokantiana, desejava evitar falar de objetos ou acontecimentos senão em relação ao observador. Ele, portanto, insistiu (entre outras coisas) em trabalhar a teologia fazendo antropologia, seguindo Feuerbach, ao reduzir a fala divina a uma fala humana.[21] Simplesmente não temos de aceitar essas falsas dicotomias. Não é o caso de algumas coisas serem puramente objetivas e outras puramente subjetivas ou, então, que devemos reduzir uma coisa a outra. A vida, felizmente, é mais complicada que isso.

A descoberta, portanto, de que alguém tem um "ponto de vista", selecionou e organizou determinado material ou tem um estilo característico nada faz para nos informar se o assunto de que o escritor fala (caso ele ou ela julgue estar descrevendo acontecimentos) realmente aconteceu ou não. Existem coisas como eventos no mundo exterior, sim. Muitos podem ser mais ou menos descritos. Mas um escritor não pode escrever sobre eles sem selecioná-los de

---

[20]Holmes, *All Truth is God's Truth*, 1983a, p. 131.

[21]Veja as críticas de Bultmann, por exemplo, em Thiselton, *The Two Horizons: New Testament Hermeneutics and Philosophical Description with Special Reference to Heidegger, Bultmann, Gadamer and Wittgenstein*, 1980, p. 205-92, e o resumo na página 444. Sobre a questão familiar — se Bultmann deveria ter ido ainda mais longe e desmistificado o próprio *querigma* —, veja Moore, *Literary Criticism and the Gospels: The Theoretical Challenge*, 1989, p. 175.

O NOVO TESTAMENTO E O POVO DE DEUS

acordo com um ponto de vista, da mesma forma que não pode observá-los sem usar os próprios olhos.

Dessa vez, a questão pode ser exposta com a ajuda de uma metáfora visual. Se me for apresentado um telescópio, supondo que eu nunca tenha visto tal objeto antes, acabarei descobrindo que, ao erguê-lo à altura dos olhos, poderei ver coisas inesperadas na outra extremidade. Uma variedade de pensamentos me ocorreriam. Se já houvesse deparado com caleidoscópios no passado, poderia imaginar o telescópio como uma "variação do tema" e tentar girar a outra extremidade para ver se a imagem interessante — que suponho, de alguma forma, estar dentro de extremidade oposta do instrumento — mudará. Isso pode realmente acontecer, devido à minha alteração do foco; minhas suspeitas (equivocadas) terão sido (equivocadamente) confirmadas, e eu terei de dar várias voltas na espiral do conhecimento, bem como no telescópio, até finalmente descobrir a verdade. Ou posso imaginar a existência de um espelho posicionado em determinado ângulo na outra extremidade, dando-me informações sobre algo externo ao telescópio, mas adjacente a mim. Poderíamos continuar explorando esse exemplo; contudo, ainda assim, permanece o fato de que, mesmo que eu olhe através de uma lente específica, existem objetos lá fora, no mundo real (como todos, exceto o solipsista mais ferrenho, deverão admitir), de modo que estou realmente olhando para eles, embora, claro, (a) do meu próprio ponto de vista e (b) por meio de determinado conjunto de lentes.

O mesmo se dá com a história. O telescópio de determinada evidência — um livro, digamos, da história de Tucídides — contém lentes particulares, dispostas de certa maneira. Sem dúvida, existem coisas fora do seu alcance. Sem dúvida, há coisas que, por estarem distantes umas das outras, não podem ser vistas através do telescópio ao mesmo tempo. No entanto, Tucídides, enquanto escreve, e nós, enquanto lemos, não estamos olhando por um caleidoscópio, para uma paisagem fictícia. Nem através de um espelho ligeiramente inclinado, que apenas revela em que ponto Tucídides, ou nós mesmos, porventura nos encontramos. Estamos olhando para acontecimentos. A lente pode distorcer, ou o fato de olharmos com apenas um dos olhos pode conduzir-nos a erros de perspectiva; talvez precisemos de outras lentes e de outros pontos de vista para corrigir esses erros. Apesar disso, porém, estamos, mesmo assim, olhando para os acontecimentos. O realismo crítico, e não o abandono do conhecimento do mundo extralinguístico, é necessário para uma epistemologia coerente.[22]

Aplicar isso aos evangelhos significa claramente que, embora devamos lê-los com os olhos e os ouvidos abertos à própria perspectiva dos evangelistas, cientes

---

[22]Veja Thiselton, *The Two Horizons: New Testament Hermeneutics and Philosophical Description with Special Reference to Heidegger, Bultmann, Gadamer and Wittgenstein*, 1980, p. 439-s.

HISTÓRIA E O PRIMEIRO SÉCULO |

de que parte dessa perspectiva é seu desejo de envolver os leitores no material em si (os evangelistas não são meros observadores frios e distantes; tampouco desejam que nós sejamos), isso não elimina, por si só, a forte possibilidade de que estejam descrevendo, em tese, acontecimentos factuais. Quando rejeitamos este ou aquele acontecimento, devemos fazê-lo por outros motivos em relação aos que são regularmente apresentados ou sugeridos — a saber, que os evangelistas não são "neutros" e que seu trabalho revela sua própria teologia, e não qualquer coisa sobre Jesus.[23] Podemos aplicar o mesmo ponto à questão polêmica da teologia paulina. A descoberta de que Paulo abordava uma situação particular e olhava para ela sob uma luz particular é frequentemente saudada como uma indicação de que a passagem em questão é, portanto, puramente situacional, sem expressar ou incorporar uma teologia fundamental ou uma cosmovisão. Isso não passa de uma lógica ruim. É um falso "uma coisa ou outra", algo típico das armadilhas em que os estudos bíblicos frequentemente caem.

Em particular, devemos notar que a resposta à pergunta "O que é uma questão histórica?" não diz respeito a "meros fatos".[24] A história trata principalmente dos seres humanos e tenta traçar, descobrir e compreender, de dentro para fora, a interação entre as intenções e as motivações humanas presentes em determinado campo de investigação inicial. O que um positivista chamaria de "fatos" compõe uma parte inseparável de um todo muito maior. O mover do "fato" para a "interpretação" não é um mover do claro para o pouco claro: acontecimentos não são meras bolas de bilhar que se encaixam umas nas outras, às quais diferentes "significados" ou "interpretações" podem ser atribuídos de forma bastante arbitrária, de acordo com o jogo que está sendo jogado. Alguns "significados" ou "interpretações" serão, segundo veremos, mais apropriados do que outros. Esse ponto afeta o estudo do Novo Testamento de todas as maneiras. As tentativas de dividir dois níveis de questionamentos (primeiro, perguntamos "quando", "onde" e "por quem" um livro foi escrito; em seguida, indagamos "o que o livro diz") são, na verdade, absurdas, a despeito de toda a sua popularidade. A fim de abordarmos um conjunto de questões, devemos integrá-las ao outro conjunto. Isso exigirá que produzamos hipóteses históricas que levam em consideração as

---

[23]Neste ponto, alguém pode considerar a seguinte questão: os historiadores são, em algum sentido, "sacerdotes", mediando a "verdade" para os fiéis? Penso que a resposta correta a tal perspectiva idealista é aquela que remonta ao AT, destacada por Caird, *The Language and Imagery of the Bible*, 1980, p. 217-8: os historiadores são, em um sentido ou em outro, profetas, oferecendo uma perspectiva sobre os acontecimentos que é, ao mesmo tempo, própria e (pelo menos em termos de aspiração) de Deus. Se isso trouxer à mente do historiador os perigos e as responsabilidades da tarefa, que assim seja!

[24]Veja Florovsky, *Christianity and Culture*, 1974, p. 40-4; Collingwood, *The Idea of History*, 1956 [1946], p. 42-s. Veja também Meyer, *Critical Realism and the New Testament*, 1989, p. 62 etc.

O NOVO TESTAMENTO E O POVO DE DEUS

complexidades da motivação humana — motivação que, por sua vez, precisa de uma exploração das cosmovisões e da mentalidade das comunidades e dos indivíduos envolvidos.

Segundo acabei de sugerir, esse argumento não deve ser compreendido como significando que todos os ângulos de visão para os acontecimentos são igualmente válidos ou adequados. Trabalhando com o realismo crítico, descobrimos que alguns ângulos fazem menos jus às informações do que outros. Indiscutivelmente, o *Evangelho segundo Tomé* apresenta um ângulo consideravelmente mais distorcido sobre Jesus de Nazaré do que o Evangelho de Marcos; e mesmo os que discordam,[25] chegando a uma conclusão inversa, concordam que alguns relatos estão mais próximos dos acontecimentos que pretendem descrever do que outros. Todo relato "distorce", mas alguns o fazem consideravelmente mais do que outros. Todo relato envolve "interpretação", mas a questão é se a interpretação revela a totalidade do acontecimento, abrindo-o em toda a sua realidade e em todo o seu significado, ou se o abafa, fechando sua realidade e seu significado. Voltando às nossas bolas de bilhar: um marciano, observando um jogo de bilhar, pode presumir que esses estranhos humanos testavam as atividades balísticas de alguma nova arma. Um observador humano que já viu um jogo de sinuca, mas nunca o jogo de bilhar, pode imaginar o bilhar como uma tentativa ruim de jogar sinuca, com equipamentos limitados e inúmeros erros. Ambas as "interpretações" dos dados distorceriam, fechando o acontecimento e tornando incompreensíveis muitos de seus aspectos. O observador que sabia do que se tratava o bilhar distorceria, em certo sentido, da mesma forma: limitaria imediatamente a gama de interpretações possíveis e, se, por acaso, os jogadores *estivessem* testando uma nova arma, chegaria à interpretação correta só muito tempo depois do marciano. Em todo caso, porém, sua interpretação revelaria mais do que ocultaria, abrindo o acontecimento para que os fatos se encaixassem cada vez mais. Sua história seria mais completa e satisfatória. O análogo histórico para isso é o relato que não apenas descreve "o que aconteceu", mas também o que chega, como veremos, ao "âmago" do acontecimento.

2. As causas do equívoco

Por que o problema, então? Em particular, por que tantos estudiosos foram, no mínimo, tímidos sobre os "acontecimentos" dos evangelhos serem reais, em vez de simplesmente ficções na mente dos evangelistas?

Às vezes, pensa-se que a verdadeira razão é a rejeição do "milagroso" e, portanto, a impossibilidade sentida de empregar os evangelhos como uma

---

[25]Por exemplo, Mack, *A Myth of Innocence: Mark and Christian Origins*, 1988.

HISTÓRIA E O PRIMEIRO SÉCULO

história séria. Terei mais a dizer sobre o assunto posteriormente, no momento em que escrever a respeito de Jesus.[26] Contudo, o ponto básico deve ser apresentado aqui. Relatos de acontecimentos estranhos em qualquer cultura estão, naturalmente, sujeitos a acréscimos lendários. Mas não podemos descartar *a priori* a possibilidade de as coisas ocorrerem de maneiras normalmente inesperadas, uma vez que fazer isso seria começar do ponto fixo de que uma visão de mundo particular — ou seja, a cosmovisão racionalista do século 18 ou sua sucessora positivista do século 20 — está correta ao postular que o universo é simplesmente um "*continuum* fechado" de causa e efeito. Como é possível qualquer investigação científica não permitir que sua cosmovisão esteja incorreta? (Se alguém responder que alguns tipos de argumentação e investigação cortariam o ramo sobre o qual a cosmovisão estava assentada, a contrarresposta pode ser que, se é para onde o argumento leva, é melhor encontrar outro ramo — ou mesmo outra árvore.)

Isso *não* é o mesmo que dizer — digo-o enfaticamente — que a visão de mundo *pré*-iluminista estava, afinal, correta. Por que, uma vez que desafiamos os dualismos prevalecentes, deveria haver apenas duas possibilidades — a "pré--modernista" e a "modernista"? Dizer que os evangelhos não podem ser lidos na forma como se apresentam por sua visão do "milagroso" conflitar com a visão de mundo iluminista não significa, por si só, que podem apenas ser lidos no âmbito de uma fé cristã pré-crítica. Podem existir muitas outras cosmovisões, não necessariamente cristãs, a partir das quais alguém leria o evangelho sem se ofender com os "milagres". Tampouco significa que, se quisermos ler os evangelhos na forma como se encontram, com "milagres" e tudo mais, devemos admitir francamente que deixamos de fazer "história" e passamos a fazer outra coisa, a saber, "teologia", ou um tipo de meta-história. Somente se desvalorizássemos a "história", de modo que a palavra agora *significasse* "a recontagem positivista daqueles tipos de acontecimentos que se encaixam em uma visão de mundo do século 18 e parecem ter realmente acontecido", deveríamos pensar dessa forma. Todo o meu argumento aqui é que "história" deve significar mais que isso, ou seja, a narrativa significativa de intenções; e é vital que não excluamos cedo demais a possibilidade de "significados" diferentes daqueles que havíamos originalmente imaginado. A mente fechada é tão prejudicial para os estudos quanto a ideia de "*continuum* fechado" é para a própria história. Se estivermos comprometidos com a história, sempre haverá a possibilidade de, após várias voltas em torno da espiral da hermenêutica, encontrarmos certos lugares de onde possamos visualizar o material sob a ótica devida e, então, descobrir que alguns desses lugares são algo como a fé cristã. Não se trata de uma convicção

---

[26]A razão pela qual desejo colocar o termo "milagre" e seus cognatos entre aspas ficará clara.

O NOVO TESTAMENTO E O POVO DE DEUS

a priori. Tampouco seria necessariamente o caso de que o tipo de fé cristã que porventura descobríssemos se assemelhasse ao que é tido como ortodoxia.

O problema dos "milagres" pode ter sido uma causa próxima do desejo por parte de alguns teólogos (Reimarus, Strauss, Bultmann etc.) de ler os evangelhos de uma forma não histórica. Não creio que esse tenha sido o único motivo, nem mesmo o mais urgente. Havia razões mais profundas, não no século 18 (quando os "milagres" começaram a ser percebidos como um problema), mas antes. Muitos métodos críticos foram concebidos não para fazer história, mas para *evitar* fazê-la: para manter um silêncio cuidadoso e talvez até mesmo piedoso quando não sabemos o rumo que a história pode tomar. Como crianças que esticam o pé em um escorregador para evitar deslizarem rapidamente e, assim, perderem o controle, muitos teólogos não se deixaram impulsionar pelas mudanças e oportunidades do empreendimento histórico, mantendo firmemente o freio ou, em casos extremos, simplesmente recusando-se a participar da diversão. Ou, para mudar a metáfora, eles temem a história como um caminhante teme um pântano: podemos afundar sem deixar vestígios.[27] Se houver uma ponte conveniente, melhor. Se o pântano não nos sustentar, pior para o pântano; nesse caso, não devemos cruzá-lo.

Uma forma particularmente predominante desse argumento é a sugestão, mais atraente nos círculos luteranos, de que basear a fé na história é transformá-la em uma "obra" e, portanto, obviamente, no contexto dessa perspectiva confessional, falsificá-la. Aqui está parte da razão, juntamente com a rejeição neokantiana de "objetificação", pela qual Bultmann adotou essa perspectiva. No entanto, esse argumento só seria válido se fosse o caso de o cristianismo primitivo sustentar uma premissa totalmente não judaica, talvez até mesmo gnóstica (precisamente o que Bultmann argumentou em termos de história das religiões; recentemente, seu argumento recebeu um novo sopro de vida) — ou seja, uma premissa de que a verdadeira religião seria encontrada ao se abandonar a história e encontrar salvação em um reino completamente fora dela.[28] Empregar, porém, tal argumento não apenas é algo totalmente falso em

---

[27]Extraí a metáfora de um debate real, ocorrido em Bonn, em 1987, quando vários teólogos presentes defenderam mais ou menos a visão que estou atacando, usando a ilustração do pântano e da ponte. Acho isso tudo muito confuso. Após séculos de insistência de que devemos fazer uma análise histórico-crítica, a história está sendo abandonada precisamente quando, enfim, talvez esteja prestes a nos levar a algum lugar. Veja, para uma declaração explícita do assunto, Morgan, *Biblical Interpretation*, 1988, p. 199.

[28]É claro que Bultmann reteve a "história" na proporção em que a cruz lhe permaneceu central. Mas, mesmo nesse ponto, insistiu que ela não poderia ser "objetivada": veja Thiselton, *The Two Horizons: New Testament Hermeneutics and Philosophical Description with Special Reference to Heidegger, Bultmann, Gadamer and Wittgenstein*, 1980, p. 211. Sobre a nova escola bultmanniana, veja a Parte IV, a seguir.

HISTÓRIA E O PRIMEIRO SÉCULO

relação ao pensamento da igreja primitiva, a qual, como um todo (incluindo Paulo e João), permaneceu muito mais judaica do que Bultmann jamais imaginou; o argumento também é confuso quanto à natureza da fé. A fé pode ser o oposto do que vemos. Também é, em alguns aspectos importantes, o oposto da dúvida. Dizer que basear a fé em acontecimentos é transformá-la em uma "obra" (como se alguém fosse responsável por esses acontecimentos!) é ser justificado não pela fé, mas pela dúvida. Evidentemente, isso levanta a questão do que é um "evento". Como veremos ao considerar a vida de Jesus, e particularmente sua morte, um evento é algo extremamente complexo, não consistindo apenas em um conjunto de fatos reais no mundo público, mas o ponto focal de diversas intencionalidades humanas. No âmbito dessas intencionalidades — sendo elas mesmas o objeto apropriado de certo tipo de questionamento histórico, por mais difícil que seja —, podemos (ou não) encontrar o que às vezes é tido como "significado" ou "sentido". Mais uma vez, devo enfatizar: o único sentido em que esse tipo de compreensão é inacessível ao historiador é se, por "historiador", queremos dizer "alguém que mantém uma visão de mundo europeia do século 18 e que está comprometido com a crença de que o significado não pode ser encontrado no âmbito de acontecimentos comuns".

Existe outra razão correlata pela qual alguns estudiosos da Bíblia, pelo menos dentro da teologia pós-bultmanniana, quiseram reduzir o telescópio fornecido pelos evangelhos a um caleidoscópio ou um espelho angular (e deformador). A razão é o desejo por relevância, percebido em termos de universalização. Como o ensino de Jesus e os acontecimentos das narrativas do evangelho podem ter qualquer "significado" para aqueles que pertencem a outros lugares e a outras épocas? Se olharmos apenas para os acontecimentos da vida de Jesus, eles nada terão a nos dizer. Devem ser apenas exemplos da verdade superior que incorporam, meras manifestações ou exemplos da "coisa real"; talvez tenha sido errado ou mesmo perigoso tê-los registrado, já que as pessoas podem confundi-los com a coisa real; talvez mostrem uma falta de coragem por parte da igreja primitiva, que deveria ter olhado para o Senhor vivo do presente e para o Senhor vindouro do futuro, não para o Jesus de Nazaré do passado. Não devemos (ainda nessa perspectiva) nos iludir, pensando que os acontecimentos em si são importantes. É por isso que as parábolas, que originalmente continham a mensagem de Jesus para Israel, são feitas para conter uma mensagem universalmente relevante.[29] O leito de Procusto do mito do "Jesus atemporal" é, assim, usado como medida para cortar todos os pedaços que não cabem, de modo que somos reduzidos a um "Jesus histórico" que, por acaso, perdeu todas

---

[29]Veja o próximo volume, *Jesus and the Victory of God* [Jesus e a vitória de Deus]. Além do mais, às vezes se reivindica que esse processo tem início no próprio NT (Dodd, Jeremias).

O NOVO TESTAMENTO E O POVO DE DEUS

as suas conexões principais com seu devido lugar e com seu devido tempo. No momento adequado, abordaremos essas questões; por enquanto, apenas vamos observá-las como um problema a mais na pretensa leitura "histórica" dos evangelhos.

Devemos, portanto, desafiar vários dos pressupostos sobre a história em geral e os evangelhos em particular. Em primeiro lugar, devemos rejeitar a ideia, comum desde Reimarus, de que a "verdadeira" história minará os elementos "interpretativos" e particularmente "teológicos" dos evangelhos. Toda história envolve interpretação; se os evangelistas nos oferecem uma interpretação teológica, devemos ouvi-los da melhor forma possível, sem presumir que nossa interpretação, particularmente uma interpretação "neutra" ou positivista, seja automaticamente a certa. Pode ser que, no fim das contas, alguma "interpretação" — ou talvez mais de uma — possa trazer à tona, da melhor forma possível, o significado dos acontecimentos. Eliminar essa possibilidade *a priori* seria uma forma estranha de buscar "objetividade". A história não descarta a teologia; na verdade, no sentido mais amplo de "teologia", a história a exige.

Em segundo lugar, como imagem espelhada desse ponto, devemos insistir que os evangelhos, embora sejam (conforme enfatizado pela crítica da redação) totalmente teológicos, não são, por isso, menos históricos. O fato de serem interpretações não significa que não constituam interpretações *de eventos*; se assim fosse, não existiriam eventos, já que, como vimos, todos os eventos históricos são interpretados.[30] A teologia não descarta a história; em várias teologias, não apenas em algumas variedades cristãs, ela realmente a exige.

Em terceiro lugar, devemos notar, de forma preliminar (retornaremos a esse ponto mais adiante), as inúmeras possibilidades inerentes à palavra "significado" aplicada à história. Em seu nível fundamental, o "significado" da história pode ser considerado algo presente nas intencionalidades dos personagens em questão (quer realizem suas ambições, quer alcancem seus objetivos, quer não). A travessia do Rubicão por César "significou" que ele pretendia colocar-se acima da lei da República. Em outro nível, o "significado" pode ser considerado algo presente na relevância contemporânea ou na consequência dos acontecimentos. Aqueles que cultivavam terras do lado italiano do Rubicão teriam dito que a travessia de César "significou" certas coisas em termos do estado subsequente de suas propriedades. Mais uma vez, o fato de havermos descoberto certo conjunto de motivações humanas pode sugerir um paralelo em outros acontecimentos históricos, inclusive com aqueles que nos são contemporâneos, em que um conjunto semelhante de intencionalidades pode estar presente e a

---

[30]Veja Hooker, "In His Own Image?", 1975, p. 36, criticando Norman Perrin.

partir do qual podemos deduzir um "significado" em termos do nosso próprio mundo.[31] A travessia do Rubicão feita por César "significa" que os pretensos tiranos devem ser vigiados com cuidado ao fazerem movimentos simbólicos vitais. Em outro nível ainda, podemos atribuir "significado" aos acontecimentos com base no conceito de revelarem a *intenção* divina e, portanto, de falarem poderosamente — seja para o mundo antigo ou moderno, seja para o mundo judaico ou cristão — acerca da natureza e dos propósitos de "Deus", ou de um deus. O final de César "significa" que sua arrogância não passou despercebida, nem impune, pela vingança divina.

Apesar de nos interessarmos, então, "por aquilo que realmente aconteceu", nós (por "nós", quero dizer os historiadores em geral) também nos interessamos pelo *porquê* do acontecimento. Essa questão se abre, por sua vez, para revelar toda a gama de explicações disponíveis em qualquer cosmovisão, incluindo (no caso de respostas disponíveis no âmbito do judaísmo do primeiro século) as intenções não apenas humanas, mas também as do deus de Israel. Se quisermos entender com o que as coisas se assemelhavam no primeiro século, e como se parecem para nós, toda essa gama de explicações deve ser mantida em aberto. Exploraremos vários aspectos do assunto de forma mais completa no capítulo seguinte.

3. À procura de novas categorias

O que descobrimos, em suma, é que as ferramentas epistemológicas do nosso tempo parecem inadequadas frente aos dados que nos estão acessíveis. Uma das ironias atuais e típicas dos movimentos acoplados a modas acadêmicas é que, atualmente, alguns filósofos estão se afastando do materialismo, até mesmo de um realismo moderado, e retornando ao idealismo — assim como os teólogos, que, depois de aprisionados por tanto tempo nos redutos idealistas, estão finalmente se regozijando ao descobrirem algumas formas de realismo. Esses debates podem servir para manter os controles e equilíbrios vivos no contexto de uma disciplina. Todavia, suspeito que a distinção idealista-realista seja, em última análise, enganosa; e as oscilações não ajudam muito em termos de uma investigação histórica real como a nossa.

O que precisamos, creio, é de um conjunto de ferramentas projetadas para a tarefa em questão, e não de um conjunto emprestado de alguém que pode estar trabalhando em outra coisa. Da mesma forma que os evangelhos e as

---

[31]Há uma semelhança entre a sugestão e o famoso princípio da analogia formulado por Troeltsch (só temos conhecimento histórico de acontecimentos que nos são análogos aos que nós mesmos conhecemos), com a diferença importantíssima de que, agora, o acontecimento é definido no âmbito de uma estrutura crítico-realista sobre o significado de "história".

O NOVO TESTAMENTO E O POVO DE DEUS

cartas incorporam gêneros um tanto distantes de seus análogos não cristãos mais próximos, seu estudo, bem como o estudo de suas figuras centrais, são tarefas que, embora guardem, evidentemente, analogia com outras disciplinas estreitamente relacionadas, exigem ferramentas especializadas — ou seja, uma teoria do conhecimento adequada às tarefas específicas. É o que procuro fornecer nesta parte do livro. Se, além disso, a afirmação cristã fosse, afinal, verdadeira — seria tolice responder a essa pergunta de qualquer maneira, sem antes lidar com o método preliminar —, talvez esperássemos, ao estudar o próprio Jesus, encontrar a chave para compreender não apenas o objeto que podemos ver pelo telescópio e a voz que podemos ouvir ao telefone, mas também a própria natureza da visão e da audição. Em outras palavras, estudar Jesus pode levar a uma reavaliação da própria teoria do conhecimento.[32]

Já sugeri, em linhas gerais, algumas maneiras pelas quais esse empreendimento pode prosseguir, e espero voltar a tal ponto na conclusão de todo este projeto. Por ora, podemos dizer: o "observador", a despeito do contexto, é chamado a estar aberto à possibilidade de eventos que não se enquadram em sua cosmovisão, em seu prisma de possibilidades antecipadas. Ou então, segundo eu preferiria dizer, é apropriado aos seres humanos em geral ouvirem histórias além daquelas pelas quais habitualmente organizam suas vidas, questionando se deveriam ter a permissão de subverter as histórias atuais, ou seja, questionando se realmente há mais coisas entre o céu e a terra do que aquilo com que sonha nossa vã filosofia. Tomado em certo sentido, o apelo pode soar como um convite aos cristãos "modernistas" ou aos não cristãos, para que sejam "abertos ao sobrenatural"— um convite, em outras palavras, para que um conservadorismo ou um fundamentalismo antiquado recebam uma chance. Contra isso, declaro de uma vez que, em muitos casos, é precisamente o "cristão comum" que deve estar aberto às possibilidades de leitura do Novo Testamento e às maneiras de compreensão de quem realmente foi Jesus, reavaliando seriamente suas histórias prévias. Também espero estar claro que, assim como a distinção subjetiva/objetiva, rejeito a distinção natural/sobrenatural, a qual é igualmente produto do pensamento iluminista. Na verdade, precisamente as histórias modeladas com base nessas distinções, sejam de maneira "conservadora" ou "liberal", é que, creio, serão subvertidas pela história que me proponho a contar.

As ferramentas de pensamento de que precisamos, então, não podem ser as do pré-modernismo mais do que as do modernismo. Até que ponto ofereço ferramentas pertencentes ao "pós-modernismo", essa é uma questão que não me preocupa muito. Afinal, a diversidade é uma característica necessária

---

[32]Algo semelhante parece ter sido imaginado por Paulo, em 1Coríntios 8:1-6 veja Wright, *The Climax of the Covenant: Christ and the Law in Pauline Theology*, 1991a, cap. 6.

HISTÓRIA E O PRIMEIRO SÉCULO

do pós-modernismo. Proclamar a morte da cosmovisão iluminista ainda não implica anunciar o que surgirá para ocupar seu lugar. Pode ser que o estudo de Jesus, que não pode deixar de realçar os elementos de sua morte e ressurreição, tenha algo a dizer sobre o assunto.

Se quisermos, com o tempo, elaborar uma nova teoria do conhecimento, também precisaremos de uma nova teoria do ser ou da existência — ou seja, de uma nova ontologia. Nesse caso, também nos encontramos em uma situação do tipo "ovo e galinha": precisamos conhecer a nova teoria antes de estudar o material, mas é estudando o material que surgirá a nova teoria. Portanto, contento-me, neste estágio, em delinear o caminho em que, segundo penso, o argumento pode funcionar, deixando-o modificar-se à medida que vamos avançando. Parece-me, retomando um ponto do parágrafo anterior, que ontologias baseadas em uma distinção natural/sobrenatural simplesmente não são o bastante. Rejeitar, por exemplo, a premissa de que "o mundo está cheio da glória de Deus", optando-se antecipadamente *pelo* materialismo *ou* pelo "sobrenaturalismo", é sempre correr o risco do que me parece um dualismo ontológico insustentável. Como, em um nível inicial, podemos escapar disso?

Neste ponto, inevitavelmente, o intérprete deve "revelar a carta que traz na manga". Sinto-me impelido, tanto por meu estudo do Novo Testamento como por uma variedade de fatores que contribuíram para minha formação, a contar uma história sobre a realidade que funciona mais ou menos assim. A realidade como a conhecemos resulta de um deus criador, trazendo à existência um mundo que, embora diferente de si mesmo, está cheio de sua glória. A intenção desse deus sempre foi que a criação, um dia, viesse a ser inundada com sua própria vida, de uma forma para a qual foi preparada desde o início. Como parte dos meios para esse fim, o criador trouxe à existência uma criatura que, ao portar sua imagem, traria seu cuidado sábio e amoroso para a administração da criação. Por uma trágica ironia, a criatura em questão rebelou-se contra essa intenção; mas o criador resolveu esse problema, em tese, de uma maneira totalmente apropriada e, como resultado, move a criação, mais uma vez, em direção ao objetivo originalmente pretendido. Agora, a implementação dessa solução envolve a habitação desse deus dentro de suas criaturas humanas e, por fim, em toda a criação, transformando-a naquilo para a qual foi feita no início. Essa história, cuja semelhança com a parábola dos lavradores infiéis dificilmente é acidental, tenta, obviamente, fundamentar a ontologia, uma perspectiva do que realmente "está lá", no ser e na atividade do deus criador/redentor. No meu caso, já conseguiu subverter todo o tipo de outras histórias (inclusive várias histórias "cristãs") que eu costumava contar a mim mesmo sobre a realidade. Acho que ela "se encaixa" com muito mais elementos do mundo real do que as histórias pós-iluministas às quais estamos acostumados. Fingir não ser esse

O NOVO TESTAMENTO E O POVO DE DEUS

o caso — abandonar essa história em favor de reduzir tudo à "mera história", a um projeto estilo iluminista, tão desatualizado atualmente quanto o muro de Berlim — seria tanto desonestidade como tolice.

Em que consiste, então, o método adequado para o historiador? Recentemente, argumentou-se, com certa veemência, que a história consiste em um processo recorrente de hipótese e verificação.[33] Visto que, em muitos aspectos, concordo com essa proposta — na medida em que acredito ser esse o processo (ou alguma variante dele) que todos os historiadores já seguem —, é vital que exploremos exatamente o que isso significa e como, especificamente, os "métodos críticos normais", associados ao estudo contemporâneo do Novo Testamento, baseiam-se nele.

MÉTODO HISTÓRICO: HIPÓTESE E VERIFICAÇÃO

1. Introdução

Há um sentido importante em que o método histórico é igual a todos os demais métodos de investigação. Ele prossegue por meio de "hipóteses" que demandam "verificação". Conforme já vimos, uma maneira melhor de colocar a questão (evitando certas armadilhas epistemológicas) é dizer que a vida humana é vivida por meio de histórias implícitas e explícitas; que essas histórias levantam questões; que os seres humanos apresentam histórias explicativas para lidar com essas questões; que algumas dessas histórias alcançaram certo grau de sucesso. Continuarei a utilizar os convenientes termos "hipótese" e "verificação", porém devo empregá-los com esses tons.

Apesar dessa semelhança com outros campos de investigação, também haverá diferenças significativas. Hipóteses em diferentes áreas demandam diferentes tipos de força, assim como terão diferentes sistemas de verificação apropriados. As regras para o que valerá a contar como história explicativa, quanto mais o que contará como um empreendimento bem-sucedido, serão sutilmente diferentes quando lidarmos com assuntos diferentes. Devemos, assim, indagar acerca do que constitui uma boa hipótese *histórica*, em oposição a qualquer outro tipo de hipótese elaborada. Haverá analogias e semelhanças com os critérios para boas hipóteses em outras esferas do conhecimento; contudo, o que já foi dito neste capítulo sobre a natureza do conhecimento histórico entrará em jogo, produzindo diferenças importantes.

---

[33]Veja Meyer, *The Aims of Jesus*, 1979, cap. 4, para o que é provavelmente a melhor declaração do método histórico feita por um acadêmico contemporâneo do Novo Testamento. Ainda outro material valioso pode ser encontrado em Meyer, *Critical Realism and the New Testament*, 1989. Sanders, *Jesus and Judaism*, 1985, p. 3-22, também é claro e útil, ainda que não tanto filosoficamente fundamentado ou matizado quanto Meyer. Para o contexto dos debates filosóficos, veja, por exemplo, Toulmin, *The Uses of Argument*, 1958.

HISTÓRIA E O PRIMEIRO SÉCULO

Uma hipótese, como vimos, é essencialmente uma construção, pensada por uma mente humana, oferecendo-se como uma narrativa sobre determinado conjunto de fenômenos; a narrativa, que está fadada a ser uma interpretação desses fenômenos, também oferece uma *explicação* sobre eles. Por exemplo: vejo um carro da polícia avançando na contramão, com as sirenes tocando. Porque eu conto a mim mesmo uma história subjacente sobre o estado normal de nossa sociedade, deparo com a seguinte ideia: algo fora do comum está acontecendo. Penso que talvez um crime tenha sido cometido; ou que tenha havido um acidente. Essa é uma hipótese histórica, que agora precisa ser testada à luz de um número maior de evidências. Os estágios de teste e, em última análise, de verificação podem ser ilustrados por meio da analogia. Em seguida, ouço um carro de bombeiros em uma rua vizinha e vejo uma nuvem de fumaça subindo nas imediações. De pronto, altero a minha hipótese: o surgimento de novos dados me ajudou a esclarecer as coisas. Evidentemente, pode ser que o carro de polícia esteja perseguindo um ladrão e não saiba nada sobre o incêndio; mas a probabilidade permanece elevada, devido à inerente simplicidade da hipótese e à conclusão dos dados, de que os acontecimentos se encaixam. Então, lembro-me de ter ouvido uma explosão inexplicada, dez minutos antes. Mais uma vez, a explosão pode não ter qualquer relação com os fatos, mas a imagem está surgindo com uma simplicidade essencial, passando a abranger e a explicar mais dados que eu não tinha originalmente conectado ao acontecimento. No momento em que chego ao carro de polícia, minha jornada em volta da espiral do entendimento levou-me, literal e metaforicamente, à cena do incêndio. E, quando começo a fazer a verdadeira pergunta do historiador, a questão do "porquê" em relação a esses acontecimentos, não preciso ir além da ação que, a despeito de qualquer intenção, causou o incêndio e da intenção da polícia e dos bombeiros na realização de seu trabalho quanto à catástrofe.

2. Os requisitos de uma boa hipótese

Há, portanto, três coisas que uma boa hipótese, em qualquer área do conhecimento, deve fazer. Cada qual demanda uma discussão mais aprofundada, porém é importante esclarecer os contornos de boas hipóteses nesse estágio.

Em primeiro lugar, uma boa hipótese deve incluir os dados. Cada aspecto da evidência deve ser incorporado — e, na medida do possível, preservado — e avaliado com meus próprios olhos, e não por uma visão divino-panorâmica. Não adianta fingir que a fumaça era uma nuvem baixa, ou imaginar que a "explosão" foi simplesmente a batida de uma grande porta em uma localidade próxima.

Em segundo lugar, deve construir um quadro geral essencialmente simples e coerente. *Pode ser* que nem a explosão, nem a fumaça, nem o carro de bombeiros, tampouco o carro da polícia tenham qualquer relação entre si; no entanto, até coletarmos mais dados — como, por exemplo, observar o carro de polícia afastando-se do fogo e indo em direção a um banco que está sendo roubado —, é mais simples sugerir, de modo razoavelmente direto, que todos os elementos fazem parte do mesmo todo.

Esses dois primeiros aspectos de uma boa hipótese — obtenção de dados e simplicidade — estão sempre, obviamente, em tensão entre si. É fácil criar hipóteses simples à custa de alguns dados; é fácil sugerir explicações para todos os dados ao custo de produzir uma hipótese altamente complexa e complicada. Ambas as alternativas são encontradas com frequência nos estudos do Novo Testamento, principalmente no estudo a respeito de Jesus. "Jesus, o simples camponês galileu" é uma declaração direta, porém ignora boa parte das evidências; e a hipótese não é visivelmente reforçada pela adição de todos os tipos de especulações que pretendem explicar como os demais dados foram inventados por grupos imaginários da igreja primitiva. Por outro lado, a maior parte das leituras "conservadoras" de Jesus inclui todos os dados, visto ser esse seu objetivo, mas sem qualquer relato historicamente convincente dos objetivos e das intenções de Jesus durante seu ministério.

Em qualquer campo de investigação, é bastante provável que existam diversas hipóteses possíveis, as quais incluirão mais ou menos todos os dados, com uma simplicidade razoável. Há, portanto, uma terceira coisa que uma boa hipótese deve fazer se quiser destacar-se das outras. A história explicativa proposta deve provar-se frutífera em outras áreas correlatas, explicando ou ajudando a explicar outros problemas. Em minha ilustração original, outros problemas incluiriam a explosão e coisas extras, às quais eu não havia prestado muita atenção originalmente — como, por exemplo, o fato de que uma estrada lateral pela qual eu passara anteriormente estava fechada.

Quando aplicamos esses critérios e hipóteses a Jesus, ao judaísmo ou a toda a questão da origem do cristianismo, descobrimos que os primeiros problemas são naturalmente um pouco mais complexos do que um incêndio na cidade. Em primeiro lugar, descobrimos que a pilha de dados a serem incluídos é vasta e intimidadora. Em uma hipótese histórica, os dados são, naturalmente, materiais de origem: no período antigo, isso significava principalmente documentos escritos, mas também havia inscrições, artefatos, evidências arqueológicas etc. Uma massa de material deve ser reunida, e o historiador que anseia por simplicidade será fortemente atraído a, em prol da coerência, omitir metade dos fenômenos.[34] Se considerarmos apenas as fontes judaicas, teremos um estudo por toda a vida; os evangelhos apresentam uma série de problemas que lhes são característicos; as formas de fala e escrita utilizadas pelos primeiros

---

[34]Veja Carr, *What is History?*, 1987 [1961], p. 14-16.

HISTÓRIA E O PRIMEIRO SÉCULO

cristãos — principalmente as imagens apocalíticas, tão familiares a eles e tão estranhas a nós — nos levarão constantemente a erro, se não nos mantivermos atentos. E, como sempre é o caso no que diz respeito à história antiga, as fontes têm o hábito de não nos dizer o que realmente gostaríamos de saber. Não explicam coisas que lhes eram familiares, levando-nos a ter de reconstruir meticulosamente determinado assunto.[35] Somos como paleontólogos lutando para reunir uma pilha de ossos que um dinossauro teve durante toda a sua vida, sem que isso sequer lhe passasse pela cabeça. Ver e coletar dados é, por si só, uma tarefa monstruosa.

Em segundo lugar, por conseguinte, a formulação de uma hipótese histórica essencialmente simples também constitui um grande problema. Envolve manter em mente, de forma contínua, todas as questões-chave sobre Jesus, recusando-se a admitir uma simplificação cuja solução em uma área deixa o restante em um estado caótico e de desordem. É nesse estágio, conforme veremos mais adiante, que alguns estudiosos do Novo Testamento desenvolvem formas altamente sofisticadas de se livrar do dilema apresentado por esses dois critérios. Se parte dos dados não se encaixa em uma hipótese simples (de que, por exemplo, Jesus esperava o fim do mundo em breve e, portanto, não teve tempo de pensar em fundar uma igreja), então temos maneiras de lidar com os dados recalcitrantes: existem várias ferramentas disponíveis com o objetivo de mostrar que os dados não têm origem em Jesus, mas na igreja posterior. Assim, os dados desaparecem da imagem de Jesus, mas a um custo.[36] E esse custo é a complexidade resultante da imagem da igreja, de sua atividade criativa e suas tradições. Qualquer um que tenha estudado a tradição histórico-crítica dos evangelhos sabe como isso pode ser intrincado e quão poucos são os pontos de convergência realmente existentes. O que vemos nessa situação é o elevado grau de complexidade implausível nos *detalhes*, o preço que pagamos, *amplamente* falando, para a compra da simplicidade — quer para um retrato de Jesus, quer para a igreja primitiva e seu hipotético desenvolvimento, quer para a teologia paulina. Só quando temos em mente a importância da simplicidade essencial de todo o quebra-cabeça é que ficamos insatisfeitos (intelectualmente,

---

[35]Essa tarefa é aquela que Anthony Harvey (1982) descreveu como a plotagem de "restrições históricas". Acho que essa é uma noção útil, embora demande mais ajustes. Estou ciente da minha dívida para com Harvey e da forma como emprego seu modelo em vários estágios: veja Wright, "'Constraints' and the Jesus of History", 1986a.

[36]O mesmo truque pode ser aplicado a Paulo e recebe o nome de *Sachkritik*, processo pelo qual o crítico entende os pensamentos de Paulo melhor do que o próprio Paulo, relativizando, então, algumas partes do pensamento do apóstolo à luz de outras. Veja Morgan, *The Nature of New Testament Theology: The Contribution of William Wrede and Adolf Schlatter*, 1973, p. 42-52; e Meyer, *Critical Realism and the New Testament*, 1989, p. 59-65, esp. p. 63-64.

O NOVO TESTAMENTO E O POVO DE DEUS

podemos muito bem sentir outros tipos de insatisfação com o atual estado da crítica da tradição) com resultados desse tipo.

O terceiro critério (dar sentido a outras áreas fora do campo de investigação escolhido) obviamente diz respeito, no caso da pesquisa sobre Jesus e Paulo, ao quebra-cabeça mais amplo do primeiro século como um todo. Em particular, grandes problemas foram levantados sobre a relação entre nossos dois assuntos principais, e qualquer hipótese que faça sentido sobre um, visto que aponta para o outro, deve ter vantagem decisiva sobre a hipótese que trata de ambos como polos separados. É quando os pesquisadores tentam manter Jesus e a igreja primitiva distanciados entre si que fenômenos extras são importados, com a suposta helenização de Paulo do evangelho judaico original. Isso salva os fenômenos e lida com questões mais amplas, porém à custa, mais uma vez, da simplicidade.

Até agora, omitimos um critério que desempenha, regularmente, um papel importante nas hipóteses históricas sobre o Novo Testamento. Refiro-me à relevância prática contemporânea, real ou imaginada, que a hipótese pode ter. Já vimos um pouco a esse respeito no capítulo 1 e, em capítulos introdutórios dos volumes sucessivos, examinaremos as formas particulares que assumiu. Aqui, a ideia a ser enfatizada é bastante simples, ainda que, deste ponto em diante, os efeitos do estudo de Jesus e do estudo de Paulo se dividam.

Poucas pessoas, diante do fato incômodo de que Jesus, afinal, não subscreveu seu projeto ou programa favorito, estão preparadas para dizer: "O problema é de Jesus". Afinal, foi o que seus contemporâneos fizeram, e nos acostumamos a criticá-los por essa atitude. Foi por isso que, como disse George Tyrrell, o "Vidas de Jesus",[37] produzido por liberais do século 19, só conseguiu ver o reflexo de seus próprios rostos no fundo de um grande poço.[38] Da mesma forma, os muitos modelos altamente variados de cristianismo atualmente disponíveis — todos com algum tipo de lugar para Jesus — resistem fortemente a qualquer mudança na versão de seu próprio retrato, uma vez que, como eles perceberam corretamente, isso pode ter efeito considerável e talvez mesmo indesejável em

---

[37]Indo além da análise textual e da produção de harmonias dos evangelhos, alguns acadêmicos europeus começaram, no século XIX, a desenvolver "biografias de Jesus", ou seja, *Vidas de Jesus*. Aplicando algumas técnicas históricas, as biografias tinham o objetivo de revelar novos contornos sobre a vida e o ministério de Cristo. Algumas tentativas de proceder à sua reconstrução histórica, buscando informações que estão além do testemunho registrado nos evangelhos, fazem parte de um movimento conhecido como a "busca pelo Jesus histórico". O termo foi cunhado pelo teólogo Albert Schweitzer, autor de um livro com o mesmo título.

[38]Tyrrell, *Christianity at the Cross-Roads*, 1963 [1909], p. 49, referindo-se particularmente a Harnack (embora McGrath, *The Making of Modern German Christology: From the Enlightenment to Pannenberg*, 1986, p. 86, conteste a aplicabilidade do ponto ao próprio Harnack). Harnack, na verdade, havia dito que a vida de Jesus não poderia ser escrita: veja McGrath, op. cit., p. 61.

HISTÓRIA E O PRIMEIRO SÉCULO

outras áreas da vida e do pensamento. É claro que esse conservadorismo inato significa que o frequentador médio da igreja (e muitos teólogos são, ou foram em determinada época, frequentadores comuns) oferece uma resistência inerente à mera inovação. Também significa que sugestões sérias e bem-fundadas para modificar a imagem de Jesus são, às vezes, erroneamente descartadas. Tal processo de rejeição opera (como, naturalmente, as propostas inovadoras) em diversos níveis, cabendo a um sociólogo ou a um psicólogo explorar.

E quanto a Paulo? Já mencionamos a maneira pela qual os retratos do judaísmo e da igreja primitiva foram moldados para se enquadrar às exigências dos esquemas hermenêuticos contemporâneos. Às vezes, judeus são os vilões; outras vezes, os heróis trágicos. Às vezes, os primeiros cristãos são os nobres pioneiros; outras vezes, os primitivos excêntricos. Ao nos voltarmos para Paulo como um caso especial da igreja primitiva, descobrimos um fenômeno bem diferente. É comum que as pessoas digam, de fato, que "Paulo acreditava em 'x', mas que nós acreditamos em 'y'". Muitos ainda querem ter Paulo como aliado, mas, talvez de uma forma compreensível, é menor o número de estudiosos comprometidos com essa posição do que aqueles que desejam manter Jesus ao seu lado. Para alguns, talvez isso represente um nível maior de "objetividade" nos resultados: se somos livres para discordar de Paulo, também somos livres para deixá-lo ser ele mesmo. As coisas não são, infelizmente, tão simples assim. O que frequentemente acontece em meio à erudição paulina é o seguinte: Paulo é tido por sustentar uma perspectiva que lhe é creditada por alguns expositores; no entanto, algum erudito que discorda dessa perspectiva critica Paulo, como se o apóstolo fosse o responsável por ela. Dois bons exemplos são Schoeps, que, em tom de reprovação, chama Paulo de "luterano", e a rejeição ainda menos moderada de Maccoby, que rotula o apóstolo de "gnóstico helenista".[39] Alternativamente, alguns eruditos vêm de tradições (algumas inglesas, por exemplo) em que há muito tempo está na moda ser um tanto condescendente e desdenhoso com relação a Paulo: um bom sujeito, sem dúvida, porém um pouco confuso e muito dogmático — em suma, não exatamente o tipo de teólogo que alguém gostaria de ter por perto em uma sociedade educada. Então, é importante encontrar pontos de convergência suficientes para manter uma continuidade crível no apóstolo, e pontos de crítica suficientes para evitar ser manchado pelo pincel paulino.

É claro que faz parte de uma epistemologia coerente, como argumentei no capítulo 2, que o conhecedor não pode saber sem estar envolvido. O positivismo não é melhor quando se estuda história em vez de qualquer outra coisa.

---

[39]Schoeps, *Paul: The Theology of the Apostle in the Light of Jewish Religious History*, 1961; Maccoby, *The Mythmaker: Paul and the Invention of Christianity*, 1991.

O NOVO TESTAMENTO E O POVO DE DEUS

Além disso, como sugeri no capítulo 1, o fato de que a história controladora da vida de algumas pessoas posicione Jesus, e talvez Paulo, sob uma ótica altamente positiva significa que não há necessidade de fingir "neutralidade", que muitas vezes não passa de uma cortina de fumaça por preconceito não examinado. Entretanto, se o critério de *controle* para uma história particular é sua capacidade de legitimar determinada postura, seja cristã ou não, reduzimos, mais uma vez, a epistemologia na direção oposta: a da fenomenologia. A evidência histórica só pode ser usada desde que funcione como um espelho no qual possamos nos ver como gostaríamos. E isso seria negar a possibilidade de novas histórias, de subversão ou de modificação das histórias que já contamos a nós mesmos. Assim, filosoficamente, jaz o solipsismo, conforme já vimos; dessa forma, historicamente, jaz a mente fechada. Dessa forma, teologicamente, jaz o fundamentalismo, o solipsismo religioso corporativo, o qual não pode suportar a ideia de uma história nova ou revisada.

Assim, se a hipótese proposta acabasse por nos apontar para uma forma de cristianismo que algumas pessoas considerassem inaceitável, ou se sugerisse o abandono total do cristianismo, seria possível a qualquer pessoa propor uma revisão do argumento para ver se um erro não foi cometido. Mas ninguém pode usar uma percepção pessoal de inaceitabilidade como base legítima *em si* para rejeitar a hipótese histórica.[40] Se quisermos testar a hipótese, devemos proceder estritamente com base nos fundamentos declarados: obter dados, alcançar a devida simplicidade e demonstrar resultados em outros campos de investigação. Evidentemente, tal "verificação" consiste em humanos contando histórias percebidas como histórias explicativas de sucesso, e isso sempre envolverá a interação entre o conhecedor e os dados. Contudo, não se deve permitir que essa inevitabilidade leve alguém a simplesmente projetar no material a posição que deseja aceitar ou a posição que deseja rejeitar.

A história, então, assim como a microbiologia ou qualquer outra área do conhecimento, procede por meio de hipótese e verificação. Sugiro que sempre foi assim, mesmo com o estudo de Jesus e dos evangelhos, de Paulo e das epístolas. Schweitzer, Bultmann e os demais, incluindo os praticantes da "New Quest" [Nova busca] que sustentaram, por tanto tempo, a necessidade de haver critérios apropriados[41] — todos eles apelam tacitamente para esse esquema de pensamento. Todos tinham em mente alguma hipótese, alguma narrativa dominante, que defendiam sob a alegação de estarem lidando com os dados, operando com um esquema o mais simples possível e tentando ver como

---

[40]Esse não seria, claro, o contra-argumento geralmente apresentado; mas pode muito bem ser o verdadeiro, escondido por trás da retórica erudita.

[41]Veja Neill e Wright, *The Interpretation of the New Testament*, 1988, p. 288-91, 379-401.

HISTÓRIA E O PRIMEIRO SÉCULO |

isso lançaria luz sobre outros materiais circundantes. O problema é que esse método, embora realmente usado, não foi, muitas vezes, devidamente escrutinizado e, portanto, nem sempre funcionou adequadamente: argumentos ruins passaram despercebidos porque a atenção foi desviada dos sinais de perigo (descuido com os dados ou a feliz aceitação de complexidades desnecessárias), alertando para o fato de que nem tudo ia bem. Em particular, os pesquisadores trabalharam com modelos dominantes, mas enganosos, da igreja primitiva, os quais, como veremos, exerceram uma influência importante, embora muitas vezes despercebida, nos estudos sobre Jesus e Paulo.

Como um exemplo desse último fenômeno, podemos considerar a célebre hipótese de Wrede sobre o chamado "segredo messiânico".[42] Tudo começou com Jesus, que, de forma alguma, se considerava o Messias. Em seguida, veio a igreja primitiva, que o saudou como tal (por quê?), apesar de sua autoconsideração inocente. Depois, surgiu um herói criativo e anônimo que, diante dessa anomalia, inventou a explicação de que Jesus *havia*, afinal, falado de si mesmo como o Messias, mas sempre mantendo o assunto em estrito segredo. Então, veio Marcos, que se reuniu ao esquema e o incorporou deliberadamente em uma narrativa contínua. Nem mesmo ele fez um trabalho tão bom, já que ainda há estranhezas, como aquelas ocasiões no evangelho em que parece que o segredo está sendo revelado cedo demais. E tudo isso supostamente aconteceu em quarenta anos. Isso não quer dizer que o desenvolvimento teológico rápido e dramático seja impossível. Na verdade, tal desenvolvimento acontece com frequência, e o primeiro século é um bom exemplo disso. No entanto, a elaboração dessa estranheza, para a qual motivações complexas e bizarras precisam ser inventadas, etapa por etapa, do nada — isso já é abusar demais de nossa boa vontade. Uma hipótese que explique os dados sem recorrer a esse tipo de coisa sempre terá mais sucesso, e com razão. Wrede pagou caro pela simplicidade de sua ideia básica (e simples) — a de que Jesus não se considerava o Messias —, à custa do aumento da complexidade em todos os demais aspectos de sua hipótese. Mesmo assim, muitos dados continuam a não se encaixar. Não adianta limpar debaixo da cama se o resultado for uma pilha de lixo debaixo do guarda-roupa.[43]

3. Problemas de verificação

Há, atualmente, muitas discussões apropriadas e necessárias — entre os filósofos da ciência, por exemplo — quanto: (a) ao peso relativo que deve ser

---

[42]Wrede, *The Messianic Secret*, 1971 [1901]. Veja a discussão no cap. 13.

[43]Um exemplo moderno de uma hipótese que desmembra constantemente a evidência no interesse de um enquadramento geral amplo é Mack, *A Myth of Innocence: Mark and Christian Origins*, 1988. Para minha própria perspectiva sobre os "segredos", messiânicos ou não, no ministério de Jesus, veja o próximo volume.

atribuído aos diferentes critérios adotados na verificação ou na falsificação de hipóteses; (b) ao desenvolvimento adequado, em qualquer campo de investigação particular, do que contará como critério satisfatório. Esses são problemas importantes, de modo que devemos examiná-los mais de perto.

Evidentemente, o tipo de equilíbrio necessário entre inclusão de dados, por um lado, e simplicidade, por outro, variará de acordo com o assunto. A paleontóloga tem um esqueleto para montar. Se ela criar uma estrutura linda e simples que omita alguns ossos grandes, seus colegas poderão acusá-la de atender ao segundo critério em detrimento do primeiro, aceitando com desconfiança sua teoria de que os demais ossos pertencem ao animal que estava ingerindo aquele agora construído — ou talvez sendo ingerido por ele. A simplicidade foi alcançada à custa da obtenção dos dados. Se, no entanto, uma segunda paleontóloga produz um esqueleto que astuciosamente usa todos os ossos, mas tem sete dedos em um pé e dezoito no outro, talvez se chegue a uma conclusão oposta: embora alguns dados tenham sido incluídos, a simplicidade foi abandonada, de modo que a desconfiança recairá, dessa vez, em qualquer explicação evolucionária bizarra da nova história. Entretanto, qual das duas teorias será a preferida? Penso que a primeira: é mais difícil imaginar a ocorrência de uma mutação peculiar do que suspeitar de que alguns ossos a mais talvez se tenham intrometido na pilha. Tal vitória, porém, da simplicidade sobre os dados (o que significa apenas que uma história é melhor do que a outra, ainda que não seja a melhor possível, nem mesmo verdadeira) não pode ser considerada válida em todos os campos de investigação, e a história da humanidade é um bom exemplo disso. O objeto do estudo histórico é, em si, desorganizado, e todas as tentativas de reduzi-lo à ordem por uma espécie de lei marcial intelectual são suspeitas. Quanto mais sabemos a respeito de qualquer evento, mais nos damos conta de sua complexidade. É muito mais fácil projetar a simplicidade em acontecimentos quando há poucas evidências disponíveis. Assim, embora uma boa hipótese histórica venha a conter certo grau de simplicidade, e embora não se devam aceitar complexidades estranhas de uma forma passiva, a inclusão de dados é, em última análise, o mais importante dos dois primeiros critérios.

Entretanto, o que exatamente conta como inclusão de dados? Os detalhes disso, conforme aplicados aos evangelhos, serão trabalhados posteriormente. Por ora, devemos ao menos dizer que esse objetivo, o primeiro objetivo de qualquer hipótese, deve ser alcançado ao tratarmos a evidência com seriedade e em seus próprios termos. Um texto literário deve ser tratado como tal, não como outra coisa; debates atuais sobre o gênero e a intenção dos evangelhos são particularmente relevantes nesse sentido. De forma semelhante, um parágrafo em um evangelho deve ser estudado como tal, não como outra coisa;

HISTÓRIA E O PRIMEIRO SÉCULO

e novas direções na crítica da forma podem ter algo a dizer a esse respeito. Já ouvimos muitas supostas reconstruções históricas de Jesus em que ferramentas de pensamento e crítica foram usadas de maneira *ad hoc* e indiscriminada. Primeiro, pegamos alguma passagem inconveniente dos evangelhos e a descartamos como evidência de Jesus, tratando-a casualmente como produção da igreja primitiva. Ao fazermos isso, silenciosamente ignoramos, ou até mesmo adiamos, o conjunto cada vez maior de problemas histórico-tradicionais assim criados na parte "igreja primitiva" do quebra-cabeça: como podemos explicar tal material complexo sendo produzido pelos primeiros cristãos se o material não remontar a Jesus? Ademais, ignoramos silenciosamente a real natureza do próprio material.[44]

No escopo atual do estudo histórico do Novo Testamento, certa pressão é regularmente exercida entre os profissionais do setor para mostrar quão "crítica" a erudição realmente é — ou seja, para mostrar se alguém realmente pertence ou não ao clube pós-Iluminismo de estudos históricos —, demonstrando sua disposição em descartar esse ou aquele dizer ou incidente nos evangelhos, ou esse ou aquele parágrafo de Paulo, no interesse de uma hipótese particular. Essa pressão atua, entre outras coisas, como uma espécie de garantia de que alguém não é, afinal, um fundamentalista disfarçado. Contudo, esse anseio legítimo por uma leitura histórica e pela crítica das fontes, assim como a devida recusa em recorrer a Reimarus — ou seja, a uma época em que questões dessa natureza não poderiam ser levantadas —, é pervertido se nos levar a ignorar o fato de que, na história, o que realmente conta é a *coleta de dados*. Neste ponto, precisamos reabrir a questão, frequentemente fechada hoje em dia: conta realmente como "coleta de dados" dizer que "essa é uma invenção da igreja primitiva"? Poderia contar, se pudéssemos produzir uma hipótese realmente viável sobre a igreja primitiva que *confirmasse* essa teoria; em meu julgamento, porém, tal história ainda não foi sugerida. O estudo da real história da igreja primitiva continua dando os primeiros passos, mas a criação já mostra sinais de que logo crescerá o suficiente para atacar as hipóteses especulativas que por tanto tempo usurparam seu lugar na família (cf. Parte IV).

De fato, uma boa parte da erudição do Novo Testamento — e, dentro dela, boa parte dos estudos de Jesus — agiu na suposição de que os evangelhos não podem fazer sentido na forma como se encontram, de modo que alguma hipótese alternativa deve ser proposta para assumir o lugar da perspectiva de Jesus que parecem oferecer. Parte-se da suposição de que sabemos,

---

[44]Assim, por exemplo, Sanders (1985) às vezes peca ao usar Bultmann para ajudá-lo a se livrar dessa ou daquela passagem, embora todo o seu livro rejeite totalmente os métodos, os esquemas, as hipóteses e os resultados que Bultmann usou e propôs (veja Sanders, p. 26-30).

O NOVO TESTAMENTO E O POVO DE DEUS

mais ou menos, como foram a vida, o ministério e a autocompreensão de Jesus, e que a imagem que encontramos nos evangelhos *diverge* desses elementos.[45] Todavia, hipóteses desse tipo carecem de simplicidade, uma vez que exigem uma explicação não apenas para o que aconteceu no ministério de Jesus, como também para o porquê de a igreja primitiva dizer algo diferente, produzindo histórias fundadoras de "mitos" cuja relação com os eventos históricos foi tênue ou praticamente inexistente. Podemos admitir, obviamente, que a verdade desses assuntos provavelmente é muito complexa, porém deparamos com três fatores que militam contra *esse* tipo de complexidade. Existe, em qualquer demonstração, a comparativa proximidade cronológica dos evangelhos com o assunto que pretendem descrever.[46] Há, em segundo lugar, a alta probabilidade de que o cristianismo palestino mais antigo tenha continuado, em muitos aspectos importantes, no tipo de ministério no qual o próprio Jesus se engajou.[47] Também há o fato de que temos disponíveis nos estudos atuais várias hipóteses plausíveis sobre Jesus, incluindo resmas inteiras de dados antes tidos como impossíveis de inclusão.[48] Como resultado, a posição daqueles que insistem que a história dos evangelhos não pode ser tomada em nenhum sentido como história começa a se parecer com a do paleontólogo que, ao encontrar um esqueleto realmente preservado e intacto, insiste em que não existiu, nem poderia ter existido, um animal assim, de modo que, para ele, esse esqueleto deve ter sido montado em uma data posterior (talvez pelo que Theissen chama de "comitê para enganar futuros historiadores").[49] Com o surgimento de uma hipótese mais simples — ou mesmo antes disso! —, somente um cientista ousado manteria tal argumento. É minha afirmação, no campo do estudo histórico de Jesus, que o estado atual das pesquisas histórico-tradicionais dos evangelhos atingiu esse ponto; uma hipótese mais simples, fazendo mais jus aos dados como um todo, está ao nosso alcance.

Reitero: o mesmo se dá com as hipóteses sobre o pensamento de Paulo. Diversas hipóteses oferecidas alcançaram aparente simplicidade à custa da remoção de vários versículos como acréscimos posteriores — ou seja, da *remoção* de evidências — ou sugerindo que muitos dos grandes temas e passagens

---

[45]Segundo Bultmann, *The History of the Synoptic Tradition*, 1968 [1921], *passim*: por exemplo, p. 145, 262 etc.

[46]Podemos contrastar, por exemplo, o relato de Lívio sobre as Guerras Púnicas ou o relato de Josefo a respeito da Revolta dos Macabeus.

[47]Veja Theissen, *Sociology of Early Palestinian Christianity*, 1978, p. 4, 121; Borg, *Conflict, Holiness and Politics in the Teachings of Jesus*, 1984, p. 132-3, 190.

[48]Mais uma vez, veja Neill e Wright, *The Interpretation of the New Testament*, 1988, p. 379-403.

[49]Theissen, *The Shadow of the Galilean: The Quest of the Historical Jesus in Narrative Form*, 1987, p. 66.

HISTÓRIA E O PRIMEIRO SÉCULO |

são realmente autocontraditórios e incoerentes — ou seja, admitindo a *intratabilidade* da evidência. É claro que existe algo como alteração posterior de textos antigos; também existe, claro, algo como incoerência, de forma que é possível, tanto em tese como na prática, que qualquer escritor, antigo ou moderno, seja culpado disso. Mas nunca se deve sugerir a remoção de evidências que não se enquadram na teoria, a menos que haja bons argumentos para, por outras razões, fazê-lo.[50] E a última possibilidade — a admissão de que a evidência parece intratável — deve ser considerada com muito cuidado, tanto em si mesma como em seus efeitos danosos sobre a hipótese que contém ou exige, antes de ser adotada. Essa posição convida positivamente a uma nova proposta para uma solução clara e que resolve a dificuldade.

Em vista do que foi exposto até agora, o que pode ser considerado como satisfazendo o critério da simplicidade? Os historiadores, como já sugerimos, precisam tomar cuidado neste ponto. Acadêmicos que gostam de organização, talvez por outras razões, podem muito bem impor seu desejo de ordem ao material, deixando a oficina histórica tão arrumada a ponto de ninguém conseguir descobrir onde está alguma coisa. A história não diz respeito a uma arrumação, mas, sim, na maioria das vezes, ao estranho, ao irrepetível e ao improvável. Por isso, é importante afirmar que nem todas as formas de simplicidade têm o mesmo valor. Se quisermos distinguir, no campo limitado da história, entre diferentes tipos de simplicidade (ou, negativamente, entre diferentes tipos de complexidade), poderíamos fazer isso da seguinte forma: as áreas em que a simplicidade pode se fazer valer fortemente são nos objetivos e nas motivações do ser humano, na *continuidade do indivíduo*. Visto que seres humanos são entidades altamente complexas, vivendo em um mundo altamente complexo e, muitas vezes, falhando em atingir um alto nível de consistência comportamental, ainda assim há algo como "coerência e estabilidade de caráter", de modo que o comportamento incomum ou anormal (ou seja, o comportamento incomum ou anormal para aquele indivíduo, em vista das informações adicionais que sabemos a seu respeito) convida a uma investigação e a uma explicação especial. Da mesma forma, ações e acontecimentos simplesmente têm consequências e sequelas. Um salto, ou uma quebra aparentemente estranha, em uma sequência de acontecimentos convida a uma investigação semelhante. Nesse aspecto, estamos justificados ao procurar pela simplicidade: podemos entender pelo menos alguma coisa sobre como os atores centrais do drama estavam motivados e se comportavam, levando aos eventos que seguiram determinado

---

[50]O bom exemplo de um caso sendo montado com base em evidências extratextuais pode ser encontrado no argumento de Fee, *The First Epistle to the Corinthians*, 1987, p. 699-708, para a não originalidade de 1Coríntios 14:34-35.

curso?[51] É precisamente porque esse tipo de simplicidade é importante que as principais questões que levantaremos sobre Jesus no próximo volume são o que são. A complexidade de muitas hipóteses precisamente nesses pontos é uma de suas principais ruínas. Mais uma vez, o mesmo seria verdadeiro em relação a Paulo. Qualquer hipótese que possa exibir consistência geral de pensamento — e desde que haja pelo menos a promessa de coerência com campos de investigação mais amplos — será sempre preferível a uma hipótese que deixa o escritor como um indivíduo desorganizado, cortando e mudando de ideia a cada passo.[52] O mesmo seria, em tese, verdadeiro se estudássemos Aristóteles, Atanásio, Beethoven ou Barth.

Há um tipo diferente de simplicidade, contudo, que tem sido muito atraente para os estudiosos do Novo Testamento, mas cujo valor é extremamente questionável. Muitas hipóteses foram construídas com uma simplicidade que jaz em "movimentos" diretos e nos desenvolvimentos unilineares de grandes ideias. O cristianismo, imagina-se, começou de forma muito simples e depois se desenvolveu em uma complexidade cada vez maior.[53] No entanto, não é assim que a simplicidade de ideias se forma. É provável que a forma mais simples de uma ideia resulte, no mínimo, do desenvolvimento e da polidez de muitos anos de trabalho, durante os quais um fenômeno complexo foi pacientemente organizado e tornado mais maleável. Outro exemplo é o esquema proposto, no século 19, por F. C. Baur, o qual, ainda hoje, exerce grande influência em alguns círculos. Como é simples e organizado ter o cristianismo judaico desenvolvendo-se de maneira "x", o cristianismo gentílico desenvolvendo-se de maneira "y" e ambos unindo-se para formar o catolicismo primitivo![54] Arguir que tal esquema cheiraria a Hegel é perder de vista a ideia central. Tampouco servirá sugerir que o esquema não possa ser verdadeiro por haver começado como um constructo intelectual (na mente de F. C. Baur) e apenas posteriormente desenvolvido em detalhes. Não é uma crítica válida alegar que a hipótese foi o início, e não o fim, de um amplo estudo dos dados. Todas as hipóteses, como vimos, funcionam assim. Todas começam com a modificação de uma

---

[51]Para um argumento recente usando exatamente esse critério no campo dos estudos sinóticos, veja Downing, "A Paradigm Perplex: Luke, Matthew and Mark", 1992, p. 34-5: "A simplicidade de uma hipótese sobre a interdependência literária não pode ser avaliada apenas com base no número de fontes conjecturais envolvidas. A hipótese de Goulder [sobre o uso de Mateus por Lucas] tem menos documentos do que a de Streeter. Para justificá-lo, porém, há inúmeras hipóteses sobre o que estava acontecendo na mente de Lucas (...)". Sobre a importância de examinar "o que aconteceu em seguida" como parte da tarefa histórica, veja Meyer, *The Aims of Jesus*, 1979, p. 252-s, seguindo Kant; Neill e Wright, *The Interpretation of the New Testament*, 1988, p. 399.
[52]Veja Wright, *The Climax of the Covenant: Christ and the Law in Pauline Theology*, 1991a, cap. 1.
[53]A ideia é totalmente desmascarada por Wilken, *The Myth of Christian Beginnings*, 1971.
[54]Sobre Baur, veja Neill e Wright, 1988, p. 20-30.

HISTÓRIA E O PRIMEIRO SÉCULO

história já contada por um grupo ou indivíduo, ou com a história à qual, por um salto intuitivo, o pesquisador chega. Em vez disso, tal esquema falha como *história*, já que — como pode ser visto na bagunça que fez aos reais dados coletados — ela simplesmente não parece ter progredido assim, segundo padrões unilineares e definidos. Encontramos tanto regressão como progressão. Há uma mudança absoluta, não simplesmente um desenvolvimento observável, tranquilo. Pessoas e sociedades refazem passos, tentam caminhos diferentes. Nem sempre marcham em linha reta. Isso, contudo, não significa negar a existência de algo do tipo "movimento de pensamento". Em outro lugar, procurei descrever algumas coisas que acontecem atualmente entre os estudiosos do Novo Testamento.[55] Todavia, conforme evidenciado fortemente nos últimos anos, a simplicidade do esquema idealista de Baur demonstrou-se ilusória. O tempo em que o desenvolvimento proposto decorreu é simplesmente muito curto; inúmeros dados deixaram de ser acoplados ao todo, permanecendo, assim, soltos (o fato, por exemplo, de nossa principal evidência para o "cristianismo judaico" ser tardia, mas não para o "cristianismo gentílico"); e suas teorias prediletas sobre derivações da história das religiões, especialmente na área da cristologia, despedaçaram-se por completo. Há uma arrumação e uma organização que são próprias da vida humana plena; contudo, também há uma arrumação que é própria de um cemitério.

O problema final sobre as hipóteses é que, em última análise, pode haver mais de uma hipótese possível que se encaixe nas evidências. A questão pode, no linguajar técnico, ser subdeterminada. Isso é especialmente provável na história antiga, em que dispomos de tão poucos dados para trabalhar, em comparação com o que temos acerca do, digamos, século 16.[56] Inevitavelmente, somos, até certo ponto, como o paleontólogo que "reconstrói" o brontossauro a partir de meia dúzia de pequenos ossos. Afinal, talvez se tratasse de um mastodonte. A possibilidade teórica de duas ou mais soluções igualmente boas é, no entanto, um problema com o qual muitos historiadores gostam de conviver. Uma vez que é extremamente difícil, para dizer o mínimo, a qualquer profissional da classe manter *todos* os dados relevantes em sua cabeça ao mesmo tempo, carecemos uns dos outros e devemos aceitar, seguindo a tradição científica, o fato de ter nossa atenção despertada por fragmentos de evidências cuja existência deveríamos ter esquecido, complexidades desnecessárias na formulação da hipótese ou partes de um assunto correlato em que a hipótese parece criar novos problemas em vez de resolver problemas antigos. Quanto ao que

---

[55]Veja Neill e Wright, *The Interpretation of the New Testament*, 1988, cap. 9, e as introduções aos próximos dois volumes desta série. Que esses relatos também são extremamente simplificados é algo que podemos tomar por certo.
[56]Veja, mais uma vez, Carr, *What is History?*, 1987 [1961], cap. 1.

O NOVO TESTAMENTO E O POVO DE DEUS

acontece quando, finalmente, chegamos a duas ou mais hipóteses significativamente diferentes, que parecem atender a todos os critérios de uma forma igualmente adequada — bem, atravessaremos essa ponte quando a encontrarmos pela frente. Não espero que seja logo.

DO EVENTO AO SIGNIFICADO

1. Evento e intenção

História, então, diz respeito a um conhecimento real, de um tipo particular. Seu conhecimento é alcançado, como todas as formas de conhecimento, pela espiral da epistemologia. A comunidade humana, contadora de histórias, inicia investigações, forma julgamentos provisórios a respeito das narrativas de maior probabilidade de sucesso em responder a essas investigações e, em seguida, testa esses julgamentos por meio de uma interação posterior com os dados. Há, porém, três níveis de compreensão, próprios da história em particular, aos quais devemos estar atentos.

Para começar, história envolve não apenas o estudo "do que aconteceu", no sentido de "quais acontecimentos físicos uma câmera de vídeo teria registrado", mas também o estudo da *intencionalidade humana*. Nas palavras de Collingwood, envolve olhar para o "interior" de um acontecimento.[57] Procuramos descobrir o que as pessoas envolvidas nos acontecimentos pensavam e faziam, desejavam fazer ou tentavam fazer. Um contraexemplo aparentemente óbvio para essa ideia seria o seguinte: quando historiadores tentam escrever sobre a história pré-humana ou não humana, invocam regularmente alguma ideia de propósito — seja a do cosmos, seja a de algum tipo de força vital direcionadora, seja ainda de algum tipo de deus. O argumento da completa aleatoriedade torna-se cada vez mais difícil de sustentar. Coisas estranhas acontecem, mas, ao acontecerem, alguém começa a perguntar: "Por quê?". E (para voltar à história comum, humana) a resposta a essa pergunta normalmente alcança não apenas as propriedades físicas dos "objetos" envolvidos (o vaso se quebrou *porque* era de vidro e colidiu com o chão), mas também os objetivos, as intenções e as motivações dos seres humanos, e como tudo isso afetou os acontecimentos observáveis. O vaso se quebrou porque (a) parte do meu objetivo geral é morar em uma bela casa e eu percebo que, se encorajar meus filhos a decorá-la com flores, será um meio de atingir esse objetivo; (b) minha intenção era entregar um vaso à minha filha e (c) eu estava motivado a fazê-lo naquele momento; mas (d) ela não esperava que eu o soltasse

---

[57]Collingwood, *The Idea of History*, 1956 [1946], *passim*. Veja discussões iluminadoras em Meyer, *Critical Realism and the New Testament*, 1989, caps. 2 e 3.

HISTÓRIA E O PRIMEIRO SÉCULO

quando o fiz (talvez possamos falar de minha *motivação inapropriada*), e então chegou um momento em que ninguém estava segurando o vaso, de modo que ele caiu no chão. O "exterior" do acontecimento é o fato de o vaso haver quebrado; o "interior" do acontecimento é uma história, não apenas sobre as propriedades físicas de vasos e superfícies sólidas, porém mais particularmente de objetivos humanos, intenções, motivações e ações resultantes. Devemos explorar mais a esse respeito; trata-se de uma área em que pontos importantes serão examinados mais adiante.[58]

Por *objetivo*, quero dizer a direção fundamental da vida de um indivíduo ou de algum subconjunto razoavelmente estabelecido dessa direção fundamental. Tal objetivo é, assim, o aspecto direcional da *mentalidade* de alguém, pela qual quero dizer o subconjunto de, ou variante da, *cosmovisão* da sociedade ou das sociedades às quais o indivíduo pertence.[59] Falar sobre o "objetivo" permite que a conversa sobre cosmovisões e mentalidades receba seu devido aspecto direcional (ou seja, o sentido de que envolvem propósito e movimento), sem o qual podem ruir a uma forma aparentemente estática, na qual os seres humanos não passam de máquinas que, uma vez programadas, permanecem no mesmo local e realizam as mesmas operações mentais e físicas. Isso, acredito, seria algo fundamentalmente contraintuitivo. Quando, portanto, questionamos acerca do "objetivo" de alguém, vamos "dentro" de um acontecimento até o ponto em que algumas das questões mais fundamentais podem ser encontradas.

Por *intenção*, quero dizer a aplicação específica do "objetivo" em uma situação particular (e, em tese, passível de repetição). Obviamente, a linha entre os dois é bastante arbitrária, de modo que é possível inverter as duas palavras sem causar violência à linguagem. No entanto, algumas dessas divisões costumam ser úteis. O "objetivo" de Paulo era anunciar Jesus como Messias e Senhor em cidades e vilarejos ao redor do mundo mediterrâneo. Era sua "intenção", como resultado desse objetivo, trabalhar seu caminho ao redor da costa do mar Egeu e, tendo terminado naquela região, seguir para Roma. Quando olhamos para a "intenção" de Jesus em ir para Jerusalém, para sua última e fatídica Páscoa, devemos vê-la à luz de seu "objetivo" geral: na ocasião, como sua intenção estava relacionada com os objetivos e as metas subjacentes que motivaram Jesus ao longo de seu ministério?

---

[58]Veja o cap. 5. Estou ciente de que muitas categorizações distintas poderiam ser feitas nesse ponto, das quais a de Aristóteles (*Ética a Nicômaco*) é apenas uma. Minha adoção de termos técnicos nos próximos parágrafos é puramente heurística: não pretendo importar para a discussão camadas de significado de outras esferas do discurso, mas apenas dar rótulos convenientes e, em certa medida, arbitrários a coisas que, segundo percebo, precisam ser distinguidas ao discutirmos o "interior" de acontecimentos históricos.

[59]Sobre as cosmovisões em si, veja o cap. 5.

Por *motivação*, quero dizer o sentido específico, em uma ocasião específica, de que certa ação ou certo conjunto de ações é apropriado e desejável. O objetivo de Jesus era (podemos dizer) inaugurar o "reino de Deus"; sua intenção, no final da vida, era ir para Jerusalém; entre uma coisa e outra, ele foi motivado a ir ao Templo e virar as mesas. No âmbito do objetivo e das intenções gerais de Paulo, o apóstolo foi motivado, em uma ocasião particular, a debater com filósofos em uma praça pública ateniense; em outra ocasião, a escrever uma carta altamente retórica a Corinto; em outra ainda, a iniciar a arrecadação de uma oferta em nome da igreja de Jerusalém.

Evidentemente, é bem possível que motivações específicas entrem em conflito com objetivos e intenções: Aristóteles dedicou uma discussão considerável a esse problema, e certamente não foi o último a fazer isso.[60] Um dos problemas de se discutir (digamos) Judas Iscariotes é o fato de considerarmos difícil discernir uma motivação para sua ação crucial que faça sentido em si mesma e em relação aos objetivos e às intenções que devemos atribuir-lhe durante o tempo em que seguiu Jesus. Entretanto, em muitos casos, podemos ver, em geral, uma ampla convergência de objetivos, intenções e motivações. Pretendo tornar-me um ministro do governo; pretendo tornar-me senhor de determinada área do mundo político; tendo um fim de semana livre, estou motivado a ler algo sobre uma parte nova da minha área ou, então, ampliar minha rede de contatos úteis. Se, dada a presença das devidas oportunidades, nunca estou suficientemente motivado para fazer essas coisas, é apropriado questionar a veracidade da afirmação sobre meus objetivos e intenções. Obviamente, ocorrerá fraqueza de vontade (o que Aristóteles chamou de *akrasia*), de modo que o desafio de se alcançar certo objetivo pode ser resistido; mas faz sentido propormos uma motivação.

História, então, inclui o estudo de objetivos, intenções e motivações. Isso não significa que ela seja uma psicologia encoberta. É possível, sem dúvida, ir além dos três aspectos já estudados e perguntar, em relação a determinados personagens, *por que* tinham um conjunto *particular* de objetivos e intenções ou por que, em certas ocasiões, viam-se claramente motivados a agir, conforme diríamos, como se estivessem "fora de si". Em tese, é possível, sim; na prática, porém, é muito difícil. Como qualquer conselheiro experiente sabe, é difícil e delicado fazer essas perguntas a um indivíduo amigável, honesto e aberto que, partilhando da mesma cultura que a nossa, está assentado ao nosso lado, cooperando conosco. Já o processo é mais difícil quando se trata de um indivíduo confuso ou hostil; e mais difícil ainda no caso de alguém cujo conhecimento extraímos daquilo que foi relegado à história. *Conseguiremos* fazer suposições

---

[60]Aristóteles, *Ética a Nicômaco,* livro 7; veja Hare, *Freedom and Reason,* 1963, cap. 5.

HISTÓRIA E O PRIMEIRO SÉCULO

inteligentes sobre o estado psicológico de Napoleão, Martinho Lutero ou até mesmo Jesus; fazê-lo, porém, implica enfrentar enormes dificuldades. Devemos insistir, no entanto, que estudar o "interior" de um acontecimento não significa ir tão longe. Podemos dizer, como historiadores, que o rei Davi escolheu Jerusalém como sua capital porque (a) seu objetivo era unir as doze tribos de Israel; (b) sua intenção era encontrar uma capital que, obviamente, não pertencesse a nenhuma das tribos, não levantando, dessa forma, nenhuma suspeita; (c) e que, em determinado momento, sua motivação foi, como uma conclusão natural, tomar Jerusalém. Podemos dizer, como historiadores, que o objetivo de César era trazer paz e estabilidade ao mundo romano; que sua intenção era alcançar essa paz ao tomar o poder para si e resolver os problemas em torno das fronteiras do (que se tornou o) império; e que sua motivação era confirmar Herodes no poder, a fim de manter a Palestina em ordem. Penso que podemos dizer, do Mestre da Justiça, que seu objetivo era fundar a comunidade do Verdadeiro Israel contra os usurpadores em Jerusalém; que sua intenção era fazê-lo ao dar a seus seguidores uma base sólida de exegese bíblica e uma regra de vida em comunidade; e que sua motivação foi, em ocasiões específicas, o *registro* de seu ensino. Conforme argumentarei posteriormente, o mesmo que dissemos sobre Jesus pode ser dito sobre Paulo. Repare que nenhum caso envolve especulação psicológica. Antes, envolve o estudo histórico de cosmovisões, mentalidades, objetivos, intenções e motivações. Estamos em um terreno que pode ser debatido sem a necessidade de recorrermos a Freud ou Jung, e sem o fingimento de que podemos interpretar, no caso de um indivíduo de um passado remoto, o que seria difícil interpretar até mesmo em um contemporâneo que cooperasse conosco.

Por fim, se a história abarca todas essas coisas, deve claramente envolvê-las não apenas em termos de indivíduos cujas *mentalidades* estão envolvidas diretamente, mas também de sociedades cujas *cosmovisões* estão em jogo.[61] Como, porém, estudamos sociedades e suas cosmovisões? Por meio de seus *símbolos*, de seu *comportamento característico* e de sua *literatura*, particularmente as histórias que contam, explícita ou implicitamente. Sociedades e culturas revelam suas visões de mundo pelos objetos culturais que produzem — de cédulas a passagens de ônibus, de arranha-céus a vagões de metrô, de cerâmica a poesia; de templos a rolos da Torá, de emblemas militares a monumentos funerários, de ginásios a amuletos. Símbolos fornecem as lentes de interpretação através das quais o ser humano percebe como o mundo é e como pode agir dentro dele; fornecem uma perspectiva da realidade e um meio de interpretá-la.[62] Símbolos

---

[61]Sobre todo esse ponto, veja o cap. 5.
[62]Devo essa definição ao Dr. Brian Walsh.

se aglutinam em torno do *comportamento característico* de uma sociedade e vice-versa: a celebração de festas; meios regulares de lidar com a dissonância; rituais associados a nascimento, puberdade, casamento e morte. E, em muitas culturas, o símbolo e o comportamento característico também se concentram em todas as formas de *literatura*. É estudando essas coisas que o historiador pode descobrir a *visão de mundo* de outra cultura e, desse modo, preparar o terreno para indagar sobre a *mentalidade* dos indivíduos dessa sociedade.[63]

A tarefa do historiador é, portanto, abordar os "porquês" em todos os níveis possíveis, até as suas raízes, na forma como as pessoas sob investigação percebiam o mundo como um todo. Contudo, não será suficiente responder à questão simplesmente listando várias circunstâncias antecedentes em qualquer ordem particular. O trabalho do historiador consiste em examinar o equilíbrio dos fatores e chegar a uma conclusão que estabeleça a sequência inter-relacionada dos acontecimentos, dedicando-lhes a devida ponderação.[64] Como isso deve ser feito?

2. História e narrativa

A tarefa do historiador não é simplesmente reunir pequenos aglomerados de "fatos" e esperar que outra pessoa os integre. Seu trabalho é mostrar a interconexão entre eles, ou seja, como uma coisa segue a outra, examinando precisamente o "interior" dos acontecimentos. E o modelo para essas conexões não é simplesmente o de átomos aleatórios encaixando-se uns nos outros; é a interação da plena vida humana — a complexa rede de objetivos, intenções e motivações humanas, operando dentro de e nas fronteiras das diferentes cosmovisões de diferentes comunidades, bem como da mentalidade de diferentes indivíduos. A fim de mostrar isso, o historiador precisa (o que não causa surpresa) contar uma história.[65]

É nesse ponto que o historiador precisa usar uma construção intuitiva ou imaginativa. Como argumentei no capítulo 2, é algo que liga o historiador a todas as outras disciplinas. Todo conhecimento procede de novas narrativas, as quais seguem seu caminho pelo processo de verificação antes discutido. Entretanto, a própria hipótese histórica, como todos os avanços no conhecimento (uma vez que o realismo ingênuo foi abandonado), decorre do próprio historiador e, portanto, dos recursos narrativos inerentes à sua experiência direta ou indireta. O processo pode incluir analogia, reconhecimento de padrões semelhantes de acontecimentos em dois períodos distintos, mas também pode ir além. Uma das perguntas que costumo fazer aos meus alunos é: por que

---

[63]Veja aprofundamentos no cap. 5.
[64]Veja Carr, *What is History?*, 1987 [1961], cap. 4.
[65]Sobre todo esse ponto, veja Elton, *The Practice of History*, 1984 [1967], p. 160-77.

HISTÓRIA E O PRIMEIRO SÉCULO

Roma tinha especial interesse no Oriente Médio? Poucos apresentam (o que me parece) a resposta certa: a capital do império precisava de suprimento constante de milho; uma das principais fontes de milho era o Egito; e qualquer coisa que ameaçasse esse abastecimento, como, por exemplo, distúrbios em países vizinhos, poderia resultar em sérias dificuldades para Roma. (É ainda mais surpreendente que a história não venha à mente de forma imediata, considerando as analogias óbvias com a política do século 21: substitua milho por petróleo, certos países por Roma e outros pelo Egito; a equação continuará funcionando.) Mas esse relato de como as coisas eram — uma vez que, para início de conversa, alguém como Pôncio Pilatos encontrava-se na Palestina, por exemplo — não é lido na superfície de um texto particular. Trata-se de uma narrativa contada por historiadores para explicar narrativas menores, *encontradas* na superfície dos textos. Mesmo para chegarmos a uma interpretação simples, precisamos de certa dose controlada de imaginação. Não precisamos apenas de imaginação, mas, sem imaginação, não há interpretação.

É importante enfatizar isso porque, conforme veremos em breve, muitos dos especialistas da área do Novo Testamento escreveram pouquíssima história como tal. Atenção a problemas particulares, sim; tentativas de escrever a história interligada de pelo menos uma parte do primeiro século, não.[66] Há poucos livros na área que correspondem, digamos, a *History of Greece* [História da Grécia], de J. B. Bury, ou mesmo a *History of Western Philosophy* [História da filosofia ocidental], de Bertrand Russell.[67] Práticas mais características da disciplina, ao menos desde a Primeira Guerra Mundial, têm sido comentários sobre livros específicos, estudos isolados de problemas menores e notas exegéticas de textos. Não há trabalho recente que faça pela igreja primitiva, ou ainda por Jesus, o que a nova edição do clássico de Schürer, *History of the Jewish People in the Age of Jesus Christ* [História do povo judeu na era de Jesus Cristo], fez pelo tema, mostrando no processo que, apesar dos receios demonstrados pelos estudiosos do Novo Testamento, a história do primeiro século continua viva e saudável.[68] Qualquer um que duvide que se possa escrever a história factual com base em fontes — a maior parte delas escrita a partir de posicionamentos

---

[66]Talvez se deva à influência tardia do princípio de Lorde Acton no campo das pesquisas neotestamentárias, segundo o qual devemos estudar os problemas, não os períodos: veja Elton, *The Practice of History*, 1984 [1967], p. 161.

[67]Veja Bury, *A History of Greece to the Death of Alexander the Great*, 1951 [1909]; Russell, *History of Western Philosophy and Its Connection with Political and Social Circumstances from the Earliest Times to the Present Day*, 1961 [1946]. Algumas exceções incluem o *New Testament History* [História do Novo Testamento], de Filson, *A New Testament History*, 1965; Bruce, *New Testament History*. 1972; e partes de Koester, *Introduction to the New Testament*, 1982a. Outros possíveis candidatos serão discutidos na Parte IV.

[68]Schürer, *The History of the Jewish People in the Age of Jesus Christ (175 B.C.—A.D. 135)*, 1973-87.

de fé (não necessariamente de fé cristã, diga-se) — deve ler o primeiro volume de Schürer e observar a análise crítica das fontes, a construção narrativa (em que os escritores se projetam, por uma disposição imaginativa favorável, nas cosmovisões e mentalidades dos personagens envolvidos) e a síntese final.[69] O resultado é uma narrativa na qual os dados estão contidos, em sua maior parte, em um esquema comparativamente simples, contribuindo, de forma substancial, para nosso conhecimento dos acontecimentos também em outras áreas. É com isso que a história — a história factual, e não alguma invenção estranha da imaginação crítica — se parece. Desse modo, mesmo que nenhum trabalho recente tenha sido produzido nos termos descritos, não há, em tese, uma boa razão para que não seja feito. Certamente, não temos nenhum Josefo para o cristianismo primitivo. No entanto, outras fontes para a história judaica não são nem mais nem menos dispersas ou fragmentárias, nem mais nem menos tendenciosas ou parciais, do que as fontes cristãs, de modo que a tarefa da reconstrução não é nem mais nem menos arriscada e, nos sentidos já discutidos, "subjetiva".

O problema é que, quando os estudiosos do Novo Testamento deparam com páginas e mais páginas de narrativas e descrições históricas, embora salpicadas de notas explicativas de rodapé e discussões de pontos complicados, sentem-se desconfortáveis — especialmente quando o assunto é Jesus. Estão certos de que as perguntas devem ser feitas, que uma harmonização injustificada deve estar acontecendo em algum lugar. Afirmo que esse medo é desnecessário. Claro que deve haver harmonização. Todo escrito histórico sério pressupõe uma sequência de acontecimentos que, de fato, tiveram lugar, uma sequência composta por um "interior" e um "exterior". Um bom relato histórico oferece precisamente um tratamento harmonioso do todo; essa, conforme vimos, é uma das condições, caso queira ser levado a sério como história.

Isso não significa, naturalmente, que um relato harmonioso esteja necessariamente correto. Pode não ser: Meyer, Harvey, Borg, Sanders, Horsley, Crossan e muitos outros se levantaram contra essa tendência generalizada e produziram relatos internamente harmoniosos de Jesus — e todos discordaram entre si, em diversos pontos. Não era possível que todos estivessem certos o tempo todo.[70] Relatos harmoniosos devem ser testados, como qualquer outra

---

[69]Acerca de tudo isso, consulte a Parte III. Os três estágios do trabalho histórico — fontes de filtragem, reconstrução imaginativa e síntese coerente — são estabelecidos por Neill e Wright, *The Interpretation of the New Testament*, 1988, p. 304. A passagem inteira (p. 304-312) merece bastante atenção.

[70]Veja Meyer, *The Aims of Jesus*, 1979; Harvey, *Jesus and the Constraints of History: The Bampton Lectures 1980*, 1982; Borg, *Conflict, Holiness and Politics in the Teachings of Jesus*, 1984; Sanders, *Jesus and Judaism*, 1985; Horsley, *Bandits, Prophets and Messiahs: Popular Movements at the Time of Jesus*, 1985; Crossan, *The Historical Jesus: The Life of a Mediterranean Jewish Peasant*, 1991. Sobre os quatro primeiros, veja Neill e Wright, *The Interpretation of the New Testament*, 1988, p. 379-96.

HISTÓRIA E O PRIMEIRO SÉCULO

hipótese. Mas isso significa dizer que um relato harmonioso não é, por sua própria natureza, *in*correto. Certos eventos realmente ocorreram, de modo que é possível, em tese, trabalhar em prol de sua descoberta e aprimorar tentativas anteriores à tarefa. É isso que tentarei produzir nas Partes III e IV deste volume e no decorrer do próximo.

Um aspecto importante da narrativa é a *sequência*. Entre os problemas que envolvem o estudo de "história contemporânea", encontra-se o fato de não termos uma sequência com a qual trabalhar; e, onde não há sequência, um apelo, talvez tácito, pode ser feito à ideologia, a fim de preencher a lacuna.[71] Existe, obviamente, um grande perigo relacionado às sequências. "Retrospectiva" tende a ser uma palavra abusiva quando analisamos um período: queremos ver e sentir *como as coisas eram na época*. Mas é igualmente verdade que a história completa do "interior" de um acontecimento só pode ser desdobrada gradualmente, à luz dos acontecimentos subsequentes. Foi apenas nos anos após a Segunda Guerra Mundial, quando a verdade sobre a "Solução Final" veio à tona, que se pôde realmente compreender o que aconteceu na Alemanha durante a década de 1930. Evidentemente, existem coisas como efeitos não intencionais. Também existem efeitos pré-intencionais causados por alguém, ou por um grupo, que gradualmente se manifestam. Como Albert Schweitzer percebeu, precisamos entender algo sobre a segunda geração das comunidades paulinas para compreender plenamente as pretensões do próprio Paulo.[72] Conforme Ben Meyer argumenta, pode ser que, "na tradição gerada por Jesus, venhamos a descobrir o que o motivou a agir de determinada maneira".[73] A narrativa deve, portanto, remeter para além de si mesma e aceitar o futuro. Dessa forma, os historiadores se encontram, de vez em quando, usando a palavra "significado" — algo que, por si só, é gerador de novos problemas.

3. História e significado

É no âmbito dessa estrutura que podemos abordar a problemática questão do "significado". Há tempos ocorre um debate sobre o "significado do significado" nos círculos filosóficos; e, como no caso de muitas outras coisas neste volume,

---

[71]Veja, por exemplo, Carr, *What is History?*, 1987 [1961], cap. 5; Barraclough, *An Introduction to Contemporary History*, 1967 [1964], p. 14-s. Uma observação semelhante poderia ser feita, claro, sobre pensadores que transformaram o passado no presente: veja Thiselton, *New Horizons in Hermeneutics: The Theory and Practice of Transforming Biblical Reading*, 1992, cap. 16, seção 3, criticando Thomas Groome. No entanto, Barraclough destaca, e com razão, que um dos maiores historiadores, o próprio Tucídides, estava escrevendo "história contemporânea".
[72]Schweitzer, *The Mysticism of Paul the Apostle*, 1968b [1931].
[73]Meyer, *The Aims of Jesus*, 1979, p. 253; uma afirmação controversa, sem dúvida, que analisaremos no volume 2.

não podemos investigá-lo.[74] Faz-se necessário, porém, que eu ofereça, neste estágio, um breve relato do que pelo menos entendo em relação a esse conceito. Meu pensamento ficará mais claro se trabalharmos das unidades menores para as maiores.

Em primeiro lugar, considero o significado de uma palavra (seguindo Wittgenstein) conforme o uso em um contexto, quer explícito, quer implícito — ou seja, sua utilização factual ou potencial em uma frase ou em uma frase em potencial.[75] Se eu usar a palavra "reserva", seu significado será duvidoso até que eu forme uma frase: "O voo foi reservado"; "Eis aí um homem reservado"; "A crise não afetou as reservas do país". Mesmo quando uma palavra é claramente unívoca, nunca podemos descartar possíveis significados metafóricos — embora, em todo caso, só conheçamos o significado unívoco pelo emprego de frases nas quais ele se tornou claro.

Em segundo lugar, o significado de uma frase é seu lugar em uma narrativa explícita ou implícita.[76] Em termos de história implícita, a frase "O livro está sobre a mesa", proferida por minha assistente, traz consigo um significado diferente no contexto em que (a) tenho vasculhado minhas estantes à procura de um livro e não consigo encontrá-lo ou (b) quando minha intenção era esconder o livro antes que outra pessoa entrasse na sala. "Jesus foi crucificado" carrega diferentes significados na história contada pelo centurião ao reportar esse evento a Pilatos; na história que os discípulos contaram uns aos outros, naquele mesmo dia; na história contada por Paulo em sua pregação missionária.

Em terceiro lugar, o significado de uma história é o lugar que ocupa em uma cosmovisão. (Isso pressupõe, sem dúvida, vários estágios intermediários, nos quais histórias menores adquirem significado dentro das maiores, e assim por diante). Segundo vimos diversas vezes, as histórias se relacionam de várias maneiras com diferentes visões de mundo: articulando-as e legitimando-as, sustentando-as e modificando-as, subvertendo-as e até mesmo destruindo-as. A mesma história pode ter significados distintos em relação a diferentes cosmovisões. A parábola do Bom Samaritano, contada a um fervoroso escriba judeu, ameaçaria ou subverteria sua cosmovisão. A mesma história, contada a um ardente nacionalista samaritano, poderia reforçar a visão de mundo dele. A história da queda do muro de Berlim tem sido amplamente usada para reforçar a cosmovisão do capitalismo liberal ocidental. A mesma história foi usada

---

[74]Veja Thiselton, *The Two Horizons: New Testament Hermeneutics and Philosophical Description with Special Reference to Heidegger, Bultmann, Gadamer and Wittgenstein*, 1980, *passim*.

[75]Wittgenstein, *Tractatus Logico-Philosophicus*, 1961 [1921], p. 14: "Apenas no nexo de uma proposição um nome tem significado" (obs. 13: "Em uma proposição, um nome é o representante de um objeto").

[76]Veja MacIntyre, *After Virtue: A Study in Moral Theory*, 1985 [1981], cap. 15.

HISTÓRIA E O PRIMEIRO SÉCULO

para subverter a teoria marxista mais antiga: o experimento falhou, mas vamos acertá-lo da próxima vez. Narrativas contadas por historiadores ganham significado a partir de uma visão de mundo geral. Na introdução à segunda edição do seu livro sobre a natureza da história, E. H. Carr defronta-se com a possibilidade de que a história dos acontecimentos entre a primeira e a segunda edição tenha subvertido sua visão de mundo, sua crença no progresso e, em seguida, promova outros argumentos cuja sugestão é que ele ainda possa reter, afinal, sua cosmovisão.[77] E está muito claro, como sugerimos há pouco, que a questão da *sequência* constitui motivo de grande preocupação nessas discussões. Se as coisas acabarem diferentes no final, o significado de uma história, incluindo as primeiras partes, será diferente. Se o proprietário da vinha tivesse retornado e ignorado o comportamento dos lavradores, permitindo-lhes reter a vinha para sempre, o significado de todos os acontecimentos teria de ser visto sob uma ótica diferente. O final de uma história ou peça, sendo a sequência da parte principal da ação, obriga-nos a olhar para trás, nas cenas anteriores, com novos olhos: afinal de contas, *O mercador de Veneza* é realmente uma comédia ou, na verdade, trata-se de uma tragédia oculta?

O que é verdade sobre narrativas é enfaticamente verdadeiro sobre eventos. O significado de um evento, o qual, como vimos, é basicamente uma narrativa encenada, é seu lugar, ou a forma como o percebem, em uma sequência de acontecimentos, contribuindo para uma história mais fundamental; e as histórias fundamentais são, naturalmente, uma das características constituintes das visões de mundo. A queda de Jerusalém tinha um significado para o escritor de 4Esdras, que a viu como um desastre absoluto, subvertendo sua expectativa tão completamente quanto um final hipotético de *Chapeuzinho Vermelho*, no qual o lenhador, depois de libertar o lobo, casa-se com a heroína. Teve um significado radicalmente diferente para Josefo, que pelo menos tentou fingir que o via como resultado do deus de Israel voltando-se para os romanos, talvez revisando tacitamente sua visão de mundo para levar em conta a nova situação. A queda de Jerusalém teve ainda outro significado para o autor de Marcos 13, em que é vista como a destruição de uma Neobabilônia. Assim, em todos os níveis com os quais o historiador está preocupado, de palavras individuais a sequências mais completas de acontecimentos, o "significado" deve ser encontrado dentro de um contexto — em última análise, dentro do contexto das cosmovisões.

Quer dizer, então, que "significado" deve ser sempre uma questão de interpretação particular? Será que nos afastamos, ao menos implicitamente, de uma ideia positivista de "significado" — da crença de que, "lá fora", existe um significado "real" ou "verdadeiro" esperando para ser descoberto — a ponto de

---

[77]Carr, *What is History?*, 1987 [1961], p. 3-6.

O NOVO TESTAMENTO E O POVO DE DEUS

destruirmos todo o sistema, reduzindo-o a um solipsismo fenomenológico? De jeito nenhum! Dois contra-argumentos podem ser apresentados.

O primeiro é que acontecimentos e suas sequências são essencialmente públicos. Embora o historiador (e o profissional de outras áreas e o cidadão comum) deseje saber sobre o "interior" do acontecimento, o acontecimento é, em si, de domínio público. A visão de mundo da *Flat Earth Society* [Sociedade da terra plana] é progressivamente minada a cada navegação ao redor do mundo, a cada fotografia tirada do espaço; quando Rosencrantz, personagem criado por Tom Stoppard, diz a Guildenstern não acreditar na Inglaterra, a resposta ("Apenas uma conspiração de cartógrafos, você quer dizer?")[78] perde a plausibilidade quando ambos, finalmente, chegam lá (será que realmente chegam?). Se acontecimentos são públicos, então podem ser discutidos; e evidências podem ser acumuladas. Assim, torna-se progressivamente mais difícil reter algumas visões de mundo, demandando cada vez mais teorias da conspiração para que permaneçam no lugar, até que, eventualmente, acabam por desmoronar sob seu próprio peso. Testemunhamos isso em ampla escala com o colapso do comunismo na Europa Oriental.

O segundo contra-argumento é que as cosmovisões, embora normalmente escondidas (como os fundamentos de uma casa), podem, em tese, ser escavadas e inspecionadas.[79] A sinalização de que as descobrimos é dada por alguma frase do tipo: "O mundo é assim mesmo". Quando outra pessoa diz: "Não, não é!", duas coisas geralmente acontecem: a conversa é interrompida ou tem início uma batalha, consistente em histórias contadas por ambos os lados com o objetivo de enfraquecer a narrativa do outro ou reforçar a posição já estabelecida de cada um. Nessa discussão, o que realmente está em jogo é a *adequação* ou *justificativa* dos significados atribuídos a uma variedade de histórias e acontecimentos pertencentes a determinada visão de mundo. O processo, então, que obviamente pertence à epistemologia crítico-realista que tenho defendido, garante, em tese, que, embora o "significado" nunca possa ser separado das mentes humanas que os supõem, também não podem ser simplesmente reduzidos aos termos dos próprios seres humanos, sejam indivíduos, sejam grupos. O diálogo é possível. Indivíduos podem mudar suas crenças; podem até mesmo mudar suas cosmovisões. No início de João 20, Tomé atribuía um significado à crucificação; no final do capítulo, atribuía outro. Conversões acontecem: Saulo se torna Paulo; Francisco de Assis adota uma nova visão do que significa ser humano. "Significado", conforme veremos, é, em última análise, uma questão que alcança a esfera pública.

---

[78]Stoppard, *Rosencrantz and Guildenstern Are Dead*, 1967, p. 89.
[79]Sobre cosmovisões, veja o cap. 5.

HISTÓRIA E O PRIMEIRO SÉCULO

4. Conclusão

A prática sem a teoria é cega; contudo, a teoria sem a prática é muda. É tempo de deixarmos de lado a teoria e seguirmos com a prática. Creio que lançamos fundamentos suficientemente sólidos para sustentar o trabalho principal deste projeto, que envolve o estudo da literatura judaica e cristã primitiva, bem como a tentativa de escrever história com base em ambas. Argumentei que uma leitura crítico-realista da história, prestando a devida atenção às visões de mundo, às mentalidades, aos objetivos, às intenções e motivações dos seres humanos e das sociedades envolvidas, é uma tarefa adequada e, em tese, possível. Isso abre caminho para o estudo do judaísmo e do cristianismo, bem como para o estudo de Jesus e de Paulo.

Resta-nos apenas mais uma tarefa preliminar: a de explorarmos, de forma mais completa, a outra área de interesse, a saber, a teologia. Antes, porém, de nos voltarmos para essa tarefa, também nos será necessário, resumindo este capítulo sobre história, examinar o que está envolvido no estudo dos principais movimentos religiosos do primeiro século, os quais constituirão nosso foco principal.

ESTUDO HISTÓRICO DOS MOVIMENTOS RELIGIOSOS DO PRIMEIRO SÉCULO

1. Introdução

O principal foco deste projeto é nada mais nada menos do que a história de certos movimentos religiosos do primeiro século. Essa descrição é, acredito, tão pouco suscetível de induzir a erro quanto qualquer outro título em geral. Ao lidarmos com Jesus e Paulo, e abordarmos a relevância de ambos, estudaremos principalmente pessoas e movimentos cuja cosmovisão (e cujos objetivos, intenções e motivações a ela inerentes) incluía, em um nível elevado, elementos hoje conhecidos como "religiosos". Ou seja: elas criam em um deus ativamente envolvido na vida pessoal e corporativa da humanidade, cujos propósitos ele seria capaz de realizar por meio de agentes humanos dispostos (mas nem sempre cientes) e pelo qué atualmente chamaríamos de "forças naturais". Assim, estudaremos uma história humana, reconhecendo que os atores do drama — e, portanto, em certo sentido, o próprio drama — só podem ser totalmente compreendidos quando aprendermos a ver o mundo pelo olhar deles. Passemos rapidamente por duas áreas principais a serem abordadas, com mais detalhes, nas Partes III e IV deste livro.

2. O judaísmo no primeiro século

Estudos recentes relacionados ao judaísmo do primeiro século enfatizam corretamente seu aspecto multiforme. Isso foi necessário em um clima no qual, por muitos séculos, tradições de compreensão do judaísmo, tanto em nível acadêmico como em nível popular, operaram segundo modelos simplistas que, lamentavelmente, falharam em fazer jus às evidências.[80] Pesquisas estão a todo vapor na produção de novas edições e comentários excelentes dos tipos de texto muito diferentes do período. Aprendemos a distinguir não apenas aristocratas de revolucionários,[81] ou fariseus de saduceus, mas também escritores apocalípticos de rabinos, e ambos das escolas de pensamento representadas por Filo e pela Sabedoria de Salomão.

Entretanto, tamanha prontidão para aceitar seu caráter multiforme pode cair em extremos e, na minha opinião, foi exatamente isso que aconteceu: degenerou-se em uma espécie de positivismo atomístico. Há vários estudiosos cujo trabalho parece consistir simplesmente em estudar uma pequena área, dizer certas coisas sobre ela e deixar por isso mesmo. Segundo argumentei na seção anterior, isso ainda não é história em seu sentido pleno. É muito fácil analisar um texto de forma isolada, elaborar perguntas que dizem respeito a seu mundo particular e à sua forma de pensar e deixar de relacioná-lo com o universo mais amplo no qual seu significado pode ser encontrado. Já aprendemos que não devemos ignorar diferenças de cenário e tempo, imaginando uma continuidade de pensamento entre documentos provenientes de contextos distintos. No entanto, há um perigo igual e oposto contra o qual também devemos nos proteger. Um estudo estritamente focado pode ignorar o fato de que os acontecimentos (incluindo os acontecimentos literários) precisam ser examinados de um ponto de vista tão histórico quanto possível; e isso significa olhar para seu "interior", para a gama de motivações e entendimentos a partir dos quais, tão somente, podem fazer sentido. E, nesse nível, não podemos escapar da tarefa constante, importante tanto no estudo do judaísmo do segundo templo como em qualquer outro estudo, de reconstruir a cosmovisão que informava e fundamentava não apenas determinado escrito em particular, mas também a sociedade como um todo. Precisamos traçar e compreender as histórias que os judeus da época contavam a si mesmos e uns aos outros sobre quem eles eram, sobre o que seu deus planejava realizar e sobre o potencial significado de tudo isso. Não podemos retornar às generalizações baratas que caracterizaram os estudos anteriores. Todavia, também não devemos deixar de consultar, ou até mesmo de detalhar, as correntes predominantes que deram origem à

---

[80]Veja a Parte III. Se, atualmente, o ponto tornou-se lugar-comum nos estudos do NT, o crédito para tal pertence, em grande medida, a E. P. Sanders, *Paul and Palestinian Judaism: A Comparison of Patterns of Religion*, 1977). Veja Neill e Wright, *The Interpretation of the New Testament*, 1988, p. 371-8.

[81]Goodman, *The Ruling Class of Judaea: The Origins of the Jewish Revolt Against Rome A.D. 66-70*, 1987; veja a Parte III.

HISTÓRIA E O PRIMEIRO SÉCULO

complexa entidade que ainda pode ser chamada de cosmovisão judaica do primeiro século. Esse estudo faz parte da própria história. Não assumir a tarefa implica arriscar suposições estritamente não históricas.

3. O cristianismo no primeiro século

O mesmo problema em termos de método histórico pode ser testemunhado em relação ao cristianismo do primeiro século. Mais uma vez, tem havido uma tendência recente ao atomismo pela apropriação de generalizações superficiais anteriores. No caso do cristianismo, porém, houve um fator complicador. Boa parte dos estudos do século 20 realmente tentou chegar ao "interior" dos acontecimentos, dos escritos e dos movimentos da igreja primitiva, porém a ferramenta empregada foi extremamente reducionista. Refiro-me às tentativas de compreender o cristianismo primitivo em termos de sua expectativa do fim iminente do mundo e/ou de sua ansiedade e mudança de atitude quando essa expectativa foi frustrada. Posteriormente, argumentarei que toda essa percepção é grosseiramente distorcida e oferecerei hipóteses alternativas para uma história "interior" diferente, a qual irá substituí-la no esquema (perfeitamente válido) da busca pela narrativa interna do cristianismo do primeiro século. E, como no caso do judaísmo, devemos lembrar que o cristianismo primitivo, embora, de muitas maneiras, aparente, para o mundo pós-Iluminismo, ser uma "religião", não era assim rotulado nas categorias do primeiro século. Os primeiros cristãos eram chamados de "ateus", pois não ofereciam sacrifícios de animais e se destacavam, em suas reuniões comunitárias, das práticas religiosas não cristãs. A principal coisa que teria impressionado os observadores do cristianismo primitivo não era seu lado "religioso", nem suas primeiras formulações doutrinárias, mas seu estilo de vida em geral. Ao olharmos, portanto, para a história (do que chamamos) de movimentos religiosos do primeiro século, como o judaísmo e o cristianismo, é vital que procuremos o "interior" dos acontecimentos: objetivos, intenções, motivações e autopercepções das pessoas envolvidas. É igualmente vital que tenhamos em mente os riscos inerentes ao uso de categorias pós-iluministas. O imperialismo cultural existe e é real, e o estudo moderno da história do primeiro século nem sempre o evitou.

Buscando ser obediente a essa última exigência de rigor histórico, é vital examinarmos com mais detalhes o assunto que, obviamente, está no cerne das cosmovisões judaicas e cristãs do primeiro século. Devemos dirigir o olhar para a Teologia.

TEOLOGIA, AUTORIDADE E O NOVO TESTAMENTO

CAPÍTULO 5

INTRODUÇÃO: DA LITERATURA E DA HISTÓRIA À TEOLOGIA

Deve estar claro que a tarefa de ler o Novo Testamento nunca pode ser uma questão de estudo "puramente literário" ou "puramente histórico", como se pudéssemos isolar qualquer elemento particular das considerações mais amplas que envolvem cultura, cosmovisão e, especialmente, teologia. O modelo da "mera história", em particular, é inadequado para uma apreciação completa de qualquer texto e, particularmente, de um texto como o Novo Testamento. Da mesma forma, sugerimos no primeiro capítulo que uma leitura séria do Novo Testamento deve mostrar como esse livro, lido de modo apropriado, pode funcionar com a autoridade com a qual foi considerado pela maioria dos leitores ao longo dos anos; contudo, também vimos que as formas pré-críticas e "modernas" de articulá-lo não tiveram sucesso. O objetivo deste capítulo é sugerir o que pode estar envolvido em uma leitura "teológica" que não ignore as leituras "literária" e "histórica", mas que as aprimore; também é explorar um possível modelo segundo o qual essa leitura multifacetada funcione como normativa ou autoritativa. Estou ciente da existência de grandes áreas de possível discussão que não podemos tratar aqui. O objetivo não é fornecer uma descrição exaustiva da natureza da teologia, mas extrair alguns pontos salientes sobre como a disciplina funciona.

Já vimos que, além de qualquer objeção, toda leitura envolve o leitor como participante ativo. Dizer que se está apenas estudando história objetiva, sem quaisquer outros pressupostos, não é mais uma opção:

TEOLOGIA, AUTORIDADE E O NOVO TESTAMENTO

> Em cada trabalho realizado segundo as normas da ciência histórica, o escritor e o leitor devem estar cientes de que um esboço histórico só pode tomar forma na mente de um historiador e que, nesse processo, o próprio historiador, com todo o seu aparato intelectual, está envolvido.[1]

Existem, portanto, dois níveis em que ultrapassamos a "mera história". No primeiro, a fim de respondermos aos "porquês" em relação ao passado, devemos mover-nos de "fora" para "dentro" do acontecimento: devemos reconstruir as cosmovisões de outras pessoas. No segundo nível, ao fazermos isso, não há como ignorar nossa própria cosmovisão, da mesma forma que não podemos enxergar sem os próprios olhos. Em ambos os níveis, o leitor deve estar ciente das cosmovisões envolvidas e atento a potenciais peculiaridades, inconsistências ou tensões. Retornaremos a esse último ponto.

Há uma ironia aqui, em relação ao nosso campo particular, que não podemos deixar de perceber. É um dado histórico solidamente estabelecido que judeus e cristãos do primeiro século consideravam os eventos reais de que participavam como se tivessem, em si mesmos, extrema importância. Acreditavam fortemente que os acontecimentos relativos a Israel e ao seu destino não eram "simples acontecimentos", mas que tinham um "interior" ou um "significado" que transcendia a mera crônica. Uma vez que seu prisma interpretativo para a compreensão dos acontecimentos condizia com a crença em um deus criador e com o cumprimento de seus propósitos para o mundo inteiro, realizados por meio de ações relativas ao povo da aliança, os cristãos acreditavam, ao contrário da perspectiva ocidental moderna, que os acontecimentos em questão eram carregados de um significado relacionado a todo ser humano, de todos os tempos.[2] A despeito de nossa opinião acerca desse ponto de vista particular, devemos dizer que eles entendiam mais sobre a natureza real da história — ou seja, sobre a complexa interação de "evento" e "significado" — do que foi apreendido pelos ardentes proponentes da "história científica" em tempos relativamente recentes.

Como, porém, devemos abordar questões históricas de uma forma mais holística, evitando os reducionismos que têm atormentado a erudição? A fim de responder a isso, devemos examinar duas categorias que já sugerimos em vários pontos: "cosmovisão" e "teologia".

---

[1] Schlatter, "The Theology of the New Testament and Dogmatics", 1973 [1909], p. 125-s.
[2] Veja Nineham, *The Use and Abuse of the Bible: A Study of the Bible in an Age of Rapid Cultural Change*, 1976, p. 188; Räisänen, *Beyond New Testament Theology: A Story and a Programme*, 1990A, p. 199. Ambos os escritores veem essa crença como uma tipificação de perspectivas que, hoje, são-nos impossíveis.

COSMOVISÃO E TEOLOGIA

A dimensão que falta amplamente na historiografia positivista pode ser descrita em termos de *cosmovisão*, de modo que devemos, em primeiro lugar, examinar esse conceito. Argumentarei que, na verdade, cosmovisões são, em certo sentido, profundamente *teológicas*, de modo que devemos examinar o significado de "teologia" nesse contexto. Isso nos levará à consideração da teologia *cristã* em particular, a qual, por sua vez, suscitará algumas reflexões sobre a teologia em relação ao estudo do Novo Testamento.

1. Sobre cosmovisões

Cosmovisões dizem respeito ao nível da pressuposição, ao estágio pré-cognitivo de uma cultura ou sociedade.[3] Sempre que encontramos as preocupações fundamentais do ser humano, deparamos com visões de mundo. Desse ponto de vista, como o eco de Paul Tillich na frase "preocupação fundamental" indica, cosmovisões são profundamente teológicas, quer contenham ou não aquilo que, no pensamento ocidental moderno, seria considerado uma visão explícita ou elaborada de uma figura divina.[4] De fato, a "cosmovisão" abrange todas as percepções humanas da realidade em um nível profundo, incluindo a questão de deus ou deuses existirem ou não, e, se sim, como ele, ela, eles ou elas são, bem como a forma como tal ser, ou tais seres, podem relacionar-se com o mundo. Embora a metáfora da visão seja predominante (cosmo*visão*), a análise a seguir elucidará o fato de que as visões de mundo, no sentido que tenciono imprimir, incluem muitas dimensões da existência humana além da simples teoria.[5]

Há quatro coisas que as cosmovisões, tipicamente, costumam fazer; em cada uma delas, a cosmovisão como um todo pode ser vislumbrada.

Primeiro: como vimos ao longo desta parte do livro, cosmovisões fornecem as *histórias* por meio das quais o ser humano enxerga a realidade. A narrativa é a manifestação mais expressiva de uma visão de mundo, indo além da observação isolada ou fragmentada.

---

[3]Sobre cosmovisões, veja especialmente Geertz, *The Interpretation of Cultures*, 1973; Holmes, *Contours of a Worldview*, 1983b; Walsh e Middleton, *The Transforming Vision: Shaping a Christian World View*, 1984; Olthuis, "On Worldviews", 1989 [1985]; e particularmente Marshall, *Stained Glass: Worldviews and Social Science*, 1989.

[4]Para uma avaliação recente de Tillich, veja Kelsey, *The Modern Theologians: An Introduction to Christian Theology in the Twentieth Century*, 1989; conforme ele diz: "[Tillich] adicionou um termo religioso à língua inglesa: 'preocupação fundamental' tornou-se um termo comum no discurso secular como meio de designar a 'dimensão religiosa' o mais vagamente possível" (p. 148).

[5]Sobre o problema como um todo, veja particularmente Rowe, "Society After the Subject, Philosophy After the Worldview", 1989. Meu uso do termo é próximo ao uso de "universo simbólico", por exemplo, em Berger e Luckmann, *The Social Construction of Reality: A Treatise in the Sociology of Knowledge*, 1966.

TEOLOGIA, AUTORIDADE E O NOVO TESTAMENTO

Segundo: a partir dessas histórias, podemos, em tese, descobrir como responder às *perguntas* básicas que determinam a existência humana: Quem somos? Onde estamos? O que há de errado? Qual é a solução?[6] Todas as culturas nutrem crenças profundamente enraizadas que podem, em tese, vir à tona para responder a essas perguntas. Em outras palavras, todas as culturas têm um senso de identidade, de ambiente, de um problema em relação à forma como o mundo é e de um caminho a seguir — uma escatologia redentora, para ser mais preciso — que tem o potencial de tirá-las desse problema. Reconhecer esse fato a respeito das culturas pode ser tão esclarecedor quanto reconhecer que outro ser humano dentro de sua própria família ou de seu círculo de amizades tem um tipo de personalidade diferente do seu. Libera todas as partes envolvidas da suposição restritiva de que todos somos, ou deveríamos ser, exatamente iguais.

Terceiro: as histórias que expressam a cosmovisão e as respostas que ela fornece às questões de identidade, contexto de vida, maldade e escatologia são expressas, conforme vimos no capítulo anterior, através de *símbolos* culturais. Podem ser artefatos ou acontecimentos: festivais, reuniões de família etc. Nos Estados Unidos, o desfile da vitória de Nova York após uma guerra de sucesso reúne dois dos símbolos mais poderosos da cultura: os arranha-céus de uma Manhattan orientada aos negócios e os heróis de batalha. Ambos, à sua maneira, demonstram, promovem e celebram o estilo de vida americano. Na Palestina do primeiro século, a celebração da Páscoa funcionava de maneira semelhante, com Jerusalém ocupando o lugar de Manhattan, e o sacrifício e a refeição da Páscoa ocupando o lugar do desfile de vitória. Os edifícios, em vez de falarem de objetivos étnico-econômicos, falavam de objetivos étnico-religiosos; em vez da celebração falando do triunfo alcançado contra as forças das trevas, falava--se do reconhecimento público ainda por vir. Todas as culturas produzem e mantêm esses símbolos; muitas vezes, podemos identificá-los quando, ao desa-fiá-los, a reação das pessoas é de raiva ou de medo. Esses símbolos costumam funcionar como *marcadores de fronteiras* sociais e/ou culturais: aqueles que os observam são os *insiders*, enquanto os que não os observam, *outsiders*. Ademais, esses símbolos, como lembretes encenados e visíveis de uma cosmovisão que

---

[6]Veja Walsh e Middleton, *The Transforming Vision: Shaping a Christian World View*, 1984, p. 35. Transformei a forma singular das perguntas no plural. Compare com as perguntas que o Vaticano II sugere como as mais comuns a todo ser humano: "O que é o homem? Quais são o sentido e o propósito da vida? Em que consistem o comportamento justo e o comportamento pecaminoso? De onde se origina o sofrimento e que fim ele merece? Como a felicidade genuína pode ser encontrada? O que acontece após a morte? O que é o juízo? Que recompensa acompanha a morte? Finalmente, qual é o mistério definitivo, além da explicação humana, que abrange toda a nossa existência, de que extraímos nossa origem e em cuja direção caminhamos?" (Flannery, *Vatican Council II: The Conciliar and Post Conciliar Documents*, 1975, p. 738).

normalmente permanece profunda demais para vir à tona em uma conversa qualquer, formam a matriz real através da qual o mundo é percebido. Esses símbolos determinam como, no dia a dia, os seres humanos enxergam a realidade como um todo. Determinam o que será e o que não será inteligível ou assimilável dentro de uma cultura particular.

Quarto: cosmovisões incluem uma prática, uma "forma de ser no mundo". A escatologia implícita da quarta pergunta ("Qual é a solução?") implica, necessariamente, *ação*. Por outro lado, a forma real da visão de mundo de alguém pode muitas vezes ser vista no tipo de ações realizadas, particularmente se essas ações forem tão instintivas ou habituais a ponto de serem tidas como certas. A escolha de um objetivo de vida — ganhar dinheiro, criar uma família, seguir uma vocação, mudar a sociedade ou o mundo de determinada maneira, viver em harmonia com a ordem criada, desenvolver o próprio mundo interior, ser leal às tradições recebidas — reflete a visão de mundo de alguém; e o mesmo acontece com as intenções e motivações que trabalham em função do objetivo geral.[7] A inconsistência de objetivo e ação não invalida isso; apenas mostra que a questão é complicada e que a resposta à terceira pergunta ("O que há de errado?") certamente deve incluir a confusão humana.

Cosmovisões são, portanto, a matéria-prima da existência humana, as lentes pelas quais o mundo é visto, o projeto de como devemos viver no mundo e, acima de tudo, o senso de identidade e de lugar que permite à humanidade ser o que é. Ignorar as visões de mundo, sejam as nossas próprias ou as da cultura que estudamos, resultaria em uma superficialidade extraordinária.

Podemos definir as funções interativas das cosmovisões da seguinte forma:

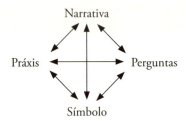

Existem diversos termos gerais que faremos bem em localizar nesse esquema. Para começar, podemos dizer que a *cultura* denota particularmente as práxis e os símbolos de uma sociedade — ambos, evidentemente, sendo informados pela narrativa controladora e refletindo respostas particulares às questões da cosmovisão. Em segundo lugar, a escorregadia palavra *religião* também se

---

[7] Sobre objetivos, intenções e motivações, veja p. 160-163.

concentra em símbolos e práxis, porém denota, mais especificamente, o fato de que ambos apontam para outra coisa, ou seja, para uma narrativa ou um conjunto de narrativas controladoras que lhes conferem um significado mais amplo. Em terceiro lugar, a *teologia* se concentra em perguntas e respostas, enfatizando, mais especificamente, determinados aspectos delas. Neste capítulo, argumentarei sobre a necessidade de integrá-las com as narrativas controladoras e sobre a prudência de se realizar essa tarefa com a plena consciência da inter-relação entre perguntas e narrativas, por um lado, e práxis e símbolos, por outro. Em quarto lugar, a *imaginação* e o *sentimento* podem ser localizados na linha entre a história e o símbolo, dando profundidade, de diferentes maneiras, à práxis e às perguntas. Em quinto lugar, a *mitologia* é, em muitas culturas, uma forma de falar que reflete "uma concepção da realidade que postula a transposição contínua do mundo da experiência cotidiana por forças sagradas";[8] ou seja, é uma forma de integrar a práxis e o símbolo à narrativa e, ao menos implicitamente, às respostas às perguntas-chave. Por último, a *literatura*, que tanto no nível da leitura como no âmbito da escrita é parte da práxis, é um fenômeno complexo em que, explícita e implicitamente, histórias são contadas, questionamentos são levantados e respondidos, a práxis é exemplificada e os símbolos são discutidos, direta ou (o que é mais provável) indiretamente, em metáforas e outros recursos da linguagem. Evidentemente, a literatura está interconectada com a cultura, a imaginação e o sentimento, bem como, frequentemente, com a religião e a teologia. A própria literatura pode, então, criar ou se tornar um novo símbolo: poesia, livrarias e apresentações teatrais, por exemplo, têm valor simbólico em uma cultura. Assim, muitos dos elementos vitais do estudo histórico e literário podem ser traçados de maneira precisa e interessante no modelo de cosmovisão que sugiro.[9]

Cosmovisões, conforme já sugeri, são como os fundamentos de uma casa: vitais, porém invisíveis. São aquilo *através* do qual, não *para* o qual, uma sociedade ou um indivíduo normalmente enxerga; formam a matriz através da qual os seres humanos organizam a realidade, e não fragmentos da realidade que se disponibilizam para ser organizados. Em geral, as cosmovisões não são conscientemente articuladas ou discutidas, a menos que sejam desafiadas ou

---

[8]Berger e Luckmann, *The Social Construction of Reality: A Treatise in the Sociology of Knowledge*, 1966, p. 110.

[9]Evitei posicionar *ideologia* na lista, principalmente por causa do grande número de significados que a palavra atualmente carrega (veja Eagleton, *Ideology: An Introduction*, 1991, esp. o cap. 1). Seu significado pode aproximar-se do próprio conceito de "cosmovisão"; também pode significar um *corpus* articulado de crenças; ou denotar a interação de ambos com a realidade social. Também pode, obviamente, ter conotação pejorativa, o que torna a palavra ainda mais escorregadia como termo técnico.

O NOVO TESTAMENTO E O POVO DE DEUS

desprezadas de forma bastante explícita; quando isso acontece, o evento é tido como algo alarmante e como motivo de grande preocupação. No entanto, essas visões de mundo podem ser desafiadas; e podem, se necessário, ser discutidas, tendo seu verdadeiro valor, questionado.[10] A conversão, no sentido de uma mudança radical na cosmovisão, pode acontecer — seja no caso de Saulo a caminho de Damasco, seja no caso de índigenas que se mudam para a cidade e adotam um estilo de vida ocidental. Entretanto, visões de mundo normalmente vêm à tona, de forma mais cotidiana, nos *conjuntos de crenças e objetivos* que se manifestam abertamente, que são discutidos com mais regularidade e que, em tese, poderiam ser, em alguma medida, revisados sem necessariamente se proceder à revisão da cosmovisão em si. Os materialistas ocidentais modernos têm uma visão de mundo de certo tipo, uma visão que se expressa em crenças básicas acerca de sociedades e sistemas econômicos, bem como em objetivos básicos, como emprego e uso apropriado do tempo. Essas crenças e objetivos são, por assim dizer, formas abreviadas das histórias que aqueles que as têm estão contando, para si mesmos e uns para os outros, sobre a forma como o mundo é.[11] Talvez seja possível que alguém se convença de que algumas dessas crenças e objetivos básicos estão equivocados, e assim, por exemplo, mudar de um materialista ocidental conservador para um materialista ocidental social-democrata, ou vice-versa, sem qualquer alteração fundamental de sua cosmovisão.

Tais *crenças* e *objetivos fundamentais*, os quais servem para expressar — e talvez até mesmo salvaguardar — a visão de mundo, dão origem, por sua vez, a *crenças e intenções resultantes* sobre o mundo, o indivíduo, a sociedade e sobre deus. Esses elementos se espalham, então, em várias direções, transformando-se em opiniões sobre as quais o indivíduo age com diversos graus de convicção. Muitas discussões, debates e argumentos ocorrem no plano de crenças e intenções resultantes, assumindo um nível de convicção fundamental compartilhada que só é revisada quando alguém depara com um impasse total. Muitas discussões políticas, por exemplo, pressupõem não apenas uma cosmovisão, mas também o conjunto de crenças e objetivos básicos que se sustentam a partir dessa cosmovisão. Elas não se desdobram nos níveis mais fundamentais, mas no plano de crenças resultantes ou de propostas específicas de ação (as "intenções" na figura a seguir) que alguns consideram apropriadas. A ideia pode ser definida de forma esquemática:

---

[10]Segundo defendido corretamente por Meyer, *The Aims of Jesus*, 1979, p. 17, 255, n. 12., contra Bultmann.

[11]Compare, uma vez mais, com a noção de "crenças controladoras" exposta por Wolterstorff, *Reason Within the Bounds of Religion*, 1984 [1976].

TEOLOGIA, AUTORIDADE E O NOVO TESTAMENTO

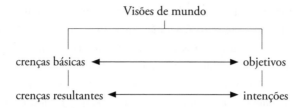

Por enquanto, já falamos o bastante sobre cosmovisões. Como elas se relacionam com, ou incluem, o que é normalmente tido por "teologia"?

2. Sobre a teologia

A teologia, conforme acabamos de ver, volta os holofotes para certas dimensões particulares da cosmovisão — qualquer cosmovisão.[12] É possível sugerir uma definição de teologia bem focalizada: teologia é o estudo de deuses, ou de um deus. Também é possível, e hoje bastante comum, trabalhar com uma definição mais abrangente, interagindo com elementos do padrão da cosmovisão: a teologia sugere determinadas maneiras de contar a história, explora algumas formas de responder às perguntas, oferece interpretações particulares dos símbolos e tanto sugere como critica determinadas formas de práxis. É o que Norman Peterson quer dizer em sua análise da teologia e do "universo simbólico":

> Do ponto de vista da sociologia do conhecimento, a teologia e o universo simbólico se distinguem por representarem dois tipos diferentes de conhecimento [...], Teologia [...] é para a sociologia do conhecimento um tipo de conhecimento cujo produto resulta da reflexão sistemática sobre um universo simbólico e, na verdade, da reflexão cujo propósito é a manutenção desse universo quando ele se encontra em algum tipo de perigo — frente às ameaças da dúvida, do desacordo ou de universos simbólicos concorrentes, por exemplo [...]. Por essa razão, podemos falar de um universo simbólico como uma forma primária (pré-reflexiva) de conhecimento e falar da teologia como uma forma secundária (reflexiva), dependente da primária.[13]

---

[12]Sem dúvida, está fora de questão tentar, neste momento, elaborar mais do que um resumo simples e inadequado de muitas questões extremamente complexas. Vou interagir em mais detalhes com o debate teológico contemporâneo em outro lugar. Sobre a área como um todo, veja particularmente Ford, *The Modern Theologians: An Introduction to Christian Theology in the Twentieth Century*, 1989.

[13]Petersen, *Rediscovering Paul: Philemon and the Sociology of Paul's Narrative World*, 1985, p. 29-s.; veja p. 57-60, 200-2; Berger e Luckmann, *The Social Construction of Reality: A Treatise in the Sociology of Knowledge*, 1966, p. 92-128.

O NOVO TESTAMENTO E O POVO DE DEUS

Desse modo, por exemplo, vimos, no capítulo 3, que muitas histórias passam a sensação de que o herói (o "agente", segundo o esquema elaborado por Greimas) foi "enviado" a uma "missão", embora não esteja claro por quem ele foi enviado. Normalmente, existe um espaço em branco na categoria "remetente", como vimos no caso de Tolkien e no poema "Os ouvintes", escrito por de la Mare. Isso reflete a consciência humana generalizada de um propósito que vem do "além", de "cima" ou, possivelmente, de "dentro". Se pressionadas, algumas comunidades humanas explicariam esse espaço em branco em termos de uma ou outra das perspectivas tradicionais de um deus. Outras o preencheriam em termos de "forças da natureza". Outras ainda falariam em termos de mitologia, psicologia e/ou sociologia. Todas essas respostas, bem como outras possíveis, são essencialmente *teológicas*.

Assim, a teologia conta histórias sobre seres humanos e o mundo, narrativas que, por um lado, envolvem um ser não redutível à análise materialista, mas que, por outro, abrem espaço, de forma provocativa, para um lugar no enredo no qual esse deus pode ser, implicitamente, localizado. À luz dessa atividade de contar histórias, a teologia questiona se existe um deus, qual relação esse deus tem com o mundo em que vivemos e o que esse deus está fazendo, ou fará, para pôr as coisas em ordem.

Obviamente, essas questões interagem com as quatro perguntas principais atreladas à cosmovisão. Um ateu responde às perguntas teológicas com uma negativa para a primeira, deixando o restante intocado: "Não existe 'deus'; por isso, nenhum ser superior se relaciona com o mundo, nem acabará com sua maldade". Ainda assim, a resposta é profundamente teológica, e mesmo respostas fornecidas com base em outras cosmovisões refletem o que, de um ponto de vista teológico, continua contando como uma espécie de teologia. O materialismo ou o totalitarismo, por exemplo, ainda têm uma forma teológica reconhecível, e tais pontos de vista podem sustentar um importante debate com várias teologias ortodoxas (judaica ou cristã, por exemplo) sobre qual delas é a original e qual é a paródia.[14]

A atividade narrativa e questionadora da teologia é normalmente focalizada em símbolos, sejam eles objetos ou ações. Um rolo da Torá, uma cruz de madeira, um gesto manual, uma procissão — tudo isso é capaz de evocar poderosamente todo um conjunto de histórias, bem como de perguntas e respostas. Sem dúvida, podem transformar-se em práticas monótonas e sem vida, ainda que, mesmo nesses casos, sejam capazes de uma notável recuperação. Em tese, porém, a teologia deve levar em conta os símbolos, até porque, às vezes,

---

[14]Veja Pannenberg, *Basic Questions in Theology: Collected Essays*, 1971, cap. 6.

TEOLOGIA, AUTORIDADE E O NOVO TESTAMENTO

conforme já vimos, os símbolos de uma sociedade ou cultura podem contar uma história mais convincente sobre sua cosmovisão do que as histórias "oficiais" ou as respostas "autorizadas". Se o símbolo e a história não se encaixarem, parte da tarefa da teologia é questionar o motivo e fazer uma crítica a qualquer desses dois parceiros que esteja fora da linha.

Da mesma forma, a teologia deve levar em conta a práxis. Oração, sacramentos, liturgia; esmolas, atos de justiça e pacificação — tudo isso se integra com narrativas, perguntas e símbolos para produzir um todo completo. Mais uma vez, embora possa ser mais organizado e fácil lidar com declarações oficiais na forma de perguntas e respostas ou na forma de uma história, a práxis pode oferecer um relato mais verdadeiro de como as coisas realmente são. Reitero: a teologia tem a responsabilidade de, nesses casos, oferecer uma crítica.

A teologia encontra-se, desse modo, integrada intimamente com a cosmovisão em todos os pontos. Do que, porém, ela *trata*? Refere-se a uma metalinguagem, a uma forma fantasiosa de tentar dar à realidade um significado nem sempre percebido? Ou se refere a entidades reais, além da realidade espaçotemporal? Nesse ponto, devemos novamente mencionar o realismo crítico. Debates sobre o referente da linguagem divina assumem uma forma familiar: é aquilo que já estudamos quando tratamos de epistemologia, literatura e história.

O discurso pré-crítico sobre deuses, ou um deus, muitas vezes parece dar como certo que tal ser, ou tais seres, realmente existem, e que a linguagem humana comum se refere a esse(s) ser(es) com pouca hesitação. Está bastante claro, na verdade, o fato de que, em todas as épocas, pensadores sofisticados estiveram perfeitamente cientes da natureza problemática dessa linguagem e de seu referente, de modo que a expressão "pré-crítica" não se refere, aqui, a um período da história antes do Iluminismo, mas a um estágio de (ou talvez falta de) consciência humana que existe em cada período da história, incluindo o nosso. Na verdade, talvez particularmente em nosso período: um fenômeno moderno perturbador é o espetáculo de um pretenso positivismo cristão cuja presunção é que a linguagem divina seria clara e inequívoca, de modo que podemos ter o mesmo tipo de certeza sobre ela que o positivismo lógico concedeu às declarações científicas e matemáticas. Esse tipo de fundamentalismo é simplesmente a versão invertida do que encontramos em *Language, Truth and Logic* [Linguagem, verdade e lógica], de A. J. Ayer.

Entretanto, está claro que a linguagem sobre um deus — ou deuses — não é um referente simples e descomplicado no sentido positivista. Não há uma linha reta que trace uma ligação do ser humano para um tipo de revelação e, assim, para declarações inequivocamente verdadeiras sobre o(s) ser(es) divino(s):

SER HUMANO	REVELAÇÃO	DEUS(ES)
--------▶	--------▶	
simplesmente observando a revelação...		
e falando verdadeiramente sobre a(s) divindade(s)		

Pelo contrário: em nosso tempo, vimos ambas as metades da sequência fortemente desafiadas. Marx, Nietzsche e Freud convenceram toda uma geração a ser cética quanto à revelação e a vê-la não como algo que apontava para além de si, mas que remontava a outros aspectos da existência e da identidade humanas, em termos individuais e corporativos. Uma forte hermenêutica da suspeita foi, então, introduzida na reflexão moderna, sugerindo que a linguagem divina poderia ser reduzida ao nível de planos ideológicos econômicos, políticos ou sexuais:

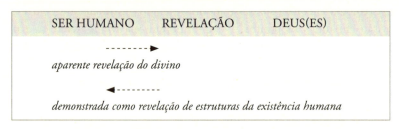

De modo semelhante, nas áreas em que essa crítica foi mantida sob controle, os teólogos não acharam nada fácil ir além da crença na revelação em si para afirmações factuais sobre o divino. Tais afirmações facilmente se transformaram em reafirmações do próprio método revelador. A análise do verdadeiro ser de um deus, da "substância divina", é tida como altamente problemática; aparentemente, tudo o que podemos falar é sobre o que esse deus faz, ou seja, da revelação em ação:

Contra esses reducionismos, no entanto, proponho um relato criticamente realista. A linguagem acerca da religião e da revelação realmente reflete muitos elementos da consciência humana e pode, de fato, ser usada como arma de opressão. No entanto, isso não vicia todas essas linguagens. A humanidade pós--Nietzsche, pós-Freud e pós-Marx — artistas, escritores, músicos e apreciadores das artes, bem como pessoas religiosas — ainda conta histórias que transcendem poder, sexo e dinheiro. Esses aspectos se evidenciam, para alguns, na Bíblia e nas histórias cristãs (ou em outras narrativas religiosas); para outros, em outros seres humanos; para outros ainda, evidenciam-se dentro de si mesmos. Evidentemente, isso dá origem a sérios problemas sobre a teologia natural, a revelação, a razão etc. Mas essas narrativas sugerem que devemos, embora de forma crítica, reconhecer a presença de algo que também podemos chamar de "revelação":

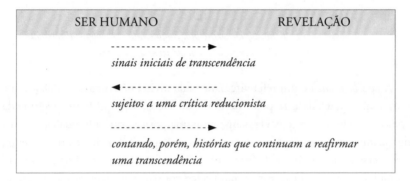

Da mesma forma, rejeitar a noção simplista segundo a qual a revelação nos dá acesso ao próprio ser de um deus não significa confinar nossa percepção do divino apenas à própria revelação. Mais uma vez, a Narrativa vem em nosso auxílio. O reconhecimento da linguagem divina como fundamentalmente metafórica não significa que ela não tenha um referente ou que pelo menos algumas metáforas podem não ter realmente uma adequação particular a esse referente. Na verdade, metáforas são, elas mesmas, histórias em miniatura, sugerindo maneiras de olhar para uma realidade que não pode ser reduzida à própria metáfora em si. Conforme se tornou mais amplamente reconhecido em escritos recentes, tais metáforas e narrativas são, de fato, mais fundamentais na consciência humana do que o discurso aparentemente "factual"; por isso, reconhecer a natureza essencialmente narrada da fala divina não é obstáculo para afirmar a realidade de seu referente. Na verdade, nas cosmovisões judaica e cristã, a fala humana, como as palavras faladas por aqueles que são feitos à imagem do criador, pode ser vista como, em tese, não apenas possivelmente adequada para a tarefa de falar desse deus, mas também como realmente apropriada para tal. Naturalmente, tudo dependerá da exatidão dos relatos judaicos e cristãos a respeito do ser humano e do discurso humano. Mas esse debate não pode, obviamente, ser concluído aqui.[15]

---

[15]Sobre a metáfora e a linguagem divina, veja Ramsey, *Models and Metaphors*, 1964a; *Models and Mystery*, 1964b; Ricoeur, *The Rule of Metaphor: Multi-Disciplinary Studies of the Creation of Meaning in Language*, 1977; Soskice, *Metaphor and Religious Language*, 1985.

Ficamos, então, com o seguinte esquema:

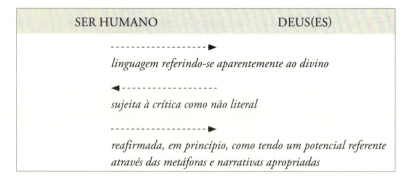

A *possibilidade* de um referente para a fala divina não quer dizer, claro, que toda e qualquer fala a respeito de deus, ou Deus, seja, portanto, legitimada como *verdadeira*. Em tese, ela ocupa a mesma posição que a linguagem acerca de qualquer outra coisa. Uma vez reconhecida a possibilidade de um referente, a conversa pode ser aberta de forma proveitosa. Se, porém, essa linguagem não é simplesmente autojustificativa, tampouco consiste em sinais privados, refere-se apenas ao que se passa na mente dos falantes. Essa linguagem é de domínio público. É possível, como vimos, discutir cosmovisões, ver como diferem entre si e deixar de sustentar uma para adotar a outra; também é possível discutir as afirmações feitas sobre deus(es), avaliar seus respectivos méritos, contar histórias sobre o ser e o comportamento divino que subvertem umas às outras e discernir, por esse meio, as candidatas mais sérias na competição pela verdade. Assim, o realismo crítico pode afirmar o direito da linguagem teológica de ser considerada uma dimensão apropriada do discurso sobre a realidade.

Resumindo: a "teologia" destaca o que podemos chamar de dimensão divina de uma cosmovisão. Muitos pensadores, políticos e até mesmo estudiosos bíblicos rejeitam a "teologia" como se ela fosse simplesmente um conjunto de respostas que podem ser dadas a um conjunto pré-embalado de questões dogmáticas abstratas; mas nós não podemos reduzi-la a esse nível. A teologia fornece um ingrediente essencial para as histórias que abarcam cosmovisões; nas respostas que são dadas às questões fundamentais de uma cosmovisão; no mundo simbólico que dá expressão cultural à cosmovisão; e nos objetivos práticos que a cosmovisão origina. Como tal, é parte inegociável do estudo da literatura, da história e, portanto, dos estudos do Novo Testamento.

Até agora, esta discussão tem sido deliberadamente inespecífica sobre o conteúdo real do que é afirmado sobre a(s) divindade(s). É certo que podemos introduzir diversas variáveis no esquema, examinando alguns conjuntos mais específicos de crenças e afirmações. Assim, seria perfeitamente possível a

TEOLOGIA, AUTORIDADE E O NOVO TESTAMENTO

um realista crítico ser ateu, reconhecendo que a linguagem poderia, em tese, referir-se a um ser como um deus, mas alegando que, na realidade, tal ser não existe. É o que poderíamos dizer, em outra esfera, a respeito de dragões. Um deísta, acreditando em um deus distante, separado do mundo, inacessível e remoto, pode contentar-se em descrever esse ser em termos razoavelmente abstratos e teóricos. Um panteísta, crendo que a palavra "deus" se refere a tudo o que existe — e investindo "tudo" do *status* de poder e honra divinos —, puxaria, na prática, as espirais de conhecimento de forma cada vez mais estreita, até que a diferença entre linguagem sobre revelação e divindade e a linguagem a respeito de mim e o meu próprio contexto se reduzisse a nada. Qualquer que seja o sistema, teológico ou semiteológico, descobriremos que a linguagem sobre deus e seu lugar na cosmovisão são parte vital da cultura relevante.

Mas e quanto ao falar cristão a respeito de deus? Evidentemente, se desejamos compreender a linguagem empregada pelos escritores do Novo Testamento, precisamos entender a natureza específica da teologia cristã primitiva (e, *a fortiori*, da teologia judaica do primeiro século). Da mesma forma, se desejamos entender o significado de falar em termos cristãos sobre o Novo Testamento ou, então, sobre o deus a quem os cristãos adoram, devemos tentar apreender como tal linguagem pode funcionar.

3. Sobre a teologia cristã

A que se assemelharia, então, uma teologia especificamente *cristã*? A mais do que simplesmente um relato daquilo no qual os cristãos acreditaram no passado ou acreditam no presente, penso, embora essas tarefas sejam sempre parte do todo. Esse todo inclui um elemento necessariamente normativo. Tentará não apenas descrever, mas também *prescrever* uma forma de olhar, falar e se relacionar com o deus em quem os cristãos creem e com o mundo por ele criado. À resposta do relativista, de que tal prescrição soa arrogante, a teologia cristã retruca que não pode agir de outra forma. A menos que forneça um quadro geral sobre toda a realidade, visível e invisível, não será nada. Não se trata de um conjunto particular de juízos estéticos sobre a realidade, anexando a si mesmo uma espécie de "pegar ou largar". Afinal, até mesmo o relativista acredita que o relativismo é universalmente verdadeiro e, às vezes, busca propagar essa crença com um zelo missionário. A teologia cristã só faz o que todas as outras cosmovisões e seus sistemas de crenças complementares fazem: afirma falar sobre a realidade como um todo.

Como alguém deve começar a fazer "teologia cristã"? Duas formas foram popularizadas nos últimos duzentos anos. A primeira oferece um rearranjo de verdades ou proposições atemporais. Coleta e reordena o material organizado por aqueles que trabalharam anteriormente na área. Seu único ponto

O NOVO TESTAMENTO E O POVO DE DEUS

de referência além de si mesma é o sistema abrangente (em alguns casos, um modelo filosófico) segundo o qual a seleção e o arranjo são feitos. Esse modelo tem algumas utilidades, principalmente para a obtenção de maior clareza no discurso; no entanto, também me parece, em geral, bastante estéril, improvável de se desenvolver com o tipo de questões levantadas neste trabalho.[16] A segunda forma de fazer "teologia cristã" busca o engajamento ativo com as preocupações atuais do mundo, seja pelo confronto, seja pela integração.[17] De certa forma, parece mais frutífera para o tipo de projeto no qual estou empenhado, mas também contém armadilhas. Proponho seguir um caminho bem diferente, de acordo com o modelo de epistemologia desenvolvido até agora, trabalhando, assim, alinhado com alguns estudos recentes no campo da teologia narrativa.[18] Ao contrário da maioria das "teologias narrativas", porém, tentarei integrar a abordagem com um foco histórico. Essa abordagem combinada surge da análise há pouco oferecida sobre as cosmovisões e como elas funcionam.

Em primeiro lugar, a teologia cristã conta uma história — e busca contá-la de modo coerente. Já resumimos a história e podemos fazer isso novamente. A história diz respeito a um criador e à sua criação; sobre humanos feitos à imagem desse criador e com tarefas a cumprir; sobre a rebelião dos humanos e a desarmonia da criação em todos os níveis; sobre, particularmente, a atuação do criador, por meio de Israel e principalmente de Jesus, no sentido de resgatar sua criação da situação resultante da rebelião. A história continua com o criador agindo por intermédio de seu próprio espírito em meio ao mundo, com o objetivo de levá-lo à restauração, que é seu grande objetivo. Boa parte da teologia cristã consiste na tentativa de contar essa história da forma mais clara possível, permitindo-lhe subverter outras formas de contar a história do mundo, inclusive aquelas que se oferecem como pretensos relatos cristãos, mas que, mediante um exame minucioso, falham de uma forma ou de outra.

Em segundo lugar, essa história, como articulação fundamental de uma cosmovisão, oferece um conjunto de respostas às quatro perguntas que já atrelamos às visões de mundo em geral. Definiremos suas respostas a seguir, observando, durante o processo, que algumas visões alternativas são automaticamente descartadas. Observe que, no estágio atual do meu argumento, as perguntas e respostas têm caráter descritivo em relação ao que compõe a cosmovisão cristã, não um argumento de que essa visão de mundo deve ser adotada.

---

[16]Um exemplo desse tipo de trabalho pode ser visto em Berkhof, *Systematic Theology*, 1941.
[17]Por exemplo, a obra de Moltmann (1974, 1985, 1990).
[18]Veja o cap. 3. Sobre a relação entre narrativa e teologia, veja particularmente Goldberg, *Theology and Narrative: A Critical Introduction*, 1982; Stroup, *The Promise of Narrative Theology*, 1984; Tilley, *Story Theology*, 1985.

TEOLOGIA, AUTORIDADE E O NOVO TESTAMENTO

Quem somos? Somos seres humanos, criados à imagem do criador. Temos responsabilidades que acompanham essa condição. Não somos fundamentalmente determinados por raça, gênero, classe social ou localização geográfica; tampouco somos peões em um jogo determinista.

Onde estamos? Estamos em um mundo bom e belo, embora transitório: a criação do deus em cuja imagem fomos criados. Não nos encontramos em um mundo estranho, segundo o gnóstico imagina; nem em um cosmos que deve ser adorado e ao qual devemos prestar lealdade, conforme sugeriria o panteísta.

O que há de errado? A humanidade se rebelou contra o criador. Essa rebelião reflete um deslocamento cósmico entre o criador e sua criação, de forma que, como consequência, o mundo está fora de sintonia com o propósito para o qual foi criado. Uma cosmovisão cristã rejeita dualismos que associam o mal à criação ou à fisicalidade; da mesma forma, rejeita monismos que analisam o mal simplesmente em termos de alguns fora de sintonia com seu ambiente. Sua análise do mal é mais sutil e abrangente. De modo semelhante, rejeita como verdade total todas as análises parciais, como as de Marx ou Freud, cujos argumentos elevam "meias-verdades" à condição de "toda a verdade".[19]

Qual é a solução? O criador agiu, está agindo e agirá em sua criação para lidar com o peso do mal estabelecido pela rebelião humana e para levar seu mundo ao objetivo final para o qual foi criado — ou seja, levá-lo a ressoar totalmente com sua presença e glória. Evidentemente, essa ação está focada em Jesus e no espírito do criador. Rejeitamos, então, soluções para o sofrimento humano que abordem apenas parte do problema.

Essas quatro respostas constituem um fundamento articulado da linha principal ou da cosmovisão cristã tradicional. Muitos ramos do cristianismo, devemos notar, não adotaram precisamente esse fundamento. Em grande parte do pensamento pós-iluminista, por exemplo, muitos cristãos "conservadores" e "liberais" partilham a crença de que respostas às perguntas (3) e (4) correspondem ao problema da fisicalidade e aos meios de escapar para uma esfera puramente espiritual. Mas um bom argumento pode ser sustentado, penso, em prol da descrição geral apresentada.

Em terceiro lugar, essa visão de mundo encontra expressão em uma variedade de símbolos socioculturais, tanto em termos de artefatos como de acontecimentos culturais. Igrejas e seu mobiliário articulam a visão de mundo em construções elevadas e vidros decorados, expressando a majestade atribuída ao criador e sua presença transcendente em seu mundo. A liturgia e a paraliturgia (das procissões às reuniões de oração) celebram e promulgam a cosmovisão,

---

[19]Veja Lucas, *Freedom and Grace*, 1976, p. 136: "Não creio nem em Marx nem em Freud. Dinheiro e sexo são importantes, mas não totalmente imprescindíveis".

tornando-se normativas em diferentes grupos. Diversas atividades — da pintura de ícones ao evangelismo de rua, do estudo bíblico à construção de santuários e casas de refúgio para as vítimas da sociedade — alcançaram o *status* de símbolos. Às vezes, como em qualquer cosmovisão e sua expressão simbólica, os símbolos podem ser desafiados. Agora, reconhece-se amplamente que as Cruzadas, embora empreendidas como um símbolo da vitória do evangelho, na verdade simbolizavam uma mensagem um tanto diferente, incompatível com a de Jesus de Nazaré. Em tese, porém, a cosmovisão cristã, como todas as outras, tem símbolos que permitem a seus adeptos ordenar e dirigir suas vidas de modo apropriado, enxergando o mundo e as tarefas a serem realizadas com algum grau de coerência.

Por último, a cosmovisão cristã dá origem a um tipo particular de práxis, um modo particular de "ser no mundo". Na verdade, a ideia encontra melhor expressão, no caso cristão, no modo peculiar de "ser *para* o mundo", uma vez que, segundo a cosmovisão cristã fundamental, os seres humanos em geral são parte dos meios designados pelo criador de cuidar do seu mundo; e os cristãos em particular fazem parte do meio pelo qual o criador traz cura para o mundo. Naturalmente, como acontece com todas as outras cosmovisões, seus adeptos não são notavelmente bem-sucedidos em obter uma correlação completa entre suas declarações a respeito de seu "ser no mundo" e de sua prática real. Isso não é, de forma alguma, fatal para a teoria; apenas significa que os cristãos, como todas as demais pessoas, veem-se frequentemente confusos e enganados, agem tolamente e com rebelião, provavelmente tentando adotar uma cosmovisão cristã, ao mesmo tempo que adotam outra cosmovisão. Ao que tudo indica, porém, a cosmovisão cristã fornece a seus adeptos um senso de direção: a vocação para trabalhar, de todas as maneiras possíveis, para a glória do criador e para a cura de seu mundo.

Essa cosmovisão cristã fundamental, expressa nas quatro formas delineadas (história, respostas às perguntas, símbolos e práxis), dá origem, por sua vez, a um sistema de *crenças básicas*, sustentadas em um nível mais consciente do que a própria cosmovisão. Nesse ponto, surge mais diversidade, já que diferentes cristãos, em culturas diferentes e em contextos distintos, ressaltaram determinada faceta da verdade cristã e agora a enfatizam. Mesmo assim, certos tópicos de fé são comuns à maior parte dos ramos do cristianismo, embora não formem uma parte necessária da cosmovisão em si: crenças sobre o deus cristão e Jesus; crenças sobre o espírito divino; crenças sobre a revelação, a Bíblia, a tradição e a igreja. Algumas delas, como as doutrinas tradicionais da trindade e da encarnação, são percebidas como uma espécie de bloqueio, mantendo os aspectos da cosmovisão básica no lugar: pensa-se que, a menos que alguém acredite em algo assim, a cosmovisão entrará em colapso e resultará em uma alternativa menos desejável. O debate, então, gira em torno da averiguação: se, por exemplo, podemos suspender a crença nos dogmas trinitários tradicionais e, ao mesmo tempo, continuar apegados a algo reconhecidamente cristão.

A partir dessas crenças básicas, surgirão certas *crenças resultantes* que, embora variem amplamente, seus adeptos as considerarão compatíveis com, ou realmente sugeridas por, algum aspecto das crenças básicas. Assim, um indivíduo ou grupo cristão poderá expressar sua visão de mundo aceita e invisível em um conjunto de crenças básicas — na forma de um credo, por exemplo. Afinal, o credo pode ser discutido; sermões podem ser pregados com base nele; o credo é algo público e observável. O grupo cristão também pode manter um conjunto de crenças resultantes: por exemplo, uma visão particular das escrituras ou uma forma particular de articular a teologia da expiação. Alguns no grupo podem vir a considerar essas formulações "crenças básicas"; outros serão mais cautelosos. A própria questão do *status* das diferentes crenças é, de vez em quando, motivo de certo debate nas igrejas: no século 16 foi, em alguns casos, uma questão de vida e morte.[20] No entanto, o fato de haver diferentes níveis me parece claro. O ponto geral aqui é que uma boa parte do que é chamado de "teologia cristã" consiste em discussões e debates no nível da crença básica ou da crença resultante, não necessariamente no nível da cosmovisão cristã em si. Entretanto, se o estudo teológico estiver totalmente ciente de sua própria natureza, deverá incluir o estudo de todos esses aspectos — ou seja, das cosmovisões a todos os níveis de crença. Essa grande tarefa teológica continua a ser parte necessária do estudo literário e histórico do cristianismo primitivo.

À luz do que foi dito, deve estar claro que, como todas as demais cosmovisões, a cosmovisão cristã não diz respeito a uma linguagem particular, a um mistério secreto ou oculto que é de interesse apenas daqueles que professam a fé cristã. Todas as cosmovisões, incluindo a cristã, são, em tese, declarações públicas. Todas contam histórias que tentam desafiar e talvez até mesmo subverter as narrativas de outras cosmovisões. Todas fornecem um conjunto de respostas a questões básicas, que podem ser evocadas segundo o subconsciente assim o exija e, então, debatidas. Todas comprometem seus ouvintes com uma forma de "ser no mundo" ou de "ser para o mundo".

Entretanto, a reivindicação cristã compromete-se particularmente com seu próprio caráter público irredutível, pois reivindica contar uma história sobre o criador e seu mundo. Se, por um momento, permitir que sua história se transforme em um deus que resgata as pessoas *para fora* do mundo, terá abandonado algo extremamente fundamental de sua cosmovisão. Muitos pais da igreja enxergaram claramente esse período, razão pela qual rejeitaram o gnosticismo.

---

[20]Veja Wright, *The Work of John Frithi,* 1978, p. 75-7.

O NOVO TESTAMENTO E O POVO DE DEUS

Na verdade, mesmo que o dualismo gnóstico fosse verdadeiro, a narrativa cristã, ainda assim, seria pública, visto que, se o mundo é um lugar de ruínas e há um deus capaz de salvar pessoas do mundo, trata-se de uma notícia que deve ser compartilhada. Se, contudo, esse dualismo for evitado (como nem sempre foi em várias formas cristãs pós-iluministas, principalmente no fundamentalismo), o caráter público da afirmação cristã é ainda mais manifesto.[21]

Com que tipo de discurso, então, a teologia cristã (seja no primeiro século, seja no século 21) está comprometida? Os cristãos se veem compelidos a falar do deus criador e redentor como Deus, o único Deus: não um deus deísta, um senhor ausente; nem um dos muitos deuses que maculam o mundo do paganismo; tampouco um deus que, no panteísmo, é identificado com o mundo. Os cristãos estão comprometidos em falar desse Deus de maneiras apropriadas, a saber, por meio de narrativas que refletem e articulam a cosmovisão cristã básica. Ademais, conforme já observamos, metáforas são histórias em miniatura, já que convidam os ouvintes a um mundo no qual certas coisas podem ser vistas mais claramente através das lentes que oferecem. Metáforas não são a cereja do bolo, o adorno no canto da imagem, algo que pode ser removido sem uma perda substancial. Do ponto de vista do realismo crítico cristão, precisamos dizer que a narrativa e a metáfora, incluindo o mito, são maneiras pelas quais, apesar da capacidade humana quase ilimitada de autoengano, palavras em relação ao Deus criador e redentor podem ser verdadeiramente ditas.[22]

Articulada dessa forma, a teologia cristã corresponderá à forma apropriada de falar a respeito de Deus, de modo a incluir, em um estágio básico, louvor, adoração e proclamação. Também incluirá a discussão da própria teologia, uma vez que, em termos de crença básica ou consequente, haverá narrativas a serem contadas com o objetivo de articular, apoiar e, quando necessário, modificar e subverter alternativas atraentes, porém enganosas, da cosmovisão fundamental. Também abordará, por meio da discussão teológica, questões levantadas por todas as cosmovisões. Reitero: a boa articulação da teologia cristã esclarecerá os símbolos nos quais a cultura encontra expressão, da mesma forma que, no judaísmo, a celebração da Páscoa é *explicada* como resposta à seguinte pergunta: "Por que esta noite é diferente de todas as demais?".

Outrossim, a boa articulação da teologia incluirá palavras sobre a *história*. O cristão está comprometido com a crença de que certas coisas a respeito do passado são verdadeiras.[23] Isso *não* significa que o empenho do historiador cristão é encontrar o material capaz de "provar" o cristianismo "verdadeiro"

---

[21]Sobre esse tópico, veja especialmente Newbigin, *The Gospel in a Pluralist Society*, 1989.
[22]Veja particularmente Caird, *The Language and Imagery of the Bible*, 1980, caps. 12–14.
[23]Veja, mais uma vez, Caird, *The Language and Imagery of the Bible*, 1980, cap. 12.

ou, então, encontrar, no Novo Testamento, declarações avançadas de pontos altamente desenvolvidos da doutrina cristã — algo que uma geração anterior de exegetas tentou fazer. Antes, significa fazer história séria com base na crença — compartilhada com outros — de que o criador do universo também é o senhor da história, e com base em outra crença, peculiar ao cristianismo, de que ele agiu de forma culminante, e *não apenas de maneira paradigmática*, em Jesus de Nazaré; que ele implementou esse ato culminante ao conceder, no presente, o seu próprio espírito ao seu povo; e que ele completará essa obra na renovação final de todas as coisas. Essa crença impulsionará o cristão para a história, assim como a hipótese impulsiona o cientista para o laboratório, mas na busca pelas modificações e adaptações necessárias, a fim de que a hipótese resista ao teste da realidade. O apelo à história — com o qual o Iluminismo desafiou a teologia dogmática do século 18 — deve ser levado em consideração na principal cosmovisão teológica do cristianismo. Conforme Paulo coloca em um contexto ligeiramente diferente, se estivermos enganados a respeito dessas coisas, somos os mais miseráveis dos homens.[24]

Se o teólogo cristão estiver empenhado em falar palavras verdadeiras sobre o passado, também se empenhará em falar palavras verdadeiras acerca do presente e do futuro. Significa que uma preocupação adequada com a história será balanceada por uma preocupação adequada com justiça e paz. Embora seja impossível explorar esse tema de forma mais profunda aqui, história e justiça caminham de mãos dadas, já que o ser humano é chamado a trazer a ordem divinamente intencionada por meio de ações e palavras. Palavras sobre o passado e o futuro devem ser todas empregadas, da mesma forma, a serviço de todo o tipo de verdade.

Por fim, o teólogo cristão também está comprometido a falar palavras verdadeiras sobre sua própria condição e a se engajar nessas atividades. Devemos falar de percepção parcial, ou seja, da verdade com a qual estamos totalmente comprometidos, mas que só pode ser provisoriamente declarada.[25] Daí a necessidade — no âmbito da própria cosmovisão e dos objetivos e intenções que ela origina — da fé, da esperança e (visto que sempre será difícil chegar a um acordo) do amor.

A partir de quais critérios as declarações teológicas serão julgadas? A questão levanta problemas que, infelizmente, não poderemos abordar aqui; contudo, para não deixarmos uma lacuna capaz de gerar mal-entendidos, cabe-nos dizer alguma coisa a esse respeito. Para que a teologia não seja um jogo privado, no qual os jogadores concordam com as regras enquanto os de fora olham

---

[24]1Coríntios 15:19.
[25]Veja McManners, "The Individual in the Church of England", 1981, p. 230.

perplexos, deve apelar a um senso do que é adequado, apropriado. Deve haver, como em uma teoria científica, um senso límpido de simplicidade, um senso de coisas que se encaixam e fazem sentido. Uma construção histórica pode apresentar-se como mais adequada e apropriada do que qualquer outra construção, sem apelar a nenhum *a priori* externo de um plano ideológico particular com o objetivo de legitimá-lo ou reforçá-lo. Um bom exemplo seria a organização sequencial das onze pinturas de Monet, na Catedral de Rouen. Se, em outras palavras, uma forma particular na abordagem histórica ou teológica resultar em uma nova coerência em relação a algum aspecto das respectivas disciplinas, poderá ser recomendado não apenas àqueles que pertencem à tradição do historiador ou do teólogo, mas também àqueles que estão de fora.

4. Cosmovisões, teologia e estudos bíblicos

A esta altura, deve estar claro que todo estudo, toda leitura textual e todas as tentativas de reconstrução histórica acontecem *no âmbito* de cosmovisões particulares. Tal fato parece forçar os intérpretes a uma escolha difícil — entre, digamos, uma cosmovisão ocidental pós-iluminista e uma pós-moderna, ou entre uma das duas alternativas e uma perspectiva abertamente cristã. Nesse contexto, muitos sentiram a pressão, nas últimas décadas, de se engajar em trabalhos acadêmicos, incluindo o estudo especializado da Bíblia, a partir de uma perspectiva pós-iluminista, pondo de lado opiniões especificamente cristãs no processo. A tendência recebeu impulso precisamente no contexto da visão de mundo pós-iluminista, segundo a qual questões de opinião religiosa não passam de opções particulares, as quais não se relacionam com o mundo público.

Também já deve estar claro que essa forma de conceber o problema baseia-se em um erro. Todas as cosmovisões — nelas incluídas tanto as versões modernas do Iluminismo como as do cristianismo — afirmam ser públicas e abrangentes. Elas devem, então, oferecer algum relato, juntamente com tudo mais, do que os adeptos de outras cosmovisões estão "realmente" fazendo. Nesse aspecto, elas se sobrepõem. A questão é: qual relato, em termos de abrangência, faz mais sentido? O modernismo iluminista tenta abarcar o cristianismo, alegando que a fé cristã não passa de uma opção religiosa particular. Contudo, o cristianismo tem uma resposta pronta, à mão: que a fé cristã, por sua vez, pode enfrentar e aceitar as questões impostas pelo Iluminismo, bem como trabalhar com elas. Se o cristianismo está comprometido com a história, conforme argumentei, então tem o dever de trabalhar na história para atender não apenas às exigências do Iluminismo — quer dizer, não as exigências por uma história "neutra" ou "objetiva", algo que, como vimos, não passa de uma fantasia positivista —, mas também ao desejo de uma reconstrução histórica genuína dos acontecimentos factuais do passado, do "interior" dos acontecimentos, bem como de seu

TEOLOGIA, AUTORIDADE E O NOVO TESTAMENTO

"exterior". O cristianismo nada tem a temer ao apelar à história. Ele próprio faz esse apelo.

Teologia e estudo bíblico, portanto, precisam um do outro, em uma relação simbiótica. (Refiro-me, deliberadamente, aos estudos bíblicos em geral, pois acredito que o ponto mais amplo seja vital. No entanto, apenas discuto, aqui, a relação entre os estudos bíblicos e o Novo Testamento.) Há três pontos a serem apresentados a esse respeito.

(1) Os estudos bíblicos precisam da teologia, pois somente com as ferramentas teológicas eles podem chegar ao que os personagens da história pensavam, planejavam, almejavam fazer. Isso é o mesmo que dizer o seguinte: se fôssemos escrever a história dos filósofos gregos, precisaríamos estudar filosofia para entender o que eles estavam tentando dizer e talvez em que medida suas ações sociais e políticas refletiam suas argumentações. O cristianismo primitivo acalentava certas crenças e objetivos que remontam às cosmovisões subjacentes que tinham; os leitores do Novo Testamento empenham-se em estudar o "interior" dos acontecimentos do primeiro século, incluindo a descoberta do que motivava os primeiros cristãos; *ergo*, os leitores do Novo Testamento precisam estudar teologia. Isso se torna muito importante ao considerarmos, por exemplo, a natureza da teologia paulina: não podemos estudar Paulo seriamente sem inquirirmos a respeito de sua cosmovisão e mentalidade, de suas crenças básicas e resultantes, de suas intenções e práticas.[26]

(2) Os estudos bíblicos precisam da teologia, pois somente com a ajuda de uma análise totalmente teológica da cultura contemporânea aqueles que leem a Bíblia podem estar cientes — conforme realmente precisam estar — de suas próprias questões, suas pressuposições, seus objetivos e suas intenções. Se alguém pensa estar livre de pressuposições, julgando que as perguntas que faz são "neutras", o estudo das cosmovisões e da teologia deve desiludi-lo dessa ideia. Em contrapartida, a teologia cristã pode oferecer, nas formas que delineei há pouco, um conjunto de objetivos e intenções que incorporam em si objetivos e intenções contidos em outros projetos, como, por exemplo, os do Iluminismo. Evocar a "teologia" não significa, assim, evocar um esquema completo de respostas prontas que prejudicarão o processo de exegese histórica e da crítica séria, segundo alguns temem. Antes, deixará o crítico histórico livre para trabalhar com clareza de objetivos e propósitos.

(3) Ao mesmo tempo, a teologia — qualquer teologia — exige estudos bíblicos, uma vez que as afirmações de qualquer teologia devem, mais cedo ou mais tarde, entrar em contato, ou talvez em conflito, com as histórias contidas

---

[26]Veja Wright, *The Climax of the Covenant: Christ and the Law in Pauline Theology*, 1991a; caps. 1 e 14.

na Bíblia; e para que qualquer categoria de cosmovisão seja sustentada, deve ser capaz de enfrentar o desafio apresentado por seus rivais. Desse modo, hindus, muçulmanos, deístas e panteístas estudarão a Bíblia para entender a forma como o cristianismo funciona por dentro, na esperança de que suas próprias histórias sejam capazes de subverter a narrativa cristã — ou pelo menos de resistir ao seu potencial desafio, estabelecendo-se como relatos mais adequados da realidade. Entretanto, a teologia *cristã* precisa ainda mais dos estudos bíblicos! Para que a teologia seja genuinamente cristã, deve demonstrar que inclui a história contada pela Bíblia e suas sub-histórias. Sem isso, a teologia recai em um mero uso *ad hoc* da Bíblia, encontrando partes e peças que se encaixam em um esquema derivado de outro lugar. Se o que conta é encontrar um texto-prova ou um tema-prova, tudo o que a teologia faz é reproduzir o pior fenômeno de um biblicismo de texto-prova anterior, embora, com frequência, não tenha a fé robusta e corajosa que, em geral, caracteriza tais movimentos.

Assim, para que a teologia seja considerada cristã, deve contar as histórias de Jesus e de Paulo, da igreja primitiva e muito mais. A despeito da tarefa árdua de ler o Novo Testamento, um projeto ainda mais árduo é conceber qualquer teologia cristã significativa sem abrir espaço articulável para o próprio Novo Testamento e seus escritores, ou sem um lugar claramente definido para o Jesus do qual eles falam. Acerca desse tópico — o lugar de Jesus na teologia cristã —, devemos oferecer algumas reflexões adicionais.

Em vista do estado em que se encontra o trabalho histórico do Novo Testamento nas últimas décadas, não é surpreendente descobrir que teólogos sistemáticos não têm certeza de qual Jesus escolher para integrar em seu trabalho. Também não causa surpresa que a maioria escolha um Jesus que, por acaso, se enquadra no programa desejado, por outros motivos. Neste ponto, porém, é vital permanecer nos limites de um trabalho histórico sério. É verdade que sempre haverá espaço para manobras dentro de certos limites estreitos. Contudo, simplesmente não faz sentido usar a palavra "Jesus" na teologia se não pretendermos nos referir a ele como aquele que viveu e morreu, no primeiro século, como judeu. Nesse contexto, a não ser que controles muito rígidos estejam em vigor, toda uma gama de debates teológicos perderá o sentido; e tais controles estão em vigor, segundo sugiro, quando tentamos fazer uma "teologia cristã" séria.

Proponho, portanto, como forma de conceber a tarefa que se apresenta a nós, que estudar o mundo do primeiro século — e, dentro desse mundo, estudar Jesus, Paulo e os evangelhos — não exige que adotemos sem reservas e de forma acrítica nem a visão de mundo iluminista, nem qualquer outra cosmovisão que possa ser oferecida no âmbito da cultura secular contemporânea. Isso *não* significa que devemos recuar para uma rejeição pré-moderna da crítica histórica (como o positivista imaginaria), nem para a esfera privada, para longe de potenciais desacordos e leituras alternativas. A teologia cristã, se concebida da maneira como sugeri, oferece uma perspectiva a partir da qual as questões abordadas pelo Iluminismo podem ser tratadas de modo apropriado: o historiador cristão não precisa fingir ser outra coisa, como se ser cristão, ou operar como tal, de alguma forma invalidasse a pesquisa. O leitor cristão do Novo Testamento está comprometido com uma tarefa cuja essência inclui "história cristã primitiva" e "teologia do Novo Testamento", ao mesmo tempo que mostra que nenhuma dessas tarefas, apresentadas no capítulo 1, pode ser autossuficiente. Essa leitura mais completa do Novo Testamento não "exclui" nem "contém" Jesus, tampouco apenas o pressupõe. Antes, inclui, como parte vital de si mesma, a tarefa de *contar a história de Jesus* a partir do pressuposto de que tal narrativa aconteceu no âmbito da história pública.

Dessa forma, se é possível juntar os três empreendimentos do estudo literário, histórico e teológico do Novo Testamento, fazendo-o em particular pelo uso da categoria "narrativa", o que aconteceria com a crença generalizada de que o Novo Testamento deve ser considerado, em certo sentido, "normativo"? Não será uma contradição em termos, ou pelo menos em métodos?

TEOLOGIA, NARRATIVA E AUTORIDADE

Doravante, argumentarei que a concepção da tarefa, a forma de ler o Novo Testamento que venho sustentando nos últimos três capítulos, permite-nos fazer aquilo que os "modernistas" encontraram tanta dificuldade em fazer, mas que os leitores cristãos pré-modernos presumiam poder ser feito sem problema algum: usar o Novo Testamento como, de alguma forma, autoritativo. Isso não significa um retorno ao pré-modernismo. Abandonamos a prova textual biblicista por ser inconsistente com a natureza dos textos que temos (qualquer um que pense que isso significa abandonar a autoridade bíblica deve perguntar-se: onde jaz a autoridade real em uma leitura cujo método transforma a Bíblia praticamente em outra coisa?). Tampouco significa uma tarefa que pode ser facilmente realizada em meio ao próprio modernismo. Para o bem ou para o mal, existe, no mundo dos estudos modernos do Novo Testamento, uma espécie de acordo prático para separar as leituras "descritiva" e "normativa" da Bíblia. Se escolhermos passar de um "é" para um "deve", da descrição do passado para uma declaração oficial, trata-se de uma escolha feita, ao que tudo indica, de fora da própria tarefa histórica. Mas precisa mesmo ser assim? Existe algum outro modelo, consistente com um estudo literário, histórico e teológico sério, cujo resultado será o Novo Testamento exercendo aquela autoridade que os cristãos desde o início lhe concederam?

O NOVO TESTAMENTO E O POVO DE DEUS

A esse respeito, tenho uma sugestão a fazer. A sugestão me parece óbvia, embora não seja explorada com frequência. Uma vez que (a) histórias são um indicador-chave de qualquer cosmovisão e (b) uma boa parte do Novo Testamento consiste em histórias e narrativas, pode ser uma boa ideia considerar como as histórias portam ou veiculam autoridade. À primeira vista, histórias podem parecer pouco promissoras como um ponto de partida para uma exegese oficial. Todavia, podemos ser capazes de conceber um modelo de trabalho cujo resultado seria tornar esse ponto mais claro.[27]

Suponhamos que exista uma peça de Shakespeare cuja maior parte do quinto ato foi perdida. Os primeiros quatro atos proporcionam, digamos, uma riqueza de caracterizações tão notável, um crescendo de empolgação dentro da trama, que se chega a um consenso de que a peça deve ser encenada. No entanto, parece inapropriado escrever um quinto ato como um ponto-final: de certa forma, fazer isso congelaria a peça em uma única forma, comprometendo Shakespeare, por assim dizer, como responsável por uma obra que, na realidade, não é sua. Uma alternativa melhor seria entregar as partes-chave a atores shakespearianos altamente treinados, sensíveis e experientes, os quais mergulhariam nos quatro primeiros atos, na linguagem e na cultura de Shakespeare e de sua época. Então, *esses atores seriam instruídos a elaborar, por si mesmos, um quinto ato.*

Considere o resultado. Os primeiros quatro atos, da forma como foram registrados, seriam a "autoridade" indiscutível para a tarefa em questão. Em outras palavras, qualquer um poderia objetar quanto à nova improvisação, alegando que algum personagem se comportou de maneira inconsistente ou que algum subenredo ou tema anteriormente esboçado não alcançou a devida resolução. Essa "autoridade" dos quatro primeiros atos não consistiria — não poderia consistir! — em um comando implícito de que os atores deveriam repetir continuamente as partes anteriores da peça, mas, sim, no fato de que um drama ainda inacabado, contendo seu próprio ímpeto e sua progressão, deveria receber a devida conclusão. A tarefa exigiria dos atores uma entrada livre e responsável na história segundo lhes foi apresentada, para que, após compreender como os fios se entrelaçam de forma adequada, coloquem esse entendimento em prática, falando e agindo com inovação e consistência. O modelo pode, e talvez deva, ser mais adaptado: ele oferece uma imensa gama de possibilidades.

A ilustração pode fornecer, em nosso contexto atual, um relato diferente da autoridade daquele a que estamos acostumados, tanto em termos gerais como em relação ao Novo Testamento. No primeiro capítulo, vimos algumas das

---

[27]Já publiquei uma versão dessa sugestão em Wright, "How Can the Bible Be Authoritative?", 1991b.

TEOLOGIA, AUTORIDADE E O NOVO TESTAMENTO

diferentes maneiras pelas quais a "autoridade" foi extraída da descrição histórica do Novo Testamento: podemos tornar normativos alguns aspectos do cristianismo primitivo; podemos selecionar como centrais alguns temas teológicos dentre os próprios escritos do Novo Testamento (o reino de deus, a justificação pela fé etc.); ou podemos incluir certas vertentes do Novo Testamento em um esquema teológico cujos início e fim se encontram em outro lugar. Se, entretanto, tomarmos o modelo de autoridade da peça inacabada, um conjunto diferente de possibilidades emerge. Conforme vimos, parte da tarefa inicial dos atores escolhidos para improvisar o ato final consistirá na imersão total nos quatro primeiros atos, com o propósito de não se limitar a repetir o que já foi dito.[28] Eles não têm um lugar no qual procurar as respostas certas. Nem podem simplesmente imitar o tipo de coisa que seu personagem específico fez nos primeiros atos. Um bom quinto ato mostrará um desenvolvimento final adequado, e não apenas uma repetição do que ocorreu antes. Entretanto, haverá uma correção, uma adequação, sobre certas ações e falas, sobre certos movimentos finais do drama, os quais, por um lado, autenticarão a si mesmos e, por outro, obterão autenticação a partir de sua coerência e compreensão do texto anterior, ou seja, o texto "autoritativo".[29]

Vale fazermos algumas observações sobre esse modelo antes de aplicá-lo brevemente ao assunto em questão.[30] Em primeiro lugar, fornece uma analogia para a maneira pela qual qualquer história ou obra de arte pode ter em si mesma uma espécie de autoridade, especialmente quando demanda uma conclusão. Nesse nível, obviamente, a ideia de a obra ser uma peça interpretada por atores em cinco atos é um refinamento desnecessário: uma sinfonia também serviria, e a tarefa de completá-la poderia ser confiada a um compositor, não necessariamente a um intérprete em improvisação. Em segundo lugar, no entanto, o modelo delineado fornece uma analogia mais direta e específica como ilustração do que considero estar em harmonia com a narrativa do criador e da criação conforme vista pelos escritores bíblicos, ou pelo menos por alguns deles. É aqui que a ideia de cinco atos e de atores obrigados a completar o trabalho com sua própria improvisação se encaixa, penso, tão bem. O primeiro uso do modelo, então, poderia ser alcançado sem o segundo. Em outras palavras, o modelo ilustra bem o ponto geral sobre obras de arte inacabadas, porém o segundo exige o primeiro como seu *framework*.

---

[28]Naturalmente, a ilustração tem limites, mas talvez valha a pena notar que uma das tarefas dos atores seria decidir, por exemplo, se a produção deveria ser "segura" e "relevante" ou, por outro lado, "autêntica" e "contemporânea", entre outras possibilidades. Os atores também teriam de levar em consideração o contexto no qual a produção ocorreria.

[29]Sobre a noção de "adequação" como critério técnico em estética, veja Wolterstorff, *Works and Worlds of Art*, 1979; *Art in Action*, 1980.

[30]Devo esses pensamentos à sabedoria do professor Oliver O'Donovan.

Entre os movimentos detalhados disponíveis nesse modelo, o qual espero desenvolver em outro lugar, está a possibilidade de ver a própria história bíblica composta por cinco atos. Esses atos seriam: (1) Criação; (2) Queda; (3) Israel; (4) Jesus. A escrita do Novo Testamento — incluindo a escrita dos evangelhos — formaria, então, a primeira cena do quinto ato, dando, simultaneamente, pistas de como a peça deve terminar (Romanos 8; 1Coríntios 15; partes do Apocalipse). O fato de o Ato 4 ser o que é demonstra o tipo de conclusão que a dramatização deve ter, sem deixar claras todas as etapas intermediárias. A igreja, então, viveria sob a "autoridade" da história existente, sendo obrigada a oferecer uma *performance* de improvisação no ato final, uma vez que conduz à conclusão pretendida e a antecipa. A igreja é elaborada, de acordo com esse modelo, como um estágio na conclusão da obra de arte do criador: segundo Paulo diz em Efésios 2:10, *autou gar esmen poiema* — somos sua obra de arte.

Se aplicarmos a ideia ao problema da "teologia do Novo Testamento" segundo normalmente concebida, e conforme já discutimos no primeiro capítulo, essa imersão no material existente exigirá alguns níveis de diferenciação. Da mesma forma que estudiosos e outros compreenderam a necessidade de se traçar uma distinção entre os Testamentos, especialmente quando alguém se dirige à igreja ou ao mundo, podemos descobrir outras diferenças. Embora esteja errado ao pensar que poderia truncar o Ato 4 — e, por assim dizer, boa parte dos Atos 1 a 3 —, Bultmann estava certo ao reconhecer a diferença entre o Ato 4 (Jesus) e o início do Ato 5 (o Novo Testamento), ainda que sua elaboração da distinção tenha distorcido ambos. É importante o fato de a história de Jesus — a história do Ato 4 — ter sido escrita pela igreja primitiva como parte da tarefa que lhe era devida no Ato 5.[31]

De fato, o recontar da narrativa dos atos anteriores como parte necessária da improvisação é essencial a todo o processo. Os israelitas recontavam a história da criação e da queda. Jesus recontou, por meio de parábolas e símbolos, a história de Israel. Os evangelistas recontaram, de maneiras complexas e multifacetadas, a história de Jesus. A prática pode sugerir, de um ângulo novo, que a tarefa da História, incluídas a teologia histórica e a história teológica, é ela mesma imposta aos seguidores de Jesus a partir da própria narrativa bíblica.

Além disso, a noção de que os escritores do Novo Testamento estariam, em algum sentido, instituindo um movimento histórico sob o qual as gerações

---

[31]Que os primeiros cristãos viam a história de uma forma diferenciada (distinguindo entre o tempo de Jesus e seu próprio tempo) é algo afirmado, de pontos de vista distintos, por Nineham, *The Use and Abuse of the Bible: A Study of the Bible in an Age of Rapid Cultural Change*, 1976, p. 188-s.; Lemcio, *The Past of Jesus in the Gospels*, 1991, *passim*. Veja a Parte IV.

cristãs subsequentes poderiam seguir[32] fornece à tarefa hermenêutica um ângulo e uma ênfase bem diferentes de qualquer uma das opções comuns que já descrevemos. Não procuramos, contra a essência do material, verdades atemporais. Procuramos, da mesma forma como o material em si, uma vocação para ser povo de Deus no quinto Ato do drama da criação. A igreja herda, no final da narrativa, a tarefa de dar ao dono da vinha os devidos frutos. Enquanto o Ato 3 é essencialmente trágico, a peça como um todo será o tipo de comédia que triunfa sobre a tragédia.

Neste ponto, algumas objeções podem ser levantadas. Será que alguém compreenderia os Atos 1 a 4, ou mesmo o início do Ato 5, de forma suficientemente boa para fazer todos os movimentos necessários nas últimas partes do Ato 5? Certamente, a resposta deve ser "não". E certeza sobre essas questões é exatamente o que não temos. Por isso a fé e a obediência permanecem essencialmente arriscadas. A história da igreja — e também a história de Israel e a dos discípulos durante o ministério de Jesus — está, na verdade, repleta de exemplos de indivíduos, grupos e movimentos baseados em uma leitura equivocada da narrativa até aquele momento (embora a questão de quais grupos entram nessa categoria seja, em si, motivo de controvérsia). Isso, contudo, não significa que a tarefa geral seja impossível, mas, sim, que os atores continuam falíveis. O resultado é garantido, no âmbito da própria história, pelo dom do espírito concedido pelo Dramaturgo aos atores, embora a presença do espírito não possa ser tida como validação adiantada de tudo o que os atores façam e digam.

Outra objeção seria a seguinte: certamente, na história cristã, o Ato 4 (Jesus, particularmente sua morte e ressurreição) é culminante e conclusivo. Então, o que resta a ser feito no Ato 5? Existem duas respostas possíveis a esse questionamento.

Em primeiro lugar, temos de enfatizar qual parte da tarefa do Ato 5 — a tarefa iniciada na primeira igreja pós-Páscoa, incluindo a escrita dos evangelhos — consiste em refletir, extrair e implementar a *importância* dos primeiros quatro Atos — mais especificamente a do Ato 4, à luz dos Atos 1 a 3. Mais ainda: o Ato 4 exige positivamente esse trabalho adicional. A reflexão e a ação não se resumem a uma questão de extrair ideias a partir da superfície da narrativa do quarto Ato, a qual, de qualquer modo, foi ela mesma escrita no Ato 5. A improvisação fiel no tempo presente exige um questionamento paciente e cuidados sobre o que aconteceu anteriormente, inclusive a tentativa de compreender qual era realmente a natureza das reivindicações feitas no quarto Ato.

---

[32]A questão de os escritores do NT imaginarem se haveria quaisquer gerações subsequentes, cristãs ou não, será analisada na Parte IV.

Em segundo lugar, sugiro que o questionamento pressupõe o que precisa ser demonstrado, ou seja, que a vida, a morte e a ressurreição de Jesus realmente têm um sentido culminante, que não deixa espaço para nenhum trabalho posterior. Suspeito que essa crença venha de uma tendência anti-histórica latente, com origem em alguns ramos da erudição moderna, e não no texto. Certamente Paulo, nossa primeira testemunha do cristianismo, associa continuamente a obra do espírito no presente à realização de Jesus no passado.

Em suma: proponho uma noção de "autoridade" que não é simplesmente investida no Novo Testamento ou na "teologia do Novo Testamento", nem simplesmente na "história cristã primitiva" ou em projetos semelhantes, concebidos nos pressupostos positivistas. Proponho uma noção de autoridade fundamentada no próprio deus criador e na história desse deus com o mundo, vista como focalizada na história de Israel e, portanto, na história de Jesus, contada e recontada no Antigo e no Novo Testamento e que ainda aguarda uma conclusão. Trata-se de uma noção de autoridade muito mais complexa do que aquelas normalmente empregadas no discurso teológico. Isso é, sem dúvida, o que deve ser feito se quisermos romper com os impasses causados por constantes e excessivas simplificações.

CONCLUSÃO

Não é fácil ver de relance o que esse modelo significará na prática. Teremos de esperar até que uma exploração histórica e teológica substancial de Jesus, do cristianismo primitivo e do Novo Testamento seja realizada. Há outros elementos que devem ser lembrados, embora não possam ser incluídos no presente projeto: a tarefa geral implica uma discussão da teologia do Antigo Testamento e uma consideração do mundo exterior à tradição judaico-cristã, ambas geralmente deixadas de lado nos estudos do Novo Testamento.[33] Por enquanto, porém, a tarefa está clara. A exploração literária, histórica e teológica do Novo Testamento, particularmente de Jesus e de Paulo, é o nosso objetivo. E, se isso for mesmo uma possibilidade, é vital que definamos o contexto histórico da investigação da forma mais clara possível. Devemos, portanto, passar as próximas duas partes deste volume estudando o judaísmo (a partir do qual o cristianismo nasceu), para, somente então, analisarmos o cristianismo primitivo. Tal estudo nos servirá de contexto não apenas para Paulo e seus escritos, mas também para o mundo no qual as pessoas se lembraram de Jesus e escreveram a seu respeito.

---

[33]Lidando, assim, com a objeção de Räisänen, *Beyond New Testament Theology: A Story and a Programme*, 1990, p. 137-41.

PARTE III

O JUDAÍSMO DO PRIMEIRO SÉCULO NO MUNDO GRECO-ROMANO

| CONTEXTO
E HISTÓRIA

CAPÍTULO 6

INTRODUÇÃO

1. Propósito

Não temos motivos para pensar que a política do Oriente Médio era menos complicada no primeiro século do que no século 21. Pelo contrário: há todas as razões para supormos que havia tensões, problemas, anomalias e perplexidades em uma quantidade considerável naquela época, como há agora — tantas a ponto de levarem alguns ao desespero, outros a cerrarem os dentes e seguirem em frente e outros ainda a tentarem esquecer sua "situação" de luta pela sobrevivência. Ser um lavrador da vinha era um trabalho árduo e deprimente.

Ainda assim, não podemos ignorar a tentativa de entender o judaísmo antigo como um todo se quisermos compreender o novo movimento que foi concebido, nascido e inicialmente nutrido em seu meio durante o primeiro século. A fim de compreendermos a origem do cristianismo e os termos nos quais a questão de deus foi colocada e tratada — e a fim de fazer isso em obediência às exigências do que constitui uma boa hipótese —, devemos obter um entendimento tão preciso quanto possível do(s) judaísmo(s) em cujo meio Jesus e Paulo cresceram e com os quais se relacionaram, de várias maneiras, no decorrer de seu ministério ativo. Devemos compreender a cosmovisão e a autocompreensão sustentada pelos judeus da época e, em meio a essa tarefa, tentar compreender a percepção que o judaísmo tinha de sua própria história: sua crença em um deus pactual, suas aspirações, frustrações, esperanças e seus medos.[1] Olhando

---

[1]Embora possamos falar corretamente dos "judaísmos" desse período, muitas vezes é mais fácil, do ponto de vista linguístico, referir-se ao singular ("judaísmo") como a entidade genérica a que

O NOVO TESTAMENTO E O POVO DE DEUS

de forma mais ampla, também devemos entender algo sobre o meio cultural em que Israel e o judaísmo em geral se encontravam, ou seja, o mundo greco--romano do primeiro século. Foi esse o mundo para o qual Paulo e pelo menos dois evangelistas se dirigiram.

A tarefa de descrever o judaísmo antigo é mais fácil e mais difícil agora do que nunca. Mais fácil porque temos uma infinidade de obras modernas para nos ajudar, escritas e editadas por especialistas que se dedicaram a esse estudo por muitos anos e que pertencem a uma ampla variedade de origens religiosas e culturais.[2] Mais difícil porque, com o conhecimento, vem a complexidade. É muito mais complicado completar o quebra-cabeça do judaísmo do primeiro século quando ele não mais contém duzentas peças, porém duas mil.

O problema é ainda mais agudo quando a erudição cristã ocidental se encontra no meio de um longo processo de arrependimento por haver acalentado falsas perspectivas sobre o judaísmo. Estudiosos e pregadores tropeçam uns nos outros para dizer que estavam equivocados, que julgaram mal os fariseus, que Jesus e seus primeiros seguidores não tinham contenda com os judeus, que só mais tarde os evangelistas, sob pressão, produziram as caricaturas dos opositores de Jesus encontradas nos evangelhos. É difícil, portanto, dizer o tempo que será necessário até que as coisas voltem a se normalizar.

Na medida em que a presente fase é uma reação, faz-se necessária. O cristianismo ocidental viveu por muito tempo com seus conceitos equivocados sobre o judaísmo e permitiu que eles o levassem à passividade em um momento de grande e trágica necessidade. Agora, pode levar pelo menos uma geração para exorcizá-los de forma adequada. Contudo, prestaremos a nós mesmos um grande desserviço se pensarmos que uma simples reação trará algum bem duradouro. A tarefa histórica não pode ser realizada pela retroprojeção dos modernos sentimentos de culpa, da mesma forma que

---

todos pertencem. O período é regularmente conhecido como "judaísmo do segundo templo", indicando a época aproximada do século 4 a.C. ao segundo século d.C. (embora o segundo templo tenha sido destruído em 70 d.C.), ou, ocasionalmente, como "judaísmo intermediário", indicando o tempo entre o "judaísmo inicial" (período pré-exílico) e o "judaísmo posterior", dos rabinos e além.

[2]Veja Schürer, *The History of the Jewish People in the Age of Jesus Christ (175 B.C.—A.D. 135)*, revisado; a *Compendia*; Nickelsburg, *Jewish Literature Between the Bible and the Mishnah*, 1981; Sanders, *Jewish Law from Jesus to the Mishnah: Five Studies*, 1990a; *Judaism: Practice and Belief, 63 BCE—66 CE*, 1992; as novas edições de textos em Charlesworth, *The Old Testament Pseudepigrapha*, 1983; *The Old Testament Pseudepigrapha*, 1985; Sparks, *The Apocryphal Old Testament*, 1984; e veja também, por exemplo, Hengel, *Judaism and Hellenism: Studies in Their Encounter in Palestine During the Early Hellenistic Period*, 1974; Rowland, *Christian Origins: From Messianic Movement to Christian Religion*, 1985, Partes I e II; Kraft e Nickelsburg, *Early Judaism and Its Modern Interpreters*, 1986, p. 1-30; Ferguson, *Backgrounds of Early Christianity*, 1987, cap. 5; Cohen, *From the Maccabees to the Mishnah*, 1987; as muitas obras de Neusner etc.

CONTEXTO E HISTÓRIA

não foi realizada pela retroprojeção de controvérsias teológicas e preconceitos posteriores.

Isso significa que devemos analisar com muito cuidado a forma e a natureza do judaísmo do primeiro século, esforçando-nos para ouvir o que está sendo dito por estudiosos das mais diferentes áreas e que realmente mergulharam nas fontes. Essa não é uma tarefa para fracos. As questões são complexas e controversas. O que tenho a oferecer, entretanto, é o que me parece uma visão geral, baseada em minha própria leitura das fontes e dos estudos mais atuais e completos que conheço. Sem dúvida, algumas objeções serão levantadas a uma coisa ou outra que eu disser, às minhas interpretações deste ou daquele texto ou tema. Mas penso que a reconstrução que ofereço é coerente em relação a si mesma e às fontes, de modo que passará pelo escrutínio de todos os lados.

Alinhado com as propostas feitas nos capítulos anteriores, tentarei descobrir a *cosmovisão* do judaísmo do segundo templo por meio de um estudo de seus aspectos-chave: a vida prática e regular cotidiana; alguns símbolos físicos, como o Templo; o relato da história da nação; e, em particular, o sistema de crenças, o conjunto de respostas básicas a questões que podem ser inferidas com segurança a partir do imenso volume de dados à nossa disposição. Desse ponto de vista, estaremos em posição de explorar mais particularmente as *crenças* e *aspirações* de Israel, as quais podem ser referidas como sua "fé" e "esperança". Ambas constituem, de acordo com o argumento estabelecido na Parte II, o "interior" dos eventos históricos complexos que este capítulo procurará descrever.

O que emerge desse estudo pode ser delineado com antecedência da seguinte forma: a principal característica do judaísmo do primeiro século, pelo menos na Palestina, não era nem um sentido estático de uma religião à qual se aderia, nem uma esfera privada de religião da qual se escapava. Antes, era a visão de um mundo total, abrangendo todos os aspectos da realidade e alcançando foco nítido em um sentimento de anseio e expectativa, do reconhecimento de que o presente estado das coisas ainda não havia (para dizer o mínimo) alcançado a plena realização dos propósitos do deus da aliança para com seu povo. No primeiro século, o povo judeu, como todos os povos, contava a si mesmo histórias que resumiam sua cosmovisão. Uma das principais diferenças entre os judeus e algumas outras culturas, entretanto, era que suas narrativas principais diziam respeito a eventos reais na história: Israel aguardava o início do último capítulo. Jesus, conforme argumentarei no próximo volume, abordou esse senso de expectativa e aspiração, ainda que, indiscutivelmente, ele o estivesse redefinindo. Paulo também afirmou cumprir as esperanças de Israel e, como veremos no volume III, o apóstolo só pode ser compreendido em termos de uma redefinição da teologia judaica. Devemos, assim, ver tão claramente quanto possível

O NOVO TESTAMENTO E O POVO DE DEUS

em que consistia a cosmovisão judaica fundamental, sua narrativa principal e a estrutura de crenças. Também temos de analisar como a esperança judaica funcionava, em que era baseada, quais características e expressões recebia e os tipos de controvérsias que gerava.

Essa declaração de intenção talvez pareça uma determinação de "reler" as ideias ou formas de pensamento cristão no judaísmo. Em resposta, devo dizer quatro coisas.

Em primeiro lugar, conforme argumentei na Parte II, a disposição atual no estudo do judaísmo do primeiro século é, a meu ver, excessivamente atomística e positivista. Na medida em que minha sugestão colide com as tendências atuais, o conflito surge mais da minha preocupação com uma abordagem totalmente histórica (pela qual quero dizer uma abordagem crítico-realista) do que da leitura de quaisquer padrões posteriores de pensamento, cristãos ou não.

Em segundo lugar, as leituras atomísticas que critico de forma implícita são, em si mesmas, tanto as "interpretativas" como as minhas. O atomismo e o positivismo talvez sejam uma reação necessária ao dogmatismo, porém não podem durar para sempre. Suas interpretações implícitas do "interior" da história judaica do primeiro século devem ser submetidas a escrutínio e competir com interpretações mais subjacentes de crenças, aspirações e, acima de tudo, do mundo simbólico que dava significado à vida judaica.[3] É uma interpretação desse tipo que pretendo oferecer nesta parte do livro.

Em terceiro lugar, procurarei demonstrar que, na verdade, os cristãos também devem rever sua interpretação da história judaica. Pretendo descrever a autêntica cosmovisão judaica do primeiro século, tantas vezes obscurecida na reflexão cristã subsequente, a fim de corrigir algumas compreensões "cristãs" normais a respeito de Jesus, Paulo e do cristianismo primitivo. Muitas leituras "cristãs" dos evangelhos filtraram conotações políticas da proclamação de Jesus a respeito do reino; um novo exame do contexto judaico esclarecerá mal-entendidos. Monoteísmo e eleição não têm sido considerados o centro do pensamento de Paulo: reavaliar a estrutura por trás da cosmovisão farisaica abrirá novas possibilidades para essa leitura. Assim, meu objetivo não é projetar ideias não judaicas no judaísmo, mas alcançar uma leitura crítico-realista do judaísmo do primeiro século, incluindo suas crenças e aspirações, em seus próprios termos, algo que lançará uma luz surpreendente na explicação da ascensão do cristianismo. História, conforme argumentei antes, diz respeito a isso.

De fato (este é o quarto ponto), o judaísmo e o cristianismo do primeiro século partilham uma cosmovisão central comum: a percepção de que, agora,

---

[3]É com base nisso que Sanders, *Jewish Law from Jesus to the Mishnah: Five Studies*, 1990a, caps. 3–5, elabora sua crítica a Jacob Neusner.

208

CONTEXTO E HISTÓRIA

a narrativa alcançou seu ponto culminante. E o que ainda é mais importante: *trata-se da mesma narrativa*. É a história de Abraão, Isaque e Jacó; de Moisés e dos profetas; de Davi, Salomão e da monarquia de Israel; e, especialmente, do exílio e da restauração — aliás, da perplexidade quanto ao fato de o exílio haver terminado ou não. Evidentemente, não demorou para que os cristãos contassem a história com uma ênfase muito diferente. Todavia, judeus e cristãos continuam a considerar a história de Israel os primeiros capítulos de sua própria história. É nesse ponto que a continuidade fundamental deve ser buscada; e isso legitima a tentativa de estudar o judaísmo de modo a lançar luz sobre o nascimento do cristianismo.

Pode ser desejável, em tese, estudar primeiro os escritos individuais e os conjuntos de escritos, trabalhando lentamente para chegar a generalizações sobre "aquilo em que os judeus acreditavam"; contudo, há sete razões para não fazermos isso. A primeira diz respeito ao problema do espaço: seria necessário outro volume inteiro. A segunda é que o método já foi implementado de forma exaustiva em estudos recentes, de modo que me parece inútil examinar um terreno já bem coberto (embora eu conteste uma opinião pré-formulada aqui e ali, e sugira algumas possibilidades que, em geral, não são observadas).[4] A terceira razão é que, conforme somos lembrados, com bastante frequência, hoje, os escritos dos estudiosos contemporâneos não são necessariamente representativos daquilo que o judeu do primeiro século pensava. Obviamente, isso não é motivo para não estudarmos o que temos, mas, sim, para termos cuidado ao fundamentar nossas conclusões apenas neles; também para termos cuidado em não concluir que, uma vez que alguém analisou os escritos disponíveis, a tarefa necessária já foi completada. A quarta razão é que, segundo penso e espero demonstrar, é possível estabelecermos certos pontos generalizados de forma substancial, os quais não são menos vigorosos por terem uma base ampla.[5] A quinta razão é que, segundo argumentarei adiante, a ligação do cristianismo com o judaísmo não é com um subgrupo ou com um conjunto de vestígios literários, mas, sim, com o judaísmo *como um todo* — seja em termos de reafirmação, confrontação ou redefinição. E o judaísmo como um todo é visto tanto (ou até mais) em seu mundo simbólico e em seus movimentos políticos como em seus (possivelmente idiossincráticos) vestígios

---

[4]Veja Sanders, *Paul and Palestinian Judaism: A Comparison of Patterns of Religion*, 1977; Schürer, *The History of the Jewish People in the Age of Jesus Christ (175 B.C.—A.D. 135)*, vol. 3; Stone, *Compendia*, 1984; Nickelsburg, *Jewish Literature Between the Bible and the Mishnah*, 1981, destacando (1–5) a importância desse método.

[5]Tentativas semelhantes foram feitas por Goodman, *The Ruling Class of Judaea: The Origins of the Jewish Revolt Against Rome A.D. 66-70*, 1987, cap. 4; Sanders, *Paul*, 1991b, cap. 5; *Judaism: Practice and Belief, 63 BCE—66 CE*, 1992, cap. 13–14.

litrários.[6] A sexta razão é que o estudo atomístico de textos individuais pode, às vezes, funcionar como uma cortina de fumaça atrás da qual certas abordagens *a priori* continuam a determinar uma forma geral de leitura. O realismo crítico que defendo deve ir além de qualquer abordagem meramente indutiva. O círculo de literatura, história e teologia pode ser quebrado em qualquer ponto. A sétima razão, decorrente da sexta, é que a própria literatura, conforme já vimos, faz parte de um círculo mais amplo que inclui símbolo, narrativa, questionamento e práxis. Portanto, há muito a ser dito sobre estudá-lo como parte desse todo mais amplo, e não em uma posição de prioridade privilegiada.

Estamos, então, em busca da autocompreensão, das crenças e das esperanças de uma pequena nação em conflito em um momento particularmente tenso e fatídico de sua história. Significa, retornando ao ponto inicial, analisar a *cosmovisão* judaica e os vários objetivos e crenças que a trouxeram à sua expressão. Tal tarefa deve ser feita pelo exame dos eventos superficiais, dos símbolos e das narrativas que lhes deram profundidade, bem como das intencionalidades dos personagens e grupos envolvidos. Neste capítulo, revisaremos a história básica; no próximo, discutiremos o desenvolvimento da diversidade no judaísmo da época. No capítulo 8, examinaremos os símbolos que nos remetem à cosmovisão judaica principal. Isso nos permitirá esboçar as crenças (capítulo 9) e as esperanças (capítulo 10) que caracterizavam os judeus da época. Antes, porém, de nos engajarmos nessa tarefa, devemos observar onde as fontes principais podem ser encontradas. Embora, como já observado, não possamos estudá-las em detalhes, é importante estarmos cientes de sua existência e de onde encontrá-las.

2. Fontes

As fontes relevantes para os devidos propósitos desta obra são aquelas que refletem a situação da Palestina antes das duas grandes rebeliões (66–70 d.C. e 132–135 d.C.), particularmente antes da primeira delas. Naturalmente, a fonte não cristã mais importante é Josefo, cujas duas grandes obras, *Guerra dos judeus* e *Antiguidades dos judeus*, dominam a paisagem (sua curta *Autobiografia* e *Contra Ápio*, obra em que defende o judaísmo, também constituem um material valioso).[7] Inspirando Josefo, encontram-se os primeiros

---

[6]Veja Horsley e Hanson, *Bandits, Prophets and Messiahs: Popular Movements at the Time of Jesus*, 1985, xvi-xvii.

[7]Sobre Josefo, veja as obras recentes de Cohen, *Josephus in Galilee and Rome: His Vita and Development as a Historian*, 1979; Broshi, "The Credibility of Josephus", 1982; Rajak, *Josephus: The Historian and His Society*, 1983; Attridge em Stone, *Compendia*, 1984, cap. 5; Feldman, *Josephus and Modern Scholarship*, 1984; Schürer, *The History of the Jewish People in the Age of Jesus*

CONTEXTO E HISTÓRIA |

dois livros dos Macabeus e os dois livros subsequentes que continuaram a recontar a mesma história a partir de perspectivas diferentes, revelando, assim, algo tanto dos acontecimentos que os livros pretendem abordar como das atitudes judaicas na época em que a história foi recontada.[8] A literatura rabínica, procedente de um período posterior — quando as circunstâncias haviam mudado drasticamente em relação ao ambiente de meados do primeiro século —, contém muito material valioso, o qual, se processado com cuidado, fala-nos muito sobre o período anterior a 70 d.C. Em sua forma atual, porém, reflete a cultura e os planos ideológicos de uma época bem posterior. Segundo afirmado por Jacob Neusner:

> A partir das tradições rabínicas a respeito dos fariseus, não poderíamos ter reconstruído um único acontecimento público significativo do período anterior a 70 [d.C.] — nem a ascensão, o sucesso e a queda dos asmoneus, nem a conquista romana da Palestina, nem o governo de Herodes, nem o reinado dos procuradores, nem o crescimento da oposição a Roma, nem a proliferação da violência e da agitação social nas últimas décadas antes de 66 d.C., nem a eclosão da guerra contra Roma [...].[9]

Por razões de prudência, portanto, é melhor tratarmos a tradição com muita cautela ao reconstruirmos a história anterior ao ano 70 [d.C.]; de fato, essa tem sido a linha adotada por boa parte dos estudiosos de hoje.[10] Estamos em um terreno muito mais seguro ao usarmos os apócrifos, as pseudoepígrafes e os pergaminhos como testemunho das atitudes judaicas da época — apesar de termos de nos lembrar constantemente de que nem todos os judeus estavam

---

Christ (175 B.C.—A.D. 135), 1973-87, 1.43-63; Bilde, *Flavius Josephus, between Jerusalem and Rome: His Life, his Works, and their importance*, 1988; e, especialmente, Mason, *Flavius Josephus on the Pharisees: A Composition-Critical Study*, 1991.

[8]Sobre 1 e 2Macabeus, veja Schürer 3.180-5, 531-7; Attridge em Stone, *Compendia*, 1984, cap. 4 (p. 171-83); Nickelsburg, *Jewish Literature Between the Bible and the Mishnah*, 1981, p. 114-21. Sobre 3Macabeus, veja Schürer, *The History of the Jewish People in the Age of Jesus Christ (175 B.C.—A.D. 135)*, 1973-87, 3.537-42; Nickelsburg, *Jewish Literature Between the Bible and the Mishnah*, 1981, p. 169-72, e em Stone, *Compendia*, 1984, p. 80-4; sobre 4Macabeus, veja Schürer 3.588-93; Gilbert em Stone, *Compendia*, 1984, p. 316-19; Nickelsburg, *Jewish Literature Between the Bible and the Mishnah*, 1981, p. 223-7.

[9]Neusner, *The Rabbinic Traditions About the Pharisees Before 70*, 1971, 3.304.

[10]Sobre a literatura rabínica, veja Schürer, *The History of the Jewish People in the Age of Jesus Christ (175 B.C.—A.D. 135)*, 1973-87, 1.68-118, e especialmente Safrai, *Compendia*, 1987; as muitas obras de Neusner, e.g., *The Rabbinic Traditions About the Pharisees Before 70*, 1971; *From Politics to Piety*, 1973; e Strack e Stemberger, *Introduction to the Talmud and Midrash*, 1991 [1982]. Para alertas semelhantes de cautela, veja, por exemplo, Goodman, *The Ruling Class of Judaea: The Origins of the Jewish Revolt Against Rome A.D. 66-70*, 1987, p. 23-s.; Saldarini, *Pharisees, Scribes and Sadducees in Palestinian Society*, 1988, p. 7-10.

O NOVO TESTAMENTO E O POVO DE DEUS

familiarizados com essas fontes e de que alguns, embora familiarizados, podiam muito bem tê-las reprovado.[11]

No que diz respeito à reconstrução do "interior" dos eventos do primeiro século, foram mencionadas aquelas nos servem de fontes iniciais vitais. Ao mesmo tempo, nunca devemos esquecer que o único livro com o qual todos os judeus estavam familiarizados era, obviamente, a Bíblia. Não que possamos facilmente usar o Antigo Testamento como evidência para "o que os judeus acreditavam" ou, então, esperavam, nesse período. O Antigo Testamento era lido de maneiras particulares — e visto por matrizes particulares de interpretação e antecipação.[12] Os *Targumim*, ao traduzir o hebraico arcaico para o aramaico contemporâneo, adicionando também material explicativo ao longo desse processo, tornaram-se, com o tempo, uma tradição fixa e independente. Muitas das obras apócrifas e pseudoepígrafas, assim como muitos manuscritos, consistem, em grande medida, em novas formas de ler os mesmos velhos textos, disponibilizando-os de modo a atender às necessidades de uma nova geração. As matrizes de interpretação assim oferecidas constituem as principais variações da cosmovisão judaica do primeiro século. Tal cosmovisão foi expressa em narrativas contadas e recontadas, em símbolos encenados e vividos, na continuação de planejamentos ideológicos, na realização de tarefas e, em alguns casos, na produção de livros. O estudo da literatura nos leva ao estudo da história, o qual se abre, por sua vez, para revelar as cosmovisões da época, as crenças e os objetivos expressos. Antes, porém, de mergulharmos nessa história, devemos esboçar o mundo mais amplo no qual os judeus se encontravam.

O MUNDO GRECO-ROMANO COMO CONTEXTO DO JUDAÍSMO PRIMITIVO

É impossível e desnecessário fazer uma longa descrição do mundo do fim da antiguidade no qual se encontra o judaísmo — e, dentro dele, o cristianismo primitivo. A tarefa tem sido bem realizada,[13] e nosso principal foco de

---

[11]Veja textos em Charlesworth, *The Old Testament Pseudepigrapha*, 1983; *The Old Testament Pseudepigrapha*, 1985; Vermes, *The Dead Sea Scrolls in English*, 1987 [1962]; e as discussões em Nickelsburg, *Jewish Literature Between the Bible and the Mishnah*, 1981; Schürer, *The History of the Jewish People in the Age of Jesus Christ (175 B.C.—A.D. 135)*, vol. 3; Stone, *Compendia*, 1984.
[12]Veja Mulder, *Mikra: Text, Translation, Reading and Interpretation of the Hebrew Bible in Ancient Judaism and Early Christianity*, 1987; Barton, *Oracles of God*, 1986; Fishbane, *Biblical Interpretation in Ancient Israel*, 1985; Chilton, *The Glory of Israel: The Theology and Provenience of the Isaiah Targum*, 1983, 1984; e caps. 8–10 deste livro.
[13]Veja, por exemplo, *CAH*, vols. X, XI; Salmon, *A History of the Roman World 30 B.C.—A.D. 138*, 1968 [1944]; Wells, *The Roman Empire*, 1984; Millar, *The Roman Empire and Its Neighbours*, 1981 [1967]; Garnsey e Saller, *Greece and Rome: New Surveys in the Classics No. 15. The Early Principate: Augustus to Trajan*, 1982.

CONTEXTO E HISTÓRIA

atenção, pelo menos por enquanto, deve ser o próprio judaísmo. Contudo, alguma explicação se faz necessária a respeito do mundo político e religioso fundamental que desenvolveremos a seguir.

O império macedônico de Alexandre, o Grande — cuja megalomania juvenil o levou a tentar feitos extraordinários de conquista e cujo gênio militar permitiu-lhe realizar —, fez com que, a partir do final do quarto século a.C., o Oriente Médio se encontrasse mais ou menos no centro de uma vasta área que falava, ou fazia o possível para falar, uma única língua; tratava-se de uma unificação cultural sem precedentes. O nome geral dado a essa cultura unificadora é "helenismo" — termo que denota um tipo de padrão consolidado, abrangendo diferentes correntes de pensamento e vida, e remontando à cultura grega, a qual incluía Homero como praticamente um autor sagrado e a filosofia de Platão como uma influência orientadora. Expressava-se na língua e nos costumes gregos, na observância e nos costumes religiosos, no estilo de cunhagem, nas convenções literárias e teatrais, bem como em uma ampla variedade de filosofias, algumas mais explicitamente platônicas no sentido de abarcar um dualismo entre o mundo conhecido pelos sentidos e o mundo conhecido pela mente. O helenismo estava por toda parte, e tudo era mais ou menos helenístico.[14] Depois de Alexandre haver conquistado a Palestina, em 332 a.C., nada mais foi o mesmo, em todos os sentidos. Por trezentos anos inteiros antes do nascimento de Jesus de Nazaré, a influência grega esteve por toda parte. O grego era a segunda língua de todos, a segunda cultura de todos. Palavras estrangeiras eram sintomáticas de outros empréstimos linguísticos mais sutis. Mesmo aqueles que resistiram viviam em um novo mundo: o helenismo havia definido a agenda e os termos do debate. Os macabeus, que haviam extirpado de Israel o culto pagão helenístico, estabeleceram uma dinastia (os "asmoneus", assim chamados em homenagem a um ancestral) cujas armadilhas externas

---

[14]Sobre a natureza do helenismo e sua disseminação na Palestina, veja especialmente *CHJ*, vol. 2; Hengel, *Judaism and Hellenism: Studies in Their Encounter in Palestine During the Early Hellenistic Period*, 1974; e especialmente *The "Hellenization" of Judaea in the First Century After Christ*, 1989a; Schürer, *The History of the Jewish People in the Age of Jesus Christ (175 B.C.—A.D. 135)*, 1973-87, 2.29-80; Tcherikover, *Hellenistic Civilization and the Jews*, 1961; Flusser, "Paganism in Palestine", 1976; Goldstein, "Jewish Acceptance and Rejection of Hellenism", 1981 (incluindo um conjunto útil de definições de helenismo, p. 67); Koester, *Introduction to the New Testament*, 1982a, *passim*, esp. p. 39-s., 153-s.; Cohen em Kraft e Nickelsburg, *Early Judaism and Its Modern Interpreters*, 1986, p. 42-s; Rajak, "The Hasmoneans and the Uses of Hellenism", 1990. Um bom exemplo do fenômeno em questão é o templo de Augusto em Cesareia de Filipe. Veja Jos. *Ant.* 15.363-s.; Schürer, *The History of the Jewish People in the Age of Jesus Christ (175 B.C.—A.D. 135)*, 1973-87, 2.169; Hengel, *The "Hellenization" of Judaea in the First Century After Christ*, 1989 [1961], p. 102.

O NOVO TESTAMENTO E O POVO DE DEUS

eram inteiramente helenísticas.[15] A seita de Qumran, que se afastou de todo aquele que se nomeava pagão (e também de boa parte do que se nomeava judaico), empregava linguagem e ideias emprestadas de diversas fontes helenísticas.[16] Qualquer ideia de um véu oculto entre o judaísmo e o helenismo — no sentido de uma linha geográfica a partir da qual um para e o outro começa — deve ser totalmente rejeitada.

Quando o império romano assumiu o lugar dos impérios grego, selêucida e ptolomaico, trouxe, no final do primeiro século, bênçãos e maldições para o judeu palestino comum. Bênçãos, pois o mundo estava basicamente em paz. Isso não apenas significava que os homens não estavam sendo convidados a lutar, por exemplo, como mercenários: significava o fim do recrutamento compulsório, o fim de tropas marchando pelo território *en route* de outro lugar, o fim de soldados alojados nas aldeias. Significava que o comércio podia prosperar, as pessoas podiam viajar e que os meios de comunicação haviam alcançado um nível de qualidade jamais atingido até então (especialmente depois de os romanos dizimarem os piratas, que costumavam tornar as viagens no mar Mediterrâneo cada vez mais perigosas). Significava um sistema unificado de justiça e que se orgulhava de seus elevados padrões, de modo que, em tese, pelo menos o cidadão comum não estava à mercê da corrupção de funcionários locais: um sistema frágil, talvez, mas pelo menos um sistema *de jure* estabelecido.[17]

Apesar de todas essas bênçãos, porém, havia também maldições. Roma mantinha a paz por meio do poderio militar, esmagando quaisquer dissidências e resistências com uma eficiência implacável. Impostos deviam ser pagos a Roma, bem como ao país local do cidadão, sendo, então, usados para manter Roma no luxo enquanto seu enorme império continuava em relativa ou real pobreza.[18] Normalmente, a religião romana oficial era imposta às áreas locais.

---

[15]Schürer 2.52-s. Para uma perspectiva de que os asmoneus eram tão zelosos em relação à Torá, a seu próprio modo, quanto seus opositores, veja Goldstein, "The Hasmonean Revolt and the Hasmonean Dynasty", 1989, p. 350-s.

[16]O que pode ser indiscutivelmente percebido em "Guerra dos Filhos da Luz contra os Filhos das Trevas", dos essênios. Sobre isso, veja Schmidt, "Hésiode et l'Apocalyptique: acculturation et résistance juive à l'hellénisme", 1982, p. 164-5. Veja também Hengel, *Judaism and Hellenism: Studies in Their Encounter in Palestine During the Early Hellenistic Period*, 1974, 1.218-47. Para outros exemplos do mesmo fenômeno, veja Goodman, *The Ruling Class of Judaea: The Origins of the Jewish Revolt Against Rome A.D. 66-70*, 1987, p. 17; Momigliano, "Greek Culture and the Jews", 1984, p. 337-s., argumentando que essa infiltração incluía as escolas rabínicas.

[17]Veja, por exemplo, o tributo à *pax romana* em Epit. 3.13.9.

[18]Veja Borg, *Conflict, Holiness and Politics in the Teachings of Jesus*, 1984, cap. 2; veja também a nota de advertência em Sanders, *Judaism: Practice and Belief, 63 BCE—66 CE*, 1992, cap. 9: "Não devemos sobre-enfatizar o excesso de tributação. Ao mesmo tempo, repare na observação atribuída por Tácito a Calgaco: 'Eles [os romanos] fazem um deserto e o chamam de paz'" (*Agricola* 30.6. A passagem inteira é significativa).

CONTEXTO E HISTÓRIA |

Percebendo que os judeus prefeririam morrer *en masse* a oferecer adoração pagã, os pragmáticos romanos permitiam que eles sacrificassem ao seu próprio deus, em favor do imperador. Mesmo assim, estandartes romanos, com suas inscrições blasfemas, eram o suficiente para fazer um judeu piedoso estremecer.[19] Roma precisava da Palestina para parte de seu suprimento de milho e como salvaguarda do fornecedor mais importante, o Egito; para Roma, a região toda servia de zona protetora contra a grande ameaça da Pártia. Longe de se tratar apenas de um mal necessário para Roma, a Palestina era importante para o Império em termos estratégicos, militares e econômicos.

Voltando-nos para a religião no mundo romano, encontramos a paisagem dominada pelo paganismo.[20] A adoração pagã assumia muitas formas, mas algumas declarações gerais podem ser feitas com segurança. Apesar dos muitos devotos dos antigos deuses do panteão greco-romano — Zeus/Júpiter e toda a sua trupe —, também existia uma boa dose de descrença educada e de adoração meramente formal. Em muitas localidades, as pessoas adoravam deuses ou deusas epônimos, dos quais Roma e Atena são exemplos óbvios. Algumas vezes, o próprio panteão antigo fornecia uma ligação especial com um lugar, como no caso de Diana/Ártemis, em quem os efésios tinham um interesse especial (ou talvez a deidade se interessasse por eles). Havia deuses da natureza, como nos casos de Átis ou de Ísis (divindade egípcia), cuja adoração podia incluir vários rituais ou cultos de fertilidade. Havia o popular culto do mitraísmo, do qual encontramos evidência em lugares tão remotos e diversificados quanto os acampamentos do exército britânico. Por sua insistência estratégica em estabelecer a adoração de seus predecessores, os imperadores romanos o acrescentaram ao panteão. Então, da divinização *post mortem*, foi apenas um pequeno passo para a reivindicação imperial de honrarias divinas durante a vida. (Aliás, é isso que Estados totalitários acabam fazendo, mais cedo ou mais tarde.)

---

[19]Sobre a questão da permissão romana à adoração judaica (o suposto *status* das práticas judaicas como *religio licita*), veja Schürer, *The History of the Jewish People in the Age of Jesus Christ (175 B.C.—A.D. 135)*, 1973-87, 1.275, 378-s.; Sanders, *Judaism: Practice and Belief, 63 BCE—66 CE*, 1992, p. 212; Jos. *Ant.*, 14.213-16, 241-61. Sobre o respeito romano pela adoração judaica, veja Goodman, *The Ruling Class of Judaea: The Origins of the Jewish Revolt Against Rome A.D. 66-70*, 1987, p. 15. Sobre o protesto judaico acerca dos estandartes romanos, veja Jos. *Ant.* 18.55-9.

[20]Para esse parágrafo, veja Koester, *Introduction to the New Testament*, 1982a, p. 164-204; MacMullen, *Paganism in the Roman Empire*, 1981; Lyttleton e Forman, *The Romans: Their Gods and Beliefs*, 1984; Lane Fox, *Pagans and Christians*, 1986; Buckert, *Greek Religion*, 1985; Ferguson, *Backgrounds of Early Christianity*, 1987, cap. 3; Martin, *Hellenistic Religions: An Introduction*, 1987, *passim*. Sobre a transição fácil de formas mais antigas de paganismo para a recém-introduzida adoração do imperador, veja Hengel, *The "Hellenization" of Judaea in the First Century After Christ*, 1989 [1961], p. 99-s.

O predomínio de todas essas divindades significava que inúmeros lembretes do estilo de vida pagão eram encontrados na cidade ou no vilarejo médio: templos, santuários e altares; pilares sagrados e objetos de culto, alguns deles alarmantes para a consciência judaica; prostituição sagrada por toda parte; animais levados para o sacrifício e sua carne posta à venda nos mercados. A religião pagã era, de uma forma ou de outra, tida como certa. O protesto judaico (e depois cristão) de que havia um único deus, o qual não exigia nada disso — e, de fato, odiava todas essas coisas — representava um grande desafio para uma visão de mundo havia muito estabelecida.

Por volta do primeiro século, a mobilidade de parte da população e a facilidade de comunicação significavam que diferentes cultos se fundiam em combinações revestidas de sincretismo.[21] Não tardou para que os pagãos inteligentes percebessem a notável semelhança entre uma prática de adoração com a outra, sugerindo sua combinação sem ofender quaisquer das divindades envolvidas. Uma vez que o paganismo basicamente divinizou diferentes partes da ordem natural, ou forças da ordem natural, também não foi um passo estranho para alguns, como os estoicos, ver todas as partes se unindo e produzindo o panteísmo, segundo o qual deus é tudo porque tudo é Deus. Um dos maiores competidores do estoicismo, a filosofia de Epicuro, moveu-se em uma direção distinta: os deuses existem, mas têm uma vida de bem-aventurança, isolados do mundo habitado pelo ser humano. O epicurismo, em termos teológicos, oferece, portanto, uma espécie de protodeísmo.[22] Essas e outras escolas filosóficas estavam por trás das agitações da religião popular, afastadas, de certa forma, da vida cotidiana. Certamente, alguém podia ser um filósofo e, ainda assim, adorar os deuses antigos, ou vice-versa; no entanto, a fidelidade dos estoicos e epicureus, e dos pitagóricos e cínicos, jazia em outras coisas (na medida em que faz algum sentido falar de um cínico prestando fidelidade a qualquer outra coisa). Há vários paralelos interessantes entre Paulo e os estoicos, mas nenhum que sugira um empréstimo direto de qualquer maneira. Sugestões recentes de que Jesus foi algum tipo de cínico são (para dizer o mínimo) altamente controversas.[23]

---

[21]Veja Martin, *Hellenistic Religions: An Introduction*, 1987, p. 10-11.

[22]Veja Ferguson, *Backgrounds of Early Christianity*, 1987, p. 281-302; Koester, *Introduction to the New Testament*, 1982a, p. 145-53; e cap. 9 seção 2 deste livro.

[23]Sobre o estoicismo, veja, por exemplo, Koester, *Introduction to the New Testament*, 1982a, p. 147-53; sobre os paralelos ocasionais com Paulo, veja Meeks, *The First Urban Christians: The Social World of the Apostle Paul*, 1983, p. 98, 165; Malherbe, *Social Aspects of Early Christianity*, 1987. Exemplos instrutivos que mostram semelhanças e diferenças fundamentais incluem os paralelos entre Epit., *Disc.* 2.26.1-s., e Romanos 7:13-20 (veja p. 536, n. 115); Epit., *Frag.* 18 e 1Coríntios 1:12. Sobre Jesus e os cínicos, veja, por exemplo, Downing, *Christ and the Cynics: Jesus and Other Radical Preachers in First-Century Tradition*, 1988a; Mack, *A Myth of Innocence: Mark and Christian Origins*, 1988; e a discussão apresentada no segundo volume deste projeto.

CONTEXTO E HISTÓRIA |

Se algumas das antigas tendências religiosas afirmavam a bondade da natureza, outras a negavam enfaticamente, como o zoroastrismo. Diversas religiões de mistério prometiam o escape da normalidade do presente mundo e a iniciação em um nível superior de existência. Algumas podem ter existido antes da época de Jesus, afirmando ter uma "gnose" especial, um conhecimento que separava o adepto das pessoas comuns, marcando-o para um destino celestial. Evidências nesse sentido são encontradas em algumas passagens nas cartas de Paulo (1Coríntios 8:1-4, por exemplo), e é muito provável que o apóstolo tenha enfrentado opositores cuja teologia era uma mistura de ensino de sabedoria judaica e filosofia helenística, afirmando "um conhecimento mais elevado e não racional de verdades mais profundas do que aquelas apreendidas no plano da fé simples".[24] Entretanto, a questão mais ampla diz respeito à extensão na qual o gnosticismo sistemático já existia antes do surgimento do cristianismo. Uma hipótese nesse sentido costumava ser amplamente aceita e serviu de base para grande parte da reconstrução do cristianismo primitivo realizada por Rudolf Bultmann. A hipótese tem sofrido diversos ataques desde meados do século 20, e muitos a abandonaram; há indícios, porém, de que ela está retornando, algo que será discutido posteriormente.[25]

Não havia distinção entre religião, cultura e política no mundo antigo. O indivíduo praticava sua religião como membro de um clube privado — como uma seita misteriosa, por exemplo — ou como parte dos requisitos

---

[24]Chadwick, *Early Christian Thought and the Classical Tradition: Studies in Justin, Clement, and Origen*, 1966, p. 7-s.

[25]Veja o cap. 14. Veja Bultmann, *Primitive Christianity in Its Contemporary Setting*, 1956, p. 162-s. Contra: por exemplo, Wilson, *Gnosis and the New Testament*, 1968; Layton, *The Rediscovery of Gnosticism: Proceedings of the International Conference on Gnosticism at Yale, New Haven, Connecticut, March 28–31, 1978*, 1980; *The Rediscovery of Gnosticism: Proceedings of the International Conference on Gnosticism at Yale, New Haven, Connecticut, March 28 –31, 1978*, 1981 (veja a observação feita por Henry Chadwick em Layton, op. cit., 1981, p. 586: "Talvez em alguma época, após meados do segundo século d.C., o gnosticismo existisse no tempo e no espaço"); Martin, *Hellenistic Religions: An Introduction*, 1987, p. 134-54; Yamauchi, *Pre-Christian Gnosticism: A Survey of the Proposed Evidences*, 1973. Para um material mais geral sobre o gnosticismo: Jonas, *The Gnostic Religion: The Message of the Alien God and the Beginnings of Christianity*, 1963 [1958]; Rudolph, *Gnosis und Gnostizismus*, 1975; *Gnosis: The Nature and History of an Ancient Religion*, 1983 [1977]; Logan e Wedderburn, *The New Testament and Gnosis: Essays in Honour of Robert McL. Wilson*, 1983; Ferguson, *Backgrounds of Early Christianity*, 1987, p. 237-51; Koester, *Introduction to the New Testament* [Introdução ao Novo Testamento]. Vol. 1. *History, Culture and Religion of the Hellenistic Age*, 1982a, p. 381-9, com uma bibliografia mais completa; Rowland, *Christian Origins: From Messianic Movement to Christian Religion*, 1985, p. 294-6. Para tentativas recentes na defesa de uma origem judaica (e possivelmente pré-cristã) do gnosticismo, veja Pearson, "Jewish Elements in Gnosticism and the Development of Gnostic Self-Definition", 1980; Rudolph, *Gnosis: The Nature and History of an Ancient Religion*, 1983 [1977], e.g. p. 308, 367 (embora muito cautelosamente); Koester, *Ancient Christian Gospels: Their History and Development*, 1990, p. 83-s.

O NOVO TESTAMENTO E O POVO DE DEUS

formais do Estado; ou muito provavelmente como parte das duas coisas. No primeiro caso, a devoção de alguém estaria ligada a certa dose de cultura popular; no segundo, a certa dose de crença política, adesão e ação. A sociedade antiga não era compartimentada nos mesmos termos da sociedade ocidental moderna, muito menos era um assunto de cunho privado. O que se fazia em qualquer esfera era, ao mesmo tempo, observado e, em tese, integrado a outros aspectos da vida.

Nesse contexto, não devemos nos surpreender com o fato de que os judeus fossem considerados ateus.[26] Foi essa, podemos supor, a provável reação do general romano Pompeu quando entrou no Santo dos Santos, no outono de 63 a.C., e não encontrou *nenhuma imagem*. Pompeu ficou, podemos supor, desapontado; é provável que ele não apenas tenha entrado por curiosidade, mas também para confrontar o deus dos judeus com o fato de que a deusa Roma acabara de derrotá-lo em um combate direto.[27] E, se os judeus não tinham imagem alguma de seu próprio deus, muito menos adorariam a de outros. Assim, os judeus pareciam um povo estranho, mantendo, mesmo fora de sua terra, os próprios costumes ancestrais; potencialmente, isso também constituía um perigo e uma ameaça para a sociedade.[28] Já os judeus consideravam o paganismo o pai das duas irmãs feias — idolatria e imoralidade — e não faltavam evidências que corroborassem essa acusação. Os pagãos estavam, ao que parecia, atraindo o julgamento do verdadeiro deus, o qual considerava a sua idolatria e consequente imoralidade uma desfiguração de sua imagem humana, o que, portanto, permitia que eles colhessem os frutos de seus próprios caminhos.[29] Não é de surpreender que, na Palestina, fosse excepcionalmente irritante para os judeus se confrontarem com o paganismo em seu próprio território, e isso, inevitavelmente, alimentava a raiva e o ressentimento contra todos os que eram vistos como representantes do helenismo.[30] Na época, o maior desses representantes era Roma, percebida pelos

---

[26]Por exemplo, Jos. *Ápio* 2.148; veja *Guerras* 3.536; Tác. *Hist.* 5.2-4; 13.1. Sobre a acusação de ateísmo e suas potenciais consequências, veja Sevenster, *The Roots of Pagan Anti-Semitism in the Ancient World*, 1975, p. 98-102; MacMullen, *Paganism in the Roman Empire*, 1981, p. 40, 62-s.; Goodman, *The Ruling Class of Judaea: The Origins of the Jewish Revolt Against Rome A.D. 66-70*, 1987, p. 237.

[27]O incidente é recontado em Tác. *Hist.* 5.9.1; veja também Jos. *Ant.* 14.69-73, enfatizando a moderação que Pompeu mostrou em suas ações. Veja o paralelo com Tito em *Ápio* 2.82 e *Guerras* 6.260.

[28]Sobre a importância da terra, veja o cap. 8. Para um exemplo de atitudes romanas para com os judeus, veja Tác. *Hist.* 5:1-13.

[29]Por exemplo, *Sab. Sal.* 13–14 (e Romanos 1:18-32).

[30]Veja particularmente Kasher, *Jews and Hellenistic Cities in Eretz-Israel: Relations of the Jews in Eretz-Israel with the Hellenistic Cities During the Second Temple Period*, 1990.

CONTEXTO E HISTÓRIA

judeus como aquela que os oprimia de todas as formas possíveis: em termos militares, econômicos, políticos, culturais e religiosos.[31]

Esse era o mundo no qual todas as variantes do judaísmo do primeiro século viviam, se moviam e existiam. Agora, devemos refazer nossos passos e olhar para o mesmo mundo do ponto de vista da própria história dos judeus.

A HISTÓRIA DE ISRAEL (587 A.C.—70 D.C.)

1. De Babilônia a Roma (587 a.C.—63 a.C.)

A história do judaísmo do segundo templo é de tensão e tragédia.[32] Em 587 a.C., os babilônios destruíram o primeiro templo; desde então, aqueles que olhavam para Jerusalém, e para seu Templo, como o centro de sua pátria, como sua própria *raison-d'être* como povo, deparavam com a tensão crescente entre a fé que professavam e os fatos que percebiam. O exílio não apenas os desenraizara da terra; também colocara um grande ponto de interrogação em relação à fé pré-exílica no deus ancestral. Quando o grande momento chegou, e a Babilônia foi destruída, Israel não se tornou livre, senhor em sua própria terra; apesar de generosos com o povo judeu, os persas, que haviam esmagado a Babilônia, tinham domínio sobre Israel. Conforme já vimos, Alexandre, o Grande, varreu o antigo Império Persa e além, pintando o mapa com uma nova cor e impondo uma nova cultura. As duas soberanias subsequentes, a do Egito no terceiro século a.C. e a da Síria no segundo século a.C., tornaram a história mais complexa, mas não alteraram o fato básico de que o mundo se tornara grego. Por volta do primeiro século, se Jesus desejasse levar seus discípulos para ver a apresentação das peças de Eurípides, teria apenas de caminhar pela estrada de Cafarnaum a Bete-Seã. Quando Paulo foi mantido prisioneiro em Cesareia Marítima, provavelmente ouviu, de sua cela, os gritos da multidão no grande anfiteatro ou os aplausos da plateia no teatro à beira-mar. Também havia, perto daquele lugar, um templo dedicado a César, um Mitreu, e provavelmente santuários para outros deuses

---

[31]Sobre as atitudes pagãs para com os judeus e vice-versa, veja Sevenster, *The Roots of Pagan Anti-Semitism in the Ancient World*, 1975; Stern, "The Jews in Greek and Latin Literature", 1976; Gager, *The Origins of Anti-Semitism*, 1983, esp. o cap. 3; Whittaker, *Jews and Christians: Graeco-Roman Views*, 1984, parte I; Gager em Kraft e Nickelsburg, *Early Judaism and Its Modern Interpreters*, 1986, p. 105-16; Ferguson, *Backgrounds of Early Christianity*, 1987, p. 341-3, com bibliografia; Schürer, *The History of the Jewish People in the Age of Jesus Christ (175 B.C.—A.D. 135)*, 1973-87, 2.81-4.

[32]Para detalhes mais completos do que é possível apresentar aqui, veja *CHJ*, vol. 2; Schürer, *The History of the Jewish People in the Age of Jesus Christ (175 B.C.—A.D. 135)*, p. 1973-87, vol. 1; Cohen, *From the Maccabees to the Mishnah*, 1987, p. 27-59; Ferguson, *Backgrounds of Early Christianity*, 1987, caps. 1–2. Uma lista de datas-chave e pessoas-chave pode ser encontrada no Apêndice.

O NOVO TESTAMENTO E O POVO DE DEUS

pagãos. Herodes, astutamente, transformara a cidade em um gargalo pelo qual as principais rotas de comércio tinham de passar.[33]

Esse cenário cultural helenístico constituía uma ameaça cultural e religiosa perpétua para os judeus, uma ameaça tão poderosa quanto a ameaça política (embora, na época, religião e política fossem indistintas a olho nu, separadas apenas na análise atomística das formas modernas do pensamento ocidental). A autocompreensão dos judeus nessa época era determinada pela questão urgente de saber se deveriam tentar diferenciar-se dessa cultura estranha e, em caso positivo, como fazer isso. A pressão para a assimilação era forte em muitos setores, segundo nos é sugerido pelas evidências de judeus que tentavam remover as marcas da circuncisão.[34]

A questão da identidade foi imposta aos judeus palestinos de várias maneiras. Mas foi sob o domínio sírio que ocorreu aquilo que se tornou, conforme sugiro, perigosamente determinante para a autocompreensão e a aspiração dos judeus, e o novo ponto de convergência de suas crenças, atravessando a época de Jesus e além.[35] O megalomaníaco governante sírio Antíoco Epifânio, querendo usar a Judeia como uma barreira protetora contra o Egito, tentou obter o apoio dos judeus por meio de Menelau, um sumo sacerdote usurpador. Após os judeus — principalmente Jasom, que havia sido deposto — reagirem furiosamente contra Menelau,[36] Antíoco decidiu (o que não era estranho naquele período) obrigar a lealdade judaica ao mudar a função e a direção de seu símbolo religioso central; assim, os judeus seriam levados a não mais pensar de maneira independente e passariam a servir a ele. Em 25 de dezembro de

---

[33]Sobre Bete-Seã (= Citópolis), veja Flusser, "Paganism in Palestine", 1976, p. 1065-s.; Schürer 2.38 (templos), p. 48 (teatro), p. 142-5; sobre a Cesareia Marítima (= Torre de Strato), veja Schürer 1.306, 2.115-18.

[34]Sobre a remoção das marcas da circuncisão, veja 1Macabeus 1:11-15; 2Macabeus 4:11-17; Jos. *Ant.* 12.241; *T. Mos.* 8.3; veja Schürer, *The History of the Jewish People in the Age of Jesus Christ (175 B.C.—A.D. 135)*, 1973-87, 1.148-9, e n. 28, para uma discussão detalhada. Para a questão mais ampla da interação judaica com o helenismo, veja Hengel, *Judaism and Hellenism: Studies in Their Encounter in Palestine During the Early Hellenistic Period*, 1974, e seu artigo sobre o assunto em *CHJ*, vol. 2; e, por exemplo, Goldstein, 1981. 1Macabeus 1 fornece uma boa perspectiva, ainda que unilateral, de toda a questão.

[35]Sobre o episódio inteiro, veja 1Macabeus; Jos. *Guerras* 1.31-40; *Ant.* 12.246-331; Diod. Sic. 34/5.1.1-5 (comentando a magnanimidade e a mansidão de Antíoco!); veja Schürer 1.125-73, com Mørkholm, 1989, e Goldstein, "Jewish Acceptance and Rejection of Hellenism", 1981; "The Hasmonean Revolt and the Hasmonean Dynasty", 1989. Sobre sua importância contínua para o autoentendimento judaico, veja Farmer, *Maccabees, Zealots, and Josephus: An Inquiry Into Jewish Nationalism in the Greco-Roman Period*, 1956, esp. o cap. 6. De modo impressionante, o livro de Farmer antecipa, por duas ou três décadas, as preocupações históricas que mais recentemente vieram à superfície no estudo moderno de Jesus; veja, por exemplo, seu prefácio (vii-x) e o cap. 8.

[36]Sobre Menelau, veja Schürer, *The History of the Jewish People in the Age of Jesus Christ (175 B.C.—A.D. 135)*, 1973-87, 1.149-s.

CONTEXTO E HISTÓRIA

167 a.C., Antíoco tomou posse do Templo. Profanando-o deliberadamente para que os judeus não pensassem mais no santuário como o lugar no qual eram reafirmados como um povo exclusivo, Antíoco estabeleceu, no lugar, a adoração de si mesmo. Muitas vezes, no mundo antigo, essas ações teriam funcionado de forma satisfatória, pelo menos do ponto de vista do conquistador. Todavia, Antíoco não contava com a tenacidade (sem dúvida, ele a teria chamado de fanatismo) de alguns judeus. Alguns se recusaram a quebrar as leis ancestrais e morreram em vez de se submeter, legando uma memória de martírio pela Torá que, desde então, continua viva. Outros, tendo escapado, criam que o deus da aliança agiria de uma nova maneira. Ele reivindicaria a honra de seu próprio nome, de seu lugar escolhido, de seu território sagrado e de sua lei sagrada — reivindicaria a honra de seu povo, desde que os judeus permanecessem fiéis a ele e aos seus símbolos, custasse o que custasse.

Aqueles que acreditam nessas coisas tendem a agir com uma ousadia desesperadora.[37] Um fio de autocompreensão, fé e esperança judaicas se fundiu em um único movimento. Judas Macabeu e seus companheiros realizaram o impensável e organizaram uma revolta que expulsou o tirano. Três anos depois da profanação do Templo (em 25 de dezembro de 164 a.C.), Judas o purificou e o reconsagrou. Uma nova festa (*Hanukkah*, "festa da dedicação"; [cf. João 10:22]) foi adicionada ao calendário judaico. A Revolta dos Macabeus se tornou clássica e formativa, da mesma forma que o êxodo e os outros grandes eventos da história de Israel. Esse fato reforçou poderosamente a cosmovisão judaica fundamental: quando os tiranos se enfurecerem, aquele que mora nos céus zombará deles com desprezo.[38] YHWH reivindicou a honra de seu nome, de sua casa, de sua terra, de sua lei — e de seu povo.

A ambiguidade dos anos subsequentes, em que os herdeiros dos revolucionários bem-sucedidos governaram como reis-sacerdotes, não diminuiu a sensação de vitória de seu deus, mas criou o mesmo tipo de perplexidade que fora deixado após o chamado "retorno do exílio": uma grande vindicação pública ocorrera; agora, porém, parecia que outra ainda estava por vir. Nem todos os judeus ficaram felizes com a nova situação. Livrar-se do tirano e de suas práticas idólatras era uma coisa; contudo, era o novo regime (asmoneu) aquilo que o deus da aliança realmente queria?[39] Tal regime não estava, por sua

---

[37]Que os objetivos motivadores dos revolucionários, no segundo e no primeiro séculos a.C., eram substancialmente religiosos, não egoístas e secularizados (como Josefo às vezes sugere), isso é estabelecido por Farmer, 1956, cap. 5; veja também os caps. 7–10 deste livro.

[38]Salmos 2:4. Veja Farmer, *Maccabees, Zealots, and Josephus: An Inquiry Into Jewish Nationalism in the Greco-Roman Period*, 1956, p. 132-58.

[39]Sobre a origem do nome "asmoneu", que remonta a um ancestral da família dos macabeus, veja Jos. *Ant.* 12.265 etc. e Schürer, *The History of the Jewish People in the Age of Jesus Christ (175 B.C.—A.D. 135)*, 1973-87, 1.194, n.º 14.

O NOVO TESTAMENTO E O POVO DE DEUS

vez, fortemente comprometido com o helenismo e pisoteando as sensibilidades religiosas do povo judaico, combinando, por exemplo, os cargos de rei e sumo sacerdote? Alguns se opuseram ferozmente e, segundo veremos, estabeleceram comunidades alternativas. Outros resistiram, mas, reclamando, tentaram reformar o sistema por dentro.[40] Outros ainda participaram do jogo do poder para vencer. A maioria dos judeus — aqueles que não escreveram literatura, não lideraram marchas, não tiveram voz — lutou para manter seu sustento e sua lealdade, sua fidelidade aos símbolos nacionais e culturais, da melhor maneira possível, sempre sob as pressões sociais de teologias beligerantes. Foi essa resposta multiforme às ambiguidades do segundo século a.C. que criou o judaísmo multiforme conhecido por Jesus e Paulo.

2. Judeus sob o governo romano (63 a.C.—70 d.C.)

A chegada de Pompeu, em 63 a.C., trouxe ainda mais confusão a um judaísmo já imerso em desordem.[41] Se o deus da aliança derrotara o tirano Antíoco Epifânio quando ele presumidamente profanara o Templo, como Pompeu podia entrar direto no Santo dos Santos e escapar ileso? Daquele momento em diante, é certo que alguns judeus passariam a identificar os romanos como o novo grande inimigo, os *quitim*, o poder das trevas contra os filhos da luz.[42] Agora, os romanos eram vistos como os idólatras arquetípicos, os quais, com o tempo, colheriam os frutos de seus caminhos iníquos e blasfemos. Na morte de Pompeu, trinta anos depois — em outra campanha militar, em outro lugar —, havia judeus assistindo, prontos para comemorar a queda que havia muito lhe era devida.[43] Os romanos herdaram o ódio da Babilônia, de Antíoco e de toda a cultura helenística, a cultura invasora. Roma conseguiu tornar as coisas ainda piores ao governar (segundo parecia para a maioria dos judeus) com uma arrogância tal que beirava a incitação à rebelião.[44]

---

[40]Sobre todas as reações, veja Schürer, *The History of the Jewish People in the Age of Jesus Christ (175 B.C.—A.D. 135)*, 1973-87, 1.200-80; Saldarini, *Pharisees, Scribes and Sadducees in Palestinian Society*, 1988, p. 85-95.

[41]Veja Jos. *Guerras* 1.133-54; *Ant.* 14.37-79; Dio Cás. 37.15.2—16.4.

[42]A palavra "quitim" é usada, por exemplo, em Daniel e nos Manuscritos de Qumran como um termo genérico para o novo inimigo pagão: Roma. [Veja nota de rodapé de Daniel 11:30, NVI.]

[43]*Sl. Sal.* 2:25-31, referindo-se à morte de Pompeu, em 48 a.C. (veja o resumo em Schürer 3.193-s.). Veja Goldstein, "The Hasmonean Revolt and the Hasmonean Dynasty", 1989, p. 349-s.

[44]Veja MacMullen, *Enemies of the Roman Order*, 1967, p. 83-7, 145-9; *Roman Social Relations 50 B.C. to A.D. 284*, 1974; Rhoads, *Israel in Revolution 6–74 C.E.*, 1976; Kraft e Nickelsburg, *Early Judaism and Its Modern Interpreters*, 1986, p. 43-s.; Koester, *Introduction to the New Testament*, 1982a, 396; Schürer, *The History of the Jewish People in the Age of Jesus Christ (175 B.C.—A.D. 135)*, 1973-87, 1.336-483; Goodman, *The Ruling Class of Judaea: The Origins of the Jewish Revolt Against Rome A.D. 66-70*, 1987, p. 1-3, 9-11. Para detalhes dos movimentos de revolta, veja o cap. 7.

CONTEXTO E HISTÓRIA

Entretanto, nenhum novo Judas Macabeu surgiu para liderar os heróis fiéis de Israel em outra guerra santa. Em vez disso, seus herdeiros e sucessores se corromperam (ou assim parece aos rigoristas) com os infiéis, tomaram parte no jogo político, deram a César (mais ou menos) o que para César lhe era devido e deram o restante a deus. Os romanos, enquanto isso, passaram a supervisionar a Palestina a partir de sua base na província da Síria, governando o país por meio das dinastias asmoneia e, em seguida, herodiana. O Templo se tornou, de fato, o santuário do culto organizado por aqueles que haviam firmado uma paz um tanto instável com Roma, enquanto os rigoristas, olhando com uma raiva impotente, concluíam que pelo menos seriam fiéis ao deus da aliança, guardando o estatuto da aliança com o máximo de sua capacidade. Certamente, quando o deus da aliança finalmente agisse, a reivindicação pública viria àqueles que dessa forma lhe demonstrariam sua lealdade inabalável.

Em vista desse sentimento, talvez fosse inevitável que Herodes, o Grande (37 a.C.), nunca fosse aceito como o verdadeiro rei dos judeus.[45] Herodes fez o que pôde para legitimar a si e a seus sucessores como reis genuínos: casou-se com Mariana — neta de Hircano II e, portanto, uma princesa da dinastia asmoneia — e, acima de tudo, deu início à reconstrução do Templo, segundo se esperava do verdadeiro rei vindouro.[46] Suas ações, porém, surtiram efeito oposto ao pretendido. Rigoristas viam o novo Templo como totalmente ambíguo e nunca aceitaram nenhum dos sucessores de Herodes como o verdadeiro líder enviado do céu, por quem alguns deles insistiam em esperar. Essa rejeição de Herodes e a seus caminhos encontrou várias expressões, as quais analisaremos a seguir. Um sentimento de revolta não estava muito longe da superfície, eclodindo particularmente após a morte de Herodes, em 4 a.C.

A revolução pairou no ar durante os primeiros anos do novo século e, após a revolta liderada por Judas, o Galileu (6 d.C.), Roma considerou mais seguro transformar a Judeia em uma província independente. A partir de então, uma

---

[45]Sobre Herodes e sua dinastia, veja a obra clássica de Jones, 1967 [1938]; Schürer, *The History of the Jewish People in the Age of Jesus Christ (175 B.C.—A.D. 135)*, 1973-87, 1.287-329. Herodes foi elevado pelos romanos, à custa do último rei asmoneu, Antígono, depois de Herodes tê-los ajudado a recuperar as perdas sofridas pela invasão parta. Veja Jos. *Ant.* 14.470-91; Dio Cás. 49.22.6, com o interessante comentário de que o general romano Sósio fez com que Antígono fosse amarrado a uma cruz e açoitado antes de ser morto — uma punição, relata-nos Dio, que nenhum outro rei havia sofrido nas mãos dos romanos.

[46]Veja o cap. 10. O Templo, iniciado em 19 a.C. (compare com João 2:20), foi consagrado em 9 a.C.; a construção toda terminou em 63 d.C., sete anos antes de sua destruição (*Ant.* 20.219-20). Sobre Herodes posando como o novo Salomão, veja *Ant.* 15.380-7 e 15.421-3, que ecoa 1Reis 8:1-5 e observa que o santuário interno foi concluído, sem dúvida por uma coincidência bem projetada, no aniversário da ascensão de Herodes. Veja também Jacobson, "King Herod's 'Heroic' Public Image", 1988.

O NOVO TESTAMENTO E O POVO DE DEUS

sucessão de "governadores" ou "procuradores"[47] governou com níveis variáveis de insensatez grosseira. Pôncio Pilatos, o terceiro dos governadores da Judeia (26—32 d.C.), pertencia à mesma linha — talvez não pior, mas certamente não melhor do que a maior parte dos outros. Protestos isolados eram reprimidos com violência esporádica; ardiam as brasas de uma potencial rebelião, prontas para se transformar em chamas de expectativa e aspiração. Cedo ou tarde, o deus da aliança agiria mais uma vez para reivindicar a honra devida ao seu nome, restaurar os símbolos (particularmente o Templo) que expressavam sua aliança com Israel e, evidentemente, libertar o próprio Israel.

Foi essa esperança, a ser estudada de forma mais detalhada no capítulo 10, que levou à grande rebelião de 66 d.C. O complexo de motivações determinou tanto a forma da revolta como, em grande medida, seu resultado. A crença de que o deus da aliança entraria na história e agiria para justificar a si mesmo e a seu povo não é necessariamente a base mais eficiente para se planejar um levante militar. Isso levou a uma situação de divisão em que diferentes facções, cada qual acreditando ser os verdadeiros guerreiros escolhidos, lutaram umas contra as outras com tanta violência, ou até mais, quanto aquela demonstrada contra os romanos.[48] Segundo explicariam alguns supostos profetas, os romanos estavam fadados a vencer no final. Em 70 d.C., o Templo foi queimado, e a cidade de Jerusalém, tomada; Massada caiu poucos anos depois, em 74 d.C.[49] Os *quitim* haviam triunfado. O deus da aliança nada fizera. Foi um judaísmo diferente que não se reconstruiu, com tristeza e dor, além de uma sensação não apenas de desastre esmagador, mas também de crença devastada e esperança arruinada. Era como se (como expressou um deles) uma muralha de ferro tivesse sido erguida entre o deus da aliança e seu povo.[50]

3. Judaísmo reconstruído (70 d.C.—135 d.C.)

Evidentemente, o período pós-70 d.C. foi determinante para a futura orientação do judaísmo. Também foi um tempo considerado de grande importância

---

[47]Sobre a considerável confusão atrelada aos termos, veja Schürer 1.358-60.

[48]Sobre os detalhes da guerra e dos diferentes grupos envolvidos, veja Schürer, *The History of the Jewish People in the Age of Jesus Christ (175 B.C.—A.D. 135)*, 1973-87, 1.484-513; Hengel, *The Zealots: Investigations Into the Jewish Freedom Movement in the Period from Herod I Until 70 A.D.*, 1989c [1961], p. 343-76; Goodman, *The Ruling Class of Judaea: The Origins of the Jewish Revolt Against Rome A.D. 66-70*, 1987, *passim*. Essa guerra, juntamente como a de 132—135, está entre os acontecimentos dos quais temos evidência numismática e literária. Veja Meshorer, "Jewish Numismatics", 1986.

[49]Sobre a data da queda de Massada (Jos. *Guerras* 7.401), veja Schürer 1.512-15.

[50]bBer. 32b; o dizer é atribuído ao rabino Eliezer ben-Hircano. Veja Bokser, "The Wall Separating God and Israel", 1982/3. Veja o relato do desânimo do povo com a cessação do sacrifício diário em Jos. *Guerras* 6.94 (compare com mTaan. 4.6); veja também as grandes lamentações dos livros de 4Esdras e 2Baruque (p. ex., 2Bar. 10:5-19).

CONTEXTO E HISTÓRIA

para o desenvolvimento do cristianismo primitivo. Muitas teorias quanto ao modo pelo qual o cristianismo se desenvolveu — particularmente sobre como acabou rompendo definitivamente com o próprio judaísmo — fundamentaram-se na crença de que, no período pós-destruição, certos acontecimentos introduziram um novo fator na equação. O novo movimento rabínico, amargo e de luto pelas perdas de Jerusalém e do Templo, organizou-se (segundo essa perspectiva) na cidade de Jâmnia [Yavneh], em um grande sínodo, introduzindo medidas que efetivamente excluíam os cristãos.[51] A jovem igreja, em uma demonstração de força, respondeu à polêmica empregando mais polêmica. Dizeres, muitos dos quais terrivelmente hostis ao judaísmo, foram colocados na boca de Jesus, embora refletissem as condições das décadas de 80 e 90 d.C., e não o próprio período do ministério de Jesus ou da primeira geração da igreja. A sensação de que o evangelho e a Torá eram incompatíveis cresceu pela primeira vez. Em muitas obras que seguiram essa linha, vemos constantemente a seguinte sugestão implícita: se pelo menos pudéssemos voltar ao período inicial autêntico, anterior a tamanha hostilidade, quão felizes seriam as coisas![52]

Infelizmente para essa nobre esperança, a história não dá suporte ao que, pouco tempo atrás, foi cunhado como "o mito do sínodo de Jâmnia".[53] Tal mito, sugiro, tornou-se um equivalente negativo dos mitos sobre Jesus, expostos por Albert Schweitzer. O mundo acadêmico se tornou (ou pensa que se tornou) sofisticado demais para cair no truque de projetar seus ideais mais elevados em Jesus; em vez disso, projetou suas *bêtes noires* em uma geração que pôde, então, ser descartada com segurança. Trata-se, na prática, de uma forma acadêmica de bode expiatório. Os elementos do cristianismo primitivo que são menos aceitáveis a certa forma de erudição contemporânea são posicionados na cabeça de uma geração de cujos pontos de vista temos pouquíssima evidência. Então, essa geração é impelida para o deserto hermenêutico, para nunca mais ser vista. Ninguém quer estabelecer o cristianismo de 70—135 d.C. como normativo para todas as épocas.

---

[51]"Jâmnia" é um termo cujas variantes incluem "Yavneh", "Jamnia", "Iamnia", "Ibelin", "Yibna" etc.

[52]Um exemplo recente é o de Davies e Allison, *A Critical and Exegetical Commentary on the Gospel According to Saint Matthew*, 1988, p. 133-8, o qual depende, por sua vez, de Davies, *The Setting of the Sermon on the Mount*, 1964, p. 256-315.

[53]Aune, 1991a. Para o que segue, veja também Lewis, "What Do We Mean by Jabneh?", 1964; Schäfer, "Die sogennante Synode von Jabne: Zur Trennung von Juden und Christen im ersten/ zweiten Jh. n. Chr", 1975; Stemberger, "Die sogennante Synode von Jabne und das frühe Christentum", 1977; Katz, "Issues in the Separation of Judaism and Christianity After 70 C. E.: A Reconsideration", 1984; Cohen, "The Significance of Yavneh: Pharisees, Rabbis, and the End of Jewish Sectarianism", 1984; Gafni, "The Historical Background [i.e. to the Literature of the Sages]", 1987, p. 14-20; e outras fontes literárias citadas no decorrer deste capítulo. Em geral, concordo com Dunn, *The Partings of the Ways Between Christianity and Judaism and Their Significance for the Character of Christianity*, 1991, p. 232.

O NOVO TESTAMENTO E O POVO DE DEUS

Devido à nossa relativa ignorância sobre as duas gerações (de 70 a 135 d.C.), tanto em relação ao judaísmo como ao cristianismo, tem sido fácil perpetrar esse mito. O relato de Josefo termina logo após o fim da guerra e da destruição de Massada, de modo que a história do judaísmo subsequente deve ser reconstituída com esforço e suor, ou seja, a partir dos escritos rabínicos de várias gerações depois e de fragmentos de historiadores romanos antigos, como Apiano e Dio, bem como de escritores cristãos como Inácio, Justino, Orígenes e Eusébio.[54] Ao tentarmos empreender essa tarefa estritamente com base nas fontes, encontramos uma imagem bem diferente daquela popular, imaginada pelos apologistas da atualidade. Vou descrevê-la brevemente a seguir.[55]

A destruição do Templo criou não uma reação, mas uma variedade. É simplista demais pensar que todas as formas de judaísmo foram eliminadas — exceto o farisaísmo, o qual, ao se transmutar, então, em um rabinismo, cresceu e se desenvolveu de uma nova maneira, sem ser impedido pela pressão dos saduceus de um lado ou pelo fervor revolucionário do outro. Devemos, em vez disso, imaginar um judaísmo que abrangia pelo menos três vertentes: (a) a angústia de 4Esdras e 2Baruque, lamentando a queda do Templo, como se o coração dos judeus fosse partir-se em dois; (b) o pragmatismo de Johanan ben-Zakkai, reconhecendo calmamente que, havia muito, Oseias 6:6 falara do desejo do deus de Israel por atos de bondade em vez de sacrifícios; e (c) o fogo ardente da rebelião, esmagado, mais uma vez, pelo poderio pagão, buscando, porém, o caminho pelo qual a catástrofe seria revertida, e o verdadeiro Templo, construído.[56] (Também podemos incluir (d) a jovem igreja cristã, enxergando a

---

[54]Compare a lista de fontes em Schürer, *The History of the Jewish People in the Age of Jesus Christ (175 B.C.—A.D. 135)*, 1973-87, 1.534.

[55]Veja particularmente Schürer, *The History of the Jewish People in the Age of Jesus Christ (175 B.C.—A.D. 135)*, 1973-87, 1.514-57; Neusner, *A Life of Johanan Ben Zakkai*, 1970; "The Formation of Rabbinic Judaism: Yavneh (Jâmnia) from A.D. 70 to 100", 1979; Gafni, "The Historical Background [i.e. to Jewish Writings of the Second Temple Period]", 1984; "The Historical Background [i.e. to the Literature of the Sages]", 1987. Compare também com Saldarini, "Johanan Ben Zakkai's Escape from Jerusalem: Origin and Development of a Rabbinic Story", 1975.

[56]Sobre 4Esdras, veja Schürer, *The History of the Jewish People in the Age of Jesus Christ (175 B.C.—A.D. 135)*, 1973-87, 3.294-306; Metzger em Charlesworth, 1983, p. 416-559; e particularmente Stone, 1990; Longenecker, 1991. Sobre 2Baruque, veja Schürer, *The History of the Jewish People in the Age of Jesus Christ (175 B.C.—A.D. 135)*, 1973-87, 3.750-6; Klijn, em Charlesworth, *The Old Testament Pseudepigrapha*, 1983, p. 615-52. Sobre Johanan ben-Zakkai, veja esp. Neusner, *A Life of Johanan Ben Zakkai*, 1970; "The Formation of Rabbinic Judaism: Yavneh (Jâmnia) from A.D. 70 to 100", 1979; e Saldarini, "Johanan Ben Zakkai's Escape from Jerusalem: Origin and Development of a Rabbinic Story", 1975; Schäfer, "Die Flucht Johanan b. Zakkais aus Jerusalem und die Gründung des 'Lehrhauses' in Jabne", 1979. Sobre a continuação do anseio por revolta, veja Gafni, "The Historical Background [i.e. to Jewish Writings of the Second Temple Period]", 1984, p. 31, contra Cohen, *From the Maccabees to the Mishnah*, 1987, p. 216. Parece-me que o argumento de Cohen ignora o fato que envolve Aquiba, o qual será explorado neste livro.

CONTEXTO E HISTÓRIA

si mesma ainda como parte de um "judaísmo" mais amplo, mas interpretando a queda de Jerusalém à luz de sua própria teologia.) Até que ponto essas três perspectivas principais se intersectaram — e até que ponto deram continuidade a vários movimentos anteriores à destruição —, isso, por ora, deve continuar indefinido. O importante é reconhecermos a natureza monolítica dessa nova situação no judaísmo.

É bem provável que Johanan ben-Zakkai, considerado uniformemente pelo rabinismo posterior como o novo fundador do judaísmo, tenha estabelecido uma academia em Jâmnia, cidade localizada perto da costa, a cerca de 38 quilômetros ao sul da moderna Tel Aviv e a quarenta quilômetros a leste de Jerusalém. Entretanto, algumas lendas que surgiram em torno de sua mudança de Jerusalém têm pouco fundamento em fatos históricos prováveis. Gradualmente — só pode ter sido um processo gradual —, essa academia começou a exercer uma autoridade sobre os judeus que ainda viviam na Palestina comparável àquela mantida pelo antigo Sinédrio de Jerusalém.[57] Em meados do segundo século d.C., a localização geográfica desse novo Sinédrio mudou-se para o norte, para Usha, e daí para outros lugares, enquanto a desastrosa revolta de bar-Kochba (132—135 d.C.) eliminou muitos judeus e levou outros a emigrarem, muitos deles para uma comunidade cada vez maior na Babilônia.[58] Apesar, porém, da mudança (que criou problemas, já que os rabinos estavam cientes do valor simbólico de estar perto de Jerusalém), a academia e seu tribunal mantiveram a autoridade que começara gradualmente com Johanan e se consolidou com Gamaliel II, seu sucessor.[59]

Em hipótese alguma, porém, todos os presentes aceitaram as opiniões, ou a autoridade, do próprio Johanan. Outros centros além de Jâmnia foram estabelecidos.[60] Outra figura principal, Eliezer ben-Hircano, originalmente aluno de Johanan, discordou dele em uma série de questões vitais e foi finalmente excomungado.[61] Uma possível maneira de interpretar essas disputas é ver Johanan e Gamaliel II, seu sucessor, como representativos da tradição

---

[57]Compare mKel. 5.4, mPar. 7.6, mBek, 4.5, 6.8. A nova assembleia é mencionada como se fosse constituída de 72 membros, refletindo um desejo da própria cidade de Jâmnia ou de uma tradição posterior de evocar memórias relativas ao sinédrio original: veja mZeb. 1.3, mYad. 3.5, 4.2 e Gafni, "The Historical Background [i.e. to the Literature of the Sages]", 1987, p. 15.

[58]Gafni, "The Historical Background [i.e. to the Literature of the Sages]", 1987, p. 21-s., com referências.

[59]Sobre a sucessão, veja discussão de vários pontos de vista em Gafni, 1984, p. 29-s. O autor concorda com Safrai e se posiciona contra Alon, segundo o qual Gamaliel, devido às suas ligações dinásticas, não teria como conquistar algum poder até a morte de Domiciano (não "Diocleciano", como escrito por Gafni, p. 29, n. 162!), em 96 d.C.

[60]Gafni, "The Historical Background [i.e. to the Literature of the Sages]", 1987, p. 19.

[61]Schürer, *The History of the Jewish People in the Age of Jesus Christ (175 B.C.—A.D. 135)*, 1973-87, 2.373-5, com referências.

dos escribas do judaísmo anterior ao ano 70, segundo a qual o estudo e a prática da Torá poderiam funcionar como um *substituto* eficaz da adoração no Templo — ou seja, segundo a qual não havia necessidade de o judaísmo tentar outra coisa senão encontrar um *modus vivendi* com as autoridades romanas governantes; e ver Eliezer, e talvez outros, como representativos da atitude farisaica nesse período, segundo a qual o estudo e a prática da Torá funcionavam como uma *imitação* eficaz da adoração no Templo, resultando em uma sensação muito maior de perda quanto ao Templo e, comprometendo, assim, seus adeptos com a tentativa de restaurá-lo o mais cedo possível.[62] Desse ponto, é só um pequeno passo para sugerir que as principais disputas na época entre o que veio a ser conhecido como escola de Hilel e escola de Shamai tiveram sua origem na seguinte questão: devemos seguir a política de "viver e deixar viver", adotada por Hilel e seus seguidores — em outras palavras, a tradição dos escribas que se contentavam em viver sob a autoridade de Roma, desde que pudessem estudar e praticar a Torá —, ou seguir os rigoristas de Shamai, segundo os quais os judeus tinham de adotar uma política rígida e potencialmente antirromana. Pelo menos uma diferença entre os estudiosos da Torá no período anterior e posterior ao ano 70 consiste nisto: que, antes da destruição, os seguidores de Shamai tinham a vantagem, ao passo que, após a destruição — e principalmente após a rebelião de bar-Kochba (132—135 d.C.) —, os seguidores de Hilel naturalmente ampliaram sua autoridade. Os anos 70 e 135 d.C. foram grandes pregos no caixão das esperanças revolucionárias.[63]

Foi nesse contexto multiforme e complexo que, conforme enuncia a tradição posterior, adotaram-se medidas para estreitar os limites aceitáveis do judaísmo. Como já observamos, essa possibilidade foi aproveitada nos últimos anos como um cenário para a divisão entre o judaísmo e o cristianismo em desenvolvimento. Propôs-se a teoria de que Jâmnia teria representado uma modificação da décima segunda cláusula da antiga oração conhecida como as "Dezoito bem-aventuranças", a qual invocava uma maldição sobre os hereges em geral e os cristãos em particular e, desse modo, impossibilitava aos cristãos a adoração nas sinagogas, algo que, segundo a teoria, muitos vinham fazendo até então. Entretanto, embora haja uma boa razão para traçarmos a história do agravamento das relações judaico-cristãs ao longo de uma linha que, com o tempo, se intersectaria com a promulgação e a popularidade de

---

[62]Segundo Neusner em muitos de seus trabalhos, resumidos convenientemente em seu artigo de 1979.

[63]Sobre esses debates, veja o cap. 7.

CONTEXTO E HISTÓRIA

tal "bênção" anti-herética,[64] também deve-se notar, com mais clareza, que "há poucas evidências para uma 'caça às bruxas' generalizada e, particularmente, para atividades anticristãs" no período de 70 a 135 d.C.[65] Em vez disso, é provável que os "hereges" em vista incluíssem muitos grupos dos quais os cristãos eram apenas um e que a medida adotada contra eles não se estendesse necessariamente à expulsão.[66] O comissionamento de uma nova tradução grega da Bíblia hebraica (a de Áquila) pode refletir a frustração com o uso generalizado da antiga Septuaginta pelos primeiros cristãos, mas não equivale a uma separação formal entre as duas comunidades.[67] Entre outros argumentos, o fato de alguns dos pais da igreja se verem constrangidos a alertar suas congregações contra ir à sinagoga torna bastante improvável que uma oração anticristã fizesse parte regular da liturgia da sinagoga.[68] Algumas das conclusões de Kimelman merecem ser citadas na íntegra, uma vez que, nos anos que se seguiram à publicação de seu artigo, não exerceram completamente seu impacto, embora nunca tenham sido refutadas:

> Não há qualquer evidência inequívoca de que os judeus amaldiçoassem os cristãos durante as orações estatutárias.
>
> Há abundante evidência de que os cristãos eram recebidos na sinagoga.

---

[64]Segundo Horbury, "The Benediction of the *Minim* and Early Jewish-Christian Controversy", 1982. Entre as evidências para uma hostilidade precoce, porém não sistematizada, entre as comunidades judaica e cristã, veja as cartas de Paulo — por exemplo, Gálatas 1:13; 4:29; 1Tessalonicenses 2:14-16 e (talvez) 1Coríntios 12:1-3 (veja Derrett, 1975). Compare com Robinson, *Redating the New Testament*, 1976, p. 72-81.

[65]Cohen, "The Significance of Yavneh: Pharisees, Rabbis, and the End of Jewish Sectarianism", 1984, p. 50, veja p. 41-s.; Cohen adiciona em uma nota de rodapé: "Em outras palavras, há pouca evidência para a atividade geralmente atribuída aos Yavneans". Veja esp. Katz, 1984, p. 48-53, 63-76, argumentando que quaisquer restrições foram dirigidas "contra todos os judeus que, após 70, não estavam no campo farisaico/rabínico" e que "o *Birkat ha-Minim* não sinalizou qualquer ruptura decisiva entre judeus e cristãos judeus" (p. 76, n.º 128: itálicos originais).

[66]Cohen, "The Significance of Yavneh: Pharisees, Rabbis, and the End of Jewish Sectarianism", 1984, p. 41-42. A tese geral de Cohen é que o período de Jâmnia assistiu ao surgimento de um judaísmo explícita e intencionalmente multiforme, que rejeitava leituras "sectárias" e unilaterais de herança. Os sábios "criaram uma sociedade com base na doutrina de que disputas conflitantes podem promover as palavras do Deus vivo" (p. 51). Suspeito que essa também seja uma imagem idealizada, embora atraída por um ideal diferente; mas o fato de sequer ser sugerida mostra a fragilidade da compreensão normal de Jâmnia.

[67]Veja Gafni, "The Historical Background [i.e. to Jewish Writings of the Second Temple Period]", 1984, p. 29-s.

[68]Segundo Kimelman, "*Birkat Ha-Minim* and the Lack of Evidence for an Anti-Christian Jewish Prayer in Late Antiquity", 1981, p. 239-s.; veja Iná. *Mag.* 8.1; 10.1-3; *Filad.* 6.1. Inácio mal poderia ter escrito da forma como fez (cerca de 110/115 d.C.) se um decreto anticristão já estivesse em vigor na comunidade da sinagoga (como sugerido em muitos escritos recentes) por vinte ou trinta anos.

Assim, *birkat ha-minim* não reflete um divisor de águas na história do relacionamento entre judeus e cristãos nos primeiros séculos de nossa era.

Aparentemente, nunca houve um edito sequer que causasse a chamada "separação irreparável" entre o judaísmo e o cristianismo [...].[69]

Qual foi, então, a importância do período de Jâmnia para a forma emergente do judaísmo e para o cristianismo, a religião-filha? Parece ter sido uma época de incertezas, não só para os estudiosos que tentaram reconstruí-la, mas também para as pessoas que viveram naquele tempo. Para os judeus, a tentativa de reconstruir e de manter um estilo de vida autenticamente judaico na ausência do Templo produziu, como vimos, uma diversidade de respostas, as quais variaram da determinação revolucionária à prática da Torá. Para grande parte do cristianismo — que se havia espalhado, por volta do ano 70 d.C., muito além das fronteiras da Palestina e das comunidades judaicas da Diáspora —, havia questões prementes e muito diferentes do relacionamento com a comunidade que frequentava a sinagoga. Foi um período de transição, em que muitas ambiguidades conviviam lado a lado; e muitos, de ambos os lados do que viria a se tornar a grande divisão, pareciam satisfeitos em permitir que assim fosse. Não devemos esquecer que o cristianismo primitivo, ao reivindicar a herança de Israel, foi, antes de mais nada, um movimento cuja definição ocorreu em oposição ao paganismo, opondo-se apenas secundariamente ao judaísmo tradicional.

Esse período de transição teve um fim abrupto e sangrento com a rebelião contra o imperador Adriano, em 132—135 d.C.[70] Adriano havia aprovado uma lei que proibia a circuncisão, caracterizando-a como uma prática bárbara (os judeus não eram as únicas pessoas que praticavam esse costume, mas a proibição os atingiu de forma especial devido à centralidade da circuncisão em sua cosmovisão). O imperador também havia fundado uma cidade pagã, *Aelia Capitolina*, no local das ruínas de Jerusalém, erguendo um altar a Zeus no lugar do próprio Templo. Tais provocações, mais sérias ainda do que as dos procuradores das décadas de 50 e 60 d.C., comparáveis também às de Antíoco

---

[69]Kimelman, "*Birkat Ha-Minim* and the Lack of Evidence for an Anti-Christian Jewish Prayer in Late Antiquity", 1981, p. 244.

[70]Para os detalhes, veja Dio Cás., 69.12.1—14:4; Schürer, *The History of the Jewish People in the Age of Jesus Christ (175 B.C.—A.D. 135)*, 1973-87, 1.534-57; Gafni, "The Historical Background [i.e. to the Literature of the Sages]", 1987, p. 20-s.; e outras discussões em Isaac e Oppenheimer, "The Revolt of Bar Kokhba: Ideology and Modern Scholarship", 1985; Reinhartz, "Rabbinic Perceptions of Simeon Bar Kosiba", 1989; Schäfer, "Hadrian's Policy in Judaea and the Bar Kokhba Revolt: A Reassessment", 1990, e fontes literárias citadas nessas obras. Aqui, deixo de mencionar a rebelião antirromana dos judeus no Egito, em Cirene e Chipre, em 115—117 d.C. Para informações sobre o assunto, veja Schürer 1.529-34.

CONTEXTO E HISTÓRIA

Epifânio muitos anos antes, suscitaram rebeliões. Simeão ben-Kosiba deu início a uma revolta que rapidamente agitou toda a terra. Ele próprio foi aclamado como Messias pelo grande rabino Aquiba, entre outros, e recebeu o título de bar-Kochba ("filho da estrela", uma referência à profecia de Números 24:17).[71] Nem todos concordaram com essa designação: alguns sábios contestaram Aquiba, talvez por razões de cronologia especulativa, enquanto os cristãos residentes na área, reconhecendo um rival de Jesus, recusaram-se a aderir ao movimento e, segundo Justino e Eusébio, foram, como consequência, submetidos a uma perseguição implacável. Documentos e moedas da época indicam que ben-Kosiba e seus seguidores viam o início da revolta como o início do tão sonhado novo tempo, e que ele estava tão preocupado com a manutenção do dever religioso judaico quanto com a revolução contra Roma.[72] Quase setenta anos se haviam passado desde a destruição sob Vespasiano; talvez fosse o momento em que o deus de Israel finalmente libertaria seu povo.

A esperança, contudo, foi despedaçada. Apesar de infligirem pesadas perdas ao exército de Adriano, os judeus foram dizimados. Muitos dos que sobreviveram foram vendidos como escravos, em um grande número. Jerusalém se tornou uma cidade totalmente pagã, e a proibição dos costumes judaicos foi estritamente aplicada. Somente no século 20 a ideia de um Estado judeu autônomo na Palestina seria, mais uma vez, considerada algo mais do que uma remota possibilidade.

4. Conclusão

Essa é, em resumo, a história/narrativa dos judeus no período formativo, tanto para eles como para o novo movimento que deles se originou. No entanto, conforme vimos ao discutir a História de maneira abstrata, a narrativa do que "aconteceu" só pode ser plenamente compreendida quando questionamos o "porquê". Por que os judeus desse período agiram de tal forma? Para respondermos a essa pergunta, primeiro temos de preencher as lacunas narrativas, examinando a crescente diversidade dentro do judaísmo (capítulo 7). Seremos, então, capazes de examinar a cosmovisão judaica subjacente por meio de símbolos (capítulo 8), crenças básicas (capítulo 9) e pela esperança a que tais crenças deram origem (capítulo 10) — uma esperança que, reinterpretada de diversas maneiras, tem, desde então, dado forma e cor ao judaísmo e ao cristianismo.

---

[71]Sobre Aquiba, veja Schürer 1.544, 552; 2.377-s. e a literatura citada.
[72]Schürer, *The History of the Jewish People in the Age of Jesus Christ (175 B.C.—A.D. 135)*, 1973-87, 1.543-5.

O DESENVOLVIMENTO DA DIVERSIDADE

CAPÍTULO 7

INTRODUÇÃO: CONTEXTO SOCIAL

O período entre o exílio babilônico e a destruição do segundo Templo pelos romanos assistiu ao nascimento de uma variedade fascinante e complexa de expressões da identidade e da vida judaica. É vital que tenhamos uma ideia clara dessa variedade, da qual depende boa parte de nossa compreensão da história judaica em si, bem como do surgimento e do desenvolvimento da igreja primitiva.

O acontecimento que precipitou todas as principais tendências do judaísmo do primeiro século foi, conforme vimos, a Crise Macabeia. Tratou-se, em primeiro lugar, do ponto de referência inicial para a especulação contínua daquilo que, com o tempo, viria a ser a libertação de Israel do domínio pagão. A celebração anual do *Hanukkah* significava que o improvável triunfo do pequeno bando de rebeldes contra o poderio do paganismo foi mantido sob o olhar público, da mesma forma que os acontecimentos centenários da Irlanda do Norte são cerimonialmente relembrados nos dias atuais, com um efeito muito semelhante na manutenção de antigas lealdades e no desencadeamento de antigas hostilidades. Segundo veremos no capítulo 10, a maioria dos judeus da época mantinha a esperança de que o deus da aliança voltaria a agir na história, dessa vez para restaurar a sorte de seu povo, que, embora em sua terra, continuava exilado. No entanto, a Crise Macabeia também foi, em segundo lugar, a causa de algumas das divisões dentro do judaísmo. A insatisfação com o resultado foi a razão para a ascensão e o plano ideológico de pelo menos alguns dos diferentes grupos dentro do judaísmo.

O DESENVOLVIMENTO DA DIVERSIDADE

Esses dois efeitos da crise (o entusiasmo renovado pela libertação e a divisão partidária) estavam, naturalmente, relacionados de forma intrincada. Como e quando o deus de Israel resgataria seu povo, essas eram perguntas cujas respostas, refletindo diferentes percepções quanto ao significado de ser o povo do deus da aliança, distinguiam um grupo judeu do outro. É nesse ponto que começamos a falar de "judaísmos", em consonância com muitos estudiosos modernos.

Questões, porém, de crença e aspiração não eram as únicas explicações para a diversidade. Fatores geográficos tiveram algum peso. Havia diferenças consideráveis entre as pressões e as consequentes necessidades culturais, sociais e religiosas — sem contar os pontos de vista — dos judeus que habitavam Jerusalém em relação aos que residiam na Galileia.[1] Judeus de Jerusalém podiam concentrar sua atenção mais naturalmente no Templo, nos problemas de soberania pagã e na ameaça à santidade da capital, assim como na manutenção do culto, da liturgia e das festas como símbolos de uma independência nacional *de jure* em face de uma subserviência *de facto*. Já a Galileia, localizada a três dias de viagem de Jerusalém, encontrava-se separada desta por um território hostil entre ambas: a Samaria. Cercado e permeado pelo paganismo, o judeu galileu naturalmente olhava, mais do que seus compatriotas do sul precisavam, para os símbolos distintivos mais relevantes ao seu contexto local. A Torá assumiu uma importância renovada no território próximo das fronteiras. Conforme veremos, ela adquiriu algumas das funções e dos atributos do próprio Templo.[2] Além disso, as características da Torá que mais se destacaram foram aquelas que funcionaram, específica e obviamente, como delimitadores culturais, sociais e religiosos: o sábado, as leis dietéticas e a circuncisão.

Obviamente, a adesão à Torá era algo ainda mais importante com os judeus vivendo longe da terra de Israel, entre estrangeiros e pagãos na Diáspora.[3] Lá, assim como na Galileia, a vida judaica centralizava-se na comunidade local, de modo que sua adoração e suas instituições assumiam uma importância que, mais perto de Jerusalém, acabaram ofuscadas pelo Templo em si. Se tivéssemos de adivinhar onde seria mais provável encontrar a violência judaica dirigida a outros judeus que pareciam comprometer a Torá, não deveríamos olhar, em primeiro lugar, para Jerusalém, mas, sim, para a Galileia — e talvez ainda mais para aquelas regiões da Diáspora em que as comunidades judaicas se sentiam

---

[1]Sobre essa questão, veja Freyne, *Galilee from Alexander the Great to Hadrian: A Study of Second Temple Judaism*, 1980, esp. os caps. 7–8.

[2]Veja o cap. 8.

[3]Sobre as questões complexas do judaísmo da Diáspora, que incluía lugares tão diversos quanto Babilônia, Egito e Roma, bem como Ásia Menor e Grécia, veja Safrai e Stern, *Compendia*, 1974, caps. 3, 4, 13; Schürer, *The History of the Jewish People in the Age of Jesus Christ (175 B.C.—A.D. 135)*, 1973-87, 3.1-176.

O NOVO TESTAMENTO E O POVO DE DEUS

ameaçadas pelos pagãos locais. Os que vivem nas fronteiras terão problemas se não mantiverem as cercas delimitadoras em bom estado.

Foi assim que, na Galileia, a delimitação de marcos tradicionais baseados na Torá teve pouca relação com a teologia desapegada de uma salvação *post mortem*, muito menos com o ganho dessa salvação por meio de esforços religiosos e morais. Antes, correspondeu mais à preservação da identidade judaica tradicional. Por haver uma nota escatológica anexada a essas observâncias, a percepção geral era a seguinte: quando o deus de Israel finalmente agisse para redimir seu povo, os beneficiados seriam aqueles que, nesse meio-tempo, haviam mantido as delimitações da aliança intactas, enquanto os que haviam feito Israel tropeçar, indo em busca de deuses estrangeiros, perderiam o direito de pertencer ao povo do deus verdadeiro.[4] Assim como o judeu moderno, o judeu antigo também deparou com a escolha entre lealdade e assimilação. Os que seguiam o caminho fácil do conluio com o paganismo eram vistos como colaboradores do inimigo, cuja ameaça constante continuava a eclodir em forma de perseguições oficiais sistemáticas e perseguições esporádicas.

Entretanto, a diversidade geográfica não era nada em comparação à diversidade socioeconômica, e nisso encontramos algumas das sementes dos problemas que assolaram o judaísmo no período que temos analisado. A Palestina, embora, em tese, fosse uma região potencialmente produtiva e frutífera, continha poucos ricos e muitos pobres, pelo menos em termos comparativos. Normalmente, as cidades eram associadas aos ricos, enquanto as regiões rurais, aos pobres. Ricos proprietários de terras controlavam boa parte dos meios de produção, ao passo que artesãos, fazendeiros e pescadores, entre outros, mantinham uma existência moderada, embora não luxuosa. Outros ainda, como diaristas e pequenos proprietários, lutavam pela subsistência, evitando serem esmagados entre duas pedras de moinho: a da exploração local e a da soberania estrangeira. Histórias sobre proprietários, lavradores e potenciais disputas entre eles soavam de forma extremamente familiar.[5] Algumas das divisões partidárias do judaísmo do primeiro século refletem, de forma clara e direta, as divisões socioeconômicas, tendo os debates teológicos como racionalizações óbvias.[6]

Entre as questões econômicas urgentes, o problema da dívida atingiu proporções crônicas. Não é insignificante o fato de que uma das primeiras ações

---

[4]Veja o cap. 10.

[5]Marcos 12:1-12 e textos paralelos. Sobre a condição econômica da Palestina nesse período, veja particularmente Applebaum, "Economic Life in Palestine", 1976, esp. p. 656-64, 691-2; Oakman, *Jesus and the Economic Questions of His Day*, 1986, caps. 1–2; Sanders, *Judaism: Practice and Belief, 63 BCE—66 CE*, 1992, cap. 9. Sobre grupos sociais, veja Saldarini, *Pharisees, Scribes and Sadducees in Palestinian Society*, 1988, caps. 3–4.

[6]Por exemplo, a rejeição aristocrática dos saduceus em relação à doutrina farisaica (potencialmente sediciosa) da ressurreição: veja o cap. 10.

O DESENVOLVIMENTO DA DIVERSIDADE

dos rebeldes, ao tomarem o poder no início da guerra (66 d.C.), tenha consistido em queimar os registros de dívidas.[7] O ódio contra Roma não era o único sentimento que caracterizava muitos judeus da época: às vezes, o ódio contra a aristocracia rica era ainda maior.[8] De tudo isso, podemos sentir as tensões que perpassavam a sociedade judaica nos dias de Jesus e de Paulo. Qualquer sugestão, ainda que implícita, de que os judeus levavam uma vida tranquila e com tempo de sobra para discutir os pontos mais delicados da teologia dogmática deve ser rejeitada. A sociedade judaica enfrentava grandes ameaças externas e graves problemas internos. A questão do que caracterizava um judeu bom e leal assumia dimensões sociais, econômicas e políticas, culturais e teológicas. É nesse contexto que podemos compreender a frequência, ao longo do período que temos analisado, dos movimentos de revolta que constituem um traço tão importante da época.

Muito tem sido escrito a respeito da diversidade no judaísmo do primeiro século, e não faz parte do meu propósito revisar, tampouco debater, todos que se envolveram com essa tarefa. O que espero alcançar, no entanto, é um senso de ênfase e humor. Partidos judaicos são geralmente analisados, segundo a forma empregada pelo próprio Josefo, de uma forma desconectada, como fenômenos isolados, seguindo linhas ideológicas particulares e um tanto abstratas. Vistos assim, os movimentos revolucionários se destacam como ocorrências estranhas. Sugiro que se ganhe mais clareza a partir da outra extremidade. À luz de nossa revisão histórica no capítulo anterior, parece que as necessidades prementes da maioria dos judeus da época diziam respeito à libertação — da opressão, da dívida, de Roma. Outras questões, sugiro, eram normalmente vistas sob essa ótica. A esperança de Israel, e da maioria dos grupos de interesse especial na nação, não era direcionada a uma bem-aventurança desencarnada *post mortem*, mas a uma libertação nacional que cumprisse as expectativas desesperadas pela memória e a celebração regular do êxodo e, mais perto historicamente, da vitória macabeia. A esperança se concentrava na vinda do reino do deus de Israel.[9]

---

[7]Jos. *Guerras* 2.427-9. Sobre a classe mais pobre como prováveis recrutas para a revolta, veja, por exemplo, *Guerras* 7.438. A preocupação de Josefo em culpar as classes mais desfavorecidas por tudo não nos deve cegar para a probabilidade de que ele, no caso em questão, diz a verdade. Sanders, *Judaism: Practice and Belief, 63 BCE—66 CE*, 1992 (cap. 9), argumenta contra o quadro extremamente sombrio pintado por Josefo e outros, mas não há dúvida de que os tempos foram considerados extremamente difíceis. Banditismo na escala que encontramos em Josefo (mesmo com o seu exagero) não surge facilmente em uma época de relativa prosperidade.

[8]Especialmente se, como defendido por Goodman, *The Ruling Class of Judaea: The Origins of the Jewish Revolt Against Rome A.D. 66-70*, 1987, a aristocracia, dos tempos de Herodes até 70 d.C., consistia em indivíduos comuns promovidos ao poder exclusivamente por Herodes e pelos romanos.

[9]Sobre a esperança nacional, veja o cap. 10.

O NOVO TESTAMENTO E O POVO DE DEUS

Passarei, assim, a examinar os movimentos de revolta que caracterizaram esse período e, em seguida, avaliar o lugar dos diferentes "partidos" à luz de uma aspiração mais geral. Abordaremos, portanto, as cosmovisões, os objetivos e os sistemas de crenças defendidos pelos judeus da época como um todo de forma mais completa e abrangente.

MOVIMENTOS DE REVOLTA

Começar nossa consideração dos diferentes grupos do judaísmo do primeiro século pelo olhar dos movimentos de revolta implica iniciar sobre bases históricas sólidas. Se esboçássemos um mapa dos eventos na Palestina do primeiro século, de que temos boas evidências (principalmente, claro, a partir de Josefo), muitos desses acontecimentos envolveriam alguma atividade revolucionária.

Mais uma vez, a história começa com os macabeus, os quais estabeleceram o contexto e o modelo para uma tradição de movimentos cuja busca era derrubar a opressão e trazer o reino divinamente intencionado para Israel. Fidelidade à Torá, prontidão para o martírio, intransigência com o paganismo e ação militar ou paramilitar resoluta: essa era uma combinação que levaria ao sucesso. Contudo, no primeiro período que nos é relevante — entre a vitória dos macabeus (164 a.C.) e a entrada de Roma em cena (63 a.C.) —, tal postura precipitou uma ironia: embora bem-sucedida, a revolução criou novas condições de opressão, reais ou percebidas. Após a insurreição liderada pelos macabeus, os próximos movimentos de revolta não foram contra estrangeiros, mas contra aqueles que, com a força de sua vitória, presumiram estabelecer uma dinastia de reis-sacerdotes como se fossem herdeiros tão legítimos quanto os descendentes das casas de Davi e de Arão. Surgiram, então, movimentos em cujos olhos Jerusalém era o centro de um regime corrupto e ilícito. Os essênios, alegando (muito provavelmente) serem os verdadeiros herdeiros da linhagem sacerdotal de Zadoque, recusavam-se a ter qualquer ligação com o Templo "purificado", preferindo estabelecer sua própria comunidade em outro lugar. Os fariseus operavam de dentro do sistema, mas lembravam constantemente os que detinham o poder oficial acerca das tradições ancestrais que corriam o risco de desprezar, reforçando seus lembretes com a ameaça implícita de seu próprio apoio popular. Conforme veremos, pelo menos duas vezes os fariseus resistiram à pressão e se recusaram a jurar fidelidade aos governantes que desaprovavam. Rumores sombrios de descontentamento chegaram até nós a partir de registros históricos remanescentes, denunciando o regime asmoneu pelo uso severo de linguagens e imagens apocalípticas.[10] Ainda que gerações posteriores

---

[10]Veja *Assunção de Moisés* [T. de Moisés] 5.1-6; *Mart. Isa.* 3.10, remontando a Isaías 1:10.

O DESENVOLVIMENTO DA DIVERSIDADE

vejam o período asmoneu como um raro momento de independência judaica, é evidente que, naquela época, muitos judeus suspeitavam profundamente da nova dinastia.

As coisas só podiam piorar quando, em 63 a.C., os romanos assumiram o controle. A pressão econômica criou uma nova classe de ladrões, um grupo desesperado de judeus que não encontrava um meio de escapar da pobreza, exceto vivendo fora da sociedade normal e sustentando-se por meio de ataques contra aqueles que ainda possuíam bens ou propriedades. Conforme veremos, esses agitadores não eram simplesmente anarquistas. Uma crença ferrenha na justiça de suas ações e no apoio divino à sua causa os mantinha em seu estilo desesperador de vida.[11] Em meados do primeiro século a.C., o problema do banditismo se tornara tão grande — ajudado, sem dúvida, pelo vácuo de poder enquanto Roma se ocupava de uma guerra civil e da ameaça da Pártia — que foi uma grande conquista sujeitá-la a uma espécie de controle, mesmo que temporário. O controle foi creditado a Herodes, o Grande, cuja ascensão ao poder na década de 40 a.C. foi marcada pela supressão de várias incidências de criminalidade, notadamente matando o *archilestes* ("criminoso-chefe") Ezequias, embora sua família tenha (possivelmente) levado a luta adiante, ao longo de outras gerações.[12] Isso, por sua vez, provocou uma reação do fariseu Sâmea, que se opôs ao tratamento brutal dispensado por Herodes àqueles cujas ações muitos judeus pareciam considerar legítimas.[13] O próprio Herodes, talvez como resultado, incorreu na mesma denúncia apocalíptica de seus predecessores macabeus.[14] Ao longo do primeiro século a.C., a difícil condição de muitos judeus aumentou, visto que restrições econômicas existentes se juntavam aos problemas e perigos de viver em um país assolado por dissidência interna e conflitos civis. Essa dificuldade, ao lado do desprezo arbitrário de Herodes por muitas convenções judaicas, explica a oposição consistente contra ele por parte dos fariseus, algo que estudaremos em breve.

---

[11]Sobre banditismo, veja particularmente Horsley, "Josephus and the Bandits", 1979a; "Ancient Jewish Banditry and the Revolt Against Rome, A.D. 66", 1981; Horsley e Hanson, *Bandits, Prophets and Messiahs: Popular Movements at the Time of Jesus*, 1985; Crossan, *The Historical Jesus: The Life of a Mediterranean Jewish Peasant*, 1991, cap. 9. O termo técnico para "bandido" ou "ladrão" é *lestes*, traduzido frequentemente como "salteador" ou "criminoso" no NT (João 18:40 [ARC, NTLH], por exemplo): veja Hengel, *The Zealots: Investigations Into the Jewish Freedom Movement in the Period from Herod I Until 70 A.D.*, 1989c [1961], p. 24-46. Josefo identifica os *sicários*, os "homens da adaga", como *lestai* (p. ex., Guerras 4.198), alinhando *lestai* com *goetes* ("sedutores", ou seja, aqueles que fazem desviar o povo) em *Ant*. 20.160.

[12]Veja *Ant*. 14.158-60, 420-30. Conforme veremos, há problemas relacionados a conectar Ezequias com movimentos posteriores.

[13]*Ant*. 14.172-6; *Guerras* 1.208-15.

[14]*Assunção de Moisés* [T. de Moisés], 6.2-6.

O NOVO TESTAMENTO E O POVO DE DEUS

Entretanto, foi entre a morte de Herodes, o Grande, e a destruição de Jerusalém (4 a.C. a 70 d.C.) que os movimentos de revolta alcançaram o ponto culminante, criando problemas para os governos da época e, dois mil anos depois, dor de cabeça para os estudiosos. Não é motivo de controvérsia a existência de um descontentamento generalizado e de uma disposição para a revolta nesse período. Saber exatamente quais grupos estavam envolvidos, contudo, gera considerável controvérsia. Separar diferentes facções, partidos e líderes parece, às vezes, quase impossível. A seguir, tentarei manter claras as linhas principais, apesar das possibilidades praticamente ilimitadas para o debate.

Começamos com nossa fonte principal: Josefo. Como sabemos, Josefo procura transferir a culpa da catástrofe de 70 d.C. para uma facção rebelde particular, exonerando o restante do povo judeu. Os romanos formavam a maior parte de seu público-alvo, de modo que Josefo esperava que olhassem com clemência para os judeus pós-destruição, tomando-os como vítimas inocentes da violência de poucos. Apesar dessa intenção clara, Josefo revela continuamente que a resistência a Roma foi muito além de uma única facção rebelde. A famosa frase em Tácito: "Sob o governo de Tibério, as coisas estavam em ordem", significa apenas que não ocorreram os grandes levantes ou guerras que, com o tempo, engolfariam toda a região. Não houve, por exemplo, nenhuma disputa de fronteira com a Pártia, como no século anterior.[15] Todavia, não apenas sob o governo de Tibério, mas também sob os governos de Augusto, Caio, Cláudio e Nero, houve um fluxo contínuo de eventos que acabou por prenunciar o resultado. Pode ser útil listá-los brevemente, antes de os analisarmos em mais detalhes. Mesmo um relato tão curto como esse pode servir para evocar o sabor turbulento desse período, sem o qual a erudição contemporânea facilmente cai em suposições anacrônicas, tratando os judeus do primeiro século como se fossem teólogos do século 21 (ou mesmo do século 16).

Começamos com a rápida sequência de acontecimentos que tiveram lugar em 4 a.C. Enquanto Herodes morria, um grupo de homens furiosos derrubou a águia ornamental que ele mandara colocar sobre o portão do Templo. O grupo havia sido instigado por dois respeitados mestres da Lei (Judas ben-Sarifeu e Matias ben-Margalote), sob a suspeita de conluio com o sumo

---

[15]Tác. Hist. 5.9: "sub Tiberio quies". A declaração dificilmente justifica a imagem plácida do período de 6 a 44 d.C., esboçada por Barnett, 1975, p. 566-71. Sanders, *Judaism: Practice and Belief, 63 BCE—66 CE*, 1992, cap. 4, tenta suavizar a impressão dada por outros de um ambiente de fervor revolucionário constante. Certamente, não se deve imaginar que os anos intermediários do século tenham sido percebidos, por aqueles que os vivenciaram, da maneira como agora os vemos, ou seja, como o prelúdio de uma grande guerra. Mas mesmo Sanders concorda que "a insurreição nunca esteve muito longe da superfície" (p. 36).

O DESENVOLVIMENTO DA DIVERSIDADE

sacerdote.[16] O incidente foi severamente punido por Herodes, em um de seus últimos atos. Então, imediatamente após sua morte, uma revolta maior ocorreu em Jerusalém, na Páscoa, tendo origem nos protestos sobre o tratamento dispensado aos líderes do incidente anterior. A revolta foi suprimida brutalmente pelo filho de Herodes, Arquelau.[17] Como resultado, Arquelau e seu irmão Antipas foram a Roma para discutir seus respectivos direitos à sucessão perante o imperador, sendo ambos seguidos por uma embaixada judaica que implorou por autonomia por causa da brutalidade de Arquelau e seu pai.[18] Durante a ausência dos pretensos governantes, houve uma nova revolta, a qual foi reprimida por Varo, general romano encarregado da província da Síria. Varo deixou no lugar um procurador interino, Sabino, cujas ações, por sua vez, provocaram novos distúrbios graves durante a festa de Pentecostes. Sabino não foi capaz de conter os distúrbios; e, para piorar a situação, alguns soldados romanos, durante a tentativa de contenção, saquearam o Templo, irritando ainda mais os judeus.[19] Tais acontecimentos em Jerusalém foram acompanhados de uma revolta entre os veteranos de Herodes,[20] de modo que um sério movimento revolucionário na Galileia — onde Judas ben-Ezequias, filho do chefe dos insurgentes morto por Herodes na década de 40 a.C. liderou uma revolta que Josefo descreve como o incidente mais sério desse tipo entre a conquista da Palestina por Pompeu (63 a.C.) e a destruição do Templo por Tito (70 d.C.).[21] Varo retornou da Síria, resolveu brutalmente a rebelião galileia, auxiliou Sabino em Jerusalém e crucificou cerca de dois mil insurgentes.[22]

Paralelamente a esses dois acontecimentos, houve também dois movimentos supostamente messiânicos, os quais envolveram, respectivamente, certo Simão — ex-escravo de Herodes, proclamado rei antes de ser morto pelos romanos — e um pastor chamado Atronges, que atribuiu a si mesmo ares reais e organizou seguidores em bandos de insurgentes, até ser capturado por Arquelau.[23]

Essa enxurrada de rebeliões, em 4 a.C., foi claramente ocasionada pela proximidade da morte de Herodes, a qual levou à esperança persistente de que

---

[16]*Ant.* 17.149-66; *Guerras* 1.648-55.

[17]*Ant.* 17.206-18; *Guerras* 2.1-13. Josefo descreve os rebeldes como o "partido revolucionário dos exegetas" (*stasiotai ton exegeton*).

[18]É frequente o destaque com que essa sequência, documentada em *Guerras* 2.80-100 e *Ant.* 17.219-49, 299-323, subjaz o texto de Lucas 19:12, 14 e 27; veja, por exemplo, Evans, *Saint Luke*, 1990, p. 668-s.

[19]*Ant.* 17.250-64; *Guerras* 2.39-50.

[20]*Guerras* 2.55; *Ant.* 17.269-s.

[21]*Ápio* 1.34; compare com a tradição rabínica discutida em Schürer, *The History of the Jewish People in the Age of Jesus Christ (175 B.C.—A.D. 135)*, 1973-87, 1.534-s. A revolta em si é descrita em *Ant.* 17.271-2; *Guerras* 2.56 e será discutida neste capítulo.

[22]*Ant.* 17.286-98; *Guerras* 2.66-79.

[23]*Ant.* 17.273-7 e 278-84; *Guerras* 2.57-98 e 60-5.

O NOVO TESTAMENTO E O POVO DE DEUS

uma nova ordem viesse à tona. Esse ponto ilustra um princípio fundamental da revolta judaica: o fervilhar da agitação, normalmente contido de forma brutal por um governo repressivo, podia transbordar quando houvesse um vácuo de poder. Outro fator importante para a história toda é que vários desses movimentos ocorriam especificamente nas épocas de festa, quando os judeus abarrotavam Jerusalém para celebrar sua condição, conferida por Deus, de pessoas livres.[24] Outros elementos comuns ao padrão incluem a frequência com que esses movimentos foram liderados por figuras supostamente messiânicas e a repressão das revoltas geralmente por meio da crucificação.[25]

Outro princípio fundamental, que obviamente se sobrepõe a esse, é que, em certas circunstâncias, a provocação por aqueles que se encontravam no poder poderia tornar-se tão aguda a ponto de originar uma revolta, a despeito de qualquer chance de sucesso.[26] Isso foi ilustrado pelos acontecimentos ocorridos dez anos após a morte de Herodes — ou seja, em 6 d.C. Para começar, os judeus, súditos de Herodes, apelaram a Roma contra Arquelau — que sucedera seu pai nas regiões da Judeia, Idumeia e Samaria — e conseguiram removê-lo.[27] O segundo incidente, mais sério, foi ocasionado pela imposição do recenseamento romano, cujas implicações não eram meramente econômicas, mas, para um judeu, teológicas: inscrever-se no sistema de Roma significava admitir que a terra e o povo não eram, afinal, sagrados para o deus de Israel. Judas, "o Galileu", de quem falaremos mais adiante, liderou a revolta que, segundo Josefo, foi o ato que desencadeou a grande guerra, duas gerações depois.[28]

Boa parte da atividade revolucionária dos sessenta anos seguintes ocorreu em resposta ao princípio que acabamos de expor — ou seja, como resposta àquilo que os judeus percebiam como uma provocação. A remoção de Arquelau significou que a Judeia se tornara uma província romana independente, e não

---

[24]Veja Jos. *Guerras* 1.88, destacando que era mais provável de acontecer *stasis* (insurreição) durante as festas; e *Ant.* 17.213-18, ligando explicitamente as agitações que se seguiram ao incidente da águia ao significado da festa da Páscoa.

[25]Sobre a crucificação, veja particularmente Hengel, *Crucifixion in the Ancient World and the Folly of the Message of the Cross*, 1977.

[26]Também é possível que especulações cronológicas, baseadas na literatura profética — e particularmente na esperança da libertação dos setenta anos de "exílio" (Daniel 9:2, 24; Jeremias 25:12; 29:10; 2Crônicas 36:21-23; compare com *Ant.* 10.267; 11.1) —, tenham alimentado esperanças de uma libertação repentina nos períodos de 4 a.C. e 6 d.C. (cerca de setenta anos depois da invasão romana), de 66—70 d.C. (cerca de setenta anos após o início do governo direto de Roma) e de 132—5 d.C. (setenta anos após a primeira destruição). Veja p. 416-s.

[27]*Ant.* 17.342-3; *Guerras* 2.111-13. Veja a discussão sobre Arquelau em Schürer 1.353-7.

[28]*Ant.* 18.4-10, 23-5; veja *Guerras* 2.118. Atos 5:37 reivindica que Judas foi executado pelos romanos. Para maiores detalhes sobre esse incidente e as demais atividades revolucionárias entre 6 e 66 d.C., veja Rhoads, *Israel in Revolution 6–74 C.E. A Political History Based on the Writings of Josephus*, 1976, cap. 3.

O DESENVOLVIMENTO DA DIVERSIDADE

um reino vassalo, supervisionado pela vizinha Síria. Sucessivos "procuradores" agiram de maneira um tanto irresponsável e brutal, o que naturalmente teve o efeito de incitar os judeus à revolta. Conhecemos pelo menos sete desses incidentes nos dez anos em que Pôncio Pilatos foi procurador (26—36 d.C.):

1. Pilatos tentou trazer estandartes romanos para Jerusalém, mas desistiu após um protesto em massa.[29]
2. Utilizou o dinheiro da tesouraria do Templo para construir um aqueduto e teve de reprimir a resistência provocada por sua ação.[30]
3. Enviou tropas para matar alguns galileus enquanto ofereciam sacrifícios no Templo, supostamente por temer um motim.[31]
4. Capturou e condenou à morte o líder de um motim que acontecera em Jerusalém, envolvendo homicídio; então, como um gesto de boa-fé, libertou-o durante a festa da Páscoa.[32]
5. Na mesma Páscoa, deparou com um movimento aparentemente messiânico, tendo alguma associação com movimentos de resistência; crucificou seu líder, ao lado de dois revolucionários comuns.[33]
6. Incitou a opinião pública ao posicionar escudos romanos, embora sem imagens, no palácio em Jerusalém, o que, segundo Filo, irritou Tibério quase tanto quanto os judeus.[34]

---

[29]*Ant.* 18.55-9; *Guerras* 2.169-74; veja Schürer 1.381, 384. Um incidente semelhante ocorreu quando Vitélio foi enviado para lutar contra Aretas, em 37 d.C.; veja *Ant.* 18.120-3.

[30]*Ant.* 18.60-2; *Guerras* 2.175-7; Euséb. *HE* 2.6.6-7; veja Schürer, *The History of the Jewish People in the Age of Jesus Christ (175 B.C.—A.D. 135)*, 1973-87, 1.385.

[31]Lucas 13:1.

[32]Lucas 23:18-25. A forma como Lucas descreve as atividades de Barrabás (cometendo assassinato [*phonos*] durante uma insurreição [*stasis*] na cidade [*polis*]) soa como se estivéssemos lendo Josefo.

[33]Sobre Jesus de Nazaré, veja o vol. 2. O relato de Josefo em *Ant.* 18.63-4 é notoriamente controvertido (veja discussões em Schürer 1.428-41; Baras, 1987); contudo, ao que me parece, é provável que algumas partes sejam originais. A frase crucial *ho christos houtos en* não significa "este homem era o Messias", como, em geral, se supõe. Antes, por causa da posição do artigo, devemos ler algo como "'O Messias' era esse homem". A sugestão é que Josefo espera que seus leitores tenham ouvido falar de alguém que leva, quase como um apelido, o título "*ho christos*" (veja Suet. *Cláudio 25: impulsore Chresto*); Josefo está simplesmente identificando essa pessoa com aquela que ele agora descreve. A respeito dos seguidores de Jesus, é muito provável que pelo menos alguns dos discípulos de Jesus acreditassem estar envolvidos em um movimento de libertação nacional. É provável que o título de um deles, Simão *ho Kananaios* (Marcos 3:18) ou Simão "chamado Zelote" (Lucas 6:15), remeta a tendências revolucionárias conhecidas. Compare com Hengel, *The Zealots: Investigations Into the Jewish Freedom Movement in the Period from Herod I Until 70 A.D.*, 1989c [1961], p. 69, nota. Sobre a identificação de Jesus com *lestai*, veja, por exemplo, Mateus 26:55 e o vol. 2 desta série.

[34]Filo, *Leg.* 299-306. O incidente (que por acaso foi registrado na obra de Filo) e aqueles registrados nos evangelhos sugerem que pode muito bem ter havido vários outros acontecimentos que Josefo deixou de lado.

O NOVO TESTAMENTO E O POVO DE DEUS

7. Finalmente, suprimiu, com especial brutalidade, um movimento popular profético (e aparentemente não revolucionário) em Samaria. Por essas coisas, foi acusado perante o legado romano na Síria, que o mandou de volta para Roma.[35]

O pior estava por vir. O megalomaníaco imperador Caio, indignado com um incidente antirromano ocorrido em Jâmnia, insistiu em que uma enorme estátua de si mesmo fosse colocada no Templo de Jerusalém, em uma deliberada violação da lei e dos escrúpulos judaicos. Foi essa decisão que atraiu o longo e fundamentado protesto do filósofo Filo.[36] Caio, porém, mostrou-se inflexível, e apenas sua morte prematura evitou tamanho ato blasfemo e suas possíveis consequências horrendas.[37]

Uma breve trégua de contínuas provocações ocorreu durante o reinado de Herodes Agripa, neto de Herodes, o Grande, a quem os romanos permitiram governar no lugar dos procuradores, de 41 até sua morte precoce, em 44 d.C. Sua aparente piedade e seu cuidado em evitar ofender os escrúpulos judaicos mantiveram as tendências revolucionárias sob controle.[38] No entanto, com a retomada do governo procuratório, ouvimos falar de movimentos insurgentes renovados. Ptolomeu, um "criminoso-chefe" (*archilestes*), foi executado por Cúspio Fado em meados da década de 40 d.C., no curso de uma grande operação contra insurreições em geral.[39] Por volta da mesma época, um líder chamado Teudas, alegando ser profeta, liderou um movimento que despertou apoio popular suficiente para ser mencionado em Atos e também por Josefo. O movimento também foi reprimido pelos romanos, e o próprio Teudas, executado.[40] Depois, ouvimos falar dos dois filhos de Judas, o Galileu — Jacó e Simão —, sendo crucificados sob a procuradoria de Tibério Alexandre (46—8 d.C.),[41] e das revoltas subsequentes sob o governo de Cumano (48—52), seu sucessor, incluindo um motim durante a Páscoa — incidente em que cerca de vinte mil judeus foram mortos —, com ataques de insurrecionistas contra os romanos e um novo saque do Templo por tropas romanas.[42]

---

[35]*Ant.* 18.85-9.

[36]Filo, *Leg.*

[37]*Ant.* 18.302-8; *Guerras* 2.203. Sobre o incidente, veja Schürer, *The History of the Jewish People in the Age of Jesus Christ (175 B.C.—A.D. 135)*, 1973-87, 1.394-8.

[38]Sobre seu reinado e seus efeitos, veja Schürer 1.442-54.

[39]*Ant.* 20.5.

[40]*Ant.* 20.97-9; Atos 5:36, texto em que Lucas coloca o incidente ao lado dos movimentos liderados por Judas, o Galileu, e por Jesus de Nazaré.

[41]*Ant.* 20.102; veja Schürer 1.457.

[42]*Ant.* 20.105-12; *Guerras* 2.224-7; *Ant.* 20.113-17; *Guerras* 2.228-31.

O DESENVOLVIMENTO DA DIVERSIDADE

Cumano reagiu exageradamente a um incidente subsequente, cuja complexidade ilustra bem os problemas daquela época. Alguns galileus foram assassinados no caminho de Samaria para Jerusalém, onde participariam de uma das festas. Os judeus se vingaram violentamente de Samaria. Cumano respondeu com uma violência ainda maior e desproporcional aos incidentes originais. Os judeus, então, o acusaram com sucesso perante Cláudio, o imperador, de haver favorecido os samaritanos.[43] Os líderes dos combatentes judeus, Eleazar ben-Dineu e Alexandre, foram finalmente capturados por Félix (52—40 d.C.), sucessor de Cumano, o qual agiu, como Fado fizera em 44—6 d.C., com vistas a expurgar o país dos *lestai*, crucificando um número considerável de pessoas.[44]

O expurgo durou pouco. Josefo nos conta que, por volta dessa época (final dos anos 50 e início dos anos 60 d.C.), surgiu o grupo ao qual ele deu o nome de *sicários*, os "homens da adaga".[45] Além disso, grupos a quem Josefo se refere como "falsos profetas" operavam no deserto da Judeia.[46] Um judeu egípcio liderou um movimento popular que se reuniu no monte das Oliveiras, prometendo-lhes que as muralhas cairiam e os levariam para dentro da cidade, em uma entrada triunfal. Seus seguidores, totalizando milhares de pessoas (o número preciso difere amplamente em nossas fontes), foram eliminados pelos romanos, enquanto ele próprio escapou; ninguém mais ouviu falar dele.[47] Também houve distúrbios relacionados ao *status* social judaico em Cesareia e muitas outras evidências de atividade insurrecionista.[48] Em uma de suas primeiras ações como procurador, Pórcio Festo (60—2), sucessor de Félix, mandou executar um "impostor", o qual prometera a seguidores "salvação e descanso das tribulações";[49] Festo também lidou com um estranho judeu itinerante que havia sido denunciado perante Félix sob a acusação de incitar motins ao ofender escrúpulos judaicos.[50] Apesar das novas execuções dos *lestai*,[51] alguns movimentos de revolta se espalharam mais rapidamente, alimentados pelas ações insensíveis dos dois sucessores de Festo — Lúcio Albino (62—5) e o notório

---

[43] *Ant.* 20.118-36; *Guerras* 2.232-46. Sobre os detalhes do incidente e o problema do relato feito por Tácito (*An.* 12.54), veja Schürer 1.459-s.

[44] *Guerras* 2.253.

[45] *Ant.* 20.185-7; *Guerras* 2.254; veja Tác. *An.* 12.54. Sobre os *sicários*, veja esp. Hengel, *The Zealots: Investigations Into the Jewish Freedom Movement in the Period from Herod I Until 70 A.D.*, 1989c [1961], p. 46-53; Horsley, "The Sicarii: Ancient Jewish 'terrorists'", 1979b.

[46] *Guerras* 2.258-60. Veja também os "impostores e salteadores" mencionados em *Guerras* 2.264-5.

[47] *Guerras* 2.261-3 (30 mil seguidores); Atos 21:38 (quatro mil).

[48] *Ant.* 20.173-7; *Guerras* 2.266-70.

[49] *Ant.* 20.188.

[50] Atos 25:1-12.

[51] *Guerras* 2.271.

O NOVO TESTAMENTO E O POVO DE DEUS

Géssio Floro (65—6), que, incapaz de controlar os insurrecionistas, passou a ajudá-los e, de acordo com Josefo, a partilhar dos despojos.[52]

Essa breve lista de movimentos de revolta nos anos anteriores à guerra nos dá, penso, indicações suficientes quanto ao estado do país como um todo. Apoia uma conclusão bastante óbvia: Josefo anula completamente sua própria sugestão de que um único partido, iniciado por Judas, o Galileu, teria sido responsável por toda a tendência de guerra contra Roma, a qual estourou em 66 d.C. Revoluções de um tipo ou de outro estavam no ar e, com frequência, acabavam eclodindo, tanto na Galileia como (particularmente) em Jerusalém, durante todo o período de domínio romano. Não estava confinada a um grupo — fossem os zelotes, os sicários ou um grupo qualquer. Sempre que uma revolta era suprimida em algum lugar, acabava surgindo em outro.[53] O mesmo parece ter acontecido após a devastação da guerra. Certamente, quando bar-Kochba foi conclamado Messias, muitas pessoas de todo o país estavam prontas para se levantar outra vez e tentar se livrar do jugo romano.

Essa ampla base de atividade revolucionária foi particularmente o caso na principal guerra dos judeus (66—73 d.C.). A história dessa guerra é desconcertantemente complexa, até porque foi tanto uma guerra *civil* como de resistência contra Roma. Grupos e facções lutaram entre si, lutaram contra os outros, se reagruparam, ocuparam diferentes partes de Jerusalém em épocas diversas e se autodenominaram a partir de nomes diferentes, dificultando a vida não só dos seus contemporâneos, mas também a do historiador. Três figuras tiveram destaque especial. João de Giscala veio da Galileia para Jerusalém e liderou os zelotes, conforme eram chamados, na revolta. Acabou capturado no final da guerra e condenado à prisão perpétua.[54] Manaém, descendente de Judas, o Galileu, foi a suposta figura messiânica dos sicários que veio de Massada para Jerusalém. Após uma breve aparição vestido de trajes reais, Manaém foi assassinado por um grupo rival.[55] Simão ben-Giora foi um líder rebelde que parece ter sido

---

[52]*Ant.* 20.252-7. Pode tratar-se, claro, de um exagero da parte de Josefo. Mas não é algo implausível em si, pois alguns dos insurrecionistas provavelmente estavam preparados para fazer alianças temporárias com um oficial romano a fim de prosseguir com sua luta, que era tanto contra os judeus mais ricos como contra Roma. Sobre o ódio generalizado contra o próprio Floro, veja *Guerras* 2.293, 403.

[53]Neste ponto, concordo substancialmente com Goodman, 1987, p. 108: "Não houve nenhum movimento antirromano isolado no judaísmo do primeiro século d.C. Em vez disso, atitudes antigentílicas, as quais se originaram muito antes de 6 d.C. — ou seja, talvez na época dos macabeus —, inspiraram muitos grupos diferentes, permeando toda a população judaica e variando apenas em intensidade". Veja também Horsley e Hanson, *Bandits, Prophets and Messiahs: Popular Movements at the Time of Jesus*, 1985, xv.

[54]Sobre João de Giscala, veja *Guerras* 2.590-632; 4.98-577; 5-6, *passim*; 7.118, 263-4.

[55]*Guerras* 2.433-49.

O DESENVOLVIMENTO DA DIVERSIDADE

considerado por seus seguidores e pelos romanos o mais sério pretenso "rei dos judeus". Sua carreira real terminou em humilhação e morte com o triunfo de Vespasiano, em Roma.[56] Mesmo sem olharmos mais adiante, novamente descobrimos que as próprias declarações gerais de Josefo, atribuindo culpa às "ordens inferiores" por todo o conflito, são extremamente enganosas e inadequadas.

Quem, então, organizava esses movimentos? A esse respeito, não há um acordo à vista. Podemos distinguir três grandes linhas de interpretação adotadas em estudos recentes. São elas: (a) uma teoria zelote; (b) uma teoria que responsabiliza a aristocracia como a verdadeira criadora dos problemas; (c) uma teoria que vê vários grupos extremamente diversificados.[57]

Em primeiro lugar, há o caso de uma unidade geral de movimento e ideologia, uma ampla corrente de resistência que, iniciada (como diz Josefo) por Judas, o Galileu, continuou entre sua família e alguns grupos relacionados, até atingir seu nêmesis na guerra. Essa posição, amplamente defendida por Martin Hengel, é plausível em diversos aspectos.[58] Realmente, o título "zelote" foi usado, como forma de autodesignação, por um grupo particular durante o conflito faccioso em meio à própria guerra. Além do mais, esse grupo parece ter surgido apenas nesse estágio. No entanto, também está claro que o substantivo "zelo" e o adjetivo "zeloso" eram usados amplamente como referência a ações e atividades antirromanas mais generalizadas. A partir desse fato, parece que o grupo em questão estava, ao se autodenominar dessa forma, tomando para si uma palavra que muitos outros teriam reivindicado, em vez de criar uma ideia totalmente nova.[59] Mesmo o uso do próprio Josefo, cuja escrita é a base para

---

[56]*Guerras* 5-6, *passim*; 7.25-36, 153-4. Sobre a pretensa monarquia "davídica" de Simão, veja Horsley e Hanson, 1985, p. 119-27.

[57]Inevitavelmente, o processo envolve certo nível de simplificações altamente complexas. Não discutirei, por exemplo, pontos de vista adicionais como os de Cohen, 1987, p. 27-34, que segue a posição "oficial" de Josefo ao minimizar tendências rebeldes antirromanas dos judeus durante o século. Sobre os detalhes de todo o conflito, veja Rhoads, *Israel in Revolution 6–74 C.E. A Political History Based on the Writings of Josephus*, 1976, cap. 4. Rhoads lista (p. 148-s.) nada menos que dez razões distintas para disputas facciosas intrajudaicas. Sobre o estudo cristão moderno dos zelotes, veja o interessante artigo de Schwartz, *Studies in the Jewish Background of Christianity*, 1992, cap. 8.

[58]Hengel, *The Zealots: Investigations Into the Jewish Freedom Movement in the Period from Herod I Until 70 A.D.*, 1989c [1961]. Veja também Hayward em Schürer, *The History of the Jewish People in the Age of Jesus Christ (175 B.C.—A.D. 135)*, 1973-87, 2.598-606; Stern, "Zealots", 1973.

[59]Veja, em outras referências possíveis, *T. de Levi* 6.3; *T. de Judá* 9.2-s.; *Jubileus* 30.18; 1QH 2.15; e, nos textos cristãos, Atos 21:20; 22:3; Romanos 10:2; Gálatas 1:14; Filipenses 3:6. O tratamento de Hengel em relação a esses e outros textos (1989c [1961], p. 177-83) talvez seja cuidadoso demais em separar Paulo dos movimentos que ele descreve em outros lugares; afinal, o "zelo" de Paulo, a partir do próprio relato do apóstolo, levou a ações de violência contra aqueles que ele via como pessoas que se contaminavam com o paganismo. "Zelo" não pode ser um termo simplesmente reduzido à piedade.

O NOVO TESTAMENTO E O POVO DE DEUS

a afirmação de que os zelotes eram um pequeno partido recém-formado na década de 60 d.C., abre espaço para a designação de alguns a quem ele chama de "zelotes" e não fazem parte desse pequeno grupo.[60] Ademais, parece não haver uma dúvida razoável de que o objetivo geral da resistência a Roma, de uma forma ou de outra, resumia boa parte do ânimo nacional, o qual, olhando para os macabeus, aguardava o grande dia em que as profecias seriam cumpridas e seu deus governaria seu povo, sem o auxílio de suseranos pagãos.[61]

Em segundo lugar, um caso paralelo foi apresentado por Martin Goodman. O autor concorda com Hengel em relação a uma resistência generalizada contra Roma, porém afirma que a inciativa e a liderança desses movimentos vinham quase inteiramente da classe dominante dos judeus, e não de camadas mais baixas da sociedade, segundo a perspectiva geral.[62] A classe dominante, de acordo com Goodman, representava uma oligarquia fantoche instituída pelos romanos após o declínio da dinastia herodiana, contra a vontade do povo e para seu desagrado. Foram eles, sugere Goodman, que inicialmente provocaram a guerra e lhe deram sua liderança vital, contribuindo para o caos geral pela rivalidade facciosa entre os membros da aristocracia, para a qual também há evidências anteriores.[63] A proposta entra em conflito com a perspectiva mais comum, segundo a qual a aristocracia resistira à rebelião, já que era ela quem tinha mais a perder. Goodman argumenta, de forma convincente, que a aristocracia, em face da inevitabilidade da guerra, lançara sua sorte entre os rebeldes, vendo uma chance melhor de reter o poder se os judeus os considerassem líderes nacionais em vez de serem percebidos ao lado dos romanos. De qualquer modo, mesmo com uma vitória romana, uma oligarquia local que falhou em evitar a revolta não seria alvo de um olhar muito favorável.

---

[60]Nós vemos isso, por exemplo, em (a) *Guerras* 2.444, em que o suposto messias Manaém vai ao Templo trajando vestes reais, acompanhado por "zelotes armados" (*zelotas enoplous*); na edição de Loeb, Thackeray traduz a frase como "fanáticos armados", embora admita, em uma nota, que o grego parece mais específico. (b) Em *Guerras* 2.564 lemos de Eleazar, filho de Simão, "e os zelotes sob o seu comando"; a frase *tous hyp' auto zelotas* é traduzida por "seus admiradores subservientes" por Thackeray, mas o sentido dessa tradução me parece mais improvável. (c) *Guerras* 2.651 menciona "zelotes" em Jerusalém já mesmo antes da guerra, antes da chegada do líder "zelote" João de Giscala (segundo Donaldson [1990, p. 34] repara, como uma exceção no caso de Horsley). (d) *Guerras* 4.225 descreve Eleazar ben-Gion (ou Simão) e Zacarias ben-Anficano como líderes dos zelotes. A esse respeito, veja Hengel, *The Zealots: Investigations Into the Jewish Freedom Movement in the Period from Herod I Until 70 A.D.*, 1989c [1961], p. 380-404. Para o uso de uma linguagem semelhante sobre Matatias, o líder original dos macabeus em *Ant.* 12.271, veja Hengel, p. 155.

[61]Veja o cap. 10.

[62]Goodman, *The Ruling Class of Judaea: The Origins of the Jewish Revolt Against Rome A.D. 66-70*, 1987.

[63]Compare com as observações de Josefo sobre os saduceus. Josefo observa que, enquanto os fariseus eram amigáveis entre si, os saduceus eram grosseiros e arrogantes, tanto uns para com os outros como em relação aos de fora: *Guerras* 2.166.

O DESENVOLVIMENTO DA DIVERSIDADE

Ao que me parece, entretanto, Goodman vai além do que as evidências permitem quando sugere que todos os principais líderes durante a guerra eram, na verdade, parte da aristocracia. Seus argumentos sobre o passado de Simão ben-Giora, por exemplo, provam, em última análise, que podemos não saber tanto sobre Simão quanto geralmente se pensa, e não que ele fosse um aristocrata.[64] Em contrapartida, Goodman minimiza consistentemente o envolvimento de "desordeiros" na insurreição e levanta a hipótese de envolvimento aristocrático em contextos nos quais há pouca ou nenhuma prova real.[65] Parece-me improvável que *todas* as referências de Josefo aos desordeiros, aos *lestai*, sejam simplesmente um encobrimento fictício para a rebelião de sua própria classe. Goodman fornece, em suma, a imagem espelhada da própria figura de Josefo: se Josefo responsabilizou os agitadores a fim de exonerar sua própria classe, Goodman transformou incidentes de revolta em conspirações aristocráticas e transformou aristocratas conhecidos em revolucionários, culpando, assim, aqueles a quem Josefo defendeu.

Em terceiro lugar, alguns apresentaram argumentos que favorecem uma diversificação muito maior. Richard Horsley, em uma série de artigos e dois livros, defendeu a distinção de vários grupos, com diferentes origens sociais e posturas ideológicas.[66] Horsley distancia salteadores comuns (os *lestai*) dos "zelotes", grupo distinto que passou a existir no início da guerra, em 66 d.C. Para o autor, ambos surgiram dos "sicários", grupo de terroristas com ideologias diferentes, cujas origens se encontram em uma formação mais erudita e escriba. Horsley argumenta que Hengel foi muito precipitado ao incluir todos esses grupos sob um mesmo rótulo generalizado e tenta não apenas distingui-los, mas também reabilitar um desses grupos (os "zelotes", em seu sentido mais estrito) como aquele que reagiu, de forma louvável ou pelo menos compreensível, à sua situação cultural e social.[67]

---

[64]Goodman, *The Ruling Class of Judaea: The Origins of the Jewish Revolt Against Rome A.D. 66-70*, 1987, p. 202-6.

[65]Veja p. 167s., sobre o envolvimento mínimo de desordeiros; p. 170-s., sugerindo (sem evidência sólida) que Eleazar, filho do ex-sumo sacerdote Ananias, era um dos perpetradores da "brincadeira" contra Floro, fato que ajudou a desencadear a guerra.

[66]Horsley, "Josephus and the Bandits", 1979a; "The Sicarii: Ancient Jewish 'terrorists'", 1979b; "Ancient Jewish Banditry and the Revolt Against Rome, A.D. 66", 1981; "Popular Messianic Movements Around the Time of Jesus", 1984; *Bandits, Prophets and Messiahs: Popular Movements at the Time of Jesus*, 1985 (com Hanson); "Popular Prophetic Movements at the Time of Jesus: Their Principal Features and Social Origins", 1986a; "The Zealots: Their Origin, Relationships and Importance in the Jewish Revolt", 1986b; *Jesus and the Spiral of Violence: Popular Jewish Resistance in Roman Palestine*, 1987.

[67]O relato de Horsley é apoiado, com uma modificação importante, por Donaldson, "Rural Banditry, City Mobs and the Zealots", 1990, e por Crossan, *The Historical Jesus: The Life of a Mediterranean Jewish Peasant*, 1991, caps. 6-10.

O NOVO TESTAMENTO E O POVO DE DEUS

Importa-nos conceder a Horsley o devido reconhecimento. Boa parte das referências a "zelotes" realmente diz respeito a um grupo particular, aquele que Josefo descreve em *Guerras* 4.130-61, ao qual João de Giscala se junta após um ato de "fingimento" (4.208-23). E é um grupo diferente, o dos sicários — localizado em Massada durante a guerra —, que tem um vínculo dinástico claro com Judas, o Galileu, no início do século.[68] Horsley consegue, acredito, mostrar que o início da guerra não se deveu ao trabalho de um único movimento de resistência judaica organizado e de longa data, mas, sim, ao resultado de diversas confluências. Mesmo assim, tal realidade dificilmente justifica suas observações sobre o "fim do conceito de 'zelotes'",[69] assim como sua sugestão frequente de que o verdadeiro ímpeto para a resolução surgiu de fatores sociais em vez de teológicos.[70]

Tal antítese é, conforme vimos na Parte II, extremamente perigosa nas obras históricas em geral, ainda mais quando lidamos com uma cultura como a do judaísmo do primeiro século. Ademais, como o próprio Horsley admite,

---

[68]Veja, por exemplo, *Guerras* 7.253-s., 262, 324. Não vejo a importância da triunfante "demolição" de Horsley da ideia de Massada como "a última resistência dos zelotes" (Horsley e Hanson, *Bandits, Prophets and Messiahs: Popular Movements at the Time of Jesus*, 1985, xv): parece ter sido a última resistência dos sicários. Segundo o próprio Horsley demonstrou, eles eram o grupo com mais pretensões de continuidade com os movimentos de resistência anteriores. Hengel, *The Zealots: Investigations Into the Jewish Freedom Movement in the Period from Herod I Until 70 A.D.*, 1989c [1961], xvi-xvii, argumenta que os "sicários" não se chamavam por esse nome, mas consideravam a si mesmos os verdadeiros "zelotes", dos quais outros grupos não passavam de paródias. É tão difícil refutar quanto provar essa sugestão.

[69]Horsley, "Popular Prophetic Movements at the Time of Jesus: Their Principal Features and Social Origins", 1986a, cap. 3; "Ancient Jewish Banditry and the Revolt Against Rome, A.D. 66", 1981, p. 409; "Popular Messianic Movements Around the Time of Jesus", 1984, p. 472.

[70]De qualquer forma, a divisão é enganosa, já que um dos fatores motivadores da revolução foi o problema da poluição moral da terra, problema cuja natureza é tanto social como teológica. Em *Bandits, Prophets and Messiahs: Popular Movements at the Time of Jesus*, 1985b, p. 158, Horsley mostra alguns dos pressupostos hermenêuticos de seu argumento: a construção de Hengel foi (afirma ele) útil na década de 1960 para aqueles que queriam criar uma imagem de Jesus como o profeta da não resistência e precisavam de pretexto histórico para isso. (O mesmo se dá com Horsley e Hanson, *Bandits, Prophets and Messiahs: Popular Movements at the Time of Jesus*, 1985, xiii-xvi.) Esse pode ou não ser o caso; a história não é bem servida por tais ideologias ou por suas imagens ("The Zealots: Their Origin, Relationships and Importance in the Jewish Revolt", 1986b, p. 192). De qualquer maneira, ainda que Horsley estivesse totalmente correto ao restringir o uso da palavra "zelote" à década de 60 do primeiro século, mesmo assim não significaria (como ele sugere em "The Zealots: Their Origin, Relationships and Importance in the Jewish Revolt", 1986b, p. 161) que não houvesse defensores de resistência violenta na época de Jesus, ou que alguns dos ensinamentos de Jesus não poderiam ter sido dirigidos contra tais movimentos. A esse respeito, veja, por exemplo, Borg, "The Currency of the Term 'Zealot'", 1971; 1984, caps. 2–3. Então, a questão não é se havia apoiadores da violência na época de Jesus, nem por quais nomes eram chamados, mas a atitude que Jesus tomou em relação a eles. Trataremos do assunto no próximo volume.

O DESENVOLVIMENTO DA DIVERSIDADE

não restam dúvidas de que a revolução foi muito mais difundida do que o partido "zelote" propriamente dito;[71] ou que as palavras "zelo" e "zeloso" eram comumente usadas em conexão com todos os tipos de judeus zelosos por Deus e pela Torá, entre os quais alguns levavam esse "zelo" até o extremo da violência.[72] Tais grupos ou indivíduos podem não ter tido conexão com o partido "zelote", conforme Josefo descreve, porém é arriscado criar uma forte barreira ideológica entre eles. De qualquer maneira, o caso de Horsley traz inconsistências metodológicas. O autor procura isolar "os zelotes" como um grupo, ao se basear em uma leitura atenta de Josefo. Ao mesmo tempo, ele critica Josefo — e com razão — justamente pelo fato de o historiador judeu isolar uma das partes como a única responsável pela guerra.

Para concluir, parece-me extremamente provável que tenham existido, ao longo do primeiro século, muitos movimentos que reivindicavam a tradição de um "zelo" ativo, tradição que não apenas remontava aos macabeus, mas também à memória de Fineias e Elias. (Ainda que tais personagens, cada qual em seu contexto, representem diferentes vertentes da vida judaica, eles foram unificados na memória popular como pessoas que, de várias maneiras, agiram por "zelo" em relação ao seu deus.)[73] Um desses grupos, os sicários, parece haver sustentado algum tipo de dinastia de meados do primeiro século até a queda de Massada, começando com o *archilestes* Ezequias, morto por Herodes, e continuando com seu filho Judas, líder de uma revolta após a morte de Herodes (e possivelmente o mesmo indivíduo que liderou os motins contra o recenseamento, em 6 d.C.).[74] Conforme vimos, os filhos de Judas, o Galileu, foram crucificados sob o governo de Tibério Alexandre em meados dos anos 40 d.C., e outro descendente, Manaém, suposto líder messiânico dos sicários em Massada durante a guerra, foi morto em Jerusalém e sucedido por seu sobrinho Eleazar

---

[71]Horsley e Hanson, *Bandits, Prophets and Messiahs: Popular Movements at the Time of Jesus*, 1985, xxi.

[72]Horsley, "Josephus and the Bandits", 1979a, p. 58, admite que os "salteadores", a quem ele distingue nitidamente dos "'zelotes' oficiais", ou seja, lutadores de resistência, eram, apesar de tudo, inspirados por "zelo". Veja também Atos 22:3; Gálatas 1:14; Romanos 10:2; Filipenses 3:6.

[73]Veja Hengel, *The Zealots: Investigations Into the Jewish Freedom Movement in the Period from Herod I Until 70 A.D.*, 1989c [1961], p. 146-83, e inúmeras referências na obra.

[74]A identificação desses "Judas" é suficientemente incerta para que os dois editores da Loeb discordem, com Wikgren a favor (ad. Ant. 17.271) e Thackeray contra (ad *Guerras* 2.118). Hengel, *The Zealots: Investigations Into the Jewish Freedom Movement in the Period from Herod I Until 70 A.D.*, 1989c [1961], p. 293, 331, apoia a identificação, como talvez já fosse esperado, como também, por exemplo, Kingdon, "The Origins of the Zealots", 1972/3, p. 80; e Stern, "Zealots" [Zelotes]. Em *Encyclopaedia Judaica Year Book*, 1973, p. 136; da mesma maneira, Horsley, "Popular Messianic Movements Around the Time of Jesus", 1984, p. 485, também de forma previsível, a rejeita (seguido por Donaldson, 1990, p. 24). Outros detalhes em Schürer, *The History of the Jewish People in the Age of Jesus Christ (175 B.C.—A.D. 135)*, 1973-87, 2.600, nº 12.

ben-Jairo. Não há razão para pensarmos que os membros desse grupo fossem considerados por qualquer outro os líderes naturais da revolta, assim como também não há uma boa razão para criarmos uma cunha ideológica fixa entre eles e qualquer outro partido ou grupo.[75] Sem dúvida, esses grupos, com considerável diversidade social e organizacional, partilhavam, em maior ou menor grau, um histórico de privação socioeconômica e, o mais importante, um estoque comum de símbolos e ideias teológicas. Exploraremos essas áreas de forma mais extensa nos capítulos subsequentes.[76]

Se a revolução esteve no ar durante todo esse tempo, como se encaixou no plano ideológico de outros grupos cuja existência conhecemos? Para os devidos fins, o mais importante desses grupos é, sem dúvida, o dos fariseus. É para eles que nos voltamos agora.

OS FARISEUS

1. As fontes

Evidentemente, é-nos impossível oferecer uma história completa dos fariseus. Outros trabalharam, e nós entramos no seu trabalho.[77] Meu propósito aqui é esboçar o principal plano ideológico do movimento farisaico dos últimos cem anos ou mais antes da destruição do Templo. Sobre algumas outras questões polêmicas, incluindo a origem do movimento e o(s) significado(s) do nome, não tenho nada de novo a dizer. É de vital importância, porém, dedicarmos algum tempo a esse grupo, visto que tudo o que for dito sobre os fariseus afetará a maneira como, posteriormente, trataremos de Jesus e Paulo.

---

[75]Contra Horsley, cuja divisão fundamental ocorre entre os zelotes (estritamente definidos), a quem ele mais ou menos aprova, e os sicários, a quem ele desaprova.

[76]Concordo amplamente, então, com os contornos do trabalho de Hengel, embora deseje encontrar uma terminologia diferente em muitos casos e manter mais distinções que o autor entre alguns dos diferentes grupos. A dependência de Horsley em certos pontos dos artigos de M. Smith (p. ex., Smith, "Palestinian Judaism in the First Century", 1977 [1956], 1971) parece-me infundada. Borg, "The Currency of the Term Zealot", 1971, corretamente enfatiza as limitações da palavra "zelote" em Josefo, mas, então, conclui, também corretamente (p. 511-s), que não se pode questionar a realidade para a qual o termo "zelote" é comumente empregado, a saber, para a resistência religiosamente inspirada contra Roma, e que tal resistência não era prerrogativa de apenas um grupo, mas de "elementos envolvidos de todos os grupos principais". Também significa que desejo modificar levemente a tese de Goodman; não podemos culpar a aristocracia por tudo.

[77]Veja particularmente, em meio ao amontoado da literatura recente, as muitas obras de Jacob Neusner; Porton, "Diversity in Postbiblical Judaism", 1986; e Saldarini, *Pharisees, Scribes and Sadducees in Palestinian Society*, 1988; Sanders, *Jewish Law from Jesus to the Mishnah: Five Studies*, 1990a; *Judaism: Practice and Belief, 63 BCE—66 CE*, 1992; e esp. Mason, *Flavius Josephus on the Pharisees: A Composition-Critical Study*, 1991, a qual surgiu em um estágio final da reformulação deste capítulo e que me parece a mais importante. Veja também Schürer, *The History of the Jewish People in the Age of Jesus Christ (175 B.C.—A.D. 135)*, 1973-87, 2.322-403 (bibliografia, p. 381-s.), e Gafni, "The Historical Background [i.e. to the Literature of the Sages]", 1987.

O DESENVOLVIMENTO DA DIVERSIDADE

As fontes para o estudo dos fariseus são, como sabemos, cheias de problemas. (1) Josefo, que, segundo acreditam alguns, reivindicava para si a condição de fariseu, escreve sobre eles tanto implícita como explicitamente, descrevendo-os como um grupo político cuja autoridade *de fato* foi exercida nos últimos dois séculos a.C., caindo, posteriormente, pelo menos em textos fora de sua narrativa, no esquecimento.[78] (2) Referências enigmáticas aos fariseus nos manuscritos de Qumran são suficientes para confirmar que eles tinham uma influência considerável, pelo menos na segunda metade do primeiro século, sendo considerados rivais perigosos por um grupo manifestadamente independente já naquela época.[79] Vários eruditos afirmam que o grupo, referido de forma enigmática nos manuscritos de Qumran, corresponde aos fariseus, embora alguns sejam mais cautelosos.[80] A execução de parte desse grupo nas mãos de Alexandre Janeu é aparentemente aprovada pelos essênios como base, podemos supor, de que os fariseus são considerados moralmente comprometidos.[81] (3) A evidência rabínica é gigantesca, dispersa e altamente complexa; tomada isoladamente, sugere uma imagem dos fariseus como um grupo, acima de tudo, preocupado com a pureza, especialmente com os requisitos do *kosher*: são vistos como os precursores diretos dos próprios rabinos, e suas disputas são lembradas no contexto de debates cuja relevância imediata diz respeito a situações bem distintas do judaísmo após a destruição.[82]

---

[78]Declarações fundamentais de Josefo podem ser encontradas em *Guerras* 1.110; *Ant.* 13.297, descrevendo os fariseus como experts da Torá; *Guerras* 2.162-3; *Ant.* 13.172; 18.12-15, nos quais ele apresenta imagens estilizadas dos fariseus, como se fossem uma escola filosófica helenística (compare com *Vida* 12, em que os fariseus são quase como os estoicos!). Suas observações quanto ao seu próprio relacionamento com os fariseus podem ser encontradas em *Vida* 12. Josefo enfatiza sua importância nos períodos anteriores em *Ant.* 13.288 (em que a dinastia dos asmoneus reconhece sua autoridade), 13.298 (em que as massas são tidas como favorecendo-os) e 18.17 (segundo o qual os saduceus se submetem ao ensino farisaico por temer a resistência do povo: veja bYom. 19b, bNidd. 33b). Uma discussão mais completa sobre os fariseus será feita neste capítulo.
[79]Veja 4QpNah e 4QMMT, acerca dos quais veja Baumgarten, "The Name of the Pharisees", 1991, p. 112, 117 e seguintes. A frase crucial é "os que procuram coisas suaves" — a esse respeito, veja Sanders, *Judaism: Practice and Belief, 63 BCE—66 CE*, 1992, p. 532, n° 1; veja também 1QH 2.15, 32 e CD 1.18.
[80]A favor da identificação, encontram-se, por exemplo, Schürer, *The History of the Jewish People in the Age of Jesus Christ (175 B.C.—A.D. 135)*, 1973-87, 1.225, n.° 22; Dimant, "Qumran Sectarian Literature", 1984, p. 511-s.; Baumgarten, "The Name of the Pharisees", 1991, p. 117; deixando em aberto o veredicto, temos Saldarini, *Pharisees, Scribes and Sadducees in Palestinian Society*, 1988, p. 278-s. Veja ainda a discussão em Stemberger, *Pharisäer, Sadduzäer, Essener*, 1991, p. 103-s.
[81]Veja 4QpNah 1.6-s.; 2.2,4; compare com Josefo: *Guerras* 1.97; *Ant.* 13.380; e Sanders, *Judaism: Practice and Belief, 63 BCE—66 CE*, 1992, p. 382.
[82]Para uma leitura diferente das fontes rabínicas, baseadas (ao que me parece) em um princípio um tanto arbitrário de seleção, veja Rivkin, "Defining the Pharisees: The Tannaitic Sources", 1969—70.

O NOVO TESTAMENTO E O POVO DE DEUS

Há, então, a evidência do Novo Testamento. (4) Os escritos de Paulo mencionam sua formação farisaica e, com frequência, sugere-se que até mesmo sua teologia cristã deve algo à forma e ao conteúdo de seu treinamento anterior. Se isso fosse tudo que tivéssemos para prosseguir, teríamos uma perspectiva dos fariseus como intérpretes estritos das tradições ancestrais judaicas, dominados por um zelo por seu deus que às vezes os conduzia a atos de violência.[83] (5) Os evangelhos e Atos oferecem um quadro da atividade farisaica na Galileia e em outros lugares nos quais os fariseus aparecem como guardiões estritos da interpretação e da aplicação das leis ancestrais.[84]

Evidentemente, há problemas com o uso de cada uma dessas fontes. Josefo, especialmente em seu trabalho inicial, as *Guerras judaicas*, parece motivado a exonerar os fariseus (e quase todos os demais partidos, à exceção das classes mais baixas) pela culpa da guerra. Muitas vezes, conjecturou-se que se trata de um viés pró-farisaico, reforçado de um ângulo diferente por seu longo relato nas *Antiguidades*, o qual, apesar de deixar a máscara escorregar um pouco mais no que diz respeito ao envolvimento dos fariseus com a revolução, ressalta quão influente sempre foi seu papel. É comum o pensamento de que Josefo tentava persuadir os romanos a confiar nos sucessores dos fariseus, os rabinos, no governo do que ainda restava do judaísmo. O tom antifarisaico de muitas dessas passagens é um problema para a teoria, muitas vezes evitado pela atribuição de partes relevantes à suposta fonte de Josefo, o historiador da corte de Herodes, Nicolau de Damasco.[85] Entretanto, uma hipótese diferente e muito atraente foi proposta por Mason, resumindo-se ao seguinte: (a) Josefo não alegou ser fariseu, mas decidiu, por uma questão de conveniência, e não por convicção, que, ao entrar na vida pública (como um jovem aristocrata), seguiria a linha geral farisaica;[86] (b) Josefo não gostava nem um pouco dos fariseus, mas considerava sua popularidade um fato desagradável da vida; (c) o próprio Josefo, e não uma fonte, é responsável por difamar os fariseus, ainda que, ao discuti-los como uma "escola de pensamento", aja como os demais, sem difamação óbvia. A leitura de Mason das evidências é impressionante e capaz de alterar o equilíbrio da erudição de forma decisiva.[87]

---

[83]Gálatas 1:13-14; Filipenses 3:4-6; veja Romanos 10:2-3.

[84]Veja os textos conhecidos de Marcos 2:16-s.; 3:6; 7:1-s. etc. e passagens paralelas; e Atos 5:34; 15:5; 23:6-9; 26:5.

[85]Segundo Schwartz, "Josephus and Nicolaus on the Pharisees", 1983; veja Schürer, *The History of the Jewish People in the Age of Jesus Christ (175 B.C.—A.D. 135)*, 1973-87, 1.28-31, 354.

[86]Em *Vida* 10—12, veja estudo detalhado de Mason, 1989, bem como outras fontes citadas neste livro; veja também Mason, *Flavius Josephus on the Pharisees: A Composition-Critical Study*, 1991, cap. 15.

[87]A resposta de Sanders a Mason, *Judaism: Practice and Belief, 63 BCE—66 CE*, 1992, p. 532-4, não me parece haver prejudicado seu argumento.

O DESENVOLVIMENTO DA DIVERSIDADE |

A despeito de qual seja a posição adotada, porém, as tendências demonstradas por Josefo significam que ele deve ser tratado com uma razoável dose de cautela. Normalmente, Josefo será tão útil em suas declarações indiretas quanto em suas declarações diretas.

A literatura rabínica é, obviamente, uma mina de informações e um campo minado para os inexperientes. Conforme já observamos, Neusner destaca que, se dependêssemos dos rabinos para a obtenção de informações sobre o período que antecede o ano 70, aceitaríamos muitas coisas sem termos qualquer conhecimento a seu respeito.[88] O material rabínico não foi coletado de forma fixa até o final do segundo século d.C., com a compilação da *Mishná*, consistindo, em grande parte, no relato de debates sobre as minúcias da observação da Torá — normalmente entre as "casas" ou "escolas" dos grandes mestres do período herodiano: Hilel e Shamai. Formular argumentações a partir do silêncio dos rabinos é uma atitude precária ao extremo.[89]

Não somente a literatura rabínica é limitada em escopo; também há evidências de que os debates, lembrados muitas gerações depois, mudaram sutilmente de significado no processo. O que começou, por exemplo, como uma discussão do cânone bíblico, com Shamai adotando a linha mais rígida (Eclesiastes não faz parte das escrituras) e Hilel a mais tolerante (Eclesiastes faz parte delas), acaba como uma discussão sobre *pureza*, pois, se um livro pertence ao cânone, "torna as mãos impuras" — ou seja, o indivíduo deve lavar-se depois de tocá-lo. Por essa perspectiva, Shamai parece ter adotado a linha mais tolerante (é possível tocar em Eclesiastes sem se lavar depois), e Hilel, a mais rigorosa.[90] O período da *Mishná*, assim, "recorda-se" dos primeiros fariseus como os grandes mestres da pureza, embora vários deles, incluindo o grande Aquiba, fossem claramente líderes políticos e revolucionários de primeira ordem. Podemos, de forma semelhante, observar o processo de "tradução" em ação entre os relatos de Josefo a respeito dos incidentes e, posteriormente, os relatos rabínicos.[91] Portanto, temos o problema (não surpreendente) de que as tradições que originalmente significavam uma coisa agora são citadas por significarem outra, o que dificulta a reconstrução original, exceto por inferência.

Além dos problemas mencionados, a ascensão da escola de Hilel no período posterior a 70 d.C. significa que, como diz Neusner: "É como se alguém não

---

[88]Veja Neusner, *The Rabbinic Traditions About the Pharisees Before 70*, 1971, 3.304, resumido em 1991, p. 79.

[89]Embora alguns ainda tentem fazê-lo: por exemplo, Smith, *Jesus the Magician*, 1978, p. 157.

[90]Veja mYad. 3.5, mEduy. 5.3. Veja Safrai, *Compendia*, 1987, p. 189-s.

[91]Veja, por exemplo, Cohen, "The Significance of Yavneh: Pharisees, Rabbis, and the End of Jewish Sectarianism", 1984, p. 36-s., um bom exemplo sendo as diferentes narrativas sobre o motim contra Alexandre Janeu (Ant. 13.372 com tSukk 3.16).

O NOVO TESTAMENTO E O POVO DE DEUS

pudesse mencionar Shamai sem denegri-lo".[92] Shamai, uma figura claramente importante em sua época (final do primeiro século), é apresentado como extremo demais para ser levado a sério ou, na outra extremidade, concordando demais com a escola de Hilel — mas em oposição à sua própria escola![93] Em contrapartida, nenhuma história da vasta coleção de material sobre Hilel lhe é desfavorável: "Depois de Moisés e Esdras, Hilel era reivindicado em toda parte como a maior autoridade com respeito à Torá oral".[94] Por essas razões, portanto — insuficiência, mudança de significado e tendências evidentes —, as tradições rabínicas sobre os fariseus anteriores a 70 d.C. não podem ser tidas como fontes confiáveis demais para essa tarefa.

Quando chegamos ao Novo Testamento, fica evidente que deparamos com uma forma mais aguda do mesmo problema. Se Shamai aparece nas tradições rabínicas sem ser denegrido, o mesmo quase sempre parece ser verdadeiro acerca dos fariseus em geral, tanto em Paulo como nos evangelhos. Contudo, há exceções. Jesus aceita convites para uma refeição na casa dos fariseus em textos como Lucas 7:36-s., 11:37-s. e 14:1; em Lucas 13:31, alguns fariseus advertem Jesus sobre o desejo de Herodes de matá--lo. Gamaliel, o fariseu, é o herói do momento em Atos 5:34-40. Em uma passagem na qual menciona a palavra "fariseu" (Filipenses 3:5), Paulo considera sua participação no grupo algo que, para ele, tratava-se de "ganho". No entanto, em nenhuma ocorrência encontramos a posição dos fariseus sendo afirmada ou apoiada. Os fariseus são vistos como inimigos do evangelho — ainda que não os únicos, diga-se de passagem. Histórias na tradição sinótica foram, de forma semelhante, transmitidas em um contexto (qualquer que tenha sido) que enfatizava esse ponto. Tal perspectiva, assim como a visão rabínica de Shamai, torna muito difícil o uso do Novo Testamento como material básico em nossa reconstrução dos fariseus. Na verdade, alguns duvidam da credibilidade de Paulo como fariseu, rotulando-o, antes, como um promotor do gnosticismo helenista.[95]

2. A identidade dos fariseus

Diante dos problemas em termos de fontes, não é surpreendente que diversas hipóteses tenham sido oferecidas a respeito de quem, exatamente, eram os fariseus, bem como acerca de seus objetivos, da extensão de sua influência e

---

[92]Neusner, *The Rabbinic Traditions About the Pharisees Before* 70, 1971, 1.208.
[93]*Ibidem*, 1.210-s.
[94]Neusner, *The Rabbinic Traditions About the Pharisees Before* 70, 1971, 1.300, p. 294-s. Sobre o significado da Torá oral, veja o cap. 8 deste volume.
[95]Veja Maccoby, *The Mythmaker: Paul and the Invention of Christianity*, 1986, 1991.

254

O DESENVOLVIMENTO DA DIVERSIDADE

de muitas outras coisas. Houve considerável confusão em todas as frentes, não apenas por causa das dificuldades envolvidas no alinhamento dos fariseus com seus possíveis sucessores, os rabinos; também há uma considerável confusão no alinhamento dos fariseus com vários outros grupos que entram e saem da literatura, como os escribas, os sábios (*hakamim*, possivelmente traduzidos no grego como *sophistai*), os "piedosos" (*hassidim*) e, acima de tudo, os "associados" (*haberim*), membros de sociedades que celebravam refeições especiais[96]* e observavam versões rígidas das leis de purificação.

Lidando primeiro com a questão da identidade e da referência de termos técnicos particulares, hoje se reconhece que os fariseus, embora muitos deles fossem escribas (e vice-versa), nem sempre pertenciam a esse grupo.[97] O termo "sábio", usado tanto com conotação desdenhosa (e.g., *Contra Ápio*, 2.236) como de forma neutra, é tão generalizado que é difícil defini-lo; algumas de suas ocorrências em Josefo, porém, parecem remeter aos fariseus.[98] Também os *hassidim* podem fundir-se com os fariseus, porém a categoria permanece imprecisa, referindo-se originalmente aos seguidores de Judas Macabeu, mas possivelmente admitindo uma referência posterior mais ampla.[99] Quanto aos *haberim*, algumas vezes foram identificados com os fariseus,[100] outras vezes com o grupo menor e mais radical para o qual os fariseus e seus sucessores serviram de modelo: todos os *haberim* eram fariseus, mas nem todos os fariseus

---

[96]**Lit.* "Dining-societies" (sociedades gastronômicas).

[97]Veja Saldarini, *Pharisees, Scribes and Sadducees in Palestinian Society*, 1988, p. 241-76. Sua conclusão é que os escribas "variavam em formação e fidelidade e eram indivíduos que desempenhavam diferentes papéis sociais em diferentes contextos, em vez de uma força política e religiosa unificada" (p. 276). Para uma tentativa de interligá-los de forma mais coesa, veja Rivkin, *A Hidden Revolution*, 1978; Kampen, *The Hasideans and the Origin of Pharisaism: A Study in 1 and 2 Maccabees*, 1988, p. 219-s.

[98]Veja, por exemplo, *Ant.* 17.152, 155; *Guerras* 1.648. A descrição de Judas, o Galileu, como *sophistes* em Guerras 2.118, 433, pode também enquadrar-se aqui, a despeito da tentativa de Josefo no sentido de manter o movimento de Judas separado. Compare com Hengel, *The Zealots: Investigations Into the Jewish Freedom Movement in the Period from Herod I Until 70 A.D.*, 1989c [1961], p. 83, 86-s., 227, 333. Mais uma vez, isso mostra que as categorias de fariseus e *sophistes* provavelmente se interliguem, sem se tornarem idênticas (em oposição à identificação próxima de Rivkin, "Defining the Pharisees: The Tannaitic Sources", 1969-70). Para o uso de "sábios" em vez de "rabinos" no período posterior, veja Safrai, *Compendia*, 1987, xv, e, claro, Urbach, *The Sages: Their Concepts and Beliefs*, 1987 [1975, 1979].

[99]1Macabeus 2:42; 7:12-s.; 2Macabeus 14:6. Veja Davies, "Hasidim in the Maccabean Period", 1977; Blenkinsopp, "Interpretation and the Tendency to Sectarianism: An aspect of Second-Temple History", 1981, p. 16-19, 23-s.; Saldarini, *Pharisees, Scribes and Sadducees in Palestinian Society*, 1988, p. 252; Kampen, *The Hasideans and the Origin of Pharisaism: A Study in 1 and 2 Maccabees*, 1988, *passim*.

[100]Por exemplo, Jeremias, *Jerusalem in the Time of Jesus: An Investigation Into Economic and Social Conditions During the New Testament Period*, 1969a, p. 246-67.

eram *haberim*.[101] Os *haberim*, portanto, podem ter sido grupos de fariseus que se reuniam para celebrar refeições especiais em um contexto de pureza normalmente impraticável. Alternativamente, podem ter abrangido a maioria dos fariseus, formando grupos mais coesos dentro do movimento farisaico e dando expressão local a um movimento mais generalizado. Ou, então, podem ter sido considerados pelos fariseus em geral uma espécie de corpo de elite, da mesma forma que Epiteto, estoico em termos práticos, caracterizava os cínicos como o verdadeiro grupo linha-dura.[102] A incerteza contínua nesse ponto constitui, na verdade, um dos problemas centrais na utilização do material rabínico como fonte para o movimento anterior a 70 d.C.

Por fim, o próprio nome "fariseu" é motivo de considerável controvérsia, a qual não será resolvida aqui.[103] Todavia, a argumentação de Baumgarten para o significado de "preciso, afiado" (ou seja, na interpretação e aplicação das leis de Israel) continua a ser uma opção atraente.

3. O plano ideológico e a influência dos fariseus

As questões mais importantes sobre os fariseus no debate atual dizem respeito a duas áreas intimamente relacionadas: qual era seu plano ideológico e quão ampla era sua influência? Obviamente, é improvável que um grupo preocupado simplesmente com a operação interna de um clube privado para a manutenção da pureza ritual de seus próprios membros se ocupe particularmente com questões importantes de políticas públicas. Ao mesmo tempo, é possível que os fariseus tivessem ambições grandiosas de influenciar o curso dos acontecimentos políticos, mas que não pudessem implementá-las devido à sua falta de poder real. Por outro lado, podemos sustentar que eles combinavam várias ambições diferentes: assim como os sicários de Massada mantinham a pureza ritual estrita como parte de sua resistência sagrada contra Roma, os fariseus podem muito bem, vistos simplesmente de um ponto de vista *a priori*, haver nutrido uma profunda preocupação com a pureza ritual, ao lado de um desejo radical por mudança política. Onde jaz a verdade em tudo isso?

Josefo, como acabamos de observar, enfatiza em seus escritos posteriores que os fariseus detinham considerável poder no início do primeiro século. Mas,

---

[101]Por exemplo, Rivkin, "Defining the Pharisees: The Tannaitic Sources", 1969-70, esp. p. 245-s.; Sanders, 1977, p. 154-s., seguindo Moore, *Judaism in the First Centuries of the Christian Era: The Age of the Tannaim*, 1927-30, 3.26 e outros; veja também Sanders, 1985, p. 186-s., e, mais cautelosamente, 1990a, p. 250. Veja também Goodman 1987, p. 82-5. Um ponto de vista oposto é adotado por Schürer, *The History of the Jewish People in the Age of Jesus Christ (175 B.C.—A.D. 135)*, 1973-87, 2.398-400, entre outros.
[102]Epit. 3.22.
[103]Veja Schürer, *The History of the Jewish People in the Age of Jesus Christ (175 B.C.—A.D. 135)*, 1973-87, 2.396-8 e, particularmente, Baumgarten, 1983.

O DESENVOLVIMENTO DA DIVERSIDADE |

quando se trata desse período, as coisas não são assim tão claras. Em uma extremidade (um ponto de vista normalmente abandonado hoje em dia), os fariseus foram considerados praticamente o partido governante do judaísmo, obedecendo estritamente a todas as regras da *Mishná* para os *haberim* e aplicando-as a tantos judeus quanto conseguissem.[104] Outra possibilidade é a perspectiva de que, embora os fariseus ainda pudessem ter sido numerosos no primeiro século, seu foco de interesse mudou, nas palavras de Neusner, "da política para a piedade", de modo que a imagem de Josefo em relação aos fariseus intervindo em grandes eventos sociais e políticos é anacrônica e aplicada à geração anterior à destruição do Templo.[105] A posição de Sanders é definida, de uma forma complexa, por duas discordâncias relativas a ambos. Contrariando a perspectiva de Jeremias quanto à autoridade generalizada dos fariseus, Sanders sugere que, no primeiro século, eles formavam um grupo pequeno, baseado apenas em Jerusalém, com pouco significado político e seguindo seu próprio planejamento ideológico limitado, sem muito interesse nos principais movimentos da época.[106] Ao contrário de Neusner, contudo, Sanders afirma que os fariseus continuaram a se preocupar com outras questões além da mera manutenção de uma pureza semelhante à sacerdotal.[107]

Gostaria de sugerir uma combinação diferente de elementos no âmbito de um relato histórico dos fariseus e de sua agenda ideológica. Em resumo, argumento que: (i) (com Sanders) os fariseus, embora nunca tenham sido uma "polícia do pensamento" judaico do primeiro século (ou de qualquer outro), preocupavam-se com questões mais amplas do que a pureza particular ou ritual; (ii) (ao contrário de Sanders) que essas preocupações frequentemente envolviam ações políticas e revolucionárias, de modo que a ideia de um grupo autônomo — baseado em Jerusalém, com pouca influência e sem muito interesse nas coisas que aconteciam em outros lugares — está fora de cogitação; (iii) (entre Neusner e Sanders) os códigos de pureza eram parte vital do fariseísmo nos anos que precederam 70 d.C., funcionando em estreita relação simbólica com seu plano ideológico mais amplo. Estabelecerei essa posição em relação aos quatro períodos-chave: o período asmoneu (164—63 a.C.);

---

[104]Esse é o ponto de vista que Sanders atribui a Jeremias (veja Meyer, 1991a, e Sanders, 1991a); veja também a perspectiva de Rivkin (1969-70, 1978), dos fariseus suplantando os sacerdotes como mestres oficiais da Torá, perspectiva firmemente criticada (ao meu ver corretamente) por Mason, 1988; Sanders, *Judaism: Practice and Belief, 63 BCE—66 CE*, 1992, cap. 10.

[105]Neusner, *From Politics to Piety*, 1973; *Jews and Christians: The Myth of a Common Tradition*, 1991.

[106]Sanders, *Jesus and Judaism*, 1985, seguindo Smith, "Palestinian Judaism in the First Century", 1977 [1956]; em *Judaism: Practice and Belief, 63 BCE—66 CE*, 1992, caps. 18—21, Sanders, parece assumir uma linha mais moderada.

[107]Sanders, *Jewish Law from Jesus to the Mishnah: Five Studies*, 1990a, esp. os caps. 3 e 5.

O NOVO TESTAMENTO E O POVO DE DEUS

o período romano, até a destruição do Templo (63 a.C.—70 d.C.); o período entre as duas revoltas (70—135 d.C.); e, por último, o período após 135 d.C.

1. Não restam dúvidas de que, por algum tempo antes de 63 a.C., existiu um grupo de pressão, conhecido pelo menos por seus inimigos como "fariseus". Tal grupo, não necessariamente numeroso, parece ter surgido por ocasião da — ou logo após a — Revolta dos Macabeus, embora seja impossível rastrear precisamente suas conexões (se é que houve alguma) com aquele acontecimento. Esses fariseus exerceram considerável influência sobre alguns dos governantes asmoneus subsequentes, principalmente Salomé (76—67 a.C.), viúva de Alexandre Janeu. Mesmo que Josefo exagere ao dizer que os fariseus influenciaram Salomé em seu modo de governar Israel,[108] ou que seu governo de Jerusalém tenha gerado (na prática) protestos,[109] fica claro que eles eram um poder *de facto* na nação. Ademais, o poder que exerciam — embora "religioso", em termos modernos, em sua origem e intenção — era enfaticamente "político" em termos de efeitos. Quaisquer que sejam as disputas em relação aos detalhes, as grandes questões da época diziam respeito à postura adequada que um judeu deveria assumir quando confrontado com (o que lhes parecia ser) as transgressões ao estilo de vida dos não judeus. Os fariseus se viam firmes nos antigos métodos, nas tradições de Israel, contra o paganismo externo e as assimilações internas. Nesse contexto, seu foco extremo na Torá faz todo o sentido, assim como o foco cada vez maior, nesse período e em épocas subsequentes, nas questões relativas à pureza.

Para uma visão geral dos fariseus, tanto nesse como em outros períodos, não é absolutamente vital que descubramos precisamente a quais leis de purificação eles obedeciam e quais conseguiam contornar.[110] O que importa é a ideologia

---

[108] *Guerras* 1.112. Sanders, *Judaism: Practice and Belief, 63 BCE—66 CE*, 1992, p. 382-s., pensa que Josefo faz uma descrição acurada a esse respeito.

[109] *Ant.* 13.416.

[110] Veja Sanders, *Jewish Law from Jesus to the Mishnah: Five Studies*, 1990a, cap. 3, e a resposta de Neusner, *Jews and Christians: The Myth of a Common Tradition*, 1991, esp. p. 89-s. Parece-me que Neusner, apesar de sua polêmica, admite a força de pelo menos parte do ponto de vista de Sanders, ao dizer que, de acordo com a *Mishná* (referindo-se particularmente ao mHag. 2.5—3.3, passagem cuja relevância é negada por Rivkin, "Defining the Pharisees: The Tannaitic Sources", 1969-70), os fariseus "são pessoas que comem alimentos não consagrados em um estado de limpeza cúltica, *ou, mais precisamente, na hierarquia de estados de limpeza cúltica...*" (itálicos nossos). Em outras palavras, uma distinção é feita entre a posição amplamente declarada como a de Neusner — de que os fariseus (ou possivelmente os *haberim*) comiam seu alimento na pureza devida aos sacerdotes do Templo — e a posição diferenciada, aqui articulada, em que a pureza farisaica é *de um grau diferente na mesma escala* aplicada aos que trabalham no Templo. Veja também a história de Johanan ben-Gudgada (mHag 2.7), que é mencionado, como uma exceção à regra geral, por sempre haver consumido seu alimento regular, de acordo com o segundo código mais rigoroso para os sacerdotes, ou seja, para aqueles que "comem das coisas sagradas". Na proporção em que

O DESENVOLVIMENTO DA DIVERSIDADE

que os motivava a se concentrar táo fortemente na pureza e relacioná-la, de todas as maneiras, à pureza exigida no Templo. Nesse ponto, a tese mais atraente me parece a seguinte: diante da "poluição" social, política e cultural na vida nacional como um todo, uma reação natural (com um forte senso de "natural") era concentrar-se na pureza pessoal, a fim de limpar e purificar uma área sobre a qual se tinha controle, como uma compensação pela impossibilidade de limpar ou purificar uma área — aquela política externa e visível — sobre a qual não se tinha controle algum. A intensificação dos regulamentos de pureza bíblica dentro do farisaísmo pode, assim, ser explicada como o análogo individual ao medo nacional de — ou de resistência à — contaminação ou opressão dos gentios.[111] A pureza cerimonial funcionaria quase como uma atividade de deslocamento diante da aparente impossibilidade da pureza nacional. Assim como, para os mártires macabeus, recusar-se a comer carne de porco e recusar-se a obedecer ao governante pagão eram a mesma coisa, a preocupação com a pureza funcionava como um meio de representar simbolicamente a mesma resistência ao governo pagão, alimentada secretamente e mantida em prontidão para oportunidades revolucionárias, sempre que surgissem. Ao mesmo tempo, essa preocupação poderia levar — e, depois de 135 d.C., certamente levou — à criação de um mundo alternativo, o mundo (em termos gerais) da *Mishná*, no qual a preocupação com a pureza particular assumiu papel predominante e a esperança para a restauração nacional assumiu não só a forma de luto pelos desastres sofridos, mas também de uma expectativa de que o deus de Israel restauraria, um dia, a sorte de seu povo. É interessante observar que Josefo não tenta descrever os regulamentos de pureza dos fariseus, embora sua menção a "evitar a opulência"[112] talvez seja uma referência codificada e helenizada a essa característica.

É essa situação, social e até psicologicamente complexa, que permite a "tradução" do que as gerações posteriores classificariam como uma questão "política" em uma questão "puramente religiosa", embora a distinção não tivesse significado, segundo sugiro, para a maioria das pessoas durante a maior parte do tempo entre os macabeus e (pelo menos) 70 d.C. A própria *Mishná*, obviamente, pertencia a uma época em que a possibilidade de uma mudança real na sorte política havia desaparecido por completo. Conforme observamos na seção anterior, até mesmo os revolucionários mais radicais economizavam seus principais esforços para momentos em que pareciam ter uma chance real de sucesso.

Sanders desafia o ponto mais amplo de Neusner (veja, por exemplo, *Jewish Law from Jesus to the Mishnah: Five Studies*, 1990a, p. 248), certamente ele está correto.

[111]Veja Goodman, *The Ruling Class of Judaea: The Origins of the Jewish Revolt Against Rome A.D. 66-70*, 1987, p. 99-s., seguindo Mary Douglas; Saldarini, *Pharisees, Scribes and Sadducees in Palestinian Society*, 1988, p. 286.

[112]*Ant.* 18.12.

O NOVO TESTAMENTO E O POVO DE DEUS

Desse modo, no período asmoneu, podemos considerar os fariseus tanto como um grupo de pressão política quanto preocupado com a manutenção de uma espécie de pureza ritualística cuja reflexão imitava, embora não de forma exata, a pureza dos próprios sacerdotes que serviam no Templo. A primeira dessas características é testemunhada por vários incidentes, incluindo sua resistência ao que consideravam o governo ilegítimo de João Hircano (134—104 a.C.). Josefo conta essa história como se ela girasse em torno de um fariseu recalcitrante, Eleazar, mas sua descrição do incidente como uma *stasis* — ou seja, uma revolta ou um distúrbio civil — sugere algo em escala maior.[113] Podemos citar, novamente, os fariseus que aconselharam o povo a abrir os portões para Herodes quando ele marchasse sobre Jerusalém: isso não deve ser visto como uma postura pró-herodiana, conforme seu comportamento subsequente indica, mas como um ato antiasmoneu, com o objetivo de se livrar de Antígono.[114] A segunda característica, sua preocupação com a piedade, é uma inferência da literatura rabínica e do Novo Testamento, pois ambos os corpos literários retratam os fariseus como um grupo preocupado com as questões de pureza e guarda dos sábados, marcas que, como veremos no capítulo 8, funcionavam como símbolos poderosos de identidade nacional.

É vital, entretanto, que, mesmo nesse período, no auge de sua influência, não imaginemos os fariseus agindo, ou mesmo pensando de si, como uma espécie de "polícia secreta do pensamento". Eles não eram um órgão oficial, nem mesmo mestres oficiais da Torá: essa era uma das funções do sacerdócio, tanto em Jerusalém como nas comunidades locais.[115] Os fariseus só chegariam ao poder se pactuassem com algum outro grupo ou influenciassem aqueles que já detinham o poder. Dois exemplos do Novo Testamento, no período romano, mostram isso. Nos evangelhos, os fariseus conspiram com os herodianos contra uma ameaça comum percebida; da mesma forma, o fariseu Saulo de Tarso busca e obtém autoridade do sumo sacerdote para perseguir a jovem igreja. Sem isso,

---

[113]*Ant.* 13.288-98 e 299, a cujo respeito veja Sanders, *Judaism: Practice and Belief, 63 BCE—66 CE*, 1992, p. 380. Sobre a possibilidade de que os fariseus estivessem envolvidos no motim contra Janeu (*Guerras* 188-s.; *Ant.* 13.372-s.), veja Sanders, *ibidem*, p. 381-s. As declarações mais completas sobre os fariseus em *Antiguidades* não podem simplesmente, à luz disso, ser um exagero pró-rabínico posterior (contra o fato de Goodblatt seguir a afirmação crua de Smith: Goodblatt, "The Place of the Pharisees in First Century Judaism: The State of the Debate", 1989; Smith, "Palestinian Judaism in the First Century", 1977 [1956], veja a crítica a essa posição em Mason, *Flavius Josephus on the Pharisees: A Composition-Critical Study*, 1991, p. 367-71; e Stemberger, *Pharisäer, Sadduzäer, Essener*, 1991, p. 23). Sobre os fariseus e os asmoneus, veja Schwartz, *Studies in the Jewish Background of Christianity*, 1992, cap. 2.

[114]*Ant.* 15.3. Está claro, a partir de *Ant.* 14.172-s., esp. p. 176, que não se tratava de um ato pró-herodiano.

[115]Veja Mason, "Priesthood in Josephus and the 'Pharisaic Revolution'", 1988; Sanders, *Judaism: Practice and Belief, 63 BCE—66 CE*, 1992, cap. 10.

O DESENVOLVIMENTO DA DIVERSIDADE

ele não poderia ter feito nada legalmente.[116] É improvável que esses exemplos apresentem uma imagem diferente do que teria sido o caso sob os asmoneus. Os fariseus procuraram exercer pressão moral sobre aqueles que detinham o poder real; influenciar as massas; e manter sua própria pureza, da melhor maneira possível. Seu objetivo, tanto quanto podemos dizer, nunca foi simplesmente o da piedade privada por si mesma. Tampouco (não é preciso acrescentar) foi o sistema de autossalvação, tantas vezes atribuído anacronicamente a eles por cristãos que pouco sabem sobre o primeiro século, mas muito sobre a controvérsia pelagiana. Seus objetivos eram a honra do deus de Israel, o cumprimento de seu documento pactual e a busca pela redenção plena de Israel.

2. A chegada do domínio romano, em 63 a.C., e a ascensão de Herodes, no final dos anos 40 e início dos anos 30 a.C., restringiram as possibilidades de os fariseus exercerem qualquer poder real — quer em algum cargo oficial, quer sobre aqueles com poder *de jure*. Governantes asmoneus se esforçaram por manter pelo menos alguma aparência de governo em consonância com a herança de Israel e, por isso, mostraram-se suscetíveis à pressão de um grupo que afirmava falar em nome dessa herança. Nem os romanos nem Herodes estavam particularmente interessados em seguir as tradições ancestrais e, por essa razão, não precisavam do conselho ou do apoio dos fariseus. Não há evidências, porém, de que o grupo tenha morrido ou mudado suas ambições. Pelo contrário: ouvimos sobre a recusa dos fariseus de jurar fidelidade aos novos governantes — dificilmente a ação de um grupo que abandonou a política e se voltou para uma piedade interior.[117]

O plano ideológico farisaico permaneceu, nesse ponto, inalterado: purificar Israel, convocando-o a retornar às verdadeiras tradições ancestrais; restaurar Israel ao seu *status* teocrático independente; permanecer, como grupo de pressão, na vanguarda de tais movimentos pelo estudo e pela prática da Torá. Isso significa que devemos entender os fariseus, no período romano — mesmo que não na mesma medida sob o governo asmoneu —, como um grupo cujo movimento era em direção a uma identidade "sectária", por assim dizer.[118] Reivindicando falar em nome de Israel e de sua tradição genuína, mantiveram polêmica em relação à elite governante em Jerusalém e, embora continuassem a adorar

---

[116]Marcos 3:6; Atos 9:1-2.

[117]Veja Gafni, "The Historical Background [i.e. to the Literature of the Sages]", 1987, p. 9-s., e a continuação deste capítulo.

[118]Veja Cohen, "The Significance of Yavneh: Pharisees, Rabbis, and the End of Jewish Sectarianism", 1984, esp. p. 42-s.; e Neusner, *Jews and Christians: The Myth of a Common Tradition*, 1991, p. 92-s., contra Sanders (veja a nota seguinte). Tudo depende, claro, de como definimos "seita": veja Blenkinsopp, "Interpretation and the Tendency to Sectarianism: An aspect of Second-Temple History", 1981, p. 1-s.

O NOVO TESTAMENTO E O POVO DE DEUS

no Templo, consideravam seus oficiais e guardiões perigosamente corruptos. Cada vez mais, como outras seitas judaicas da época (incluindo os essênios e os primeiros cristãos), os fariseus se autoconsideravam, em um sentido ou em outro, os substitutos ou equivalentes do Templo.[119] Também parecem haver autoconsiderado a si mesmos, em alguns aspectos, profetas cujo papel tradicional sempre incluía falar a respeito de questões "políticas".[120]

Como resultado, seu plano ideológico sempre seguia em uma das seguintes direções correlatas e paralelas: ou uniriam forças com os rebeldes e continuariam a tradição de "zelo" que examinamos anteriormente, ou se retirariam para o estudo privado e para a prática mais profunda da Torá, criando um modo alternativo de judaísmo que alcançaria sua libertação de Roma e do judaísmo corrupto por viver em seu próprio mundo, onde nem pagão nem renegado poderiam corromper. Parece-me bastante provável que essas duas opções, a espada e o gueto, constituíssem os verdadeiros pontos de disputa entre os fariseus de diferentes escolas nos períodos romano e herodiano, ainda que a memória posterior tenha despolitizado essa controvérsia. Em um período em que a revolta, por ter levado duas vezes ao desastre, foi abandonada como alternativa de libertação, a aspiração dos fariseus foi traduzida na forma menos ameaçadora de debates entre compreensões estritas e mais lenientes do código de purificação da Torá.[121]

Assim, parece que pelo menos uma vertente da opinião e da atividade farisaica manteve um papel político, e muitas vezes um papel ativamente revolucionário, no período romano. Isso não é, de forma alguma, tão amplamente reconhecido quanto deveria ser, e as evidências devem ser reunidas, passo a passo, da seguinte forma:

(i) Dois líderes fariseus, Pólio e Sâmea, destacaram-se contra o juramento de lealdade a Herodes e ganharam seu argumento.[122] Aparentemente, um número

---

[119]Sanders (p. ex., *Jewish Law from Jesus to the Mishnah: Five Studies*, 1990a, p. 248) desafiou esse ponto de vista em detalhes: os fariseus não tentavam viver em todos os aspectos como sacerdotes, mas apenas faziam gestos simbólicos nessa direção. O argumento de Cohen (1984) é mais *a priori*, poderoso em estabelecer a *disposição* do sectarismo judaico: ao se estabelecer como seita, um grupo judaico automaticamente reivindicava para si algum aspecto relacionado ao Templo. Essa é a lógica para pelo menos um gesto simbólico em relação à imitação dos códigos de pureza dos sacerdotes do Templo.

[120]Veja *Ant.* 15.4; 17.41-4. Sobre sua veneração dos profetas, veja Mateus 23:29-31. Veja Webb, *John the Baptizer and Prophet: A Socio-Historical Study*, 1991, p. 326-32, mostrando a dimensão essencialmente política (e potencialmente escatológica/messiânica) da profecia farisaica.

[121]Veja discussões desse tipo de posicionamento em Goodman, *The Ruling Class of Judaea: The Origins of the Jewish Revolt Against Rome A.D. 66-70*, 1987, p. 107-s., 209-s. De forma surpreendente, a possibilidade de uma divisão do farisaísmo não é discutida por Sanders, *Judaism: Practice and Belief, 63 BCE—66 CE*, 1992.

[122]*Ant.* 15.370. Sâmea falou contra Herodes durante seu julgamento por haver matado o desordeiro Ezequias (*Ant.* 14.172-6). Sobre a possível identidade desse Sâmea como o grande mestre

O DESENVOLVIMENTO DA DIVERSIDADE

maior se recusou a fazer o juramento de lealdade a César, levando alguns outros consigo e incorrendo em punição.[123]

(ii) Por volta da mesma época (embora seja difícil separar os incidentes e datá-los corretamente), alguns fariseus previram que o poder de Herodes passaria para seu irmão Feroras. Tal declaração, passível de ser interpretada como traição, não se tratava da ação de um grupo dedicado à piedade particular: Herodes matou muitos de sua própria família por motivos muito menores.[124]

(iii) O incidente da remoção da águia dourada do Templo, em 4 a.C., definitivamente envolveu alguns mestres farisaicos.[125] A descrição que Josefo faz dos líderes, Judas e Matias, como "eruditos" e "intérpretes incomparáveis das leis ancestrais",[126] bem como a designação *sophistai*, "sábios",[127] indica, de modo suficientemente claro, que se tratava de fariseus, bem como a comparação entre essa passagem e aquelas relacionadas à recusa do juramento a César.

(iv) A rebelião de 6 d.C. seria novamente associada à atividade farisaica.[128] A comparação entre os dois relatos de Josefo desse incidente é instrutiva. Na passagem anterior (*Guerras* 2.118), Josefo anseia por culpar o que chama de "quarta filosofia" por todos os problemas de Israel, da mesma forma que atribui a revolta a Judas, o Galileu, descrevendo-o como um sofista que "fundou uma seita própria, nada tendo em comum com os outros" (ou seja, com os fariseus, saduceus e essênios). No relato posterior (*Antiguidades* 18.23), Josefo está mais tranquilo em relação a essa informação propagandista e admite abertamente que Judas atuou em estreita colaboração com Zadoque, um fariseu (18.4-s). A própria palavra *sophistes*, conforme vimos, pode muito bem ligar Judas a pelo

---

Shamai, veja Gafni, "The Historical Background [i.e. to the Literature of the Sages]", 1987, p. 10; não há necessidade de interligá-lo com uma possível identificação de Pólio, companheiro de Sâmea, com Hilel. Na verdade, é muito mais provável que essa ação política tenha sido praticada por Shamai e um companheiro seu, e não por seu principal opositor.

[123]*Ant.* 17.41-5; *Guerras* 1.571-3. Essas passagens são discutidas por Schwartz, "Josephus and Nicolaus on the Pharisees", 1983 (atribuindo declarações antifarisaicas a Nicolas); Baumgarten, "Rivkin and Neusner on the Pharisees", 1991, p. 119-s.; Sanders, *Judaism: Practice and Belief, 63 BCE—66 CE*, 1992, p. 384 e 532 n.º 5 (sugerindo que os dois relatos de recusa de juramento se referem ao mesmo incidente, sendo o último mais preciso); e Mason, *Flavius Josephus on the Pharisees: A Composition-Critical Study*, 1991, *passim*. Sobre a atitude negativa dos fariseus contra Herodes, veja, por exemplo, Alon, *Jews, Judaism and the Classical World: Studies in Jewish History in the Times of the Second Temple*, 1977, p. 37-40. Sobre o significado do trecho em *Ant.* quanto ao tamanho do partido dos fariseus, veja o restante deste capítulo.

[124]*Guerras* 1.567-72; *Ant.* 17.41-5.

[125]*Ant.* 17.149-67; *Guerras* 1.648-55; veja p. 238 deste livro. Veja Stern, *Compendia*, 1973, p. 144, associando o movimento à revolta posterior e à casa de Shamai; Sanders, *Judaism: Practice and Belief, 63 BCE—66 CE*, 1992, p. 384-s.

[126]*Ant.* 17.149.

[127]*Ant.* 17.152.

[128]*Ant.* 18.4-10; *Guerras* 2.118. Veja p. 239 deste livro.

menos uma ampla corrente de piedade e objetivos farisaicos.[129] A continuação do relato generalizado das atividades revolucionárias na versão mais longa da obra de Josefo (*Antiguidades* 18.6-10) dificilmente deve ser confinada à revolta de 6 d.C. ou à guerra de 66—70 d.C. Dada a memória sempre renovada dos macabeus, com sua inquietação contínua sob o governo dos procuradores e outros fatores a serem discutidos nos capítulos 8–10, parece claro que a revolta contra Roma, que apenas aguardava pelas circunstâncias certas, fazia, sim, parte do plano ideológico farisaico.

(v) Segundo acabamos de observar de passagem, o próprio Josefo, possivelmente ao escrever com menos cautela, vincula, de forma estreita, a quarta filosofia aos fariseus. A diferença, ao que parece, não era uma ideologia subjacente ou objetivos de longo prazo, mas, sim, até onde se estava disposto a ir para propagá-los. Se concordarmos com a maioria dos estudiosos, no sentido de que Josefo tinha um anseio geral por proteger os fariseus das críticas, tal comentário é extremamente revelador. Se concordarmos com Mason, no sentido de que Josefo tentava denegrir o caráter dos fariseus, isso, ainda assim, não quer dizer que se trata de um comentário inventado.[130] É bem provável que Josefo conhecesse os diversos pontos de vista dentro do movimento farisaico.

(vi) Neste ponto, cabe o testemunho de um ex-fariseu, Saulo de Tarso. Por seu próprio relato, ele mesmo havia perseguido a igreja, "sendo extremamente zeloso das tradições de meus pais".[131] Na passagem, temos exatamente a mistura de elementos que, segundo sugiro, caracterizaram pelo menos um ramo do farisaísmo da época: estudo das tradições ancestrais, "zelo" e violência física dirigida contra um grupo desviante. Se, conforme veremos posteriormente, essa reação destaca Saulo de Tarso em relação a outros fariseus das décadas de 30 e 40 d.C., podemos enxergar uma divisão dentro do movimento, e não imprecisão nas fontes.[132]

(vii) Josefo registra um estranho incidente durante o reinado de Herodes Agripa (37–44 d.C.). Certo Simão, um fariseu devoto, denunciou Agripa

---

[129]Veja também *Guerras* 2.433, em que ele é descrito como *sophistes deinotatos*, "um hábil mestre". A descrição de alguém como *deinos kai sophos*, "habilidoso e sábio", remonta pelo menos a Heródoto 5.23 e a Sófocles (*Filoctetes* 440). Sobre o envolvimento farisaico com a revolta nesse estágio e no estágio subsequente, veja Schürer, *The History of the Jewish People in the Age of Jesus Christ (175 B.C.—A.D. 135)*, 1973-87, 2.603, n.º 36 (escrito por C. T. R. Hayward); 1992, p. 385.

[130]Mason, *Flavius Josephus on the Pharisees: A Composition-Critical Study*, 1991, p. 282-5, sugere que a associação dos fariseus com a revolta é uma "insinuação infundada", destinada a denegrir sua reputação. Essa alegação me parece levar a tese revisionista de Mason longe demais. Nesse aspecto, prefiro Sanders, *Judaism: Practice and Belief, 63 BCE—66 CE*, 1992, p. 408-s.

[131]Gálatas1:13-14 [ARA].

[132]Sobre a possibilidade de Saulo haver pertencido à escola de Shamai, veja o restante do capítulo.

O DESENVOLVIMENTO DA DIVERSIDADE |

(em sua ausência) como impuro e, portanto, indigno de entrar no Templo.[133] Agripa mostrou-lhe extraordinárias bondade e tolerância. Talvez Josefo tenha exagerado esse elemento, porém volta a incluí-lo, contra a natureza de sua agenda ideológica normal, na história sobre um fariseu que, "com uma reputação de escrupulosidade religiosa", agiu com base no que poderia muito bem, em circunstâncias diferentes, se haver transformado em algum tipo de revolta.

(viii) Outro incidente estranho diz respeito à época do procurador Félix (52—60 d.C.).[134] Josefo, após descrever as atividades dos sicários (ou "homens da adaga"), menciona outro grupo de "homens maus" (*poneroi*), homens cujas "mãos são mais puras", mas cujos "pensamentos são maus" (*cheiri men katharoteron, tais gnomais de asebesteron*). É impossível ter certeza de quem era esse grupo, que, com intenção revolucionária e fervor profético, conduz pessoas para o deserto na esperança de receber "sinais de liberdade" (*semeia eleutherias*), mas acabam mortos pelos soldados de Félix. Contudo, a descrição "mãos limpas" não pode deixar de levantar suspeitas sobre os fariseus.[135]

(ix) Parece provável que aqueles que reclamaram com Agripa II do assassinato de Tiago por instigação de Ananias, o sumo sacerdote, no interregno entre os procuradores Festo e Albino (62 d.C.), também eram fariseus.[136] Josefo os descreve como "os da cidade, considerados mais justos e rígidos em relação à lei"; a última frase ecoa outras descrições dos fariseus. Embora o incidente em si não conecte os fariseus à revolução, certamente se opõe a qualquer tentativa de afirmar que, a essa atura, o partido farisaico há muito se preocupava apenas com a piedade particular e a comunhão devota ao redor da mesa. Os fariseus tiveram seu desejo atendido quanto a uma questão política delicada.

(x) Quando chegamos ao relato de Josefo sobre a guerra em si, encontramos um importante fariseu, Simão ben-Gamaliel, que se revelou um colaborador próximo de um dos principais líderes populares: João de Giscala.[137] Embora mencionado como alguém que se opunha aos "zelotes", a afirmação diz respeito

---

[133]*Ant.* 19.332-4. Segundo uma leitura alternativa, a acusação se relacionava ao fato de Agripa ter, em parte, ascendência edomita. Veja a nota de Feldman na edição de Loeb de Josefo, 9.370-s. A questão é irrelevante para a presente discussão. Não há boas razões para duvidarmos de que esse Simão realmente tenha sido um fariseu (veja Goodblatt, "The Place of the Pharisees in First Century Judaism: The State of the Debate", 1989, p. 27).

[134]*Guerras* 2.258-9.

[135]Segundo Hengel, *The Zealots: Investigations Into the Jewish Freedom Movement in the Period from Herod I Until 70 A.D.*, 1989c [1961], p. 233, seguindo Zeitlin.

[136]*Ant.* 20.200-2; a descrição dos protestos se encontra em 201. Veja Baumgarten, "The Name of the Pharisees", 1983, p. 413-s.

[137]*Guerras* 4.159 (em que ele é chamado de Simeão); *Vida*, 189-98. Para a sugestão de que João também era um fariseu, veja Roth, "The Pharisees in the Jewish Revolution of 66-73", 1962, p. 69, com Jos. *Vida* 74-6.

O NOVO TESTAMENTO E O POVO DE DEUS

ao partido que assumiu esse nome, não ao movimento antirromano em si, do qual, obviamente, João era um dos líderes. Evidentemente, o farisaísmo de Simão não constituiu obstáculo para sua participação em atividades revolucionárias.

(xi) Outra evidência direta do envolvimento farisaico na guerra vem com a menção de Ananias ben-Zadoque.[138] Hengel vê seu plano ideológico como um exemplo do sinergismo dos fariseus (um meio-termo entre determinismo e livre-arbítrio) sendo "transferido para o plano da esperança escatológica".[139] Parece-me mais provável que a descrição do "sinergismo" feita por Josefo como uma doutrina filosófica sustentada pelos fariseus é sua própria transferência de uma doutrina essencialmente política (o ser humano deve trabalhar pela liberdade e esperar por ela, mesmo que, em última análise, ela venha de cima) para uma esfera "segura" da discussão filosófica.

(xii) Uma pequena evidência do período da guerra indica que a piedade farisaica e o fervor revolucionário continuaram, de fato, a caminhar de mãos dadas. Escavações em Massada revelaram que os tanques de banho ritual, os *mikvaot*, foram construídos de acordo com especificações farisaicas; outros sinais da piedade farisaica também são perceptíveis. A conclusão de Hengel é, então, justificada: "Pelo menos alguns do partido farisaico estavam mais próximos da quarta seita em sua hostilidade para com os romanos do que a tradição rabínica posterior [e, podemos acrescentar, Josefo] nos faria acreditar".[140]

(xiii) Doravante, examinemos as evidências em duas áreas finais que concluem esse argumento sobre a postura política dos fariseus no principal período romano. Refiro-me (a) às contínuas tendências revolucionárias de pelo menos alguns dos supostos sucessores dos fariseus no anos que se seguiram a 50 d.C. e (b) ao significado das orações, crenças e práticas farisaicas.

Podemos resumir nossa posição até esse ponto da seguinte maneira: descobrimos que, no período entre a chegada dos romanos (63 a.C.) e a queda de Jerusalém (70 d.C.), há numerosas evidências para a contínua atividade política e revolucionária por parte dos fariseus — evidências que Josefo incluiu em seu relato, apesar de seu desejo claro de exonerar o partido farisaico como um todo. Da mesma forma, a partir da ampla variação dos relatos após o ano 70 d.C. sobre a atividade farisaica anterior a esse período, percebemos a existência de grandes divisões dentro do movimento. Assim, é altamente provável que

---

[138] *Guerras* 2.451; ele é mencionado como um fariseu em *Vida*, 197, 290.

[139] Hengel, *The Zealots: Investigations Into the Jewish Freedom Movement in the Period from Herod I Until 70 A.D.*, 1989c [1961], p. 123.

[140] Hengel, *The Zealots: Investigations Into the Jewish Freedom Movement in the Period from Herod I Until 70 A.D.*, 1989c [1961], p. 88, em detalhes; compare também com p. 401-s., esp. Sanders, *Judaism: Practice and Belief, 63 BCE—66 CE*, 1992, p. 224-9, 407-s. Há uma fotografia dos tanques de banho de Massada em Stern, "Zealots" [Zelotes]. Em *Encyclopaedia Judaica Year Book 1973*, 1973, p. 140.

O DESENVOLVIMENTO DA DIVERSIDADE

uma das questões-chave se referisse precisamente ao seguinte: até que ponto o envolvimento na política prática em geral, e na revolução em particular, era apropriado aos membros do movimento? Podemos conjecturar que a chegada do poder romano e a ascensão de Herodes e sua casa projetaram os fariseus em uma nova situação, diferente daquela que haviam enfrentado sob o governo asmoneu, produzindo, então, as mais diversas reações.

Podemos supor com segurança que, embora algumas opiniões farisaicas pudessem ter sido polarizadas, haveria um tipo de *continuum* na resposta farisaica à nova situação. Em determinado ponto desse *continuum*, encontramos Hilel e seus sucessores, Gamaliel (década de 40 d.C.) e Johanan ben--Zakkai (a partir de 70 d.C.). Cada qual, ao que tudo indica, estava preparado para argumentar contra a revolução e a favor de se retirar da esfera política para o mundo do estudo da Torá. (Essa também, claro, é uma postura "política".) Deixe os romanos governarem o mundo, contanto que possamos estudar e praticar a Torá. Aqui, se em algum lugar, encontramos um movimento que corresponde à postura dos sábios posteriores (ou seja, a partir de 135 d.C.). Também encontramos, curiosamente, um indicador na direção da própria postura de Josefo, segundo a qual o deus de Israel havia passado para o lado dos romanos. A evidência dessa postura farisaica mais aberta também nos pode ser fornecida pelos fariseus mencionados em Lucas 7:36-s., 11:37-s. e 13:31-s.

Na outra extremidade do *continuum*, encontramos Shamai e sua casa, defendendo algum tipo de "zelo" revolucionário.[141] Embora as discussões em Jâmnia tenham movido o judaísmo rabínico firmemente em direção às decisões de Hilel, temos todos os motivos para pensar que, até 70 d.C., predominavam as ideias de Shamai, ideias cuja presença vocal e, às vezes, vitoriosa pode haver ocorrido no período de 70 a 135 d.C.[142] Nessa época, o movimento farisaico como um todo foi dominado por aqueles que se encontravam nesse ponto do espectro da opinião, cujas inclinações os aproximavam de movimentos revolucionários que, a despeito de sua expressão máxima em 4 a.C. e nos anos 6, 66–70 e 132–5 d.C.,

---

[141]Veja Gafni, "The Historical Background [i.e. to the Literature of the Sages]", 1987, p. 11, citando mShabb. 1.4; tShabb. 1.16-20; yShabb. 1, 3c; bShabb. 13b. Essas passagens discutem os "18 decretos", os quais aplicavam uma separação mais estrita entre judeus e gentios; adeptos da escola de Shamai os impuseram, contra a oposição dos da escola de Hilel, não muito antes de romper a guerra (66 d.C.). Veja Cohen, *Josephus in Galilee and Rome: His Vita and Development as a Historian*, 1979, p. 218, n.º 73; Hengel, *The Zealots: Investigations Into the Jewish Freedom Movement in the Period from Herod I Until 70 A.D.*, 1989c [1961], p. 200-6: Hengel fala de uma "profunda divisão interna no partido farisaico, na qual a ala de Shamai, mais radical, estava mais próxima do movimento zelote" (p. 206, veja p. 334-s).

[142]Segundo Hengel, *The Zealots: Investigations Into the Jewish Freedom Movement in the Period from Herod I Until 70 A.D.*, 1989c [1961], p. 334, seguindo Finkelstein, Moore e Schlatter. Veja particularmente, por exemplo, mShabb.1.4, com suas "conotações patrióticas" (Roth, "The Pharisees in the Jewish Revolution of 66-73", 1962, p. 78).

O NOVO TESTAMENTO E O POVO DE DEUS

eram incessantemente latentes por todo o período. Se nos recordarmos, como vimos no início deste capítulo, da diferença básica entre os moradores das cidades e os mais pobres dos campos, não deveria nos surpreender encontrarmos indícios de que os adeptos das ideias de Hilel tendiam a morar na cidade, enquanto os adeptos de Shamai contavam com o apoio das áreas rurais.[143]

Quando surgiu essa divisão dentro do farisaísmo? Alon sugere[144] que as duas vertentes, uma pró-zelote e a outra pronta para aceitar o domínio romano, surgiram na época posterior ao reinado de Agripa I e anterior à guerra (ou seja, de 44 a.C. a 66 d.C.). Também sugere a existência de uma terceira facção no meio farisaico, representada por Simão ben-Gamaliel, que assumiu o que o autor considera a "posição farisaica clássica", só entrando na luta armada quando o sucesso fosse garantido e não houvesse outra alternativa. Não estou certo de que dispomos de evidências suficientes para dizer precisamente quando as cisões ocorreram, exceto que aconteceram em algum estágio após 63 a.C. e antes de 66 d.C.; em particular, creio que as divisões provavelmente tenham ocorrido quando Herodes assumiu o governo no lugar dos asmoneus. A suposição se encaixa perfeitamente com a provável data para Hilel e Shamai como os fundadores de duas novas "escolas" em meio ao farisaísmo.

Além do mais, temos todos os motivos para supor que, em conjunto com essas questões políticas, havia preocupação com a manutenção, dentro e talvez fora do grupo, de alguns códigos de pureza. Sanders mostrou-nos como é difícil ter certeza sobre quais leis de purificação eram observadas pelos fariseus nesse período. Todavia, é fato incontroverso que eles tentaram manter a pureza em um grau mais elevado do que o prescrito na Bíblia hebraica para judeus comuns e em condições normais. E parece mais provável que, seja em grandes detalhes, seja em gestos simbólicos, seus códigos de pureza tivessem alguma relação familiar com a purificação exigida para os sacerdotes em seu serviço no Templo. Como veremos mais tarde, o Templo funcionava como um símbolo de controle para os fariseus da mesma forma que para outros judeus; e os códigos de purificação funcionavam como um meio-chave de atribuir à vida doméstica comum, especialmente ao estudo particular da Torá, o *status* que normalmente só seria atribuído àqueles que serviam, no Templo, na presença do deus de Israel.

---

[143]Segundo Finkelstein, *The Pharisees: The Sociological Background of Their Faith*, 1962 [1938], p. 619-s., analisado em Hengel, *The Zealots: Investigations Into the Jewish Freedom Movement in the Period from Herod I Until 70 A.D.*, 1989c [1961], p. 333-s. Veja também Schäfer, "Hadrian's Policy in Judaea and the Bar Kokhba Revolt: A Reassessment", 1990, p. 296, argumentando que de 70 a 135 d.C. um grande número de judeus se assimilara à cultura romana, cidadãos predominantemente urbanos.

[144]Alon, *Jews, Judaism and the Classical World: Studies in Jewish History in the Times of the Second Temple*, 1977, p. 43-s., 47.

O DESENVOLVIMENTO DA DIVERSIDADE

Quanta influência os fariseus buscaram, e quanto realmente exerceram, nesse período? A questão deve ser abordada de ambos os lados. (a) Josefo (e/ou suas fontes) pode ter exagerado quanto ao nível de influência que os fariseus exerceram em relação às massas e sob o governo asmoneu, mas os argumentos favoráveis a essa ideia parecem consideravelmente mais fracos desde a publicação do livro de Mason; e não há razão para pensarmos que os fariseus não exerceram nenhuma influência nesse período. (b) Está claro que pelo menos alguns dentre os sucessores dos fariseus chegaram a ocupar cargos de autoridade, tanto *de fato* como *de jure*, no período posterior a 70 d.C. Portanto, (c) talvez seja mais fácil postular um *continuum* mais uma vez, no qual os fariseus ainda exerciam influência no período de 63 a.C. a 70 d.C., ainda que de um tipo modificado, em vez de afirmar, como tem sido popular hoje em dia, que eles nem buscaram nem exerceram qualquer influência sobre aqueles que ultrapassavam seu grupo. É impossível avaliar, de forma precisa, o nível dessa influência; no entanto, o fato de alguns fariseus serem figuras políticas claramente respeitadas (Gamaliel, Simão ben-Gamaliel e outros durante a guerra) deve levar-nos a pensar que eles tinham, sim, voz nos conselhos oficiais de Estado; e, *a fortiori*, é altamente provável que sua influência como mestres *de facto* das massas (embora os sacerdotes continuassem os mestres *de jure*) tenha permanecido de forma considerável. Certamente, o ônus da prova recai, sugiro, sobre qualquer um que deseje argumentar o contrário.[145]

Quanto à sua extensão geográfica e à sua força numérica, afirmou-se, recentemente, que, no tempo de Jesus, os fariseus eram um pequeno grupo, totalizando alguns milhares no máximo, baseado quase inteiramente em Jerusalém.[146] Argumentos apresentados em defesa disso são extremamente frágeis. Sobre a localidade dos fariseus, não causa surpresa que sua base fosse em Jerusalém (João 4:1-3 remete a essa ideia); que eles tinham representantes em quase todas as regiões, inclusive na Galileia, é altamente provável.[147] Já vimos como

---

[145]Veja, corretamente, Mason, *Flavius Josephus on the Pharisees: A Composition-Critical Study*, 1991, e esp. 1991, p. 372-s., contra Smith e seus seguidores.

[146]Sanders, *Jesus and Judaism*, 1985, por exemplo, p. 194-8, 292; *Judaism: Practice and Belief, 63 BCE—66 CE*, 1992, p. 14, 398, 412 etc., seguindo Smith, "Palestinian Judaism in the First Century", 1977 [1956]; *Jesus the Magician*, 1978, p. 153-7. O livro posterior de Sanders, *Judaism: Practice and Belief, 63 BCE—66 CE*, 1992, entretanto, não faz qualquer menção ao ponto geográfico no qual colocara tanta ênfase em 1985.

[147]Veja, *e.g.*, Dunn, "Pharisees, Sinners and Jesus", 1988, esp. p. 280-s.; Goodman, *The Ruling Class of Judaea: The Origins of the Jewish Revolt Against Rome A.D. 66-70*, 1987, p. 73-s.; Freyne, *Galilee, Jesus and the Gospels: Literary Approaches and Historical Investigations*, 1988, p. 200-s. Dunn observa, em particular, o incidente em *Ant.* 20.38-48, envolvendo um fariseu da Galileia chamado Eleazar. Além dos argumentos apresentados por Dunn, podemos considerar passagens como as encontradas em mYad. 4.8, que descrevem uma disputa entre os fariseus e um "herege galileu"; e a evidência para um forte movimento hassídico na Galileia (veja Gafni, "The Historical Background [i.e. to the Literature of the Sages]", 1987, p. 13, citando Safrai).

é provável que a revolução de Judas, o Galileu, tenha estado intimamente atrelada à ala farisaica da escola de Shamai. A história de Johanan ben-Zakkai, que representou o outro extremo do movimento, denunciando os galileus como detratores da Torá,[148] pode muito bem demonstrar que os galileus como um todo não seguiram os fariseus; mesmo assim, pelo menos prova, em vista do paralelo com Mateus 11:20-24, a presença de uma considerável atividade farisaica no local. De qualquer forma, a história pode ser um reflexo da polêmica de Hilel/Shamai em vez da denúncia de não fariseus por fariseus.[149] Não é sem interesse que, entre as menções de fariseus nesse período (além daquelas encontradas nos evangelhos), há quatro ocasiões em que eles são enviados, com autoridade superior, de Jerusalém (ou, no último caso, de Jâmnia) em missões para o norte, a fim de resolver problemas na Galileia ou além.[150] A pergunta que devemos fazer não é se os fariseus se envolveram em tais missões, mas o tipo de questionamento que tais missões podem suscitar. Por ora, adiaremos essa discussão.

Com relação ao seu número, o único que temos é o "mais de seis mil" mencionado em *Antiguidades* 17.42 — referência àqueles que se recusaram a jurar lealdade a César. Mas esse número, provavelmente citado por Josefo a partir de Nicolau de Damasco (referindo-se a um evento em Jerusalém nos últimos anos do reinado de Herodes, cerca de 10 a.C.), nem sequer pode ser utilizado para dar uma avaliação precisa do número de fariseus em Jerusalém, quanto mais no país como um todo — ou quanto mais como estimativa do judaísmo da Diáspora, meio século depois, especialmente quando esse meio século cabrigou pelo menos duas grandes revoltas que poderiam muito bem haver encorajado outros a aderirem ao movimento.[151] Sem dúvida, isso não

---

[148]yShabb. 16.8 (15d).

[149]Contra Smith, *Jesus the Magician*, 1978, p. 157. Freyne, *Galilee from Alexander the Great to Hadrian: A Study of Second Temple Judaism*, 1980, p. 341, n.º 74, descarta a possibilidade, sugerida por Finkel e Abrahams, de o próprio Shamai ter sido um galileu. Veja Neusner, *A Life of Johanan Ben Zakkai*, 1970, p. 47, para a residência de Johanan na Galileia por dezoito anos, provavelmente de 20 a 40 d.C., e *ibid*. p. 47, 51, para Ananias ben-Dosa também vivendo na área. Para a possibilidade de que Johanan tenha tomado parte na delegação enviada a Josefo, veja Roth, "The Pharisees in the Jewish Revolution of 66-73", 1962, p. 72-s. A ideia de Smith de que os fariseus enviados como delegação à Galileia após o início da guerra "foram escolhidos para impressionar os galileus por sua raridade" (Smith, *Jesus the Magician*, 1978, p. 157) beira ao ridículo.

[150]Saulo de Tarso, Atos 9:1-s.; Josefo, *Vida* 62-s.; Jônatas, Ananias, Jozar e Simão (sendo esse último da família do sumo sacerdote e os demais, fariseus), *Vida* 196-s.; um dos aprendizes de Johanan, enviado para investigar um estranho homem santo que vivia em Bete-Ramá, provavelmente na Galileia (Freyne, *Galilee from Alexander the Great to Hadrian: A Study of Second Temple Judaism*, 1980, p. 316).

[151]O número dado por Josefo de "mais de seis mil" tem sido utilizado demais nas discussões modernas, às vezes até de forma distorcida (Freyne, *Galilee, Jesus and the Gospels: Literary Approaches and Historical Investigations*, 1988, p. 200, diz *"não mais do que seis mil"*; itálicos nossos).

O DESENVOLVIMENTO DA DIVERSIDADE

significa que devemos voltar aos dias anteriores, nos quais imaginávamos os fariseus como um grupo grande, ubíquo e todo-poderoso. Antes, significa que eles eram, nesse período, razoavelmente numerosos, razoavelmente difundidos e razoavelmente influentes.

3. Voltamo-nos, agora, para o período de 70 a 135 d.C. É possível pensar que os acontecimentos de 70 d.C. teriam causado aquela grande mudança de envolvimento político para a devoção piedosa que foi postulada para explicar a diferença entre os fariseus de Josefo e os da *Mishná*.[152] Entretanto, há evidências do envolvimento farisaico contínuo na revolução do próximo período também, até os acontecimentos de 132—5 d.C. Primeiro, Eliezer ben-Hircano, um dos grandes rabinos do chamado período de Jâmnia, é relatado como tendo falado da destruição de Roma como precondição do reino do deus de Israel, segundo predito em Zacarias.[153] A excomunhão de Eliezer pelo mais moderado Gamaliel II[154] pode muito bem ter tido mais relação com as grandes diferenças em questões de postura política do que com debates detalhados acerca da Torá; nesses assuntos, debates consideráveis podem ocorrer sem que um lado excomungue o outro. Parece que as diferentes vertentes do farisaísmo anterior ao ano 70 d.C., testemunhadas nos debates entre Hilel e Shamai e seus respectivos seguidores, continuaram a ser uma característica do período da reconstrução depois de 70. Especula-se que a revolta de 132 a.C. tenha sido o resultado da conquista de Jâmnia: os judeus sentiram-se suficientemente unidos e consolidados para arriscar um novo confronto com Roma.[155]

---

[152]Sobre esse ponto, veja Stemberger, *Pharisäer, Sadduzäer, Essener*, 1991, p. 129-35.

[153]MekEx. em 17.14 (1.2.158). Sobre Eliezer, veja Schürer, *The History of the Jewish People in the Age of Jesus Christ (175 B.C.—A.D. 135)*, 1973-87, 2.373-4, e particularmente Neusner, *From Politics to Piety*, 1973 (para a influência de Shamai sobre Eliezer, veja Neusner, idem, 1973, vol. 2, índice s.v. Shamai, casa de; Neusner observa (*e.g.*, 2.307-10) que as tradições rabínicas posteriores de modo algum apoiavam uniformemente o ponto de vista segundo o qual Eliezer seria adepto da escola de Shamai, tratando-se, provavelmente, de um abrandamento posterior de uma tradição problemática); e Hengel, *The Zealots: Investigations Into the Jewish Freedom Movement in the Period from Herod I Until 70 A.D.*, 1989c [1961] p. 108-s. Penso que Hengel, por sua vez, abranda de forma desnecessária a possibilidade de que o próprio Eliezer, a quem descreve como "um 'zelote' entre judeus eruditos", pode ter sido ativo em promover uma revolução, não apenas aguardá-la. Veja também Neusner, "The Formation of Rabbinic Judaism: Yavneh (Jâmnia) from A.D. 70 to 100", 1979, defendendo (p. 23-30) que Eliezer representou uma continuação posterior a 70 de um farisaísmo que antecedeu esse período, embora não de uma forma servil, enquanto Johanan ben-Zakkai representou a antiga tradição escriba (*ibid.*, p. 37-s.).

[154]Veja Neusner, *From Politics to Piety*, 1973, 1979.

[155]Veja discussão em Gafni, "The Historical Background [i.e. to Jewish Writings of the Second Temple Period]", 1984, p. 31; Schäfer, "Hadrian's Policy in Judaea and the Bar Kokhba Revolt: A Reassessment", 1990, que defende que a revolta de bar-Kochba foi liderada por sacerdotes e apoiada por moradores das zonas rurais, ainda leais à Torá (p. 297).

O NOVO TESTAMENTO E O POVO DE DEUS

O segundo e mais óbvio exemplo de um sábio posterior a 70 d.C. que claramente permaneceu em continuidade com a tradição farisaica, e igualmente apoiou a revolução antirromana ativa, é, obviamente, o próprio Aquiba, o mais conhecido da geração que cresceu sob o regime de Jâmnia.[156] Sua saudação a Simeão ben-Kosiga como o Messias foi contestada por alguns de seus contemporâneos, porém as razões apresentadas correspondem a um aspecto cronológico, e não ideológico: Aquiba errou em sua aritmética e estaria morto e enterrado muito antes da vinda do Messias.[157] Ninguém ousava sugerir que a expectativa de um Messias guerreiro, que libertaria Israel de Roma, ia contra a sabedoria convencional. Aquiba, considerado, em algumas tradições posteriores, o "pai da *Mishná*", permanece, tanto em seu entusiasmo por bar-Kochba como em seu nobre martírio, um exemplo claro do casamento contínuo entre política e piedade, o qual era evidente, até onde podemos dizer, desde o início do movimento farisaico.

De 70 a 135, então, as duas vertentes que já observamos permaneceram, embora não mais como "fariseus". É importante observarmos toda a complexidade da situação. (a) As duas "casas" são ambas consideradas pelos sábios rabínicos como seus ancestrais espirituais, ainda que, depois de 135, o aspecto político tenha sido firmemente submerso, e o plano ideológico piedoso, exaltado. De Jâmnia em diante, os sábios não eram contíguos aos fariseus do período anterior a 70 d.C., nem ascendiam de um partido de dentro do fariseísmo. Antes, representavam uma variedade de posições, e muitas podiam traçar algumas raízes na vertente do judaísmo que antecedeu o ano 70.[158] (b) Não é simplesmente o caso de Hilel e sua casa representarem a "piedade", e Shamai e sua casa, a "política". Apenas quando a opção revolucionária foi final e

---

[156]Sobre Aquiba, veja Schäfer, "Die Flucht Johanan b. Zakkais aus Jerusalem und die Gründung des 'Lehrhauses' in Jabne", 1979, p. 65-121; 1980; 1981; Schürer, *The History of the Jewish People in the Age of Jesus Christ (175 B.C.—A.D. 135)*, 1973-87, 1.543-s., 552 n.º 173; 2.378-8; Urbach, *The Sages: Their Concepts and Beliefs*, 1987 [1975], p. 673-s. Alon, *Jews, Judaism and the Classical World: Studies in Jewish History in the Times of the Second Temple*, 1977, p. 45-s., argumenta fortemente que "a maioria dos fariseus concordava com o rabino Aquiba e com bar Kokhba".

[157]yTaan. 68d, com a objeção vindo de R. Yohanan ben-Torta: veja Beckwith, "Daniel 9 and the Date of Messiah's Coming in Essene, Hellenistic, Pharisaic, Zealot and Early Christian Computation", 1981, esp. p. 536-9. Para o ponto de vista de que a objeção diz respeito ao fato de bar-Kochba não se originar da linhagem davídica, veja Urbach, *The Sages: Their Concepts and Beliefs*, 1987 [1975], p. 674. Mesmo nesse caso, os objetores ainda estariam felizes, em tese, com a ideia de um messias davídico e nacionalista que lideraria Israel em uma guerra de libertação (contra Schäfer, "Hadrian's Policy in Judaea and the Bar Kokhba Revolt: A Reassessment", 1990, p. 290-s., que vê Aquiba como talvez em uma minoria; isso é improvável, com base na veneração de Aquiba no judaísmo posterior, apesar da rejeição de seu posicionamento político).

[158]Sanders, *Judaism: Practice and Belief, 63 BCE—66 CE*, 1992, p. 412, repete a perspectiva comum segundo a qual os rabinos posteriores a 70 são herdeiros diretos dos fariseus que antecederam este período.

O DESENVOLVIMENTO DA DIVERSIDADE

visivelmente excluída — ou seja, depois de 135 d.C. —, uma divisão real entre "política" e "piedade começou a fazer algum sentido (apesar dos anacronismos daqueles que tentam empurrar tal divisão de volta não apenas ao período anterior a 70 d.C., mas também ao período asmoneu).[159]

Em vez disso, aqueles cujo contentamento era concentrar toda a sua atenção na interpretação dos escribas da Torá foram capazes de fazê-lo, sob a liderança de Johanan ben-Zakkai e, posteriormente, de Gamaliel II. Os que seguiam a velha agenda ideológica farisaica mais rígida e se agarravam à esperança da revolução incluíam Eliezer ben-Hircano e, um pouco mais tarde, Aquiba. Contudo, permaneceu o debate e a flexibilidade entre as duas posições, de modo que, assim como Saulo de Tarso pôde adotar uma linha muito diferente daquela adotada por seu mestre Gamaliel, Nehunya (de quem falaremos em breve) foi capaz de promulgar a perspectiva oposta à de seu mestre Aquiba.

Quer sigamos Neusner e vejamos a tradição de Johanan como "escriba" e a de Eliezer como estritamente "farisaica", quer especulemos que o debate entre Johanan e Eliezer foi o ponto focal ao longo do debate entre as casas de Hilel (Johanan) e Shamai (Eliezer), talvez seja mais uma questão de palavras do que de substância. Uma grande transição havia ocorrido, e novos agrupamentos refletiam diferentes reações à nova situação, tanto quanto a continuidade de diferentes vertentes de piedade e tradição judaica antes de 70. De qualquer maneira, podemos presumir que, de 70 a 135, a situação permaneceu muito mais fluida do que as tradições rabínicas posteriores admitem.

Se a casa de Hilel tivesse prevalecido tão completamente quanto alguns escritos sugerem, não teria havido apoio para a rebelião de bar-Kochba. Como sabemos, essa rebelião foi apoiada pelo próprio Aquiba, que, em retrospecto, talvez seja a maior figura de transição de todas: claramente posicionando-se na linha dos fariseus politicamente ativos e de mentalidade revolucionária dos dias dos asmoneus e de Herodes, Aquiba é, em retrospectiva, reverenciado como um grande mestre da Torá por aqueles que, em uma situação drasticamente diferente, enfatizam preocupações que Aquiba, sem dúvida, aprovaria, mas que estabeleceria em um contexto totalmente diferente.

4. Após a segunda revolta, tem início o período que marca o real ponto de partida do que conhecemos como judaísmo rabínico. A partir de então, o discurso revolucionário tornou-se tabu. Foi o rabino Nehunya ben ha-Kanah, discípulo de Aquiba, que deu voz à mudança de tom: "Aquele que toma sobre si

---

[159]De forma notável, claro, Rivkin, *A Hidden Revolution*, 1978. Veja a crítica feita por Cohen, *A Hidden Revolution*, 1980, e Baumgarten, *Law in Religious Communities in the Roman Period: The Debate Over Torah and Nomos in Post-Biblical Judaism and Early Christianity*, 1991, p. 110-14. Segundo já vimos, retirar-se da vida "política" ativa é em si uma decisão "política".

O NOVO TESTAMENTO E O POVO DE DEUS

o jugo da lei, dele serão tirados o jugo do reino e o jugo do cuidado mundano", e vice-versa. Em outras palavras, estudar a Torá significa que não é necessário preocupar-se com o poder político.[160] Nesse ponto, Nehunya está mais perto de Johanan ben-Zakkai do que de seu professor Aquiba ou de Eliezer. Os que estudam a Torá com essa disposição de coração não precisarão de um Templo: a Torá lhes servirá de Templo, como é expresso na *Mishná* seguinte, em um dizer atribuído ao rabino Halafta ben-Dosa, um sábio de meados do segundo século d.C.: "Se dez homens sentarem-se juntos e ocuparem-se da Lei, a Presença Divina repousará entre eles" — ou seja: o estudo da Torá tem o mesmo efeito da adoração no Templo. De qualquer modo, o indivíduo está na presença da *Shekinah*, a morada localizada do deus de Israel.[161] Desse ponto de vista, qualquer coisa que pudesse ser ganha pela revolução — e a principal sempre foi a devida e divinamente sancionada reconstrução do Templo — foi empurrada para um futuro distante. A energia que antes fora direcionada para a política revolucionária seria canalizada para o estudo revisionista. Nascia o judaísmo moderno.

Agora, podemos nos distanciar dessa sequência cronológica e observar duas características vitais que ainda não discutimos. Refiro-me à oração e à teologia.

Em primeiro lugar, se sabemos algo sobre os fariseus, sabemos que eles oravam e mais ou menos o que oravam. Os fariseus oravam o *Shemá*; oravam o *Shemoneh Esreh*, as "Dezoito bem-aventuranças". Mas essas orações, em sua origem, estão muito longe de ser a articulação de uma piedade escapista. O *Shemá*, ao reivindicar o deus de Israel como o único deus de toda a terra, preserva a crença de que esse deus inocentará e honrará publicamente seu povo. Não por acaso Aquiba recitava o *Shemá* enquanto os romanos o torturavam até a morte.[162] As "Dezoito bem-aventuranças" incluem ideias sobre como trazer um redentor para Israel, a ressurreição dos mortos, a proclamação da libertação com uma grande trombeta e o ajuntamento dos israelitas dispersos, a destruição dos inimigos de Israel, a restauração de Jerusalém e do Templo e a vinda do Messias.[163] Diante dos eventos reais do período dos macabeus a bar-Kochba,

---

[160]mAv. 3.5. Murphy, "2 *Baruch* and the Romans", 1985, argumenta que 2Baruque representa uma posição semelhante.

[161]mAv. 3.6. A discussão continua para afirmar que o mesmo é verdadeiro se cinco estudarem a Torá; se três estudarem; se dois a estudarem; se apenas uma única pessoa a estudar, sozinha.

[162]Veja Schürer, *The History of the Jewish People in the Age of Jesus Christ (175 B.C.—A.D. 135)*, 1973-87, 2.454-5; sobre Aquiba, veja bBer. 61b. Ainda que esse relato seja totalmente lendário, ele apoia a ideia básica sobre a ligação entre o *Shemá* e as aspirações revolucionárias. Para o *Shemá* como uma proclamação do reino de deus, veja Hengel, *The "Hellenization" of Judaea in the First Century After Christ*, 1989 [1961], p. 92-9.

[163]Veja Schürer 2.455-63 e a discussão em Hengel, *The Zealots: Investigations Into the Jewish Freedom Movement in the Period from Herod I Until 70 A.D.*, 1989c [1961], p. 107-s. Sobre o *Shemá* e outras orações como evidência concreta da esperança de uma redenção nacional, veja Urbach, *The Sages: Their Concepts and Beliefs*, 1987 [1975], p. 653-60.

274

O DESENVOLVIMENTO DA DIVERSIDADE

somente um historiador ousado se comprometeria a argumentar que aqueles que faziam essas orações, dia e noite, jamais as compreenderam no sentido literal e nunca procuraram agir como agentes do deus de Israel, levando a efeito, por meio de ações políticas e revolucionárias, as bênçãos pelas quais clamavam. Essas orações, evidentemente, continuaram a ser feitas após 135 d.C. A partir de então, porém, como demonstra a declaração do rabino Nehunya, elas foram sistematicamente relidas em relação à nova ordem mundial — ordem experimentada por aqueles que se entregaram ao estudo da Torá. E, nessa nova ordem mundial, conforme insiste um de seus expoentes modernos mais notáveis, teologia e história nada têm a dizer uma à outra.[164]

A segunda consideração, mais geral, diz respeito ao sistema farisaico de crenças. O relato de Josefo sobre o assunto destaca a ideia da ressurreição.[165] Essa crença, contudo, não corresponde apenas a especulações sobre uma vida futura após a morte. Como podemos ver em alguns dos primeiros textos que a articulam, ela está atrelada ao anseio por um Israel reconstituído e restaurado.[166] Essa, como veremos mais tarde, talvez seja a verdadeira razão pela qual os saduceus rejeitavam a ressurreição.[167] A última coisa que queriam era uma grande revolta cuja repercussão poderia muito bem tirá-los de seu poder precário.

A outra crença farisaica para a qual Josefo chama nossa atenção é a ideia de providência ou destino.[168] A doutrina dos essênios, relata-nos Josefo, "costuma deixar tudo nas mãos de Deus";[169] os saduceus, por outro lado, acreditam que tudo se resume ao exercício do livre-arbítrio humano.[170] Os fariseus assumem uma posição intermediária, acreditando que, embora tudo seja provocado pela providência, o ser humano ainda dispõe de livre-arbítrio.[171] Nessas passagens, Josefo está, mais uma vez, "traduzindo" claramente os pontos reais em questão para a linguagem filosófica helenista, usando frases prontas para dar ao seu

---

[164]Neusner, *Jews and Christians: The Myth of a Common Tradition*, 1991, p. 83-s. Freeman, *The Heavenly Kingdom: Aspects of Political Thought in Talmud and Midrash*, 1986, inclui um apêndice sobre conceitos políticos latentes em fontes litúrgicas.

[165]*Guerras* 2.162-3; *Ant.* 18.14 (veja a nota de Feldman na edição de Loeb, 9.13); compare *Guerras* 3.374 com *Ápio* 2.218; ambos parecem ter "traduzido" a doutrina judaica da ressurreição em termos quase estoicos. Veja também Atos 23:6-8, mSanh. 10.1. Veja a discussão completa em Schürer, *The History of the Jewish People in the Age of Jesus Christ (175 B.C.—A.D. 135)*, 1973-87, 2.539-47; Mason, *Flavius Josephus on the Pharisees: A Composition-Critical Study*, 1991, p. 156-70, 297-300; e o cap. 10 deste livro.

[166]Veja, por exemplo, Ezequiel 37:1-14; 2Macabeus 7:7-40.

[167]*Guerras* 2.165; *Ant.* 18.16; Mateus 22:23 e passagens paralelas; Atos 23:6-8; veja o cap. 10 deste livro.

[168]A esse respeito, veja Mason, *Flavius Josephus on the Pharisees: A Composition-Critical Study*, 1991, p. 132-56, 293-7, 384-98.

[169]*Ant.* 18.18.

[170]*Guerras* 2.164-s.

[171]*Guerras* 2.162-s.; *Ant.* 13.172, 18.13.

público romano a impressão das seitas judaicas como escolas filosóficas de estilo grego, nas quais indivíduos formam grupos e debatem questões abstratas. Não é difícil ver através desse disfarce a realidade sociopolítica subjacente. Os essênios proclamavam, por seu estilo de vida, que, embora ansiassem pela libertação de Israel, simplesmente esperariam e permitiriam que o deus de Israel agisse em seu próprio tempo. Os saduceus proclamavam, por seu estilo de vida, acreditar na conquista e na manutenção do poder político para si mesmos. Isso está muito claro do que sabemos a respeito dos essênios e dos saduceus. Estabelecendo uma lógica paralela, podemos supor que a crença farisaica era a seguinte: o deus de Israel agirá; contudo, judeus leais serão exigidos como agentes e instrumentos dessa ação divina. A ideia se encaixa completamente com todas as outras evidências que estudamos e, de fato, sugere um debate posterior, dentro do próprio farisaísmo, com Hilel (e Gamaliel, como em Atos 5:33-39) inclinando-se mais no sentido de deixar a questão para o deus de Israel, e Shamai (e Saulo de Tarso) ansiando por atuar como agente dessa intervenção divina. Por trás da descrição nada ameaçadora de Josefo sobre o debate filosófico judaico, jaz o mundo turbulento da luta político-revolucionária do primeiro século.[172]

Podemos, portanto, resumir a discussão sobre os fariseus da seguinte maneira: tendo começado como um grupo de pressão religiosa/política na época dos macabeus, os fariseus alcançaram seu maior poder *de facto* posteriormente, sob o governo asmoneu. A ascensão da dinastia herodiana e do governo dos procuradores não diminuiu, em tese, seu ardor pela liberdade de Israel das práticas e do poder pagão, e muitos continuaram ativos em movimentos de revolta até 135 d.C.[173] Ao mesmo tempo, não podemos simplesmente concordar com a ideia de que houve uma mudança da política para a piedade, conforme descrito por Neusner e seus seguidores em relação ao tempo de Hilel, e então transferir a mudança desse período para a época posterior a 135. É provável que as "casas" de Hilel e Shamai já representassem duas formas alternativas de ser fariseu. Ambas se preocupavam com a libertação de Israel e com

---

[172]Veja Hengel, *The Zealots: Investigations Into the Jewish Freedom Movement in the Period from Herod I Until 70 A.D.*, 1989c [1961], p. 122-s.

[173]Seguimos, assim, e consubstanciamos as sugestões feitas em Hengel, *The Zealots: Investigations Into the Jewish Freedom Movement in the Period from Herod I Until 70 A.D.*, 1989c [1961], p. 228, 334; Saldarini, *Pharisees, Scribes and Sadducees in Palestinian Society*, 1988, p. 285-7; Rhoads, *Israel in Revolution 6–74 C.E. A Political History Based on the Writings of Josephus*, 1976, p. 38-s.; e Sanders, *Jewish Law from Jesus to the Mishnah: Five Studies*, 1990a, p. 242-5, contra Smith, "Palestinian Judaism in the First Century", 1977 [1956]; Neusner, *From Politics to Piety*, 1973 (e em outros lugares); Levine, "On the Political Involvement of the Pharisees Under Herod and the Procurators", 1978. Berger, "Jesus als Pharisäer und Frühe Christen als Pharisäer", 1988, está, penso, certo ao ver os fariseus palestinos se mantendo como um grupo político, porém está quase certamente errado ao fazer uma divisão (p. 261) entre essa instância e a instância "religiosa" dos fariseus da Diáspora.

O DESENVOLVIMENTO DA DIVERSIDADE

a manutenção da pureza por parte dos que estavam comprometidos com essa causa. Contudo, enquanto Hilel contentava-se mais em deixar a questão para o deus de Israel, Shamai ansiava por se tornar o agente zeloso da ação divina. Ambos eram devotos; ambos eram, nos sentidos já descritos, "políticos". Simplesmente tinham maneiras diferentes de alcançar o mesmo objetivo.

Duas notas finais. As disputas entre as diferentes escolas farisaicas são o material do qual a *Mishná* é composta. Esses debates foram conduzidos por várias gerações, em vários níveis. Debates detalhados sobre pureza quase sempre traziam, para os debatedores, ecos de questões mais amplas, da mesma forma que um pequeno ponto de debate na política contemporânea gerará atrito pelo fato de todos os lados conhecerem questões de natureza maior, envolvidas implicitamente e não mencionados, mas poderosamente simbolizadas. Há uma diferença vital entre debates dessa natureza, com todas as partes se autoconsiderando companheiros fariseus,[174] e disputas entre fariseus e não fariseus, envolvendo, por exemplo, saduceus, cristãos ou essênios. De fato, temos razões para pensar que até mesmo os debates entre os fariseus não foram conduzidos no espírito amigável retratado na *Mishná*, envolvendo, algumas vezes, no período anterior a 70 d.C., ações de violência e ameaças.[175] Analogias contemporâneas sugerem que, quando uma nação ou um grupo se encontra em um beco sem saída, pequenas questões adquirem grande significado e evocam paixão. Mesmo depois de 70 d.C., um lado era capaz de excomungar um membro importante da oposição, como no caso de Eliezer ben-Hircano.[176] Quando questões ainda mais sensíveis estavam envolvidas, nas quais todo o programa farisaico era questionado, temos evidências suficientes, além do Novo Testamento, para sugerir que os fariseus, ou pelo menos alguns deles, não tardavam a responder.

Em segundo e último lugar, esse relato dos fariseus nos permite entender o porquê de as diversas fontes assumirem determinada postura. (1) Josefo se preocupa em minimizar o envolvimento dos fariseus na guerra e apresentá-los de modo semelhante a uma escola filosófica helenística. Em *Antiguidades*, permite que uma visão diferente venha à tona.[177] Quando lido de forma crítica, Josefo

---

[174]Segundo Finkelstein, *The Pharisees: The Sociological Background of Their Faith*, 1962 [1938], p. 334.

[175]Veja Goodman, *The Ruling Class of Judaea: The Origins of the Jewish Revolt Against Rome A.D. 66-70*, 1987, p. 74-s.

[176]Veja p. 226.

[177]Posiciono-me firmemente com Schwartz, "Josephus and Nicolaus on the Pharisees", 1983, e Mason, "Was Josephus a Pharisee? A Re-Examination of *Life* 10–12", 1989; *Flavius Josephus on the Pharisees: A Composition-Critical Study*, 1991 (a despeito da discórdia entre ambos sobre Nicolau); e contra Smith, "Palestinian Judaism in the First Century", 1977 [1956], e Goodblatt, "The Place of the Pharisees in First Century Judaism: The State of the Debate", 1989. Mesmo

O NOVO TESTAMENTO E O POVO DE DEUS

continua a ser de valor inestimável. (2) Referências crípticas nos manuscritos de Qumran nos dizem o suficiente para concluirmos que, no primeiro século, os fariseus eram considerados uma seita rival pelos escritores desses manuscritos. (3) Paulo reflete o "zelo" da escola de Shamai, apesar das tentativas de o tornarmos hilelita;[178] o fato de Saulo, após sua conversão, haver mudado em vários aspectos notáveis, aparentemente tornando-se, em alguns pontos, mais próximo de Hilel, não nos deve causar surpresa. Após a conversão, sua principal preocupação tornou-se a admissão dos gentios no povo da aliança do deus de Israel; e seu argumento não foi que o paganismo deveria ser validado, mas que os gentios convertidos ao cristianismo não eram mais pagãos. Paulo se via como fiel à herança pactual de Israel à luz da nova situação: o deus de Israel finalmente agirá para libertar seu povo.[179] (4) e (5) Evidências dos evangelhos e da literatura rabínica são tendenciosas, mas em direções diferentes. Os evangelhos leem os debates entre Jesus e os fariseus como prenúncios do "julgamento" do próprio Jesus e das preocupações missionárias da igreja primitiva. Conforme veremos posteriormente, disputas sinóticas a respeito do sábado e de alimentos não correspondem a um problema farisaico interno, mas a uma autodefinição mútua de dois (em alguns aspectos) movimentos sectários. Da *Mishná* em diante, os rabinos entenderam os fariseus como precursores de sua preocupação com a pureza, uma preocupação que se voltou a si mesma e criou seu próprio mundo fechado depois das derrotas esmagadoras de 70 e 135 d.C. Portanto, eles traduziram os debates políticos de seus predecessores putativos para a linguagem da pureza, assim como Josefo os traduzira para a linguagem da filosofia.

Em nenhuma passagem dessas fontes, podemos ler uma imagem dos fariseus diretamente do texto. Por outro lado, em nenhum momento somos forçados, como algumas reconstruções demonstram, a eliminar totalmente, ou, nesse caso, a elevar a uma posição de "objetividade" infalível, qualquer fio de evidência. Os fariseus continuam a ser um grupo complexo e evasivo. Mas isso não nos impede de esboçar algumas probabilidades históricas básicas sobre eles, o que nos permitirá, nos capítulos subsequentes, mostrar como sua cosmovisão e seu sistema de crenças formaram uma variação importante no amplo espectro de opções abertas aos judeus do primeiro século. Os fariseus têm,

---

que seja verdade que, em *Antiguidades*, Josefo enfatiza o poder real dos fariseus, isso não significa que devemos ignorar a evidência demonstrada na obra em favor do breve relato (e também tendencioso) de *Guerras*.

[178]Veja Jeremias, "Paulus als Hillelit", 1969b, oposto por Bruce, *Paul: Apostle of the Free Spirit*, 1977, p. 51.

[179]Sobre Paulo, veja Wright, *The Climax of the Covenant: Christ and the Law in Pauline Theology*, 1991a; e o vol. 3 desta série.

O DESENVOLVIMENTO DA DIVERSIDADE

como veremos, considerável interesse e valor como parte de todo o quadro do judaísmo e do cristianismo nos primeiros cem anos da Era Cristã.

ESSÊNIOS: DESTAQUES DE UMA SEITA

Sem dúvida, alguns estudiosos continuarão a debater se os fariseus eram ou não uma "seita". Tal controvérsia não existe quando o assunto é o grupo que vivia em Qumran, na costa noroeste do mar Morto. Se, alguma vez, houve uma seita, foi a dos essênios: geográfica e teologicamente isolados do restante de Israel, afirmando serem os verdadeiros herdeiros de todas as promessas bíblicas, reputavam até mesmo os judeus devotos de outras confissões como enganadores perigosos. Os essênios consideravam a si mesmos Filhos da Luz, e tinham todos os demais — não apenas os pagãos — na condição de Filhos das Trevas. Esse grupo é, de fato, um dos exemplos mais claros que conhecemos sobre a forma a que se assemelha uma seita.[180]

Entretanto, se não há debates a esse respeito, não faltam discussões sobre quase tudo relacionado a Qumran. A primeira onda de estudos dos manuscritos, de sua descoberta (1947) à publicação da seção sobre eles na edição revisada de Schürer (1979), parecia ter chegado a uma conclusão sólida sobre a origem e a história da comunidade: tratava-se dos essênios, cuja existência conhecíamos a partir de Filo, Josefo e Plínio.[181] Recentemente, porém, esse consenso tem sido alvo de um fogo cada vez mais cerrado. A equação "comunidade de Qumran = essênios = escritores dos pergaminhos" não é mais universalmente aceita. Atualmente, muitos argumentam que os que viveram em Qumran constituíam um subgrupo, talvez um grupo dissidente, de um movimento essênio muito mais amplo, ou talvez o grupo original do qual esse movimento mais amplo cresceu. O estudo detalhado dos pergaminhos indica que eles tiveram origem em comunidades ligeiramente diferentes: o *Documento de Damasco*, em particular, representa uma comunidade e uma organização diferente da *Regra da*

---

[180]Davies, "The Birthplace of the Essenes: Where is 'Damascus'?", 1990, p. 513, define "seitas" como "sistemas socialmente fechados, governados por ideologias inconformistas". Veja Sanders, *Judaism: Practice and Belief, 63 BCE—66 CE*, 1992, p. 352: o grupo que escreveu 1QS é uma seita, enquanto o responsável por CD, não.

[181]Filo, *Quod Omn.* 12 (75)-13 (91); *Da Vida Contemp.*; Jos. *Guerras* 2.119-61; *Ant.* 13.171-2; 18.11, 18-22; Plínio, *Hist. Nat* 5.15/73. Para detalhes e discussões completas, veja, particularmente, Vermes, *The Dead Sea Scrolls: Qumran in Perspective*, 1977; *The Dead Sea Scrolls in English*, 1987 [1962], p. 1-57; Schürer, *The History of the Jewish People in the Age of Jesus Christ (175 B.C.—A.D. 135)*, 1973-87, 2.555-90; Dimant, "Qumran Sectarian Literature", 1984; Calloway, *The History of the Qumran Community: An Investigation*, 1988; Schiffman, *Archaeology and History in the Dead Sea Scrolls*, 1989. Veja também Sanders, *Judaism: Practice and Belief, 63 BCE—66 CE*, 1992, caps. 16–17.

Comunidade.[182] Levantou-se até mesmo a hipótese, embora a maioria ainda a considere improvável, de que os próprios pergaminhos não tenham sido escritos em Qumran, mas simplesmente transportados para lá como uma forma de serem mantidos em segurança com a aproximação da guerra, em meados de 60 d.C.[183] Como o oráculo de Delfos, as cavernas, ao revelarem seus segredos, criaram ainda mais questionamentos.

Felizmente para nosso propósito atual, que consiste em examinar os "judaísmos" que formam a matriz do cristianismo primitivo, essas questões não precisam ser resolvidas. Não importa quantos grupos ou indivíduos tenham escrito este ou aquele pergaminho, ou parte de um pergaminho: para nós, o que importa é *como alguns judeus pensavam, viviam e oravam nesse período* — ou seja, quais opções estavam abertas, sob certas circunstâncias, em termos de novas maneiras de ler as escrituras, organizar a comunidade e expressar fé e esperança. Enquanto lidamos, no caso dos fariseus, com um movimento considerado pelo cristianismo primitivo um rival — e que Paulo, em particular, conhecia como sua própria formação —, em relação aos essênios e/ou à comunidade de Qumran e/ou aos escritores dos manuscritos, não temos nenhuma boa evidência, apesar da onda ocasional de atividade jornalística, que os conecte diretamente a Jesus, a Paulo ou à igreja primitiva. Antecipando nossa conclusão posterior, sugerimos que eles podem ser vistos como os primos do cristianismo primitivo: partilhando o mesmo ancestral (judaísmo pré-macabeu), exibindo algumas semelhanças familiares, mas sem derivação direta ou conexões visíveis.

Podemos, então, embarcar em um breve relato geral dos manuscritos, projetado para destacar certas características que serão particularmente interessantes para vários aspectos de nosso estudo posterior. São indiscutivelmente o trabalho de um grupo sectário judeu multiforme, os essênios, que parece haver surgido em algum momento do segundo século, ou possivelmente um pouco mais tarde, e que, de acordo com Filo e Josefo, totalizou mais de quatro mil pessoas.[184] Em todos os debates recentes, continua sendo remotamente provável

---

[182]Veja esp. Davies, *The Damascus Covenant: An Interpretation of the "Damascus Document"*, 1982; *Behind the Essenes: History and Ideology in the Dead Sea Scrolls*, 1987; "The Birthplace of the Essenes: Where is 'Damascus'?", 1990; seguindo, em parte, Murphy-O'Connor em uma série de artigos, esp. 1974. Veja também Charlesworth, "The Origin and Subsequent History of the Authors of the Dead Sea Scrolls: Four Transitional Phases Among the Qumran Essenes", 1980, e, para uma perspectiva diferente, Wacholder, *The Dawn of Qumran: The Sectarian Torah and the Teacher of Righteousness*, 1983.

[183]Veja Golb, "Who Hid the Dead Sea Scrolls?", 1985; "The Dead Sea Scrolls", 1989; e para uma crítica plena de seus pontos de vista, veja Garcia-Martinez e van der Woude, "A 'Groningen' Hypothesis of Qumran Origins and Early History", 1990, p. 526-36.

[184]*Quod Omn.* 75; *Ant.* 18.20. Não está claro a que período Josefo se refere. O que está claro é que o monastério de Qumran jamais poderia ter acomodado mais do que uma pequena fração desse número.

O DESENVOLVIMENTO DA DIVERSIDADE

que a questão que trouxe o movimento à existência tenha sido a crise macabeia e suas consequências, em que o grupo sacerdotal mais velho foi afastado em favor dos novos reis-sacerdotes asmoneus. O desenvolvimento subsequente do movimento, incluindo sua possível divisão ou mudança de direção, provavelmente pode ser traçado em relação à história contínua da dinastia dos asmoneus. Em cada estágio hipotético, aqueles que escreveram os manuscritos viam-se como os verdadeiros representantes do judaísmo contra o grupo que, àquela altura, encontrava-se no poder — ou seja, os asmoneus.[185] É possível — não passa de uma possibilidade — que o movimento tenha tido um ancestral semelhante ou até mesmo idêntico ao dos fariseus, a saber, os obscuros *hassidim*, do fim do terceiro século e início do segundo século a.C.;[186] também é possível que alguns fariseus insatisfeitos se tenham juntado ao movimento por volta do início do primeiro século a.C.[187] O local em Qumran estava, assim, desocupado no final do primeiro século a.C., vindo a ser reabitado no início do primeiro século d.C. e, finalmente, dominado e destruído pelos romanos por volta de 68 d.C. Se é verdade que a comunidade de Qumran e/ou aqueles que escreveram os manuscritos faziam partem de um movimento essênio mais amplo, não temos evidências da continuidade desse movimento após a destruição do Templo.[188]

Usando o modelo que desenvolvemos na Parte II, podemos, agora, delinear a cosmovisão que os manuscritos nos revelam. A fim de evitarmos os questionamentos há pouco observados, farei referência aos que aderiram aos rolos (incluindo o *Documento de Damasco* e a *Regra da Comunidade*, exceto nos trechos indicados) pelos termos vagos "grupo" ou "movimento". Importa lembrar que aqueles aos quais nos referimos dessa maneiram viam esse "grupo" como unido, como uma "unidade" (do hebraico, *yahad*), e esse "movimento" como que encabeçando o propósito divino para o mundo. Ser membro não era um passatempo diletante. Antes, era uma questão de vida ou morte — para o grupo, para Israel e para o mundo.

Em primeiro lugar, o mundo simbólico do grupo estava focado em sua própria existência como herdeiro legítimo do judaísmo. Os pontos focais de sua própria vida, vistos como o cumprimento da profecia e os meios pelos quais o propósito divino seria finalmente realizado, tornaram-se seus símbolos centrais. As reuniões do conselho da comunidade eram eventos religiosos solenes;

---

[185]Veja a solução atraente de Garcia-Martinez e van der Woude, para os quais as referências a um "sacerdote ímpio" são *genéricas*, capazes de ser reaplicadas a sucessivos sumos sacerdotes asmoneus.
[186]Veja Davies, "Hasidim in the Maccabean Period", 1977.
[187]Veja Charlesworth, "The Origin and Subsequent History of the Authors of the Dead Sea Scrolls: Four Transitional Phases Among the Qumran Essenes", 1980, p. 223-s., seguindo Milik e Murphy-O'Connor.
[188]Ou seja, exceto pelos escritos de Josefo, que os trata como se eles ainda existissem na época em que escreveu *Antiguidades* (18.18-22).

as horas das refeições, festas sagradas. A vida comunal era governada por leis estritas de purificação, e o calendário era organizado de modo a permitir que as festas e os sábados fossem guardados "adequadamente" — ou seja, em dias diferentes uns dos outros.[189] Não menos importantes em termos simbólicos eram os instrumentos de estudo e escrita. Pena e tinta (algumas das quais foram encontradas por arqueólogos) eram usadas a serviço do deus de Israel. Até os próprios jarros dos pergaminhos adquiriam, particularmente em retrospecto, profundo valor simbólico: tais escritos deveriam ser mantidos a salvo durante a tribulação da época, de modo que, quando o dia da vindicação pública amanhecesse, poderiam ser lidos novamente. Não foi à toa que o governo israelense moderno colocou os pergaminhos, descobertos poucos meses após a fundação do Estado de Israel, em um museu construído como a réplica gigantesca de um jarro de pergaminho.

Da práxis regular da comunidade, uma característica em particular merece um comentário especial: a comunidade descrita na *Regra da Comunidade* (em oposição à do *Documento de Damasco*) não oferecia sacrifício de animais.[190] Com base nisso, e reunindo a ideologia do movimento a partir de sugestões e declarações, chegamos à nítida conclusão de que pelo menos um ramo se considerava não apenas o verdadeiro Israel, mas também o verdadeiro Templo.[191] O Templo existente pode ter sido "purificado" pela Revolta dos Macabeus, mas, na perspectiva desse grupo, continuava impuro.[192] Da mesma forma como os fariseus e seus supostos sucessores haviam desenvolvido uma alternativa para o Templo, oferecendo "sacrifícios espirituais" por meio de oração, jejum e esmolas, também o grupo que praticava a *Regra da Comunidade* desenvolveu uma teologia segundo a qual o deus de Israel os chamava para ser um Templo alternativo. Sua devoção era aceitável em lugar do que ainda era oferecido a alguns quilômetros de distância, e a alguns milhares de metros acima, no próprio monte Sião.

Está claro que a práxis do grupo não envolvia participação em revolta ativa. A hora de lutar chegaria quando o deus de Israel enviasse o Messias para liderar a guerra santa; antes disso, não. Essa era a realidade sociopolítica subjacente à descrição de Josefo, segundo o qual os essênios acreditavam no destino, e não

---

[189]Para um resumo conveniente, veja Sanders, *Judaism: Practice and Belief, 63 BCE—66 CE*, 1992, p. 360-s.

[190]Segundo observado por Jos. *Ant.* 18.18-19.

[191]Por exemplo, 1QS 8.5-11; 1QH 6.25-9; veja Sanders, *Judaism: Practice and Belief, 63 BCE—66 CE*, 1992, p. 352-63. Entre literaturas mais antigas, veja particularmente Gärtner, *The Temple and the Community in Qumran and the New Testament*, 1965; Klinzing, *Die Umdeutung des Kultus in der Qumrangemeinde und im Neuen Testament*, 1971.

[192]Veja, por exemplo, CD 5.6-7; e compare com Evans, "Jesus Action in the Temple and Evidence of Corruption in the First-Century Temple", 1989a, 1989b.

O DESENVOLVIMENTO DA DIVERSIDADE

no livre-arbítrio.[193] Entretanto, um essênio "delator", o qual claramente não fazia parte do grupo de Qumran, aparece no relato de Josefo sobre a guerra; por isso, não devemos supor que as posições tenham sido completamente endurecidas, de um lado ou de outro.[194] Quanto ao seu envolvimento político, parece se haver limitado a anúncios proféticos, como aquele que predisse que Herodes seria rei. Segundo Josefo, Herodes ficou suficientemente impressionado com os essênios para permitir a isenção do juramento de lealdade a si mesmo. Uma explicação para o local de Qumran ter sido desocupado nos últimos anos do primeiro século a.C. é que, durante o reinado de Herodes, a comunidade vivia na própria Jerusalém, no chamado "bairro essênio", usufruindo favores políticos e, sem dúvida, aguardando a redenção de Israel.[195]

As histórias que o grupo contou revelam, de forma tão boa e clara quanto as de qualquer comunidade, a natureza da cosmovisão que adotavam. Tratava-se, claro, da história de Israel; mas, como todas as versões da história de Israel nesse período, estava, de certa forma comprometida. As escrituras eram analisadas, lidas, oradas, estudadas, copiadas — tudo com foco no presente e no futuro imediato. A história de Israel se estreitara. O retorno do exílio ainda não havia realmente acontecido. Esse pequeno grupo era a "guarda de elite" por meio da qual tudo aconteceria. Assim, as profecias escritas antes do exílio, prevendo futuro retorno e restauração, estavam, de fato, começando a se tornar realidade na história do próprio grupo. A história de Israel se transformara na história do grupo.

Se pressionarmos esse grupo por respostas aos questionamentos fundamentais de sua cosmovisão, elas não tardarão a chegar. Quem somos nós? Somos o verdadeiro Israel, herdeiros das promessas, atualmente ignorados, mas com um grande futuro pela frente. Somos os eleitos do deus de Israel, portadores do destino de Israel. Onde estamos? No exílio, situados (quer de modo factual, em Qumran, quer metaforicamente, participando de algum dos outros grupos essênios) longe do restante de Israel, demonstrando, por nossa experiência no deserto, o fato de que as promessas de restauração e redenção ainda não foram cumpridas. O que há de errado? Evidentemente, o Israel atual ainda não foi redimido; e as pessoas erradas estão no poder. Os sacerdotes errados governam o Templo; Israel como um todo está cego, sem conhecimento e visão, surdo ao chamado de seu deus. Qual é a solução? O deus de Israel começou a agir.

---

[193]*Ant.* 13.172; 18.18.

[194]"João, o essênio": *Guerras* 2.567; 3.11, 19.

[195]Veja *Ant.* 15.371-9. Sobre o "bairro essênio" em Jerusalém, veja *Guerras* 5.145, e Pixner, "An Essene Quarter on Mount Zion?", 1976; Capper, *PANTA KOINA: A Study of Earliest Christian Community of Goods in Its Hellenistic and Jewish Context*, 1985, p. 149-202.

O NOVO TESTAMENTO E O POVO DE DEUS

Ao chamar esse movimento à existência, preparou o caminho para o confronto final com seus inimigos. Em breve, enviará seus ungidos, um rei e um sacerdote, os verdadeiros governantes de Israel. Ambos liderarão os Filhos da Luz em uma grande batalha contra os Filhos das Trevas. Não apenas os gentios, mas também todos os gentios regenerados, serão derrotados; e os Filhos da Luz reinarão por mil gerações. Então, e somente então, a verdadeira adoração será restaurada. Um novo Templo será reconstruído no lugar do atual santuário corrupto. O novo Templo será a morada do deus de Israel, por todas as gerações. Até que isso aconteça, nós, a guarda de elite, devemos permanecer em nosso posto, em oração e pureza.

Esse esboço da cosmovisão do grupo não é, acredito, controverso em ponto algum. Discussões detalhadas de ênfase abundam, naturalmente, e há perguntas intermináveis quanto ao significado de textos específicos, especialmente os muitos fragmentos minúsculos que agora gradualmente vêm à luz após seu segundo sepultamento: nos armários de estudiosos. Dessa cosmovisão, podemos ler uma declaração evidente de teologia, tão evidente quanto qualquer coisa do período do segundo templo.

Primeiro: há um só deus, o deus de Abraão, Isaque, Jacó e dos profetas. O grande interesse pela angelologia demonstrado nos manuscritos (e relatado por Plínio) em nada diminui essa ênfase; tampouco a estranha sugestão de Josefo de que os essênios adoravam o sol, o que, mais provavelmente, reflete duas coisas: seu hábito de se voltar para o leste para a adoração matinal e sua adoção de um calendário solar, e não lunar.[196]

Os propósitos desse deus, embora misteriosos, há muito foram revelados aos seus profetas e agora são revelados ao grupo por meio de mestres inspirados, notadamente o chamado "Mestre da Justiça".[197]

Segundo: Israel é o povo escolhido desse deus, não simplesmente por amor de si mesmo, mas como meio de promover a obra divina para a redenção do mundo. Essa eleição de Israel, da qual a aliança é o instrumento, agora está focada no grupo, que forma, coletivamente, o povo da nova aliança, os novos eleitos. Deve-se notar, neste ponto, que as discussões sobre "predestinação" podem lançar ênfase sobre a "eleição" na direção errada, evocando questões de eleição *individual*, totalmente estranhas às preocupações expressas nos manuscritos. A ênfase, pelo contrário, é esta: o que era verdade para Israel como

---

[196]*Guerras* 2.128; veja Sanders, *Judaism: Practice and Belief, 63 BCE—66 CE*, 1992, p. 245-s., seguindo Smith na sugestão de que certa adoração factual ao sol pode ter sido praticada.

[197]Não tenho nenhuma teoria especial quanto à identidade do Mestre, sobre o qual o debate continua acirrado. Veja a sugestão interessante de Davies, "Eschatology at Qumran", 1985, p. 54: o *Documento de Damasco* (6.11) previu a vinda de tal Mestre, e o grupo de Qumran, sob a liderança de alguém que afirmava ser o Mestre, anunciou-se como o cumprimento de profecias antigas e de sua época.

O DESENVOLVIMENTO DA DIVERSIDADE

um todo agora valia para o grupo. Essa identificação positiva do grupo com os eleitos carrega, claro, um forte corolário negativo: aqueles que não fazem parte do grupo não fazem parte dos eleitos, a despeito do *status* que tenham na sociedade judaica da época. Podemos suspeitar, com muita razão, que um alvo específico seja a atual família governante do sumo sacerdote e outros grupos de pressão, como os fariseus.

Terceiro: os emblemas de adesão à aliança renovada eram claramente a piedade e a pureza, prescritas pelas regras da comunidade. A aceitação dessa disciplina era o sinal de que alguém realmente pertencia ao grupo; rejeitá-la implicaria incorrer em penalidades, sendo a mais severa a expulsão (que poderia ter consequências fatais para quem fizesse o juramento solene de não comer alimento algum, exceto o que era aceito pela comunidade). Dois pontos precisam ser levantados aqui. (a) Fica bastante claro, a partir do conteúdo da literatura devocional dos essênios, que essa piedade e essa pureza não eram consideradas a obtenção do "direito" à adesão ao grupo; apenas expressavam essa situação.[198] (b) Regulamentos de pureza do grupo nos dão várias indicações de que eles se consideravam, *em alguns aspectos*, análogos ou em igual condição aos sacerdotes do Templo. Obviamente, os essênios não podiam, e não reproduziam, todas as características da piedade do Templo. Mas o que eles faziam é suficiente para demonstrar que, assim como a *Mishná* argumentaria que estudar a Torá equivale a estar no Templo de Jerusalém, os que haviam estabelecido as regras nos manuscritos consideravam aqueles que as guardavam como tendo privilégios — e responsabilidades.[199]

Por último, a escatologia. Por muito tempo, tem sido comum ver os manuscritos como representativos do "apocalíptico" e, em parte, isso é justificado. Não devemos, no entanto, cometer o erro de ver o "apocalíptico" como marca de um tipo especial de judaísmo.[200] Conforme argumentarei no capítulo 10, o "apocalíptico" era, em tese, *tanto* um estilo literário disponível a todos — como meio de dizer coisas que, do contrário, seriam difíceis de expressar — *como*, muito provavelmente, um estilo literário apreciado e lido de modo especial por grupos relativamente pequenos. Ou seja: qualquer judeu *poderia* ler, digamos, 1Enoque, encontrando no livro significados que porventura aprovasse. Contudo, é possível que a maioria dos judeus, incluindo muitos dentre os que nutriam sonhos ousados sobre o futuro, não conhecesse a maior parte das obras que, hoje, encontram-se disponíveis na *Pseudepigrapha* [Pseudoepígrafes]

---

[198]Conforme argumentado repetidamente por Sanders: veja *Judaism: Practice and Belief, 63 BCE—66 CE*, 1992, caps. 16-17, esp. p. 375-s.
[199]Veja Sanders, *Judaism: Practice and Belief, 63 BCE—66 CE*, 1992, p. 357-77, esp. p. 359, 362, 376-s.
[200]Segundo Sanders, *Judaism: Practice and Belief, 63 BCE—66 CE*, 1992, 8-s., corretamente.

O NOVO TESTAMENTO E O POVO DE DEUS

de Charlesworth — e muitos judeus, se tivessem encontrado tal literatura, a teriam considerado com grande suspeita. Por isso não podemos basear um relato do judaísmo em tais escritos. Antes, devemos começar pelo menos com as coisas que sabemos serem comuns a todos os judeus.

A escatologia do grupo que produziu os Manuscritos, embora partilhando algumas características comuns com os demais escritos "apocalípticos", não deve, porém, ser lida simplesmente como "dualística", nem como uma expectativa do "fim do mundo". Sanders parece correto em afirmar que "Dos manuscritos, aprendemos que a seita esperava uma mudança drástica no futuro, algo que os estudiosos modernos costumam chamar de *'escathon'* (...), o que é um pouco enganador, visto que, *como outros judeus, os essênios não pensavam que o mundo acabaria*".[201] Antes, a linguagem exaltada sobre um grande dia que se aproximava visava fazer referência ao tempo em que o deus de Israel agiria no âmbito da história para redimir seu povo e restabelecê-lo *como tal*, dentro de sua Terra Santa e em um novo Templo. A esperança, embora exaltada, manteve seu apelo essencialmente para este mundo. Quando o deus de Israel agisse, enviaria o verdadeiro sacerdote ungido, o verdadeiro rei davídico, para ser o Messias de seu povo. Essa crença em *dois* Messias pode ser surpreendente àqueles que estão acostumados a pensar que os judeus simplesmente aguardavam "o Messias", porém é perfeitamente consistente com a crença consistente do grupo em um Templo renovado. Seria errado a um rei davídico, descendente de Judá, presidir sobre o verdadeiro Templo; apenas um descendente de Levi, Arão e Zadoque poderia fazê-lo. A Epístola aos Hebreus depara exatamente com o mesmo problema, mas o resolve de maneira distinta (Hebreus 5–7).[202] O Messias real lideraria o grupo em sua guerra santa contra o inimigo e, após a vitória, a redenção de Israel seria completa, de modo que o verdadeiro Israel governaria em paz e justiça para sempre. Alguns levantaram um argumento interessante, no sentido de que os cálculos cronológicos do grupo talvez o tenham levado à esperança de que o Messias apareceria por volta da época da morte de Herodes, o Grande.[203]

A seita, portanto, manteve uma forma do que estudos posteriores chamariam de "escatologia inaugurada". A maioria dos judeus do nosso período

---

[201]Sanders, *Judaism: Practice and Belief, 63 BCE—66 CE*, 1992, p. 368 (itálicos nossos); compare com p. 456-s., e o cap. 10 deste livro.

[202]Sobre as características do Messias em Qumran, veja particularmente VanderKam, "Jubilees and the Priestly Messiah of Qumran", 1988; Talmon, "Waiting for the Messiah: The Spiritual Universe of the Qumran Covenanters", 1987; e as obras citadas em ambos.

[203]Veja Beckwith, "The Significance of the Calendar for Interpreting Essene Chronology and Eschatology", 1980; "Daniel 9 and the Date of Messiah's Coming in Essene, Hellenistic, Pharisaic, Zealot and Early Christian Computation", 1981.

O DESENVOLVIMENTO DA DIVERSIDADE

parece ter acreditado que seu deus agiria no futuro para libertar Israel do seu exílio contínuo. O grupo cujos escritos foram encontrados em Qumran acreditava que esse deus já havia iniciado tal processo, secretamente, neles e por meio deles. Acontecimentos futuros seriam o desvelar dramático do que já havia sido iniciado, assim como o que já havia sido iniciado constituía o cumprimento de profecias havia muito escondidas. Por algum tempo, o restante de Israel veria, mas não perceberia [cf. Isaías 6:9]; contudo, chegaria o dia em que os justos brilhariam como o sol no reino do deus de Israel [cf. Daniel 12:3].

SACERDOTES, ARISTOCRATAS E SADUCEUS

Poderíamos facilmente imaginar o judaísmo do primeiro século sem essênios ou manuscritos. De forma enfática, o mesmo não vale para os sacerdotes em geral ou para os principais sacerdotes em particular. Josefo, escrevendo no final do primeiro século a.C., conta-nos que existiam ao menos vinte mil sacerdotes, muito mais do que os números dados para o partido dos fariseus (seis mil) ou para a seita dos essênios (quatro mil).[204] O papel dos sacerdotes, muitas vezes negligenciado em relatos do judaísmo do primeiro século, deve ser recolocado em seu devido lugar.[205]

A maioria dos sacerdotes não era aristocrata nem particularmente rica. Sacerdotes e levitas, que serviam como assistentes, dependiam do dízimo praticado pelo restante da população. A maioria morava longe de Jerusalém, indo para lá em grupos, por turnos, para a realização dos rituais regulares. No restante do tempo, trabalhavam de uma forma que, reitero, foi frequentemente ignorada: eram os principais mestres da lei e o grupo ao qual os judeus comuns recorriam para julgamentos e arbitragens em disputas ou problemas jurídicos.[206] Não nos deve causar surpresa o fato de Jesus ordenar ao leproso purificado que se "mostrasse ao sacerdote" (Mateus 8:4 e passagens paralelas), pois essa era uma prática normal. Os sacerdotes eram os representantes locais do judaísmo "oficial" — como convém aos que estudaram a Torá — e, de vez em quando, tinham o privilégio de servir ao deus de Israel em seu Templo.

No topo da árvore sacerdotal, por assim dizer, encontramos os principais sacerdotes. Pelo que podemos dizer de nossas fontes, os principais sacerdotes formavam, no primeiro século, uma espécie de "conselho executivo permanente", com sede em Jerusalém, com poder considerável. Pertenciam a um

---

[204]Sobre os sacerdotes, veja Ápio 2.108. Trata-se claramente de um número arredondado: Josefo nos fala da existência de quatro clãs sacerdotais, cada qual com "mais de cinco mil" membros. Sobre os números dos fariseus e dos essênios, veja este capítulo.

[205]Veja particularmente Sanders, *Judaism: Practice and Belief, 63 BCE—66 CE*, 1992, cap. 10.

[206]Sanders, *Judaism: Practice and Belief, 63 BCE—66 CE*, 1992, cap. 10.

O NOVO TESTAMENTO E O POVO DE DEUS

pequeno grupo de famílias, unidas e consanguíneas, que, em várias ocasiões, parecem se haver envolvido em sérias disputas faccionais entre si.[207] Ao contrário dos sacerdotes comuns, os principais sacerdotes constituíam o coração da aristocracia judaica: sem dúvida, também havia aristocratas leigos, porém os principais sacerdotes ocupavam posição de destaque. Era com eles, e particularmente com o sumo sacerdote escolhido dentre eles, que os governadores romanos tinham de lidar em primeira instância, responsabilizando-os pela conduta geral da população.[208]

Essa aristocracia, tanto clerical como leiga, não tinha qualquer reivindicação ancestral sólida por seu prestígio. Goodman argumenta, de forma convincente, que os romanos haviam escolhido trabalhar com proprietários de terras locais, elevando-os a uma posição que jamais alcançariam por seu *status* familiar. Além disso, Herodes já havia lidado cuidadosamente com a dinastia dos asmoneus e, visto não haver dúvidas de que ele mesmo jamais seria sacerdote, cuidou para que o cargo sacerdotal fosse ocupado por pessoas que não representassem ameaça para ele — algo que um sumo sacerdote diligente e de berço nobre facilmente poderia ter feito.[209] Assim, por volta da época em que a Judeia se tornou uma província romana, em 6 d.C., a família governante do sumo sacerdote estava firmemente estabelecida, mas sem qualquer pretensão sólida à ancestralidade. Seus interesses consistiam em manter a paz entre Roma e um povo que, na maior parte do tempo, estava descontente. Se isso significasse pacificar os romanos, era o que eles faziam. Mas, após ficar claro que a paz estava perdida, escolheram ficar do lado dos rebeldes, pretendendo, sem dúvida, preservar suas propriedades e seu *status* de líderes após o que poderia ter sido uma revolta bem-sucedida.[210]

O símbolo central da cosmovisão sacerdotal era, obviamente, o Templo, que representava, sem dúvida, diferentes coisas para diferentes sacerdotes. Para o sacerdote das regiões afastadas de Jerusalém, que vivia a maior parte do tempo em relativa pobreza, ensinando em seu vilarejo local e resolvendo disputas locais, a visita regular ao Templo e a chance de participar do seu ritual constituíam o ponto alto do ano, ou mesmo de sua vida. Tudo o mais que

---

[207]Veja particularmente Goodman, *The Ruling Class of Judaea: The Origins of the Jewish Revolt Against Rome A.D. 66-70*, 1987. Presume-se que Josefo intende dizer em sua descrição dos principais sacerdotes como grosseiros e rudes (*Guerras* 2.166; *Ant.* 20.199).

[208]Sanders, *Judaism: Practice and Belief, 63 BCE—66 CE*, 1992, caps. 15, 21.

[209]Sobre Aristóbulo III, jovem asmoneu que foi sumo sacerdote por algum tempo, até ser morto a mando de Herodes (*Ant.* 15.23-41, 50-6), veja Schürer, *The History of the Jewish People in the Age of Jesus Christ (175 B.C.—A.D. 135)*, 1973-87, 1.297.

[210]Veja Goodman, *The Ruling Class of Judaea: The Origins of the Jewish Revolt Against Rome A.D. 66-70*, 1987, *passim*.

O DESENVOLVIMENTO DA DIVERSIDADE

ele fazia fora de Jerusalém ganhava significado e profundidade por causa do Templo. Conforme veremos no capítulo seguinte, encapsulava toda a teologia e as aspirações de Israel. Para o sacerdote de Jerusalém e, particularmente, para os principais sacerdotes, o Templo era, em tese, tudo isso e ainda mais: era sua base de poder, o centro econômico e político do país. Seu poder advinha do fato de controlarem o Templo. O santuário legitimava poderosamente a condição que lhes fora concedida sob o governo dos romanos e de Herodes.

Por essa razão, nossas fontes estão seguramente corretas em representar os chefes dos sacerdotes como fundamentalmente conservadores. Eles, como a principal aristocracia, parecem haver pertencido principalmente ao que conhecemos como o partido dos saduceus. Infelizmente, as informações a respeito desse grupo, além de seu conservadorismo e de sua disputa aparentemente perpétua com os fariseus, são escassas. O que podemos rastrear de forma mais detalhada será descrito resumidamente a seguir.[211]

Segundo Josefo, os saduceus criam no livre-arbítrio. Assim como estou inclinado a pensar que a descrição de Josefo sobre a mistura farisaica de livre-arbítrio e destino é um código despolitizado para o equilíbrio entre esperar que o deus de Israel aja e estar pronto para agir, se necessário, em seu nome, também estou inclinado a pensar que a crença saduceia no livre-arbítrio corresponde pouco a uma filosofia abstrata e muito a uma política de poder: o deus de Israel ajudará aqueles que ajudam a si mesmos.[212] Trata-se de uma doutrina confortável para os que estão no poder, que ali se mantêm ao adotarem quaisquer medidas necessárias — assim como sua imagem simétrica, a crença de que a ação divina só pode ser aguardada, não apressada, serve de doutrina consoladora para os que estão fora do poder, sem a expectativa de recuperá-lo por seu próprio esforço (segundo vimos no caso dos essênios).

Uma segunda característica dos saduceus é que eles não tinham tempo para outras leis além das que se encontravam na Bíblia (ou possivelmente no Pentateuco). Esse ponto de vista serve de contraste ao daqueles que seguiam "as tradições dos anciãos", uma clara referência aos fariseus. Embora a ideia de que os fariseus elevassem tais tradições ao *status* de lei absoluta possa ser contestada,[213] certamente eles preservavam e aplicavam a si mesmos uma parte considerável delas. Aqui, mais uma vez, vemos os saduceus como um corpo essencialmente conservador, cujo desejo era não permitir (o que podia ser visto como) simples inovações. Insisto: no campo político, trata-se de uma doutrina útil para que

---

[211] Veja Sanders, *Judaism: Practice and Belief, 63 BCE—66 CE*, 1992, p. 332-40; Saldarini, *Pharisees, Scribes and Sadducees in Palestinian Society*, 1988, caps. 5–6, 8–10 e esp. 13.

[212] Veja *Guerras* 2.164-s.; *Ant.* 13.173.

[213] Veja Sanders, *Jewish Law from Jesus to the Mishnah: Five Studies*, 1990a, cap. 2, esp. p. 125-30.

os que estão no poder, especialmente se seus opositores estiverem envolvidos, como vimos ser o caso de alguns fariseus, em atividades revolucionárias.

Outra característica dos saduceus era que eles negavam a doutrina da ressurreição.[214] É desnecessário dizer que essa posição em nada diz respeito ao racionalismo ou ao "liberalismo" pós-iluminista, o qual põe em dúvida que tais coisas sejam possíveis. A melhor explicação para a perspectiva dos saduceus sobre o assunto me parece, mais uma vez, a holística, que combina teologia, sociedade e realidade política. No primeiro século d.C., a "ressurreição" funcionou por muito tempo como um símbolo e uma metáfora para a reconstituição total de Israel, o retorno da Babilônia e a redenção final. Ezequiel 37 nos fala do retorno em termos de Israel sendo despertado da sepultura; os mártires macabeus, conforme notamos em 2Macabeus (escrito entre o fim do segundo século a.C. e o início do primeiro século d.C.),[215] falavam de sua própria ressurreição iminente no contexto de afirmar que seu deus inocentaria e honraria publicamente seu povo contra o tirano. Embora os aristocratas do primeiro século fossem, em certo sentido, aqueles herdeiros dos asmoneus cuja vindicação fora prevista por 2Macabeus, agora a situação não lhes era favorável: a ressurreição, em seu sentido metafórico de restituição de um Israel teocrático, possivelmente sob o governo de um Messias, significava o fim de seu poder precário. Ao mesmo tempo, não devemos supor que o único significado das declarações de Josefo seja encontrado no plano político. Se os saduceus se concentraram, por razões de necessidade política, nos assuntos do mundo, eles, ao contrário dos pobres e marginalizados, para quem a esperança de uma restituição teve de ser projetada para a vida futura, podem ter genuinamente se preocupado menos com doutrinas a respeito da vida após a morte.[216]

A influência dos aristocratas em geral e dos saduceus em particular tem sido controversa, pelas mesmas razões subjacentes que a questão da influência dos fariseus. Goodman, McLaren e Sanders, cada qual ao seu modo, argumentam que a aristocracia detinha um poder considerável *de facto* e *de jure*.[217] À primeira vista, a ideia está em desalinho com a afirmação de Josefo de que os saduceus não podiam realizar praticamente nada, uma vez que as massas tinham os fariseus em grande estima.[218] Josefo é, então, considerado como tendo apresentado enganosamente os fariseus como a parte mais influente a fim de persuadir os

---

[214] *Guerras* 2.165; *Ant.* 18.16.

[215] Segundo Attridge, "Historiography", 1984, p. 177; Schürer, *The History of the Jewish People in the Age of Jesus Christ (175 B.C.—A.D. 135)*, 1973-87, 3.532.

[216] Sobre a crença na ressurreição, veja o cap. 10.

[217] Goodman, *The Ruling Class of Judaea: The Origins of the Jewish Revolt Against Rome A.D. 66-70*, 1987; Sanders, *Judaism: Practice and Belief, 63 BCE—66 CE*, 1992, caps. 15, 21; McLaren, 1991.

[218] *Ant.* 18.17; veja 13.298.

O DESENVOLVIMENTO DA DIVERSIDADE

romanos a aceitar o novo regime judaico, herdeiro da tradição farisaica, capaz de, segundo ele, melhor influenciar o povo. À luz dos argumentos de Mason, no entanto, estou inclinado a aceitar o veredicto de Josefo, mas com algumas modificações: em termos de eficácia, os fariseus eram mais bem-sucedidos em persuadir o povo de suas opiniões do que os saduceus. Ou seja, a maioria das pessoas acreditava na ressurreição (provavelmente tanto no sentido literal como no sentido metafórico); a maioria continuava a acreditar que seu deus interviria na história, de modo que as questões não se encontravam apenas nas mãos do ser humano; a maioria estava disposta a tratar pelo menos algumas das tradições farisaicas com seriedade. Em todos esses pontos, se havia um planejamento ideológico saduceu, ele não foi seguido.

Entretanto, era isso que Josefo queria dizer? Não inteiramente, suponho. É provável que sua intenção não fosse a aprovação dos fariseus; se sim, então seu método foi muito estranho.[219] O mais provável é que sua intenção fosse a exoneração da aristocracia, ou seja, a exoneração de seu próprio partido. Se ele fez declarações ousadas acerca da dominação farisaica, dando a entender que (nas palavras de Sanders) "eles mandavam em tudo", há uma pequena chance de que o tenha feito para dar a impressão de uma aristocracia nobre e bem-intencionada, cujas mãos estavam amarradas por movimentos populistas, fora do seu controle. Por trás disso, podemos rastrear uma realidade mais complexa:

i. Muitos aristocratas estavam realmente envolvidos em sedições antirromanas, ainda que em seus próprios termos e com motivos diferentes dos zelotes e de outros grupos (Goodman);

ii. Os fariseus continuavam a usufruir amplo apoio popular (Mason e, cautelosamente, Sanders);[220]

iii. Em muitos assuntos de prática comum, principalmente na adoração do Templo, os sacerdotes podem muito bem ter seguido os regulamentos farisaicos (Mason), embora nem os sacerdotes em geral nem os principais sacerdotes em particular precisassem dos fariseus para lhes ensinar os aspectos básicos de seu ofício (Sanders);

iv. Na política séria, o importante era o que o governador romano e os sacerdotes faziam e diziam. Evidentemente, era do seu interesse trabalhar

---

[219] Veja neste capítulo a forma como os fariseus foram retratados por Josefo.

[220] Veja Sanders, *Judaism: Practice and Belief, 63 BCE—66 CE*, 1992, p. 386: "Os principais sacerdotes e os 'poderosos' obviamente perceberam que um governo revolucionário precisava da cooperação do líder de *um partido de base mais ampla do que a sua*" (itálico meu); p. 388: "eles sempre poderiam levantar uma quantidade razoável de seguidores". Sanders, ao dizer (com certa razão) que devemos duvidar se os fariseus lideravam todas as sinagogas, claramente permite a possibilidade de que liderassem algumas — ou talvez muitas delas (p. 398). Veja esp. p. 402-4.

com — e não em oposição a — uma população predisposta à inquietação; nesse aspecto, então, eles levavam os fariseus, como líderes populistas, em consideração. No entanto, as autoridades estavam preparadas, quando necessário ou conveniente, a ignorar toda e qualquer pessoa, incluindo os fariseus (Sanders).

v. O principal objetivo de Josefo era exonerar seu próprio grupo, a aristocracia, e ele o fez enfatizando a influência farisaica e seu próprio aborrecimento com ela.

Esses pontos, penso, dão sentido aos dados e fornecem-nos uma imagem histórica coerente. A única coisa que nos falta é a sequência: a aristocracia foi exterminada na guerra (boa parte nas mãos de diferentes revolucionários judeus) ou, em diversos níveis, integrou-se, como o próprio Josefo, à sociedade greco-romana em geral? Não ouvimos nada a seu respeito no período de Jâmnia. Sua cosmovisão, cujo símbolo central era o Templo, e cuja história central correspondia a um Israel por ela governada, fora destruída, sem deixar vestígios.

"JUDEUS COMUNS": INTRODUÇÃO

Até este ponto, tenho lidado com o que se consideram os ramos "especializados" do judaísmo do primeiro século, já que, acredito, importa-nos obter a figura mais clara possível desse período. Outros cumpriram a tarefa seguindo a direção contrária;[221] talvez não haja muitas opções além dessas duas formas de abordar o assunto. Agora, porém, que nos preparamos para olhar para aquilo que a maior parte dos judeus do primeiro século tinha em comum (caps. 8–10), devemos, antes de tudo, considerar quem constituía a maior parte da população da Palestina.

Podemos começar com o resumo de parte do argumento de Sanders. Muitas vezes, acredita-se que a maioria dos judeus no período era considerada pelos fariseus, e talvez por si mesmos, "pecadores". De modo semelhante, é comum o pensamento de que os fariseus controlavam todos os aspectos da vida cotidiana. Sanders observa que essas duas ideias são mutuamente contraditórias e não representam o verdadeiro estado das coisas. Se a maioria dos judeus fosse "pecadora", jamais poderia adorar no Templo, uma vez que teria sido barrada pela impureza. Também não temos razão para pensar que as estritas leis farisaicas fossem observadas pela população em geral, mas muitas razões para acreditar que fossem observadas pelos próprios fariseus. Assim, é provável que a maioria dos judeus se importasse bastante com seu deus, com suas escrituras e com sua herança judaica para se preocupar com a observância da lei bíblica.

---

[221]Por exemplo, Sanders, *Judaism: Practice and Belief, 63 BCE—66 CE*, 1992.

O DESENVOLVIMENTO DA DIVERSIDADE

Eles oravam, jejuavam, iam à sinagoga, viajavam a Jerusalém para as festas regulares. Não comiam carne de porco, guardavam o sábado, circuncidavam os filhos do sexo masculino. Da mesma forma, prestavam atenção suficiente aos fariseus como mestres respeitados, embora não oficiais, como garantia de que alguns desses deveres básicos fossem realizados de uma maneira mais ou menos farisaica.

Seriam elas, então, as pessoas frequentemente descritas na literatura rabínica como "o povo da terra"? Provavelmente. Mas não devemos rebaixar o grupo e tratá-lo uniformemente como "pecadores", nem imaginar que eles, ou os fariseus, não soubessem distinguir entre um judeu obediente à lei, ainda que não a todo o código farisaico, e um judeu que violava o sábado, comia carne de porco, procurava remover as marcas da circuncisão ou se envolvia com prostituição, extorsão, homicídio etc. Conforme elucidado por Freyne, "'povo da terra' pode muito bem ter-se tornado um termo religioso pejorativo nos círculos rabínicos posteriores, mas isso não nos deve levar à conclusão equivocada de que os judeus do país não se preocupavam com os fundamentos da fé judaica".[222]

Podemos, portanto, supor que a maioria dos judeus da Palestina durante o período romano guardava as leis bíblicas em geral, dirigia a sua oração à deidade ancestral e regulava a vida de modo a enfatizar as festas e os jejuns regulares do calendário. Provavelmente, eles não eram teólogos profundos, reflexivos (mesmo Josefo, que estudou muito, não foi assim), mas seu mundo simbólico e sua práxis regular dão-nos uma boa noção da teologia para a qual, ainda que de forma inarticulada, prestavam lealdade. Também nos projetam para frente, para a análise da esperança que nutriam, trazendo-nos de volta, em um círculo completo, para a história com a qual começamos. Nosso estudo da variedade no judaísmo desse período define, portanto, nosso objetivo para os capítulos 8, 9 e 10, para os quais, sem delongas, prosseguimos.

---

[222]Freyne, *Galilee, Jesus and the Gospels: Literary Approaches and Historical Investigations*, 1988, p. 200, revisando sua opinião anterior, na qual seguira Oppenheimer, *The Am Ha-Aretz: A Study of the Social History of the Jewish People in the Hellenistic-Roman Period*, 1977.

| HISTÓRIAS,
SÍMBOLOS
E PRÁXIS:
ELEMENTOS DA
COSMOVISÃO
ISRAELITA

CAPÍTULO 8

INTRODUÇÃO

No primeiro século d.C., os judeus comuns viviam em meio à turbulenta história descrita no capítulo 6 e sob a pressão dos diferentes grupos descritos no capítulo 7. É difícil dizer quais livros essas pessoas liam, se é que liam (exceto a Bíblia, e mesmo assim nem todos eram alfabetizados). O que sabemos, porém, é que eles partilhavam, em menor ou maior grau, uma cosmovisão que, a despeito das diferenças partidárias, unia a grande maioria. Podemos traçá-la com alguma precisão estudando, inicialmente, três dos quatro componentes pertencentes às cosmovisões, discutidos no capítulo 5: as histórias que foram contadas e recontadas, incorporando e integrando, como apenas as histórias são capazes de fazer, aspectos variados da cosmovisão; os símbolos aos quais todos, exceto pelos mais distantes, se teriam atrelado, de uma forma ou de outra;[1] e a práxis, intimamente integrada a esses símbolos, que teria caraterizado a maioria.

HISTÓRIAS

1. Introdução

No capítulo 3, vimos que as histórias são importantes como indicadores da visão de mundo de qualquer cultura, fator crucial, se desejarmos entendê-las, para a leitura acurada de suas dimensões. Algumas culturas mantêm suas histórias típicas de forma sutilmente escondida. O judaísmo do primeiro século é um excelente exemplo de uma cultura que obviamente florescia com histórias, as quais

---

[1]Veja Millar, "Reflections on the Trial of Jesus", 1990, p. 379-s.

HISTÓRIAS, SÍMBOLOS E PRÁXIS: ELEMENTOS DA COSMOVISÃO ISRAELITA

podemos, por razões de simplicidade, dividir em duas categorias: a história fundamental, contada na Bíblia, sobre criação e eleição, êxodo e monarquia, exílio e retorno; e histórias de unidades menores, quer lidando com uma parcela da história maior, quer ocorrendo em paralelo com uma parte da narrativa ou com o todo. De qualquer maneira, obtemos um indicador poderoso da cosmovisão judaica, abrindo-se, então, para criar o contexto para os símbolos e a práxis.

2. A história fundamental

A história fundamental do judaísmo, da qual todas as demais são subsidiárias, era, claro, a história bíblica em si. Israel havia contado essa história, de uma forma ou de outra, desde que era Israel. À medida que a tradição bíblica ia crescendo e se desenvolvendo, as histórias que continha e a única história que os mantinha juntos cresciam com ela, de modo que os diferentes elementos interagiam entre si de inúmeras maneiras.[2] Visto da perspectiva de um judeu do primeiro século d.C., desprovido de questionamentos críticos sobre as origens das diferentes tradições, a história fundamental dizia respeito ao deus criador e ao mundo, ressaltando o lugar de Israel como o povo da aliança.

Desse modo, o chamado dos patriarcas foi posicionado no contexto da criação e da queda. Conforme veremos no capítulo seguinte, Abraão foi visto como a resposta divina ao problema de Adão. A descida ao Egito e o resgate dramático sob a liderança de Moisés formaram o ponto culminante da história inicial, definindo o tema da libertação como um dos enredos principais para a narrativa como um todo e criando um ar de perplexidade sobre o qual os judeus posteriores refletiriam de novas maneiras: se Israel foi libertado do Egito e colocado em sua própria terra, por que agora as coisas não são perfeitas? A conquista da terra e o período dos juízes formam, então, o contexto e a preparação para o próximo ponto culminante: o estabelecimento da monarquia e, particularmente, da casa de Davi. Davi era o novo Abraão, o novo Moisés, por meio de quem o deus de Israel completaria o que já havia começado. Mais uma vez, emerge a perplexidade: os sucessores de Davi haviam sido, em sua maioria, ruins; o reino fora dividido; os profetas não foram ouvidos; Judá acabou indo para o exílio.[3] As promessas de um novo êxodo surgiram naturalmente e em um contexto tal que levara a novos começos ambíguos (ou a falsos princípios?) sob o governante davídico Zorobabel e o sumo sacerdote Josué, assim como sob a liderança de Esdras e Neemias.[4] O período bíblico (segundo normalmente é

---

[2]Veja Koch, *The Growth of the Biblical Tradition: The Form-Critical Method*, 1969; Fishbane, *Biblical Interpretation in Ancient Israel*, 1985, esp. p. 281-440.

[3]A perplexidade é declarada de forma incontestável em Salmos 89.

[4]Compare com o entusiasmo atrelado a esses dois personagens em Zacarias 3–4, o qual parece esvaecer-se em Zacarias 9–14.

chamado) termina, mas sem um senso de fim — exceto o que é projetado para o futuro. A história ainda precisa ser concluída.

O ponto pode ser explicado ao considerarmos a justaposição de dois grandes salmos narrativos (lembrando, naturalmente, quão proeminentes os salmos eram na adoração de Israel, e quão poderosas, portanto, suas narrativas da história israelita devem ter sido na formação da cosmovisão judaica do primeiro século). Salmos 105 reconta, de forma clássica, a história dos patriarcas e do êxodo, concluindo sem ambiguidades, mas com um preceito de continuidade: em vista do que YHWH fez, Israel deve louvá-lo e guardar seus mandamentos.[5] Já Salmos 106, no entanto, conta a história de maneira diferente: o próprio êxodo foi um tempo ambíguo, com muita desobediência e julgamento sobre o próprio Israel e, de modo semelhante, o tempo em Canaã foi profundamente falho e resultou em exílio. No entanto, o deus de Israel se lembrou da aliança e fez com que os seus captores tivessem piedade de Israel; mas a história ainda não estava completa. "Salva-nos, YHWH, nosso Deus! Ajunta-nos dentre as nações, para que possamos dar graças ao teu santo nome e fazer do teu louvor a nossa glória." Até que isso aconteça, a grande história ainda não está completa e continua cheia de ambiguidades.[6]

A grande história das escrituras hebraicas foi, assim, inevitavelmente lida no período do segundo templo como uma narrativa em busca de conclusão. Esse final teria de incorporar a libertação e a redenção plenas de Israel, um fato que não havia acontecido enquanto Israel continuava oprimido, aprisionado em sua própria terra. Ademais, esse final teria de ser *apropriado*: devia corresponder com o restante da história, crescendo a partir dele em uma óbvia continuidade e conformidade. Podemos ver o que essa adequação significaria ao tomarmos um exemplo oposto. Em *Antiguidades*, a recontagem de Josefo de toda a história nos fornece um final que destrói a gramática narrativa do restante do texto: o deus de Israel passa para os Romanos; Jerusalém é destruída; o judaísmo, dispersado. Seria como recontar a história de *João e o Pé de Feijão* de tal maneira que João, ao retornar, é morto por sua mãe, que, em seguida, pega o ouro e se casa com o gigante. Se Josefo ainda acreditava em um final vindouro, no qual tudo seria novamente revertido, reservou tal final para si mesmo.

Uma leitura diferente da história de Israel — e, de certa forma, mais ortodoxa — é apresentada em Eclesiástico 44—50, escrito por volta do início do segundo século a.C. "Façamos o elogio dos homens ilustres, que são nossos antepassados, em sua linhagem" (44:1 [Bíblia Ave-Maria]). Em alguns aspectos, a seção toda é um relato geral dos ancestrais de Israel, capaz de conquistar

---

[5]Salmos 105:1-6, 44-5.

[6]Salmos 106:47. O versículo final (48) do salmo canônico completa a história e o quarto "livro" do Saltério, de uma forma que, embora justificada pela força da esperança, não deve obscurecer a perplexidade e o anseio expressos no restante do salmo.

HISTÓRIAS, SÍMBOLOS E PRÁXIS: ELEMENTOS DA COSMOVISÃO ISRAELITA

a admiração de um leitor não judeu.[7] Contudo, ainda assim, é a história de Israel que está sendo contada. A passagem termina (50:1-21) com um retrato brilhante de alguém que não era um ancestral, mas provavelmente um contemporâneo do escritor: o sumo sacerdote Simeão II, filho de Jônatas ("Onias", no grego), que exerceu suas funções de 219 a 196 a.C. A mensagem é clara: a história de Israel encontra sua conclusão perfeita na adoração esplêndida e ordenada de seu deus, no Templo. A ideia se encaixa perfeitamente com a teologia do Capítulo 24 (a Sabedoria divina vindo para habitar, como a *Shekinah*, em Sião, a qual é identificada com a própria Torá), evitando, por assim dizer, a necessidade de uma escatologia politizada ou apolitizada.[8] A história de Israel chegou aonde deveria ter chegado.

Evidentemente, essa recontagem tranquila e triunfante da história não poderia durar depois de confrontada com a devastação de Antíoco Epifânio. Assim, os macabeus oferecem outro exemplo de história de Israel com um novo final. Sua tentativa de contar a própria história como a conclusão triunfante de toda a história de Israel (particularmente em 1Macabeus) foi, em alguns aspectos, um *coup d'état* tão ousado e bem-sucedido quanto o que haviam lançado contra Antíoco Epifânio: sequestraram o enredo da esperança futura de Israel, reivindicando que tal esperança fora alcançada por meio deles. Ambiguidades inerentes ao seu regime foram suficientes para fazer com que outros grupos recontassem a história de uma forma diferente: o regime asmoneu era corrupto, de modo que o deus de Israel o derrubaria e estabeleceria o governo correto em seu lugar.[9]

Esses três exemplos das muitas versões diferentes da história de Israel mostram que os judeus desse período não pensavam simplesmente nas tradições bíblicas de forma atomística, mas que eram capazes de conceber a história como um todo e procurar regularmente por sua conclusão adequada. Formas resumidas da história são encontradas em muitas passagens bíblicas, bem como em muitas obras da época do segundo templo.[10] Além disso, alguns livros

---

[7]Veja Frost, "Who Were the Heroes? An Exercise in Bi-Testamentary Exegesis, with Christological Implications", 1987; Lane, *Hebrews 1–8, 9–13*, 1991, 2.316 e seguintes.

[8]Uma possível exceção é Eclesiástico 50:23-4. Entretanto, a passagem se assemelha mais a uma oração mais tradicional e generalizada do que a uma parte orgânica do pensamento do escritor.

[9]Sobre as releituras da história no NT, veja Parte IV.

[10]Compare o resumo das "histórias de Israel" em Deuteronômio 6:20-4; 28:5-9; Josué 24:2-13; Salmos 78, 105, 106, 135, 136; Neemias 9:6-37; Ezequiel 20:4-44; Juízes 5:5-21; 1Macabeus 2:32-60; 3Macabeus 2:2-20; *Sab. Sal.* 10:1–12:27; Jos. *Ant.* 3.86-s.; 4.43-5; *Guerras* 5.379-419; CD 2.14—6.11; 4 Ed 3:4-36; 4:29-31. Veja Marcos 12:1-12; Atos 7:2-53; 13:16-41; Romanos 9–11; Hebreus 11:2–12:2 (veja paralelos com Eclesiástico em Frost, "Who Were the Heroes? An Exercise in Bi-Testamentary Exegesis, with Christological Implications", 1987, e no cap. 13 deste livro); Tiago 5:10-11. Devo essas referências a (uma versão anterior de) Hill, 1992, p. 100, e a Holz, 1968, p. 100-s.; outras, devo a Skehan e Di Lella, *The Wisdom of Ben Sira: A New Translation with Notes*, 1987, p. 499-s.

O NOVO TESTAMENTO E O POVO DE DEUS

recontam a história, ou partes fundamentais dela, de modo a explicar o porquê de não haver chegado à sua devida conclusão e exortando à urgência do viver correto durante a espera por esse fim.

Assim, por exemplo, *Jubileus* conta a história dos patriarcas com vistas ao futuro de Israel, alertando os contemporâneos do escritor, no segundo século a.C., para que respeitassem estritamente os sábados, as festas, a prática da circuncisão e o calendário solar (em oposição ao calendário lunar, corrente no judaísmo predominante da época). Se fizessem isso, a história chegaria ao seu final autêntico. Isaque se dirige a Jacó e Esaú com as seguintes palavras:

> Lembrai-vos do Senhor, meus filhos, o Deus de Abraão, vosso pai, e de como eu fiz dele o meu Deus e o servi em justiça e alegria, para que ele vos multiplicasse e aumentasse o número dos vossos descendentes, até que se tornassem como as estrelas do céu, e vos estabelecessem na terra como árvore de justiça, que, por todas as gerações, não será arrancada, para sempre.[11]

Israel deve permanecer fiel a todos os requisitos da aliança. Só então, a história que começou com Abraão e Isaque chegará à devida conclusão.

A mesma história é contada de uma perspectiva diferente, em um estilo muito diferente, nos capítulos 10—19 da (obra escrita quase na mesma época) Sabedoria de Salomão. A força do enredo está na ideia de que a Sabedoria, que havia sido dada aos primeiros seres humanos (10:1-4), foi, então, particularmente ativa na história de Israel, começando na época dos patriarcas (10:5-14) e passando pelos eventos do êxodo (10:15—11:14; 16:1—19:22). Esses relatos estão repletos de sugestões de como o escritor pensa que os herdeiros dessa tradição deveriam, como resultado, viver: deveriam evitar o paganismo que refletia as práticas do Egito e de Canaã (11:15—15:19). Naturalmente, esse paganismo foi projetado para corresponder ao que era tido como um problema urgente pelos judeus do período do segundo templo.

Produzido no primeiro século, o livro de *Pseudo-Filo*, cujo lugar no gênero é ocupado entre *Jubileus* e a apocalíptica, conta a mesma história, porém a leva até a morte de Saul.[12] Mais uma vez, encontramos um forte tom moralizante: os leitores mantêm sua obediência enquanto aguardam pelo amanhecer do dia da libertação, que certamente virá.[13] Ana, mãe de Samuel, regozija-se com o

---

[11]*Jub.* 36.6 (trad. baseada no texto de Charles, rev. Rabin, em Sparks, *The Apocryphal Old Testament*, 1984).

[12]O livro pode ser encontrado em Charlesworth, *The Old Testament Pseudepigrapha* [Pseudoepígrafes do Antigo Testamento]. Vol. 2. *Expansions of the 'Old Testament' and Legends, Wisdom and Philosophical Literature, Prayers, Psalms and Odes, Fragments of Lost Judaeo-Hellenistic Works*, 1985, p. 297-377 (trad. D. J. Harrington).

[13]Veja Nickelsburg, "The Bible Rewritten and Expanded", 1984, p. 108-s.

HISTÓRIAS, SÍMBOLOS E PRÁXIS: ELEMENTOS DA COSMOVISÃO ISRAELITA

nascimento de seu filho, não apenas em seu próprio benefício, mas por causa do reino vindouro:

> Eis que a palavra se concretizou,
> A profecia foi cumprida.
> Estas palavras durarão
> Até que concedam o chifre [a força] ao seu ungido
> e o poder esteja presente no trono do seu rei.[14]

Uma perspectiva diferente nos é fornecida pelos vários escritos apocalípticos, os quais estudaremos mais detalhadamente no capítulo 10. No gênero apocalíptico, a história mundial e, particularmente, a história de Israel são organizadas em épocas, estando a última delas prestes a nascer. Nesse aspecto, como em muitos outros, a "apocalíptica" não deve ser separada da tradição judaica como um todo. A imagem apocalíptica do sofrimento e da redenção de Israel, embora muitas vezes desenhada em cores lúgubres, continua sendo tematicamente um descendente linear da tradição do êxodo. Por praticamente todos os lados, há uma sensação de que as histórias do criador, de seu mundo e de seu povo da aliança estão indo para algum lugar, mas ainda não chegaram ao seu destino. O criador voltará a agir, como fez no passado, a fim de livrar Israel de sua situação difícil e lidar com a maldade do mundo. As múltiplas narrativas dessa história fundamental testificam poderosamente todos os aspectos da cosmovisão judaica.

3. Histórias menores

No âmbito dessa tradição de contar a história mais ampla, permitindo que ela remetesse de várias maneiras à sua própria conclusão, havia uma rica tradição judaica de histórias menores. Elas podem ser vistas de duas formas — formas que se intercalam e sobrepõem: por um lado, há relatos explícitos de uma parcela da história mais ampla, muitas vezes elaborada e concebida para funcionar como um paradigma ou exemplo de um princípio geral a ser abstraído da narrativa principal. É um processo que ocorre dentro das próprias expectativas bíblicas, conforme vemos de maneira óbvia no livro de Rute, que se enquadra no período dos juízes. Por outro lado, há histórias que fazem pouca

---

[14]*Ps-Filo* 51.6. À luz dessa passagem, e da forma como a narrativa leva à morte de Saul (i.e., o prelúdio para que Davi se torne rei), acho difícil concordar com Harrington (Charlesworth, *The Old Testament Pseudepigrapha* [Pseudoepígrafes do Antigo Testamento]. Vol. 2. *Expansions of the "Old Testament" and Legends, Wisdom and Philosophical Literature, Prayers, Psalms and Odes, Fragments of Lost Judaeo-Hellenistic Works*, 1985, p. 301), no sentido de que o livro não demonstre interesse pelo futuro Messias.

O NOVO TESTAMENTO E O POVO DE DEUS

ou nenhuma parte da história bíblica e foram anexadas vagamente à narrativa geral; sua força não reside em explicar algo da Bíblia, mas em sua estrutura narrativa e em seu significado subjacente.

Um exemplo do primeiro tipo de história é *José e Azenate*, obra provavelmente do período do segundo templo.[15] O livro reconta, em forma de um romance teológico, o noivado e o casamento de José com a filha de Potífera, o sacerdote egípcio pagão.[16] O assunto é "histórico", mas a mensagem é razoavelmente clara. Israel e os pagãos são totalmente distintos: o casamento misto, ou até mesmo um pequeno contato, só poderá ocorrer se o pagão em questão se converter. O livro explica um dilema bíblico: como um bom e sábio judeu como José pode casar-se com uma moça pagã? Ao mesmo tempo, ele se dirige aos seus contemporâneos com uma mensagem sobre sua própria aliança de lealdade e esperança.

Um gênero totalmente dedicado ao primeiro tipo de sub-história é, naturalmente, encontrado nos *Targumim*.[17] Essas paráfrases aramaicas da Bíblia hebraica são, em sua forma presente, bem posteriores ao período que temos analisado, porém acredita-se que pelo menos parte delas remeta a protótipos anteriores, provavelmente do primeiro século. Algumas atividades relacionadas ao *Targum* são certamente precoces, como atestam os fragmentos de Qumran. A necessidade de uma versão aramaica da escritura no primeiro século d.C. é tão óbvia quanto a necessidade de traduções modernas da Bíblia no século 21; e, embora alguns dos *Targumim* se tenham aproximado muito do texto original, outros foram traduzidos muito mais livremente em sua adaptação exegética [*Midrash*], aplicando a narrativa bíblica a questões relevantes em períodos posteriores.[18] A evidente popularidade dos *Targumim* é mais uma demonstração de que recontar trechos da história judaica foi algo amplamente praticado como uma forma eficiente de reforçar a cosmovisão fundamental.

Um exemplo do segundo tipo de sub-história — um conto não bíblico que, no entanto, exemplifica a gramática narrativa da história bíblica como um todo e de pequenas histórias em particular — é o livro apócrifo de Susana. A heroína é ameaçada por anciãos judeus lascivos, que colocam sua honra e

---

[15]Charlesworth, *The Old Testament Pseudepigrapha* [Pseudoepígrafes do Antigo Testamento]. Vol. 2. *Expansions of the 'Old Testament' and Legends, Wisdom and Philosophical Literature, Prayers, Psalms and Odes, Fragments of Lost Judaeo-Hellenistic Works*, 1985, p. 177-247 (trad. C. Burchard), p. 354.

[16]Veja Gênesis 41:45; Potífera é chamado de Pentéfres em *Jos. & Az.* 1:3 etc.

[17]Veja Schürer, *The History of the Jewish People in the Age of Jesus Christ (175 B.C.—A.D. 135)*, 1973-87, 1.99-114; 2.339-55 (sobre a expansão do ensino bíblico em geral); e esp. Strack e Stemberger, *Introduction to the Talmud and Midrash*, 1991 [1982].

[18]Um exemplo extremo é encontrado na passagem de Gênesis 21:21 do *Targum de Jônatas*, mencionando o nome da esposa e da filha de Ismael.

HISTÓRIAS, SÍMBOLOS E PRÁXIS: ELEMENTOS DA COSMOVISÃO ISRAELITA

vida em perigo. Daniel vem ao seu socorro e, em uma cena dramática no tribunal, Susana é inocentada, honrada publicamente e resgatada das mãos de inimigos, mortos em lugar dela. O apócrifo de Susana, anexado a Daniel na Septuaginta, partilha, então, do padrão de histórias do livro de Daniel: judeus sob ameaça serão vindicados contra os seus inimigos.[19] A anomalia na história é que os inimigos não são pagãos: são, antes, os anciãos de Israel. O enredo volta a polêmica antipagã contra os próprios judeus, como pode ser visto quando Daniel aborda um dos anciãos como "filho de Canaã, não de Judá".[20] Nicklesburg sugere que o livro reflete as pressões e tentações que surgiriam em uma comunidade judaica da época, e isso, claro, pode muito bem ser verdade.[21] Contudo, o enredo é mais profundo do que um mero conto moralista. Trata-se da história normal de Israel, perseguida, mas justificada — contada agora como história de *um grupo em Israel*, "representado", em termos literários,[22] por um único indivíduo, perseguido justamente por israelitas que ocupam posições de poder, mas que, ao final, é vindicado. Em outras palavras, trata-se do tipo de história que reforçaria poderosamente a visão de mundo de uma seita ou de um grupo judaico: os atuais líderes de Israel são corruptos e não melhores do que os pagãos, mas nós somos o verdadeiro Israel, o qual será vindicado por nosso deus e, talvez, por um novo Daniel. O próprio livro de Daniel, com sua história da vindicação judaica após a opressão nas mãos dos pagãos, seria lido, na época dos macabeus, como um apoio poderoso ao regime asmoneu. A história de Susana, anexada ao livro de Daniel, subverte essa mensagem. Os novos governantes agem como pagãos, oprimindo os verdadeiros israelitas fiéis.

4. Conclusão

Como, então, a história judaica "fundamental" funciona, em termos das análises narrativas descritas no capítulo 3? Conforme veremos no capítulo seguinte, o ponto focal da cosmovisão judaica é claramente a aliança do criador com Israel e, assim, em um período de opressão e tensão política, o resgate divino de Israel. O tema é comum a todas as versões da história judaica que se originam nesse contexto. As histórias, porém, divergem, caracterizando os diferentes grupos e seitas, no que diz respeito à seguinte pergunta: como o resgate deverá acontecer?

---

[19]Veja o cap. 10. Segundo destacado por Nickelsburg, "The Bible Rewritten and Expanded", 1984, p. 38, o padrão de perseguição e vindicação do sábio e do justo é um tema regular em livros e obras tão diversas quanto Gênesis 34, Ester, *História de Ahikar* e *Sab. Sal.* 2-5, informando também as narrativas da paixão nos evangelhos e a história do martírio de Estêvão, em Atos 6–7. Podemos adicionar 2Macabeus 7 e outras passagens aos exemplos citados.

[20]Sus. 56.

[21]Nickelsburg, "The Bible Rewritten and Expanded", 1984, p. 38.

[22]Veja o cap. 10.

Uma forma básica da história judaica seria mais ou menos assim:

Sequência inicial

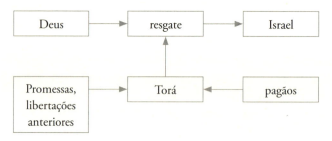

Deus deu a Israel sua Torá, de modo que, ao guardá-la, pudesse ser seu povo, vindo a ser resgatado dos inimigos pagãos e confirmado como governante em sua própria terra. É assim que funciona, em essência, a história do livro de Josué; provavelmente, boa parte da Bíblia era lida dessa maneira no primeiro século. Certamente, é assim que funcionam as histórias de Ester e dos macabeus, celebradas nas festas de *Purim* e *Hanukkah*: os fiéis ao deus da aliança e à sua Torá serão resgatados de seus inimigos. Alguns dos escritos pós-bíblicos, como Judite, também apresentam, em essência, o mesmo formato. Vimos que o mesmo padrão pode ser repetido com uma variação sombria e potencialmente trágica: os governantes de Israel aparecem na categoria de "opositores" no apócrifo de Susana e, obviamente, na história implícita dos essênios, contada ao longo de sua produção escrita.

No primeiro século, o problema era que Israel já aguardava havia muito tempo pelo resgate, o qual parecia ainda não estar à vista. Como, então, a Torá poderia exercer seu suposto propósito? A resposta é: a prática de guardá-la deveria ser intensificada, por esse ou aquele programa:

Sequência tópica

A última linha permite várias opções.[23] Os essênios acreditavam que o deus de Israel fornecera os meios para a verdadeira intensificação da Torá em sua nova

---

[23]Para mais detalhes, veja o cap. 7.

comunidade: por suas práticas, Israel finalmente seria resgatado. Os fariseus acreditavam que seu tipo de fidelidade às tradições dos antepassados constituía o programa divinamente designado de intensificação da Torá e, portanto, o meio pelo qual Israel seria resgatado. Sem dúvida, outros esquemas também caberiam aqui, principalmente os de movimentos revolucionários explícitos. Como no caso dos Manuscritos, as esperanças messiânicas facilmente se enquadrariam nesse esquema. O resultado seria a conquista final da aspiração de Israel:

Sequência final

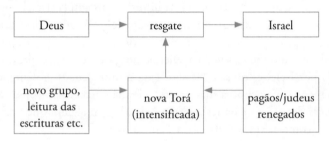

Essa era a resolução da história, conforme vista por alguns judeus da época de Jesus — não necessariamente de forma tão clara, mas sob o disfarce de várias narrativas e poemas, profecias e sonhos, esperanças e anseios menos articulados. É a história, basicamente, que se articula no gênero apocalíptico, na lenda, nos contos dos mártires, nas festas e no simbolismo. Essas histórias judaicas serviam para encapsular uma cosmovisão. Israel é o povo do deus criador, no exílio, aguardando libertação; o deus de Israel deve tornar-se rei e governar ou julgar as nações; quando isso acontecer, aqueles que permanecerem fiéis a esse deus e à sua Torá serão publicamente vindicados.

Evidentemente, diversas outras dimensões podem ser adicionadas à história. A situação nunca é tão simples quanto o que é exposto em um único diagrama. Existe, em particular, a questão do propósito de Israel em longo prazo: por que a nação foi chamada à existência? O que o criador pretendia ao chamar Abraão? Se esse propósito diz respeito ao resto do mundo, às outras nações, como essa relação deve ser concebida? Existe, por trás da história que se concentra no resgate de Israel, uma sensação de história mais antiga e mais fundamental:

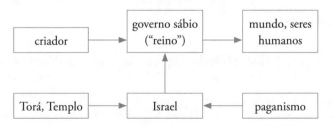

O NOVO TESTAMENTO E O POVO DE DEUS

Israel deve ser o meio pelo qual o criador trará sua ordem sábia para o mundo criado. Em algumas passagens do Antigo Testamento, a ideia é expressa, como veremos, em termos de uma peregrinação de nações a Sião. No período que já analisamos, encontra expressão em termos de derrota e punição das nações (e.g., *Salmos de Salomão*). O mundo foi feito por amor de Israel;[24] Israel deve ser a verdadeira humanidade, o vice-rei do criador em seu governo do mundo. Quando YHWH se tornar rei, Israel será seu braço direito. Na medida em que esse enredo mais amplo estava na mente dos pensadores judeus da época, a sequência que esboçamos há pouco deve ser vista como subsidiária. O plano geral deu errado, e o herói da história mais ampla (Israel) foi aprisionado pelo vilão (paganismo). Agora, o resgate do herói inicial deve tornar-se o novo enredo principal. A história maior continua em vista, apenas, porém, em termos do mundo sendo levado à sujeição ao governo divino, provavelmente mediado por Israel e/ ou seu Messias. Para muitos judeus, no entanto, era a história menor que ocupava suas mentes: eles não precisavam pensar além das lembranças do resgate e da restauração repetidas em algumas de suas narrativas-chave, como a *hagadá*[25] da Páscoa, ano após ano.

As histórias de Israel devem, portanto, ser entendidas, em seu nível mais profundo, não apenas como contos moralistas ou lendas piedosas, destinadas a glorificar os heróis e as heroínas do passado. Antes, incorporam, de modo rico e variável, a visão de mundo que, em sua forma mais fundamental, continua ancorada na narrativa histórica do mundo e de Israel como um todo. O criador chamou Israel para ser seu povo. A nação sofre no momento, mas deve apegar-se ao código da aliança, pois, assim, o criador a resgatará. Haverá um tempo em que, em uma recapitulação final das histórias menores, Israel chegará à conclusão da história maior. Essa análise do enredo judaico não é apenas de interesse em si mesma: ao nos ajudar a compreender como funcionava a cosmovisão judaica do primeiro século — e como as histórias bíblicas que a reforçavam teriam sido ouvidas —, também nos oferece o instrumento pelo qual podemos avaliar as histórias alternativas contadas, implícita e explicitamente, por Jesus, por Paulo e pelos evangelistas, ajudando-nos a ver seus pontos de convergência e divergência.

SÍMBOLOS

1. Introdução

As histórias que articulam uma cosmovisão ressaltam os símbolos que a trazem a uma realidade palpável, tangível. Não temos problema algum em

---

[24]Por exemplo, 4Esdras 6:55.
[25]Texto que narra a história da libertação do povo de Israel do Egito, lido na noite da Páscoa.

HISTÓRIAS, SÍMBOLOS E PRÁXIS: ELEMENTOS DA COSMOVISÃO ISRAELITA

identificar os quatro símbolos-chave que funcionaram dessa maneira em relação às histórias judaicas. No coração da vida nacional judaica, estava, para o bem ou para o mal, o Templo. Ao redor dele, olhando para o Templo como seu centro, ficava a Terra que o deus da aliança prometera dar a Israel, a qual era, portanto, sua por direito e sua por promessa. Tanto o Templo como a Terra eram regulamentados pela Torá, que formava seu documento pactual para tudo o que Israel era e ansiava, e cuja importância aumentou em proporção à distância geográfica da Terra e do Templo. Intimamente relacionado a todos os três, estava o fato da etnia judaica: a pequena raça, dividida pelo exílio e pela Diáspora, sabia ser uma família cuja identidade deveria ser mantida a qualquer custo. Templo, Terra, Torá e identidade racial formavam os principais símbolos que ancoravam a cosmovisão judaica na vida cotidiana do primeiro século.

2. Templo

O Templo era o ponto focal de cada aspecto da vida nacional judaica.[26] Sinagogas locais e escolas da Torá em outras partes da Palestina, bem como na Diáspora, de modo algum o substituíram. Pelo contrário: ganharam significado em sua relação implícita com ele.[27] Sua importância em todos os níveis da vida judaica dificilmente pode ser superestimada:

> Aos olhos do povo, [o Templo] constituía principalmente a morada do Deus de Israel, distinguindo-os de outras nações [...] a oferta de sacrifícios e a limpeza ritual envolvida expiavam as transgressões do indivíduo e serviam como estrutura para a sua elevação e purificação espiritual [...]. O Templo, seus utensílios e até as vestes do sumo sacerdote eram descritos como representando todo o universo e as hostes celestiais [...]. Com a destruição do Templo, a imagem do universo tornou-se defeituosa, a estrutura estabelecida da nação foi minada e uma parede de aço ergueu uma barreira entre Israel e o Pai celestial.[28]

---

[26]Veja esp. Safrai, "The Temple", 1976b; Barker, *The Gate of Heaven: The History and Symbolism of the Temple in Jerusalem*, 1991; Sanders, *Judaism: Practice and Belief, 63 BCE—66 CE*, 1992, caps. 5–8. Entre as obras mais antigas, veja McKelvey, *The New Temple: The Church in the New Testament*, 1969, caps. 1–4. Sobre o papel do Templo na vida econômica judaica, veja Broshi, "The Role of the Temple in the Herodian Economy", 1987.

[27]Safrai, "The Temple", 1976b, p. 904-s. Isso significa que as sinagogas, como o Templo em si, eram locais de encontro tanto sociopolíticos como "religiosos"; veja e.g. Jos. *Vida* 276-9.

[28]Safrai, *ibid*. Embora parte das evidências para essas crenças tenha origem no Talmude, encontramos o suficiente em Josefo e Filo para fazer um resumo de grande valor para nossos propósitos. Veja também Neusner, "The Formation of Rabbinic Judaism: Yavneh (Jâmnia) from A.D. 70 to 100", 1979, p. 22, sobre o Templo como o nexo vital entre Deus e Israel.

O Templo era, portanto, considerado o lugar no qual YHWH vivia e governava no meio dos israelitas, e onde, por meio do sistema sacrificial — que alcançava seu auge nas grandes festas —, ele os agraciava, restaurando Israel e perdoando-o, capacitando-o a ser purificado da contaminação e, assim, continuar sendo seu povo.[29] Evidentemente, a contaminação não era apenas uma questão de piedade individual, mas de vida comunitária: a impureza, que podia ser contraída de muitas maneiras, significava a dissociação entre o povo e o deus da aliança. O perdão e a consequente reintegração na comunidade de Israel eram alcançados pela visita ao Templo e pela participação nas devidas formas de ritual e adoração, de modo que era natural que o Templo fosse também o centro da celebração comunal.

Entretanto, o Templo não era simplesmente o centro "religioso" de Israel — mesmo supondo que uma distinção entre religião e outros departamentos da vida pudesse fazer algum sentido no período em questão. Não era, digamos, o equivalente à Abadia de Westminster, com o Palácio de Buckingham e o Parlamento posicionados em outros lugares. O Templo resumia em si as funções em três níveis — religião, símbolo nacional e governo — e também incluía o que pensamos como *"the City"*,[30] o mundo financeiro e econômico.[31] Também incluía, por sinal, o principal matadouro de Israel: o abate era uma das principais habilidades que um sacerdote deveria ter. Apesar de os romanos serem os *reais* governantes do país, o Templo era, para os judeus, o centro de todos os aspectos da existência nacional. O sumo sacerdote, cuja função incluía o cuidado do Templo, era uma figura importante tanto em termos políticos como religiosos. Quando estudamos a planta da antiga cidade de Jerusalém, notamos imediatamente a proeminência do Templo, uma vez que o santuário ocupava uma proporção gigantesca (cerca de 25%) de toda a cidade. Jerusalém não era, como Corinto, por exemplo, uma cidade grande, com muitos pequenos templos espalhados de um lado e de outro. Não era tanto uma cidade com um templo; era mais um templo com uma cidade ao seu redor.

Por todas essas razões, não causa surpresa que o Templo se tenha tornado o foco de muitas controvérsias que dividiram o judaísmo nesse período. Uma posição extrema é representada pelos essênios, os quais provavelmente

---

[29]Sobre a adoração no Templo e sua importância, veja particularmente Sanders, *Judaism: Practice and Belief, 63 BCE—66 CE*, 1992, caps. 5–8.

[30]"The City of London", ou apenas "The City" [literalmente, "A cidade de Londres" ou "A Cidade", respectivamente], é o nome que se dá ao distrito londrino onde se encontram o centro financeiro da cidade e o principal centro financeiro da Europa.

[31]Isso é ilustrado em Salmos 46, 48, por exemplo. Leitores de fora da Inglaterra podem, espero, traduzir os símbolos que usei com os seus próprios equivalentes: nos Estados Unidos, temos a Casa Branca, a Colina do Capitólio, a Catedral Nacional e *Wall Street*, os quais servem, para começar, de ilustrações óbvias.

HISTÓRIAS, SÍMBOLOS E PRÁXIS: ELEMENTOS DA COSMOVISÃO ISRAELITA

possuíam comunidades em Jerusalém em certos períodos, não apenas em Qumran.[32] Conforme vimos, os essênios rejeitaram o regime do Templo pós-macabeu como ilegítimo na teoria e corrupto na prática, aguardando o dia em que um novo Templo, oficiado por um sumo sacerdote devidamente constituído, seria construído segundo as devidas especificações.[33] Em tese, os fariseus se opunham ao sacerdócio asmoneu e aos seus sucessores, porém estavam preparados para continuar com os rituais prescritos do Templo, como é evidenciado pelo fato de eles, ao contrário dos essênios, continuarem a comparecer nas atividades atreladas ao santuário.

A insatisfação com o Templo do primeiro século também foi alimentada pelo fato de que ele, embora certamente fosse um dos edifícios mais belos já erigidos, fora construído por Herodes.[34] Somente o verdadeiro Rei, o devido sucessor de Salomão, o construtor original do Templo, tinha o direito de construí-lo (veja o cap. 10); e o que quer que Herodes fosse, ele não era o verdadeiro Rei. Os quatro últimos livros proféticos do cânon (Sofonias, Ageu, Zacarias e Malaquias) — assim como, à sua maneira, o livro das Crônicas — remetem à restauração do Templo sob a liderança de uma figura real (davídica), ou, possivelmente, sacerdotal.[35] Somente com a conclusão dessa obra, o novo tempo, a era vindoura, chegaria. Em contrapartida, se o novo tempo ainda não havia chegado (do contrário, por que os romanos ainda governavam Israel? Por que o Messias ainda não se havia manifestado?), um edifício qualquer que ocupasse o monte do Templo não poderia, necessariamente, ser o Templo escatológico em si. Havia, portanto, uma ambiguidade residual sobre o segundo Templo em suas mais diversas formas. Muitos judeus o consideravam com suspeita e desconfiança. Todavia, ele permaneceu, *na prática*, o ponto focal da vida nacional, cultural e religiosa de Israel.

Assim, o Templo formava, em tese, o coração do judaísmo, em pleno sentido metafórico: era o órgão do qual emanava para o corpo do judaísmo, na Palestina e na Diáspora, a presença viva e restauradora do deus da aliança. O Templo também era, portanto, igualmente importante, o ponto focal da Terra que o deus da aliança prometera dar ao seu povo.

---

[32]Josefo menciona o "portão dos essênios" em *Guerras* 5.145.

[33]Veja o cap. 7. Para evidências e reações relacionadas à corrupção no Templo durante o período, veja particularmente Evans, "Jesus Action in the Temple and Evidence of Corruption in the First-Century Temple", 1989a, 1989b.

[34]Sobre a reconstrução do Templo por Herodes, veja Jos. *Ant.* 15.380-425, e Schürer, *The History of the Jewish People in the Age of Jesus Christ (175 B.C.—A.D. 135)*, 1973-87, 1.292, 308-s.; 2.57-8.

[35]Veja Juel, *Messiah and Temple: The Trial of Jesus in the Gospel of Mark*, 1977; Runnals, "The King as Temple Builder", 1983. O escritor de Crônicas enfatiza a responsabilidade de Davi pela reconstrução do Templo original, e a construção factual do Templo por Salomão, de tal modo a apontar para o futuro, a partir de sua própria perspectiva, na esperança de que outro filho de Davi surgisse para reconstruí-lo e restaurá-lo uma vez mais.

O NOVO TESTAMENTO E O POVO DE DEUS

3. Terra

A relativa ausência da Terra como um dos temas principais do Novo Testamento levou a maioria dos estudos neotestamentários a contornar o tópico, evitando uma análise completa.[36] Se quisermos, porém, entender o judaísmo do primeiro século, devemos classificar a Terra, junto com o Templo e a Torá, como um dos símbolos mais importantes. Tratava-se da terra de YHWH, dada, de forma inalienável, a Israel. Os romanos não tinham o direito de governá-la, como também nenhum de seus predecessores pagãos havia tido. A Terra não era, naturalmente, apenas um símbolo: era a fonte do pão e do vinho, o lugar para pastorear ovelhas e cabras, cultivar azeitonas e figos. Era o lugar onde, e o meio pelo qual, YHWH deu ao seu povo da aliança as bênçãos que lhes prometera, as quais foram resumidas na palavra multifacetada e evocativa *shalom*, ou seja, paz. A Terra era o novo Éden, o jardim de YHWH, o lar da verdadeira humanidade.

Mas agora ela estava sendo destruída. Alguns jovens haviam sido expulsos das propriedades ancestrais, visto que pesados impostos os impediam de ganhar a vida.[37] Instituições culturais estrangeiras (ginásios, escolas, templos pagãos, padrões romanos) estavam sendo estabelecidas nela. Embora, como veremos, o "reino de deus" tivesse como principal referente a ideia de YHWH se haver tornado rei, esse contexto social significava que a ideia da realeza divina também carregava a noção da Terra como *o lugar no qual* YHWH seria o regente. Ele purificaria sua terra sagrada, adequando-a para seu povo habitar e governando as nações a partir dela.

Jerusalém era, obviamente, o ponto focal prioritário dessa Terra. Mas a santidade da "Terra Santa" espalhava-se em círculos concêntricos, do Santo dos Santos ao restante do Templo (ele mesmo dividido em áreas concêntricas), do Templo para o restante de Jerusalém e, de lá, para toda a Terra.[38] E a "Galileia das Nações", do outro lado da hostil Samaria, cercada por pagãos e administrada por uma grande cidade romana (Séforis), era parte vital dessa Terra. Além disso, sempre se suspeitou que parte dela estaria sob a influência pagã e que precisaria ser mantida com firmeza, com demarcadores bem claros, contra a assimilação.[39]

---

[36]Exceções notáveis são Davies, *The Gospel and the Land: Early Christianity and Jewish Territorial Doctrine*, 1974; Freyne, *Galilee from Alexander the Great to Hadrian: A Study of Second Temple Judaism*, 1980; *Galilee, Jesus and the Gospels: Literary Approaches and Historical Investigations*, 1988. Veja também Brueggemann, *The Land: Place as Gift, Promise and Challenge in Biblical Faith*, 1977.

[37]Sanders, *Judaism: Practice and Belief, 63 BCE—66 CE*, 1992, cap. 9, argumenta que esse fato é normalmente exagerado; mas, ainda que ele esteja certo, a família judaica comum ainda tinha de suportar um fardo relativamente pesado de impostos.

[38]Veja Ezequiel 40–8.

[39]Veja Freyne, *Galilee, Jesus and the Gospels: Literary Approaches and Historical Investigations*, 1988, cap. 6.

HISTÓRIAS, SÍMBOLOS E PRÁXIS: ELEMENTOS DA COSMOVISÃO ISRAELITA

A questão de um mestre galileu potencialmente sedicioso mostrar sua lealdade a Jerusalém, pagando o imposto do Templo, é exatamente o tipo de questão que deveríamos esperar ser levantada nesse período e nesse lugar.[40] Se o deus de Israel reivindicava toda a Terra de Israel, os judeus leais precisavam certificar-se de que eles, e seus compatriotas, estavam se mantendo na linha. Isso significava, entre outras coisas, dar os dízimos apropriados para mostrar que ainda consideravam a produção de seus campos bênçãos da aliança. Desse modo, eles também demonstrariam sua ligação com o centro da bênção, Jerusalém e o próprio Templo e, portanto, com o deus da aliança, o qual colocara seu nome ali.[41] Também significava, quando necessário, purificar a Terra, a fim de "afastar a ira para longe de Israel".[42]

A situação da Terra expressava, evidentemente, todo o tema do exílio e da restauração, que estudaremos em detalhes nos próximos capítulos. A Terra partilhava das ambiguidades do Templo. Ou seja: embora tenha sido retomada por aqueles que voltaram da Babilônia, a reintegração da posse foi parcial, e Israel não a governou sozinho, exceto como uma marionete (as tropas romanas não estavam, como alguns às vezes imaginam, evidentes por toda a parte, mas continuavam suficientemente perto para serem chamados se os movimentos de independência começassem a surgir).[43] O controle e a purificação eram necessários e, enquanto Roma policiasse e poluísse seu território sagrado, era óbvio que nada disso aconteceria.

4. Torá

A Torá era o documento pactual de Israel como o povo do deus da aliança. Templo e Torá formavam um todo inquebrantável: a Torá sancionava e regulamentava o que acontecia no Templo, enquanto o Templo era (durante boa parte desse período) o ponto focal prático para a observância da Torá — tanto no sentido de que boa parte de sua observância consistia em rituais no Templo como no sentido de que o Templo era o principal lugar para o estudo e o ensino da Torá.[44] De modo semelhante, Torá e Templo formavam um vínculo estreito.

---

[40]Mateus 17:24-7; veja Horbury, "The Temple Tax", 1984. Podemos comparar Jos. *Vida* 104-11, obra em que Josefo, tendo vindo de Jerusalém, tenta dissuadir os rebeldes galileus contra a sedição que planejavam.

[41]Veja Sanders, *Judaism: Practice and Belief, 63 BCE—66 CE*, 1992, p. 146-57.

[42]1Mac. 3:8; *Ant.* 12.286 (ambos se referindo à atividade de Judas Macabeu).

[43]Entre 63 e 66 d.C., tropas romanas estavam posicionadas na Cesareia Marítima e em pequenas guarnições em Jerusalém e em outras cidades, como Jericó, por exemplo. Veja evidências em Schürer, *The History of the Jewish People in the Age of Jesus Christ (175 B.C.—A.D. 135)*, 1973-87, 1.362-7. O centurião (Mateus 8:5 e textos paralelos) talvez estivesse posicionado em Cafarnaum por ser um local próximo à fronteira entre a Galileia e Golã, território sob o governo de Filipe.

[44]Sobre a relação entre Templo e Torá, veja Freyne, *Galilee, Jesus and the Gospels: Literary Approaches and Historical Investigations*, 1988, p. 190-s.

O NOVO TESTAMENTO E O POVO DE DEUS

A Torá oferecia as promessas sobre a Terra, as bênçãos que seriam dadas nela e por meio dela, e as instruções detalhadas quanto ao comportamento necessário para que a bênção fosse mantida. Afinal, a razão pela qual YHWH expulsara os ocupantes anteriores da Terra foi precisamente pela idolatria e a imoralidade desses habitantes. Israel tinha de ser diferente; do contrário, sofreria o mesmo destino.[45]

Ao mesmo tempo, desde o exílio, foi possível estudar e praticar a Torá (ou, pelo menos, o que veio a ser visto como a Torá), mesmo sem o Templo e a Terra. É evidente que, no exílio, não havia Templo. Isso, naturalmente, constituiu parte do problema de como ser judeu na Babilônia, como cantar a canção de YHWH em uma terra estranha. Já na Diáspora, e então posteriormente, o estudo e a prática da Torá transformaram-se cada vez mais no ponto focal do judaísmo. Para milhões de judeus comuns, a Torá se tornara uma Terra portátil, um Templo móvel.[46] Os fariseus em particular, em conjunto com o crescente movimento da sinagoga, desenvolveram a teoria de que o estudo e a prática da Torá poderiam assumir o lugar da adoração no Templo. Onde dois ou três se reúnem para estudar a Torá, a *Shekinah* repousa sobre eles.[47] A presença do deus da aliança não estava, afinal, confinada ao Templo de Jerusalém, cuja localidade era longe demais e se encontrava nas mãos de aristocratas corruptos. Ele havia sido democratizado, disponibilizado a todos que estudassem e praticassem a Torá.

A santidade e a suprema importância da Torá, sob essa perspectiva, dificilmente podem parecer exageradas. Aqueles que observavam a Torá com rigor eram, em alguns aspectos, como sacerdotes no Templo.[48] Não que os fariseus, até que a destruição realmente acontecesse, jamais tivessem imaginado um judaísmo completamente destituído de Templo e Terra. Na Diáspora, eles ainda olhavam para Jerusalém; após a destruição, como vimos, muitos deles ansiavam e agonizavam para que o Templo fosse reconstruído. No entanto, a Torá forneceu, em ambos os casos, um substituto, um "segundo melhor", que, nos longos anos sem a realidade do santuário, veio a substituir todos os seus atributos. No judaísmo posterior, as ideologias próprias do Templo e da Terra fundiram-se no símbolo central da Torá.[49]

---

[45]Gênesis 15:16; Levítico 18:24-8; Deuteronômio 9:4-5; 18:12 etc.

[46]Veja Sanders, *Jewish Law from Jesus to the Mishnah: Five Studies*, 1990a, caps. 2–3; sem viajar para o Templo, os judeus estariam tecnicamente impuros o tempo todo.

[47]mAv. 3.2.

[48]Veja o cap. 7 sobre os fariseus e os essênios, e esp. Sanders, 1990a, cap. 3; *Judaism: Practice and Belief, 63 BCE—66 CE*, 1992, p. 352-60, 376, 438-40.

[49]Veja, mais uma vez, os caps. 6 e 7. A própria sinagoga, com o foco do ensino da Torá, também passou a funcionar como um grande símbolo judaico. Veja Gutmann, *Ancient Synagogues: The State of Research*, 1981; Levine, *The Synagogue in Late Antiquity*, 1987; Sanders, *Jewish Law from*

HISTÓRIAS, SÍMBOLOS E PRÁXIS: ELEMENTOS DA COSMOVISÃO ISRAELITA

Com uma lógica natural, o sistema sacrificial também foi traduzido em termos da Torá. O adorador não pode ir a Jerusalém para oferecer sacrifícios regularmente caso viva na Babilônia ou em Roma, em Atenas ou Alexandria, como era o caso de inúmeros judeus praticantes. A observância dos principais mandamentos da Torá será suficiente. "Sacrifícios espirituais" são, portanto, oferecidos quando alguém dá esmolas, ora, estuda a Torá ou jejua.[50] É difícil dizer em que medida essas ideias já haviam sido absorvidas pelos judeus da época de Jesus, porém sua progressão é natural e clara. Aos olhos de adeptos, a Torá passou a assumir o *status* do Templo e, com isso, a ostentar qualidades divinas.[51] Na presença da Torá, o indivíduo estava na presença do deus da aliança. Assim, o que se tornou verdade para todo o judaísmo depois dos anos 70 e 135 d.C. foi antecipado nas necessidades da vida em meio à Diáspora.

Além do mais, a Torá, especialmente na Diáspora, mas também em qualquer lugar no qual os judeus se sentissem enclausurados — como quase sempre se sentiam, de uma forma ou de outra —, poderia ser vista como focada nas coisas que distinguiam os judeus de seus (potencialmente ameaçadores) vizinhos pagãos: circuncisão, guarda do sábado e leis de purificação. Com isso, entramos no mundo intimamente relacionado da práxis, um mundo no qual os símbolos ganham vida diariamente.

Se a Torá deve ser guardada em todos os detalhes da vida cotidiana, deve ser aplicada a esses detalhes de uma forma que não foi realizada nem mesmo no próprio Pentateuco. A Bíblia instrui os israelitas a morarem em cabanas durante a celebração da festa dos Tabernáculos. Mas o que conta como uma "cabana"? É preciso debater o assunto e acertar; não fazê-lo seria tratar a Torá com leviandade.[52] De modo semelhante, a Bíblia prescreve uma cerimônia a ser

---

Jesus to the Mishnah: Five Studies, 1990a, p. 67-81; *Judaism: Practice and Belief, 63 BCE—66 CE*, 1992, p. 198-202. Sobre a questão da antiguidade da construção e do uso das sinagogas, veja Kee, "The Transformation of the Synagogue After 70 C.E.: Its Import for Early Christianity", 1990; e Sanders, *Jewish Law from Jesus to the Mishnah: Five Studies*, 1990a, p. 341-3, notas 28, 29.

[50]Salmos 40:6-8; 50:7-15; 51:16-9.; 69:30-1.; 141:2. Veja Millgram, *Jewish Worship*, 1971, p. 81-3, 254, 361. Para detalhes sobre a oração, veja bTaan. 2a, bBer. 32b (R. Eleazar); acerca de atos de misericórdia, *Avot* de Rabi Natã 4; sobre o estudo da Torá (equiparando o adorador ao sumo sacerdote), Midr. Sl. 1:26, 2:300; sobre jejum, bBer.17a. Estes últimos textos certamente incorporam uma lógica pós-destruição; contudo, também refletem a realidade da vida pré-destruição, durante a Diáspora.

[51]Veja Eclesiástico 24:1-23, em que a Sabedoria é identificada com a nuvem da Presença (24:4; veja Êxodo 14:19-25), com a *Shekinah* (24:8-12) e com a Torá (24:23). Jos. *Ápio* .277 ("nossa Lei pelo menos permanece imortal"); Bar 4:1-s. ("É o livro dos mandamentos de Deus, a lei que dura para sempre. Todo aquele que se apega à lei viverá, e aquele que a abandona morrerá. Arrependa-se, Jacó, e abrace-a; ande em direção ao brilho da sua luz"); 4Esdras 9:26-37; mSanh. 10.1.

[52]O mandamento se encontra em Levítico 23:42; veja Neemias 8:17-8. Para a discussão de cabanas válidas, veja mSukk. 1.1-11. Para o desejo de "acertar tudo nos mínimos detalhes", veja Sanders, *Judaism: Practice and Belief, 63 BCE—66 CE*, 1992, p. 494.

O NOVO TESTAMENTO E O POVO DE DEUS

usada quando o irmão de um homem morto se recusa a cumprir sua obrigação de se casar com a viúva: mas com que precisão a cerimônia deve ser realizada?[53] São dois pequenos exemplos de um fenômeno grandioso, a partir do qual surgiu um grande volume do que é, na verdade, jurisprudência detalhada. No primeiro século, tal jurisprudência não era escrita, nem codificada oficialmente, porém transmitida de mestre a aluno, por meio de repetição. O hebraico para "repetição" é *Mishná*: assim, de forma um tanto natural, nasceu um dos gêneros fundamentais da literatura judaica.

A própria "*Mishná*" não foi escrita senão por volta do início do segundo século d.C. Todavia, como vimos nos dois capítulos precedentes, muitos de seus debates refletem, ainda que distorçam, debates e controvérsias anteriores. Uma vez que essas controvérsias ocorreram de forma verbal e não escrita, somos confrontados com a questão da "Torá oral". Algumas vezes, afirmou-se que os fariseus já muito tempo antes tinham criado um grande corpo da Torá oral e que passaram a valorizá-la mais do que a Torá escrita. Afinal, a Torá oral era um tanto esotérica: qualquer um podia ler a Torá escrita, ao passo que a Torá oral era prerrogativa especial daqueles a quem ela fora confiada. A Torá oral recebeu o *status* de antiguidade por meio da ficção piedosa de ter sido atribuída, como a Torá escrita, ao próprio Moisés.[54]

Essa perspectiva de uma Torá oral precoce e de *status* elevado foi submetida a críticas ferrenhas, de modo que não pode continuar em sua forma atual.[55] O ponto de vista que acabamos de esboçar corresponde, de fato, mais de perto aos ensinamentos secretos dos essênios: ao que tudo indica, o grupo realmente tinha leis secretas, consideradas equivalentes e provenientes da mesma fonte que a Torá escrita. O Manuscrito do Templo[56] leva a ideia à sua conclusão lógica, tendo sido escrito na primeira pessoa, como se viesse diretamente do próprio YHWH. Entretanto, os fariseus, de um lado, e os judeus comuns, do outro, embora sem dúvida recorressem à jurisprudência para a aplicação da Torá em situações particulares, não reivindicavam, quanto às interpretações de tribunais anteriores, um *status* exatamente equivalente à Torá escrita. Eles interpretavam, aplicavam e desenvolviam a Torá. Tinham de fazê-lo. No entanto, sabiam que era apenas isso que estavam fazendo.

Importa-nos, então, identificar o que eles procuravam alcançar. A alternativa para o desenvolvimento de algum sistema de Torá oral (sem letras maiúsculas) era abandonar a própria Torá. A jurisprudência serviria de preservação da Torá como um símbolo. Não poderia ser abandonada sem renunciar a uma

---

[53]Deuteronômio 25:7-9; veja Rute 4:1-12; mYeb. 12.1-6.
[54]Para essa perspectiva sobre a Torá oral, veja, por exemplo, Rivkin, *A Hidden Revolution*, 1978.
[55]Sanders, *Jewish Law from Jesus to the Mishnah: Five Studies*, 1990a, cap. 2.
[56]O mais longo dentre os Manuscritos do mar Morto.

HISTÓRIAS, SÍMBOLOS E PRÁXIS: ELEMENTOS DA COSMOVISÃO ISRAELITA

parte importante da cosmovisão. A Torá estava entrelaçada com a aliança, com as promessas, com a Terra com a esperança. Se alguém admitisse abandonar a Torá, admitiria, por extensão, ser um traidor em Israel. As discussões detalhadas de como a Torá deve ser mantida no dia a dia são, assim, maneiras de preservar o símbolo vital e mantê-lo relevante, transformando-o também em práxis. Isso ilustra um ponto vital sobre os elementos das cosmovisões: um símbolo que perde contato com a história ou com a práxis torna-se inútil. Os fariseus e seus sucessores desenvolveram meios de garantir que isso não acontecesse.

5. Identidade racial

A questão de quem realmente era um judeu de raça pura tornou-se uma das grandes preocupações entre os que retornaram da Babilônia no período que ficou conhecido, embora enganosamente, como o "retorno do exílio". As longas genealogias que abrem 1Crônicas e que caracterizam Esdras e Neemias[57] testificam quanto à forte necessidade, sentida pela comunidade recém-fundada, de aplicar sua reivindicação como filhos de Abraão, Isaque e Jacó. Da mesma forma que o Templo formava o círculo interno da Terra, os sacerdotes formavam o círculo interno de Israel; por isso, a genealogia sacerdotal era particularmente importante.[58] Enquanto os israelitas que retornavam contavam as histórias de seus antepassados, eram lembrados dos acontecimentos que haviam trazido (em sua interpretação profética) catástrofe sobre Israel: o casamento misto com não israelitas precipitara um deslize no paganismo. Essa releitura, por sua vez, gerou ansiedade, visto que o mesmo fenômeno ocorria novamente. Um dos enfoques da obra de Esdras, segundo o livro que leva seu nome, foi a insistência na separação dos israelitas de suas esposas pagãs.[59] Do contrário, a "santa semente", expressão que parece ter funcionado como sinônimo evocativo para o "remanescente", seria poluída.[60] O deus de Israel tem outros propósitos para essa "semente" e, portanto, é vital que ela seja mantida pura. Não apenas o casamento misto, mas

---

[57]1Crônicas 1–9; Esdras 2, 8, 10; Neemias 7, 12.
[58]Veja Esdras 2:59-63.
[59]Esdras 9–10.
[60]Esdras 9:2; veja Isaías 6:13; Malaquias 2:15. O último versículo é difícil (veja Smith, *Micah—Malachi*, 1984, p. 318-25; Fuller, "Text-Critical Problems in Malachi 2:10–16", 1991, p. 52-4), porém sugiro que ele deve ser lido da seguinte forma: "Não fez ele [i.e. Deus] um [i.e., homem e mulher, unidos no casamento]? E o remanescente do espírito [i.e., a verdadeira família, retornada da Babilônia] lhe pertence [i.e. o plano para a renovação de Israel está nas mãos de Deus]. E por que [ele fez de vocês] "um"? Porque tenciona produzir "semente de Deus" [não apenas "filhos piedosos", mas a verdadeira "semente", por meio da qual as promessas serão cumpridas]". O problema parece ser que judeus que anteriormente se haviam casado com mulheres judias se divorciaram e se casaram com mulheres pagãs. Isso, alega o profeta, não é apenas quebrar a aliança, mas colocar em risco os propósitos de longo prazo do deus de Israel.

O NOVO TESTAMENTO E O POVO DE DEUS

também a prática de permitir a entrada de estrangeiros na "assembleia de Deus", foi proibida.[61] Josefo, refletindo sobre o episódio todo, e particularmente sobre a proibição de estrangeiros feita por Esdras, observa, de sua perspectiva no final do primeiro século, que o escriba "purificou a prática relativa a esse assunto, fixando-a de modo permanente para o futuro".[62] Também o livro de Ester serve de testemunho poderoso, não só do antissemitismo na antiguidade, mas também da resposta devida a esse antissemitismo: os judeus devem permanecer unidos e recusar conluio com os pagãos.

Tendo como contexto o quinto século a.C. (lembrando que o importante para nosso propósito atual não é o que realmente aconteceu naquela época, mas, sim, como a história estava sendo recontada no período pós-macabeu), não é de surpreender que encontremos a questão relacionada à importância da pureza racial. Os judeus do quinto século a.C. estavam cercados por potências hostis que se ressentiam do restabelecimento de um Estado judeu e enfrentavam um problema especial na forma daqueles que passaram a ser conhecidos como "samaritanos".[63] Tal sensação de estar cercado por todos os lados aumentou, conforme vimos, sob o domínio sírio. Assim, no primeiro século a.C., a ideologia que preservava intacta a raça judaica era simplesmente tida como certa. O sinal pactual da circuncisão destacava os judeus como o povo escolhido; as relações sexuais e a geração de descendentes eram apropriadas para os judeus em meio ao seu próprio contexto, mas não fora dele.

Dessa maneira, encontramos, nas obras dos períodos asmoneu e romano, ênfase na raça como o povo verdadeiro. O *Testamento de Dã* exorta os judeus a "abandonarem a injustiça de todo tipo, apegando-se à justiça da lei do Senhor; e sua raça será mantida a salvo para sempre".[64] O livro apócrifo de Baruque exorta os judeus:

> não entregue a outros a glória que pertence a você,
>> nem sua dignidade a um povo estrangeiro.
> Felizes somos nós, Israel,
>> pois conhecemos o que agrada a Deus.[65]

---

[61]Neemias 13:1-3.

[62]*Ant.* 11.153, lendo *monimon*, "fixa", com a edição de Loeb, em vez da variante *nomimon*, "legal". A diferença é pequena demais para nossos propósitos.

[63]Sobre os samaritanos, veja Schürer, *The History of the Jewish People in the Age of Jesus Christ (175 B.C.—A.D. 135)*, 1973-87, 2.16-20.

[64]*T. de Dã* 6.10 (tr. M. de Jonge em Sparks, *The Apocryphal Old Testament*, 1984, p. 566). Um dos manuscritos não contém a última frase, fato que nem sequer é observado por H. C. Kee in Charlesworth, *The Old Testament Pseudepigrapha*, 1983, p. 810.

[65]Bar. 4:3-4 [Bíblia Sagrada, Edição Pastoral, Paulus].

HISTÓRIAS, SÍMBOLOS E PRÁXIS: ELEMENTOS DA COSMOVISÃO ISRAELITA |

Mesmo Josefo, apesar de seu anseio por apresentar os judeus como flexíveis e acolhedores dos pagãos, deixa claro que tal acolhimento tem limites:

> A todos que desejam vir e viver conosco sob as mesmas leis, ele [Moisés] dá, de modo cordial, as boas-vindas, visto que não são apenas os laços de família que constituem o relacionamento, mas o acordo nos princípios de conduta. Por outro lado, não lhe agradava que visitantes casuais fossem admitidos na intimidade da nossa vida diária.[66]

A *Carta de Aristeu* estabelece o mesmo ponto: os judeus devem dar um bom exemplo ao mundo, mas permanecer, ao mesmo tempo, distintos.[67] O sinal mais notável de ênfase na pureza racial é, naturalmente, o aviso no Templo que proibia os não judeus a irem mais longe do que o "pátio dos gentios".[68] Embora, claro, os judeus que viviam em contato diário com os gentios — como era o caso de muitos que habitavam até mesmo na própria Palestina — não tivessem escolha senão misturar-se com eles de forma regular e livre, a literatura nos dá uma noção clara de que os gentios são tidos, em tese, como idólatras, imorais e ritualmente impuros.[69]

A identidade racial judaica permaneceu, ao longo de nosso período, como um símbolo cultural e religioso tão vital quanto o Templo, a Terra e a Torá — e, de fato, totalmente interligado a todos eles. Em breve, veremos a maneira como esse símbolo deu origem a formas particulares de práxis e ao modo como foi interpretado em casos extremos.

6. Conclusão

Os quatro símbolos que estudamos nesta seção se encaixam por completo nos temas narrativos que examinamos anteriormente. Símbolo e história reforçam-se mutuamente: os que aderem ao primeiro estão implicitamente contando o segundo, e vice-versa. Os símbolos, portanto, fornecem pontos fixos que funcionam como sinais, para o indivíduo e para seu próximo, de que alguém ouve a história e vive de acordo com ela. Tornaram-se em si mesmos histórias em

---

[66]Jos. *Ápio* 2.210 (veja Ant. 13.245, em que a palavra-chave é *amixia* "separação"). A nota de Thackeray *ad loc.*, sugerindo uma referência à Páscoa, como em Êxodo 12:43, dificilmente é relevante para a vida diária (segundo é corretamente ressaltado por Sanders, 1990b, p. 183). Compare também com as proibições ao casamento interracial em *Jub.* 30.7,14-17; *Ps-Filo* 9.5 etc.

[67] *Cart. Arist.* 139 (em seu contexto) etc.

[68]Veja *Guerras* 5.193-s.; 6.125-s.; e Schürer, *The History of the Jewish People in the Age of Jesus Christ (175 B.C.—A.D. 135)*, 1973-87, 1.175-s., 378; 2.80, 222, 284-s.

[69]Veja a Seção IV.

O NOVO TESTAMENTO E O POVO DE DEUS

pedra, em solo, em pergaminho, em carne e osso — assim como as histórias, e o fato de terem sido recontadas, tornaram-se atos simbólicos em si. Histórias e símbolos, porém, devem ser integrados à práxis que os trouxe à vida. É o que passaremos a examinar.

PRÁXIS

1. Introdução

Diz-se comumente que o judaísmo não é uma "fé", mas um estilo de vida. Essa é, na melhor das hipóteses, uma meia-verdade. Contudo, é realmente verdade que o judaísmo atribui à "teologia" um lugar inferior em suas discussões regulares quando a pergunta é: o que devemos fazer? Se devemos manter vivos os símbolos, a melhor forma de fazê-lo é vivenciando-os. E o principal símbolo pelo qual alguém vive é, obviamente, a Torá.

Entretanto, a guarda diária da Torá não era tudo o que abrangia a práxis judaica do primeiro século. Em qualquer ano, os pontos altos da práxis eram, em primeiro lugar, as grandes festas, que tanto recontavam a história de Israel como destacavam seus principais símbolos. Em segundo lugar, havia o estudo da Torá: para que a Torá seja praticada, primeiro deve ser aprendida. É nesse contexto que consideraremos, em terceiro lugar, a prática diária da Torá e o que ela envolvia.

2. Adoração e festas

Já vimos que o Templo e a sinagoga eram muito mais do que instituições nas quais um indivíduo poderia seguir sua religião particular na companhia de outros, partícipes do mesmo pensamento, longe da vida comum. O Templo e a sinagoga eram instituições sociopolíticas vitais, não apenas "religiosas" (obviamente, tais distinções são anacrônicas no período que temos estudado). Havia cultos diários e semanais em ambos. Orações regulares eram ensinadas para uso particular e público, para a família (especialmente durante as refeições) e em ocasiões especiais. Em geral, o judeu crescia conhecendo as orações básicas e muitos salmos, pelo menos tão bem quanto, e provavelmente muito melhor do que, em geral, as crianças hoje conhecem o Pai-nosso, vários hinos e, se incluirmos um equivalente secular, os *jingles* comuns de anúncios de televisão. O que faltava a (alguns) judeus do primeiro século em termos de alfabetização era mais do que compensado por sua memorização.[70]

---

[70]Veja W. D. Davies, *Behind the Essenes: History and Ideology in the Dead Sea Scrolls*, 1987, p. 19-21; sobre a obrigação até mesmo de crianças de recitarem certas orações, veja mBer. 3.3. Para a vida de oração dos judeus como parte da cultura, veja Sanders, 1990a, p. 331; 1992, p. 195-208. Sobre o uso da Bíblia, veja o restante deste capítulo.

HISTÓRIAS, SÍMBOLOS E PRÁXIS: ELEMENTOS DA COSMOVISÃO ISRAELITA |

Os cultos aos sábados revestiam-se de foco social, sinal importantíssimo da lealdade a Israel. Orações regulares — tendo como características centrais o *Shemá* e as "Dezoito bem-aventuranças"[71] — sustentavam e rejuvenesciam a autoconsciência judaica, reforçando sua cosmovisão e esperança. Só existe um deus; Israel é seu povo; em breve, Israel será libertado por esse deus. Nesse ínterim, os judeus devem permanecer fiéis.

A mesma mensagem, elevada em seu impacto emocional e cultural pela empolgação da viagem de peregrinação (se alguém dispusesse do tempo e dos recursos necessários)[72] e pelo desenvolvimento de celebrações equivalentes locais (se alguém não tivesse condições de ir a Jerusalém), era reforçada pelas festas mais importantes, às quais os judeus eram conduzidos aos milhares até Jerusalém, pelo menos três vezes ao ano.[73] As três festas principais, ponto máximo dos dias sagrados, assim como as duas festas adicionais, *Hanukkah* e *Purim*, resumiam boa parte da teologia e da espiração nacional que temos estudado, celebrando-as em grandes ações e liturgias simbólicas.[74] Assim, tais festas davam tanto reforço como realidade à teologia de Israel.

As três festas mais importantes estavam intimamente conectadas com a agricultura (a Páscoa, com a colheita de cevada; o Pentecostes, com a colheita do trigo e a entrega das primícias ao Templo;[75] os Tabernáculos, com a colheita da uva). Assim, celebravam simbolicamente a bênção do deus de Israel sobre sua terra e seu povo, unindo os dois principais temas da aliança: o Templo e a Terra. Além disso, a Páscoa celebrava o êxodo do Egito; o Pentecostes, a entrega da Torá no Sinai;[76] os Tabernáculos, a viagem pelo deserto a caminho da terra prometida. As três festas, portanto, voltavam a atenção a aspectos-chave da história de Israel e, ao recontarem essa história, encorajavam o povo, mais uma vez, a pensar sobre si mesmo como o povo livre do criador, o povo que seria redimido por ele e, assim, vindicado aos olhos do mundo. O mesmo tema foi ampliado nas orações designadas para as diferentes ocasiões.[77]

---

[71]Schürer, *The History of the Jewish People in the Age of Jesus Christ (175 B.C.—A.D. 135)*, 1973-87, 2.447-9, 454-63; Sanders, *Judaism: Practice and Belief, 63 BCE—66 CE*, 1992, *loc. cit.*
[72]Sobre a celebração das festas fora da Palestina, veja Schürer, *op. cit.*, 3.144.
[73]Schürer, *The History of the Jewish People in the Age of Jesus Christ (175 B.C.—A.D. 135)*, 1973-87, 2.76.
[74]Veja Millgram, *Jewish Worship*, 1971, cap. 8 (p. 199-223), 9 (p. 224-60), 10 (p. 261-88). Sobre os dias santos, veja o cap. 9.
[75]Conforme descrição em mBikk. 3.2-4.
[76]Não mencionado nessa conexão no AT, mas claramente uma tradição pré-rabínica, ecoada no NT. Veja *Jub.* 1.5; 6.11,17; 15.1-24; bPes. 68b; e Atos 2:1-11; Efésios 4:7-10 etc. (veja Caird, "The Descent of Christ in Ephesians 4:7–11", 1964; Lincoln, *Ephesians*, 1990, p. 243-s., citando também evidências posteriores do lecionário da sinagoga). A adição de *Simchat Torá* à festa dos Tabernáculos é uma inovação tardia.
[77]Millgram, *Jewish Worship*, 1971, p. 214.

As outras duas festas defendiam substancialmente o mesmo ponto, embora sem qualquer conexão agrícola. *Hanukkah*, comemorando a queda de Antíoco Epifânio por Judas e seus seguidores, sublinhava a grande importância da verdadeira adoração monoteísta e a crença de que, quando os tiranos se enfurecessem contra Israel, seu deus viria em socorro. A festa de *Purim*, celebrando a história contada no livro de Ester, reencenava a versão da trama de Hamã para destruir os judeus, na época do império persa. Ambas transmitiam a mesma mensagem.[78] Juntas, as cinco festas garantiam que qualquer judeu que participasse — e, ao que tudo indica, a participação era ampla — emergisse com sua cosmovisão fundamental fortalecida: um único Deus; Israel como seu povo; a sacralidade da Terra; a inviolabilidade da Torá; a certeza da redenção. Mesmo a festa mensal da Lua Nova reforçava o último ponto, já que o novo brilho após um período de escuridão simbolizava a restauração de Israel após seu período de sofrimento.[79]

A mesma mensagem também era transmitida pelos jejuns regulares. Zacarias 8:19 lista quatro desses jejuns, que ocorriam no quarto, quinto, sétimo e décimo meses. Os quatro jejuns estavam realmente atrelados à destruição de Jerusalém pelos babilônios; observá-los era um lembrete de que Israel ainda aguardava por sua verdadeira redenção do exílio.[80] É claro que a mesma ideia era estabelecida de forma mais notável, tanto para indivíduos como para a nação em geral, nos dias sagrados. A passagem de Zacarias, curiosamente, fala dos quatro jejuns sendo transformados em festas. Como essa profecia poderia ser cumprida, exceto pelo verdadeiro retorno do exílio — que, por sinal, ainda não havia ocorrido na época em que Zacarias 8 foi escrito?[81]

Jejuns e festas, assim, encenavam toda a cosmovisão de Israel, reforçando regularmente a esperança judaica fundamental. Templo, Terra, Torá e identidade racial eram encapsulados em ações simbólicas e frases memoráveis, todas dando expressão à fé judaica no único deus e em sua eleição de Israel, bem como à esperança que essa dupla fé gerava.

3. Estudo e aprendizado

O contexto do estudo da Torá deve ser entendido como a aplicação resoluta de passagens como as que se seguem:

---

[78]Sobre o *Hanukkah*, veja Schürer 1.162-3; sobre o *Purim*, 2.450.

[79]Segundo Millgram, *Jewish Worship*, 1971, p. 265.

[80]Millgram, *Jewish Worship*, 1971, 275-s.; Safrai, "Religion in Everyday Life", 1976a, p. 814-16; Schürer, *The History of the Jewish People in the Age of Jesus Christ (175 B.C.—A.D. 135)*, 1973-87, 2.483-s. Zacarias 7:3-5 menciona os jejuns do quinto e do sétimo mês como sendo guardados durante o tempo do exílio. Naturalmente, havia jejuns adicionais, acrescentados nos casos de calamidades particulares; veja Schürer, *The History of the Jewish People in the Age of Jesus Christ (175 B.C.—A.D. 135)*, 1973-87, 2.483-s.; Safrai, *loc. cit.*; e Jos. *Vida* 290.

[81]Veja o cap. 10.

HISTÓRIAS, SÍMBOLOS E PRÁXIS: ELEMENTOS DA COSMOVISÃO ISRAELITA

A lei de YHWH é perfeita,
    e revigora a alma.
Os testemunhos de YHWH são dignos de confiança,
    e tornam sábios os inexperientes.
Os preceitos de YHWH são justos,
    e dão alegria ao coração.
Os mandamentos de YHWH são límpidos,
    e trazem luz aos olhos.
O temor de YWHW é puro,
    e dura para sempre.
As ordenanças de YHWH são verdadeiras,
    são todas elas justas.
São mais desejáveis do que o ouro,
    do que o muito ouro puro;
são mais doces do que o mel,
    do que as gotas do favo.

Como eu amo a tua lei!
    Medito nela o dia inteiro.

Vê como amo os teus preceitos!
    Dá-me vida, YHWH, conforme o teu amor leal.
A verdade é a essência da tua palavra,
    e todas as tuas justas ordenanças são eternas.[82]

Se a Torá era um símbolo que encapsulava a cosmovisão judaica, era necessário que alguns judeus pelo menos se comprometessem com um programa sério de estudos. A única maneira de alguém se tornar mestre da Torá era passar dias e horas familiarizando-se com ela. De modo semelhante, o estudo da Torá não deveria ser realizado (segundo diríamos hoje) de forma "puramente acadêmica". Se estudá-la equivalia a estar no Templo, na presença da *Shekinah*, então o estudo em si constituía uma atividade "religiosa", extraindo esses temas dos salmos. Era com esse espírito que, no período do segundo templo, os judeus piedosos davam continuidade à sua tarefa. Em um extremo, essa atividade não passava da função necessária de uma sociedade: deve existir um grupo que conheça a lei e a aplique. No outro extremo, porém, havia um senso, como no exemplo dos salmos citados, de se deleitar na Torá por amor dela mesma, como um dos lugares-chave em que o deus da aliança concordara em se encontrar

---

[82]Salmos 19:7-10; 119:97,159-160 [NVI].

O NOVO TESTAMENTO E O POVO DE DEUS

com seu povo. Os sacerdotes eram os grandes mestres e guardiões da Torá; em paralelo com eles, no entanto, desenvolveu-se — em que período é difícil dizer com precisão — um corpo de escribas e mestres leigos, os quais aparecem na obra de Eclesiástico (início do segundo século a.C.), em que encontramos a combinação de estudo e piedade que acabamos de observar. Após destacar que todos os tipos de profissão são necessários, como dizemos, "para fazer o mundo girar" (38:1-34a), ele prossegue:

> Diferente é o caso de quem se aplica em meditar a Lei do Altíssimo.
> Ele investiga a sabedoria de todos os antigos
>   e se dedica ao estudo das profecias.
> Preserva as sentenças dos homens famosos
>   e penetra a sutileza das parábolas. [...]
> De manhã cedinho,
>   dirige o coração ao Senhor que o criou
>   e reza diante do Altíssimo,
>   abrindo a boca em oração
>   e implorando por seus pecados [...]
> O Senhor dirigirá seu conselho e sua ciência,
>   e ele meditará nos mistérios divinos.
> Ele fará brilhar a instrução do seu ensinamento
>   e se orgulhará com a Lei da Aliança do Senhor.[83]

Ou, como o Rabi Meir (segundo século d.C.), um dos discípulos de Aquiba, expressa:

> Não se envolva excessivamente nos negócios da vida, mas ocupe-se da Lei; e seja humilde de espírito diante de todos os homens. Se você negligenciar a Lei, muitas coisas negligenciadas se levantarão contra você. Mas, se você trabalhar na Lei, receberá recompensas abundantes.[84]

Assim, o estudo da Torá foi reverenciado e institucionalizado no judaísmo do segundo templo. Não se tratava de uma profissão entre outras; nem, como em alguns países modernos, como uma irrelevância em meio a um mundo pragmático. Tratava-se, depois do próprio sacerdócio, da vocação suprema, digna do mais alto respeito:

---

[83]Eclesiástico 39.1-2,5,7-8 [Bíblia Sagrada, Edição Pastoral, Paulus].
[84]mAv. 4.10.

HISTÓRIAS, SÍMBOLOS E PRÁXIS: ELEMENTOS DA COSMOVISÃO ISRAELITA

No estudo da Lei, se o filho adquiriu muita sabedoria [enquanto assentado] diante do seu mestre, o seu mestre vem sempre na frente do seu pai; visto que tanto o aprendiz como seu pai são obrigados a honrar o mestre.[85]

O estudo da Torá, como característica-chave da práxis do primeiro século, veio a adquirir uma função tanto simbólica como prática, integrando-se no enredo da cosmovisão. O deus de Israel deu sua Torá a Moisés, e uma das atividades mais caracteristicamente judaicas é estudá-la — para o bem do indivíduo e para que ele conduza outras pessoas em sua esfera de influência à sujeição daquilo que não apenas foi identificado com a sabedoria divina, mas também com a presença "tabernaculadora" do próprio YHWH.[86] Mas isso, por sua vez, conduz-nos à outra face da mesma moeda: como a Torá funcionava na prática?

4. A Torá na prática

Se a Torá era um símbolo vital no judaísmo do primeiro século, ela o era de uma forma extremamente prática. Em uma época em que a identidade distinta do judaísmo estava sob ameaça constante, a Torá fornecia três emblemas particulares que distinguiam o judeu do pagão: a circuncisão, o sábado e as leis *kosher*, que regulamentavam quais alimentos podiam ser consumidos, como os animais deveriam ser mortos e cozidos, e com quem a refeição poderia ser compartilhada. Por todas essas práticas, corria o tema da "separação" judaica.

Em uma sociedade inteiramente judaica ou de maioria judaica, a circuncisão era tida como certa, e seu cumprimento era (mais ou menos) incontroverso: o homem era circuncidado ou não.[87] Todavia, mesmo em meio a tais sociedades, a guarda do sábado era motivo de disputa: o que envolvia guardá-lo?[88] A manutenção da pureza era ainda mais incerta: o que tornava alguém impuro?[89] Debates sobre o sábado e sobre questões de purificação, portanto, ocupavam uma grande quantidade de tempo e esforço nos debates dos eruditos, segundo

---

[85]mKer. 6.9; cp. mBMez. 2.11.

[86]Eclesiástico 24:10-12,23.

[87]A circuncisão foi proibida sob o governo de Antíoco Epifânio e novamente sob a regência de Adriano: veja 1Mac. 1:14-s.; *Jub.* 15.33f.; e Schürer, *The History of the Jewish People in the Age of Jesus Christ (175 B.C.—A.D. 135)*, 1973-87, 1.155, 537-40. Alguns judeus tentaram várias vezes remover as marcas da circuncisão (veja o cap. 6). Embora a necessidade da circuncisão fosse às vezes motivo de debate, a prática era basicamente considerada como vital para a plena conversão ao judaísmo (veja o debate sobre a conversão de Izates em meados do primeiro século: Jos. *Ant.* 20.38-48; e a discussão da circuncisão de refugiados em *Vida*, 112-s.).

[88]Veja Sanders, *Jewish Law from Jesus to the Mishnah: Five Studies*, 1990a, p. 6-23; 1992, p. 208-11.

[89]Sanders, *Jewish Law from Jesus to the Mishnah: Five Studies*, 1990a, caps. 3–4, modificado por volta de 1992, p. 214-22.

somos informados na *Mishná* e no Talmude.[90] Devemos enfatizar que isso não se dava porque os judeus em geral ou os fariseus em particular estivessem preocupados meramente com rituais ou cerimônias exteriores, nem por tentarem ganhar sua salvação (enquadrando-se em algum esquema subcristão posterior!) por meio do viver virtuoso. Os debates aconteciam por causa de sua preocupação com a Torá divina e, portanto, por seu anseio em manter sua distinção divinamente apontada das nações pagãs, particularmente das nações que os oprimiam. Toda a sua *raison-d'être* como nação dependia disso. Sua devoção ao único deus estava consignada a isso. Sua libertação vindoura talvez pudesse ser acelerada pela prática da Torá ou, então, em contrapartida, adiada pela falha em guardá-la. Se as categorias básicas do pensamento de alguém eram monoteísmo e eleição, criação e aliança, é difícil ver como, nesse período, alguém poderia pensar de forma diferente.

Para um judeu palestino do primeiro século, particularmente para um fariseu, portanto, manter as marcas da distinção judaica era algo simplesmente inegociável. Detalhes podiam ser debatidos acerca de *como* essas marcas tinham de ser mantidas; mas que *deveriam* ser observadas, isso não era motivo de disputa. Desafiar esse ponto seria como posicionar um machado à raiz da árvore. Particularmente em territórios sob ameaça ou pressão, judeus que não observassem o sábado e as leis de purificação seriam como alguém que põe uma placa em inglês em uma loja de Montreal, ou então como alguém que rasga, em qualquer país, a bandeira nacional. Seriam traidores dos símbolos nacionais, da esperança nacional, do deus da aliança.

A Torá, então, fornecia um marco vital dos limites da aliança, especialmente nas áreas em que parecia mais importante manter a distinção em Israel. Que esse era o caso na Galileia, não é preciso dizer. Se alguém vivesse em Jerusalém, o Templo (ainda regido pela Torá, mas assumindo o papel central) serviria de símbolo cultural e religioso dominante. Em torno disso, girava a organização de Israel; era isso que o deus da aliança vindicaria. Contudo, longe de Jerusalém (na Galileia ou na Diáspora, por exemplo), a Torá, particularmente os emblemas especiais de sábado e práticas de purificação, era o que demarcava o povo da aliança e, portanto, fornecia testes de lealdade e sinais de esperança à aliança.[91]

Essa conclusão, conforme veremos mais adiante, é um ponto de especial importância para a compreensão das controvérsias de Jesus e da teologia paulina. As "obras da Torá" não eram uma escada legalista, na qual o indivíduo subia para obter favor divino. Eram, antes, os emblemas que alguém usava como marcas de identidade, de pertencer ao povo escolhido no presente e,

---

[90]Sábado: mShabb., mErub., *passim*, e frequentemente em outros lugares. Purificação: *Tohoroth* (a sexta divisão da *Mishná*), *passim*.
[91]Veja *Ápio* 2.277.

HISTÓRIAS, SÍMBOLOS E PRÁXIS: ELEMENTOS DA COSMOVISÃO ISRAELITA

portanto, de todos os sinais relevantes, para o indivíduo e para seu próximo, de que fazia parte do grupo cuja vindicação ocorreria publicamente quando o deus da aliança agisse para redimir seu povo. Eram os sinais presentes da vindicação futura. Assim é que as "obras da Torá" funcionavam no âmbito da fé e da esperança dos judeus — e particularmente dos fariseus.[92]

Até que ponto, então, essa prática da Torá significava que os judeus estavam comprometidos com uma política de não contato com os gentios? É comum presumir que os judeus simplesmente não lidavam com os gentios (talvez com base em um *a fortiori* tácito de sua conhecida política de não negociar com os samaritanos);[93] mas isso é enganoso. Mesmo na Judeia e na Galileia, os gentios não podiam ser evitados; na Diáspora, apenas o habitante do gueto mais protegido poderia evitar o contato diário e, muito provavelmente, eventuais negociações com os gentios.[94] O fato de a *Mishná* dedicar um tratado inteiro (*Abodah Zarah*) à questão de como não participar da idolatria dos gentios nos mostra a dimensão teológica da questão: mas o tratado também mostra que a negociação com os gentios era a norma, e que abster-se disso (p. ex., antes de uma festa pagã) era a exceção.[95] Então, a questão é: como esses contatos eram regulamentados? O que contava como assimilação ou como um mal necessário?

Sanders argumentou que os judeus nesse período não se oporiam, em tese, à associação com os gentios, ou mesmo em comer com eles, porém que existia um sentimento geral de que tais práticas não deveriam ser frequentes demais.[96] Essa perspectiva me parece correta, mas acho que Sanders erra ao enfatizar a abertura judaica para a associação com os gentios. Admitindo-se que a vida comum, especialmente na Diáspora, era impossível sem tal associação — e que comer na companhia dos gentios não era expressamente proibido em lugar algum (embora fosse proibido comer sua comida e beber o seu vinho)[97] —, ainda me parece uma justificativa muito boa para acreditar que a maioria dos judeus, na maior parte das situações, pensava que a fidelidade à Torá implicava a não associação, ou seja, tanto quanto fosse possível administrar.

---

[92]Veja o cap. 10. É isso que, mais ou menos, Sanders quer dizer com sua frase "Nomismo Pactual" (veja 1992, p. 262-78), e creio que, nesse aspecto, ele esteja substancialmente correto. Sobre as "obras da Torá" em Paulo, veja Dunn, *Jesus, Paul and the Law*, 1990, p. 216-25; Westerholm, *Israel's Law and the Church's Faith: Paul and His Recent Interpreters*, 1988, p. 109-21 etc.

[93]Eclesiástico 50:25-6. (a posição dessas declarações, no meio da peroração do livro, é impressionantemente enfática); João 4:8 etc. Em mBer. 7.1, entretanto, pressupõe-se que um judeu poderia comer com um samaritano.

[94]Conforme corretamente exposto por Sanders, 1990b, p. 179.

[95]mAv. Zar. 1.1-3,5.

[96]Sanders, "Jewish Association with Gentiles and Galatians 2:11-14", 1990b, esp. p. 185-s.

[97]Veja Jos. *Vida* 14: alguns sacerdotes, a caminho de Roma, comiam apenas figos e nozes. Isso introduz uma nota moderada na crítica que Sanders faz a Bruce, "Jewish Association with Gentiles and Galatians 2:11-14", 1990b, p. 188, n.º 20).

Em sua ânsia natural por exonerar os judeus do primeiro século da acusação de serem arrogantemente exclusivistas e distantes dos gentios,[98] parece-me que Sanders fez dois movimentos injustificados. Em primeiro lugar, argumenta (corretamente) que não é possível projetar passagens rabínicas posteriores de volta ao período anterior a 70 d.C., porém sugere (incorretamente) que esse período teria sido menos provável do que o posterior a 70 como um cenário para códigos contrários aos gentios.[99] Tal ideia é infundada. "Pré-70", não devemos nos esquecer, significa "pós-167" e "pós-63" a.C. A doutrina da *amixia*, "separação", é afirmada por Josefo como estando em vigor muito antes da Revolta dos Macabeus; e, mesmo que isso seja anacrônico, certamente mostra o que poderia ser pressuposto no primeiro século.[100] Também temos evidências da promulgação de códigos rígidos, proibindo a mistura com os gentios, precisamente no período pré-guerra.[101] Os códigos, sem dúvida, não eram do agrado de todos; especialmente na Diáspora, os regulamentos que podem ter sido viáveis aos círculos piedosos em Jerusalém eram tidos como impraticáveis.[102] Contudo, havia uma crença consistente, em todo o período macabeu e de bar-Kochba, de que os gentios eram basicamente impuros, de modo que o contato com eles deveria ser mínimo. Nesse contexto, como em outros lugares, devemos pensar em um *continuum*, tanto de teoria (p. ex., entre os adeptos de Shamai e de Hilel, e entre eles e os judeus assimilados na Diáspora) como de prática (alguns judeus terão o mínimo de contato, enquanto outros, muito contato).[103] Mas dizer, como Sanders, que "a expressão plena de antipatia pelos gentios" não pode ser retransmitida com segurança

---

[98]Sanders, "Jewish Association with Gentiles and Galatians 2:11-14", 1990b, p. 181-s. A acusação foi feita na antiguidade: Tác. *Hist.* 5.5; Diod. Sic. 34/5. 1.1-5, falando das leis judaicas como *a misoxena nomima*, "estatutos de ódio ao estrangeiro"; Juv. *Sat.* 14.103-s. Veja Schürer, *The History of the Jewish People in the Age of Jesus Christ (175 B.C.—A.D. 135)*, 1973-87, 3.153.

[99]Sanders, "Jewish Association with Gentiles and Galatians 2:11-14", 1990b, p. 172-s.

[100]*Ant.* 13.245-7, esp. 247: "[os judeus]... não tiveram contato com outros povos por causa da sua separação (*amixia*)". Veja nota de Marcus em Loeb, *ad loc.*; cp. *Ápio* 2.210.

[101]Veja discussão completa em Hengel, *The Zealots: Investigations Into the Jewish Freedom Movement in the Period from Herod I Until 70 A.D.*, 1989c [1961], p. 200-6, incluindo uma discussão da não mistura com os gentios no período asmoneu.

[102]Veja Hengel, *The Zealots: Investigations Into the Jewish Freedom Movement in the Period from Herod I Until 70 A.D.*, 1989c [1961], p. 203.

[103]Penso, portanto, que Sanders, "Jewish Association with Gentiles and Galatians 2:11-14", 1990b, p. 173-s., é um pouco injusto com Alon, *Jews, Judaism and the Classical World: Studies in Jewish History in the Times of the Second Temple*, 1977, p. 146-89. Alon não está *apenas* projetando códigos posteriores a raízes iniciais hipotéticas. A questão de por quanto tempo um gentio permanece impuro depois de se haver tornado um prosélito (mPes. 8.8 [não 8.1 como em Sanders, *Jewish Law from Jesus to the Mishnah: Five Studies*, 1990a, p. 284; 1990b, p. 174]) não é o ponto; após a conversão, o indivíduo se tornava um judeu, entrando, então, em um novo mundo, com novas regulamentações.

HISTÓRIAS, SÍMBOLOS E PRÁXIS: ELEMENTOS DA COSMOVISÃO ISRAELITA

antes de 135 a.C. é ir contra tudo o que sabemos sobre o judaísmo entre os macabeus e bar-Kochba. Sem dúvida, após 135 os rabinos adicionaram seus próprios sentimentos contra os gentios, porém os adicionaram a uma coleção que já estava bem estabelecida.[104]

Em segundo lugar, o argumento de Sanders parece ter sido extraído de sua demonstração de que o contato com os gentios não fora descartado, transformando-se na sugestão de que comer com os gentios era algo igualmente permitido. Sanders faz isso com o argumento de que, de uma forma ou de outra, a maioria dos judeus quase sempre estava impura, exceto quando se via prestes a entrar no Templo. Assim, mesmo que os gentios fossem impuros, ninguém se preocuparia, já que praticamente todo judeu com quem o gentio tivera contato já estava, em todo caso, impuro.[105] Tal interpretação parece divorciar-se do real contexto sociocultural para um mundo de pura formalidade legal, o qual o próprio Sanders demonstrou, em outro lugar, ser uma leitura inadequada do judaísmo mishnaico. A ideia rabínica de que a casa dos gentios era impura, partindo do pressuposto de que os gentios lançavam fetos no esgoto e praticavam coisas como aborto deliberado,[106] parece remeter à ideia de que havia um *sentimento* geral, uma crença fixa, embora incoerente, de que os gentios eram impuros e que o contato com eles deveria ser evitado, ainda que a explicação para tal afastamento fosse escusa. Como tantos argumentos quase teológicos, a razão dada é uma racionalização manifesta de um fenômeno sociocultural precedente e pressuposto; todavia, nesse caso, o que importa é o fenômeno contemporâneo. Talvez os judeus não tivessem uma boa explicação para isso, mas, desde o exílio — e cada vez mais desde a Revolta dos Macabeus e a subsequente chegada dos romanos —, os gentios eram o inimigo odiado, de modo que uma confraternização séria com eles representava dar um passo em falso. A objeção de que, em termos legais, o judeu comum era um agente tão poluente quanto o gentio (e, tecnicamente falando, tão "impuro" quanto ele) é, penso, perder de vista a ideia central. A barreira racial não pode ser reduzida apenas em termos de uma pureza ritual e legalista.[107] Como em outras áreas, a tradição alterou o *foco* de um ensinamento particular. Já vimos como um debate sobre

---

[104]Veja o cap. 7, seção 2. Basta-nos citar 2Macabeus e os *Sl. Sal.* Schiffman, 1983, mostrou que as regulamentações na relação com os gentios em CD 12.6-11 formam um paralelo próximo com o material tanaíta posterior.

[105]Sanders, *Jewish Law from Jesus to the Mishnah: Five Studies*, 1990a, p. 284; 1990b, p. 174-s.

[106]mOhol. 18.7, com a nota de Danby; veja mNidd. 3.7. A última passagem inclui um dizer do Rabino Ismael (contemporâneo de Aquiba); a primeiro não é atribuída. A esse respeito, veja Alon, 1977, p. 186, demonstrando sua percepção da maneira como tradições e explicações mudavam de significado ao longo do tempo.

[107]Veja Alon, *Jews, Judaism and the Classical World: Studies in Jewish History in the Times of the Second Temple*, 1977, p. 187, 189, reconhecendo que, embora a ideia da impureza gentílica remonte pelo menos ao tempo anterior a Herodes, sempre houve uma variedade de práticas factuais.

canonicidade transformou-se em um debate sobre pureza;[108] aqui, vemos um movimento igualmente óbvio: um problema de ordem político-social se transforma em uma questão de purificação.

Sem dúvida, então, a prática real da Torá variava muito de uma comunidade judaica para outra, especialmente quando alguém saía das fronteiras da Terra e entrava no mundo problemático da Diáspora. Entretanto, a dificuldade (para os judeus da época) em decidir como a Torá deveria ser guardada, assim como as dificuldades (para o estudioso de hoje) para decidir "quem fez o quê" e "em quais circunstâncias", não deveriam obscurecer a ideia mais fundamental. A não ser que pretendessem uma assimilação completa com a cultura dos gentios, os judeus em geral, e os mais austeros em particular, consideravam a práxis cotidiana da Torá um emblema vital de seu judaísmo — ou seja, como parte vital de toda a sua cosmovisão. Se um judeu removesse as marcas da circuncisão; prosseguisse ostensivamente com seus negócios no sábado; organizasse sua refeição em flagrante desrespeito às leis *kosher*; tratasse os gentios conhecidos exatamente como os judeus — quaisquer práxis desse tipo mandariam um recado sociocultural e religioso claro. Pelo menos dois dos símbolos (Torá e identidade racial) estariam sendo questionados. Uma bandeira estaria sendo silenciosamente baixada, uma história com um novo final.

SEGUNDO AS ESCRITURAS: A ÂNCORA DA COSMOVISÃO

São muitos os fios que percorrem a trama do judaísmo do primeiro século, por meio de histórias, símbolos e da vida cotidiana. Talvez o mais óbvio deles, o qual podemos destacar como conclusão, seja a centralidade das escrituras. O judeu mediano tinha muito contato com as escrituras, que eram lidas em voz alta ou cantadas, e conhecia, de cor, grandes porções bíblicas.[109] A sinagoga desempenhava papel central (não apenas na "religião", mas também na vida total da comunidade local); frequentemente, as palavras ouvidas na sinagoga, especialmente quando entendidas como prometendo libertação, eram apreciadas e bem recebidas. Em particular, o saltério, com sua ênfase contínua na importância do Templo e nas promessas feitas a Davi, formava uma parte importante do arcabouço mental do judeu comum.[110]

Nesse contexto, era natural que, além de recorrer à Bíblia como matéria-prima para o culto e a vida cotidiana, os judeus a procurassem em busca de

---

[108]Veja p. 237.

[109]Schürer, *The History of the Jewish People in the Age of Jesus Christ (175 B.C.—A.D. 135)*, 1973-87, 2.419 etc.

[110]Isso seria particularmente verdadeiro sobre os salmos de "Aleluia" (113–118, e o "grande Aleluia", 136) e os salmos de peregrinação (120–134).

HISTÓRIAS, SÍMBOLOS E PRÁXIS: ELEMENTOS DA COSMOVISÃO ISRAELITA

sinais do futuro. Previsões diretas do retorno do exílio eram, naturalmente, a lenha que precisavam para sua fogueira, mas muitas outras passagens poderiam ser utilizadas também.[111] No capítulo 10, veremos como alguns grupos usaram livros como o de Daniel, embora ele fosse apenas uma dentre as muitas fontes possíveis de esperança. Os Manuscritos contêm muita exegese aplicada ao presente e ao futuro imediato, assim como, obviamente, às obras "apocalípticas". Podemos estar razoavelmente certos de que os grandes livros de Isaías, Jeremias e Ezequiel seriam todos bem conhecidos; já os livros menores, mas não menos poderosos, de Zacarias e Malaquias, com sua ênfase na reconstrução e na purificação do Templo, não teriam ficado muito para trás.

Ao estabelecermos essa percepção bíblica no contexto da crença de que o retorno do exílio ainda não acontecera[112] — crença particularmente forte no período do segundo templo —, a ideia de cumprimento bíblico adquire um significado que transcende o mero "recorte textual" do qual os judeus do primeiro século foram muitas vezes acusados.[113] Não se tratava apenas de vasculhar textos sagrados em busca de promessas isoladas sobre um futuro glorioso. A narrativa bíblica como um todo podia ser lida *como* Narrativa, a saber, a história ainda inacabada do criador, do povo da aliança e do mundo. Nesse contexto, um acontecimento "segundo as escrituras" seria aquele que poderia ser reivindicado como o próximo — talvez o último ou penúltimo — evento da história em si. Profecias explícitas da grande era vindoura encaixavam-se no padrão mais amplo. As escrituras como uma só narrativa, criando o contexto para o presente, e as escrituras como Torá, criando a ética para o presente, ambas reforçavam as escrituras como Profecia, remetendo à maneira pela qual a história alcançaria seu auge — ou seja, para aqueles que eram fiéis à Torá.

Sob essa ótica, podemos entender alguns dos métodos empregados para que a escritura fosse, por assim dizer, atualizada. Como um texto antigo pode tornar-se autoritativo para o presente? As diferentes respostas dadas refletem, de forma reveladora, as diferentes perspectivas de quem as forneceu. Para Filo, as antigas histórias podiam ganhar vida por meio da alegoria. Para os rabinos, e provavelmente para seus predecessores do primeiro século, as formas da Torá oral levavam o código escrito a ser aplicado a novas situações. Nos escritos apocalípticos, as imagens bíblicas foram reutilizadas, às vezes de forma bizarra,

---

[111]Barton, *Oracles of God*, 1986, caps. 6–7.

[112]Veja os caps. 9–10.

[113]O método de "recorte textual", pelo menos em suas formas modernas, origina-se (penso) da típica "prova" deísta do século 18 a respeito, por exemplo, da messianidade de Jesus — e da típica "refutação" do século 18 de tal prova. A prática não tem muita relação com a factualidade histórica do primeiro século.

O NOVO TESTAMENTO E O POVO DE DEUS

e alguns personagens de histórias antigas foram usados como porta-vozes de novas palavras de advertência e esperança. No ensino comum da sinagoga, o uso da *Midrash* e do Targum empregava a paráfrase expandida para enfatizar a relevância da mensagem para o presente. E, dentro da comunidade essênia, o método *pesher* seguia as profecias linha por linha, afirmando que os acontecimentos do presente eram o cumprimento real do que fora falado muitas gerações antes. Há uma lógica subjacente a tudo isso: todos os lados concordam que as profecias ainda não se haviam cumprido; o grupo acreditava viver nos dias de cumprimento; portanto, as escrituras deveriam, de alguma forma, referir-se a eles — qualquer que fosse seu significado "original".[114] Afinal, Habacuque havia dito que seus escritos se cumpririam depois de muitos dias, após um evidente atraso.[115] Até mesmo o fato de trechos da história haverem sido recontados de maneira diferente por Josefo, Sabedoria de Salomão, 4Macabeus e Paulo nos demonstra que seus autores se preocupavam em relacionar a tradição bíblica ao seu próprio contexto recente.

O importante é percebermos que todas essas "técnicas" diferentes eram formas de manter contato vital com as histórias e os símbolos que remetiam à lealdade contínua para com a herança judaica. Como vimos em relação à Torá oral, era essencial para os judeus, particularmente para aqueles com novos e rigorosos planos ideológicos, serem capazes de se autoconvencer, e convencer seus seguidores, de que eles mantinham a continuidade com o enredo de Israel, prestando aos símbolos o devido respeito. Como veremos quando examinarmos o movimento cristão primitivo, suas versões da mesma história podem ser esboçadas, sem qualquer dificuldade, no mesmo quadro, demonstrando uma imagem exata da nova situação que acreditavam viver.

CONCLUSÃO: A COSMOVISÃO DE ISRAEL

Histórias, símbolos e práxis, focalizados em diferentes formas de interpretar e encenar as escrituras de Israel, revelam uma cosmovisão rica e, ao mesmo tempo, simples. Podemos resumi-la em termos das quatro perguntas que, conforme argumentamos no capítulo 5, são implicitamente abordadas por qualquer visão de mundo.

---

[114]Veja Brooke, *Exegesis at Qumran: 4QFlorilegium in Its Jewish Context*, 1985; Mulder, *Mikra: Text, Translation, Reading and Interpretation of the Hebrew Bible in Ancient Judaism and Early Christianity*, 1987, cap. 10 (M. Fishbane); Schürer, *The History of the Jewish People in the Age of Jesus Christ (175 B.C.—A.D. 135)*, 1973-87, 2.348, 354, 580, 586; 3.392, 420-1. Em termos de significados "originais", Moule está certo em enfatizar a "pura arbitrariedade" do método (*The Birth of the New Testament*, 1982 [1962], p. 77-84). Retenho, porém, minha sugestão de que, no que diz respeito à seita ou ao grupo, a história de Israel tomou um rumo que, de certo modo, justificava essa leitura.
[115]Habacuque 2:3; veja 1QpHab 7.9-14.

HISTÓRIAS, SÍMBOLOS E PRÁXIS: ELEMENTOS DA COSMOVISÃO ISRAELITA

1. Quem somos? Somos Israel, o povo escolhido do deus criador.
2. Onde estamos? Na Terra Santa, centralizada no Templo; paradoxalmente, porém, ainda estamos no exílio.
3. O que há de errado? Temos os governantes errados: de um lado, os pagãos; do outro, os judeus infiéis. E, como se não bastasse, ainda temos Herodes e sua família. Estamos todos envolvidos em uma situação indesejável.
4. Qual é a solução? Nosso deus deve agir, mais uma vez, para nos dar o verdadeiro tipo de governo, ou seja, seu próprio reinado, exercido por oficiais devidamente nomeados (um verdadeiro sacerdócio; possivelmente, um verdadeiro rei). Até lá, Israel deve ser fiel ao seu documento pactual.

Distinções entre os diferentes grupos de judeus no período podem ser traçadas com precisão nos termos detalhados dessa análise. Os principais sacerdotes não concordariam com os pontos (2)-(4), conforme declarados. Eles estavam no Templo, cujo funcionamento era normal; o problema era a recalcitrância de outros grupos judaicos, e a solução era mantê-los em seu devido lugar. Os essênios teriam modificado o ponto (4): nosso deus já agiu ao nos chamar como sua guarda de elite da era vindoura e agirá novamente para nos inocentar e honrar publicamente — e assim por diante. Em tese, porém, essas quatro respostas às questões fundamentais permanecem constantes por toda a literatura que temos estudado, além de, até onde podemos dizer, para boa parte das pessoas no período em questão, encontrando expressão na história, no símbolo e na práxis. Juntos, esses elementos apontam para adiante. A história que já esboçamos e a cosmovisão que delineamos formavam um contexto e, de fato, uma teologia defendida com unhas e dentes, além de uma esperança que se recusava a morrer.

| AS CRENÇAS
DE ISRAEL | # CAPÍTULO 9 |

INTRODUÇÃO

Em que os judeus do primeiro século realmente acreditavam, em termos conscientes ou inconscientes, que os capacitou a sobreviver em contextos nos quais tantas outras nações fracassaram? Quais convicções continuaram a alimentar a esperança de que, um dia, o deus da aliança agiria para vindicar a si mesmo e honrar seu povo? Tais questionamentos correspondem, em última análise, ao quarto elemento da cosmovisão judaica. Estudamos símbolos, práxis e histórias, fazendo algumas deduções em nível de perguntas e respostas. Esses questionamentos, por sua vez, abrem caminho para a questão da teologia, ou seja, de crenças fundamentais e de crenças resultantes.[1]

Evidentemente, aqui estamos pisando em campo minado. Já vimos que a única coisa que podemos dizer com segurança sobre o judaísmo do primeiro século é que não existe judaísmo do primeiro século; o melhor é falarmos de "judaísmos", no plural.[2] Mesmo entre grupos específicos do judaísmo antigo, não há garantia de uniformidade: como Schechter observou, os rabinos tinham muitos defeitos, mas a consistência não era um deles.[3] Tampouco os rabinos foram inovadores, introduzindo uma abordagem assistemática a um mundo previamente ordenado; nas próprias escrituras hebraicas, há desenvolvimentos e diálogos observáveis, e não um sistema arrumado em fileiras cuidadosamente

---

[1]Veja os caps. 3 e 5.

[2]Por exemplo, Neusner *et al.*, *Judaisms and Their Messiahs at the Turn of the Christian Era*, 1987.

[3]Schechter, *Aspects of Rabbinic Theology: Major Concepts of the Talmud*, 1961 [1909], p. 46. Veja também Ginzberg, *Students, Scholars, and Saints*, 1928, p. 92: "A característica mais marcante do sistema rabínico de teologia é sua falta de sistema".

AS CRENÇAS DE ISRAEL

organizadas. Contudo, mesmo com a devida cautela, ainda mais necessária devido à enorme variedade de materiais primários e secundários agora disponíveis, ainda existem várias coisas que podem e devem ser ditas sobre o "judaísmo" do primeiro século como um todo. Existe uma visão de mundo básica, possível de traçarmos, que se encontra em um nível mais profundo e fundamental do que essas variações.

Assim, a tentativa de alguns estudiosos de destacar a variedade em detrimento de qualquer unidade subjacente vai longe demais.[4] Ninguém, obviamente, negaria que diferentes textos têm diferentes ênfases e pontos de vista. Apenas desejo seguir os muitos judeus e outros escritores cujo reconhecimento é que por trás de uma grande variação, existe uma ampla "semelhança de família".[5] É de vital importância compreendermos essa estrutura de crenças, que nos informa muito acerca do judaísmo, ainda que, por ser geralmente tomada como certa, não seja frequentemente discutida — exceto quando alguém a desafia, especialmente se o desafio parte de dentro do sistema. Constitui o argumento de todo o meu projeto o fato de duas pessoas em particular — Jesus e Paulo —, embora afirmando falar de dentro do sistema, fornecerem precisamente esse tipo de desafio e redefinição. Não podemos, portanto, ignorar a seguinte pergunta: Qual era a crença judaica fundamental?

Outra maneira de declararmos o problema enfrentado por qualquer pessoa que queira traçar o sistema judaico de crenças é o seguinte: os judeus não descrevem, de forma característica, a natureza do judaísmo em termos de "crenças". Na verdade, o judaísmo contrasta com o cristianismo nesse ponto, para a suposta desvantagem da fé cristã.[6] Todavia, não nos é difícil demonstrar, como

---

[4]Veja o cap. 7, sobre diversidade e unidade na descrição histórica. Trata-se de um caso em que a devida preocupação pela descrição diferenciada pode obliterar a tarefa igualmente devida de síntese geral — um problema endêmico em um trabalho como o de Neusner.

[5]Para a "semelhança de família" e sua perspectiva subjacente, veja Schechter, *Aspects of Rabbinic Theology: Major Concepts of the Talmud*, 1961 [1909]; Moore, *Judaism in the First Centuries of the Christian Era: The Age of the Tannaim*, p. 1927-30 etc., e Kadushin, *Organic Thinking: A Study in Rabbinic Thought*, 1938, *e.g.*, p. 6-s.; Millgram, *Jewish Worship*, 1971, cap. 15 (p. 391-436), e p. 260: ao final do rito do *Yom Kippur*, os adoradores recitam três frases da Bíblia "por meio das quais se dedicam novamente às doutrinas teológicas essenciais do judaísmo", as quais se concentram, obviamente, no monoteísmo judaico. Veja o debate entre McEleney, "Orthodoxy in Judaism of the First Christian Century", 1973, e Aune, "Orthodoxy in First-Century Judaism? A Response to N. J. McEleney", 1976, com Aune concluindo que o judaísmo realmente possui um sistema de crenças, mas que (p. 10) esse sistema de crenças estava "subordinado... às tradições judaicas de prática ritual e comportamento ético". Isso não está longe da minha distinção entre cosmovisão (cap. 8) e sistemas de crenças (o presente capítulo). Veja Sanders, *Judaism: Practice and Belief, 63 BCE—66 CE*, 1992, cap. 13 (p. 241-78) e p. 413-19, esp. p. 416-s. sobre a descoberta de *pressuposições* de atitudes farisaicas.

[6]Por exemplo, Millgram, *Jewish Worship*, 1971, p. 416: "O conceito de crença como essência de uma comunidade religiosa é, até onde sabemos do judaísmo, tão irreal quanto um espírito

O NOVO TESTAMENTO E O POVO DE DEUS

muitos escritores têm feito, que, em meio às variedades do judaísmo, há um conjunto de *crenças fundamentais*, mais ou menos comuns a todos os grupos, além de várias *crenças resultantes*, cuja semelhança, embora familiar entre os grupos, exibe maior variedade. Assim, podemos admitir a ideia de que não encontramos, certamente no primeiro século, obras judaicas não cristãs cuja forma assuma o que temos agora como uma obra de "teologia", ou seja, uma análise abstrata de um ponto de vista ou de um sistema de crenças; mas isso de forma alguma deve impedir-nos de produzir, nós mesmos, uma descrição e uma análise de crenças fundamentais e resultantes, especialmente agora que estabelecemos o contexto de símbolo, práxis e história, mostrando como essas crenças vêm à tona. Tal relato pode, em tese, ser feito perfeitamente bem sem anacronismos ou "empréstimos" cristãos. Isso não significa, conforme elucidado no capítulo anterior, que imaginamos o judaísmo como *apenas* uma "fé", um sistema de crenças. Chamar o judaísmo de "fé" é, em certo sentido, parte do imperialismo cultural cristão, imaginando que, porque o cristianismo se considera uma "fé", outros povos devem fazer o mesmo. Normalmente, o judaísmo é caracterizado como um *caminho* — um *halakah*, um caminho de vida, um modo de ser no mundo.[7] Nada do que eu disse, ou ainda direi, tem a intenção de contradizer essa autopercepção básica. Há, contudo, pelo menos duas razões para nos concentrarmos no sistema de crenças — e, em última análise, na cosmovisão — do judaísmo nesse período.

A primeira, como forma de análise fenomenológica, é simplesmente o caso de que cosmovisões subjacentes são mais fundamentais até mesmo do que os hábitos mais enraizados da vida. Por trás da práxis judaica fundamental, está a crença de que Israel é o povo do deus criador. Se não fosse assim, o *halakah* perderia seu sentido, ou pelo menos mudaria radicalmente sua natureza. Se alguém perguntasse a um judeu articulado do primeiro século: "Por que você guarda a Torá?", sua resposta seria: "Porque sou parte de Israel, o povo escolhido do deus criador e redentor". Contudo, inverter a pergunta e a resposta seria algo irredutivelmente estranho: imagine a pergunta: "Por que você acredita no deus criador e redentor?" com a resposta: "Porque eu guardo a Torá". O deus criador e redentor é o fato maior, dando sentido e propósito à expressão individual — o que não é negar que a *fé em* tal deus pode ser fortalecida, ou

---

desencorpado" — soando como que citando Tiago 2:26. Veja Shechter, *Aspects of Rabbinic Theology: Major Concepts of the Talmud*, 1961 [1909], p.12: "Os antigos rabinos poderiam pensar que a verdadeira saúde de uma religião é ter sua teologia sem se dar conta dela". Poderíamos questionar: qualquer teologia serve? E se tratar-se da teologia *errada*?

[7]Existem, claro, diversos exemplos do judaísmo adotando a linguagem da "fé" dos cristãos. O jornal *Jerusalem Post*, no Dia da Independência de 1989, publicou um artigo intitulado: "Mantendo a fé".

AS CRENÇAS DE ISRAEL

mesmo renascer, como resultado das tentativas judaicas da guarda da Torá. Faz-se, portanto, necessário ir mais fundo do que as expressões cotidianas do judaísmo e seguir seus próprios expositores rumo às linhas principais, que não são particularmente controversas, do que pode ser cautelosamente chamado de "teologia judaica".

A segunda razão, conforme já mencionei, pela qual devemos nos concentrar na cosmovisão e no sistema de crenças judaico é por ter sido essa a característica do judaísmo radicalmente redefinida por Jesus e Paulo. Para ser mais preciso: conforme argumentarei, Jesus redefiniu a *esperança* de Israel de modo a questionar a interpretação normal da *fé* judaica; Paulo, ao ver a esperança assim redefinida na prática em torno de Jesus, completa, em tese, a tarefa da redefinição da fé. E ambos, cada qual à sua maneira, demonstraram o que isso significa no nível do *halakah*, do modo de vida. É vital, portanto, examinarmos a crença e a esperança judaica da forma mais cautelosa possível. Não estamos impondo um conjunto estranho de formas de pensamento ou categorias do judaísmo do primeiro século; estamos, antes, simplesmente preocupados em extrair alguns pressupostos fundamentais.[8] Do contrário, tudo que percebêssemos no desafio de Jesus e de Paulo não passaria de um desafio ao *halakah*. Foi isso que, na verdade — e talvez inevitavelmente —, tudo o que alguns intérpretes judeus *conseguiram* identificar.[9] No entanto, assumir esse ponto de vista é, devo argumentar, perder o verdadeiro ímpeto do que estava acontecendo.

O que ofereço neste capítulo e no capítulo seguinte, então, é uma hipótese sobre a história "interna" do judaísmo do primeiro século, no sentido explorado na Parte II. Procuro traçar a cosmovisão (ou as cosmovisões) dos judeus da época de Jesus e de Paulo. Essa hipótese adquire força não por ser a soma total de uma lista de partes, obtida pela análise atomística dos textos relevantes, mas por fornecer uma perspectiva a partir da qual podemos vislumbrar a *razão* pela qual as pessoas escreveram da maneira como fizeram — e o motivo pelo qual os judeus, em sua maioria, que nada escreveram, se comportaram da forma como fizeram, ou seja, da forma como examinamos nos três capítulos anteriores.

Podemos começar esse relato da crença judaica com alguns pontos fixos óbvios.[10] Nenhum judeu acreditava na existência de cinco deuses. Nenhum judeu acreditava que os egípcios eram o povo escolhido de YHWH.

---

[8]Conforme demonstrado por Sanders, de forma um tanto exaustiva (*Paul and Palestinian Judaism: A Comparison of Patterns of Religion*, 1977, p. 420-s.), a aliança raramente é mencionada de forma explícita, embora permaneça absolutamente fundamental a todas as declarações regulares e explícitas do que caracteriza o judaísmo.

[9]Veja as obras de H. Maccoby.

[10]Para um breve relato semelhante, veja Riches, *The World of Jesus: First-Century Judaism in Crisis*, 1990, cap. 2.

O NOVO TESTAMENTO E O POVO DE DEUS

Nenhum judeu pensava que deus e o mundo eram a mesma coisa, nem que o mundo teria sido feito por outro deus além do deus de Israel.[11] E, se algum judeu acreditasse em qualquer uma dessas coisas, ao menos sabia que estava saindo, em algum ponto vital e fundamental, fora dos limites do pensamento judaico.[12] Existe, então, em toda a gama de escritos judaicos que nos estão disponíveis, uma sólida unanimidade em certas questões essenciais; e já identificamos bons motivos para supor que essa unanimidade era igualmente forte entre os que nada escreveram e pouco leram. Há um só deus, que fez todo o universo; e esse deus entrou em aliança com Israel.[13] Ele escolheu a nação com um propósito: ser a luz do mundo.[14] Diante de uma crise nacional (e a história do judaísmo do segundo templo é, como vimos, uma crise semipermanente), essa crença gêmea, o monoteísmo e a eleição, levava qualquer judeu que pensasse no assunto a outra crença: YHWH, como criador e deus da aliança, estava irrevogavelmente comprometido com certa ação futura na história, a qual traria o fim da desolação de Israel e a honra pública do seu verdadeiro povo. Monoteísmo e eleição levavam à escatologia, e a escatologia significava a renovação da aliança.

Hoje, estamos relativamente familiarizados com esse conjunto de crenças. Não devemos, todavia, permitir que esse fato nos cegue à sua importância como uma cosmovisão subjacente, uma forma de percepção da realidade, uma matriz através da qual toda a experiência do mundo foi mediada. Nem devemos subestimar a enormidade da reivindicação que essa crença gerava. Vez após vez, no Pentateuco, nos salmos, nos profetas e nos escritos subsequentes que deles se originavam, afirma-se que o criador de todo o universo escolheu viver exclusivamente em uma pequena elevação chamada monte Sião, perto da fronteira oriental da região montanhosa da Judeia. O puro absurdo dessa afirmação, do ponto de vista de qualquer outra cosmovisão (inclusive a da filosofia iluminista), é impressionante. O fato de Assíria, Egito, Babilônia, Pérsia, Grécia, (novamente o Egito), Síria e agora Roma haverem zombado, implícita e explicitamente, da ideia não abalou essa convicção; apenas a intensificou. Era assim que o monoteísmo judaico se assemelhava na prática. Não se tratava de uma análise filosófica ou metafísica do ser interior de um deus, ou do único

---

[11]Evidências para o panteísmo judaico podem, sem dúvida, ser encontradas aqui e ali. Em termos gerais, porém, a declaração é verdadeira.

[12]Josefo diz que o deus de Israel transferiu sua afeição aos romanos (*Guerras* 5.411-s.). Também afirma que Daniel é sua autoridade para dizer que deus tencionava a tomada de Jerusalém por Roma (*Ant.* 10.276-80). Contudo, (a) trata-se muito provavelmente de uma busca de favores de seus novos metres e (b) Josefo devia estar ciente do que significava ultrapassar esse tipo de limite.

[13]Talvez devêssemos acrescentar que a palavra "aliança" aqui empregada segue estritamente o sentido judaico do primeiro século, e não do calvinismo do século 16 — nem exatamente do movimento de "teologia bíblica", da década de 1950.

[14]Veja p. 358.

deus. Pelo contrário: tratava-se da crença inabalável de que o único deus, o mesmo que fez o mundo, era o deus de Israel, o qual defenderia seu monte de todos os ataques e usurpadores. Na proporção em que Israel pensava em um deus em termos "universais", tal característica se manifestava, desde o início, por intermédio do particular, do material, do histórico. Na proporção em que as formas do judaísmo divergiam de um caminho principal (como, indiscutivelmente, fez Filo, por razões históricas e discerníveis),[15] era desse caminho principal que elas divergiam.

MONOTEÍSMO JUDAICO DO PRIMEIRO SÉCULO

Todos os relatos da teologia judaica concentram-se corretamente no monoteísmo, porém muitos dão relatos enganosos sobre o assunto. A seguir, procurarei fazer algumas distinções necessárias, a fim de que os verdadeiros contornos daquilo em que os judeus criam se manifestem com clareza.[16]

"Ouça, ó Israel: YHWH, o nosso Deus, YHWH é um só." O *Shemá*, a oração judaica mais famosa, remontando aos dias de Deuteronômio,[17] estava atrelada à consciência judaica do primeiro século. A oração não resultava de uma investigação metafísica especulativa, mas do grito de guerra de uma nação cuja fé era que seu deus era o único deus, supremo no céu e na terra:

> Porque YHWH é grande e digno de todo louvor,
>   mais temível do que todos os deuses!
> Todos os deuses das nações não passam de ídolos,
>   mas YHWH fez os céus. [...]
> Digam entre as nações: "YHWH reina!".[18]

---

[15]Sobre Filo, veja Schürer, *The History of the Jewish People in the Age of Jesus Christ (175 B.C.—A.D. 135)*, 1973-87, 3.809-89; Borgen, "Philo of Alexandria", 1984. Filo é uma exceção à regra, pois, por causa de sua profunda dependência de Platão, extirpou da cosmovisão judaica seus aspectos históricos e escatológicos. Mesmo assim, suas sensibilidades judaicas inatas o impediram de chegar ao extremo máximo.

[16]É notável que a única entrada ao "monoteísmo" no índice da edição revisada de Schürer seja a discussão do *Shemá* (2.454-s.), na qual não há discussão da crença em si. As discussões mais recentes sobre o assunto (Sanders, *Judaism: Practice and Belief, 63 BCE—66 CE*, 1992, p. 242-7; Dunn, 1991, p. 19-21) são úteis até onde abordam o tema, particularmente ao mostrarem que alguns judeus estavam preparados para tentar acomodar algumas características do paganismo ao seu monoteísmo. No entanto, elas não me parecem ir longe o bastante para analisar precisamente o que o monoteísmo *significou* nesse período.

[17]Deuteronômio 6:4. Sobre outras formas de monoteísmo e seus predecessores, veja Rowley, *The Re-Discovery of the Old Testament*, 1946, cap. 5; Eichrodt, *Theology of the Old Testament*, 1961, p. 220-7; von Rad, *Old Testament Theology*, 1962, p. 210-12; Lang (ed.), 1981.

[18]Salmos 96:4-5,10. Podíamos citar múltiplos exemplos, especialmente de Salmos e da seção de Isaías 40–55.

O NOVO TESTAMENTO E O POVO DE DEUS

Trata-se de uma doutrina de enfrentamento, uma causa de celebração para a pequena nação cercada por outras potências que continua, em todo o tempo, cantando os salmos e orando o *Shemá*. As nações devem saber que o deus de Israel é o único e verdadeiro deus, e que os seres que elas adoram em sua ignorância não são deuses, mas meras invenções humanas. Isso já nos dá o sabor do monoteísmo judaico. A fim de senti-lo mais plenamente, devemos examinar seus três aspectos principais.

1. Monoteísmo criacional

Primeiro: o monoteísmo judaico é o que podemos chamar de *monoteísmo criacional*. Fala de um deus que fez o mundo e, por isso, deve ser distinguido de quatro outras concepções cuja reivindicação poderia enquadrar-se como "monoteísta" (e de pelo menos uma quinta concepção que nem sequer podia fazer tal reivindicação).

Para começar, o monoteísmo criacional exclui o *henoteísmo*, a crença de que, de fato, existem outros deuses, mas que Israel adora sua própria divindade. É motivo de controvérsia se os ancestrais dos judeus do primeiro século tiveram tal crença e, se sim, por quanto tempo.[19] A rejeição ao henoteísmo significa, em termos práticos, que Israel estava comprometido em ver seu deus como ontologicamente (e não apenas praticamente) superior aos deuses das nações e, assim, vinculado a certas crenças sobre seu próprio lugar e seu propósito — crenças que analisaremos posteriormente. Os deuses das nações não são deuses "reais", mas ídolos.

Segundo: o monoteísmo criacional exclui o *panteísmo*. O panteísmo não passa de uma forma sofisticada de paganismo, afirmando que há apenas um deus, ou divindade — a saber, a divindade que permeia e caracteriza toda a realidade. O panteísmo é mais conhecido no mundo antigo no âmbito da predominante filosofia estoica.[20] O problema com o panteísmo é, naturalmente, sua aparente depreciação do mal.[21] Tudo o que alguém pode fazer sobre o mal aparente é elevar-se sobre ele, negar sua existência (boa parte do conselho de Epiteto pode ser resumida como: "Não espere pelo que você, certamente, não poderá ter; não se desagrade do que você não pode evitar").[22] No estoicismo, o mundo está envolvido em um ciclo de vida sem-fim e, se alguém porventura encontrar-se alienado dele, a solução é simples: suicídio.[23]

---

[19]Veja Lang (ed.), *Der einzige Gott: die Geburt des biblischen Monotheismus*, 1981 etc.
[20]Veja Epit. *Disc.* 1.14. 10; *Frag.* 3-4 (talvez citando Musônio Rufo); Cic. *De Natura Deorum* 2.38-s.
[21]Um bom exemplo é Epit. *Man.* 27: nada maligno por natureza pode surgir no cosmos.
[22]Por exemplo, 4.1.75; 4.4.33; 4.10, *passim*.
[23]Epit. *Disc.* 1.25.18; 2.15.6; 3.13.14. Sócrates, embora não sendo ele próprio um estoico, tampouco um suicida voluntário, era sempre tido como o grande exemplo (1.29.29).

AS CRENÇAS DE ISRAEL

Terceiro: o monoteísmo criacional exclui o *deísmo*. Uso esse termo do século 18 para uma realidade muito mais antiga, a saber, o sistema de crenças dos epicureus: os deuses existem, mas vivem em um mundo extasiante e longínquo, de modo que não interferem, em nada, no mundo em que vivemos. (Daí as necessidades das curiosas teorias da física desenvolvidas pelos epicureus: se os deuses não intervêm no mundo, por que as coisas acontecem de determinada maneira?)[24]

Quarto: o monoteísmo criacional judaico exclui o *gnosticismo*, que responde ao paganismo e ao panteísmo ao sustentar que o mundo físico foi feito por um ser sobrenatural, mas completamente distinto do verdadeiro e soberano deus. Assim, a existência do único deus verdadeiro não tem qualquer implicação para o mal, já que ele não se envolve com o mundo real. Preserva-se uma aparência de monoteísmo, mas à custa do distanciamento desse deus do mundo comum.[25]

O monoteísmo criacional evita essas quatro alternativas (em alguns aspectos) "monoteístas". E, ao fazê-lo, compromete-se com a difícil tarefa de sustentar que o mundo presente, como um todo, foi criado pelo único e verdadeiro deus, e que o mal, embora real e importante, não é parte necessária desse mundo. Para o monoteísmo criacional, o único e verdadeiro deus permanece soberano sobre sua criação.

Quinto: o monoteísmo criacional obviamente exclui o *paganismo*, a crença de que o universo é povoado por um grande número de seres divinos, os quais supervisionam nações, diferentes aspectos da ordem criada (mar, fogo etc.) e/ou diferentes atividades humanas (guerra, sexo etc.). O paganismo pode, obviamente, evitar o problema de atribuir ao deus supremo a responsabilidade pelo modo como as coisas são, uma vez que o pagão vive em um mundo confuso no qual, a qualquer momento, alguma divindade pode escolher agir de forma caprichosa ou malévola.[26]

Em contraposição a tudo isso, os judeus do primeiro século se apegavam à sua crença: há um só deus, e esse deus criou o mundo. Além do mais, esse deus continua ativo no mundo. Isso nos leva ao aspecto seguinte.

2. Monoteísmo providencial

Até onde sabemos, a maioria dos judeus da época nutria uma crença cuja expressão completa é encontrada em Josefo: o deus de Israel, o criador, atua

---

[24]Veja Epit. *Disc.* 1.12.1.

[25]Sobre a natureza e o surgimento do gnosticismo, veja os caps. 6 e 14. Sobre o "gnosticismo judaico", veja Pearson, "Jewish Elements in Gnosticism and the Development of Gnostic Self-Definition", 1980; "Jewish Sources in Gnostic Literature", 1984.

[26]Lane Fox, *Pagans and Christians*, 1986, caps. 3–5.

O NOVO TESTAMENTO E O POVO DE DEUS

por meio do que chamaríamos de "acontecimentos naturais" e pelo que rotularíamos de acontecimentos "sobrenaturais". Há alguns em Josefo,[27] mas seriam compatíveis com vários tipos de paganismo ou com a crença em uma divindade normalmente ausente, cuja "intervenção" esporádica descontinuaria o funcionamento normal do mundo. Assim como os judeus rejeitavam o paganismo, também rejeitavam a ideia de "senhorio ausente" sustentada pelo deísmo e por outras versões mais sofisticadas do paganismo antigo.[28] Isso é relevante, já que, no mundo ocidental moderno, muitas pessoas usam a palavra "deus" ou "Deus" imaginando-a como um termo unívoco *e como referência a uma divindade deísta, ausente*, de modo que os debates da teologia antiga são frequentemente atormentados por anexos semânticos anacrônicos. Contudo, é evidente que Josefo acreditava, e intencionava que seus leitores acreditassem, que o deus de Israel atuara nos acontecimentos "humanos" e "naturais" da história recente — em coisas como a ascensão de Roma, a destruição do Templo, a ascensão de Vespasiano — e que atuava esporadicamente em eventos "sobrenaturais". Assim, os fatos da história da época foram explicados em termos de punição divina para o mal ou do estranho cumprimento dos propósitos divinos em longo prazo, cuja finalidade futura continuava obscura.

Importa-nos enfatizar que os judeus do primeiro século não criam que seu deus fosse intrinsecamente remoto e separado, ou que ele assim se tornara recentemente. Essa ideia, popular por muito tempo e ainda corrente aqui e ali, está totalmente incorreta.[29] A crença na existência de mediadores angelicais e de outras formas de mediação corresponde mais à tentativa de alguns escritores judeus falarem, de forma significativa, de deus *envolvendo-se com* sua criação (em vez de ausentando-se dela) do que falarem sobre uma teologia protodeísta, conforme sustentada por alguns no mundo pagão.[30] A crença em uma ideia judaica do primeiro século sobre um deus remoto, por sua vez, deve mais a um mito pós-iluminista sobre o significado da proclamação de Jesus (de que ele

---

[27]Por exemplo, *Guerras* 6.288-300.

[28]A crença (dos epicureus) normalmente era sinalizada pela frase *to theion*, "a divindade", em um sentido abstrato. Alguns pagãos podiam olhar para o monoteísmo judaico e concluir que era sobre isso que ele dizia respeito (e.g. Hecataeu *Frag.* 13); alguns judeus estavam inclinados a concordar com a visão pagã (e.g. *Carta de Aristeu* 16).

[29]Charlesworth, *The Old Testament Pseudepigrapha* [Escritos pseudoepigráficos do Antigo Testamento]. Vol. 1. *Apocalyptic Literature and Testaments*, 1983, xxxi. Para um argumento contrário: Urbach, *The Sages: Their Concepts and Beliefs*, 1987 [1975, 1979], p. 133-s.

[30]Veja p. 258-s., bem como a discussão útil encontrada em Chester, "Jewish Messianic Expectations and Mediatorial Figures and Pauline Christology", 1991, p. 47-65. Às vezes, a tendência também podia ser apenas fruto de uma imaginação fértil. Do ponto de vista pagão, veja a discussão de diferentes possibilidades teológicas em Epit. *Disc.* 1.12.1-3.

anunciava o "Deus perto")[31] do que a uma leitura clara das evidências encontradas no judaísmo do primeiro século.

Entretanto, é suficiente falar de criação e providência? Não. Josefo tentou explicar que, subjacente a todo acontecimento, está a vontade divina, apesar de muitos judeus da época (e de hoje) considerarem essa ideia uma captação simplista, um conceito que se encontra pelo menos a um passo da assimilação. Embora existam "fortes" declarações bíblicas acerca do envolvimento divino em tudo o que acontece — em acontecimentos bons e ruins (p. ex., Isaías 45:7; Amós 3:6) —, é difícil manter essa doutrina; encontramos versões "mais amenas" na ideia, por exemplo, de que o deus de Israel usa e dirige as ações de pessoas iníquas de acordo com seus propósitos (p. ex., Isaías 10:5-15). A providência por si só não é suficiente para explicar a maneira pela qual a crença em um deus, o criador, e o reconhecimento da natureza grotesca do mal podem coexistir. O aspecto do monoteísmo judaico que tenta explicá-lo, aspecto esse que Josefo minimiza de modo significativo, constitui o terceiro elemento vital dessa crença básica: eleição e aliança.[32]

3. Monoteísmo pactual

No âmbito do pensamento judaico tradicional, o problema do mal não foi, no contexto do monoteísmo criacional e providencial, abordado por meio de longas discussões de sua origem. Encontramos declarações isoladas, que tomam por empréstimo um ou outro de dois textos clássicos: Gênesis 3 (o mal surgiu pelo erro da escolha humana) e Gênesis 6 (o mal surgiu pela influência malévola dos anjos caídos).[33] Entretanto, na maioria das vezes, a questão se volta para o presente e o futuro: em vista da presença do mal no mundo, o que o criador fará a esse respeito? A resposta fornecida por uma ampla gama de escritores judeus, do escritor de Gênesis aos rabinos, é clara: deus chamou Israel para ser seu povo. "Formarei Adão primeiro", diz, na *Midrash*, o deus de Israel "e, se ele se perder, enviarei Abraão para resolver o problema".[34]

O criador chama um povo através do qual, de alguma maneira, ele agirá decisivamente na sua criação, para extirpar dela o mal e restaurar-lhe a ordem,

---

[31]Bultmann, *Jesus and the World*, 1958 [1934], cap. 4, esp. p. 150-s.

[32]Sanders, seguindo Josefo de perto, deixou-se, na minha opinião, afrouxar a conexão entre monoteísmo e eleição: *Judaism: Practice and Belief, 63 BCE—66 CE*, 1992, cap. 13, e esp. 1991, cap. 5.

[33]Sir. 25:24; 4Esdras 7:46-56; *2Bar.* 17:3; 19:8; 23:4 etc., enfatizando a tradição de Gênesis 3 (*2Bar.* 54:15,19 sugere, no entanto, que "cada um de nós se tornou o seu próprio Adão"). Seguindo a tradição de Gênesis 6, estão *1En.* 6-19; 64; *Jub.* 4:15,22; 5:1-7; CD 2.17-21 e outras passagens. Para discussões úteis desse último tema, veja Alexander, "The Targumim and Early Exegesis of 'Sons of God' in *Genesis 6*", 1972; Bauckham, *Jude, 2 Peter*, 1983, p. 50-s.

[34]*Gênesis Rabá* 14:6. Para maiores discussões sobre o assunto, veja Wright, *The Climax of the Covenant: Christ and the Law in Pauline Theology*, 1991a, p. 21-6.

O NOVO TESTAMENTO E O POVO DE DEUS

a justiça e a paz. Fundamental para o desenrolar deste plano de ação, então, é a vocação de Israel. Quando o criador agir para restaurar e curar seu mundo, ele o fará por meio de seu povo.

Exploraremos essa teologia pactual de modo mais detalhado no devido tempo. Em nossa discussão sobre o monoteísmo, porém, devemos notar imediatamente o efeito de adicionar o adjetivo "pactual" aos adjetivos "criacional" e "providencial" como modificadores de "monoteísmo". Essa adição desloca a grande questão teológica, ou seja, a coexistência de um deus criador e um mundo mau, para um plano distinto. A questão não é mais estática, como se o mundo simplesmente existisse em um estado fixo; antes, é dinâmica e relacional. Se houver uma resposta para o problema do mal, essa resposta incluirá a ação divina na história — mais especificamente, na história do mundo conforme afetado pelo mal. O povo de Abraão deve ser o meio pelo qual o pecado primordial e suas consequências devem ser desfeitos. Essa crença constitui um pressuposto básico de toda a literatura judaica da época que temos estudado; e uma coisa que ela finalmente exclui é qualquer sugestão de dualismo radical. O mal existe; é real, poderoso e perigoso; mas não é a última palavra. Na verdade, o criador *usa* o mal para limpar e purificar sua criação e seu povo.[35] Se o monoteísmo criacional envolve escatologia (o criador restaurará sua criação), o monoteísmo pactual intensifica essa aplicação escatológica: o criador permanece comprometido em trazer ordem e paz ao seu mundo e, como deus da aliança, compromete-se em fazê-lo *por meio de Israel*. Antes, porém, de explorarmos melhor essa ideia, devemos olhar mais de perto a noção de "dualismo" e ver o que é excluído por essa tríplice característica do monoteísmo judaico.

4. Tipos de dualidade

Diz-se, com frequência, que alguns tipos de judaísmo se caracterizam pelo "dualismo", ou correm o risco de cair nele.[36] "Apocalíptico" ainda é caracterizado dessa forma; é tido como pessimista, considerando a única esperança para o mundo em termos de uma catástrofe cósmica futura; é interpretado como uma visão distante do deus de Israel, que precisa ser preenchida pela presença de mediadores angelicais; é visto como que dividindo o mundo em dois, no estilo encontrado em "Guerra dos Filhos da Luz contra os Filhos das Trevas" (1QM). Além disso, costumava-se dizer, aqui e ali, que tudo isso mostra uma derivação do dualismo advindo do antigo zoroastrismo iraniano.[37]

---

[35]Isaías 10:5-9; 45:7; Amós 4:13; 5:8-9; 9:5-6.

[36]Hayman, "Monotheism — A Misused Word in Jewish Studies?", 1991; Sanders, *Judaism: Practice and Belief, 63 BCE—66 CE*, 1992, p. 249-s.

[37]Um exemplo quase aleatório: Conzelmann, *An Outline of the Theology of the New Testament*, 1969, p. 24; veja Sanders, *Judaism: Practice and Belief, 63 BCE—66 CE*, 1992, p. 249. Às vezes,

AS CRENÇAS DE ISRAEL

O problema com isso é que a palavra "dualismo" é usada com sentidos muito distintos, mas nem sempre diferenciados.[38] Ademais, a própria palavra "dualismo" é fortemente carregada em alguns círculos, normalmente remetendo à ideia de desaprovação; mas várias das coisas afirmadas como "dualísticas" são características perfeitamente normais de boa parte da (se não de toda a) teologia bíblica, de modo que devemos fazer uma distinção cuidadosa entre o que a grande maioria dos judeus aceitou como normal e a ideia com a qual alguns, excepcionalmente, flertaram. Proponho, portanto, que, para começar, devemos nos referir a "dualidades" em vez "dualismo", reservando esse último termo para certas dualidades específicas. Há pelo menos dez tipos de dualidade, conforme veremos:

1. *Dualidade teológica/ontológica.* A postulação de seres celestiais além do deus único, mesmo que esses seres existam para cumprir a vontade divina. Essa crença é chamada de "dualismo" em parte da literatura recente.[39]
2. *Dualidade teológica/cosmológica.* Se o panteísmo é uma forma clássica de monismo, a diferenciação entre o deus criador e a ordem criada é normalmente vista como uma espécie de "dualismo".[40]
3. *Dualidade moral.* A postura de uma distinção firme entre o bem e o mal — na esfera do comportamento humano, por exemplo. A maioria das religiões mantém essa distinção, mas algumas formas de panteísmo tentaram removê-la, não apenas rotulando-a como "dualismo", mas também associando-a a outros tipos de dualismos tidos como indesejáveis.
4. *Dualidade escatológica.* A distinção entre a era presente e a vindoura, geralmente considerando má a era presente, e boa a vindoura.[41]
5. *Dualidade teológica/moral.* Expressa classicamente no zoroastrismo e em algumas formas de gnosticismo, essa perspectiva postula a existência de

---

4Esdras 7:50 é citado nessa conexão: "O Deus Altíssimo não criou apenas um mundo, mas dois". Veja categoria (9).

[38]O breve relato mais completo que conheço em relação à nossa literatura é o de Charlesworth, "A Critical Comparison of the Dualism in 1QS III, 13—IV, 26 and the "Dualism" Contained in the Fourth Gospel", 1969, p. 389, n.º 1, distinguindo dez tipos que correspondem muito intimamente aos que elaborara, de maneira independente, antes de deparar com seu artigo. Sanders, *Judaism: Practice and Belief, 63 BCE—66 CE*, 1992, p. 523, n.º 21) alega discutir a relação entre monoteísmo e dualismo em seu artigo no *Anchor Bible Dictionary* [Dicionário bíblico âncora] sobre "Sin/Sinners" [Pecado/pecadores] (NT)" (1992b). Em seu presente trabalho, Sanders usa "dualismo" em sentidos diferentes na mesma passagem.

[39]Veja Hayman, "Monotheism — A Misused Word in Jewish Studies?", 1991.

[40]Schürer, *The History of the Jewish People in the Age of Jesus Christ (175 B.C.—A.D. 135)*, 1973-87, 3.881, referindo-se a Filo.

[41]Veja von Rad, *Old Testament Theology*, 1965, p. 301-s. Essa característica é referida como "dualismo", por exemplo, na introdução de E. Isaac a *En.* (Charlesworth, *The Old Testament Pseudepigrapha*, 1983), p. 9-s.

O NOVO TESTAMENTO E O POVO DE DEUS

duas fontes definitivas de tudo o que existe: um deus bom e um deus mau. Nas versões mais "rígidas", ambos estão presos em uma luta eterna; nas versões "flexíveis", o deus bondoso acabará vencendo.[42]

6. *Dualidade cosmológica*. Posição clássica de Platão: o mundo das coisas materiais é a cópia secundária ou a sombra do mundo "real" das Formas, as quais são percebidas pela mente iluminada. Em muitas versões diferentes, a visão foi filtrada como uma das crenças mais importantes do mundo greco-romano (e do Ocidente moderno): o que pode ser observado no mundo físico é secundário e pobre em comparação ao que pode ser experimentado pela mente ou pelo espírito. (Em algumas versões modernas, a ordem é invertida, colocando o material em primeiro lugar e o espiritual em segundo.)[43]

7. *Dualidade antropológica*. Versão do dualismo cosmológico, porém centrado no ser humano. O ser humano é uma criatura bipartida, uma combinação de corpo e alma, organizada em uma hierarquia: em muitas religiões e filosofias, a alma à frente do corpo; em muitas agendas políticas, o corpo à frente da alma.[44]

8. *Dualidade epistemológica*. A tentativa de diferenciar nitidamente entre o que pode ser conhecido por meio da observação e/ou razão humana e o que só pode ser conhecido por meio de revelação divina.

9. *Dualidade sectária*. A clara divisão entre os que pertencem a um grupo sócio-cultural-religioso e os que pertencem a outro grupo.[45]

10. *Dualidade psicológica*. O ser humano tem duas inclinações: uma boa e outra má. Ambas estão envolvidas em um combate, de modo que o indivíduo deve escolher o bem e resistir ao mal.[46]

---

[42]Veja Perrin, "Apocalyptic Christianity", 1983 [1974], p. 128; Charlesworth, *The Old Testament Pseudepigrapha*, 1985, p. 48 (acerca de *Jubileus*). Às vezes, afirma-se que os Manuscritos exemplificam essa forma de "dualismo": Schürer, *The History of the Jewish People in the Age of Jesus Christ (175 B.C.—A.D. 135)*, 1973-87, 2.589; Urbach, *The Sages: Their Concepts and Beliefs*, 1987, p. 162-s. Para uma discussão sensível sobre o assunto, veja Charlesworth, "A Critical Comparison of the Dualism in 1QS III, 13—IV, 26 and the "Dualism" Contained in the Fourth Gospel", 1969.
[43]Para o uso (padrão) de "dualismo" aqui, veja Urbach, *The Sages: Their Concepts and Beliefs*, 1987, p. 26, 75 etc.; e compare com Nickelsburg, "The Bible Rewritten and Expanded", 1984, p. 216, em 1Enoque 42.
[44]O primeiro deles é o clássico relato gnóstico da antropologia.
[45]C. Burchard, em Charlesworth, *The Old Testament Pseudepigrapha*, 1985, p. 190-s.
[46]Charlesworth, "A Critical Comparison of the Dualism in 1QS III, 13—IV, 26 and the "Dualism" Contained in the Fourth Gospel", 1969, p. 389. A ideia pode ser aplicada à doutrina dos "dois espíritos" encontrada em 1QS (discutida, porém rejeitada, em *ibid.*, p. 395-s.). Certamente se aplica à doutrina rabínica das "duas inclinações" (veja Schechter, *Aspects of Rabbinic Theology: Major Concepts of the Talmud*, 1961 [1909], caps. 15, 16; Urbach, *The Sages: Their Concepts and Beliefs*, 1987 [1975, 1979], p. 471-83).

AS CRENÇAS DE ISRAEL

Como o judaísmo do primeiro século se posicionava em relação a esses tipos confusos de dualidade? Pelo menos quatro tipos de definições eram aceitos pela maioria dos judeus da época; três eram geralmente rejeitados; outros três, passíveis de debate.

Já elucidamos que, ao rejeitar o panteísmo, o judaísmo aceitou a distinção entre o deus criador e o mundo criado (tipo 2). A distinção se revela na linguagem bíblica normal sobre o céu e a terra: o céu foi criado por um único criador para ser o lugar no qual ele e sua comitiva habitam; a terra, por sua vez, é o lugar no qual a humanidade habita. Isso não deve ser igualado à dualidade cosmológica (tipo 6), sobre a qual falaremos em breve. Também fica claro, em todos os aspectos do judaísmo, que uma distinção foi mantida entre o bem e o mal na esfera das ações humanas: mesmo Josefo, com sua forte doutrina da providência divina, claramente pensa que alguns seres humanos agem perversamente (tipo 3).[47] Muitos escritos judaicos da época mostram uma crença em anjos e outros seres "sobrenaturais" (tipo 1). Praticamente todos os judeus do segundo templo, com a possível exceção da aristocracia, acreditavam viver em uma "era presente" caracterizada por tristeza e exílio, a qual seria sucedida por uma "era vindoura", na qual os erros seriam retificados e o deus de Israel estabeleceria seu reino (tipo 4). Se algum desses elementos (ou todos eles) merece o rótulo de "dualismo", então a maioria dos judeus do primeiro século (assim como a maioria dos cristãos) era dualista.

No entanto, acho que essa seria uma conclusão confusa. A palavra "dualismo" deriva sua força primária da discussão moderna de três outros tipos, enfaticamente rejeitados pela maioria dos judeus do primeiro século. Com relação ao tipo 5, encontramos pouquíssimos vestígios da crença de que existe uma força do mal cujo poder se equipare ao do deus criador, porém, ao encontrá-los, há uma justificativa para supormos que a maioria dos judeus teria considerado a ideia fora dos limites da especulação legítima.[48] O tipo 4 é, portanto, amplamente rejeitado. De modo semelhante, Filo fornece, mais uma vez, a exceção à regra quando o assunto são os tipos 6 e 7: em geral, os judeus não dividiam o mundo rigidamente em físico e numenal/espiritual, e até o próprio Filo mostra, em vários pontos, que, mesmo quando o "significado real" de uma passagem bíblica ou de um ritual judaico é encontrado em uma esfera espiritualizada, o sentido material não deve ser desprezado ou negligenciado.[49]

---

[47]Por exemplo, o esquema dos "dois caminhos", em 1QS.

[48]Veja discussão em Rowland, *The Open Heaven: A Study of Apocalyptic in Judaism and Early Christianity*, 1982, p. 92, com *Mart. Isa.* 2:4; 4:2 como exemplos de passagens que talvez ultrapassem o limite.

[49]Por exemplo, *De Migratione* 89-93, discutido nesse contexto por Borgen, "Philo of Alexandria", 1984, p. 260-s.

Assim, Filo nos oferece uma versão "leve" dos tipos 6 e 7, embora a maioria dos judeus rejeitasse ambos em favor de uma cosmologia e de uma antropologia mais integradas. A maioria dos judeus sustentaria que o céu e a terra, embora distintos, revelam a glória divina; e que os seres humanos, embora familiarizados na esfera espaçotemporal, também estão abertos ao mundo celestial, à presença e à influência do divino. Adoração e oração não são tentativas de cruzar um abismo, mas aberturas conscientes da vida humana para a dimensão divina, a qual está sempre presente.[50]

Os últimos três tipos são mais difíceis. Com relação à dualidade epistemológica (tipo 8), é claro que muitos judeus da época faziam uma distinção nítida entre o que pode ser conhecido pela observação e/ ou pela razão humana e o que só pode ser conhecido por revelação divina. Essa distinção tem uma longa história, remontando (por exemplo) à narrativa de José, em Gênesis 41:18-28. Um apocalipse afirma revelar segredos que, de outra forma, permaneceriam desconhecidos; um comentário *pesher*, o "verdadeiro" significado oculto de uma profecia bíblica; uma discussão de *halakah*, aquilo que foi dado oralmente pelo deus de Israel a Moisés, no monte Sinai; uma alegoria pelo método de Filo, o significado secreto do texto. Mesmo Josefo parece dar valor considerável à habilidade de previsão do futuro, a qual ele reivindicou para si e para outros. No entanto, muitos judeus, como o próprio Josefo, procuravam ver, por meio da observação, o que o deus de Israel estava fazendo no mundo, elaborando lógicas pelas quais, com a ajuda da razão humana, a verdade e a santidade pudessem ser percebidas. Por isso, provavelmente não erraremos muito se postularmos um amplo espectro de opiniões sobre o tipo 8. Da mesma maneira, a dualidade sectária (tipo 9) era aceita por alguns — notadamente pelos essênios e, até certo ponto, pelos fariseus — e rejeitada por judeus que favoreciam uma atitude mais flexível para com seus vizinhos pagãos.[51] Por fim, a dualidade psicológica (tipo 10) era mantida pelos rabinos, com sua doutrina das duas "inclinações". Contudo, há poucas evidências para essa assertiva.

Essas distinções entre os diferentes tipos de dualidade, bem como a análise que sugeri, não são simplesmente empreendidas por curiosidade ou por amor à organização intelectual. São, antes, de primordial importância para compreendermos as opções teológicas com que deparava o judeu do primeiro século, assim como a estreita inter-relação dessas opções com sua realidade sociopolítica.[52] Desse modo, talvez nos seja útil separar esses tipos de dualidade em três colunas. Os da

---

[50]Um bom exemplo dessa crença na presença imediata da dimensão divina da realidade é 2Reis 6:17.
[51]Veja p. 324.
[52]Veja Segal, *Rebecca's Children: Judaism and Christianity in the Roman World*, 1986, p. 178: "Tanto a questão do monoteísmo como a da composição da comunidade caminhavam de mãos dadas".

esquerda são geralmente comuns a todo o judaísmo tradicional; os da direita, definitivamente marginais; os do centro, mantidos por alguns, mas não por todos. Proponho que apenas os da direita merecem o título de "dualismo" propriamente dito: apenas eles postulam uma divisão radical para toda a realidade.

COMUMENTE ACEITOS	ACEITAS OU NÃO	TIPOS MARGINAIS
1. teológica/ontológica		5. teológica/moral
2. teológica/cosmológica		6. cosmológica
3. moral		7. antropológica
4. escatológica		
	8. epistemológica	
	9. sectária	
	10. psicológica	

5. Monoteísmo e suas modificações

Já vimos que a ênfase apenas nos dois tipos de monoteísmo (criacional e providencial) poderia nos levar — e, no caso de Josefo, parece ter levado — a uma espécie de cumplicidade com o paganismo. Da mesma forma, uma ênfase no terceiro tipo (monoteísmo pactual) poderia levar — e, no caso da comunidade de Qumran, certamente levou — a dualismos que iam além da aceitação judaica normal das distinções entre (a) o criador e o mundo (tipo 2), (b) bem e mal (tipo 3) e (c) as eras presente e futura (tipo 4). A pressão sociopolítica que fez florescer a dualidade *sectária* (tipo 9) também parece ter criado condições para certos dualismos que, de outra forma, não estavam presentes no judaísmo do primeiro século e para a acentuação de dualidades existentes. Assim, no âmbito do judaísmo sectário, notamos as seguintes tendências dos tipos de dualidade já listados:

1. Existe um aumento notável nas especulações sobre outros seres celestiais além do único deus.[53]
2. A principal distinção judaica entre o criador e o mundo é acentuada, acompanhada de uma aversão do "eu" e de sua autodepreciação.[54]
3. Naturalmente, então, segue-se que a distinção normal entre o bem e o mal é destacada e aguçada; mais áreas da vida são subdivididas e definidas, de modo que as "áreas cinzentas" e as ambiguidades são progressivamente reduzidas. Isso caracteriza tanto os Manuscritos como o desenvolvimento da Torá oral entre os fariseus.

---

[53]Veja Chester, "Jewish Messianic Expectations and Mediatorial Figures and Pauline Christology", 1991, p. 47-65.
[54]1QS 11.9-s., 21-s., com antecedentes em textos como Salmos 119:25.

O NOVO TESTAMENTO E O POVO DE DEUS

4. A dualidade escatológica também é acentuada. A única esperança para o futuro seria uma ação divina naturalmente nova, rompendo o poder do regime da época e instaurando o grupo/a seita como os verdadeiros herdeiros das promessas de Israel. Se combinada com o tipo 6 (dualidade cosmológica), a ideia poderia levar à esperança de um paraíso não terrestre. Todavia, o fato de a esperança de Qumran continuar sendo na renovação da sociedade judaica e do mundo em geral, e não em uma felicidade desencarnada, demonstra quão pouco esse caminho de uma esperança desencorpada foi trilhado.[55]

5. Há tendência a uma divisão acentuada entre o poder da luz e o poder das trevas. Em sua conclusão lógica, isso conduz a formas de gnosticismo judaico que aparecem na história subsequente.[56]

6. Isso cria um contexto no qual se torna provável o movimento em direção ao dualismo helenista entre material e espiritual, ligando a primeira linha principal da dualidade judaica (bem e mal) com a linha principal do dualismo grego (físico e não físico): o movimento é exemplificado na prática do ascetismo extremo.[57]

7. Torna-se, assim, mais fácil aceitar o dualismo antropológico correspondente de corpo e espírito, como vemos em Filo. As dualidades de "dois espíritos" na *Regra da Comunidade* e as "duas inclinações" nos ensinamentos rabínicos (tipo 10) correspondem a versões "mais leves" do dualismo antropológico.[58]

8. Uma parte vital da vida sectária é a crença na revelação especial — seja por meio de sonhos, visões ou profecias, seja por meio de novas interpretações das escrituras (legais ou proféticas). O grupo/a seita precisa sustentar e legitimar sua posição apelando para fontes de conhecimento não disponíveis ao grupo-pai. Vemos, também aqui, o misticismo que, já em evidência no primeiro século, tornou-se um componente importante de algumas formas posteriores de piedade judaica.[59]

---

[55]Veja Sanders, *Judaism: Practice and Belief, 63 BCE—66 CE*, 1992, 368; e os caps. 7, 10 deste livro.

[56]Sobre os problemas de tendências gnósticas em pensamentos rabínicos iniciais, veja Segal, *Two Powers in Heaven: Early Rabbinic Reports About Christianity and Gnosticism*, 1977; Rowland, *The Open Heaven: A Study of Apocalyptic in Judaism and Early Christianity*, 1982; cap. 12.; Pearson, "Jewish Elements in Gnosticism and the Development of Gnostic Self-Definition", 1980; "Jewish Sources in Gnostic Literature", 1984.

[57]Sobre o ascetismo entre os essênios e os terapeutas [seita religiosa], veja Schürer 2.593-s.

[58]Veja 1QS 3.18—4.26. Inicialmente, essa passagem parece sugerir que os eleitos são os que têm o espírito da verdade, e os ímpios, o espírito da falsidade; em 4.15-s., porém, fica claro que cada pessoa participa de ambos e deve escolher seguir um ou outro. Sobre as duas inclinações, veja nota 44.

[59]Veja Gruenwald, *Apocalyptic and Merkavah Mysticism*, 1980; Rowland, *The Open Heaven: A Study of Apocalyptic in Judaism and Early Christianity*, 1982, Parte IV.

AS CRENÇAS DE ISRAEL

9. Dualidade sectária é o pressuposto para essa sequência de pensamento, mencionada novamente para evitar mal-entendidos.

Espero que esteja claro o seguinte: muitos judeus poderiam ter percorrido um ou todos esses caminhos sem se autoconsiderarem, ou sem serem considerados pelos outros, como que desistindo de seu compromisso fundamental com o monoteísmo. Enquanto eles adorassem apenas o deus único de Israel, nenhum judeu poderia ser culpado das especulações mencionadas. O ponto no qual eles estariam abertos à crítica seria quando um dos dualismos propriamente ditos (tipos 5, 6 e 7) começasse a assumir o controle, lançando dúvidas sobre o caráter *criacional* ou *providencial* do monoteísmo. Daí a tensão entre, de um lado, criação e providência e, do outro, aliança. Enfatizar os dois primeiros em detrimento do terceiro poderia, com o tempo, levar a uma diminuição de todas as dez dualidades, incluindo, em última análise, aquelas entre deus e o mundo (2), o bem e o mal (3), o presente e o futuro (4); é esse o caminho para o panteísmo, o paganismo ou o gnosticismo. Em contrapartida, enfatizar a aliança à custa da criação e da providência poderia levar à ênfase exagerada de todos os dualismos sérios.

Talvez seja necessário enfatizar que esse esquema, apresentado fenomenologicamente com o propósito de esclarecer questões geralmente confusas, não deve ser interpretado como significando que todos os judeus pensavam regularmente nessas categorias organizadas ou de forma tão abstrata. As diferentes posições não são incompatíveis, necessariamente; a maioria dos seres humanos consegue manter unidas coisas cuja demonstração pode ser contraditória. Todavia, subjacente a quase todas essas variações, jaz a crença, que, segundo sugiro, é central ao judaísmo da época, de que o mal não é parte *essencial* da criação, mas resultado de uma distorção dentro da boa ordem criada. Como resultado dessa distorção, os seres humanos perderam a glória do criador, ou seja, a administração sábia de toda a criação. A vocação de Israel é ser o agente do deus criador na restauração, para o mundo, daquilo que o mundo perdeu.

Cabe uma nota final sobre a natureza e a variedade do monoteísmo judaico do primeiro século. Segundo argumentei, o primeiro tipo de dualidade (teológica/ontológica: a postulação de seres sobrenaturais diferentes do deus único) em nada diz respeito ao declínio do monoteísmo "puro" — ou, se sim, devemos acrescentar que temos pouquíssimos exemplos de monoteísmo puro em qualquer lugar, inclusive na Bíblia hebraica. Pelo contrário: a linguagem sobre diferentes agentes espirituais além do único deus corresponde ao problema teológico de como manter unida a providência (sendo a aliança um caso especial da providência) e a crença em um deus transcendente. Para que esse deus não se reduzisse a um mero senhor ausente — caso em que a providência e a

O NOVO TESTAMENTO E O POVO DE DEUS

aliança vão por água abaixo — ou não deixasse de ser transcendente em qualquer sentido relevante, os judeus do segundo templo teriam de desenvolver, para não caírem no panteísmo ou no paganismo, maneiras de falar a respeito da ação divina que fizessem jus a esses diferentes polos de crenças. Eis o porquê da linguagem sobre anjos, sobre a *Shekinah* (ou "presença" do deus de Israel), sobre a Torá, sobre a Sabedoria, sobre o Logos: todos esses elementos aparecem, não como mera fantasia ou metafísica especulativa, mas como tentativas variadas (embora nem sempre bem-sucedidas) de realizar uma tarefa teológica necessária. Em certo sentido, tratava-se de uma tarefa puramente linguística: referir-se à "presença" ou à "palavra" divina capacitava o indivíduo a falar do único deus como um ser ativo em seu mundo, sem cometer o solecismo de sugerir que esse deus estaria, de alguma forma, contido nessa ação, mesmo que realizada no mundo.

Nesse contexto, é vital, para os devidos propósitos, que enfatizemos um ponto: nos círculos monoteístas mais ferrenhos de todo o período que temos estudado — da Revolta dos Macabeus a bar-Kochba —, não há qualquer sugestão de que o "monoteísmo", ou orar o *Shemá*, correspondesse à análise numérica do ser interior do deus de Israel. Condizia, antes, com a dupla luta contra o paganismo e o dualismo. Na verdade, encontramos fortes evidências em todo esse período de que grupos e indivíduos judeus, ao especularem acerca do significado de passagens difíceis das escrituras (Daniel 7 ou Gênesis 1, por exemplo), sugeriram que o ser divino poderia abranger uma pluralidade.[60] Filo especula sobre o Logos como, efetivamente, um segundo ser divino;[61] *Similitudes de Enoque* retrata o Filho do Homem/Messias como um ser divino e eterno;[62] e nenhum deles demonstra qualquer consciência de estar transgredindo o monoteísmo judaico normal — como, de fato, não está. A unidade do deus de Israel, o criador, nunca foi uma análise da existência interior desse deus, embora sempre tenha sido uma doutrina polêmica contra o paganismo e o dualismo. Foi apenas com a ascensão do cristianismo, e possivelmente sob a influência tanto de restrições polêmicas como de filosofias helenizantes, que os judeus, a partir do segundo século d.C., reinterpretaram o "monoteísmo" como "a unidade numérica do ser divino". Restrições internas da doutrina anterior e restrições externas de conflitos sociopolíticos garantiram que, no primeiro

---

[60]Segal, *Two Powers in Heaven: Early Rabbinic Reports About Christianity and Gnosticism*, 1977. Veja também Lapide, em Lapide e Moltmann, *Jewish Monotheism and Christian Trinitarian Doctrine: A Dialogue*, 1981, p. 34-s.

[61]*Deuteros theos* (*de Som.* 1.229). Veja relatos em Schürer, *The History of the Jewish People in the Age of Jesus Christ (175 B.C.—A.D. 135)*, 1973-87, 3.881-5; Borgen, "Philo of Alexandria", 1984, p. 273-s.

[62]1Enoque 48.2f.; veja 61.8; 69.29.354.

AS CRENÇAS DE ISRAEL

século, as principais ênfases do monoteísmo permanecessem conforme as descrevemos: (a) Há um só deus, o deus criador, que continua a governar seu mundo e atuar nele. (b) A partir do mundo que criou, esse deus chamou um povo único, Israel, por meio do qual trabalhará para estabelecer seu governo legítimo, tanto na terra como no céu.

Tudo isso nos leva, enfim, para uma consideração da aliança em si.

ELEIÇÃO E ALIANÇA

1. Introdução

A crença de Israel em um deus, conforme vimos, foi mantida em estreita conjunção com a fé de que a nação era, em um sentido único, povo desse deus. Também vimos que qualquer tentativa de declarar uma doutrina monoteísta de qualquer tipo implica na análise da presença do mal no mundo. Doravante, tentarei mostrar a maneira pela qual a teologia pactual, especialmente no período do segundo templo, funciona como resposta oferecida ao problema do mal, em suas várias formas. Meu argumento terá como base os três elementos seguintes:

1. Em termos gerais, a teologia pactual judaica afirma que o criador não foi irrevogavelmente frustrado pela rebelião da sua criação, porém chamou à existência um povo por meio do qual trabalhará para restaurá-la. De outra forma, o criador não passaria de um deus fraco, incapaz de lidar com o mal, e o monoteísmo se voltaria em direção a uma dualidade teológica/moral (tipo 5).
2. Em um nível menor, os sofrimentos de Israel, que criam problemas no contexto da própria teologia da aliança ("Se nosso deus é soberano, por que estamos sofrendo?"), são respondidos no âmbito da mesma doutrina pactual: sofremos por nossa infidelidade à aliança, porém nosso deus permanecerá fiel e nos restaurará.
3. Em termos individuais, que só podem ser isolados dos outros dois à custa de uma potencial distorção, os sofrimentos e pecados individuais dos judeus podem ser vistos à luz da provisão contínua de perdão e restauração, como uma espécie de versão menor e repetida da grande restauração aguardada. Nesse contexto, o sistema sacrificial ganha todo o seu significado.

Todos esses elementos, portanto, fazem parte da segunda maior doutrina do judaísmo, que, ao lado do monoteísmo, confere-lhe uma definição mais precisa. O termo técnico para essa doutrina é *eleição*. O deus criador encontrou um meio de restaurar seu mundo: escolheu um povo por meio do qual atuará.

O NOVO TESTAMENTO E O POVO DE DEUS

Monoteísmo e eleição, juntamente com a escatologia resultante, formam a estrutura fundamental da "fé" judaica, o lado teológico da cosmovisão que estudamos no capítulo anterior. Constituem parte vital do prisma por meio do qual todas as experiências do mundo são percebidas, medidas e levadas à coerência.

2. Aliança

A ideia de aliança era central para o judaísmo nesse período. Algumas vezes, essa assertiva era questionada com base na relativa infrequência da palavra hebraica regular para "aliança" (*berith*), em muitos textos-chave. Contudo, como Sanders mostrou de forma conclusiva — tão conclusiva que nos perguntamos como qualquer outro ponto de vista poderia ser aceito —, ideias sobre aliança eram comuns e regulares naquela época.[63] A base da aliança era, evidentemente, a série de promessas feitas aos patriarcas (estabelecidas particularmente em Gênesis 12, 15, 17, 22 etc.), sendo a principal delas a "bênção", cujas variantes diziam respeito à Terra e à sua prosperidade. Os compiladores do Pentateuco viram o cumprimento inicial da aliança nos acontecimentos do êxodo (Êxodo 2:24) e, assim, entenderam a Torá como o documento pactual que, apoiado na fidelidade do deus de Israel, concedeu para o seu povo o modo de vida pelo qual deveriam expressar sua fidelidade responsiva a ele. O livro de Deuteronômio é a principal obra da teologia da aliança que encabeça uma longa linha de escritos subsequentes sobre o tema (a história deuteronômica, Jeremias etc.). Toda a ênfase reside nas promessas feitas a Abraão, nas bênçãos como resultado da fidelidade à aliança, a terra como dom do deus de Israel ao seu povo e Israel ocupando lugar de honra entre as nações. Assim:

> Olha dos céus, da tua santa habitação, e abençoa Israel, o teu povo, e a terra que nos deste, conforme prometeste sob juramento aos nossos antepassados, terra onde há leite e mel com fartura. [...]

---

[63]Sanders, *Paul and Palestinian Judaism: A Comparison of Patterns of Religion*, 1977, p. 420-s.: "Tem-se frequentemente alegado, como evidência contra a primazia da concepção de aliança no 'judaísmo tardio', que a palavra 'aliança' não aparece com frequência. [...] O estudo de palavras isoladas nem sempre é enganoso, mas pode ser; e no caso da palavra aliança, é. [...] Arrisco-me a dizer que é *a natureza fundamental da concepção de aliança que, em grande parte, explica a relativa escassez de aparições do termo "pacto" na literatura rabínica"* (ênfase original). Sanders reitera esse ponto em *Jewish Law from Jesus to the Mishnah: Five Studies*, 1990a, p. 330; *Judaism: Practice and Belief, 63 BCE—66 CE*, 1992, p. 263-7. Veja também Segal, *Rebecca's Children: Judaism and Christianity in the Roman World*, 1986, p. 4; Vermes, *The Dead Sea Scrolls: Qumran in Perspective*, 1977, p. 169-88, sobre o tema pactual que, apesar de sua infrequência verbal, era central para a perspectiva da comunidade em Qumran. Veja também um breve resumo em Dunn, 1991, p. 21-3. Sobre desenvolvimentos mais recentes no estudo da teologia pactual judaica, veja Miller, 1985, p. 222-s.; veja também Longenecker, *Eschatology and the Covenant in 4 Ezra and Romans 1–11*, 1991.

AS CRENÇAS DE ISRAEL

Hoje vocês declararam que YHWH é o seu Deus e que vocês andarão nos seus caminhos, que guardarão os seus decretos, os seus mandamentos e as suas ordenanças, e que vocês lhe obedecerão. E hoje YHWH declarou que vocês são o seu povo, o seu tesouro pessoal, conforme ele prometeu, e que vocês terão que obedecer a todos os seus mandamentos. Ele declarou que lhes dará uma posição de glória, fama e honra muito acima de todas as nações que ele fez, e que vocês serão um povo santo para YHWH, o seu Deus, conforme ele prometeu.[64]

Deuteronômio, então, encerra com duas seções dramáticas: o estabelecimento da aliança (caps. 27—30) e as palavras de despedida de Moisés (caps. 31—34). A primeira enumera em detalhes bênçãos e maldições que acompanham a aliança, as bênçãos que acompanham a obediência e as maldições que decorrem da desobediência. Um detalhe importantíssimo é que esses capítulos enxergam a maldição não apenas como uma possibilidade, mas como uma certeza. Moisés sabe que Israel se afastará de YHWH (28:15-68; 29:16-28; 31:16-21,27,29) e prevê essa contingência: a maldição definitiva será o exílio (logicamente, já que a terra prometida é o lugar da bênção), mas, *após* o exílio, virão a renovação da aliança, a circuncisão do coração, o retorno à Terra e o cumprimento perfeito da Torá (30:1-10).[65] Embora não estejamos bem informados sobre quão amplamente essas passagens eram lidas no primeiro século, podemos dizer, com confiança, que a colocação de ideias, às vezes mediada por outros escritos canônicos (Jeremias, por exemplo) e não canônicos (Manuscritos do mar Morto), era corrente na época.[66]

Ideias sobre a aliança eram, então, fundamentais para os diferentes movimentos e correntes de pensamento no judaísmo do segundo templo. A crise macabeia teve relação próxima com o conceito de aliança.[67] O estabelecimento da comunidade dos essênios decorreu da crença de que o deus de Israel finalmente havia renovado seu pacto (mas secretamente, apenas com eles).[68] O livro dos *Jubileus* celebra o *status* especial de Israel em virtude da aliança.[69]

---

[64]Deuteronômio 26:15,17-19 [NVI].

[65]Um resumo deuteronômico semelhante da maldição do exílio e da promessa de restauração ocorre em Deuteronômio 4:25-40, texto lido na liturgia de um dos principais jejuns observados já no primeiro século; Millgram, *Jewish Worship*, 1971, p. 279-s.

[66]Estou em dívida com o prof. James M. Scott, da Trinity Western University, British Columbia, por me permitir ver, antes da publicação, o texto "Paul's use of Deuteronomic Tradition" [Paulo e o seu emprego da tradição deuteronômica]. Nele, Scott discute, com detalhes, sua "perspectiva deuteronômica da História de Israel" e sua apropriação no primeiro século.

[67]Veja 1Macabeus 1:15; 2:20, 49-68 (esp. 50-s.); 4:8-11; 2Macabeus 1:2-6; 7:36; 8:14-18.

[68]CD 6.19; veja o cap. 7.

[69]*Jub.* 14.19-s.; 15.1-34, esp. 30-2,34; 22.15-19,23.

O NOVO TESTAMENTO E O POVO DE DEUS

A literatura sapiencial[70] posterior, apesar dos empréstimos de ideias e expressões idiomáticas dos vizinhos de Israel, enfatiza ainda mais a aliança judaica do que a tradição sapiencial bíblica.[71] Os escritos apocalípticos anseiam que seu deus cumpra a aliança e, assim, justifique e honre Israel.[72] Rabinos posteriores examinam cada vez mais cuidadosamente as obrigações pelas quais Israel deveria cumprir sua parte na aliança divina.[73] A opressão de Israel era vista como um problema teológico e prático justamente por causa da aliança, cuja interpretação determinava a forma que as soluções para o problema deveriam tomar. Foi a aliança que levou alguns ao "zelo" pela Torá; outros, à ação militar; outros ainda, para uma piedade de estilo monástico. A aliança levantava (e ajudava a responder a) questionamentos sobre quem realmente pertencia a Israel. A teologia da aliança era o ar respirado pelo judaísmo da época.

Tal complexo de ideias a respeito da aliança dava a Israel uma compreensão particular de como exatamente ele se encaixava, como povo, nos propósitos do Deus criador. Essa ideia não é geralmente explorada da forma como penso que deveria; por isso, vamos examiná-la em mais detalhes.

3. Israel, Adão e o mundo

A vocação pactual de Israel levou a nação a pensar de si mesma como a verdadeira humanidade criada por deus. Se Abraão e sua família forem entendidos como o meio pelo qual o criador lida com o pecado de Adão — e, portanto, com a presença do mal no mundo —, o próprio Israel se torna, então, a verdadeira humanidade adâmica. Essa crença pode ser concretizada e especificada pela sondagem de documentos representativos de vários estilos e vertentes do judaísmo. Neste ponto, enfatizo que nossa tentativa é ver as coisas pela perspectiva do primeiro século, não sugerindo, necessariamente, que todos os autores, redatores ou editores originais das diferentes vertentes concordem com essa leitura.

(a) Pentateuco

Abraão emerge, na estrutura de Gênesis, como a resposta às dificuldades de toda a humanidade. A linha de desastres e da "maldição" de Adão, passando por Caim, pelo dilúvio e chegando a Babel, começa a ser revertida quando

---

[70]Gênero literário comum do antigo Oriente Próximo, baseado na compilação de declarações e ensinamentos dos sábios.

[71]*Sab. Sal.* 18:22, sintomático do livro como um todo, enfatiza a obra da sabedoria divina precisamente na história de Israel; *Eclesiástico* 17:17; 24:8-23; 28:7; e o grande hinário recontando a história de Israel, dos primórdios aos dias do escritor, em 44–50.

[72]4Esdras 5:21-30 e frequentemente; *T. de Moisés.* 4.5 etc.

[73]Sanders, 1977, p. 84-107.

AS CRENÇAS DE ISRAEL

Deus chama Abraão e lhe diz: "Por meio de você, todos os povos da terra serão abençoados".[74] Esse ponto sobre a estrutura do livro de Gênesis é reforçado por uma consideração das muitas passagens em que as ordens dadas a Adão (Gênesis 1) reaparecem em meio a um cenário diferente. Assim, por exemplo, deparamos com a seguinte sequência:

> 1:28: E Deus os abençoou e Deus lhes disse: Frutificai, e multiplicai-vos, e enchei a terra, e sujeitai-a; e dominai sobre os peixes do mar, e sobre as aves dos céus, e sobre todo o animal que se move sobre a terra. [ARC]

> 12:2-3a: E far-te-ei uma grande nação, e abençoar-te-ei, e engrandecerei o teu nome, e tu serás uma bênção. E abençoarei os que te abençoarem [...]. [ARC]

> 17:2,6,8: E porei o meu concerto entre mim e ti e te multiplicarei grandissimamente. [...] E te farei frutificar grandissimamente [...] E te darei a ti e à tua semente depois de ti [...] a terra de Canaã [...]. [ARC]

> 22:16-18: [...] porquanto fizeste esta ação [...] deveras te abençoarei e grandissimamente multiplicarei a tua semente como as estrelas dos céus e como a areia que está na praia do mar; [...] E em tua semente serão benditas todas as nações da terra, porquanto obedeceste à minha voz. [ARC][75]

Assim, em pontos-chave da narrativa[76] — o chamado de Abraão; sua circuncisão; a oferta de Isaque; a transição de Abraão para Isaque e de Isaque para Jacó; a peregrinação no Egito —, a história insiste, de forma implícita, em que Abraão e sua descendência herdam o papel de Adão e Eva. Curiosamente, existem duas diferenças que emergem na forma desse papel. O mandamento ("frutificai...") torna-se uma promessa ("e te farei frutificar grandissimamente..."),[77] e a posse da terra de Canaã, juntamente com o domínio sobre os inimigos, substitui o domínio de Adão sobre a natureza.

O tema continua a ressoar em vários pontos do Pentateuco, especialmente na forma como seria lido no primeiro século. Os filhos de Abraão vão para

---

[74]Gênesis 12:3 [NVI]. A tradução dessa frase é motivo de controvérsia. Contudo, não há dúvidas de que a passagem fala de uma bênção sobre Abraão que envolve, de uma forma ou de outra, as nações.

[75]A lista pode ser continuada, por exemplo, com as promessas feitas a Isaque e Jacó: 26:3-4; 26:24; 28:3; 35:11-12; 47:27; 48:3-4. Sobre isso, veja também Wright, *The Climax of the Covenant: Christ and the Law in Pauline Theology*, 1991a, p. 21-6.

[76]Veja também 9:1,7; 16:10.

[77]Uma exceção pode ser encontrada em 35:11-12., ecoado em 48:3-4.

O NOVO TESTAMENTO E O POVO DE DEUS

o Egito, onde, aparentemente, começam a cumprir a promessa (Êxodo 1:7). Após terem sido ameaçados com a retribuição divina pela fabricação do bezerro de ouro, Moisés lembra Deus acerca dessas mesmas promessas (32:13). A promessa da Terra é reafirmada nesses termos para o povo durante a jornada no deserto (Levítico 26:9), e o mesmo povo é lembrado, prestes a entrar na Terra, de que deve sua prosperidade ao fato de Deus haver sido fiel à sua palavra (Deuteronômio 1:10-s.). Como resultado, Israel deve lembrar-se das promessas quando tomar posse da Terra (7:13-s.; 8:1), a fim de que Deus os abençoe — se eles cumprirem sua parte na aliança (28:63; 30:5,16). Focalizando além do próprio Israel, também encontramos uma declaração preliminar de outro tema: Israel deve ser uma nação de sacerdotes (Êxodo 19), o povo por meio do qual o criador, mais uma vez, abençoará a criação.

(b) Profetas

O tema não é corrente apenas no Pentateuco, mas também nos profetas. Conforme veremos mais detalhadamente, os profetas chamam Israel para ser o povo por meio do qual YHWH agirá em relação ao mundo inteiro. O objetivo disso, em termos (no momento) do próprio papel de Israel, é que a nação assume o lugar, sob a autoridade de Deus e sobre o mundo, que, segundo a imagem de Gênesis, era o lugar de Adão.

A ideia emerge em uma variedade de temas. Isaías e Miqueias falam de Sião como o lugar para o qual as nações viriam, bem como da tarefa de Israel como luz dos povos.[78] Os profetas que predizem a restauração de Jerusalém e a reconstrução do Templo veem no acontecimento a recriação do jardim do Éden; Ezequiel imagina rios fluindo para regar e curar o mundo;[79] Sofonias imagina as nações contemplando com admiração enquanto YHWH restaura a sorte de seu povo;[80] Zacarias (que imita a ideia dos rios de Ezequiel) vê a restauração de Jerusalém como um sinal de YHWH se tornando rei sobre o mundo todo, de modo que as nações virão a Jerusalém para celebrar as festas judaicas.[81] Assim, na literatura que exortava o povo exilado a ansiar pela era vindoura, quando, então, tudo seria restaurado, a glória futura da terra é descrita em termos emprestados da imagem do paraíso após a restauração, Israel será como uma nova criação, como o povo mais uma vez frutífero, multiplicando-se em sua própria terra.[82] A imagem é a mesma: Israel deve ser o verdadeiro povo do Deus único, pois seu bem-estar é a chave para o bem-estar do mundo inteiro.

---

[78]Isaías 2:2-5; 42:6; 49:6; 51:4; Miqueias 4:1-5 etc.
[79]Ezequiel 40-7, esp. 47:7-12.
[80]Sofonias 3:20.
[81]Zacarias 14:8-19. Uma imagem semelhante é usada em Eclesiástico 36:11; Zacarias 10:8 etc.
[82]Isaías 11:1-s.; 45:8; Jeremias 3:16; 23:3; Ezequiel 36:11; Zacarias 10:8 etc.

AS CRENÇAS DE ISRAEL

(c) Literatura de Sabedoria

Uma expressão-chave da vocação de ser humanidade genuína é encontrada na denominada literatura sapiencial. Remontando sua ancestralidade literária e teológica ao livro de Provérbios e a outros escritos, esses livros falam da vocação e do destino de Israel em uma linguagem emprestada das tradições sobre a criação do mundo e do ser humano.[83] A "sabedoria" de YHWH foi o meio pelo qual o mundo foi criado. Isso pode muito bem ser lido como a simples assertiva de que YHWH, ao criar o mundo, o fez com sabedoria. (O fato de tal figura de linguagem ser usada dessa forma sugere quão grande é a afirmação de que o criador está ativo em seu mundo.) Se, porém, "sabedoria" é o meio pelo qual YHWH age — e se o ser humano deve ser o meio pelo qual ele age —, segue-se, naturalmente, que sabedoria é precisamente aquilo de que (como Salomão) a humanidade precisa para atuar como agente de YHWH, em obediência ao criador e exercendo autoridade sobre o mundo. Além do mais, é obtendo sabedoria que esses agentes de YWHW se tornarão verdadeiramente humanos.

Com base nisso, movemo-nos para um detalhe que nos é crucial: no período intertestamentário, *"a sabedoria" foi identificada com a Torá*. Aqueles que meditavam na Torá e tentavam guardá-la eram, assim, a verdadeira humanidade: eles é que seriam exaltados ao lugar de honra reservado para a humanidade, governando sob a autoridade do criador e exercendo domínio sobre a criação.[84] Em uma tradição particular, aquela encontrada em Eclesiástico, o tema foi concentrado no sumo sacerdote e na adoração do Templo. Governando sobre Israel, o sumo sacerdote é como Adão exercendo autoridade sobre toda a criação; até suas vestimentas eram, segundo uma versão dessa tradição, as mesmas que o criador fizera para Adão.[85] De um ponto de vista totalmente diferente, então, chegamos à mesma conclusão: Israel — e seu representante mais ilustre em particular — é chamado para ser o verdadeiro Adão, o povo legitimamente humano do deus criador.

---

[83]Provérbios, assim como alguns escritos de "sabedoria", são, claro, baseados em tradições não judaicas (p.ex., egípcias): veja Crenshaw, "The Wisdom Literature", 1985, p. 369-71. Minha preocupação aqui é com o modo pelo qual esses livros seriam lidos pelos judeus no período que temos estudado.

[84]Para a identificação de Sabedoria e Torá em *Eclesiástico*, veja discussões de Nickelsburg, *Resurrection, Immortality and Eternal Life in Intertestamental Judaism*, 1981, p. 59-62; Skehan e Di Lella, *The Wisdom of Ben Sira: A New Translation with Notes*, 1987, p. 336-s.; Hayward, "Sacrifice and World Order: Some Observations on Ben Sira's Attitude to the Temple Service", 1991. Obviamente, as raízes dessa identificação remontam às antiguidades da tradição judaica.

[85]Veja Hayward, "Sacrifice and World Order: Some Observations on Ben Sira's Attitude to the Temple Service", 1991, p. 27-s., citando (para o último ponto) *Números Rabá* 4.8.

(d) Qumran

A mesma crença é perceptível nos escritos encontrados em Qumran:

> Deus os escolheu para uma aliança eterna, e toda a glória de Adão será deles.
>
> Aqueles que se apegam à [casa firmada de Israel] estão destinados a viver para sempre, e toda a glória de Adão será deles.
>
> Tu guardarás o teu juramento e perdoarás as transgressões do teu povo; rejeitarás todos os seus pecados. Tu os farás herdar toda a glória de Adão e abundância de dias.
>
> [...] aos penitentes do deserto que, salvos, viverão por mil gerações, aos quais pertencerá toda a glória de Adão, como também à sua descendência, para sempre.[86]

Em uma passagem, a "semente do homem" (*zera 'ha-adam*) é posicionada de forma paralela à comunidade da aliança renovada:

> Mas a semente do homem não compreendeu tudo o que tu a fizeste herdar; não discerniu as tuas palavras, afastando-se perversamente de todas elas. Não atentou para o teu grande poder e, por isso, tu a rejeitaste. Pois a impiedade não te agrada, e o ímpio não será estabelecido diante de ti. Mesmo assim, no tempo da tua benevolência, tu acolheste para ti um povo. Tu te lembraste da aliança e [concedeste] que fossem separados para ti, dentre todos os povos, como porção sagrada [...].[87]

Toda a glória de Adão, em outras palavras, será herdada, no último dia, por aqueles que pertencem ao grupo certo. A eles, será dada a "glória", não apenas no sentido de se tornarem "lâmpadas humanas", mas no sentido de exercerem autoridade sobre o mundo. Essa ênfase em Israel como o povo legitimamente humano pode ter contribuído para os regulamentos de purificação da comunidade em Qumran. Se Israel deseja ser a genuína humanidade, qualquer um que tenha manchas físicas, indicando que sua humanidade é menos do que perfeita, não pode ser inscrito como membro do grupo exclusivo.[88]

---

[86] 1QS 4.22-s.; CD 3.19-s.; 1QH 17.14-s.; 4QpPs37 3.1-s. Tradução baseada no texto de Vermes, 1987 [1962], *ad loc.*

[87] 1QLitPr 2.3-6 (Trad. baseada no texto de Vermes, 1987 [1962], p. 231).

[88] 1QSa 2.3-10. A ideia pode ter resultado do fato de a comunidade considerar a si mesma o verdadeiro sacerdócio. Sacerdotes não podiam ter nenhum defeito, e os essênios, como os fariseus, efetuaram uma democratização de todo o sistema sacerdotal. Veja o cap. 7.

(e) Outras literaturas do segundo templo

Sabemos, por Josefo, que o livro de Daniel estava entre os favoritos dos judeus do primeiro século.[89] Um dos momentos culminantes do livro, sem dúvida, é a cena em que o verdadeiro Israel, visto em termos apocalípticos como uma figura humana, é exaltado a uma posição de glória e autoridade sobre os animais míticos que oprimem o povo de Deus. Quaisquer que tenham sido os referentes que passaram pela mente dos autores originais, não restam dúvidas de que, no primeiro século, muitos leriam essas imagens como referências a Israel e às nações, ouvindo, ao fundo, nuances de Gênesis 2. Por meio de um Adão genuíno — ou seja, Israel —, a ordem divina será restaurada ao jardim do criador. Israel renunciará à idolatria e, assim, em obediência ao criador, governará com sabedoria sobre a criação.[90]

Seria possível chegar à mesma conclusão a partir de um ponto de vista um pouco diferente, considerando a doutrina da ressurreição, sustentada por muitos no primeiro século. Nossa preocupação não é sobre o tempo em que essa doutrina surgiu pela primeira vez, nem o porquê de haver surgido. O importante é sabermos que, no período que estamos estudando, muitos judeus acreditavam que eles, ou pelo menos os verdadeiros israelitas — dentre os quais eles esperavam ser contados —, seriam, no último dia, reafirmados como povo de Deus ao ressuscitarem dos mortos. Tal acontecimento também seria uma reafirmação de sua *humanidade*. Os judeus que ressuscitassem se tornariam plenamente humanos, ou seja, recipientes de uma vida humana restaurada.[91] Pode muito bem ser que as referências à glória de Adão, conforme vimos nos trechos há pouco citados, também se refiram a essa doutrina.

Por fim, podemos simplesmente observar o comentário rabínico (*Midrash*) de Gênesis: Abraão deve restaurar o que Adão fez.[92] Assim como o tema da "aliança" está presente por toda parte, ainda que nem sempre de forma explícita, o elo Israel—Adão, que simplesmente focaliza o significado da aliança, parece ter sido acoplado de tal maneira no pensamento e na escrita judaica que surge, de uma forma ou de outra, em todos os lugares para onde olhamos. Mas isso levanta outra questão: se Israel é a verdadeira humanidade, o que dizer do destino das outras nações?

---

[89]Veja Jos. *Ant.* 10.266-8; Vermes, "Josephus Treatment of the Book of Daniel", 1991; e o cap. 10.
[90]Daniel 7:11,14,17-18,23-7; Gênesis 1:26-8; 2:19-20a.
[91]2Mac 7:9-11. Veja pesquisa em Schürer, *The History of the Jewish People in the Age of Jesus Christ (175 B.C.—A.D. 135)*, 1973-87, 2.494-5, 539-47. Sobre o cap. 3 da *Sab. Sal.*, veja o cap. 10 deste livro.
[92]Veja p. 339.

O NOVO TESTAMENTO E O POVO DE DEUS

(f) Israel e as nações

O corolário natural de Israel ser o verdadeiro Adão é que as nações são vistas como os animais sobre os quais Adão governa. Porém, essa crença, por mais expressa que seja, pode, ainda assim, ser fonte de ambiguidade. O governo de Adão é benéfico, trazendo ordem e bênção ao mundo, ou um governo de juízo, condenando as bestas ameaçadoras à perdição? Evidências de ambas as atitudes podem ser encontradas no período em questão.

Por um lado, há uma linha de pensamento, remontando pelo menos a Isaías, segundo a qual Israel deveria ser a luz das nações. Quando Sião se transformar naquilo que seu deus pretendia que fosse desde o início, os gentios virão e ouvirão a palavra de YHWH. Embora haja, em algumas passagens, espaço para dúvidas quanto à luz realmente salvar as nações — em contraste apenas com o resgate de Israel entre as nações —, o escopo universal da salvação é, em outras passagens, claro:

> É muito pouco você tornar-se o meu servo, só para reerguer as tribos de Jacó, só para trazer de volta os sobreviventes de Israel.
>
> Faço de você uma luz para as nações, para que a minha salvação chegue até os confins da terra.[93]

No contexto da própria cosmovisão judaica, a vocação de Israel não é comprometida, e sim, em certo sentido, cumprida, quando os gentios se juntam ao povo de Deus (como Rute, ancestral do rei Davi), dão ouvidos à sua sabedoria (como a rainha de Sabá) ou compartilham a vida desse povo.[94] Esse tema continua no período do segundo templo, conforme vemos em livros como *José e Azenate*, que foi mencionado no capítulo anterior.[95]

Fica claro, entretanto, que, em muitos escritos judaicos desse período, prevaleceu um tom de voz distinto. Não é de surpreender, numa época em que os judeus eram frequentemente oprimidos e invadidos por inimigos estrangeiros, que a ideia de se tornarem o verdadeiro Adão condissesse mais com a destruição dos exércitos malignos, os quais se juntavam em oposição contra o verdadeiro deus e seu povo, do que com uma atitude de receptividade e bênção. Nas visões de Daniel, particularmente nos capítulos 2 e 7, os reinos da terra são destruídos pelo estabelecimento do reino do deus verdadeiro — algo que está, obviamente, alinhado com a vindicação de Israel.[96] Salmos 2 fala do futuro rei

---

[93]Isaías 49:6 [Bíblia Sagrada, Edição Pastoral, Paulus]. Veja também Isaías 2:2-4; 11:9-10; 42:1, 6; Miqueias 4:1-4.

[94]Rute, *passim*; 1Reis 10.

[95]Veja p. 298-s. Veja também Tob. 13:11; 16:6; *Oráculos Sibilinos* 3.710-95.

[96]Veja o cap. 10, p. 298, em que a omissão de Josefo do cap. 7 é discutida.

AS CRENÇAS DE ISRAEL

governando as nações com cetro de ferro, despedaçando-as como um vaso de oleiro, e a ideia claramente apelava ao escritor que, no primeiro século, compôs *Salmos de Salomão*:

> Veja, Senhor, e levanta-lhes o rei deles, filho de Davi, para reinar sobre Israel. [...] Guarneceste-o com o poder para destruir os governantes injustos; para purificar Jerusalém dos gentios, que a pisaram para destruí-la; para expulsar com sabedoria e justiça os pecadores da herança; para abater a arrogância dos pecadores como o vaso do oleiro; para quebrar com vara de ferro toda a subsistência deles; para destruir as nações ímpias com a palavra da sua boca [...].[97]

Israel, ao que tudo indica, trará a ordem divina sobre as nações recalcitrantes. Discussões rabínicas posteriores sobre o lugar dos gentios no propósito divino mostram a existência de uma incerteza contínua, talvez mesmo uma inquietação, sobre o assunto.[98] Não havia qualquer dúvida, porém, que o destino das nações estava, inexorável e irreversivelmente, atrelado ao destino de Israel. Esse ponto é de extrema importância, não só para a compreensão do judaísmo do primeiro século, como também do cristianismo emergente. O que acontece com os gentios é condicionado pelo que acontece com Israel. Em termos do primeiro nível do propósito da aliança, a vocação de Israel tem como objetivo fundamental o resgate e a restauração de toda a criação. Não ver essa conexão é deixar de entender o significado das doutrinas judaicas fundamentais do monoteísmo e da eleição.[99] Se os gentios e o propósito divino para eles forem ignorados, então a reivindicação de Israel como povo único do deus criador é, ela própria, posta em dúvida.

ALIANÇA E ESCATOLOGIA

Essa crença na eleição de Israel, expressa na teologia pactual que acabamos de examinar, era parte de um problema de segunda ordem e motivo de grande preocupação no período que se estende dos macabeus a bar-Kochba. Se o

---

[97]*Sl. Sal.*. 17:21-4. Compare com *Oráculos Sibilinos* 3.663-97 (embora devamos notar que o texto dá sequência a passagens prevendo bênçãos para os gentios). Uma pesquisa sobre materiais semelhantes pode ser encontrada em Schürer 2.526-9. Em 1QM 2.10-14, a guerra é explicitamente designada para a conquista do mundo inteiro.

[98]Veja Sanders, *Paul and Palestinian Judaism: A Comparison of Patterns of Religion*, 1977, p. 206-12; *Judaism: Practice and Belief, 63 BCE—66 CE*, 1992, p. 265-70.

[99]Ressalto esse ponto não apenas por ser controvertido e, conforme percebi, às vezes esquecido. Minha perspectiva é que não precisa ser esse o caso. A literatura está tão cheia das ideias aqui elaboradas que não deveria haver debate algum. Da Bíblia à *Mishná* e ao Targum; do apocalíptico à sabedoria; de Filo a Josefo — a linha de pensamento que esbocei encontra-se pressuposta ou repetidamente declarada por toda parte, de uma forma ou de outra.

criador fez uma aliança com essa nação em particular, por que ela não governa o mundo? Como povo escolhido, não era o que os judeus deveriam fazer? Se o mundo foi feito para o bem de Israel, por que esse povo continuava sofrendo?[100] O que o criador e deus da aliança planejava? E, dentro disso, havia ainda outra questão: O que Israel deveria fazer no presente para apressar o tempo em que YHWH agiria em seu favor? Como alguém poderia ser um judeu fiel no presente tempo de angústia, em meio a tanta demora? Conforme veremos, tais questões davam forma característica à articulação da esperança de Israel e das exigências da aliança. O problema dá origem ao segundo nível do propósito pactual. Se o primeiro nível diz respeito à intenção divina de refazer e restaurar o mundo inteiro por meio de Israel, o segundo corresponde à intenção de refazer e restaurar o próprio Israel.

A necessidade dessa restauração é vista com base na percepção comum do israelita do segundo templo sobre seu próprio período na história. A maioria dos judeus dessa época, ao que parece, teria respondido à pergunta "onde estamos?" em uma linguagem que, reduzida à sua forma mais simples, significava: ainda estamos no exílio. A maioria acreditava que, em todos os sentidos, o exílio de Israel ainda não havia acabado. Embora a nação tenha voltado da Babilônia, a gloriosa mensagem dos profetas permaneceu sem cumprimento. Israel continuava escravizado por estrangeiros. Pior: o deus de Israel ainda não retornara a Sião. Em nenhum lugar da chamada "literatura pós-exílica" há quaisquer passagens correspondentes a 1Reis 8:10-s., em que, após a conclusão do Templo de Salomão, "uma nuvem encheu o templo de YHWH, de forma que os sacerdotes não podiam desempenhar seu serviço por causa da nuvem, pois a glória de YHWH encheu o templo de YHWH". Por isso, Israel se agarrava às promessas de que um dia a *Shekinah*, a presença gloriosa do seu deus, finalmente retornaria:

> Ouça!
>
> Seus guardas levantam a voz, juntos cantam de alegria, pois estão vendo frente a frente YHWH, que volta para Sião.[101]

> Então o homem levou-me para o pórtico oriental. E eu vi a glória do Deus de Israel: ela vinha do Oriente. Fazia um barulho de águas torrenciais e a terra refletia a sua glória. [...] A glória de YHWH entrou no Templo pelo pórtico oriental. Então o espírito me arrebatou e levou para o pátio interno: a glória de YHWH enchia o Templo. [...] e me dizia: "Criatura humana, este é o lugar

---

[100] 4Esdras 4:23-s. etc.
[101] Isaías 52:8. [Bíblia Sagrada, Edição Pastoral, Paulus]. Isso está intimamente ligado à vinda do reino do deus de Israel (52:7) e à sua salvação (52:10).

AS CRENÇAS DE ISRAEL

do meu trono e o lugar onde pousam meus pés, onde habitarei para sempre no meio dos israelitas".[102]

Em nenhum lugar da literatura do segundo templo testifica-se que isso tenha acontecido; portanto, seu cumprimento reside no futuro. O exílio ainda não acabou. Essa percepção da condição de Israel foi partilhada por escritores judeus do segundo templo. Podemos citar o seguinte texto como um caso típico:

> Por isso, agora estamos escravizados. Hoje somos escravos na terra que deste a nossos antepassados para gozarem de seus frutos e bens. Seus produtos abundantes vão para os reis, aos quais tu nos sujeitaste por causa dos nossos pecados. Eles dominam como querem, tanto a nós, como a nossos rebanhos. Estamos em grande aflição![103]

A ideia não podia ser mais clara: Israel voltou para a terra, mas ainda está no "exílio" da escravidão, sob a opressão de senhores estrangeiros. Da mesma forma, o *Documento de Damasco* fala de um exílio continuado até o estabelecimento da seita:

> Pois, quando eles foram infiéis e o abandonaram, ele escondeu seu rosto de Israel e do seu Santuário, entregando-os à espada. Lembrando-se, porém, da aliança com os patriarcas, deixou um remanescente para Israel e não o entregou para ser destruído. E, no tempo da ira, trezentos e noventa anos depois de tê-los entregado nas mãos do rei Nabucodonosor da Babilônia, ele os visitou e fez com que uma raiz brotasse de Israel e Arão para herdar sua Terra e prosperar em seus bens [...] E Deus observou suas ações, observou que o buscavam de todo o coração, e levantou para eles um Mestre da Justiça, a fim de guiá-los no caminho do seu coração [...].[104]

O exílio, então, continuou muito tempo depois do "retorno", muito tempo depois da obra de Esdras e Neemias; finalmente, está sendo desfeito pela comunidade que conta a sua história nesse Manuscrito. De modo semelhante, o livro de Tobias (*c.* terceiro século a.C.) fala de uma restauração pós-exílica real, da qual a anterior fora apenas um antessabor:

---

[102]Ezequiel 43:1-2,4-5,7 [Bíblia Sagrada, Edição Pastoral, Paulus]. Compare com o final do livro (48:35): "Daquele momento em diante, o nome da cidade será: YHWH está aqui".

[103]Neemias 9:36-7 [Bíblia Sagrada, Edição Pastoral, Paulus].

[104]CD 1.3-11 (trad. baseada no texto de Vermes, *The Dead Sea Scrolls in English*, 1987 [1962], p. 83).

O NOVO TESTAMENTO E O POVO DE DEUS

Todavia, Deus novamente terá misericórdia deles e os trará de volta à terra de Israel; e eles reconstruirão o templo de Deus, embora não como o primeiro — até que chegue o tempo do cumprimento profético. Então, todos retornarão do seu exílio e reconstruirão Jerusalém, em esplendor; e nela, o templo de Deus será reconstruído, como os profetas de Israel haviam predito. As nações de todo o mundo serão convertidas e adorarão a Deus em verdade [...]. Todos os israelitas que forem salvos serão, naquele dia, reunificados; subirão para Jerusalém e para sempre viverão em segurança na terra de Abraão, a qual lhes será entregue. Aqueles que amam a Deus com sinceridade se alegrarão, mas os que cometem pecado e injustiça desaparecerão da terra.[105]

Nenhuma dessas coisas maravilhosas aconteceu no primeiro século; nem mesmo a reconstrução do Templo, encabeçada por Herodes, entraria na equação (embora Herodes esperasse que sim), uma vez que os outros sinais do verdadeiro retorno não ocorreram. O chamado primeiro livro de Baruque, composto provavelmente por volta do mesmo período, reflete de forma clara a mesma perspectiva:

Sois o Senhor, nosso Deus, e nós queremos louvar-vos, Senhor. Por esse motivo é que nos inspirastes o temor a vós e a necessidade de vos invocar. Agora, em nosso exílio, vos louvamos, já que o nosso coração renunciou às iniquidades de nossos pais, que contra vós pecaram. Olhai! Aqui vivemos em um exílio, para onde nos dispensastes, a fim de sermos objeto de opróbrio, de insultos e maldições, e para carregarmos o peso das culpas de nossos pais, que haviam abandonado o Senhor, nosso Deus.[106]

Um exemplo final pode ser extraído de 2Macabeus, descrevendo a oração final de Jônatas:

Congregai nossos irmãos dispersos, devolvei a liberdade aos que estão escravizados entre os pagãos, deitai vosso olhar sobre os que são desprezados e abominados, para que as nações saibam que sois nosso Deus. Castigai os que nos oprimem e nos ultrajam com seu orgulho. Plantai, como disse Moisés, vosso povo na vossa terra santa.[107]

---

[105]Tob. 14:5-7 [trad. livre]. Fragmentos do livro de Tobias foram encontrados em Qumran; evidentemente, então, a esperança expressa condizia com a esperança dos sectários. Veja Schürer 3.222-32.

[106]Bar. 3:6-8 [Bíblia Ave Maria]. O trecho constitui a conclusão da primeira seção do livro, talvez a mais antiga; veja Schürer 3.733-8.

[107]2Mac 1:27-9 [Bíblia Ave Maria].

AS CRENÇAS DE ISRAEL

A presente era ainda faz parte do "tempo da ira". Até que os gentios sejam colocados em seu devido lugar, com Israel e o Templo totalmente restaurados, o exílio ainda não terá acabado; as bênçãos prometidas pelos profetas aguardam cumprimento.[108]

Nenhum judeu fiel poderia acreditar que o deus de Israel permitiria que a nação definhasse para sempre sob a autoridade de opressores pagãos. Se o fizesse, a provocação das nações estaria, afinal, correta: YHWH não passava de um deus tribal, em competição com outros deuses tribais, perdendo, ainda por cima, a batalha. Como resultado, Israel conseguia ver a questão do bem e do mal em termos bastante nítidos: o mal tornou-se cada vez mais considerado em termos de "aquilo que ameaça o povo da aliança", e o juízo do deus criador sobre o mal no mundo coincidiria com o juízo que recairia sobre as nações pagãs (levado a cabo, talvez, por seu povo escolhido). A pequena e cercada nação, olhando para o poderio militar de Roma e para o poder cultural da Grécia, sentia ambas fazendo incursões dolorosas e duradouras em sua vida nacional e ansiava pelo dia em que o deus da aliança, agindo para reverter a situação, viria ele mesmo para libertá-la e para habitar novamente no meio de seu povo. O mal existia fora dos muros de Israel, e seu deus o derrotaria. Lá dentro, abrigado por marcos religiosos e delimitadores (conforme já vimos) que desempenharam um papel tão importante em toda a sua história, Israel aguardava com fé e esperança, perplexidade e anseio.

O problema é frequentemente visto na literatura bíblica posterior e do segundo templo em termos de fidelidade à aliança (*tsedaqah*, "justiça") do deus de Israel — tópico extremamente importante no estudo da teologia paulina. A questão da justiça de Deus, conforme expressa pelos judeus nesse período,

---

[108]Veja ainda Knibb, "The Exile in the Literature of the Intertestamental Period", 1976, remetendo a Daniel 9; 1Enoque 85–90, esp. 90; e outros escritos; Knibb, 1987, p. 21, tratando de CD 1.7-10, e comparando com 1Enoque 93:9-10; Goldstein, "Biblical Promises and 1 and 2 Maccabees", 1987, p. 70,74. Sobre os Manuscritos, veja Talmon, "Waiting for the Messiah: The Spiritual Universe of the Qumran Covenanters", 1987, p.116-s.: os escritores dos Manuscritos "pretendiam obliterá-lo [i.e., o retorno do exílio conforme normalmente concedido] inteiramente de sua concepção da história de Israel, reivindicando para si a distinção de serem os primeiros a retornar após a destruição". Outras discussões sobre o mesmo ponto, pelas quais devo muito ao prof. James M. Scott, incluem Scott, "'For as Many as Are of Works of the Law Are Under a Curse' (Galatians 3.10)", 1992b; Steck, *Israel und das gewaltsame Geschick der Propheten. Untersuchungen zur Überlieferung des deuteronomistischen Geschichtsbildes im Alten Testament, Spätjudentum und Urchristentum* 1967; "Das Problem theologischer Strömungen in nachexilischer Zeit", 1968; "Weltgeschehen und Gottesvolk im Buche Daniel", 1980; Gowan, "The Exile in Jewish Apocalyptic", 1977; Davies, "Eschatology at Qumran", 1985; Goldingay, *Daniel*, 1989, p. 251; Collins, "Was the Dead Sea Sect an Apocalyptic Movement?", 1990; Knibb, "Exile in the Damascus Document", 1983. Outras fontes primárias, citadas por Scott, incluem mYad. 4.7; Isaías 6:9-13.

O NOVO TESTAMENTO E O POVO DE DEUS

pode ser afirmada da seguinte forma: Quando e como o deus de Israel agirá para cumprir as promessas de sua aliança?[109] Soluções oferecidas enquadram-se em um padrão regular nos escritos "apocalípticos". Eles podem ser sistematizados como se segue:

a. O deus de Israel realmente cumpriria a aliança. A esperança nunca é abandonada.[110]

b. Isso resultará no restabelecimento da ordem divinamente intencionada para o mundo inteiro.[111]

c. A presente luta de Israel deve ser explicada, *nos termos da* fidelidade divina à aliança, como punição para o pecado da nação.[112]

d. A explicação da época para a aparente inatividade do deus da aliança é que ele aguarda para dar às pessoas maior oportunidade de arrependimento. Se ele agisse imediatamente, não apenas os filhos das trevas, mas também os filhos da luz, seriam destruídos no processo. Como resultado desse processo de atraso, os que não se arrependem acabem "endurecendo", de modo que, com a chegada do tempo de cumprimento, sua punição será vista como justa.[113]

e. A obrigação do povo da aliança era, portanto, ser paciente e fiel, guardando a aliança com toda a sua força, confiando que YHWH agiria em breve para finalmente vindicá-lo.[114]

---

[109]Veja Esdras 9:6-15; Neemias 9:6-38, esp. v. 8,17, 26-7, 32-3.; Daniel 9:3-19, esp. v. 4, 7, 11, 16, 18; Tob. 3:2; e toda a ideia central de Isaías 40—55, principalmente o cap. 54, e o texto (em grande medida derivado) de *Bar.* 3:9—5:9.

[110]Como em Daniel 9:16; Neemias 9:8; Joel 2:15-32; *Sl. Sal.* 9; Bar. 5:9; *T. de Judá* 22.2; *1En.* 63.3; *Jubileus.* 31.20, 25; *T. de Moisés.* 4.5; *T. de Jó* 4.11; *Oráculos Sibilinos.* 3.704.

[111]Isaías 40—55; Daniel 7; Tob. 13—14 etc.

[112]Daniel 9:7,8,9 (LXX), 14 (o trecho todo é importante). Veja também Lamentações 1:18; Esdras 9:15; Neemias 9:33; e Deuteronômio 27—32, *passim*; 2Mac 7:38; 12:6; *Sabedoria* 5:18 (a passagem inteira é relevante); 12:9-s.; *Eclesiástico.* 16:22; 18:2; 45:26; *Sl. Sal.* 2:10-15; 8:7-8, 23-s.; 9:2-4; Bar 1:15; 2:9; 5:2,4,9; Salmo de Azarias (27) (= 4); *Jub.* 1.6; 5.11-16; 21.4; *T. de Jó* 37:5; 43:13; veja Jos. *Guerras* 3.351-4, e muitas outras passagens explicando a catástrofe de 70 d.C. como resultado do pecado judaico.

[113]Veja, por exemplo, 2Mac 6:12-s.; *Sab. Sal.* 12:9-s.; 15 *passim*; *Eclesiástico.* 5:4; *T. de Moisés.* 10:7; 2*Bar.* 21:19-20, 48:29-30.; 4Esdras 7:17-25; 9:11; 14:32; *T. de Abr.* 10. Cp. também CD 2.4-s. Toda a discussão em bSanh. 97 é relevante; veja Strobel, *Untersuchungen zum Eschatologischen Verzögerungsproblem, auf Grund der spätjüdisch-urchristlichen Geschichte von Habakuk 2, 2 ff*, 1961, p. 19-78; Bauckham, "The Delay of the Parousia", 1980; *Jude, 2 Peter*, 1983, p. 310-14.

[114]Para todo esse esquema de pensamento, veja particularmente *Bar.* (e.g. 44:4; 78:5, e a "carta" de 78-86) e 4Esdras (7:17-25; 8:36; 10:16; 14:32), sobre a qual veja Thompson, *Responsibility for Evil in the Theodicy of IV Ezra*, 1977, p. 320; Stone, *Fourth Ezra: A Commentary on the Book of Fourth Ezra*, 1990, *ad loc.*; Longenecker, *Eschatology and the Covenant in 4 Ezra and Romans 1–11*, 1991.

As crenças de Israel

A partir disso, deve estar claro que a ideia de "justiça de Deus" estava inextricavelmente ligada à ideia de aliança.[115] Essas crenças, que haviam surgido naturalmente da combinação de monoteísmo e eleição, levaram à forma característica da escatologia judaica do segundo templo.

O monoteísmo e a eleição resultam, assim, no que tem sido devidamente chamado de "escatologia da restauração".[116] O exílio chegará ao fim apenas quando YHWH agir decisivamente para mudar as coisas e restaurar a sorte de seu povo. No momento, o próprio povo da aliança está crivado de corrupção, não merecendo, ainda, redenção. Um dos principais resultados é que o judaísmo sempre reteve uma tradição de "crítica interna", remontando a Moisés e aos primeiros profetas. Tais críticas eram característica regular e clássica do judaísmo, e sua apropriação por João Batista e Jesus (e, possivelmente, pela igreja primitiva) é paradoxalmente um sinal, não de rejeição do judaísmo e de tudo o que ele representa, mas de fidelidade a uma de suas tradições centrais.

Discutiremos com mais detalhes a escatologia do segundo templo no próximo capítulo. Por ora, no contexto do presente argumento, podemos resumir o que descrevemos como o segundo nível do propósito da aliança. Se Israel foi chamado a ser o meio pelo qual o criador irá desfazer a maldade que permeou o mundo, o próprio Israel precisa de restauração. O deus da criação e da aliança deve agir para redimir a própria nação de Israel de seu exílio, que continuava em andamento. Mas como?

ALIANÇA, REDENÇÃO E PERDÃO

Para que o deus de Israel liberte seu povo do exílio, deve lidar, antes de tudo, com o problema que levou a nação ao exílio, a saber, o pecado. A questão de como o problema seria resolvido assume lugar de destaque em vários aspectos do cotidiano, da cultura e dos rituais de Israel, de modo que é fácil pensar no método de lidar com o pecado (centralizado no indivíduo) como o foco do judaísmo. A fim, porém, de entendermos a estrutura da cosmovisão judaica como um todo, devemos enxergá-la com a perspectiva certa, o que significa

---

[115]Tentativas de separar a justiça de Deus do conceito de aliança com vistas a uma forma particular de interpretar Paulo (Käsemann, *New Testament Questions of Today*, 1969 [1965], p. 168-82; Stuhlmacher, *Gerechtigkeit Gottes bei Paulus*, 1966; defendendo um sentido técnico e não pactual da expressão "justiça de Deus" com base em passagens como 1QS 10.25f., 11.12-15, CD 20.20 e *T. Dã* 6:10, sem perceber que ambas são enfaticamente pactuais) demonstraram-se infrutíferas, como veremos no vol. 3. Além disso, edições mais recentes dos Testamentos mostram que *T. de Dã* 6:10 traz "a justiça da Lei de Deus" e, portanto, não constitui uma parte adequada da discussão. Käsemann e seus seguidores estão claramente corretos em associar a retidão divina à intenção de restaurar a justiça para o mundo inteiro, mas crucialmente errados em perder o estágio e o tema da aliança.

[116]A frase é de Sanders, *Jesus and Judaism*, 1985, p. 77-s.; a ideia em si é ubíqua.

O NOVO TESTAMENTO E O POVO DE DEUS

abordar a questão a partir de pontos mais amplos relacionados à teologia da aliança, conforme a apresentamos.

Que o Deus de Israel lidará *de fato* com o problema de seu povo é algo, enfática e evidentemente, apresentado nas profecias mais conhecidas do retorno do exílio:

> Consolem, consolem o meu povo,
> diz o Deus de vocês.
> Encorajem a Jerusalém e anunciem
> que ela já cumpriu o trabalho
> que lhe foi imposto,
> pagou por sua iniquidade,
> e recebeu da mão de YWHW
> em dobro por todos os seus pecados.[117]

> "Estão chegando os dias", declara YHWH, "em que farei uma nova aliança com a comunidade de Israel e com a comunidade de Judá [...] todos eles me conhecerão, desde o menor até o maior", diz YHWH. "Porque eu lhes perdoarei a maldade e não me lembrarei mais dos seus pecados". [...] "Estão chegando os dias", declara YHWH, "em que esta cidade será reconstruída para YHWH, desde a torre de Hananeel até a porta da Esquina. [...] nunca mais será arrasada ou destruída".[118]

> Eu os tirarei dentre as nações, os ajuntarei do meio de todas as terras e os trarei de volta para a sua própria terra. Aspergirei água pura sobre vocês e ficarão puros; eu os purificarei de todas as suas impurezas e de todos os seus ídolos. [...] Vocês habitarão na terra que dei aos seus antepassados; vocês serão o meu povo, e eu serei o seu Deus.[119]

Vemos esse tema duplo correr ao longo dos profetas maiores e menores: o exílio de Israel é resultado de seu próprio pecado, idolatria e apostasia, e o problema será resolvido pela forma como YHWH lida com o pecado e restaura seu povo à sua herança. O exílio será desfeito quando o pecado for perdoado. Restauração e perdão eram celebrados em conjunto na festa anual da Páscoa e do Dia da Expiação; fé nessa possibilidade e esperança formavam uma parte essencial da crença judaica na fidelidade de seu deus. Se o pecado de Israel

---

[117]Isaías 40:1-2 [NVI].
[118]Jeremias 31:31,34,38,40 [NVI].
[119]Ezequiel 36:24-5,28 [NVI].

366

AS CRENÇAS DE ISRAEL

causou seu exílio, seu perdão significará um restabelecimento nacional. Esta é uma ênfase que precisa ser devidamente acentuada: para um judeu do primeiro século, o significado mais natural da frase "perdão de pecados" não corresponde, em primeiro lugar, à remissão de pecados *individuais*, mas à remoção dos pecados de toda a nação. E, visto que o exílio era a punição para esses pecados, o único sinal certeiro de que os pecados haviam sido perdoados seria a libertação clara e inequívoca do exílio. Esse é o contexto nacional, mais amplo, a partir do qual casos individuais de remoção de pecados devem ser entendidos.

Em alguns círculos do judaísmo do segundo templo, houve a tentativa de fundamentar esse tratamento do pecado nos primeiros dias da história de Israel. A narrativa do sacrifício de Isaque (Gênesis 22) foi citada como suposta razão para a redenção de Israel e subjacente aos acontecimentos da Páscoa, da redenção do Egito e da redenção que estava por vir. A origem dessa crença tem sido objeto de disputa nos últimos anos; a sugestão de que a tradição *Akedah* (= Isaque sendo "atado") tenha antecedido e influenciado o cristianismo tem sido consideravelmente minada.[120] Para nós, sua importância reside na maneira como alguns judeus da época pensavam: se Israel precisa de redenção e perdão, esses fatores só serão alcançados por um ato de YHWH em resposta a um sacrifício maior e mais poderoso do que qualquer coisa na história e na adoração judaica até então. Com o surgimento de questões relativas ao pecado e à escravidão, os judeus se voltavam, naturalmente, para a noção de sacrifício.

Isso não é de surpreender, considerando o lugar proeminente que o sistema sacrificial ocupava na vida social e religiosa dos judeus da época.[121] Nesse ponto, deparamos com uma espécie de situação paradoxal. Sabemos, sem sombra de dúvida, que a maioria dos judeus participava do sistema sacrificial, mas não sabemos o porquê — ou melhor, não sabemos o que teriam respondido se indagados sobre a razão pela qual passavam por esses rituais. Sem dúvida, a resposta envolveria ideias sobre Israel e seu deus, sobre perdão, purificação, expiação, celebração, adoração.[122] Também haveria menção ao fato de a Torá haver ordenado que os sacrifícios fossem oferecidos e à importância de sua realização como um aspecto da obediência à Torá. Havia, porém, uma justificativa

---

[120]Veja Vermes, *Jesus the Jew: A Historian's Reading of the Gospels*, 1973b [1961]; Daly, "The Soteriological Significance of the Sacrifice of Isaac", 1977; Davies e Chilton, 1978; Chilton, 1980; Segal, 1984. Os textos mais relevantes são *Jub.* 17.15—18.19; Jos. *Ant.* 1.222-36; *Ps-Filo* 32.1-4; 40.2-3 etc.; 4Mac 13:12 etc. Para os textos rabínicos e targúmicos, veja Davies e Chilton, "The Aqedah: A Revised Tradition History", 1978, p. 533-45.

[121]Sobre os sacrifícios, veja Schürer, *The History of the Jewish People in the Age of Jesus Christ (175 B.C.—A.D. 135)*, 1973-87, 3.292-308; Safrai, "The Temple", 1976b; e particularmente Sanders, *Judaism: Practice and Belief, 63 BCE—66 CE*, 1992, p. 103-18, 251-7.

[122]Veja Sanders, *Judaism: Practice and Belief, 63 BCE—66 CE*, 1992, p. 252-6.

interna? Como saberíamos se a encontrássemos?[123] Mesmo Sanders, em seu tratamento equilibrado e detalhado do sistema sacrificial, parece lidar com tudo, exceto com a questão na qual eu gostaria de insistir: de acordo com que lógica interna pensava-se que matar animais ou pássaros *efetuava* a expiação e o perdão daqueles que realizavam o sacrifício? Não podemos pensar como se a purificação fosse concluída, já que ela consistia em uma preliminar necessária à oferta do sacrifício. E se os sacrifícios são simplesmente uma ocasião conveniente para o ato realmente eficaz da expiação, que é o arrependimento e a confissão, isso ainda não explica o motivo pelo qual os próprios sacrifícios têm qualquer significado.[124] Dada a natureza do caso, o problema não é necessariamente articulado de forma explícita pelos participantes, sendo, antes, matéria de discernimento para o sábio sociólogo ou pelo filósofo da religião a partir do estudo do padrão geral de observâncias. Para colocar a questão em termos gerais, era como se o sistema sacrificial funcionasse como um indicador regular do retorno aos grandes atos de redenção, como o êxodo, e igualmente como um indicador para a grande redenção que estava por vir. Uma vez que falava da reconciliação de Israel com o seu deus, poderia, portanto, funcionar como um lembrete cíclico de um fenômeno histórico ou histórico-escatológico. Visto que, além dessa observação, não tenho nenhuma hipótese nova a oferecer, devemos nos contentar com alguns comentários gerais amplos, que podem, no entanto, ser de alguma ajuda para a compreensão do sistema sacrificial no contexto da cosmovisão judaica da época.[125]

É claro que existiam diferenças entre um tipo e outro de sacrifício. Em uma extremidade, encontramos os sacrifícios no coração das grandes festas nacionais: o cordeiro pascal significava o ato passado e a esperança futura de redenção para a nação. Na outra extremidade, temos as ofertas individuais pelo

---

[123]Em Schürer, *The History of the Jewish People in the Age of Jesus Christ (175 B.C.—A.D. 135)*, 1973-87, 2.292-308, a única menção da importância atrelada ao culto como um todo aparece na seguinte observação: "Israelitas consideravam a execução precisa da liturgia como um meio essencial de garantir a misericórdia divina para si". Veja uma ideia semelhante em Safrai, "The Temple", 1976b, p. 906.

[124]Sanders, *Judaism: Practice and Belief, 63 BCE—66 CE*, 1992, p. 252-s. Sanders diz que a ideia da expiação por meio do derramamento de sangue era "generalizada" e "comum". Sem dúvida, isso é verdade, mas ainda não explica a conexão que alguém no mundo antigo via entre uma coisa e outra. A velha ideia do pecado sendo transferido para o animal do sacrifício também parece não funcionar: os animais do sacrifício tinham de ser puros; e, na única ocasião em que os pecados são claramente transferidos para o animal por meio da imposição de mãos, o animal em questão (e o segundo bode no Dia da Expiação) não é sacrificado, mas expulso para o deserto.

[125]Para reflexões atuais sobre o tópico em vários níveis, veja Gunton, *The Actuality of Atonement: A Study of Metaphor, Rationality and the Christian Tradition*, 1988, cap. 5; Sykes (ed.), *Sacrifice and Redemption: Durham Essays in Theology*, 1991, esp. o ensaio de Hayward (p. 22-34), argumentando que, para o autor de Eclesiástico, o culto sacrificial serve "até certo ponto de reflexo terreno da ordem divina que permeia o universo e no qual a criação se baseia" (p. 29-s.).

pecado, pelas quais um israelita, ciente de uma violação acidental da Torá ou de algo feito por ignorância, seria reafirmado como parte do povo de Deus, apesar do lapso. (Pecar "à mão levantada", ou seja, de forma deliberada, significava, em tese, que o pecador havia sido cortado de Israel; não havia sacrifício para tais ofensas.)[126] Entre as duas extremidades, encontrava-se o Dia da Expiação, um momento de oferta individual e corporativa de sacrifício, no qual a nação como um todo e o indivíduo reconheciam que, em todos os níveis, Israel havia pecado contra seu deus, merecia seu juízo, mas, em vez disso, poderia receber seu perdão e sua reafirmação por meio da oferta de um sacrifício. Assim, embora nenhuma teoria clara possa ter sido formulada conscientemente sobre *como* e *por que* a matança de certos animais produzia, em determinadas circunstâncias, esse resultado, a participação generalizada em festas e o uso regular de sacrifícios individuais demonstram claramente que o israelita mediano acreditava na *eficácia* dessa prática.

Em outras palavras, o sistema sacrificial funcionou como uma forma de decretar e institucionalizar um aspecto da cosmovisão que já estudamos: a crença de que o deus pactual de Israel restauraria a sorte de seu povo, criando-o como sua verdadeira humanidade redimida; e que sua ação para com Israel seria a mesma adotada em relação a cada israelita. É claro que, conforme muitos escritores destacaram recentemente, isso não aconteceria de maneira automática.[127] Acreditava-se que a ação divina dependia, ao menos em parte, da atitude do indivíduo: era preciso arrepender-se. É importante, porém, percebermos como a combinação de arrependimento e sacrifício funcionava no âmbito da cosmovisão judaica. Não há qualquer sugestão de que eles fossem vistos pelos judeus como o meio de entrada no povo da aliança. A participação em Israel era feita pelo nascimento e (no caso dos homens) pela circuncisão. Antes, arrependimento e sacrifício faziam parte dos meios pelos quais os judeus mantinham seu *status* como povo da aliança, levando-os a permanecer dentro dos limites do pacto quando, em tese, poderiam ter sido excluídos.[128]

Uma pista para o significado inconsciente ou semiconsciente atribuído ao sacrifício nesse período pode ser sua integração parcial com a história de Israel como um todo. Se o exílio era visto como "morte" e, portanto, seu

---

[126]Veja Números 15:30-s. [ARC]; compare com mKer. 1:2; 2:6; 3:2; mShab. 7:1; 11:6; mSanh. 7:8; mHor. 2:1-6.

[127]Sanders, *Paul and Palestinian Judaism: A Comparison of Patterns of Religion*, 1977, p. 5-s. etc.; *Jewish Law from Jesus to the Mishnah: Five Studies*, 1990a, p. 42-s.; *Judaism: Practice and Belief, 63 BCE—66 CE*, 1992, p. 251-78.

[128]Obviamente, isso serve para aprimorar as categorias de "entrada" e "permanência", popularizadas por Sanders, *Paul and Palestinian Judaism: A Comparison of Patterns of Religion*, 1977. Nesse aspecto, sigo Harper, *Repentance in Pauline Theology*, 1988, que propõe "retornar" e "permanecer após quase ter sido lançado fora" como categorias mais precisas.

O NOVO TESTAMENTO E O POVO DE DEUS

retorno como uma "ressurreição", é apenas um passo ver a morte de Israel como, em certo sentido, sacrificial: o exílio não seria apenas o tempo em que Israel definhou na Babilônia, cumprindo uma sentença miserável em uma terra estrangeira, porém uma época em que o pecado cometido pela nação foi expiado. O exílio, ao que tudo indica, deveria ser visto tanto como uma punição para a nação em sua maldade quanto, em certo sentido, como uma vocação para suportar de maneira justa o pecado e o mal. Esse passo foi dado explicitamente na quarta das Canções do Servo, encontradas em Isaías 40—55 (52:13—53:12). O Servo, representando a tribulação e a futura restauração de Sião (cf. o contexto em 52:7-10), morre e ressuscita como uma oferta pelo pecado:

> Mas aprouve a YHWH esmagá-lo pelo sofrimento; se ele oferecer sua vida em sacrifício expiatório, terá uma posteridade duradoura, prolongará seus dias, e a vontade de YHWH será por ele realizada.[129]

O próprio exílio deve ser entendido como um sacrifício. Tal compreensão do sofrimento de Israel — ou de um representante ou grupo — como, de alguma forma, redentor, eficaz para a libertação do restante da nação do tempo da ira divina, é apreendida mais claramente na linguagem atribuída aos mártires macabeus:

> Quanto a nós, é por causa de nossos pecados que sofremos; e se, para nos punir e corrigir, o Deus vivo e Senhor nosso se irou por pouco tempo contra nós, ele há de se reconciliar de novo com seus servos. [...] A exemplo de meus irmãos, entrego meu corpo e minha vida pelas leis de nossos pais, e suplico a Deus que ele não se demore em apiedar-se de seu povo. Oxalá tu [Antíoco Epifânio], em meio aos sofrimentos e provações, reconheças nele o Deus único. Enfim, que se detenha em mim e em meus irmãos a cólera do Todo-Poderoso, que se desencadeou sobre toda a nossa raça.[130]

---

[129]Isaías 53:10 [Biblia Ave Maria]. Sobre a interpretação de Isaías 53 no pensamento judaico subsequente, veja Schürer, *The History of the Jewish People in the Age of Jesus Christ (175 B.C.—A.D. 135)*, 1973-87, 2.547-9.

[130]2Mac 7:32-3, 37-8; veja 6:12-16 [Bíblia Ave Maria] etc. Alguns viram a história de Taxo em *T. de Moisés* 9 como referência ao mesmo incidente (veja Charlesworth, *The Old Testament Pseudepigrapha*, 1983, p. 920; Schürer, *The History of the Jewish People in the Age of Jesus Christ (175 B.C.—A.D. 135)*, 1973-87, 3.282). Se é ou não, sua presente posição, seguida imediatamente pelo poema em celebração à vindicação de Israel sobre as nações no cap. 10, mostra a mesma colocação geral de ideias. A ideia de um indivíduo acalmando a ira de deus é associada com Fineias e Elias em Eclesiástico 45:23; 48:10.

AS CRENÇAS DE ISRAEL

Paralelos em 4Macabeus tornam o tema ainda mais explícito:

Tu sabes, ó Deus, que, embora eu pudesse me ter salvado, estou morrendo em tormentos ardentes por amor da tua lei. Sê misericordioso com o teu povo, permitindo que o nosso castigo seja suficiente. Faz do meu sangue a purificação deles e tira minha vida no lugar da vida deles.[131]

Estes, então, que foram consagrados por amor a Deus não são apenas honrados com sua consagração, mas também pelo fato de que, por causa deles, nossos inimigos não governaram a nossa nação, o tirano foi punido e a pátria, purificada; eles se tornaram, por assim dizer, um resgate pelo pecado da nossa nação. Por meio do sangue daqueles devotos e por sua morte como sacrifício expiatório, a Providência divina preservou Israel, o qual fora antes maltratado.[132]

O tema do sacrifício é muito mais profundo do que o remédio do indivíduo para uma consciência problemática. Peregrinações anuais não eram apenas ocasiões em que uma multidão de judeus individuais restaurava suas relações individuais com seu deus, mas oportunidades de celebração e reafirmação da esperança nacional (ou seja, política e social, bem como "religiosa").[133] E, em todo esse complexo de ideias, os sacrifícios desempenhavam papel importante. Sem dúvida, em parte eles eram vistos simplesmente como o culto designado ao único deus verdadeiro, para quem celebrar (em ofertas de agradecimento, ofertas pacíficas etc.) era, por si só, reafirmar o monoteísmo e a eleição de Israel e, portanto, sua identidade e a esperança nacional. Em parte, no entanto, é provável que houvesse a sensação de que o próprio ritual sacrificial representava, de forma dramática, o movimento de juízo e salvação, exílio e restauração, morte e ressurreição por que Israel ansiava. A manutenção e a evidente popularidade do culto demonstravam, assim, não apenas a força da piedade individual, mas também o fervor da expectativa nacional.

---

[131]6:27-9 [trad. livre]: a última frase diz: *katharsion auton poieson to emon haima kai antipsychon auton labe ten emen psychen.*

[132]17:20-2 [trad. livre]; veja também 1:11. A frase do "resgate" diz: *hosper antipsychon gegonotas tes tou ethnous hamartias*, que, com 6:29, fornece a única ocorrência na LXX de *antipsychon*. O grego para "sua morte como resgate pelo pecado" é *kai tou hilasteriou tou thanatou auton.* 4Macabeus é de considerável interesse não apenas pelas atitudes tomadas no 2º século a.C., mas pelas crenças tidas na época de sua composição, ou seja, possivelmente em meados do primeiro século da era cristã: veja Farmer, *Maccabees, Zealots, and Josephus: An Inquiry Into Jewish Nationalism in the Greco-Roman Period*, 1956, *passim*; Schürer 3.591. (Alguns defenderiam uma data anterior, mas a questão é que o livro era conhecido e popular no primeiro século.) Para a aparição de ideias semelhantes na literatura de Qumran, veja, por exemplo, 1QpHab 8.1-3 etc.

[133]Veja o cap. 8.

O NOVO TESTAMENTO E O POVO DE DEUS

Uma característica do pensamento judaico da época reflete o mesmo tema geral de uma forma mais sinistra e violenta. Alguns escritores usavam a linguagem das dores de parto, os chamados "ais messiânicos", como expressão de intenso sofrimento para designarem a transição entre as eras presente e vindoura. Como C.H. Cave observa: "A referência às últimas coisas [nos escritos judaicos desse período] é quase sempre acompanhada pela noção, recorrente em várias formas, de que um período de particular angústia e aflição deve preceder o amanhecer da salvação".[134] A ideia pode ser captada, por exemplo, em passagens como:

A iniquidade de Efraim está guardada,
   seu pecado está posto em reserva.
Quando lhe sobrevêm as dores do parto,
   ele é como um filho mal-ajeitado,
que não se apresenta no momento devido
   para sair do seio materno.[135]

No dia da queda dos *quitim*, haverá batalha e terrível carnificina diante do Deus de Israel, pois aquele será o dia designado desde os tempos antigos para a batalha de destruição dos filhos das trevas. [...] E será uma época de grande tribulação para o povo que Deus redimirá; de todas as suas aflições, nenhuma será como essa, desde o início repentino até o seu fim, quando ocorrer a redenção eterna.[136]

Da parte do Senhor, haverá uma grande praga nas ações daquela geração; e ele os entregará à espada e ao juízo, ao cativeiro, à pilhagem e à destruição. E ele [Deus] despertará contra eles os pecadores das nações. [...] Naqueles dias, clamarão, chamarão e orarão para serem salvos das mãos dos pecadores, os gentios,

---

[134]Em Schürer, *The History of the Jewish People in the Age of Jesus Christ (175 B.C.—A.D. 135)*, 1973-87, 2.514. Veja também Schweitzer, *The Mystery of the Kingdom of God*, 1925 [1901], p. 265-s.; Allison, *The End of the Ages has Come: An Early Interpretation of the Passion and Resurrection of Jesus*, 1985, esp. p. 115-s.; e a discussão em Rowland, *The Open Heaven: A Study of Apocalyptic in Judaism and Early Christianity*, 1982, p. 28, 43, 156-60, esp. p. 159.
[135]Oseias 13:12-13 [Bíblia Ave Maria]; veja também Isaías 42:13-16.
[136]1QM 1.9-12. Veja também, a partir dos manuscritos de Qumran, o quarto dentre os *Hodayoth* (1QH 3.6-18), esp. as linhas 8-10: "Pois os filhos chegaram à agonia da morte, e ela trabalha nas dores que dão à luz um Homem. Pois entre as agonias da morte, ela dará à luz um filho varão, e entre as dores do Inferno, surgirá de seu leito de gravidez um Maravilhoso e Poderoso Conselheiro; e um homem será libertado das aflições" (trad. baseada no texto de Vermes, *The Dead Sea Scrolls in English*, 1987 [1962], p. 173-s.). Compare também com 1QpHab e 1QM, *passim*.

AS CRENÇAS DE ISRAEL

mas ninguém será salvo [...] [a passagem continua com a descrição de como Israel se volta para a Torá e é salvo].[137]

Eis que vêm dias em que eu me aproximarei para visitar os habitantes da terra e pedirei contas da sua iniquidade, quando então a humilhação de Sião estiver completa e o selo for colocado sobre a era que está para passar; então, mostrarei estes sinais [...] [A passagem registra uma lista de sinais e presságios.] Naquele tempo, amigos lutarão contra amigos, e a terra e os que nela habitam ficarão aterrorizados; as fontes das águas ficarão paradas e, por três horas, não correrão. Acontecerá que todo aquele que permanecer depois de tudo o que eu lhes predisse verá a minha salvação e o fim do mundo.[138]

Este, então, será o sinal: quando o horror se apoderar dos habitantes da terra, e eles caírem em muitas tribulações e tormentos. E acontecerá que, por causa de suas grandes tribulações, dirão consigo mesmos: "O Poderoso não se lembra mais da terra"; e quando perderem a esperança, o novo tempo despertará.[139]

Israel passará por um sofrimento intenso e culminante; depois disso, a nação será perdoada e, então, o mundo será curado.[140] Quão difundida essa crença pode ter sido na época que estamos pesquisando, em uma ou outra de suas formas variadas, é impossível dizer. É certo que "o sofrimento coletivo como pagamento pelo pecado nacional era uma preocupação tradicional, e ainda estava viva no primeiro século";[141] tal ideia desempenhou papel importante na autocompreensão nacional judaica em meio ao caos e à confusão da época, e os primeiros cristãos (e talvez o próprio Jesus) a aceitaram e reinterpretaram.

Podemos ver, então, que, no âmbito da compreensão judaica, havia várias maneiras de lidar com o fato de Israel ser, apesar de sua eleição, uma nação de pecadores. Quer por meio de sacrifícios e festas regulares, quer pelo sofrimento dos mártires ou pela grande tribulação futura — seguida pela era vindoura —, o

---

[137]*Jubileus* 23:22-24 [trad. livre].

[138]4Ed 6:17-25; veja 5:1-9; 7:33-s.; 9:1-12; 13:29-31 [trad. livre].

[139]*2Bar.* 25:2-4. Veja, na mesma linha de pensamento, *2Bar.* 27:2-13; 48:31-41; 70:2-10; 72; 73; *1En.* 90:13-19; 91:12.

[140]No AT, a ideia também se reflete em Ezequiel 38:20; Oseias 4:3; Sofonias 1:3; Daniel 12:1, e possivelmente em algumas das passagens do "servo" em Isaías 40–55. No NT, veja Marcos 13 e textos paralelos; Romanos 8:17-27; 1Coríntios 7:26; Apocalipse 16:8 etc.; na literatura rabínica, mSot 9:15. A ideia de presságios que aparecem imediatamente antes do momento final se reflete em *Oráculos Sibilinos* 3.795-807; Jos. *Guerras* 6.289, 299. Veja os outros textos listados em Schürer e Rowland, *loc. cit.* Não estou certo de que a passagem em Guerras 6.364 se enquadre no tema dos "ais messiânicos", segundo sugerido por Goodman, *The Ruling Class of Judaea: The Origins of the Jewish Revolt Against Rome A.D. 66-70*, 1987, p. 217.

[141]Rajak, *Josephus: The Historian and His Society*, 1983, p. 97; a discussão toda é importante.

O NOVO TESTAMENTO E O POVO DE DEUS

criador traria seu povo, atravessando o pecado e a morte, ao seu futuro grande e glorioso futuro, segundo fora prometido. É importante não perdermos a natureza corporativa de todas essas ideias. Na medida em que judeus individuais refletiam sobre seu próprio estado diante de Deus, essa reflexão se dava como membros de um grupo maior, tanto a nação como algum grupo particular. Sacrifício e sofrimento eram os meios estranhos, porém divinamente designados, pelos quais o povo escolhido deveria manter sua posição como tal e pelos quais chegaria, por fim, à redenção. Desse modo, a esperança mais ampla também nasceria: o mundo inteiro seria trazido de volta à ordem e à harmonia que o criador sempre intencionara.

CRENÇAS: CONCLUSÃO

Acabamos de examinar brevemente a rede de crenças que informava e sustentava a esperança judaica da época. Identificamos, além disso, o modo como essas crenças deram origem à esperança que sustentava os vários movimentos de pensamento e ação entre os judeus. Em termos do modelo esboçado na Parte II, podemos resumir a situação da seguinte forma:

Já apresentamos a cosmovisão fundamental do judaísmo do segundo templo (cap. 8). Depois, descobrimos que o conjunto de *crenças fundamentais*, que explicam essa cosmovisão em termos teológicos, pode ser resumido de forma simples como monoteísmo, eleição e escatologia. Existe um deus criador, um deus que escolheu Israel para ser seu povo, dando-lhe sua Torá e estabelecendo-o em sua Terra sagrada. Esse deus agirá por meio dela para restabelecer seu juízo e sua justiça, sabedoria e *shalom*, em todo o mundo. As *crenças resultantes*, que, por sua vez, manifestam-se no cotidiano do israelita comum e nas discordâncias entre diferentes grupos judaicos, dizem respeito aos detalhes do significado real do monoteísmo. Em outras palavras, relacionam-se com os detalhes de como a aliança deve ser mantida, de como a Torá deve ser cumprida e nos detalhes do que podemos esperar que o deus de Israel faça no futuro imediato e em longo prazo, particularmente no que tange ao que Israel deveria estar fazendo (se é que deveria fazer alguma coisa) para antecipar a chegada desse futuro. Questões detalhadas de ontologia, ética, escatologia e política surgem naturalmente de crenças fundamentais, de modo que podemos observar essas questões levando os judeus da época a ficarem perplexos e divididos. De acordo com nossa análise, isso é normalmente o que acontece com crenças resultantes: aqueles que pensam partilhar uma cosmovisão comum descobrem que, apesar de um mesmo denominador, discordam acerca de como essa cosmovisão chega a uma expressão detalhada. Dito de outra forma, quando a discordância teológica se torna distinta, é provável que ambos os lados percebam no outro uma

AS CRENÇAS DE ISRAEL

ameaça à cosmovisão que nutrem, a qual veem como um desafio às suas crenças fundamentais ou resultantes.

Eram essas as crenças, então, que davam forma não apenas a uma visão de mundo religiosa, mas também aos diversos movimentos políticos, sociais e (particularmente) revolucionários que caracterizaram o período de 167 a.C. a 70 d.C. A base da ardente expectativa que fomentava o descontentamento e alimentava a revolução não se tratava apenas da frustração com as desigualdades do sistema imperial romano, mas com o fato de tal frustração estar inserida no contexto do monoteísmo, da eleição e da escatologia judaica. O deus da aliança agiria mais uma vez, trazendo à luz a "era vindoura", *ha'olam ha-ba'*, a qual substituiria a "era presente", *ha'olam ha-zeh*, uma era de miséria, escravidão, tristeza e exílio. É para essa esperança que nos voltamos agora.

| A ESPERANÇA
DE ISRAEL

CAPÍTULO 10

Vimos que a cosmovisão judaica fundamental do segundo templo e as crenças básicas que caracterizavam os que a defendiam incluíam necessariamente algum tipo de escatologia. É possível que alguns judeus, talvez entre os que detinham poder, tenham ficado felizes em minimizar a possibilidade de uma mudança radical; a maioria, porém, aguardava — alguns com fervor — por uma reviravolta na sorte de Israel. Se existe um deus criador, e Israel é seu povo, então esse deus agirá, mais cedo ou mais tarde, para restaurar a sorte da nação. Israel ainda se encontra em um estado de "exílio", e isso deve ser corrigido. Os símbolos da vida pactual devem ser restaurados, uma vez que a aliança será renovada: o Templo será reconstruído; a Terra, purificada; a Torá, guardada perfeitamente por um povo da nova aliança, um povo de coração renovado. Devemos agora analisar diretamente essa esperança. Para começar, examinemos um dos sistemas de linguagem característicos, usados para expressá-la.

"APOCALÍPTICO"

1. Introdução

Como todos os aspectos do judaísmo do segundo templo, a designação "apocalíptico" tem recebido muita atenção nos últimos anos. Por essa razão, não me aprofundarei nos debates, mas exporei o ponto de vista que, após um longo tempo, desenvolvi. Em harmonia com alguns escritores atuais, abstenho-me da tentativa de dar uma *definição* para "apocalíptico" e prossigo pelo caminho mais seguro de oferecer uma *descrição*, a qual deve, ela mesma, envolver várias distinções cruciais. Desenvolvida essa descrição, poderemos,

A ESPERANÇA DE ISRAEL

então, eliminar as aspas e tratar os diferentes significados de "apocalíptico" separadamente.[1]

2. Forma literária e convenção linguística

Deparamos com escritos apocalípticos por toda a parte no período do segundo templo, não apenas no judaísmo, mas também em outras religiões do Mediterrâneo e do Oriente Próximo, incluindo o cristianismo.[2] Aplicada à literatura, a palavra geralmente denota uma *forma* particular: a da visão relatada e (às vezes) sua interpretação. Afirmações são feitas para essas visões: são declarações divinas, revelando (daí "apocalíptico", palavra de origem grega para "revelação" ou "divulgação") situações normalmente desconhecidas pelo ser humano.[3] Às vezes, essas visões dizem respeito ao progresso da história — mais especificamente da história de Israel; outras vezes, concentram-se em viagens a outro mundo; de vez em quando, combinam uma coisa e outra. Forneço dois exemplos, escolhidos de forma um tanto aleatória, iniciando pela descrição de uma visão posta na boca do patriarca Abraão:

> Chegamos ao monte de Deus, o glorioso Horebe. Disse ao anjo: "Cantor do Eterno, eis que não trago nenhum sacrifício comigo, nem conheço um lugar para um altar nesta montanha; como então, devo fazer o sacrifício? E o anjo me disse: "Olhe atrás de você". Olhei, e eis que todos os sacrifícios prescritos nos seguiam [...] e o anjo me disse: "Mata todos eles [...] a rola e o pombo que me darás, pois subirei nas assas dos pássaros para mostrar-te [o que] está nos céus, na terra e no mar; no abismo e nas maiores profundezas; no jardim do Éden e em seus rios; na plenitude do universo. Em tudo isso, você verá os seus ciclos".[4]

"Para mostrar-te o que está nos céus, na terra e no mar [...] [e] na plenitude do universo". Eis a essência do apocalíptico: a Abraão são revelados todos os

---

[1]Nesse aspecto, sigo (mais ou menos) Collins, *Apocalypse: The Morphology of a Genre*, 1979; *The Apocalyptic Imagination*, 1987. Collins, juntamente com Rowland, *The Open Heaven: A Study of Apocalyptic in Judaism and Early Christianity*, 1982, forma uma boa introdução ao assunto.

[2]Veja Hellholm, *Apocalypticism in the Mediterranean World and the Near East: Proceedings of the International Colloquium on Apocalypticism, Uppsala, August 12–17, 1979*, 1983; Aune, *The New Testament in Its Literary Environment*, 1987, cap. 7.

[3]Veja definição completada dada por Collins, *The Apocalyptic Imagination*, 1987, p. 4: "Um gênero declaratório de literatura em forma narrativa, no qual uma revelação é mediada por um ser sobrenatural a um recipiente humano, mostrando uma realidade transcendente, na medida em que visa a salvação escatológica, e espacial, na proporção em que envolve outro mundo, o mundo sobrenatural".

[4]*Ap. de Abr.* 12.3-10.

O NOVO TESTAMENTO E O POVO DE DEUS

tipos de segredos. Como resultado, o patriarca aprende novas formas de adorar o verdadeiro deus, e finalmente vislumbra (cap. 31) a futura libertação de Israel.

Um segundo exemplo é atribuído a Baruque, secretário de Jeremias:

> Ao dizer isso, adormeci naquele lugar e tive uma visão durante a noite. E eis que havia uma floresta com árvores plantadas na planície e cercada por altas montanhas e rochas escarpadas. A floresta ocupava muito espaço. E eis que, defronte dela, erguia-se uma videira e dela corria pacificamente uma fonte [...]. A fonte chegou à floresta e se transformou em grandes ondas, que submergiram a floresta, desarraigando suas árvores e derrubando as montanhas que a circundavam. A altura da floresta e o topo das montanhas tornaram-se baixos; e a fonte, então, tornou-se tão forte que não deixou nada da grande floresta, exceto um cedro. Após tê-lo também derrubado, toda a floresta foi destruída, de modo que nada mais restou dela; até a sua localização tornou-se desconhecida. Então, a fonte, juntamente com a videira, aproximou-se, em paz e em grande tranquilidade, de um lugar não muito longe de onde estava o cedro [...]. Depois dessas coisas, eu vi o cedro em chamas e a videira crescendo, enquanto tudo ao seu redor se transformava em um vale cheio de flores imperecíveis. Depois, acordei e levantei-me.[5]

Baruque, então, ora por entendimento e recebe uma interpretação: um reino ímpio (a floresta da qual sobrou um cedro) será julgado e substituído pelo reino messiânico ("o domínio do meu Ungido, que é como a fonte e a videira" [39:7]), inaugurado "após o fim do mundo da corrupção e o cumprimento dos tempos outrora mencionados" (40:3).

Os dois exemplos são razoavelmente típicos da forma literária apocalíptica. No primeiro caso, o profeta é convidado pelo anjo a ver uma vasta gama de coisas normalmente escondidas, incluindo os segredos dos céus e da terra, o início e o fim das coisas. Isso o levará à compreensão plena e à adoração do único deus. Também antecipa a libertação pela qual a família de Abraão, Israel, pode aguardar. Nesse último caso, a visão é mais específica, atrelada a um cenário histórico particular. Garante aos fiéis que o reino que atualmente oprime os judeus será derrubado, e Israel, restaurado. Esses dois extratos são razoavelmente típicos do conteúdo e da forma que normalmente caracterizam o gênero apocalíptico.

Como, então, em termos de sensibilidade literária, tais obras devem ser lidas?[6] Tendo em vista, claro, a tessitura simbólica e multifacetada da linguagem

---

[5] *2Bar.* 36:1—37:1.
[6] Veja o cap. 3.

A ESPERANÇA DE ISRAEL

empregada. A visão de Baruque a respeito da fonte e da videira deve muito às imagens bíblicas, e já desperta ecos de visões e orações anteriores sobre a situação de Israel e sua redenção, prestes a acontecer.[7] As ricas imagens dos profetas são revividas de uma forma um pouco mais estilizada, mas com uma intenção muito semelhante. Como fica claro, o escritor de 2Baruque não escrevia, em última análise, sobre silvicultura e viticultura: vivendo após o desastre de 70 d.C., pretendia expressar algo acerca de Israel, sua opressão e sua esperança futura. Contudo, a floresta e as plantas não são irrelevantes. Capacitam-no a fazer (pelo menos) duas coisas além do discurso sociorreligioso direto: despertar os ecos da profecia bíblica anterior para ouvintes cujas mentes estavam sintonizadas com tais coisas e lançar sua mensagem de esperança e longanimidade, de modo a lhe dar autoridade divina. Os profetas anteriores podiam declarar: "Assim diz YHWH"; 2Baruque descreve uma visão e uma interpretação dadas por deus, colocando-as na boca de um herói centenário. O efeito pretendido é praticamente o mesmo. As diferentes camadas de significado desse tipo de literatura de visão exigem, assim, ser ouvidas em sua polifonia completa, e não achatadas em um único nível de significado. Se isso tivesse sido notado um século atrás, o campo de estudos bíblicos teria sido poupado de muitas pistas falsas. A linguagem apocalíptica usa metáforas complexas e altamente coloridas para descrever um acontecimento em termos de outro, trazendo à tona seu "significado".[8]

Nós mesmos fazemos isso o tempo todo. Eu costumava destacar aos meus alunos que descrever a queda do Muro de Berlim como um "acontecimento abalador" talvez levasse algum historiador do futuro, escrevendo no *Boletim Marciano de Estudos Europeus*, a lançar a hipótese de que um terremoto causara a queda do Muro, levando ambos os lados a perceber que, afinal, poderiam viver juntos. Muitas leituras atuais da literatura apocalíptica operam no mesmo nível de mal-entendido.

Vejamos outro exemplo. Cinco pessoas descrevem o mesmo acontecimento. Uma diz: "Percebi um clarão repentino e um som muito alto". A próxima alega: "Vi e ouvi um veículo barulhento na estrada". Já outra afirma: "Vi uma ambulância a caminho do hospital". A quarta testifica: "Acabo de testemunhar uma tragédia". A quinta lamenta: "Para mim, é o fim do mundo". O mesmo acontecimento dá origem a cinco informações verdadeiras, cada qual com um "significado" maior do que o anterior. Um exemplo bíblico de um fenômeno semelhante ocorre em 2Samuel 18:29-33 [NVI]. Davi aguarda por notícias de

---

[7]Fonte: Zacarias 13:1; veja Jeremias 2:13. Vinha, cedro: Salmos 80:8-19; Isaías 5:1-7; Ezequiel 17:1-24.

[8]Veja a Parte II, caps. 3, 5. Neste ponto, sigo Caird, *The Language and Imagery of the Bible*, 1980, cap. 14.

O NOVO TESTAMENTO E O POVO DE DEUS

suas tropas na batalha contra Absalão, seu filho rebelde. O primeiro mensageiro diz: "Vi que houve grande confusão [...] mas não sei o que aconteceu". O segundo, por sua vez, exclama: "Que os inimigos do rei, meu senhor, e todos os que se levantam para te fazer mal acabem como aquele jovem!". Ambos descrevem o mesmo acontecimento; a segunda descrição reveste o evento com seu significado. Não apenas, porém, o mensageiro diz a Davi o que o rei precisava ouvir, a saber, que Absalão está morto; também investe a *mesma* notícia do comentário adicional de que ele mesmo é um súdito leal do rei. Talvez conhecesse a tendência davídica para a raiva contra os que traziam notícias boas, mas perturbadoras (2Samuel 1:11-16), e tenha escolhido dar sua mensagem indiretamente, falando-a como expressão de lealdade. Davi, por sua vez, faz sua própria declaração sobre o mesmo acontecimento: "Ah, meu filho Absalão! Meu filho, meu filho Absalão! Quem me dera ter morrido em seu lugar! Ah, Absalão, meu filho, meu filho!". Cada um dos falantes se refere ao mesmo acontecimento, porém os diferentes modos pelos quais a fala ocorre *revestem* essa realidade de camadas cada vez maiores de significado.

Normalmente, declarações sobre os acontecimentos são revestidas de todo o tipo de nuances e conotações. O objetivo é trazer à tona seu significado e sua importância, ajudando as pessoas a enxergá-los de dentro para fora. Em uma cultura cuja crença era que acontecimentos relativos a Israel diziam respeito ao deus criador, fazia-se necessário encontrar uma linguagem *tanto* capaz de se referir a acontecimentos da história de Israel *como* de investi-los de todo o significado que, em meio a essa cosmovisão, eles tinham. Uma dessas linguagens, no período que temos estudado, era a apocalíptica.

Mais especificamente, diferentes formas de expressão estavam disponíveis àqueles que desejassem escrever ou falar do dia vindouro, quando o deus da aliança agiria para resgatar o seu povo. Metáforas do êxodo ocorriam prontamente; e, visto que o êxodo há muito esteve associado ao próprio ato da criação,[9] metáforas da criação seriam igualmente apropriadas. O sol se transformaria em trevas, e a lua, em sangue.[10] É como se dissessem: "Quando o deus da aliança agir, será um acontecimento de proporções cósmicas". Mais uma vez, só podemos entender essa ideia se tivermos em mente o que discutimos no capítulo anterior: Israel acreditava que o deus que escolhera habitar no monte chamado Sião não era outro além do criador do universo, cuja intenção para a Terra Santa era que fosse um novo Éden. No contexto do monoteísmo criacional e pactual, a linguagem apocalíptica faz pleno sentido.

---

[9] Isaías 51:9-11.

[10] *T. de Moisés* 10.5. Jeremias empregou uma linguagem "cósmica", referindo-se ao exílio como o desfazer da criação: Jeremias 4:23-8.

380

A ESPERANÇA DE ISRAEL

Na verdade, não é fácil ver que melhor sistema de linguagem poderia ter sido escolhido para articular a esperança de Israel e investi-la de todo o seu riquíssimo significado.

Não devemos imaginar que todos os escritos "apocalípticos" carregavam camadas paralelas ou semelhantes de significado. Pelo contrário: no exemplo anterior, extraído de *Apocalipse de Abraão*, muitas coisas que Abraão deve conhecer em visão são (o que normalmente chamaríamos de) realidades sobrenaturais ou transcendentes, cuja única ligação óbvia com o mundo espaçotemporal concerne, em alguns casos, ao destino daqueles que já estão mortos há muito tempo.

Algumas visões são tomadas pela glória do próprio reino celestial.[11] Até onde podemos dizer, boa parte disso deve ser interpretada "literalmente", ou seja, como uma descrição direta da realidade celestial. Desse modo, também é possível, e até mesmo provável, que livros como 4Esdras e 2Baruque, escritos após a destruição do Templo (70 d.C.), contenham visões reais, tidas durante uma experiência mística real e, *ao mesmo tempo*, tencionem falar sobre o Israel da época, seu sofrimento e sua esperança futura.[12] A linguagem metafórica do apocalíptico reveste a história de significado teológico; às vezes, a metáfora pode ser tencionada pelos autores como meio de perfurar o véu entre o céu e a terra, e falar diretamente a respeito das realidades celestiais.

É de vital importância, para toda a nossa percepção da cosmovisão judaica do primeiro século — incluindo, particularmente, a dos primeiros cristãos —, que vejamos o resultado de tudo isso. Ao usarem o que chamaríamos de "imagens cósmicas" para descrever a era vindoura, tal linguagem não pode ser lida de forma demasiadamente literal sem lhe causar grandes prejuízos. É claro que a futura restauração foi pintada em cores brilhantes e altamente metafóricas. Os escritores tomaram por empréstimo todas as devidas imagens possíveis para mostrar o imenso significado com o qual os acontecimentos históricos vindouros seriam carregados. De que outra forma poderiam dar voz ao pleno significado do que estava prestes a acontecer? Se até mesmo um pragmático primeiro-ministro britânico admitiu pensar em sua missão política em termos de Moisés conduzindo os filhos de Israel à liberdade,[13] não é de admirar que os filhos históricos de Israel empregassem imagens do êxodo e da criação para expressar sua esperança de uma liberdade cuja realidade estaria em continuidade muito mais óbvia com tais memórias históricas.

---

[11]Veja *Ap. de Abr.* 19, 20, descrevendo visões semelhantes (como muitos outros textos) à visão da carruagem, encontrada no cap. 1 de Ezequiel. Sobre todo esse tema, veja Gruenwald, *Apocalyptic and Merkavah Mysticism*, 1980.

[12]Veja particularmente Stone, *Fourth Ezra: A Commentary on the Book of Fourth Ezra*, 1990.

[13]James Callaghan, ao ser empossado em março de 1976.

Devemos reconhecer que o valor real de uma linguagem desse tipo é muitas vezes difícil de ser determinado com precisão, algo que tem sido motivo de intenso debate nos últimos anos.[14] De grande influência no assunto é a perspectiva de Albert Schweitzer, segundo a qual os judeus do primeiro século esperavam que o mundo físico chegasse ao fim.[15] Schweitzer concebeu o acontecimento como uma expectativa judaica comum, envolvendo a chegada à terra de uma figura messiânica divina. A manifestação messiânica tem sido comumente referida, em uma terminologia emprestada de algumas fontes cristãs antigas, como a *parousia*, embora a palavra em si não pertença, nesse sentido, aos primeiros escritos judaicos nos quais Schweitzer baseou suas teorias. Esse acontecimento hipotético era, de acordo com Schweizer e seus seguidores, regularmente denotado pela linguagem do reino vindouro de deus.

Cheguei à conclusão de que a crítica de Schweitzer lançada por Caird, Glasson, Borg e outros está correta.[16] Às vezes, sem dúvida, fenômenos naturais extraordinários eram esperados, testemunhados e interpretados no âmbito de uma grande crença que levava alguns a vê-los como sinais e presságios. Por exemplo: eclipses, terremotos, meteoritos e outros fenômenos naturais eram considerados parte da maneira como os estranhos acontecimentos sociopolíticos se anunciavam. Afinal, o universo era tido como um todo interconectado (o que não é a mesma coisa que um *continuum* fechado). Mas os acontecimentos, incluindo aqueles esperados, como o auge da restauração de Israel por YHWH, permanecem dentro do que pensamos como ocorrências deste mundo. O "reino de deus" em nada diz respeito ao mundo chegando ao fim. A ideia não faz sentido nem para a cosmovisão judaica fundamental nem para os textos nos quais a esperança judaica é expressa, pois era uma crença característica dos estoicos, e não dos judeus do primeiro século, que o mundo seria extinto em fogo. (O corolário irônico disso tudo é o pensamento de que, para os estudiosos, tal expectativa não passava de uma excentricidade judaica, desenvolvida ainda mais pela igreja à medida que ia crescendo e deixando o judaísmo para trás; na verdade, porém, parece uma estranheza pagã que a igreja se tenha transformado ao deixar o judaísmo para trás — ou que alguns judeus tenham convergido para o cristianismo enquanto se desconectavam da antiga fé

---

[14]Veja Caird, *The Language and Imagery of the Bible*, 1980, cap. 14; Rowland, *The Open Heaven: A Study of Apocalyptic in Judaism and Early Christianity*, 1982; Koch, *The Rediscovery of Apocalyptic*, 1972; Hellholm, *Apocalypticism in the Mediterranean World and the Near East*, 1983; Collins, *The Apocalyptic Imagination*, 1987; Stone, *Compendia*, 1984 etc.

[15]Veja Schweitzer, *The Quest of the Historical Jesus*, 1954 [1910]; *The Mysticism of Paul the Apostle*, 1968b [1931].

[16]Caird, *loc. cit.*; veja Glasson, "Schweitzer's Influence-Blessing or Bane?", 1977; Borg, "An Orthodoxy Reconsidered", 1987. Veja também Cranfield, "Thoughts on New Testament Eschatology", 1982.

A ESPERANÇA DE ISRAEL

nacional e se voltavam, em vez disso, para uma esperança interior e mística.)[17] Muito mais importante para o judeu do primeiro século do que as questões de espaço, tempo e cosmologia literal eram as questões-chave de Templo, Terra e Torá, raça, economia e justiça. Quando o deus de Israel agisse, os judeus seriam restaurados aos seus direitos ancestrais e praticariam sua religião ancestral, com o restante do mundo olhando com admiração e/ou fazendo peregrinações a Sião e/ou sendo transformados em pó sob os pés dos judeus.

A leitura "literalista" de tal linguagem obviamente surtiu um efeito profundo no estudo do Novo Testamento nos últimos anos. Se imaginarmos a maioria dos judeus e dos cristãos do primeiro século como pessoas cuja esperança era que o universo espaçotemporal chegaria ao fim — e que, por isso não ter acontecido, ficaram desapontadas —, criaremos imediatamente uma distância muito maior entre elas e nós do que a mera cronologia. Sabemos que estavam absolutamente erradas sobre algo que haviam posicionado no centro de sua cosmovisão; assim, devemos abandonar qualquer tentativa de levá-las a sério ou de construir uma hermenêutica que nos permitirá, de alguma forma, salvar uma parte retirada dos destroços. Esse foi o programa para o qual Schweitzer e Bultmann — e Käsemann, em alguns aspectos o sucessor de ambos — devotaram tanta atenção e tanta energia. Além do mais, a ideia de que o mundo espaçotemporal está chegando ao fim pertence intimamente ao dualismo radical que reúne, de forma pouco judaica, três das dualidades discutidas no capítulo anterior: a distinção entre o criador e o mundo; a distinção entre o físico e o não físico; a distinção entre o bem e o mal. O resultado é uma crença dualista na impossibilidade de redenção do mundo físico atual. Isso significava que "apocalíptico" podia ser visto como muito mais próximo do gnosticismo do que realmente fundamentado pelas evidências (veja a seguir); que poderia ser arrancado de seu contexto como parte da expectativa nacional de Israel; e que, assim, poderia funcionar como uma explicação da história das religiões para (digamos) a teologia paulina, de uma forma que permitiu que um pouco da teoria anterior, a da derivação do gnosticismo, permanecesse no lugar.[18] Por isso, sem dúvida, há uma insistência na "expectativa iminente" de que o fim do mundo espaçotemporal desempenha papel vital e inegociável em algumas dessas leituras do Novo Testamento.[19]

Não há, penso, nenhuma boa evidência para sugerirmos algo tão extraordinário quanto a visão que Schweitzer e seus seguidores defendiam. Como

---

[17]Sou grato ao professor R. D. Williams por destacar isso para mim.

[18]Acerca de tudo isto, veja o vol. 3 desta série.

[19]"Apokalyptik ist bei mir stets als Naherwartung verstanden" ("para mim, o apocalíptico sempre significa expectativa iminente"), em uma carta de Käsemann ao presente autor, datada de 18 de janeiro de 1983. Veja Käsemann, *New Testament Questions of Today*, 1969, caps. 4–5.

bons monoteístas criacionais, os judeus tradicionais não esperavam escapar do universo atual para algum reino platônico de felicidade eterna, desfrutada por almas desencarnadas após o fim do universo espaçotemporal. Se morressem na luta pela restauração de Israel, os judeus não esperavam "ir para o céu" — pelo menos não de forma permanente —, mas, sim, sua exaltação, com corpos gloriosos, quando o reino viesse, uma vez que, naturalmente, precisariam de um novo corpo para desfrutar o *shalom* deste mundo, a paz e a prosperidade que estavam reservadas a eles.[20]

Desse modo, no contexto da forma literária dos escritos-padrão apocalípticos, encontramos uma convenção linguística cujas raízes facilmente remontam à profecia clássica: imagens complexas e de muitas camadas (extraídas, na maioria das vezes, do imaginário bíblico) são usadas e reutilizadas para investir os acontecimentos espaçotemporais do passado, presente e futuro de Israel com todo o seu significado teológico. Exploraremos mais a ideia no restante deste capítulo.

3. Os contextos do apocalíptico

Existem, em particular, três pontos que surgem dessa consideração dos fenômenos literários e linguísticos que acabamos de observar: os contextos pessoais, sociais e históricos em que tal escrita nasceu e floresceu.

Primeiro, o *pessoal*. Uma das questões mais difíceis sobre o apocalíptico é a seguinte: o escritor realmente experimentou as visões que registrou ou simplesmente empregou um gênero literário como forma vívida e dramática de escrita? Aqui, o mais provável é que haja uma espécie de *continuum*. Quando deparamos com toda a tradição mística judaica, que inclui um caminho bem trilhado de meditação no trono-carruagem divino, conforme descrito em Ezequiel 1, seria extremamente precipitado sugerir que nenhum judeu do período do segundo templo praticava a meditação mística, assim como seria extremamente arrogante dizer que, se o faziam, nunca experimentaram nada sobre o que valesse a pena escrever. Pelo contrário: é altamente provável que muitos dentre os judeus sábios e piedosos tenham lutado fervorosamente para se aproximar, em oração e meditação, do deus de Israel. Se, ao mesmo tempo, usavam, como é bastante provável, técnicas como o jejum; e se (conforme é, reitero, altamente provável) eles já haviam estocado sua mente para transbordar com a meditação da Torá, dos Profetas e dos Escritos de Sabedoria, então há todas as razões para supormos que alguns deles tiveram experiências que,

---

[20]Sobre a ideia de ressurreição e seu lugar na estrutura do pensamento, veja seção 5. Um bom exemplo dessa escatologia firmada "neste mundo", embora investida com tonalidades gloriosas, pode ser encontrada em *Oráculos Sibilinos* 3.500-800.

A ESPERANÇA DE ISRAEL

sem qualquer hesitação, consideraram visões divinas. Provavelmente, algumas dessas visões foram registradas; também é possível que alguns desses registros se encontrem entre os primeiros escritos apocalípticos, disponíveis em edições recentes. O único problema é: Quais? Quais "apocalipses" refletem esse tipo de experiência, e quais deles são obras "puramente literárias"?

Não há um critério óbvio para decidirmos sobre o assunto, de modo que continua a ser uma questão de discernimento e, em muitos casos, de pura adivinhação. Se, porém, conforme sugeri, parte da literatura profético-visionária se originou de experiências místicas reais, também nos parece muito provável que outros, que não tiveram as mesmas experiências, tenham empregado o gênero como uma ficção piedosa, segundo vemos em *O peregrino*, de Bunyan:

> Andando pelas regiões desertas deste mundo, achei-me em certo lugar onde havia uma caverna; ali deitei-me para dormir e, dormindo, tive um sonho. [...]

> Assim, pena ao papel, com prazer tanto,
> Logo vazei as ideias em preto e branco.
> Pois sabendo já o método, todo aceso,
> Arranquei e tudo me veio [...][21]

Como no caso de Bunyan, o mesmo se deu com muitos escritores de apocalipses antigos. "Tive um sonho", alegavam; o que empregavam, porém, era um método. Tal emprego, porém, não retira o mérito do que escreveram: muitos bons argumentos foram apresentados sob figuras de linguagem, pela mesma razão que os gregos antigos esconderam soldados de guerra em um cavalo de madeira. O método oblíquo pode funcionar em situações nas quais o ataque direto falhou.

Podemos, então, postular, com alguma expectativa de acertar historicamente o alvo, um *continuum* de experiências que deram origem aos escritos apocalípticos. Em uma extremidade, encontramos os místicos. Na outra, vemos aqueles que escrevem sobre acontecimentos sociopolíticos por meio de metáforas coloridas. No meio disso, talvez percebamos a existência de judeus piedosos que, sem experiências visionárias dramáticas, escreveram, não obstante, transbordando de fé e anseio, altamente estimulados por emoções religiosas. Até mesmo Josefo (seria difícil imaginar alguém da época menos "apocalíptico") parece ter acreditado que o deus de Israel fora ativo nos acontecimentos que

---

[21]John Bunyan, *O Peregrino*. A primeira citação é a frase de abertura do livro. A segunda decorre da "Apologia do autor para este livro". (trecho extraído de Bunyan, John, *O peregrino* [livro eletrônico]. Trad. Eduardo Pereira e Ferreira. São Paulo: Mundo Cristão, 2013).

testemunhou. Não era preciso ser um sectário obstinado ou aceitar todas as variedades possíveis de dualismo para escrever um apocalipse. O próprio Josefo poderia tê-lo feito, se assim o escolhesse. (Ainda que, abandonando seu estilo normal de escrita, não conseguisse abandonar sua cosmovisão.) Todavia, o mais provável é que o estilo e o gênero apocalípticos fossem os escolhidos por aqueles cuja posição se encontrava do lado errado da história. Para entendermos essa ideia, passemos do aspecto pessoal para o social.

O *continuum* de possíveis contextos pessoais é refletido em uma variedade de prováveis contextos *sociais*. Sugeriu-se, muitas vezes e de maneira um tanto plausível, que o apocalíptico reflete um contexto de privação social. É a literatura dos desprivilegiados (Bunyan escreveu seu "sonho" na cadeia). Na proporção em que os escritores podem ter registrado sonhos e visões reais, é bem possível (embora não necessário) compreender seu trabalho como o reflexo de uma cosmovisão essencialmente escapista: as coisas estão tão ruins que a única esperança é deixar o mundo presente para trás e encontrar seu verdadeiro lar em outro lugar. Tal pensamento jaz na essência do gnosticismo. Contudo, de modo semelhante, aqueles que empregaram uma linguagem apocalíptica para escrever sobre o passado, o presente e o futuro de Israel — quer os sonhos tenham sido reais, quer tenham sido apenas métodos bem aperfeiçoados — podem ser mais bem-compreendidos em termos do exemplo que demos sobre o Cavalo de Troia: apelam para uma autoridade antiga, geralmente por meio de autoria pseudônima (Abraão, Baruque etc.), e alegam ter um *insight* do plano divino cuja realidade normalmente está oculta; isso permite a um grupo descontente ou rebelde atacar seus oponentes e fortalecer-se na luta. Escrevendo de forma críptica, usam códigos secretos e indetectáveis pelo censor ("quem lê entenda"). Falam com confiança sobre a grande inversão que há de vir, refletindo uma dualidade escatológica, embora não necessariamente cosmológica, da mesma forma como os políticos, ao longo dos séculos, falaram de grandes mudanças que ocorreriam, caso chegassem ao poder. E, tão importante quanto tudo isso, os escritores apocalípticos usam imagens que atraem um lado subjetivo da mente consciente. O equivalente moderno mais próximo seria a propaganda astuta, usando imagens emprestadas de uma esfera (romântica, por exemplo) para vender produtos em outra (roupas, por exemplo). Em todos os aspectos, o apocalíptico pode funcionar, e supomos ter sido essa sua função, como a literatura subversiva de grupos oprimidos — quer tenha sido inspirada por experiências puramente místicas, quer por boas técnicas literárias.

Movendo-nos para um estágio além, podemos, assim, sugerir um *continuum histórico* como o contexto mais amplo do gênero apocalíptico. Esperamos encontrá-lo em situações nas quais o desejo intenso por uma inversão das circunstâncias ruins se funde com uma devoção intensa ao deus que revelara segredos aos seus servos no passado e, esperava-se, faria o mesmo outra vez. Em outras palavras, esperamos o florescimento do apocalíptico em Israel nos períodos asmoneu e romano, épocas em que, naturalmente, encontramos uma grande quantidade de escritos do gênero. Não se trata de um argumento circular: mostramos a razão pela qual temos precisamente o que esperávamos ter. Também mostramos que o apocalíptico não pertence a um mero "movimento" particular, separado de outros grupos ou movimentos do judaísmo do segundo templo. Seu método particular deve muito ao uso de imagens dos profetas clássicos: o prumo de Amós e a panela fervilhante de Jeremias são precedentes adequados, embora mais breves, para o cedro e a videira de Baruque; e as árvores de Ezequiel se aproximam ainda mais dessas imagens.[22]

Tal discussão dos diferentes contextos do apocalíptico levantam outra questão importante. Possuímos muitas boas edições modernas de diversos textos apocalípticos judaicos, além de outras obras do mesmo período. Dois mil anos atrás, a maioria dos judeus nem sequer teria ouvido falar de metade dos escritos, produzidos em sua época, com os quais os estudiosos estão atualmente familiarizados; ou, se sim, poderiam muito bem tê-los reprovado. Justamente pelo fato de a escrita apocalíptica aventurar-se em duas áreas duvidosas — especulação mística e subversão política —, muitos judeus comuns considerariam o gênero com alguma desconfiança ou aversão. Tal como acontece com os manuscritos de Qumran, não podemos presumir que, por estarmos de posse de um texto do primeiro século, todos, na época, também o possuíssem. Escritos apocalípticos não revelam automaticamente "o que todo judeu pensava": antes, fornecem-nos evidências da direção que o pensamento judaico *poderia* tomar, sob certas circunstâncias específicas.

Outra complicação acontece quando, apesar dessa ressalva, determinada escrita foi retomada e lida por um grupo diferente daquele em que foi produzido. É muito provável que resulte em novas leituras, sem dúvida semelhantes em relação à intenção original, mas de forma alguma produzidas fielmente. Além do mais, quando tais leituras subsequentes foram reescritas por meio de interpolação, omissão ou reorganização, percebemo-nos olhando para uma tela na qual muitos artistas, e talvez até mesmo alguns restauradores desajeitados, trabalharam.[23] Tentar traçar onde a escrita se enquadra em um contexto histórico, então, torna-se mais difícil, não mais fácil, quanto mais sabemos a seu respeito. Essas

---

[22]Amós 7:7-9; Jeremias 1:13; Ezequiel 17:1-24. A questão de serem visões "naturais" ou "sobrenaturais" não é relevante aqui.

[23]Isso é particularmente claro no caso do *Testamento dos Doze Patriarcas*: veja Nickelsburg, *Jewish Literature Between the Bible and the Mishnah*, 1981, p. 231-41; Schürer, *The History of the Jewish People in the Age of Jesus Christ (175 B.C.—A.D. 135)*, 1973-87, 3.767-81; Collins, "Testaments", 1984, p. 342-s.

observações não remetem à ideia de que os escritos apocalípticos são inúteis para nos ajudar a compreender como funcionava a mente judaica do primeiro século, porém sugerem cautela ao chegarmos a algumas conclusões a partir deles.

4. Sobre "representação"

Uma das características óbvias da linguagem apocalíptica é o uso de símbolos e imagens para representar nações e raças. Daniel 7:1-8 fala de quatro grandes bestas que surgem do mar: ninguém imagina o escritor sugerindo animais fabulosos arrastando-se do Mediterrâneo e escalando o escarpamento, ensopados e monstruosos, para atacar Jerusalém. O mar *representa* o mal ou o caos, e as bestas *representam* reinos e reis, conforme é explicado na passagem (v. 17). A interpretação de Josefo sobre a visão paralela (Daniel 2) sugere que ele entendeu a primeira besta, o leão, como representativo do Império Babilônico.[24] A quarta besta (v. 7-8) claramente representa não apenas um rei individual, mas todo um reino, do qual emergem dez "chifres" que representam os reis individuais (v. 19-26). Esse sentido de "representação" é comum e bem conhecido. Trata-se de uma característica padrão do gênero. A panela fervilhante de Jeremias "representa" a ira que será derramada sobre Israel. A "ovelha" de Natã representa Bate-Seba.[25] Essa é uma representação *literária* ou *retórica*: um escritor ou orador usa uma figura, por meio de uma metáfora ou alegoria complexa, para representar um indivíduo, uma nação ou qualquer outra coisa. Em *O peregrino*, pessoas na história *representam* qualidades, virtudes, tentações e outras coisas da vida real.

Existe, porém, um segundo sentido de "representação", a saber, a representação *sociológica*, pela qual uma pessoa ou um grupo é tido por representar, substituir, carregar o destino ou a sorte de outra pessoa ou grupo (o primeiro não precisa ser necessariamente menor em número em relação ao segundo, embora, em geral, seja: podemos imaginar um grupo de pessoas dizendo: "Viemos como representantes da rainha"). Isso em nada diz respeito a formas ou convenções literárias, mas, sim, a costumes e crenças sociopolíticas. Em particular, destaca-se com frequência que, no mundo antigo, como, às vezes, também no mundo moderno, líderes ou governantes das nações "representam" seu povo: um bom exemplo é o ato subversivamente real de Davi, lutando contra Golias em nome de todo o Israel, após sua unção por Samuel, mas muito antes da morte do rei Saul.[26]

---

[24]Jos. *Ant.* 10.208, interpretando Daniel 2:36-8. Em 4QpNah. 1.6-9, o "leão" claramente corresponde a um indivíduo, normalmente tido por Alexandre Janeu.

[25]2Samuel 12:1-15.

[26]1Samuel 17.

A ESPERANÇA DE ISRAEL

Há um terceiro sentido de "representação" que, sem elucidação, pode causar maior confusão. Na principal corrente da cosmovisão judaica, segundo a qual os reinos celestial e terrestre são distintos, porém interligados (em vez de mantidos separados, como ensinado pelo epicurismo, ou então fundidos, como pregado pelo panteísmo), surge a crença de que seres celestiais, muitas vezes anjos, servem de contrapartes ou "representantes" dos seres terrestres, normalmente nações ou indivíduos. Tal representação *metafísica* é evidente, por exemplo, em Daniel 10:12-21, texto em que o anjo Miguel é o "príncipe" de Israel, lutando contra os "príncipes" angelicais da Pérsia e da Grécia. A batalha não deve ser considerada essencialmente diferente da que ocorre na Terra. A linguagem da representação metafísica é uma forma de garantir que os acontecimentos terrestres (por mais intrigantes e preocupantes que pareçam) estejam realmente interligados à dimensão celestial e, desse modo, investidos de um significado cuja realidade pode não aparecer na superfície e cuja esperança futura vai além do que seria possível perceber a partir da observação sociopolítica.

Nesse ponto, há, como é compreensível, margem para confusões, já que é perfeitamente possível imaginar esses três sentidos distintos de "representação" sendo usados ao mesmo tempo. Na verdade, vimos que, no caso das três primeiras bestas de Daniel, não está claro se, em termos *literários*, representam reis individuais ou reinos inteiros, ao passo que, com a quarta besta, não temos dúvidas (a besta é o reino e seus chifres, os reis). A razão para essa falta de clareza sobre as três primeiras bestas ocorre precisamente pelo fato de um rei representar (no sentido *sociológico*) a nação sobre a qual governa. Da mesma forma, seria possível argumentar que, em Daniel 10, os "príncipes" servem apenas de dispositivos literários — ou seja, de "representantes" em um sentido literário, não metafísico — cujo símbolo não passa de reinos em guerra. Tal ideia, acredito, está errada. Há evidências abundantes quanto à crença na real existência dos anjos, alguns dos quais foram incumbidos de nações específicas. Isso significa que os leitores do primeiro século criam na existência real desses "príncipes", embora não acreditassem na existência real dos monstros de Daniel 7:2-8. Em vez disso, a linguagem de Daniel 10—11 deve equiparar-se ao mesmo nível de linguagem de 2Reis 6:15-17:[27] aquilo que normalmente vemos é apenas parte do quadro geral.

Esse exame da "representação" na literatura apocalíptica ajuda a explicar, penso, a razão pela qual o gênero é o que é. Pelo fato de os reinos celestial e terreno estarem intimamente conectados entre si (o que é uma forma de afirmar a presença do deus criador em sua criação e em meio ao seu povo),

---

[27]"[…] então YHWH abriu os olhos do rapaz, que olhou e viu as colinas cheias de cavalos e carros de fogo ao redor de Eliseu".

faz sentido teológico pensarmos em alguém inserido nos mistérios da esfera celestial e emergindo com informações relacionadas à esfera terrena. Reconhecendo essa crença *metafísica* e a tendência profética para imagens visionárias de vários tipos, é fácil vermos o surgimento de uma forma *literária* que ora faz uso de uma correspondência metafísica entre o terreno e o celestial, ora não (os monstros de Daniel 7 não eram, em nossa opinião, criaturas do mundo sobrenatural). Ao mesmo tempo, a representação *sociológica* não é inteiramente descartada. Um rei nomeado pelo deus criador para governar (e sociologicamente "representar") o povo com o qual fez aliança pode ser considerado um instrumento de bênção e proteção celestiais, um canal ou um veículo especial da provisão divina para as necessidades da nação.[28]

Devemos ter em mente esse conjunto de possibilidades, pois, do contrário, ficaremos facilmente confusos. Contudo, a ideia principal é clara. No gênero da literatura onírica e visionária, é comum que uma nação, um grupo ou uma entidade coletiva sejam representados, no sentido literário, por uma única figura — por exemplo, um leão, urso ou leopardo; uma cidade, floresta ou videira; ou até mesmo uma figura humana. Em nenhum desses casos, é necessário sugerir a presença de uma representação sociológica ou metafísica; para que esses elementos sejam determinados, precisamos de mais evidências. Sem elas, as exigências do gênero serão satisfeitas apenas destacando sua representação literária.

5. Daniel 7 e o Filho do Homem

"Até mesmo uma figura humana": é nesse ponto, obviamente, que reside um dos maiores problemas; e espero que, ao abordá-lo a partir desse ângulo, possamos jogar luz à questão controvertida de Daniel 7:13-14.[29] Lendo o capítulo até o versículo 12, não encontramos problema algum. Os monstros "representam" (no sentido literário) as nações que guerreiam contra Israel. Assim, qual é a razão de os críticos lerem a figura do "filho do homem" — atacada pelas bestas, mas finalmente justificada — como referência a um ser humano individual, ou possivelmente divino ou angelical? Parte da resposta reside na confusão entre os diferentes sentidos de representação. O que temos nesse capítulo, sugiro, é uma representação *literária* por meio da qual uma figura histórica — uma figura humana, cercada por monstros — funciona como um símbolo para Israel, assim como os monstros funcionam como representações literárias das nações pagãs. De forma evidente, o símbolo está carregado do

---

[28]Salmos 84:9.

[29]É impossível entrarmos detalhadamente nesta passagem complexa. Para discussões úteis, com extensa bibliografia, veja Goldingay, *Daniel*, 1989, p. 137-93; Casey, "Method in Our Madness, and Madness in Their Methods. Some Approaches to the Son of Man Problem in Recent Scholarship", 1991.

A ESPERANÇA DE ISRAEL

significado de Gênesis 2, evocando a ideia do povo de Deus como a verdadeira humanidade e as nações pagãs como animais.[30] A ideia sugere, com toda a força do imaginário, que Israel, embora maltratado e rodeado por inimigos, está prestes a ser justificado. Afirmar, de modo superficial, que o escritor ou algum leitor da passagem imaginava "filho do homem" como um indivíduo histórico que, como tal, "representava" Israel como nação (no sentido *sociológico*) seria simplesmente confundir as categorias. Mais uma vez, podemos perceber isso, por analogia, a partir dos monstros: ninguém imagina que o autor de Daniel ou algum leitor da época do segundo templo pensasse que monstros reais apareceriam na terra "representando" as nações pagãs como um parlamentar "representa" um eleitorado. Se, na cosmovisão judaica do primeiro século, alguém desse o passo de tratar o "filho do homem" como um representante tanto *sociológico* como *literário* — sugerindo que o símbolo pudesse, afinal, tornar-se realidade —, tal movimento seria visto apenas como radical e inovador, vinho novo rompendo odres velhos.[31] E, se porventura tal movimento fosse feito, de modo que uma figura individual na história fosse considerada, em certo sentido, o cumprimento de Daniel 7:13-s., qualquer tentativa de transformar o imaginário literário associado a esse "filho do homem" em uma verdade *histórica* literal — imaginar, por exemplo, que ele seria atacado por monstros do mar — constituiria uma colisão extrema de categorias.

De modo semelhante, seria errado pular da "representação" *literária*, pela qual o "filho do homem" representa Israel na lógica do gênero visionário, para uma representação *metafísica*, na qual o "filho do homem" torna-se um ser celestial transcendente, existente em outra esfera da realidade. Qualquer sugestão do tipo (com base, por exemplo, na ideia de que os "santos do Altíssimo" [v. 18, 25, 27] referem-se a anjos, e não a Israel) deve ser repelida, mais uma vez, com base no fato de constituir uma confusão de categorias. Se alguém tentasse combinar os sentidos metafísico e literário a esse respeito, sugiro que tal ideia seria tida no mundo do primeiro século como uma inovação dramática.

Com essas distinções em mente, agora podemos ir mais longe e sugerir uma leitura contextual de Daniel 7 que mostra, acredito, a extrema probabilidade de que os leitores do capítulo (muito popular) no primeiro século veriam seu significado principalmente em termos da vindicação pública de Israel após seu sofrimento nas mãos dos pagãos.[32] É importante estabelecer

---

[30]Segundo Hooker, *The Son of Man in Mark*, 1967, p. 71-s.

[31]Veja a seção IV deste livro e o vol. 2 da presente série.

[32]O ponto em que Josefo deixa de mencionar Daniel 7 (*Ant.* 10.267-s.) em seu relato quase completo do livro é também o mesmo em que ele enfatiza (veja Moule, *The Origin of Christology*, 1977, p. 14, 16) a proeminência do livro de Daniel, aos olhos de seus contemporâneos judeus, como um profeta para o seu tempo. A reutilização das ideias de Daniel 7 em *1En* 37-71; *4Esd*.

não tanto o que Daniel 7 pôde ter significado no passado remoto (para um profeta ou redator antigo, por exemplo), mas, sim, o que poderia ter significado para um judeu do primeiro século. Observamos a evidência críptica de Josefo, à qual retornaremos mais tarde. Agora, devemos analisar o capítulo 7 em seu devido contexto, ou seja, como a conclusão lógica da primeira metade do livro de Daniel.

Daniel 7 há muito sofre por ser lido isoladamente dos capítulos 1—6. É verdade que o livro parece conter uma divisão ao final do capítulo 6, com o material anterior composto, em grande parte, de histórias sobre Daniel e seus amigos, e os capítulos seguintes oferecendo visões escatológicas mais complexas. Mesmo essa divisão simples, entretanto, é enganosa. Daniel 2 e 4 têm muito em comum com as visões posteriores e, de fato, os primeiros capítulos enfatizam continuamente a habilidade do profeta em conhecer e tornar conhecidos alguns mistérios ocultos. Embora culmine com uma revelação escatológica, o capítulo 9 consiste principalmente na imagem de um judeu no exílio — imagem essa elaborada nos capítulos 1–6. Ademais, o estranho fato de o trecho de 2:4b—7:28 estar em aramaico sugere que o capítulo 7 não deve ser divorciado dos capítulos 1–6, insinuando particularmente uma possível conexão entre os capítulos 2 e 7.[33]

De fato, os primeiros seis capítulos do livro têm dois temas em comum. O primeiro deles é que os judeus são convidados ou incitados a transgredir sua religião ancestral e se recusam a fazê-lo. São, de alguma forma, testados, provados como certos e exaltados. O segundo é que várias visões e revelações são concedidas ao rei pagão e, então, interpretadas por Daniel. Assim, no capítulo 1, temos uma leve declaração de abertura do primeiro tema: os quatro jovens recusam a rica comida (e presumivelmente idólatra) do rei, mas tornam-se mais saudáveis do que nunca e recebem uma posição de preeminência na corte real. O segundo tema é apresentado no capítulo 2, no qual a sabedoria superior de Daniel é demonstrada: só ele pode revelar e interpretar o sonho do rei. O sonho em si é de uma estátua feita de quatro partes diferentes e de uma pedra que a quebra em pedaços, transformando-se em uma grande montanha. Quando

---

11-13; *2Bar.* 39 (trataremos dessas passagens mais adiante) mostra que Josefo estava correto nisso. A ideia, ampliada em parte do argumento que proporei, vai contra a insistência de Casey, 1991, em submeter todas as questões como referência a Daniel 7 para testes primariamente *linguísticos.* Ainda mais do que o uso linguístico, o que conta é a maneira como todo o capítulo, que forma o contexto vital do v. 13, foi lido e compreendido na época.

[33] Veja Goldingay, *Daniel*, 1989, p. 157-s.: o cap. 7 termina um quiasmo que começa com o cap. 2. Como uma nota de advertência, o professor Moule me sugere, em uma carta, o seguinte: é possível que "as partes aramaicas em ambos os livros [i.e., Daniel e Esdras] sejam acidentais, provavelmente devido ao copista ter se utilizado de um manuscrito defeituoso e, *faute de mieux,* preenchido a lacuna a partir do Targum aramaico.

interpretada, a imagem se refere a quatro reinos, expulsos pelo reino eterno do rei de Israel. O conteúdo da visão (o segundo tema) é o mesmo que o próprio tema em si; e, com esse conteúdo, nós estamos familiarizados. Trata-se da história principal do judaísmo do segundo templo, contada e recontada de muitas maneiras ao longo do período em questão.[34] Esses dois capítulos iniciais servem, portanto, não apenas como introdução aos capítulos 1—6, mas também como um conjunto de temas para todo o livro.

No terceiro capítulo, os três companheiros de Daniel se recusam a adorar a imagem de ouro do rei (possivelmente destinada a ser ligada à "cabeça de ouro", representando Nabucodonosor [cf. 2:38]), de modo que são lançados na fornalha ardente; dela, são milagrosamente resgatados, recebendo, então, promoção e honra. O mesmo tema é encontrado no capítulo 4: Nabucodonosor tem uma visão interpretada por Daniel na qual ele é humilhado após seu grande orgulho, reconhecendo, em seguida, a soberania eterna do único deus do céu — que o leitor naturalmente identifica como o deus de Daniel. Essa mutação, então, é combinada com o primeiro tema no capítulo 5, quando Belsazar celebra uma festa pagã com os utensílios do Templo de Jerusalém. Daniel interpreta o escrito na parede: o único deus verdadeiro julga o rei pagão que se exaltou contra ele. O deus de Israel é publicamente honrado e, em sua vindicação, Daniel, o judeu chamado para explicar a escrita (5:13-s.), é, ele próprio, vindicado e exaltado (5:16,29).

A situação define o cenário para o capítulo 6, no qual Daniel, sob pressão para comprometer seu monoteísmo, recusa-se a dirigir sua oração ao rei e é lançado na cova dos leões. O rei, ao vir pela manhã e descobrir que Daniel está vivo, tira-o da cova (6:23), faz com que os acusadores sejam mortos em seu lugar e emite um decreto, em linguagem obviamente reminiscente de 2:44, 4:3 e 4:34, glorificando o deus de Daniel:

> Pois ele é o Deus vivo
> e permanece para sempre;
> o seu reino não será destruído,
> o seu domínio jamais acabará. (6:26, NVI).

Não deve haver dúvidas sobre como Daniel 1—6 seria lido e compreendido no judaísmo do segundo templo, especialmente nos períodos sírio e romano. Israel deveria resistir à pressão pagã de comprometer sua religião ancestral: os reinos do mundo finalmente darão lugar ao reino eterno do único deus verdadeiro e, quando isso acontecer, aqueles que se mantiverem firmes serão,

---

[34]Veja o cap. 8 deste livro.

O NOVO TESTAMENTO E O POVO DE DEUS

eles próprios, publicamente honrados. Podemos citar 2Macabeus 7 como paralelo próximo.[35]

Esse complexo de crenças e expectativas, sugiro, fornece o contexto natural e óbvio no qual o capítulo 7 deve ser compreendido.[36] Na segunda metade do livro como um todo, ambos os temas da primeira metade são modificados, mas não abandonados. A honra individual de Daniel e seus companheiros se transformam na honra nacional de Israel; e, agora, é Daniel que tem visões, cujas interpretações são dadas por um anjo. Contextualizando o capítulo 7 nesse cenário, e lendo-o como um todo em vez de desmontá-lo em busca de significados hipotéticos anteriores, surge uma imagem consistente. As quatro bestas que saem do mar (v. 2-8) culminam no chifre pequeno da quarta besta (v. 8), que faz guerra contra "os santos" (v. 21). Mas, ao se assentar o "Altíssimo", o "Ancião de Dias", o julgamento é feito em favor dos "santos"/ de "alguém semelhante a um filho do homem" (v. 13, 18, 22, 27); eles são vindicados e exaltados, tendo seus inimigos destruídos e, em sua vindicação, o próprio deus honrado:

> Seu domínio é um domínio eterno que não acabará,
> e seu reino jamais será destruído. (7:14, NVI).

Em breve, analisaremos os detalhes. Por enquanto, devemos observar o paralelo mais do que notável entre essa sequência de acontecimentos e toda a linha de pensamento anterior, particularmente da forma expressa no sexto capítulo. Aqui, como lá, a figura humana é cercada por "bestas" ameaçadoras; como vimos, a primeira besta (7:4) é como um leão, tornando explícita a conexão com o capítulo anterior. Aqui, como lá, o rei se achega com autoridade: Dario (cap. 6) desempenha o papel que será assumido pelo Ancião de Dias (cap. 7). Em ambos, a figura humana (Daniel no capítulo 6, o "filho do homem" no capítulo 7) é vindicada e exaltada, elevada para além do alcance das bestas. Em ambos, o único deus verdadeiro é glorificado, enquanto os inimigos de seu povo, subjugados. Ambos terminam com uma celebração do reino/da majestade do único deus verdadeiro. Em termos dramáticos e poéticos, a sequência é idêntica. Dada a forte ênfase precisamente desse aspecto do enredo em tantos outros escritos do segundo templo, parece-me moralmente certo afirmar que um judeu da época teria lido Daniel 7 exatamente dessa forma.

---

[35]Nem há qualquer ideia necessária aqui dessa reivindicação, incluindo o fim da ordem espaçotemporal. A doutrina da ressurreição, desenvolvendo-se ao mesmo tempo e sob as mesmas pressões, indica que o mundo presente teria continuidade, com os justos do deus da aliança agora no controle sob a sua soberania exclusiva, e os justos mortos retornando para partilhar do triunfo.
[36]Veja Cohen, *From the Maccabees to the Mishnah*, 1987, p. 197.

A ESPERANÇA DE ISRAEL

Existem pontos óbvios de dissimilaridade entre os capítulos 6 e 7: Dario não é divino e, longe de serem destruídos, os leões do capítulo 6 tornam-se os destruidores dos verdadeiros inimigos de Daniel. Mas isso não faz diferença para o estreito paralelismo. Quase poderíamos insinuar, conforme sugestões cautelosas já propostas acerca das origens pessoais e místicas de parte da literatura apocalíptica, que o capítulo 7 é exatamente o tipo de sonho, ou pesadelo, que alguém teria se passasse pela experiência angustiante do capítulo 6, após refletir teologicamente sobre o acontecimento. Sem dúvida, um escritor suficientemente sutil para elaborar um livro como o de Daniel poderia ter estabelecido a mesma conexão. Acho impossível acreditar que o paralelismo passou despercebido ao editor final de Daniel.

Entretanto, é realmente legítimo ler o capítulo 7 dessa maneira? Tornou-se comum separar vários elementos diferentes nele, obscurecendo o efeito geral que acabamos de esboçar. Em particular, (a) "alguém semelhante a um filho do homem" foi interpretado como referência a um ser transcendente ou a uma figura angelical, e (b) os vários estágios da narrativa, particularmente o momento da vindicação, foram separados e lançados uns contra os outros (v. 13-4.,18,22,27, falando de "alguém semelhante a um filho do homem", seguido por "santos do Altíssimo" e, então, "povo do Altíssimo").[37] Ambos os movimentos, ao que me parece, correm o risco de interpretar equivocadamente o gênero apocalíptico.

(a) Collins está certo ao dizer que, se a referência for a um anjo, isso ainda não anula o significado de que os israelitas fiéis serão vindicados, visto que o anjo é sua contraparte celestial.[38] Contudo, esse movimento, acredito, simplesmente não é necessário. Embora seja verdade que, no capítulo 10 e em outros lugares, Miguel, o "príncipe" de Israel, luta contra os "príncipes" das nações pagãs, isso não precisa servir de modelo para a interpretação do capítulo 6; nem a referência a "santos" deve necessariamente denotar anjos, apesar dos possíveis paralelos em Qumran. Aqui, temos a confusão delineada acima, entre metáfora apocalíptica — ou seja, representação *literária* — e ontologia especulativa — ou seja, representação *metafísica*. No primeiro caso, "visão" é uma forma de se referir às realidades terrenas, revestindo-as de seu significado teológico. No segundo, essa visão torna-se uma janela literal para eventos "celestiais" reais, importantes, sem dúvida, por sua contraparte terrestre, mas também por atraírem a atenção para si mesmos. Certamente, há um caminho curto entre esses dois possíveis conjuntos de significados; mas o paralelismo que analisamos entre o capítulo 7 e os capítulos 1—6 encorajam-me a afirmar

---

[37]Veja o relato detalhado da pesquisa em Goldingay, *Daniel*, 1989, p. 169-72.
[38]Collins, *The Apocalyptic Imagination*, 1987, p. 81-3. Veja Goldingay, *Daniel*, 1989, p. 171-s.

O NOVO TESTAMENTO E O POVO DE DEUS

que, pelo menos no capítulo 7, a despeito dos capítulos posteriores, a forma natural de interpretarmos a visão é interpretando aquele "semelhante a um filho de homem" como "representante" (no sentido literário, não sociológico ou metafísico) do "povo dos santos do Altíssimo". Em outras palavras, a visão *diz respeito ao* sofrimento de Israel nas mãos dos pagãos — mais especificamente, de um monarca pagão, talvez Antíoco Epifânio — e à sua vindicação quando o único deus se revelar como tal e destruir os inimigos da nação. Caso contrário, teríamos de interpretar as próprias "bestas" como "príncipes" das nações, ao passo que elas também "representam" as nações no sentido literário, não em termos sociológicos ou metafísicos. Quando o deus de Israel agir para honrar seu nome, seu povo será revelado como sua verdadeira humanidade, como uma "figura humana" em contraste com as "bestas".[39]

(b) Pertence ao gênero apocalíptico o fato de o significado da visão ser desdobrado passo a passo (se necessário), e não que o significado mude de um desdobramento para o outro. Portanto, é perfeitamente adequado admitir que a declaração final mais completa (v. 27) seja determinada pelas anteriores; e a adição de "povos" a "santos do Altíssimo" possa, nesse ponto, ser tomada com segurança como uma indicação de ter sido essa a referência tencionada desde o início.[40]

Assim, parece-me perfeitamente justificável (embora, claro, o que expus há pouco continue tendencioso, visto que o espaço proíbe uma discussão completa) ler Daniel 7 à luz da primeira metade do livro e sugerir que um judeu do período do segundo templo teria feito o mesmo. Ao deparar com a perseguição pagã, tal judeu seria encorajado a permanecer fiel enquanto aguardasse o grande dia da vitória e da vindicação, quando, então, Israel seria exaltado, e seus inimigos, derrotados, no momento em que o deus da aliança se revelasse como o deus de toda a terra, estabelecendo o reino que jamais seria destruído. Na minha opinião, as visões posteriores de Daniel (caps. 8—12) devem ser lidas como desdobramentos dessa posição básica, em vez de eles próprios determinarem o significado das partes anteriores do livro. Nesse caso, o contexto geral do significado, e não a especulação isolada sobre a figura que aparece em 7:13-14, deve formar a base para a compreensão da reutilização múltipla de uma linguagem semelhante no primeiro século.

Unificando o argumento deste capítulo até agora, podemos observar a ironia de uma característica padrão do estudo evangélico no século 20. Muitos leram a metáfora apocalíptica (a "vinda do filho do homem com as nuvens") como

---

[39]Veja cap. 9, p. 353.

[40]Seguindo, p. ex., Moule, *The Origin of Christology*, 1977, p. 13. Que essa referência deva incluir seres humanos é reconhecido por Collins, *The Apocalyptic Imagination*, 1987, p. 83.

A ESPERANÇA DE ISRAEL

uma previsão literal (um ser humano flutuando em uma nuvem real), embora o restante de Daniel 7 nunca tenha sido lido dessa forma; por isso, também leram declarações literais (histórias sobre Jesus nos evangelhos) como se fossem metáforas (expressões alegóricas ou míticas da fé da igreja). Trata-se, conforme veremos em outra ocasião, da má interpretação dos gêneros envolvidos.

6. Apocalíptico, história e "dualidades"

Conforme percebemos no último capítulo, costuma-se afirmar que a literatura apocalíptica é, em certo sentido, dualista. Agora, devemos descobrir os sentidos em que isso é verdade e os sentidos nos quais não é. Para começar, está claro que muitos escritos apocalípticos sustentam uma *dualidade escatológica* entre a era presente e a vindoura. Eles não estão sozinhos nisso: os escritos rabínicos também o fazem, e o mesmo acontece com muitos dos profetas bíblicos ("Acontecerá nos últimos dias..."). Da mesma forma, os escritos apocalípticos assumem a distinção vital entre o criador e a criação (*dualidade teológica/cosmológica*) e uma firme *dualidade moral* entre o bem e o mal. Tais aspectos também são partilhados com o judaísmo tradicional. Alguns, como vimos, exemplificam uma forte dualidade sectária, e todos necessariamente partilham de uma *dualidade epistemológica*. Esses também têm seus paralelos e origens nas escrituras hebraicas como um todo. Por fim, vários escritos apocalípticos têm muito a dizer a respeito de outros seres celestiais além do único deus criador: ou seja, eles, como algumas partes da Bíblia hebraica, expressam uma *dualidade teológica/ontológica*.

Todavia, quando os escritos apocalípticos são chamados de "dualísticos", o que normalmente se diz com essa afirmação é que combinam essas dualidades, comuns a uma grande parte do judaísmo, com ou mais dos três tipos restantes. Imagina-se, particularmente, que eles vislumbram um *dualismo cosmológico*, segundo o qual o universo espaçotemporal atual é inerentemente mau e, portanto, deve ser destruído para que um mundo diferente e melhor possa ocupar seu lugar. Algumas vezes, expressões apocalípticas de piedade levam os estudiosos a pensar que um *dualismo antropológico* se faz presente, com o escritor ou o grupo depreciando sua fisicalidade e exaltando sua espiritualidade. Outras vezes, acredita-se que eles sustentaram um *dualismo teológico/moral*, considerando-se o povo do deus bom, e o mundo, ou seus opositores, como a criação de um deus mau, com força igual e oposta.

Essas distinções entre diferentes dualidades permitem-nos ver o seguinte: afirmar a presença dos seis primeiros tipos de dualidade em determinado livro de forma alguma compromete-nos a afirmar a presença dos quatro últimos.[41] Os seis

---

[41]Veja o cap. 9, "Tipos de dualidade".

primeiros, sendo comuns a muitas outras coisas no judaísmo além do apocalíptico, não estão, assim, entre suas características definidoras cruciais. A forma literária em si não guarda necessária conexão com os três últimos dualismos.

Em particular, é-nos de vital importância compreender um ponto básico. A cosmovisão à qual muitos escritos apocalípticos dão voz é partilhada por muitos outros dos escritos judaicos da época. Quando tentam compreender o que o deus criador, o deus de Israel, está fazendo na história espaçotemporal, os escritores do gênero apocalíptico partilham essa busca com o autor de Eclesiástico e com Josefo. A diferença entre (digamos) 4Esdras e Josefo não é que o primeiro acreditasse em um deus que atua na história e o outro não, mas (a) que o primeiro acreditava que a destruição de Jerusalém foi uma grande tragédia que apenas uma reversão podia justificar, enquanto o segundo a considerava um sinal de que o deus de Israel havia passado para o lado dos romanos e (b) que os dois escritores optaram por diferentes formas literárias, cada qual segundo seu ponto de vista, para expressar essas crenças.

Da mesma forma, na proporção em que os escritos apocalípticos procuram ir além e falar de um grande ato novo que esse deus realizará no cenário histórico, estão alinhados (por exemplo) com Isaías e Ezequiel. Se tentarem descobrir detalhada e precisamente sobre o momento em que isso acontecerá, é possível marcá-los (junto com Daniel) como mais dados à especulação — o que não significa que eles acreditassem em um mundo dualista ou determinista, enquanto Isaías e Ezequiel criam no livre-arbítrio. Analisar tais escritos dessa forma é capitular a uma helenização de categorias à maneira de Josefo.

Quanto mais oprimido um grupo se autopercebe, mais desejará calcular o momento em que sua libertação acontecerá. Mas o fato de que existe um plano divino que, embora muitas vezes opaco, está se manifestando na história e um dia demonstrará a justiça de todos os seus trabalhos — tal fé é partilhada pelos escritores bíblicos, pela literatura de sabedoria e pelos mártires macabeus, assim como pelos escritores dos manuscritos de Qumran, por Josefo e por quase todos que viveram nessa época. Não é um sinal de que a literatura apocalíptica se tenha esgotado, mas, sim, que, às vezes, tem uma forma diferente de se expressar, uma forma que pode ser vista como surgindo de sua situação sociocultural particular.

O verdadeiro problema é que boa parte da leitura moderna desses textos ocorre dentro de uma estrutura tacitamente deísta, segundo a qual se acredita (a) em um deus ausente e em um *continuum* espaçotemporal fechado ou (b) em um deus normalmente ausente que ocasionalmente intervém e atua em descontinuidade com esse *continuum* espaçotemporal. Os judeus do primeiro século certamente acreditavam que seu deus, sendo o criador do mundo, podia agir e o fazia de maneiras para as quais não havia outra explicação óbvia. Mas, se algum escritor judeu acreditava que esse deus normalmente encontrava-se ausente, permitindo que seu mundo e seu povo prosseguissem com a vida por conta própria, tal fato me é desconhecido. O enigma que alguns escritores enfrentaram — a saber, a razão pela qual seu deus não agia como desejavam — foi resolvido, como vimos, de outras maneiras, não apenas lutando com o conceito da fidelidade divina à aliança.[42]

À luz de tudo isso, segue-se que não há justificativa para vermos o "apocalíptico" como necessariamente falando do "fim do mundo" em um sentido literalmente cósmico. Essa ideia moderna foi alimentada pela crença de que "apocalíptico" é um conceito "dualista" de uma forma que, como já vimos, é infundada. A maioria dos escritos apocalípticos não sugere que o universo espaçotemporal seja mau e não espera que ele chegue ao fim. Um fim para a *atual ordem mundial*, sim; apenas uma linguagem assim, como Jeremias descobriu, poderia fazer jus aos eventos terríveis de sua época.[43] O fim do mundo espaçotemporal, não. O argumento implícito que dominou os estudos ao longo do século passado afirmou que (a) a linguagem extremamente figurativa sobre a catástrofe cósmica deve ser interpretada literalmente e (b) as claras dualidades, inerentes ao apocalíptico, indicam um dualismo radical cuja busca residia na destruição completa deste mundo.[44]

Em vez disso, devemos insistir em uma leitura que faça jus à natureza literária das obras em questão; que as posicione firmemente em seu contexto histórico — um contexto no qual judeus de opiniões diversas ansiavam pela atuação de seu deus no âmbito da história; e que apreenda a cosmovisão e a teologia judaica fundamental, vendo o mundo atual como a esfera normal e regular das ações divinas, quer ocultas, quer reveladas. Literatura, história e teologia se combinam para sugerir fortemente que devemos ler a maior parte da literatura apocalíptica, tanto judaica como cristã, como um sistema complexo de metáforas, investindo a realidade espaçotemporal de seu significado completo, ou seja, de seu significado teológico. Examinaremos, a seguir, os resultados dessa leitura.

O FIM DO EXÍLIO, A ERA VINDOURA E A NOVA ALIANÇA

Conforme já sugeri, a esperança judaica fundamental dizia respeito a uma libertação da opressão, a uma restauração da Terra e a uma reconstrução devida do Templo. Esse complexo de expectativas resultava diretamente da crença, por um lado, de que o deus de Israel era o rei do mundo, enquanto Israel

---

[42]Veja o cap. 9.

[43]Jeremias 4:23-8, falando da destruição vindoura de Judá e do seu Templo, e investindo essa realidade espaçotemporal com uma interpretação teológica: trata-se do desfazer da própria criação.

[44]A ideia foi, então, transferida para algumas leituras da literatura cristã primitiva: veja Mack, *A Myth of Innocence*, 1988, para uma polêmica sustentada contra o suposto dualismo radical do evangelho de Marcos.

O NOVO TESTAMENTO E O POVO DE DEUS

deparava, por outro lado, com o fato de sua desolação. Nas últimas partes da Bíblia hebraica, bem como na literatura judaica pós-bíblica, encontramos regularmente a mesma combinação de temas, reunindo símbolos-chave de toda a cosmovisão israelita. Falar do Templo ou da Terra é evocar a imagem de exílio e restauração e, assim, prender-se à esperança de restauração.[45]

Uma das formas centrais pelas quais o judeu expressava essa esperança era pela divisão do tempo em duas eras: a era presente e a vindoura.[46] A era presente foi uma época em que o deus criador pareceu esconder seu rosto; a era vindoura veria a renovação do mundo criado. A era atual era caracterizada pela derrota de Israel; a era por vir, pela restauração de Israel. Na era presente, homens perversos pareciam florescer; na era vindoura, receberiam sua justa recompensa. Na era presente, nem mesmo Israel guardava totalmente a Torá, nem agia como a verdadeira humanidade de YHWH; na era vindoura, todo o Israel guardaria a Torá perfeitamente, de todo o coração. Embora a "era vindoura" às vezes seja descrita como "era messiânica",[47] seria enganoso pensar que todas essas aspirações centravam-se em uma figura messiânica. Segundo veremos, nos lugares relativamente raros em que o messianismo é explicitado, ele se apresenta como apenas uma característica da expectativa muito mais ampla e frequente de uma grande inversão no mundo espaçotemporal, em que Israel seria vindicado, e o mundo, corrigido — tudo isso sob a liderança de seu rei verdadeiro, o deus pactual de Israel. Como vimos, as nações se reuniriam em Sião para aprender a respeito do verdadeiro deus e de como adorá-lo[48] — ou para serem despedaçadas como um vaso de oleiro.[49]

Neste ponto, cabe uma palavra sobre o significado do termo "salvação" no contexto da expectativa judaica. Deve estar claro que, no âmbito da cosmovisão descrita, a ideia do resgate de Israel como o fim do universo espaçotemporal é praticamente inexistente, bem como o conceito de uma felicidade "espiritual" e desencorpada. Isso simplesmente representaria uma contradição quanto ao monoteísmo criacional, sugerindo que a ordem criada é residualmente má e deve simplesmente ser destruída. Mesmo na literatura sapiencial, que fala dos justos com almas imortais (Sabedoria 3:1-4), existe uma preocupação contínua

---

[45]Sobre as diferentes maneiras pelas quais tal esperança pode ser expressa por diferentes grupos judaicos, veja o restante deste capítulo; veja também o cap. 7. Sobre a esperança judaica, veja Sanders, *Judaism: Practice and Belief, 63 BCE—66 CE*, 1992, cap. 14, e seus resumos na página 298.
[46]*ha-'olam hazeh* and *ha-'olam haba'*. Sobre as duas eras, veja Schürer, *The History of the Jewish People in the Age of Jesus Christ (175 B.C.—A.D. 135)*, 1973-87, 2.495.
[47]Em Schürer, *The History of the Jewish People in the Age of Jesus Christ (175 B.C.—A.D. 135)*, 2, 488-554, em que "messianismo" realmente significa "esperança futura (que às vezes contém uma expectativa messiânica).
[48]Isaías 2:2-4; Miqueias 4:1-3; Zacarias 8:20-3.
[49]Salmos 2:8-9; *Sl. Sal.* 17–18.

A ESPERANÇA DE ISRAEL

com as ações do deus de Israel *na* história (caps. 10—19); e as almas imortais de Sabedoria 3 são asseguradas, não de uma bem-aventurança incorpórea, mas de novas responsabilidades em uma criação renovada. "No dia do julgamento, eles resplandecerão, correndo como fagulhas no meio da palha. Eles governarão as nações, submeterão os povos, e YHWH reinará para sempre sobre eles." (3:7-8) [Bíblia Sagrada, Edição Pastoral, Paulus].

Em vez disso, a "salvação" falada nas fontes judaicas da época dizem respeito ao resgate dos inimigos nacionais, à restauração dos símbolos nacionais e a um estado de *shalom* em que todo homem se sentará sob sua videira ou figueira.[50] Se, posteriormente, ocorrem redefinições cristãs desse termo, essa é outra questão. Para os judeus do primeiro século, isso só poderia significar a inauguração da era vindoura, a libertação de Roma, a restauração do Templo e o desfrutar livre de sua própria Terra.[51]

Conforme vimos no último capítulo, para que isso acontecesse, o deus de Israel tinha de lidar com os pecados da nação. O fim do exílio, de fato, seria visto como o grande sinal de que tal problema havia sido resolvido. Algumas vezes, então, as promessas de perdão e restauração eram interligadas, não por mera coincidência:

> "Cante, ó cidade de Sião;
> > exulte, ó Israel!
> Alegre-se, regozije-se de todo o coração,
> > ó cidade de Jerusalém!
> YHWH anulou a sentença
> > contra você,
> > ele fez retroceder os seus inimigos,
> YHWH, o Rei de Israel,
> > está em seu meio;
> > nunca mais você temerá perigo algum. [...]
> Nessa época agirei
> > contra todos os que oprimiram vocês;
> salvarei os aleijados
> > e ajuntarei os dispersos.

---

[50]Veja 1Macabeus 14:12, com ecos de 1Reis; Miqueias 4:4 etc. Sobre "salvação" no judaísmo, veja esp. Loewe, 1981. Nesse ponto, muitos intérpretes recentes não foram, acredito eu, longe o suficiente no repensar do material judaico; mesmo Sanders, continua a se referir à "salvação" como se fosse um termo fácil e inequívoco (e.g. 1992, p. 350, 441).

[51]Veja Sanders, *Judaism: Practice and Belief, 63 BCE—66 CE*, 1992, p. 278: "muito mais ênfase é dada à sobrevivência nacional do que à vida individual após a morte"; compare também com a página 298.

O NOVO TESTAMENTO E O POVO DE DEUS

Darei a eles louvor e honra
em todas as terras
onde foram envergonhados.
Naquele tempo eu ajuntarei vocês;
naquele tempo os trarei para casa.
Eu lhes darei honra e louvor
entre todos os povos da terra,
quando eu restaurar a sua sorte
diante dos seus próprios olhos",
diz YHWH.[52]

Os meios pelos quais isso deveria ser realizado foram concebidos de várias maneiras. De formas diferentes, o sacrifício, o sofrimento e a própria experiência do exílio eram considerados como tendo um significado redentor.[53]

A era vindoura, o fim do exílio de Israel, foi, então, vista como a inauguração de uma nova aliança entre Israel e seu deus. Com base nas promessas de restauração articuladas por Isaías, Jeremias e Ezequiel, os escritos pós-exílicos e pós-bíblicos davam expressão variada à crença de que, em breve, seu deus renovaria a aliança — ou, no caso dos essênios, de que ele já havia realizado essa renovação. Tal acontecimento não seria, obviamente, diferente daquele que estamos abordando. A ideia de "renovação da aliança" focou a atenção nesses mesmos acontecimentos, vistos *sob determinada ótica*. Quando, finalmente, Israel "retornar do exílio" e o Templo for (devidamente) reconstruído e reconsagrado por seu ocupante legítimo, esse evento seria visto como comparável à realização da aliança no Sinai; seria como se YHWH desposasse outra vez Israel, após seu aparente divórcio;[54] seria o verdadeiro perdão dos pecados: o deus de Israel derramaria seu espírito santo para que a nação guardasse de coração a Torá.[55] Seria a "circuncisão do coração", anunciada em Deuteronômio e Jeremias.[56] E, em uma frase carregada de significado para judeus e cristãos,

---

[52]Sofonias 3:14-15, 19-20.
[53]Veja o cap. 9.
[54]Isaías 54:4-8; veja Oseias, *passim*.
[55]Jeremias 31:31-s.; Ezequiel 11:19-20; 36:22-32; veja 39:29; Joel 2:28, e Isaías 32:15; Zacarias 12:10. Nos Manuscritos, veja 1QS 1.16—2.25; 1QH 5.11f.; 7.6-7.; 9.32; 12.12; 14.13; 16.7, 12; 17.26; 1Q34bis 2.5-7; 4QDibHam 5. Veja Cross, 1958, p. 164, n.º 40.
[56]Deuteronômio 10:16; 29:6; 30:6; Jeremias 4:4; 31:33; 32:39,40; Ezequiel 11:19; 36:26-7; 44:7. A acusação de "incircuncisão espiritual" estabelece negativamente o mesmo ponto: veja Levítico 26:41; Jeremias 9:23-26; Ezequiel 44:7; Êxodo 6:12, 30 (lábios); Jeremias 6:10 (ouvidos). O mesmo tema também aparece nos Manuscritos: 1QS 5.5; 1QpHab 11.13 (para o lado negativo, veja Leaney, *The Rule of Qumran and Its Meaning*, 1966, p. 167) e na literatura apostólica (Atos 7:51; Romanos 2:26-9; *Barn.* 9, *passim*; 10.12). Veja SB 3.126; *TDNT* 6.76-s. (R. Meyer.)

A ESPERANÇA DE ISRAEL

seria, acima de tudo, o "reino de deus". O deus de Israel manifestaria ser aquilo que, de fato, já era: o Rei de todo o mundo.

NENHUM REI ALÉM DE DEUS

Um *slogan* destaca-se a partir dos sonhos revolucionários da época. A Quarta Filosofia, diz-nos Josefo, foi "zelosa" em sua tentativa de se livrar de Roma por acreditar que não deveria haver "nenhum Rei (*hegemon, despotes*) senão Deus".[57] Tal perspectiva não estava confinada a um grupo marginal. Aqueles que se rebelaram contra o censo fizeram-no com base nesses fundamentos;[58] os mestres que instigaram os jovens a derrubar a águia partilhavam a mesma opinião;[59] os revolucionários de 66—70 inflamaram-se do mesmo pensamento.[60] "Reino de Deus", considerado histórica e teologicamente, constitui um *slogan* cujo significado fundamental se resume à esperança de que o deus de Israel governará a nação (e o mundo inteiro), e de que César, Herodes ou qualquer outro tirano da mesma categoria, não. Significa que a Torá será finalmente cumprida; o Templo, reconstruído; a Terra, purificada. Não significa necessariamente uma santa anarquia (embora alguns parecessem desejá-la).[61] Em vez disso, significa que o deus de Israel governará os judeus da maneira que tenciona fazer, por pessoas e meios devidamente nomeados. Isso certamente significará (do ponto de vista dos fariseus, dos essênios e de qualquer pessoa vagamente descrita como "zelote") uma mudança no sumo sacerdócio.[62] Em alguns escritos, também significa um

---

[57]Jos. *Ant.* 18.23, destacando que a única diferença entre os "zelotes" e os fariseus é o nível de paixão com o qual seu desejo por libertação é tido. Que o ponto de vista foi mantido por muito tempo é afirmado em *Guerras* 7.323. Veja discussão em Goodman, *The Ruling Class of Judaea: The Origins of the Jewish Revolt Against Rome A.D. 66-70*, 1987, p. 93-s.; Hengel, *The Zealots: Investigations Into the Jewish Freedom Movement in the Period from Herod I Until 70 A.D.*, 1989c [1961], p. 71-3, 86-s., e esp. p. 90-110; Sanders, *Judaism: Practice and Belief, 63 BCE—66 CE*, 1992, p. 282-s.

[58]Jos. *Ant.* 18.3-5; submeter-se ao censo, argumentavam, "acarretava um *status* que remetia praticamente à escravidão".

[59]*Ant.* 17.149-63.

[60]*Ant.* 18.24; *Guerras* 7.323-s.

[61]Veja Sanders, *Judaism: Practice and Belief, 63 BCE—66 CE*, 1992, p. 282; veja, mais uma vez, *Ant.* 18.23: "A eles, pouco importa morrerem… desde que não chamasse nenhum outro homem de 'senhor'". Veja *Guerras* 2.433, 443. Manaém, que, segundo Josefo, descendia de Judas, o Galileu, e partilhava com seu antepassado a doutrina de "nenhum rei senão Deus" é ele próprio morto por um grupo cuja interpretação da ideia era tão literal a ponto de não querer o próprio Manaém como governante.

[62]Veja Jos. *Guerras* 4.151-61 sobre a nomeação de um novo sumo sacerdote pelos zelotes; *Ant.* 13.288-92 sobre os fariseus opondo-se a Hircano como sumo sacerdote. Sobre a atitude dos essênios, veja Schürer, *The History of the Jewish People in the Age of Jesus Christ (175 B.C.—A.D. 135)*, 1973-87, 2.582 (para os textos, veja QM 2, o qual estabelece os planos para a instalação de um verdadeiro sumo sacerdócio enquanto a guerra santa ainda está em andamento). Veja Rofé, "The Onset of Sects in Postexilic Judaism", 1988, para sugestões de que a polêmica antedata consideravelmente o segundo século.

Messias, embora uma das características marcantes da época seja quão comparativamente infrequentes e completamente não sistematizadas parecem ser as expectativas de uma figura real.[63] Independentemente, porém, da forma como o *slogan* é interpretado em detalhes, ele claramente sugere uma nova ordem, uma ordem segundo a qual Israel é vindicado e, em seguida, governado por seu deus — e, por extensão, o restante do mundo é governado também, para fins de bênção ou para juízo, por meio de Israel.

Entretanto, como se manifestaria a era vindoura, a nova aliança? Discuti, no capítulo 6, até que ponto a revolução política ou militar pairava no ar na primeira metade do primeiro século. Partilho, em grande medida, a opinião de Goodman: "Atitudes contra os gentios que tiveram origem muito antes de 6 d.C., talvez na época dos macabeus, inspiraram muitos grupos diferentes, permeando toda a população judaica e variando apenas em intensidade".[64] O conceito dos tempos em geral — do contexto bíblico, do exemplo macabeu, das revoltas contra o governo de Herodes, da esporádica violência antirromana sob o governo dos procuradores e das duas guerras subsequentes, organizadas por (entre outros) judeus estritamente "zelosos" — remete à ideia de que uma revolução violenta contra Roma era uma vívida opção naquela época, apoiada não apenas pelos que buscavam cumprir objetivos "não religiosos",[65] mas também por uma tradição sólida e bem estabelecida.[66] Para que o deus de Israel se tornasse Rei, muitos ansiavam por torná-lo rei por quaisquer meios necessários.

A frase "reino de deus", portanto, cuja ocorrência é apenas esporádica em textos desse período, funciona como uma expressão abreviada, porém crucial, para um conceito que poderia ser expresso de diversas outras maneiras — como, por exemplo, a impossibilidade de Israel ter qualquer governante além de seu deus ou a necessidade divina de reverter sua situação política, restabelecendo a nação, o Templo, a Terra e a Torá. Um conceito complexo como esse abarca e resume toda a aspiração social, política, cultural e econômica dos judeus da época, investindo-a de dimensões religiosas e teológicas que, naturalmente, sempre fizeram parte da principal corrente ideológica judaica.

A ideia do deus de Israel tornando-se Rei deve ser vista no âmbito de toda a expectativa histórica de Israel, dependente (em um povo deveras consciente da importância de suas próprias tradições) das expressões veterotestamentárias de esperança por um governo divino universal. Assim, por exemplo:

---

[63]Veja a seção 4 deste capítulo.

[64]Goodman, *The Ruling Class of Judaea: The Origins of the Jewish Revolt Against Rome A.D. 66-70*, 1987, p. 108.

[65]Conforme Goodman, *The Ruling Class of Judaea: The Origins of the Jewish Revolt Against Rome A.D. 66-70*, 1987, argumenta no caso da aristocracia judaica marionete.

[66]Encontramos uma clara evidência da devoção religiosa dos revolucionários em Massada: veja os caps. 6—7 deste livro.

> Rendam-te graças todas as tuas criaturas, YHWH,
>> e os teus fiéis te bendigam.
> Eles anunciarão a glória do teu reino
>> e falarão do teu poder,
> para que todos saibam dos teus feitos poderosos
>> e do glorioso esplendor do teu reino.
> O teu reino é reino eterno,
>> e o teu domínio permanece
>> de geração em geração.[67]

> Pois YHWH é o nosso juiz,
>> YHWH é o nosso legislador,
> YHWH é o nosso rei;
>> é ele que nos vai salvar.[68]

> Como são belos nos montes
>> os pés daqueles que anunciam boas novas,
> que proclamam a paz,
>> que trazem boas notícias,
> que proclamam salvação,
>> que dizem a Sião: "O seu Deus reina!".[69]

Tais passagens, obviamente, refletem não ideias nutridas por alguns pensadores e escritores, mas a liturgia segundo a qual a esperança de Israel era continuamente dramatizada.

Um dos livros bíblicos que mais enfatizou esse tema foi Daniel — a propósito, um dos livros favoritos dos judeus de mentalidade revolucionária do primeiro século, os quais o reinterpretaram de modo a exprimir a mensagem de um reino a ser estabelecido contra a opressão romana.[70] Josefo se restringe um pouco quanto a essa interpretação precisa, sem dúvida por causa de seu próprio patrocínio romano, mas não pode haver dúvida de como seus contemporâneos leram o livro. Em *Antiguidades* 10.203-10, Josefo descreve o sonho de Daniel 2:1-45, no qual a estátua idólatra é destruída pela "pedra", porém

---

[67]Salmos 145:10-13 [NVI]; veja Salmos 93, 96, 97 etc.

[68]Isaías 33:22 [NVI].

[69]Isaías 52:7 [NVI]. A passagem toda é instrutiva, vendo o fim do exílio, o retorno de YHWH a Sião, como resposta à opressão de Israel e à inauguração do reino universal do deus de Israel. O contexto dessa passagem imediatamente antes da quarta canção do servo (52:13—53:12) faz-nos refletir ainda mais. Compare com Sofonias 3:14-20 com o tema do reinado no versículo 15.

[70]Veja os caps. 7–8.

O NOVO TESTAMENTO E O POVO DE DEUS

o altera para evitar que fique explícito que o império romano é simbolizado pela mistura de ferro e barro (2:33,41-3) ou será destruído pela "pedra". A óbvia inferência é ressaltada pelo editor moderno de Josefo, Ralph Marcus:[71] na interpretação do primeiro século, a "pedra" foi tomada como profecia do reino messiânico, o qual destruiria o império romano.[72] De particular importância é a passagem em *Guerras* 6.312-15, que descreve "um oráculo ambíguo" das escrituras judaicas, o qual, "mais do que qualquer outra passagem, incitou [os judeus] à guerra", proclamando que "alguém de sua nação se tornaria o governante do mundo". Evidentemente, Josefo interpreta isso como referência ao imperador Vespasiano, proclamado como tal, pela primeira vez, em solo judaico; contudo, Josefo observa que muitos "homens sábios" acreditavam que o texto se referia a alguém de raça judaica, "até que a ruína do seu país e a sua própria destruição os convenceram de sua própria loucura". A palavra desse oráculo também chegou ao conhecimento dos historiadores romanos Tácito e Suetônio, provavelmente de forma independente.[73] Apesar da própria reinterpretação de Josefo, a perspectiva comum do primeiro século transparece: dos judeus, surgiria um líder, um grande rei que governaria o mundo inteiro, destruindo todos os impérios rivais.

A ideia pode ser explicada de forma ilustrativa com a ajuda de dois textos que, conforme sabemos, foram escritos no primeiro século. Para começar, o *Testamento de Moisés* põe na boca de seu herói uma "profecia" sobre a corrupção e a maldade característicos do período do segundo templo, predizendo o reino vindouro em que os pagãos serão derrotados e Israel, vindicado. Os acontecimentos descritos devem ser interpretados como a vitória do deus de Israel:

> Então, o seu reino aparecerá em toda a sua criação;
>> e o Diabo não mais existirá.
> Certamente, a tristeza partirá com ele.
>> Então, serão preenchidas as mãos do mensageiro,
> nomeado como o principal,
>> e, sem demora, ele vingará Israel dos seus inimigos.

---

[71]Ed. Loeb, 6.275; veja Sanders, *Judaism: Practice and Belief, 63 BCE—66 CE*, 1992, p. 289, que diz, em confirmação dramática, embora imprecisa, deste ponto, que "mesmo o leitor modero de Daniel pode ver que a pedra que quebra todos os demais reinos é *Israel, o Reino de Deus*" (itálicos nossos).

[72]Para a perspectiva de Josefo sobre Daniel como profeta de grande importância, veja p. 357 deste livro e esp. *Ant.* 10.266-8; para sua aplicação de Daniel 8:21 a Alexandre, o Grande, *Ant.* 11.337; de 11:31 e 7:25 ao período macabeu, 12.322; de Daniel 11-12 com a elevação de Roma e a queda de Jerusalém, 10.276-7. Em vez de explorar esse último ponto com mais detalhes, Josefo volta-se para um comentário geral sobre a tolice dos epicureus em negar a doutrina da providência.

[73]Tác. *Hist.* 5.13; Suet. *Vesp.* 4. Josefo reivindica ter profetizado a Vespasiano de que ele seria imperador: *Guerras* 3.399-408. Veja p. 416-s. deste livro.

A ESPERANÇA DE ISRAEL

Pois o Celestial surgirá em seu trono real;
   sairá da sua santa habitação
com indignação e ira por causa dos seus filhos.
A terra tremerá; seus confins ficarão abalados.
Os altos montes serão nivelados,
e as colinas sacudirão e cairão.

O sol não dará a sua luz.
Nas trevas, os chifres da lua fugirão.
Serão desfeitos em pedaços.
A lua se transforará em sangue,
   e mesmo a órbita das estrelas será perturbada.

O mar descansará no abismo,
   e as fontes das águas falharão.
   Os rios desvanecerão.

Pois o Deus Altíssimo surgirá,
   o único Deus Eterno,

À vista de todos, aparecerá para se vingar contra as nações.
   Todos os ídolos serão destruídos.

Então, você, Israel, se alegrará!
   Montará no pescoço e nas asas da águia.
   Tudo que está escrito a seu respeito será cumprido.

Deus te exaltará
   e te estabelecerá entre as estrelas dos céus,
   no lugar da sua habitação.

   Você contemplará das alturas;
   verá seus inimigos na terra.

Ao reconhecê-los, você se regozijará.
   Renderá graças
   e confessará o seu criador.[74]

---

[74] *T. de Moisés* 10.1-10, baseado na tradução de J. Priest, em Charlesworth 1983, p. 931-s. Sobre a data e a origem do livro, veja *ibid.*, p. 920-2.

O NOVO TESTAMENTO E O POVO DE DEUS

Pelo contexto do poema, deve ficar claro que seu significado não pode ser encontrado se as imagens cósmicas forem interpretadas "literalmente". Em um poema como esse, sol, lua e estrelas funcionam como símbolos deliberados para as grandes potências mundiais: falar deles como sendo "abalados" ou "escurecidos" é o tipo de linguagem que um escritor do primeiro século usaria naturalmente para expressar o significado impressionante dos acontecimentos políticos, como, por exemplo, o ano terrível (68—69 d.C.) em que quatro imperadores romanos sofreram mortes violentas e um quinto marchou, da Palestina, para reivindicar o trono. E a vindicação de Israel, correspondente ao conceito de o deus de Israel tornar-se rei, não deve ser considerada como a nação sendo trasladada para uma esfera transcendente, removida do universo espaçotemporal: a esperança tem continuidade direta com os acontecimentos que a precedem, mas, por ainda estar (do ponto de vista do escritor) no futuro, não pode ser descrita da mesma forma. A linguagem e as imagens do poema são projetadas para *denotar* acontecimentos sociopolíticos futuros e *investi-los* de todo o seu significado "teológico". Israel deve derrotar seus inimigos, sob a liderança de um "mensageiro" nomeado — talvez um sacerdote;[75] e o *significado* disso é que o deus de Israel se tornará Rei.

O mesmo ponto emerge da passagem vívida do Pergaminho da Guerra, que fala de preparações e planos militares detalhados, bem como de o deus de Israel se tornando rei:

> Então, duas divisões de soldados de infantaria avançarão e se posicionarão entre as duas formações. A primeira divisão será armada com lança e escudo e a segunda, com escudo e espada, abatendo os que forem mortos pelo juízo de Deus, pagando a recompensa da sua maldade em todas as nações vaidosas. E a soberania [*meluchah*, realeza] será do Deus de Israel, e ele realizará feitos poderosos pelos santos do seu povo.[76]

A partir desse trecho, fica claro que os planos militares detalhados têm a intenção de efetivar o reino. Em outras palavras, o escritor desse Manuscrito crê que o deus de Israel se tornará rei por meio da ação militar que ele descreve antecipadamente. Quando Israel obtiver a vitória, o acontecimento *deverá ser visto* como a vinda do reino de YHWH. As ações de seus "santos" não são outra coisa senão a operação de suas ações poderosas: uma coisa está atrelada à outra. A distinção moderna entre acontecimentos sociopolíticos e a dimensão "transcendente" só

---

[75] A frase "Então, serão preenchidas as mãos...", encontrada na segunda estrofe do poema, usa um termo técnico para a ordenação sacerdotal: veja Priest *ad loc*.

[76] 1QM 6.4-6 (texto baseado na trad. de Vermes, *The Dead Sea Scrolls in English*, 1987 [1962], p. 111).

pode ser relacionada à cosmovisão judaica do primeiro século se percebermos que vários conjuntos distintos de linguagem que se encontravam disponíveis na época eram usados para *denotar os mesmos acontecimentos.*[77]

Um exemplo de um contexto muito diferente mostra como essa linguagem do "reino" era difundida. Em *Sabedoria de Salomão*, raramente um livro associado a polêmicas revolucionárias, a vindicação dos justos será o meio do reinado divino:

> No dia do julgamento, eles resplandecerão,
>   correndo como fagulhas no meio da palha.
> Eles governarão as nações, submeterão os povos,
>   e YHWH reinará para sempre sobre eles.[78]

Esses exemplos mostram claramente o uso da linguagem do "reino" no período que temos estudado. Era um meio comum de expressar a esperança nacional, evocando, em seu apoio, a crença de que o deus de Israel era o único deus — em outras palavras, usando o monoteísmo judaico e a teologia da aliança a serviço da escatologia. O deus de Israel traria a restauração do exílio, a renovação da aliança. Pelo fato de ele também ser o deus criador, tal acontecimento não poderia ser adequadamente descrito sem o emprego de imagens cósmicas. A vitória de Israel sobre as nações, a reconstrução do Templo, a purificação da Terra: juntas, todas essas coisas representavam nada menos do que uma nova criação, um novo Gênesis.

Falar do reino desse deus não significa, assim, que alguém esteja caindo em uma forma dualística de pensamento ou, então, imaginando que o evento vindouro se relacionava apenas marginalmente a acontecimentos espaçotemporais. O reino não dizia respeito a uma verdade atemporal, nem a um ideal ético abstrato, nem ao fim do universo espaçotemporal. Tampouco a expressão "reino de deus" *denotava* uma comunidade, embora *conotasse* o nascimento de uma nova comunidade pactual. Denotava, antes, a ação do deus da aliança, no contexto da história de Israel, para restaurar sua sorte, pôr fim ao amargo período de exílio e derrotar, por meio do seu povo, o mal que governava o mundo inteiro. A restauração de Israel, celebrada na liturgia regular, é parte do significado de seu deus se tornar rei. O próprio Israel é o povo por meio do qual o rei exercerá seu governo.

Devemos, nesse ponto, destacar uma pista falsa. Não há muitas evidências de uma conexão direta entre o símbolo "reino de deus" e a vinda de um

---

[77]Veja também 1QM 12.7 nesse contexto.
[78]*Sab. Sal.* 3:7-8 [Bíblia Sagrada, Edição Pastoral, Paulus].

Messias.[79] Evidentemente, esses textos que falam de um Messias podem estar conectados com os que falam do reino divino. O Messias travará as batalhas que trarão esse reino. No entanto, a aparente tensão de YHWH como Rei e o Messias como Rei realmente não surge, principalmente pelo fato de os dois não serem comumente mencionados nos mesmos textos. De qualquer forma, conforme vimos, o fato de YHWH ser Rei não significa que Israel não terá governantes, mas, sim, que terá os governantes *certos*. Nem os asmoneus, nem Herodes e sua família, nem Caifás e seus parentes, nem mesmo o próprio César governarão Israel e o mundo. Em vez disso, haverá uma linha de verdadeiros sacerdotes que ministrarão perante YHWH de forma adequada, ensinando ao povo a verdadeira Torá; e (talvez) um Rei que será o verdadeiro Filho de Davi, o qual despedaçará as nações como um vaso de oleiro e executará a verdadeira justiça em Israel. Essas esperanças, que podemos chamar amplamente de "messiânicas", continuaram fragmentadas. Nos contextos em que ocorrem, encaixam-se, sem qualquer dificuldade, na expectativa mais ampla e mais importante do reino vindouro de YHWH. Como apoio a essa declaração contenciosa, devemos agora analisar, de forma um pouco mais detalhada, a esperança de um Messias vindouro.

O REI QUE HAVERIA DE VIR

Se houve algo que a erudição moderna deixou claro foi isto: não havia uma "expectativa messiânica" única, monolítica e uniforme entre os judeus do primeiro século.[80] Boa parte da literatura judaica que possuímos não faz referência a um Messias; diversos textos proeminentes e poderosos ignoram o tema por completo. A evidência existente é dispersa e diversificada, espalhada por escritos muito diferentes, com sugestões aqui, dizeres obscuros ali, e apenas às vezes uma declaração clara sobre a vinda de um Filho de Davi, o qual executaria a ira de YHWH sobre os gentios, reconstruiria o Templo ou, de alguma forma, cumpriria as esperanças de Israel. Nem podemos apelar aos rabinos em busca de ajuda. Suas concepções de um Messias vindouro foram tão coloridas por sua consciência do fracasso das duas grandes guerras que não podemos esperar pela integralidade de boa parte do material histórico antigo.[81] Assim,

---

[79]Como sugerido por Beasley-Murray, *Jesus and the Kingdom of God*, 1986.
[80]Sobre as expectativas messiânicas, veja particularmente Neusner (ed.), *Judaisms and Their Messiahs at the Turn of the Christian Era*, 1987; Horsley e Hanson, *Bandits, Prophets and Messiahs: Popular Movements at the Time of Jesus*, 1985, cap. 3; Sanders, *Judaism: Practice and Belief, 63 BCE—66 CE*, 1992, p. 295-8; Schürer, *The History of the Jewish People in the Age of Jesus Christ (175 B.C.—A.D. 135)*, 1973-87, 2.488-554, principalmente a bibliografia em 488-92.
[81]Sobre a messianidade em um período posterior, veja Landman, *Messianism in the Talmudic Era*, 1979. A despeito do título, seu livro contém erudição antiga valiosa também sobre o período inicial.

A ESPERANÇA DE ISRAEL

apesar dos pronunciamentos confiantes de muitas gerações, tanto cristãs como judaicas, não devemos concluir, ao menos inicialmente, que o judeu comum cresse na vinda de um Messias. Na literatura subsistente, "quando um Messias individual é imaginado, seu papel e caráter permanecem vagos e indefinidos".[82]

Tal início aparentemente pouco promissor requer uma explicação, e três possibilidades óbvias emergem. A primeira é que a ideia de um Messias pode ter sido relativamente sem importância na época. A segunda é que a literatura a que temos acesso pode não ser muito representativa. A terceira é que as expectativas messiânicas podem ter sido suprimidas na literatura composta após o fracasso de um ou outro dos pretensos movimentos messiânicos, ou então após o surgimento do cristianismo. Pode haver um traço de verdade em todas essas sugestões. Contudo, a própria diversidade e a natureza não padronizada das evidências sugerem-nos que (a) a ideia de um Messias estava pelo menos latente em várias vertentes do judaísmo; que (b) ela poderia vir à tona, caso as circunstâncias exigissem; e (c) que, em meio à diversidade, podemos encontrar pelo menos *alguns* fatores constantes. Examinemos, então, as evidências, de modo a chegarmos à devida conclusão.

Podemos começar com quatro pontos históricos sólidos. Primeiro, Josefo nos informa sobre vários movimentos messiânicos até a guerra de 66—70, e sabemos muito a respeito da guerra subsequente sob a liderança de bar-Kochba. Já contamos a história desses movimentos nos capítulos 6 e 7. Nesse ponto, o importante é o fato de que eles existiram: que, sob certas circunstâncias, um número razoavelmente grande de judeus escolheria um homem previamente desconhecido (ou, no caso dos sicários, um membro de uma suposta dinastia) e o apresentaria como rei, dando-lhe um diadema real e esperando que ele os liderasse em um movimento populista que conduzisse a algum tipo de revolução. Sem dúvida, há distinções a serem feitas entre esses vários movimentos. Mas todos testemunham uma esperança judaica razoavelmente difundida, sem dúvida apreciada entre algumas classes mais do que outras, de que viria um rei pelo qual o deus de Israel libertaria seu povo. Em pelo menos um caso, o movimento parece ter assumido uma forma explicitamente "davídica".[83] Se não soubéssemos nada mais do que isso, já saberíamos o suficiente.[84] Em segundo

---

[82]Harvey, *Jesus and the Constraints of History*, 1982, p. 77, referindo-se a Scholem, *The Messianic Idea in Judaism, and Other Essays on Jewish Spirituality*, 1971.

[83]Veja Horsley e Hanson, *Bandits, Prophets and Messiahs: Popular Movements at the Time of Jesus*, 1985, p. 120-s., sobre Simão ben-Giora.

[84]É ir longe demais dizer (Horsley e Hanson, *Bandits, Prophets and Messiahs: Popular Movements at the Time of Jesus*, 1985, p. 114) que Josefo evita cuidadosamente termos como "ramo", "filho de Davi" e "messias". É verdade que o historiador judaico passa rapidamente por duas passagens bíblicas importantes: Daniel 2:44-5. e Daniel 7 (*Ant.* 10.210 e provavelmente *Guerras* 6.312-s.). Mas nenhum desses termos técnicos ocorre em qualquer das passagens bíblicas em questão.

O NOVO TESTAMENTO E O POVO DE DEUS

lugar, podemos observar o significado das aspirações aparentemente nutridas por Herodes, o Grande. Segundo Josefo, Herodes empreendeu o grande projeto de reconstrução do Templo em uma tentativa deliberada de imitar, e talvez de superar, o filho de Davi: Salomão.[85] Como vimos ao examinar a ideologia do Templo no capítulo 8, aquele que constrói o Templo legitima-se como rei: o triunfo dos macabeus os levou ao estabelecimento de uma dinastia centenária justamente pelo fato de Judas Macabeu ter sido bem-sucedido na purificação da poluição pagã do Templo. Herodes, talvez percebendo que os judeus nunca o aceitariam como o cumprimento de suas esperanças, casou-se com Mariana, uma princesa de linhagem asmoneia, provavelmente na esperança de que, se tivesse um filho com ela, o filho não apenas completaria a reconstrução do Templo, como também perpetuaria a reivindicação real dos predecessores que o próprio Herodes suplantou. Mais uma vez, o que importa para nossos propósitos não é que esse plano tenha falhado, já que o Templo não foi finalmente concluído senão até depois de a linhagem de Herodes ter sido reduzida à insignificância, e já que Mariana e seus dois filhos mais velhos, todos suspeitos de traição, foram assassinados enquanto Herodes ainda estava vivo. Além do mais, muitos judeus não aceitavam a reivindicação da linhagem asmoneia, tampouco a de Herodes. O importante é o fato de tais afirmações poderem ser corroboradas. Podemos supor que Herodes tinha alguma ideia de como funcionava a mente de seus contemporâneos. Se ele esperava jogar com uma ideia popular de um futuro rei messiânico, então devemos supor que tal ideia pelo menos existia, ainda que Herodes fosse perfeitamente capaz, por causa da ambiguidade inerente ao conceito, de remodelá-la à sua maneira.

Em terceiro lugar, podemos observar o significado da rebelião de bar-Kochba. Tratou-se claramente de um movimento messiânico, como atesta a sólida tradição rabínica, citando Aquiba, um dos heróis da *Mishná*, por saudar o infeliz líder rebelde como "Filho da Estrela" e Filho de Davi.[86] Nesse caso, os detalhes também não são importantes. O que importa é termos aqui mais evidências de que, em todo o período do segundo templo, as ideias messiânicas *poderiam*, em certas circunstâncias, ser evocadas; que as pessoas comuns soubessem do que estava sendo falado; e que muitos judeus se uniriam, de forma instintiva, a um pretendente messiânico suficientemente confiável.

Em quarto lugar, podemos notar a importância do próprio Novo Testamento no âmbito desse esboço histórico. É comum, em muitos círculos acadêmicos,

---

[85]*Ant.* 15.380-7, esp. 385.

[86]Veja os caps. 6–7. Outro dizer atribuído a Aquiba, interpretando Daniel 7:9 como referência a dois tronos — um para o Ancião de Dias e outro para Davi, i.e., o Messias —, pode ser significativo aqui; veja Horbury, "The Messianic Associations of 'the Son of Man'", 1985, p. 36-8, 45-s., discutindo bHag. 14a; bSanh. 38b.

412

A ESPERANÇA DE ISRAEL

afirmar que a igreja primitiva logo abandonou ideias messiânicas judaicas, referindo-se a Jesus em termos muito diferentes. À luz da relativa escassez dessas ideias no próprio judaísmo, porém, é ainda mais notável que não apenas o título *Christos*, mas também vários temas claramente messiânicos — descendência davídica, textos-chave da Bíblia judaica, temas-chave (como a ligação com o Templo) —, todos permanecem vivos até mesmo nos evangelhos, cuja composição, acredita-se, data cerca de uma geração após Jesus, e possivelmente depois da guerra. Minha opinião particular é que, nesse aspecto, os estudiosos estão errados, enganados por uma geração que buscou despojar o cristianismo de todos os elementos judaicos, e que os primeiros cristãos mantiveram a ideia messiânica de uma forma modificada, porém reconhecível.[87] Afinal, mesmo Justino Mártir, em meados do segundo século d.C., considerava importante o fato de Jesus ser o verdadeiro Messias judeu.

Entretanto, mesmo que esses estudiosos estivessem certos — de fato, mesmo que estivessem certos quanto ao cristianismo desistir oficialmente do messianismo como tal —, a persistência de temas messiânicos é um testemunho ainda mais poderoso do fato de que, durante boa parte do período neotestamentário, quer tenhamos ou não uma grande quantidade de evidências judaicas do primeiro século, quer possamos ou não recriar uma imagem unificada da expectativa judaica, tais expectativas certamente existiam. Os primeiros cristãos parecem ter feito, nesse sentido, o mesmo que Herodes: tomaram uma ideia vaga e geral do Messias e a redesenharam em torno de um ponto físico — no caso, Jesus —, dando-lhe, assim, precisão e direção. É de particular relevância o fato de o messianismo *davídico* de Jesus receber tal destaque.[88]

Sólidos pontos de partida como esses nos fornecem uma estrutura mais viável para começarmos do que se simplesmente fizéssemos uso de referências estranhas em escritos apocalípticos e outros registros. Indicam, além disso, um fato sólido e indiscutível. Se sabemos algo sobre a formação da crença e da expectativa judaica nesse período, é que isso teve muito a ver com a leitura das escrituras. Aliás, a Bíblia hebraica, assim como a Septuaginta, cuja leitura em voz alta muitos judeus estavam acostumados a ouvir, ambas têm muito a dizer sobre um rei vindouro. Promessas feitas a Davi, e muitas vezes repetidas, são transmitidas em alto e bom som.[89] São celebradas nos Salmos.[90] Algumas das passagens poéticas mais maravilhosas notáveis de toda a Bíblia incluem aquelas em que a ideia de um libertador vindouro é proeminente: naturalmente, podemos citar

---

[87]Veja a Parte IV. Sobre o messianismo em Paulo, veja Wright, *The Climax of the Covenant*, 1991a, caps. 2–3.

[88]Segundo Sanders, *Judaism: Practice and Belief, 63 BCE—66 CE*, 1992, p. 526, n.º 17.

[89]2Samuel 7:4-29; veja 1Reis 3:6; 8:23-6 etc.

[90]Cap. 2, 89 etc.

O NOVO TESTAMENTO E O POVO DE DEUS

Isaías 9 e 11, 42 e 61. Como não devemos presumir, ao descobrirmos uma passagem potencialmente "messiânica", que os judeus do primeiro século a considerassem como tal, também é importante não ignorarmos a prática regular da leitura e do cântico das escrituras como uma força motriz na formação da cosmovisão judaica como um todo, incluindo as expectativas messiânicas.

O ponto é destacado quando olhamos para quatro fontes do segundo templo que, sem ambiguidades, falam de um Messias. Em cada caso, a perspectiva assumida claramente se baseia nas escrituras. Podemos começar com os Manuscritos e tomar, em primeiro lugar, o notável fragmento recuperado na caverna IV de Qumran, provavelmente datando do final do primeiro século a.C., que reúne textos bíblicos importantes e os fazem expressar, em uma só voz, acerca do rei vindouro. Após uma exegese detalhada de 2Samuel 7:10-11, mostrando que o escritor interpreta a comunidade sectária em termos do Templo, o texto continua (citações bíblicas em itálico):

> *O Senhor te faz saber que ele, o Senhor, te fará casa. Farei levantar depois de ti o teu descendente, e estabelecerei o seu reino* [para sempre]. *Eu lhe serei por pai, e ele me será por filho.* Ele é o Ramo de Davi que se levantará como o Intérprete da Lei [para governar] em Sião [no fim] dos tempos. Como está escrito: *reedificarei o tabernáculo caído de Davi.* Em outras palavras, o *tabernáculo de Davi* é aquele que se levantará para salvar Israel [...]
>
> *Por que [se enfurecem] os gentios e os povos imaginam [coisas vãs? Os reis da terra] se levantam, [e os] príncipes conspiram contra o Senhor e contra [o seu Messias].* Interpretado, o dizer se refere [aos reis das nações] que [se rebelarão] contra os eleitos de Israel nos últimos dias [...].[91]

Aqui, vemos o que alguns judeus pensavam na época da morte de Herodes e do nascimento de Jesus de Nazaré. Os Manuscritos, como sabemos, preveem não apenas um Messias real, mas também outra figura, seja um mestre (referido no texto como o "Intérprete da Lei") ou um sacerdote, como na "Regra Messiânica".[92] No entanto, a base bíblica para essa imagem monárquica do Messias é clara, sendo preenchida posteriormente em uma passagem como a seguinte, extraída do Manuscrito das "Bênçãos":

---

[91] 4Q174 (= 4QFlor) 1.10-13, 18-s. (trad. baseada no texto de Vermes, *The Dead Sea Scrolls in English*, 1987 [1962], p. 294). Citações bíblicas são de 2Samuel 7:11-14; Amós 9:11; Salmos 2:1. Com respeito às datas, veja Vermes, idem, p. 293. Sobre esse texto, veja sobretudo Brooke, *Exegesis at Qumran*, 1985.

[92] 1QSa 2.11-21 etc. Sobre os "dois Messias" em Qumran, veja Vermes, *The Dead Sea Scrolls*, 1977, 184-s,; e esp. Talmon, "Waiting for the Messiah: The Spiritual Universe of the Qumran Covenanters", 1987; presume-se que a ideia remonte a passagens como Zacarias 6:11; Jeremias 33:14-18.

A ESPERANÇA DE ISRAEL

Que o Senhor te eleve às alturas eternas, como uma torre fortificada sobre um alto muro!

[Que tu firas os povos] com o poder da tua mão e devastes a terra com o teu cetro; que tragas a morte ao ímpio com o sopro dos teus lábios!

[Que o Senhor derrame sobre ti o espírito do conselho] e do poder eterno, o espírito do conhecimento e do temor de Deus; que a justiça te cinja [os lombos] e tuas rédeas sejam envolvidas [de fidelidade]!

Que o teu chifre seja feito de ferro, e o teu casco, de bronze; que o Senhor te faça saltar como um touro jovem [e que tu pisoteies os povos] como lama nas ruas!

Pois Deus te estabeleceu como o cetro. Os governantes... [e todos os reis] das nações te servirão. Ele te fortalecerá com o Seu santo Nome e tu serás como um [leão; e não te deitarás enquanto não devorares a] presa, a qual ninguém conseguirá livrar [...].[93]

Aqui, mais uma vez, a base bíblica é clara: as alusões aos Salmos (61:2-s.), e particularmente as citações de Isaías (11:1-5) e Miqueias (4:13), são o fundamento. Podemos estar confiantes de que era assim que alguns judeus compreendiam pelo menos algumas passagens importantes de sua Bíblia.

Além de Qumran, encontramos uma imagem semelhante em uma segunda fonte: a conhecida passagem de *Salmos de Salomão*:

Veja, Senhor, e levanta para eles o seu rei,
o filho de Davi, para governar o teu servo Israel
no tempo por ti determinado, ó Deus.
Reveste-o com a força para destruir os governantes injustos,
purificar Jerusalém dos gentios
que a pisotearam até a sua destruição;

---

[93] 1QSb 5.23-9 (trad. baseada no texto de Vermes, 1987 [1962], p. 237). Horsley e Hanson, *Bandits, Prophets and Messiahs: Popular Movements at the Time of Jesus*, 1985, p. 130, fazem uma afirmação extraordinária sobre a passagem: porque o futuro rei destruirá as nações com "a palavra da sua boca", a passagem tem um tom "irreal, transcendente", de modo que devemos pensar na guerra como acontecendo em um nível idealizado e etéreo, e não em um engajamento militar sério. O restante da passagem desmente essa teoria, cuja verdadeira origem está no constrangimento dos autores com a existência de expectativas messiânicas entre outras classes que não seus heróis, ou seja, os camponeses. Não considero o "poder da sua mão", os "cacos de ferro e de bronze" e a imagem de um touro jovem pulando e pisoteando como elementos irreais, transcendentes ou etéreos; e, de qualquer maneira, "palavra da sua boca" e "sopro dos teus lábios" são, naturalmente, citações de Isaías 11:4, principal fonte das imagens empregadas em toda a passagem. O resumo de Horsley e Hanson dos "Messias" de Qumran como "figuras espirituais distintas" é (principalmente em vista do realismo de 1QM 1.9-s. e passagens semelhantes) um notável triunfo da ideologia sobre a historiografia.

415

O NOVO TESTAMENTO E O POVO DE DEUS

para, em sabedoria e justiça, expulsar
os pecadores da herança;
esmagar a arrogância dos pecadores
como o vaso do oleiro;
quebrar toda a sua força com vara de ferro;
destruir as nações injustas com a palavra da sua boca;

Ao adverti-las, as nações fugirão da tua presença;
E ele condenará os pecadores por seus pensamentos.

Ele agregará um povo santo,
ao qual liderará com retidão...
Nesse tempo, não haverá injustiça entre eles,
pois todos serão santos,
e o seu rei será o Senhor, o Messias.[94]

Mais uma vez, ecos bíblicos se destacam de forma evidente: Salmos 2, 18, 104 e 101 são todos perceptíveis, assim como Isaías 42 e outras passagens. Devemos ser bem claros: aqui, temos evidências de que alguns judeus do período romano liam sua Bíblia com uma perspectiva definida — uma perspectiva segundo a qual uma figura messiânica, havia muito profetizada, surgiria e libertaria Israel das mãos dos gentios. Se *Salmos de Salomão* são de origem farisaica, conforme pensam alguns (uma possibilidade não refutada por completo), isso torna o escrito ainda mais interessante para o quadro geral.[95]

Devemos agora considerar, como uma terceira fonte, uma passagem que já observamos em outra conexão. Em seu relato da escalada para a guerra de 66 d.C., Josefo descreve profecias que pressagiavam a devastação vindoura. Segundo o questionamento de Josefo, por que os judeus continuaram no caminho da ruína, apesar dos "oráculos" bíblicos que alertavam a seu respeito? A resposta é esta: por causa de uma passagem da Bíblia:

---

[94]*Sl. Sal.* 17:21-32 (trad. baseada no texto de R. B. Wright, em Charlesworth, *The Old Testament Pseudepigrapha*, 1985, p. 667. O restante do salmo prossegue descrevendo um rei guerreiro, semelhante ao trecho de *Sl. Sal.* 18:5-9. Mais uma vez, Horsley e Hanson, *Bandits, Prophets and Messiahs: Popular Movements at the Time of Jesus*, 1985, p. 105-s., 119, 130-s., tentam sugerir que a passagem diz respeito não a um líder militar, mas a um "mestre-rei" (p. 106), e que seu messianismo, portanto, em nada diz respeito às sérias expectativas dos camponeses. Sua referência frequente a "palavra de sua boca" deve ser estabelecida no contexto do "vaso do oleiro" e da "vara de ferro".

[95]Veja Schürer, *The History of the Jewish People in the Age of Jesus Christ (175 B.C.—A.D. 135)*, 1973-87, 3.194-s.; Nickelsburg, *Jewish Literature Between the Bible and the Mishnah*, 1981, p. 203; e a nota de cautela soada por Charlesworth, *The Old Testament Pseudepigrapha*, 1985, p. 642.

A ESPERANÇA DE ISRAEL |

Mas o que os levou àquela guerra foi, mais do que tudo, a ambiguidade de uma profecia, também encontrada em suas sagradas escrituras, segundo a qual alguém de seu país se tornaria, naquele tempo, governante do mundo. Os judeus a interpretaram em seu favor, e muitos dentre os próprios sábios judaicos se enganaram; afinal, o oráculo dizia respeito à soberania de Vespasiano, cuja proclamação como imperador ocorreu em solo judaico. (Pois é impossível ao homem escapar do seu destino, ainda que possa prevê-lo.) Assim, desprezando algumas das profecias e interpretando outras para agradar a si mesmos, os judeus só se deram conta de sua loucura depois da ruína de seu país e de sua própria destruição.[96]

Se há algo que eu gostaria que Josefo tivesse acrescentado a todo o seu *corpus* é a nota de rodapé desse texto, a qual nos teria revelado a passagem bíblica que ele tinha em mente. No entanto, o texto em si contém pistas importantes. É evidente que se tratava de uma passagem cuja interpretação "os sábios" viam dessa forma; além do mais, a passagem envolvia uma cronologia ("naquele tempo").[97] O candidato mais óbvio é o livro de Daniel: se sabemos qualquer coisa sobre os cálculos e a cronologia do primeiro século, sabemos que Daniel foi examinado de forma minuciosa em busca de informações sobre sequências escatológicas de tempo, particularmente por grupos de "sábios" eruditos (compare com Daniel 12:3). Mas que porção de Daniel? Em termos de especulação cronológica, as passagens mais óbvias são os capítulos 8 e 9, os quais nos fornecem cronogramas misteriosos para o cálculo da restauração de Jerusalém; tais cronogramas reaparecem em várias obras da época. Argumentou-se, de forma convincente, que, segundo um método de calcular os números envolvidos, as "setenta semanas de anos" mencionadas em Daniel 9:24-27, correspondendo ao tempo entre o exílio, a reconstrução de Jerusalém e a vinda de um "príncipe ungido", entrariam em sua "última semana" em meados de 60 d.C. Isso ajudaria a explicar a razão pela qual aqueles que adotaram tal cronologia, cuja origem é basicamente farisaica, estariam inclinados a apoiar movimentos voltados à revolução naquele período.[98]

---

[96]*Guerras* 6.312-15. Thackeray, citando observações semelhantes em Tác. *Hist.* 5.13 e Suet. *Vesp.* 4, diz ser improvável que Tácito tenha lido Josefo e postula uma fonte comum. Duvido que Josefo precisasse obter essas informações de uma fonte: ele, de todas as pessoas, deveria saber o que "os sábios" andavam dizendo em Jerusalém em meados da década de 60 d.C. Também acho provável que Tácito tenha lido Josefo, até por causa de passagens como *Guerras* 6.299-s. e Tác. *Hist.* 5.13, perspectiva compartilhada por Rajak, *Josephus: The Historian and His Society*, 1983, p. 193.

[97]No grego, *kata ton kairon ekeinon*, frase que denota não uma força geral, porém específica.

[98]Veja plena discussão em Beckwith, "Daniel 9 and the Date of Messiah's Coming in Essene, Hellenistic, Pharisaic, Zealot and Early Christian Computation", 1981. Beckwith argumenta (p. 532) contra o candidato rival, Números 24:17-19 (apoiado pela importante discussão em

O NOVO TESTAMENTO E O POVO DE DEUS

Contudo, se Daniel 9:24-27 fornece-nos o esquema cronológico, de onde vem a ideia de um "governante mundial"?[99] O texto óbvio é Daniel 2:34-5, 44-5: depois dos quatro grandes reinos, representados pela estátua feita de quatro metais,[100] "uma pedra soltou-se, sem auxílio de mãos, atingiu a estátua nos pés de ferro e de barro e os esmigalhou"; "mas a pedra que atingiu a estátua tornou-se uma montanha e encheu a terra toda". Quando interpretada, a visão remete à ideia de que, "na época desses reis, o Deus dos céus estabelecerá um reino que jamais será destruído e que nunca será dominado por nenhum outro povo. Destruirá todos os reinos daqueles reis e os exterminará, mas esse reino durará para sempre".[101] A narrativa de Josefo dessa história em *Antiguidades* 10 é interessante por diversas razões. Josefo não apenas omite a explicação do que exatamente a pedra faz: ele altera o texto de Daniel 2:29 de "tua mente se voltou para as coisas futuras" para "quando estavas ansioso quanto a quem deveria *governar todo o mundo* depois de ti".[102] Ainda que, em certo sentido, o texto se refira a todos os reinos que estão por vir, refere-se, em particular, ao último, ou seja, à "pedra". Parece que localizamos a nota de rodapé perdida de Josefo: Daniel, o livro que não apenas prediz coisas, como também fornece uma cronologia, estava sendo lido, por meio de uma combinação dos capítulos 2 e 9, como uma profecia da libertação messiânica iminente durante a década de 60 d.C.

Entretanto, se for esse o caso — e parece-me facilmente a melhor explicação para uma passagem complicada em Josefo —, é difícil acreditar que a passagem semelhante em Daniel 7 também não fizesse parte dessa equação. Duas evidências apontam nessa direção. Primeiro: já observamos o paralelismo estreito entre os capítulos 2 e 7 de Daniel — a sequência de quatro reinos, seguida pelo estabelecimento de um novo e eterno reino, é idêntica em ambos. Segundo: como veremos, Daniel 7 forneceu o material de base para diversas especulações

---

Hengel, *The Zealots: Investigations Into the Jewish Freedom Movement in the Period from Herod I Until 70 A.D.*, 1989c [1961], p. 237-40), com base no conceito razoável de que Números não oferece um esquema cronológico, que é o que Josefo afirma ser fornecido por Daniel (*Ant.* 10.267). Deve-se notar que meu presente argumento não é em favor de Daniel 7, esp. como referência *primária*, que é o que Hengel corretamente rejeita, mas de Daniel 9 e 2, com o cap. 7 implícito por associação. Rajak, *Josephus: The Historian and His Society*, 1983, p. 192, diz ser infrutífero especular sobre a passagem que Josefo tinha em mente. Seria esse o caso na ausência de algum candidato óbvio.

[99]Do grego, *tis arxei tes oikoumenes*.

[100]Deve-se notar que, de acordo com 2:40-43, os pés da estátua, feitas de uma mistura de ferro e barro, não denota um quinto reino, mas uma divisão dentro do quarto reino. Certamente, era assim que Josefo entendia a passagem (*Ant.* 10.206-9).

[101]Daniel 2:34-5,44 [NVI].

[102]Do grego, *tis arxei tou kosmou*, ecoando de perto a passagem de *Guerras*.

messiânicas do primeiro século. Parece que alguns exegetas da época, combinando Daniel 9 (passagem explicitamente messiânica) com Daniel 2 (passagem tornada messiânica através da figura da "pedra", termo que, em outras passagens, refere-se ao messias),[103] alcançaram aquilo que descrevemos anteriormente como uma nova e radical possibilidade: uma leitura messiânica — ou seja, individualizada — de Daniel 7:13-4.

Assim, então, a menos que concluamos que alguns grupos (referidos por Josefo) apenas evocaram Daniel 2, 9 e outras passagens (representadas por escritos como 4Esdras e 2Baruque) e fizeram uso de Daniel 7 em especulações messiânicas, o que parece um absurdo, a seguinte conclusão é mais plausível: que a menção enigmática a Josefo a um oráculo messiânico amplamente acreditado refere-se ao livro de Daniel em geral e aos capítulos 2, 7 e 9 em particular. Acontece que essas são as três partes do livro sobre as quais Josefo, apesar de narrar por completo muitas outras partes, permanece em silêncio.[104] E, notoriamente, argumentos a partir do silêncio não são dignos de confiança; nesse caso, porém, o silêncio é, de fato, eloquente.

De Josefo aos escritos apocalípticos de 4Esdras, 2Baruque e 1Enoque, parece-nos um grande salto, mas esses livros também, como nossa quarta seção evidencia, demonstra uma expectativa messiânica baseada na Bíblia durante o primeiro século. Pelo menos no caso de 4Esdras e 2Baruque, essa expectativa havia sobrevivido às devastações de 70 d.C. e estava em busca de uma libertação ainda vindoura.[105]

Podemos começar observando que, em boa parte de 4Esdras, a questão do futuro de Israel pode ser discutida sem qualquer menção detalhada a um Messias.[106] Então, na "visão de águia" dos capítulos 11 e 12, descobrimos não apenas um Messias, mas também um Messias claramente pertencente a uma releitura de Daniel 7. "Esdras" tem a visão de um homem com muitas cabeças e muitas asas de águia, as quais naturalmente "representam" (no sentido literário) vários reis dinásticos. Em seguida, uma nova criatura aparece:

---

[103]Isaías 28:16; Salmos 118:22-s.; e as citações em Mateus 21:42-4. e em Atos 4:11; Romanos 9:33; 1Pedro 2:6.

[104]*Ant.* 10.186-281 cobre boa parte do livro, com a omissão do cap. 7 ocorrendo após 10.263. 10.276, sugerindo que Daniel também profetizou a destruição de Jerusalém por Roma. Para Crisóstomo, trata-se de uma adição aos demais manuscritos.

[105]Para maiores detalhes sobre o assunto, veja Charlesworth, "The Concept of the Messiah, in the Pseudepigrapha", 1979.

[106]A exceção sendo 7:28-s.: "pois o meu filho, o Messias, será revelado com aqueles que estiverem com ele, e os que perseverarem se regozijaram por quatrocentos anos. E, após esses anos, o meu filho, o Messias, morrerá, e todos os demais seres humanos...". Depois desse tempo, virão a ressurreição e o julgamento final. Sobre o messianismo de 4Esdras, veja Stone, "The Question of the Messiah in 4Ezra", 1987; *Fourth Ezra: A Commentary on the Book of Fourth Ezra*, 1990, p. 207-13, e outras obras mencionadas pelo autor.

O NOVO TESTAMENTO E O POVO DE DEUS

> E olhei, e eis que, rugindo, uma criatura despertava, como um leão da floresta; e ouvi como ele proferiu uma voz de homem para a águia e falou, dizendo: "Escute e falarei com você. O Altíssimo te diz: 'Não é você aquele que resta das quatro bestas que fiz para reinarem em meu mundo, para que, por meio delas, fizesse vir o fim dos tempos? Você, a quarta besta que surgiu, conquistou todos os animais que já existiram; e você dominou o mundo com muito terror e governou a terra com terrível opressão [...] Assim, sua insolência chegou ao Altíssimo, e o seu orgulho, perante o Todo-poderoso. O Altíssimo olhou para os tempos, e eis que acabaram; completaram-se as eras! Portanto, você, águia, certamente desaparecerá — você, suas asas aterrorizantes e suas asinhas malignas, suas cabeças maliciosas, suas garras maldosas e todo o seu corpo inútil, para que toda a terra, livre da sua violência, seja revigorada e receba alívio, esperando pelo juízo e pela misericórdia daquele que a criou'".[107]

Como de costume no gênero, Esdras fica perplexo com a visão e ora por uma interpretação. Então, evidencia-se a ligação com Daniel:

> Ele me disse: "Esta é a interpretação da visão: a águia que você viu subindo do mar é o quarto reino que apareceu em uma visão a Daniel, seu irmão. Mas a visão não lhe foi explicada da forma como a explico a você. Virão dias em que um reino se levantará na Terra e será mais terrível do que todos os reinos anteriores... [a passagem prossegue com uma longa interpretação da águia, com suas diversas asas e cabeças]. E quanto ao leão que você viu saindo da floresta, rugindo, falando com a águia e reprovando-a por sua injustiça, e quanto a todas as suas palavras que você ouviu, esse é o Messias [*lit.* "o ungido"], a quem o Altíssimo tem guardado até o fim dos dias. Levantar-se-á como posteridade de Davi e os denunciará por sua impiedade e maldade, expondo-lhes suas ações arrogantes [...] Mas ele livrará, com misericórdia, o remanescente do meu povo, aqueles que foram salvos em todas as minhas fronteiras, e os alegrará até o fim, o dia do juízo, do qual lhes falei no início. Esse é o sonho, e esta é a sua interpretação".[108]

A passagem é notável em muitos aspectos. Em primeiro lugar, explora o fato de que a quarta besta de Daniel não é especificada (os três primeiros são um leão, um urso e um leopardo), tornando-a uma águia, o que, obviamente,

---

[107] 4Esdras 11:36-46.
[108] 4Esdras 12:10-35 (trad. baseada no texto de B. M. Metzger, em Charlesworth, *The Old Testament Pseudepigrapha*, 1983, p. 549-s.). Sobre o "fim" do reino messiânico (12:34), veja 7:29; 1Coríntios 15:24-8.

420

A ESPERANÇA DE ISRAEL

representa, no sentido literário, o império romano; e o faz sem qualquer dificuldade, já que imagens reais de águias eram usadas como representação do império romano no sentido simbólico, sociocultural. Em segundo lugar, a passagem é explícita na oferta de uma nova interpretação de Daniel 7. Em terceiro lugar, no ponto da visão em que Daniel apresenta "alguém semelhante a um filho de homem", a passagem apresenta "um leão, [que] proferiu uma voz de homem". A melhor explicação para isso parece ser que a "voz de homem" associa o leão ao "filho do homem" de Daniel 7, enquanto o fato de ele ser um leão, imagem que seria confusa no próprio capítulo de Daniel 7, é um eco do messianismo davídico.[109] Por último, o *dénouement* da cena é, por um lado, o julgamento da águia (como o desfecho de Daniel 7 é o juízo da quarta besta) e, por outro lado, resgate e alívio para "o remanescente do meu povo".[110] Os "santos do Altíssimo" (Daniel 7:18,27), que, em seu contexto original, são, conforme vimos, a interpretação daquele "semelhante a um filho de homem" (7:13), assumiram papéis distintos. Ao tratarmos nosso texto como uma releitura de Daniel 7 como um todo, devemos dizer que, para 4Esdras, o "semelhante a filho de homem" representa, no sentido literário, o Messias, o qual, por sua vez, representa, no sentido sociológico, o remanescente de Israel. E, nessa releitura, fica bem claro o que está acontecendo em termos de vida real: "A principal atividade que o Messias exerce nesta e na próxima visão é a destruição do império romano".[111] Tal reutilização explícita — não apenas de Daniel 7, porém, mais explicitamente, dos versículos 13-14 — mostra que deveria estar fora de disputa o problema do "filho do homem" somente com base nas ocorrências da frase, ou sem consultar a raiz do significado atrelado ao imaginário de Daniel 7.[112]

A passagem final em 4Esdras diz respeito a um "homem que veio do mar"[113] e "voou com as nuvens do céu" (13:3):

---

[109]Sobre a força de Gênesis 49:9, retomada em Apocalipse 5:5 etc., veja Stone, *Fourth Ezra: A Commentary on the Book of Fourth Ezra*, 1990, p. 209, citando também 1QSb 5.29 e outras passagens.

[110]Stone, "The Question of the Messiah in 4 Ezra", 1987, p. 211-s., observa que, na sequência do pensamento, a ideia de um julgamento legal não é importada de Daniel. Todavia, parece-me que a cena de Daniel também é forense, ao menos em linhas gerais, e que Stone vai longe demais ao sugerir (1987, p. 219-s.) que o reino messiânico em 4Esdras é "relacionado à esfera jurídica, *não* à militar" (itálicos nossos).

[111]Stone, "The Question of the Messiah in 4 Ezra", 1987, p. 212.

[112]Um exemplo: Hare, "The Question of the Messiah in 4 Ezra", 1990, p. 9-21; como o índice mostra, Hare se concentra em 4Esdras 13, com apenas duas breves menções do cap. 12, nunca enfatizando, de maneira forte e explícita, o conteúdo da passagem em conexão com Daniel.

[113]Isso é confuso, já que, em Daniel e em 4Esdras 11, o mar é a origem das bestas *malignas*. Uma explicação é oferecida em 13:51-s.: assim como ninguém sabe o que há no mar, ninguém pode ver o Filho, exceto quando ele é revelado.

O NOVO TESTAMENTO E O POVO DE DEUS

> Depois disso, olhei, e eis que uma multidão inumerável de homens juntou-
> -se dos quatro ventos do céu para fazer guerra contra o homem que subia do
> mar. E eis que ele esculpiu para si uma grande montanha e voou sobre ela...
> [a multidão se aproximou do homem, o qual] não ergueu a mão e nem segurou
> uma lança ou qualquer arma de guerra; apenas vi como ele emitiu de sua boca
> algo como uma torrente de fogo, e de seus lábios um sopro flamejante, e de sua
> língua saiu uma tempestade de brasas... [que destruíram a multidão]. Depois,
> vi o mesmo homem descer da montanha e chamar para si outra multidão, a
> qual era pacífica. Então, muitos se achegaram a ele, alguns com alegria, outros
> com tristeza [...].[114]

Mais uma vez, a visão perturba "Esdras", que clama por sua interpretação.
O homem do mar, conforme lhe é dito, foi preservado pelo Altíssimo para o
tempo determinado, quando, então, sairá para executar juízo. Assim:

> Quando sucederem essas coisas e ocorrerem os sinais que eu lhe mostrei, o
> meu filho será revelado, a quem você viu como um homem subindo do mar.
> E quando todas as nações ouvirem a sua voz [...] uma multidão inumerável se
> ajuntará, como você viu, desejando conquistá-lo. Mas ele permanecerá em pé,
> no topo do monte Sião. E Sião virá e se manifestará a todos os povos, preparada
> e edificada, como você viu a montanha esculpida sem o auxílio de mãos. Ele, o
> meu Filho, repreenderá as nações reunidas [...].[115]

Observe, mais uma vez, as conexões com Daniel, embora a ênfase recaia menos
no capítulo 7 e mais no capítulo 2. A diferença é que, no livro de Daniel,
enquanto a pedra solta sem o auxílio de mãos se transforma em uma montanha, no livro de 4Esdras a pedra é esculpida e, só então, transforma-se em Sião.
A ligação com Daniel 7 é feita, em grande medida, pela menção inicial a um
"homem voando com as nuvens do céu" — ou seja, com apenas uma imagem,
e não, como na seção anterior, por toda uma sequência de pensamento.

Duas coisas precisam ser ditas sobre essa passagem para nosso presente
argumento. A primeira afirmação é que, no final do primeiro século, quando
o livro foi escrito, era possível usar e reutilizar imagens de Daniel de várias
maneiras, tendo como o foco a libertação e o Libertador vindouro de Israel,
por meio de uma variedade de imagens literárias. Mas não há dúvida de que
Daniel 2 e 7 foram usados dessa forma. A segunda afirmação é que, assim
como o próprio Daniel, o mesmo ocorre com os escritos que o reempregaram:

---

[114] 4Esdras 13:8-13 (trad. baseada no texto de B. M. Metzger, em Charlesworth, *The Old Testament Pseudepigrapha*, 1983, p. 551-2).
[115] 4Esdras 13:32-7 (*Ibidem*, p. 552).

A ESPERANÇA DE ISRAEL

trata-se de uma leitura errada do gênero apocalíptico imaginar que os judeus do primeiro século tenham tomado imagens vívidas e muitas vezes surreais de uma passagem como essa como predições literais de acontecimentos físicos. Quem ainda tem dúvida disso deve reler a visão da águia (4Esdras 11). Por isso, a questão é a seguinte: o que essas imagens literárias representam no mundo do tempo, do espaço e da história?

Ambos os pontos também se relacionam ao livro apocalíptico que forma um paralelo com 4Esdras, ou seja, 2Baruque. Nos capítulos 39—40, como já vimos, a imagem dos quatro reinos (extraída de Daniel) é estabelecida; após esses reinos, o Ungido será revelado, derrotando o último dos governantes ímpios no monte Sião. Depois disso, "seu domínio durará para sempre, após o fim do mundo da corrupção e o cumprimento dos tempos outrora mencionados".[116] A despeito de o texto depender de 4Esdras — não contando, assim, como uma testemunha plenamente independente —, ainda assim é evidente que, no fim do primeiro século, Daniel 7 é lido de forma messiânica, em combinação com outros temas bíblicos extraídos de profecias messiânicas.

Ao nos movermos de 4Esdras e 2Baruque para 1Enoque, principalmente para as *Similitudes* (caps. 37—71), trocamos uma relativa clareza por uma relativa perplexidade. Trata-se de um julgamento altamente subjetivo, porém é importante enfatizar que, a despeito da longa história do conflito erudito com o significado de "filho do homem" em 1Enoque, se estamos à procura de uma clara reutilização do material em Daniel 7, veremos que é muito mais fácil encontrá-la nas passagens que acabamos de examinar. Para os devidos propósitos, não nos é importante examinar as controvérsias relacionadas ao livro de 1Enoque; devemos apenas observar o uso diferente das imagens.[117]

Em particular, a segunda "Similitude" (caps. 45—57), embora claramente baseada em Daniel 7, não tenta recontar a história desse capítulo, como fazem 4Esdras e 2Baruque. Em vez disso, começa mais ou menos no ponto em que Daniel 7 termina: com o filho do homem já no trono perante o Ancião de Dias, voltando sua atenção para os detalhes do juízo e do governo justo, que formam a conclusão da visão de Daniel e sua interpretação.[118] As duas figuras do Ancião de Dias e do filho do homem (ou o "Eleito", como em 45:3 e muitas outras passagens; ou o Messias, como, por exemplo, em 52:4) são simplesmente

---

[116]*2Bar.* 40.3 (trad. baseada no texto de A. F. J. Klijn, em Charlesworth, *The Old Testament Pseudepigrapha*, 1983, 633). A interpretação da visão da floresta, em termos dos quatro reinos extraídos de Daniel, encontra-se em 39.2-8.

[117]Sobre a questão problemática da data das Similitudes, veja discussão em Schürer, *The History of the Jewish People in the Age of Jesus Christ (175 B.C.—A.D. 135)*, 1973-87, 3.256-9, e o resumo feito por Isaque em Charlesworth, 1983, p. 7. A maioria dos eruditos favorece uma origem não cristã e uma data após o primeiro século.

[118]*1Enoque* 46.2-8; 48.1-10. 48.10 e ecos de Salmos 2:2.

os pontos de partida para a cena detalhada do julgamento que se desenrola; ambos são pressupostos, de modo que não têm um papel de desenvolvimento. Em um volume subsequente, devemos discutir a relação entre essas passagens e os primeiros escritos cristãos que fazem uso de imagens semelhantes. Para nosso propósito, basta notar que 1Enoque não apresenta ou explica a figura do "filho do homem", mas simplesmente a toma como certa.[119] Sugere que, a despeito do estágio no qual as *Similitudes* foram escritas, a imagem que vimos com mais detalhes em Daniel 7, 4Esdras e 2Baruque era suficientemente conhecida para ser tomada como certa. Os quatro reinos, a grande inversão e a vindicação dos eleitos podem ser tidos como certos. Desse modo, o autor podia mover-se para algo mais, a saber, as complexidades do julgamento.

Esse continua sendo o caso na terceira Similitude (capítulos 58—69). Nos capítulos 62—63, ocorre a cena do julgamento, o ponto culminante de toda a seção do livro.[120] Mais uma vez, o Eleito (62:1), o filho do homem (62:5-9), é simplesmente revelado. Ele não aparece após a sequência dos quatro reinos, nem é exaltado após ter sofrido, como em Daniel 7:21-22. O filho do homem é simplesmente exibido perante o mundo todo como o escolhido do "Senhor dos Espíritos", e o resultado do julgamento é, para alguns, alegria em sua presença (62:14) e, para outros, vergonha (63:11).[121]

O que temos em *1Enoque*, então, é um desenvolvimento substancial da imagem de Daniel 7. Não devemos imaginar a ocorrência desse desenvolvimento em uma escala cronológica não linear: não há razão alguma para que diferentes grupos ou indivíduos evitassem fazer suas próprias variações sobre um tema, voltassem ao original em busca de inspiração renovada ou retomassem interpretações anteriores, subjacentes às atuais.[122] Nem há qualquer necessidade de postular dependência, literária ou não, entre *1Enoque* e, na outra extremidade, *4Esdras*, *2Baruque* e os evangelhos. Em vez disso, o que temos

---

[119]O ponto é levantado por Moule, *The Origin of Christology*, 1977, p. 14-17 e outros lugares, sugerindo que a forma não definida "um filho do homem" de Daniel 7 transforma-se em "*aquele* filho do homem" em *1Enoque* — i.e., "o 'filho do homem' que você sabe a partir de Daniel". Creio que, pelo contexto mais amplo, a dependência de *1Enoque* em Daniel é clara (embora veja Casey, "Method in Our Madness, and Madness in Their Methods. Some Approaches to the Son of Man Problem in Recent Scholarship", 1991, p. 40-s.).

[120]Segundo Nickelsburg, *Jewish Literature Between the Bible and the Mishnah*, 1981, p. 219.

[121]A mesma imagem é apresentada de forma resumida em 69:27-29. Como se sabe, a conclusão das *Similitudes* oferece uma reviravolta inesperada: o próprio Enoque é o filho do homem (71:14). (A tradução de Isaac em Charlesworth, *The Glory of Israel: The Theology and Provenience of the Isaiah*, 1983, precisa ser verificada à luz de Sparks, *The Apocryphal Old Testament*, 1984.)

[122]Por essa razão, acho o argumento de Nickelsburg, em *Jewish Literature Between the Bible and the Mishnah*, 1981, p. 222, não convincente (assim como ele exagerou ao sugerir uma diferença crucial entre Daniel, em que o julgamento vem antes da exaltação do filho do homem, e *1Enoque* e os evangelhos, em que o julgamento vem depois). É uma forma muito plana e não literária de ler um texto como Daniel 7.

A ESPERANÇA DE ISRAEL

aqui é mais um fio da tapeçaria ricamente variada da crença messiânica judaica do primeiro século e da releitura das escrituras. Além do mais, é uma vertente cuja indicação é que os autores esperam que as ideias sejam bem conhecidas. Uma única peça literária pode, portanto, abrir janela para um discurso potencialmente mais amplo.

O que aprendemos com essa pesquisa de quatro tipos muito diferentes de evidências — Qumran, *Salmos de Salomão*, Josefo e alguns escritos apocalípticos?[123] Reforçamos a visão comumente aceita de que, na época, não havia o ponto de vista fixo de um Messias. No entanto, também vimos que temas e ideias messiânicas generalizadas e vagamente formadas eram atuais e bem conhecidas; que, tipicamente, baseavam-se em — e reutilizavam — passagens e temas bíblicos conhecidos; e que, embora a linguagem em que são expressas às vezes seja fortemente simbólica, o referente é, em muitos casos, a simples concepção de um governante ou juiz que se levantaria em Israel e agiria para exercer o juízo e a vingança divina contra os opressores de Israel.[124] Em particular, vimos que um texto bíblico recorrente foi Daniel 7. Controvérsias sobre essa passagem são muito variadas e complexas para ter uma solução aqui. Mas, se a interpretação da apocalíptica em geral e do messianismo em particular estiver correta, conforme a apresentei, então sou levado a concordar com a conclusão de Horbury em um dos mais completos artigos recentes sobre o assunto:

> No início da era cristã, a esperança davídica já constituía um núcleo relativamente fixo da expectativa messiânica, tanto na Palestina como na Diáspora. Interconexões exegéticas atestam que o "filho do homem" provavelmente adquiriu, em meio à sua ampla gama de significados, associações definitivas com essa esperança.[125]

Podemos emergir dessa discussão com algumas conclusões cautelosas sobre as expectativas messiânicas do primeiro século. Isso pode ser afirmado em uma série de teses:

1. A expectativa estava focalizada principalmente na nação, e não em qualquer indivíduo em particular. A esperança que exploramos anteriormente neste capítulo permanece fundamental, ocorrendo de forma muito mais ampla do que as expressões de esperança por um Messias ou uma figura semelhante.

---

[123]Um gênero totalmente diferente, o da tragédia, também testifica quanto a um padrão semelhante de pensamento: veja Horbury, 1985, p. 42-s., discutindo Ezequiel, o Trágico 68-89 (encontrado em Charlesworth, 1985, p. 811-s.).

[124]A figura é extraída de muitas passagens já citadas, como *Ap. de Abr.* 31:1-8.

[125]Horbury, "The Messianic Associations of 'the Son of Man'", 1985, p. 52-s.

Às vezes, de fato, os textos que parecem retratar um Messias apontam para toda a comunidade, um processo perceptível na própria escritura hebraica.[126]

2. Tal expectativa pode, em certas circunstâncias, concentrar-se em determinado indivíduo, esperado de forma iminente ou já presente. As circunstâncias em que isso era possível parecem ter sido três: o aparecimento de uma oportunidade (como na morte de Herodes); a pressão particular da ação antijudaica dos pagãos (como no governo de Adriano); o aumento das expectativas relacionadas à tentativa de elaboração de uma cronologia messiânica.

3. Com um acontecimento assim, a expectativa generalizada de uma figura vindoura podia ser redesenhada de diversas maneiras, ajustando-se à situação ou ao indivíduo em questão. A descendência davídica podia ser claramente dispensada. A ideia de "dois Messias" não é uma contradição em termos, pois as necessidades particulares sentidas na época podiam influenciar tal possibilidade: Herodes esperava que seu filho fosse o verdadeiro rei; os sicários podiam propor Manaém; e os camponeses, por sua vez, Simão ben-Giora.

4. A principal tarefa do Messias, vez após vez, é a libertação de Israel e sua reintegração como verdadeiro povo do deus criador. Isso frequentemente envolverá uma ação militar, que pode ser vista em termos de julgamento, como em um tribunal. Também envolverá ações em relação ao Templo de Jerusalém, que deve ser purificado e/ou restaurado e/ou reconstruído.

5. Está claro que, em seu surgimento, o Messias, a despeito de quem for, será o agente do deus de Israel. Isso deve ser claramente distinguido de qualquer sugestão de que ele próprio é uma figura transcendente, existindo em alguma forma sobrenatural, antes de fazer sua aparição no tempo e no espaço. Gerações de estudiosos têm discutido a expectativa messiânica judaica como se essa fosse a questão principal. Já fizemos um levantamento de muitos textos-chave, sem sequer descobrir o tema. O único lugar no qual aparece com clareza é 1Enoque, obra em que, de acordo com meu julgamento, a questão se impõe a respeito de quais partes da escrita são representações *literárias* sensacionalistas e quais devem ser "tomadas literalmente" — seja lá o que essa frase exaustiva signifique nesse contexto. Certamente, não há razão para levantarmos a hipótese de qualquer crença generalizada de que o Messias vindouro seja qualquer coisa além de um ser humano comum, chamado pelo deus de Israel para uma tarefa extraordinária.

6. Tampouco é o caso de uma expectativa de que o Messias deveria sofrer. As poucas passagens que falam da morte do Messias (4Esdras 7:29, por exemplo) parecem imaginar simplesmente que o reino messiânico, por ser uma

---

[126]A leitura de Amós 9:11 em CD 7.16-s. Compare com Isaías 55:3.

A ESPERANÇA DE ISRAEL

instituição humana a ser inaugurada na história do mundo presente, chegará ao fim, seguida por mais uma "era final", ou seja, a "era vindoura". Tradições que estudamos anteriormente, as quais falam do sofrimento redentor experimentado por alguns judeus no decorrer de sua luta (2Macabeus 7, por exemplo), não se aplicam ao Messias.[127]

A vinda do Rei, quando procurada e antecipada, seria, assim, o ponto focal de uma grande libertação. Mas em que realmente ela consistia? Seria política, espiritual ou, em certo sentido, ambas?

A RENOVAÇÃO DO MUNDO, DE ISRAEL E DO SER HUMANO

Nos últimos capítulos, aprendemos que muitas coisas mantidas separadas precisam ser unificadas se desejarmos entender o judaísmo do segundo templo. Em nenhum lugar isso é mais verdadeiro do que no estudo da esperança judaica. É, sem dúvida, correto, se quisermos evitar uma reflexão confusa, que devemos estudar diferentes aspectos e temas como se fossem únicos no mundo. Mas, então, é apropriado, se desejarmos evitar o atomismo espúrio, que coloquemos os elementos, após refinados, em sua devida relação uns com os outros. Os judeus daquela época esperavam pelo "verdadeiro" retorno do exílio. Também esperavam por um completo "perdão de pecados". Não são duas coisas separadas, mas duas maneiras de ver a mesma coisa. Israel ansiava pelo cumprimento das promessas, ou seja, ansiava que o deus da aliança mostrasse sua "justiça". Também essa é uma leitura diferente dos mesmos fenômenos básicos. Alguns esperavam por um Messias vindouro, o qual seria o agente designado por seu deus para realizar a redenção; mas a redenção era a mesma. Esperavam por um Templo restaurado e que seu deus viesse e habitasse nele; essa é a maior dimensão de todas, mas, ainda assim, é uma dimensão da mesma coisa. Não podemos separar uma coisa da outra.

Se todas essas crenças e esperanças devem relacionar-se umas às outras, também devem ser integradas à cosmovisão judaica fundamental do primeiro século, a qual já estudamos. O propósito desse estudo da cosmovisão é ajudar-nos a compreender a história, permitindo-nos ver o significado subjacente aos acontecimentos, conforme exploramos na Parte II.

Antes, porém, de finalmente tecermos esses fios, devemos enfrentar uma questão que surge na literatura apocalíptica que estudamos neste capítulo. Como essa expectativa, o anseio por uma restauração nacional, encaixava-se

---

[127]Veja discussão e bibliografia em Schürer, *The History of the Jewish People in the Age of Jesus Christ (175 B.C.—A.D. 135)*, 1973-87, 2.547-9.

na esperança de uma vida além do espaço e do tempo, ou seja, uma vida após a morte? Como uma aspiração "espiritual" condizia com um anseio "político"? E, em meio a isso tudo, o que seria a ideia da ressurreição?

Obviamente, alguns judeus do primeiro século já haviam adotado o que pode ser visto como uma expectativa futura helenizada, ou seja, uma esperança por um mundo não físico (ou "espiritual"), para o qual os justos e benditos seriam levados após a morte, e um lugar não físico de condenação, no qual os ímpios seriam atormentados. Alguns textos empregam uma linguagem desse tipo. Não podem, de forma alguma, ser descartados como simples projeções em um quadro não histórico de expectativas que se reduzem a termos puramente históricos. Nada é mais provável do que, na confusão do judaísmo não padronizado do segundo templo, os mais variados grupos e indivíduos terem os mais variados pontos de vista sobre a vida após a morte, incluindo alguns que, de nossa perspectiva, parecem mais próximos da ideia helenística de uma vida após a morte do que qualquer pensamento de ressurreição, ou mesmo da renovação do mundo espaçotemporal da criação e da história.

Entretanto, creio que seria um grande erro considerar uma expectativa helenizada como fundamental, posicionando a esperança sociopolítica em uma posição secundária. Vimos, ao longo desta seção do livro, que grande parte do judaísmo do segundo templo incorreu em uma tentativa séria de integrar o que o pensamento pós-iluminista mantém à parte: o sagrado e o secular. Vimos também como é fácil confundir representação literária (o uso de imagens vívidas para denotar a realidade espaçotemporal e conotar seu significado teológico) com representação metafísica (em que um ser "espiritual" ou "transcendente" é a contraparte celestial de uma realidade terrena); e que, nessa confusão, é muito fácil imaginar uma linguagem cujo significado, embora figurado em nossa cultura, é, em uma cultura diferente da nossa, absolutamente literal. Além disso, vimos, em nosso estudo de Josefo, que, precisamente ao discutir crenças de grupos judaicos, o historiador tende a "diluir" o significado político de seus contemporâneos judeus, transformando-o em algo menos ameaçador, mais facilmente assimilável por seus leitores pagãos cultos.

O problema aqui parece ser que a linguagem pode ser lida como metafórica *em ambas as direções*. Por um lado, veremos que Josefo e algumas das obras apocalípticas *referem-se* à ressurreição física ao empregarem a *linguagem* da imortalidade, ou seja, uma vida não física após a morte. Por outro lado, também é possível sugerir que um escritor se refere à imortalidade enquanto usa a *linguagem* da ressurreição física a fim de tornar a esperança mais vívida.[128] Como

---

[128]Veja discussões em Vermes, *The Dead Sea Scrolls in English*, 1987 [1962], p. 55-s.

A ESPERANÇA DE ISRAEL

podemos ganhar um ponto de apoio em uma área na qual até mesmo a grande pesquisa feita por Schürer declara haver "tantas opiniões no pensamento religioso judaico que não é viável entrar em todos eles no momento?".[129] O melhor curso parece ser simplesmente delinear o espectro da opinião antiga (em vez de o espectro da opinião moderna sobre o assunto, o que seria realmente tedioso) e remeter às várias opções.[130]

Podemos recomeçar em terreno sólido e, novamente, no livro de Daniel:

> Haverá um tempo de angústia como nunca houve desde o início das nações até então. Mas, naquela ocasião, seu povo, todo aquele cujo nome está escrito no livro, será liberto. *Multidões que dormem no pó da terra acordarão: uns para a vida eterna, outros para a vergonha, para o desprezo eterno.* Aqueles que são sábios reluzirão como o fulgor do céu, e aqueles que conduzem muitos à justiça serão como as estrelas, para todo o sempre.[131]

Sem dúvida, a frase em itálico dessa passagem refere-se à ressurreição física, da qual, nesse caso, tomarão parte o justo e o injusto. Devemos observar, entretanto, que a frase é ladeada por duas outras declarações. A primeira delas, a de abertura, refere-se a um tempo de intensa angústia nacional, seguido por uma grande libertação nacional. A esperança da ressurreição é parte integrante da esperança de restauração nacional após a ocorrência dos "ais messiânicos". A segunda, a última frase da passagem, refere-se à "luminosidade" dos benditos, dos "sábios": eles brilharão como o céu ou como as estrelas.[132] Por si só, a frase poderia facilmente ter sido considerada referência a uma existência "celestial", desencorpada; em seu contexto, porém, exige ser lida como metáfora para a glória que há de ser desfrutada pelos que ressuscitam para a vida eterna (que, em hebraico e grego, é "a vida da era", ou seja, a vida da "era vindoura", não apenas "vida sem-fim"). Não está claro se as declarações anteriores de perspectivas semelhantes em textos como Isaías 26:19; Ezequiel 37:1-14 e Oseias 5:15—6:3 foram entendidas nesse sentido literal no período pré-macabeu; nos textos, seu significado literário natural é que a futura restauração de Israel se reveste de seu

---

[129]Schürer, *The History of the Jewish People in the Age of Jesus Christ (175 B.C.—A.D. 135)*, 1973-87, 2.539.

[130]Da vasta bibliografia sobre o assunto, devemos observar particularmente Nickelsburg, *Resurrection, Immortality and Eternal Life in Intertestamental Judaism*, 1972; Perkins, *Resurrection: New Testament Witness and Contemporary Reflection*, 1984; e a pesquisa em Schürer, *The History of the Jewish People in the Age of Jesus Christ (175 B.C.—A.D. 135)*, 1973-87, 2.539-47.

[131]Daniel 12:1b-3 [NVI]; veja Nickelsburg, *Resurrection, Immortality and Eternal Life in Intertestamental Judaism*, 1972, p. 11-31.

[132]Nickelsburg, *Resurrection, Immortality and Eternal Life in Intertestamental Judaism*, 1972, p. 24-s. argumenta que o versículo contém diversos sinais derivados de Isaías 52–53.

O NOVO TESTAMENTO E O POVO DE DEUS

significado teológico. No entanto, podemos estar certos de que aqueles que leram Daniel 12 no sentido completo que acabamos de descrever fizeram-no cientes das passagens que citamos, encontrando nelas a confirmação da perspectiva a que chegaram. Afinal, conforme vimos ao longo desta seção, a antítese que muitos imaginaram entre a esperança nacional e a individual, entre a esperança política e a "espiritual", não passa de um anacronismo.[133]

Um segundo ponto de partida firme é encontrado em 2Macabeus. Em uma das passagens mais terríveis de toda a literatura em questão, sete irmãos são torturados na vã tentativa de sujeitá-los ao edito de Antíoco Epifânio. Em sua recusa, muitos se referem explicitamente à ressurreição vindoura, na qual serão vindicados e devolvidos aos corpos que estavam, naquela ocasião, sendo dilacerados:

> Antes de dar o último suspiro, ainda falou: "Você, bandido, nos tira desta vida presente, mas o rei do mundo nos fará ressuscitar para uma ressurreição eterna de vida, a nós que agora morremos pelas leis dele".
>
> Estando para morrer, ele [um outro] falou: "Vale a pena morrer pela mão dos homens, quando se espera que o próprio Deus nos ressuscite. Para você, porém, não haverá ressurreição para a vida".
>
> [A mãe] assim falava com os filhos: "Não sei como vocês apareceram no meu ventre. Não fui eu que dei a vocês o espírito e a vida, nem fui eu que dei forma aos membros de cada um de vocês. Foi o Criador do mundo, que modela a humanidade e determina a origem de tudo. Ele, na sua misericórdia, lhes devolverá o espírito e a vida, se vocês agora se sacrificarem pelas leis dele. [...] enfrente a morte. Desse modo, eu recuperarei você junto com seus irmãos, no tempo da misericórdia".
>
> [O jovem disse] "[...] o Senhor vivo está irado conosco e nos castiga e nos corrige, mas ele voltará a se reconciliar com os seus servos. [...]
>
> Depois de suportar um sofrimento passageiro, os meus irmãos já estão participando da vida eterna, na aliança com Deus. Em troca, no julgamento de Deus, você receberá o castigo justo por sua soberba. Quanto a mim, da mesma forma que meus irmãos, entrego o meu corpo e a minha vida em favor das leis de meus antepassados, suplicando que Deus se compadeça logo do meu povo. Enquanto isso, você, à custa de castigos e flagelos, terá de reconhecer que ele é

---

[133]Veja Nickelsburg, *Resurrection, Immortality and Eternal Life in Intertestamental Judaism*, 1972, p. 23; para um ponto de vista oposto, veja C. H. Cave em Schürer, *The History of the Jewish People in the Age of Jesus Christ (175 B.C.—A.D. 135)*, 1973-87, 2.546-s.

A ESPERANÇA DE ISRAEL

o único Deus. Suplico que a ira do Todo-poderoso, que se abateu com toda a justiça contra o seu povo, se detenha em mim e em meus irmãos".[134]

Essa passagem notável não apenas demonstra, mais uma vez, a natureza extremamente física da ressurreição antecipada, como também revela a estreita ligação entre essa e outras quatro crenças. A primeira crença é que os que estavam convictos da ressurreição foram os que morreram pelas leis ancestrais. A segunda crença: a vida física futura será uma dádiva do criador do universo, um ato de nova criação, não uma mera continuação de uma alma imortal. A terceira crença: a esperança poderia ser expressa em termos mais gerais ("eles beberam da vida eterna"), algo que, por si só, poderia ter sido interpretado com uma orientação helenística, sem diminuir a perspectiva enfaticamente física, expressa ao longo do capítulo. A quarta crença é que a esperança da ressurreição é enquadrada na expectativa pactual da nação, associada à crença de que o significado dos sofrimentos do mártir corresponde com sua eficácia em suportar a ira do deus de Israel contra o seu povo pecador. Aqui, em um livro que sabemos ter circulado no primeiro século, está uma declaração poderosa da cosmovisão judaica comum.

Neste ponto, cabe ainda outro comentário sobre 2Macabeus 7. A obra do primeiro século conhecida como 4Macabeus foi baseada mais ou menos integralmente em 2Macabeus, e uma boa parte de 4Macabeus (capítulos 8–17) é retomada com uma repetição narrativa expandida do capítulo que acabamos de estudar. Em sintonia, porém, com seu objetivo, que é a glorificação da Razão por exemplos históricos de indivíduos preparados para sofrer em vez de abandonar essa faculdade virtuosa, a menção à ressurreição física foi suavizada quase completamente em favor de uma abordagem muito mais helenística. "Pois nós", dizem os jovens em 4Macabeus, "por meio de tal severo sofrimento e resistência, receberemos o prêmio da virtude e estaremos com Deus, por cuja causa sofremos" (9:8). "Eu", disse um deles, "alivio as minhas dores com as alegrias que vêm da virtude" (9:31); "Eis a minha língua", disse outro: "corte-a, pois, apesar disso, não calarás a nossa razão" (10:19) etc.[135] Trata-se de um

---

[134]2Macabeus 7:9, 14, 21-3, 29, 33, 36-8. [Bíblia Sagrada, Edição Pastoral, Paulus]. Veja também 12:43-5; 14:45-s.: um certo Razis, traspassando-se com a própria espada, "ainda respirando, cheio de ardor, ergueu-se e, embora o sangue lhe jorrasse como uma fonte de suas horríveis feridas, atravessou a multidão numa carreira; em seguida, de pé sobre uma rocha escarpada e já inteiramente exangue, arrancou com as próprias mãos as entranhas que saíam, e lançou-as sobre os inimigos. Foi assim seu fim, pedindo ao Senhor da vida e do sopro que lhos restituísse um dia" [Bíblia Ave Maria]. Sobre o capítulo 7, veja Nickelsburg, *Resurrection, Immortality and Eternal Life in Intertestamental Judaism*, 1972, p. 93-111, e esp. Kellerman, *Auferstanden in den Himmel. 2 Makkabäer 7 und die Auferstehung der Märtyrer*, 1979.

[135]Compare com 13:16-s.; 15:2-s.; 16:18-s. (argumentando que, visto que Deus é o criador, o ser humano deve estar preparado para sofrer por ele, diferentemente da posição de 2Macabeus 7:23,

O NOVO TESTAMENTO E O POVO DE DEUS

exemplo excelente do que encontramos em Josefo: um relato firmemente físico
da ressurreição pode facilmente, sob as devidas restrições retóricas, ser "traduzido" em uma doutrina helenística da memória imortal dos mortos virtuosos.[136]

Encontramos exatamente a mesma coisa quando colocamos as próprias
declarações de Josefo lado a lado. Vejamos, em primeiro lugar, o discurso que
ele põe em sua própria boca ao defender seu direito de não cometer suicídio
após a queda de Yodfat. Segundo Josefo, aqueles que tiram a própria vida vão
para as regiões mais sombrias do mundo inferior, enquanto:

> Os que partem desta vida de acordo com a lei da natureza e pagam o emprés-
> timo que receberam de Deus — quando lhe é do agrado reivindicá-lo nova-
> mente — ganham renome eterno. Suas casas e famílias permanecem seguras.
> Suas almas, imaculadas e obedientes, recebem um lugar santíssimo no céu, de
> onde, na revolução das eras, retornarão para encontrar, em corpos castos, uma
> nova habitação.[137]

Trata-se de uma declaração tão evidente da cosmovisão judaica principal
quanto poderíamos imaginar. Os justos que faleceram estão atualmente no
"céu", a esfera do deus criador; mas está chegando uma era, um novo tempo,
ha-'olam ha-ba', em que a criação não será abolida, porém renovada; e os justos dentre os mortos receberão novos corpos, precisamente para que possam
habitar a terra renovada. "A revolução dos tempos" não é a doutrina estoica do
mundo que é devastado pelo fogo e depois reconstruído, como a fênix, mas a
distinção judaica entre a era presente e a vindoura. Somos informados, sem
sombra de dúvida, que a era vindoura seria um mundo no espaço e no tempo,
e que os justos que morreram, atualmente descansando no "céu", retornariam
para partilhar a vida física desse mundo renovado.

Armados com essa passagem, que Josefo afirma ser sua própria opinião, podemos notar o ligeiro enfraquecimento que já ocorreu na exposição da crença judaica

---

28, cujo argumento é que Deus, por ser o criador, dará nova vida do outro lado da morte); 16:23;
17:5,18. Veja Nickelsburg, *Resurrection, Immortality and Eternal Life in Intertestamental Judaism*,
1972, p. 110; Schürer, *The History of the Jewish People in the Age of Jesus Christ (175 B.C.—A.D.
135)*, 1973-87, 2.542, n.º 99.

[136]Um processo semelhante é evidente no relato de Tácito sobre a crença judaica em *Hist.* 5.5.
Veja Hengel, *The Zealots: Investigations Into the Jewish Freedom Movement in the Period from
Herod I Until 70 A.D.*, 1989c [1961], p. 270, alegando também que Tácito conecta essa crença
judaica com a ideia de martírio. Ao mesmo tempo, devemos observar a frase "viver para Deus" em
4Macabeus 7:19, que sugere a ressurreição dos patriarcas; compare com Lucas 20:38; Romanos
6:10; 14:8-9; Gálatas 2:19, nos quais a ressurreição (em algum sentido) parece estar em vista.
Devo esse ponto a S. A. Cummins.

[137]*Guerras* 3.374.

A ESPERANÇA DE ISRAEL

encontrada no livro *Contra Ápio*. Nenhum mero prêmio financeiro, afirma orgulhosamente Josefo, aguarda aqueles que seguem nossas leis ancestrais. Antes:

> Cada indivíduo [...] está firmemente persuadido de que, para os que observam as leis — e para os que, se necessário, morrem, de boa vontade, por ela —, Deus concedeu uma existência renovada e, na revolução dos tempos, o dom de uma vida melhor.[138]

Por si só, a passagem pode ter sido considerada potencialmente estoica, ou pelo menos capaz de uma interpretação comum helenista. À luz da passagem anterior, não restam dúvidas de que também aqui temos a mesma crença encontrada em 2Macabeus.

É quando nos voltamos para as declarações de Josefo sobre as crenças dos diferentes partidos que teríamos dificuldade, não fossem por essas declarações mais evidentes. Segundo Josefo, os fariseus defendiam a doutrina da ressurreição condicional, enquanto os saduceus a rejeitavam:

> Cada alma, afirmam [os fariseus], é imperecível, mas só a alma dos bons passa para outro corpo; já a alma dos ímpios sofre castigo eterno. [...] Quanto à persistência da alma após a morte, penalidades e recompensas no além, eles [os saduceus] rejeitam tudo isso.[139]

Uma vez mais, se passagens dessa natureza fossem tudo o que tivéssemos, ainda pensaríamos na preservação da alma como a principal doutrina farisaica, não a ressurreição do corpo. Embora a ideia de a alma "passar para outro corpo" deixe claro não se tratar de puro platonismo (a alma escapando da prisão do corpo e herdando uma bem-aventurança desencarnada), a frase pode, por si só, ser interpretada como significando transmigração (a alma passando da morte para outro ser físico), como, de fato, alguns intérpretes modernos sugeriram.[140] Na passagem paralela consideravelmente posterior das *Antiguidades*, esse destaque da alma imortal dá um grande passo adiante:

> Eles [os fariseus] acreditam que as almas têm poder para sobreviver à morte e que há recompensas e punições no além para os que levaram uma vida de

---

[138]*Ápio* 2.218.

[139]*Guerras* 2.163,165. É enganoso, à luz da passagem de *Guerras* 3, descrever essa visão farisaica como a "reencarnação da alma" (Thackeray na ed. de Loeb, *ad loc.*). Veja a crítica de Feldman direcionada ao ponto de vista de Thackeray no vol. 9 de Loeb (*Ant.* 18–20), p. 13.

[140]Veja discussão em Schürer, *The History of the Jewish People in the Age of Jesus Christ (175 B.C.—A.D. 135)*, 1973-87, 2.543, n.º 103, e a nota anterior.

O NOVO TESTAMENTO E O POVO DE DEUS

> virtudes ou de pecados: prisão eterna é o destino das almas más, enquanto as almas boas recebem uma passagem para uma nova vida. Por causa dessas opiniões, eles são, na verdade, extremamente influentes entre habitantes locais. [...] Os saduceus defendem que a alma perece com o corpo.[141]

Reitero: se a passagem fosse tudo o que tivéssemos, poderíamos concluir que Josefo se havia voltado para a doutrina helenística da imortalidade da alma. As almas "vão para o além", onde recebem recompensas ou punições; a menção a uma "passagem fácil para uma nova vida" poderia ser, por si só, interpretada simplesmente como a vida *post mortem* platonista, ou seja, uma vida espiritual bem-aventurada. No contexto, porém, de excertos anteriores, devemos concluir que a "passagem para uma nova vida" é uma sugestão, quase obscurecida pela linguagem sobre a "alma imortal", de uma posição que é clara em outro lugar: após a morte, as almas dos justos vão para o céu, para estar com seu deus, ou para debaixo da terra; mas isso é apenas temporário. Uma nova vida encarnada os espera na plenitude dos tempos.

Josefo sabe claramente tudo sobre as visões helenísticas das almas imortais encerradas na prisão do corpo, já que é a perspectiva que ele atribui aos essênios, rotulando-a especificamente de "crença dos filhos da Grécia".[142] De acordo com os essênios, alega Josefo, as almas justas vão para um lugar de bem-aventuranças além do oceano, correspondendo às "ilhas afortunadas" dos gregos. É difícil dizer até que ponto isso era realmente verdade para os essênios; e pode ser que o relato de Josefo tenha sido consideravelmente distorcido aqui por seu desejo de apresentar os diferentes partidos como escolas filosóficas helenísticas.[143] É interessante, porém, que, apesar do modo como suas descrições das doutrinas farisaicas pendem para um abrandamento da dura crença na ressurreição, Josefo não lhes atribui a visão helenística totalmente desenvolvida que ele tem o prazer de postular a respeito dos essênios.

Em Josefo, o relato mais surpreendentemente helenizado da vida após a morte é posto nos lábios de Eleazar, líder dos sicários em Massada. Defendendo o suicídio em massa, Eleazar exorta seus seguidores a aceitar a morte como aquilo que dá libertação à alma:

---

[141] *Ant.* 18.14,16. Feldman aponta em sua nota, *ad loc.*, que a palavra traduzida como "para uma nova vida" é *anabioun*, cognata com *anabiosis* em 2Mac 7:9, texto em que a ressurreição física é claramente entendida.

[142] *Guerras* 2.154-8, em 155; há uma declaração resumida da mesma posição em *Ant.* 18.18. A doutrina essênia parece declarada explicitamente em *Jub.* 23.31.

[143] Alguns sustentam que 1QH 6.34, por exemplo, refere-se à ressurreição; a maioria, porém, lê a passagem como metafórica. Veja Vermes, *The Dead Sea Scrolls in English*, 1987 [1962], p. 55-s. Estou inclinado a concordar com Vermes que pelo menos alguns essênios aceitavam a doutrina da ressurreição, especialmente quando membros da seita morriam sem o cumprimento da esperança.

> A ESPERANÇA DE ISRAEL

A vida, e não a morte, é o desfortúnio do homem. Pois é a morte que dá liberdade à alma e permite que ela vá para a sua própria morada pura, para lá ser livre de toda a calamidade; mas enquanto estiver aprisionada em um corpo mortal e maculada com todas as suas misérias, estará, na verdade, morta, pois a associação com o que é mortal não convém ao que é divino. É verdade que a alma tem uma grande capacidade, mesmo quando encarcerada no corpo [...]. Todavia, a alma será restaurada à sua própria esfera quando, livre do peso que a arrasta e a prende à terra, desfrute de forma desimpedida do poder, permanecendo, como o próprio Deus, invisível aos olhos [...]. Pois tudo o que a alma toca acaba vivendo e florescendo; e tudo o que ela abandona acaba murchando e morrendo — tamanha sua riqueza de imortalidade.[144]

Nenhum retórico estoico poderia ter expressado melhor essa ideia. Talvez seja precisamente esse o ponto. É praticamente certo que Josefo coloque na boca desse líder rebelde um discurso que agradaria a um respeitável público romano, ao qual os argumentos (e alusões poéticas, por exemplo, a Sófocles)[145] soariam familiares. É notável que, na passagem seguinte, Eleazar continue a falar do sono como uma analogia com a morte e, em vez de remeter à ideia de que os que dormem acordarão novamente (compare com 1Coríntios 15:20; 1Tessalonicenses 4:13-15 etc.), emprega a ideia inteiramente pagã de que, durante o sono, o ser humano se torna independente, conversando com a divindade, percorrendo o universo e predizendo o futuro.[146]

Se Josefo descreve o líder sicário Eleazar, quase certamente de forma equivocada, como tendo usado uma linguagem típica do paganismo (e particularmente do estoicismo), é interessante, então, que, ao criar outro discurso sobre o enfrentar da morte, dessa vez nos lábios daqueles que ele sabe serem fariseus, Josefo recue de tal posição extrema. Os homens doutos e cultos que incitam os jovens a derrubar a águia no Templo, afirma Josefo, insistiam em que a ação, mesmo perigosa, "era nobre, pois significava morrer pela lei da nação. As almas dos que chegam a esse fim alcançam a imortalidade e um senso permanente de felicidade.[147]

Aqui, a imortalidade é uma dádiva entregue aos virtuosos, não uma propriedade inata da alma; ainda se trata de imortalidade, não (aparentemente) de ressurreição, mas não há qualquer fala de uma alma aprisionada

---

[144] *Guerras* 7.343-8.

[145] Sófocles, *Mulheres de Tráquia* 235, aludido na última frase. Veja a nota de Thackeray na edição de Loeb de Josefo *ad loc.*

[146] *Guerras* 7.349-s. Compare com Lane Fox, *Pagans and Christians*, 1986, p. 149-67, incluindo uma passagem do filósofo e alquimista do 4º século d.C. Sinésio (PG 66.1317, citado por Lane Fox, p. 149-s.), muito próxima da declaração de Eleazar nesse ponto. É evidente que a ideia era difundida no tempo e no espaço.

[147] *Guerras* 1.650, ideia repetida substancialmente pelos próprios acusados em 1.653.

O NOVO TESTAMENTO E O POVO DE DEUS

por um corpo. O relato posterior do mesmo incidente estabelece o ponto da seguinte forma:

> Aos que estavam prestes a morrer pela preservação e proteção das tradições de seus pais, a virtude adquirida por eles na morte parecia-lhes muito mais vantajosa do que o prazer de viver. Pois, ao conquistarem fama e glória eternas para si, seriam elogiados por aqueles que agora vivem, deixando-lhes sempre o memorável [exemplo de sua] vida para as futuras gerações. Além do mais, para eles, mesmo os que vivem sem qualquer perigo não podem escapar do infortúnio [da morte], de modo que os que se esforçam em prol da virtude fazem bem em aceitar seu destino com louvor e honra ao partirem desta vida.[148]

Somente a partir dessa passagem, não teríamos qualquer indício da ressurreição, mas nem inferiríamos a presença da perspectiva estoica, segundo a qual o indivíduo deveria estar simplesmente preparado para morrer em prol da virtude. Como sabemos, a partir de outras fontes, que os mestres mencionados por Josefo eram fariseus, podemos enxergar, por uma cortina de fumaça, sua postura apologética. Josefo está tentando dizer ao seu público romano que os mestres incentivavam seus seguidores a morrerem por uma causa nobre, atitude que qualquer bom romano teria tomado. O que eles estavam realmente dizendo, podemos estar certos, era o seguinte: morra pela lei, e você receberá a ressurreição quando nosso deus vindicar seu povo! Talvez esses mestres estivessem lendo 2Macabeus.

Josefo, então, é valioso nessa discussão de duas maneiras. Em primeiro lugar, ele afirma, vez ou outra, de forma inequívoca, a doutrina da ressurreição corporal. Em segundo lugar, demonstra, com igual clareza, que tal doutrina poderia ser facilmente descrita, por razões retóricas, em uma linguagem que, por si só, poderia facilmente ser considerada uma referência à imortalidade da alma. Assim, vemos, na obra de Josefo, o que acabamos de observar na transição de 2Macabeus a 4Macabeus.

Onde, nessa escala, posicionamos os *Salmos de Salomão*?

> A destruição do pecador é para sempre,
> > e Deus não se lembrará dele ao visitar os justos.
> Essa é a porção dos pecadores para sempre;
> Mas os que temem ao Senhor ressuscitarão para a vida eterna,
> > e a sua vida estará na luz do Senhor, e nunca mais terá fim.[149]

---

[148]*Ant.* 17.152-s.
[149]*Sl. Sal.* 3:11-s. (14-s.) (texto baseado na trad. de S. P. Brock em Sparks, *The Apocryphal Old Testament*, 1984, p. 659). Sobre a ressurreição em *Sl. Sal.*, veja Nickelsburg, *Resurrection,*

A ESPERANÇA DE ISRAEL

R. B. Wright, comentando essa passagem, diz que não está claro que ela se refere à ressurreição do corpo (levantar da sepultura) ou à imortalidade do espírito (elevar-se a deus), ou se de fato o autor necessariamente distinguia os dois.[150] O leitor de *Salmos de Salomão* 14:10 e 15:13 enfrenta a mesma questão e, de fato, a crença mais antiga de que eles sugeriam uma doutrina da ressurreição cuja origem era farisaica, e não o contrário. No entanto, talvez seja pedir demais esperar precisão doutrinária desse tipo de poesia. As crenças *de Salmos de Salomão* são compatíveis com a ressurreição de 2Macabeus e a passagem explícita em Josefo, mas podem ser, eles próprios, forçados a nos fornecer uma declaração clara.

A despeito de nossa opinião sobre os *Salmos de Salomão*, fica claro, a partir de Josefo, do Novo Testamento e da evidência rabínica posterior, que a ressurreição era uma das principais marcas distintivas dos fariseus. Ou talvez seja mais correto dizer que a *negação* da ressurreição tornou-se uma das principais marcas distintivas dos saduceus, rivais ferrenhos dos fariseus.[151] Como já vimos, essa disputa entre fariseus e saduceus não constitui um ponto isolado de discordância, mas é exatamente cognata com seu principal ponto de discórdia: os fariseus buscavam uma grande renovação, na qual o estado atual das coisas seria radicalmente alterado, enquanto os saduceus estavam satisfeitos com o *status quo*. Nesse sentido, não é de surpreender que Atos retrate os primeiros cristãos enfrentando a oposição dos saduceus precisamente por proclamarem "em Jesus a ressurreição dos mortos".[152] O texto traz a marca da tradição apostólica: em períodos posteriores, o nome de Jesus seria o problema, mas, nos primórdios do cristianismo, os que ocupavam o poder estavam mais preocupados com um anúncio entusiasmado da ressurreição, com todos os aspectos e as conotações sociopolíticas que tal proclamação poderia ter. Também ajuda a explicar a narrativa joanina sobre os chefes dos sacerdotes querendo matar Lázaro depois de Jesus tê-lo ressuscitado dos mortos.[153] Os primeiros escritos cristãos dão testemunho da mesma propagação da crença na ressurreição: é improvável que a igreja apostólica tenha inventado a especulação de que Jesus era João Batista ressuscitado dos mortos, visto que ela só poderia ter surgido em círculos nos quais a ideia da ressurreição era considerada uma possibilidade dis-

---

Immortality and Eternal Life in Intertestamental Judaism, 1972, p. 131-4.

[150]R. B. Wright, em Charlesworth, *The Old Testament Pseudepigrapha*, 1985, p. 655. Veja também Sanders, *Paul and Palestinian Judaism*, 1977, p. 388.

[151]Mateus 22:23,34 and paralelos.; Atos 23:6-9, veja 4:1-s.; mAv. 4.22; mSanh. 10.1 (sobre os quais veja Urbach, *The Sages: Their Concepts and Beliefs*, 1987 [1975, 1979], p. 652, e notas (p. 991-s.) em mBer. 5.2; mSot. 9.15). A segunda das "Dezoito Bem-aventuranças" louva o criador por dar vida aos mortos.

[152]Atos 4.1-22.

[153]João 12:10-1.

O NOVO TESTAMENTO E O POVO DE DEUS

tinta (embora não claramente definida).[154] De fato, parece que a perspectiva de Sanders é, nesse aspecto, correta: a maioria dos judeus da época acreditava, de uma forma ou de outra, na ressurreição.[155] Apenas aqueles que já haviam dado grandes passos em direção à assimilação — adotando, portanto, a crença na imortalidade desencorpada da alma — ou que, por razões sociopolíticas, se comprometeram a negar qualquer especulação sobre uma vida futura, eximiram-se dessa posição.[156]

Tal crença generalizada na ressurreição pode ser vista em uma série de textos apocalípticos, aproximadamente do primeiro século a.C./d.C. *A vida de Adão e Eva*[157] afirma claramente que o deus criador prometeu a Adão ressuscitá-lo no último dia, na ressurreição geral, ao lado de toda a sua semente, assim como retrata o arcanjo Miguel dizendo a Sete, filho de Adão, que todo ser humano morto deve ser enterrado "até o dia da ressurreição", e que o dia de sábado é "um sinal da ressurreição".[158] 1Enoque fala do *Sheol* e do Inferno devolvendo seus mortos, com grande alegria por parte de toda a criação;[159] 4Esdras, da terra entregando os que "nela dormem";[160] o *Testamento de Judá*, dos patriarcas ressuscitando para a vida, em um tempo no qual

> os que morreram em tristeza ressuscitarão em alegria;
> e os que morreram na pobreza por causa do Senhor serão enriquecidos;
> os que morreram por amor do Senhor serão despertados para a vida.
> A corça de Jacó correrá com regozijo;
> as águias de Jacó voarão com júbilo.
> Os ímpios lamentarão, e os pecadores chorarão,
> mas todos os povos glorificarão o Senhor para sempre.[161]

Em todos esses textos, que dificilmente podem ser considerados provenientes de um único grupo, vemos uma crença já formada. Os justos ressuscitarão

---

[154]Veja Lucas 9:7,19.

[155]Sanders, *Jesus and Judaism*, 1985, p. 237; mais cautelosamente, *Judaism: Practice and Belief, 63 BCE—66 CE*, 1992, p. 303.

[156]Naturalmente, esses dois grupos se intercalariam. Assim, assimilação política e filosófica iam lado a lado, ambas levando os assimiladores a suavizarem as expectativas judaicas populares.

[157]Às vezes erroneamente chamado de *Apocalipse de Moisés*: veja Schürer, *The History of the Jewish People in the Age of Jesus Christ (175 B.C.—A.D. 135)*, 3.757.

[158]*Adão e Eva* 41.3; 43.2-s.; 51.2.

[159]*1Enoque* 51.1-5; veja 90.33; 91.10. Sobre a escatologia pessoal de *1Enoque*, veja Schürer, *The History of the Jewish People in the Age of Jesus Christ (175 B.C.—A.D. 135)*, 2.541-s.

[160]4Esdras 7:32; veja 7:97; *2Bar.* 30:1; 50:1-4. 4Esdras também fala do período de espera entre a morte e a ressurreição, servindo de clara evidência de uma esperança além da mera imortalidade da alma; 4:35; 7:95,101; compare com *2Bar.* 30:2.

[161]*T. de Judá* 25.1-5 (a citação é dos caps. 4–5). Compare com *T. de Benjamim* 10.2-9.

A ESPERANÇA DE ISRAEL

na era vindoura para que possam receber a devida recompensa. Essa crença funciona no contexto de sofrimento e martírio em prol do deus de Israel e de sua lei e, portanto, como um incentivo para uma observância mais séria dessa lei e uma guarda mais zelosa de tudo o que o judaísmo defendia.[162] Assim, conforme veremos, a crença na ressurreição, embora muitas vezes tendo como foco os seres humanos individuais e sua vida futura, não se divorciava da crença, da esperança e da principal cosmovisão judaica do segundo templo, mas, sim, fazia parte dela.

É comum a sugestão de que Sabedoria de Salomão fala de um futuro bendito, mas incorpóreo. Em geral, a ideia é ilustrada pela seguinte passagem:

> Mas as almas dos justos estão na mão de Deus,
>> e nenhum tormento os tocará.
> Aparentemente estão mortos aos olhos dos insensatos:
>> seu desenlace é julgado como uma desgraça.
> E sua morte como uma destruição,
>> quando na verdade estão em paz!
> Se aos olhos dos homens suportaram uma correção,
>> a esperança deles era portadora de imortalidade…[163]

Sugiro, entretanto, que o texto se refere claramente não ao estado permanente dos justos que morreram, mas ao seu lar temporário. A passagem, cuja citação fizemos anteriormente em outra conexão, prossegue:

> Ele os provou como ouro na fornalha,
>> e os acolheu como holocausto.
> No dia da sua visita, eles se reanimarão,
>> e correrão como centelhas na palha.
> Eles julgarão as nações e dominarão os povos,
>> e o Senhor reinará sobre eles para sempre […]
> O justo, ao morrer, condena os ímpios que sobrevivem […]
>> [Os ímpios] verão o fim do sábio,
> e não compreenderão os desígnios do Senhor a seu respeito,
>> nem por que ele o pôs em segurança.

---

[162]Veja Nickelsburg, *Resurrection, Immortality and Eternal Life in Intertestamental Judaism*, 1972, *passim*.

[163]*Sab. Sal.* 3:1-4; veja 4:7; 5:15-s.; 6:17-20. Na última passagem, há uma sequência: o desejo de instrução leva ao amor pela sabedoria, daí a observância das leis, e daí a "garantia da imortalidade", a qual, por sua vez, "traz alguém para perto de Deus": "então o desejo pela sabedoria leva a um reino". Veja também Tob. 3:6,10.

O NOVO TESTAMENTO E O POVO DE DEUS

> [Os ímpios] comparecerão aterrorizados com a lembrança de seus pecados,
> e suas iniquidades se levantarão contra eles para os confundir.
> Então, o justo se levantará com grande confiança,
> em face daqueles que o perseguiram
> e zombaram dos seus males aqui embaixo.
> Quando o justo os vir
> serão presos de grande temor
> e tomados de assombro ao vê-lo salvo contra sua expectativa […]
>
> Mas o justo viverá eternamente;
> sua recompensa está no Senhor,
> e o Altíssimo cuidará deles.
> Por isso receberão a régia coroa de glória,
> e o diadema da beleza da mão do Senhor,
> porque os cobrirá com a sua direita,
> e os protegerá com seu braço.[164]

Tais passagens, parece-me, demonstram, além de qualquer dúvida, que a "imortalidade" abordada na primeira passagem se equipara ao descanso temporário no "céu" de que Josefo falou, precedendo a própria ressurreição. Há uma clara sequência temporal: primeiro, os justos morrem e os injustos celebram; então, em outro acontecimento, o injusto descobre seu erro quando é confrontado com o justo como seu juiz. Sem dúvida, alguns leitores helenísticos de Sabedoria de Salomão podem, em uma leitura descuidada, ter perdido o foco. Contudo, no contexto da cosmovisão judaica, o livro parece apresentar a posição da maioria dos judeus, não uma helenização.[165]

Se desejamos encontrar uma helenização, voltamo-nos, claro, para Filo:

> Ao deixar esta vida mortal, Abraão "foi adicionado ao povo de Deus" [citando Gênesis 25:8], herdando a incorruptibilidade e tornando-se igual aos anjos.[166]
>
> [Moisés] representa o homem bom não como morrendo, mas partindo […] O homem bom teria a natureza da alma totalmente purificada, inextinguível e imortal, destinada a fazer a jornada para o céu, onde não encontrará a dissolução e a corrupção ocasionadas pela morte.[167]

---

[164]*Sab. Sal.* 3:6-8; 4:16-s.; 4:20–5:2; 5:15-s.

[165]*Sab. Sal.* 5:1 emprega o verbo *stesetai*, cognato com *anastasis*, "ressurreição"; veja também a LXX de 2Samuel 7:12, *kai anasteso to sperma sou meta se*, "levantarei sua semente para sucedê-lo…".

[166]Filo, *Sac.* 5. Haveria um eco dessa crença em Lucas 20:36?

[167]Filo, *Herdeiro* 276.

440

A ESPERANÇA DE ISRAEL

Quando as pessoas morrem, boa parte da personalidade é enterrada com elas; se, porém,

> em algum lugar [...], cresce [no indivíduo] uma tendência de amor à virtude, tal tendência é salva da extinção pelas memórias, que são um meio de manter viva a chama de qualidades nobres.[168]

Tal perspectiva não se limita aos filósofos especulativos alexandrinos; também emerge, por exemplo, em uma obra apocalíptica: em *Testamento de Abraão*, os anjos são instruídos a levar Abraão ao Paraíso: "Onde estão as tendas dos meus justos e [onde] as mansões dos meus santos, Isaque e Jacó, estão no seu seio, onde não há trabalho, nem tristeza, nem gemido, mas paz, exultação e vida sem fim".[169]

Parece, então, haver três posições básicas adotadas pelos judeus em nosso período, sem dúvida com pequenas modificações em cada uma. Os saduceus formam um grupo incomum por não admitirem uma vida futura, quer imortal, quer ressurreta. Sem dúvida, uma minoria substancial e talvez crescente de judeus, incluindo aqueles que claramente beberam do poço platônico e helenístico em geral, desconsiderava a ideia de imortalidade da alma. A maioria, porém, fala da ressurreição física dos mortos, abordando também o problema relacionado a um estado intermediário; esse último ponto serve, por si só, de forte evidência para a crença na ressurreição corporal, visto que, somente nessa premissa, há um problema a ser abordado. Algumas vezes, ao descreverem esse último estado, tomam por empréstimo a linguagem helenística, que, em seu contexto particular, denota um estado desencarnado *permanente*; mas ainda deixam claro que a ressurreição física é o fim que eles têm em vista.

Por que surgiu a crença na ressurreição, e como ela se encaixa na cosmovisão judaica mais ampla e no sistema de crenças que esboçamos nos capítulos anteriores? Repetidas vezes, identificamos que essa crença está ligada à luta para manter a obediência às leis ancestrais de Israel em face da perseguição. A ressurreição é a recompensa divina para os mártires; é o que acontecerá após a grande tribulação. Todavia, não se trata apenas de uma recompensa especial

---

[168] Filo, *De Migratione* 16.

[169] *T. de Abraão* [recessão A] 20.14 (trad. baseada no texto de E. P. Sanders, em Charlesworth, *The Old Testament Pseudepigrapha* [Escritos pseudoepigráficos do Antigo Testamento]. Vol. 1. *Apocalyptic Literature and Testaments*, 1983, p. 895). Sanders, destaca, em sua observação *ad loc.*, a ilogicidade de Isaque e Jacó precedendo Abraão no Paraíso, bem como de o seio de Abraão existir antes dele. Sobre o paraíso como posto temporário de uma longa jornada, o qual gradualmente passou a se identificar em obras judaicas posteriores como o alvo da jornada em si, veja Schürer, *The History of the Jewish People in the Age of Jesus Christ (175 B.C.—A.D. 135)*, 2.541-s.

441

O NOVO TESTAMENTO E O POVO DE DEUS

àqueles que passam por sofrimentos especiais. Antes, a expectativa escatológica da maioria dos judeus da época era por uma renovação, não por um abandono, da ordem espaçotemporal como um todo. Uma vez que isso se baseava na justiça e na misericórdia do deus criador, o deus de Israel, era inconcebível que os que morreram na luta para trazer o novo mundo à existência fossem deixados de fora da bênção quando ele finalmente se desencadeasse na nação e, a partir dela, no mundo.[170]

A antiga metáfora de cadáveres revivendo foi, pelo menos desde Ezequiel, uma das formas mais vívidas de *de*notar o retorno do exílio e *co*notar a renovação da aliança e de toda a criação. No contexto da perseguição e da luta pela Torá nos períodos sírio e romano, a metáfora adquiriu uma nova vida. Se o deus de Israel "ressuscitasse" seu povo (metaforicamente), trazendo-o de volta de seu exílio contínuo, também "ressuscitaria", nesse mesmo contexto, pessoas (literalmente) que morreram na esperança dessa reivindicação nacional e pactual. "Ressurreição", enquanto concentrava a atenção na nova personificação dos indivíduos envolvidos, mantinha seu sentido original da restauração de Israel por seu deus da aliança. Como tal, "ressurreição" não era apenas uma esperança piedosa de uma nova vida para os mortos; também carregava consigo tudo o que estava associado ao retorno do exílio em si: perdão dos pecados, o reestabelecimento de Israel como verdadeira humanidade do deus da aliança e a renovação de toda a criação.[171] Na verdade, ressurreição e renovação da criação caminham de mãos dadas. Se o mundo espaçotemporal desaparecesse, a ressurreição não faria sentido. Alternativamente, se não houvesse ressurreição, quem povoaria o cosmos renovado?

Assim, judeus que criam na ressurreição o faziam como parte de uma crença maior na renovação de toda a ordem criada. A ressurreição seria, ao mesmo tempo, a reafirmação da aliança e a reafirmação da criação. Israel seria restaurado em um cosmos restaurado: o mundo veria, finalmente, aquele que sempre fora o verdadeiro povo do deus criador.[172] É aqui que as gêmeas "crenças fundamentais" judaicas se unem. Monoteísmo e eleição, tomados em conjunto, exigem uma escatologia. O monoteísmo criacional/pactual, tomado em conjunto com a tensão entre eleição e exílio, exige a ressurreição de um novo mundo. Por isso alguns dos profetas empregaram uma linguagem mítica deslumbrante para

---

[170]Isso remonta, *mutatis mutandis*, pelo menos a Salmos 49:15; 73:24.

[171]Sanders, *Judaism: Practice and Belief, 63 BCE—66 CE*, 1992, p. 303, posiciona a crença judaica na vida após a morte lado a lado com a crença em uma nova ordem mundial, mas não faz nenhuma tentativa de rastrear a conexão entre ambas. C. H. Cave, em Schürer, *The History of the Jewish People in the Age of Jesus Christ (175 B.C.—A.D. 135)*, 2.546-s., fornece um exemplo clássico da separação de coisas que deveriam ser mantidas juntas.

[172]Podemos, mais uma vez, fazer uma comparação com a imagem gráfica de *Sab. Sal.* 3–5.

A ESPERANÇA DE ISRAEL

descrever o que aconteceria: leões e cordeiros deitados juntos, árvores dando frutos todos os meses, Jerusalém se tornando um novo Éden. Tudo isso, afinal, resultava, em símbolos poéticos, da crença fundamental de que o deus criador do universo era o deus de Israel, e vice-versa. Toda a criação, em tese, participaria disso.

Escrevê-lo parece algo quase incontroverso como resumo histórico da crença judaica. Dezenas de textos da época apontam nessa direção; estamos em um terreno histórico absolutamente sólido. Sanders, resumindo a esperança judaica no período, escreve:

> Muitos judeus ansiavam por um novo tempo, um tempo melhor. [...] Esperanças se concentravam na restauração da nação, na construção ou purificação do templo e de Jerusalém, na derrota ou conversão dos gentios e no estabelecimento da pureza e da justiça. [...] A esperança de que Deus mudaria fundamentalmente as coisas era perfeitamente razoável para os que liam a Bíblia e acreditavam que Deus criou o mundo e de vez em quando intervinha dramaticamente na criação para salvar o seu povo.[173]

O que Sanders nunca faz, porém, é elucidar a natureza altamente polêmica dessa afirmação no contexto da literatura do século 20 e dos textos judaicos do primeiro século, incluindo os dos judeus que se autodenominavam cristãos.[174] Mas o ponto certamente deve ser destacado. Nos principais escritos judaicos da época, cobrindo uma ampla gama de estilos, gêneros, convicções políticas e perspectivas teológicas, *não há praticamente evidência de que os judeus estivessem esperando o fim do universo espaçotemporal.* Há evidência abundante de que eles, como Jeremias e outros antes do profeta, sabiam reconhecer uma boa metáfora e usavam imagens cósmicas para trazer à tona o significado teológico completo de acontecimentos sociopolíticos cataclísmicos. Não há quase nada que sugira que eles tenham seguido os estoicos na crença de que o mundo em si chegaria ao fim; e quase tudo em Israel — histórias, símbolos, práxis, sua tendência à revolução e toda a sua teologia — remete a esse fato.

Então, eles acreditavam que aconteceria o quê? Que a *ordem mundial atual* chegaria ao fim — a ordem mundial, aquela na qual os pagãos detinham o

---

[173]Sanders, *Judaism: Practice and Belief, 63 BCE—66 CE*, 1992, p. 298, 303; compare com p. 456-s.

[174]O ponto de maior aproximação de Sanders, creio, [*Ibid.*, 1992, p. 368], é quando ele afirma que a dramática mudança futura, pela qual a seita de Qumran aguardava, não deveria ser chamada de "eschaton", "o último [acontecimento]", como estudiosos modernos costumam chamá-la, "visto que, como outros judeus, os essênios não acreditavam que o mundo acabaria".

poder, enquanto os judeus, o povo pactual do deus criador, não.[175] Seitas como a dos essênios acreditavam que a ordem da época, na qual os judeus errados detinham o poder, chegaria ao fim, e uma nova ordem mundial seria inaugurada — uma ordem na qual os judeus certos, ou seja, os próprios essênios, alcançariam o poder. Não podemos, claro, descartar a possibilidade de que alguns judeus acreditassem no fim do mundo físico, assim como não podemos descartar a possibilidade de que, para alguns judeus, havia cinco deuses, ou que os egípcios eram o povo escolhido do deus criador. Tais possibilidades, porém, são marginais, não apenas a todo o tipo de literatura que temos daquela época, mas também à cosmovisão da maioria dos judeus (cujas convicções não foram registradas por escrito) do primeiro século, a qual podemos reconstruir a partir de símbolos, histórias e, acima de tudo, de sua práxis. Os judeus simplesmente não acreditavam que a ordem espaçotemporal estivesse prestes a desaparecer.

Em um encontro na Reunião Anual da Sociedade Bíblica Literária, em novembro de 1989, ouvi o professor John Collins expor uma perspectiva da escatologia judaica não muito diferente da que acabei de esboçar. No final, sugeri que, se Albert Schweitzer pudesse ouvir aquele artigo, toda a trajetória dos estudos do Novo Testamento no século 20 teria sido bem diferente. Collins, com a devida modéstia, concordou que talvez fosse esse o caso.[176] Schweitzer estava certo, creio, quando, no início do século 20, chamou a atenção para o apocalipse como a matriz do cristianismo apostólico. Já é tempo, mais de cem anos depois, de declarar, contra a posição de Schweitzer, o que essa matriz apocalíptica realmente significava.

Deve-se notar, com mais ênfase, que, embora a "ressurreição" seja naturalmente algo que indivíduos podem esperar, para si e para aqueles a quem amam, a crença que estudamos sempre tem como foco uma ressurreição *geral*, no final da era presente e no início da era vindoura. Será uma ressurreição da qual todo o Israel (com as devidas exceções, dependendo do ponto de vista assumido por alguém) participará. Vista de determinado ângulo, tal ressurreição constituirá a *salvação* de Israel: após longos anos de opressão e desolação, a nação será, ao final, resgatada. Por outro lado, a ressurreição também será a *vindicação* (ou "justificação") de Israel: tendo, ao longo de sua história, afirmado ser o povo do deus criador, a ressurreição finalmente fará jus a essa afirmação. O monoteísmo criacional e o monoteísmo pactual, assim como a escatologia a que ambos dão

---

[175]Sanders, *Jesus and Judaism*, 1985, usa frases como "a presente ordem mundial" em um sentido um pouco diferente, mantendo aberta a opção de uma esperança futura menos espaçotemporal. Em sua obra posterior, *Judaism: Practice and Belief, 63 BCE—66 CE*, 1992, ele parece adotar mais firmemente a linha por mim tomada.

[176]É apenas justo dizer que Collins, penso, ainda discordaria de vários detalhes elucidados nesta seção do livro.

A ESPERANÇA DE ISRAEL

origem, formam, então, um contexto no qual o que às vezes é chamado de "soteriologia judaica" — ou seja, as crenças judaicas sobre a salvação — pode ser contextualizado com a devida precisão. Importa-nos explicar esse ponto de forma um pouco mais detalhada.

SALVAÇÃO E JUSTIFICAÇÃO

A palavra "salvação" denotaria, a um judeu do primeiro século, a esperança que estudamos no decorrer deste capítulo, vista particularmente em termos do resgate de Israel, por seu deus, da opressão pagã. Esse seria o dom do deus de Israel para todo o seu povo, de uma só vez. Os judeus, individualmente, encontrariam sua própria "salvação" por sua filiação com Israel, ou seja, no âmbito da aliança; ser membro da aliança no presente era a garantia (mais ou menos) de "salvação" no futuro.

Já vimos como os judeus do primeiro século entendiam a adesão ao pacto. Toda a cosmovisão judaica, com suas histórias, símbolos e práxis, fornece-nos uma resposta bastante clara. A aliança era firmada por nascimento ou por iniciação proselitista; para os homens, era selada na circuncisão e, para todos, mantida por meio da fidelidade ao documento da aliança, a saber, a Torá. Isso é extremamente importante: conforme argumentado extensivamente por Sanders, a participação na aliança é *demonstrada*, em vez de *conquistada*, pela observância da Torá e pela tentativa de guardá-la. Com o amanhecer da era vindoura, os que permanecerem fiéis à aliança serão vindicados; isso não significa "aqueles que guardaram por completo a Torá", uma vez que o sistema sacrifical existia precisamente para permitir que israelitas convictos de pecado mantivessem, mesmo assim, sua filiação. E a tentativa do cumprimento da Torá, quando mais ou menos bem-sucedida, era entendida como uma resposta humana, e não como uma iniciativa humana. Essa é a tese de Sanders e, apesar de algumas críticas que lhe foram lançadas, parece-me, até agora, correta como descrição do judaísmo do primeiro século.[177]

É nesse contexto que surgiram, no período que temos estudado, debates sobre quem exatamente seria justificado quando o deus de aliança finalmente agisse para libertar Israel. "Todo o Israel tem parte na era vindoura", mas não os saduceus, não os que negam a Torá, não os epicureus.[178] Os sectários que escreveram os Manuscritos teriam concordado com esse sentimento, mas tendo

---

[177]Veja Sanders, *Paul and Palestinian Judaism*, 1977; *Paul, the Law, and the Jewish People*; 1983; e *Judaism: Practice and Belief, 63 BCE—66 CE*, 1992, p. 262-78. Discutirei as críticas em outro lugar.

[178]mSanh. 10.1. O fato de Aquiba ser citado como fazendo um acréscimo à lista (a fim de incluir a proibição sobre os que leem livros hereges, ou que praticam curas mágicas) indica que o dizer é essencialmente mais antigo, datando pelo menos da segunda metade do primeiro século.

em vista uma lista diferente de exclusões: eles, e somente eles, eram "Israel", enquanto os fariseus ("os que falam coisas suaves") e a hierarquia oficial do Templo definitivamente partilhariam a sorte dos Filhos das Trevas. Podemos estar certos de que diferentes facções na guerra lançavam anátemas semelhantes umas contra as outras.

No primeiro século, então, a questão da soteriologia girava em torno de quais são os emblemas de filiação que marcam alguém no grupo que deve ser salvo, vindicado, ressuscitado (no caso de membros já mortos) ou elevado ao poder (no caso dos vivos)? Para os fariseus, havia um programa de intensificação da Torá; para os essênios, um conjunto (variado) de regras comunitárias e um apelo à lealdade a um Mestre. Para os muitos grupos rebeldes, havia planos ideológicos sutilmente diferentes, provavelmente incluindo, no caso dos sicários, lealdade a uma suposta dinastia e, no caso dos zelotes, lealdade a um plano particular de ação e (pelo menos em determinado estágio) a um líder particular (Simão ben-Giora). Para Josefo, era algo bem diferente: o resgate, nos termos mais práticos possíveis, viria pelo reconhecimento de que o deus de Israel havia passado para o lado dos romanos e que os judeus deveriam fazer o mesmo.

Em todos esses casos, testemunhamos diferentes interpretações da soteriologia judaica básica. A sequência de pensamento é precisamente a mesma das muitas narrativas que examinamos anteriormente como representativas da cosmovisão judaica fundamental, a qual pode ser estabelecida de forma lógica no seguinte esquema:

a. O deus criador chama Israel para ser seu povo;
b. Israel, atualmente em "exílio", deve ser redimido, já que a nação pertence ao povo com o qual deus fez uma aliança;
c. Lealdade efetiva à aliança é o sinal da redenção futura;
d. A lealdade a essa aliança é testada em momentos de crise;
e. Nesse momento, o que conta como lealdade e, portanto, o que marca aqueles que serão salvos/vindicados/ressuscitados para a vida é... [com os diferentes grupos preenchendo o espaço em branco de acordo com seu plano ideológico].

Já vimos que grande parte da literatura judaica da época conta essa história de uma forma ou de outra.

O importante, então, não é simplesmente (nas categorias de Sanders) "entrar" (como alguém se torna membro da aliança) e "permanecer" (como alguém continua membro da aliança). O importante, quando os símbolos de Israel estão sob ameaça — quando a questão do que significa ser um judeu é levantada, mas não resolvida em lugar nenhum —, é perseverar *em tempos de crise*; ou, dito de outra forma, permanecer na aliança quando há o risco de se encontrar fora dela; ou talvez retornar à aliança após perceber-se excluído.[179] Essa é a situação que as seitas exploram. E é exatamente a situação que encontramos na Palestina do primeiro século.

Acima de tudo, o que conta em momentos de crise é a adesão aos símbolos corretos: não apenas aos símbolos principais, como o Templo, a Torá e a Terra, já que grupos rivais também os reivindicavam, mas aos símbolos que mostram que o indivíduo é membro do subgrupo correto. Os que morrem como mártires em vez de quebrar a Torá receberão seus corpos novamente (garantiram os mártires macabeus).[180] Os que "confiam" no Mestre da Justiça serão libertados (afirmavam alguns dos essênios).[181] Aqueles que derrubarem a águia na entrada do Templo podem esperar por uma gloriosa ressurreição (asseguraram os mestres que os incitaram).[182] Os que seguem Manaém serão justificados quando a guerra for vencida (diziam os seguidores sicários).[183] Os que seguem nossa estrita interpretação da Torá, de acordo com a tradição dos patriarcas, serão vindicados como verdadeiros israelitas (sustentavam os rabinos e alguns de seus supostos predecessores farisaicos).[184] Isso é soteriologia na prática, ao estilo do primeiro século. Em nada diz respeito à moralização ou à prática silenciosa da virtude abstrata; diz respeito à vida após a morte apenas na medida em que alguém, ao morrer antes do amanhecer do grande dia (principalmente como um mártir na luta), deve estar certo de não ser deixado de fora quando a salvação chegar em sua plenitude, trazendo consigo a restauração do Templo, a purificação da Terra e a exaltação de Israel sobre seus inimigos.

É neste ponto que um movimento teológico vital pode ser feito: quando a era vindoura finalmente chegar, os verdadeiros participantes da aliança serão vindicados. Todavia, se alguém já conhece os sinais e símbolos que marcam os verdadeiros membros da aliança, tal reivindicação, tal "justificação", *pode ser vista já no tempo presente*. A fidelidade à aliança no presente é o sinal da vindicação da aliança no futuro; os emblemas da presente fidelidade à aliança podem variar de grupo para grupo, mas os que têm as devidas marcas usufruem a garantia de que o verdadeiro deus lhes permanecerá fiel, conduzindo-os em segurança para o novo mundo, que, em breve, será inaugurado. Podemos, novamente, tomar os essênios como exemplo. Sofrer com os eleitos, apegar-se

---

[179]Veja Harper, *Repentance in Pauline Theology*, 1988.

[180]2Mac 7 etc.

[181]1QpHab 8.1-3, interpretando um texto (Habacuque 2:4) bem conhecido dos leitores do Novo Testamento (Romanos 1:17; Gálatas 3:11).

[182]*Guerras* 1.648-50.

[183]Veja *Guerras* 2.433-48.

[184]mSanh. 10.1.

O NOVO TESTAMENTO E O POVO DE DEUS

ao Mestre da Justiça e seguir seu ensino — esse seria o sinal de que alguém pertence ao grupo que, embora marginalizado *no presente*, seria vindicado no futuro como o verdadeiro Israel. O deus da aliança havia renovado seu pacto com esse grupo, de modo que seus membros podiam confiar em sua fidelidade à aliança (*tsedaqah*, "justiça"), no sentido de que ele os vindicaria, dando-lhes um julgamento favorável (*mishpat*, "justificação") como o povo da nova aliança quando sua ação, secreta no tempo presente, enfim se tornasse pública:

> Quanto a mim,
>> minha justificação está com Deus.
> Em sua mão jaz a perfeição do meu caminho
>> e a retidão do meu coração.
> Ele tirará a minha transgressão
>> por sua justiça.
>
> Da fonte da sua justiça
>> depende a minha justificação
> e de seus mistérios maravilhosos
>> a luz no meu coração.
>
> Quanto a mim,
>> Se eu tropeçar, as misericórdias de Deus
> Serão a minha eterna salvação.
>> Se eu cambalear por causa do pecado da carne,
> minha justificação será
>> pela justiça do Deus, que dura para sempre.[185]

Justificação é algo *futuro* (vindicação, "julgamento", quando o deus de Israel finalmente agir) e *presente*. Tanto a justificação presente como a vindoura dependem da fidelidade pactual divina; ambas ocorrerão apesar da pecaminosidade contínua do pecador. A presente justificação é um segredo; depende apenas da manutenção válida do indivíduo no grupo. A justificação vindoura é pública, consistindo na vitória do grupo e no estabelecimento de seus membros como os verdadeiros governantes de Israel e, portanto, do mundo.

Como alguém se torna, então, membro do grupo que herdará esse destino glorioso e que talvez acredite que a vindicação futura pode ser antecipada, ainda que de forma secreta, no presente? É evidente, no caso de uma seita, que se trata de uma escolha. Por exemplo: pelo fato de os essênios serem celibatários,

---

[185] 1QS 11.2-3,5,11-12.

448

A ESPERANÇA DE ISRAEL

não era possível uma filiação ao grupo apenas pelo nascimento. Mas os Manuscritos ensinam claramente que essa opção reflete também uma escolha divina antecedente. É simplesmente a extensão natural do ensino bíblico comum. Deuteronômio deixa claro que Israel era o povo do deus criador, não porque Israel era especial, mas porque seu deus simplesmente o amava.[186] Segundo os essênios acreditavam, eles eram o verdadeiro Israel; por isso, o que era verdadeiro sobre Israel era verdadeiro a seu respeito. Eles eram os eleitos, escolhidos para carregar o destino de Israel na era vindoura.[187] Não há razão para supor que qualquer grupo ou seita judaica tenha pensado de forma diferente.

Salvação, então, era uma questão de um novo mundo, a renovação da criação. Em meio a isso, o deus de Israel chamaria alguns dentre a nação para ser um novo Israel, os quais encabeçariam o propósito divino. Nesse contexto, mais uma vez, esse povo renovado deveria ser um grupo santo, puro e renovado de seres humanos, vivendo em fidelidade à aliança (que corresponde à fidelidade ao deus criador), culminando em renovação, ou seja, na ressurreição de seus próprios corpos humanos. Quando esse deus, por sua graça, agisse, aqueles que pertenciam a esse grupo seriam resgatados, vindicados, assim, como o verdadeiro povo de deus, conforme a alegação que sempre fizeram. Os que morreram antes desse dia partilhariam dele pela ressurreição. É assim — no contexto de toda a esperança futura de Israel e, em particular, da promessa da ressurreição — que podemos compreender as linhas essencialmente simples da soteriologia judaica do segundo templo. As doutrinas da justificação e da salvação pertencem à história que, segundo vimos, caracterizava a cosmovisão judaica fundamental.

CONCLUSÃO: O JUDAÍSMO DO PRIMEIRO SÉCULO

Neste capítulo, sustentei a necessidade de entendermos de forma particular a esperança que, em suas formas mais variadas, foi aceita pelos judeus do primeiro século a.C. ao primeiro século d.C. Isso completa nossa pesquisa, nesta Parte do livro, sobre a história, a cosmovisão e o sistema de crenças judaico do segundo templo. Na maioria dos casos, as conclusões não foram intencionalmente controvertidas, embora, sem dúvida, alguns desejem contestar um ou outro ponto de vista que argumentei. Na verdade, é provável que quaisquer possíveis controvérsias surjam não em relação ao judaísmo em si, mas do efeito dessa reconstrução sobre as interpretações do cristianismo apostólico.

---

[186]Deuteronômio 7:7-9 etc.
[187]Sobre a eleição nos Manuscritos, veja Vermes, *The Dead Sea Scrolls in English*, 1987 [1962], p. 41-6.

O NOVO TESTAMENTO E O POVO DE DEUS

Acima de tudo, tentei mostrar que, apesar da grande variedade de ênfases, práxis e obras literárias sobre as quais temos ampla evidência, o que, de fato, nos leva a falar de "judaísmos" em relação ao período que estudamos, podemos traçar os contornos de uma cosmovisão, bem como de um sistema de crenças, capaz de ser devidamente considerado uma "corrente principal", partilhada por inúmeros judeus daquela época. Tendo começado com a história, passamos às narrativas contadas pelos judeus que a viveram, aos símbolos que lhes eram comuns e à práxis que acompanhava esses símbolos. À luz disso e da literatura de que dispomos, examinamos o sistema fundamental de crenças dos judeus do primeiro século, analisando, em particular, a esperança que nutriam — esperança cuja abrangência incluía símbolo, narrativa e crença, transformando-os em adoração, oração e ação. O círculo explicativo está completo. Foi no âmbito dessa história que descobrimos essa esperança; foi por causa dessa esperança que a história desenrolou-se de determinada forma.

Foi a um povo que nutria essa esperança e vivia nesse (muitas vezes confuso) estado de tensão e aspiração que surgiu um profeta no deserto do Jordão, chamando o povo ao arrependimento e ao batismo "para o perdão dos pecados", advertindo-o de que Israel estava prestes a passar por um juízo de fogo a partir do qual um novo povo de Abraão seria forjado. Foi a esse mesmo povo que outro profeta veio, anunciando, nos vilarejos da Galileia, que, agora, finalmente, o deus de Israel se tornava rei. Não devemos nos surpreender com o que acontece a seguir.

PARTE IV

O PRIMEIRO SÉCULO CRISTÃO

A BUSCA PELA IGREJA QUERIGMÁTICA

CAPÍTULO 11

INTRODUÇÃO

Sabemos muito menos sobre a história da igreja no período de 30 a 135 d.C. do que sobre o judaísmo do segundo templo. Tal contraste não é, creio, enfatizado com a devida frequência. Não existe um Josefo da igreja apostólica. Há pouquíssimos achados arqueológicos que nos vêm em auxílio. As fontes que temos são mínimas em comparação com o material judaico: o Novo Testamento grego some quando posicionado em uma estante ao lado de apócrifos, escritos pseudoepigráficos, da *Mishná* e dos Manuscritos; e, mesmo quando adicionamos os chamados "pais da Igreja", o volume não é muito maior. Mesmo que atribuíssemos o mais alto valor histórico para Atos, a luz lançada pelo livro em algumas áreas apenas destacaria a plena escuridão em outras. Eusébio, escritor da mais conhecida história antiga da igreja no início do quarto século d.C., está para a primeira geração como o Talmude está para o judaísmo anterior a 70 d.C.: cheio de pontos interessantes, mas repleto de problemas.[1]

Entretanto, foi mais ou menos na primeira geração que ocorreram movimentos cruciais, determinantes para a direção tomada pelo cristianismo daí em diante. Obviamente, por isso tantos trabalharam por tanto tempo para produzir o que os caprichos do tempo nos negaram, ou seja, uma história do desenvolvimento do movimento cristão de Jesus a Justino Mártir, ou de Paulo a Policarpo. Parte dessa tentativa, ao contrário das tentativas de escrita da história judaica, é pura especulação, embora não seja reconhecida como tal.

---

[1]Sobre os problemas de escrever a história do cristianismo apostólico, veja Hengel, *Acts and the History of Earliest Christianity*, 1979, cap. 1. Eusébio incorpora alguns escritos de fontes anteriores, notavelmente Hegésipo (fim do 2º século; veja Quasten, *Patrology*, 1950, p. 284-7).

O NOVO TESTAMENTO E O POVO DE DEUS

É a "remitologização", a invenção de histórias sobre o passado, que sustentarão certa perspectiva do presente. De fato, nossa geração tem grande necessidade de um livro completo, que se empenhe na busca pela igreja querigmática, da mesma forma que, no século 19, Albert Schweitzer fez na busca pelo Jesus histórico — analisando o que foi escrito, expondo falácias inconsistentes e estabelecendo uma nova e provocativa tese. O projeto teria analogia direta com o de Schweitzer: assim como o "estudo" de Jesus foi uma das características mais distintivas da erudição do Novo Testamento no século 19, o "estudo" da igreja apostólica foi uma das características mais distintivas do século 20.

A razão para tal concentração no que, em muitos aspectos, não passa de um estudo superficial remonta ao próprio Schweitzer. Após lançar fora os velhos retratos liberais de Jesus e pendurar, em vez disso, seu estranho esboço (nietzschiano?) de um herói apocalíptico, para onde nos voltaríamos se quiséssemos ler o Novo Testamento como norma para o cristianismo contemporâneo? Apenas, ao que tudo indicava, para os primórdios da igreja. Assim, Bultmann concentrou sua atenção na comunidade querigmática, buscando nela a fé vibrante que serviria de modelo e inspiração aos cristãos modernos. A maioria dos estudos subsequentes, de uma forma ou de outra, seguiu seu plano ideológico, embora nem sempre seus resultados. Eis a ironia: como veremos, é realmente possível saber muito mais sobre Jesus do que sobre boa parte da igreja apostólica.

Se é difícil comprometer-se com o estudo de "quase nada", é mais fácil se os que estão envolvidos no projeto concordarem com algumas convenções, alguns pontos "fixos" em torno dos quais a pesquisa pode concentrar-se, como satélites na órbita de um planeta. O primeiro (e mais conhecido) desses pontos fixos (e, ao mesmo tempo, móveis) é encontrado na luta entre o judaísmo e o helenismo. A luta foi projetada para a igreja apostólica, produzindo o que tem sido chamado de "cristianismo judaico" e "cristianismo helenístico".[2] Não se deu muita atenção ao fato de a distinção entre os dois blocos culturais ser de difícil estabelecimento no primeiro século; que o judaísmo e o helenismo, na medida em que podemos separá-los, eram, eles próprios, suficientemente multiformes, de sorte que qualquer rotulação é inútil; que quase todo o cristianismo apostólico da primeira geração era, em algum sentido, "judaico"; e que o único escritor cristão que sabemos, sem sombra de dúvida, ter estado ativo vinte anos após a crucificação de Jesus dizia coisas como "não há judeu nem

---

[2]O pioneiro dessa linha foi F. C. Baur, em meados do século 19. Veja Baur, *History of the Church in the First Three Centuries*, 1878-9 [1860], e discussões em Kümmel, *The New Testament: The History of the Investigation of Its Problems*, 1972, cap. 4; Neill e Wright, *The Interpretation of the New Testament*, 1988, p. 20-31.

A BUSCA PELA IGREJA QUERIGMÁTICA

grego [...] pois todos são um em Cristo Jesus".[3] É improvável que uma categorização básica, ignorando esses sinais de alerta, possibilite pesquisas frutíferas. É como se, em vez de um planeta, tudo o que tivéssemos fosse um buraco negro.

Encontramos problema semelhante (embora não necessariamente discernido a partir da fala confiante de alguns estudiosos) ao tentar adquirir um segundo ponto fixo a partir daquilo que os primeiros cristãos *esperavam*. Muito se tem falado, nos últimos cem anos, da ideia de que os primeiros cristãos dentre os judeus esperavam com confiança o fim iminente do universo espaçotemporal, e que o desenvolvimento do cristianismo foi marcado pelo esmaecimento dessa perspectiva.[4] Outra versão da mesma história moderna é que alguns ramos do cristianismo apostólico não se concentravam nessa expectativa, e que o evangelho de Marcos, ou talvez algum outro documento, teria reintroduzido a ideia de um fim iminente para o mundo a uma tradição que desconhecia tal esperança ou não fazia dela um aspecto central.[5] Em ambos os casos, porém, e com base nas muitas variações possíveis sobre esse tema, há dois grandes problemas a serem resolvidos. O primeiro problema é que a maioria das evidências usadas para fazer reconstruções dessa hipotética entidade chamada de "cristianismo apocalíptico" consiste, conforme veremos, na reelaboração de passagens como Daniel 7 e depende, para sua suposta força, de uma interpretação particular desse e de outros textos, interpretação que, conforme vimos na Parte III, é falsa. O segundo problema é o fato de que a expectativa de uma grande inversão vindoura, com Jesus retornando como juiz, permaneceu inabalável no segundo século d.C. e além, sem nenhum constrangimento aparente ou sinais de reescrita apressada de previsões. Todo o tipo de acusação estava sendo refutado pelos apologetas, mas não há a sensação de que o cristianismo tenha mudado seu caráter, nem que tenha sido posto em perigo, pelo fato de Jesus não retornar uma geração após a Páscoa. Uma reavaliação da natureza e do papel da escatologia nos primórdios do cristianismo parece necessária.

Uma terceira tentativa de se encontrar um ponto fixo foi feita por aqueles que defendem uma data anterior às tradições gnósticas contidas nas descobertas de Nag Hammadi.[6] Como tudo o mais no cristianismo primitivo, a tese é,

---

[3]Gálatas 3:28.
[4]Bons exemplos são Käsemann, *New Testament Questions of Today*, 1969 [1965], caps. 4–5; Conzelmann, *History of Primitive Christianity*, 1973, p. 15,18 etc.
[5]Veja o cap. 14.
[6]Veja p. 435 e seguintes deste livro. A tese, que reflete a posição de Bultmann, *Primitive Christianity in Its Contemporary Setting*, 1956, é defendida, por exemplo, por Koester, *Introduction to the New Testament*, 1982b; *Ancient Christian Gospels: Their History and Development*, 1990; Mack, *A Myth of Innocence*, 1988; Crossan, *The Historical Jesus: The Life of a Mediterranean Jewish Peasant*, 1991. O design hermenêutico dessa posição fica claro a partir dos raros momentos em que Koester deixa cair sua máscara normalmente imparcial: seus verdadeiros heróis, ao que parece, são Valentim, Marcião e, em alguns aspectos, Inácio, 1982b, p. 233, 328-34, 279-87).

de fato, *possível* e, se verdadeira, daria uma forma definida à nossa percepção do todo. No entanto, como acontece com todas as teses históricas *possíveis*, a questão crucial é: qual a *probabilidade* de estar certa? No capítulo 14, veremos uma boa razão para questionar se o gnosticismo existiu na forma de um grande segmento do cristianismo antes do início do segundo século d.C.

Para os que se interessam por essas coisas, podemos, nesse estágio, desenhar um pequeno mapa dos estudiosos que adotaram diversas abordagens diferentes. Para começar, temos a linha iniciada por F.C. Baur. Sua distinção entre o cristianismo judaico e o cristianismo helenístico, assim como sua sugestão (hegeliana) de que a tensão entre os dois foi resolvida nos "primórdios do catolicismo", foi mantida, de diferentes maneiras, por Adolf Harnack, Albert Schweitzer, Rudolf Bultmann, Ernst Käsemann, Hans Conzelmann e, mais recentemente, Helmut Koester.[7] Nesse contexto, a ideia de que o afastamento do cristianismo para longe do judaísmo e em direção ao helenismo (incluindo a incorporação do gnosticismo) foi um movimento positivo e necessário, feito por Paulo e a ser recuperado por aqueles que reivindicariam seu apoio, é inerente a todo o programa de Bultmann, seguido, com variações, por Conzelmann, Käsemann (que também conseguiu incorporar um pouco de Schweitzer em sua síntese) e Koester (que propõe um esquema geográfico fascinante, mas altamente tendencioso) e esboçado mais recentemente por Mack e Crossan. Esses escritores, tomados em conjunto, enxergam a essência do cristianismo apostólico como apenas marginal ou tangencialmente judaica. As linhas principais percorrem, antes, o mundo helenístico, o mundo dos ensinamentos feitos pelos cínicos, do gnosticismo primitivo e das tradições de sabedoria partilhadas por muitos povos. A expectativa judaica do reino fornece um pouco da linguagem do cristianismo primitivo, mas sua substância é de uma ordem totalmente diferente.

Esse esquema todo de pensamento, com suas divisões étnicas e cronologias organizadas, tem uma simplicidade agradável. Recentemente, porém, tornou--se aparente que tal organização é alcançada à custa dos dados. Não pode acomodar fenômenos que cada vez mais exigem explicação, como o gnosticismo judaico, a literatura apocalíptica gentílica ou os sinais dos "primórdios do catolicismo" (como uma insistência na transmissão de tradições), encontrados nos textos mais antigos.[8] Por essa razão Schweitzer protesta contra toda a tese

---

[7]Baur, *History of the Church in the First Three Centuries*, 1878-9 [1860]; Harnack, *What is Christianity?*, 1957 [1900]; Schweitzer, *The Mystery of the Kingdom of God*, 1925 [1901]; 1968a; Bultmann, *The Kingdom of God and Primitive Christianity*, 1956; Käsemann, *Essays on New Testament Themes*, 1964; *New Testament Questions of Today*, 1969; Conzelmann, *History of Primitive Christianity*, 1973; Koester, *Introduction to the New Testament*, 1982b (a última obra, de forma significativa, é dedicada à memória de Bultmann).

[8]Para esse último ponto, veja Romanos 6:17, passagem que Bultmann, *Exegetica*, 1967, p. 283, deletou como glosa posterior, tendo seu olhar na simplicidade em vez de fazer jus aos dados.

A BUSCA PELA IGREJA QUERIGMÁTICA

na virada do século 20, protesto que foi parcialmente ouvido por Käsemann (o qual, no entanto, incorporou a insistência de Schweitzer sobre a origem apocalítica judaica no esquema de sua própria essência pós-Baur e pós-Bultmann) e que, com o tempo, rendeu frutos no campo de estudos da história da religião, radicalmente alterado na década de 1940.[9]

Essa alteração nos leva ao outro extremo do espectro: aos escritores que entendem o cristianismo apostólico simplesmente como uma seita judaica, não muito diferente de muitas outras seitas judaicas da época. O novo ponto de vista deve algo à descoberta dos Manuscritos (1947/1948), porém mais ainda à mudança nas atitudes gerais em relação ao judaísmo após a Segunda Guerra Mundial.[10] De uma hora para outra, o material judaico era bom, puro, antigo e "bíblico"; já o material helenístico era corrupto, distorcido, posterior e "não bíblico". Esses subtextos avaliativos precipitaram uma nova leitura generalizada desse período. Fenômenos seguramente rotulados como "helenísticos" foram, de repente, renomeados como "rabínicos". Escritos apócrifos e pseudoepigráficos foram reeditados e relidos, descobrindo-se que continham milhares de pistas anteriormente não percebidas sobre a natureza real do cristianismo primitivo. Adolf Schlatter, no período pré-guerra, e W. D. Davies e J. Jeremias, no período pós-guerra — e, de forma mais recente, eruditos como M. Hengel e C. Rowland —, desenvolveram um forte argumento para ver o cristianismo apostólico como uma seita messiânica judaica, indo ao mundo com a notícia de que o deus de Abraão, Isaque e Jacó agora se revelara salvador para o mundo todo em Jesus, o Messias judeu.[11] O movimento dominou boa parte das pesquisas nos últimos sessenta anos. Até a obra recente dos americanos Koester, Crossan e outros, poderíamos dizer que o equilíbrio havia mudado decisivamente a seu favor, longe das teorias helenísticas, cínicas ou gnósticas. Agora, porém, o campo parece, novamente, mais aberto, e o momento é propício a uma reavaliação. Atualmente, muitos estudiosos defendem a opinião de que o principal problema ao descreverem a origem do cristianismo é *tanto* a explicação das características totalmente judaicas do novo movimento *como* seu rompimento com ele em meados do segundo século d.C.[12]

---

[9]Outro escritor que se opôs ao esquema de Baur foi J. Munck, notadamente em seu livro sobre Paulo, *Paul and the Salvation of Mankind*, 1959 [1954].

[10]Neill e Wright, *The Interpretation of the New Testament*, 1988, p. 369-s.

[11]Veja Schlatter, *The Church in the New Testament Period*, 1955 [1926]; Davies, *Paul and Rabbinic Judaism*, 1980 [1948]; *The Setting of the Sermon on the Mount*, 1964; Jeremias, *New Testament Theology*, 1971; Hengel, *The Son of God: The Origin of Christology and the History of Jewish-Hellenistic Religion*, 1976; *Acts and the History of Earliest Christianity*, 1979; *Between Jesus and Paul*, 1983; Rowland, *Christian Origins*, 1985; Meyer, *The Early Christians*, 1986.

[12]Veja Dunn, *The Partings of the Ways Between Christianity and Judaism and Their Significance for the Character of Christianity*, 1991.

O NOVO TESTAMENTO E O POVO DE DEUS

Entre as duas posições extremas, alguns estudiosos continuaram felizes em traçar a localização sociológica e cultural de vários grupos. As obras de W. A. Meeks, G. Theissen e A. J. Malherbe sobre as primeiras igrejas paulinas, e a de Theissen sobre o início do movimento de Jesus, produziram leituras mais nítidas e matizadas do que as que surgiriam de generalizações amplas; assim como as obras de M. Hengel, B. F. Meyer e C. C. Hill acerca das primeiras comunidades cristãs em Jerusalém.[13] Contudo, permanece o caso de as revoluções ocorridas no estudo do judaísmo, de Jesus e de Paulo ainda não terem sido completamente filtradas para o estudo dos primeiros movimentos cristãos: a relação com o judaísmo era complexa, a narrativa contava a história de Jesus e a relação com Paulo parecia ser de amor e ódio. Existem, portanto, todas as razões para supormos que um novo estudo das evidências, adotando os métodos articulados na Parte II e tendo em vista a leitura do judaísmo na Parte III, pode lançar nova luz sobre o campo de estudos como um todo.

TAREFAS E MÉTODOS

A reconstrução da história do cristianismo apostólico e pós-apostólico deve dar sentido a alguns dados no âmbito de uma estrutura coerente. Deve juntar o quebra-cabeça histórico do judaísmo no contexto de seu mundo greco-romano; de João Batista e de Jesus como intrincados a esse mundo complexo; da igreja apostólica como tendo início nesse mundo, movendo-se rapidamente para o universo gentílico do fim da antiguidade clássica. Deve criar um contexto no qual não apenas Paulo e os demais escritores do Novo Testamento, mas também figuras como Inácio, Justino e Policarpo, situem-se de maneira crível. Também deve chamar a atenção para os espaços em branco do quebra-cabeça, sem tentar preenchê-los com um material que distorça as peças que realmente possuímos.

Desse modo, como no caso de qualquer tarefa histórica, devemos fazer jus às fontes. Em essência, significa fazer jus ao Novo Testamento, à literatura inicial do período patrístico (incluindo a literatura não "ortodoxa") e às referências pagãs e judaicas ao cristianismo apostólico e pós-apostólico. Pouquíssimos desses escritos se enquadram firmemente em uma data definida, de modo que ainda é possível encontrarmos sérios trabalhos eruditos relacionados ao período neotestamentário anterior a 70 d.C. e trabalhos igualmente sérios cobrindo

---

[13]Meeks, *The First Urban Christians*, 1983; Theissen, *Sociology of Early Palestinian Christianity*, 1978; *The Social Setting of Pauline Christianity*, 1982; *The Gospels in Context: Social and Political History in the Synoptic Tradition*, 1991; Malherbe, *Social Aspects of Early Christianity*, 1983 [1977]; Hengel, *Acts and the History of Earliest Christianity*, 1979; *Between Jesus and Paul*, 1983; Meyer, *The Early Christians*, 1986; Hill, *Hellenists and Hebrews*, 1992.

A BUSCA PELA IGREJA QUERIGMÁTICA

várias tradições gnósticas tanto antes de 70 como posterior a essa data.[14] Como é tantas vezes o caso em história antiga, portanto, o que precisamos, em primeiro lugar, é de uma hipótese imaginativa (não imaginária) que faça jus aos dados, atendendo às condições de simplicidade e clareza, bem como lançando luz para além de suas próprias fronteiras. Como acontece com todo estudo sério do campo, não objetivamos uma crônica simples, porém o "interior" dos acontecimentos: os objetivos, as intenções e, em última instância, as cosmovisões dos atores envolvidos.[15] No momento, não faltam hipóteses conflitantes, razão pela qual o campo de estudos do Novo Testamento se encontra em um estado de confusão. O que se requer de nós, então, é o julgamento sábio entre uma hipótese e outra.

Uma das principais coisas que tais hipóteses devem fazer é traçar a definição e o desenvolvimento de diferentes grupos no contexto do cristianismo primitivo. Nossas fontes mais antigas indicam claramente a existência de grupos nitidamente divergentes no novo movimento. São uma importante indicação de historicidade, uma vez que é improvável o fato de a divisão ter sido simplesmente inventada — embora, claro, algum escritor posterior, registrando uma divisão ocorrida no passado, possa muito bem projetar uma compreensão anacrônica *dessa* divisão. Ao mesmo tempo, essas fontes nos abrem caminho para uma leitura séria do cenário sociocultural do cristianismo primitivo, uma vez que as divisões em um movimento religioso, ainda que articuladas em termos "puramente" teológicos, regularmente refletem questões em outros níveis. Essa, obviamente, é a razão para a "descoberta", no contexto da igreja primitiva, de "cristianismo judaico", "cristianismo gentílico", "cristianismo apocalíptico" e "catolicismo primitivo".[16]

Na tarefa da reconstrução histórica, nossa prioridade deve ser o estabelecimento de parâmetros de uma história mais ampla na qual localizar o tema. Assim, é estranho que aqueles que se dedicaram a essa tarefa nos últimos duzentos anos tenham prestado pouca atenção à história judaica da época. Até mesmo a queda de Jerusalém, que deve ter sido um acontecimento muito mais significativo para o cristianismo primitivo como um todo do que (digamos) a perseguição, em Roma, sob o governo de Nero, foi relegada a segundo plano, raramente trazida para o cerne da discussão. Recentemente, os holofotes foram direcionados aos rabinos de Jâmnia e à possibilidade de terem promulgado uma oração anticristã como forma de exclusão dos cristãos

---

[14]Para o primeiro caso, veja Robinson, *Redating the New Testament*, 1976, e compare com Wenham, *Redating Matthew, Mark and Luke*, 1991; para o segundo, veja Koester, *Introduction to the New Testament*, 1982b; Crossan, *The Historical Jesus*, 1991, esp. p. 427-34.

[15]Veja o cap. 4. Compare Meyer, *The Early Christians*, 1986, p. 23-35.

[16]Veja Dunn, *Unity and Diversity in the New Testament*, 1977, caps. 11–14.

O NOVO TESTAMENTO E O POVO DE DEUS

judeus da sinagoga; contudo, como vimos no capítulo 6, tal ocorrência tem uma base menos sólida na história real do que muitos imaginam.[17] Uma vez que, no que diz respeito ao mundo não judaico, sabemos relativamente pouco sobre eventos relevantes envolvendo o cristianismo da época, a falha em situar a tarefa no contexto da história judaica significa que, como observa Austin Farrer sobre a datação de documentos do Novo Testamento, o intervalo de possíveis hipóteses, como uma fila de festeiros embriagados de braços dados, pode cambalear para um lado e para o outro, cada qual mantido em seu lugar pelo indivíduo que se encontra ao lado, sem o apoio de um objeto sólido.[18] O que precisamos fazer antes de prosseguir, portanto, é posicionar alguns objetos sólidos em seu caminho.

PONTOS FIXOS: HISTÓRIA E GEOGRAFIA

Onde se encontram, então, os pontos fixos em torno dos quais devemos trabalhar? E, uma vez reconhecendo-os, qual é a melhor maneira de mapear e compreender o curso do cristianismo primitivo?

Limites cronológicos externos para essa investigação podem ser definidos por dois eventos que formam um contraponto interessante. Evidentemente, a crucificação de Jesus, datada de aproximadamente 30 d.C., serve-nos de ponto inicial.[19] Como ponto final, temos, cerca de 125 anos depois da crucificação, a queima de um bispo no belo porto marítimo de Esmirna, na Ásia Menor.

A crucificação define não apenas o ponto de partida cronológico e (no sentido pleno) histórico para o movimento: também estabelece o tom para boa parte dos pontos fixos. No entanto, os primeiros anos do movimento cristão, como vimos, apresentam problemas notórios para qualquer um que tente encontrar um fundamento histórico sólido. Por isso, faremos bem em deixá-los de lado por enquanto, trabalhando em sua direção, com cautela, mas começando pelo final. Além da própria crucificação de Jesus, então, há nove evidências a serem consideradas.

Cerca de cem anos após o estabelecimento do cristianismo, houve um acontecimento tão marcante que vale a pena citar seu relato mais antigo:

> Houve grande alvoroço entre os que souberam que Policarpo havia sido preso. Por isso, ao ser apresentado, o procônsul lhe perguntou se ele era Policarpo e, após confirmar sua identidade, tentou persuadi-lo a negar [a fé cristã], dizendo:

---

[17] Veja p. 224.

[18] Farrer, *The Revelation of St John the Divine*, 1964, p. 37 (citado em Robinson, *Redating the New Testament*, 1976, p. 343).

[19] Veja Bruce, *New Testament History*, 1969, p. 188.

460

A BUSCA PELA IGREJA QUERIGMÁTICA

"Considera a tua idade" e, segundo seu costume, instou-o a, arrependido, falar coisas como: "Juro pelo gênio de César" ou "Fora com os ateus!". Policarpo, com seu semblante sóbrio, olhando para os pagãos que enchiam as escadarias da arena e acenando para eles, suspirou, olhou para o céu e exclamou: "Fora com os ateus!". Mas Policarpo, ao ser pressionado pelo procônsul a injuriar Cristo e jurar lealdade a César, respondeu: "Por oitenta e seis anos tenho sido servo de Cristo, e ele nunca me fez mal; como posso blasfemar contra o meu Rei, que me salvou?".[20]

O martírio de Policarpo, bispo de Esmirna (atual Izmir), ocorreu por volta de 155/156 d.C.[21] Vários pontos de interesse para nós se destacam nesse relato, o qual, embora reflita uma piedade hagiográfica posterior, claramente testifica algumas características-chave do cristianismo apostólico.

O primeiro ponto fixo é que, pelo relato, fica claro que o julgamento e a execução de cristãos já se haviam tornado uma prática regular. Alguns procedimentos foram estabelecidos, certas práticas-padrão a que os cristãos poderiam apelar caso desejassem escapar da punição, além de certas suposições fixas a respeito da natureza do cristianismo. Podemos rastrear os estágios anteriores desse processo nas cartas de Plínio e Trajano; em meados do segundo século d.C., essas práticas já se haviam tornado a norma. Em particular, presume--se que os cristãos eram membros de uma seita subversiva. Não acreditavam nos deuses pagãos e, portanto, incorriam na acusação de ateísmo, a mesma acusação muitas vezes dirigida aos judeus.[22] Especificamente, eles não confessavam lealdade a César e se recusavam a jurar por seu "gênio".[23] Cristo é visto como um monarca rival, um rei a quem se deve uma aliança cuja lealdade não deixa espaço para a ditadura do imperador. Já fica claro que o cristianismo ao qual Policarpo (e seu biógrafo) havia devotado fidelidade estava enraizado no judaísmo. A ideia de Cristo como rei supremo, estabelecendo o cristianismo de forma conclusiva contra o paganismo, dificilmente teria começado, em face da inevitável hostilidade, a menos que se baseasse em algum tipo de

---

[20] *Martírio de Policarpo* 9.1-3.

[21] Schoedel, "The Apostolic Fathers", 1989, p. 467, seguindo Lightfoot e outros. Koester, *Introduction to the New Testament*, 1982b, p. 281,306, prefere uma data após 161, com base no fato de Eusébio posicionar o acontecimento em 167, no reinado de Marco Aurélio (161–180). Sobre Policarpo, veja Tugwell, *The Apostolic Fathers*, 1989, cap. 7.

[22] Veja o cap. 6. Justino discute essa acusação em detalhes em *1Apol.* 5-s. Veja também Tertuliano *Apol.* 10–17; Luciano *Alexandre* 25 (referência que devo a Moule, *The Birth of the New Testament*, 1982 [1962], p. 45).

[23] A palavra é *tyche*, que muito provavelmente significa fortuna em latim, ou seja, "boa sorte", como uma deidade personificada. A recusa cristã nesse ponto é defendida por Tertuliano *ad Nationes* 1.17.

O NOVO TESTAMENTO E O POVO DE DEUS

crença messiânica. Da mesma forma, o cristianismo é definido em oposição ao próprio judaísmo pela fidelidade a esse rei em particular, como fica claro na sequência, em que os judeus de Esmirna se juntam aos pagãos no apelo à morte de Policarpo.[24] Sua confissão de Cristo, bem como sua recusa em negá-lo ou fazer qualquer juramento de lealdade a César, ou em oferecer o sacrifício simbólico que implicaria estar preparado para ajustar seu cristianismo ao sistema dominante de crenças[25] — todas essas coisas mostram que os principais símbolos culturais e a práxis do paganismo, por um lado, e do judaísmo, por outro, foram substituídos por um novo conjunto de crenças.

Além do mais, Policarpo menciona, em sua frase mais famosa, seus oitenta e seis anos de fidelidade a Cristo. Partindo do pressuposto, como a maioria dos comentaristas, de que a informação é correta, isso significa que Policarpo nasceu em uma família cristã e foi batizado quando ainda era criança, situando a data de seu nascimento em uma família cristã da Ásia Menor já em 69/70 d.C. Devemos, portanto, levantar a hipótese da existência de uma igreja cristã estabelecida, embora provavelmente pequena, preservando sua lealdade à figura real de Jesus e negando os deuses pagãos em Esmirna, quarenta anos após a crucificação. Não se trata de algo particularmente controvertido, porém a informação nos fornece um ponto fixo notavelmente sólido. A missão gentílica da igreja, vista como o chamado dos não judeus a uma arriscada aliança com um Messias judeu, aparentemente já estava estabelecida na Ásia Menor antes da queda de Jerusalém; foi reconhecida pelas autoridades como uma superstição perigosa e subversiva na época em que Plínio era governador da Bitínia (por volta de 110 d.C.); e foi tratada como uma questão de rotina em meados do segundo século d.C. A despeito das trajetórias possíveis ao longo dos primeiros cem anos do cristianismo, essa deve ser considerada como estabelecida.

Provendo-nos um segundo ponto fixo extremamente valioso no início do segundo século d.C., temos a menção de Plínio, o Jovem (cujo tio, o naturalista Plínio, o Velho, morreu enquanto observava a erupção do Vesúvio, em 79 d.C.),[26] que foi governador da Bitínia, no norte da Ásia Menor, por alguns anos entre cerca de 106 e 114 d.C. Ele se viu diante de um problema. Várias pessoas lhe foram apresentadas, acusadas de serem cristãs, e ele não sabia como lidar com elas. Ele reconta a Trajano, o então imperador, a ação que tomava:[27]

---

[24] *Mart. Pol.* 12.2; 13.1.
[25] *Mart. Pol.* 8.2.
[26] Veja Plínio, *Cartas* 6.16.
[27] Citações a seguir são das Cartas de Plínio 10.96 (baseadas na trad. de Radice).

A BUSCA PELA IGREJA QUERIGMÁTICA

> Considerei que deveria dispensar qualquer um que negasse ser ou ter sido cristão, ou então após ter-me repetido a fórmula de evocação dos deuses e feito as ofertas de libação e incenso à tua estátua [...] e, além disso, injuriado o nome de Cristo.

Os cristãos examinados por Plínio revelam suas práticas características da seguinte forma:

> Reuniam-se regularmente antes do amanhecer, em dia fixo exato, para entoar entre si, de forma alternada, cânticos em homenagem a Cristo, como se fosse um deus, e também para se comprometer, por juramento, não com qualquer propósito criminoso, mas para se abster de roubo, furto e adultério; não quebrar a confiança de ninguém e não negar o pagamento de um depósito quando se vissem instados a restaurá-lo. Após a cerimônia, seu costume era dispersar-se e reunir-se posteriormente para comer um tipo comum e inofensivo de alimento; mas eles desistiram da prática desde o meu edito, promulgado segundo tua instrução [ou seja, de Trajano], banindo todas as sociedades políticas. Isso me fez decidir que era ainda mais necessário extrair a verdade por meio da tortura de duas escravas, a quem chamavam de "diaconisas". Não encontrei nada além de um tipo degenerado e extravagante de seita religiosa.

A seita, no entanto, espalhava-se rapidamente:

> Muitos indivíduos, de todas as idades e classes, tanto homens como mulheres, estão sendo levados a julgamento, e é provável que isso continue. Não são apenas cidades, mas também aldeias e distritos rurais que são infectados pelo contato com essa seita miserável.

Como consequência, de acordo com Plínio, a prática pagã também ganhara um novo sopro de vida. Plínio parece sugerir que esse era o resultado do fato de as pessoas serem despertadas a possibilidades religiosas por meio do cristianismo, voltando-se, em seguida, a um paganismo até então adormecido, mas pode igualmente ser o caso de o paganismo ser despertado à vida em oposição a um cristianismo que rejeitava os princípios pagãos de adoração:

> Não há dúvida de que as pessoas começaram a se reunir em templos, que até bem pouco tempo atrás estavam desertos. Ritos sagrados, cujas práticas já não mais aconteciam, voltaram a ser realizados, e a carne de animais sacrificados está à venda em todos os lugares, ainda que, até recentemente, quase ninguém as encontrasse para comprá-la.

O NOVO TESTAMENTO E O POVO DE DEUS

Quase todas as frases dessa notável carta — e, na verdade, da resposta que Trajano lhe dá[28] — lançam tanta luz sobre o cristianismo primitivo e sobre as percepções pagãs a seu respeito que nos é tentador dedicar mais tempo examinando-a do que nos é possível. Para os devidos propósitos, basta-nos observar o seguinte. Em primeiro lugar, está claro que o cristianismo já era difundido na Ásia Menor, além da área evangelizada por Paulo nos primeiros dias,[29] e que, embora Plínio aprovasse a punição de cristãos sérios, provavelmente com a morte, não havia um procedimento estabelecido ou uma regra prática para os funcionários públicos segundo os quais eles saberiam como aplicar a punição. Isso indica que perseguições anteriores por parte das autoridades romanas foram provavelmente esporádicas e ocasionais, não sistemáticas. Plínio, com sua mente arquivista, ficaria envergonhado ao escrever a Trajano sobre algo que deveria ter aprendido antes de deixar Roma para assumir seu novo cargo. Ele foi forçado, em vez disso, a investigar uma nova possibilidade e a tomar mais conhecimento oficial sobre a nova seita, visto que, ao que parece, os próprios residentes locais apresentavam as acusações.

Em segundo lugar, a prova de fogo para sentenciar um cristão era, como no caso de Policarpo, ações ritualísticas e declarações que, pequenas em si, carregavam um enorme significado sociocultural. Apenas fazem sentido com base no pressuposto de que cristãos de todos os tipos na região, em sua maioria sem instrução teológica, consideravam essencial demonstrar sua lealdade a Cristo ao recusar qualquer lealdade a César.

Uma última observação a fazer é que os cristãos eram, portanto, classificados como uma sociedade *política*[30] e, como tal, viam-se proibidos de fazer refeições corporativas. Em outras palavras, eles eram vistos não apenas como um agrupamento religioso, mas também como um grupo cuja religião fazia deles uma presença subversiva na sociedade romana. Embora suspeitos de canibalismo ou algo semelhante (observe a surpresa de Plínio ao enfatizar o tipo de comida "comum e inofensiva" ingerida pelos cristãos), eles eram cidadãos honestos e obedientes à lei, exceto por sua devoção suprema a Cristo.

Nesse ponto, podemos nos lembrar de Josefo, cujos escritos datam poucos anos antes da carta de Plínio. Afinal, ele foi quase seu contemporâneo,

---

[28]Plínio, *Cartas* 10.97. Trajano afirma a prática adotada por Plínio, mas adverte contra permitir que panfletos anônimos sejam usados como prova contra as pessoas. Isso, diz Trajano, "está totalmente em desarmonia com o espírito de nossa época". É interessante observar essa atitude "iluminada" de Trajano, provavelmente contrastando seu reinado com o governo sombrio e indesejado de Domiciano. O novo "espírito da época" ainda permitia a pena de morte para os cristãos, mas não a prática socialmente degradante de denunciá-los. A ironia disso é explorada por Tertuliano, em *Apol.* 2.6-9.

[29]Atos 16:7.

[30]O termo empregado por Plínio é raro: *hetaeria*.

morando em Roma quando Plínio ainda se encontrava na cidade, antes de ser enviado à Bitínia. Qualquer um que leia a narrativa de Plínio com um ouvido entreaberto aos ecos de Josefo pode escutar pelo menos uma leve ressonância:

> Reuniam-se [...] para se comprometer, por juramento [...] para se abster de roubo, furto e adultério. [...] Não encontrei nada além de um tipo degenerado e extravagante de seita religiosa.
>
> Tal escola concorda, em todos os outros aspectos, com as opiniões dos fariseus, exceto pelo fato de que eles têm uma paixão pela liberdade que é quase invencível, pois estão convencidos de que somente Deus é seu líder e mestre.[31]

Busca devota por santidade pessoal e recusa extravagante de reconhecimento de qualquer outro mestre: essas eram as marcas do movimento judaico de resistência. É claro que havia algumas diferenças vitais. Contudo, do ponto de vista romano, seriam as semelhanças entre o judaísmo e o cristianismo que se destacariam. Na Bitínia de 110 d.C. e na Esmirna de 155 d.C., os cristãos compartilhavam algumas características visíveis com os judeus da era pré-70. Em particular, sua visão de mundo parece suspeita, como se incluísse um apelo, ao estilo judaico, à realeza de deus.

O terceiro ponto fixo, embora nem sempre considerado como tal, é Inácio de Antioquia. Em termos históricos, é certo que Inácio viajou de Antioquia para Roma para enfrentar o martírio nos últimos anos do reinado de Trajano, e que as sete cartas agora normalmente atribuídas a ele foram escritas durante essa viagem.[32] Inácio oferece uma riqueza de material sobre o cristianismo de sua época, o qual examinaremos em mais detalhes em outro momento. Para os devidos fins, o que importa é o acontecimento e (como o próprio Inácio percebeu) seu significado: o bispo da maior cidade romana da Síria, indo para Roma para ser dilacerado por animais selvagens. Inácio exorta a igreja de Roma a não pleitear em seu favor, pois, se seu martírio for concretizado, terá grande poder como anúncio do evangelho:

> Jamais terei igual oportunidade de servir a Deus, nem vós, se não vos calardes [ou seja, fiquem em silêncio e não falem em meu favor]; jamais haveis de atrelar vosso nome a obra melhor. Pois, por vosso silêncio a meu respeito, serei eu uma palavra [ou, talvez, a palavra] de Deus; mas se amardes a minha

---

[31]Plínio, *loc. cit.*; Jos. *Ant.* 18.23.

[32]As cartas podem ser encontradas na edição LCL dos Pais da Igreja, ed. Lake (1965), e na coleção Penguin Classics, edn., ed. Louth (1968). Veja discussões em Bammel, "Ignatian Problems", 1982; Koester, *Introduction to the New Testament*, 1982b, p. 279-87; Tugwell, *The Apostolic Fathers*, 1989, cap. 6; Hall, *Doctrine and Practice in the Early Church*, 1991, p. 33-s.

O NOVO TESTAMENTO E O POVO DE DEUS

carne [isto é, se vocês agirem para impedir meu martírio], não passarei a ser, outra vez, senão uma voz. Nada mais desejo senão ser derramado como libação a Deus. O altar está pronto, de modo que cantareis, formando um coral de amor, louvores ao Pai, em Cristo Jesus. Louvá-lo-eis por isto: que foi do agrado de Deus conceder ao bispo da Síria, no Oriente, que se encontrasse no Ocidente. Vim do nascente do mundo em direção ao seu poente, a Deus, a fim de elevar-me junto a ele.[33]

Além das preocupações com o próprio martírio, Inácio estava ansioso principalmente em relação à unidade de cada igreja local, que, segundo ele acreditava, seria alcançada pela união de cada congregação em torno do seu bispo. Está claro que ele via a igreja, incluindo a que ele deixara em Antioquia, sofrendo um potencial ou factual cisma, em parte causado por aqueles que confundiam o cristianismo com o judaísmo, em parte por aqueles que pregavam o docetismo, ideia de que Jesus não era, de fato, humano.[34] Essa batalha em duas frentes identifica-o, com precisão e credibilidade, como um teólogo profundamente ciente de que o cristianismo nasce do judaísmo e, assim, não pode tornar-se uma vertente do paganismo; mas também que o cristianismo, nascendo da morte do Messias judeu, não pode colapsar outra vez em uma variante do judaísmo. É motivo de disputa até que ponto Inácio representa um cristianismo inteiramente helenizado. Alguns sugerem, por exemplo, que podem ser encontrados em suas cartas vestígios de ideias gnósticas, embora seja muito mais provável que ele esteja, na verdade, combatendo o gnosticismo.[35]

Outro ponto fixo, remontando a Policarpo, Plínio e Inácio, é o incidente recontado por Hegésipo (século d.C.), historiador da igreja, preservado na *História* de Eusébio.[36] O incidente ocorreu sob o governo do imperador Domiciano, sucessor de Tito, cujo reinado foi de 81 a 96 d.C. Certos homens foram apresentados a Domiciano, sob a acusação de serem parentes consanguíneos do próprio Jesus, ascendendo de Judas, "irmão [de Jesus] segundo a carne". Estavam claramente sob a suspeita de serem membros de uma família real, uma dinastia potencialmente subversiva. Quando, no entanto, demonstraram ser apenas trabalhadores pobres, Domiciano questionou-os "sobre o Messias e seu reino, sua natureza, origem e tempo de aparecimento". Não se tratou, podemos ter certeza, de um debate teológico abstrato. Como Herodes, em

---

[33]*Iná. Rom.* 2. Veja essa discussão em Tugwell, 1989, p. 121,128.

[34]*Iná. Filad.* 6.1; *Esmi.* 1–4; *Trál.* 9-10.

[35]Veja discussão sobre a defesa de Inácio quanto ao silêncio dos bispos (*Iná. Ef.* 6.1) em Tugwell, *The Apostolic Fathers*, 1989, p. 118-s.

[36]Euséb., *HE* 3.19-20. Veja discussão completa, com referências a outros textos relevantes, em Bauckham, *Jude and the Relatives of Jesus in the Early Church*, 1990, p. 94-106.

A BUSCA PELA IGREJA QUERIGMÁTICA

Mateus 2:1-18 (Hegésipo traça esse paralelo), Domiciano claramente se preocupava com potenciais ameaças à sua própria posição. A resposta, porém, era clara: os homens haviam explicado que esse reino não era "nem do mundo nem terreno, mas celestial e angelical, cuja aparição se daria no fim dos tempos", quando, então, Cristo voltará como juiz.[37] Assim, Domiciano cessou sua perseguição à igreja, embora os homens em questão fossem tidos em grande estima pela comunidade cristã.

Tal história, por mais que possa conter características lendárias,[38] encaixa-se bem na imagem da igreja apostólica que estamos desenvolvendo. Um movimento com todas as conotações do messianismo judaico de um lado, mas sem as conotações nacionalistas e militares do outro; um movimento que remonta a Jesus como Messias em um sentido que poderia ser facilmente mal interpretado em termos de dinastia humana; um movimento que desrespeitava a reivindicação do imperador romano como o definitivo objeto de lealdade. A despeito de como traçamos as principais linhas do desenvolvimento cristão pós-apostólico, essas ideias devem ser incluídas de forma central. As quatro evidências que examinamos até agora (Policarpo, Plínio, Inácio e Hegésipo) são notavelmente coerentes. Mesmo muito tempo depois da destruição de Jerusalém, o cristianismo parece haver conservado, pelo menos em algumas manifestações, uma forma reconhecidamente judaica, com redefinições que o empurraram, não na direção do paganismo ou do sincretismo, mas em uma direção completamente nova. Não descobriremos uma hipótese satisfatória até que tenhamos encontrado uma explicação para esse fenômeno fundamental.

Prosseguindo em nossa retroação e ignorando as evidências que podem, nesse estágio, levar a uma discussão sem-fim, observamos a queda de Jerusalém (70 d.C.) como um evento importante não apenas para o judaísmo, mas também para o cristianismo apostólico. Exploraremos esse elemento mais tarde. Por enquanto, fica claro, a partir de muitas passagens bíblicas, principalmente nos evangelhos sinóticos e em Atos, que os primeiros cristãos *tanto* nutriam um forte sentimento contra o Templo de Jerusalém (Marcos 13; Atos 7) *como* continuavam a adorar no Templo (Lucas 24; Atos 1,3). Isso significa que os primeiros cristãos estavam fadados a ver sua destruição como simultaneamente uma reivindicação à sua crítica e uma grande tragédia sociopolítica. A reivindicação é expressa de forma clara na *Carta de Barnabé* (16:1-5); o senso de tragédia é evidente a partir do relato, em Eusébio, da fuga dos cristãos de

---

[37]O grego para "no fim dos tempos" é *epi sunteleia tou aionos*, refletindo claramente Mateus 28:20. Sobre a distinção entre o reino antecipado pelos cristãos e os reinos mundanos comuns, veja João 18:36; Justino *1Apol.* 11. A distinção não me parece implicar que o reino de Cristo seja em si não físico, mas apenas que não é um competidor direto dos atuais reinos deste mundo.

[38]Veja Bauckham, *Jude and the Relatives of Jesus in the Early Church*, 1990, p. 99-106.

O NOVO TESTAMENTO E O POVO DE DEUS

Jerusalém em direção à cidade de Pela,[39] do outro lado do Jordão, em obediência (segundo ele) a uma palavra profética.[40]

Em seguida, encontramos a famosa — ou melhor, a infame — passagem de Tácito, na qual Nero tenta transferir para os cristãos em Roma a culpa pelo grande incêndio de 64 d.C.:

> Para suprimir o boato [de incêndio criminoso], Nero fabricou bodes expiatórios — e puniu, com todos os refinamentos, os notoriamente depravados cristãos (conforme eram popularmente chamados). Seu originador, Cristo, foi executado no reinado de Tibério pelo governador da Judeia, Pôncio Pilatos. Contudo, apesar desse revés temporário, a superstição mortal irrompeu de novo, não apenas na Judeia (onde o mal se havia iniciado), mas até mesmo em Roma. Todas as práticas degradantes e vergonhosas se acumulam e florescem na capital.
>
> Primeiro, Nero mandou prender os cristãos que se autodenominavam como tal. Então, de acordo com suas informações, mais um grande número de cristãos foi condenado — não tanto por provocar o incêndio, mas por suas tendências antissociais [*odio humani generis*, por causa de seu ódio à raça humana]. Suas mortes foram uma farsa. Vestidos com peles de animais selvagens, foram dilacerados por cães, crucificados ou transformados em tochas a serem acesas após o anoitecer como substitutos da luz do dia [...]. Apesar de sua culpa como cristãos e da punição implacável que mereciam, as vítimas eram dignas de pena. Pois era evidente que estavam sendo sacrificadas pela brutalidade de homem, e não pelo interesse nacional.[41]

Trata-se de uma passagem extremamente interessante, não apenas pelo que Tácito nos diz. A partir dela, fica claro *tanto* que ele (e provavelmente outros) nutria desdém pelos cristãos (talvez a acusação de canibalismo ou de vício clandestino já tivesse sido feita contra eles por causa de suas reuniões secretas) *como* que nenhuma perseguição sistemática contra os cristãos fora contemplada

---

[39] Atual Tabaqat Fahl, Jordânia.

[40] A data da *Carta de Barnabé* não pode ser estabelecida com maior precisão além do fato de ter sido escrita após 70 d.C. (por se referir à queda de Jerusalém) e consideravelmente antes de 200 d.C. (porque Clemente de Alexandria, escrevendo nessa época, considerava-a como obra autêntica de Barnabé, companheiro de Paulo). Para a fuga para a cidade de Pela, veja Euséb., *HE* 3.5.3. A menção específica a um lugar mostra que isso não pode ser simplesmente uma "dedução" de (por exemplo) Marcos 13:14-20; e, de qualquer maneira, fugir de Jerusalém através do Jordão dificilmente é o mesmo que "fugir para as montanhas". Evidentemente, essa não derivação de Marcos não prova a historicidade do relato, porém ao menos demonstra uma percepção cristã posterior de que os acontecimentos de 66–70 d.C. deixaram sua marca na comunidade cristã, não somente na comunidade judaica, da Judeia. Veja ainda Moule, *The Birth of the New Testament*, 1982 [1962], p. 172-6.

[41] Tácito. *Anais*. 15.44. Essa me parece ser a base para a observação de Suetônio em *Nero* 16.2.

A BUSCA PELA IGREJA QUERIGMÁTICA |

até então.[42] Os cristãos podem ter sido considerados antissociais: a recusa em participar de atividades culturais regulares e a dedicação de lealdade pessoal ao movimento e ao seu líder, não aos antigos laços de parentesco e amizade, teriam sido o bastante para lhes ganhar essa reputação. No entanto, o ataque de Nero a eles não foi, de acordo com Tácito, parte de uma campanha sustentada ou orquestrada. Aqui, vemos as raízes da atitude do segundo século d.C., mas ainda não seu fruto.

Isso nos leva de volta à primeira das fontes judaicas antigas que nos oferece um ponto fixo do cristianismo primitivo. Em 62 d.C., o procurador Félix morreu enquanto exercia o cargo, e Nero nomeou Lúcio Albino para sucedê-lo. Nesse interregno, o recém-nomeado sumo sacerdote Ananias aproveitou a oportunidade para acabar com um dos primeiros líderes cristãos. Josefo conta a história da seguinte forma:

> Ananias pensou ter uma oportunidade favorável, já que Festo estava morto e Albino ainda estava a caminho. Então, convocando os juízes do Sinédrio, apresentou-lhes um homem chamado Tiago, irmão de Jesus, chamado Cristo, e alguns outros. Ananias os acusou de transgredir a lei e os entregou para serem apedrejados. Entre os habitantes da cidade, os mais justos e estritos no cumprimento da lei sentiram-se ofendidos com a sentença. Eles, portanto, enviaram secretamente mensageiros ao rei Agripa, instando-o a desistir de qualquer ação futura, já que Ananias nem mesmo agira corretamente em seu primeiro passo [ou seja, na convocação do Sinédrio]. Alguns deles foram até mesmo ao encontro de Albino, que estava a caminho de Alexandria, e lhe disseram que Ananias não tinha autoridade para convocar o Sinédrio sem o seu consentimento. Convencido por essas palavras, Albino escreveu furiosamente a Ananias, ameaçando vingar-se dele. Por causa das ações de Ananias, o rei Agripa o depôs do sumo sacerdócio, cargo que ocupou por três meses, substituindo-o por Jesus, filho de Damneus.[43]

A história é citada por Eusébio, segundo o relato mais longo de Hegésipo, que, embora confuso, claramente se refere ao mesmo incidente.[44] Entre os muitos

---

[42]Veja Moule, *The Birth of the New Testament*, 1982 [1962], p. 153-s.

[43]*Ant.* 20.200-3. A esse respeito, veja Schürer, *The History of the Jewish People in the Age of Jesus Christ (175 B.C.—A.D. 135)*, 1.430-2.

[44]Eusébio. *HE* 2.23.1-25 (veja *HE* 3.5.2, e Orígenes *Contra Celso* 1.47; *Comm. Mateus* 10:17); a passagem de Hegésipo se encontra em *HE* 2.23.4-18 e inclui a conhecida descrição da profunda piedade de Tiago, com seus joelhos calejados como os de um camelo por suas constantes orações por seu povo. Hegésipo, seguido por Eusébio, faz desse incidente a razão, sob a providência divina, para o início das hostilidades de Vespasiano contra Jerusalém; Eusébio cita uma passagem de Josefo, agora não existente em nenhuma de suas obras, de algo semelhante.

O NOVO TESTAMENTO E O POVO DE DEUS

aspectos fascinantes da passagem de Josefo, está a clara implicação de que os fariseus ficaram furiosos com uma flagrante ação dos saduceus contra alguém tão devoto quanto Tiago, "o Justo" ("o *tzaddik*"). Igualmente importante, no entanto, é a clara implicação de que Josefo conhece Jesus e que ele é referido como "o Cristo"; se Tácito e Suetônio conheciam esse título, há todos os motivos para supor que Josefo também o conhecia. A passagem não mostra sinais de ser uma interpolação cristã, como muitas vezes se sugere em relação ao trecho mais famoso que descreve Jesus.[45] Trata-se de uma clara evidência de uma comunidade cristã conhecida, com um líder ainda mais conhecido, ainda em Jerusalém com a aproximação da guerra; e de hostilidade a essa comunidade e a seu líder por parte de alguns judeus, mas não de todos. Ao que tudo indica, a fervorosa devoção judaica de Tiago permitiu-lhe evitar o tipo de perseguição judaica que Paulo enfrentou.

Ainda trabalhando de trás para frente, devemos, neste ponto, incluir algo a respeito de Paulo. Embora algumas tentativas de datar os detalhes de sua carreira sejam notoriamente complexas, há algum consenso de que o apóstolo estava ativo, pelo menos em Éfeso e Corinto, na primeira metade da década de 50 d.C. Costuma-se admitir que ele chegou a Corinto pela primeira vez em 49 d.C., cerca de dezoito meses antes da chegada de Gálio como procônsul da Acaia, acontecimento geralmente datado (devido a uma famosa inscrição) em 51 d.C.[46] Paulo compareceu diante de Gálio, que o absolveu das acusações trazidas pela comunidade judaica local.[47] Há muito mais a ser dito do que

---

[45] *Ant.* 18.63-4. Suspeito que é exagerada a acusação de que a frase não fazia parte do original escrito por Josefo. Em particular, o trecho crucial, *houtos en ho Christos*, traduzido normalmente como "ele era o Cristo" — considerado, portanto, uma evidência clara de interpolação cristã — deve ser traduzido de outra forma. O artigo definido (*ho*) indica o sujeito, não o complemento: "O Cristo [acerca de quem o leitor de Josefo, presume ele, já ouvira falar] era esse homem". Veja ainda Schürer, *The History of the Jewish People in the Age of Jesus Christ (175 B.C.—A.D. 135)*, 1.428-41. (A esse respeito, o professor Moule levanta a seguinte indagação: a regra de sujeito e complemento continua válida se o substantivo em questão é um título ou nome próprio? Suspeito que sim. Veja João 20:31, com Carson, "The Purpose of the Fourth Gospel: John 20:31 Reconsidered", 1987).
[46] Veja Barrett, *The New Testament Background: Selected Documents*, 1987 [1956], p. 51-s.; para uma voz dissidente, veja Slingerland, "Acts 18:1-18, the Gallio Inscription, and Absolute Pauline Chronology", 1991. A data da expulsão dos judeus de Roma por Cláudio concorda com o testemunho do historiador do 5º século d.C. Orósio (*Hist.* 7.6.15-s.) contra Dio Cás. 60.6.6-s. (os incidentes podem ser diferentes: Dio declara explicitamente que Cláudio não expulsou os judeus, mas meramente baniu as reuniões públicas; para Dio, foi Tibério quem expulsou os judeus. Veja 57.18.5a). Veja Hengel, *Between Jesus and Paul: Studies in the Earliest History of Christianity*, 1983, p. 49, 167; Hemer, *The Book of Acts in the Setting of Hellenistic History*, 1989, p. 167-s.
[47] Atos 18:12-17. Sobre a estada de Paulo em Éfeso, deparando com um tumulto (que Lucas dificilmente teria inventado) por minar o paganismo local, veja Atos 19:23-40.

A BUSCA PELA IGREJA QUERIGMÁTICA

isso, mas Paulo fornece, nesse estágio, outro ponto fixo que deve ser levado muito a sério.[48]

Chegamos, finalmente, à evidência de Suetônio, nascido por volta de 69 d.C. e escrevendo na época de Adriano (117—138 d.C.). A despeito de seu linguajar atrevido e de sua pouca confiabilidade, os trechos a seguir são normalmente considerados como referindo-se a acontecimentos reais. Em sua *Vida de Cláudio* (25.4), Suetônio descreve as políticas de Cláudio em relação a nacionais estrangeiros em Roma. No que diz respeito aos judeus, eis o que ele tem a dizer:

> Por causa dos contínuos distúrbios causados pelos judeus por instigação de Cresto [*impulsore Chresto*], ele os expulsou da cidade.

Com frequência, já se demonstrou que a diferença na pronúncia entre "Cresto" e "Cristo" seria mínima na época, e não há boas razões para duvidarmos que o que temos aqui é um relato distorcido dos distúrbios em meio à comunidade judaica de Roma, provocados pela presença, nessa comunidade,[49] de alguns que reinvidicavam ser Jesus de Nazaré o Messias. A expulsão de Roma também é mencionada no Novo Testamento, em Atos 18:2.[50] A referência em Atos sugere (embora isso seja controverso) que o episódio ocorreu por volta de 49 d.C., já que alguns dos judeus expulsos chegaram a Corinto a tempo de encontrar Paulo quando ele, por volta dessa mesma época, chegou à cidade.

Agora temos, então, uma série de pontos históricos fixos, em grande parte devido a relatos não cristãos, todos envolvendo ações não cristãs:

30	Crucificação de Jesus
49	Expulsão dos judeus de Roma, ordenada por Cláudio, por causa de distúrbios envolvendo cristãos
49—51	Paulo em Corinto; pouco tempo depois, em Éfeso
62	Assassinato de Tiago em Jerusalém
64	Perseguição de Nero após o incêndio em Roma
70	Queda de Jerusalém
c. 90	Domiciano investiga os parentes de Jesus

---

[48]Veja Hengel, *Between Jesus and Paul: Studies in the Earliest History of Christianity*, 1983, p. 49 ("Neste ponto ainda estamos pisando em terreno firme"). Para várias posições na cronologia paulina, consulte Jewett, *Dating Paul's Life*, 1979; Lüdemann, *Paulus, der Heidenapostel*, 1980; Hemer, *The Book of Acts in the Setting of Hellenistic History*, 1989, caps. 6–7.

[49]A semelhança leva Justino (*1Apol.* 4) a fazer um trocadilho entre "cristão" e "chrestian" (= "excelente").

[50]É possivelmente aludida em, ou pelo menos pressuposta, também na carta aos Romanos. Veja diversos artigos relacionados ao assunto em Donfried, 1991, *The Romans Debate*; e Wright, *The Crown and the Fire*, 1992a.

O NOVO TESTAMENTO E O POVO DE DEUS

> *c.* 110—114 Perseguições de Plínio na Bitínia
> *c.* 110—117 Cartas e martírio de Inácio
> 155/156   Martírio de Policarpo

Esses acontecimentos formam uma cadeia de episódios que se estendem ao longo de um século — um período em que, vez após vez, as autoridades romanas consideram os cristãos (assim como os judeus) uma ameaça ou um estorvo social e político, agindo, então, contra eles. Já os cristãos não parecem se haver escondido por trás da defesa de que não passavam de um clube privado, em busca de avanço da piedade pessoal. Antes, continuaram a proclamar sua lealdade a Cristo, um "rei" que, em certo sentido, impedia que se dispensasse lealdade a César, ainda que seu reino não fosse concebido nos moldes do imperador romano. Essa crença estranha, tão judaica e, ao mesmo tempo, não judaica (uma vez que os cristãos não defendiam uma cidade, não aderiam a um código mosaico, nem circuncidavam crianças do sexo masculino), foi, conforme veremos, uma característica central do movimento como um todo e, nesse sentido, uma chave vital de sua natureza.

Presume-se, com frequência, que deveria haver outro ponto fixo nessa lista, a saber, uma grave perseguição contra os cristãos por parte de Domiciano. Geralmente, tal perseguição é citada como o contexto natural da literatura cristã apostólica, a qual parece refletir um período de perseguição (1Pedro, por exemplo). Na verdade, há pouquíssima evidência para tal coisa. As descrições de Suetônio da crueldade exercida por Domiciano são suficientemente claras, mas essa crueldade foi dirigida contra todos os tipos de pessoas, e não apenas contra os cristãos. O relato de Eusébio acerca da perseguição sob Domiciano é generalizado (exceto pela história de João, em Patmos).[51] Sua descrição da investigação feita por Domiciano sobre a suposta "família real" cristã não sugere uma repressão generalizada ou feroz contra o movimento; e, de qualquer maneira, se isso tivesse ocorrido, Plínio não precisaria perguntar a Trajano o que fazer com essa estranha seita.[52] Embora possa muito bem ser o caso de que

---

[51]Euséb. *HE* 3.17-18.

[52]A descrição de Dio (67.13-s.) sobre a execução dos cônsules Glabrião e Flávio Clemente, bem como o banimento de Flávia Domitila, são vistos por Eusébio como "testemunho a Cristo" (*HE* 3.18), presumidamente com base na acusação de "ateísmo" relatada por Dio, o que pode significar práticas ou crenças judaicas ou cristãs. O relato em Suetônio (*Domiciano* 15) não menciona tal acusação, e Graves *ad loc.* (na tradução da Penguin Classics) sugere que eles não eram convertidos ao cristianismo, mas ao judaísmo. De qualquer maneira, Domiciano, como outros imperadores, executou e baniu pessoas por diversas razões, sem dúvida às vezes com acusações vagas e forjadas. Mesmo que os três (Glabrião, Flávio Clemente e Flávia Domitila) fossem cristãos, isso não sugere uma grande perseguição, mas o contrário: são mencionados casos especiais. Sobre o assunto, consulte, com bibliografia adicional, Robinson, *Redating the New Testament*, 1976, p. 231-3.

A BUSCA PELA IGREJA QUERIGMÁTICA

os cristãos tenham morrido por sua fé sob o domínio de Domiciano, temos pouca evidência para afirmar isso, e uma base não muito segura sobre a qual construir esse argumento.

Passando do âmbito histórico para o geográfico, já dissemos o suficiente para demonstrar que tipo de expansão geográfica ocorreu no primeiro século da atividade cristã. Jerusalém e arredores da Judeia; Samaria; Antioquia, Damasco e arredores da Síria; Ásia Menor (Esmirna e Bitínia); cidades da Grécia; Roma; tudo isso está claramente indicado nos textos que examinamos, bem como no Novo Testamento, como os principais centros do cristianismo. Isso é incontroverso. Além dessas informações, porém, é muito difícil prosseguir com alguma certeza. As cartas de Paulo nos dão uma impressão muito clara das igrejas da Ásia Menor e da Grécia na década de 50 d.C.; as cartas de Inácio, das mesmas igrejas nos primeiros anos do segundo século d.C. Obtemos mais conhecimento acerca de Roma dos escritos do segundo século d.C. a partir de Justino e outros; de Jerusalém, encontramos sugestões inconfundíveis nas páginas de Atos e na referência de Josefo ao martírio de Tiago, o Justo. Parece que, ao menos para alguns dos primeiros cristãos, Jerusalém ocupava um lugar de elevada honra teológica, ainda que, após a queda da cidade, não encontramos cristãos lamentando sua perda da mesma forma que seus contemporâneos judeus.[53] Sobre a Síria (exceto Antioquia) e o Egito, é impossível fazermos alegações acuradas; mas algo deve ser dito, em vista da evidente presença e do evidente poder do cristianismo em ambas as regiões no final do segundo século d.C. Honestamente, não é possível sustentarmos as afirmações abrangentes de Koester, de que a Síria foi "o país de origem do gnosticismo cristão" ou de que muitos dos escritos gnósticos encontrados em Nag Hammadi, no Egito, são de origem muito antiga.[54] Documentos nos quais essas reivindicações se baseiam simplesmente não admitem tamanha precisão geográfica ou cronológica, e devem juntar-se a outros escritos anteriores na fila de candidatos à espera por admissão no quadro histórico mais solidamente estabelecido. Evidentemente, a Síria e o Egito se encontram entre os primeiros centros importantes do cristianismo, mas é extremamente difícil falar sobre eles, mais do que sobre a maioria dos outros lugares, exatamente como era o seu tipo de cristianismo. Da própria Antioquia, talvez, muito tenha sido feito acerca de sua possível ligação com o evangelho de Mateus. É perfeitamente possível que Mateus tenha sido escrito lá, mas isso ainda é especulação. Considerar o vínculo suficientemente definido, permitindo-nos reconstruir a natureza do cristianismo antioqueno lendo

---

[53]Sobre a importância simbólica de Jerusalém para a igreja apostólica, veja Meyer, *The Early Christians*, 1986, cap. 4.
[54]Koester, *Introduction to the New Testament*, 1982b, p. 207-33.

473

O NOVO TESTAMENTO E O POVO DE DEUS

nas entrelinhas o evangelho de Mateus, é um excelente exemplo de erudição que ultrapassa os limites impostos pela evidência.[55]

PREENCHENDO AS LACUNAS:
LITERATURA À PROCURA DE UM CONTEXTO

É de vital importância estarmos certos acerca da tarefa que agora se põe diante do historiador do cristianismo apostólico. Sobre os pontos fixos listados, não há dúvida, exceto por datas que, usadas como referência, podem ser ligeiramente empurradas para um lado ou para o outro. Sobre quase tudo mais, há margem para muitas dúvidas. Qualquer um que imagine, por exemplo, que algum dos evangelhos ou, então, alguma das chamadas cartas "católicas", pode simplesmente posicionar-se em algum canto vazio do quebra-cabeças, sem maiores delongas, está se iludindo.[56]

Em termos de literatura, não deve haver dúvida de que os dois grandes escritores de cartas da época, Paulo e Inácio, são os mais fáceis de se encaixar na sequência que temos até agora. Atualmente, nenhum estudioso sério duvida da autenticidade substancial de pelo menos seis ou sete das cartas paulinas e das sete cartas de Inácio. Praticamente todos vão datar as cartas do apóstolo entre o final dos anos 40 e dos anos 50 d.C.; e de Inácio, em algum momento no fim do reinado de Trajano, morto em 117 d.C. O conteúdo dessas cartas, portanto, forma uma camada inicial de pontos de referência históricos a serem adicionados aos pontos fixos já definidos. Entretanto, essa conclusão, embora totalmente justificada, pode levar-nos a um falso otimismo. Paulo e Inácio não devem ser necessariamente imaginados como representantes de uma "corrente principal" do cristianismo apostólico, seja qual for. Ambos estavam cientes de lutar contra a oposição de dentro da igreja, bem como contra a perseguição de fora.

---

[55]Perigo não totalmente evitado por Brown e Meier, *Antioch and Rome*, 1983; veja Balch, *Social History of the Matthean Community*, 1991. Compare com Malherbe, *Social Aspects of Early Christianity*, 1983 [1977], p. 13: é possível "que alguns documentos tenham sido resgatados da obscuridade, não por representarem os pontos de vista das comunidades, porém precisamente por desafiá-los". Sobre o contexto social mais amplo do cristianismo primitivo, veja o breve e útil trabalho de Stambaugh e Balch, *The Social World of the First Christians*, 1986.

[56]Um exemplo particularmente notável disso é o apoio de Koester, *Introduction to the New Testament*, 1982b, p. 297-308, à ideia de que as cartas pastorais foram escritas por Policarpo, em meados do segundo século. O fato de sabermos sobre Policarpo não significa que ele fosse o melhor líder da igreja naquela época, nem que fosse, portanto, o provável autor das cartas. Tampouco as cartas pressupõem um longo período de paz. Da mesma forma, o fato de sabermos muito pouco sobre a igreja nos anos de 120 a 160 significa que ela desfrutou de tal paz (todos os argumentos contra Koester, *Introduction to the New Testament*, p. 305). Colocar Plínio junta-mente com Policarpo sugere que uma política de repressão e perseguição começou a se estabelecer no início do século e continuou pelo menos esporadicamente.

474

A BUSCA PELA IGREJA QUERIGMÁTICA

Dois outros escritores podem ser posicionados com segurança em meados do segundo século d.C., possivelmente antes. Aristides, cuja *Apologia* era conhecida até o século 19 apenas por meio de referências em outros escritores, pode tê-la dedicado ao imperador Antônio Pio (138—161), embora Eusébio alegue que ela foi direcionada a Adriano e, assim, o que é mais provável, escrita na década de 120 ou 130 d.C.[57] Justino Mártir, grego nascido em Samaria, o qual estudou filosofia e passou a ver o cristianismo como seu cumprimento, escreveu duas *Apologias* para explicar isso a seus contemporâneos pagãos e seu *Diálogo com Trifo* para demonstrar sua afirmação de ser o cumprimento também do judaísmo.[58] Ambos podem ser usados com cautela como evidência de algumas formas de cristianismo, não apenas em sua época, mas também em décadas anteriores.

Ainda não avançamos muito, porém, no que diz respeito a outros escritos cristãos apostólicos e a grupos e movimentos dos quais, direta ou indiretamente, eles dão testemunho. Em algum lugar, devemos encaixar os evangelhos (canônicos e não canônicos); o *Didaquê*; as demais cartas do Novo Testamento e os pais da igreja; o Apocalipse canônico e diversas outras literaturas apocalípticas não canônicas, incluindo o *Pastor de Hermas*. Em algum lugar, devemos encaixar elementos e ênfases claramente judaicos do cristianismo primitivo; elementos e ênfases notadamente gentios; o uso contínuo da linguagem apocalíptica; os primórdios do gnosticismo e sua interligação com o cristianismo; o fato de ter havido perseguição, tanto por judeus como por pagãos; a ascensão, a propagação e o apelo contínuo da missão da igreja; a reutilização, às vezes com acréscimos, de tradições e livros judaicos. Em algum lugar no meio de tudo isso, como uma questão de primordial importância, devemos localizar o hábito cristão primitivo aparentemente inextirpável, muito mais difundido que a escrita dos evangelhos, de contar histórias sobre Jesus.

Essas tarefas complexas são geralmente abordadas, de pronto, em obras de "Introdução ao Novo Testamento" e trabalhos semelhantes. Tomamos uma escrita particular e vemos o que pode ser dito a seu respeito. A resposta, se procurarmos por uma história sólida, geralmente é: "Não muito". Se tentarmos, sem mais delongas, integrar os pontos históricos fixos, a extensão geográfica da igreja primitiva e os escritos que sabemos terem se originado no primeiro século cristão, perceberemos que estamos andando em círculos improdutivos de hipóteses imaginativas. Sugiro que procedamos por um caminho diferente,

---

[57]Euséb. *HE* 4.3.3, relacionando o escrito a uma obra, ainda não descoberta, de Quadrato de Atenas. A Apologia de Aristides pode ser encontrada em ANF 9.261-79.

[58]Sobre Justino, veja von Campenhausen, *The Fathers of the Greek Church*, 1963 [1955], cap. 1; Chadwick, *Early Christian Thought and the Classical Tradition: Studies in Justin, Clement, and Origen*, 1966, cap. 1; Hall, *Doctrine and Practice in the Early Church*, 1991, cap. 5.

O NOVO TESTAMENTO E O POVO DE DEUS

semelhante ao que seguimos ao examinar o judaísmo: devemos olhar primeiro para os elementos da cosmovisão cristã primitiva. Mesmo a partir das poucas evidências de que dispomos, tais elementos podem ser vistos com razoável clareza. No capítulo seguinte, examinaremos a práxis e os símbolos, as perguntas e as respostas, que marcaram o cristianismo apostólico e pós-apostólico. Em seguida, examinaremos, de forma um tanto detalhada, histórias narradas e escritas pelos primeiros cristãos. A partir disso, seremos capazes de formar uma impressão clara de todo o movimento e extrair algumas conclusões preliminares. Não conseguiremos preencher todas as lacunas. Mas teremos um quadro claro no qual definir os dois principais personagens que dominam o horizonte: Jesus e Paulo.

PRÁXIS, SÍMBOLO E PERGUNTAS: POR DENTRO DAS COSMOVISÕES DO CRISTIANISMO APOSTÓLICO

CAPÍTULO 12

INTRODUÇÃO

Se esperamos entender o que os primeiros cristãos estavam fazendo, e o porquê, devemos começar pela tarefa de reunir os elementos de sua cosmovisão e traçar variações significativas dentro dela. As histórias que eles contavam demandam um tratamento separado; nesta parte, vamos nos concentrar em sua práxis e em seus símbolos. Assim como no caso do judaísmo do primeiro século, não podemos supor que todos os primeiros cristãos (ou mesmo a maioria deles) soubessem ou tenham ouvido falar, dos escritos que hoje retiramos casualmente de uma prateleira e tratamos como "típicos" do cristianismo dos primeiro e segundo séculos. (Também no caso de "judaísmos", não podemos supor que não haja diversidade no cristianismo; abordaremos esse ponto no devido tempo.) Práxis e símbolo nos posicionam em um terreno mais seguro. Mesmo os que escreviam ou liam pouco assumiam certos estilos de comportamento e se mantinham fiéis a alguns símbolos centrais. Podemos estudá-los e, a partir deles, chegar a algumas conclusões. Sob essa ótica, podemos reler algumas das histórias que contaram, esperando redescobrir as maneiras pelas quais essas histórias reforçaram sua visão de mundo e tentaram subverter a de judeus, pagãos e (às vezes) outros tipos de cristãos.

PRÁXIS

A coisa mais impressionante sobre o cristianismo primitivo é a rapidez de seu crescimento. Em 25 d.C., o cristianismo ainda não existe: apenas João Batista, um jovem eremita no deserto da Judeia, e Jesus, seu primo um pouco mais jovem, sonham e têm visões. Ao final de 125 d.C., o imperador

O NOVO TESTAMENTO E O POVO DE DEUS

romano estabelece uma política oficial em relação à punição dos cristãos; Policarpo já era cristão em Esmirna, havia meio século; Aristides (se aceitarmos uma data anterior) confronta o imperador Adriano com a notícia de que existem quatro raças no mundo: bárbaros, gregos, judeus e cristãos; e um jovem pagão chamado Justino inicia a busca filosófica que o levará através do maior dos pensadores pagãos e o conduzirá, ainda insatisfeito, a Cristo.[1]

O cristianismo não se espalhou por mágica. Algumas vezes, sugere-se que o mundo estava, por assim dizer, pronto para o cristianismo: o estoicismo era muito elitista e indiferente; o paganismo popular, metafisicamente incrível e moralmente falido; religiões de mistério eram sombrias e proibitivas; o judaísmo, preso à lei e introvertido. É como se o cristianismo entrasse em cena como a grande resposta às perguntas que todos andavam fazendo.[2]

Há certa verdade nessa perspectiva, mas dificilmente ela faz jus à realidade histórica. O cristianismo convocou pagãos orgulhosos para enfrentarem a tortura e a morte em lealdade a um aldeão judeu que havia sido executado por Roma. O cristianismo defendia um amor que ultrapassava as fronteiras sociais. Proibia severamente a imoralidade sexual, a exposição de crianças e muitas outras coisas que o mundo pagão praticava sem problema algum. Escolher tornar-se cristão não era algo fácil ou natural para um pagão mediano. Um judeu que se convertia podia muito bem ser considerado um traidor nacional. Mesmo os escravos, que deveriam ter menos a perder do que outros e, portanto, apreciar sua ascenção social por meio da conversão, podiam enfrentar um custo: segundo vimos, Plínio considerava normal interrogar, com a prática de tortura, escravas que faziam parte do movimento cristão. Não temos razão para supor que o interrogatório sob tortura fosse mais fácil para uma jovem no segundo século d.C. do que no século 21.

Qual a razão, então, por trás do crescimento do cristianismo primitivo? A razão é esta: os primeiros cristãos acreditavam que a verdade que haviam descoberto se aplicava ao mundo inteiro. O ímpeto para a missão surgiu do próprio cerne da convicção cristã primitiva. Se sabemos alguma coisa sobre a práxis cristã em seu estágio inicial, em um nível não literário ou subliterário, é que os primeiros cristãos se comprometeram tanto com judeus como com gentios: "A irresistível expansão da fé cristã no mundo mediterrâneo, durante os primeiros 150 anos, é o fio escarlate que atravessa qualquer história do

---

[1]Veja Aristides, *Apol.* 2 (na recensão siríaca; o grego assimilou suas "quatro raças" às três mais comuns: pagãos, judeus e cristãos); Justino, *Dial.* 2–8.
[2]Veja e.g. Caird, *The Apostolic Age*, 1955, p. 17. Para uma versão sociológica cautelosa da mesma ideia, veja Meeks 1983, p. 174-s., com comentários de Meyer, *The Early Christians*, 1986, p. 32-s.

PRÁXIS, SÍMBOLO E PERGUNTAS: POR DENTRO DAS COSMOVISÕES DO CRISTIANISMO

cristianismo primitivo".[3] Essa atividade missionária não foi um adendo a uma fé que era basicamente "sobre" outra coisa (por exemplo, uma nova autoconsciência existencial). "O cristianismo nunca foi tão *característico* quanto no lançamento da missão mundial."[4]

Isso está claro em todas as fontes que já mencionamos. Justino conta sobre seu encontro com um senhor idoso que lhe falou sobre Jesus. Plínio fala do veneno do cristianismo se espalhando por aldeias e campos. Inácio encontra igrejas por onde passa na Ásia Menor. Tácito, no tom de voz de alguém que depara com um rato morto em sua caixa d'água, comenta que, mais cedo ou mais tarde, todas as piores características da cultura mundial chegam a Roma.[5] E se, por um momento, analisarmos os escritos canônicos, vamos encontrá-los cheios de missões: o Jesus de Mateus instrui os discípulos a fazer discípulos e batizar em todo o mundo; o Jesus de Lucas comissiona seus seguidores a irem para Jerusalém, Judeia, Samaria e aos confins da terra; e o Jesus de João diz: "Como o Pai me enviou, eu os envio".[6] A história de Atos é *a* história, ou melhor, uma história, da missão cristã apostólica. E, a despeito do que pensamos sobre o retrato de Paulo em Atos, as cartas confirmam que não apenas ele, mas também muitos outros cristãos, alguns com perspectivas significativamente diferentes, acreditavam que sua função era viajar pelo mundo conhecido e dizer às pessoas que havia "outro rei, chamado Jesus".[7]

A missão mundial é, portanto, a primeira e mais óbvia característica da práxis cristã em suas origens. Discutiremos seu fundamento lógico quando outros aspectos da cosmovisão forem examinados.

O que os cristãos faziam a portas fechadas?[8] É claro que essa pergunta foi feita e respondida com acusações zombeteiras por muitos não cristãos no final do primeiro século e no início do segundo século, e não temos razão para supor que as coisas fossem diferentes nas décadas anteriores. Supunha-se que eles eram imorais, praticando orgias secretas. Outros cultos que se reuniam em segredo eram assim: por que os cristãos deveriam ser diferentes?[9] Em vez

---

[3]Hengel, *Between Jesus and Paul*, 1983, p. 48.

[4]Meyer, *The Early Christians*, 1986, p. 18 (itálicos do original). O professor Christopher Rowland me sugeriu que isso vai além das evidências, uma vez que o cristianismo poderia muito bem se haver espalhado simplesmente porque os pagãos viram a evidência de uma nova comunidade, optando por se juntar a ela. Só posso dizer que as evidências me parecem apontar enfaticamente na direção tomada por Hengel e Meyer.

[5]A acusação é repetida em outros escritores latinos, como Salústio, *Cat.* 37.5; Juvenal, *Sátiras* 3.62.

[6]Mateus 28:19; Lucas 24:47; Atos 1:8; João 20:21.

[7]Atos 17:7.

[8]Sobre diferentes formas de culto, veja Meeks, *The First Urban Christians*, 1983, cap. 5, incluindo sua distinção entre "rituais menores" e as grandes celebrações do batismo e da ceia do Senhor.

[9]Veja Aristides, *Apol.* 15, 17; Justino, *1Apol.* 29, 65-7; *Mart. de Pol.* 3.2; Tácito, *Anais* 15.44; Tertuliano, *Apol.* 4.11,7.1–8.9 etc.

O NOVO TESTAMENTO E O POVO DE DEUS

disso, a práxis característica das primeiras reuniões cristãs é enfatizada repetidas vezes pelos primeiros apologistas. Os cristãos administravam o batismo aos convertidos e às suas famílias, e celebravam a ceia do Senhor. Conforme Plínio descobriu, eles "cantam hinos em homenagem a Cristo, como a um deus". Não guardam festas judaicas nem pagãs; vestígios do judaísmo permanecem, e análogos do paganismo podem ser encontrados, mas Justino, por exemplo, é claro em afirmar que o batismo e a ceia do Senhor são bastante distintos de qualquer celebração pagã.[10] Para os propósitos deste livro, o ponto é que, já em meados do segundo século, o batismo e a ceia, como formas significativamente novas de práxis religiosa, se haviam tornado tão naturais para a igreja cristã que novas questões e teorias puderam ser formuladas a respeito dessas práticas. Não se tratava de ações estranhas que alguns cristãos poderiam realizar em ocasiões estranhas, mas de atos ritualísticos tidos como certos, de parte daquela práxis que constituía a cosmovisão cristã apostólica. Seja qual for nossa datação para *Didaquê* (é provável que a obra não seja posterior à época de Adriano, ou seja, no máximo, da década de 130 d.C.), o mesmo ponto emerge: o escritor supõe que o batismo e a ceia do Senhor já aconteciam e oferece sugestões quanto à forma como deveriam ser feitos.[11] Isso é, por si só, interessante; implica, como, de fato, fazem os relatos variantes na tradição sinótica e em Paulo, que, embora a práxis da ceia fosse invariável, as palavras usadas, não.[12]

Fica evidente, então, que essas duas formas básicas de práxis cristã eram igualmente tidas como certas já na metade do primeiro século. Paulo pode escrever sobre o batismo como algo certo a partir do qual é possível chegar a algumas conclusões (Romanos 6:3-11). Também é possível descrever ou aludir à ceia do Senhor de maneira semelhante (1Coríntios 10:15-22), considerando que a igreja de Corinto se reúne regularmente para participar da ceia do Senhor e passando a discutir, com base nessa prática, o que é aceitável ao seu comportamento em meio a uma cidade pagã. O fato de a tradição sinótica recontar a ceia do Senhor original e a comissão para batizar não pode, portanto, ser visto como uma tentativa orquestrada pelos evangelistas de instituir algo que já não fosse previamente conhecido.

Missão e sacramento entraram em foco no centro da vida da igreja, ou seja, em sua adoração. Os primeiros cristãos foram enfáticos desde o início, afirmando que eram monoteístas no mesmo sentido que os judeus. Contudo, ponto após ponto, incluindo aqueles que provavelmente são os excertos mais antigos do Novo Testamento, descobrimos que, quando os cristãos adoram esse

---

[10]Justino, *1Apol.* 61-s., 65-s.

[11]*Did.* 7–10.

[12]Veja o cap. 14.

480

PRÁXIS, SÍMBOLO E PERGUNTAS: POR DENTRO DAS COSMOVISÕES DO CRISTIANISMO

único deus verdadeiro, o criador, fazem-no *com referência também a Jesus*. Isso, obviamente, gerou diversas dores de cabeça para os pais da igreja, que lutaram para fornecer uma racionalização para a prática; mas a prática em si, em vez das (às vezes tortuosas) explicações teológicas, mostra todos os sinais de ser ela mesma característica central do cristianismo desde o início. Paulo escreve, ou talvez cite, passagens em que textos monoteístas da Bíblia hebraica são usados na refutação explícita do paganismo; e ali, bem no meio deles, encontra-se Jesus. Em lugar de:

Ouça, ó Israel: o SENHOR, nosso Deus, o SENHOR é um só.[13]

Temos:

Para nós, porém, há um único Deus,
(o Pai, de quem vêm todas as coisas e para quem vivemos);
  e um só Senhor,
(Jesus Cristo, por meio de quem vieram todas as coisas e por meio de quem
  vivemos).[14]

O mesmo fenômeno é visível em praticamente todo o cristianismo primitivo do qual temos evidências.[15]

Acompanhando missão, sacramento e, acima de tudo, adoração, havia também (o que chamaríamos de) um forte e claro código de ética. A ideia, que remonta aos apelos de Paulo a seus convertidos, é vista no convite de Justino (em *Didaquê*) a Antônio Pio, rogando-lhe que fizesse uma investigação imparcial dos cristãos e descobrisse, por si mesmo, quão correto era seu comportamento.[16] Isso sugere, de forma notável, que os apelos da primeira ou segunda geração foram bem-sucedidos o bastante para que as gerações subsequentes dissessem: veja como nos comportamos de maneira diferente de vocês, pagãos! Os cristãos, como vimos, não expunham seus filhos, nem se entregavam à imoralidade sexual. Além do mais, eles não tentavam derrubar governos; não cometiam suicídio; e, em particular — de forma surpreendente em um mundo no qual a confiança e o afeto normalmente eram confinados à família

---

[13]Deuteronômio 6:4 [NVI].

[14]1Coríntios 8:6 [trad. livre]. A esse respeito, veja Wright, 1991a, cap. 6. Para outros exemplos, veja Filipenses 2:6-11; Colossenses 1:15-20 (discutido em *ibid.*, caps. 4–5).

[15]Veja Bauckham, "The Delay of the Parousia", 1980-1; France, "The Worship of Jesus: A Neglected Factor in Christological Debate?", 1982; Moule, *The Birth of the New Testament*, 1982 [1962], p. 26-32.

[16]1Coríntios 6; Romanos 12; *Did.* 1–6; Justino, *1Apol.* 1–5.

O NOVO TESTAMENTO E O POVO DE DEUS

e aos amigos —, cuidavam uns dos outros, ultrapassando eventuais barreiras formadas pela cultura:

> Seus opressores, eles apaziguam e os tornam seus amigos; fazem bem aos seus inimigos [...] amam-se mutuamente e não rejeitam as viúvas; e livram o órfão daquele que o trata com dureza. O que tem, dá ao que não tem, sem se gabar. E quando veem um estranho, levam-no para sua casa e se alegram por ele, como por um irmão; pois não os chamam "irmãos" segundo a carne, mas segundo o espírito e em Deus. Sempre que um de seus pobres passa do mundo, cada qual, segundo a sua capacidade, cuida atenciosamente do sepultamento daquele que se foi [...].[17]

Não devemos, obviamente, ler essas reivindicações de forma acrítica. A igreja, sem dúvida, nunca foi totalmente pura e digna como a citação sugere; tampouco seus inimigos foram totalmente depravados, como os apologistas afirmam.[18] Mas não pode haver dúvida de que existia uma diferença notável na práxis geral entre pagãos e cristãos. O fato de nem sequer haver expectativas de uma diferença marcante é notável por si só; mesmo quando um mestre cristão lamenta o fato de sua congregação não exercer seu peso em termos morais, há o senso de uma norma, de uma práxis aceita, à qual todos estão desobedecendo. E é o *pressuposto* dessa práxis que importa ao nosso objetivo atual. Os primeiros cristãos tinham como certo que, nos detalhes do seu comportamento, deveriam ser significativamente diferentes, de maneiras claramente definidas, de seus vizinhos pagãos.

Entre as características marcantes da práxis cristã primitiva, devemos considerar algo que os primeiros cristãos *não* faziam. Ao contrário de todas as religiões conhecidas no mundo até então, os cristãos não ofereciam sacrifícios de animais. É claro que alguns dentre os judeus podem ter continuado a participar do culto sacrificial em Jerusalém, e não é impossível que a carta aos Hebreus tenha sido escrita como forma de adverti-los.[19] Alguns cristãos pagãos, sem dúvida, participavam do culto sacrificial de divindades pagãs, e é provável que 1Coríntios tenha sido escrito em parte para lhes dizer que parassem. Mas, *na condição de cristãos*, nenhum deles oferecia sacrifícios de animais. Ninguém

---

[17]Aristides, *Apol.* 15.
[18]Veja Lane Fox, *Pagans and Christians*, 1986, p. 549-60.
[19]Sobre atitudes cristãs em relação ao sacrifício, veja Meyer, *The First Christians*, 1986, p. 56, n.º 6; Neusner, "Money-Changers in the Temple: The Mishnah's Explanation", 1989, p. 290, sugere que, a partir da época do próprio Jesus, o cristianismo viu a ceia do Senhor como um sistema sacrificial alternativo em relação ao do Templo. Se há alguma verdade nessa afirmação, ela está, na minha opinião, envolta em um feixe de mal-entendidos.

PRÁXIS, SÍMBOLO E PERGUNTAS: POR DENTRO DAS COSMOVISÕES DO CRISTIANISMO

jamais pensou que a adoração ao deus agora conhecido em Jesus de Nazaré exigia o sangue de bezerros ou cordeiros. Nesse ponto, a evidência é clara e inequívoca, e sua importância é enorme. Embora a *linguagem* sacrificial fosse usada com frequência — dificilmente poderia ser evitada, já que constituía a linguagem comum das devoções pagã e judaica —, está claro, a partir dos registros mais antigos, que o uso dessa linguagem em relação à devoção e à ética cristã é completamente metafórico.[20] A distinção não apenas entre deuses pagãos e o verdadeiro deus, mas também entre o tipo de adoração apropriado para ambos, era tida como certa desde o início; também a diferença (com traços de semelhança) entre a adoração judaica e a cristã. Essa prática negativa é notável o bastante, em retrospecto. Na época, devia ter sido absolutamente nítida a qualquer observador.

Outra característica marcante da práxis era a atitude cristã habitual para com o sofrimento e a morte. O paganismo conhecia mártires. Muitas vezes, defendia o suicídio nobre, expressando exemplos como Catão e Sócrates.[21] O judaísmo, como é evidente, teve seus mártires, ainda mais sob o governo do mesmo Adriano a quem Aristides dirigiu sua *Apologia*.[22] O fato de suas histórias serem contadas repetidas vezes e a exortação para imitá-los funcionavam em um nível mais profundo do que a mera imitação de heróis. Eram sinais de que, no judaísmo, o deus vivo operava para derrotar os deuses pagãos. Os primeiros cristãos logo tiveram seu equivalente a ambos os modelos pagãos e judeus, porém se tratava de equivalentes que redefiniriam radicalmente os dois. Aqui, vemos o mesmo desenvolvimento que na ética: os líderes da primeira geração exortaram seus seguidores a estarem prontos a sofrer, e os líderes das gerações seguintes remeteram com orgulho ao fato de que seu povo realmente sofrera e morrera com alegria, em vez de negar Cristo.[23] Mais uma vez, o registro não é, obviamente, isento de máculas. Plínio deparara com alguns que se haviam retratado. Mas muitos cristãos, ao menos de Nero em diante, passaram pela tortura e pela morte por causa de sua fé; e, nos primeiros dias,

---

[20]A exceção à regra é o uso da linguagem sacrificial como referência à morte de Jesus. Mesmo assim, talvez possamos encontrar nela um nível diferente de metáfora em operação.

[21]Sobre o suicídio de Catão após a batalha de Tapso, em 47 a.C., veja Cary, *A History of Rome Down to the Reign of Constantine*, 1954 [1935], p. 406: "O suicídio de Catão, que obteve notoriedade imerecida e quase virou moda, foi uma homenagem à filosofia estoica da qual se tornara viciado". Embora Sócrates tenha sido condenado à morte por um tribunal, o fato de que ele claramente poderia ter se salvado se desejasse, e que acabou administrando a si mesmo o veneno fatal, garantiu-lhe um lugar simbólico, não apenas heroico, na cosmovisão pagã do primeiro século: veja Epiteto, *Disc.* 1.29.29.

[22]Josefo menciona com orgulho a prontidão de seus compatriotas de enfrentar a morte em vez de contemplar suas leis sendo profanadas: *Ápio* 2.232-5.

[23]Justino, *2Apol.* 11-s.

O NOVO TESTAMENTO E O POVO DE DEUS

muitos, se o testemunho de Paulo é fidedigno, sofreram nas mãos dos judeus, tanto na Judeia como em outros lugares, em vez de abandonarem o caminho cristão.[24] Justino argumenta que tal atitude é totalmente diferente do suicídio do estoico.[25] Inácio, que tem um pouco mais a dizer do que a maioria quando o assunto é martírio, pode ser acusado de cortejar a morte de uma forma que as gerações subsequentes passaram a considerar doentia; contudo, em nenhum momento sua retórica é parecida com a de, digamos, Epiteto, com seus repetitivos convites ao suicídio: "a porta está aberta".[26] Os mártires cristãos rapidamente adquiriram valor simbólico, de modo que os apologistas podiam apelar para o fato do martírio, e não apenas para o exemplo heroico dos envolvidos, como uma poderosa evidência da verdade da alegação cristã. Nessa medida, é apropriado listar a prontidão para sofrer e a disposição para morrer como características da práxis cristã que foram tidas como certas na igreja apostólica (ou logo passariam a ser), contrastando-a com seus vizinhos pagãos. O estoico era, de qualquer maneira, extremamente cínico em relação à vida. Os cristãos afirmavam a bondade da vida, mas estavam dispostos a deixá-la em obediência a um bem maior.[27] Da mesma forma, o martírio por Cristo redefiniu o martírio judaico pela Torá; a mesma lealdade ao único deus verdadeiro estava em seu coração, mas não carregava conotação nacional ou racial de qualquer espécie.

Devemos aguardar até extrair conclusões dessa breve descrição da práxis característica do cristianismo primitivo. Todavia, um ponto já se destaca. Ações e atividades que marcam os cristãos distinguem-nos, desde o início, como um novo tipo de agrupamento no mundo antigo. Em muitos aspectos, eles não eram como uma "religião": não tinham locais sagrados, nem sacrificavam animais. Não eram como um grupo político, pois buscavam um reino que não era deste mundo. Assemelhavam-se aos judeus, não aos pagãos, pois devotavam sua lealdade ao único deus criador e reutilizavam argumentos judaicos contra o paganismo. Contudo, também insistiam em usar a linguagem da divindade para Jesus, mantendo entre si uma comunhão que transcendia o aspecto racial, posicionando-os, assim, fora do alcance de práticas predominantemente judaicas. Que tipo de movimento era esse? A partir do nosso breve estudo da práxis cristã em seu estágio inicial, podemos apenas dizer que Aristides acertou em sua descrição. Tratava-se de um novo tipo de movimento, que só poderia ser

---

[24]1Tessalonicenses 2:13-16; Gálatas 1:13; 4:29; 6:12 etc. Veja também Atos 13:50; 14:19 etc.
[25]*2Apol.* 4.
[26]Veja Inácio, *Rom.* 4–8; Epiteto, *Disc.* 1.25.18; 2.6.22; 2.15.6 etc.
[27]Nesse aspecto, tomo uma linha bem diferente da de Droge e Tabor, *A Noble Death*, 1992. Sua leitura da evidência é seletiva demais. Por exemplo: eles ignoram Justino, *2Apol.* 4, cujo argumento é especificamente contra o ponto que os autores tentam provar (p. 139) pelo uso da mesma obra.

PRÁXIS, SÍMBOLO E PERGUNTAS: POR DENTRO DAS COSMOVISÕES DO CRISTIANISMO |

descrito de forma apropriada pela criação de uma nova categoria ao lado de gregos, bárbaros e judeus. Era uma nova maneira de interpretar o que significava ser humano.[28]

SÍMBOLOS

Vimos, nos capítulos anteriores, como os símbolos do judaísmo funcionavam em harmonia com a práxis e as histórias, as quais também contribuíam para a cosmovisão judaica e suas variantes. Tais símbolos — Templo, Torá, Terra e identidade étnica — destacavam os judeus de seus vizinhos pagãos, cujos símbolos incluíam as muitas armadilhas de adoração pagã, como a reverência aos oráculos e a oferta de incenso ao "gênio de César"; estatutos de deuses, heróis e imperadores; moedas que proclamavam uma mensagem triunfante sobre determinado país ou região; a glorificação de poderio e alcance militar; formas de entretenimento (apresentações de gladiadores e coisas semelhantes) que atraíam grandes multidões, fornecendo um ponto focal de identidade popular. De que maneira os símbolos do cristianismo primitivo se diferenciavam de tais elementos?

A resposta curta é: em todos os aspectos. Os primeiros cristãos não consultavam oráculos. Recusavam-se a queimar incenso a César. Não faziam estátuas do seu deus. Não sendo um Estado, não produziam seu próprio sistema monetário, nem se organizavam em forças militares. Se os cristãos participavam da apresentação de gladiadores, geralmente não era na condição de espectadores.[29]

Tampouco aderiam aos símbolos da cosmovisão judaica. Sua atitude inicialmente ambígua em relação ao Templo, antes mencionada, deu origem ao uso da linguagem do Templo como uma rica fonte de metáforas, pelas quais deram profundidade à sua fé em relação a Jesus e à própria igreja. Uma transformação metafórica semelhante ocorreu na linguagem da adoração e do sacrifício.

De modo semelhante, a Torá foi de tal forma reinterpretada que não funcionava mais como um código que destacasse Israel como uma nação separada. Tudo havia sido cumprido em Cristo, mesmo que (como na *Carta de Barnabé*), às vezes, fosse necessária uma boa dose de engenhosidade exegética para demonstrar esse ponto. O importante era que a função *simbólica* da Torá, como um código ancestral do povo do único deus, desaparecera inteiramente e, em seu lugar, surgia uma nova função *apologética*: a leitura cuidadosa da Torá, juntamente com Profetas e Salmos, mostra que o verdadeiro deus preparou o caminho para a vinda de Cristo por meio de toda a história de Israel, cujo auge

---

[28]Nesse aspecto, vou um pouco além da posição de 1982 [1962], cap. 3.
[29]Veja Tertuliano, *De Spectaculis*.

O NOVO TESTAMENTO E O POVO DE DEUS

pretendido foi alcançado com sua morte e ressurreição. A primeira releitura cristã das escrituras judaicas é uma das ações simbólicas mais características de que temos clara evidência.[30]

Da mesma forma, a Terra não funcionava mais como símbolo-chave da identidade geográfica do povo de deus, e isso por uma razão óbvia: se a nova comunidade era composta por judeus, gregos e bárbaros, não havia sentido em que um pedaço de terra tivesse mais importância que outro. Nesse período inicial, em nenhum momento encontramos cristãos ansiosos por definir ou defender uma "Terra Santa".[31]

Em particular, o senso judaico da identidade étnica do povo de Deus havia desaparecido. A tentativa do chamado "cristianismo judaico", conforme evidenciado nas (tardias) cartas pseudoclementinas, de restaurar no cristianismo a ênfase na Torá e na nacionalidade judaica, é claramente um desenvolvimento secundário, sem continuidade visível com as duas primeiras gerações.[32] Por outro lado, fica claro, a partir de alguns escritos do cânone cristão apostólico (da carta de Paulo aos Romanos, por exemplo) e, de maneira diferente, pela obra de Marcião, líder do segundo século d.C., que alguns na igreja primitiva realmente esperavam transformar o cristianismo em um movimento totalmente não judaico, algo que foi firmemente repelido. O evangelho destinava-se a todos os seres humanos, tanto judeus como gentios.[33]

Os primeiros cristãos, então, não obedeciam a nenhum dos símbolos comuns do judaísmo ou do paganismo. O que eles haviam colocado em seu lugar? Em parte, a resposta a essa pergunta virá mais tarde; apenas à luz de um estudo mais completo, seremos capazes de dizer, em detalhes, qual símbolo "substitui" o outro, e em que sentido. Mas uma resposta já pode ser esboçada. Na época de Justino Mártir, um símbolo se havia tornado tão associado ao movimento cristão apostólico que Justino podia elaborar um argumento polemicamente tendencioso em torno dele, sugerindo que todas as pessoas lhe atribuíssem fidelidade tácita. O símbolo em questão é a cruz:

---

[30]Que levanta, claro, uma série de problemas. Veja: Moule, *The Birth of the New Testament*, 1982 [1962], cap. 4; e Hays, *Echoes of Scripture in the Letters of Paul*, 1989. Sobre a releitura cristã da história judaica, veja os caps. 13–14.

[31]Nesse ponto, Meyer, *The First Christians ir World Mission and Self-Discovery*, 1986, p. 176 (seguindo Davies, *The Gospel and the Land*, 1974), é impreciso: não é que o símbolo do próprio Jesus simplesmente tenha substituído o Templo e a Terra. Juntos, Jesus e a igreja são o novo Templo; o mundo, sugiro, é a nova Terra.

[32]Veja Hennecke, *New Testament Apocrypha*, 1965, p. 532-70; Koester, *Introduction to the New Testament*, 1982b, p. 205-7.

[33]Para a refutação de Paulo ao marcionismo incipiente, veja Romanos, 11:11-s. Para Marcião, que foi resistido por (entre outros) Irineu e Tertuliano, a obra padrão ainda é a de Harnack, *Marcion*, 1924; veja um relato mais brando em Koester, *Introduction to the New Testament*, 1982b, p. 328-34.

PRÁXIS, SÍMBOLO E PERGUNTAS: POR DENTRO DAS COSMOVISÕES DO CRISTIANISMO |

> Ela [a cruz] é, como disse o profeta, o maior símbolo de sua [de Cristo] força
> e do seu império, como se manifesta pelas mesmas coisas que nos recaem aos
> olhos. Considerai, por exemplo, se tudo o que existe no mundo pode ser admi-
> nistrado ou ter comunicação entre si sem essa figura. De fato, não é possível
> sulcar o mar se esse troféu de vitória, a que chamamos de vela, não se mantém
> de pé no navio; sem ela, não se ara a terra; também os cavadores e artesãos não
> realizam o seu trabalho sem instrumentos que têm essa forma. A própria forma
> humana não se distingue em nada dos animais irracionais, senão por ser reta e,
> podendo abrir os braços [...].[34]

O fato de Justino ir além do necessário em sua explicação demonstra precisamente o lugar que o símbolo da cruz veio a ocupar em um cristianismo em
formação. Se nós, vinte séculos "cristãos" depois, temos a cruz como um símbolo natural e óbvio, devemos lembrar que a crucificação, embora comum no
mundo romano, era tão horrível a ponto de não ser mencionada na sociedade
polida: "O mundo romano era amplamente unânime no fato de a crucificação ser uma prática horrível e repulsiva".[35] O próprio Justino sabe que adorar
um homem crucificado é pedir para ser prontamente acusado de loucura.[36]
Não é apenas Paulo que vê a mensagem da cruz como "loucura" (1Coríntios
1:18): gerações de cristãos deparavam com repetidas acusações nesses termos.
Todavia, com importantes exceções,[37] não faziam esforço algum para diluir essa
história. Em vez disso, entendiam-na como a verdade paradoxal pela qual o
mundo foi salvo. Em pouco tempo, a cruz se tornou o símbolo cristão central,
fácil de desenhar, difícil de esquecer, cheio de referências ao próprio Jesus e
com múltiplos significados aos seus seguidores.

Ao lado desse símbolo central, surgiram outros, menos marcantes, mas
não menos poderosos. A missão cristã apostólica em si não era apenas um
aspecto-chave da práxis: tinha um alto valor simbólico, uma vez que só fazia
sentido com base na premissa de que Jesus fora entronizado como o verdadeiro Senhor do mundo, reivindicando a lealdade de todos. Como tal, a
missão para o mundo inteiro parece ter tomado o lugar ocupado, em meio
ao universo simbólico judaico, pela Terra. A própria igreja, em suas várias
manifestações locais e translocais, tornou-se não apenas um agrupamento

---

[34]Justino, *1Apol.*, 55 (trad. Roque Frangiotti). Veja Minúcio Félix, *Otávio*, 29.6-8. O fato de
Minúcio Félix e Tertuliano (*Apol.* 16.6-8) precisarem defender o cristianismo contra a acusação
de adoração à cruz demonstra que ela já estava se transformando em um símbolo importante.
[35]Hengel, *Crucifixion in the Ancient World and the Folly of the Message of the Cross*, 1977, p. 37; o
livro todo é leitura obrigatória sobre o assunto.
[36]*1Apol.* 13. Veja Inácio, *Ef.* 18:1.
[37]Alguns geralmente sugerem que "Q", como o *Evangelho segundo Tomé*, não tem lugar para a cruz
em sua teologia. Veja o cap. 14.

conveniente de pessoas com ideias parecidas, mas também um símbolo poderoso. Fazer parte dessa família era fazer parte da nova família humana, chamada à existência pelo deus criador, transcendendo qualquer raça e qualquer nação. Como tal, a igreja, precisamente por ir além das linhas tradicionais de raça, classe e gênero, parece ter tomado o lugar ocupado, no mundo simbólico de Israel, pela identidade étnica (judaica). Da mesma forma, os códigos de comportamento pessoal, ocorridos de diversas formas no Novo Testamento e em escritos como *Didaquê* e as produções dos pais apostólicos, tomam parte ao menos do lugar simbólico da Torá. Em vez de um código de comportamento a demarcar determinada raça e determinada nação, os primeiros cristãos articularam de várias maneiras um código de comportamento adequado aos verdadeiros seres humanos de todas as nações.

Em suma, em vez do Templo (centro geográfico e teológico do judaísmo), os primeiros cristãos falavam de Jesus como o homem que havia encarnado a presença viva do deus criador e, assim, de seu próprio espírito como aquele que continuou a tornar esse deus presente nas vidas e congregações da igreja apostólica. Não demorou para que percebessem que essa transferência de simbolismo os forçava a articular o significado da própria palavra "deus" de uma nova maneira. Tal necessidade os levou, no devido tempo, das primeiras fórmulas confessionais (como 1Coríntios 8:4-6 e 15:1-8) às fórmulas totalmente desenvolvidas, que falam do deus criador e redentor em termos de uma história — de fato, de uma história judaica: criação e redenção realizadas em Jesus e aplicadas por meio do espírito divino. É nesse contexto que podemos compreender prontamente a transferência indiscriminada do imaginário do Templo judaico para Jesus e para a igreja.[38]

Nesse contexto, também, não por acaso o nome latino para credo é precisamente *symbolum*. Os primeiros credos, assim como as confissões batismais que em parte os sustentavam, não eram pequenas porções abstratas de teologia para satisfazerem o intelecto curioso, mas símbolos, emblemas que separavam a comunidade cristã das outras em termos do deus no qual acreditavam.[39] Desde o início, os credos não eram tanto uma questão de "fé em busca de entendimento", mas de "comunidade em busca de definição" — encontrando, no credo, *aquilo a respeito do qual se cria sobre o verdadeiro deus*. Desse modo, declarações de fé em um deus agora conhecido por Jesus e pelo espírito divino tomaram o lugar outrora ocupado, no mundo simbólico do cristão primitivo, pelo judaísmo e pelos emblemas da Torá: circuncisão, leis *kosher*, sábado.

---

[38] 1Coríntios 3:16-7; 6:19; veja Romanos 8:9; Inácio, *Ef.* 9.2; 15.3; *Mag.* 7.2.
[39] Veja Kelly, *Early Christian Creeds*, 1972 [1950], p. 52-61, seguindo, em parte, a explicação oferecida por Rufino, erudito do 4º século d.C.

PRÁXIS, SÍMBOLO E PERGUNTAS: POR DENTRO DAS COSMOVISÕES DO CRISTIANISMO

Podemos ver esse processo remontando aos primeiros documentos do cristianismo que possuímos.[40]

A "teologia" cristã, então, nasceu e foi nutrida no contexto de fé, adoração, batismo e ceia do Senhor, expressando-se pela necessidade de separar a comunidade que adorava esse deus das comunidades que adoravam outros deuses. Se todos concordam acerca dos deuses, ou a respeito de um deus particular, não há necessidade de teologia. No judaísmo pré-cristão, o mais próximo que chegamos disso talvez seja a polêmica antipagã dos escritores sapienciais. Mas, quando a questão de deus é forçada para o centro da vida sociopolítica, como aconteceu quase instantaneamente no cristianismo primitivo, então a teologia, como uma atividade associada mais à missão do que à metafísica, mais ao sofrimento do que à especulação, é o resultado inevitável. O lugar e o *status* da teologia no desenvolvimento do cristianismo — não como uma filosofia abstrata ou uma erudição caprichosa, mas como parte da vida interior da igreja — foram assegurados desde o início.[41]

À lista de símbolos, devemos adicionar mais uma característica. Conforme vimos, desde os primórdios, o cristianismo teve seus mártires. Não se trata apenas de pessoas veneradas como heróis: sua própria existência adquiriu rapidamente valor simbólico, interpretada em termos do símbolo central da cruz. Foi um movimento que, de modo semelhante ao judaísmo dos macabeus, viu-se como testemunha de uma vida mais forte do que a morte.

PERGUNTAS

Esta breve pesquisa dos primeiros símbolos cristãos poderia, claro, ser preenchida com mais informações, principalmente pela consideração da arte cristã primitiva. Contudo, uma breve análise é suficiente para mostrar os contornos totalmente novos de sua cosmovisão. Nós os enxergamos de forma mais evidente ao interpretarmos práxis e símbolos em termos de perguntas atreladas a uma cosmovisão implícita; a partir delas, obteremos respostas claras. Pessoas a quem determinadas práticas e símbolos servem de lentes através das quais

---

[40] 1Coríntios 8:6, separando os cristãos de pagãos e judeus: veja Meeks, *The First Urban Christians*, 1983, p. 165-70; Wright, *The Climax of the Covenant*, 1991a, cap. 6. Sobre a resultante teologia da justificação, veja o cap. 15.

[41] Isso pode sugerir uma resposta à pergunta pertinente de Petersen quanto a Paulo ter sido afinal o primeiro "teólogo" — uma vez que, como ele diz, "em sua época não havia espaço social reconhecível para o papel de "teólogo" (Petersen, *Rediscovering Paul: Philemon and the Sociology of Paul's Narrative World*, 1985, p. 201, com n.º 4). Quer Paulo tenha sido o primeiro ou não, parece que o tipo de "teologia" que rapidamente veio a caracterizar o cristianismo (e o lugar que tomou no movimento) cresceu a partir da lógica interna do simbólico universo cristão primitivo, conforme o trabalho de apologistas, como Justino e Tertuliano deixam claro.

O NOVO TESTAMENTO E O POVO DE DEUS

enxergam o mundo demonstram, por meio deles, aquilo em que acreditam, sugerindo respostas específicas a questões-chave.[42]

Quem somos nós? Um novo grupo, um novo movimento. Ao mesmo tempo, não somos um novo grupo, pois afirmamos ser o verdadeiro povo do deus de Abraão, Isaque e Jacó, o criador do mundo. Somos o povo ao qual o deus criador preparou o caminho por meio de suas interações com Israel. Nesse aspecto, somos como Israel: enfaticamente monoteístas, não politeístas pagãos, separados do mundo pagão pelo apego às tradições de Israel e, ainda assim, distintos do mundo judaico em virtude do Jesus crucificado e do espírito divino, bem como por nossa comunhão, segundo a qual marcos delimitadores tradicionais de judeus e pagãos são transcendidos.

Onde estamos? Vivendo no mundo criado pelo deus que adoramos, o mundo que ainda não reconhece esse verdadeiro e único deus. Estamos, portanto, cercados por vizinhos que adoram ídolos, os quais são, na melhor das hipóteses, paródias da verdade e que, como tal, vislumbram a realidade, porém a distorcem continuamente. Os humanos em geral permanecem escravizados por seus próprios deuses, que os arrastam para diversos padrões de comportamento degradantes e desumanizadores. Como resultado, somos perseguidos, pois lembramos às atuais estruturas de poder algo a respeito do qual elas vagamente sabem: que existe uma maneira diferente de ser humano, e que, na mensagem do verdadeiro deus acerca de seu filho, Jesus, a reivindicação ao poder absoluto feita por essas autoridades foi desafiada.

O que há de errado? Os poderes do paganismo ainda governam o mundo e, de vez em quando, passam a exercer influência na própria igreja.[43] Perseguições surgem de fora; de dentro, heresias e cismas. Às vezes, esses males podem ser atribuídos a uma ação sobrenatural, ou seja, pela ação de "Satanás" e dos demônios. Mesmo dentro do cristão individualmente, algumas forças continuam em ação, e precisam ser subjugadas: cobiças que devem ser mortas, espírito de soberba que deve aprender a humildade.

Qual é a solução? A esperança de Israel foi cumprida; o verdadeiro deus agiu de forma decisiva para derrotar os deuses pagãos e criar um novo povo, por meio do qual resgatará da maldade o mundo. Ele fez isso por meio do verdadeiro Rei, Jesus, o Messias judeu — em particular, por meio de sua morte e de sua ressurreição. O processo de implementação dessa vitória, pela ação contínua do mesmo deus por meio do seu espírito e do seu povo, ainda não está completo. Um dia, o Rei retornará para julgar o mundo e estabelecer um reino

---

[42]Veja o cap. 5.

[43]Talvez caiba a observação de que a principal resposta cristã primitiva para "o que há de errado" não teria nada a dizer contra o judaísmo, exceto na medida em que os judeus perseguiam a igreja.

PRÁXIS, SÍMBOLO E PERGUNTAS: POR DENTRO DAS COSMOVISÕES DO CRISTIANISMO

cuja existência se encontra em um nível diferente dos reinos da atual ordem mundial. Quando isso acontecer, os que morreram como cristãos ressuscitarão para uma nova vida física. Os poderes atuais serão forçados a reconhecer Jesus como Senhor, e a justiça e a paz finalmente triunfarão.[44]

Devemos, então, fazer uma pausa e rever, em linhas gerais, o que vimos até aqui. Estabelecemos certos pontos fixos que todo historiador deve considerar marcos na reconstrução dos primeiros séculos da igreja cristã. Vimos que, ao lado deles, certos escritos refletem períodos definidos nesse enquadramento temporal: a obra de Paulo, na década de 50 d.C.; de Inácio, por volta de 110 e 120 d.C.; de Aristides e Justino, entre as décadas de 120 e 160 d.C. Baseando-nos quase inteiramente nessas obras, e nos recusando ainda a importar outra leitura, canônica ou não, para o quadro, elaboramos um esboço substancial da (ou pelo menos uma forma de) cosmovisão cristã primitiva, conforme vista em sua práxis, em seus símbolos e nas respostas implícitas que oferecem às questões-chave dessa cosmovisão. Doravante, devemos passar para a quarta ponta do diamante da cosmovisão: quais histórias eram contadas pelos primeiros cristãos? Como eles articularam sua cosmovisão? E quais outras histórias tentaram subverter ao fazerem isso?

---

[44]Tal crença na salvação e no juízo futuro foi mantida pelos escritores durante os primeiros séculos cristãos, sem qualquer senso perceptível de que fora desafiada por não acontecer ao fim de uma geração (veja o cap. 15).

| NARRATIVAS NO
| CRISTIANISMO
| APOSTÓLICO (1)

CAPÍTULO 13

INTRODUÇÃO

Práxis e símbolos nos falam muito sobre determinada cosmovisão, porém histórias são, entre todas as opções, as mais reveladoras. Que tipo de histórias os primeiros cristãos contaram? Como essas histórias se encaixam na cosmovisão esboçada até agora? Trata-se de um tópico gigantesco, grande o suficiente para vários livros; devemos, todavia, dedicar dois capítulos a ele. Neste capítulo, examinaremos algumas das histórias mais amplas com que deparamos na superfície do Novo Testamento; no capítulo seguinte, cavaremos um pouco mais e investigaremos as histórias menores, das quais as histórias mais amplas são, em sua maioria, compostas.

É tentador inverter essa ordem e começar pelo material que pode ser cronologicamente anterior. A essa tentação, porém, deve-se resistir. É preferível começar pelo conhecido e avançar para o menos conhecido. Temos Lucas e Atos; Mateus, Marcos e João. Também temos outros textos, como as cartas de Paulo, em que podemos discernir claras subestruturas narrativas. Podemos lê-los sem o auxílio de material extra. Não temos "Q" como tal, muito menos as formas narrativas que compõem boa parte da tradição do evangelho.

Este capítulo e o que se segue desempenham papel duplamente vital no argumento geral deste livro e do projeto mais amplo, do qual ele forma o volume de abertura. Em primeiro lugar, são cruciais para a tarefa desta seção, na qual tentamos entrar na cosmovisão dos primeiros cristãos. O fato de, nos primeiros cem anos, livros como os encontrados no Novo Testamento terem surgido em meio ao movimento cristão fala-nos muito sobre sua visão de mundo, se tivermos olhos para ver. Em segundo lugar, essas histórias, grandes e pequenas, são fontes quase exclusivas para a vida do próprio Jesus. É de vital

NARRATIVAS NO CRISTIANISMO APOSTÓLICO (1)

importância, portanto, como parte da função do presente volume na preparação para o volume seguinte, que entendamos a natureza dessas histórias, não apenas como reveladoras da visão de mundo dos que as contaram, recontaram, transmitiram e, com o tempo, transcreveram, mas também fornecendo ao historiador crítico informações essenciais a respeito de Jesus. O caminho para a última tarefa é através da primeira. Por essa razão, depois de estudarmos o material que se apresenta no Novo Testamento, é essencial analisarmos, em seguida, parte do material existente e hipotético que, segundo às vezes se supõe, formou um conjunto igualmente importante de excertos para tal reconstrução histórica.

Nos dois capítulos anteriores, estabelecemos certos pontos fixos sobre o cristianismo primitivo. Ambos remetem a outro ponto fixo cuja posição merece estar ao lado dos que já foram estabelecidos. Ei-lo: os primeiros cristãos eram *contadores de histórias*. Havia muitas filosofias em oferta no mundo antigo, cujo compromisso com as histórias era menos óbvio que o dos primeiros cristãos (embora, sem dúvida, igualmente capaz de ser provocado por algum narratologista moderno e persistente). Os escritos dos estoicos, por exemplo, consistem muito mais em máximas e *obiter dicta* isolados, com apenas uma breve narrativa adicional, como uma parábola ou uma anedota, lançada como ilustração.[1] Já no caso dos primeiros cristãos, argumentarei, neste capítulo e no próximo, como as histórias eram visível e obviamente parte essencial do que eles eram e faziam. Embora possa existir algum material antigo que se equipare às coletâneas pagãs de máximas, a evidência esmagadora se põe ao lado da narrativa.

O presente capítulo, ao lidar com as histórias mais longas que ocupam livros inteiros, só pode consistir em um relato tendencioso. A literatura secundária é, em cada caso, vasta e de difícil manejo, cheia de planos ideológicos conflitantes e argumentos cujas posições apenas se cruzam, como enormes navios em meio a uma névoa densa que têm apenas uma vaga percepção da presença uns dos outros, quanto mais da carga e do destino de cada um. Deparamos, neste ponto, com o problema da circularidade envolvida em todo conhecimento histórico.[2] Precisamos estudar as primeiras histórias cristãs para, assim, descobrirmos mais sobre Jesus; mas apenas quando pressupomos algo sobre Jesus é que podemos estudar essas histórias em toda a sua profunidade.[3] No momento,

---

[1] Epiteto nos serve de exemplo óbvio.

[2] Veja os caps. 2 e 4.

[3] Se há qualquer dúvida a esse respeito, que o leitor, então, faça uma pesquisa, ainda que superficial, em Bultmann, *The History of the Synoptic Tradition*, 1968 [1921], virando as páginas do livro e lendo-as de forma aleatória. Em trecho após trecho, o autor parte sempre de algum pressuposto a respeito do que aconteceu ou deixou de acontecer no ministério de Jesus como base para defender sua hipótese sobre a igreja primitiva.

O NOVO TESTAMENTO E O POVO DE DEUS

então, tudo o que podemos oferecer é uma leitura preliminar. Esperamos voltar a um tratamento mais completo em uma fase posterior deste projeto.

Por onde começar? O lugar mais óbvio, em termos de literatura cristã apostólica, é a obra de Lucas.[4] Juntos, Lucas e Atos, cuja composição é fruto, segundo o consenso geral, das mesmas mãos, ocupam cerca de dois quintos de todo o Novo Testamento, consideravelmente mais do que todo o *corpus* paulino. No contexto da literatura cristã primitiva, apenas *O pastor de Hermas* se aproxima de Lucas em termos de volume, e seria um mover ousado demais colocar essa coletânea de reflexões e visões ao lado do evangelho de Lucas e do livro de Atos. Além disso, já que estamos considerando o papel desempenhado por histórias, faz sentido começar por um escritor cuja proposta explícita é contar uma ou possivelmente duas histórias em particular.

Neste livro, passamos muito tempo na companhia de Josefo. Lucas e Josefo foram quase contemporâneos; ambos podem muito bem ter escrito suas obras a partir de Roma, mais ou menos na mesma época. Por trás das diferenças óbvias entre ambos, os dois tinham histórias semelhantes para contar. Será instrutivo, antes mesmo de considerarmos questões abstratas (como gênero), colocar esses dois lado a lado e ver o que aprendemos a partir de tal justaposição.

LUCAS E SUAS HISTÓRIAS

1. Uma estranha comparação?

Lucas tem sido normalmente comparado a Josefo.[5] Tal exercício concentrou-se quase inteiramente em pontos de linguagem e conteúdo detalhado, pontos que, embora se revelem interessantes em si, não levam em conta o quadro mais amplo. Tomando suas obras como um todo, há pelo menos quatro razões pelas quais a comparação deve ser feita:[6]

---

[4]No decorrer deste volume, não formulo hipóteses acerca da identidade dos evangelistas; o uso dos nomes tradicionais é apenas por razões de simplicidade. Discorrerei a respeito dessa questão mais para frente.

[5]Hubbard, "Luke, Josephus and Rome: A Comparative Approach to the Lukan *Sitz Im Leben*", 1979; Schreckenberg, "Flavius Josephus und die lukanischen Schriften", 1980 (com bibliografia completa); Downing, "Redaction Criticism: Josephus", 1980a; "Redaction Criticism: Josephus", 1980b; "Common Ground with Paganism in Luke and Josephus", 1982; e veja a discussão em Hemer, *The Book of Acts in the Setting of Hellenistic History*, 1989, p. 63-100, 371-3. Estudos básicos são Krenkel, *Josephus und Lucas. Der schriftstellerische Einfluss des jüdischen Geschichtsschreibers auf der christlichen nachgewiesen*, 1894; Schlatter, *Das Evangelium des Lukas: aus seinem Quellen erklärt*, 1960 [1931], p. 562-658. Sou grato à Sra. Barbara Shellard pelas proveitosas discussões sobre esse tópico.

[6]Downing, "Redaction Criticism: Josephus", 1980a; "Redaction Criticism: Josephus", 1980b, compara, de forma instrutiva, Josefo e Lucas como um todo, mas com vistas principalmente aos métodos de redação empregados por ambos. Minhas sugestões seguem uma linha pouco paralela.

NARRATIVAS NO CRISTIANISMO APOSTÓLICO (1)

a. Josefo nos conta, em suas obras mais volumosas, a história de Israel chegando ao seu momento crucial. Em *Guerras Judaicas*, Josefo examina o início da história, concentra-se rapidamente na preparação para a guerra e, em seguida, descreve a guerra em si de forma detalhada e horrenda. Escreve, por assim dizer, uma narrativa da paixão (a própria guerra) com uma extensa introdução. Se alguém lhe perguntasse por que o fizera, ele teria dado respostas óbvias, inclusive seu desejo de apresentar os judeus, apesar da guerra, como um povo pacífico, não rebelde. Se alguém questionasse a preocupação de Josefo com partes anteriores da história de Israel, poderia ser remetido à sua obra posterior, *Antiguidades*. Lá, embora o tratamento da história de Israel desde os primórdios seja, naturalmente, muito mais completo, o ponto de interesse se mantém nos elementos que levaram Israel à sua grande guerra. Desastres anteriores prepararam o caminho para esse desastre. O acontecimento, ao que tudo indica, diz respeito ao significado da história de Israel.

O evangelho de Lucas forma um paralelo com *Guerras*, não com *Antiguidades*. É preciso conectar a narrativa à longa história de Israel: os dois primeiros capítulos só podem ser compreendidos por alguém com essa história em mente, conhecida, de preferência, em uma das versões gregas disponíveis na época. Vez após vez, na própria narrativa, somos lembrados da história mais ampla, da qual o evangelista narra o ponto culminante. Embora a frase seja sobrecarregada de ideias e não totalmente precisa, Lucas, como Marcos, escreve uma longa narrativa da paixão com uma introdução estendida, à luz da qual o leitor pode entender o acontecimento culminante em si.[7] Lucas não escreveu um equivalente às *Antiguidades*. Mas deixa bem claro que poderia tê-lo feito se quisesse: os acontecimentos que se cumpriram, diz ele, são a finalidade para a qual toda a história de Israel tem conduzido desde o início.[8]

Embora a história de Lucas se concentre na morte de Jesus — da mesma forma que Josefo se concentra na queda de Jerusalém e, portanto, forme um paralelo próximo —, Lucas também está ciente da queda de Jerusalém (seja como profecia, seja como acontecimento passado; não nos cabe discutir as opções aqui). "Se não se arrependerem, todos vocês também perecerão", exorta o Jesus retratado por Lucas. No entanto, as palavras podiam ser facilmente atribuídas a Josefo, instando os rebeldes a largar as armas e a confiar em deus para um modelo diferente de lealdade às tradições ancestrais.[9] A narrativa de Lucas tem, nesse sentido, um duplo ponto culminante em relação ao único de Josefo, ponto que, acredito, faz parte da ideia principal: a queda do Templo, vista como

---

[7]Veja a discussão do espaço proporcional dado a diferentes materiais nos evangelhos em Burridge, *What Are the Gospels? A Comparison with Graeco-Roman Biography*, 1992, p. 201-s.
[8]Veja esp. Lucas 24:26-7,44.
[9]*Vida* 110 etc.

O NOVO TESTAMENTO E O POVO DE DEUS

um acontecimento futuro no mundo narrativo de Lucas, forma um paralelo próximo com a morte de Jesus. Nesse ponto, a diferença entre Lucas e Josefo nos serve de pista poderosa ao argumento teológico formulado por Lucas.

b. Josefo reivindica que a história de Israel teve um final estranho, sombrio e inesperado: o deus de Israel passou para o lado dos romanos.[10] A providência que havia cuidado de Israel ao longo de sua história finalmente a abandonou por causa do seu pecado, deixando o Templo desolado. Em vez disso, esse deus, o criador, elevou Roma à posição de soberania mundial. Judeus militantes haviam lido, em suas escrituras, profecias que falavam de um governante mundial, vindo da Judeia:[11] de acordo com Josefo, tais profecias referiam-se a Vespasiano, que estava na Judeia quando foi saudado por suas tropas como imperador e de onde foi para Roma com o propósito de reivindicar o reino sob o qual o próprio Josefo posteriormente desfrutou o mecenato.[12]

Lucas conhece as profecias de Daniel e faz seu próprio uso delas. Penso ser muito provável que a história da ascensão de Jesus (Atos 1) deva muito a Daniel 7: Jesus é exaltado em uma nuvem, presumivelmente à direita do Ancião de Dias. Como resultado, Jesus recebeu o reino, o governo mundial, que é aquele pelo qual Israel ansiava, mas que agora é visto de uma forma diferente. A pergunta dos discípulos e a resposta de Jesus em Atos 1:6-9 efetuam uma leitura transformada da profecia, não muito diferente da leitura de Josefo. Primeiro, temos a questão refletindo as expectativas judaicas tradicionais:

> Então os que estavam reunidos lhe perguntaram: "Senhor, é neste tempo que vais restaurar o reino a Israel?" [NVI]

Jesus reafirma a expectativa, porém altera a interpretação:

> Ele lhes respondeu: "Não lhes compete saber os tempos ou as datas que o Pai estabeleceu pela sua própria autoridade. Mas receberão poder quando o Espírito Santo descer sobre vocês, e serão minhas testemunhas em Jerusalém, em toda a Judeia e Samaria e até os confins da terra". [NVI]

Imediatamente, percebemos a ligação com o reino prometido em Daniel 7, visto que, no versículo seguinte, Jesus é descrito em linguagem própria a um filho do homem vindicado e receptor de um reino:

---

[10] *Guerras* 2.390; 5.362-74, 376-8, 412 etc.
[11] Conforme argumentamos no cap. 10, Josefo provavelmente está se referindo a Daniel 2, 7 e 9 (veja p. 312-s.).
[12] Veja *Guerras* 3.399-408.

496

NARRATIVAS NO CRISTIANISMO APOSTÓLICO (1)

Tendo dito isso, foi elevado às alturas enquanto eles olhavam, e uma nuvem o encobriu da vista deles. [NVI]

Jesus é exaltado como Senhor na Judeia, a fim de, então, ser proclamado como Senhor em Roma. Lucas prossegue narrando como a proclamação, não de Vespasiano, mas de "outro rei" (Atos 17:7), passa por lutas, dificuldades, disputas e desastres até que, como Vespasiano (apenas um pouco antes) chega à capital:

> Paulo morou [em Roma] durante dois anos inteiros na casa que havia alugado e recebia todos que o visitavam, pregando o reino de Deus e ensinando as coisas concernentes ao Senhor Jesus Cristo, com toda a liberdade, sem impedimento algum.[13]

Cada palavra conta nessa breve declaração final. Paulo está em Roma como um homem livre (mais ou menos),[14] propagando o evangelho livremente. O evangelho é a boa-nova do reino do deus de Israel, a mensagem de que não há rei senão esse deus. Mais especificamente, é a mensagem judaica agora cristalizada como notícia sobre Jesus, o Messias, a quem Paulo anuncia como *Kyrios*, Senhor. Tal mensagem subversiva podia ser proclamada ousadamente e sem impedimento. É como se, para Lucas, o cristianismo ocupasse o lugar tradicional do judaísmo: é a resposta divina ao paganismo. Eis aqui um judeu vivendo na própria cidade de Roma (ou seja, não apenas escondendo-se nos montes da Galileia), declarando que, em Jesus e por meio dele, o deus de Israel é o único rei do mundo. Essa é a resposta completa de Lucas à questão formulada pelos discípulos, em Atos 1:6. O deus de Israel restaurou seu reino para seu povo.

A forma da narrativa nos capítulos finais de Atos também é instrutiva. Uma rápida comparação com o evangelho de Lucas revela um paralelo próximo: Paulo, como Jesus, faz uma longa jornada, culminando com seu julgamento nas mãos de judeus e romanos. O equivalente à crucificação, no entanto, não é a morte de Paulo. Lucas não tem a intenção de fazer de Paulo um segundo redentor, morrendo pelos pecados do mundo. A narrativa da crucificação no evangelho é ecoada pela tempestade e pelo naufrágio em Atos; a ressurreição, pela chegada segura de Paulo e sua comitiva em Roma, levando à proclamação aberta e desimpedida do reino do deus de Israel, o deus agora revelado no Senhor Jesus ressurreto.[15] O evangelho de Jesus avança pelos mesmos meios

---

[13]Atos 28:30,31 [Bíblia Sagrada Almeida Século 21].
[14]Compare Atos 28:16 e 28:30-1.
[15]Veja conexões breves entre Lucas 24 e Atos 28. Por exemplo, Lucas 24:26,44 com Atos 28:23; Lucas 24:47 com Atos 28:28.

O NOVO TESTAMENTO E O POVO DE DEUS

que vemos na vida de Jesus: a cruz e a ressurreição estão gravadas na vida da igreja, que testifica a respeito delas. Mas a obra da igreja *deriva da* obra de Jesus, ou seja, não forma apenas um paralelo com ela.

A estrutura narrativa de Lucas para o livro de Atos fornece-nos uma estrutura análoga à empregada por Josefo. Em ambos os casos, o escritor afirma oferecer a verdadeira leitura da profecia bíblica.[16] Em ambos os casos, a nova história subverte radicalmente a antiga: nem Josefo nem Lucas sugerem que haverá um cumprimento ao longo das linhas antecipadas por judeus militantes.[17] Em ambos os casos, o deus de Israel é responsável pelo processo segundo o qual a realeza é trocada de Jerusalém para Roma. Vespasiano e Jesus são proclamados reis, primeiro na Judeia, depois em Roma. Em cada caso, Jerusalém é deixada em ruínas, o reino oposto e rebelde.

c. De forma consistente, Josefo retrata Roma, especialmente seus mais altos funcionários, sob uma ótica favorável. É verdade que os procuradores que governaram a Judeia antes da guerra foram alvo de algumas críticas ferrenhas. Nesse caso, porém, não lhe foi difícil fazê-las: os homens em questão, mesmo que ainda estivessem vivos, não tinham peso em Roma sob o governo de Vespasiano ou Tito.[18] Contudo, acerca desses dois imperadores, Josefo nada tinha a dizer senão coisas boas. Vespasiano, declara Josefo, foi aquele de quem Daniel profetizara a respeito. Tito, seu filho e herdeiro, deve ser exonerado de qualquer violência e malignidade, pois simplesmente fez o que lhe fora imposto pela tolice de judeus rebeldes. Em particular, ele não foi responsável por atear fogo ao Templo.[19] Esses detalhes são, obviamente, apenas a ponta do *iceberg*. Josefo escreve *Guerras* com a intenção de apresentar a obra a Vespasiano e a Tito;[20] toda ela foi projetada para mostrar a raça judaica em uma ótica favorável aos olhos da dinastia flaviana e para explicar a grande catástrofe como obra de rebeldes tolos, e não como resultado de aspirações nacionais em larga escala, por muito tempo sustentadas. Simultaneamente, não é implausível sugerir que Josefo pretendia retratar os romanos para os judeus, em Roma e em outros lugares, de forma favorável. Josefo acreditava que os judeus teriam de entrar em acordo com o governo romano; há tempos, aristocratas como ele haviam aprendido a fazê-lo, e era hora de os demais judeus aprenderem a fazer o mesmo.

---

[16]Veja Atos 28:23-8; *Guerras* 6.312-15.

[17]Alguns veem dicas de um cumprimento mais profundo, mais caracteristicamente judaico, em Lucas 21:24 e Atos 1:7, bem como naquilo que Josefo *não* diz (por exemplo) em *Ant.* 10.206-9, 263-s. Veja p. 304, 312-s.

[18]Veja sua descrição de Géssio Floro, *Ant.* 20.252-8.

[19]*Guerras* 5.97 (negando bajulação!); 5.319, 360-s.; 6.236–66; veja 6.324.

[20]*Ápio* 1.51.

NARRATIVAS NO CRISTIANISMO APOSTÓLICO (1)

Os motivos de Lucas para escrever sua obra em dois volumes são certamente complexos. Parece, no entanto, altamente provável que incluam uma medida semelhante de apologética, talvez em ambas as direções.[21] É verdade que, se alguém desejasse apenas fazer uma apologia ao cristianismo apostólico às autoridades romanas, não produziria, necessariamente, uma obra como Lucas—Atos. Há material extra demais que fugiria dessa linha; comparações com as obras de Aristides, Justino e outros apologistas do segundo século d.C. revela enormes diferenças.[22] Da mesma forma, não podemos oferecer uma explicação completa para Lucas—Atos a partir da hipótese de que Lucas estava tentando persuadir seus leitores cristãos de que podiam confiar nas autoridades romanas. Entretanto, se dermos um passo para trás a partir dessas duas concepções um tanto estreitas de "apologética", um quadro maior pode emergir, em que ambos são mantidos juntos.

A despeito da data que damos ao evangelho, Lucas escrevia em um contexto no qual o judaísmo foi, por muito tempo, categorizado de forma especial pelos romanos. No que dizia respeito aos romanos, os judeus eram ateus antissociais. Todavia, eles não eram perseguidos por Roma apenas por serem judeus, pois, afinal, haviam recebido o *status* de religião autorizada.[23] A enorme obra de Lucas em dois volumes pode ser lida como uma afirmação, entre muitas outras coisas, de que tal *status* deveria pertencer aos cristãos. São eles os herdeiros das promessas judaicas de salvação; a eles é que se deve atribuir o *status* próprio de uma grande religião da antiguidade.[24] São eles, repetidas vezes, mostrados como tendo a razão, sendo inocentados, mesmo depois de declarados culpados pelos magistrados: da crucificação de Jesus, passando pelos apóstolos perante o Sinédrio e chegando a Paulo (em Filipos, perante Agripa e Festo, ou na viagem de navio para Roma) — cristãos são inocentados das acusações de sedição ou subversão que lhes são feitas.[25] Os romanos, por sua vez, são retratados da melhor maneira possível, à exceção de Pilatos; como nos escritos de Josefo, não há necessidade de encobrir um procurador há muito tempo morto e desacreditado.[26] Revolucionários judeus, em ambas as obras, colhem aquilo que plan-

---

[21]Veja discussão em Maddox, *The Purpose of Luke-Acts*, 1982; Walasky, *And So We Came to Rome: The Political Perspective of St. Luke*, 1983; Houlden, "The Purpose of Luke", 1984; Evans, *Saint Luke*, 1990, p. 104-11, com outras referências.

[22]Esse é o ponto forte por trás da observação frequentemente citada por Barrett, *Luke the Historian in Recent Study*, 1970 [1961], p. 63, no sentido de que (para o autor) nenhum oficial romano teria paciência de percorrer um material irrelevante para chegar a uma apologia tão pequena. Mas essa objeção perde a ideia central que estou prestes a expor.

[23]Veja p. 156.

[24]Veja Aune, *The New Testament in Its Literary Environment*, 1987, p. 136-8.

[25]Lucas 23:47; Atos 5:33-9; 16:35-9; 26:32; 27:3,43.

[26]Veja Lucas 13:1-3. A ideia deve ser estabelecida juntamente com qualquer senso de que Lucas exonera Pilatos, talvez com base em 23:4,14 e seguintes.

O NOVO TESTAMENTO E O POVO DE DEUS

taram. Josefo e Lucas falam em nome do que consideravam ser a verdadeira continuidade do verdadeiro Israel: Josefo, possivelmente, em nome dos rabinos de Jâmnia, os quais tentavam reconstruir um novo tipo de judaísmo; Lucas, em nome dos seguidores de Jesus.[27]

d. O quarto ponto é mais polêmico, mas parece-me resultar claramente do que foi dito até agora. Josefo não pretendia apenas fazer propaganda. Tomando Tucídides como um de seus modelos, Josefo desejava relatar acontecimentos que realmente haviam ocorrido no passado.[28] Como um judeu bem instruído, era assim que Josefo via o mundo: o deus de Israel se comprometera a agir na história e, mesmo quando os eventos pareciam refutar determinada hipótese, havia sempre uma proposta drástica que poderia ser feita como justificativa para o final. Josefo não recai, em momento algum, em uma cosmovisão anti-histórica, isto é, de que a história não faz sentido e que o indivíduo deve, assim, buscar uma espiritualidade ou filosofia particular. A razão subjacente ao seu trabalho é precisamente a ideia de que a história é relevante, e que eventos históricos recentes pareciam falsificar a visão de mundo judaica. Sua tarefa é argumentar que, na verdade, esses eventos não cometiam falsificação, e não que a história é irrelevante. A história é o que importa; essa é a razão pela qual ele a escreve.

De modo semelhante, Lucas pretende escrever sobre acontecimentos reais, ocorridos em um passado real. Se ele distorce ou não o evangelho de Marcos ou a tradição anterior, essa é outra questão (dependendo, claro, não menos de suposições levantadas pela crítica das fontes) que retomaremos posteriormente. Mas Lucas, de todos os evangelistas, é o mais explícito ao afirmar do que se trata sua obra:

> Muitos já se dedicaram a elaborar um relato dos fatos que se cumpriram entre nós, conforme nos foram transmitidos por aqueles que desde o início foram testemunhas oculares e servos da palavra. Eu mesmo investiguei tudo cuidado-samente, desde o começo, e decidi escrever-te um relato ordenado, ó excelentís-simo Teófilo, para que tenhas a certeza das coisas que te foram ensinadas [...].
>
> No décimo quinto ano do reinado de Tibério César, quando Pôncio Pila-tos era governador da Judeia; Herodes, tetrarca da Galileia; seu irmão Filipe,

---

[27]Às vezes, afirma-se que Lucas reflete uma época em que a igreja estava em paz em seu mundo social, talvez, então, no 2º século (Koester, *Introduction to the New Testament*, 1982b, p. 308-23). Mas o motivo que acabamos de descrever pressupõe o seguinte: algum tipo de apelo à permissão de existir ainda é necessário. De qualquer maneira, nossa falta de informação sobre grande parte do 2º século não nos dá motivos para supor que as coisas fossem mais fáceis para a igreja cristã do que antes; na verdade, quanto mais as autoridades ouviam falar do novo movimento, talvez mais ele fosse perseguido.

[28]Veja os caps. 3–4, esp. p. xx, xx.

NARRATIVAS NO CRISTIANISMO APOSTÓLICO (1)

tetrarca da Itureia e Traconites; e Lisânias, tetrarca de Abilene; Anás e Caifás exerciam o sumo sacerdócio. Foi nesse ano que veio a palavra do Senhor a João, filho de Zacarias, no deserto.[29]

Qualquer um que escreva dessa forma tenciona descrever acontecimentos históricos. Vimos que isso não significa que Lucas fosse "objetivo" ou "neutro", não mais do que qualquer outro historiador, antigo ou moderno. Lucas era precisamente um *historiador*, não muito diferente de Josefo. Josefo às vezes conta uma história de uma forma em um livro e de outra em outro livro. Isso não significa que o acontecimento fundamental não aconteceu; apenas que ele o apresenta de um ângulo diferente. Da mesma forma, Lucas tem a liberdade de contar duas versões diferentes do mesmo acontecimento: o exemplo clássico é a ascensão, que, no evangelho, parece ocorrer no dia da Páscoa (24:51) e, em Atos, quarenta dias depois (Atos 1:3). Isso não significa que Lucas esteja inventando tudo. Para o evangelista, assim como para Josefo, a história era a esfera da operação divina. Ambos os escritores sustentavam variações reconhecíveis no âmbito da cosmovisão judaica, a qual já esboçamos. A história de Israel é o assunto principal; como essa história alcança seu ápice, essa é a questão--chave. Não há qualquer sugestão dos escritores de que a história deixou de ter importância.

O que podemos dizer, então, sobre a relação entre Lucas e Josefo? Alguém poderia, sem dúvida, formular um argumento para uma relação de dependência; se isso fosse feito, parece muito mais provável que Lucas tenha tido acesso a Josefo (supondo que Lucas escrevesse tarde o suficiente) do que o contrário. Mas nada depende desse relacionamento, algo que me parece, na melhor das hipóteses, uma possibilidade remota. Lucas e Josefo são primos literários, não filho e pai, nem mesmo tio e sobrinho. A importância de seu relacionamento, para os devidos propósitos, reside no que podemos agora dizer sobre a natureza da narrativa de Lucas.

2. A forma da história de Lucas

Quando João começa sua obra com as palavras "No princípio...", sabemos que ele está imitando Gênesis. Quando Mateus abre com "o livro das gerações...", sabemos que está evocando uma frase comum de ligação, mais uma vez do livro

---

[29]Lucas 1:1-4; 3:1-2. Sobre o prólogo de Lucas e sua importância, veja comentários de Nolland, *Luke 1— 9:20*, 1989, p. 4-12; Evans, *Saint Luke*, 1990, p. 115-36; e também Alexander, "Luke's Preface in the Context of Greek Preface-Writing", 1986; Hemer, *The Book of Acts in the Setting of Hellenistic History*, 1989, p. 321-8; e Alexander, *The Preface to Luke's Gospel: Literary Convention and Social Context in Luke 1:1–4*, 1993.

de Gênesis.[30] Mas e quanto a Lucas? Seu prólogo formal e resumido (1:1-4) evoca as aberturas literárias de várias obras do período helenístico, inclusive, curiosamente, dois livros de Josefo.[31] Lucas pretende que o livro seja primordialmente posicionado não dentro do mundo bíblico judaico (o livro incluirá o mundo judaico, mas não será contido por ele), mas dentro do mundo geral da escrita helenística séria, principalmente a escrita histórica.[32]

Assim que essa intenção é anunciada, porém, Lucas nos leva a um pequeno canto do mundo helenístico e nos apresenta, como Shakespeare iniciando uma peça com uma dupla de personagens menores, Isabel e Zacarias, que se tornarão os pais de João Batista. Nenhum imperador romano, nenhuma ocasião oficial, nenhum floreio de trombetas helenísticas; apenas um piedoso casal de judeus idosos, nos últimos dias do reinado de Herodes, ansiando por um filho. Todavia, para os que têm ouvidos para ouvir, Lucas faz quase o mesmo que João e Mateus. Dessa vez, porém, a alusão não é a Gênesis, à criação do mundo, mas a 1Samuel: a criação da monarquia de Israel. O começo inocente dessa grande história de estilo helenista mascara o propósito subversivo de longo prazo.

A história de Isabel e Zacarias (Lucas 1:5-25,39-45,57-80) é, sem dúvida, destinada a levar a mente do leitor de volta à história de Ana e Elcana (1Samuel 1:1—2:11). Dessa vez, é o pai (Zacarias), não a mãe (Ana), que está no Templo, e ele mesmo é um sacerdote, não apenas aparecendo perante alguém como Ana diante de Eli. A história não tem simplesmente a mesma forma (o casal cujo anseio por um filho interliga-se com o propósito divino), mas a mesma conclusão triunfante (a canção de Ana pode ser vista nos cânticos de Maria e de Zacarias). Além do mais, ambas revelam um propósito mais longo, que espera para ser descoberto, o que abrange a mensagem de juízo e de salvação para Israel.

Trata-se, em primeiro lugar, de uma mensagem de juízo. Samuel, filho de Ana, anunciará a Eli que seus dias e os dias de seus filhos estão contados, e que a arca do deus de Israel será tirada. João, filho de Isabel, declarará juízo divino sobre Israel, mensagem captada pelo sucessor de João, Jesus, em advertências cada vez mais explícitas contra Jerusalém e contra o Templo. A história de Davi, cujo desenvolvimento se dá a partir da história de Samuel, é, desde o início, uma história de advertência para a casa de Saul: precisamente porque o deus de Israel decidiu rejeitar Saul é que Davi foi ungido. A história de Davi progride, retratando-o como um pária, liderando um grupo heterogêneo de seguidores

---

[30]Gênesis 2:4; 5:1; 10:1; 25:12,19 etc.

[31]*Guerras* 1.17; *Ápio* 1.1-18. Veja nota n.º 27.

[32]Veja Aune, *The New Testament in Its Literary Environment*, 1987, p. 139-s. Mealand, "Hellenistic Histories and the Style of Acts", 1991, ressalta a semelhança lexical entre Atos e alguns historiadores helenistas, como Políbio.

NARRATIVAS NO CRISTIANISMO APOSTÓLICO (1)

no deserto da Judeia, atingindo seu ponto culminante inicial no momento em que Saul e Jônatas são mortos, e ele, Davi, é ungido como rei de Israel. Um de seus primeiros atos é ir a Jerusalém e tomar a cidade como sua capital.[33] A história de Jesus progride ao longo de sua peregrinação com seus seguidores heterogêneos na Galileia e em outros lugares, atingindo seu ápice inicial quando ele chega a Jerusalém em meio a expectativas de que, enfim, o deus de Israel se tornaria rei. É uma mensagem de juízo para o regime existente.[34]

Também é uma mensagem de salvação. O momento mais importante da história de Samuel não é sua denúncia contra Israel, mas a unção do jovem Davi. Naquela ocasião, de acordo com 1Samuel 16:13, "o espírito de YHWH veio poderosamente sobre Davi, daquele dia em diante". Esse era o mesmo Davi de cujo filho o deus de Israel diria, mais adiante na narrativa, que estabeleceria seu reino para sempre, acrescentando: "Eu lhe serei pai, ele me será filho" (2Samuel 7:14). O momento mais importante da história de João não é sua advertência profética da ira vindoura, mas seu batismo de Jesus, ocasião em que, de acordo com Lucas 3:22, "o Espírito Santo desceu sobre [Jesus] em forma corpórea, como pomba". Então, uma voz do céu lhe anuncia, com palavras cheias de conotações davídicas: "Tu és o meu Filho amado; em ti me agrado". Com arte e destreza características, Lucas forma, com alguns traços de caneta, um quadro completo, declarando-nos, da forma mais clara possível, que João Batista desempenha o papel de Samuel, e Jesus, o do novo Davi. E, com isso, os reinos helenísticos e romanos do mundo, a que o prólogo de Lucas se dirige de forma tão nobre, recebem a notificação de que há um novo reino, um reino do deus de Israel, e que o jovem agora ungido por seu primo no Jordão é o rei por meio do qual esse reino será estabelecido.

Paralelamente, a história da salvação continua. A unção de Davi é seguida, na narrativa de 1Samuel, por seu duelo solitário contra Golias, na condição de representante de Israel. A unção de Jesus é seguida imediatamente por sua batalha contra Satanás.[35] Davi retorna do seu encontro para os braços de um povo extasiado e para o ciúme de Saul; Jesus retorna de seu encontro para fazer o que é, na verdade, uma proclamação messiânica em Nazaré; como resultado, é rejeitado por seus concidadãos, mas recebido com entusiasmo por outros.[36] Finalmente, Davi deixa a corte para vagar como um fugitivo perseguido, com seu grupo de seguidores; Jesus gasta boa parte do evangelho de Lucas viajando com seu grupo, às vezes sendo advertido sobre conspirações contra sua vida.[37]

---

[33]2Samuel 1:1-s.; 5:1-5; 5:6-10.
[34]Lucas 19:11,28-48.
[35]1Samuel 17; Lucas 4:1-13.
[36]1Samuel 18:6-16; Lucas 4:14-44.
[37]1Samuel 19-30; Lucas 9:51–19:28, com 13:31-3.

O NOVO TESTAMENTO E O POVO DE DEUS

Nada disso quer dizer que o paralelo com 1Samuel é a única, ou mesmo a principal, chave para o evangelho de Lucas. Todavia, a grande semelhança até agora sugere com veemência (contra a crítica da forma clássica) que Lucas não está simplesmente coletando pedaços de tradições e amarrando-os de forma aleatória; também sugere, contra as principais formas de crítica da redação, que o arranjo adotado por Lucas não é simplesmente em busca de um esquema caseiro de teologia, inventado no contexto de acontecimentos do início da segunda geração cristã, mas que ele conta sua história de maneira particular para que possa dizer, por meio de sua forma e de seu conteúdo detalhado, o seguinte: esta história é o ponto culminante para o qual a história de Israel tem sido conduzida desde o início.

Quando nos voltamos para o fim do evangelho e para o início de Atos, o paralelo davídico continua claro. É explicitado, por exemplo, em Lucas 20:41-44 (na pergunta sobre o Senhor de Davi e o filho de Davi); no material messiânico da cena da crucificação (23:35-43); e na nota de cumprimento, particularmente das esperanças reais, em Lucas 24:26,44-49. Lucas insiste em que a morte de Jesus na cruz e sua ressurreição dos mortos devem ser entendidas em termos de categorias davídicas. Ele se tornou rei, da forma paradoxal exigida, em verdadeiro cumprimento das escrituras judaicas. O início de Atos começa exatamente no ponto em que Lucas termina: agora que o rei davídico foi exaltado, a mensagem da salvação deve ser transmitida ao mundo.[38] É como se Lucas dissesse: após a morte de Davi, veio seu filho, Salomão, a quem o mundo se dirigiu para ouvir sabedoria e a quem as nações foram sujeitas.[39] Agora, após a morte e a ressurreição do verdadeiro filho de Davi, Jesus, o verdadeiro reino davídico foi estabelecido, e as nações lhe serão sujeitas. O fim de Atos, como observamos anteriormente, completa esse quadro, com o reino do deus de Israel sendo anunciando, de forma aberta e sem obstáculos, em Roma.

Importa-nos enfatizar que não se trata apenas de "tipologia". A tipologia toma um acontecimento passado e o coloca em estreita relação com um acontecimento paralelo, no tempo presente. O tema davídico de Lucas é de fato tipológico — que Jesus realmente é visto como o "verdadeiro Davi" —, mas isso não é nem aleatório nem arbitrário; antes, é mantido firmemente *em um plano ideológico histórico*. A vida, a morte e a ressurreição de Jesus, bem como o envio do espírito divino, são o produto final da longa história que começou com Davi e as promessas divinas a ele feitas. As semelhanças, os paralelos, existem por causa da história geral, não o contrário. Lucas conta a história de Jesus como o cumprimento, a conclusão, da história de Davi e de seu reino.

---

[38]Veja o proeminente tema davídico em Atos 2:25-36; 4:24-30.
[39]Veja 1Reis 4:21-34; 10:1-29; compare com Salmos 72; 89:19-37 etc.

504

NARRATIVAS NO CRISTIANISMO APOSTÓLICO (1)

Dessa perspectiva, podemos ver que um relato completo da natureza narrativa de Lucas deve incluir dois elementos normalmente tidos como distintos. Por um lado, temos a história davídica da forma como a esboçamos e, com ela, a sensação de que Lucas está ciente de contar, de forma semelhante a Josefo, como foi que a longa história de Israel atingiu seu paradoxal cumprimento. Por outro lado, devemos levar em conta os argumentos recentes de que os evangelhos, e talvez Lucas em particular, pertencem ao amplo gênero da literatura helenística. Essa possibilidade, há muito ignorada devido aos dogmas da crítica da forma, é atualmente apoiada por diversos estudos, os quais são detalhados demais para uma discussão aqui.[40]

Como esses gêneros — a história judaica atingindo seu auge e a *bios* helenística, a história da vida de determinado indivíduo no mundo greco-romano — se encaixam? A resposta, sugiro, encontra-se na compreensão de Lucas de um ponto teológico central, um ponto que lhe permite contar a história de Jesus da maneira como faz. Como tantos judeus (e presumivelmente prosélitos bem instruídos) da época, Lucas acreditava que, antes de Jesus, a história de Israel ainda não havia atingido seu auge. O exílio não havia acabado; a redenção ainda estava por vir.[41] Era apropriado, nesse contexto, que Lucas contasse a história de uma vida na qual, segundo acreditava, o exílio teve um fim verdadeiro; o pecado foi finalmente tratado; e a redenção, finalmente assegurada. Ao mesmo tempo, porém, Lucas entendeu com clareza a crença judaica igualmente importante de que Israel, ao ser redimido, abençoaria o mundo inteiro. A salvação de Israel não devia ser um assunto particular: devia acontecer em prol de todos. As boas-novas do reino estabelecido teriam de afetar o mundo dos gentios. Visto que, portanto, Lucas cria que essas boas-novas haviam sido encarnadas na vida — e particularmente na morte e na ressurreição — de um ser humano, e uma vez que se tratava de uma mensagem *judaica* para um mundo *gentílico*, Lucas mesclou dois gêneros aparentemente incompatíveis com uma habilidade incomparável. Contou a história de Jesus como uma história judaica — na verdade, como *a* história judaica — da mesma forma que Josefo contou a história da queda de Jerusalém como o auge da longa e trágica história de Israel. Lucas, porém, contou-a de modo a dizer ao seu

---

[40]Veja Stanton, *Jesus of Nazareth in New Testament Preaching*, 1974; Talbert, *What is a Gospel? The Genre of the Canonical Gospels*, 1977; Moule, *The Birth of the New Testament*, 1982 [1962], p. 9-13, com outras referências; Dihle, "Die Evangelien und die griechische Biographie", 1983; Berger, *Formgeschichte Des Neuen Testaments*, 1984, p. 352-s.; Aune, *The New Testament in Its Literary Environment*, 1987, caps. 1–4; Hemer, *The Book of Acts in the Setting of Hellenistic History*, 1989, p. 91-4; Lemcio, *The Past of Jesus in the Gospels*, 1991; e esp. Burridge, *What Are the Gospels? A Comparison with Graeco-Roman Biography*, 1992.

[41]Veja os caps. 9–10.

público greco-romano o seguinte: na vida deste homem, encontra-se a mensagem judaica de salvação, da qual todos vocês, pagãos, precisam.[42]

Como tal, a história de Lucas subverte as principais histórias de ambos os mundos que ele está retratando e aos quais se dirige. Primeiro, o evangelista conta a história de Israel, sem permitir que ela caia no mundo fechado e a-histórico do gueto, ou então no violento mundo revolucionário da Quarta Filosofia de Josefo. Lucas mostra, ao contrário, que o reino do deus de Israel, inaugurado na história pública, subverte poderosamente o mundo pagão e seus reinos, sem o uso da força armada. Dito de outra forma, Lucas vê o *escathon*, esperado por muitos judeus do primeiro século, como já tendo acontecido e, ao mesmo tempo, como estando ainda para acontecer. O Fim aconteceu no Calvário, na Páscoa e no Pentecostes; não é mais preciso lutar por isso, pois já aconteceu. Ao mesmo tempo, o Fim ainda está por vir, com a volta de Jesus (Atos 1:11); a história, incluindo a história do povo de Jesus como o povo renovado do deus de Israel, deve continuar, com todas as suas ambiguidades e perplexidades. Se esse duplo Fim permite a Lucas evitar a falsa antítese do gueto e da espada, também o leva a evitar o triunfalismo brando de Eusébio, que, por sua vez, subverte a história de Lucas ao combinar a história do reino do deus de Israel com a história do reino de Constantino.[43]

Lucas, então, reconta a história de Israel de modo a subverter outras narrativas do primeiro século. Ou, mais precisamente, conta uma história cujo objetivo é servir de *verdadeiro ponto culminante* da história de Israel. Lucas pressupõe a história de Adão, através de Abraão, Davi, do exílio e além, destacando especialmente as promessas de salvação por meio do herdeiro de Davi. Assim como 1Macabeus conta a história da revolta contra Antíoco Epifânio de modo a legitimar os asmoneus como verdadeiros reis-sacerdotes de Israel,[44] Lucas conta a história de Jesus de forma a legitimá-lo como o verdadeiro rei davídico. O evangelho de Lucas pretende ser a cena final da história do deus criador e de seu povo pactual e, portanto, a penúltima cena (daí a necessidade de Atos) em um drama ainda maior: o drama do criador envolvendo o mundo.[45] Somente se o lermos sob essa ótica, poderemos compreender o significado

---

[42]Isso está, penso, em linha com Dihle, "Die Evangelien und die griechische Biographie", 1983, embora com um senso mais desenvolvido da história judaica.

[43]A ironia é que a igreja normalmente lê Lucas como se fosse uma edição anterior de Eusébio, interpretando-o de modo tão radical quanto a ideia errônea de que Paulo não passa de uma edição anterior de Lutero.

[44]Veja esp. 1Mac. 14:4-15, contando a história do reino de Simeão (na década de 140 a.C.) como o cumprimento das gloriosas profecias.

[45]Tannehill, "The Disciples in Mark: The Function of a Narrative Role", 1985b, está certo ao argumentar que, em termos de história de Israel, a narrativa de Lucas é essencialmente trágica (em vez de antissemítica). Veja p. xx.

da narrativa. Em termos greimasianos, Lucas apresenta seu evangelho como a Sequência Tópica vital de um drama maior, e Atos como a inauguração da sequência final. O evangelista pressupõe, como sequência inicial, a história do mundo e de Israel até aquele momento:

A história chegou a um impasse: o próprio Israel não foi redimido, de modo que não pode trazer a salvação divinamente planejada para o mundo. Lucas, então, conta a história de Jesus com a seguinte sequência tópica:

O resultado é que ele pode finalmente expor, em Atos, a história de como a sequência final alcança o que a sequência inicial não conseguiu:

A análise narrativa de toda a obra de Lucas, portanto, demonstra que ele, como Josefo em *Guerras*, pretende que sua história complexa seja vista como a conclusão de outra maior. A história de Israel atingiu seu cumprimento essencial na história de Jesus, a fim de que seu objetivo futuro de longo prazo possa ser alcançado por meio da missão do espírito de Jesus na igreja. A história de Lucas, sendo uma forma reconhecível da história judaica fundamental, pretende subverter as formas narrativas disponíveis em sua época. Sua escrita de um segundo volume não representa, como tantas vezes se imaginou, o declínio de uma cosmovisão totalmente judaica e, de fato, apocalíptica. A história que chegou ao fim com a morte e a ressurreição de Jesus não é a história do mundo como um todo, mas a de uma fase vital nos propósitos do deus criador. Precisamente porque essa fase foi concluída com sucesso, a história mundial agora se transforma no palco em que se desenrolará o ato final do drama.

Se Lucas subverteu a história de Israel, também o fez, em segundo plano, com a história pagã, ao contar (parte da) história do mundo pagão sem perder o controle da teologia judaica. Essa teologia, com sua base sólida no monoteísmo, na eleição e na escatologia, afirma a existência de uma forma de compreensão e resposta ao mundo cuja interpretação é melhor do que a oferecida no paganismo, assim como existe "outro rei, Jesus". Existe um verdadeiro deus criador, de quem os ídolos pagãos não passam de paródia. Esse deus verdadeiro, tornado conhecido na história de Israel e, agora, de modo supremo em Jesus e no espírito divino, reivindica o mundo como seu. Lucas escreve uma *bios* que subverte o impulso e o contexto normais das *bioi* pagãs.

A história que Lucas conta, portanto, só significa alguma coisa se acontecer dentro da história pública mundial. Ao mesmo tempo, sua história só significa alguma coisa se corresponder à teologia. Estudos recentes estão certos em enfatizar que Lucas é *tanto* historiador *como* teólogo: a divisão entre essas duas áreas sempre foi uma projeção forçada do dualismo pós-iluminista a um texto do primeiro século. Agora, podemos ver, no contexto dessa dupla verdade, uma duplicação adicional de cada lado. Lucas, como historiador, ocupou os mundos judaico e helenístico. Como teólogo, permaneceu firmemente judaico ao abordar o mundo do paganismo. Lucas, em harmonia com judeus bem instruídos, acreditava que era possível entender o paganismo sob a perspectiva do monoteísmo criacional, da mesma forma como alguém que sabe o que é uma esfera pode entender o que é um círculo. Lucas cria que, se alguém fosse chamado pelo deus criador a uma tarefa *vis-à-vis* o mundo pagão, poderia realizá-la ao subverter a história mundial com a verdadeira história judaica. Isso, sugiro, é precisamente o que Lucas faz.

O ESCRIBA E O ENREDO: A HISTÓRIA DE MATEUS

"Todo escriba versado no reino dos céus é semelhante a um pai de família que tira do seu depósito coisas novas e coisas velhas." Tais palavras, concluindo a coletânea de parábolas que recaem no meio do evangelho de Mateus, têm sido comumente vistas como uma espécie de assinatura, um sinal de que, neste livro, temos exatamente isto: coisas novas e velhas, um tesouro da tradição dos escribas.[46] Mas como esse tesouro é delineado? Que tipo de livro escre-

---

[46]Mateus 13:52; veja Strecker, *The Concept of History in Matthew*, 1983 [1966], p. 77.

NARRATIVAS NO CRISTIANISMO APOSTÓLICO (1)

veu "Mateus"? Que tipo de história ele conta? Qual é sua estrutura narrativa, seu enredo?[47]

Já vimos que os evangelhos sinóticos devem ser classificados, ao menos em certo nível, como "vidas" ou biografias de estilo helenístico. Contudo, também vimos que Lucas, embora pertencendo enfaticamente a essa categoria, também se situa no mundo da história judaica, particularmente a história de como o deus de Israel "olhou favoravelmente para seu povo e o redimiu", levantando "um poderoso salvador para nós, na linhagem do seu servo Davi" (Lucas 1:68). Com respeito a Mateus, se há uma coisa comumente reconhecida sobre o evangelho, é o fato de ele ter um sabor inteiramente judaico. O livro é tratado como representativo daquela entidade de difícil definição, a saber, o "cristianismo judaico", embora alguns enfatizem a ideia de que o evangelho de Mateus, apesar de afirmar a validade permanente da lei (5:17-20), concorda com Marcos na abolição das leis *kosher* (15:10-20), contendo algumas das palavras mais duras contra os líderes judaicos em qualquer porção do Novo Testamento (23:1-39).[48] Evidentemente, a situação não é direta, objetiva. Como podemos chegar ao cerne do trabalho cuidadosamente elaborado por Mateus?

Um forte argumento foi elaborado por Mark Powell, segundo o qual temos de entender o evangelho de Mateus a partir da declaração programática em 1:21, trecho no qual o anjo instrui José: "... você deverá dar-lhe o nome de Jesus, porque ele salvará o seu povo dos seus pecados". O evangelho pode ser entendido como a história do meio pelo qual isso é realizado, utilizando-se de subenredos paradoxais, nos quais os líderes judaicos são bem-sucedidos em sua oposição a Jesus e os discípulos o abandonam.[49] Trata-se de um tipo de "comédia pela tragédia": nos subenredos, parece que o herói não conseguirá cumprir sua missão, quando, na verdade, eles o precipitam em uma batalha real — e, por fim, bem-sucedida — que o tempo todo nunca foi contra os líderes judaicos, mas contra Satanás. Powell destaca que, para Mateus, seu evangelho faz parte de uma narrativa mais ampla: o evangelho termina com um começo, quando os discípulos são enviados para pregar ao

---

[47]Para uma tentativa estimulante de ler Mateus pelas lentes da teologia narrativa, veja Thiemann, "The Promising God: The Gospel as Narrated Promise", 1989 [1985]; para uma discussão recente da estrutura do livro de Mateus, destacando sua preocupação com os discípulos, veja Doyle, "Matthew's Intention as Discerned by His Structure", 1988.

[48]Mateus como "cristão judeu": Dunn, *Unity and Diversity in the New Testament*, 1977, p. 246-s. Contra: Pettem, *Matthew: Jewish Christian or Gentile Christian?*, 1989. Para avaliações judiciosas dos pontos de debate atuais, veja Stanton, 1992, caps. 5–7. Quanto ao debate sobre o significado de "cristianismo judaico", veja cap. 15.

[49]Powell, "The Plot and Subplots of Matthew's Gospel", 1992, reunindo *insights* de Edwards, *Matthew's Story of Jesus*, 1985; Matera, "The Plot of Matthew's Gospel", *Matthew as Story*, 1987; e Kingsbury, *Matthew as Story*, 1988.

509

mundo todo.[50] Mas isso não é tudo. A própria frase considerada temática para todo o enredo principal, a previsão de que Jesus "salvará o seu povo dos seus pecados", sugere uma história anterior. Parte do pressuposto de que a trama do evangelho chega ao final de uma trama maior e mais ampla, em que "seu povo" é vítima de "seus pecados". Não é preciso ter muita imaginação, muita leitura em Mateus ou muito conhecimento da formação judaica para percebermos que a narrativa é precisamente essa. É a história de Israel, mais especificamente a história do exílio.

O primeiro capítulo de Mateus tem sido um quebra-cabeças para o leitor ocidental moderno. A genealogia (1:1-17) parece ser uma abertura tão desinteressante quanto possível. Àqueles, porém, que têm olhos para ver (inclusive, o tema é encontrado em Mateus [13:16]), ela mostra a forma como poderemos entender o enredo do evangelho como um todo. Começamos com Gênesis, literal e metaforicamente: as palavras iniciais de Mateus, *biblos geneseos*, significam, literalmente, "o livro de Gênesis", ou, conforme lemos no próprio livro de Gênesis (2:4; 5:1), "esta é a história das origens [...]". Mateus começa com a conexão deliberada de sua trama à trama mais ampla: a história do povo de Abraão, Isaque e Jacó.[51]

A estrutura da genealogia mostra onde Mateus colocará sua ênfase. Outros livros judaicos da época estruturam a história de Israel em períodos significativos;[52] Mateus segue a tradição padrão, adaptando-a, porém, segundo o objetivo que tem em mente. Seus três períodos de quatorze gerações podem muito bem ter a intenção de sugerir *seis* períodos de *sete* gerações, de modo que Jesus inicia o sétimo sete, o momento culminante da sequência.[53] Abraão é o ponto de partida: a história contada por Mateus não é a do mundo como um todo, conforme vemos em Lucas (cuja genealogia remonta a Adão), embora o evangelista não se tenha esquecido das demais nações, como veremos. A história do evangelho de Mateus é a história de Israel. O próximo ponto focal é Davi: como Lucas, Mateus, com uma ênfase diferente, concentra-se em Jesus como o verdadeiro Davi, o Messias. O terceiro ponto focal é inesperado: o exílio. Para os judeus em geral, o exílio não funcionava como um ponto de demarcação, mas, para Mateus, ele é crucial. Conforme vimos, a maioria dos judeus da

---

[50]Powell, "The Plot and Subplots of Matthew's Gospel", 1992, p. 203-s.

[51]Sobre 1:1, veja Davies e Allison, 1988, p. 149-55.

[52]*1En.* 93.1-10; 91:12-17; *2Bar.* 53-74.

[53]Davies e Allison, *A Critical and Exegetical Commentary on the Gospel According to Saint Matthew*, 1988, p. 162, objetam que, se Mateus quisesse dizer isso, simplesmente teria dito; mas não havia nada de especial, por exemplo, na sétima, na vigésima primeira ou na trigésima quinta geração para que o evangelista se concentrasse nelas. Duvido que judeus instruídos do primeiro século teriam qualquer dificuldade em fazer a conexão matemática.

NARRATIVAS NO CRISTIANISMO APOSTÓLICO (1)

época do segundo templo se considerava ainda em exílio, ainda sofrendo os resultados do antigo pecado de Israel. Até o amanhecer do grande dia da redenção, Israel ainda permanecia "em seus pecados", ainda precisando de resgate. Desse modo, a genealogia diz ao leitor atento de Mateus que a longa história do povo de Abraão chegará ao seu cumprimento, ao seu sétimo sete, com um novo Davi, que resgatará seu povo do exílio, ou seja, "salvará o seu povo dos seus pecados". Quando Mateus diz precisamente isso em 1:18-21, não devemos ficar surpresos.

Entretanto, assim que pensamos no deus de Israel libertando o povo de seus pecados por intermédio de um ser humano, nossa mente é atraída para um personagem diferente. A história, cuja menção não é explícita no primeiro capítulo, mas que surge por trás da introdução como uma grande montanha, é a narrativa de Moisés e do êxodo; do Sinai e da aliança; da jornada para a terra prometida. É assim que a história do povo de Abraão deve encontrar uma resolução.[54] Quando o novo Davi vier para salvar seu povo do atual exílio, será como um novo êxodo, uma nova aliança.

Esses são os temas que nos permitem dar sentido à história extremamente intrincada que Mateus nos conta. Estudiosos de Mateus enfatizam com frequência os vários "marcadores" postos pelo evangelista em seu texto, indicando, conforme defendido por alguns, as principais divisões do livro. Talvez o mais conhecido seja o marcador usado ao final de seus cinco grandes blocos de ensino:

E aconteceu que, concluindo Jesus este discurso [...]
E aconteceu que, concluindo Jesus as instruções aos seus doze discípulos [...]
E aconteceu que, concluindo Jesus essas parábolas [...]
E aconteceu que, concluindo Jesus esses discursos [...]
E aconteceu que, concluindo Jesus todos esses discursos [...][55]

Muitos trabalhos foram escritos com o objetivo de explicar o significado preciso desses "marcadores".[56] Muito, na minha opinião, não passou de especulação sem fundamento. Tentativas de fazer com que cada bloco de ensino, e talvez o material narrativo que o acompanha, corresponda a cada livro do Pentateuco produzem leituras forçadas e distorcidas. Todavia, um refrão tão

---

[54] Veja Êxodo 2:23-5; 6:2-8 etc.
[55] Mateus 7:28; 11:1; 13:53; 19:1; 26:1 [trad. livre].
[56] A leitura dessas seções mais ligada ao "Pentateuco" foi feita por Baco, 1930; veja discussões em Davies, *The Setting of the Sermon on the Mount*, 1964, p. 14-25, e Davies e Allison, *A Critical and Exegetical Commentary on the Gospel According to Saint Matthew*, 1988, p. 58-72, reconhecendo a importância da estrutura em cinco partes, mas não extraindo nenhum grande significado dessa subdivisão.

O NOVO TESTAMENTO E O POVO DE DEUS

óbvio, em um livro tão claramente elaborado e esculpido — e que, além do mais, proclama, página após página, a maneira como as escrituras foram cumpridas —, não pode ser ignorado. Há alguma maneira de entendermos essa estrutura de modo a fazer jus ao texto em si?

Sugiro que o primeiro e o último bloco de ensino nos fornecem uma pista.[57] As passagens em questão são os capítulos 5—7 e 23—25, dois blocos de três capítulos cada. Tais blocos, conforme percebemos a partir da quantidade de versículos envolvidos (111 versículos nos capítulos 5—7; 136 versículos nos capítulos 23—25), são significativamente mais longos do que os três blocos de ensino localizados na metade do livro (10:1-42; 13:1-52; 18:1-35).[58] Os grandes discursos de 5—7 e de 23—25 focalizam, inicialmente, cada qual em uma frase repetida: a passagem 5:3-11 nos dá as célebres nove "bem-aventuranças", ao passo que, em contraste, o trecho 23:13-33 elabora os sete "ais":

Bem-aventurados os pobres em espírito
Bem-aventurados os que choram
Bem-aventurados os humildes
Bem-aventurados os que têm fome e sede de justiça
Bem-aventurados os misericordiosos
Bem-aventurados os puros de coração
Bem-aventurados os pacificadores
Bem-aventurados os que são perseguidos por causa da justiça
Bem-aventurados serão vocês quando os insultarem [...] por minha causa

Ai de vocês, mestres da lei e fariseus, hipócritas, porque vocês fecham o Reino dos céus
Ai de vocês, mestres da lei e fariseus, hipócritas, porque vocês [...] fazem um convertido duas vezes mais filho do inferno do que vocês
Ai de vocês, guias cegos, pois dizem: "Se alguém jurar pelo santuário, isto nada significa"
Ai de vocês, mestres da lei e fariseus, hipócritas, porque vocês dão o dízimo da hortelã [...] mas têm negligenciado os preceitos mais importantes da lei
Ai de vocês, mestres da lei e fariseus, hipócritas, porque vocês limpam o exterior do copo
Ai de vocês, mestres da lei e fariseus, hipócritas, porque vocês são como sepulcros caiados

---

[57]Divergindo-me de alguns eruditos, incluo o capítulo 23 no último "bloco" de ensino.
[58]O último dos blocos parece um pouco artificial, visto incluir certa quantidade de diálogo e uma longa parábola. Isso sugere que Mateus construiu um quarto "discurso" em preparação para o seu quinto e último bloco, que, apesar de culminante, não dispõe de um centro temático rígido.

NARRATIVAS NO CRISTIANISMO APOSTÓLICO (1)

> Ai de vocês, mestres da lei e fariseus, hipócritas, porque vocês edificam os túmulos dos profetas

A organização desse material me parece deliberadamente estilizada. Se Mateus de fato demarcou os cinco discursos, é fácil ver que ele bem poderia tê-los organizado em uma estrutura quase em quiasmo, com o primeiro e o último correspondendo um ao outro.[59] Mas qual é o efeito de colocar essas "bênçãos" e esses "ais" em paralelo uns com os outros?

Conforme sugiro, o Pentateuco é, de fato, a chave — mas não quando visto apenas como uma sequência de cinco livros, nem simplesmente em um esquema de repetição servil. Em vez disso, proponho que o Pentateuco nos ajuda quando é visto como uma *aliança*, resumida como tal em Deuteronômio 27—30, parte do grande discurso conclusivo de Moisés a Israel, quando o povo, reunido a leste do Jordão, está prestes a entrar na terra e possuí-la.[60] Lá, a aliança entre YHWH e seu povo é definida em termos de uma lista de *maldições* e *bênçãos*. As maldições, dezesseis delas ao todo, são elaboradas em Deuteronômio 27:15-26 e 28:16-19 e ampliadas em 28:20-68, culminando com a ameaça de exílio se o povo não guardar a aliança. As bênçãos, quatro delas, são estabelecidas em 28:3-6 e ampliadas em 28:1-2,7-14. Elas, então, são resumidas novamente em Deuteronômio 29, passagem em que Moisés relembra os filhos de Israel sobre os acontecimentos que os haviam conduzido até aquele ponto e, no capítulo 30, no qual Moisés promete aos israelitas que, mesmo que venham a cair por causa de seus pecados, eles serão resgatados, e a aliança, renovada. Moisés enfatiza que o mandamento que Israel recebeu não é difícil demais, nem está longe demais: está "bem perto de vocês, na sua boca e no seu coração, para que vocês a cumpram" (30:14, NAA). O discurso termina (30:15-20) com a grande escolha com que o povo depara:

> Vejam! Hoje coloco diante de vocês a vida e o bem, a morte e o mal. Se guardarem o mandamento [de YHWH, vosso Deus] que hoje lhes ordeno, que amem YHWH, seu Deus, andem nos seus caminhos e guardem os seus mandamentos, os seus estatutos e os seus juízos, então vocês viverão e se multiplicarão, e YHWH, seu Deus, os abençoará na terra em que estão entrando para dela tomar posse. Mas, se o coração de vocês se desviar, e não quiserem ouvir, mas forem seduzidos, se inclinarem diante de outros

---

[59]Outra indicação desse fato pode ser encontrada na parábola das casas na rocha e na areia (7:24-27), prefigurando as parábolas de juízo em 25:1-12, 14-30 e 31-46 (veja também 7:21-3 com 25:11-2, 44-6) e que, ao falar da grande casa prestes a cair, antecipa o cap. 24 como um todo.
[60]Veja p. 225.

deuses e os servirem, então hoje lhes declaro que, certamente, perecerão; não permanecerão muito tempo na terra na qual, passando o Jordão, vocês vão entrar para dela tomar posse. Hoje tomo o céu e a terra como testemunhas contra vocês, que lhes propus a vida e a morte, a bênção e a maldição; escolham, pois, a vida, para que vivam, vocês e os seus descendentes, amando YHWH, seu Deus, dando ouvidos à sua voz e apegando-se a ele; pois disto depende a vida e a longevidade de vocês. Escolham a vida, para que habitem na terra que YHWH, sob juramento, prometeu dar aos pais de vocês, a Abraão, Isaque e Jacó. [NAA]

Os capítulos de conclusão (Deuteronômio 31—34) contêm a bênção final de Moisés, sua subida ao monte para ver a terra da qual o povo tomaria posse e sua morte.

Mateus, sugiro, tinha toda a cena em mente enquanto organizava seu material. O tema de toda a passagem de Deuteronômio é totalmente relevante ao tema complexo de seu primeiro capítulo: Israel realmente caiu na maldição do exílio por causa de seus pecados, de modo que a história do povo de Abraão deve retornar ao curso novamente por um novo êxodo, pela renovação da aliança. Como resultado, Israel depara novamente com uma escolha. Vida ou morte, maldição ou bênção; casa na rocha ou na areia; virgens sábias ou tolas; ovelhas ou cabras. Jesus, como Moisés, vai para a morte com as promessas e advertências ainda ressoando nos ouvidos do seu povo. Após a sua ressurreição, Jesus, como Moisés, sobe o monte e se afasta de seu povo, deixando-o com a comissão de entrar e tomar posse da terra: o mundo inteiro (28:16-20). E, se minha sugestão estiver correta, Mateus teceu essa escolha pactual na própria estrutura de seu evangelho, retratando-a como a escolha apresentada a seus contemporâneos por Jesus e, por extensão, à igreja de seus dias. Há uma maneira pela qual Israel pode ser resgatado do seu exílio e receber o prometido perdão dos pecados no lugar da maldição final. A maneira é esta: seguindo Jesus. Os que trilham esse caminho não são um *novo* Israel, como se, de forma repentina, tivessem sido criados. Antes, são os verdadeiros descendentes de Abraão, Isaque e Jacó.

Reitero a sugestão de que a história de Mateus foi estruturada de modo a elucidar todo esse tema. Os temas da trama observados por Powell e outros estão certos, porém precisam ser definidos no âmbito desse quadro mais amplo. Mateus tenciona contar a história judaica a partir do fato de que Israel falhou, culminou no exílio e precisa de um novo êxodo; o evangelista se compromete a mostrar que esse novo êxodo foi realizado na vida, morte e ressurreição de Jesus. Mateus faz isso em diversos níveis: passagens frequentes de "cumprimento" ("Tudo isso aconteceu para que se cumprisse o que fora dito pelo

Senhor por meio do profeta...")[61] constituem apenas a ponta de um grande iceberg. O enredo e a estrutura do livro de Mateus pressupõem todo o enredo de Israel até então. Reivindicam realizar aquilo sobre o qual Moisés falou em Deuteronômio 30. Não se trata apenas de coletâneas tipológicas, precedentes históricos arbitrários e repetidos. Afirmam, antes, ser as devidas continuação e conclusão da própria história de Israel. Para Mateus, Jesus é o novo Davi e o novo Moisés, mas também algo mais. Moisés havia prometido o seguinte:

> O próprio YHWH, seu Deus, atravessará adiante de vocês. Ele destruirá as nações que vivem ali, e vocês tomarão posse da terra. Josué os conduzirá até o outro lado do rio, conforme YHWH prometeu. [...] Sejam fortes e corajosos! Não tenham medo e não se apavorem diante deles. YHWH, seu Deus, irá adiante de vocês. Ele não os deixará nem os abandonará.[62]

Para Mateus, Jesus (tradução grega de "Josué") é o cumprimento de ambas as partes dessa profecia. Ele é Emanuel, o deus de Israel em pessoa, vindo para estar com seu povo quando eles emergem de seu longo exílio, permanecendo com os israelitas enquanto seguem para possuir a terra (1:23; 28:20). E a terra que agora eles saem para possuir é o mundo inteiro; como os magos do Oriente vieram homenagear Jesus, como o centurião demonstrou a fé que Jesus não havia encontrado "em todo o Israel" e como a mulher cananeia que tinha "grande fé",[63] assim o ministério de Jesus, cujo foco da época eram apenas as "ovelhas perdidas da casa de Israel",[64] resultará em uma salvação para "todas as nações". De maneira muito semelhante a Lucas, Mateus entende claramente o enredo de sua história como uma sequência tópica, pressupondo uma sequência inicial que resulta em uma sequência final. Há uma pequena diferença: a cena de abertura já está montada em termos da necessidade do resgate de Israel. Movemo-nos diretamente para a Sequência Tópica:

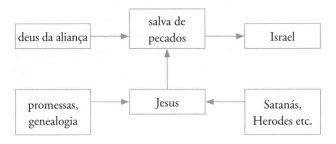

---

[61] Mateus 1:22; 2:5-6.,15,17-8,23 etc.
[62] Deuteronômio 31:3-6 [NVT].
[63] 2:1-12; 8:5-13; 15:21-8.
[64] 15:24; veja 10:5-6.

Isso, entretanto, só faz sentido *como enredo* se fizer parte de um todo maior. Nesse todo maior, no qual pressupomos uma Sequência Inicial implícita, Israel é um meio de bênçãos para o mundo:

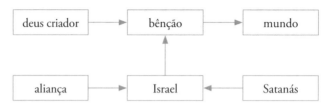

Essa Sequência Inicial foi frustrada devido à história implícita na genealogia: a família de Abraão pecou e foi para o exílio. Jesus, ao resgatar seu povo dessa situação, permite que a Sequência Final seja restabelecida:

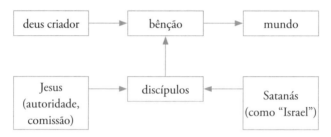

É de vital importância, portanto, reconhecermos a mistura de gêneros em Mateus, conforme a reconhecemos em Lucas. Não há qualquer dúvida de que Mateus tenha escrito a história de Jesus como uma *bios* em estilo helenístico, uma biografia.[65] Ao mesmo tempo, porém, Mateus a conta como continuação e ponto culminante da história de Israel, com a compreensão implícita de que tal narrativa é a chave para a história do mundo inteiro. Se é esse o caso, também não pode haver dúvida de que o evangelista pretende que ela seja lida *como* uma instrução para a igreja de sua época e *como* história. Mateus se posiciona firmemente no contexto da cosmovisão judaica fundamental, na qual, como vimos, a ideia de uma compreensão não histórica dos tratos divinos com Israel era uma contradição em termos. Uma vez que entendemos o enredo e a estrutura do evangelho de Mateus, somos forçados a rejeitar a falsa antítese que por tanto tempo dominou o mundo da *Redaktionsgeschichte*.[66] É claro que Mateus organizou seu material de forma a se dirigir à igreja de sua época. Mas a

---

[65]Veja esp. Burridge, *What Are the Gospels? A Comparison with Graeco-Roman Biography*, 1992, p. 191-219.
[66]Crítica da redação.

NARRATIVAS NO CRISTIANISMO APOSTÓLICO (1)

história que ele conta só tem algum significado se estiver relacionada com fatos que realmente aconteceram.[67] E, se essas coisas realmente aconteceram, então a história de Mateus subverte a cosmovisão judaica da sua época, seja ela qual for.

"QUEM LÊ, ENTENDA": A HISTÓRIA DE MARCOS

Marcos, à primeira vista o mais fácil dos sinóticos, recua do intérprete que progride em seus estudos como o fim de um arco-íris. O evangelho parece apresentar um esboço simples: oito capítulos para explicar quem Jesus é, mais oito para explicar que ele irá morrer. Um começo abrupto e um fim misterioso, diga-se; mas um relato direto entre ambos. A rispidez da abertura e a obscuridade do fim permeiam todo o livro. Marcos é um livro de segredos, de véus, de mistérios.[68]

O que precisamos, portanto, é de compreensão. O próprio Marcos declara:

> A vocês foi dado o mistério do Reino de Deus, mas aos que estão fora tudo é dito por parábolas, a fim de que, "ainda que vejam, não percebam" [...].
>
> Eles ficaram atônitos, pois não tinham entendido o milagre dos pães. O coração deles estava endurecido [...].
>
> Será que vocês também não conseguem entender?
>
> Ainda não compreendem nem percebem? O coração de vocês está endurecido? Vocês têm olhos, mas não veem? Têm ouvidos, mas não ouvem? Não se lembram? [...] Vocês ainda não entendem?
>
> Quem lê, entenda [...].[69]

Tais advertências, mesmo na superfície, ressoam em três níveis. Os discípulos de Jesus são aqueles que compreenderam o segredo e, ao mesmo tempo,

---

[67]O ponto é levantado por Strecker, *The Concept of History in Matthew*, 1983 [1966], p. 72: Mateus vê o ministério de Jesus como "um acontecimento único, distante em termos temporais e geográficos de sua própria situação". Strecker, talvez de forma previsível, pensa desse modo uma "historicização" artificial de uma mensagem originalmente não histórica.

[68]Veja esp. Kermode, *The Sense of an Ending: Studies in the Theory of Fiction*, 1968; *The Genesis of Secrecy: On the Interpretation of Narrative*, 1979. Estou com a minoria ao pensar que a abertura e o fechamento do original foram perdidos, indisponíveis a nós, então, como evidência das intenções de Marcos. Em 1:1 (possivelmente 1:2a?) como redacional, veja escritores tão diversos quanto Moule, *The Birth of the New Testament*, 1982 [1962], p. 131, n. 1; Koester, *Introduction to the New Testament*, 1989, p. 370; e *Ancient Christian Gospels: Their History and Development*, 1990, p. 13, citando também Schmithals, argumentando que o uso da palavra "evangelho" para um relato escrito da vida de Jesus corresponde, no mínimo, ao 2º século d.C. Elaborei esse breve relato de Marcos antes de ler Fowler, *Let the Reader Understand: Reader-Response Criticism and the Gospel of Mark*, 1991, cuja ideia para o título era a mesma que a minha; e, antes dele, familiarizei-me com Myers, *Binding the Strong Man: A Political Reading of Mark's Story of Jesus*, 1990, com ideias semelhantes sobre Marcos e o gênero apocalíptico.

[69]Marcos 4:11-2; 6:51-2; 7:18; 8:17b,18,21; 13:14 [NVI].

O NOVO TESTAMENTO E O POVO DE DEUS

aqueles que não o compreenderam. Os leitores de Marcos também têm um segredo para compreender, que é, certamente, cognato com os outros, mas não idêntico. Muito esforço foi feito em hipóteses cuja intenção é explicar o que estava "realmente" acontecendo em tudo isso: os "discípulos" de Marcos, sugerem alguns, são retratos velados de líderes em sua própria igreja, e o evangelista se dispõe a corrigir sua teologia.[70] Por trás dessas teorias, há outras ainda mais antigas. Marcos, outros sugerem, constrói "do nada" uma versão narrativa de uma teoria que explicava o problema básico do cristianismo primitivo da seguinte forma: (i) Jesus não achava que era o Messias, ou que era divino; (ii) a igreja primitiva pensava que ele era tanto Messias como divino; (iii) algo estava muito errado com toda essa ideia; por isso, (iv) Marcos teve a brilhante ideia de que Jesus *pensara* a respeito dessas coisas, porém as mantivera em segredo; então, (v) Marcos usa toda essa teoria como a base para sua narrativa.[71] A teoria recai sobre sua primeira suposição, visto que Wrede, seu proponente, agrupa "Messias", "Filho do Homem", "Filho de Davi" e "Filho de Deus" na mesma categoria, supondo, erroneamente, que a intenção de Marcos era que todos se referissem, de modo indiferenciado, a Jesus como figura divina do que viriam a ser posteriormente os credos.[72] Na segunda e na terceira suposições, a teoria falha pelo fato de ser dificílimo avaliar com precisão o que os primeiros cristãos pensavam. Em sua quarta suposição, a teoria não se sustenta pelo fato de não haver qualquer evidência de qualquer teoria pré-Marcos. Na quinta suposição, a teoria fracassa porque, se Marcos pretendia retratar um segredo consistente, então ele fez um péssimo trabalho. Marcos é realmente um livro de mistérios, convidando o leitor a apreender um segredo que se encontra debaixo da superfície. Como vamos explicar sua força narrativa? Que tipo de história é essa?[73]

Mais uma vez, podemos começar observando o seguinte: embora o livro de Marcos seja, a toda evidência, mais do que uma biografia helenística típica, certamente não é menos que isso.[74] Seja lá o que acredite estar fazendo, Marcos

---

[70]Weeden, "The Heresy That Necessitated Mark's Gospel", 1985 [1968]; Tannehill, "The Disciples in Mark: The Function of a Narrative Role", 1985a [1977]; veja análises equilibradas em Best, *Disciples and Discipleship: Studies in the Gospel According to Mark*, 1986; Hooker, *A Commentary on the Gospel According to St Mark*, 1991, p. 12-s.

[71]A teoria foi inventada por William Wrede, *The Messianic Secret*, 1971 [1901]. Ela é discutida de forma exaustiva em 1983a; Räisänen, *The "Messianic Secret" in Mark*, 1990b [1976].

[72]Veja Moule, *On Defining the Messianic Secret in Mark*, 1975; *The Birth of the New Testament*, 1982 [1962], p. 110, 131.

[73]Sobre Marcos como história, veja Rhoads e Michie, *Mark as Story: An Introduction to the Narrative of a Gospel*, 1982; Best, *Mark: The Gospel as Story*, 1983; van Iersel, *Reading Mark*, 1989 [1986].

[74]Burridge, *What Are the Gospels? A Comparison with Graeco-Roman Biography*, 1992, cap. 8; veja Schulz, *Mark's Significance for the Theology of Early Christianity*, 1985 [1964], p. 164.

NARRATIVAS NO CRISTIANISMO APOSTÓLICO (1)

o faz contando a história de Jesus de uma forma reconhecível em seu ambiente helenístico. No entanto, como acontece com Mateus e Lucas, há razões para pensar que Marcos também escrevia dentro de uma estrutura judaica de pensamento. Assim, sugiro que o modelo que melhor descreve o que ele faz é a categoria muito mal compreendida do gênero apocalíptico. É aí que os mistérios são propostos e revelados, e os segredos indisponíveis em outros lugares encontram sua paradoxal elaboração.

De imediato, tal afirmação exige uma advertência em termos de estudos recentes. Alguns argumentam que Marcos era "profundamente antiapocalíptico";[75] outros, que o evangelista escrevia exatamente isto: um apocalipse.[76] Não concordo com nenhuma dessas conclusões, já que ambas são, em minha opinião, baseadas em uma leitura equivocada do que "apocalíptico" realmente é, quer como gênero literário, quer como forma de ver o mundo. Ambas as posições citadas supõem que "apocalíptico" é um gênero profundamente dualista, aceitando que as expectativas relacionadas ao mundo presente falharam e, assim, andando à procura de um mundo totalmente novo, o qual invadirá e destruirá o antigo. Marcos, nessa perspectiva, rejeita o dualismo judaico em favor de uma ênfase cristã na história (Schulz) ou aceita esse dualismo após a expectativa da igreja primitiva ter sido frustrada (Mack).[77] Visto que a maioria dos teólogos modernos desaprova o dualismo, essa questão interpretativa fundamental tem o resultado de fazer de Marcos um herói ou um vilão.[78]

No capítulo 10, argumentei que essa leitura de "apocalíptico" é fundamentalmente enganosa. Como gênero literário, "apocalíptico" é uma maneira de revestir os acontecimentos espaçotemporais de significado teológico; na verdade, é uma forma de afirmar, não de negar, a grande importância da ordem atual e contínua do espaço e do tempo, negando que o mal tenha a última

---

[75]Schulz, *Mark's Significance for the Theology of Early Christianity*, 1985 [1964], p. 166.

[76]Perrin e Duling, *The New Testament: An Introduction. Proclamation and Parenesis, Myth and History*, 1982 [1974], p. 89, 233-61; Kee, *Community of the New Age: Studies in Mark's Gospel*, 1977, p. 64-76; Mack, *A Myth of Innocence: Mark and Christian Origins*, 1988, p. 325-31, veja a p. 330: "Não é por acaso que o evangelho de Marcos contém um discurso apocalíptico: ele força uma perspectiva apocalíptica sobre a história e os tempos do leitor".

[77]Schulz, *Mark's Significance for the Theology of Early Christianity*, 1985 [1964], p. 165, faz um comentário revelador: "Os versículos 1-23 [de Marcos 13] são completamente "desapocaliptizados" por Marcos e atrelados à história". A declaração mostra a grande distância entre a concepção normal de "apocalíptico", que Schulz defende, e a concepção em favor da qual argumentei detalhadamente no cap. 10 — e, de fato, a partir da superfície do texto. Marcos 13:1-23 diz respeito a falsos mestres, guerras, terremotos, sinagogas, perseguições e fuga para os montes — em outras palavras, completamente relacionado a acontecimentos históricos, "deste mundo". Qualquer sugestão de que o texto tinha uma vida prévia, no qual se referia a questões não espaciais, não passa de uma invenção da imaginação crítica.

[78]Marcos, o Vilão, é um dos temas principais em Mack, *A Myth of Innocence: Mark and Christian Origins*, 1988, p. 368-76.

palavra. Somente quando essa leitura é desprovida de um entendimento totalmente histórico é que corre o risco de ser confundida com a filosofia estoica, que, ao contrário do judaísmo, realmente previa o universo espaçotemporal sendo dissolvido em alguma ocasião futura. Uma medida dessa incorreta possibilidade de leitura, tanto no primeiro século como no século 21, é-nos fornecida quando Lucas adota medidas para evitá-la. Marcos escreve uma de suas frases mais enigmáticas e adiciona: "Quem lê, entenda"; Lucas, talvez sabendo que seus leitores *não* entenderiam, traduz o código em uma declaração simples.[79] Quando, portanto, refiro-me a Marcos como "apocalíptico", faço-o no sentido que argumentei anteriormente, não no sentido em que o debate tem normalmente ocorrido.

A força dessa sugestão já foi observada: Marcos, supremo entre os evangelhos, destaca a noção de um segredo a ser penetrado, de um mistério a ser explorado e apreendido. Desse ponto de vista, Mack está certo: todo o livro, não apenas o capítulo 13, é "apocalíptico".[80] Mas um apocalipse clássico, como vimos anteriormente, não diz respeito ao fim da história e do universo espaçotemporal.[81] Antes, corresponde a uma complexa mistura de mito e metáfora, contados como a narrativa da história de Israel trazida para o presente, antecipando o momento em que as forças malignas (no âmbito deste mundo) seriam desarraigadas e finalmente aconteceria a libertação de Israel (no âmbito deste mundo). O apocalíptico oferecia uma pista para a *interpretação* da história, não para seu escape. Como Eliseu em Dotã, Marcos tem a intenção de remover o véu por um momento, permitindo à realidade celestial ser vista em meio à realidade terrena.[82] Marcos contou a história de Jesus de modo a dizer: "A gloriosa expectativa de Israel, conforme expressa nas tradições e nos escritos judaicos, foi cumprida, de forma paradoxal, na morte e ressurreição de Jesus, e também será cumprida (ou talvez foi cumprida) na destruição de Jerusalém".[83] O evangelho subverte a forma apocalíptica de como os judeus costumavam contar a história de Israel, não renunciando às ideias e aos moldes literários do apocalíptico, mas redirecionando sua tônica central. Jerusalém é a grande cidade que se opôs ao verdadeiro povo do deus de Israel; como a Babilônia, a cidade cairá como o sinal da libertação do povo legítimo. Os sofredores entre os justos, aqueles que perseveram em seu chamado divino e acabam vindicados na grande inversão, não são os que confiam na intensificação da prática da Torá; os vindicados são simplesmente Jesus e seu povo.

---

[79]Marcos 13:14; Lucas 21:20.
[80]Mack, *A Myth of Innocence: Mark and Christian Origins*, 1988, p. 330.
[81]Para possíveis exceções, veja o cap. 10.
[82]2Reis 6:15-19.
[83]A questão da datação do evangelho é, por ora, secundária.

NARRATIVAS NO CRISTIANISMO APOSTÓLICO (1)

O novo estilo apocalíptico de Marcos funciona, assim, em pelo menos dois níveis. O capítulo 13 domina a cena como um trecho claro de escrita apocalíptica, em pleno estilo judaico, repleto de alusões obscuras à escritura e, como 4Esdras, alcançando seu ponto culminante em uma releitura de Daniel 7. Contudo, sempre foi um erro pensar a respeito de Marcos 13 como um "pequeno apocalipse" (como se o capítulo estivesse desconectado de seu contexto), como uma forma de absolver um Marcos não apocalíptico, e talvez um Jesus não apocalíptico, de qualquer acusação de cumplicidade com um gênero obscuro da literatura judaica.[84] Marcos tem guiado a atenção do leitor para esse ponto muitos capítulos antes, certamente desde 8:34—9:1; e é apenas à luz do capítulo 13 que podemos captar o que o evangelista deseja transmitir aos leitores a partir da cena do julgamento (cap. 14) e da crucificação (cap. 15). Marcos 13 não diz respeito apenas a algo que *vai além* da vida, do julgamento e da morte de Jesus. Antes, é a lente pela qual esses acontecimentos avassaladores (quem lê, entenda) devem ser vistos. Em outras palavras, o capítulo 13 reveste os acontecimentos terrenos com o seu significado celestial.

Marcos 13 não é, porém, o único "apocalipse" óbvio no evangelho. Se não fosse o caso de as parábolas terem sido lidas por tanto tempo como "histórias terrenas com significado celestial", ou então como narrativas que estabelecem um único ponto, sem levantarem qualquer suspeita de "alegoria", o paralelo entre Marcos 4:1-20 e o estilo "apocalíptico" (um tanto padronizado) já teriam sido óbvios há muito tempo.[85] Temos inicialmente uma história sobre um semeador e algumas sementes; podia ter sido sobre uma águia e suas asas, ou sobre quatro bestas surgindo do mar, mas o ponto é o mesmo. Depois, temos um diálogo breve no qual os ouvintes se proclamam incapazes de compreender o que está sendo dito, de modo que o contador de histórias declara que um grande mistério é revelado a alguns ouvintes, e somente a eles. Em seguida, o contador de histórias repassa a estranha narrativa, trecho por trecho, revelando seu significado oculto, que acaba aplicando-se diretamente à situação do povo de Deus na época. Por último, ao olharmos para trás, para a história, percebemos como foi sua forma: três fases de tragédia, uma de vindicação. A história podia ter sido sobre quatro bestas e a figura de alguém semelhante ao filho do homem; podia ter sido sobre várias asas em uma águia, seguida pela aparição de

---

[84]A esse respeito, veja Lane, *The Gospel of Mark: The English Text with Introduction, Exposition and Notes*, 1974, p. 444-50, com uma literatura mais antiga; Hooker, *A Commentary on the Gospel According to St Mark*, 1991, p. 297-303. Sobre Marcos 13 em geral, veja a discussão fascinante em Theissen, *The Gospels in Context: Social and Political History in the Synoptic Tradition*, 1991, cap. 3, argumentando que uma versão do capítulo existia em forma escrita por volta de 40 d.C. Isso faz com que a proposta semelhante de (defendendo uma data pré-50) soe relativamente modesta.

[85]Discutirei as parábolas de forma mais elaborada em um volume subsequente.

O NOVO TESTAMENTO E O POVO DE DEUS

um ser semelhante a leão. Mas a história diz respeito a três semeaduras que não deram fruto e uma quarta que deu muito fruto. O ponto é o mesmo. De forma irônica, Marcos 4:1-20 é um dos exemplos mais óbvios e, ao mesmo tempo, mais negligenciados da escrita "apocalíptica" em todo o Novo Testamento.

Com esta diferença: o locutor não é um anjo, mas Jesus; os ouvintes não são grandes profetas da antiguidade, mas discípulos que passarão grande parte da narrativa sendo repreendidos por sua incompreensão e que, no final, fugirão, deixando Jesus sozinho. O apocalipse de Marcos ganha vida de uma forma tão surpreendente no primeiro século quanto permanece incompreensível para os críticos modernos. Em vez de contar a história de Israel como um todo por meio de imagens apocalípticas, Marcos *conta a história de Jesus, narrando, por meio dela, a história de Israel*. Nessa medida, o livro é, por assim dizer, um meta-apocalipse.

Entretanto, o nível mais profundo no qual Marcos deve ser considerado um apocalipse é aquele no qual duas passagens, Marcos 4 e 13, servem apenas de sinais e sintomas. Muitos observaram que Marcos, como alguns romancistas e cineastas de hoje, estrutura seu evangelho em torno de certos momentos culminantes, que exigem ser colocados em paralelo e tratados como mutuamente interpretativos. Desse modo:

E imediatamente, quando saiu da água, ele viu o céu se abrindo, e o espírito descendo como pomba sobre ele; e então veio dos céus uma voz: "Você é o meu filho, o amado; em você me agrado".

Pedro respondeu e disse-lhe: "Você é o Messias".

A seguir apareceu uma nuvem envolvendo-os, e da nuvem saiu uma voz: "Este é o meu filho, o amado; ouçam-no!".

Outra vez o sumo sacerdote lhe perguntou: "Você é o Messias, o filho do bendito?".

Quando o centurião que estava em frente [do Jesus crucificado] viu que ele [Jesus] deu seu último suspiro, disse: "Verdadeiramente, este homem era o filho de deus".[86]

Duas dessas passagens têm um sabor "apocalíptico". "Abrir os céus" (primeira passagem) é uma forma comum de falar da divulgação de uma verdade

---

[86]Marcos 1:10-11; 8:29b; 9:7; 14:61; 15:39 [trad. livre]. Em 14:61, sigo o grego de forma exata: é apenas o ponto de interrogação que diferencia a frase de Caifás da declaração de Pedro (8:29). Esse ponto é feito com frequência. A primeira vez com que me deparei com o argumento foi cerca de vinte anos atrás, em uma aula ministrada por M. D. Hooker. A declaração do centurião (15:39) é, às vezes, lida como "*um* filho de deus". No grego, o complemento dispensa o uso do artigo definido.

NARRATIVAS NO CRISTIANISMO APOSTÓLICO (1)

normalmente escondida, e "nuvem" (na terceira) é um óbvio sinal da presença divina. As outras três passagens estão cheias de ambiguidades. Devemos resistir à ideia de que a confissão de Pedro sobre a messianidade de Jesus foi considerada por Marcos (ou, nesse caso, por Jesus) um erro espúrio (ou, nesse caso, uma confissão de *divindade*), mas também fica claro, à luz da sequência, que nem Pedro nem os outros discípulos haviam compreendido, até então, aquilo que, segundo Marcos, constituía a verdadeira natureza do messianismo de Jesus: que subverteria a esperança nacional de Israel e o levaria à crucificação. Da mesma forma, o sumo sacerdote faz sua pergunta com uma pesada ironia, pois não acredita que Jesus é o Messias, e a resposta afirmativa de Jesus não faz nada para mudar sua opinião. O centurião é ainda mais ambíguo. Marcos pode muito bem tencionar que seu leitor ouça ecos da fé cristã posterior. É como se o evangelista dissesse: "Eis aqui o primeiro homem a olhar para o Jesus agonizante e confessá-lo como o filho de deus". Tal como está, porém, a passagem deve ser lida, como a pergunta de Caifás, em pelo menos dois níveis: nem Marcos nem seus leitores imaginariam seriamente que um centurião, ele próprio envolvido com a execução de Jesus, faria uma confissão da fé cristã tão consciente e abrangente.

Juntas, as passagens (uma no início, duas no meio, três no final do evangelho) se destacam principalmente porque, na maior parte do restante do livro, o tema do messianismo de Jesus, de sua filiação divina, é notável por sua ausência. (Considero que a expressão "filho de deus" nessas passagens significa, antes de mais nada, "Messias", a despeito de quaisquer outras conotações que possam ter sido adicionadas posteriormente à frase.)[87] Marcos nos conta a história de Jesus como a de um profeta galileu anunciando o reino do deus de Israel, convocando Israel a mudar de direção, ou seja, a se arrepender.[88] O batismo, a transfiguração e as palavras de Pedro, de Caifás e do centurião são momentos em que o véu é levantado, os olhos são abertos e, como o servo de Eliseu, o leitor vê os cavalos e as carruagens de fogo ao redor do profeta. *Toda a narrativa de Marcos sobre a história de Jesus foi projetada para funcionar como um apocalipse.* O leitor é constantemente convidado pelo evangelho como um todo a fazer o que os discípulos são convidados a fazer no capítulo da parábola, ou seja, aproximar-se e descobrir o segredo por trás da estranha história externa. Para Josefo, não passa de um enredo comum: um profeta judeu, suposto Messias, é abandonado por seu (já reduzido) grupo de seguidores, preso, julgado e executado

---

[87]Sobre o significado de "filho de deus", veja Hengel, *The Son of God: The Origin of Christology and the History of Jewish-Hellenistic Religion*, 1976; Moule, 1977, *The Origin of Christology*, p. 22-31.

[88]Jesus como profeta: 6:4; proclamação do reino e chamado ao arrependimento: 1:15.

O NOVO TESTAMENTO E O POVO DE DEUS

pelas forças de ocupação. Mas a forma como Marcos narra essa história é completamente subversiva: trata-se, de fato, da vinda do reino do deus de Israel, o acontecimento sobre o qual os profetas falaram nos termos mais elevados possíveis, aquilo pelo qual Israel ansiava, pelo qual os revolucionários lutaram e os mártires morreram. A verdade, segundo Marcos, é impressionante, principalmente em vista do que está implícito durante toda a narrativa, porém declarado abertamente no capítulo 13. A vinda do reino não significa a grande vindicação de Jerusalém, a glorificação do Templo, o verdadeiro retorno do exílio, previsto pelos profetas e por seus leitores fiéis. Significa, antes, a desolação de Jerusalém, a destruição do Templo e a vindicação de Jesus e de seu povo. Agora, Jerusalém e sua hierarquia assumiram os papéis representativos da Babilônia, de Edom e de Antíoco Epifânio nessa recontagem completa da história. Jerusalém é a cidade cuja queda representa a vindicação do verdadeiro povo do deus de Israel. Profecias de resgate contra o tirano se cumpriram em Jesus e em prol do seu povo. Quando a cidade estiver prestes a cair, os discípulos de Jesus devem sair dela e correr; esse é seu momento de resgate, salvação, vindicação.[89]

É tentador sugerir, com base nisso, uma possível data e um possível local para a escrita de Marcos. Mas isso é tarefa para outro momento, para outro livro. Por enquanto, nosso propósito é simplesmente questionar: Que tipo de narrativa está sendo contada aqui? A resposta é clara. Marcos escreve um apocalipse cristão em que acontecimentos da vida de Jesus — acontecimentos tão evidentes que a obra partilha as características de uma *bios* helenística — formam o palco vital no qual a história de Israel atinge seu momento de crise "apocalíptica". Daí em diante, a história de Israel deve, por um lado, ser reavaliada. Por outro lado, uma vez mais, fica claro que, como no caso de Lucas e Mateus, a narrativa de Marcos só faz sentido se tivermos como horizonte contextual toda a história de Israel, concebida em termos apocalípticos. A sequência de abertura de Marcos já nos mostra esse fato.

Lucas pelo menos gasta tempo no esforço de localizar seus leitores em um mapa de acontecimentos mundiais, apresentando seu tema principal com uma série de cenas humanas, repletas de interesse intrínseco. Mateus abre seu evangelho com uma genealogia fascinante para um leitor do primeiro século e opaca para muitos leitores atuais. Marcos, por sua vez, abre com uma sequência nítida de acontecimentos: em vinte versículos, somos apresentados a João, testemunhamos o batismo de Jesus, ouvimos o anúncio do reino e observamos o chamado dos primeiros discípulos. Espera-se que descubramos nossa

---

[89]Veja Jeremias 51:26 com Marcos 13:2; Isaías 13:10 e 34:4 com Marcos 13:24; Isaías 52:11-2 e Jeremias 51:6,45 com Marcos 13:14-17; Jeremias 51:46 com Marcos 13:7-s.; Zacarias 2:6 (no contexto) com Marcos 13:27; e, obviamente, Daniel 7:13-4 com Marcos 13:26.

524

NARRATIVAS NO CRISTIANISMO APOSTÓLICO (1)

localização em meio a toda essa atividade; o drama faz sentido à luz de um contexto particular. O único contexto possível é a turbulenta e "apocalíptica" história de Israel. Marcos, como Mateus e Lucas, escreve uma narrativa cujo pressuposto parte de uma narrativa maior à qual será fornecido um capítulo final e estranho, porém crucial. Nessa narrativa mais ampla — e, portanto, na própria narrativa de Marcos —, o mundo e a história não são condenados ou abolidos, mas redimidos. Quem lê, entenda.

EVANGELHOS SINÓTICOS: CONCLUSÃO

Os três evangelhos sinóticos, como vimos, partilham um padrão comum por trás de suas amplas divergências. Todos contam a história de Jesus, especialmente a de sua crucificação, não como uma excentricidade, uma biografia marcada por acontecimentos estranhos ou uma súbita irrupção do poder divino na história, mas como o fim de uma narrativa muito mais longa, a história de Israel, que, por sua vez, é o ponto focal da história do criador do mundo. Além disso, contam essa história complexa não apenas por interesse antiquário ou teológico, mas de modo a torná-la a narrativa fundadora, o "mito fundador" histórico para suas comunidades, cuja existência dependia do fato de terem sido chamadas pelo mesmo deus para a continuação da mesma história, porém em uma nova fase. Suas preocupações teológicas, práticas e pastorais giravam em torno disto: as comunidades deveriam ser integradas aos eventos relativos a Jesus de Nazaré. A seguir, vamos tecendo juntos esses fios de modo a trazer esses textos à luz.

Em primeiro lugar, a narrativa contada pelos evangelistas não é "sobre" outra coisa. Antes, *é* a coisa "ao redor" da qual tudo o mais gira. Para os evangelistas, a história de Jesus é o cerne da história mundial. Não é um exemplo de doutrina abstrata (o amor de Deus, por exemplo), como se fosse a coisa "real". Como os escritores do Antigo Testamento, os evangelistas pensam como bons monoteístas criacionais. O que acontece no mundo do criador — e, nesse contexto, em Israel — é o que importa. Nesse aspecto, os reformadores estavam em sintonia com os escritores do evangelho em sua insistência na natureza única e irrepetível dos acontecimentos, embora, de forma irônica, eles não pudessem sustentar essa ênfase no que diz respeito ao ministério de Jesus, transformando-o em algo meramente exemplar.[90]

Em segundo lugar, então, o fato de que os evangelistas acreditavam levar a narrativa de Israel ao seu grande ponto culminante, o ponto de inflexão a partir do qual, finalmente, a *história* do mundo mudaria de curso, significava, de forma inevitável, que eles acreditavam escrever (o que chamamos de) *história*,

---

[90]Veja o cap. 1.

525

a história de Jesus. Não era algo que poderiam fazer, por assim dizer, enquanto realizavam outra coisa como sua verdadeira e "real" preocupação. A história é o palco onde o deus de Israel deve agir para redimir o seu povo. Toda a tradição criacional monoteísta judaica revolta-se contra a ideia de que o acontecimento, ao se cumprir, deve ser tratado como um "não acontecimento", ou que seu "significado" deve consistir não em acontecimentos no mundo exterior, mas em "princípios" ou outros elementos atemporais a partir dos quais tais princípios podem ser deduzidos. O monoteísmo judaico tem sido empregado nos últimos anos — de forma ilegítima, na minha opinião — como argumento contra uma alta cristologia nos primeiros anos da igreja. Alguns empregam o dualismo que separa o deus de Israel do seu mundo como se ele não fosse o seu criador e redentor. Se pensarmos de forma judaica, e enxergarmos os evangelistas agindo da mesma forma, concluiremos que eles tencionavam descrever Jesus e seu ministério histórico. Se eles foram bem-sucedidos nesse empreendimento, trata-se de um debate para outro livro.

Devemos observar cuidadosamente o que significaria dizer qualquer outra coisa. É perfeitamente concebível — e certamente aconteceu no caso de algumas noveletas do período interbíblico, como os livros de Judite e Tobias — que narrativas contendo uma forma e um conteúdo judaico comum pudessem ser contadas e escritas sem haver um referente histórico real ou necessário. Sua função seria sustentar e manter viva a esperança judaica, esperança que continuava historicamente enraizada: que o deus de Israel agiria finalmente na história, como havia feito no êxodo, a fim de libertar seu povo histórico de uma escravidão histórica.[91] Mas, se *todas* as narrativas judaicas fossem ficções ou consideradas ficções (no sentido normal e popular de "ficção"), toda a cosmovisão israelita entraria em colapso. Se, digamos, em 75 d.C., alguém contasse uma ficção a um judeu e alegasse que, nessa mesma narrativa, a longa esperança de Israel teria, finalmente, se cumprido, a resposta não teria sido apenas que tal pessoa era mentirosa, mas que não entendia nada sobre a cosmovisão judaica. Mesmo Josefo, com sua releitura radical do cumprimento da esperança de Israel, manteve esse cumprimento *no âmbito da história*; e essa é uma das razões pelas quais sua reinterpretação é tão escandalosa. Se, então, os evangelhos estão deliberadamente contando a forma como Israel atingiu seu ponto culminante na história de Jesus, sua intenção é referir-se a acontecimentos históricos; do contrário, tudo o que estão dizendo é que o monoteísmo criacional estava errado, e que o mundo platônico de ideias abstratas, divorciado do espaço e do tempo — ideias que sintetizavam o paganismo contra o qual os judeus haviam lutado —, sempre constituiu o mundo verdadeiro.

---

[91]Veja os caps. 8 e 10.

NARRATIVAS NO CRISTIANISMO APOSTÓLICO (1)

Em terceiro lugar, os evangelistas, principalmente Lucas e Mateus, consideram o tempo do ministério de Jesus bem especial, ao contrário dos tempos anteriores e posteriores.[92] Conforme veremos mais tarde, isso resulta no fato de que eles não tentam projetar de volta, na vida de Jesus, as principais controvérsias da igreja apostólica, e sim que, pelo contrário, preservam um material vital para a compreensão dos acontecimentos concernentes ao ministério de Jesus — mas apenas relevantes para a igreja em termos do que ela deveria saber quanto ao que aconteceu *no* ministério de Jesus. Diante dessa evidência, deparamos com duas possibilidades. Podemos sugerir que os evangelistas inventaram essa distinção entre o tempo de Jesus e o deles. Ou, então — o fato de todos parecerem ter chegado à mesma conclusão, expressando-a de maneiras diferentes, aponta precisamente nessa direção —, podemos afirmar que o ministério de Jesus *sempre* foi visto pela igreja primitiva como um tempo especial, ao contrário dos tempos anteriores e posteriores, e que os evangelistas apenas refletem esse fato e ponderam a seu respeito.[93] Essa última solução me parece muito mais provável. Os evangelistas acreditavam viver o último Ato do drama divino, cientes de que registravam o *penúltimo* Ato e certos de que sua atuação dependia plenamente dele.

A análise narrativa dos evangelhos sinóticos como um todo unificado deixa claro que, longe de contar a história de Jesus como uma projeção de sua própria experiência cristã, essa mesma experiência incluiu, como um ponto vital, o sentimento de dependência dos acontecimentos únicos e irrepetíveis que ocorreram anteriormente. Os evangelistas não estavam — é claro que não! — tentando narrar "fatos nus", desprovidos de interpretação. Como vimos no capítulo 4, aquele sonho positivista, jamais concretizado em lugar algum (visto que é, de fato, irrealizável), deve lançar luz sobre um relato mais plausível: a intenção dos evangelistas era contar histórias de eventos que realmente ocorreram, investindo nesses acontecimentos o significado que, em sua cosmovisão, eles carregavam de forma irredutível.

Em quarto lugar, descobrimos uma razão sólida para os evangelistas desejarem fornecer aos leitores informações reais sobre uma pessoa histórica real. Vai além do argumento apresentado por Stanton, Moule e outros: cristãos que não conheceram Jesus pessoalmente desejariam saber *a seu respeito*, saber o que exatamente aconteceu com ele etc.[94] Sem dúvida, isso é verdade, mas parece

---

[92]Veja Perrin e Duling, *The New Testament: An Introduction. Proclamation and Parenesis, Myth and History*, 1982, p. 289, 303-s.; Strecker, *The Concept of History in Matthew*, 1983 [1966]; Conzelmann, *The Theology of Luke*, 1960 [1953]; Moule, *The Phenomenon of the New Testament: An Inquiry Into the Implications of Certain Features of the New Testament*, 1967, p. 56-76, 110-1 etc.
[93]Sobre tradições pré-evangelho, veja o cap. 14.
[94]Moule, *The Birth of the New Testament*, 1982 [1962], p. 4, 10-s., 122-s., e o resumo na página 133; Stanton, *Jesus of Nazareth in New Testament Preaching*, 1974.

um pouco *ad hoc* como explicação, não atendendo totalmente às propostas teológicas dos que duvidam da intenção dos evangelistas (ou da tradição) ao falarem de Jesus em vez de mitos não históricos. Se os evangelistas contavam a história de Jesus como auge da história de Israel, há todos os motivos, além da mera curiosidade biográfica, pelos quais pretendiam que suas narrativas tivessem um claro referencial histórico.

Em quinto lugar, um forte argumento pode ser estruturado com base no significado atribuído pelos primeiros cristãos à ressurreição.[95] Vimos, no capítulo 10, o que os judeus do primeiro século esperavam: a ressurreição de todos os mortos, como parte do momento dramático, dentro da história, em que o deus de Israel voltaria a Sião e restauraria a sorte de seu povo. No entanto, devemos dizer claramente que, à primeira vista, o ressurgimento de uma única pessoa, no meio de uma história que, em todos os aspectos, ocorria como se nada tivesse mudado, seria, embora extremamente impressionante, bastante insuficiente para fazer os judeus da época declararem que a tão almejada redenção, a libertação do exílio, havia realmente acontecido.[96] Tampouco devemos acrescentar que tal acontecimento teria a importância que tantos estudiosos modernos imaginavam. No antigo mundo judaico, como no mundo ocidental moderno, se alguém comprovadamente morto aparecesse vivo outra vez, o mundo era, de fato, um lugar mais estranho do que muitos imaginavam; não justificaria, de forma alguma, a alegação de que o indivíduo que experimentara esse estranho fenômeno seria, portanto, o salvador do mundo, o "filho de deus" ou qualquer outra coisa em particular. Se, aproximando-nos um pouco mais do assunto, um dos *lestai* crucificados com Jesus tivesse ressuscitado alguns dias depois, supomos que seria bastante improvável que ele fosse saudado de forma messiânica ou, então, que alguém deduzisse, à luz do acontecimento, que a sorte de Israel havia sido restaurada, que o reino do deus de Israel realmente havia sido inaugurado etc. Isso nos leva a perguntar: a crença de que alguém havia ressuscitado dos mortos, a despeito de como as pessoas interpretariam tal acontecimento, poderia ter produzido os resultados impressionantes que produziu — *a não ser que certas coisas fossem conhecidas, e continuassem a ser conhecidas, a respeito daquele que foi assim ressuscitado depois de haver sido crucificado?*

Poderíamos enfatizar esse ponto de outra forma. Imagine se Jesus fosse conhecido por ter sido alguém de mau caráter. Se, por exemplo, fosse tido como bêbado ou mulherengo, ou se tivesse a reputação de pregar apenas por ganho pessoal, então toda a ideia de que sua morte na cruz romana alcançou,

---

[95]O argumento traz algumas analogias com o de Moule, *The Phenomenon of the New Testament: An Inquiry Into the Implications of Certain Features of the New Testament*, 1967, cap. 1, 3-4.
[96]Veja Mateus 27:52.

NARRATIVAS NO CRISTIANISMO APOSTÓLICO (1)

por meio do seu retorno à vida, qualquer significado para a vida dos outros, sem falar na importância primordial atribuída a tais acontecimentos no Novo Testamento, seria simplesmente ridícula. Reitero: se Jesus fosse apenas um mestre de grandes frivolidades morais atemporais, será que teria sido crucificado? Mas, ainda que superássemos esse obstáculo, sua morte, mesmo acompanhada por uma estranha ressurreição, certamente não seria interpretada como a maior conquista de sua vida, mas, sim, como seu triste encurtamento. A reivindicação de ressurreição por tal personalidade dificilmente acarretaria o significado de que Israel e o mundo foram renovados. Na melhor das hipóteses, daria ensejo para mais ensinamentos, talvez agora incluindo narrativas sobre uma vida "no além" — ausente no ensino atribuído ao Jesus ressurreto, tanto nos evangelhos como em Atos.

Suponhamos, entretanto, que (no contexto da crença judaica do primeiro século, segundo a qual o deus da aliança interviria no curso da história para libertar seu povo da opressão e do exílio) Jesus tenha feito e afirmado certas coisas que levaram pessoas, ainda que de maneira confusa, a acreditar que, de alguma maneira, o deus delas estava alcançando esse propósito em Jesus e por meio de sua obra. Nesse caso, o início da crença pós-ressurreição, atrelada ao significado salvador de sua morte e articulado principalmente como o resgate de Israel do exílio, é muito mais crível. Nesse caso, a cruz e a ressurreição são claramente centrais para praticamente todas as formas conhecidas do cristianismo apostólico. Mas o surgimento desse entendimento nos primeiros anos do cristianismo só é compreensível com base no fato de certas coisas continuarem a ser conhecidas, como aspectos históricos, sobre aquele que (entre muitos outros) foi crucificado fora de Jerusalém e que (ao contrário de qualquer outro, antes e depois — fato importantíssimo) foi declarado por seus seguidores como estando vivo, pouco tempo depois. A ressurreição, portanto, *exige* a admissão de *quem Jesus já acreditava ser*; não pode ser a única causa daquela crença que surgiu em torno dela.

Em particular, se a ressurreição era considerada parte daquele complexo de acontecimentos por meio dos quais o deus da aliança restauraria a sorte de seu povo, qualquer relato sobre uma história de "ressurreição" só faria sentido em termos da *história de Israel na forma da história de Jesus*. Não bastaria apenas anunciar que um homem morreu, mesmo que de uma morte particularmente brutal, e então encontrou-se vivo. Esse não é o ponto. O evangelho da igreja primitiva — de Paulo e dos evangelistas — é que as promessas das escrituras judaicas se cumpriram na ressurreição. Por isso Paulo e os demais insistem em que a morte e a ressurreição de Jesus aconteceram "segundo as escrituras" ou em seu cumprimento.[97] Pessoas costumam escrever sobre essas frases (ora para elogiá-las, ora

---

[97] 1Coríntios 15:3-4 etc.

O NOVO TESTAMENTO E O POVO DE DEUS

para condená-las) como se a igreja primitiva encontrasse textos comprobatórios, demonstrando que o deus de Israel predissera, há muito, a ressurreição. Assim, encontram pequenas porções aqui e ali, como Oseias 6:2 e (talvez) Jó 19:25; ou, desistindo desse trabalho por sua ineficácia, concluem que a igreja primitiva não tinha nenhum texto particular em mente, mas apenas a crença geral de que, se o deus de Israel agiu em Jesus, naturalmente tal ação deve ter sido "segundo as escrituras", ainda que não se possa dizer exatamente quais. Como vimos no capítulo oito, porém, o ponto central de tais ideias é que as escrituras de Israel *como um todo* falam da aliança; do exílio como punição do deus de Israel pelos pecados do seu povo; e do grande "retorno" que aconteceria quando esse período sombrio finalmente acabasse. O que a igreja apostólica está dizendo, ao contar a história da ressurreição de Jesus e anunciá-la ao mundo como um apelo à fé obediente, é que a história e as promessas de Israel se tornaram realidade em Jesus; que, em sua morte, Jesus lidou com o exílio em seu aspecto mais extremo; e que, em sua ressurreição, Jesus inaugurou o verdadeiro retorno do verdadeiro exílio. Mais uma vez, portanto, somos levados à seguinte conclusão: anunciar a ressurreição, e fazê-lo (em suma) "segundo as escrituras", é *contar a história de Israel na forma da história de Jesus*. Subjaz à proclamação da igreja ao mundo a crença inabalável de Israel, segundo a qual sua história e sua geografia encontravam-se no centro do universo criado. Seu deus era o criador do mundo.

Desse modo, devemos esperar que a igreja contasse, desde o início, narrativas sobre Jesus, de modo a expressar a crença de que, nele, a história de Israel alcançara seu ápice. Essa era sua *raison d'être*. Ao depararmos com a fórmula inicial que diz precisamente isso — 1Coríntios 15:3-s. é o melhor exemplo —, não devemos nos surpreender. A igreja apostólica contava histórias sobre Jesus porque essa era a única forma de elucidarem a importância que percebiam nos acontecimentos de sua vida, morte e ressurreição. A igreja contava histórias *israelitas* a respeito de Jesus, narrativas cuja forma, estilo e conteúdo detalhado *bradavam* a ideia de que a vida de Jesus constituía o ponto culminante de toda a história de Israel. Ao fazê-lo, os primeiros cristãos legitimavam o tipo de movimento do qual eles próprios tomavam parte. Também reforçavam, obviamente, sua própria experiência religiosa. Contudo, em meio a todos esses objetivos, as histórias eram essencialmente *sobre Jesus de Nazaré*. A fim de articularem, então, a "fé na ressurreição", segundo o significado recebido — o único significado possível, em vista da cosmovisão em que todos os primeiros cristãos estavam inseridos —, era necessário que contassem histórias sobre Jesus, narrativas de episódios factuais, histórias que, por sua forma e seu conteúdo, explicavam que a história de Israel havia alcançado, de uma e de outra forma, o ápice tencionado por deus.[98]

---

[98]Veja o cap. 14.

NARRATIVAS NO CRISTIANISMO APOSTÓLICO (1)

Em sexto lugar, os evangelistas, ao narrarem a história de Jesus como o auge da história de Israel, estão, portanto, dizendo implicitamente que essa história não é o fim absoluto. Não pode ser. Pelo contrário: a história de Jesus permite que o final agora apareça. É o fim da seção central da narrativa, levando-a à sua reta final, embora não para a linha de chegada. Há ainda outra tarefa: a de trazer o mundo à sujeição do seu criador, por meio do Israel redimido; e essa tarefa adicional ainda não foi realizada. Assim, os evangelistas não esperavam o fim iminente da ordem espaçotemporal. Tal leitura do emprego judaico da linguagem apocalíptica está simplesmente errado, sendo verdadeiro referente o fim da presente *ordem mundial*.[99] Da mesma forma como uma família é uma entidade diferente após a morte do avô ou o casamento do filho mais velho, assim também, porém em uma escala muito maior, o mundo é um lugar diferente (assim alegam os evangelistas) depois de seu criador ter agido de forma decisiva para levar ao auge seu plano de resgatá-lo da corrupção. Se a história judaica é o ponto focal da história mundial, é isso justamente o que poderíamos esperar. Conforme argumentamos, isso pode ser visto em termos de análise narrativa das próprias histórias dos evangelhos.

O que, portanto, deve ser dito sobre o gênero literário dos evangelhos, o qual constitui, afinal, a principal chave de como devem ser lidos?[100] Conforme vimos, eles contam a história de Jesus, de modo a transmitir a crença de que essa história é o auge da história de Israel. Assim, trazem a *forma* narrativa de Israel, agora retrabalhada em termos de uma única vida humana. Visto, então, que a história de Israel foi incorporada em um único homem, os evangelhos também têm a forma do que devemos chamar de uma quase-biografia. Estudos modernos da biografia secular antiga mostraram, como vimos, que os evangelhos são *pelo menos* biografias. Porém são mais do que isso. São, na verdade, biografias de estilo judaico, projetadas para mostrar a essência da história de Israel, representada em uma única vida. Seu análogo mais próximo nesse nível é a literatura de martírio, na qual o foco de atenção não está na data de nascimento de alguém ou na cor de seu cabelo, mas em sua fidelidade a YHWH, sem sofrimento resultante dessa fidelidade, e em sua esperança de justificação, de vindicação.

O que Jesus fez, dizem-nos os evangelistas, foi levar ao ápice não apenas a cadeia de narrativas de judeus fiéis individuais, mas toda a história de Israel. Portanto, os evangelhos são a narrativa de Jesus *contada como a história de Israel em miniatura*: a "tipologia", observada aqui e ali por críticos, não passa de uma

---

[99] Veja o cap. 10.

[100] Veja Moule, *On Defining the Messianic Secret in Mark*, 1975, p. 100-14; Lemcio, *The Past of Jesus in the Gospels*, 1991; Baird, *A Comparative Analysis of the Gospel Genre: The Synoptic Mode and its Uniqueness*, 1991 etc.

O NOVO TESTAMENTO E O POVO DE DEUS

função desse propósito mais amplo dos evangelistas. Mateus nos dá, nos primeiros cinco capítulos, um Gênesis (1:1), um Êxodo (2:15) e um Deuteronômio (5-7); então, dá-nos um ministério real e profético, e finalmente um exílio (a cruz) e uma restauração (a ressurreição). O que mais poderíamos desejar? Nos evangelhos, testemunhamos a história de Israel com seu deus, a história que, segundo Israel acreditava, era a verdadeira, embora secreta, história do criador e do mundo. Testemunhamos essa narrativa *contada como* a narrativa do criador, de Jesus e de Israel. Não é de surpreender que estudiosos tenham dificuldade em colocar esse vendaval na garrafa de categorias pós-iluministas. O vento deve soprar para onde quer.

Entretanto, se é esse o caso, significa que os evangelhos não são apenas biografias de estilo helenista, levemente modificadas segundo uma orientação judaica. São histórias judaicas; de fato, reivindicam ser *a história dos judeus*. Porque, agora, essa história diz respeito a um único ser humano, e visto que esse ser humano deve ser anunciado ao mundo gentílico como parte do cumprimento da história em si, ela deve ser contada precisamente *como uma biografia*, embora de forma diferente. Se a narrativa e sua cosmovisão subjacente fossem de uma ordem diferente, os evangelhos poderiam ter sido escritos mais como a *Ética dos Pais* [Pirkei Avot] ou o *Evangelho segundo Tomé*. Poderiam ser coletâneas de dizeres. Mas não são. Antes, são a história de Israel contada como uma biografia, modificada na direção de um gênero secular (Lucas, em especial, dá-nos evidência disso), mas sem o uso do gênero secular como base ou objetivo. Essa é a pitada de verdade na antiga contenção crítica de que os evangelhos não são biografias. Explica, melhor do que qualquer outra solução, tanto as semelhanças como as diferenças entre os evangelhos e seus análogos seculares.[101]

Os evangelhos, então, foram escritos para convidar o leitor a entrar em uma cosmovisão. Nessa cosmovisão, há um único deus, o criador do mundo, que está trabalhando em seu mundo por meio de seu povo escolhido, Israel. O propósito de Israel, dizem os evangelistas, agora está completo, e, em Jesus, sua própria escravidão findara. O foco principal dos evangelhos na morte e ressurreição de Jesus *não* deve ser explicado como a leitura retrospectiva de uma "teologia cristã posterior", projetada em uma história cuja intenção "biográfica" devesse manter tal referência ao mínimo possível. Os evangelistas não estavam minimizando a importância da vida e da missão, dos objetivos e das conquistas, daquele que foi crucificado e ressuscitado, mas enfatizando esses últimos

---

[101]Essa conclusão não está longe, talvez surpreendentemente, da perspectiva de Käsemann, *New Testament Questions of Today*, 1969 [1965], p. 97: a "forma literária incomparável dos evangelhos" é que eles "nos apresentam de uma forma altamente única a algo como a vida de um homem, de uma perspectiva escatológica e de acordo com uma interpretação escatológica". Obviamente, Käsemann entende por "escatologia" algo bastante diferente do que eu acabei de expor.

NARRATIVAS NO CRISTIANISMO APOSTÓLICO (1)

dois elementos como o devido e necessário ponto culminante da história que estava sendo contada. O programa teológico e pastoral dos evangelistas não diminuiu em nada sua intenção de escrever sobre Jesus de Nazaré. Na verdade, ele exige precisamente isso. Do contrário, os evangelistas enganam o leitor, prometendo-lhe uma cosmovisão que não entregam. Se o leitor moderno ou pós-moderno deseja anular a cosmovisão dos evangelistas, declarando-a inútil para nós hoje, essa já é outra questão a ser debatida com base em outros fundamentos. Mesmo o pós-modernismo não pode servir de desculpa para que cometamos anacronismos históricos.

A questão, porém, permanece: essa maneira de contar a história é uma inovação, emergindo no cristianismo no início da segunda geração? Marcos, assim como Mateus ou Lucas, "historicizou" uma mensagem cuja origem em nada correspondia à história, muito menos à história e às expectativas de Israel? Esse foi o principal argumento de Bultmann e sua escola, movimento que pareceu perder força no período pós-guerra, com a "Nova Busca" e depois a "Terceira Busca", enfatizando cada vez mais o judaísmo essencial da própria mensagem de Jesus e da teologia e da missão dos primeiros cristãos.[102] No entanto, recentemente, as opiniões de Bultmann tiveram um renascimento sustentado. Estudiosos como Mack, Crossan e Cameron defenderam um cristianismo primitivo gnóstico ou cínico, segundo o qual os sinóticos chegaram como organizadores, como "historicizadores", que atrasaram o relógio a uma forma de pensamento judaico cuja existência fora estranha à primeira geração cristã.[103] A fim de avaliar essa tese, por enquanto apenas no nível da história cristã primitiva, devemos nos mover inicialmente a águas tão turbulentas quanto as do estudo sinótico. Temos somente um único ponto fixo na literatura inicial cristã. Tal ponto fixo é Paulo.

PAULO: DE ADÃO A CRISTO

Paulo nem sempre foi estudado em termos das histórias que conta. Mas existem todos os motivos para supormos que suas cartas revelarão muito com base em tal investigação: "As cartas têm histórias, e é a partir delas que construímos os mundos narrativos tanto das cartas em si como das histórias que contam".[104] Como Norman Petersen demonstrou em sua obra seminal, *Rediscovering Paul* [Redescobrindo Paulo], muita luz pode ser lançada em qualquer carta — seja

---

[102]Veja Neill e Wright, *The Interpretation of the New Testament*, 1988, p. 379-403.
[103]Veja Mack, *A Myth of Innocence*, 1988; Crossan, *In Parables: The Challenge of the Historical Jesus*, 1973; *In Fragments: The Aphorisms of Jesus*, 1983; *The Historical Jesus: The Life of a Mediterranean Jewish Peasant*, 1991; Cameron, *The Other Gospels: Non-Canonical Gospel Texts*, 1982; Koester, *Ancient Christian Gospels: Their History and Development*, 1990.
[104]Petersen, *Rediscovering Paul: Philemon and the Sociology of Paul's Narrative World*, 1985, p. 43.

O NOVO TESTAMENTO E O POVO DE DEUS

uma breve nota em um papiro, seja uma gema polida, como a carta de Paulo a Filemom — se a considerarmos em dois níveis. No primeiro, há a *sequência poética*, a ordem das coisas no texto em si, da forma como aparecem. No segundo, há a *sequência referencial*, a ordem presumida ou reconstruída de acontecimentos do mundo narrativo da carta.[105] Tal análise pode ocorrer em um nível comparativamente trivial e fácil. Filemom (segundo normalmente se pensa) tinha um escravo fugitivo, Onésimo, que se tornou filho na fé de Paulo; Paulo enviou-o de volta com uma carta súbita, instando Filemom a aceitar Onésimo como um irmão em Cristo. Na condição de leitores, pressupomos a chegada de Onésimo e suas consequências. Esse é, em primeiro plano, o mundo narrativo da carta.[106] Os acontecimentos não ocorrem nessa ordem na carta em si, mas são tangencialmente relacionados à sequência "poética" do texto.

Nesse nível, Petersen simplesmente forneceu, em certo sentido, um rótulo metodológico claro para algo que a maior parte dos críticos históricos tentou, de qualquer maneira, fazer. A diferença é que o segundo nível de análise não deve ser rotulado como "História", mas, sim, pelo menos no primeiro caso, como "narrativa". Nesse estágio, preocupamo-nos com o *mundo narrativo do texto*, e não, a menos que nos movamos em outra direção, com o mundo narrativo da história pública. O estudo desse mundo narrativo, então, leva Petersen a formular uma análise sociológica dos complexos relacionamentos implícitos entre Paulo, Onésimo e Filemom. Obviamente, a carta a Filemom é a mais fácil das cartas paulinas no que diz respeito ao uso desses métodos. Em tese, porém, poderíamos aplicá-los a outras cartas — à carta de Corinto, por exemplo, que envolveria muito mais trabalho, cujo resultado, suspeito, redundaria em algo não muito diferente do que é oferecido por estudiosos que usam descrições mais tradicionais de sua tarefa. O mundo narrativo da carta aos Coríntios, a sequência implícita de acontecimentos a partir da primeira visita de Paulo até a projeção de sua última visita, foi objeto de intensa pesquisa e especulação por algum tempo.[107] Mas a possibilidade de lermos as cartas de

---

[105] *Ibidem*, p. 47-9.

[106] Veja Petersen, *Rediscovering Paul: Philemon and the Sociology of Paul's Narrative World*, 1985, p. 65-78, 287-302, defendendo, entre outras coisas, a necessidade de suprirmos pelo menos um "fechamento" hipotético, um final à narrativa implícita. Os pontos gerais são válidos, mesmo se uma reconstrução diferente do mundo narrativo de Filemom é aceito, segundo, por exemplo, proposto por Knox, *Philemon Among the Letters of Paul*, 1935; Houlden, 1970, *Paul's Letters from Prison*, p. 225-s.; ou Winter, "Methodological Observations on a New Interpretation of Paul's Letter to Philemon", 1984; "Paul's Letter to Philemon", 1987; veja Wright, "'Constraints' and the Jesus of History", 1986a, p. 164-70; Nordling, "Onesimus Fugitivus: A Defense of the Runaway Slave Hypothesis in Philemon", 1991.

[107] Veja Georgi, *The Opponents of Paul in Second Corinthians*, 1986 [1964]; Fee, *The First Epistle to the Corinthians*, 1987, p. 4-15; Wright, *The Climax of the Covenant: Christ and the Law in Pauline Theology*, 1991a, cap. 6.

NARRATIVAS NO CRISTIANISMO APOSTÓLICO (1)

Paulo à procura de mundos narrativos é atraente quando questionamos o tipo de história que formava o mundo narrativo *mais amplo* do apóstolo — ou seja, quando localizamos Paulo no mapa das grandes histórias cristãs que temos reconstruído no decorrer deste capítulo. Quais histórias davam profundidade narrativa à cosmovisão de Paulo, formando uma parte irredutível de seu universo simbólico?

Seria possível construir, a partir do *corpus* paulino, um mundo narrativo da própria vida e da experiência de Paulo. Tal sequência referencial teria início em sua formação como fariseu, passando por seu chamado e por sua conversão, e alcançando seu trabalho missionário e pastoral, ao lado do sofrimento que o acompanha. Além disso, pressuporia constantemente um fechamento futuro, seja em termos de transformação no retorno do Senhor, seja de morte e subsequente ressurreição. Esse, podemos dizer com segurança, é o mundo narrativo no qual Paulo se baseia para dar sentido à sua experiência cotidiana. Nesse nível, seu mundo narrativo pessoal deve ser visto como uma variante deliberada e subversiva da história judaica e do fariseu devoto: Paulo a conta como tal, por exemplo, em Filipenses 3:1-11. Foi assim, afirma-nos, que ele se viu como parte da verdadeira aliança, da verdadeira justificação, do verdadeiro povo do deus de Israel.[108] A importância disso pode ser compreendida se percebermos que tipo de histórias Paulo *não* conta. Embora ele se comportasse como um errante pregador ou filósofo cínico ou estoico, a ponto de viajar pelo mundo mediterrâneo contando às pessoas sobre um modo de vida que desafiava seu conforto atual, a história que ele contou sobre si tinha uma forma totalmente diferente da que consta no mundo narrativo que descobrimos por trás, por exemplo, dos *Discursos* de Epiteto. Analogias entre Paulo e os estoicos permanecem essencialmente superficiais. Assim que alcançamos a narrativa implícita — e, com ela, o nível da cosmovisão —, vemos que a história de Paulo é essencialmente a história judaica, embora *manqué* — ou, conforme ele mesmo diria, endireitada.

A base sobre a qual ele teria feito tal afirmação não é difícil de elucidar. Em todas as suas cartas, embora particularmente em Romanos e em Gálatas, descobrimos uma narrativa implícita maior, a qual se destaca claramente como a verdadeira sequência referencial por trás da sequência poética exigida pelas diferentes necessidades retóricas das diversas cartas. Como sua própria história, essa narrativa mais ampla é a narrativa judaica, mas como uma reviravolta subversiva em quase todos os pontos. Paulo pressupõe essa história mesmo quando não a expõe diretamente, e é discutível o fato de que só podemos compreender

---

[108]Com respeito a Filipenses 3:2-11, veja Wright, *The Climax of the Covenant: Christ and the Law in Pauline Theology*, 1991a, p. 88. Também, Gálatas 2:15-21, com seus paradoxos deliberados ("Eu mediante a lei morri para a lei…" etc.).

O NOVO TESTAMENTO E O POVO DE DEUS

os mundos narrativos mais limitados das diferentes cartas se os localizarmos em seus devidos pontos dentro desse mundo narrativo geral e, de fato, do universo simbólico que o acompanha.[109]

A história começa com a criação do mundo por um único deus, um deus bondoso e sábio. Esse é um pensamento judaico, embora Paulo não afirme, como 4Esdras mais tarde dirá, que o mundo todo foi criado *por amor de Israel*.[110] Ela continua, de cunho igualmente judaico, com a criação e a queda de Adão e Eva, pais epônimos de toda a humanidade. Pulando Noé, a história de Paulo destaca Abraão, a quem ele vê, em consonância com a tradição judaica,[111] como o início da resposta divina ao problema de Adão. Ao contrário da tradição judaica, porém, Paulo insiste que as promessas da aliança feitas a Abraão lhe ofereciam não apenas a terra de Israel, mas todo o *cosmos*, o mundo.[112] O filho e o neto de Abraão, Isaque e Jacó, tornaram-se os portadores da promessa, enquanto Ismael e Esaú são deixados para trás; novamente, Paulo subverte o fluxo narrativo normal da história, uma vez que insiste que esse processo de estreitar a família portadora de promessas continua *além* de Jacó.[113]

Então, o deus de Israel chama seu povo para fora do Egito sob a liderança de Moisés, dando-lhe a Torá. Para um judeu ortodoxo, tanto naquela época como nos dias de hoje, a Torá foi a grande dádiva que sinalizou o *status* especial e a vocação de Israel. Para Paulo, isso continua sendo verdade, mas com uma reviravolta sombria: essa condição especial e essa vocação consistem em que a Torá *condene Israel de haver pecado*: Israel será rejeitado para que o mundo seja redimido.[114] Tudo o que a Torá faz dentro de Israel, até mesmo para o melhor de seus adeptos, é considerá-los culpados de sua participação no pecado de Adão, de modo que o mais alto que atingem — a ironia é pesada neste ponto — é o nível moral dos melhores dentre os filósofos pagãos.[115]

---

[109]Para boa parte do que segue, veja Hays, *The Faith of Jesus Christ: An Investigation of the Narrative Substructure of Galatians 3:1—4:11*, 1983; *Echoes of Scripture in the Letters of Paul*, 1989; Wright, 1991a, *passim*, e 1992b. Minha intenção é consubstanciar essas observações plenamente no volume 3 desta série.

[110]4Esdras 6:55-9; 7:11; veja *2Bar.* 14:19; 15:7; 21:24; *T. de Moisés* 1.12-s.

[111]Veja p. 353.

[112]Romanos 4:13.

[113]Romanos 9:14-s.; contraste, por exemplo, com *Jubileus*.

[114]Em relação a Romanos 9:14-29, Wright, *The Climax of the Covenant*, 1991a, p. 152, 198-s., 210-13, 239-48.

[115]Em relação a Romanos 7:7-21, Wright, *The Climax of the Covenant*, 1991a, p. 196-200, 217-19, 226-30. Aos argumentos apresentados, devemos apresentar o seguinte ponto: Romanos 7:15-20 ("Quero fazer o bem, mas não o faço..." - NVT) claramente reflete um *topos*, uma linha de pensamento corrente no mundo pagão dos dias de Paulo: veja Ovídio, *Metamorfose* 7.19-s. Epit *Disc.* 2.26.1-5 (cp. também 3.4.18; 4.1.147); Plauto *Trinummus* 657; outras referências em Hommel, *Das 7. Kapitel des Römerbriefes im Licht antiker Überlieferung*, 1961-1962. Todas essas passagens podem muito bem remontar a Aristóteles: *Ética a Nicômaco*, Livro VII. Em Romanos

NARRATIVAS NO CRISTIANISMO APOSTÓLICO (1)

A Torá oferece a Israel vida e morte, prosperidade e exílio, e então (em Deuteronômio 30) fala de uma nova vida, o outro lado de exílio/morte. Israel escolhe exílio/morte; os profetas advertiram que isso aconteceria — e a previsão se cumpriu. Novamente, Paulo se encontra em um denominador comum com seus parentes segundo a carne. Mais uma vez, porém, ele subverte a estrutura interior da história judaica. O fim desse exílio e o verdadeiro "retorno" não são agora acontecimentos futuros a serem experimentados em termos de Terra purificada, Templo reconstruído e Torá intensificada. O exílio chegou ao seu fim cataclísmico quando Jesus, o Messias representante de Israel, morreu fora dos muros de Jerusalém, carregando a maldição, que consistia em exílio nas mãos dos pagãos, ao seu limite máximo.[116] O retorno do exílio teve início quando Jesus, novamente como Messias representativo, emergiu do túmulo, três dias depois. Como resultado, todo o complexo de expectativas judaicas a respeito do que aconteceria após o fim do exílio subitamente desmoronou. O deus de Israel derramou seu espírito sobre toda a carne; sua palavra saiu em direção a todas as nações; ele chamou à existência um novo povo, composto de todas as raças e classes, e ambos os sexos, sem distinção. Essas características principais da teologia paulina só fazem sentido no âmbito de uma recontagem, em larga escala, de uma história tipicamente judaica, interpretada do ponto de vista de quem acredita que o momento culminante já chegou, e que a hora de implementar essa conquista já se faz presente. Paulo encaixa seu próprio mundo narrativo pessoal nessa estrutura mais ampla. Sua própria vocação, a de ser apóstolo dos gentios, faz sentido em um mundo narrativo segundo o qual as esperanças de Israel já se tornaram realidade.

Claramente, ainda havia um cumprimento por vir. Paulo, como Lucas, acreditava simultaneamente que o fim havia chegado e que ainda estava por vir. A versão mais completa que temos de como Paulo reconta a parte ainda futura da história judaica pode ser encontrada em 1Coríntios 15. Trata-se de um apocalipse reestruturado, que novamente só faz sentido em termos da história de Israel, a história que estudamos no capítulo 8, agora vista sob uma nova ótica. O mesmo poderia ser dito da passagem "apocalíptica" de Romanos (8:18-27).[117] A narrativa precisa de um final, e Paulo sugere isso nessas e em outras passagens: a criação como um todo será libertada de sua escravidão à decadência. O êxodo de Israel foi um modelo para a morte e a ressurreição de Jesus, e ambos os

---

7, Paulo analisou o efeito da Torá em Israel de tal modo a mostrar que Israel, lutando para guardar a lei do seu deus, atinge apenas o nível do sábio, porém perplexo, pagão. Compare também Gálatas 5:17-8.

[116]Veja Wright, *The Climax of the Covenant*, 1991a, cap. 7.

[117]Veja, como declaração preliminar, Wright, *The Crown and the Fire*, 1992a, cap. 10. Quando Moule descreve essa passagem como "não apocalíptica" (1982 [1962], p. 142, 267), quer dizer, penso eu, "não se referindo à *parousia*".

O NOVO TESTAMENTO E O POVO DE DEUS

acontecimentos remetem a um êxodo maior por vir, quando, então, todo o cosmos será libertado de seu Egito, de seu estado atual de futilidade.[118]

Porque essa é a narrativa de Israel *compreendida como* a história através da qual o deus criador está restaurando toda a criação e, com ela, a raça de Adão e Eva, ela aborda, confronta e tenta subverter o mundo pagão e suas histórias. Assim, vemos Paulo frequentemente, conforme ele mesmo diz, "levando cativo todo o pensamento à obediência de Cristo", encontrando ideias pagãs vindo em sua direção e, como Jeú, ordenando-lhes que deem meia-volta e passem para trás de si [cf. 2Reis 9:17-20 (ARC)]. Alguns leitores, começando pelo menos com Marcião, no segundo século d.C., viram isso como evidência de que Paulo abandonara totalmente sua fé judaica, abrangendo um universo simbólico e um mundo narrativo diferente. No entanto, o mundo narrativo fundamental de Paulo não ecoa de forma profunda o do paganismo, em qualquer de suas formas, tanto as encontradas no primeiro século como as encontradas em épocas anteriores. O apóstolo continua a ressoar em consonância com a história de Israel. Porque a história de Israel fala de um deus criador que reivindica todas as pessoas, todas as terras, como suas, Paulo é capaz de estender a mão e se dirigir, a partir dessa história, a judeus e gentios. Ele, portanto, afirma que a história de Jesus cumpre o propósito pelo qual o deus criador chamou Abraão. Embora seu relato subverta o mundo narrativo de seus contemporâneos judeus, sua alegação era que ele reafirmava o verdadeiro sentido das promessas da aliança.[119]

Evidentemente, o que fazia a diferença era Jesus; ou, dito de forma mais completa, Jesus e o espírito divino. A teologia de Paulo pode, sugiro, ser traçada de maneira mais precisa e completa com base no fato de que representa seu repensar, à luz de Jesus e do espírito divino, das crenças judaicas fundamentais: monoteísmo (criacional e pactual), eleição e escatologia. Essa teologia foi integrada a um mundo narrativo repensado em todos os aspectos.

Com base nisso, podemos ver como as breves e, muitas vezes, picotadas referências de Paulo a Jesus funcionam dentro das cartas como histórias em miniatura, pequenos lemes pelos quais o grande mundo da narrativa judaica rumou em uma nova direção. Richard Hays estudou algumas dessas passagens com a ajuda do método analítico de Greimas e chegou à conclusão de que, mesmo em pequenas formulações, como Gálatas 3:13, 14 e 4:3-6, encontramos "a presença e a forma da história do evangelho a que Paulo alude e apela".[120] A lista de tais passagens poderia estender-se quase indefinidamente:

---

[118]Sou grato a Sylvia Keesmaat, por diversas discussões estimulantes sobre esse tópico.

[119]Veja esp. Romanos 4; Gálatas 3:1–4:7; e particularmente Romanos 10:1-4.

[120]Hays, *The Faith of Jesus Christ: An Investigation of the Narrative Substructure of Galatians 3:1— 4:11*, 1983, p. 125.

NARRATIVAS NO CRISTIANISMO APOSTÓLICO (1)

apenas em Romanos, textos óbvios incluem 3:24-6; 4:24-5; 5:6-10; 6:9-10; 7:4; 8:3-4; 10:3-4; 15:3 e 15:7-9. Mesmo consideradas individualmente, essas passagens mostram que *a história de Jesus*, interpretada no contexto do mundo narrativo judaico mais amplo, foi o eixo no qual a releitura paulina dessa história mais ampla girou. Juntas, elas são ainda mais poderosas.

Como Paulo normalmente evoca todo esse mundo de pensamento, essa cosmovisão, na forma narrativa? Entre muitas maneiras, sugiro que ele faz isso usando a própria palavra *Cristo*. Para Paulo, não se trata apenas de um nome próprio. É um título cujo significado, "Messias", sugere "Israel": chamar Jesus de "Messias" significa afirmar que o destino de Israel alcançou seu cumprimento nele. Qualquer tentativa de separar "messianismo" da concepção paulina de Jesus está fadada ao fracasso, conforme argumentei em outro lugar.[121] Mas isso significa que, em passagem após passagem, toda a corrente de pensamento é latente, de modo que, ao aparecer em alguns textos de modo mais completo, não é como um encaixe forçado, mas como algo que ocupa seu devido lugar.

E quanto à célebre passagem de 2Coríntios, em que Paulo, supostamente, nega qualquer interesse no Jesus humano?

> Assim, de agora em diante, não conhecemos mais ninguém segundo a carne; mesmo se antes conhecíamos o Messias segundo a carne, já não mais o conhecemos dessa forma. Então se alguém está em Cristo — nova criação! O velho se foi. Veja! Tudo se fez novo.[122]

Bultmann argumentou, de forma influente, que, nessa passagem, Paulo não apenas nega o conhecimento do Jesus humano, como também declara esse conhecimento irrelevante.[123] Isso tem sido firmemente resistido por outros comentaristas.[124] Todavia, para alguns, permanece a impressão de que Paulo se desvinculou do próprio Jesus. De fato, a passagem como um todo e o versículo em particular militam contra a conclusão de Bultmann. O argumento todo (2:14—6:13) lida com o ministério da nova aliança que Paulo exerce, e um de seus principais pontos focais é a exposição, em 4:7-15, do que significa ver a "iluminação do conhecimento da glória de Deus na face de Jesus Cristo" (4:6). Na passagem, o cerne da questão é o dito dos apóstolos: "Levamos sempre no

---

[121]Wright, *The Climax of the Covenant*, 1991a, caps. 2–3.

[122]2Coríntios 5:16-17 [trad. livre].

[123]Bultmann, *Theology of the New Testament*, 1951-5, 1.237-9; 1985 [1976], p. 155; compare também com Käsemann, *New Testament Questions of Today*, 1969 [1965], p. 121, n.º 16.

[124]Moule, "Jesus in New Testament Kerygma", 1970; Barrett, *A Commentary on the Second Epistle to the Corinthians*, 1973, p. 171; Furnish, *II Corinthians*, 1984, p. 330-3. Veja também Meyer, *The Aims of Jesus*, 1979, p. 73-5.

O NOVO TESTAMENTO E O POVO DE DEUS

corpo o morrer de Jesus, para que também a vida de Jesus se manifeste em nosso corpo" (4:10). Nesse e nos versículos subsequentes, "Jesus" se refere inequivocamente, como em outros escritos de Paulo, ao Jesus humano, especificamente ao fato de ser condenado à morte. A palavra "Cristo" não é mencionada em todo o parágrafo (4:7-15); a ideia central de Paulo é precisamente que o padrão do ministério de Jesus, o qual o levou à morte, está sendo reproduzido nos apóstolos, e que esse é o sinal de sua autenticidade.

Assim, o que Paulo rejeita em 5:16 não é o conhecimento do Jesus histórico, nem a utilidade desse conhecimento para a teologia, mas uma forma particular de conhecer o Messias. "Segundo a carne" (*kata sarka*) é uma frase paulina comum para denotar, entre outras coisas, o *status*, as atitudes e a teologia dos judeus e de alguns cristãos judeus.[125] O tipo de Messias que eles queriam seria alguém que afirmasse e apoiasse suas aspirações nacionais. Em vez disso, o verdadeiro Messias, Jesus, foi obediente a uma vocação messiânica diferente, segundo a qual a "carne" morre para ressuscitar. A razão pela qual Paulo sabe disso é precisamente seu conhecimento pessoal de Jesus, reivindicando que ele, e nenhum outro, é o verdadeiro Messias. O texto de 2Coríntios 5:16, portanto, não apenas abarca a possibilidade ou a utilidade do conhecimento sobre Jesus, como também parte desse conhecimento para o ponto teológico que está sendo apresentado.

Essa ideia pode ser ainda mais reforçada pela consideração de Romanos 15:1-9. Nessa passagem, é notável que Paulo se baseie explicitamente no que era conhecido do ministério de Jesus — nem sequer enfocando sua morte — como fundamento e base do apelo que ele faz, o que, na verdade, desempenha papel mais amplo em Romanos do que normalmente é reconhecido: as diferentes origens dos diversos cristãos de Roma não devem impedi-los de se unir em adoração comunal. Trechos como 15:3 e 15:7-9 falam do ministério assumido pelo verdadeiro Messias, reconhecendo sua proclamação aos judeus como um estágio distinto na realização dos propósitos universais de Deus. Precisamente nesse ponto de seu argumento, teria sido totalmente indevido a Paulo referir-se ao Jesus histórico — *caso* tivesse assumido a posição que lhe foi atribuída por Bultmann e seus seguidores, de que a aproximação de Jesus era uma característica dos cristãos judeus que Paulo deveria deixar para trás. Paulo, então, está familiarizado com a história de Jesus e pode usá-la como subestrutura para seu argumento teológico.[126]

---

[125]Romanos 4:1; 1Coríntios 10:18; Gálatas 4:23 etc.

[126]Por enquanto, deixo de lado questões polêmicas atreladas aos supostos apelos de Paulo ao ensino de Jesus, como em, por exemplo, 1Coríntios 7:10-12. Meu ponto aqui é estabelecido sem referência a essas questões.

NARRATIVAS NO CRISTIANISMO APOSTÓLICO (1)

Essa análise de Paulo é óbvia e lamentavelmente incompleta. Há muito ainda que deve ser dito, mas em outra ocasião. Espero, porém, que seja um argumento suficientemente forte para demonstrar que, em um ponto fixo nos primeiros anos do cristianismo, a história contada apresentava, substancialmente, a mesma forma que aquela encontrada em Lucas, Mateus e Marcos. É a história de Israel, realizada, subvertida e transformada pela história de Jesus, subvertendo, agora, as histórias do mundo. Em sua nova forma, essa história gera e sustenta um universo simbólico no qual, segundo os escritores das epístolas e dos evangelhos, eles e seus leitores estão vivendo: o mundo no qual o drama de Israel se move em direção ao seu encerramento, seu final ainda não alcançado.

O MUNDO NARRATIVO DA CARTA AOS HEBREUS

Entrar no mundo da carta aos Hebreus após um cuidadoso estudo de Paulo é algo semelhante a escutar Monteverdi depois de ter escutado Bach. Estamos claramente no mesmo mundo, mas a textura é diferente, as alusões são diferentes; todo o sabor mudou. Nesse ponto, não há espaço nem necessidade de entrar em uma análise completa de Hebreus;[127] desejo apenas extrair um aspecto de seu mundo narrativo cuja observação não é frequente, a saber, o paralelo entre o ponto mais alto da carta e a principal seção de Eclesiástico, também seu ponto culminante.

Já vimos a função narrativa de Eclesiástico 44:1—50:21.[128] Lá, vimos que a lista de heróis leva a história do mundo, e de Israel, ao seu ápice com a adoração de YHWH no Templo de Jerusalém, especialmente o ministério espetacular do sumo sacerdote, Simão ben-Onias:

> Como ele era majestoso, cercado pelo povo,
>> quando saía do santuário por trás da cortina!
> Ele era como a estrela da manhã entre as nuvens,
>> como a lua nos dias em que está cheia!
> Era como o sol fulgurante sobre o templo do Altíssimo,
>> como o arco-íris brilhando entre nuvens de glória!
> [...] quando vestia os paramentos solenes
>> e usava seus enfeites mais belos!
> Quando subia ao altar sagrado.[129]

---

[127] Para tratamentos recentes da carta aos Hebreus em geral, veja Lindars, "The Rhetorical Structure of Hebrews", 1989; Attridge, *The Epistle to the Hebrews*, 1989; Hurst, *The Epistle to the Hebrews: Its Background of Thought*, 1990; Lane, *Hebrews 1–8, 9–13*, 1991.

[128] P. 297, acima.

[129] *Eclesiástico* 50:5-7,11 [Bíblia Sagrada, Edição Pastoral, Paulus].

O NOVO TESTAMENTO E O POVO DE DEUS

Era para esse lugar que a história de Israel estava conduzindo: um grande sumo sacerdote, vestido de forma magnífica, esplêndido em suas operações litúrgicas, saindo do santuário após o culto para abençoar o povo. Fica claro que a passagem ecoa um tema que caracteriza a carta aos Hebreus do início ao fim: Jesus é o "grande sumo sacerdote que adentrou os céus", alguém "santo, inculpável, sem mácula, separado dos pecadores e exaltado acima dos céus", "que se assentou à direita do trono da Majestade nos céus", que, tendo terminado seu dever ritual (oferecendo seu próprio sangue no santuário celestial), "aparecerá segunda vez [...] para salvar aqueles que esperam por ele".[130] O que não é percebido com tanta frequência é que a lista de "heróis da fé" de Hebreus 11 é *projetada para apresentar o mesmo ponto*, por meio de sua clara subversão da história em Eclesiástico 44—50. Em vez de o presente sumo sacerdote no Templo ser o ponto para o qual toda a história de Israel converge, a história da nação converge para Jesus, o verdadeiro Sumo Sacerdote: Hebreus 12:1-3 está para 11:4-40 como Eclesiástico 50:1-21 está para 44:1—49:16.[131] Embora falando na superfície sobre Jesus como exemplo supremo de fé duradoura, o nível fortemente implícito de 12:1-3 reforça poderosamente a ideia estabelecida em 8:1—10:28. Mais uma vez, a distinção entre sequência poética e sequência referencial, juntamente com a escuta cuidadosa de ecos intertextuais, extrai do texto uma rica corrente de significados.

Subjacente à sequência poética de Hebreus, então, jaz uma sequência narrativa implícita. A narrativa do mundo, e de Israel, conduziu a um ponto, a saber, o estabelecimento da verdadeira adoração do verdadeiro deus.[132] Agora, isso foi alcançado, não pelo Templo de Jerusalém e por seu sumo sacerdócio, mas por meio de Jesus. Hebreus se concentra na adoração do Templo, e não em questões mais gerais em termos teológicos e práticos, porém a narrativa subjacente corresponde ao que encontramos nos sinóticos e em Paulo. Jesus levou a história de Israel ao seu auge paradoxal.[133]

A HISTÓRIA DE JOÃO

Todo mundo sabe que João é um livro muito diferente de Lucas, Mateus e Marcos. Contudo, não é tão diferente quanto imaginamos. Se colocarmos

---

[130]Hebreus 4:14; 7:26; 8:1; 9:28 [NAA].

[131]Frost, "Who Were the Heroes? An Exercise in Bi-Testamentary Exegesis, with Christological Implications", 1987, p. 169, enxerga o paralelo entre Simão ben-Onias e Jesus, mas não extrai dele o ponto que elaboro.

[132]Contra, por exemplo, Bultmann, *Primitive Christianity in Its Contemporary Setting*, 1956, p. 187, o qual declara que, para os cristãos que leem Hebreus 11, "a história de Israel não é mais a sua própria história".

[133]Isso significa que devemos rejeitar a caracterização de Hebreus como "gnose apocalíptica", conforme sugerido por Koester, *Introduction to the New Testament*, 1982b, p. 272-6.

NARRATIVAS NO CRISTIANISMO APOSTÓLICO (1)

os quatro evangelhos canônicos em uma escala ao longo de uma fonte "Q" reconstruída — e juntamente com material não canônico, como o *Evangelho segundo Tomé*, o *Evangelho segundo Pedro* e fontes mais fragmentárias —, João sairá mais próximo dos sinóticos do que de outros escritos.

Sem dúvida, não há lugar aqui para tentarmos um estudo detalhado do Quarto Evangelho.[134] Tudo o que podemos fazer, no acompanhamento de nossa pergunta sobre as grandes histórias que caracterizam o cristianismo primitivo, é conduzir uma breve exploração do mundo narrativo implícito desse evangelho da forma como o temos.[135]

A história que João conta nos envia de volta ao começo de todas as coisas — ou seja, antes do começo de todas as coisas:

> No princípio era o verbo,
>> e o verbo estava com Deus,
>> e o verbo era Deus.
> Ele estava no princípio com Deus:
>> todas as coisas foram feitas através dele,
>> e sem ele nada foi feito.
> Nele estava a vida
>> e a vida era a luz dos homens;
>> e a luz resplandece nas trevas,
>> mas as trevas não a venceram.[136]

João confronta seus leitores com um estranho e novo Gênesis. Seja qual for o tema de sua história, deve ser interpretado à luz de um mundo narrativo total que remonta ao início de toda a criação. Além do mais, o tema ressalta, de forma explícita, a história judaica, não apenas do próprio Gênesis, mas dos escritos subsequentes: "Pois a Lei foi dada por intermédio de Moisés; a graça e a verdade vieram por intermédio de Jesus Cristo".[137]

---

[134]Para obras recentes sobre João, veja Kysar, "The Fourth Gospel: A Report on Recent Research", 1985; Beutler, "Literarische Gattungen Im Johannesevangelium: Ein Forschungsbericht 1919–1980", 1985; Ashton, *The Interpretation of John*, 1986; *Understanding the Fourth Gospel*, 1991; Hengel, *The Johannine Question*, 1989b; Koester, *Ancient Christian Gospels: Their History and Development*, 1990, cap. 3; Lemcio, *The Past of Jesus in the Gospels*, 1991, cap. 5; Burridge, *What Are the Gospels? A Comparison with Graeco-Roman Biography*, 1992, cap. 9. Sobre o período entre 1965 e 1985, veja Neill e Wright, *The Interpretation of the New Testament*, 1988, p. 430-9 (incluindo a discussão de Robinson, *Twelve More New Testament Studies*, 1984).

[135]Não, em outras palavras, das fontes reconstruídas, que permanecem extremamente hipotéticas. Sobre crítica narrativa aplicada a João, veja principalmente Stibbe, *John as Storyteller: Narrative Criticism and the Fourth Gospel*, 1992.

[136]João 1:1-5 [trad. livre].

[137]João 1:17.

O NOVO TESTAMENTO E O POVO DE DEUS

Essas pistas no prólogo são plenamente consubstanciadas no corpo do evangelho. As figuras de Abraão e Moisés não são apenas heróis do passado, figuras atreladas à narrativa para darem profundidade e cor; antes, são parte de uma longa história, cuja fase crucial está sendo agora alcançada. O longo debate sobre Abraão e seus verdadeiros filhos (cap. 8) é crucial para toda a história: parte da questão em jogo no livro é precisamente se Jesus ou os moradores da Judeia da época são os verdadeiros filhos de Abraão.[138] A questão era, obviamente, fundamental para todo o debate intrajudaico, e sempre deveria ser compreendida em termos da história de Israel como um todo: quem, neste ou naquele contexto, representava a verdadeira sucessão? Da mesma forma, referências variadas a Moisés pressupõem uma narração da história que inclui a entrega da Torá, as peregrinações no deserto e a validade permanente dos escritos de Moisés como código constitutivo do judaísmo.[139]

Entretanto, tais elementos, por sua vez, remetem a uma característica do evangelho que corre mais profundamente do que referências eventuais ao passado de Israel. Muitas vezes, foi apontado que a narrativa destaca uma sucessão de festas judaicas: Páscoa (três vezes), Tabernáculos, *Hanukkah* e outra festa não especificada.[140] Em outras palavras, João situa o ministério de Jesus em termos do calendário sagrado judaico, com cada festa não apenas tendo um ponto de referência específico na história passada, mas também dando uma forma específica à expectativa futura do povo. Ao que parece, Jesus está trazendo a história de Israel ao objetivo pretendido. Mais uma vez, em vários pontos da narrativa, João evoca deliberadamente cenas do passado de Israel para dizer: agora, tudo isso está alcançando o devido cumprimento. Jesus, como Moisés — ainda mais do que ele —, alimenta o povo no deserto com pão do céu; Jesus é o verdadeiro pastor, aquele que, como Ezequiel 34, deve ser distinguido dos falsos pastores; ele é o verdadeiro cordeiro da Páscoa.[141]

Tudo isso contribui para a construção de uma narrativa que é, mais obviamente do que os evangelhos sinóticos, uma história sobre Jesus e o povo judeu de sua época — ou, mais precisamente, de Jesus e o (geograficamente definido) povo da *Judeia* de sua época.[142] Mas justamente quando a narrativa parece

---

[138]João 8:31-59.

[139]Veja João 1:45; 3:14; 5:45-6.; 6:32; 7:19, 22, 23; 9:28-9.

[140]Páscoa: João 2:13-25; 6:4; 11:55–19:42; Tabernáculos 7:2-s.; *Hanukkah*: 10:22; "uma festa dos judeus" (possivelmente a Páscoa, mais provavelmente Tabernáculos; veja Robinson, *Twelve More New Testament Studies*, 1984, p. 138, n.º 48): 5:1.

[141]6:25-71; 10:11-18; 1:29, 36; 19:31-6. Veja ainda Dahl, "The Johannine Church and History", 1986 [1962], p. 128-32.

[142]Sobre o debate relacionado ao significado de *hoi Ioudaioi* em João, veja Dahl, "The Johannine Church and History", 1986 [1962], p. 126-s.; Lowe, "Who Were the Ἰουδαῖοι?", 1976; Ashton, "The Identity and Function of the *Ioudaioi* in the Fourth Gospel", 1985.

544

NARRATIVAS NO CRISTIANISMO APOSTÓLICO (1)

concentrar-se em um pequeno ponto focal, apresenta sementes do quadro mais amplo que faz de João o livro que é. O prólogo e as sugestões em vários pontos ao longo do evangelho indicam como essa história envolvendo Jesus e os judeus deve ser lida. É o microcosmo, o ponto focal da história do deus criador e do mundo. Com grande sutileza, João narra a história de Jesus, em certo nível, como, ao lado dos evangelhos sinóticos, uma *bios* de estilo helenístico,[143] abarcando um dos pontos mais fundamentais do mundo narrativo judaico: o que o deus da aliança faz com Israel é o mesmo que faz com o mundo inteiro.[144] Isso emerge desde o início, em paralelismo com o prólogo:

> Ele estava no mundo, e o mundo foi feito por intermédio dele,
> mas o mundo não o reconheceu.
> Ele veio para o que era seu,
> mas seu próprio povo não o recebeu.[145]

A questão do criador e do *cosmos*, o mundo, torna-se a questão de Jesus e Israel. E, quando essa questão é resolvida, com o pleno paradoxo e a ironia da crucificação do Rei dos Judeus, então o mundo pode imediatamente tornar-se o beneficiário:

> Ora, entre os que subiram para adorar durante a festa, havia alguns gregos; estes, pois, se dirigiram a Filipe, [...] e lhe rogaram: "Senhor, queremos ver Jesus". Filipe foi dizê-lo a André, e André e Filipe o comunicaram a Jesus. Respondeu-lhes Jesus: "É chegada a hora de ser glorificado o Filho do Homem. Em verdade, em verdade vos digo: se o grão de trigo, caindo na terra, não morrer, fica ele só; mas, se morrer, produz muito fruto. [...] E eu, quando for levantado da terra, atrairei todos a mim mesmo".
>
> Assim como me enviaste ao mundo, eu os enviei ao mundo [...] e como és tu, ó Pai, em mim e eu em ti, também sejam eles em nós; para que o mundo creia que tu me enviaste. [...] eu neles, e tu em mim, a fim de que sejam aperfeiçoados na unidade, para que o mundo conheça que tu me enviaste.
>
> Disse-lhes, pois, Jesus outra vez: "Paz seja convosco! Assim como o Pai me enviou, eu também vos envio".[146]

O mundo narrativo implícito do evangelho como um todo, então, deve incluir pelo menos quatro movimentos. Há a criação inicial, realizada por

---

[143]Burridge, *What Are the Gospels? A Comparison with Graeco-Roman Biography*, 1992, cap. 9.

[144]Veja Dahl, "The Johannine Church and History", 1986 [1962], p. 131-s.

[145]João 1:10-1 [trad. livre].

[146]João 12:20-24,32; 17:18-23; 20:21 [ARA].

meio do *logos*. Em seguida, há o chamado e a história de Israel, que resultam em ambiguidade: o mundo se rebelou contra seu criador, e Israel partilhou dessa mesma rebelião. Depois, há o ministério de Jesus, no qual o *logos* (agora identificado como o homem Jesus de Nazaré) confronta o mundo (agora identificado com os judeus da época). Vários pontos na sequência poética da narrativa sugerem fortemente um fechamento futuro para a sequência referencial em termos do mundo narrativo geral: os discípulos de Jesus sairão do mundo microcósmico de Israel para o mundo mais amplo dos gentios, anunciando a este mundo não judaico que seu deus criador, o deus de Israel, o redimiu. Esse foco, não apenas na história de Jesus, mas também na importância de toda a história de Israel para a criação como um todo, mostra-nos que o evangelho de João partilha da mesma vastidão narrativa que caracteriza, como vimos, os sinóticos e os escritos de Paulo.

Essa impressão é fortemente confirmada se nos concentrarmos, para concluir, no prólogo em si. As palavras de abertura indicam, como já sugerimos, que João tem em vista que o leitor capte os ecos do primeiro capítulo de Gênesis. Mas existe outra passagem na literatura judaica que se aproxima mais de João no tempo e é também fortemente ecoada, e que, podemos sugerir, João tenciona subverter, recontando a história de uma forma diferente:[147]

> A sabedoria louva a si mesma e se gloria no meio do seu povo.
> Na assembleia do Altíssimo ela abre a sua boca,
>> e *se glorifica* diante do poder dele:
> "Eu saí *da boca do Altíssimo*
>> e recobri a terra como névoa.
> Armei a minha tenda nas alturas,
>> e o meu trono ficava sobre uma coluna de nuvens.
> Percorri sozinha a abóbada do céu
>> e passei pelas profundezas dos abismos.
> Sobre as ondas do mar, sobre a terra inteira,
>> e sobre todos os povos e nações eu estendi o meu poder.
> Em todos eles procurei um lugar para repousar;
>> no território de quem eu deveria me estabelecer?
> Então o Criador do universo me deu uma ordem.
>> Aquele que me criou escolheu o *lugar para a minha tenda*,
> Ele disse: 'Instale-se em Jacó
>> e tome Israel como herança'.
> Antes dos séculos, *desde o princípio*, ele me criou,
>> e por toda a eternidade eu nunca deixarei de existir.

---

[147] A esse respeito, veja especialmente Ashton, *The Interpretation of John*, 1986a.

Na tenda santa eu oficiei, na presença dele,
    e desse modo me estabeleci em Sião.
Na cidade amada ele me deu um local de repouso,
    e em Jerusalém exerço o meu poder.
Coloquei raízes no meio de um povo glorioso,
    na porção do Senhor, seu patrimônio.
[...]
Como *a videira* produzi brotos graciosos,
    e as minhas flores e frutos são belos e abundantes.
Venham a mim vocês todos que me desejam,
    e fiquem saciados com os meus frutos.
[...]
Quem me obedece não ficará envergonhado,
    e os que trabalham comigo não pecarão.
Tudo isso é o livro da aliança do Deus Altíssimo,
    a Lei que Moisés nos deu
como herança para as comunidades de Jacó.
Ela transborda, como o Fison, de sabedoria,
    e como o rio Tigre no tempo dos primeiros frutos.
Ela inunda, como o rio Eufrates, de inteligência,
    e como o rio Jordão nos dias da colheita.
Ela espalha instrução como o rio Nilo
    e como o Geon no tempo da vindima.
O primeiro homem não esgota o conhecimento dela,
    e o último também não conseguirá investigá-la completamente [...]."[148]

Os ecos de Gênesis 12 são claros por todo esse maravilhoso poema, assim como a ênfase central. "Sabedoria", a palavra e o sopro personificados de YHWH, criada "no princípio" e antes de todas as coisas e aquela através da qual, em outras passagens relacionadas, toda a criação foi feita[149] — essa Sabedoria é então identificada com outras duas personificações, a saber, a *Shekinah* e a Torá. A *Shekinah* corresponde à presença "tabernaculadora"[150] de YHWH no Templo de Jerusalém; a Torá, obviamente, à lei dada por Moisés. Quando retornamos ao prólogo joanino com essa passagem em mente, os ecos estão por toda parte. Há um *logos*, uma "palavra" presente com o criador, desde o princípio, como sua autoexpressão. Tal *logos* desce para *armar o seu tabernáculo*

---

[148] *Eclesiástico* 24:1-38 (itálicos nossos) [trad. livre].
[149] Provérbios, 8:22-31; *Sab. Sal.* 8:4; 9:9.
[150] Trad. literal de João 1:14: "O Verbo se fez carne e *tabernaculou* entre nós".

entre nós: a frase "e habitou entre nós" (João 1:14) é, em grego, *kai eskenosen en hemin*, que ecoa a linguagem de Eclesiástico 24:8,10, com *skene* sendo o grego para "tenda" ou "tabernáculo" e também, curiosamente, um aparente cognato da própria palavra hebraica *shekinah*. O resultado é que "vimos a sua glória", a glória do verdadeiro ser humano, que, como a Sabedoria em outro livro judaico, é a "única", a "exclusiva", *monogenes*.[151] Além do mais, esse *logos* ocupa, silenciosamente, o lugar não apenas da *Shekinah*, mas também da Torá: a lei foi dada por intermédio de Moisés, enquanto a graça e a verdade vieram por meio de Jesus Cristo. É importante não adicionarmos a conjunção "mas" à segunda frase, como se João antecipasse Marcião e tratasse Moisés como a antítese do *logos*. Da mesma forma, fica claro que é como se João dissesse: "aquilo que o judaísmo pensava encontrar na Torá é, na verdade, encontrado em Jesus". Outros ecos de Eclesiástico 24 continuam por toda a narrativa de João: Jesus é a videira verdadeira, bem como o doador de águas vivas.[152]

Qual a importância de tal plano contextual para o prólogo joanino? Bultmann, de forma clássica, pensava que, ao demonstrar essa relação próxima com Eclesiástico, havia também demonstrado a dependência de João no pensamento gnóstico primitivo.[153] Todavia, por mais antiquado que seja esse ponto, devemos insistir no seguinte: há uma grande diferença entre os mundos da literatura sapiencial judaica e o gnosticismo primitivo. Em Eclesiástico, a figura da Sabedoria passa a viver de modo permanente entre os seres humanos — mais especificamente no Templo de Jerusalém. No gnosticismo, a figura do redentor desce ao mundo dos seres humanos, mas apenas para retornar dessa esfera ao seu verdadeiro lar. O plano contextual para o prólogo joanino, ancorado na literatura sapiencial, é uma evidência, não de sua inclinação na direção do gnosticismo primitivo, mas de sua orientação enfaticamente judaica e mundial.

Isso não quer dizer que o prólogo joanino seja uma afirmação, com leves modificações, da cosmovisão de Eclesiástico. Antes, deve ser visto, pelo menos em parte, como uma recontagem subversiva da história da Sabedoria. Havia outras recontagens diferentes e subversivas dessa história na tradição judaica em geral. A mais impressionante é 1Enoque 42, que talvez nos forneça o dualismo cósmico mais claro de toda a literatura apocalíptica judaica:

> A Sabedoria não pôde encontrar lugar onde habitar;
> mas um lugar lhe foi achado nos céus.

---

[151] *Sab. Sal.* 7:22.
[152] João 15:1-8; 4:13-15; 7:37-9.
[153] Bultmann, "The History of Religions Background of the Prologue to the Gospel of John", 1986 [1923], seguido, entre outros, por Koester, *Introduction to the New Testament*, 1982b, p. 208.

NARRATIVAS NO CRISTIANISMO APOSTÓLICO (1)

> Então, a Sabedoria saiu para habitar com os filhos do povo,
>> mas não encontrou lugar de habitação.
> Assim, voltou para o seu lugar,
>> estabelecendo-se permanentemente entre os anjos.
> Depois, a Iniquidade saiu de seus aposentos,
>> e encontrou a quem não esperava.
> Habitou com eles,
>> como chuva no deserto,
>> como orvalho em uma terra sedenta.

Essa paródia assustadora do belo poema de Eclesiástico é um claro exemplo da forma como o gênero apocalíptico judaico poderia rumar ao gnosticismo. O mundo tornou-se irredimível. Pior ainda: a Sabedoria, no recontar dessa história, não (como no gnosticismo) se apropria de algumas almas santas a fim de resgatá-las da ruína. No exemplo citado, a Sabedoria não é uma figura redentora, mas uma breve visitante solitária. A estrofe é uma negação categórica da reivindicação de Eclesiástico: a Sabedoria tentou encontrar um lugar para morar, mas, não achando nenhum, voltou para casa. Em vez disso, a Iniquidade saiu de seu lugar e encontrou, de forma um tanto surpreendente, um lugar no qual seria capaz de irrigar abundantemente a terra, como os rios de Gênesis 2 e Eclesiástico 24. Não há esperança para o mundo, nem para Israel, nem para qualquer ser humano em 1Enoque 42.

A subversão joanina do poema da Sabedoria em Eclesiástico é de uma ordem totalmente diferente. João concorda com o autor do livro no sentido de que a Sabedoria divina encontrou um lar. Reconhece, e aceita, a tragédia que jaz por trás de 1Enoque 42: o mundo não conheceu o *logos*, seu criador, e mesmo "os seus não o receberam". Mas isso não o fez retornar para casa, após haver abandonado o mundo à "iniquidade". A luz brilha em meio às trevas, e as trevas não a derrotaram. O *logos* veio, segundo a expectativa da principal corrente judaica, não para julgar o mundo, mas para redimi-lo.[154] Mas, em vez de *Shekinah* e Torá, Templo de Jerusalém e código pactual — lugares que a Sabedoria/*logos* habita e onde revela sua glória divina —, João nos diz que o *logos* se fez carne, tornou-se ser humano, tornou-se Jesus de Nazaré. A cosmovisão positiva de Eclesiástico é reafirmada, mas agora lida com o problema que 1Enoque viu e que Eclesiástico, com seu otimismo, não abordou. "Vimos a sua glória": para João, a revelação suprema dessa glória ocorreu na cruz, onde o *logos* morreu como o bom pastor dando a própria vida pelas ovelhas, como o cordeiro pascal liberando o povo da escravidão.[155]

---

[154]João 3:17 etc.
[155]Veja João 10:11,15,17-8; 11:49-52.

O NOVO TESTAMENTO E O POVO DE DEUS

Em particular, é vital para toda a força da teologia de João que o *logos* se torne um *ser humano*. Eclesiástico, um tanto altivo, não podia contemplar um ser humano sondando plenamente a Sabedoria. João vê essa Sabedoria se tornando, de forma plena, um ser humano e, ao fazê-lo, continua ciente de estar escrevendo uma nova versão de Gênesis. O ponto culminante do primeiro capítulo de Gênesis é a criação do ser humano à imagem do criador (Gênesis 1:26-28). O auge do prólogo de João é a plena humanidade do *logos*, que, assumindo tantas características da Sabedoria, pode ser presumido como o portador da imagem divina.[156] Quando Pilatos declara às multidões: "Eis o homem!", João tenciona que os leitores escutem ecos que estavam presentes desde o início. Jesus, como o *logos* que se fez carne, é o verdadeiro ser humano.[157]

Dois resultados, um pequeno, um grande, ambos muito importantes, decorrem dessa (curtíssima) análise de João, particularmente do prólogo. O primeiro é que a história contada no prólogo é claramente modelada e tencionada como uma subversão leve, porém firme, da tradição sapiencial judaica, a qual, como João, reconta a história de Gênesis e a focaliza em determinado ponto. Eclesiástico afirma que Jerusalém e a Torá eram os pontos focais de todo o cosmos, lugares nos quais a própria Sabedoria do criador veio, de forma exclusiva, para habitar. João afirma exatamente a mesma coisa a respeito de Jesus. A ressonância com Eclesiástico 24 e Gênesis 1 (uma relação subjacente, mas também independente) torna altamente provável que, em termos da composição do prólogo joanino, os versículos 14-17, ponto culminante do prólogo, foram considerados desde o início. Não há qualquer justificativa para postularmos uma edição anterior que não mencione a encarnação ou, então, um poema gnóstico pré-joanino sobre um *logos* não humano que desceu e depois subiu. O indivíduo que escreveu os primeiros versículos do prólogo tinha em mente que eles alcançassem seu ápice natural, ecoando Gênesis e Eclesiástico no versículo 14, e desenvolvendo o ponto até o fim, agora encontrado nos versículos 15-18.[158]

O segundo resultado é que a história contada pelo prólogo é, de forma relevante, a história do evangelho como um todo, em miniatura. Trata-se da história de Jesus *contada como* a verdadeira e redentora história de Israel — *contada*

---

[156]Veja *Sab. Sal.* 7:26.

[157]João 19:5; veja Johnston, "*Ecce Homo!* Irony in the Christology of the Fourth Evangelist", 1987.

[158]Veja discussões em Bultmann, "The History of Religions Background of the Prologue to the Gospel of John", 1986 [1923], p. 31; Käsemann, *New Testament Questions of Today*, 1969 [1965], cap. 6; Dunn, *Christology in the Making: A New Testament Inquiry Into the Origins of the Doctrine of the Incarnation*, 1980, p. 239-45.

NARRATIVAS NO CRISTIANISMO APOSTÓLICO (1)

como a verdadeira e redentora história do criador do cosmos. Do início ao fim, o evangelho de João narra a perceptível história de Israel e do mundo, mas, como Paulo e os sinóticos (cada qual a seu modo), remete a Jesus como o cumprimento — eis a subversão — da história. O fim original do livro (cap. 20) se apropria do prólogo ponto a ponto: a luz vence as trevas na manhã da ressurreição, a luz que é a verdadeira vida dos seres humanos. Aos que o recebem, Jesus dá o direito de partilhar sua condição: "Estou voltando para meu Pai *e Pai de vocês*, para meu Deus *e Deus de vocês*".[159] Tomé finalmente expressa em palavras o que o livro inteiro procura esboçar, desde que o prólogo falou do *logos* encarnado como o "deus unigênito": "Senhor meu e Deus meu!".[160] O encaixe entre 1:1-18 e o capítulo 20 é, de fato, mais uma razão para sugerirmos que eles foram compostos tendo um e outro em mente, não o prólogo vindo de uma diferente fonte e sendo atrelado ao livro em um estágio posterior.[161]

João, então, partilha, em termos de esboço, os mesmos enredo e mundo narrativo de Paulo, do escritor de Hebreus e dos sinóticos. Ao examinarmos o terreno que cobrimos neste capítulo, podemos concluir que esses escritos nos fornecem, *prima facie*, a mais antiga das narrativas em larga escala da história cristã. Boa parte dos escritos canônicos, estudados em resumo, testificam uma percepção do mundo, de seu criador e de sua redenção ao recontarem a história judaica fundamental, focalizada, agora, em Jesus. Trata-se de uma conclusão importante, intimamente ligada ao nosso estudo, no capítulo anterior, da práxis e dos símbolos do cristianismo apostólico.

Entretanto, esses livros refletem acuradamente *todas* as histórias cristãs primitivas, incluindo as narrativas menores que foram acopladas em obras mais extensas? E quanto às histórias que não encontraram espaço no cânon ortodoxo, o qual foi, afinal, ratificado em um estágio posterior? Devemos abordar esse assunto em um capítulo à parte.

---

[159]João 20:17; veja 1:12.
[160]1:18 (há, obviamente, formas diferentes de ler essa frase intrigante); 20:28.
[161]Contra a posição de Robinson, *Twelve More New Testament Studies*, 1984, p. 71-6.

NARRATIVAS NO CRISTIANISMO APOSTÓLICO (2)

CAPÍTULO 14

INTRODUÇÃO: CRÍTICA DA FORMA

Biografias geralmente contêm anedotas;[1] mas biografias e anedotas não são a mesma coisa. Histórias e contos populares judaicos contêm vinhetas de reis, profetas, homens santos, mulheres piedosas; mas histórias judaicas e vinhetas pessoais não são a mesma coisa. Os evangelhos canônicos, que defendi serem uma combinação única de biografia helenística e história judaica, contêm anedotas e vinhetas, quase todas sobre Jesus. Não podemos partir do pressuposto de que sejam o mesmo tipo de coisa que os próprios evangelhos. Após a análise de (algumas das) grandes histórias do cristianismo apostólico, devemos voltar a atenção para as narrativas menores e, em muitos casos anteriores, para ver se refletem esses mesmos padrões e preocupações.

O estudo dessas histórias menores e anteriores é, desse modo, claramente exigido pela lógica do argumento nesta parte do livro. Também é altamente desejável, em vista de pelo menos um aspecto do projeto maior do qual este livro faz parte. Sem uma consideração séria das formas assumidas pelas histórias de Jesus antes de sua inclusão nos evangelhos, estamos no mínimo abertos à acusação de ignorar partes cruciais da evidência quando o assunto é o próprio Jesus, conforme pretendemos fazer no próximo volume. Em vez de ocupar espaço em um livro a respeito de Jesus, para escrever sobre o contexto e o conteúdo das histórias que circularam a seu respeito na geração seguinte, cabe-nos discuti-las aqui. A crítica da forma, embora, com frequência, seja tratada

---

[1]No sentido técnico de "particularidade curiosa que acontece à margem de eventos mais importantes relacionados a personagens ou passagens históricas".

NARRATIVAS NO CRISTIANISMO APOSTÓLICO (2)

simplesmente como uma ferramenta para descobrirmos informações sobre Jesus, tem como objetivo principal lançar luz sobre a igreja primitiva. Como esse é nosso tópico atual, é-nos apropriado abordar tais questões neste capítulo.

Tradicionalmente, o estudo histórico das primeiras narrativas nos evangelhos tem dois nomes: crítica da tradição (ou história da tradição) e crítica da forma. Algumas vezes, ambas são empregadas de modo alternado; propriamente falando, "crítica da tradição" é o termo mais amplo, lidando com todas as primeiras tradições, enquanto "crítica da forma" é o termo mais focado, concentrando-se nas tradições que assumem "formas" específicas e reconhecíveis. O princípio por trás de toda essa atividade tende a ser obscurecido por um labirinto de tecnicalidades, de modo que, neste estágio, cabe-nos explicá-lo.

Tradições não são neutras. Conforme vimos na Parte II, toda história envolve interpretação. A fim de dizermos alguma coisa, modelamos a informação. Poucas coisas são mais frustrantes do que escutar — normalmente crianças, ou bêbados, contam histórias assim — uma história sem forma e inacabada, com fatos salientes, merecendo ser contada de forma oculta em um nevoeiro de informações e comentários irrelevantes. No entanto, há diferentes tipos de modelagens, diferentes formas. Se contarmos aos filhos a história de seu nascimento, como minha esposa e eu costumávamos fazer, minimizaremos, naturalmente, detalhes médicos e destacaremos a sensação de empolgação dos pais, o prazer de descobrir um novo membro da família. A história pode culminar com uma observação feita por um dos pais na época, ou por uma enfermeira do hospital, resumindo o sentimento dos que testemunharam o acontecimento. Se, porém, contarmos a mesma história a um médico, principalmente se houver preocupação com a saúde atual da criança, selecionaremos informações diferentes, destacando coisas distintas. Naquele momento, nosso sentimento terá pouca importância: se a criança começou a respirar no momento apropriado, essa será uma informação muito mais relevante. Assim, seria possível, em tese, deduzir, a partir da *forma* da história (ênfases, destaques, citações conclusivas etc.) o contexto e o propósito para os quais ela foi contada.

O *insight* básico dos críticos da forma foi aplicar esse ponto óbvio a pequenas unidades (*pericopae*, parágrafos) de material nos evangelhos.[2] Eis uma história sobre Jesus. Ele realiza uma cura, entra em polêmica, pronuncia uma frase memorável. O episódio inteiro, quando encenado usando a história no

---

[2]Veja obras clássicas de Schmidt, *Der Rahmen der Geschichte Jesu. Literarkritische Untersuchungen Zur Ältesten Jesus Überlieferung*, 1919; Dibelius, *From Tradition to Gospel*, 1934 [1919]; Bultmann, *The History of the Synoptic Tradition*, 1968 [1921]; Taylor, *The Formation of the Gospel Tradition*, 1933. Entre as obras mais recentes, veja Moule, *The Birth of the New Testament*, 1982 [1962], *passim*, esp. cap. 5; Berger, 1984. O estudo recente mais claro em língua inglesa é Sanders e Davies, *Studying the Synoptic Gospels*, 1989, Parte III.

553

O NOVO TESTAMENTO E O POVO DE DEUS

evangelho como um roteiro, levaria menos de um minuto. Podemos supor, sem mais delongas, que ela foi comprimida — como todas as histórias são comprimidas — na narrativa; que a história não conterá detalhes de cada coisa que aconteceu ou que foi dita. Além disso, podemos supor que ela foi contada de diversas formas, agora perdidas, pelas pessoas envolvidas, destacando uma variedade de coisas — seus próprios sentimentos e emoções, o comentário feito por algum espectador etc. Anedotas são contadas por vários motivos, e os motivos ditam a forma. O que temos nos evangelhos são histórias em que narrativa e *re*narrativa foram formuladas para ressaltar um ponto particular, um dos muitos que poderiam, em tese, ter sido feitos. Mais uma vez, isso pode nos dizer, pelo menos em princípio, que tipo de situação o narrador busca abordar ou em que estava envolvido. Não se trata de uma "informação neutra": não existe, como vimos, algo assim. A história é direcionada a necessidades particulares e estabelece um ponto particular.

Até agora, simplesmente seguimos as implicações do senso comum. Contudo, o estudo sério das formas começa quando descobrimos que algumas histórias caem regularmente em um padrão de definições um tanto claras, sugerindo que podemos afunilá-las para determinar, a partir da forma da história, o tipo de contexto que ela teve. É o tipo de análise das histórias dos evangelhos oferecida pelos críticos da forma do início do século 20. Com a progressão do trabalho, a "crítica da tradição" ampliou o contexto das histórias, buscando realizar a atividade secundária de estudar a forma como tradições particulares e narrativas particulares de uma ou mais histórias desenvolveram-se ao longo do tempo e no decorrer de diferentes fases da igreja primitiva.

A tarefa da crítica da forma é tanto importante como difícil. Importante, porque, em termos das histórias que nos estão disponíveis hoje, as pequenas vieram antes das maiores; com elas, retornamos ao período acerca do qual não sabemos praticamente nada, exceto pelo que temos nos escritos de Paulo e em Atos. Difícil por causa das intrínsecas dificuldades — as quais não podem ser minimizadas — atreladas à leitura de um texto posterior com o objetivo de encontrarmos traços de histórias anteriores, ou seja, histórias contadas, mas não documentadas. Suspeito que o crítico da forma mais confiante ficaria ansioso se questionado sobre prováveis hipóteses relativas à vida pré-literária de anedotas que agora fazem parte da biografia de alguma personalidade do século 20. Tentar reconstruir o fenômeno equivalente com documentos do primeiro século parece ser uma ação ainda mais pretensiosa. Difícil também, no entanto, precisamente porque críticos confiantes, não permitindo que esse problema os abata, deixaram uma teia emaranhada de teorias, hipóteses, mal-entendidos, especulações não comprovadas e palpites completamente equivocados espalhados em torno do assunto, de modo que

NARRATIVAS NO CRISTIANISMO APOSTÓLICO (2)

qualquer um que deseje retornar a ele encontra uma cerca de espinhos barrando o caminho.[3]

Entre os mal-entendidos, podemos citar três. O primeiro é que, quando a crítica da forma irrompe em cena nos anos que se seguiram à Primeira Guerra Mundial, não foi projetada primordialmente como uma ferramenta para as descobertas sobre Jesus. Nas mãos de Rudolf Bultmann, em particular, tratou-se de uma ferramenta para a descoberta da igreja primitiva. Bultmann partiu do pressuposto de que poderíamos saber certas coisas sobre Jesus — não muito, mas o suficiente para descobrirmos que a maioria das histórias contadas nos evangelhos não aconteceu da forma como foram narradas. Ele, por exemplo, procurou por possíveis situações na igreja primitiva em que histórias desse tipo poderiam ter sido contadas *como expressão de algum aspecto da fé e da vida da igreja*. Para Bultmann, conforme já vimos, o foco do cristianismo não era Jesus em seu contexto histórico. Muito mais importante era a fé dos primeiros cristãos. Uma vez percebida essa ideia, parte da reação à crítica da forma, principalmente na Inglaterra, demonstra-se fora de sintonia. A ferramenta não foi originalmente projetada como um meio de encontrarmos Jesus; o fato, porém, de não haver sido bem-sucedida nessa tarefa não representa uma crítica muito reveladora.

Um segundo mal-entendido, uma vez removido o primeiro, é a suposição de que a disciplina da crítica da forma pertence necessariamente a uma hipótese particular sobre a origem e o desenvolvimento da igreja apostólica. Visto que os principais praticantes da disciplina tinham uma ideia clara de como o cristianismo cresceu e mudou, foi-lhes relativamente fácil atribuir episódios do evangelho, ou fragmentos deles, a diferentes períodos ou estágios. Assim como Bultmann partiu do pressuposto de que já sabia alguma coisa sobre Jesus, também pressupôs saber algo sobre a igreja primitiva: que ela começou como uma espécie de variante do gnosticismo, usando, porém, certa linguagem judaica; que se desenvolveu em pelo menos duas vertentes, das quais uma deu seguimento à tradição gnóstica ou de "sabedoria", enquanto a outra interpretou Jesus no contexto de um estilo mais judaico; que ambas foram combinadas na escrita do primeiro evangelho canônico; que, rapidamente, o cristianismo se espalhou para além de sua base original — base que, apenas por acaso, era judaica — e traduziu o linguajar de sua expressão mais antiga em formas de pensamento helenísticas — uma tarefa fácil, já que as formas judaicas

---

[3]Problemas bem conhecidos associados à crítica da forma são observados, por exemplo, por Hooker, "On Using the Wrong Tool", 1972; Stanton, "Form Criticism Revisited", 1976; Gütgemanns, *Candid Questions Concerning Gospel Form Criticism. A Methodological Sketch of the Fundamental Problematics of Form and Redaction Criticism*, 1979 [1971]; Schmithals, *Kritik der Formkritik*, 1980; Sanders e Davies, *Studying the Synoptic Gospels*, 1989, p. 127-37.

de pensamento tinham, de qualquer maneira, características meramente acidentais com respeito a uma mensagem cujo conteúdo se assemelhava mais ao helenismo.[4] O paradigma de Bultmann, boa parte do qual permaneceu enraizado no de F. C. Baur, concebe, então, o cristianismo judaico e o cristianismo helenístico existindo de uma forma um tanto independente, lado a lado, até serem combinados, em algum período durante a segunda geração, para formar os primeiros elementos do catolicismo primitivo.

Tais eram os pressupostos dos pioneiros da crítica da forma. Sua análise das formas, bem como sua hipotética história das tradições, depende fortemente dessa imagem. Por conseguinte, presume-se, com frequência, que praticar a crítica da forma implica aceitar essa perspectiva das origens cristãs. Entretanto, a ideia de examinarmos a forma de *pericopae* individuais, procurando seu provável cenário na vida da igreja primitiva, não precisa, por si só, estar comprometida com a aceitação de uma perspectiva de determinada história cristã em lugar de outra.

Um terceiro mal-entendido diz respeito à crença de muitos dos primeiros críticos da forma de que histórias da tradição primitiva refletiam a vida da igreja apostólica *em vez da* vida de Jesus. Nessa perspectiva, a igreja primitiva inventou (talvez sob a orientação do "espírito de Jesus") dizeres atribuídos a Jesus como forma de resolver problemas de sua própria época. O principal problema com essa suposição é que o único ponto fixo na história da igreja apostólica — ou seja, Paulo — oferece-nos uma série de bons exemplos contrários a essa ideia, exemplos que funcionam em duas direções.[5]

Por um lado, conforme, em geral, se observa, Paulo regularmente aborda questões difíceis, nas quais sequer cita as palavras de Jesus, da forma como as encontramos na tradição sinótica; não lhe seria de grande ajuda mencioná-las? Muito menos ele parece atribuir a Jesus dizeres que não saíram de sua boca.[6] Por que o apóstolo era tão reticente em utilizá-las — já que era comum que profetas cristãos, dos quais Paulo certamente fazia parte, inventassem "palavras de Jesus" — para resolver problemas na igreja primitiva?

Por outro lado, conforme é frequentemente apontado, Paulo fornece evidências de toda a sorte de disputas que fizeram tremular a igreja primitiva,

---

[4]Veja Bultmann, *Theology of the New Testament*, 1951-5, p. 63-183; *Primitive Christianity in Its Contemporary Setting*, 1956, p. 175-s.

[5]Para outras dificuldades, veja Hill, *New Testament Prophecy*, 1979, cap. 7; Aune, *Prophecy in Early Christianity and the Ancient Mediterranean World*, 1983; "Oral Tradition and the Aphorisms of Jesus", 1991b, esp. p. 222-s.; Meyer, *The Aims of Jesus*, 1979, p. 74; Lemcio, *The Past of Jesus in the Gospels*, 1991.

[6]Veja Sanders e Davies, *Studying the Synoptic Gospels*, 1989, p. 138-41. Ambos aceitam, porém, de forma muito acrítica, a possibilidade de que profetas na igreja primitiva tenham sido inspirados a falar palavras do Senhor que, na época, foram consideradas dizeres de Jesus; veja nota anterior.

NARRATIVAS NO CRISTIANISMO APOSTÓLICO (2)

das quais não há um traço sequer na tradição sinótica. Por intermédio de Paulo, sabemos que a igreja primitiva estava dividida em torno da questão da circuncisão. Não há qualquer menção de circuncisão em toda a tradição sinótica.[7] De Paulo, sabemos que pelo menos parte da igreja primitiva tinha problemas relacionados ao falar em línguas. Não há menção disso na principal corrente da tradição sinótica.[8] De Paulo, fica claro que a doutrina da justificação constituía uma questão vital, que a igreja primitiva teve de articular em relação à admissão dos gentios na comunidade cristã. As únicas menções à admissão dos gentios na tradição sinótica não falam de justificação, a única menção de justificação em nada diz respeito aos gentios.[9] Em Paulo, fica evidente que foram levantadas questões sobre o apostolado, tanto o seu como o dos outros. Obviamente, o apostolado é mencionado na tradição sinótica, mas, nesse aspecto, a tradição está tão longe de abordar problemas pós-ressurreição que nem sequer discute questões relacionadas à sucessão da autoridade apostólica, exceto por uma passagem; nela, Judas ainda é visto como partilhando de um glorioso governo como um dos doze.[10] Em Paulo, deparamos com a questão da primazia geográfica: a igreja de Jerusalém tem primazia sobre as igrejas que trabalham em outros lugares? Na tradição sinótica, as críticas a Jerusalém correspondem às suas falhas passadas e presentes, bem como à sua ímpia liderança, e não ao lugar de seus líderes eclesiásticos no âmbito de um cristianismo emergente e mais amplo. Poderíamos continuar com a lista: escravidão, comida oferecida a ídolos, uso do véu pelas mulheres, trabalho, viúvas; e talvez, acima de tudo, doutrinas detalhadas sobre Cristo e o espírito divino. A tradição sinótica mostra a recusa constante de importar respostas "dominicais" ou comentários sobre essas questões ao recontar histórias sobre Jesus. Isso nos deve colocar em guarda contra a ideia de que as histórias que encontramos na tradição sinótica foram inventadas para atender às necessidades recorrentes das décadas de 40, 50 e 60 — ou até posteriores — do primeiro século.

Em contrapartida, demonstrou-se com frequência suficiente que a tradição sinótica preservou material que não é tão relevante, ao menos de forma evidente, para a igreja da primeira geração. Exemplos bem conhecidos incluem o foco em Israel;[11] a atitude de Jesus para com as mulheres;[12] e

---

[7]Exceto, claro, a própria circuncisão de Jesus (Lucas 2:21). Que dizeres sobre a circuncisão podiam ser facilmente inventados está claro a partir do *Evangelho segundo Tomé* 53.

[8]O final prolongado de Marcos é a exceção que comprova a regra: Marcos 16:17.

[9]Gentios (mas não justificação): Mateus 8:5-13. Justificação (mas não gentios): Lucas 18:9-14.

[10]Mateus 19:28. Passagem paralela: Lucas 22:30.

[11]Veja Caird, *Jesus and the Jewish Nation*, 1965.

[12]Moule, *The Phenomenon of the New Testament: An Inquiry Into the Implications of Certain Features of the New Testament*, 1967, p. 63-6.

O NOVO TESTAMENTO E O POVO DE DEUS

muitas outras coisas. Conforme afirmado por Moule: "Aspectos da atitude e do ministério de Jesus sobreviveram nas tradições, apesar de os primeiros cristãos não parecerem ter prestado atenção a eles, nem reconhecido neles seu significado cristológico".[13]

O reconhecimento de tais pontos não significa, entretanto, que devemos abandonar a disciplina da crítica da forma. Pelo contrário: há muitas razões para estudarmos as primeiras narrativas e suas formas. Um bom argumento pode ser estabelecido a partir da ideia de que a história oral provavelmente exerceu, na igreja primitiva, um papel formativo.[14] Três observações importantes devem ser apresentadas aqui: uma sobre Jesus, outra sobre seus primeiros seguidores e, por último, uma sobre o significado de "história oral".

Primeira observação: a menos que operemos com uma compreensão altamente improvável de Jesus e de seu ministério, devemos supor uma imagem semelhante àquela que encontramos na brilhante obra de Gerd Theissen, *The Shadow of the Galilean* [A sombra do galileu]. Jesus se movia constantemente de um lugar para outro, trabalhando sem o benefício dos meios de comunicação. Assim, não apenas é provável, como também altamente certo, que ele tenha contado as mesmas histórias repetidas vezes, usando palavras ligeiramente diferentes; também é provável que ele tenha confrontado questões e problemas parecidos, fornecendo soluções semelhantes; formulado um conjunto levemente distinto de bem-aventuranças, em diferentes vilarejos; que tenha não apenas contado, como também recontado e adaptado, parábolas e dizeres semelhantes, em diferentes cenários; que tenha repetido aforismos com diferentes ênfases, em diferentes contextos.[15] Estudiosos mais antigos e de orientação conservadora costumavam explicar variedades na tradição sinótica ao dizerem cuidadosamente que "talvez Jesus tenha falado duas vezes a mesma coisa". Isso sempre soou um tanto forçado. Hoje, depois de um político fazer um discurso importante, ele geralmente não o repete. Mas a analogia é totalmente enganosa. Se abordarmos o ministério de Jesus como os historiadores do primeiro século, pondo de lado os pressupostos do século 21 (atrelados à mídia de massa), a probabilidade esmagadora é que boa parte

---

[13]*Ibidem*, p. 76.

[14]Veja particularmente Gerhardsson, *Memory and Manuscript: Oral Tradition and Written Transmission in Rabbinic Judaism and Early Christianity*, 1961; *Tradition and Transmission in Early Christianity*, 1964; *The Origins of the Gospel Tradition*, 1979; *The Gospel Tradition*, 1986; Riesenfeld, *The Gospel Tradition*, 1970; Davids, "The Gospels and Jewish Tradition: Twenty Years After Gerhardsson", 1980; Riesner, *Jesus als Lehrer*, 1981; Kelber, *The Oral and Written Gospel*, 1983; e a coletânea de ensaios importantes em Wansbrough, *Jesus and the Oral Gospel Tradition*, 1991.

[15]Veja Theissen, *The Shadow of the Galilean: The Quest of the Historical Jesus in Narrative Form*, 1987.

NARRATIVAS NO CRISTIANISMO APOSTÓLICO (2)

do que Jesus disse, disse-o não apenas duas, mas duzentas vezes — com uma miríade de variações locais.[16]

Segunda observação: aqueles que ouviram Jesus, mesmo em algumas dessas ocasiões, logo descobririam que se lembravam do que fora dito. Não é necessário nem mesmo postular um tipo especial de cultura oral para tornar essa ideia altamente provável; mesmo na sociedade ocidental moderna, aqueles que ouvem um professor ou pregador dizer a mesma coisa algumas vezes podem repetir boa parte do que foi dito sem muita dificuldade, frequentemente imitando o tom de voz, as pausas dramáticas e os maneirismos faciais e físicos. Além do mais, quando há um motivo urgente ou estimulante para querer contar a outra pessoa o que o professor disse e fez, normalmente o ouvinte poderá fazê-lo, de forma resumida, após tê-lo escutado uma única vez; então, depois de a história ter sido *contada* duas ou três vezes, o efeito será tão forte quanto (ou ainda maior que) se tivesse sido *ouvida* com a mesma frequência. Tal ponto é embasado no bom senso, o qual não precisaria ser explicado, se não fosse ignorado com tanta frequência. Quando atrelamos a ele a alta probabilidade de que a cultura palestina estava, dito em seu nível mais básico, mais acostumada a ouvir e repetir ensinamentos do que estamos hoje — além do fato de muitos ensinamentos de Jesus serem intrínseca e altamente memoráveis —, proponho que a única coisa que impede um forte argumento de que o ensino de Jesus tenha sido transmitido com eficácia em dezenas de correntes de tradição oral é o preconceito.[17] A surpresa, então, não é termos tantas (duas, três ou mesmo quatro) versões ligeiramente distintas do mesmo dizer: a surpresa é termos tão poucas. Parece-me que os evangelistas podem muito bem ter enfrentado, como uma tarefa importante, o problema não tanto de como remendar tradições suficientes para fazer um livro valioso, mas como descobrir o que incluir na confusão de todo o material disponível.[18] A antiga ideia de que os evangelistas incluíram toda a informação que lhes estava disponível sempre foi, na melhor das hipóteses, um anacronismo.[19]

---

[16]Eis a validade, e a importância, do comentário de Aune, "Oral Tradition and the Aphorisms of Jesus", 1991b, p. 240: o estudo dos aforismos de Jesus leva à conclusão de que "a interação entre a transmissão oral e escrita da tradição de Jesus foi um fenômeno extraordinariamente complexo, o qual provavelmente nunca será desvendado de forma satisfatória".

[17]Por exemplo: de forma extrema, Schmithals, *Kritik der Formkritik*, 1980, e Güttgemanns, *Candid Questions Concerning Gospel Form Criticism. A Methodological Sketch of the Fundamental Problematics of Form and Redaction Criticism*, 1979 [1971], defenderam que tradições orais e escritas são coisas muito diferentes, de modo que uma não pode passar facilmente para a outra. Pode ser esse o caso, mas isso não anula o que temos praticamente como certo: a existência inicial de uma forte tradição oral que, com o tempo, foi transformada em tradição escrita.

[18]Evidentemente, essa ideia é implícita em Lucas 1:1-4; João 20:30; 21:25.

[19]Veja a crítica em Hooker, "In His Own Image?", 1975, p. 29.

O material disponível teria sido, então, "história oral" — ou seja, contos frequentemente repetidos do que Jesus falou e realizou. Devemos distingui-lo da "tradição oral" propriamente dita, segundo a qual um grande mestre se esforçará para que seus discípulos memorizem palavras exatas ministradas no ensino.[20] Se essa fosse a intenção de Jesus e a prática dos discípulos, esperaríamos que pelo menos a oração do Pai-Nosso e a narrativa instituindo a ceia do Senhor fossem idênticas nas várias versões (incluindo em Paulo) que agora temos.[21] Jesus, ao que parece, não agia como um rabino, dizendo exatamente a mesma coisa indefinidamente, até que seus discípulos aprendessem de cor. Antes, agia mais como um profeta, dizendo coisas semelhantes em uma variedade de contextos; é provável que não apenas os discípulos, mas também muitos dentre seu amplo círculo de seguidores, tenham parafraseado os ensinamentos de Jesus nos anos seguintes. Em termos morais, é certo também que espalharam, sem hesitação e de diversas maneiras, esse material, o qual podemos observar nos contextos literários a que deram forma.

Resta, assim, uma tarefa válida e, de fato, vital para a crítica da forma, uma vez que ela se tenha livrado das suposições desnecessárias. Profissionais da crítica da forma não ofereceram, que eu saiba, um modelo alternativo sério para a forma como a igreja primitiva contava suas histórias.[22] Nesse aspecto, houve um hiato no estudo dos evangelhos. O apogeu da crítica formal coincidiu com o apogeu de uma "explicação" para o Novo Testamento pautada na história das religiões helenísticas. Quando ela deu lugar, após a Segunda Guerra Mundial, a uma hipótese da história da religião judaica, o entusiasmo pela crítica da forma já estava, de qualquer maneira, diminuindo. Nem a crítica da redação (décadas de 1950 e 1960) nem o estudo sério de Jesus (décadas de 1970 e 1980) precisavam da crítica da forma; na verdade, algumas vezes cogitou-se que, se os críticos da redação estivessem certos — ou seja, se os evangelistas realmente organizaram seu material com algum nível de liberdade —, as chances de encontrarmos formas pré-literárias em seu estado "puro" são bastante limitadas.[23] Mais recentemente, o renascimento do interesse pela crítica da forma ocorreu, talvez de modo não muito surpreendente, dentro da escola reavivada

---

[20]Veja Sanders e Davies, *Studying the Synoptic Gospels*, 1989, p. 141-3.

[21]Mateus 6:9-13; Lucas 11:2-4; Mateus 26:26-9; Marcos 14:22-5; Lucas 22:15-20; 1Coríntios 11:23-6; veja também *Did.* 9.1-5; Justino, *1Apol.* 1.66.3. Veja o cap. 12.

[22]Até certo ponto, uma exceção notável é Moule, *The Birth of the New Testament*, 1982 [1962], esp. p. 3-s, 107-38. Mas Moule não desenvolve um estudo detalhado da tradição sinótica com base em suas reconstruções.

[23]Veja Kermode, *The Genesis of Secrecy: On the Interpretation of Narrative*, 1979, p. 68. Para obras focadas em Jesus, podemos apenas citar, por exemplo, Harvey, *Jesus and the Constraints of History: The Bampton Lectures*, 1980, 1982; e Sanders, *Jesus and Judaism*, 1985; ambos não fazem qualquer uso significativo da crítica da forma ao escreverem sobre Jesus.

NARRATIVAS NO CRISTIANISMO APOSTÓLICO (2)

de Bultmann, oferecendo versões atualizadas da hipótese helenística.[24] Sem o desejo de prejulgar a questão, parece-me que um caso *prima facie* poderia ser apresentado para uma abordagem diferente.

Uma questão preliminar final deve nos ocupar em relação à crítica da forma. Muitas vezes, supôs-se que a melhor palavra para descrever o que a tradição primitiva produzia era "mito". A razão é clara: as comunidades, como observamos, contam histórias, muitas vezes sobre a antiguidade remota, como uma forma característica de articular sua cosmovisão e mantê-la em bom estado. Grupos subversivos e indivíduos dentro das sociedades contam variantes de tais mitos como uma forma de promover sua modificação da cosmovisão ou, de modo ainda mais alarmante, sua substituição. Está claro que as histórias sobre Jesus que circulavam na igreja primitiva funcionavam de modo semelhante em relação às primeiras comunidades cristãs e às comunidades judaicas das quais inicialmente surgiram. Se é isso que queremos dizer com "mito", então é isso que, de fato, essas histórias são.

Infelizmente, as coisas não são assim tão simples. Como agora é frequentemente observado, Bultmann confundiu esse sentido de "mito" (histórias legitimadoras quase-históricas) com diversos outros, notadamente o "mito" que os povos primitivos usam para explicar os fenômenos "naturais" ("Thor está martelando", como referência ao trovão, por exemplo). Bultmann também acrescentou a noção de "mito" como projeção de uma consciência humana individual sobre a realidade.[25] Ele foi capaz de relativizar o primeiro desses sentidos adicionais como "primitivo"; o segundo (projeção), alegando uma objetividade espúria. Mas isso não faz jus à realidade. Em primeiro lugar, muitas sociedades, modernas e antigas, preservaram cosmovisões em que, por mais desagradáveis que se mostrem às formas de pensamento iluminista, a ideia de atividade divina e aquela de acontecimentos espaçotemporais estão, de alguma forma, correlacionadas. Descrever os sistemas de linguagem dessas cosmovisões como "mitológicos" pode alertar-nos para a forma como os sistemas funcionam, porém não pode, em si, funcionar como crítica. Em segundo lugar, devotamos algum tempo, na Parte II, a demonstrar que a crítica empirista relativa à possibilidade de conhecimento de mundos extramentais e extralinguísticos não procede. O ser humano "projeta" sobre a realidade, mas nem tudo o que

---

[24]Crossan, *In Parables: The Challenge of the Historical Jesus*, 1973; *In Fragments: The Aphorisms of Jesus*, 1983; Berger, *Formgeschichte Des Neuen Testaments*, 1984; Mack, *A Myth of Innocence: Mark and Christian Origins*, 1988.

[25]Bultmann, *Existence and Faith*, 1960, com os outros ensaios nesse volume. Veja discussão completa em Thiselton, *The Two Horizons: New Testament Hermeneutics and Philosophical Description with Special Reference to Heidegger, Bultmann, Gadamer and Wittgenstein*, 1980, cap. 10; Caird, *The Language and Imagery of the Bible*, 1980, cap. 13, distinguindo não menos do que nove sentidos diferentes de "mito".

diz, nem mesmo quando articula cosmovisões, pode ser reduzido em termos dessa projeção.

Existe, de fato, uma ironia essencial atrelada à análise de Bultmann do material nos evangelhos. Bultmann estava certo em ver a linguagem apocalíptica como essencialmente "mitológica", visto que empresta imagens da mitologia do Oriente Próximo para revestir suas esperanças e afirmações, advertências e medos, com vestes de supremacia, vendo a ação do deus criador e redentor operando em acontecimentos "comuns". Contudo, ele estava errado ao imaginar que Jesus e seus contemporâneos interpretaram tal linguagem de forma literal, referindo-se ao fim real do universo espaçotemporal, e que apenas nós podemos ver por meio dessa linguagem e descobrir seu "verdadeiro" significado. Tal ideia reflete o pensamento equivocado de que narrativas sobre Jesus, cuja interpretação é *prima facie* "sobre" o próprio Jesus, eram, no sentido há pouco descrito, "mitos de fundação" e nada mais. Bultmann e seus seguidores leram a linguagem metafórica como literal e a linguagem literal como metafórica. Mais uma vez, devemos observar que quase toda linguagem, especialmente aquela que lida com coisas nas quais os seres humanos estão mais envolvidos em nível pessoal, é metafórica — ou pelo menos carregada de metáforas. Essa última frase é, em si, uma metáfora, sugerindo que a "linguagem" da entidade abstrata é como uma carriola, carregando uma pilha de outras entidades abstratas, ou seja, outras "metáforas". Especificamente, a linguagem do mito, e dos mitos escatológicos em particular (mar, monstros fabulosos etc.), é empregada na literatura bíblica como sistemas complexos de metáforas para denotar acontecimentos históricos e investi-los de significado teológico (cf. cap. 10). A linguagem funciona como uma lente através da qual os eventos históricos podem ser vistos como portadores de todo o significado que a comunidade acredita que possuem. Por mais estranho que seja ao pensamento pós-iluminista enxergar significado na história, essa linguagem surge naturalmente da teologia monoteísta e pactual básica de Israel. Deixar de ver isso — imaginar, por exemplo, que os escritores do Novo Testamento eram prisioneiros de uma cosmovisão sobrenaturalista primitiva e literalmente circunscrita — não passa de uma distorção grosseira.[26]

Outro ponto sobre os mitos também vai contra a teoria de que grande parte da tradição do evangelho consiste neles. Mitos do tipo básico imaginados por Bultmann (contos quase folclóricos, articulando a cosmovisão de um povo) levam, tipicamente, muito tempo para se desenvolver, pelo menos de forma complexa e intrincada. Mas a primeira geração do cristianismo é

---

[26]Veja Caird, *The Language and Imagery of the Bible*, 1980, p. 219-21: a ideia de história como "*continuum* fechado" é, em si, uma pressuposição falível do estudo moderno.

NARRATIVAS NO CRISTIANISMO APOSTÓLICO (2)

simplesmente curta demais para permitir tal processo. Tal ponto foi exposto com frequência, porém é ainda necessário repeti-lo. A hipótese necessária sobre a igreja primitiva para apoiar a ideia de que os primeiros cristãos contaram "mitos de fundação" como forma de legitimar sua fé e vida é complexa demais para ser crível. Na perspectiva de Bultmann acerca de Marcos, duas linhas de pensamento se desenvolviam de forma independente. Por um lado, havia a experiência cristã primitiva, orientada para longe do passado — incluindo o passado de Jesus — e para o presente e o futuro. As linhas foram rapidamente traduzidas em categorias helenísticas, tornando-se o querigma helenístico tão famoso no século 20 e, ao mesmo tempo, tão desconhecido (talvez) no primeiro século.[27] Nesse querigma, as "histórias de Jesus" foram inventadas ou possivelmente adaptadas às necessidades da comunidade. Enquanto isso, ainda havia algumas "histórias de Jesus" verdadeiras flutuando na memória de alguns dos primeiros cristãos. O que Marcos fez foi produzir uma combinação dessas histórias, expressando o querigma helenístico em termos de histórias de Jesus, ou seja, usando material que pode ser concebivelmente histórico, mas sem a intenção real de se referir ao próprio Jesus. (Para Bultmann, tratou-se de um movimento brilhante da parte de Marcos; já para Marcos, subsequentemente, de um desastre.) Tal arranjo é incrivelmente complexo e se parece muito com uma reconstrução projetada para salvar fenômenos dos evangelhos sem danificar uma hipótese (a de que Jesus era determinado tipo de pessoa e que a igreja primitiva não se interessava por ele) ameaçada por evidências reais. Quando se sugere que tais desenvolvimentos ocorreram em um intervalo de quarenta anos, torna-se não apenas algo consideravelmente complexo, como também simplesmente inverossímil.

Os evangelhos, então, *são* "mitos" no sentido de narrativas fundacionais para a cosmovisão cristã primitiva. Eles *contêm* uma linguagem "mitológica" que, como historiadores, podemos aprender a decodificar à luz de outros escritos "apocalípticos" da época. Mas eles têm essas características por causa de sua cosmovisão judaica subjacente. O monoteísmo criacional e pactual exige que a história verdadeira seja a esfera na qual o deus de Israel se torna conhecido. No entanto, isso significa que a única linguagem na qual Israel pode descrever apropriadamente sua história é aquela que, embora, de fato, tencione referir-se a acontecimentos reais no universo espaçotemporal, simultaneamente investe esses acontecimentos com (o que podemos chamar de) significado trans-histórico. Tal linguagem é chamada de "mitológica", se for esse o caso, não por descrever acontecimentos irreais, mas *por mostrar que os acontecimentos não estão separados da realidade definitiva por um fosso horroroso*, segundo todo

---

[27]Veja Bultmann, *Theology of the New Testament*, 1951-5, 1.63-183.

O NOVO TESTAMENTO E O POVO DE DEUS

o pensamento deísta e iluminista sugere. Pelo contrário: os acontecimentos são repletos de significados.

RUMO A UMA CRÍTICA DA FORMA REVISADA

1. Introdução

Todas as teorias sobre a história da tradição são parasitárias às suposições sobre Jesus e a igreja primitiva, de modo que devemos dizer algo a respeito de cada uma delas a fim de estabelecermos algumas regras básicas. Começando outra vez por Jesus: Jesus nasceu, viveu, trabalhou e morreu em um ambiente judaico. Esse mundo estava, conforme vimos, permeado por influências helenísticas, mas isso não é motivo para marginalizarmos o judaísmo profundo e rico de seu contexto. Além do mais, boa parte do ensino de Jesus, na concepção de praticamente qualquer pessoa, dizia respeito ao reino vindouro do deus de Israel. Argumentarei, no próximo volume, que esse contexto judaico dá sentido — mais sentido do que as alternativas cínicas atualmente em voga — à atuação de Jesus e às razões de sua morte; até recentemente, toda a obra principal sobre Jesus tomava por certa essa ideia. Também vimos que os principais livros escritos sobre Jesus deram a entender a história judaica e interpretaram Jesus através dessas lentes. Paulo fez o mesmo. De modo significativo, mesmo quando cristãos de uma data posterior (Inácio, Justino, Policarpo) enfrentaram seu próprio mundo, o do paganismo, apegaram-se tenazmente a uma forma de cristianismo que permaneceu reconhecidamente judaica. É verdade que, pelo menos em meados do segundo século d.C., surgiram vertentes muito diferentes. Examinaremos algumas delas em breve. Todavia, é incontestável o fato de que a primeira geração do cristianismo permaneceu essencialmente judaica em sua forma, por mais subversiva que ela fosse em relação ao verdadeiro judaísmo em termos de conteúdo.[28] Se Jesus era judeu, pensando e agindo em um mundo de expectativas e compreensões judaicas da história; se o mesmo se deu com Paulo; se os evangelistas sinóticos e João contaram outra vez a história judaica de modo a levá-la ao seu ápice com Jesus; e se, mesmo no segundo século d.C., no mundo pagão, o cristianismo continuou trazendo a mesma marca, então parece-me altamente provável *a priori* que as primeiras narrativas sobre Jesus também tenham assumido a mesma forma. O que precisamos, mas nunca tivemos na história da disciplina, é de uma hipótese cuja ênfase demonstraria ao menos a possibilidade de uma crítica da forma *judaica* em relação à tradição sinótica, uma releitura das narrativas capaz de fazer jus à alta probabilidade de

---

[28]Veja admissão de Koester, *Introduction to the New Testament*, 1982b, p. 198: "Poderíamos designar com justificativa toda a primeira geração cristã como 'judaico-cristã'".

NARRATIVAS NO CRISTIANISMO APOSTÓLICO (2)

que as histórias foram, em sua forma inicial, de estilo judaico, e que as características helenísticas apontariam para um desenvolvimento posterior.

A questão pode ser delimitada da seguinte forma: os evangelistas "judaizaram" uma tradição que, até que Marcos (ou qualquer outro) se apropriasse dela, não continha o enredo judaico como componente básico? Essa tem sido a hipótese da escola de Bultmann desde o início, apoiada em nossa própria geração por muitos estudos que, antes de tudo, retiram os elementos "judaicos" de uma passagem e, em seguida, pretendem mostrar seu significado helenístico "original", talvez cínico.[29] Sugiro que, do ponto de vista histórico, isso não faz sentido algum. Em sua maioria, os dizeres não existem dessa forma simples — exceto talvez no *Evangelho segundo Tomé*, que deve estar *sub judice* nesse ponto.[30] Dito de forma direta, se o cristianismo tivesse começado como um movimento "não muito judaico", é extremamente implausível sugerir que ele, de repente, tenha desenvolvido propensão para uma releitura de Jesus de acordo com os moldes judaicos, justamente quando, devido ao que aconteceu em 70 d.C., o modelo judaico deve ter parecido singularmente desprezível a cristãos que, até então, tiveram pouco tempo para a tradição judaica. Sugiro, pelo contrário, que a elevada probabilidade histórica se encontra na situação oposta, a saber, que: (i) o cristianismo teve início em um contexto essencialmente judaico; (ii) suas primeiras narrativas sobre Jesus recaíram naturalmente em formas judaicas reconhecíveis; (iii) foi apenas quando as histórias começaram a ser contadas em outros contextos, quando o reconhecimento ou a familiaridade com métodos narrativos judaicos não eram tão prováveis, que começaram a assumir formas menos judaicas. O fato de tal desenvolvimento ser intrinsecamente provável está claro a partir do paralelo com Josefo, que, conforme vimos, aparentemente transforma tradições e ideias judaicas em tradições e ideias helenísticas. Essa hipótese de desenvolvimento, como muitas outras, é, obviamente, simplista demais; certamente, havia movimentos e mudanças em todas as direções. Mas, se desejarmos formular a hipótese de uma tendência *geral*, é muito mais provável que seja do judeu para o grego, e não vice-versa.

A crítica da forma clássica teve início com formas extraídas do mundo da literatura helenística: "apotegmas", histórias de milagres etc. (Um "apotegma" é uma história curta, levando a um dito proverbial ou a uma máxima; outro termo, talvez melhor, seja *"chreia"*.)[31] Encontramos paralelos em alguns escri-

---

[29]Downing, *Christ and the Cynics: Jesus and Other Radical Preachers in First-Century Tradition*, 1988a, *passim*.

[30]Veja, a seguir, p. 575.

[31]Veja a discussão dos termos técnicos em Sanders e Davies, *Studying the Synoptic Gospels*, 1989, p. 146-8. Exemplos de *chreiai* são abundantes em escritores como Epiteto: *Disc.* 1.9.1: "Se o que é dito pelos filósofos sobre a relação entre Deus e os homens for verdade, que outro curso restará

tos judaicos, como, por exemplo, nas fontes rabínicas; em geral, porém, eles são muito posteriores. A essas histórias, os primeiros críticos da forma acrescentaram a "parábola", bem como outras categorias menos definidas, como "lenda" e, agora, o notório "mito". Houve, e ainda há, muito debate quanto à forma "pura" de uma história ser provavelmente original, e sua forma mais complexa ter composição posterior (segundo pensava Bultmann) — ou se, ao contrário, a forma "pura" representa uma suavização, ao longo do tempo, de uma tradição originalmente rudimentar (conforme sugerido por Taylor). Há muito a ser dito sobre a possibilidade de as tradições *se expandirem* e *contraírem*; de qualquer maneira, devemos recusar teorias simplistas de desenvolvimento.[32]

Com base em nosso estudo anterior de histórias no mundo judaico do primeiro século, concluímos que há como saber que tipo de histórias os contemporâneos de Jesus contavam e recontavam regularmente, formando lentes através das quais percebiam toda a realidade.[33] Contavam histórias do sofrimento e da justificação de Israel; de exílio e restauração; da Páscoa, do êxodo, da jornada no deserto e do estabelecimento na Terra. Contavam histórias sobre o deus de Israel vindo para redimir seu povo; sobre profetas e reis cujos atos poderosos foram sinais dessa libertação divina; das histórias bíblicas tornando-se realidade, secreta ou abertamente. Evidente, essas são descrições de *conteúdo*, não de *forma*; no entanto, nesse caso, o conteúdo sugere poderosamente uma forma. Um excelente exemplo disso ocorre no relato de 1 Macabeus sobre a situação de Israel no governo de Simão (140—134 a.C.). Em vez de dizer: "Israel viveu em paz e prosperidade", o escritor opta por contar a história em palavras que despertam todo o tipo de ecos proféticos:

> Cada um pôde cultivar em paz seus campos,
>   a terra dava suas colheitas,
>   e as árvores da planície seus frutos.

---

para os homens, senão aquele tomado por Sócrates? Questionado sobre a cidade a que pertencia, Sócrates nunca disse 'sou ateniense' ou 'sou de Corinto', mas 'sou um cidadão do universo'"; 6.10: "E assim também [Musônio] Rufo tentou os homens [sobre a busca pela filosofia] usando, como forma de dissuasão, um meio para discriminar entre os que eram talentosos ou não. Pois ele costumava dizer: 'Assim como uma pedra, mesmo que você a jogue para cima, cairá no chão em virtude de sua própria constituição, assim também é o homem talentoso: quanto mais alguém bate de volta, mais ele se inclina em direção ao seu objeto natural'"; *Frag.* 11: "Quando Arquelau [rei da Macedônia] mandou chamar Sócrates com a intenção de enriquecê-lo, esse último ordenou ao mensageiro que retornasse com a seguinte resposta: 'Em Atenas, posso comprar quatro quartos de farinha por menos de uma dracma; e a cidade contém fontes de águas correntes'". Sobre *chreiai*, veja também Buchanan, *Jesus: The King and His Kingdom*, 1984, cap. 2; Mack, *A Myth of Innocence: Mark and Christian Origins*, 1988, p. 179-92. Deve-se notar que a própria palavra *chreia* continua a carregar seu significado não técnico de "necessidade", em grande parte das ocorrências.
[32]Sobre esse ponto, veja principalmente Sanders, *The Tendencies of the Synoptic Tradition*, 1969.
[33]Veja o cap. 8.

Os anciãos se assentavam nas praças,

    todos falando da prosperidade,

    enquanto os jovens se revestiam de glória, usando suas vestimentas de guerra.

Abasteceu as cidades de alimentos,

    e destinou armamentos de fortaleza para cada uma.

    E a fama do seu nome chegou até o extremo da terra.

Consolidou a paz no país,

    e trouxe grande felicidade para Israel.

Cada um podia ficar sentado debaixo de sua parreira e de sua figueira,

    sem que ninguém o incomodasse.

[...]

Cobriu de esplendor o Templo

    e multiplicou seus utensílios sagrados.[34]

Assim, de modo tipicamente judaico, a história foi investida de significado pleno.

Retornando às tradições do evangelho, nossas observações anteriores sobre a história oral sugerem que devemos iniciar uma investigação da crítica da forma com as seguintes perguntas: Como os contemporâneos de Jesus o viam? A partir do modo como o percebiam, como as pessoas, à luz de sua bagagem cultural, contariam histórias sobre ele? Quais formas essas histórias naturalmente assumiriam? Se prosseguirmos nessa rota — que tem uma excelente alegação *prima facie*, em termos históricos, para ser levada a sério —, as respostas mostram-se surpreendentes.

2. Atos proféticos

Jesus era visto como um profeta. Para alguns, ele era mais do que isso; contudo, ninguém o considerava menos que um profeta. Alguns consideravam Jesus um falso profeta, mas, ainda assim, pressupunham que o termo "profeta" era a categoria na qual ele deveria ser percebido. Outros indivíduos se autodenominavam profetas no judaísmo do primeiro século: eles prometiam a seus seguidores sinais e libertação. É altamente provável que Jesus tenha sido visto sob a mesma ótica.[35] Isso significa que, desde o início, muitos dos que o viam trabalhando nas aldeias da Galileia estariam inclinados a contar histórias a seu respeito que se encaixassem nas percepções de como um profeta deveria

---

[34]1Mac. 14:8-15 [Bíblia Sagrada, Edição Pastoral, Paulus]; veja 1Reis 4:25; Isaías 17:2; 36:16; Miqueias 4:4; Zacarias 3:10.

[35]Veja Horsley e Hanson, *Bandits, Prophets and Messiahs: Popular Movements at the Time of Jesus*, 1985, cap. 4; Crossan, *The Historical Jesus: The Life of a Mediterranean Jewish Peasant*, 1991, cap. 8.

O NOVO TESTAMENTO E O POVO DE DEUS

comportar-se. Pelo fato, então, de Jesus ser percebido como realizando atos estranhos, assemelhando-se, aos olhos das pessoas, aos profetas da antiguidade, era natural que alguém, ao recontar histórias a seu respeito, as modelasse aos padrões que refletiam, e talvez até mesmo ecoavam, precedentes bíblicos.[36]

Evidentemente, essa prática dá suporte aos pressupostos que eles já tinham.[37] Em geral, acredita-se que uma "biblicização" de histórias aconteceu em um estágio bastante tardio e teologicamente reflexivo. Não percebo ser esse o caso. Em vista do cenário que encontramos no judaísmo do primeiro século, apresentado na Parte III, é tão provável que judeus palestinos das décadas de 20 e 30 contassem histórias sobre um estranho profeta, operador de milagres, cuja conotação remontava a histórias sobre Elias e Eliseu, quanto é provável que, uma geração mais tarde, as histórias adquirissem essa conotação original. É mais provável que histórias sobre curas tenham *começado* como narrativas de profetas do que se desenvolvido em tais narrativas com o passar do tempo. Se, posteriormente, as mesmas histórias foram contadas em um contexto ou ambiente em que essas tonalidades não seriam ouvidas tão prontamente, é exatamente em tal estágio, e não no anterior, que temos de procurar por paralelos nas histórias de operadores de milagres, de "homens divinos" etc. no mundo helenístico.

Encontramos um padrão comum na "forma" associada às histórias de cura. A enfermidade é descrita; alguém busca a ajuda de Jesus; Jesus diz/faz algo para o sofredor; a cura é efetuada; a pessoa curada/os espectadores expressam espanto e alegria. Olhando para esses elementos, não posso contá-los como uma evidência notável de qualquer coisa em particular. É realmente difícil ver como uma história de cura poderia assumir qualquer outra forma. Certamente, os paralelos formais com histórias de cura extrabíblicas não provam quase nada, exceto que as curas se assemelham muito entre si.

Sem dúvida, um dos maiores profetas foi Moisés, o qual liderou os filhos de Israel pelo mar Vermelho e se tornou agente divino na provisão do povo durante a jornada no deserto. Está claro que algumas das coisas estranhas[38] que Jesus fez — acalmando tempestades, multiplicando pães — ecoavam esses temas. Reitero: como no caso das curas, é bastante provável que as histórias

---

[36]Veja Moule, *The Birth of the New Testament*, 1982 [1962], p. 109-s. Compare, por exemplo, Marcos 10:46-52 com Isaías 35:5 e seguintes; Lucas 7:11-17 com 1Reis 17:17- 24; 2Reis 4:32-7; veja Lucas 9:8,19; 13:32-3.

[37]Veja Mack, *A Myth of Innocence: Mark and Christian Origins*, 1988, cap. 8.

[38]Devemos hesitar em chamá-las de "milagres", visto que a palavra transfere todo o tipo de ideias anacrônicas do século 18 para a discussão. Lucas as chama de "paradoxos" (5:26). Veja ainda Craig, "The Problem of Miracles: A Historical and Philosophical Perspective", 1986, e a discussão, no volume seguinte da presente série.

568

NARRATIVAS NO CRISTIANISMO APOSTÓLICO (2)

tenham sido originalmente contadas segundo os moldes judaicos — com nuances do êxodo e dos salmos que falam da vitória de YHWH sobre as poderosas águas, temas claramente perceptíveis — do que tenham começado como "provas" helenísticas do grande poder de Jesus, desenvolvendo-se em associações bíblicas apenas em um estágio posterior.[39]

3. Controvérsias

Se Jesus era visto como profeta, também era visto como ponto focal de uma espécie de grupo ou movimento novo do judaísmo, talvez até mesmo de uma nova seita. A partir do nosso estudo anterior, está claro que essas seitas e grupos contariam e recontariam histórias bíblicas nas quais um remanescente composto por judeus justos defende o deus de Israel contra as autoridades pagãs (ou mesmo judaicas), e é justificado.[40] Um grupo que já havia começado a se considerar assim, fortalecendo-se com o recontar constante desse tipo de história, naturalmente interpretaria a oposição a si ou ao seu líder em termos de histórias bíblicas que fornecem um precedente. Uma maneira de fazer isso pode ser vista com clareza nos Rolos de Qumran: o livro de Habacuque é minado em busca de pistas secretas sobre a batalha entre o Mestre da Justiça e o Sacerdote Ímpio, por um lado, e entre a comunidade remanescente e os *quitim* (ou seja, os romanos), por outro.[41] Isso confere um paralelo em termos de conteúdo, embora não de forma, às histórias sinóticas; a forma do comentário de Habacuque reflete um exercício quase acadêmico na interpretação de um incidente, em vez de, como no caso do material sinótico, um recontar do incidente em si.

Sugiro que histórias de controvérsias nos evangelhos sinóticos podem muito bem haver começado em um ambiente semelhante — não o exercício acadêmico, mas a percepção de um pequeno grupo enxergando a oposição a si mesmo à luz de precedentes bíblicos. É bem provável que Jesus tenha enfrentado oposição durante a sua obra; neste ponto, não podemos provar tal alegação, porém, ela será explicitada no próximo volume. Também é extremamente provável que tal oposição, se realmente ocorreu, não tenha assumido a forma de um único questionamento ou desafio, resolvido por um único comentário de Jesus — maneira como, obviamente, as histórias de controvérsias são registradas nos evangelhos. É provável que os debates tenham envolvido uma interação mais complexa, como, por exemplo, na discussão prolongada, franca e desconexa que encontramos em João 6, do que como qualquer das histórias conhecidas de Marcos 2 e

---

[39]Veja Mateus 14:13-27 etc.; e, por exemplo, Salmos 66:5-6; 93:1-5.
[40]Veja o cap. 8, discutindo, por exemplo, Daniel e Susana.
[41]Sobre o Sacerdote Ímpio: 1QpHab 1.12-s.; 2.1-10; 5.9-12; 8.3—10.5; 11.3—12.10; sobre os *quitim*: 2.11—5.8.

O NOVO TESTAMENTO E O POVO DE DEUS

3. Além disso, é bem provável que um grupo como o reunido em torno de Jesus, considerando a si mesmo o núcleo de um remanescente divinamente chamado, encabeçando uma espécie de renovação, "lesse" de forma instantânea, em vista dos claros precedentes bíblicos, qualquer oposição em termos de uma batalha que deveriam travar. Desse modo, devemos esperar que os evangelistas, ao contarem e recontarem essa ou aquela história de conflitos com a oposição, oficial ou autoproclamada, reduzissem a cena ao seu nível mais básico, *escolhendo, como elementos básicos, os aspectos que destacavam a identidade do grupo como um movimento de renovação, o qual, embora atacado, aguardava vindicação.* Se um grupo alimentasse expectativas com base em histórias bíblicas em que os verdadeiros israelitas sofrem oposição das autoridades e posteriormente são vindicados, e se esse grupo percebesse a si mesmo em uma situação semelhante, então ele veria os acontecimentos em questão pelas lentes dessa expectativa, contando, assim, histórias dos acontecimentos como reflexos da mesma forma.[42]

Sugiro, portanto, que os "apotegmas", "paradigmas", "contos memoráveis", "*chreiai*" (ou qualquer outra denominação que lhes queiramos propor) devem ter sua história crítica reavaliada, e que sua forma normal (ou seja, bultmanniana) de leitura deve ser invertida.[43] Essas histórias são normalmente consideradas como tendo começado a partir de dizeres individuais e isolados, os quais, gradualmente, adquiriram enredo com o objetivo de fornecer uma amostragem mais adequada às réplicas de Jesus aos seus opositores. Supõe-se que a igreja primitiva tenha lembrado (ou inventado) ditos isolados para necessidades específicas, pensando apenas em lhes atribuir uma estrutura narrativa com o passar do tempo.[44] Sugiro que, em seu contexto original, a maneira judaica mais natural para os apoiadores de Jesus contarem histórias concernentes às suas ações e palavras polêmicas fosse contando-as na forma de histórias de controvérsias judaicas, conforme encontramos, por exemplo, no livro de Daniel. Podemos explorar diversos cenários. Em certo nível, temos o contexto do próprio ministério de Jesus. Nele, histórias seriam contadas rapidamente, com entusiasmo, quando Jesus ainda se encontrava no mesmo vilarejo. Em outro nível, temos a recordação de acontecimentos relacionados a Jesus, contados durante a sua vida, após ele ter se mudado de um lugar para outro. Ainda em

---

[42]Nickelsburg, "The Genre and Function of the Markan Passion Narrative", 1980, defende essa ideia em relação à narrativa da paixão. Sugiro que ela também é aplicável a histórias de controvérsias menores.

[43]Para uma nova leitura da perspectiva tradicional, veja Mack, *A Myth of Innocence: Mark and Christian Origins*, 1988, cap. 7, p. 199: a tradição posterior transformou Jesus de um "sábio cínico" em um "juiz imperioso e soberano" que "governa por *fiat*".

[44]Um bom exemplo recente da ideia é o argumento de Koester, segundo o qual muitos dos dizeres no *Evangelho Segundo Tomé* são apenas mais originais que seus equivalentes na tradição sinótica, visto que faltam um molde narrativo e características como juízo apocalíptico.

NARRATIVAS NO CRISTIANISMO APOSTÓLICO (2)

outro nível, temos as recordações a seu respeito que foram apreciadas após a ressurreição. Em cada caso, o padrão da história seria o mesmo, investindo-se dos mesmos ecos da tradição judaica. Os verdadeiros israelitas agem com ousadia; são desafiados por autoridades legítimas ou autodenominadas; mantêm-se firmes, defendendo sua perseverança com uma frase memorável; e então são vindicados, justificados. Na maior das controvérsias e histórias de vindicação encontradas em Daniel, "alguém semelhante a um filho de homem" é justificado. As histórias dos evangelhos assumem exatamente essa forma e, não por acaso, terminam com uma referência a Jesus como o "filho do homem".[45]

Assim, se as histórias de controvérsia mais antigas de Israel tinham a forma de luta e vindicação do pequeno remanescente ou movimento de renovação, não é difícil vermos como elas foram suavizadas com o passar do tempo, tornando-se mais semelhantes às *chreiai* helenísticas, especialmente com as notícias sobre Jesus se espalhando para além de territórios nos quais essa forma era esperada. Essa é, sugiro, a explicação mais provável para obras como o *Evangelho segundo Tomé*. Portanto, longe de dizeres isolados se tornarem pequenos *chreiai* e, então, evoluírem para histórias mais longas, o processo oposto me parece historicamente o mais provável. O maior número de dizeres isolados desse tipo encontrado em Lucas pode muito bem servir de confirmação inicial a essa sugestão.[46]

4. Parábolas

Já discutimos a parábola mais conhecida nos sinóticos, assim como sugerimos que Marcos 4:1-20 deve ser visto como um todo, em seu contexto judaico, aproximando-se, em nível de forma, a uma revelação apocalíptica.[47] A maneira normal como a crítica da forma faz a leitura das parábolas corre no sentido contrário. De acordo com essa perspectiva, as parábolas originalmente tinham uma forma simples, estabeleciam um único ponto, e se aproximavam da vida real. Com o desenvolvimento da tradição, movendo-se em direção ao helenismo, as parábolas tornaram-se mais elaboradas, alguns detalhes estranhos foram adicionados e, acima de tudo, transformaram-se (chegando a uma pavorosa conclusão) em alegoria.[48]

---

[45]Marcos 2:1-12,15-17,18-22,23-8; 3:1-6; 14:53-64; todas com paralelos em Mateus e/ou Lucas.
[46]Lucas 17:20-1, que apresenta os mesmos caráter isolado e forma dos *chreiai* das obras helenísticas comuns.
[47]Veja p. 522, acima.
[48]A conhecida linha de erudição que se inicia com Jülicher, *Die Gleichnisreden Jesu*, 1910 [1899], passa por Dodd, *The Parables of the Kingdom*, 1978 [1935], e por Jeremias, *The Parables of Jesus*, 1963 [1947]. Para a perspectiva contrária, veja Boucher, *The Mysterious Parable: A Literary Study*, 1977; Caird, *The Language and Imagery of the Bible*, 1980, p. 160-7; Moule, *The Birth of the New Testament*, 1982 [1962], p. 111-18; Drury, *The Parables in the Gospels: History and Allegory*, 1985.

O NOVO TESTAMENTO E O POVO DE DEUS

Tal conclusão só poderia ser defendida com seriedade, acredito, em um mundo que falhasse por completo na compreensão do contexto judaico do Novo Testamento. Apesar do absurdo das fantasias alegóricas de alguns dos pais da igreja, o fato é que histórias em forma de parábola podem ser encontradas em todos os escritos judaicos, atingindo um ponto particularmente elevado nas visões em geral bizarras do gênero apocalíptico. Elas não devem ser isoladas como se não pertencessem à tradição profética mais ampla, na qual Isaías entoa um cântico da vinha; em que Oseias leva um livro inteiro para explorar a estranha relação entre seu próprio casamento e o de YWHW com Israel; em que Natã conta uma história totalmente subversiva a Davi acerca de um homem rico, um homem pobre e uma cordeirinha. Jesus, mais uma vez como profeta, baseia-se nessa rica tradição para contar histórias que foram concebidas, de uma forma ou de outra, para quebrar a cosmovisão de seus contemporâneos, tão subversivamente quanto Natã fez com Davi; para anunciar que, agora, a festa de casamento entre YWHW e seu povo estava sendo anunciada, mas que muitos que ansiavam por tomar parte dela não iriam participar; para falar da vinha e de seus atuais lavradores, e do filho do dono, que seria rejeitado quando viesse colher os frutos. Quando os ouvintes de Jesus recontavam essas e outras parábolas, a alta probabilidade histórica é que eles as contariam precisamente como histórias proféticas e, às vezes, até mesmo apocalípticas.

A forma de Marcos 4:1-20 reflete essa ideia, conforme mostrado no capítulo anterior. O mesmo acontece com a forma (dividida) da parábola do trigo e do joio (Mateus 13:24-30,36-43), em que a imagem apocalíptica deixa de ser implícita e se transforma no tema principal:

> [...] assim será no fim dos tempos: o Filho do Homem enviará os seus anjos e eles separarão do reino tudo o que faz as pessoas tropeçarem e todos os que praticam o mal, e os lançarão na fornalha de fogo, onde haverá choro e ranger de dentes. Então, os justos brilharão como o sol no reino de seu pai.[49]

Encontramos ideias semelhantes em 1Enoque ou 4Esdras. No entanto, parece-me muito mais provável que tais tradições tenham sido apreciadas, recontadas e colocadas em uma forma próxima da que temos hoje, no contexto da ávida esperança judaica, que, segundo se cria, foi cumprida por meio da obra de Jesus, adquirindo gradualmente suas interpretações apocalípticas (ou outras

---

[49]Mateus 13:40-43 [trad. livre]. O prof. C. F. D. Moule sugere-me que a expressão "choro e ranger de dentes" pode ser uma referência a Salmos 112:10, tornando o versículo (direcionado originalmente contra "o ímpio") em uma severa advertência contra o *Israel* renegado.

572

NARRATIVAS NO CRISTIANISMO APOSTÓLICO (2)

interpretações) em data posterior.[50] Sugerir que a forma e o conteúdo dessas parábolas falam de uma rejeição e de uma oposição impensável no ministério de Jesus, porém crível ao ser posicionada a partir da década de 50, é, segundo entendo, deixar de compreender tanto a forma literária do texto como o ministério de Jesus.[51] De modo semelhante, sugerir que as parábolas se tornaram mais alegóricas na proporção em que se tornaram mais helenísticas é ignorar o *Evangelho segundo Tomé.* Lá, talvez no momento mais helenístico da tradição sinótica, encontramos a completa ausência de quaisquer interpretações atreladas às parábolas. O desenvolvimento me parece, na realidade, funcionar na direção oposta à que normalmente se imagina.[52] Explicações plenas, impulsionando as histórias em termos de ideias judaicas apocalípticas, provavelmente surgiram cedo. Em alguns casos, ao menos parece que as formas mais recortadas e enigmáticas foram desenvolvimentos posteriores.

5. Unidades mais longas

Um argumento semelhante pode ser articulado em relação a um desenvolvimento inicial, bastante judaico, de algumas das unidades mais longas na tradição sinótica. Conforme já indiquei, não creio que Marcos 13 seja um "corpo estranho" nesse evangelho;[53] mas isso não quer dizer que um discurso de algo semelhante ao que encontramos no capítulo não tenha alcançado sua forma oral em um estágio inicial, talvez nos primeiros dez ou vinte anos após a crucificação. Essa ideia foi defendida, de fato, a partir de dois pontos de vista bem distintos.[54] É impossível discutirmos essas propostas aqui; basta-nos notar que elas podem ser apresentadas de um modo sério. De modo semelhante, a história do julgamento e da morte de Jesus — a chamada "narrativa da paixão" — foi examinada à luz desse ponto de vista, sugerindo tanto que incorpora uma forma judaica conhecida como que reflete, em sua versão "passível de reconstrução" mais antiga, acontecimentos precoces na vida da igreja.[55] Não apenas é possível,

---

[50]Em relação ao posicionamento atual da parábola, parece-me provável que o evangelista encontrou, ou então que conhecia, Mateus 13:24-30,36-43 como uma unidade, dividindo-a deliberadamente a fim de criar um molde para as duas outras parábolas mais curtas (13:31-33) e para o resumo da seção (13:34-5).

[51]Em oposição a Mack, *A Myth of Innocence,* 1988, cap. 6.

[52]*Evangelho segundo Tomé* 65 (os "lavradores infiéis"). Veja Kermode, *The Genesis of Secrecy: On the Interpretation of Narrative,* 1979, p. 43: "a parábola [dos lavradores infiéis] é uma alegoria e não tem qualquer ideia central senão na interpretação alegórica".

[53]Veja p. 520, acima.

[54]Wenham, *The Rediscovery of Jesus' Eschatological Discourse,* 1984; Theissen, *The Gospels in Context: Social and Political History in the Synoptic Tradition,* 1991, cap. 3.

[55]Nickelsburg, "The Genre and Function of the Markan Passion Narrative", 1980; Theissen, *The Gospels in Context: Social and Political History in the Synoptic Tradition,* 1991, cap. 4. Para uma tentativa completamente diferente na compreensão da narrativa da paixão, veja Crossan, *The Cross That Spoke: The Origins of the Passion Narrative,* 1988.

O NOVO TESTAMENTO E O POVO DE DEUS

como também altamente provável, que os seguidores de Jesus pós-ressurreição tenham contado a história de sua morte, como 1Macabeus 14 contava a história do governo de Simão, de modo a despertar ecos bíblicos e tradicionais.[56] Embora seja impossível discutirmos o assunto além deste ponto, o fato de essas propostas poderem ser feitas nos indica que a crítica da forma, longe de nos predispor a imaginar um cristianismo inicial não narrativo e um cristianismo posterior "historicizado", pode muito bem, com o tempo, rumar em direção oposta.

6. Conclusão

Portanto, parece-me claro, embora a falta de espaço não me permita que esse argumento seja suficientemente satisfatório, que, quando empregamos a crítica da forma, podemos analisar boa parte do material encontrado nos evangelhos sinóticos da seguinte maneira: os moldes iniciais das narrativas correspondem a formas conhecidas, disponíveis aos primeiros seguidores de Jesus, e a formas características de histórias usadas no judaísmo do primeiro século, particularmente entre os que ansiavam pela ação do seu deus ao conclamar um grande movimento de renovação ao redor de uma figura profética ou messiânica. Também é provável que essas formas primitivas se tenham sujeitado a mudanças, especialmente a modificações em direção a histórias helenísticas ou *chreiai* isoladas. Sugerir, como se faz regularmente, que o desenvolvimento só pode ter acontecido na direção oposta, com *chreiai* curtos seguidos de histórias já desenvolvidas, implica extrapolar nossa relativa ignorância do cristianismo primitivo para além de limites aceitáveis. Essa perspectiva, achando o apocalíptico desagradável, produziu um novo mito da inocência, segundo o qual a igreja e, de fato, o próprio Jesus não foram corrompidos por quaisquer das noções ímpias que Marcos e os demais evangelistas impingiram à tradição cristã, uma geração depois. Mas essa é uma estranha inocência helenística, que guarda pouca relação com o que realmente sabemos sobre Jesus, a igreja primitiva ou mesmo a igreja da segunda geração. Trata-se, ironicamente, de um "mito" em um sentido bultmanniano pleno: criado a partir do nada, o ponto de vista parece ser evocado para sustentar certas cosmovisões do século 20. A única perspectiva a que corresponde é o mundo estranho, despido de narrativa, representado pelo *Evangelho segundo Tomé* e o (extremamente hipotético) "Q" inicial. Há todas as razões para supormos *tanto* que (1) a maioria das histórias de Jesus que circulavam nos primórdios do cristianismo foram vitalmente modeladas pela teologia e pelo plano ideológico dos primeiros cristãos *como* que (2) permaneceram, irredutivelmente, como histórias sobre Jesus.[57]

---

[56]Veja também Moule, *The Birth of the New Testament*, 1982 [1962], p. 137-8.

[57]Façamos, neste ponto, uma analogia irreverente. Uma conhecida marca de uísque de malte ganha publicidade com o fato de ser armazenado em tonéis antes usados para xerez [vinho típico

NARRATIVAS NO CRISTIANISMO APOSTÓLICO (2)

NARRATIVAS SEM HISTÓRIA? "Q" E *TOMÉ*

Por cinquenta anos, cobrindo a metade do século 20, quase todos os estudiosos do Novo Testamento criam que as principais fontes de Mateus e Lucas haviam sido Marcos e um documento perdido — documento que, convenientemente, denominaram de "Q".[58] A hipótese perdeu popularidade no fim do século 20; contudo, a despeito dos fortes ataques que recebeu, sua validade foi igual e vigorosamente defendida.[59] Mas seu papel na erudição passou, em grande medida, por uma mudança completa e fascinante.

Ao mesmo tempo, a sabedoria aceita entre os estudantes do cristianismo tem sido, há muito, que o chamado *Evangelho segundo Tomé* — coletânea de ditos de Jesus encontrada entre códices cópticos, em Nag Hammadi, região do Alto Egito, em 1945 — pertence a um estágio relativamente posterior no desenvolvimento do cristianismo.[60] Suas primeiras menções encontram-se em Hipólito e Orígenes, no início do terceiro século d.C. O documento se resume a uma coleção aleatória de frases curtas, quase todas introduzidas simplesmente com a frase "Jesus disse...", sem qualquer tentativa de uma narrativa de conexão, nem mesmo no início ou no final. Como no caso de "Q", seu papel nos estudos do Novo Testamento mudou significativamente nos últimos anos.

Proponentes originais da hipótese da fonte "Q" chegaram a ela por meio de um argumento desapegado, quase matemático. Mateus e Lucas se sobrepõem

---

da Espanha]. Isso confere ao produto sua atratividade e seu sabor característicos. Mas continua sendo uísque. Os primeiros tonéis cristãos nos quais as histórias de Jesus foram armazenadas por uma geração as temperaram de todas as maneiras. Mas continuam sendo histórias de e sobre Jesus.

[58]Sobre as razões e a história por trás da hipótese, veja Bellinzoni, *The Two-Source Hypothesis: A Critical Appraisal*, 1985; Neill e Wright, *The Interpretation of the New Testament*, 1988, p. 128-36; para uma discussão recente, Lührmann, "The Gospel of Mark and the Sayings Collection Q", 1989; Piper, *Wisdom in the Q Tradition: The Aphoristic Teaching of Jesus*, 1989. O texto clássico é Streeter, *The Four Gospels: A Study of Origins*, 1930 [1924].

[59]Para os ataques: Farmer, *The Synoptic Problem: A Critical Analysis*, 1964; Stoldt, *History and Criticism of the Marcan Hypothesis*, 1980 [1977]. Para a defesa: Neirynck, *The Minor Agreements of Matthew and Luke Against Mark*, 1974; Styler em Moule, *The Birth of the New Testament*, 1982 [1962], p. 285-316, esp. p. 298-304; Tuckett, *The Revival of the Griesbach Hypothesis*, 1983b. Para artigos mais representativos em tópicos relevantes, veja Boismard *et al.* (orgs.), *The Interrelations of the Gospels: A Symposium Led by M.-E. Boismard, W. R. Farmer, F. Neirynck, Jerusalem 1984*, 1990.

[60]O texto cóptico foi subsequentemente identificado como uma tradução de um original grego, conhecido em alguns manuscritos fragmentários. Para uma discussão completa, veja Koester, "The Gospel of Thomas: A *Forschungsbericht* and Analysis", 1990, p. 75-128; para uma comparação detalhada do *Evangelho segundo Tomé* com os papiros gregos, veja Bartsch, "Das Thomas-Evangelium und die synoptischen Evangelien: zu G. Quispels Bemerkungen zum Thomas-Evangelium", 1960; Fitzmyer, *Essays on the Semitic Background of the New Testament*, 1971, cap. 15; para história e pesquisa em *Tomé*, veja Fallon e Cameron, "The Gospel of Thomas: A *Forschungsbericht* and Analysis", 1988. Koester fala do "preconceito prevalecente" contra *Tomé* e outros evangelhos "apócrifos".

O NOVO TESTAMENTO E O POVO DE DEUS

em muitas passagens em que não encontramos nada em Marcos. Faz sentido sugerir que, nessas passagens, ambos seguiam um documento comum, agora perdido. "Q" era uma forma de produzir uma hipótese simples que parecia adequar-se às evidências: esse documento claramente pré-datava Mateus e Lucas. Estudiosos de Oxford, cujo trabalho sobre o problema sinótico acabou se cristalizando na principal obra de Streeter, *The Synoptic Gospels* [Os evangelhos sinóticos], estavam, em boa medida, interessados na fonte "Q" como meio de obter acesso ao Jesus histórico — pelo qual queriam dizer o "verdadeiro" Jesus. Marcos, segundo pensavam, nos oferece um esboço do ministério e dos principais acontecimentos; "Q", por sua vez, fornece-nos uma coletânea sólida das palavras de Jesus. Ambos podem ser aceitos, com segurança, como remontando, mais ou menos, ao próprio Jesus. Acréscimos em Mateus e Lucas são menos certos, porém mostram-se irrelevantes se o plano ideológico do momento é (como foi para Streeter e seus colegas) a defesa de algo como o cristianismo tradicional contra as devastações de David Friedrich Strauss e seus sucessores.[61]

Durante meio século, a hipótese "Q" prevaleceu praticamente incontestada. Dúvidas consistentes foram apresentadas por profissionais de outras áreas e, entre os profissionais do campo, pequenas alfinetadas foram dirigidas a ela.[62] Entretanto, o consenso não se abalou. O livro de Farmer (1964) foi o primeiro a abalar esses alicerces, ainda hoje considerados instáveis em muitos setores.[63] Contudo, justamente quando o debate no problema sinótico parecia tornar-se mais um quebra-cabeça irrelevante, surgiu um novo motivo para o estudo de "Q", forte o suficiente para dar novo ímpeto ao que parecia quase uma indústria artesanal em extinção.[64]

Para alguns setores em voga, "Q" não existiu apenas como um documento, porém foi *desenvolvido* de modo tal que sua rota pode ser traçada com alguma precisão. Além do mais, sua existência original realmente nos aproxima de Jesus, mas de um Jesus bem diferente daquele que Streeter e seus colegas acreditavam encontrar pelo caminho. Em sua forma original, "Q" reflete uma comunidade cristã muito antiga, para a qual as histórias judaicas, tanto na forma como no

---

[61]Sobre esse plano ideológico na Alemanha e na Grã-Bretanha, veja Lührmann, "The Gospel of Mark and the Sayings Collection Q", 1989, p. 51-3.

[62]Jeremias, "Zur Hypothese einer schriftlichen Logienquelle Q", 1966 [1930], p. 90-2; Chapman, *Matthew, Mark and Luke: A Study in the Order and Interrelation of the Synoptic Gospels*, 1937; Farrer, "On Dispensing with Q", 1955.

[63]Sanders e Davies, *Studying the Synoptic Gospels*, 1989, p. 112-19; O'Neill, "The Lost Written Records of Jesus Words and Deeds Behind Our Records", 1991. O'Neill sugere (p. 483) que "a comunidade erudita do Novo Testamento cortou-se seriamente com a Navalha de Ockham".

[64]Nem todos os estudos de "Q" seguiram por essa nova linha; veja Theissen, *The Gospels in Context: Social and Political History in the Synoptic Tradition*, 1991, cap. 5 e outros (veja nota 65).

NARRATIVAS NO CRISTIANISMO APOSTÓLICO (2)

conteúdo, não eram particularmente importantes. O foco, antes, estava em um estilo e um conteúdo diferentes de ensino: a filosofia helenística conhecida como cinismo, por um lado, e, por outro, uma tradição de ensino que oferecia uma sabedoria secreta, uma gnose secreta. Na verdade, tratava-se de uma comunidade que ficaria muito feliz com o *Evangelho segundo Tomé*. Jesus era um mestre aforístico, de sabedoria quase gnóstica, quase cínica; os primeiros seguidores coletaram seus dizeres da forma como alguém esperaria desse tipo de mestre — como, por exemplo, Arriano fez com Epíteto. "Q" é um dos resultados desse processo. Seu uso posterior por Mateus e Lucas representa uma tentativa, que talvez já tivesse começado em vertentes posteriores de "Q", de misturar esses ensinamentos não históricos, aforísticos e potencialmente gnósticos com uma narrativa de estilo judaico das histórias de Jesus, oferecendo uma mudança fundamental de direção e ênfase àquela incorporada nas últimas vertentes de "Q".[65] Devemos enfatizar que, de modo algum, os apoiadores contemporâneos da hipótese "Q" assumiriam essa linha. Alguns continuam a insistir que o(s) documento(s) deve(m) ser visto(s) como profético(s) e judaico-cristão(s), e não como parte da matriz cínica, estoica e gnóstica.[66] Todavia, boa parte dos estudiosos atuais da hipótese "Q" encontra-se firmemente na tradição que acabei de descrever.

Tal hipótese "Q-e-*Tomé*" pertence intimamente a — e tanto reforça como é reforçada por — uma maneira de contar a história do cristianismo primitivo, elaborada como se segue:[67] o estágio inicial, datado de dez a trinta anos após a morte de Jesus, é representado pela primeira versão de "Q". Trata-se basicamente de um documento "sapiencial", oferecendo aos leitores a escolha de dois caminhos: o caminho da sabedoria e o caminho da tolice. Nesse estágio, "Q" nada sabe a respeito de uma expectativa apocalíptica futura; também está em silêncio sobre a "vinda do filho do homem": o Fim, no único sentido que importa, já chegou com o ensinamento de Jesus, especificamente com o fornecimento de uma sabedoria especial e oculta que separa os ouvintes do restante do mundo. Tal sabedoria corresponde, por assim dizer, a uma escatologia "vertical" em vez de "horizontal". O "Fim" em nada diz respeito aos acontecimentos pelos quais Israel aguarda, mas, sim, a uma nova e secreta revelação divina.

---

[65]Veja Kloppenborg, *The Formation of Q: Trajectories in Ancient Wisdom Collectons*, 1987; Downing, *Christ and the Cynics: Jesus and Other Radical Preachers in First-Century Tradition*, 1988; Mack, *A Myth of Innocence: Mark and Christian Origins*, 1988; Crossan, *The Historical Jesus: The Life of a Mediterranean Jewish Peasant*, 1991. Veja também os muitos estudos detalhados na literatura periódica recente (Seeley, "Jesus' Death in Q", 1992).

[66]Veja Tuckett, "A Cynic Q?", 1989; Theissen, *The Gospels in Context: Social and Political History in the Synoptic Tradition*, 1991, cap. 5; Catchpole, "The Beginning of Q: A Proposal", 1992.

[67]Veja Kloppenborg, *The Formation of Q: Trajectories in Ancient Wisdom Collectons*, 1987. Koester, 1990, p. 128-71.

O NOVO TESTAMENTO E O POVO DE DEUS

Nenhuma conexão é feita com as expectativas judaicas: não há controvérsia entre os seguidores de Jesus e os de João Batista.

Em forma e substância, esse primeiro estágio (hipotético) de "Q" é muito próximo do *Evangelho segundo Tomé*. *Tomé* nada sabe de um futuro apocalíptico: a sabedoria oculta no presente é o que importa — uma "escatologia cumprida", que realmente não diz respeito em nada à "escatologia" judaica *per se*, mas a uma revelação secreta ou escondida comunicada por Jesus aos seus seguidores no presente. Tão próximos estão *Tomé* e "Q" que a ocorrência de um dizer apenas em Mateus ou Lucas pode ser confirmada por um paralelo em *Tomé* como dizer de "Q", omitido pelo outro evangelista, em vez de um material especial de Mateus ou Lucas.[68]

Em seguida, "Q" passa por uma redação. Nesse estágio, os temas antes ausentes são introduzidos: "Os sinais mais óbvios de uma redação secundária de "Q" podem ser encontrados no anúncio apocalíptico de juízo e da vinda do Filho do homem, que entra em conflito com a ênfase na presença do reino em dizeres de sabedoria e anúncios proféticos".[69] Isso deixa alguns traços no nível da *forma*: uma coleção de falas sapienciais se transforma em um livro apocalíptico-sapiencial. A despeito, porém, dos protestos feitos por seus proponentes, está claro que a diferença básica é de ordem *teológica*. O "Q" original tinha uma escatologia cumprida, ou seja, um "reino de deus" aqui e agora. Já o "Q" redigido tem uma orientação futura, uma escatologia muito mais judaica.[70]

Por volta desse estágio, pouco depois de 70 d.C., Lucas faz uso de "Q". Há muito, acredita-se, entre os que apoiam essa hipótese, que, entre Lucas e Mateus, Lucas é o que se encontra mais próximo do "Q original": nos trechos em que esses dois evangelhos canônicos se sobrepõem com o "material Q", a versão de Lucas é normalmente tida como a anterior e menos desenvolvida.[71] Mas isso não significa que os "desenvolvimentos" evidenciados em Mateus sejam apenas obra do próprio evangelista. Outra versão de "Q" parece ter sido produzida entre o uso do material feito por Lucas e por Mateus: nesse estágio, o (segundo) redator de "Q", refletindo talvez uma decisão por sua comunidade, é favorável quanto a cristãos continuarem a observar a Torá judaica, algo que não fora antecipado no período inicial. Por fim, Mateus faz uso desse "Q"

---

[68]Lucas 17:20-1, par. *Evangelho segundo Tomé* 113; veja Koester, 1990, p. 89.

[69]Koester, 1990, p. 135, citando Lührmann, *Die Redaktion der Logienquelle*, 1969; Kloppenborg, *The Formation of Q: Trajectories in Ancient Wisdom Collectons*, 1987.

[70]Veja Koester, 1990, p. 149-s. Os ecos do esquema apresentado são, claro, bultmannianos: veja Bultmann, *Primitive Christianity in Its Contemporary Setting*, 1956, p. 186-s.

[71]Minha sugestão prévia de que algumas pequenas *chreiai* pode muito bem ter a forma mais "desenvolvida", enquanto algumas narrativas de estilo judaico serem mais primitivas, pode conduzir a uma reabertura da questão.

NARRATIVAS NO CRISTIANISMO APOSTÓLICO (2)

duplamente redigido, tecendo-o de acordo com novos padrões, a partir de sua própria concepção.[72]

O que deve ser dito sobre essa hipótese detalhada e intrincada? Para alguns, resta apenas ironizá-la; afinal, "Q" não passa de uma invenção da imaginação erudita (ou seja, uma hipótese). Não se encontrou nem um único fragmento como evidência plausível da existência desse documento, em qualquer de suas recensões. Os três supostos estágios pelos quais ele chegou à sua forma final, visíveis em Mateus, reflete, de um modo suspeitamente próximo, as predileções teológicas e histórico-tradicionais de uma das vertentes do estudo moderno do Novo Testamento, e não qualquer evidência concreta no primeiro século. A pura "coincidência" pela qual a forma *mais antiga* de "Q" ter tanto em comum com o *Evangelho segundo Tomé* pode ser em razão de (a) essa teoria ter feito um palpite brilhante sobre como remover camadas redacionais e (b) uma data muito anterior para *Tomé*. Quase tudo é possível na história, de modo que não podemos descartar essa solução logo de início. Da mesma forma, porém — e alguns diriam que isso é muito mais provável —, pode ter sido causado por (a) um desejo por parte de alguns leitores modernos de imaginar que o cristianismo primitivo era muito semelhante à religião encontrada em *Tomé* e (b) pela atividade crítica resultante de separar o que já é um documento puramente hipotético, "Q", a fim de revelar uma "versão inicial", encaixando-se em uma teoria histórico-tradicional. Honestamente, alguns dos argumentos defendidos ao longo do caminho sugerem um modelo um tanto ingênuo, enquanto outros são perigosamente circulares.[73]

Tais problemas gerais concernentes à hipótese "Q-e-*Tomé*" levam a outros problemas, mais particulares, relacionados às categorias envolvidas. Em primeiro lugar, não é forçar demais a imaginação insistir, em relação a um documento

---

[72]Veja Koester, 1990, p. 162-71; sobre os desenvolvimentos em "Q" entre Lucas e Mateus, p. 167-170.

[73]A aceitação acrítica do testemunho de *Tomé* sobre sua origem (dito 12) por Crossan, *The Historical Jesus: The Life of a Mediterranean Jewish Peasant*, 1991, p. 427, bem como a citação de tradições sobre Mateus a partir do *Evangelho segundo Tomé* e em *Diálogo do Salvador* por Koester, 1990, p. 166-s., são os tipos de argumentos passíveis de ridicularização se apresentados a respeito de uma obra canônica. Exemplos de uma circularidade arriscada ocorrem em Kloppenborg, *The Formation of Q: Trajectories in Ancient Wisdom Collectons*, 1987, p. 262 (a história da tentação surgiu tarde em "Q", uma vez que representa o movimento de "Q" em direção a "uma narrativa ou elenco biográfico": contraste com Theissen, *The Gospels in Context: Social and Political History in the Synoptic Tradition*, 1991, p. 206-20!); Koester, 1990, p. 137 (ditos recebem um lugar no "Q" inicial por causa do seu paralelo com *Tomé*, quando a única razão para pensarmos em *Tomé* e em um "Q inicial" como paralelos é a suposta semelhança entre ambos); p. 146 (a parábola do servo fiel e infiel não pode pertencer ao "Q" inicial, já que é uma "admoestação alegorizante, totalmente dominada pela expectativa da vinda do Filho do homem", quando, em outro lugar, somos informados de que os ditos do filho do homem não podem estar no início de "Q" pelo fato de esse documento conter apenas ditos sapienciais e de escatologia cumprida); entre outros.

O NOVO TESTAMENTO E O POVO DE DEUS

hipotético cuja origem é supostamente encontrada em grupos judaico-cristãos desconhecidos da Palestina do primeiro século, que uma distinção substancial poderia ser traçada entre tradições "sapienciais" e "proféticas"? Usando de prudência, Koester procura mantê-las juntas;[74] todavia, em outros segmentos da discussão, ambas são lançadas uma contra a outra.[75] Mas, uma vez que admitimos o material "profético" em "Q", torna-se extremamente difícil, dado o alto perfil da linguagem apocalíptica e imaginária na Palestina do primeiro século, manter o "apocalíptico" de fora também.[76] "Q" se assemelha cada vez mais a uma combinação da tradição sapiencial *e* do discurso profético; e há todas as razões, a partir do que realmente conhecemos da história da religião palestina no primeiro século (em oposição ao modelo mítico construído por alguns eruditos), para essas combinações serem perfeitamente naturais.

De modo semelhante, há todos os motivos para não dividirmos a escatologia nas categorias "realizada" e "futura". É totalmente injustificado estabelecer uma divisão entre ambas no interesse de um "Q" inicial que olha para o presente e um "Q" tardio que olha para o futuro. A esse respeito, podemos mencionar um conhecido livro judaico, nunca mencionado por Koester em sua discussão completa de "Q". A *Regra da Comunidade* [de Qumran] é, como o "Q" hipotético, um livro que estabelece "dois caminhos" a serem seguidos: o da sabedoria e o da tolice (3:13–4:26). O mesmo livro deixa claro que a comunidade já vive no tempo da salvação: a "escatologia cumprida" é evidente em cada coluna, visto que a base para a própria existência da comunidade é a crença de que o deus de Israel estabeleceu sua aliança precisamente com esse grupo. Existem razões até mesmo para entendermos essa "escatologia realizada" em um sentido vertical e horizontal, pois os maravilhosos hinos com os quais o livro termina contêm diversas passagens que, quando isoladas de seus contextos, passariam por trechos do *Evangelho segundo Tomé*.[77] Da mesma

---

[74]Koester, 1990, 156-s.

[75]Apoiando a tradição "sapiencial": Kloppenborg, *The Formation of Q: Trajectories in Ancient Wisdom Collectons*, 1987. Em favor da tradição "profética": Sato, *Q und Prophetie*, 1988 (embora veja a revisão de Downing em *Biblica* 72, 1991, p. 127-32); e Catchpole, "The Beginning of Q: A Proposal", 1992. Sobre a separação das tradições, veja Crossan, *The Historical Jesus: The Life of a Mediterranean Jewish Peasant*, 1991, p. 227-30, entre outros.

[76]Veja Catchpole, "The Beginning of Q: A Proposal", 1992, p. 220-s. Sobre a natureza do "apocalíptico", veja o cap. 10 deste livro. Se o argumento que elaboro está próximo do correto, toda a releitura do "apocalíptico" nas discussões recentes de "Q" e *Tomé* deve ser repensada.

[77]1QS 11.5-7: "De Seus maravilhosos mistérios/ jaz a luz no meu coração. Meu olhar contemplou/ o que é eterno, / a sabedoria escondida dos homens, / conhecimento e planejamento sábios/ [escondidos] dos filhos dos homens; / em uma fonte de justiça/ e em um armazém de poder, / em uma fonte de glória/ [escondida] da congregação dos mortais". Semelhanças entre 1QS e escritos gnósticos podem ser vistas, por exemplo, em Rudolph, *Gnosis: The Nature and History of an Ancient Religion*, 1983 [1977], p. 280. O mesmo escritor (p. 227-8.) enfatiza que o gnosticismo,

NARRATIVAS NO CRISTIANISMO APOSTÓLICO (2)

forma, o livro vislumbra um futuro para a comunidade: Arão e o Messias de Israel ainda virão (9:11), e o Dia da Vingança ainda é aguardado (9:23). Aqui temos, segundo proponho, um documento muito mais próximo de "Q" (ou seja, em sua mais óbvia reconstrução de Mateus e Lucas, a partir de porções não encontradas no evangelho de Marcos) do que o *Evangelho segundo Tomé*. Além do mais, trata-se claramente de uma porção textual extraída da literatura judaica sectária, como seria a hipótese de "Q", caso ele tenha existido: é o manifesto, a "regra da comunidade", do grupo, consagrando, por um lado, os ensinamentos do seu fundador e, por outro, a ordem, a experiência e a esperança da comunidade. Mais uma vez, se "Q" existiu, deve ter sido esse tipo de livro. A *Regra da Comunidade* oferece excelentes evidências de que as divisões feitas no material "Q" por Kloppenborg e outros não têm base real na história factual da religião do primeiro século, pertencendo ao mundo da mitologização contemporânea, de modo a projetar distinções injustificadas na tela da história especulativa.

Uma das fragilidades mais evidentes de toda a hipótese "Q-e-*Tomé*", ao que me parece, é a presença, em *Tomé*, de dizeres sobre o "reino de deus" — ou, conforme expresso regularmente no livro, o "reino do Pai".[78] A partir de nosso estudo anterior da evidência judaica, é impensável que esse tema fosse introduzido "do zero" a uma comunidade com o significado que passou a ter em *Tomé* — ou seja, o conhecimento secreto de um mundo celestial. É muito mais provável que o uso dessa linguagem enfaticamente judaica e relacionada ao reino se tenha originado em um movimento abertamente judaico, o qual a empregava em um sentido próximo ao de sua linha principal, tratando, por exemplo, do fim do exílio, da restauração de Israel, da reconstrução do Templo, do retorno de YHWH a Sião etc., ainda que essas ideias tenham sido transformadas no ministério de Jesus e na vida de seus primeiros seguidores. Se houve uma mudança no uso de uma forma ou de outra, é mais provável que tenha sido *a partir* dessa base judaica para um sentido quase gnóstico, e não o contrário, já que não há precedente conhecido ou imaginável para tal — uma mudança que, segundo a hipótese, deve ter ocorrido em algum lugar entre um *Tomé* inicial e um Marcos posterior.

Se essa hipótese "Q-e-*Tomé*" cria tantas dificuldades, isso significa que devemos abandonar por completo a hipótese "Q"? De modo algum. Existem outras formas de declararmos a hipótese, não abertas a quaisquer das objeções levantadas, cujo foco se encontra apenas na tentativa de resolver o problema

---

embora tenha certa ligação com o apocalíptico judaico, retém, em oposição a este, uma escatologia "horizontal".

[78]Veja esp. *Evangelho segundo Tomé* 3, 22, 46, 49, 97, 113, 114.

O NOVO TESTAMENTO E O POVO DE DEUS

sinótico em seus próprios termos. Há também possibilidades histórico-tradicionais diferentes em oferta em relação ao documento "Q" na erudição recente; para comprovar isso, basta citarmos o trabalho de Theissen.[79] Não há razão para uma forma dessa hipótese não continuar a ser produtiva, embora eu desconfie que dependerá mais de uma questão de acesso a um "material Q", ou seja, de tradições flutuantes às quais Mateus e Lucas tinham acesso, do que a um documento sólido e passível de reconstrução. No entanto, realmente me parece que, quanto mais especulação se desenvolve em torno dessa hipótese, menos plausível ela parece ser de modo geral.

Isso pode ser injusto: talvez as porções ruins estejam afetando as boas. Mas há aspectos ruins na hipótese, sim. Tantas coisas não comprovadas e mutuamente contraditórias são ditas sobre ela que o não especialista pode muito bem sentir que a discussão não passa de perda de tempo. Em particular, assim que o argumento se volta para o potencial relacionamento entre *Marcos* e "Q", o cético deve protestar: afinal, os que primeiro formularam a hipótese da fonte "Q" viram-na apenas como consistindo em passagens de Mateus e Lucas *que não coincidiam com Marcos*. É claro que, se "Q" existiu, e se existiu além dessas sobreposições, como a maioria dos proponentes de "Q" está inclinada a sugerir, o manuscrito pode muito bem ter contido toda a sorte de coisas das quais não temos qualquer evidência hoje. Pode, por exemplo, ter contido narrativas do nascimento de Jesus, narrativas da paixão, a confissão de Pedro e todos os tipos de material cristológico e apocalíptico interessantes. Simplesmente não sabemos. Uma vez que admitimos que qualquer dos evangelistas ou transmissores da tradição oral escolheu omitir as evidências disponíveis, por menores que fossem, não há meio de estar certo sobre a extensão de documentos hipotéticos anteriores.[80] Mas os apoiadores de "Q" devem ser advertidos: se os editores do primeiro século omitiam e adicionavam material segundo melhor lhes parecia, o argumento de que Lucas simplesmente usou Mateus parece cada vez mais plausível.[81] Assim, seria bom manter em rédea curta qualquer teoria que dependa da importância, por exemplo, de "Q" *omitir* uma narrativa da paixão. Prosseguir nesse tipo de estrada é como andar cegamente em um labirinto sem um mapa.

Uma última observação sobre "Q": se algum tipo de documento "Q" existiu, e se conteve mais ou menos o material imaginado por alguns, há algum

---

[79]Theissen, *The Gospels in Context: Social and Political History in the Synoptic Tradition*, 1991.

[80]Para esse problema nos estudos paulinos, veja Wright, *The Climax of the Covenant: Christ and the Law in Pauline Theology*, 1991a, p. 100.

[81]Veja Goulder, *Midrash and Lection in Matthew*, 1974, e a discussão em Sanders e Davies, *Studying the Synoptic Gospels*, 1989, p. 112-15.

NARRATIVAS NO CRISTIANISMO APOSTÓLICO (2)

cenário de vida mais plausível para ele do que os há pouco foram esboçados? A esse respeito, dependemos novamente, como todas as buscas por cenários plausíveis, de suposições sobre Jesus e sobre a igreja primitiva. Tais suposições, para evitar o tipo errado de circularidade, devem passar no teste à luz de outro material além daquele que deve ser explicado. Nesse processo, não podemos ignorar a evidência de Paulo, ou partir do pressuposto de que o documento hipotético pertencia a um ramo do cristianismo totalmente diferente daquele que o apóstolo representa. Se "Q" pertence a algum lugar, é justamente no contexto da comunidade missionária de seguidores de Jesus; mas como concebemos tal grupo? Os primeiros cristãos palestinos, ainda com uma forte percepção de Jesus como profeta anunciando o reino, e com claro senso de que esse reino subverteria estruturas judaicas existentes, quase certamente anunciou aos seus contemporâneos que o reino pelo qual tanto ansiaram realmente havia chegado em e por meio de Jesus, ainda que não da forma como imaginaram. Entretanto, a diferença fundamental entre expectativa e realidade *não era* um reino gnóstico e platônico em vez de um reino essencialmente judaico e histórico, mas um reino fundamentado em Jesus, e não na restauração da primazia étnico-nacional judaica, e que o reino centralizado em Jesus subverte a proeminência nacional de Israel. Tratava-se de uma mensagem que, naturalmente, poderia basear-se em tradições contendo dizeres "apocalípticos", bem como dizeres de "sabedoria", ambos abrangendo também muitos aspectos "proféticos". O documento, se existiu, pode ter sido mais uma coletânea de materiais de pregadores do que a eventual tentativa de uma narrativa plena. Se, todavia, Catchpole e outros estão certos, e "Q" começou com a história de João Batista, pode ser o caso de que o senso da história total de Jesus, em vez de simplesmente uma coleção abstrata de dizeres, tenha estado presente desde o início. Nesse caso, a história em questão situa-se claramente no mapa que já esboçamos, tanto das histórias mais amplas como das menores que caracterizaram o movimento cristão primitivo. Assim, o documento hipotético não teria sido escrito no estilo filosófico dos cínicos, mas como uma história em estilo judaico, capaz de se engajar com o mundo helenístico. A história teria visto Jesus *tanto* como ponto focal das tradições judaicas sapienciais, proféticas e apocalípticas *quanto* como aquele que inaugurou o reino mundial do deus de Israel, o criador do mundo.[82]

Por fim, em relação a *Tomé*: parece-me igualmente claro que alguns dos dizeres em *Tomé* derivam da tradição sinótica e que outros, cuja origem pode

---

[82]Sobre quanto a "Q" refletir um plano contextual cínico, veja Downing, *Christ and the Cynics: Jesus and Other Radical Preachers in First-Century Tradition*, 1988 (a favor); Tuckett, "A Cynic Q?", 1989 (contra).

O NOVO TESTAMENTO E O POVO DE DEUS

muito bem remontar aos primeiros anos do cristianismo, são independentes.[83] Mas praticamente nenhum deles (exceto pelas parábolas) contém histórias em si, e a obra como um todo, em termos de sequência poética, não tem qualquer enredo. Isso em si serve de forte evidência para uma matriz cuja localização está fora de todo o contexto que já consideramos nos últimos três capítulos.[84] Se, dada essa ausência de narrativa ou enredo no nível da estrutura poética, abordamos *Tomé* com a questão insistente relacionada ao seu mundo narrativo implícito, a resposta que recebemos é instrutiva: pressupõe uma história na qual as preocupações tradicionais do judaísmo não têm lugar. Sua história implícita diz respeito a uma figura que transmite uma sabedoria secreta e oculta às pessoas próximas, de modo que elas podem perceber uma nova verdade e ser salvas por ela. "Em *Tomé*, os cristãos recebem a verdade sobre sua origem divina, bem como as senhas secretas que se demonstrarão eficazes na jornada de retorno ao seu lar celestial".[85] Evidentemente, essa é a narrativa sem história do gnosticismo.

Ao concluirmos nossa discussão acerca das histórias no cristianismo primitivo, devemos dizer que *Tomé* se destaca de tudo o mais que examinamos. Com base em bons fundamentos históricos, é muito mais provável que o livro represente uma tradução alarmante — na verdade, uma subversão do cristianismo apostólico em um tipo muito distinto de religião — do que o documento original, do qual os evangelhos mais longos não passam de distorções. Alguns dos termos técnicos e das distorções mais longas estão lá, mas a substância essencial do evangelho foi alterada.[86] *Tomé* reflete um universo simbólico e uma cosmovisão que são radicalmente diferentes daqueles apresentados no judaísmo e no

---

[83]Tuckett, "Thomas and the Synoptics", 1988, defende fortemente que alguns ditos no Evangelho Segundo Tomé refletem elementos redacionais nos sinóticos, mostrando dependência nos próprios sinóticos em lugar de materiais pré-sinóticos. Para o debate como um todo, veja Fallon e Cameron, "The Gospel of Thomas: A *Forschungsbericht* and Analysis", 1988, p. 4213-24.

[84]Em oposição a Koester, 1990, p. 124. Também mostra, a despeito dos protestos de Koester, que *Tomé* é fundamentalmente diferente de *Eclesiástico* ou *Sabedoria de Salomão*. Ambos os livros têm sequência e, até certo ponto, enredo; o mesmo se dá com algumas partes do livro de Provérbios (caps. 1–9). Tiago e *Didaquê*, também citados por Koester como formando um paralelo com *Tomé*, têm muito mais pensamento sequencial, e são certamente diferentes em forma de uma coletânea de ditos, quase todos começando com: "Jesus disse…" (embora, acerca de Tiago, veja Schenke, "The Book of Thomas (NHC II.7): A Revision of a Pseudepigraphical Epistle of Jacob the Contender", 1983, esp. p. 225-7). Mesmo a *Ética dos pais* [Pirkei Avot], outra obra que talvez deva ser trazida para a discussão, tem mais movimento de pensamento que *Tomé*. O único verdadeiro paralelo com Tomé no primeiro século acaba sendo "Q" — mais especificamente, a versão "inicial" de "Q", meticulosamente "reconstruída" por aqueles que estão comprometidos com paralelos iniciais com *Tomé*.

[85]Koester, 1990, p. 125, veja p. 124-8. Compare Fallon e Cameron, "The Gospel of Thomas: A *Forschungsbericht* and Analysis", 1988, p. 4230-6.

[86]Tal alegação não se trata de preconceito, como Koester sustenta, mas de julgamento histórico.

584

NARRATIVAS NO CRISTIANISMO APOSTÓLICO (2)

cristianismo que estudamos. Em particular, distingue-se como diferente dos evangelhos mais longos e de Paulo; distingue-se das unidades mais curtas, das quais os evangelhos mais longos são, em sua maioria, compostos; e se distingue até mesmo de "Q" — se é que, de fato, tal documento existiu.

| OS PRIMEIROS | CAPÍTULO 15 |

OS PRIMEIROS CRISTÃOS: UM ESBOÇO PRELIMINAR

CAPÍTULO 15

INTRODUÇÃO

Falta-nos ainda unificar os diversos tópicos tratados nesta Parte do livro. Quem eram os primeiros cristãos? Quais objetivos e metas tinham? Em que acreditavam? O que esperavam? Só podemos elaborar uma declaração aproximada, a qual constitui tanto um plano ideológico como uma conclusão. Sem um tratamento completo de Jesus e de Paulo, e sem um estudo mais detalhado dos evangelhos e de suas tradições (além do que foi apresentado neste volume), não podemos ir tão longe quanto gostaríamos, embora esperemos fazê-lo nos volumes seguintes. No entanto, alguns pontos preliminares podem ser levantados. Tal como acontece com toda reconstrução histórica, assumimos riscos: "Qualquer um que não esteja preparado para entrar em experiências arriscadas merece nosso respeito pela retenção de seus princípios sólidos. Por outro lado, talvez tal pessoa reconheça, em nosso favor, que o trabalho histórico não sobrevive sem reconstruções…".[1]

OBJETIVOS[2]

Jerusalém testemunhou a morte de Jesus. Em um espaço de, no máximo, vinte e cinco anos, Atenas e Roma também ouviram falar de sua morte. Isso resume duas questões fundamentais sobre o cristianismo primitivo. Primeiro: o cristianismo se espalhou como fogo. No que diz respeito a religiões e filosofias, a fé

---

[1]Käsemann, *New Testament Questions of Today*, 1969 [1965], p. 83.
[2]Veja Meyer, *The First Christian World Mission and Self-Discovery*, 1986, p. 15-s.

OS PRIMEIROS CRISTÃOS: UM ESBOÇO PRELIMINAR

cristã foi extremamente rápida na linha de largada. Segundo: não tardou para que o cristianismo fizesse incursões em culturas bem distintas daquelas de seu nascimento. O mundo greco-romano foi forçado a aceitar uma mensagem cuja origem era judaica.

Nos capítulos anteriores, argumentei que a propagação do cristianismo se atrelou, em boa parte, à natureza das histórias que, tipicamente, contava. Em geral, reivindica-se, de uma forma ou de outra, que o cristianismo se espalhou pelo mundo dos gentios porque alguns dos judeus que o receberam tinham pouquíssimo apego às tradições ancestrais; assim, estavam prontos a abandoná--las se tal desapego lhes concedesse audiência no mundo mais amplo. De modo evidente, há um ponto superficial aqui: é provável que uma religião missionária que exigisse a circuncisão não tivesse maior apelo imediato do que aquela que não o fizesse. Para um pagão de qualquer orientação, o cristianismo exigia — e foi conhecido desde cedo por fazê-lo — uma lealdade cujo resultado envolveria não apenas um tipo inimaginável, até então, de autonegação, mas também de ostracismo social, aprisionamento, tortura e morte. O cristianismo apostólico não parece se haver espalhado por exigir coisas segundo as expectativas e os anseios dos ouvintes. Precisamos analisar de forma mais profunda o motivo subjacente ao trabalho missionário e às conversões. Devemos nos mover para o "interior" do drama histórico.[3]

A força motivadora por trás da missão cristã, da forma como revelada nas narrativas espalhadas ao longo do cristianismo da primeira geração, é encontrada na esperança central do judaísmo, interpretada à luz de Jesus. As histórias que examinamos, assim como a práxis e o símbolo que se associavam de perto com elas, apenas fazem sentido se os contadores de histórias criam que a grande narrativa judaica entrara em uma nova fase: a fase final do drama no qual a história judaica em si constitui apenas uma parte. Israel, vez ou outra, acreditava que, ao ser redimido, os gentios partilhariam de suas bênçãos. O ímpeto cristão generalizado em direção ao que, com frequência, era uma missão arriscada e dispendiosa só pode ser explicado em termos da crença de que Israel *havia sido* redimido, de modo que o tempo dos gentios havia chegado. Conforme defendi em outro texto e pretendo expor com mais detalhes no terceiro volume, essa é uma das pressuposições fundamentais da teologia paulina.[4] Mas a ideia é sugerida por toda a parte na missão cristã primitiva. No caso de Paulo, as histórias que alimentavam e legitimavam a missão entre os gentios tinham uma ênfase muito pessoal, focalizada na cruz de Jesus e, ao mesmo tempo, pelo encontro

---

[3]Veja o cap. 3; veja também Meyer, *The First Christian World Mission and Self-Discovery*, 1986, p. 31.
[4]Wright, *The Climax of the Covenant: Christ and the Law in Pauline Theology*, 1991a.

do apóstolo com o Senhor ressurreto.[5] Entretanto, mesmo na ausência desses elementos, ou nos casos em que experiências paralelas se expressaram em outros termos, encontramos a mesma estrutura motivacional. Nos casos em que deixamos de ver o mesmo entusiasmo por essa missão (em que, por exemplo, há sinais de oposição à livre entrada de gentios na comunidade do povo de Jesus, como em Atos 15:1 ou Gálatas 2:11-15), a explicação mais plausível é que os cristãos em questão se apegavam a uma vertente diferente da narrativa judaica. Muitos judeus, principalmente no primeiro século, criam que, quando o deus de Israel agisse para livrar a nação, os gentios não seriam abençoados, mas julgados, ou seja, chamados à prestação de contas. Nesse contexto, qualquer gentio que quisesse ser resgatado teria de demonstrar submissão ao deus de Israel, o que significava, obviamente, submissão à Torá de Israel. A conversão humilhante de Azenate serviria de modelo para qualquer ajuntamento entre os gentios que pudesse acontecer.[6]

Tudo isso indica que a história da religião cristã primitiva não prosseguiu pela tradução sistemática de suas ênfases judaicas em helenísticas a fim de atingir uma audiência mais ampla.[7] Naturalmente, o cristianismo assumiu a linguagem de seus portos de escala. Como vimos, porém, de modo suficientemente claro no capítulo 11, a estrutura de pensamento, ao longo de pontos fixos no primeiro século cristão, permanece reconhecidamente judaica.[8]

Quando os primeiros cristãos falavam de sua motivação, faziam-no regularmente em termos do espírito divino. Isso poderia ser simplesmente visto como a dedução lógica da sua crença, segundo a qual, nos acontecimentos envolvendo a morte e a ressurreição de Jesus, o deus de Israel finalmente vindicara seu povo. Há muitas profecias que falam da era da vindicação como o tempo em que YHWH derramaria seu espírito no povo de uma nova maneira. Afinal, aqueles que escreveram os Manuscritos de Qumran criam que tais promessas se haviam cumprido para eles. Todavia, a linguagem cristã primitiva sobre o espírito divino quase nunca soa como uma mera dedução lógica ou mesmo teológica a partir de premissas fixas de textos antigos. De fato, expressões concernentes ao espírito soam tão claramente como a linguagem da *experiência* que podemos arriscar uma dedução oposta: a esmagadora sensação de ser sustentado e impulsionado por um novo tipo de motivação interior — uma motivação que só podiam atribuir ao derramamento do espírito divino — compelia os primeiros cristãos à conclusão de que os eventos que haviam testemunhado

---

[5]Gálatas 2:19-21; 1Coríntios 15:9-11; 2Coríntios 4:1-15 etc.
[6]Sobre *José e Azenate*, veja o cap. 8.
[7]Posição fundamental de Bultmann, *Primitive Christianity in Its Contemporary Setting*, 1956, p. 175-9.
[8]Veja também Dix, *Jew and Greek: A Study in the Primitive Church*, 1953.

OS PRIMEIROS CRISTÃOS: UM ESBOÇO PRELIMINAR

a respeito de Jesus realmente constituíam o cumprimento das expectativas pactuais de Israel, ou seja, o fim do exílio e o começo da "era vindoura" ansiada por Israel.[9]

Uma nova fé; uma nova experiência. Por mais importantes que sejam essas duas linhas de derivação, suspeito que as duas são clínicas demais; ambas devem contribuir em relação a um todo mais amplo. Foi vagaroso o desenvolvimento vital da "teologia" que, por volta do segundo século d.C., transformou-se na principal corrente cristã. Isso não quer dizer que os judeus e os primeiros cristãos não falassem ou refletissem sobre o deus de Israel, ou que não soubessem discernir as informações tolas das sábias, ou incoerentes das coerentes. Na época em que deparamos com a teologia mais claramente articulada até então, a teologia de Paulo, a missão cristã já estava em curso havia quase vinte anos. Da mesma maneira, experiências religiosas de todos os tipos e formas eram oferecidas no mundo antigo. Os primeiros cristãos não eram os únicos a falar em novas línguas estranhas. Expulsão de demônios e curas eram práticas conhecidas em muitas culturas. Um senso de união com um ser divino era comum nas religiões de mistério. A crença em uma vocação divina especial, à qual alguém deveria obedecer, não distinguiria necessariamente um cristão da época, por exemplo, de um estoico. O chamado para deixar o lar e a família, e buscar a vida de um evangelista itinerante, tem diversas analogias com a prática dos filósofos cínicos. A crença de que o espírito do deus de Israel fora derramado sobre algum indivíduo ou comunidade era algo que os cristãos partilhavam com os essênios. Uma nova forma de "experiência religiosa", por si só, não conta historicamente com o desenvolvimento do pensamento cristão primitivo no decorrer dos pontos fixos que enumeramos anteriormente.

Qual é, então, esse "todo mais amplo", além da simples "teologia" e da "experiência"? O candidato mais óbvio é a própria comunidade primitiva, na qual a teologia e a experiência religiosa aconteciam. Havia outras comunidades religiosas; havia outras seitas judaicas. Mas nada semelhante ao cristianismo. À luz das evidências mais antigas de que dispomos, os cristãos se consideravam uma nova família, descendendo diretamente da família de Israel, porém agora transformada.

COMUNIDADE E DEFINIÇÃO

A comunidade, a *ekklesia*, desempenhou, desde o início, papel central simbólico, prático e teológico. Tudo a seu respeito falava tanto do cumprimento das

---

[9]Veja Dunn, *Jesus and the Spirit: A Study of the Religious and Charismatic Experience of Jesus and the First Christians as Reflected in the New Testament*, 1975.

esperanças de Israel como de uma nova conduta em relação ao mundo.[10] O ato sacramental do batismo conectava os primeiros cristãos diretamente aos primórdios do seu movimento no batismo de João e, assim, ao imaginário de uma seita judaica (incluindo, entre outras coisas, a tipologia do êxodo). Todavia, traçamos, já bem cedo, um senso de que, embora o batismo de João fosse realmente o meio de entrada no povo escatológico do deus de Israel, isso era *por causa* de Jesus, o qual trouxera, ele próprio, a história de Israel ao seu designado destino, e que, como Messias, recapitulava Israel em si mesmo. Nossa evidência mais antiga relacionada ao batismo envolve o *nome* de Jesus (e às vezes uma fórmula mais ampla) e a *morte e a ressurreição* de Jesus.[11] A especificidade de Jesus como indivíduo histórico, aquele em quem as promessas do deus de Israel se concretizaram, e, em particular, os acontecimentos com os quais sua própria carreira alcançou o ápice foram acoplados à compreensão cristã do batismo desde o início. Da mesma forma, o batismo era para todos: judeu e gentio, sacerdote judaico e leigo, escravo e livre, homem e mulher. No auge da controvérsia quanto aos gentios deverem ou não ser circuncidados, nunca houve dúvida de que seria certo administrar-lhes o batismo. Em particular, o batismo poderia ser visto no mundo dos gentios como a entrada em uma comunidade, assim como ritos de iniciação de vários tipos admitiam alguém nesse culto ou naquela seita. Algumas tentativas de demonstrar uma *derivação* do batismo cristão a partir de cultos pagãos fracassaram;[12] mas não é controverso postular um paralelo claramente visível, ainda que teologicamente superficial. O batismo é, portanto, uma ligação direta com a história de Israel, particularmente com o símbolo do êxodo e o emprego de tal símbolo nas reivindicações de um novo grupo; uma porta pela qual homens e mulheres podem igualmente entrar; uma forma simbólica e verbal de atrelar ambas as coisas à referência histórica específica do próprio Jesus, bem como à sua morte e à sua ressurreição.

A ceia do Senhor estabelecia, na prática, as mesmas ideias. O fato de Paulo repreender sua congregação em Corinto por seu mau comportamento na ceia do Senhor mostra que essa refeição de celebração estava tão incorporada à estrutura do cristianismo primitivo que, mesmo no caso de uma grande congregação, tomamos como certa sua prática e, às vezes, seu abuso. O apelo de Paulo aos coríntios, tomado em conjunto com as instruções encontradas nos sinóticos e nas referências à ceia em *Didaquê* e em Inácio, elucida que tal ato sacramental estava, como o batismo, associado diretamente ao contexto judaico

---

[10]Veja Meyer, *The First Christian World Mission and Self-Discovery*, 1986, caps. 2–4.
[11]Mateus 28:19; Atos 2:38; 8:16; 10:48; 19:5; Romanos 6:2-11.
[12]Veja esp. Wedderburn, *Baptism and Resurrection: Studies in Pauline Theology Against Its Graeco-Roman Background*, 1987.

OS PRIMEIROS CRISTÃOS: UM ESBOÇO PRELIMINAR

da Páscoa, do êxodo e do reino (davídico).[13] Ocupava um lugar semelhante ao da Páscoa na comunidade judaica, exceto pelo fato de que ele era celebrado não apenas uma vez por ano, mas pelo menos semanalmente, refletindo a celebração regular da ressurreição de Jesus no primeiro dia da semana. Assim, a prática atrelava firmemente a vida do cristianismo primitivo na vida histórica de Israel. Ao mesmo tempo, Paulo não está com medo de usar, em relação à ceia, uma linguagem que, de forma ousada, aproxima-se daquela de uma celebração pagã.[14] De modo semelhante, não sabemos de nenhuma prática primitiva da ceia que não recitasse acontecimentos da morte de Jesus, tanto quanto a liturgia da Páscoa recitava os acontecimentos do êxodo. A ceia do Senhor, como o batismo, atrelava uma continuidade com a história judaica, uma reivindicação implícita *vis-à-vis* o mundo pagão e Jesus.

Desse modo, o batismo e a ceia chamam a atenção para a característica mais impressionante da vida da comunidade primitiva: a adoração a Jesus. Já discutimos esse assunto.[15] Tal adoração não era, certamente no primeiro século cristão, um sinal de que a comunidade estivesse se distanciando do monoteísmo criacional ou pactual, mas o sinal de uma drástica reinterpretação desse monoteísmo. Cerca de setenta anos após a crucificação, Clemente, bispo de Roma, pôde escrever frases incipientemente trinitárias como:

> Não temos nós um único Deus, um único Cristo e um único Espírito da graça que nos foi derramado?
>
> [...] pois, tão certo como Deus vive, como o Senhor Jesus Cristo vive, e como o Espírito Santo vive [...].[16]

Contudo, tais fórmulas são, sem dúvida, antecipadas por toda uma geração anterior.[17] A localização de Jesus e do espírito divino em uma estrutura monoteísta, sem qualquer sinal de uma articulação teológica desenvolvida (certamente nenhuma menção de pessoas, naturezas, substâncias etc.), serve-nos de clara indicação da centralidade da adoração a Jesus no cristianismo primitivo.

A vida comunal da igreja, centralizada nessa práxis simbólica (embora não limitada a ela) e com foco em Jesus, parece ter funcionado desde o início em termos de uma família alternativa. O ímpeto de distribuir recursos fala de uma organização comunitária que remonta, em alguns aspectos impressionantes, à

---

[13]1Coríntios 10:1-22; 11:17-34; *Did.* 9.1-5; Inácio, *Ef.* 20.2.
[14]Veja Wright, "One God, One Lord, One People: Incarnational Christology for a Church in a Pagan Environment", 1991c.
[15]Veja o cap. 12.
[16]*1 Clem.* 46:6; 58:2.
[17]Gálatas 4:1-6; 1Coríntios 12:4-6.

disciplina dos essênios.[18] Problemas que surgiram em relação ao cuidado em favor do necessitado, particularmente o cuidado das viúvas, são mais compreensíveis quando imaginamos a igreja não como uma organização voluntária, de meio período, composta por pessoas de valores semelhantes, preservando as mesmas relações sociais e familiares anteriores, mas como um grupo cujos limites foram redefinidos.[19] Se alguém pertencia a ele, não pertencia mais, pelo menos não da mesma forma, à unidade social anterior, quer familiar, quer racial. O fato de que o contato com família, raça e cultura originais provavelmente continuaria era tido como certo, porém a forma como essas relações eram abordadas prova o ponto: a forma como os cristãos deveriam lidar com os de fora variava de situação para situação, mas a demarcação já estava estabelecida. Do batismo em diante, a família básica de alguém consistia em seus companheiros cristãos.[20]

Isso exigia uma nova orientação sociopolítica. Por um lado, havia "outro Rei", e esse Rei demandava lealdade e adoração de um tipo que subvertia, de forma radical, a lealdade e a adoração exigidas por César e outros senhores de menor *status*. Por outro lado, a subversão em questão não correspondia à de um revolucionário político comum e, no curso normal das coisas, o cristão deve submeter-se à autoridade legítima.[21] Também significava que os cristãos judeus, incluindo (e, de fato, especialmente) os que viviam em Jerusalém, não deviam alinhar-se com preparativos ou atos de guerra contra os romanos. Seu tipo de sectarismo judaico era tão subversivo que, como Josefo, ainda que por uma razão muito diferente, eles reconheciam a devastação de Jerusalém por Roma como resultado direto da recusa judaica contra a vontade do deus de Israel.[22] Assim, desde o início, a igreja primitiva se destacava como uma comunidade familiar cuja lealdade para com os membros sobrepujava todas as demais lealdades.[23]

---

[18]Veja Atos 2:44-7; 4:32-7; 5:1-11; veja Capper, *PANTA KOINA: A Study of Earliest Christian Community of Goods in Its Hellenistic and Jewish Context*, 1985.

[19]Veja Atos 6:1; 1Timóteo 5:3-16. O fato de as novas obrigações poderem ser mal-usadas fica claro a partir de texto como 2Tessalonicenses 3:6-13.

[20]Veja Romanos 9:1-5; 10:1-2; 1Coríntios 5:9-13. Não podemos ir adiante aqui na questão da descrição social dos primeiros grupos cristãos, embora o estudo seja importante. Veja Judge, *The Social Pattern of Christian Groups in the First Century*, 1960; Theissen, *Sociology of Early Palestinian Christianity*, 1978; *The Social Setting of Pauline Christianity: Essays on Corinth*, 1982; Meeks, *The First Urban Christians: The Social World of the Apostle Paul*, 1983; Malherbe, *Social Aspects of Early Christianity*, 1983 [1977]; Stambaugh e Balch, *The Social World of the First Christians*, 1986; entre outros.

[21]Romanos 13:1-7; 1Pedro 2:13-17; compare com 1Coríntios 10:32-3. Veja também a resposta dada a Domiciano pelos parentes de Jesus (p. 466 e seguintes).

[22]Veja Lucas 13:1-5; 19:41-4; 21:10-19 e textos paralelos.

[23]Mateus 10:34-9 e textos paralelos; Marcos 3:31-5 e textos paralelos; 8:34-8 e textos paralelos; entre outros.

OS PRIMEIROS CRISTÃOS: UM ESBOÇO PRELIMINAR

Como resultado, essa família não se sentia completamente à vontade nem com a sociedade pagã nem com a sociedade judaica. Evidentemente, há muitas evidências quanto ao fato de esse desconforto ser moderado pelo que rigoristas como Paulo consideravam uma concessão, fosse com o mundo judaico (Gálatas), fosse com o mundo pagão (1Coríntios). Mas também existem inúmeras evidências de que a comunidade cristã foi perseguida por judeus e por pagãos nas primeiras décadas de sua existência. Já falamos alguma coisa sobre a perseguição pagã.[24] O fato de os judeus terem perseguido o incipiente movimento desde o início também está claro, embora ainda haja muito debate sobre quem precisamente perseguiu quais cristãos, e por quê.[25] Paulo certamente não inventou os fatos atrelados à perseguição que realizara (Gálatas 1:13); tampouco inventou, em uma carta enviada a uma igreja que ele conhecia tão bem, detalhes acerca de seus próprios sofrimentos nas mãos de compatriotas judeus (2Coríntios 11:24).

Entretanto, a questão é a seguinte: *por que* a igreja apostólica foi perseguida? Por que qualquer grupo é perseguido? Já vimos algo sobre as perseguições pagãs, e a resposta é, à primeira vista, variada: porque Nero precisava de um bode expiatório; porque os cristãos eram suspeitos da prática de vícios secretos; porque eram considerados ateus; porque não prestavam a devida honra ao imperador. Tudo isso faz sentido, constituindo, em cada instância, condições suficientes para perseguição. Contudo, não explicam a regularidade da perseguição, nem a aparente frequência com que as pessoas, elas mesmas sem ocupar posições de autoridade, *delatavam* os cristãos.[26] No império, várias seitas praticavam vícios, secreta ou abertamente; muitíssimas pessoas tinham perspectivas teológicas excêntricas; alguns, como os filósofos cínicos, desprezavam suas obrigações para com as autoridades. Na mente popular, os cristãos ocupavam todas essas categorias, mas nenhuma delas é suficientemente grande para fazer jus à evidência.

O que parece que enfrentamos é a existência de uma comunidade tida como subversiva da vida social e cultural normal do império precisamente por sua vida quase familiar, quase étnica, *comunitária*. Evidências de fenômenos semelhantes são numerosas em nossa época. Em Quebec, o membro de uma restrita comunidade católico-romana torna-se batista; sua casa é incendiada, ele tem de fugir da região e a polícia não faz nada. Na Irlanda do Norte, um pastor protestante faz um gesto de reconciliação, no dia de Natal, ao padre

---

[24]Veja o cap. 11.
[25]Veja Moule, *The Birth of the New Testament*, 1982 [1962], p. 154-64; Hengel, *The Pre-Christian Paul*, 1991, cap. 5; Hill, *Hellenists and Hebrews: Reappraising Division Within the Earliest Church*, 1992, cap. 2.
[26]Veja Plínio, *Cartas* 10.97.

O NOVO TESTAMENTO E O POVO DE DEUS

católico do outro lado da praça; recebe ameaças de morte, durante a ceia, de membros tradicionais da própria congregação. Na Cisjordânia ocupada, um menino muçulmano recebe tratamento em um hospital cristão, converte-se e não pode retornar ao seio de sua família, pois eles o matarão. Uma mulher judia é informada de que, caso se torne cristã, seu direito de viver em Israel será questionado. Quando as comunidades reagem assim, só pode ser por sentirem que seus próprios alicerces estão sendo abalados. A crença em si — ou seja, a aceitação de certas declarações proposicionais — não é suficiente para provocar violência. As pessoas acreditam em todo o tipo de coisas estranhas e são toleradas. Quando, porém, a crença é considerada um indicador de subversão, tudo muda. A perseguição generalizada, considerada tanto por pagãos como por cristãos como o estado normal das coisas um século após a introdução do cristianismo, é uma evidência poderosa da natureza do cristianismo e de como era percebido: tratava-se de uma nova família, de uma "terceira raça", nem de judeus nem de gentios, mas "em Cristo". Sua própria existência ameaçava as suposições fundamentais da sociedade pagã. Nas palavras ambíguas de Crossan, relacionadas à história de Mateus de que a esposa de Pilatos teve sonhos perturbadores na noite do julgamento de Jesus: "O tempo era propício para que o Império Romano começasse a ter pesadelos".[27]

Mas por que os judeus perseguiam os cristãos? Não estavam ambos no mesmo barco — rotulados como ateus, considerados a escória da terra, zombados quando se encontravam em situações ruins e ressentidos quando se viam em boas condições? A resposta claramente jaz na ferocidade da polêmica entre diferentes grupos de pressão, partidos ou seitas em um mesmo corpo-mãe. A rivalidade entre irmãos é mais acirrada quando os irmãos têm uma herança para compartilhar ou quando um sente que o outro está arruinando as chances de algum deles herdá-la. Lendo Paulo nas entrelinhas, parece ser isso que estava acontecendo, pelo menos no caso dele. O programa farisaico de intensificação da Torá foi radicalmente questionado pelo movimento cristão — não porque alguns seguidores de Jesus tenham escancarado as portas aos gentios (muitos judeus comiam com gentios; havia, como vimos no capítulo 8, uma espécie de escala flexível de assimilação e, pelo que sabemos, os fariseus não usavam de violência para coibi-la), mas porque alegavam que, *precisamente ao fazê-lo*, celebravam o cumprimento das esperanças de Israel. A ideia tem um análogo direto na ironia deliberada de Paulo no texto de 1Coríntios 7:19: nem circuncisão nem incircuncisão contam para alguma coisa, visto que o que importa é *guardar os mandamentos de deus* — entre os quais, encontra-se, obviamente, a circuncisão. Existem coisas que só podem ser expressas por meio de tais ironias

---

[27]Crossan, *The Historical Jesus: The Life of a Mediterranean Jewish Peasant*, 1991, p. 394.

OS PRIMEIROS CRISTÃOS: UM ESBOÇO PRELIMINAR

e aparentes contradições, e suspeito que a reivindicação cristã primitiva é uma delas: a reivindicação de agirem de acordo com todo o propósito divino para Israel, precisamente desmantelando aspectos da práxis tradicional e desrespeitando aqueles símbolos tradicionais pelos quais os judeus ordenaram, por séculos, sua vida.

Eis o cerne da questão: o que evoca perseguição é precisamente aquilo que desafia uma cosmovisão, aquilo que vira de cabeça para baixo um universo simbólico. É um tanto ameaçador para outros judeus do primeiro século quando determinada comunidade enxerga a si mesma como o verdadeiro Templo; no caso dos essênios, talvez seja melhor manter tais ideias confinadas a uma comunidade fechada, no deserto. No entanto, uma vez que a crença, tal como mantida em Qumran, envolve uma intensificação da Torá, a purificação vicária da Terra, a ferrenha defesa da raça e o sonho de um Templo físico purificado e construído futuramente em Jerusalém, podemos imaginar os fariseus debatendo vigorosamente a questão, mas não buscando a autoridade dos principais sacerdotes para exterminar tal grupo. Afinal, ele incorpora muitas características centrais da cosmovisão tradicional judaica. Já a crença cristã equivalente parece não ter tido tais características redentoras. Nenhum novo Templo substituiria o de Herodes, uma vez que a substituição real e final era Jesus e o seu povo. Nenhuma Torá intensificada definiria essa comunidade, marcada exclusivamente por sua crença em Jesus.[28] Nenhuma Terra reivindicava sua lealdade, e nenhuma Cidade Santa funcionaria para ela como Jerusalém funcionava para o judeu tradicional: a Terra havia se transportado para o Mundo, e a Cidade Santa, para a Nova Jerusalém, que, como alguns escritores apocalípticos judeus imaginaram, apareceria, como os cavalos e carros de fogo ao redor de Eliseu, tornando-se verdadeira na terra como no céu.[29] A identidade racial era irrelevante; a história dessa nova comunidade remontava a Adão, e não apenas a Abraão, e uma memória era preservada do precursor de Jesus declarando que o deus de Israel podia suscitar filhos a Abraão a partir de pedras.[30] Uma vez que entendemos como as cosmovisões funcionam, podemos ver como os vizinhos judeus dos primeiros cristãos devem tê-los considerado: não como um amante de Monet considera

---

[28]Para Mateus como possível exceção a essa ideia, veja o vol. 4 deste projeto.

[29]2Reis 6:15-17. Veja Gálatas 4:26; Hebreus 12:22; Apocalipse 21:2,10-27; veja Isaías 28:16; 54:11-14; Ezequiel 40:1–48:35; Tob. 13:7-18; 4Esdras 10:27,50-5; *2Bar.* 4:1-6. A interpretação dessas passagens é intrigante, visto que não há divisão clara entre as expectativas da restauração da atual Jerusalém terrena e as visões de glória da Jerusalém futura, a "celestial". Veja Davies, *The Gospel and the Land: Early Christianity and Jewish Territorial Doctrine*, 1974; Lincoln, *Paradise Now and not Yet: Studies in the Role of the Heavenly Dimension in Paul's Thought with Special Reference to His Eschatology*, 1981.

[30]Mateus 3:9 (Lucas 3:8).

O NOVO TESTAMENTO E O POVO DE DEUS

um amante de Picasso, mas como um amante de pintura considera alguém que, de forma deliberada, põe fogo nas galerias de arte — e reivindica fazer isso a serviço da Arte.[31]

Sugiro, portanto, que o início do rompimento entre o judaísmo predominante e o cristianismo nascente não aconteceu em 70 d.C., com algum decreto reconstruído e promulgado pelo historicamente duvidoso "sínodo de Jâmnia",[32] mas nos primeiros dias em que um jovem fariseu chamado Saulo acreditou ser seu chamado divino ter autoridade para atacar e perseguir a pequena seita. Algumas analogias com o mundo judaico sugerem que esse padrão está correto. As profundas divisões entre, por um lado, essênios e asmoneus e, por outro, os fariseus, emergem pouco a pouco nos escritos essênios; todavia, as separações que as produziram ocorreram em épocas específicas, épocas que antecedem esses escritos. Da mesma forma, as divisões cada vez mais profundas entre os que reivindicavam a herança bíblica das promessas com base em Templo, Terra, Torá e raça e aqueles que reivindicavam a mesma coisa com base em Jesus e em seu espírito remontam a tempos anteriores a quaisquer escritos ou decretos que possuímos ou presumimos, remetendo-nos ao momento em que alguns judeus, até então assustados e perplexos, concluíram que a esperança de Israel — a ressurreição dos mortos, o retorno do exílio, o perdão dos pecados — se cumprira no Jesus crucificado. (Devemos notar cuidadosamente que tal conclusão não faz do cristianismo um movimento antijudaico, da mesma forma como os essênios, os fariseus ou qualquer outra seita ou grupo eram antijudaicos.)[33]

A igreja, então, vivia sob pressão desde o início. Talvez fosse isso, mais do que qualquer outra coisa, que a mantinha unida quando tantas outras pressões poderiam tê-la levado a uma divisão.

DESENVOLVIMENTO E VARIEDADE[34]

Não é de surpreender, então, o desenvolvimento multifacetado do cristianismo. O "mito das origens cristãs" — ou, em uma linguagem mais vulgar, a teoria do "big bang" das origens da igreja — demonstrou ser uma mera ficção cristã posterior. Um período "puro", em que todos acreditavam exatamente

---

[31]Sobre a perseguição judaica de cristãos, veja Moule, *The Birth of the New Testament*, 1982 [1962], p. 154-76, e outras referências nessa obra.

[32]Veja p. 224.

[33]Sobre essa discussão, veja Segal, *Rebecca's Children: Judaism and Christianity in the Roman World*, 1986; Dunn, *The Partings of the Ways Between Christianity and Judaism and Their Significance for the Character of Christianity*, 1991.

[34]A esse respeito, veja Dunn, *Unity and Diversity in the New Testament: An Inquiry Into the Character of Earliest Christianity*, 1977; Moule, *The Birth of the New Testament*, 1982 [1962], cap. 7.

OS PRIMEIROS CRISTÃOS: UM ESBOÇO PRELIMINAR

na mesma coisa, viviam em uma comunidade sem problemas ou queixas e elaboravam uma Verdadeira Doutrina para a Grande Igreja que estava prestes a surgir, nunca existiu.[35] Talvez seja importante ressaltar que o autor de Atos estaria feliz em dizer: "Eu avisei!". Embora Atos seja frequentemente considerado uma tentativa de encobrir os problemas dos primeiros cristãos, a obra deve ser julgada como uma tentativa particularmente malsucedida nesse aspecto. O pecado de Ananias e Safira; a disputa entre hebreus e helenistas; a hesitação de Pedro; a grande disputa relacionada à circuncisão; a divisão entre Paulo e Barnabé — até mesmo os heróis de Atos são enfaticamente demonstrados como tendo pés de barro.[36] A ideia de uniformidade e estabilidade iniciais deve mais sua origem a Eusébio e seus sucessores do que a qualquer escrito do primeiro século. A realidade estava próxima demais para ser encoberta.

Ao mesmo tempo, devemos também resistir aos mitos mais sutis, que, de modo sorrateiro, buscam ocupar o espaço dos mitos mais simples que já foram rejeitados. Se a igreja primitiva não era uma comunidade pura e passível de imitação, tampouco era a versão inicial de um movimento ecumênico e passível de imitação.[37] A despeito de Burton Mack estar certo ao alegar que Marcos perpetrou um "mito da inocência", retratando Jesus e seus seguidores em termos plenos de *glamour* e não históricos, o autor corre igualmente o risco de estabelecer um mito novo e completamente diferente das origens cristãs em que seus próprios heróis, um Jesus de estilo cínico e seus primeiros seguidores cínicos, ocupam o palco.[38] Em nenhum dos casos o seguinte problema é resolvido: por que deveríamos supor que o cristianismo "primitivo" é automaticamente "normativo"?[39]

Nesse estágio, é importante insistirmos em uma desorganização residual. Isso não soa bem à maioria dos estudiosos do Novo Testamento, cujo longo treinamento ensina-lhes os hábitos de coletar, organizar, rotular e compartimentalizar. Essa tendência é auxiliada tanto pela propensão na disciplina de evitar (por razões teológicas) um trabalho histórico rigoroso como pelo fato, já observado, de que não sabemos o bastante e, por falta de novas descobertas, não podemos saber muito sobre o primeiro século cristão. É extremamente fácil cobrir nossa ignorância com teoria, articulando hipóteses em contextos

---

[35]Veja Wilken, *The Myth of Christian Beginnings*, 1971.

[36]Atos 5:1-11; 6:1 (veja Hill, *Hellenists and Hebrews: Reappraising Division Within the Earliest Church*, 1992); 10:1–11:18; 15:1-2,36-40.

[37]Em parte, uma tendência encontrada em Dunn, *Unity and Diversity in the New Testament: An Inquiry Into the Character of Earliest Christianity*, 1977, e alguns outros escritores.

[38]Mack, *A Myth of Innocence: Mark and Christian Origins*, 1988. Veja a revisão de F. Gerald Downing de Smith, 1990, em *JTS* 42, 1991, p. 705.

[39]Veja o cap. 1.

O NOVO TESTAMENTO E O POVO DE DEUS

nos quais a história permanece silenciosa.[40] Assim, temos a perspectiva prevalecente, sustentada em todos os níveis da disciplina por mais de um século: a igreja primitiva dividia-se em linhas raciais que determinavam os agrupamentos teológicos; havia cristãos judeus, que se apegavam firmemente à Torá, e cristãos gentios, que a rejeitavam; essa separação remonta à divisão entre hebreus e helenistas, em Atos 6:1; ela explica Paulo, e joga Pedro contra ele; a separação nos permite dividir os primeiros escritos cristãos em grupos organizados, algo útil para fins de ensino. A teoria tem tudo a seu favor, exceto por uma coisa: não traz nenhuma relação real com a história.[41]

Para começar, todo o cristianismo inicial era um cristianismo judaico.[42] Todo o trabalho missionário entre os gentios foi realizado por cristãos judeus. A decisão de não exigir a circuncisão de convertidos gentios tem tanto direito de ser rotulada "judaico-cristã" como a posição daqueles que se opunham de forma ferrenha a ela. Cada documento do Novo Testamento é, em certo sentido, "judaico-cristão"; o fato de Mateus, por exemplo, concordar com a abolição das restrições alimentares judaicas não torna seu trabalho menos "judaico".[43] A teologia de Paulo, segundo a qual a cosmovisão judaica que ele aceitava como fariseu é sistematicamente repensada e refeita, apenas faz sentido se continuasse, ainda assim, como uma teologia judaica. Enfaticamente, não se trata de uma variante do paganismo.

A única forma como o historiador pode lidar com esse fato básico é estabelecendo o maior número possível de espectros amplos e diversificados de perspectivas "judaico-cristãs" possíveis, talvez reais, admitindo que quase

---

[40]Veja Hengel, *Acts and the History of Earliest Christianity*, 1979, p. 130: "Na esfera da história antiga, a imprevisibilidade e a fragmentação das fontes sobreviventes e a distância entre a consciência antiga e a nossa podem facilmente levar a uma representação simplificada da realidade passada". Desconfio que a declaração seja um eufemismo deliberado (quase inglês!).

[41]Veja esp. Hill, *Hellenists and Hebrews: Reappraising Division Within the Earliest Church*, 1992; para o precursor de um ponto-chave, ignorado no debate subsequente, veja Moule, "Once More, Who Were the Hellenists?", 1958-9. Compare também com Moule, *The Birth of the New Testament*, 1982 [1962], p. 201-s.; Hengel, *Between Jesus and Paul: Studies in the Earliest History of Christianity*, 1983, p. 1-11, 54-8; Meyer, *The First Christian World Mission and Self-Discovery*, 1986, p. 68. Sobre a importância de Estêvão, veja Bruce, *Men and Movements in the Primitive Church*, 1979, cap. 2; Stanton, "Stephen in Lucan Perspective", 1980; Hengel, *Between Jesus and Paul: Studies in the Earliest History of Christianity*, 1983, p. 18-25; Meyer, *The First Christian World Mission and Self-Discovery*, 1986, p. 68-s.; Hill, *Hellenists and Hebrews: Reappraising Division Within the Earliest Church*, 1992, cap. 3.

[42]Veja Koester, *Introduction to the New Testament*, 1982b, p. 198; Conzelmann, *History of Primitive Christianity*, 1973, p. 37-s. Conzelmann, entretanto, restringe-o apenas aos primeiros anos; após, a conexão do cristianismo com o judaísmo é apenas superficial, algo que um "observador contemporâneo" seria capaz de notar (p. 79).

[43]Pettem, *Matthew: Jewish Christian or Gentile Christian?*, 1989, opera com uma definição delimitada de "cristão judeu", a partir da qual Mateus é (artificialmente, a meu ver) excluído dessa categoria.

598

OS PRIMEIROS CRISTÃOS: UM ESBOÇO PRELIMINAR |

certamente há espaço para os atores se moverem de um lado para o outro nesse espectro. Muitos escritores tentaram realizar essa tarefa, executando-a, em certa medida, de forma plausível; "sucesso" já é pedir demais, visto que (insisto) simplesmente não sabemos o que, de fato, aconteceu.[44] É altamente provável que houvesse pelo menos *alguns* cristãos em cada espectro possível da opinião judaico-cristã.

Uma vertente poderia ser definida em termos de atitudes de resistência contra Roma: em condições drásticas, os cristãos judeus devem manter sua lealdade a Israel ou permanecer fora de atividades revolucionárias? Outra vertente poderia ser definida em termos de práticas individuais de purificação: alguns não veriam razão para romper com hábitos alimentares de uma vida inteira; outros, toda a razão para mostrar que Jesus queria dizer precisamente o que Marcos 7:14-23 registrou. Alguns poderiam ser definidos de acordo com sua atitude em relação ao Templo de Jerusalém: os cristãos deveriam continuar a oferecer sacrifícios no santuário? Outros, por sua vez, abordariam o conhecido problema da circuncisão. Alguns ressaltariam o comportamento ético; outros, a natureza de novas expectativas escatológicas. Alguns teriam como foco a escolha do hebraico, do aramaico ou do grego para a adoração, a leitura e o estudo bíblico; outros, questões teológicas sobre Jesus.

Poderíamos prosseguir com a lista. *Não há razão para supormos que tais espectros diferentes não correspondessem uns aos outros.* Algum rigorista em determinado ponto podia muito bem soar como que "cedendo" em outro ponto. O judaísmo, como já vimos o suficiente, era, no primeiro século, multiforme. Seus principais símbolos, histórias e práxis abriam espaço para uma multiplicidade de variações divergentes em temas centrais. Não há razões para duvidarmos, mas todas as razões para supormos, que o cristianismo começou exatamente com a mesma pluralidade, fornecendo um ímpeto poderoso para maiores variações. Se isso significa que alguns dos primeiros cristãos se pareciam, em retrospectiva, com marcionitas; outros, com ebionitas; outros, com gnósticos; outros, com rabinos cuja crença era de que não precisavam mais esperar pelo Messias; outros, com pessoas surpreendidas e atrapalhadas, tentando, sem sucesso, entender o que estava acontecendo — tudo isso é precisamente o que devemos esperar.

Se é verdade, em relação ao cristianismo judaico, o que acabamos de expor, certamente é verdade *a fortiori* em relação ao cristianismo entre os gentios — embora devamos lembrar, mais uma vez, que o "cristianismo entre os gentios"

---

[44]Veja Brown, "Not Jewish Christianity and Gentile Christianity but Types of Jewish/ Gentile Christianity", 1983; Riegel, "Jewish Christianity: Definitions and Terminology", 1978; Hill, *Hellenists and Hebrews: Reappraising Division Within the Earliest Church*, 1992, esp. p. 193-7.

é, em certo sentido, *parte* do "cristianismo judaico", visto que deriva sua origem, suas escrituras, sua forma de organização eclesiástica, seus sacramentos e até mesmo seu deus do cristianismo judaico. O surpreendente não é quantas formas de cristianismo apareceram durante o primeiro século, mas quão bem ele se manteve unificado, dada sua rápida expansão geográfica e transcultural. Muito pouco trabalho histórico real foi feito até agora sobre as variantes do cristianismo gentílico emergente; assim, porém, que nos movermos para longe de estereótipos, haverá muito trabalho a ser feito.[45]

O espectro judeu-gentio, bem como as variações nesse espectro, são, na verdade, apenas uma maneira de traçar as enormes diferenças que percebemos nas fontes. A seguir, listaremos outras que nos vêm à mente.

Alguns cristãos parecem ter enfatizado uma história da salvação na qual a continuidade com Israel era extremamente importante; outros, uma fé não histórica, com uma escatologia "vertical". Alguns parecem ter considerado formas de ministério com o que pelo menos Clemente e Inácio tinham por extremamente flexíveis; outros, incluindo esses dois bispos, advogavam o reconhecimento de formas fixas como parte da *bene esse*[46] [bem-estar] ou, possivelmente, da *esse* da igreja. Alguns cristãos (embora, conforme argumentarei, menos do que normalmente se imagina) antecipavam uma grande catástrofe cósmica; outros sabiam que os tempos divino e humano funcionavam em escalas diferentes. Alguns podem muito bem ter visto Jesus simplesmente como um ser humano único, ímpar; outros certamente o colocavam na dimensão divina do monoteísmo judaico.[47] Alguns podem muito bem ter dado pouca ênfase aos efeitos da salvação relacionados à cruz; outros, de forma alguma apenas na tradição paulina, enfatizaram-na como central para o plano divino da salvação. Enquanto alguns eram, sem dúvida, "entusiastas", outros se mostravam "devotos desde o início" (segundo uma análise, Lucas foi uma coisa e outra).[48] Mais uma vez, devemos enfatizar o seguinte: é residualmente provável que esses espectros coexistissem sem um padrão único e facilmente discernível. Tentativas de forçá-los em uma categoria "judeu/gentio" falham: às vezes, sugere-se que o puro evangelho judaico foi corrompido quando categorias helenísticas o levaram a formas fixas e a dogmas rígidos; também é sugerido que essa última atividade

---

[45]O fato de Theissen, *The Social Setting of Pauline Christianity: Essays on Corinth*, 1982, e Meeks, *The First Urban Christians: The Social World of the Apostle Paul*, 1983; *The Moral World of the First Christians*, 1986, ainda serem considerados os pioneiros nos serve de evidência suficiente.

[46]O termo latino denota um curso de ação que corresponde ao melhor que pode ser feito nas atuais circunstâncias ou em antecipação a um evento futuro.

[47]Veja Hengel, *Between Jesus and Paul: Studies in the Earliest History of Christianity*, 1983, p. 30-47; Marshall, "Palestinian and Hellenistic Christianity: Some Critical Comments", 1972-3.

[48]Dunn, *Unity and Diversity in the New Testament: An Inquiry Into the Character of Earliest Christianity*, 1977, p. 352-8.

OS PRIMEIROS CRISTÃOS: UM ESBOÇO PRELIMINAR

representa a "rejudaização" de um "puro" querigma helenístico! De modo semelhante, algumas tentativas de organizar os diferentes espectros em uma escala cronológica acabam por fracassar: bons contraexemplos em uma área-chave são o livro inicial de Gálatas, em que a esperança futura não é mencionada, e o livro posterior de Romanos, que a menciona. Em outro ponto, a evidência mais antiga que temos para a cristologia do Novo Testamento, em fragmentos possivelmente pré-paulinos (como Filipenses 2:6-11), remete, de fato, a uma "alta" cristologia;[49] para uma cristologia "baixa", inequívoca e desenvolvida, temos de recorrer aos escritos pseudoclementinos do terceiro século d.C.[50] Em todas essas questões, fazemos bem em supor que o cristianismo primitivo era muito mais multiforme, muito menos lógico e organizado, do que gostaríamos que fosse.

Com toda essa variedade, havia alguma coisa capaz de manter o cristianismo unificado?[51] Recentemente, essa questão tem sido abordada de diversas maneiras, e há sempre o risco de produzirmos respostas do tipo "mínimo múltiplo comum", respostas cuja articulação não faz progredir nossa compreensão. Sugiro que, se examinarmos a pergunta a partir de um ângulo de análise da cosmovisão e da teologia (estabelecidos na Parte II), aplicado ao judaísmo do primeiro século (elucidado na Parte III), encontraremos certas constantes que se destacam com bastante clareza, emergindo ainda mais fortemente por estarem no cerne de uma diversidade tão rica e generalizada.[52]

A cosmovisão dos primeiros cristãos, como vimos nos capítulos 12—14, focalizava-se em sua práxis como comunidade, em seus símbolos como a substituição dos símbolos judaicos e em suas histórias como releituras múltiplas e multiformes da história judaica. Antes mesmo de chegarmos às questões-chave da cosmovisão e da teologia que as converte em sistemas de crenças particulares, deve ficar bem claro que o que unia os primeiros cristãos, mais profundamente do que toda a diversidade, era o fato de *que eles contavam e viviam uma*

---

[49]Veja Wright, *The Climax of the Covenant*, 1991a, cap. 4; compare com Caird, "The Development of the Doctrine of Christ in the New Testament", 1968.

[50]Veja Hennecke, *New Testament Apocrypha*, 1965, p. 532-70.

[51]Veja Meyer, *The First Christian World Mission and Self-Discovery* 1986, p. 16-s., alertando para o perigo de que, ao adotar premissas "nominalistas e positivistas", a erudição penderá para a fabricação artificial e enganosa de uma imagem sincretista da igreja primitiva.

[52]Conforme corretamente expresso por Moule, *The Birth of the New Testament*, 1982 [1962], p. 214; veja Hengel, *Between Jesus and Paul: Studies in the Earliest History of Christianity*, 1983, xi: "Apesar de toda a multiplicidade ocasionada pela obra do Espírito, ainda consideraria o cristianismo primitivo como um movimento intrinsecamente conectado e essencialmente coerente. [...] Qualquer pessoa que queira reduzir o cristianismo primitivo a "linhas de desenvolvimento" diferentes (e desconexas) não pode explicar a razão pela qual a igreja permaneceu, no 2º século d.C., uma unidade, apesar de todos os seus desvios. [...] Se a opinião de alguns estivesse correta, a igreja se teria dividido em incontáveis grupos".

forma da narrativa de Israel que atingiu seu ápice em Jesus, resultando, pelo espírito que lhes foi dado, em um novo viver e em novas responsabilidades. Sua diversidade constituía maneiras distintas de construir esse ponto fundamental; disputas que travavam eram conduzidas não tanto por seu apelo a princípios fixos ou às escrituras judaicas (juntadas de qualquer maneira, como farrapos textuais, para servirem de "prova" a alguma posição tomada), mas por novas versões da história cujo destaque ressaltava os pontos em questão. Seu centro forte — forte o suficiente para ser reconhecido em obras tão diversas como as de Judas e Inácio, Tiago e Justino Mártir — não era uma teoria ou uma nova ética, um dogma abstrato ou um ensino mecanicamente aprendido, mas uma história particular contada e vivida. Até mesmo obras como o *Evangelho segundo Tomé* testificam, em suas frequentes alusões judaicas, à raiz da qual a planta cresceu, mesmo que agora tenha sido transplantada para outro solo e regada a partir de uma fonte diferente. Do outro lado do espectro de pontos fixos no primeiro século cristão, a igreja primitiva vivia e respirava dentro de um universo simbólico que era, em primeiro lugar, enfaticamente judaico em vez de pagão e, em segundo lugar, enfaticamente cristão em vez de judaico em termos de identidade baseada na Torá. As lentes através das quais os cristãos viam toda a realidade eram uma variação reconhecível da cosmovisão judaica. Os símbolos foram radicalmente transformados, ao passo que a narrativa permaneceu, oferecendo, em suas formas recém-desenvolvidas de recontá-la, razões para a transformação radical dos símbolos.

TEOLOGIA

Vimos, no final do capítulo 12, que os símbolos e a práxis dos primeiros cristãos produziram um conjunto preliminar de respostas às questões concernentes à cosmovisão. Ao rastreá-las por meio da teologia real, à luz da presente discussão, alguns traços emergem, novamente, com clareza. O foco dessa teologia não pode ser as questões particulares do debate cristão posterior, que, projetadas no primeiro século, produzem anacronismos superficiais, mas as questões manifestadamente vívidas da época. O esboço que se segue é breve e, por isso, altamente tendencioso, mas espero que sirva para esclarecer o ponto e para afirmar, se não defender por completo, o caso.[53]

O cristianismo apostólico era monoteísta no sentido em que o judaísmo era monoteísta, enquanto o paganismo, não. Em outras palavras, os primeiros cristãos professavam um monoteísmo *criacional*, *pactual* e, portanto, *escatológico*. Eles não eram politeístas, panteístas ou protodeístas epicureus. Seu

---

[53]Para os termos e as categorias empregados nesta seção, veja os caps. 5 e 9.

OS PRIMEIROS CRISTÃOS: UM ESBOÇO PRELIMINAR

monoteísmo necessariamente incluía, mas não era comprometido, pelas dualidades centrais que caracterizavam a principal corrente judaica: as dualidades de um criador e de uma criação por um lado e, por outro, do bem e do mal. De modo semelhante, seu monoteísmo pactual abordava como o bom criador atuou e atuaria novamente para lidar com o mal no mundo. No judaísmo, como vimos no capítulo 9, esse problema foi abordado de diversas maneiras. Os primeiros cristãos lidavam com as mesmas questões, extraindo respostas das mesmas fontes reconhecidamente judaicas. Entretanto, eles reorganizavam esses temas, vez após vez, em torno de dois pontos fixos: Jesus e o espírito divino. Paulo foi um dos grandes teólogos nessa articulação, mas o mesmo esquema fundamental é aparente em toda parte.

Como o criador age na criação? A resposta judaica básica a essa pergunta foi, como vimos, desenvolver diversos tipos de linguagem que falavam de Sabedoria e Torá, Espírito e *Shekinah*. Em seu nível mais fundamental, eram formas de afirmar mais fortemente a presença, o poder, a graça e a providência do único deus criador no mundo; ou, colocando-o de outra maneira, eram formas de afirmar que o poder divino em ação na criação, e dentro de Israel, não deveria ser considerado independente ou oposto ao único deus criador. Em outro nível, tornaram-se maneiras de corroborar a reivindicação única do judaísmo: que esse deus criador, ativo em todos os lugares e poderoso, agira de modo mais específico na história de Israel. Os primeiros cristãos desenvolveram exatamente as mesmas ideias, transpondo-as, vez após vez, à linguagem sobre Jesus e o espírito divino. Assim, preservaram a insistência judaica no monoteísmo em oposição ao paganismo e ao dualismo, levando, porém, a reivindicação única e notável do judaísmo a um novo ponto focal: esse deus criador agiu de forma específica em Jesus e agora estava agindo por meio de seu próprio espírito de uma forma nova e relacionada a Jesus.

Em essência, a resposta judaica à questão de como o deus criador tem lidado com a maldade em sua criação estava atrelada, de modo evidente, ao chamado de Israel. Conforme já vimos, a ideia criava dificuldades de segunda ordem, uma vez que Israel se tornou, por assim dizer, parte do problema e o meio para sua solução. Os primeiros cristãos, com base em tudo que sabemos à luz de documentos de dentro e de fora do "Novo Testamento" canônico, aceitavam essa resposta, reconheciam essa dificuldade de segunda ordem e afirmavam que o deus de Israel lidara com o problema por meio de Jesus. De um modo adequado, porém paradoxal, o propósito de Israel alcançou seu ponto máximo na obra de Jesus, particularmente em sua morte e ressurreição. Os que pertenciam ao povo de Jesus não eram idênticos ao Israel étnico, já que a história de Israel alcançara seu devido cumprimento: eles reivindicavam ser a *continuação de Israel em uma nova situação*, extraindo livremente imagens atreladas à história

O NOVO TESTAMENTO E O POVO DE DEUS

israelita para expressar sua autoidentidade, lendo as escrituras judaicas (pelas lentes do Messias e do espírito) e aplicando-as à sua própria vida. Os cristãos eram impulsionados por essa reivindicação e por essa leitura para cumprir a vocação de Israel em favor do mundo.

O esquema inteiro de pensamento está tão claro em Mateus quanto nos escritos de Paulo, tão bem elaborado em Lucas quanto em Hebreus, tão pressuposto em Apocalipse quanto em Romanos. Ainda mais: também está implícito no discurso do grupo *derrotado* de Atos 15; na teologia dos *opositores* de Paulo, em pelo menos algumas de suas cartas; nas igrejas fissíparas que Inácio e Clemente lutaram para levar à unidade. Polêmicas cristãs internas dos primeiros oitocentos anos foram, até onde sabemos, conduzidas *no âmago dessa cosmovisão* por pessoas que aceitavam essa teologia básica. Apenas em obras como o *Evangelho segundo Tomé*, encontramos conflitos com outros grupos pelo uso de uma linguagem aparentemente cristã, mas revestida de uma cosmovisão totalmente diferente.

Unificando as duas perguntas, chegamos ao seguinte modelo da teologia cristã primitiva: sua posição fundamentalmente teológica corresponde a uma perspectiva de criador e criação, da maldade na criação e de seu resgate do mal, de esperança cumprida e esperança vindoura, de um povo tanto resgatado como resgatador. A cristologia, a pneumatologia e a eclesiologia resultam, de forma natural e judaica, dessa base.

Em particular, as doutrinas judaicas de salvação e justificação são refletidas ao longo do cristianismo apostólico, mesmo quando esses termos não são necessariamente empregados. A igreja se apropriou da crença judaica de que o deus criador resgataria seu povo, interpretando esse resgate em termos de uma grande cena de julgamento. Essa é a doutrina da "justiça de Deus", a *dikaiosunen theou*, que, na melhor das hipóteses, é vista em termos da fidelidade divina à aliança, alcançando sua plena expressão na carta de Paulo aos cristãos de Roma. Nesse aspecto, a principal diferença subjacente entre as perspectivas judaica e cristã era esta: os primeiros cristãos acreditavam que *o veredicto já havia sido anunciado* na morte e ressurreição de Jesus. O deus de Israel finalmente agirá de modo decisivo, demonstrando sua fidelidade pactual, ao livrar seu povo dos pecados e inaugurar a nova aliança. Como resultado, a questão da presente justificação poderia ser, por assim dizer, trabalhada nas extremidades passada e futura. À formulação judaica ("como podemos identificar, no presente, quem será justificado no futuro?"), os cristãos adicionavam uma segunda pergunta: como podemos identificar, no presente, quem está implicitamente incluído na morte e na ressurreição de Jesus? Essa reformulação dava uma forma diferente à pergunta judaica, estabelecendo o contexto para uma resposta distinta: aqueles a quem o deus da aliança resgatará no final, ou seja, aqueles que são contados

OS PRIMEIROS CRISTÃOS: UM ESBOÇO PRELIMINAR

como incluídos no acontecimento da morte e da ressurreição de Jesus, não são circunscritos por raça, geografia ou código ancestral, mas por Jesus e, assim, pela fé. A doutrina da justificação presente (linguagem particularmente paulina, mas cuja realidade estava presente em toda parte no cristianismo primitivo) foi elaborada entre esses dois polos, futuro e passado, como uma questão de autodefinição da igreja.[54]

ESPERANÇA

O que os primeiros cristãos esperavam alcançar, com base nessa cosmovisão e nessa teologia? Aqui, mais uma vez, há uma reelaboração radical. Um aspecto fundamental do cristianismo primitivo é a crença de que *a esperança judaica já foi cumprida*. "Quantas forem as promessas feitas por Deus, tantas têm em Cristo o 'sim'", afirma Paulo.[55] Boa parte da erudição do Novo Testamento tem estado obcecada com uma hipótese puramente imaginária: a de que os judeus do primeiro século esperavam algo chamado *parousia*, que envolveria o fim do mundo espaçotemporal e a chegada, sobre as nuvens, de uma figura (sobre?)humana — e de que os primeiros cristãos assumiram essa esperança, tal como apresentada, aplicando-a a Jesus. À luz de nossa releitura do gênero apocalíptico em geral e de Daniel 7 em particular (cap. 10), podemos declarar categoricamente que aquilo pelo qual os judeus como um todo ansiavam e aguardavam era a libertação israelita do exílio e o retorno de YHWH a Sião. Entre as muitas imagens usadas para expressar essa esperança, encontramos a da figura humana exaltada sobre os animais, recebendo domínio sob a soberania do deus de Israel. Outra grande metáfora usada para expressar a importância dessa esperança literal e histórica era a da ressurreição. Em alguns círculos judaicos, notadamente em tempos de perseguição, essa metáfora começou a ser usada de forma literal. Precisamente pelo fato de acreditarem que Jesus de Nazaré, a quem consideravam o Messias, ressuscitara dentre os mortos é que os primeiros cristãos foram capazes de reverter o processo linguístico, tomando a ressurreição como um ponto fixo literal e tratando o retorno do exílio como a grande metáfora que explicava sua importância.

Entretanto, a própria forma dessa crença exigia a existência de outra esperança, ou seja, de uma esperança futura. Devido ao fato de a ressurreição de Jesus ser a ressurreição de um único ser humano em meio à história do exílio e da miséria — não a ressurreição de todos os seres humanos justos como o fim da história do exílio e da miséria —, outro fim deve estar previsto. Quatro elementos começaram a ser elaborados no cristianismo apostólico, todos eles de

---

[54]Veja o vol. 3 desta série.
[55]2Coríntios 1:20.

forma inovadora, mas estritamente fundamentados na releitura das esperanças judaicas à luz de Jesus e do espírito divino.

Em primeiro lugar, havia a questão da vindicação, do reconhecimento público de inocência. De uma forma profética, Jesus voltara o rosto contra Jerusalém. Sua reputação como profeta jazia em sua reivindicação de que o Templo seria destruído. (Ainda que Jesus não tenha dito exatamente o que lhe foi atribuído a esse respeito pelos evangelhos sinóticos, a crença geral é de que ele predisse algo nesses termos.) À luz dessa profecia, muitos que reivindicavam segui-lo estavam fadados a ver a existência contínua do Templo de Herodes, bem como a cidade que o abrigava, como um paradoxo. Jesus não seria vindicado como verdadeiro profeta até que o santuário fosse destruído por uma ação inimiga. (Devemos nos recordar de que os essênios pareciam antecipar algo semelhante, e que Josefo também viu a mão do deus de Israel na destruição do Templo.) Todavia, Jesus não seria o único a ser vindicado com a queda do Templo. O Templo representava o cerne do sistema a partir do qual fluía ao menos uma das fontes da perseguição sofrida pela igreja primitiva. A destruição do Templo seria a salvação dos cristãos. Notamos isso em Marcos 13.[56] Parece-me altamente provável que um dos principais significados do cristianismo primitivo atrelados à palavra "salvação" dizia respeito à libertação histórica de Jerusalém, a grande cidade que perseguia homens e mulheres que vinculavam a presença de YHWH a si mesmos — já que, segundo reivindicavam os cristãos, a habitação de YHWH correspondia agora à figura do Messias crucificado e a eles mesmos. Dada a presença, em todos os três evangelhos sinóticos, do poderoso discurso de Marcos 13 e passagens paralelas,[57] a maioria das pessoas dentre os primeiros grupos cristãos parece ter acreditado que seu movimento estava, de certa forma, ligado à destruição vindoura de Jerusalém. Quando Paulo, ou algum imitador seu, fala do dia do Senhor (2Tessalonicenses 2:2), a passagem não pode referir-se ao fim do universo espaçotemporal. Ela concebe a possibilidade de que os tessalonicenses ouvissem sobre o grande acontecimento *por carta*. Trata-se de um indicador-chave de como a linguagem apocalíptica remete a acontecimentos "do mundo" no cristianismo primitivo, da mesma forma como no judaísmo.[58]

Em segundo lugar, o reino do deus de Israel deveria espalhar-se por todo o mundo. Nesse aspecto, as linhas se estendem em direção ao 2º século d.C., sem um plano ideológico claro, mas com um claro senso de direção. "Seja feita a tua vontade, assim na terra como no céu": as raízes judaicas dessa oração

---

[56]Veja p. 523.

[57]Ideia que pode remontar a um original muito antigo; veja o cap. 14.

[58]Veja Moule, *The Birth of the New Testament*, 1982 [1962], p. 169-71.

OS PRIMEIROS CRISTÃOS: UM ESBOÇO PRELIMINAR

não deixam espaço para qualquer ideia de um reino puramente abstrato, uma escapatória semignóstica para outro mundo. Mesmo a tradição de Lucas, que não empregou essa frase, reteve o explosivo: "Venha o teu reino".[59] Também Lucas, na conclusão de sua narrativa [em Atos], demonstra Paulo anunciando o reinado do deus de Israel em Roma; Paulo, por sua vez, declara levar todo pensamento cativo à obediência de Cristo e que todos os principados e poderes do mundo existem sob o comando de Cristo, foram derrotados em sua cruz e estão debaixo de sua autoridade.[60] O Jesus de Mateus declara que toda autoridade lhe foi entregue, nos céus e na terra, e que, com base nisso, envia os discípulos pelo mundo inteiro, para que façam ainda mais discípulos. O Jesus de João, ao ser derrotado, derrota o mundo e agora o recebe em seu amor.[61] Está claro que o êxito de sua vocação não foi medido, pelo menos não por qualquer desses escritores, em termos de grandes números ou de influência sociopolítica; contudo, também está claro que todos antecipam, como o possível poema pré-paulino de Filipenses 2, que todo joelho se dobrará perante Jesus, e que toda língua o reconhecerá como *Kyrios* — título reivindicado por César.

O ponto em que essa esperança permanece dispersa é aquele no qual deparamos com o terceiro aspecto da expectativa cristã primitiva. Semelhantes aos fariseus, e provavelmente à maioria dos demais judeus, os cristãos acreditavam que o deus de Israel, por ser o criador, recriaria fisicamente seu povo, em algum tempo e em algum lugar indeterminados, do outro lado da morte. Ao contrário dos fariseus, eles criam que essa esperança ainda futura começara a acontecer com a ressurreição de Jesus: tal acontecimento servia como protótipo para a ressurreição de outros. Mais uma vez, Paulo é um dos porta-vozes mais articulados dessa visão, porém ela é enfatizada constantemente em João, 1Pedro, Apocalipse e em outros livros.[62] Detalhes dessa esperança permanecem, na natureza do caso, quase tão imprecisos quanto nos textos judaicos relevantes;[63] mas o fato de que haveria uma nova vida corporal do outro lado da sepultura, a qual não poderia ser reduzida nos termos de uma imortalidade generalizada de estilo helenístico, era, por toda a parte, algo tido como certo no período apostólico. O fato de os primeiros cristãos se apegarem a essa esperança, em uma linha que corria de Paulo e passava por Policarpo e além, quando tantos grupos no mundo pagão insistiam na imortalidade pessoal pregada pelas religiões de mistério ou na bem-aventurança incorpórea de algum sistema gnóstico, demonstra a tenacidade com que a igreja se prendeu às suas

---

[59]Mateus 6:9-13; Lucas 11:2-4; *Did.* 8.2.
[60]Atos 28:31; 2Coríntios 10:4-5; Romanos 8:38-9; 1Coríntios 3:22-3; Colossenses 1:15-20; 2:15.
[61]Mateus 28:20; João 16:33; 3:16; 10:11-18; 12:31-3.
[62]1Coríntios 15:12-28; João 11:25; 1Pedro 1:3-5; Apocalipse 2:10; entre outros.
[63]Veja p. 427.

O NOVO TESTAMENTO E O POVO DE DEUS

raízes essencialmente judaicas. Atos 23:6 retrata Paulo declarando perante uma corte judaica que a razão subjacente ao seu julgamento era por preservar a esperança nacional, ou seja, a "ressurreição dos mortos". A ideia se aplica tanto ao contexto particular de Paulo como ao de escritores posteriores.

Também é creditado a Paulo e ao escritor de Apocalipse a articulação, em três passagens, de uma esperança que vai além do individual e do meramente eclesial, abrangendo a criação como um todo. Romanos 8:18-27 fala de toda a criação experimentando um grande êxodo, do qual o êxodo bíblico serviu apenas de pequena amostra.[64] 1Coríntios 15:20-28 fala do reino messiânico de Jesus que, já inaugurado, finalmente será consumado com a abolição da própria morte e a sujeição de tudo que existe a Jesus — e, finalmente, ao deus verdadeiro. Apocalipse 21 e 22 falam, em uma linguagem ainda mais rebuscada, de uma ordem mundial renovada, com céus e terra unificados; de uma cidade sem a necessidade de um Templo, um mundo sem a necessidade de sol ou lua, por causa da presença do deus vivo e criador, e de Jesus. Tais passagens, textos apocalípticos reescritos à luz de Jesus, expressa uma esperança mais ampla que forma o contexto para a crença específica em uma futura ressurreição. A presença de novos seres humanos em um novo corpo físico exigirá um novo mundo no qual viver. Nessa nova ordem transformada, o véu será erguido de uma vez por todas. As realidades do mundo celestial serão visivelmente unidas às realidades do mundo terreno.

Em quarto lugar, há o aspecto da esperança cristã relacionada à expectativa do retorno de Jesus. É de vital importância enfatizar *tanto* que a maioria dos textos normalmente citados a esse respeito não o tem como assunto principal *como* que há várias outras passagens que abordam o tema diretamente. Seguindo a nossa exposição no capítulo 10, deve estar claro que os textos que falam da "vinda do filho do homem nas nuvens" têm como seu significado óbvio (no contexto do primeiro século) a previsão de vindicação do verdadeiro Israel. Além do mais, pelo uso desses textos nos evangelhos sinóticos, deve estar claro que os primeiros cristãos acreditavam que Jesus estava tomando o lugar do verdadeiro Israel. Ele é quem sofreria, e que agora já havia sofrido, nas mãos dos pagãos, sendo, em seguida, vindicado. Assim, o significado mais provável para esses textos "apocalípticos" particulares no cristianismo apostólico primitivo não correspondem ao *retorno* de Jesus, mas, sim, à proclamação de que ele já havia sido vindicado, em sua ressurreição e exaltação, e que seria vindicado outra vez quando a cidade que se opusera a ele, contra a qual ele mesmo pronunciara suas mais severas advertências, fosse destruída. Assim como os escritores judaicos interpretaram a queda de Pompeu em termos da ira divina, que lhe

---

[64]Veja Wright, *The Crown and the Fire: Meditations on the Cross and the Life of the Spirit*, 1992a, cap. 8.

OS PRIMEIROS CRISTÃOS: UM ESBOÇO PRELIMINAR

sobreveio devido à profanação do Templo, também a igreja primitiva aguardou a destruição de Jerusalém e interpretou sua ruína em termos da ira divina finalmente recaindo sobre a cidade, uma geração após ela ter rejeitado aquele que lhe anunciou o caminho da paz.[65] Como prelúdio dessa vindicação, Lucas fala da cessação das aparições do Jesus ressurreto em termos fortemente ecoados por Daniel 7: "foi elevado às alturas, e uma nuvem o recebeu, ocultando-o aos seus olhos" (Atos 1:9 – ARC). Assim como "ressurreição" deixa de ser uma metáfora para o retorno do exílio, tornando-se, antes, um ponto histórico em torno do qual outros temas agora se aglomeram como imagens explicativas, também a "vinda (do deus de Israel) nas nuvens" deixa, nessa passagem, de ser uma metáfora para a vindicação de Israel, tornando-se, para Lucas, o ponto histórico ao redor do qual outras imagens (entronização, senhorio) agora se organizarão.

É aqui, pela primeira vez na história de Lucas, que se faz menção ao *retorno* de Jesus:

> Enquanto ele subia e eles ficaram com os olhos fixos no céu, de repente dois homens com vestes brancas surgiram diante dele e lhes disseram: "Homens da Galileia, por que vocês estão olhando para o céu? Este mesmo Jesus, que dentre vocês foi elevado aos céus, voltará da mesma forma como o viram subir ao céu".[66]

Eis a verdadeira inovação: o judaísmo desconhece algo como um ser humano aparecendo do céu dessa maneira. Mas não se trata de uma inovação *arbitrária*. Como a explicação de Paulo sobre a ressurreição em duas etapas (primeiro, a de Jesus; depois, a de seu povo, em uma data futura), essa inovação é ocasionada diretamente pela reelaboração da esperança de Israel ao redor dos acontecimentos factuais da vida, morte e ressurreição de Jesus. Pelo fato de Jesus haver tomado sobre si o destino de Israel, sendo agora exaltado a uma posição de poder e autoridade (posição em que Daniel 1—6 e 7 serviam de modelo), também é inconcebível, a partir da cosmovisão cristã primitiva, que o futuro definitivo do mundo não tenha um lugar para ele. Além disso, visto que esse futuro definitivo não diz respeito a uma vida alegre fora do corpo, mas à renovação de toda a ordem criada, em que o mal será julgado e derrotado, essa renovação, esse julgamento e o retorno de Jesus são eventos interconectados.[67]

---

[65]Sobre Pompeu, veja *Sl. Sal.* 2:25-31; veja p. 222.

[66]Atos 1:10-11 [trad. livre].

[67]Eis um possível contexto em que Mateus 25:31 faz sentido. No texto, temos uma referência a Zacarias 14:5, que "atrai" a ideia da "vinda do filho do homem" de Daniel 7:13 e a posiciona em um contexto diferente de, por exemplo, Mateus 24:30. Por outro lado, a passagem pode ser ainda outra referência ao grande julgamento envolvido na vindicação do próprio Jesus.

O NOVO TESTAMENTO E O POVO DE DEUS

Isso significa que o "atraso da *parousia*", o velho cavalo de guerra da erudição, tornou-se obsoleto e pode ser destruído de uma vez por todas. O ponto tem sido reconhecido cada vez mais, pelo menos em alguns círculos: Hengel se refere à ideia como um "clichê cansado".[68] O próprio termo *parousia* é enganoso, visto que significa apenas "presença": Paulo o utiliza para se referir à sua presença em uma igreja, e ninguém supõe que ele imaginava fazer uma aparição ao descer de uma nuvem.[69] O tema do atraso ("até quando, Senhor?")[70] já estava bem estabelecido no judaísmo, de modo que não constitui, como alguns imaginam, uma inovação cristã. O constructo acadêmico comum, em que a igreja primitiva aguardava pelo retorno de Jesus e vivia apenas para esse futuro, sem pensar em nada acerca do passado (como, por exemplo, as recordações do próprio Jesus) — apenas para ficar vigorosamente desapontada e, sentindo-se deslocada, passar a escrever histórias —, não tem qualquer fundamento histórico.[71] A igreja esperava pelo cumprimento de certos acontecimentos no espaço de uma geração — e, de fato, eles se cumpriram, embora possa ter havido alguns momentos, de 30 a 70 d.C., em que alguns indagavam se esses momentos realmente aconteceriam e, por conseguinte, adotaram a linguagem judaica da demora. Jerusalém caiu; a boa notícia de Jesus e do reino do deus de Israel foi anunciada em Roma, bem como em Jerusalém e Atenas. Mas não há qualquer sinal de consternação na literatura que nos sobreveio a partir do período posterior a 70 d.C., no fato de o próprio Jesus não haver retornado. Clemente anseia pelo retorno de Jesus, sem qualquer comentário sobre a época dessa ocorrência.[72] Inácio está preocupado com várias situações, mas não com isso. Justino Mártir, em meados do segundo século d.C., é tão enfático quanto qualquer outra pessoa de que Jesus retornará. Ele não sabe quando; afinal, passagens-chave do Novo Testamento sempre disseram que a segunda vinda seria uma surpresa.[73] Tertuliano, no fim do segundo século d.C., antecipa o

---

[68]Hengel, *Between Jesus and Paul: Studies in the Earliest History of Christianity*, 1983, p. 184, n.º 55. Veja também Bauckham, "The Delay of the Parousia", 1980.

[69]2Coríntios 10:10; Filipenses 1:26; 2:12; veja 1Coríntios 16:17; 2Coríntios 7:6-7.

[70]Veja Apocalipse 6:10.

[71]Moule, *The Birth of the New Testament*, 1982 [1962], 139-s., 143-s.: "É impressionante o fato de a esperança adiada não ter deixado o coração [da igreja primitiva] enfermo". 2Pedro 3:1-13 é a exceção, não a regra, por talvez ser um texto que lida com uma incompreensão gentílica da linguagem apocalíptica judaica.

[72]*1Clem.* 23:4-5, citando Isaías 13:22 e Malaquias 3:1.

[73]Justino, *1Apol.* 51, citando Mateus 25:31 (que, como vimos, combina Daniel 7:13 e Zacarias 14:5), atribuindo o texto a Jeremias. Não é de surpreender essa imprecisão, uma vez que Justino não parecia ler Daniel 7 de forma tão assídua quanto um judeu do primeiro século (veja cap. 10). O último capítulo (16) da *Didaquê* depende fortemente de Mateus 24 e textos paralelos, de modo que poderia ser lido, conforme sugeri, como uma previsão da queda de Jerusalém (nesse caso, teríamos de datar o texto muito cedo) ou, correspondendo à leitura de Justino, como o

OS PRIMEIROS CRISTÃOS: UM ESBOÇO PRELIMINAR

retorno de Jesus como o maior espetáculo da terra, superior a qualquer coisa que alguém já viu em algum estádio ou teatro.[74] Para os primeiros cristãos, o acontecimento mais importante — a ressurreição de Jesus — já havia acontecido. Ninguém precisava se preocupar com o tempo daquilo que ainda estava por vir. Na primeira geração, Paulo via toda a complexidade de acontecimentos, incluindo o retorno do Senhor, como passíveis de acontecer a qualquer momento: 1Tessalonicences 4 e 5 testificam a esse respeito. No entanto, não há sugestão de que o retorno do Senhor devesse acontecer no espaço de uma geração, que sua não aparição precipitasse qualquer tipo de crise ou, então, que apenas após tal crise a igreja começaria a procurar por sua base histórica na própria vida de Jesus, em vez de simplesmente antecipar a vinda do Senhor.

Assim, o mito do cristianismo "apocalíptico" precisa de uma revisão completa. Naturalmente, os primeiros cristãos continuaram a usar uma linguagem "apocalíptica". No entanto, todas as evidências sugerem que eles a empregavam da mesma forma que os judeus do primeiro século — ou seja, revestindo a realidade espaçotemporal de significado teológico. Problemas atrelados à "interpretação literal" do gênero apenas surgem, em leituras modernas e talvez antigas, quando o contexto judaico é ignorado ou mal compreendido.[75]

CONCLUSÃO

O teste de qualquer análise da cosmovisão é se ela nos leva à compreensão do que as pessoas fazem ou dizem. Sugiro que esse breve relato dos primeiros cristãos atende a esse requisito. Praticamente cada ponto que levantei é controvertido. Todavia, parece-me que esses pontos surgem, pelo menos como uma hipótese resumida, a partir do estudo da práxis, do símbolo e da história cristã primitiva, temas com os quais nos ocupamos nos últimos três capítulos. Também certamente esse estudo nos fornece um contexto abrangente de crenças e esperanças a partir das quais podemos entender, pelo menos de um ângulo, por

---

início de uma releitura do gênero apocalíptico judaico de uma forma não judaica. Sua inclusão da ressurreição no "cronograma" de acontecimentos (16.6) e as dificuldades com uma data anterior sugerem essa segunda opção. Nesse caso, temos outra evidência para a expectativa do retorno de Jesus sem, na segunda geração, qualquer ansiedade sobre o seu "atraso". Sobre a ideia de ninguém saber quando se dará o retorno de Jesus, compare com 1Tessalonicenses 5:1-11 (veja, a esse respeito, Caird, *The Language and Imagery of the Bible*, 1980, cap. 14).

[74]*De Spectaculis* 30.

[75]Isso requer uma revisão de certas teorias conhecidas, como, por exemplo, a ideia de que o "apocalíptico" é "a mãe de toda a teologia cristã" (Käsemann, *New Testament Questions of Today*, 1969 [1965], caps. 4 e 5). Concordo com Käsemann (e Schweitzer) sobre o papel do "apocalíptico", mas, como deve estar claro agora, discordo radicalmente do que esse termo *significa*. A própria advertência de Käsemann continua poderosa: quem, no âmbito da erudição moderna, é o verdadeiro conquistador do apocalíptico?

que os primeiros cristãos viviam e cooperavam uns com os outros, por que se envolviam em missões, enfrentavam perseguições, debatiam com judeus eruditos e defendiam seu caso perante imperadores.

Toda boa hipótese, conforme observamos, deve incluir dados, fazê-lo com simplicidade e lançar luz além das próprias fronteiras. O tipo apropriado de simplicidade — ou seja, a simplicidade que pertence à história como forma de conhecimento crítico — é, creio, fornecida no relato que fiz. Já sugeri algumas das formas em que dados complexos e multiformes envolvidos podem começar a fazer sentido nesse modelo, e tenciono fazer uma análise ainda maior em volumes sucessivos. À luz dessa perspectiva, não é difícil entender o porquê de o cristianismo ter tomado determinado rumo em seu desenvolvimento, nem a razão pela qual outros movimentos — com certa reivindicação cristã, mas com uma cosmovisão completamente diferente — terem vertido desse desenvolvimento.

Mas essa também é outra história, para outro dia.

PARTE V

CONCLUSÃO

| O NOVO
| TESTAMENTO
| E A QUESTÃO
| DE DEUS

CAPÍTULO 16

INTRODUÇÃO

O vento sopra onde quer; nós ouvimos sua voz, mas não sabemos de onde vem, nem para onde vai. Tal é a impressão que temos quando o assunto é a história dos desenvolvimentos religiosos do primeiro século. Ouvimos o som, às vezes o eco, de grandes e turbulentos movimentos do espírito humano, talvez do divino; rastrear suas origens, porém, é algo extremamente difícil. Sabemos alguma coisa sobre seu destino final, visto que podemos observar os mesmos movimentos em século subsequentes; mas não podemos ter certeza de que o judaísmo e o cristianismo se desenvolveram como seus primeiros adeptos esperavam ou pretendiam.

Temos nos empenhado no estudo da literatura, da história e da teologia do judaísmo e do cristianismo em um de seus momentos mais traumáticos: o nascimento do cristianismo e a morte e o renascimento do judaísmo. Ao contar novamente as histórias desses movimentos do primeiro século, esperamos avançar na direção de uma compreensão realista, embora totalmente crítica, de sua história. Em particular, examinamos as histórias que os movimentos contaram com o objetivo de chegarmos a uma compreensão de sua autoconsciência. Em última análise, somos confrontados com um fato surpreendente: ao fim do primeiro século, havia duas comunidades reconhecidamente distintas, *cada qual fazendo mais ou menos a mesma reivindicação.* Cinquenta anos após a morte de Jesus, na época em que Inácio e Aquiba ainda eram jovens, aqueles que se consideravam seguidores de Jesus reivindicavam ser os verdadeiros herdeiros das promessas feitas pelo deus criador a Abraão, Isaque e Jacó. Também reivindicavam que as escrituras judaicas deviam ser lidas em termos de um novo cumprimento. Ao mesmo tempo, à medida que o judaísmo ia se reconstruindo no rescaldo de 70 d.C., a base sobre a qual se apoiava era a mesma: de alguma forma, o deus criador, apesar de todas as aparências, permaneceria fiel à aliança com Abraão, Isaque e Jacó, e manifestaria sua vontade pelas escrituras, agora lidas como Torá.

Vimos que, como era inevitável — a menos que tais comunidades estivessem totalmente isoladas uma da outra —, as duas entraram em vários conflitos. A alegação do cristianismo como lavradores fiéis da vinha era, naturalmente, ressentida, assim como os fariseus, saduceus e essênios havia muito se ressentiam das reivindicações que cada grupo atribuía para si. Desse modo, longe de estarem mutuamente isolados, o cristianismo e o judaísmo se interligavam, pelo menos na primeira geração, de maneiras que, na época, pareciam inextricáveis. A comunidade dos judeus sabia que o Caminho de Jesus nascera e fora nutrido em seu meio; os primeiros cristãos sabiam a mesma coisa. Tampouco ficou claro, para muitos seguidores de Jesus da primeira geração, que havia, de fato, duas comunidades. Nos primeiros dias, quando, de acordo com Atos, os judeus às vezes eram convertidos em grande número, não há dúvida de que, para algumas pessoas, o povo étnico do deus criador e a nova comunidade criada ao redor de Jesus resultariam coincidentes.

Duas comunidades; duas formas distintas de ler a escritura; duas formas de autocompreensão; uma raiz comum. As questões com que qualquer estudioso desse fenômeno depara devem ser: por que aconteceu dessa forma? O que isso significa? Podemos testar as afirmações e, se sim, o que encontramos? Os três pontos focais que emergem à medida que vamos nos envolvendo com essas perguntas se resumem às questões de Jesus, do Novo Testamento e, finalmente, a questão de deus.

JESUS

O historiador do primeiro século, ao deparar com a evidência que estudamos neste livro, não pode esquivar-se da questão de Jesus. Podemos sentir que a evidência é insuficiente para nos dizer muita coisa; que os resultados dessa busca podem ser teologicamente dúbios; ou que não haverá muita coisa nova a dizer. Mas a existência da dupla comunidade, esses dois "povos de deus", o povo judeu e o povo cristão, obriga o historiador a olhar para as origens, sejam ou não compatíveis ou difíceis, tortuosas ou arriscadas. Devemos perguntar: por que esse grupo judaico, de todos os demais grupos e movimentos no primeiro século, desenvolveu-se de maneira tão distinta dos demais? Sempre que abordamos os escritos cristãos primitivos com essa pergunta, temos a forte sensação de que não se tratava apenas das decisões corporativas iniciais de uma seita, nem

O NOVO TESTAMENTO E A QUESTÃO DE DEUS

de entusiasmo, planejamento astuto ou qualquer outra coisa. A questão dizia respeito a Jesus.[1]

Isso nos remete, de forma inevitável, à tarefa que nos aguarda no próximo volume, para o qual este serviu, de diversas maneiras, como preparatório. Quem era Jesus? Quais objetivos tinha? Por que, historicamente falando, ele morreu? E por que, em vista dessas questões, o cristianismo apostólico se desenvolveu de determinada forma? O que exatamente aconteceu na Páscoa, levando o novo movimento a gerar *essa* forma em vez daquela, de fazer *essas* afirmações em vez de outras? Jesus se posiciona entre as duas comunidades, vivendo e trabalhando em meio ao judaísmo que mapeamos na Parte III e é reivindicado como o ponto de partida da comunidade que mapeamos na Parte IV. A comunidade dos seguidores de Jesus permaneceu reconhecidamente judaica e, ainda assim, redesenhou sua crença e seu estilo de vida de maneiras significativamente novas. O único meio pelo qual podemos acabar com esse quebra-cabeça histórico jaz na tentativa de responder a essas três questões fundamentais sobre o próprio Jesus. Vimos, nos capítulos anteriores, que as histórias, grandes e pequenas, no Novo Testamento (e em muitos outros escritos cristãos primitivos) têm como objetivo falar de Jesus, apesar das sugestões contrárias a esse respeito nos estudos do século 20. Com base nisso, podemos e devemos avançar com cautela, engajando-nos seriamente na difícil tarefa de reconstruir a história que está entre a obra de João Batista e o surgimento da igreja cristã.

O NOVO TESTAMENTO

O historiador depara com a questão de Jesus; o teólogo, com a questão de deus. O crítico literário — e, neste ponto, historiadores e teólogos são compelidos a também atuar como críticos literários — depara com a questão do Novo Testamento. O que devemos fazer com ele?

Nas Partes I e II deste livro, defendi uma leitura holística do Novo Testamento, uma leitura que reconte fielmente suas histórias, levando em conta suas nuances e preservando seus fundamentos. A execução dessa tarefa é, de certo ponto de vista, tanto uma questão para comentadores e pregadores como para historiadores e teólogos. Contudo, historiadores e teólogos devem insistir no fato de que o Novo Testamento só pode ser compreendido quando partes individuais são vistas abrangendo os dois mundos dos quais o cristianismo nasceu. O Novo Testamento é um livro judaico, que conta histórias de estilo judaico, narrando-as, contudo, para o mundo. É um livro do mundo, recontando a

---

[1]Veja as observações pertinentes de Hengel, *The Pre-Christian Paul*, 1991, p. 82: "Estudiosos às vezes discutem sobre a igreja primitiva como se Jesus nunca tivesse existido ou como se tivesse sido rapidamente esquecido".

história do mundo como a história de Israel, e a história de Israel como a história de Jesus, a fim de subverter as histórias do mundo e estabelecer, perante o mundo, a reivindicação de Jesus como seu soberano. É um livro cristão, derramando vinho novo nos odres velhos do judaísmo, e novo vinho judaico nos odres velhos do mundo, com a intenção de que esse duplo exercício surta seu inevitável e explosivo efeito duplo.

Assim, o Novo Testamento (conforme o chamamos agora) só pode ser devidamente compreendido se o reconhecermos como uma coletânea de escritos originados nessa comunidade, a comunidade subversiva de um novo "povo de deus". Além do mais, esses escritos não foram produzidos por observadores imparciais a fim de nos fornecer um relato do cristianismo do primeiro século. Tampouco foram escritos em forma de comentário, como se o cristianismo do primeiro século fosse um objeto de estudo, e os escritos em questão, uma discussão ou análise teológica do movimento cristão conduzida por trás de uma tela de vidro invisível. Pelo contrário: esses documentos eram parte dessa própria entidade complexa, do próprio cristianismo do primeiro século. Embora devamos usar o Novo Testamento como principal evidência para nossa descrição e análise do cristianismo apostólico, já que não há qualquer outra evidência melhor disponível, devemos fazê-lo no reconhecimento de que, inicialmente, ele não foi designado para esse fim. A escrita dos livros que agora formam o Novo Testamento surgiu naturalmente a partir da vida interior da igreja primitiva. A tarefa da escrita estava interligada com a pregação e a oração, com missão, sacramento e reflexão. Para uma leitura apropriada do Novo Testamento, devemos levar tudo isso em consideração.[2]

Entretanto, a questão sobre o que se deve fazer com o Novo Testamento é reafirmada, não resolvida. É difícil ver que tipo de obrigação alguém pode ter de tratar *qualquer* livro exatamente como seu autor deseja. Pode, entretanto, haver algum tipo de escala móvel de potenciais tratamentos. Voltemos, então, a uma ilustração do capítulo 1: usar as peças de Shakespeare como base para um estudo da sociedade e da linguagem elisabetana não reflete a intenção do autor, mas pode ser uma tarefa valiosa que o autor não teria, em tese, desaprovado — a menos que o estudo levasse os leitores a se esquecerem de que as peças foram compostas para *encenação*. Entretanto, usar o mesmo livro para apoiar o pé de uma mesa quebrada pode muito bem ser considerado fora dos limites da adequação. De modo semelhante, pode existir uma escala móvel de adequação

---

[2]Mesmo que houvesse outras fontes — como, por exemplo, o relato de um *outsider* sobre o cristianismo primitivo, análogo ao retrato de Josefo sobre os essênios ou o de Heródoto (livro 2) sobre os egípcios —, obviamente teríamos de levar em consideração o fato de tal história ser contada *a partir de* um *outsider* e, como tal, sob suspeita de mal-entendidos e distorções.

O NOVO TESTAMENTO E A QUESTÃO DE DEUS

para o uso do Novo Testamento. Pode muito bem ser usado para reconstruir a vida, a linguagem, a religião e as crenças dos primeiros cristãos, contanto que nos lembremos de que não foi escrito com esse propósito, mas como algo mais, como uma a peça a ser encenada — ou seja, como uma diretriz para uma comunidade, um conjunto de livros destinados (cada qual a seu modo) a impulsionar a adoração e o testemunho. Em última análise, o Novo Testamento deve ser tratado de tal modo a permitir que ele continue sendo ele mesmo. Assim como o Talmude não é empregado da forma correta quando analisado para fornecer uma falsa validação a leituras distorcidas e supostamente "cristãs" do judaísmo, o Novo Testamento não pode ser usado de maneiras que violem sua identidade e integridade fundamentais. Do contrário, qualquer impressão de que tal uso contenha algum tipo de autoridade deve ser firmemente rejeitada.

Desse modo, retornamos, por uma rota sinuosa, à questão que nos ocupou nos capítulos 1 e 5: que tipo de autoridade o Novo Testamento tem? Se a resposta for, como normalmente tem sido, que o Novo Testamento é a testemunha histórica mais próxima que temos das origens e da ascensão do cristianismo, alguns objetarão. "Q", se o tivéssemos, seria anterior; se alguém o desenterrasse nas areias do Egito, nós o acrescentaríamos à Bíblia, ao lado de Mateus, Marcos e Lucas? O *Evangelho segundo Tomé*, alguns dizem, é anterior; se sim, deveríamos tratá-lo como mais autoritativo do que o cânon, conforme o temos em sua forma atual? Em geral, a impressão dada pelos defensores de uma data anterior a *Tomé* é que, sim, devemos. No entanto, a ideia é baseada na crença de que o cristianismo *primitivo* é automaticamente *normativo*. Além disso, essa crença é autocontraditória, visto que ninguém, no próprio cristianismo primitivo, parece ter acreditado que precocidade implicasse normatividade.

A questão parece começar, mais uma vez, a pender para frente e para trás na escala epistemológica. Em uma extremidade, temos o positivismo de Wrede: o cânon cristão é irrelevante, a tarefa não passa de uma descrição dos fatos e nada no passado pode ser considerado normativo para o presente. Na outra extremidade, deparamos com o gueto do subjetivismo: os cristãos consideram o Novo Testamento "seu" livro, um texto privado que, embora contendo para eles um significado, não significa muita coisa para mais ninguém. Como uma terceira opção, o realismo crítico que sugerimos anteriormente pode dar suporte a um modelo de autoridade atrelado à narrativa. O Novo Testamento se apresenta, explícita e implicitamente, como um conjunto de histórias, e até mesmo como uma única Narrativa, que, como todas as demais narrativas, reivindica nossa atenção. O Novo Testamento faz isso mesmo quando simplesmente é tratado como um mito: alguém que desconheça a história, porém familiarizado com o mundo dos contos de fadas — ou até da Terra Média, de Tolkien —, pode muito bem achar o Novo Testamento poderoso e evocativo. Tal poder mitológico não é de nenhum modo perdido, mas na verdade aumentado, quando o estudo histórico sugere que aconteceu algo muito semelhante com sua narrativa. Esse é, evidentemente, o ponto em que a descrição do relativista a respeito de todo o processo é questionada, razão pela qual, em uma era relativista como a nossa, o deslocamento do "simples mito" à "história como mito" ou ao "mito como história" é tão frequentemente atacado. Mas esse é o deslocamento que nosso estudo como um todo sugere e aprova. Ao lermos o Novo Testamento da forma como o temos, percebemos a reivindicação, página após página, de que ele fala de coisas que realmente se encontram em domínio público. Não se trata apenas, como tantos outros livros, de um guia para o aprimoramento espiritual pessoal. Ler o Novo Testamento dessa forma é como estudar Shakespeare para passar em uma prova. O Novo Testamento reivindica ser a narrativa subversiva do criador e do mundo, e exige ser lido como tal. Qualquer autoridade que venha a exercer nesse processo será dinâmica, não estática: o Novo Testamento não imporá sua autoridade como alguém assentado em uma posição elevada, de modo que tentar empregá-lo dessa maneira é, de imediato, falsificá-lo. Sua afirmação é menos frágil e, se verdadeira, mais poderosa. Ele se apresenta como a verdadeira narrativa, o verdadeiro mito, a verdadeira história do mundo inteiro.

A QUESTÃO DE DEUS

Ao lado da questão do Novo Testamento, outra questão nos acompanhará durante todo este projeto. Se o historiador não pode escapar da questão de Jesus, nem o crítico literário da questão do Novo Testamento, o teólogo, por sua vez, não pode escapar da questão de deus. Também nesse ponto, o historiador e o crítico literário, se forem fiéis à sua matéria de discussão, descobrirão que tal matéria põe em dúvida qualquer especialização em que deus é excluído do debate. Em última análise, como vimos na Parte II, história, literatura e teologia estão interligadas.

A questão de deus, embora conspícua por sua ausência da maioria dos livros do Novo Testamento, é, de fato, aquela que jaz na raiz das questões mais frequentemente discutidas. A questão de Paulo e da lei é, no fundo, uma questão sobre deus. Questões levantadas pelo evangelho de Mateus, ou pelo livro de Apocalipse, são, em essência, questões sobre deus. Poderíamos continuar. Inicialmente, essas questões pressupõem um acordo sobre o referente da própria palavra "deus", indagando apenas o que, precisamente, esse deus (conhecido) deseja, o que ele fez e tenciona realizar no futuro. Contudo, elas também parecem sondar, de forma progressiva, um estágio mais profundo, de modo que nada é, literalmente, pressuposto: a investigação procura entender o significado

O NOVO TESTAMENTO E A QUESTÃO DE DEUS

da própria palavra "deus". Quem, exatamente, é o deus do qual as escrituras judaicas falam, o deus que se manifestou a Abraão e a Moisés, a Davi e aos profetas? Dentre as comunidades judaica e cristã, qual delas fala a verdade sobre esse deus? Com o desenvolvimento do cristianismo apostólico, temos a forte percepção de que novas reivindicações são feitas nesse nível fundamental, não apenas em linguagem, mas também em símbolo e práxis, principalmente na práxis simbólica da reinterpretação das escrituras judaicas: "O argumento [dos escritores do Novo Testamento] é que, com a vinda de Jesus, toda a situação da humanidade mudou de tal forma que o próprio conteúdo semântico da palavra 'Deus' foi alterado".[3]

Esse fato sobre o Novo Testamento, sugiro, fornece-nos uma das melhores pistas para explicar o porquê, mesmo quando a questão de deus não foi explicitamente levantada, tais escritos parecem conter um poder, uma atratividade, uma autoridade intrínseca. Cada qual à sua maneira, os livros do Novo Testamento articulam e *convidam os ouvintes a partilharem* de uma nova cosmovisão cuja essência carrega consigo uma nova visão de "deus", e até mesmo uma proposta para uma forma de dizermos "Deus".

O judaísmo e o cristianismo afirmavam ser o "povo de deus", e significavam, pela palavra "deus", o ser transcendente que criou, guiou e dirigiu o curso do mundo, fez uma aliança com Israel e, conforme acreditavam ambas as comunidades, agiria outra vez no futuro, precisamente como deus criador e deus da aliança, para colocar o mundo inteiro em ordem e resgatar da opressão seu povo verdadeiro. Mas, se havia duas comunidades distintas, cada qual com a mesma reivindicação, a questão do historiador ("Como isso aconteceu?") será equiparada às seguintes perguntas do teólogo: ambas as reivindicações são igualmente coerentes? Existe alguma maneira de dizer se uma ou outra fazia mais sentido do ponto de vista do primeiro século? Qual das reivindicações faz mais sentido *para nós*? Para as gerações subsequentes, tanto do segundo século como do século 21, o que significa reivindicar continuidade com uma ou outra dessas comunidades?

A esse complexo de questões, alguns buscaram responder: os dois sistemas são diferentes. Cada qual, sem dúvida, faz sentido em seu próprio mundo discursivo, porém compará-los na perspectiva do primeiro século d.C. (quanto mais do século 21 d.C.!) não faz sentido:

> Judaísmo e cristianismo são religiões completamente diferentes, e não versões diferentes de uma única religião. [...] Os dois sistemas de fé representam

---

[3]Caird, *The Language and Imagery of the Bible*, 1980, p. 51. Veja também Morgan, "The Historical Jesus and the Theology of the New Testament", 1987, p. 200, n.º 14; Räisänen, *Beyond New Testament Theology: A Story and a Programme*, 1990a, p. 138.

O NOVO TESTAMENTO E O POVO DE DEUS

diferentes pessoas e abordam questões diferentes em relação a comunidades diferentes.[4]

Há algo a ser dito sobre esse assunto como uma abordagem para a compreensão mútua e o diálogo comum no século 21. Quaisquer que sejam as tarefas ou obrigações que o judaísmo e o cristianismo acreditam ter um para com o outro em nossa própria geração, as tarefas não podem ser promovidas, nem as obrigações cumpridas, se nos imaginarmos como nada mais do que variantes estranhas um do outro — ou seja, cristãos como judeus *manqués* ou vice-versa. Ao nos movermos, porém, no mundo do primeiro século, a reivindicação de diferenciação completa me parece evidentemente falsa — de fato, tão falsa quanto a reivindicação às vezes promovida de que as duas religiões são, na verdade, uma só, de modo que podemos fundir um movimento no outro, minimizando diferenças, suavizando arestas ásperas e produzindo uma imagem inofensiva, mas historicamente incrível, de ambos.[5]

Neusner é um historiador bom demais para aceitar essa última proposta. No entanto, sua tese da diferenciação completa é, a seu próprio modo, igualmente relativista. Buscando fazer jus a algumas características (que, para ele, são) remotas, como a veneração católico-romana de Maria, Neusner corre o risco de tornar tanto o judaísmo como o cristianismo simples janelas distorcidas de uma única realidade divina. Em última análise, as duas propostas (1. Na verdade, nossas religiões são uma só; 2. Nossas religiões são respostas completamente diferentes ao mesmo deus) levam ao mesmo destino: se nenhum de nós for tão claro sobre o significado da palavra "deus", poderemos simplesmente reconhecer nossas diferenças, embora admitamos que, ao final, elas não são muito importantes. Tal sugestão, embora atraente tanto no modernismo como no pós-modernismo, tem pouco ou nada em comum com o mundo (ou mundos) do judaísmo e do cristianismo no primeiro século. A questão do significado da palavra "deus", portanto, está no cerne do relato que fazemos das comunidades do primeiro século que temos estudado.

Quais reivindicações, então, são apresentadas para o significado da palavra "deus"? Como eu disse no Prefácio, justificando meu uso do "d" em caixa baixa, pode ser altamente enganoso pensar em "Deus" como uma palavra inequívoca. Um ótimo exemplo ocorre na tentativa de Neusner afastar o judaísmo do cristianismo:

---

[4]Neusner, *Jews and Christians: The Myth of a Common Tradition*, 1991, p. 1; veja p. 28,129.
[5]Veja Gager, *The Origins of Anti-Semitism*, 1983; Gaston, *Paul and the Torah*, 1987; entre outros. A "teoria das duas alianças", na qual o judaísmo é a religião tencionada para os judeus e o cristianismo para os gentios, foi iniciada por F. Rosenzweig e é criticada como "condescendente" por Neusner, *Jews and Christians: The Myth of a Common Tradition*, 1991, p. 121; veja p. 29.

O NOVO TESTAMENTO E A QUESTÃO DE DEUS

Que outra compreensão [em comum] podemos buscar? Minha ideia deriva do fato, pautado no senso comum, de que, afinal, nós [judeus e cristãos] adoramos um único Deus, o mesmo Deus, aquele a quem os muçulmanos também adoram. Em meio a esse denominador comum, deparamos com a seguinte tarefa humana: a busca, na experiência religiosa do outro, do estranho e do *outsider*, daquilo com o qual podemos nos identificar em nosso próprio mundo.[6]

Trata-se, sem dúvida, de uma proposta e um plano ideológico "iluminista". É "senso comum" o fato de que aqueles que usam a palavra "Deus" querem dizer a mesma coisa; portanto, tudo o que nos resta é explorar a "experiência religiosa". O problema com essa ideia é que ela projeta uma forma do século 18 d.C. de fazer teologia para o primeiro século, e, ao fazer isso, causa uma distorção. No primeiro século, reivindicações sobre qualquer deus poderiam transformar-se em controvérsias ou polêmicas. Alegações feitas pelos pagãos em prol de seus deuses, em oposição ao deus de Israel, eram polêmicas no sentido de se fazer acompanhar de opressão militar, social e econômica.[7] A contrarreivindicação de Israel era sempre polêmica *vis-à-vis* o mundo pagão como um todo: sua literatura abundava de contos de pagãos que acabavam reconhecendo o deus de Israel como a verdadeira divindade,[8] ou de seu deus batalhando contra os deuses pagãos e derrotando-os.[9] A questão envolvendo o alegre brado das sentinelas após a derrota da Babilônia se resume a isto: o acontecimento revela o deus de Israel como o verdadeiro rei, em contraste com o deus babilônico, que não passa de um ídolo:

> Como são belos nos montes os pés daqueles que anunciam boas-novas,
>   que proclamam a paz, que trazem boas notícias,
>   que proclamam salvação, que dizem a Sião: "O *seu Deus* reina!"
> YHWH desnudará seu santo braço à vista de todas as nações,
>   e todos os confins da terra verão a salvação de *nosso Deus*.[10]

No judaísmo posterior, a mesma polêmica é aplicada, vez após vez, ao cristianismo. Os cristãos alegam adorar um deus que é, ao mesmo tempo, três e um, algo que os judeus veem como comprometedor em relação ao monoteísmo. Os cristãos dizem que Jesus é a revelação plena e completa desse único deus,

---

[6]Neusner, *Jews and Christians: The Myth of a Common Tradition*, 1991, p. 121; veja p. 29.
[7]Veja 1Samuel 17:43; Isaías 36:18-20 (e compare com 36:10!); Daniel 3:12-29; 5:3-4,23; Bel 4-5,24-5; 1Macabeus 1:43; entre outros.
[8]2Reis 5:15-18; Zacarias 8:22-3; Daniel 2:47; 3:29; 4:2-3, 34-7; 6:26-7; *José e Azenate* etc.
[9]1Samuel 5:1-5; 17:26,36,45-6; Isaías 37:23; 1Macabeus 4:30-3; entre outros.
[10]Isaías 52:7,10 [NVI - Itálicos nossos].

623

O NOVO TESTAMENTO E O POVO DE DEUS

afirmação que os judeus consideram uma paganização do deus em que acreditam, quase uma contradição em termos.[11] Em uma obra que muitos datam do início do primeiro século, mas que certamente reflete atitudes de um período não muito posterior, um rabino declara que os *minim* ("hereges", provavelmente incluindo os cristãos) "o conhecem [ou seja, o deus de Israel] e, mesmo assim, o negam",[12] explicando que eles introduziram, na pureza da ideia judaica sobre deus, a crença de que Jesus é, em um sentido não apenas messiânico, mas também ontológico, o "filho de deus". Desse modo, o cristianismo se transforma, para o olhar judaico, em uma forma de paganismo, sendo castigado até hoje por alguns escritores exatamente com base nisso.[13] (Diversos escritores cristãos, crendo que o judaísmo era uma forma degenerada de religião, não tiveram problema algum em aceitar o julgamento histórico por trás dessa avaliação.)

Essa crítica, no entanto, não faz jus ao cristianismo primitivo, assim como gerações de críticas "cristãs" não fazem jus ao judaísmo do primeiro século, época em que, como vimos no capítulo anterior, alegava-se que o deus de Israel agora se tornara conhecido em (e mesmo *como*) Jesus e por meio do espírito divino. Para o historiador das teologias do primeiro século, não há como escapar da escolha que as duas comunidades representam. O judaísmo afirmava que o cristianismo, ao posicionar Jesus no meio de sua doutrina sobre deus, causou danos irreparáveis a essa doutrina. O cristianismo afirmava que o judaísmo tradicional, ao se apegar à ideia de privilégio nacional e falhar em reconhecer o justo ato salvador de seu próprio deus na morte e na ressurreição de Jesus, afastara-se da aliança. Ambas as religiões alegavam, uma em oposição à outra, atribuir o verdadeiro significado à palavra "deus", em linha com a revelação bíblica anterior.

Para o judeu do primeiro século, a Torá era inegociável como revelação divina; os cristãos pareciam tratá-la de maneira descuidada; portanto, os cristãos estavam errados. A defesa do Templo e da Terra de Israel contra a profanação pagã era, para muitos judeus, parte inegociável da tarefa estabelecida a Israel por seu deus; os cristãos ignoravam essas funções; portanto, os cristãos estavam errados, não apenas em relação a um ou outro detalhe, mas a respeito do deus de Israel. Em contrapartida, para os primeiros cristãos, a morte e a ressurreição de Jesus eram a plena revelação em ação do deus único, o grande ato divino pelo qual Israel aguardava; e isso significava que o deus de Israel, o criador do

---

[11] Epstein, *Judaism: A Historical Presentation*, 1959, p. 134: "A 'Trindade na Unidade' do cristianismo [...] permanece uma negação direta do *único* Deus que, desde o início, escolheu Israel a seu serviço" (itálicos originais).

[12] tShabb. 13.5; veja Urbach, *The Sages: Their Concepts and Beliefs*, 1987, p. 26.

[13] Maccoby, *The Mythmaker: Paul and the Invention of Christianity*, 1986; 1991.

O NOVO TESTAMENTO E A QUESTÃO DE DEUS |

mundo, tornara-se conhecido de forma única *em* Jesus. Pagãos e judeus se recusavam a reconhecer esse Jesus e, assim, acabavam por *não reconhecer esse deus* em relação ao que ele fez. Mesmo quando se busca um denominador comum — como em Romanos 1, no discurso do Areópago ou em Romanos 9—11 —, o argumento é precisamente que tanto pagãos como judeus, confrontados pelo deus verdadeiro, recusaram-se a se submeter à realidade de quem ele é.[14] Paulo, João e outros navegam por uma rota delicada a fim de evitar o dualismo (os não cristãos não sabem absolutamente nada sobre o deus verdadeiro), o paganismo (nós adoramos o nosso deus, vocês adoram o seu e, assim, seguimos caminhos separados), o deísmo (a divindade está distante e não podemos saber muito a seu respeito) e o relativismo (todos seguimos caminhos diferentes, mas subimos a mesma montanha, cujo topo é coberto pela névoa). Os escritores do Novo Testamento reivindicam que, embora exista um único deus, toda a humanidade alimenta ideias erradas *acerca* desse único deus. Adorando, então, um deus erroneamente concebido, o ser humano acaba por adorar um ídolo. Pagãos adoram deuses de madeira e de pedra, distorcendo o criador ao adorarem a criatura. Segundo Paulo argumenta de forma paralela, os judeus fazem de sua própria identidade e segurança nacional um ídolo, falhando, desse modo, em perceber o significado da aliança de fidelidade estabelecida por seu deus, o deus de Abraão.[15] Os cristãos, como destinatários dos escritos do Novo Testamento, não estão isentos da possibilidade de idolatria, de usar as palavras "Jesus" e "Cristo" enquanto, na verdade, adoram um deus diferente.[16] Nosso estudo da história do judaísmo e do cristianismo no primeiro século nos leva inexoravelmente à conclusão de que ambos não podem estar certos em sua reivindicação sobre o deus verdadeiro.

Ambos podem, evidentemente, estar errados. Pode ser que os estoicos estejam certos: há um só deus, visto que o mundo inteiro é divino, e nós, seres humanos, somos parte da divindade. Os epicureus — juntamente com seus sucessores modernos, os deístas — podem estar certos: existe um deus, ou possivelmente mais de um, a quem nenhum de nós conhece muito bem e todos reconhecemos de forma distante, com certa ignorância e alguma distorção. Os pagãos podem estar com a razão: existem diferentes forças "divinas" no mundo, forças que, quando iradas, precisam ser propiciadas e, quando felizes, canalizadas em benefício do adorador. Talvez os gnósticos estejam corretos:

---

[14]Romanos 1:18-23; Atos 17:22-31; Romanos 10:2-3,16-17. Veja também João 8:39-59.
[15]Romanos 2:17-29, formando um paralelo com 1:18-32. Romanos 2:17-29 é expandido, em um *crescendo* de ironia, em 7:7-25; 9:30—10:13.
[16]Veja 1Coríntios 12:1-3 (passagem acompanhada imediatamente pelo trecho trinitário de 12:4-6); Gálatas 4:8-11 (passagem precedida imediatamente pelo trecho implicitamente trinitário de 4:1-7); 1João 5:21.

O NOVO TESTAMENTO E O POVO DE DEUS

há um deus bom que, embora escondido, vai se revelar a alguns de nós, resgatando-nos deste mundo ímpio de matéria e carne, cuja criação procede de um deus maligno. Ou é possível que os ateus e materialistas modernos estejam com a razão.

Não há, nesse aspecto, um solo neutro. Estamos no nível da cosmovisão, nível que envolve as decisões definitivas. A reivindicação do judaísmo tem sido que o deus criador do mundo se revelou na Torá de modo tal que não há espaço para o estoicismo, o epicurismo, o paganismo, o gnosticismo ou para as demais cosmovisões — incluindo a cristã. A reivindicação do cristianismo tem sido, desde o início, que o deus criador do mundo, o deus de Abraão, revelou-se, por meio de Jesus e de seu espírito, de modo a reprovar as diversas reivindicações pagãs, mas também aquelas de um judaísmo que rejeita Jesus. Tal conclusão é obviamente inaceitável em um mundo (o nosso) dominado pelo neoepicurismo, com suas divindades distantes e desconhecidas. É ainda mais desagradável em vista do horrível ressurgimento da violência entre comunidades "religiosas" *soi-disant*, por mais que se possa mostrar que a força geradora da violência em nada corresponde à religião em cujo nome ela é perpetrada. Representa, todavia, a maneira como as coisas eram vistas no primeiro século, nas duas comunidades que reivindicavam ser o povo do único deus verdadeiro.

Como podemos decidir entre essas duas afirmações concorrentes? Os judeus do primeiro século aguardavam um evento público, um grande ato de libertação para Israel por meio do qual seu deus revelaria ao mundo inteiro não ser apenas uma divindade tribal local, mas tambémo criador e soberano de toda a humanidade. YHWH revelaria sua salvação a Israel aos olhos de todas as nações: os confins da terra veriam seu povo sendo vindicado e honrado. Os primeiros cristãos, especialmente nos escritos que vieram a ser chamados de Novo Testamento, remetiam a um acontecimento por meio do qual, conforme reivindicavam, o deus de Israel fizera exatamente isso. Nessa base, o Novo Testamento, emergindo desse estranho e suposto "povo de deus", conta a história do povo cristão como a narrativa enraizada no passado de Israel e projetada como continuação no futuro do mundo. O Novo Testamento repete a afirmação judaica: a história não diz respeito apenas a um deus, mas a Deus. O Novo Testamento revisa a evidência judaica: a afirmação de vindicação e honra é válida, não na libertação nacional, mas nos eventos relacionados a Jesus.

APÊNDICE

TABELA CRONOLÓGICA DA HISTÓRIA JUDAICA DO SEGUNDO TEMPLO E DO CRISTIANISMO PRIMITIVO

As datas são elementos vitais para os historiadores, ainda que, para os que se dedicam à história antiga, sejam sempre controversas. Muitas das datas a seguir continuam hipotéticas; algumas questões particularmente difíceis são abordadas nas seções relevantes do livro. Adicionei, em itálico, uma seleção de eventos relacionados a diversos pontos, tratados particularmente na Parte III.

1. De Babilônia a Roma
a. Período babilônico

597 Jerusalém tomada por Nabucodonosor II
587 Jerusalém destruída; exílio
539 Queda da Babilônia; vitórias de Ciro

b. Período persa/grego (538—320)

538 em diante retorno dos exilados; início da reconstrução do Templo (completada em 516)
décadas de 450/440 Esdras e Neemias em Jerusalém
336 Alexandre, o Grande, chega ao poder
332 Alexandre conquista a Palestina
323 Alexandre morre; o império é dividido

c. Período egípcio (320—c. 200)

Palestina sob a dinastia ptolemaica; governo local dos sumos sacerdotes

d. Período sírio (200—63)

200 Antíoco III derrota os egípcios
175 Antíoco IV Epifânio (= A. E.) é entronizado
171 Menelau como sumo sacerdote; favorece A. E.: os judeus se revoltam contra Menelau

167	(25 de dezembro) A. E. profana o Templo: constrói um altar a Zeus
166	Judas Macabeu torna-se líder após a morte de Matatias
164	(25 de dezembro) Judas purifica o Templo
164—42	Batalhas recorrentes contra a Síria
161—59	Alcimo como sumo sacerdote
160	Morte de Judas Macabeu
160—52	Jônatas como líder de forças nacionalistas
159—2?	Mestre essênio da Justiça = sumo sacerdote?
152—43	Jônatas como sumo sacerdote [= Sacerdote Ímpio dos Manuscritos??]
	primeira menção dos fariseus: Josefo Ant. 13.171
143	Jônatas é capturado por Trifon
142	semi-independência (isenção de impostos) obtida sob Simão
	(Sumo Sacerdote Asmoneu [= SA]/ governantes em **negrito**)
140—34	**Simão**: SA e etnarca
142	assassinato de Jônatas
	Objeção ao governo asmoneu pela comunidade de Qumran: e.g. 1QpHab 3.4—6.12
140	legitimação da posição de Simão pelo povo judeu
134—104	**João Hircano**: SA e etnarca
	Guerras 1.67-69 assinala que ele provocou "*stasis*"
	Eleazar pede a Hircano que ele desista da posição de SA: Ant. 13.288-99
104—103	**Aristóbulo I**: SA e Rei ["fileleno"]
103—76	**Alexandre Janeu**: SA e Rei
	"*stasis*" na festa: *Guerras 1 1.88–98; Ant. 13.372–83; bSukk. 48ab*
76—67	**Hircano II**: apenas SA
	(**Salomé/Alexandra**, viúva de Alexandre Janeu, como Rainha)
	Guerras 1.112: "ela governava Israel, e os fariseus a governavam"
	Ant. 13.398–418: Fariseus a favor, conforme A. J. a aconselhara
67—63	**Aristóbulo II**: SA e Rei (filho mais jovem de Alexandra) (derrota Hircano na batalha de Jericó)

APÊNDICE

2. Sob o governo de Roma: 63—

a. Sob a República

63 Jerusalém é tomada por Pompeu (cf. *Sl. Sal.* 17.8, 1QpHab 4—6??)
SA governam sob o protetorado romano

63—40 Hircano II: SA (reinstaurado após a intervenção de Pompeu)
Antípatro emerge como poder por trás de Hircano

48 Pompeu é assassinado no Egito (*Sl. Sal.* 2.30-32!)

43 Antípatro é assassinado

44 Morte de Júlio César: guerras civis no mundo romano

40 Partos invadem Síria/Judeia, aprisionando Hircano e estabelecendo...

40—37 ... Antígono: SA e Rei (filho mais novo de Aristóbulo)

40 Herodes (filho de Antípatro) é declarado rei da Judeia em Roma, com o apoio de Antônio/Otávio
(*Herodes, não qualificado para ser SA, preenche o cargo com homens sem relevância política*)

40—38 Invasão da Pártia

37 Herodes recupera Jerusalém para Roma, após a invasão dos partos
(*interrompe o cerco para se casar com Mariana, neta de Hircano: Ant. 14.465-7*)

37—4 Herodes, o Grande

31 (2 de setembro) Batalha de Actium:
Otávio derrota Antônio, confirma Herodes no cargo
Herodes poupa Pólio, o Fariseu, e Sâmea

20? *Pólio e Sâmea se recusam a jurar lealdade a Herodes (Ant. 15.370)*

19 Herodes inicia a reconstrução do Templo (consagrado em 9 a.C.)

10? *Mais de 6.000 fariseus recusam-se a prestar juramento a César (Ant. 17.41-6)*

4 a.C. Morte de Herodes: tumultos antes e depois
Incidente da águia (Judas e Matias) (Ant. 17.149—67, Guerras 1.648—55); revolta de Judas, filho de Ezequias (= J. o Galileu?) (Guerras 2.56 etc.); movimentos "messiânicos" de Simão (Ant. 15.273-7) e Atronges (Ant. 17.278-84)

O NOVO TESTAMENTO E O POVO DE DEUS

4 a.C. Reino dividido:

Antipas, tetrarca da Galileia e Pereia (até 38); casa-se com Herodias

Arquelau, "rei" (= etnarca) da Judeia, Samaria, Idumeia; (deposto, 6 d.C.)

Filipe, tetrarca da Itureia e Traconites (até 34)

6 d.C. Arquelau é deposto após protestos

Judeia como província romana; sob a regência de "governadores"

Tumultos causados pelo recenseamento: Judá, o Galileu, e Zadoque, o Fariseu (*Ant.* 18.1-10)

b. Sob o governo de imperadores e governadores [imperadores em negrito; governadores <u>sublinhados</u>]

–14 d.C.	**Augusto**	
	6—9	<u>Capônio</u>
	9—12	<u>Marco Ambívulo</u>
	12—15	<u>Ânio Rufo</u>
14—37	**Tibério**	
	15—26	<u>Valério Grato</u>
	18	Caifás, sumo sacerdote
	26—36	<u>Pôncio Pilatos</u>
	30	Crucificação de Jesus
	31?	Conversão de Saulo/Paulo
	36	Rei nabateu invade Pereia, derrota Antipas
37—41	**Gaio**	
	37—41	<u>Marulo</u>
	40	Crise ocasionada pela estátua de Gaio Herodes Agripa, neto de Herodes, o Grande, torna-se rei das regiões de Filipe (37) e Antipas (39); Antipas e Herodias são banidos
41—54	**Cláudio**	
	41	Cláudio torna Herodes Agripa rei da Judeia Agripa executa Tiago, irmão de João, na Páscoa (Atos 12:2)
	44	morte de Herodes Agripa (Atos 12); Judeia passa outra vez a procuradores
	44—46	<u>Cúspio Fado</u>

APÊNDICE

44	fome (Atos 11:28)
46—48	<u>Tibério Alexandre</u>
	Crucificação de Jacó e Simão, filhos de Judas, o Galileu (Ant. 20.102). Fim das décadas de 40/50: viagens missionárias de Paulo
48—52	<u>Ventídio Cumano</u>
49	Cláudio expulsa os judeus de Roma *impulsore Chresto* (Atos 18:2 etc.)
49—51	Paulo em Corinto (Gálio, Atos 18:12)
	50 Agripa II (filho de Agripa I) torna-se rei de várias regiões
52—60	<u>Antônio Félix</u> (irmão de Palas, liberto de Nero)
	54 Judeus retornam a Roma, após a morte de Cláudio

54—68 Nero

60—62	<u>Pôncio Festo</u>
	62 Tiago, o Justo, executado durante o interregnum *(Ant. 20.200)*
62—65	<u>Lúcio Albino</u>
	63 Templo é finalmente acabado
	64 Incêndio de Roma: perseguição aos cristãos
65—66	<u>Géssio Floro</u>

66—70 GUERRA DOS JUDEUS

9 de junho de 68: Nero comete suicídio

68—69 Galba

69 "Ano dos Quatro Imperadores"

69 Otão

69 Vitélio

69—79 Vespasiano

70 Tito toma Jerusalém

c. Pós-70 *Estabelecimento da Academia, em Jâmnia, sob Johanan ben-Zakkai*

74 Tomada de Massada (última fortaleza)

79—81 Tito

81—96 Domiciano

c. 90 Domiciano investiga os parentes de Jesus

92/3 morte de Agripa II

96—98 Nerva

O NOVO TESTAMENTO E O POVO DE DEUS

98—117 Trajano

c. 110	Plínio, governador da Bitínia
c. 110—15	Cartas de Inácio
115—17	Revoltas judaicas no Egito, em Cirene e Chipre

117—38 Adriano

132	Legislação antissemita de Adriano: templo de Júpiter em Jerusalém
133—35	Rebelião de Simeão ben-Kosiba (bar-Kochba)
	135 Martírio de Aquiba

138—61 Antônio Pio

140—160	(déc.) Justino Mártir ativo em Roma (martirizado c. 165)
155/6	Martírio de Policarpo, bispo de Esmirna

161—80 Marco Aurélio

c. 130—200	Irineu: bispo de Lyon (décadas de 180—190)
c. 160—220	Tertuliano

180—92 Cômodos

	c. 200 compilação da Mishná

BIBLIOGRAFIA

A
FONTES PRIMÁRIAS
1. Bíblia

Biblia Hebraica Stuttgartensia, ed. K. Elliger and W. Rudolph. Stuttgart: Württembergische Bibelanstalt Stuttgart, 1968-76.

Septuaginta: Id est Vetus Testamentum Graece iuxta LXX interpres, ed. A. Rahlfs. 8 ed. 2 vols. Stuttgart: Württembergische Bibelanstalt Stuttgart, 1965 [1935].

Novum Testamentum Graece, ed. K. Aland, M. Black, C. M. Martini, B. M. Metzger, e A. Wikgren. 26th edn. Stuttgart: Sociedade Bíblica Alemã, 1979 [1898] [= "Nestle-Aland"].

The Holy Bible, Containing the Old and New Testaments with the Apocryphal/ Deuterocanonical Books: New Revised Standard Version [A Bíblia Sagrada, Antigo e Novo Testamentos com livros apócrifos/deuterocanônicos: Nova Versão Padrão Revisada]. Nova Iorque & Oxford: OUP, 1989.

2. Outros textos judaicos

The Mishnah, Translated from the Hebrew with Introduction and Brief Explanatory Notes [A *Mishná*, traduzida do texto hebraico, com introdução e notas explicativas] por Herbert Danby. Oxford: OUP, 1933.

The Old Testament Pseudepigrapha [Pseudoepígrafos do Antigo Testamento], ed. James H. Charlesworth. 2 vols. Garden City, N.I.: Doubleday, 1983-5.

The Apocryphal Old Testament [O Antigo Testamento apócrifo], ed. H. F. D. Sparks. Oxford: Clarendon Press, 1984.

The Authorised Daily Prayer Book of the United Hebrew Congregations of the British Commonwealth of Nations [Livro de oração diário autorizado das congregações hebraicas unidas da comunidade britânica de nações], trad. S. Singer. Nova ed. Londres: Eyre & Spottiswood, 1962.

Josefo: *Works* [Obras], ed. H. St. J. Thackeray, R. Marcus, A. Wikgren, e L. H. Feldman. 9 vols. LCL. Cambridge, Mass.: Harvard U. P.; Londres: Heinemann, 1926-65.

O NOVO TESTAMENTO E O POVO DE DEUS

Filo: *Works* [Obras], ed. F. H. Colson, G. H. Whitaker, J. W. Earp, e R. Marcus. 12 vols. LCL. Cambridge, Mass.: Harvard U. P. Londres: Heinemann, 1929-53.

Qumran: *Die Texte aus Qumran* [Os textos de Qumran], ed. E. Lohse. Darmstadt: Wissenschaftliche Buchgesellschaft, 1964.

_____. trad.: *The Dead Sea Scrolls in English* [Os Manuscritos do mar Morto em inglês], trad. e ed. G. Vermes. 3 ed. Londres: Penguin Books, 1987 [1962].

3. Textos cristãos relacionados aos períodos apostólico/ pós-apostólico

Aristides: *The Apology of Aristides* [Apologia de Aristides], em ANF 9:257-279.

E. Hennecke. *New Testament Apocrypha* [Novo Testamento apócrifo], ed. W. Schneemelcher. ET ed. R. McL. Wilson. 2 vols. Londres: SCM; Filadélfia: Westminster, 1963-5 [1959-64].

Eusebius, ed. e trad.: *Eusebius. The Ecclesiastical History* [Eusébio: história eclesiástica], ed. e trad. Kirsopp Lake, H. J. Lawlor e J. E. L. Oulton. 2 vols. Londres: Heinemann; Cambridge, Mass.: Harvard U. P., 1973-5.

_____. trad.: *Eusebius. The History of the Church from Christ to Constantine* [Eusébio: história da igreja a partir de Constantino], 3 ed., trad. G. A. Williamson, rev. e ed., com uma nova introdução por Andrew Louth. Londres: Penguin Books, 1989.

Justino Mártir: em ANF 1:157-306.

Minúcio Félix: *Otávio*, trad. G. H. Rendall. LCL. Cambridge, Mass.: Harvard U. P.; Londres: Heinemann, 1984.

Nag Hammadi: *The Nag Hammadi Library in English* [Biblioteca Nag Hammadi em inglês], ed. James M. Robinson. Leiden: Brill; São Francisco: Harper & Row, 1977.

Orígenes: *Contra Celso*. Em ANF vol. 4.

Orósio: *Historiae adversus Paganos* [Histórias contra os pagãos], ed. K. Zangemeister. Stuttgart: Teubner, 1889.

Pais da Igreja: *The Apostolic Fathers* [Pais da igreja], ed. e trad. J. B. Lightfoot. 5 vols. Londres: Macmillan, 1889/90.

_____: *The Apostolic Fathers*, ed. e trad. Kirsopp Lake. 2 vols. Londres: Heinemann; Cambridge, Mass.: Harvard U. P., 1965.

_____. trad.: *Early Christian Writings* [Escritos do cristianismo primitivo], trad. Maxwell Staniforth, intr. e ed. Andrew Louth. Londres: Penguin Books, 1968.

_____. trad.: *The Apostolic Fathers* [Pais da igreja], 3 ed. (de Lightfoot 1889/90). Ed. Michael W. Holmes. Grand Rapids: Baker, 1989.

Sinésio: *De Insomniis* [Acerca dos sonhos]. In PG 66.1281–1320.

Tomé: *The Gospel According to Thomas* [Evangelho segundo Tomé], ed. A. Guillaumont et al. Leiden: Brill; Londres: Collins, 1959.

Tertuliano: *Apology* [Apologia]; *De Spectaculis* [Sobre os espetáculos], trad. T. R. Glover. LCL. Cambridge, Mass.: Harvard U. P.; Londres: Heinemann, 1984.

BIBLIOGRAFIA

4. Textos pagãos

Aristóteles: *Aristotle. The 'Art' of Rhetoric* [Aristóteles: A "arte" da retórica]. Ed. e trad.
J. H. Freese. LCL. Londres: Heinemann; Cambridge, Mass.: Harvard U. P., 1947.
_____. *Nicomachaean Ethics: The Ethics of Aristotle* [Ética a Nicômaco]. Trad. J. A.
K. Thomson. Londres: Penguin Books, 1955 [1953].
Cícero: *De Natura Deorum*. Em vol. 19 de *Cícero*. Ed. e trad. H. Rackham. LCL.
Londres: Heinemann; Nova Iorque: G. P. Putnam's Sons, 1933.
Dio Cássio: *Dio's Roman History* [História romana de Dio]. Ed. e trad. E. Cary. LCL.
9 vols. Londres: Heinemann; Cambridge, Mass.: Harvard U. P., 1954-5.
Diodoro Sículo: *Diodorus Siculus*. Ed. e trad. C. H. Oldfather e outros. LCL. 12 vols.
Londres: Heinemann; Nota Iorque, Putnam, 1933-67.
Dionísio de Halicarnasso: *The Roman Antiquities of Dionysius of Halicarnassus*
[Antiguidades romanas de Dionísio de Halicarnasso]. Ed. e trad. E. Cary. LCL. 7
vols. Londres: Heinemann; Cambridge, Mass.: Harvard U. P., 1937-50.
Epiteto: *The Discourses as reported by Arrian, the Manual, and Fragments* [Discursos,
manual e fragmentos]. Ed. e trad. W. A. Oldfather. LCL. 2 vols. Londres:
Heinemann; Cambridge, Mass.: Harvard U. P., 1978-9.
Hecateu: em *Fragmente der griechischen Historiker* [Fragmentos dos historiadores
gregos], ed. F. Jacoby, 1923—, vol. 1.
Heródoto: *Herodoti Historiae*, ed. C. Hude. 3 ed. 2 vols. Oxford: OUP, 1926.
_____. trad.: *Herodotus. The Histories* [Heródoto: Histórias]. Obra recém-traduzida,
com uma introdução de Sélincourt. Londres: Penguin Books, 1954.
Juvenal: *Juvenal: The Satires* [Juvenal: Sátiras]. Ed. J. Ferguson. Nova Iorque: St
Martin's Press, 1979.
_____. trad.: *Juvenal, the Sixteen Satires* [Juvenal: as dezesseis sátiras]. 2 ed. Trad. P.
Green. Londres: Penguin Books, 1974 [1967].
_____. trad.: *Juvenal: The Satires* [Juvenal: Sátiras]. Trad. N. Rudd; intr. e notas por
W. Barr. Oxford: Clarendon Press, 1991.
Luciano: *Luciano*. Ed. e trad. A. M. Harmon *et al*. LCL. 8 vols. Londres: Heinemann;
Cambridge, Mass.: Harvard U. P., 1913—67.
Ovídio: *Ovid. Metamorphoses* [Ovídio. Metamorfose], trad. F. J. Miller. LCL. 2 vols.
Cambridge, Mass.: Harvard U. P.; Londres: Heinemann, 1960.
Plauto: *T. Macci Plauti Comoediae* [As comédias de Plauto], ed. W. M. Lindsay. 2
vols. Oxford: Clarendon Press, 1905.
_____. trad.: *Plautus: The Rope and Other Plays* [Plauto: A Corda e outras peças],
trad. E. F. Watling. Londres: Penguin Books, 1964.
Plínio, o Velho: *Pliny the Elder* [Plínio, o velho]. Ed. e trad. H. Rackham *et al*. LCL.
10 vols. Londres: Heinemann; Cambridge, Mass.: Harvard U. P., 1949 – 62.
Plínio, o Velho: *C. Plini Caecili Secundi Epistularum Libri Decem*, ed. R. A. B.
Mynors. Oxford: OUP, 1963.
_____. trad.: *The Letters of the Younger Pliny* [Cartas de Plínio, o Jovem], trad. com
introdução de Betty Radice. Londres: Penguin Books, 1963.

Salústio: *Salústio*. Trad. J. C. Rolfe. LCL. Londres: Heinemann; Cambridge, Mass.: Harvard U. P., 1975.

Sófocles: *Sophocles: The Text of the Seven Plays* [Sófocles: o texto das sete peças]. Ed. R. C. Jebb. Cambridge: CUP, 1897.

_____. trad.: R. C. Jebb, *The Tragedies of Sophocles Translated into English Prose* [Tragédias de Sófocles, traduzidas em forma de prosa inglesa]. Cambridge: CUP, 1904.

Suetônio: *C. Suetoni Tranquili Opera*, vol. 1. *De Vita Caesarum Libri VIII*. Ed. M. Ihm. Stuttgart:

Teubner, 1978 [1908].

_____. trad.: *Suetonius. The Twelve Caesars* [Suetônio: os doze Césares], trad. Robert Graves. Londres: Penguin Books, 1957.

Tácito, *Agricola: Cornelii Taciti de Vita Agricolae*, ed. H. Furneaux. 2 ed. por J. G. C. Anderson. Oxford: Clarendon Press, 1922.

Tácito, *Annals: Cornelii Taciti Annalium ab Excessu Divi Augusti Libri*, ed. C. D. Fisher. Oxford: Clarendon Press, 1906.

_____. trad.: *Tacitus. The Annals of Imperial Rome* [Tácito: anais da Roma imperial], trad. com introdução de Michael Grant. Londres: Penguin Books, 1956.

Tácito, *Histories: Cornelii Taciti Historiarum Libri*, ed. C. D. Fisher. Oxford: Clarendon Press, n.d.

_____. trad.: *Tacitus. The Histories* [Tácito: histórias], trad. Kenneth Wellesley. Londres: Penguin Books, 1964.

Tucídides: *Thucydidis Historiae*, ed. H. S. Jones. 2 vols. Oxford: OUP, 1898.

_____. trad.: *Thucydides: History of the Peloponnesian War* [Tucídides: história da guerra do Peloponeso]. Trad. com uma introdução de Rex Warner. Londres: Penguin Books, 1954.

BIBLIOGRAFIA

B
FONTES SECUNDÁRIAS

ABBAGNANO, Nicola. "Positivism" [Positivismo]. In: *The Encyclopedia of Philosophy* [Enciclopédia de Filosofia], ed. P. Edwards, vol. 6, p. 414-19. Nova Iorque: Macmillan Co. & The Free Press; Londres: Collier-Macmillan Ltd., 1967.

ALEXANDER, Loveday C. A. "Luke's Preface in the Context of Greek Preface-Writing" [Prefácio de Lucas no contexto da escrita prefacial grega]. *Novum Testamentum* 28:48-74, 1986.

_____. *The Preface to Luke's Gospel: Literary Convention and Social Context in Luke 1:1–4.* [Prefácio ao evangelho de Lucas: convenção literária e contextos sociais em Lucas 1:1-4]. Society for New Testament Studies Monograph Series. Cambridge: CUP, 1993.

ALEXANDER, Philip S. "The Targumim and Early Exegesis of 'Sons of God' in *Genesis 6*" [Os *Targumim* e a exegese antiga dos "filhos de Deus" em Gênesis 6], *Journal of Jewish Studies* 13:60-71, 1972.

ALLISON, Dale C. *The End of the Ages has Come: An Early Interpretation of the Passion and Resurrection of Jesus* [O fim dos tempos chegou: interpretação primitiva da paixão e da ressurreição de Jesus]. Filadélfia: Fortress, 1985.

ALON, Gedalyahu. *Jews, Judaism and the Classical World: Studies in Jewish History in the Times of the Second Temple* [Judeus, judaísmo e o mundo clássico: estudos na história judaica no período do segundo templo]. Trad. I. Abrahams. Jerusalém: Magnes Press, 1977.

ALTER, Robert. *The Art of Biblical Narrative* [A arte da narrativa bíblica]. Nova Iorque: Basic Books, 1981.

APPIGNANESI, Lisa; LAWSON, Hilary. *Dismantling Truth: Reality in the Post-Modern World* [Desmantelando a verdade: a realidade no mundo pós-moderno]. Londres: Wiedenfeld & Nicolson, 1989.

APPLEBAUM, S. "Economic Life in Palestine" [Vida econômica na Palestina]. In: *Compendia* 1.2.631-700, 1976.

ASHTON, John. "The Identity and Function of the *Ioudaioi* in the Fourth Gospel" [A identidade e a função dos *Ioudaioi* no quarto evangelho]. *Novum Testamentum* 2740-75, 1985.

_____ (ed.). *The Interpretation of John* [A interpretação de João]. Issues in Religion and Theology [Questões em religião e teologia], nº 9. Filadélfia: Fortress/ Londres: SPCK, 1986a.

_____. "The Transformation of Wisdom. A Study of the Prologue of John's Gospel" [A transformação da sabedoria: um estudo do prólogo do evangelho de João], *New Testament Studies* 32:161-86, 1986b.

_____. *Understanding the Fourth Gospel* [Entendendo o quarto evangelho]. Oxford: Clarendon Press, 1991.

ATTRIDGE, Harold W. "Historiography" [Historiografia]. Em *Compendia* 2.2.157-84, 1984.

_____. 1989. *The Epistle to the Hebrews* [A carta aos Hebreus]. Hermeneia. Filadélfia: Fortress.

AUNE, David E. 1976. "Orthodoxy in First-Century Judaism? A Response to N. J. McEleney" [Ortodoxia no judaísmo do primeiro século? Uma resposta a N. J. McEleney]. *Journal for the Study of Judaism* 7:1-10.

_____. 1983. *Prophecy in Early Christianity and the Ancient Mediterranean World* [A profecia no cristianismo apostólico e no antigo mundo mediterrâneo]. Grand Rapids, Mich.: Eerdmans.

_____. 1987. *The New Testament in Its Literary Environment* [O Novo Testamento em seu ambiente literário]. Em *Library of Early Christianity*, ed. Wayne A. Meeks. Filadélfia: Westminster.

_____. 1991a. "On the Origins of the 'Council of Javneh' Myth" [Sobre as origens do mito do 'sínodo de Jâmnia']. *Journal of Biblical Literature* 110:491-3.

_____. 1991b. "Oral Tradition and the Aphorisms of Jesus" [Tradição oral e os aforismos de Jesus]. Em *Jesus and the Oral Gospel Tradition* [Jesus e a tradição do evangelho oral], ed. H. Wansbrough, p. 211- 65. Journal for the Study of the New Testament Supplement Series, vol. 64. Sheffield: Sheffield Academic Press.

Ayer, A. J. 1946 [1936]. *Language, Truth and Logic* [Linguagem, verdade e lógica]. 2 ed. Londres: Gollancz.

_____. 1956. *The Problem of Knowledge* [O problema do conhecimento]. Londres: Penguin Books.

BACON, B. W. 1930. *Studies in Matthew* [Estudos em Mateus]. Londres: Constable.

BAIRD, J. Arthur. 1991. *A Comparative Analysis of the Gospel Genre: The Synoptic Mode and its Uniqueness* [Análise comparativa do gênero dos evangelhos: o modo sinótico e sua unicidade]. Lewiston/Queenston/Lampeter: Edwin Mellen Press.

BALCH, David L., ed. 1991. *Social History of the Matthean Community: Cross-Disciplinary Approaches* [História social da comunidade de Mateus: abordagens interdisciplinares]. Mineápolis: Fortress.

BAMMEL, Caroline P. H. 1982. "Ignatian Problems" [Problemas de Inácio]. *Journal of Theological Studies* 33:62-97.

BANNER, Michael C. 1990. *The Justification of Science and the Rationality of Religious Belief* [A justificação da ciência e a racionalidade da crença religiosa]. Oxford: Clarendon Press.

BARAS, Zvi. 1987. "The *Testimonium Flavianum* and the Martyrdom of James" [O *Testimonium Flavianum* e o martírio de Tiago]. Em *Josephus, Judaism and Christianity* [Josefo, judaísmo e cristianismo], ed. L. H. Feldman e G. Hata, p. 338-48. Leiden: Brill.

BARBOUR, Ian G. 1966. *Issues in Science and Religion* [Questões em ciência e religião]. Londres: SCM.

_____. 1974. *Myths, Models and Paradigms: A Comparative Study in Science and Religion* [Estudo comparativo de ciência e religião]. Nova Iorque: Harper & Row.

BARCLAY, John M. G. 1987. "Mirror-Reading a Polemical Letter: Galatians as a Test Case" [Fazendo leitura em espelho de uma carta polêmica: Gálatas como estudo de caso]. *Journal for the Study of the New Testament* 31:73-93.

BARKER, Margaret. 1991. *The Gate of Heaven: The History and Symbolism of the Temple in Jerusalem* [O portão do céu: história e simbolismo do Templo de Jerusalém]. Londres: SPCK.

BARNETT, P. W. 1975. "Under Tiberius all was Quiet" [Sob Tibério tudo esteve tranquilo]. *New Testament Studies* 21:564-71.

BARR, James. 1987. "Words for Love in Biblical Greek" [Palavras para "amor" no grego bíblico]. Em *The Glory of Christ in the New Testament: Studies in Christology in Memory of George Bradford Caird* [A glória de Cristo no Novo Testamento: estudos cristológicos em memória de George Bradford Caird], ed. L. D. Hurst e N. T. Wright, p. 3-18. Oxford: Clarendon Press.

BARRACLOUGH, Geoffrey. 1967 [1964]. *An Introduction to Contemporary History* [Introdução à história contemporânea]. Londres: Penguin Books.

BARRETT, C. K. 1970 [1961]. *Luke the Historian in Recent Study* [O historiador Lucas em estudos recentes]. 2. ed. Filadélfia: Fortress; Londres: SPCK.

_____. 1973. *A Commentary on the Second Epistle to the Corinthians* [Comentário da segunda carta aos Coríntios]. Black's New Testament Commentaries. Londres: A & C Black.

_____. intr. & ed. 1987 [1956]. *The New Testament Background: Selected Documents* [O fundo contextual do Novo Testamento: documentos seletos]. Ed. rev. Londres: SPCK; Nova Iorque: Harper & Row.

BARTON, J. 1984. *Reading the Old Testament: Method in Biblical Study* [Lendo o Antigo Testamento: método no estudo bíblico]. Londres: Darton, Longman & Todd.

_____. 1986. *Oracles of God* [Oráculos de Deus]. Londres: Darton, Longman & Todd.

BARTSCH, Hans-Werner. 1960. "Das Thomas-Evangelium und die synoptischen Evangelien: zu G. Quispels Bemerkungen zum Thomas-Evangelium" [O Evangelho segundo Tomé e os evangelhos sinóticos: sobre as observações de G. Quispel a respeito do *Evangelho segundo Tomé*]. *New Testament Studies* 6:249-61.

BAUCKHAM, Richard J. 1980. "The Delay of the Parousia" [O atraso da *parousia*]. *Tyndale Bulletin* 31:3-36.

_____. 1981. "The Worship of Jesus in Apocalyptic Christianity" [A adoração de Jesus no cristianismo apocalíptico]. *New Testament Studies* 27:322-41.

_____. 1983. *Jude, 2 Peter* [Judas, 2Pedro]. Word Biblical Commentary, vol. 50. Waco, Tex.: Word Books.

_____. 1990. *Jude and the Relatives of Jesus in the Early Church* [Judas e os parentes de Jesus na igreja primitiva]. Edimburgo: T & T Clark.

Baumgarten, A. I. 1983. "The Name of the Pharisees" [O nome dos fariseus]. *Journal of Biblical Literature* 102:411-28.

O NOVO TESTAMENTO E O POVO DE DEUS

_____. 1991. "Rivkin and Neusner on the Pharisees" [Rivkin e Neusner sobre os fariseus]. Em *Law in Religious Communities in the Roman Period: The Debate Over Torah and Nomos in Post-Biblical Judaism and Early Christianity* [A lei nas comunidades religiosas do período romano: o debate sobre a Torá e *nomos* no judaísmo pós-bíblico e no cristianismo apostólico], ed. Peter Richardson e Stephen Westerholm, p. 109-26. Studies in Christianity and Judaism [Estudos no cristianismo e judaísmo], nº. 4. Waterloo, Ontario: Wilfrid Laurier U. P.

BAUR, Ferdinand Christian. 1878-9 [1860]. *History of the Church in the First Three Centuries* [História da igreja nos primeiros três séculos]. Trad. Allan Menzies. 3 ed. Londres: Williams & Norgate.

BEARDSLEE, William A. 1969. *Literary Criticism of the New Testament* [Crítica literária do Novo Testamento]. Filadélfia: Fortress.

_____. 1989. "Recent Literary Criticism" [Crítica literária recente]. Em *The New Testament and Its Modern Interpreters* [O Novo Testamento e seus intérpretes modernos], ed. Eldon J. Epp e George A. MacRae, p. 175-98. Atlanta, Ga.: Scholars Press; Filadélfia: Fortress.

BEASLEY-MURRAY, G. R. 1986. *Jesus and the Kingdom of God* [Jesus e o reino de Deus]. Grand Rapids, Mich.: Eerdmans.

BECKWITH, Roger T. 1980. "The Significance of the Calendar for Interpreting Essene Chronology and Eschatology" [A importância do calendário para a interpretação da cronologia e escatologia essênias]. *Révue de Qumran* 38:167-202.

_____. 1981. "Daniel 9 and the Date of Messiah's Coming in Essene, Hellenistic, Pharisaic, Zealot and Early Christian Computation" [Daniel 9 e a data da vinda do Messias no cálculo essênio, helenístico, farisaico, zelote e cristão primitivo]. *Révue de Qumran* 40:521-42.

BELLINZONI, Arthur J. 1985. *The Two-Source Hypothesis: A Critical Appraisal* [A hipótese das duas fontes: uma avaliação crítica]. Macon, Ga.: Mercer U. P.

BERGER, Klaus. 1984. *Formgeschichte Des Neuen Testaments* [História da forma do Novo Testamento]. Heidelberg: Quelle & Mayer.

_____. 1988. "Jesus als Pharisäer und Frühe Christen als Pharisäer" [Jesus como fariseu e os primeiros cristãos como fariseus]. *Novum Testamentum* 30:231-62.

BERGER, Peter L. 1969. *The Sacred Canopy* [O dossel sagrado]. Nova Iorque: Doubleday.

_____; Thomas Luckmann. 1966. *The Social Construction of Reality: A Treatise in the Sociology of Knowledge* [A construção social da realidade: tratado na sociologia do conhecimento]. Garden City, N.I.: Doubleday.

BERGONZI, Bernard. 1990. *Exploding English: Criticism, Theory, Culture* [Explorando a língua inglesa: crítica, teoria e cultura]. Oxford: Clarendon Press.

BERKHOF, Louis. 1941 [1939]. *Systematic Theology* [Teologia sistemática]. Londres: Banner of Truth.

BERNSTEIN, R. J. 1983. *Beyond Objectivism and Relativism: Science, Hermeneutics and Praxis* [Além do objetivismo e do relativismo: ciência, hermenêutica e práxis]. Oxford: Blackwell.

BIBLIOGRAFIA

BEST, Ernest. 1983. *Mark: The Gospel as Story* [Marcos: o evangelho como história].
Studies of the New Testament and its World [Estudos do Novo Testamento e o
seu mundo]. Edimburgo: T & T Clark.

_____. 1986. *Disciples and Discipleship: Studies in the Gospel According to Mark*
[Discípulos e discipulando: estudos no evangelho segundo Marcos]. Edimburgo:
T & T Clark.

BETZ, Hans-Dieter. 1979. *Galatians: A Commentary on Paul's Letter to the Churches
in Galatia* [Gálatas: comentário da carta de Paulo às igrejas da Galácia].
Hermeneia. Filadélfia: Fortress.

BEUTLER, Johannes. 1985. "Literarische Gattungen Im Johannesevangelium: Ein
Forschungsbericht 1919-1980" [Gêneros literários no evangelho de João: uma
análise científica]. *ANRW* 2.25.3:2506-68.

BILDE, P. 1979. "The Causes of the Jewish War According to Josephus" [As causas
da guerra judaica segundo Josefo] *Journal for the Study of Judaism* 10(2):179-202.

_____. 1988. *Flavius Josephus, between Jerusalem and Rome: His Life, his Works,
and their importance* [Flávio Josefo, entre Jerusalém e Roma: sua vida, obras e
importância]. *Journal for the Study of the Pseudepigrapha Supplement Series*, n.º 2.
Sheffield: JSOT Press.

BLENKINSOPP, Joseph. 1981. "Interpretation and the Tendency to Sectarianism:
An aspect of Second-Temple History" [Interpretação e tendência ao sectarismo:
um aspecto da história do segundo templo]. Em *Aspects of Judaism in the
Greco-Roman Period* [Aspectos do judaísmo no período greco-romano], ed. E. P.
Sanders, A. I.

BAUMGARTEN; MENDELSON, Alan. *Jewish and Christian Self-Definition*
[A autodefinição judaica e cristã], vol. 2, p. 1-26. Filadélfia: Fortress.

BOISMARD, M.-E. William R. Farmer F. Neirynck David L. Dungan, eds. 1990.
*The Interrelations of the Gospels: A Symposium Led by M.-E. Boismard, W. R.
Farmer, F. Neirynck, Jerusalem 1984* [As inter-relações dos evangelhos: simpósio
liderado por M. E. Boismard e W. R. Farmer, F. Neirynck, Jerusalém 1984].
Biblotheca Ephemeridium Theologicarum Lovaniensium, vol. 95. Leuven:
Leuven U. P./ Peeters.

BOKSER, B. M. 1982/3. "The Wall Separating God and Israel" [O muro que separa
Deus e Israel]. *Jewish Quarterly Review* 73:349-74.

BORG, Marcus J. 1971. 'The Currency of the Term "Zealot"' ["O uso do termo
'Zelote'"], *Journal of Theological Studies* 22:504-12.

_____. 1984. *Conflict, Holiness and Politics in the Teachings of Jesus* [Conflito,
santidade e política nos ensinamentos de Jesus]. Studies in the Bible and Early
Christianity [Estudos bíblicos e do cristianismo primitivo], vol. 5. Nova Iorque &
Toronto: Edwin Mellen Press.

_____. 1987. "An Orthodoxy Reconsidered: The 'End-of-the-World Jesus'"
[Ortodoxia reconsiderada: o Jesus do fim do mundo]. Em *The Glory of Christ in
the New Testament: Studies in Christology in Memory of George Bradford Caird* [A

641

glória de Cristo no Novo Testamento: estudos cristológicos em memória de George Bradford Caird], ed. L. D. Hurst e N. T. Wright, p. 207-17. Oxford: OUP.

BORGEN, Peder. 1984. "Philo of Alexandria" [Filo de Alexandria]. Em *Compendia* 2.2.233- 82.

BORNKAMM, Günther. 1969. *Early Christian Experience* [Experiência cristã primitiva]. Trad. P. L. Hammer. Londres: SCM.

BOUCHER, Madeleine. 1977. *The Mysterious Parable: A Literary Study* [A parábola misteriosa: um estudo literário]. Catholic Biblical Quarterly Monograph Series, n.º 6. Washington: Catholic Biblical Association of America.

BREARLEY, Margaret. 1988. "Hitler and Wagner: The Leader, the Master and the Jews" [Hitler e Wagner: o líder, o mestre dos judeus], *Patterns of Prejudice* [Padrões de preconceito] 22:3-22.

BROOKE, George J. 1985. "Exegesis at Qumran: 4QFlorilegium in Its Jewish Context" [Exegese em Qumran: *4QFlorilegium* em seu contexto judaico]. *Journal for the Study of the New Testament Supplement Series*, vol. 29. Sheffield: JSOT Press.

BROSHI, Magen. 1982. "The Credibility of Josephus" [A credibilidade de Josefo], *Journal of Jewish Studies* 33:379-84.

_____. 1987. "The Role of the Temple in the Herodian Economy" [O papel do Templo na economia de Herodes], *Journal of Jewish Studies* 38:31-7.

BROWN, Raymond E. 1983. "Not Jewish Christianity and Gentile Christianity but Types of Jewish/ Gentile Christianity" [Nem cristianismo judaico nem cristianismo gentílico, mas tipos de cristianismo judaico/gentílico], *Catholic Biblical Quarterly* 45:74-9.

_____; John P. Meier. 1983. *Antioch and Rome: New Testament Cradles of Catholic Christianity* [Antioquia e Roma: berços neotestamentários do cristianismo católico]. Nova Iorque: Paulist.

BRUCE, F. F. 1969. *New Testament History* [História do Novo Testamento]. Londres: Thomas Nelson.

_____. 1972. *New Testament History* [História do Novo Testamento]. Garden City, Nova Iorque: Doubleday, Anchor.

_____. 1977. *Paul: Apostle of the Free Spirit* [Paulo: apóstolo do Espírito livre] [in USA: *Paul: Apostle of the Heart Set Free*] [nos Estados Unidos: Paulo: apóstolo do coração liberto]. Exeter: Paternoster; Grand Rapids, Mich.: Eerdmans.

_____. 1979. *Men and Movements in the Primitive Church* [Homens e movimentos na igreja primitiva] [in USA: *Peter, Stephen, James and John: Studies in Early Non-Pauline Christianity*] [Nos Estados Unidos: Pedro, Estêvão e João: estudos do cristianismo primitivo não paulino]. Exeter: Paternoster; Grand Rapids, Mich.: Eerdmans.

BRUEGGEMANN, Walter. 1977. *The Land: Place as Gift, Promise and Challenge in Biblical Faith* [A Terra: o lugar como dádiva e desafio na fé bíblica]. Overtures to Biblical Theology [Aberturas para a teologia bíblica]. Filadélfia: Fortress.

BUCHANAN, George W. 1984. *Jesus: The King and His Kingdom* [Jesus: o rei e o seu reino]. Macon, Ga.: Mercer.

BUCKERT, W. 1985. *Greek Religion* [Religião grega]. Oxford: Blackwell.

BULTMANN, Rudolf. 1910. *Der Stil der paulinischen Predigt und die kynisch-stoische Diatribe* [O estilo da pregação paulina e a diatribe cínico-estoica]. Göttingen: Vandenhoek und Ruprecht.

_____. 1951-5. *Theology of the New Testament* [Teologia do Novo Testamento]. Trad. Kendrick Grobel. Nova Iorque: Scribner's; Londres: SCM.

_____. 1956. *Primitive Christianity in Its Contemporary Setting* [Cristianismo primitivo em seu contexto contemporâneo]. Trad. R. H. Fuller. Nova Iorque: Meridian; Londres: Thames & Hudson.

_____. 1958 [1934]. *Jesus and the World* [Jesus e o mundo]. Trad. L. P. Smith e E. H. Lantero. Nova Iorque: Scribner's.

_____. 1960. *Existence and Faith* [Existência e fé]. Ed. Schubert M. Ogden. Living Age Books. Nova Iorque: World Publishing, Meridian.

_____. 1967. *Exegetica*. Tubinga: Mohr.

_____. 1968 [1921]. *The History of the Synoptic Tradition* [A história da tradição sinótica]. Trad. John Marsh. Oxford: Blackwell.

_____. 1985 [1976]. *The Second Letter to the Corinthians* [A segunda carta aos Coríntios]. Trad. Roy A. Harrisville. Mineápolis: Augsburg.

_____. 1986 [1923]. "The History of Religions Background of the Prologue to the Gospel of John" [A história do contexto do prólogo do evangelho de João]. Trad. John Ashton. Em *The Interpretation of John* [A interpretação de João]. Issues in Religion and Theology [Questões em religião e teologia], n.º 9. ed. John Ashton. Filadélfia: Fortress; Londres: SPCK.

_____ et al. 1961. *Kerygma and Myth: A Theological Defense* [Querigma e mito: uma defesa teológica]. Ed. rev. Ed. Hans Werner Bartsch. Trad. Reginald H. Fuller. Nova Iorque: Harper & Row, Harper Torchbooks/Cloister Library.

BURRIDGE, Richard A. 1992. *What Are the Gospels? A Comparison with Graeco-Roman Biography* [O que são os evangelhos? Uma comparação com a biografia greco-romana]. Society for New Testament Studies Monograph Series, vol. 70. Cambridge: CUP.

BURY, J. B. 1951 [1909]. *A History of Greece to the Death of Alexander the Great* [História da Grécia até a morte de Alexandre, o Grande]. 3 ed. Londres: Macmillan.

BUTTERFIELD, H. 1969. *Man on His Past* [O homem no seu passado]. Cambridge: CUP.

CAIRD, George B. 1955. *The Apostolic Age* [A era apostólica]. Londres: Duckworth.

_____. 1964. "The Descent of Christ in Ephesians 4:7–11" [A descida de Cristo em Efésios 4:1-11]. Em *Studia Evangelica II = Texte und Untersuchungen* 87:535-45.

_____. 1965. *Jesus and the Jewish Nation* [Jesus e a nação judaica]. Londres: Athlone Press.

O NOVO TESTAMENTO E O POVO DE DEUS

_____. 1968. "The Development of the Doctrine of Christ in the New Testament" [O desenvolvimento da doutrina de Cristo no Novo Testamento]. Em *Christ for Us Today* [Cristo por nós hoje], ed. N. Pittenger, p. 66-80. Londres: SCM.

_____. 1980. *The Language and Imagery of the Bible* [Linguagem e imaginário bíblicos]. Londres: Duckworth.

CALLOWAY, Phillip R. 1988. "The History of the Qumran Community: An Investigation" [História da comunidade de Qumran: uma investigação], *Journal for the Study of the Pseudepigrapha Supplement Series*, vol. 3. Sheffield: JSOT Press.

CAMERON, Ronald D. 1982. *The Other Gospels: Non-Canonical Gospel Texts* [Os outros evangelhos: textos evangélicos não canônicos]. Filadélfia: Westminster.

CAMPENHAUSEN, Hans von. 1963 [1955]. *The Fathers of the Greek Church* [Os pais da igreja grega]. Trad. L. A. Garrard. Londres: A & C Black.

CAPPER, Brian J. 1985. *PANTA KOINA: A Study of Earliest Christian Community of Goods in Its Hellenistic and Jewish Context* [Um estudo da mais antiga comunidade cristã de bens em seu contexto helenístico e judaico]. Tese de doutorado não publicada. Cambridge University.

CARNEGY, Patrick. 1973. *Faust as Musician. A Study of Thomas Mann's 'Doctor Faustus'* [Fausto como músico: um estudo do "doutor Fausto", de Thomas Mann]. Londres: Chatto & Windus.

CARR, E. H. 1987 [1961]. *What is History?* [O que é história?]. Ed. R. W. Davies. 2 ed. Londres: Penguin Books.

CARSON, Donald A. 1987. "The Purpose of the Fourth Gospel: John 20:31 Reconsidered" [O propósito do quarto evangelho: João 20:31 reconsiderado], *Journal of Biblical Literature* 106:639-51.

CARY, M. 1954 [1935]. *A History of Rome Down to the Reign of Constantine* [História de Roma até o reinado de Constantino]. 2 ed. Londres: Macmillan.

CASEY, P. Maurice. 1991. "Method in Our Madness, and Madness in Their Methods. Some Approaches to the Son of Man Problem in Recent Scholarship" [Método em nossa loucura, e loucura em nosso método: algumas abordagens ao problema do Filho do Homem na erudição recente], *Journal for the Study of the New Testament* 42:17-43.

CATCHPOLE, David R. 1992. "The Beginning of Q: A Proposal" [O início de "Q": uma proposta], *New Testament Studies* 38:205-21.

CHABROL, Claude. 1976. "An Analysis of the 'Text' of the Passion" [Análise do "texto" da paixão]. Em *The New Testament and Structuralism* [O Novo Testamento e o estruturalismo], ed. Alfred M. Johnson, Jr., p. 145-86. Pittsburgh Theological Monograph Series, nº 11. Pittsburgh: The Pickwick Press.

CHADWICK, Henry. 1966. *Early Christian Thought and the Classical Tradition: Studies in Justin, Clement, and Origen* [Pensamento cristão primitivo e a tradição clássica: estudos em Justino, Clemente e Orígenes]. Oxford: OUP.

CHAPMAN, John. 1937. *Matthew, Mark and Luke: A Study in the Order and Interrelation of the Synoptic Gospels* [Mateus, Marcos e Lucas: estudo sobre a ordem e inter-relação dos evangelhos sinóticos]. Londres: Longmans, Green & Co.

644

BIBLIOGRAFIA

CHARLESWORTH, James H. 1969. "A Critical Comparison of the Dualism in 1QS III, 13—IV, 26 and the 'Dualism' Contained in the Fourth Gospel" [Comparação crítica do dualismo em 1QS III, 13—IV, 26 e o "dualismo" contido no quarto evangelho], *New Testament Studies* 15:389-418.

_____. 1979. "The Concept of the Messiah, in the Pseudepigrapha" [O conceito de Messias nos escritos pseudoepigráficos], *ANRW* 19.2.188-218.

_____. 1980. "The Origin and Subsequent History of the Authors of the Dead Sea Scrolls: Four Transitional Phases Among the Qumran Essenes" [Origem e história subsequente dos autores dos Manuscritos do mar Morto: quatro fases transicionais entre os essênios de Qumran]. *Révue de Qumran* 10:213-33.

_____. ed. 1983. *The Old Testament Pseudepigrapha* [Escritos pseudoepigráficos do Antigo Testamento]. Vol. 1. *Apocalyptic Literature and Testaments* [Literatura e testamentos apocalípticos]. Garden City, Nova Iorque: Doubleday.

_____. ed. 1985. *The Old Testament Pseudepigrapha* [Pseudoepígrafos do Antigo Testamento]. Vol. 2. *Expansions of the 'Old Testament' and Legends, Wisdom and Philosophical Literature, Prayers, Psalms and Odes, Fragments of Lost Judaeo-Hellenistic Works* [Expansões do "Antigo Testamento" e lendas, sabedoria e literatura filosófica; orações, salmos e odes; fragmentos de obras judaico-helenísticas perdidas]. Garden City, Nova Iorque: Doubleday.

CHESTER, Andrew. 1991. "Jewish Messianic Expectations and Mediatorial Figures and Pauline Christology" [Expectativas judaico-messiânicas, figuras mediadoras e cristologia paulina]. Em *Paulus und das antike Judentum* [Paulo e o judaísmo antigo], ed. Martin Hengel e Ulrich Heckel, p. 17-89. Wissenschaftliche Untersuchungen zum Neuen Testament [Pesquisa científica do Novo Testamento], vol. 58, Tubinga: Mohr.

CHILTON, Bruce D. 1980. "Isaac and the Second Night: A Reconsideration" [Isaque e a segunda noite: uma reconsideração]. *Biblica* 61:78-88.

_____. 1983. "The Glory of Israel: The Theology and Provenience of the Isaiah Targum" [A glória de Israel: teologia e origem do *Targum* de Isaías], *Journal for the Study of the Old Testament Supplement Series*, vol. 23. Sheffield: JSOT Press.

_____. 1984. *A Galilean Rabbi and His Bible* [Um rabino galileu e sua Bíblia]. Wilmington: Michael Glazier.

COHEN, Shaye J. D. 1979. "Josephus in Galilee and Rome: His Vita and Development as a Historian" [Josefo na Galileia e em Roma: sua vida e desenvolvimento como historiador]. *Columbia Studies in the Classical Tradition*, vol. 8. Leiden: Brill.

_____. 1980. Resenha de Rivkin, "A Hidden Revolution" [Uma revolução escondida]. *Journal of Biblical Literature* 99:627-9.

_____. 1984. "The Significance of Yavneh: Pharisees, Rabbis, and the End of Jewish Sectarianism" [A importância de Jâmnia: fariseus, rabinos e o fim do sectarismo judaico]. *Hebrew Union College Annual* 55:27-53.

_____. 1987. *From the Maccabees to the Mishnah* [Dos Macabeus à *Mishná*]. Em *Library of Early Christianity* [Biblioteca do cristianismo primitivo], ed. Wayne A. Meeks. Filadélfia: Westminster Press.

COLLINGWOOD, R. G. 1956 [1946]. *The Idea of History* [A ideia de história]. Nova Iorque: OUP, Galaxy.

_____. 1968. *Faith and Reason: Essays in the Philosophy of Religion* [Fé e razão: ensaios na filosofia da religião]. Ed. Lionel Rubinoff. Chicago: Quadrangle.

COLLINS, John J., ed. 1979. *Apocalypse: The Morphology of a Genre* [Apocalipse: a morfologia de um gênero]. Semeia, vol. 14. Missoula, Mont.: Scholars Press.

_____. 1984. "Testaments" [Testamentos]. Em *Compendia* 2.2.325-55.

_____. 1987. *The Apocalyptic Imagination* [A imaginação apocalíptica]. Nova Iorque: Crossroad.

_____. 1990. 'Was the Dead Sea Sect an Apocalyptic Movement?' [A seita do mar Morto era um movimento apocalíptico?]. Em *Archaeology and History in the Dead Sea Scrolls: The New York University Conference in Memory of Yigael Yadin* [Arqueologia e história nos Manuscritos do mar Morto: conferência organizada pela Universidade de Nova Iorque em memória de *Yigael Yadin*], ed. Lawrence H. Schiffman, p. 25-51. *Journal for the Study of the Pseudepigrapha Supplement Series*, vol. 8. Sheffield: JSOT Press.

CONZELMANN, Hans. 1960 [1953]. *The Theology of Luke* [Teologia de Lucas]. Trad. Geoffrey Buswell. Londres: Faber & Faber; Nova Iorque: Harper & Row.

_____. 1969. *An Outline of the Theology of the New Testament* [Esboço da teologia do Novo Testamento]. Trad. John Bowden. Nova Iorque: Harper & Row.

_____. 1973. *History of Primitive Christianity* [História do cristianismo primitivo]. Trad. John E. Steely. Nashville: Abingdon.

COTTERELL, Peter; TURNER, Max. 1989. *Linguistics and Biblical Interpretation* [Linguística e interpretação bíblica]. Londres: SPCK.

CRAIG, William Lane. 1986. "The Problem of Miracles: A Historical and Philosophical Perspective" [O problema dos milagres: uma perspectiva histórica e filosófica]. Em *Gospel Perspectives* [Perspectivas do evangelho], eds. David Wenham e Craig L. Blomberg, vol. 6. *The Miracles of Jesus* [Milagres de Jesus], p. 9-48. Sheffield: JSOT Press.

CRANFIELD, Charles E. B. 1982. "Thoughts on New Testament Eschatology" [Reflexões sobre a escatologia do Novo Testamento], *Scottish Journal of Theology* 35:497-512.

CRENSHAW, James L. 1985. "The Wisdom Literature". Em *The Hebrew Bible and Its Modern Interpreters* [A Bíblia hebraica e seus intérpretes modernos], ed. Douglas A. Knight e Gene M. Tucker, p. 369-407. Chico, Calif.: Scholars Press; Filadélfia: Fortress.

CRITES, Stephen. 1989 [1971]. "The Narrative Quality of Experience" [A qualidade narrativa da experiência]. Em *Why Narrative? Readings in Narrative Theology* [Por que narrativa? Leituras na teologia narrativa], ed. Stanley Hauerwas e L. Gregory Jones, p. 65-88. Grand Rapids, Mich.: Eerdmans.

CROSS, Frank M. 1958. *The Ancient Library of Qumran and Modern Biblical Studies* [A antiga biblioteca de Qumran e estudos bíblicos modernos]. Garden City, Nova Iorque: Doubleday.

CROSSAN, J. Dominic. 1973. *In Parables: The Challenge of the Historical Jesus* [Em parábolas: o desafio do Jesus histórico]. Nova Iorque: Harper & Row.

_____. 1976. *Raid on the Articulate: Cosmic Eschatology in Jesus and Borges* [Incursão contra os articulados: escatologia cósmica em Jesus e Borges]. Nova Iorque: Harper & Row.

_____. 1980. *Cliffs of Fall: Paradox and Polyvalence in the Parables of Jesus* [Penhascos da queda: paradoxo e polivalência nas parábolas de Jesus]. Nova Iorque: Seabury Press.

_____. 1983. *In Fragments: The Aphorisms of Jesus* [Em fragmentos: os aforismos de Jesus]. São Francisco: Harper & Row.

_____. 1988a. *The Cross That Spoke: The Origins of the Passion Narrative* [A cruz que falou: origens da narrativa da paixão]. São Francisco: Harper & Row.

_____. 1988b [1975]. *The Dark Interval: Towards a Theology of Story* [O intervalo obscuro: rumo a uma teologia da história]. 2 ed. Sonoma, Calif.: Polebridge Press.

_____. 1991. *The Historical Jesus: The Life of a Mediterranean Jewish Peasant* [O Jesus histórico: a vida de um camponês judeu do Mediterrâneo]. São Francisco: Harper; Edimburgo: T & T Clark.

DAHL, Nils A. 1986. "The Johannine Church and History" [Igreja e história joaninas]. Em *The Interpretation of John* [A interpretação de João]. Issues in Religion and Theology [Questões em religião e teologia], ed. John Ashton, p. 122-40, n.º 9. Filadélfia: Fortress; Londres: SPCK.

DALY, R. J. 1977. "The Soteriological Significance of the Sacrifice of Isaac" [A importância soteriológica do sacrifício de Isaque], *Catholic Biblical Quarterly* 39:45-75.

DAVIDS, Peter H. 1980. "The Gospels and Jewish Tradition: Twenty Years After Gerhardsson" [Os evangelhos e a tradição judaica: vinte anos após Gerhardsson]. Em *Gospel Perspectives: Studies of History and Tradition in the Four Gospels* [Perspectivas do evangelho: estudos em história e tradição nos quatro evangelhos], ed. R. T. France e David Wenham, vol. 1, p. 75-99. Sheffield: JSOT Press.

DAVIES, Philip R. 1977. "Hasidim in the Maccabean Period" [Os *hassidim* no período macabeu], *Journal of Jewish Studies* 28:127-40.

_____. 1982. *The Damascus Covenant: An Interpretation of the 'Damascus Document'* [A aliança de Damasco: uma interpretação do "Documento de Damasco"], *Journal for the Study of the Old Testament Supplement Series*, vol. 25. Sheffield: JSOT Press.

_____. 1985. "Eschatology at Qumran" [Escatologia em Qumran], *Journal of Biblical Literature* 104:39-55.

_____. 1987. *Behind the Essenes: History and Ideology in the Dead Sea Scrolls* [Por trás dos essênios: história e ideologia nos Manuscritos do mar Morto]. Brown Judaic Studies [Estudos judaicos Brown], vol. 94. Atlanta, Ga.: Scholars Press.

O NOVO TESTAMENTO E O POVO DE DEUS

_____. 1990. "The Birthplace of the Essenes: Where is 'Damascus'?" [O lugar de nascimento dos essênios: onde fica "Damasco"?] *Révue de Qumran* 14:503-19.

_____; CHILTON, Bruce D. 1978. "The Aqedah: A Revised Tradition History" [A Aquedah: uma tradição revisada da história], *Catholic Biblical Quarterly* 40:514-46.

DAVIES, W. D. 1964. *The Setting of the Sermon on the Mount* [O contexto do Sermão do Monte]. Cambridge: CUP.

_____. 1974. *The Gospel and the Land: Early Christianity and Jewish Territorial Doctrine* [O evangelho e a Terra: cristianismo primitivo e doutrina territorial]. Berkeley: U. of California Press.

_____. 1980 [1948]. *Paul and Rabbinic Judaism* [Paulo e o judaísmo rabínico]. 4 ed. Filadélfia: Fortress.

_____. 1987. "Canon and Christology". Em *The Glory of Christ in the New Testament: Studies in Christology in Memory of George Bradford Caird* [A glória de Cristo no Novo Testamento: estudos cristológicos em memória de George Bradford Caird], eds. L. D. Hurst e N. T. Wright, p. 19-36. Oxford: Clarendon Press.

_____; ALLISON, Dale C. 1988, 1991, 1997. *A Critical and Exegetical Commentary on the Gospel According to Saint Matthew* [Comentário crítico-exegético do evangelho segundo Mateus]. 3 vols. International Critical Commentary, novas séries. Edimburgo: T & T Clark.

DE LA MARE, Walter. 1938. *Stories, Essays and Poems* [Histórias, ensaios e poemas]. Londres: J. M. Dent.

DERRETT, J. D. M. 1975. "Cursing Jesus (1 Cor. xii:3): The Jews as Religious 'Persecutors'" [Judeus como "perseguidores" religiosos], *New Testament Studies* 21:544-54.

DIBELIUS, Martin. 1934 [1919]. *From Tradition to Gospel* [Da tradição ao evangelho]. Trad. Bertram Lee Woolf e Martin Dibelius. Nova Iorque: Scribner's.

DIHLE, A. 1983. "Die Evangelien und die griechische Biographie" [Os evangelhos e a biografia grega]. Em *Das Evangelium und die Evangelien* [O evangelho e os evangelhos], ed. P. Stuhlmacher, p. 383-411. Wissenschaftliche Untersuchungen zum Neuen Testament, vol. 28. Tubinga: Mohr.

DILLISTONE, F. W. 1977. *C. H. Dodd: Interpreter of the New Testament* [C. H. Dodd: intérprete do Novo Testamento]. Londres: Hodder & Stoughton.

DIMANT, D. 1984. "Qumran Sectarian Literature" [Literatura sectária de Qumran]. Em *Compendia* 2.2.483-550.

DIX, Gregory. 1953. *Jew and Greek: A Study in the Primitive Church* [Judeu e grego: estudo da igreja primitiva]. Londres: A & C Black.

DODD, C. H. 1978 [1935]. *The Parables of the Kingdom* [As parábolas do reino]. Ed. rev. Londres: Nisbet; Nova Iorque: Scribner's.

DONALDSON, T. L. 1990. "Rural Banditry, City Mobs and the Zealots" [Bandidagem rural, distúrbios na cidade e os zelotes] *Journal for the Study of Judaism* 21:19-40.

BIBLIOGRAFIA

DONFRIED, Karl P., ed. 1991 [1977]. *The Romans Debate* [O debate de Romanos].
2 ed. Peabody, Mass.: Hendrikson.

DORAN, R. 1990. *Theology and the Dialectics of History* [Teologia e dialética da
história]. Toronto: U. of Toronto Press.

DOWNING, F. Gerald. 1980a. "Redaction Criticism: Josephus' *Antiquities* and the
Synoptic Gospels (I)" [Crítica da redação: *Antiguidades* de Josefo e os evangelhos
sinóticos (I)], *Journal for the Study of the New Testament* 8:46-65.

_____. 1980b. "Redaction Criticism: Josephus' *Antiquities* and the Synoptic Gospels
(II)" [Crítica da redação: *Antiguidades* de Josefo e os evangelhos sinóticos (II)],
Journal for the Study of the New Testament 9:29-48.

_____. 1982. "Common Ground with Paganism in Luke and Josephus"
[Denominador comum com o paganismo em Lucas e Josefo], *New Testament
Studies* 28:546-59.

_____. 1988a. *Christ and the Cynics: Jesus and Other Radical Preachers in
First-Century Tradition* [Cristo e os cínicos: Jesus e outros pregadores radicais da
tradição do primeiro século]. JSOT Manuals, n.º 4. Sheffield: Sheffield Academic
Press.

_____. 1988b. "Quite Like Q. A Genre for 'Q': The 'Lives' of Cynic Philosophers"
[Parecido com "Q". Um gênero para "Q": as "vidas" dos filósofos cínicos], *Biblica*
69:196-225.

_____. 1991. Resenha de Smith 1990, *Journal of Theological Studies* 42:703-5.

_____. 1992. "A Paradigm Perplex: Luke, Matthew and Mark" [Paradigma perplexo:
Lucas, Mateus e Marcos], *New Testament Studies* 38:15-36.

DOYLE, B. R. 1988. "Matthew's Intention as Discerned by His Structure" [A
intenção de Mateus discernida por sua estrutura], *Révue Biblique* 95:386-403.

DROGE, Arthur J.; TABOR, James D. 1992. *A Noble Death: Suicide and Martyrdom
Among Christians and Jews in Antiquity* [Uma morte nobre: suicídio e martírio
entre cristãos e judeus da Antiguidade]. São Francisco: HarperSanFrancisco.

DRURY, John. 1985. *The Parables in the Gospels: History and Allegory* [Parábolas nos
evangelhos: história e alegoria]. Londres: SPCK.

DUNN, James D. G. 1975. *Jesus and the Spirit: A Study of the Religious and
Charismatic Experience of Jesus and the First Christians as Reflected in the New
Testament* [Jesus e o Espírito: um estudo da experiência religiosa e carismática de
Jesus e dos primeiros cristãos, refletida no Novo Testamento]. Londres: SCM;
Filadélfia: Westminster.

_____. 1977. *Unity and Diversity in the New Testament: An Inquiry Into the
Character of Earliest Christianity* [Unidade e diversidade no Novo Testamento:
análise do caráter do cristianismo primitivo]. Londres: SCM; Filadélfia:
Westminster.

_____. 1980. *Christology in the Making: A New Testament Inquiry Into the Origins of
the Doctrine of the Incarnation* [Cristologia em formação: análise neotestamentária
nas origens da doutrina da encarnação]. Londres: SCM; Filadélfia: Westminster.

O NOVO TESTAMENTO E O POVO DE DEUS

_____. 1985. "Works of the Law and the Curse of the Law (Galatians 3.10-14)" [Obras da lei e a maldição da lei (Gálatas 3:10-14)], *New Testament Studies* 31:523-42.

_____. 1988. "Pharisees, Sinners and Jesus" [Fariseus, pecadores e Jesus]. Em *The Social World of Formative Christianity and Judaism: Essays in Tribute to Howard Clark Kee* [O mundo social do cristianismo e do judaísmo formativo: ensaios em tributo a Howard Clark Kee], ed. Jacob Neusner, Ernest S. Frerichs, Peder Borgen, and Richard Horsley, p. 264-89. Filadélfia: Fortress.

_____. 1990. *Jesus, Paul and the Law* [Jesus, Paulo e a lei]. Londres: SPCK.

_____. 1991. *The Partings of the Ways Between Christianity and Judaism and Their Significance for the Character of Christianity* [A separação do cristianismo e do judaísmo e sua importância para o caráter do cristianismo]. Londres: SCM; Filadélfia: Trinity Press International.

_____; MACKEY, James P. 1987. *New Testament Theology in Dialogue* [Teologia do Novo Testamento em diálogo]. Biblical Foundations in Theology. Londres: SPCK.

EAGLETON, Terry. 1991. *Ideology: An Introduction* [Ideologia: uma introdução]. Londres & Nova Iorque: Verso.

EDWARDS, R. A. 1985. *Matthew's Story of Jesus* [A história de Jesus contada por Mateus]. Filadélfia: Fortress.

EICHRODT, Walther. 1961, 1967. *Theology of the Old Testament* [Teologia do Antigo Testamento]. 2 vols. Trad. J. A. Baker. The Old Testament Library. Filadélfia: Westminster/ Londres: SCM.

ELTON, G. R. 1984 [1967]. *The Practice of History* [A prática da história]. Londres: Flamingo.

EPP, Eldon J.; MAC RAE, George W., ed. 1989. *The New Testament and Its Modern Interpreters*. In *The Bible and Its Modern Interpreters* [O Novo Testamento e seus intérpretes modernos], ed. Douglas A. Knight. Atlanta, Ga.: Scholars Press; Filadélfia: Fortress.

EPSTEIN, Isidore. 1959. *Judaism: A Historical Presentation* [Judaísmo: uma apresentação histórica]. Londres: Penguin Books.

EVANS, Christopher F. 1990. *Saint Luke* [São Lucas]. SCM/TPI New Testament Commentaries. Londres: SCM; Filadélfia: Trinity Press International.

EVANS, Craig A. 1989a. "Jesus Action in the Temple and Evidence of Corruption in the First-Century Temple" [Ação de Jesus no Templo e a evidência de corrupção no Templo do primeiro século]. Em *Society of Biblical Literature 1989 Seminar Papers*, ed. David J. Lull, p. 522-39. Atlanta, Ga.: Scholars Press.

_____. 1989b. "Jesus Action in the Temple: Cleansing or Portent of Destruction?" [Ação de Jesus no Templo: purificação ou destruição?], *Catholic Biblical Quarterly* 51:237-70.

FALCK, Colin. 1989. *Myth, Truth and Literature: Towards a True Post-Modernism* [Mito, verdade e literatura: em direção a um verdadeiro pós-modernismo]. Cambridge: CUP.

BIBLIOGRAFIA

FALLON, Francis T.; CAMERON, Ron. 1988. "The Gospel of Thomas: A *Forschungsbericht* and Analysis" [O evangelho de Tomé: uma *Forschungsbericht* e análise]. Em *ANRW* 2.25.6:4195251.

FARMER, William R. 1956. *Maccabees, Zealots, and Josephus: An Inquiry Into Jewish Nationalism in the Greco-Roman Period* [Macabeus, zelotes e Josefo: uma pesquisa no nacionalismo judaico do período greco-romano]. Nova Iorque: Columbia U. P.

_____. 1964. *The Synoptic Problem: A Critical Analysis* [O problema sinótico: uma análise crítica]. Londres & Nova Iorque: Macmillan.

FARRER, Austin M. 1955. "On Dispensing with Q" [Sobre descartar "Q"]. Em *Studies in the Gospels: Essays in Memory of R. H. Lightfoot* [Estudos nos evangelhos: ensaios em memória de R. H. Lightfoot], ed. Dennis E. Nineham, p. 55-86. Oxford: Blackwell.

_____. 1964. *The Revelation of St John the Divine* [A revelação de S. João]. Oxford: OUP.

FEE, Gordon D. 1987. *The First Epistle to the Corinthians* [Primeira carta aos Coríntios]. The New International Commentary on the New Testament. Grand Rapids, Mich.: Eerdmans.

FELDMAN, Louis H. 1984. *Josephus and Modern Scholarship* [Josefo e a erudição moderna]. Berlim & Nova Iorque: de Gruyter.

FERGUSON, Everett. 1987. *Backgrounds of Early Christianity* [Contextos do cristianismo primitivo]. Grand Rapids: Eerdmans.

FILSON, Floyd V. 1965. *A New Testament History* [Uma história neotestamentária]. Londres: SCM.

FINKELSTEIN, Louis. 1962 [1938]. *The Pharisees: The Sociological Background of Their Faith* [Os fariseus: contexto sociológico de sua verdadeira fé]. 3 ed. Filadélfia: Jewish Publication Society of America.

FISHBANE, Michael. 1985. *Biblical Interpretation in Ancient Israel* [Interpretação bíblica no antigo Israel]. Oxford: OUP.

FITZMYER, Joseph A. 1971. *Essays on the Semitic Background of the New Testament* [Ensaios sobre o contexto semítico do Novo Testamento]. Londres: Geoffrey Chapman.

FLANNERY, Austin, ed. 1975. *Vatican Council II: The Conciliar and Post Conciliar Documents* [Concílio Vaticano II: documentos conciliares e pós-conciliares]. Dublin: Dominican Publications.

FLOROVSKY, G. 1974. *Christianity and Culture* [Cristianismo e cultura]. Collected Works, vol. 2. Belmont, Mass.: Nordland.

FLUSSER, David. 1976. "Paganism in Palestine" [Paganismo na Palestina]. Em *Compendia* 1.2.1065-1100.

FORD, David F. 1989. *The Modern Theologians: An Introduction to Christian Theology in the Twentieth Century* [Teólogos modernos: uma introdução à teologia cristã no século 20]. 2 vols. Oxford: Basil Blackwell.

O NOVO TESTAMENTO E O POVO DE DEUS

FORNARA, C. W. 1983. *The Nature of History in Ancient Greece and Rome* [A natureza da história nas antigas Grécia e Roma]. São Francisco: U. of California Press.

FOWL, Stephen E. 1990. "The Story of Christ in the Ethics of Paul: An Analysis of the Function of the Hymnic Material in the Pauline Corpus" [A história de Cristo na ética de Paulo: uma análise da função dos hinos no *corpus* paulino]. *Journal for the Study of the New Testament Supplement Series*, vol. 36. Sheffield: Sheffield Academic Press.

FOWLER, Robert M. 1991. *Let the Reader Understand: Reader-Response Criticism and the Gospel of Mark* [Quem lê, entenda: crítica da resposta do leitor e o evangelho de Marcos]. Mineápolis: Fortress.

FRANCE, R. T. 1982. "The Worship of Jesus: A Neglected Factor in Christological Debate?" [A adoração de Jesus: um fator negligenciado no debate cristológico]. Em *Christ the Lord: Studies in Christology Presented to Donald Guthrie* [Cristo, o Senhor: estudos em cristologia apresentados a Donald Guthrie], ed. H. H. Rowdon, p. 17-36. Leicester: IVP.

FREEMAN, Gordon M. 1986. *The Heavenly Kingdom: Aspects of Political Thought in Talmud and Midrash* [O reino celestial: aspectos do pensamento político no *Talmud* e na *Midrash*]. Lanham e Jerusalém, Filadélfia, Montreal: University Press of America; Jerusalem Centre for Public Affairs.

FREI, Hans W. 1974. *The Eclipse of Biblical Narrative: A Study in Eighteenth and Nineteenth Century Hermeneutics* [O eclipse da narrativa bíblica: estudo da hermenêutica dos séculos 18 e 19]. New Haven: Yale U. P.

FREYNE, S. 1980. *Galilee from Alexander the Great to Hadrian: A Study of Second Temple Judaism* [Galileia de Alexandre, o Grande, a Adriano: estudo do judaísmo do segundo templo]. Wilmington, Del.: Glazier/Notre Dame U. P.

_____. 1988. *Galilee, Jesus and the Gospels: Literary Approaches and Historical Investigations* [Galileia, Jesus e os evangelhos: abordagens literárias e investigações históricas]. Filadélfia: Fortress.

FROST, Stanley. 1987. "Who Were the Heroes? An Exercise in Bi-Testamentary Exegesis, with Christological Implications" [Quem foram os heróis? Um exercício em exegese bitestamentária, com implicações cristológicas]. Em *The Glory of Christ in the New Testament: Studies in Christology in Memory of George Bradford Caird* [A glória de Cristo no Novo Testamento: estudos cristológicos em memória de George Bradford Caird], ed. L. D. Hurst e N. T. Wright, p. 165-72. Oxford: Clarendon Press.

FRYE, Northrop. 1983. *The Great Code: The Bible and Literature* [O grande Código: a Bíblia e a literatura]. San Diego: Harcourt Brace Jovanovich.

FULLER, Reginald H. 1989. "New Testament Theology" [Teologia do Novo Testamento]. Em *The New Testament and Its Modern Interpreters*, ed. Eldon J. Epp and George W. MacRae, p. 565-84. Atlanta, Ga.: Scholars Press; Filadélfia: Fortress.

FULLER, Russell. 1991. "Text-Critical Problems in Malachi 2:10–16" [Problemas crítico-textuais em Malaquias 2:10-16], *Journal of Biblical Literature* 110:47-57.

652

BIBLIOGRAFIA

FUNK, Robert. 1988. *The Poetics of Biblical Narrative* [Poética da narrativa bíblica]. Sonoma, Calif.: Polebridge Press.

FURNISH, Victor P. 1984. *II Corinthians* [II Coríntios]. Anchor Bible. Nova Iorque: Doubleday.

GAFNI, Isaiah M. 1984. "The Historical Background [i.e. to Jewish Writings of the Second Temple Period]" [Contexto histórico (os escritos judaicos do período do segundo templo)]. Em *Compendia* 2.2.1-31.

_____. 1987. "The Historical Background [i.e. to the Literature of the Sages]" [Contexto histórico (a literatura dos sábios)]. Em *Compendia* 2.3.1-34. Gager, John G. 1983. *The Origins of Anti-Semitism.* [Origens do antissemitismo] Oxford: OUP.

GALLAND, Corina. 1976. "An Introduction to the Method of A. J. Greimas" [Introdução ao método de A. J. Greimas]. Em *The New Testament and Structuralism*, ed. e trad. Alfred M. Johnson Jr., p. 1-26. *Pittsburgh Theological Monograph Series*, vol. 11. Pittsburgh: The Pickwick Press.

GARCIA-MARTINEZ, F.; VAN DER WOUDE, A. S. 1990. "A 'Groningen' Hypothesis of Qumran Origins and Early History" [Hipótese "Groningen" das origens e história primitiva de Qumran]. *Révue de Qumran* 14:521-41.

GARNSEY, Peter; SALLER, Richard . 1982. *Greece and Rome: New Surveys in the Classics N.º 15. The Early Principate: Augustus to Trajan* [Grécia e Roma: novas análises nos clássicos. N. 15. O principado antigo: de Augusto a Trajano]. Oxford: Clarendon Press.

GÄRTNER, Bertil. 1965. *The Temple and the Community in Qumran and the New Testament* [O Templo, a comunidade de Qumran e o Novo Testamento]. Society for New Testament Studies Monograph Series, vol. 1. Cambridge: CUP.

GASTON, Lloyd. 1987. *Paul and the Torah* [Paulo e a Torá]. Vancouver: U. of British Columbia Press.

GEERTZ, Clifford. 1973. *The Interpretation of Cultures* [Interpretação de culturas]. Nova Iorque: Basic Books.

GEORGI, Dieter. 1986 [1964]. *The Opponents of Paul in Second Corinthians* [Opositores de Paulo em 2Coríntios]. Trad. H. Attridge e outros. Studies of the New Testament and its World [Estudos no Novo Testamento e o seu mundo]. Edimburgo: T & T Clark; Filadélfia: Fortress.

GERHARDSSON, Birger. 1961. *Memory and Manuscript: Oral Tradition and Written Transmission in Rabbinic Judaism and Early Christianity* [Memória e manuscrito: tradição oral e transmissão escrita no judaísmo rabínico e no cristianismo primitivo]. Uppsala: Gleerup.

_____. 1964. *Tradition and Transmission in Early Christianity* [Tradição e transmissão no cristianismo antigo]. Uppsala: Gleerup.

_____. 1979. *The Origins of the Gospel Tradition* [Origens da tradição evangélica]. Londres: SCM.

_____. 1986. *The Gospel Tradition* [A tradição do evangelho]. Lund: Gleerup.

O NOVO TESTAMENTO E O POVO DE DEUS

GERHART, Mary; RUSSELL, Allan. 1984. *Metaphoric Process: The Creation of Scientific and Religious Understanding* [Processo metafórico: a criação da compreensão científica e religiosa]. Fort Worth: Texas Christian U. P.

GILKEY, Langdon. 1976. *Reaping the Whirlwind: A Christian Interpretation of History* [Colhendo o furacão: uma interpretação cristã da história]. Nova Iorque: Seabury Press, Crossroads.

_____. 1981. *Society and the Sacred: Toward a Theology of Culture in Decline* [Sociedade e o sagrado: rumo à teologia de uma cultura em declínio]. Nova Iorque: Seabury Press.

GINZBERG, L. 1928. *Students, Scholars, and Saints* [Alunos, eruditos e santos]. Filadélfia: Jewish Publication Society of America.

GLASSON, T. F. 1977. "Schweitzer's Influence-Blessing or Bane?" [A influência de Schweitzer: bênção ou maldição?], *Journal of Theological Studies* 28:289-302.

GOLB, N. 1985. "Who Hid the Dead Sea Scrolls?" [Quem compôs os Manuscritos do mar Morto?]. *Biblical Archaeologist* 48:68-82.

_____. 1989. "The Dead Sea Scrolls" [Os Manuscritos do mar Morto]. *The American Scholar* 58:177-207.

GOLDBERG, Michael. 1982. *Theology and Narrative: A Critical Introduction* [Teologia e narrativa]. Nashville: Abingdon.

GOLDINGAY, John E. 1989. *Daniel* [Daniel]. Word Biblical Commentary, vol. 30. Dallas, Tex.: Word Books.

GOLDSTEIN, Jonathan A. 1981. "Jewish Acceptance and Rejection of Hellenism" [Aceitação judaica e rejeição do helenismo]. Em *Jewish and Christian Self-Definition* [Autodefinição judaica e cristã], vol. 2. *Aspects of Judaism in the Greco-Roman Period* [Aspectos do judaísmo no período greco-romano], ed. E. P. Sanders, A. I. Baumgarten e A. Mendelson, p. 64-87. Filadélfia: Fortress.

_____. 1987. "Biblical Promises and 1 and 2 Maccabees" [Promessas bíblicas e 1 e 2Macabeus]. Em *Judaisms and Their Messiahs at the Turn of the Christian Era* [Judaísmos e seus messias na virada da era cristã], ed. Jacob Neusner, William S. Green e Ernest S. Frerichs, p. 69-96. Cambridge: CUP.

_____. 1989. "The Hasmonean Revolt and the Hasmonean Dynasty" [Revolta e dinastia dos asmoneus]. Em *Cambridge History of Judaism*, vol. 2, p. 292-351. Cambridge: CUP.

GOODBLATT, D. 1989. "The Place of the Pharisees in First Century Judaism: The State of the Debate" [O lugar dos fariseus no judaísmo do primeiro século], *Journal for the Study of Judaism* 20:12-29.

GOODMAN, Martin. 1987. *The Ruling Class of Judaea: The Origins of the Jewish Revolt Against Rome A.D. 66-70* [A classe dominante da Judeia: origens da revolta judaica contra Roma em 66—70 d.C.]. Cambridge: CUP.

GOPPELT, Leonhard. 1981. *Theology of the New Testament* [Teologia do Novo Testamento], vol. 1. *The Ministry of Jesus in Its Theological Significance* [O ministério de Jesus e sua importância teológica]. Trad. John E. Alsup. Ed. Jürgen Roloff. Grand Rapids, Mich.: Eerdmans.

BIBLIOGRAFIA

_____. 1982. *Theology of the New Testament*. Vol. 2. *The Variety and Unity of the Apostolic Witness to Christ* [Variedade e unidade do testemunho apostólico de Cristo]. Trad. John E. Alsup. Ed. Jürgen Roloff. Grand Rapids, Mich.: Eerdmans.

GOULDER, Michael. 1974. *Midrash and Lection in Matthew* [*Midrash* e leitura em Mateus]. Londres: SPCK.

GOWAN, Donald E. 1977. "The Exile in Jewish Apocalyptic" [Exílio no apocalíptico judaico]. Em *Scripture in History and Theology: Essays in Honor of J. Coert Rylaarsdam* [A escritura na história e na teologia: ensaios em homenagem a J. Coert Rylaarsdam], ed. Arthur E. Merrill and Thomas W. Overholt, p. 205-23. Pittsburgh Theological Monograph Series, vol. 17. Pittsburgh: Pickwick.

GREENE, John. 1981. *Science, Ideology and World View: Essays in the History of Evolutionary Ideas*. [Ciência, ideologia e cosmovisões: ensaios na história de ideias evolutivas] Berkeley: U. of California Press.

GREIMAS, A. J. 1966. *Sémantique structural* [Semântica estrutural]. Paris: Seuil.

_____. 1970. *Du Sens* [Sobre o sentido]. Paris: Seuil.

GRUENWALD, Ithamar. 1980. *Apocalyptic and Merkavah Mysticism* [O apocalíptico e a tradição mística de *Merkbah*]. Arbeiten zur Geschichte des Antiken Judentums und des Urchristentums, vol. 14. Leiden: Brill.

GUNTON, Colin E. 1985. *Enlightenment and Alienation: An Essay Towards a Trinitarian Theology* [Iluminismo e alienação: ensaio rumo a uma teologia trinitária]. Contemporary Christian Studies. Basingstoke: Marshall, Morgan & Scott.

_____. 1988. *The Actuality of Atonement: A Study of Metaphor, Rationality and the Christian Tradition* [A relevância da propiciação: um estudo da metáfora, da racionalidade e da tradição cristã]. Edimburgo: T & T Clark.

GUTMANN, Joseph, ed. 1981. *Ancient Synagogues: The State of Research* [Sinagogas antigas: o estado das pesquisas]. Brown Judaic Studies, nº 22. Chico, Calif.: Scholars Press.

GÜTTGEMANNS, Erhardt. 1979 [1971]. *Candid Questions Concerning Gospel Form Criticism. A Methodological Sketch of the Fundamental Problematics of Form and Redaction Criticism* [Perguntas sinceras concernentes à crítica da forma dos evangelhos: um esboço metodológico dos problemas fundamentais da crítica da forma e da crítica da redação]. Pittsburgh: Pickwick.

HALL, Stuart G. 1991. *Doctrine and Practice in the Early Church* [Doutrina e prática na igreja primitiva]. Londres: SPCK.

HARE, Douglas R. A. 1990. *The Son of Man Tradition* [A tradição do Filho do Homem]. Mineápolis: Fortress.

HARE, Richard M. 1963. *Freedom and Reason* [Liberdade e razão]. Oxford: Clarendon Press.

HARNACK, Adolf. 1924 [1921]. *Marcion: Das Evangelium von fremden Gott* [Marcião: o evangelho estranho de Deus]. 2 ed. Texte und Untersuchungen, n.º 45. Leipzig: Hinrichs.

_____. 1957 [1900]. *What is Christianity?* [O que é o cristianismo?] Trad. Thomas Bailey Saunders. Nova Iorque: Harper & Row, Harper Torchbooks/Cloister Library.

HARPER, George. 1988. *Repentance in Pauline Theology* [Arrependimento na teologia paulina]. Tese de doutorado, McGill University, Montreal.

HARVEY, Anthony E. 1982. *Jesus and the Constraints of History: The Bampton Lectures, 1980* [Jesus e as restrições da história: as palestras de Bampton]. Londres: Duckworth.

HARVEY, David. 1989. *The Condition of Postmodernity: An Enquiry Into the Origins of Cultural Change* [A condição da pós-modernidade: pesquisa sobre as origens da mudança cultural]. Oxford: Blackwell.

HAUERWAS, Stanley; JONES, L. Gregory (eds.). 1989. *Why Narrative? Readings in Narrative Theology* [Por que narrativa? Leituras na teologia narrativa] Grand Rapids, Mich.: Eerdmans.

HAWKING, Stephen W. 1988. *A Brief History of Time: From the Big Bang to Black Holes* [Uma breve história do tempo]. Londres: Transworld.

HAYMAN, Peter. 1991. "Monotheism — A Misused Word in Jewish Studies?" [Monoteísmo: uma palavra mal-empregada nos estudos judaicos?], *Journal of Jewish Studies* 42:1-15.

HAYS, R. B. 1983. *The Faith of Jesus Christ: An Investigation of the Narrative Substructure of Galatians 3:1—4:11* [A fé de Jesus Cristo: uma investigação da subestrutura narrativa de Gálatas 3:1– 4:11]. SBL Dissertation Series. Chico, Calif.: Scholars Press.

_____. 1989. *Echoes of Scripture in the Letters of Paul* [Ecos da Escritura nas cartas de Paulo]. New Haven: Yale U. P.

HAYWARD, C. T. R. 1991. "Sacrifice and World Order: Some Observations on Ben Sira's Attitude to the Temple Service" [Sacrifício e ordem mundial: algumas observações acerca das atitudes de Ben Sira com relação ao serviço do Templo]. Em *Sacrifice and Redemption: Durham Essays in Theology* [Sacrifício e redenção: ensaios Durham em teologia], ed. Stephen W. Sykes, p. 22–34. Cambridge: CUP.

HELLHOLM, David. 1983. *Apocalypticism in the Mediterranean World and the Near East: Proceedings of the International Colloquium on Apocalypticism, Uppsala, August 12–17, 1979* [Apocalipcismo no mundo mediterrâneo e no Oriente Próximo: procedimentos do colóquio internacional sobre apocalipcismo, Uppsala, 12-17 de agosto de 1979]. Tubinga: Mohr.

HEMER, Colin J. 1989. *The Book of Acts in the Setting of Hellenistic History* [O livro de Atos no contexto da história helenística]. Ed. Conrad J. Gempf. Tubinga: Mohr.

HENGEL, M. 1974. *Judaism and Hellenism: Studies in Their Encounter in Palestine During the Early Hellenistic Period* [Judaísmo e helenismo: estudos em sua interseção na Palestina no período helenístico antigo]. Trad. John Bowden. 2 vols. Londres: SCM; ed. 1 vol., Filadélfia: Fortress (1991).

_____. 1976. *The Son of God: The Origin of Christology and the History of Jewish-Hellenistic Religion* [O Filho de Deus: a origem da cristologia e da história da religião judaico-helenística]. Trad. John Bowden. Filadélfia: Fortress.

_____. 1977 [1976]. *Crucifixion in the Ancient World and the Folly of the Message of the Cross* [A crucificação no mundo antigo e a tolice da mensagem da cruz]. Trad. John Bowden. Londres: SCM; Filadélfia: Fortress.

_____. 1979. *Acts and the History of Earliest Christianity* [Atos e a história do cristianismo primitivo]. Trad. John Bowden. Filadélfia: Fortress.

_____. 1983. *Between Jesus and Paul: Studies in the Earliest History of Christianity* [Entre Jesus e Paulo: estudos na história mais antiga do cristianismo]. Trad. J. Bowden. Londres: SCM.

_____. 1989a. *The "Hellenization" of Judaea in the First Century After Christ* [A "helenização" da Judeia no primeiro século]. Londres: SCM; Filadélfia: Trinity Press International.

_____. 1989b. *The Johannine Question* [A questão joanina]. Trad. John Bowden. Londres: SCM; Filadélfia: Trinity Press International.

_____. 1989c [1961]. *The Zealots: Investigations Into the Jewish Freedom Movement in the Period from Herod I Until 70 A.D.* [Os zelotes: investigações sobre o movimento de libertação judaico no período de Herodes até 70 d.C.]. Trad. David Smith. Edimburgo: T & T Clark.

_____. 1991. *The Pre-Christian Paul* [O Paulo pré-cristão]. Trad. John Bowden com Roland Dienes. Londres: SCM; Filadélfia: Trinity Press International.

HENNECKE, Edgar. 1963. *New Testament Apocrypha* [Apócrifos do Novo Testamento]. Ed. Wilhelm Schneemelcher e R. McL. Wilson. Vol. 1. *Gospels and Related Writings* [Os evangelhos e escritos corrrelatos]. Filadélfia: Westminster Press; Londres: SCM.

_____. 1965. *New Testament Apocrypha* [Apócrifos do Novo Testamento]. Ed. Wilhelm Schneemelcher and R. McL. Wilson. Vol. 2. *Writings Related to the Apostles: Apocalypses and Related Subjects* [Escritos relacionados aos apóstolos: apocalipses e temas relacionados]. Filadélfia: Westminster Press; Londres: SCM.

HILL, Craig C. 1992. *Hellenists and Hebrews: Reappraising Division Within the Earliest Church* [Helenistas e hebreus: reavaliando a divisão na igreja primitiva]. Mineápolis: Fortress.

HILL, David. 1979. *New Testament Prophecy* [Profecia do Novo Testamento]. Londres: Marshall, Morgan & Scott.

HIRST, R. J. 1967. "Phenomenalism" [Fenomenalismo]. Em *The Encyclopedia of Philosophy* [Enciclopédia de Filosofia], ed. P. Edwards, vol. 6, p. 130-5. Nova Iorque: Macmillan Co. & The Free Press; Londres: Collier-Macmillan Ltd.

HOLMES, Arthur F. 1983a. *All Truth is God's Truth* [Toda verdade é verdade de Deus]. Downer's Grove, Ill.: IVP.

_____. 1983b. *Contours of a Worldview* [Contornos de uma cosmovisão]. Grand Rapids, Mich.: Eerdmans.

HOLZ, Traugott. 1968. *Untersuchungen über die alttestamentlichen Zitate bei Lukas* [Investigações nas citações do Antigo Testamento em Lucas]. Texte und Untersuchungen, vol. 104. Berlim: Akademie.

O NOVO TESTAMENTO E O POVO DE DEUS

HOMMEL, H. 1961/2. "Das 7. Kapitel des Römerbriefes im Licht antiker Überlieferung" [O sétimo capítulo de Romanos à luz da tradição antiga]. *Theologia Viatorum* 8:90-116.

HOOKER, Morna D. 1967. *The Son of Man in Mark* [O Filho do Homem em Marcos]. Londres: SPCK.

_____. 1972. "On Using the Wrong Tool" [Sobre o uso da ferramenta errada], *Theology* 75:570-81.

_____. 1975. "In His Own Image?" [À sua própria imagem?]. Em *What About the New Testament? Essays in Honour of Christopher Evans* [E quanto ao Novo Testamento? Ensaios em homenagem a Christopher Evans], eds. Morna D. Hooker e Colin Hickling, p. 28-44. Londres: SCM.

_____. 1991. *A Commentary on the Gospel According to St Mark* [Comentário no evangelho segundo S. Marcos]. Black's New Testament Commentaries. Londres: A & C Black.

Horbury, William. 1982. "The Benediction of the *Minim* and Early Jewish-Christian Controversy" [A bênção dos *minim* e a controvérsia judaico-cristã primitiva], *Journal of Theological Studies* 33:19-61.

_____. 1984. "The Temple Tax" [O imposto do Templo]. Em *Jesus and the Politics of His Day* [Jesus e a política da época], eds. Ernst Bammel e Charles F. D. Moule, p. 265-86. Cambridge: CUP.

_____. 1985. "The Messianic Associations of 'the Son of Man'" [Associações messiânicas do "Filho do Homem"], *Journal of Theological Studies* 36:34-55.

HORSLEY, Richard A. 1979a. "Josephus and the Bandits" [Josefo e os arruaceiros], *Journal for the Study of Judaism* 10 (1):37-63.

_____. 1979b. "The Sicarii: Ancient Jewish 'terrorists'" [Os sicários: "terroristas" judeus de antigamente], *Journal of Religion* 59:435-58.

_____. 1981. "Ancient Jewish Banditry and the Revolt Against Rome, A.D. 66" [Perturbadores judaicos na antiguidade e a revolta contra Roma em 66 d.C.]. *Catholic Biblical Quarterly* 43:409-32.

_____. 1984. "Popular Messianic Movements Around the Time of Jesus" [Movimentos messiânicos populares por volta da época de Jesus], *Catholic Biblical Quarterly* 46:471-95.

_____. 1986a. "Popular Prophetic Movements at the Time of Jesus: Their Principal Features and Social Origins" [Movimentos proféticos populares na época de Jesus: principais características e origens sociais], *Journal for the Study of the New Testament* 26:3-27.

_____. 1986b. "The Zealots: Their Origin, Relationships and Importance in the Jewish Revolt" [Os zelotes: sua origem, relacionamentos e importância na revolta judaica], *Novum Testamentum* 28(2):159-92.

_____. 1987. *Jesus and the Spiral of Violence: Popular Jewish Resistance in Roman Palestine* [Jesus e a espiral de violência: resistência popular judaica na Palestina romana]. São Francisco: Harper & Row (1992: Filadélfia: Fortress).

_____; HANSON, John S. 1985. *Bandits, Prophets and Messiahs: Popular Movements at the Time of Jesus* [Arruaceiros, profetas e salvadores: movimentos populares na época de Jesus]. Mineápolis: Winston Press; Edimburgo: T & T Clark.

HOULDEN, J. Leslie. 1970. *Paul's Letters from Prison* [Paulo e as cartas da prisão]. Londres: Penguin Books.

_____. 1984. "The Purpose of Luke" [O propósito de Lucas], *Journal for the Study of the New Testament* 21:53- 65.

HOUSE, John. 1977. *Monet*. Oxford: Phaidon Press; Nova Iorque: E. P. Dutton.

HUBBARD, Benjamin J. 1979. "Luke, Josephus and Rome: A Comparative Approach to the Lukan *Sitz Im Leben*" [Lucas, Josefo e Roma: uma abordagem comparativa ao *Sitz Im Leben* de Lucas]. Em *Society of Biblical Literature 1979 Seminar Papers*, ed. Paul J. Achtemeier, p. 59-68. Missoula, Mo.: Scholars Press.

HULTGREN, Arland J. 1987. *Christ and His Benefits: Christology and Redemption in the New Testament* [Cristo e seus benefícios: cristologia e redenção no Novo Testamento]. Filadélfia: Fortress.

HURST, Lincoln D. 1990. *The Epistle to the Hebrews: Its Background of Thought* [A carta aos Hebreus: seu plano contextual e pensamento]. Society for New Testament Studies Monograph Series, vol. 65. Cambridge: CUP.

IERSEL, Bas van. 1989 [1986]. *Reading Mark* [Relendo Marcos]. Trad. W. H. Bisscheroux. Edimburgo: T & T Clark.

ISAAC, B.; OPPENHEIMER, M. 1985. "The Revolt of Bar Kokhba: Ideology and Modern Scholarship" [A revolta de Bar Kokhba: ideologia e a erudição moderna], *Journal of Jewish Studies* 36:33-60.

JACOBSON, D. M. 1988. "King Herod's 'Heroic' Public Image" [A imagem heroica do rei Herodes], *Révue Biblique* 95:386-403.

JEANROND, Werner G. 1990. "Hermeneutics" [Hermenêutica]. In: *A Dictionary of Biblical Interpretation* [Dicionário de interpretação bíblica], eds. R. J. Coggins e J. L. Houlden, p. 282-4. Londres: SCM; Filadélfia: Trinity Press International.

JENCKS, Charles. 1989 [1986]. *What is Post-Modernism?* [O que é o pós-modernismo?] 3 ed. Londres: Academy Editions.

JEREMIAS, Joachim. 1963 [1947]. *The Parables of Jesus* [As parábolas de Jesus]. Ed. rev. Trad. S. H. Hooke. Londres: SCM; Nova Iorque: Scribner's.

_____. 1966 [1930]. "Zur Hypothese einer schriftlichen Logienquelle Q" [Sobre a hipótese de uma fonte escrita para "Q"]. Em *Abba: Studien Zur Neutestamentlichen Theologie und Zeitgeschichte*, p. 90-2. Göttingen: Vandenhoek und Ruprecht.

_____. 1969a. *Jerusalem in the Time of Jesus: An Investigation Into Economic and Social Conditions During the New Testament Period* [Jerusalém na época de Jesus: uma investigação das condições econômicas e sociais durante o período do Novo Testamento]. Trad. F. H. Cave e C. H. Cave. Filadélfia: Fortress.

_____. 1969b. "Paulus als Hillelit" [Paulo como da escola de Hilel]. Em *Neotestamentica et Semitica: Studies in Honour of M. Black* [*Neotestamentica et Semitica*: estudos em homenagem a *M. Black*], ed. E. E. Ellis and M. Wilcox, p. 88-94. Edimburgo: T & T Clark.

O NOVO TESTAMENTO E O POVO DE DEUS

_____. 1971. *New Testament Theology: The Proclamation of Jesus* [Teologia do Novo Testamento: a proclamação de Jesus]. Trad. John Bowden. Nova Iorque: Scribner's.

JEWETT, Robert. 1979. *Dating Paul's Life* [Datando a vida de Paulo]. Londres, Filadélfia: SCM, Fortress.

JOHNSON, Alfred M. Jr., ed. e trad. 1976. *The New Testament and Structuralism* [O Novo Testamento e o estruturalismo]. Pittsburgh Theological Monograph Series, n.º 11. Pittsburgh: The Pickwick Press.

JOHNSTON, George. 1987. "*Ecce Homo!* Irony in the Christology of the Fourth Evangelist" [Ecce Homo! Ironia na cristologia do quarto evangelista]. Em *The Glory of Christ in the New Testament: Studies in Christology in Memory of George Bradford Caird* [A glória de Cristo no Novo Testamento: estudos cristológicos em memória de George Bradford Caird], ed. L. D. Hurst e N. T. Wright, p. 125-38. Oxford: Clarendon Press.

JONAS, Hans. 1963 [1958]. *The Gnostic Religion: The Message of the Alien God and the Beginnings of Christianity* [A religião gnóstica: mensagem de um Deus estranho e os primórdios do cristianismo]. 2 ed. Boston: Beacon Press.

JONES, A. H. M. 1967 [1938]. *The Herods of Judaea* [Os Herodes da Judeia]. Oxford: Clarendon Press.

JUDGE, Edwin A. 1960. *The Social Pattern of Christian Groups in the First Century* [Padrão social dos grupos cristãos no primeiro século]. Londres: Tyndale Press.

JUEL, D. 1977. *Messiah and Temple: The Trial of Jesus in the Gospel of Mark* [O Messias e o Templo: o julgamento de Jesus no evangelho de Marcos]. Missoula: Scholars Press.

JÜLICHER, Adolf. 1910 [1899]. *Die Gleichnisreden Jesu* [Discursos da parábola de Jesus]. 2 ed. Tubinga: Mohr.

KADUSHIN, M. 1938. *Organic Thinking: A Study in Rabbinic Thought* [Pensamento orgânico: estudos no pensamento rabínico]. Nova Iorque: Bloch Publishing.

KAMPEN, John. 1988. *The Hasideans and the Origin of Pharisaism: A Study in 1 and 2 Maccabees* [Os hassídicos e as origens do farisaísmo: um estudo de 1 e 2Macabeus]. SBL Septuagint and Cognate Studies Series, n.º 24. Atlanta: Scholars Press.

KÄSEMANN, Ernst. 1964 [1960]. *Essays on New Testament Themes* [Ensaios de temas do Novo Testamento]. Trad. W. J. Montague. Studies in Biblical Theology, vol. 41. Londres: SCM.

_____. 1969 [1965]. *New Testament Questions of Today* [Perguntas do Novo Testamento hoje]. Trad. W. J. Montague. Londres: SCM.

_____. 1970. *Das Neue Testament als Kanon* [O Novo Testamento como cânone]. Göttingen: Vandenhoek und Ruprecht.

_____. 1971 [1969]. *Perspectives on Paul* [Perspectivas sobre Paulo]. Trad. Margaret Kohl. Londres: SCM.

_____. 1973. "The Problem of a New Testament Theology" [O problema de uma teologia do Novo Testamento]. *New Testament Studies* 19:235-45.

_____. 1980. *Commentary on Romans* [Comentário de Romanos]. Trad. e ed. Geoffrey W. Bromiley. Grand Rapids: Eerdmans.

KASHER, Aryeh. 1990. *Jews and Hellenistic Cities in Eretz-Israel: Relations of the Jews in Eretz-Israel with the Hellenistic Cities During the Second Temple Period (332 BCE–70 CE)* [Cidades judaicas e helenistas em Eretz-Israel: relações dos judeus na terra de Israel com cidades helenísticas durante o período do segundo templo (332 a.C.—70 d.C.)]. Texte und Studien zum Antiken Judentum [Textos e estudos do judaísmo antigo], vol. 21. Tubinga: Mohr.

KATZ, S. T. 1984. "Issues in the Separation of Judaism and Christianity After 70 C. E.: A Reconsideration" [Questões na separação entre judaísmo e cristianismo após 70 d.C.: uma reconsideração], *Journal of Biblical Literature* 103:43-76.

Kee, Howard C. 1977. *Community of the New Age: Studies in Mark's Gospel* [Comunidade de uma nova era: estudos no evangelho de Marcos]. Londres: SCM.

_____. 1990. "The Transformation of the Synagogue After 70 C.E.: Its Import for Early Christianity" [A transformação da sinagoga após 70 d.C.], *New Testament Studies* 36:1-24.

KELBER, Werner. 1983. *The Oral and Written Gospel* [O evangelho oral e escrito]. Filadélfia: Fortress.

KELLERMAN, Ulrich. 1979. *Auferstanden in den Himmel. 2 Makkabäer 7 und die Auferstehung der Märtyrer* [Ressuscitados para o céu: 2Macabeus 7 e a ressurreição dos mártires]. Stuttgarter Bibelstudien 95. Stuttgart: Verlag Katholisches Bibelwerk.

KELLY, J. N. D. 1972 [1950]. *Early Christian Creeds* [Confissões de fé do cristianismo primitivo]. 3 ed. Londres: Longman.

KELSEY, David H. 1989. "Paul Tillich". Em *The Modern Theologians: An Introduction to Christian Theology in the Twentieth Century* [Os teólogos modernos: introdução à teologia cristã do século 20], ed. David F. Ford, vol. 1, p. 134-51. Oxford: Basil Blackwell.

KERMODE, Frank. 1968. *The Sense of an Ending: Studies in the Theory of Fiction* [A percepção de um fim: estudos na teoria da ficção]. Oxford: OUP.

_____. 1979. *The Genesis of Secrecy: On the Interpretation of Narrative* [A gênese do segredo: sobre a interpretação da narrativa]. Cambridge, Mass: Harvard U. P.

KERR, Fergus. 1989. "Idealism and Realism: An Old Controversy Dissolved" [Idealismo e realismo: uma antiga controvérsia dissolvida]. Em *Christ, Ethics and Tragedy: Essays in Honour of Donald MacKinnon* [Cristo, ética e tragédia: ensaios em homenagem a Donald MacKinnon]. Ed. Kenneth Surin, p. 15-33. Cambridge: CUP.

KIMELMAN, Reuven. 1981. "*Birkat Ha-Minim* and the Lack of Evidence for an Anti-Christian Jewish Prayer in Late Antiquity" [*Birkat Ha-Minim* e a falta de evidências para uma oração judaica anticristã no fim da antiguidade]. Em *Aspects of Judaism in the Greco-Roman Period* [Aspectos do judaísmo no período greco-romano]. Em *Jewish and Christian Self-Definition*, ed. E. P. Sanders com A. I. Baumgarten e Alan Mendelson, p. 226-44, 391-403. Filadélfia: Fortress.

KINGDON, H. Paul, 1972-3. "The Origins of the Zealots" [As origens dos zelotes], *New Testament Studies* 19:74-81.

KINGSBURY, Jack D. 1988 [1986]. *Matthew as Story* [Mateus como história]. 2 ed. Filadélfia: Fortress.

KLINZING, Georg. 1971. *Die Umdeutung des Kultus in der Qumrangemeinde und im Neuen Testament* [A reinterpretação do culto na comunidade de Qumran e do Novo Testamento]. Studien zur Umwelt des Neuen Testaments [Estudos do ambiente do Novo Testamento], vol. 7. Göttingen: Vandenhoek & Ruprecht.

KLOPPENBORG, J. S. 1987. *The Formation of Q: Trajectories in Ancient Wisdom Collectons* [A formação de "Q": trajetórias nas coletâneas de sabedoria antigas]. Studies in Antiquity and Christianity. Filadélfia: Fortress.

KNIBB, Michael A. 1976. "The Exile in the Literature of the Intertestamental Period" [O exílio na literatura do período intertestamentário], *Heythrop Journal* 17:253-79.

_____. 1983. "Exile in the Damascus Document" [Exílio no Documento de Damasco], *Journal for the Study of the Old Testament* 25:99-117.

_____. 1987. *The Qumran Community* [A comunidade de Qumran]. Cambridge Commentaries on Writings of the Jewish and Christian World, 200 BC to AD 200 [Comentários Cambridge sobre os escritos do mundo judaico e cristão, 200 a.C. a 200 d.C.]. Cambridge: CUP.

KNOX, John. 1935. *Philemon Among the Letters of Paul* [Filemom entre as cartas de Paulo]. Chicago: Chicago U. P.

KOCH, Klaus. 1969. *The Growth of the Biblical Tradition: The Form-Critical Method* [O crescimento da tradição bíblica: o método da crítica da forma]. Nova Iorque: Scribner's.

_____. 1972 [1970]. *The Rediscovery of Apocalyptic: A Polemical Work on a Neglected Area of Biblical Studies and Its Damaging Effects on Theology and Philosophy* [A redescoberta do apocalíptico: uma obra polêmica sobre uma área negligenciada dos estudos bíblicos e seus efeitos negativos na teologia e na filosofia]. Trad. Margaret Kohl. Studies in Biblical Theology [Estudos em teologia bíblica], vol. 2.22. Londres: SCM.

KOESTER, Helmut. 1982a [1980]. *Introduction to the New Testament* [Introdução ao Novo Testamento]. Vol. 1. *History, Culture and Religion of the Hellenistic Age* [História, cultura e religião da era helenística]. Filadélfia: Fortress; Berlim & Nova Iorque: de Gruyter.

_____. 1982b. *Introduction to the New Testament* [Introdução ao Novo Testamento]. Vol. 2. *History and Literature of Early Christianity* [História e literatura do cristianismo primitivo]. Hermeneia: Foundations and Facets [Hermeneia: fundamentos e facetas]. Filadélfia: Fortress; Berlim & Nova Iorque: de Gruyter.

_____. 1989. "From the Kerygma-Gospel to Written Gospels" [Do evangelho-querigma aos evangelhos escritos], *New Testament Studies* 35:361-81.

_____. 1990. *Ancient Christian Gospels: Their History and Development* [Evangelhos cristãos antigos: sua história e desenvolvimento]. Londres: SCM; Filadélfia: Trinity Press International.

KRAFT, Robert A.; NICKELSBURG, George W. E. (eds.). 1986. *Early Judaism and Its Modern Interpreters* [Judaísmo primitivo e seus intérpretes modernos]. Em *The Bible and Its Modern Interpreters* [A Bíblia e seus intérpretes modernos], ed. Douglas A. Knight. Atlanta, Ga.: Scholars Press; Filadélfia: Fortress.

KRENKEL, M. 1894. *Josephus und Lucas. Der schriftstellerische Einfluss des jüdischen Geschichtsschreibers auf der christlichen nachgewiesen* [Josefo e Lucas: a influência literária comprovada do historiador judeu sobre o historiador cristão]. Leipzig: Haessel.

KUHN, Thomas S. 1970 [1962]. *The Structure of Scientific Revolutions* [A estrutura das revoluções científicas]. 2 ed. Chicago: Chicago U. P.

KÜMMEL, Werner G. 1972 [1970]. *The New Testament: The History of the Investigation of Its Problems* [O Novo Testamento: história da investigação dos seus problemas]. Trad. S. M. Gilmour e H. C. Kee. Nashville: Abingdon; Londres: SCM.

_____. 1973. *The Theology of the New Testament: According to Its Major Witnesses, Jesus—Paul— John* [A teologia do Novo Testamento segundo suas principais testemunhas: Jesus, Paulo e João]. Nashville: Abingdon.

KÜNG, Hans. 1964 [1957]. *Justification: The Doctrine of Karl Barth and a Catholic Reflection* [Justificação: a doutrina de Karl Barth e uma reflexão católica]. Trad. T. Collins, E. E. Tolk, e D. Grandskou. Londres: Burns & Oates.

_____. 1967. *The Church* [A igreja]. Trad. Ray Ockenden e Rosaleen Ockendon. Nova Iorque: Sheed & Ward.

KYSAR, Robert. 1985. "The Fourth Gospel: A Report on Recent Research" [O quarto evangelho: relatório em uma pesquisa recente]. Em *ANRW* 2.25.3:2389-480.

LANDMAN, Leo, ed. 1979. *Messianism in the Talmudic Era*. Nova Iorque: Ktav.

LANE, William L. 1974. *The Gospel of Mark: The English Text with Introduction, Exposition and Notes* [O evangelho de Marcos: texto inglês com introdução, exposição e notas]. New International Commentary on the New Testament. Grand Rapids, Mich.: Eerdmans.

_____. 1991. *Hebrews 1–8, 9–13* [Hebreus 1-8, 9-13]. Word Biblical Commentary, vol. 47. Dallas, Tex.: Word Books.

LANE FOX, Robin. 1986. *Pagans and Christians* [Pagãos e cristãos]. Nova Iorque: Alfred A. Knopf/ Londres: Penguin Books.

LANG, Bernhard, ed. 1981. *Der einzige Gott: die Geburt des biblischen Monotheismus* [O único Deus: o nascimento do monoteísmo bíblico]. Munique: Kösel.

LAPIDE, P. E.; MOLTMANN, J. 1981 [1979]. *Jewish Monotheism and Christian Trinitarian Doctrine: A Dialogue* [Monoteísmo judaico e uma doutrina trinitária cristã: um diálogo]. Trad. Leonard Swidler. Filadélfia: Fortress.

LAYTON, Bentley, ed. 1980. *The Rediscovery of Gnosticism: Proceedings of the International Conference on Gnosticism at Yale, New Haven, Connecticut, March 28–31, 1978* [A redescoberta do gnosticismo: procedimentos da conferência internacional do gnosticismo em Yale, New Haven, Connecticut, 28-31 de março

de 1978]. Vol. 1. *The School of Valentinus* [A escola de Valentim]. Studies in the
History of Religions (Supplements to *Numen*). Leiden: Brill.

_____, ed. 1981. *The Rediscovery of Gnosticism: Proceedings of the International
Conference on Gnosticism at Yale, New Haven, Connecticut, March 28–31, 1978*
[A redescoberta do gnosticismo: procedimentos da conferência internacional
do gnosticismo em Yale, New Haven, Connecticut, 28-31 de março de 1978].
Vol. 2. *Sethian Gnosticism* [O setianismo]. Studies in the History of Religions
(supplements to *Numen*). Leiden: Brill.

LEANEY, A. T. C. 1966. *The Rule of Qumran and Its Meaning: Introduction,
Translation and Commentary* [A regra de Qumran e seu significado: introdução,
tradução e comentário]. Londres: SCM.

LEAVIS, F. R. 1963 [1932]. *New Bearings in English Poetry: A Study of the
Contemporary Situation* [Novas orientações na poesia inglesa: um estudo da
situação contemporânea]. Londres: Penguin Books.

LEMCIO, Eugene E. 1991. "The Past of Jesus in the Gospels" [O passado de Jesus
nos evangelhos], *Society for New Testament Studies Monograph Series*, vol. 68.
Cambridge: CUP.

LEVINE, Lee I. 1978. "On the Political Involvement of the Pharisees Under Herod
and the Procurators" [Sobre o envolvimento político dos fariseus sob Herodes e os
procuradores], *Cathedra* 8:12-28.

_____, ed. 1987. *The Synagogue in Late Antiquity* [A sinagoga no fim da
antiguidade]. Filadélfia: American School of Oriental Research.

LEWIS, C. S. 1943 [1933]. *The Pilgrim's Regress: An Allegorical Apology for
Christianity, Reason and Romanticism* [*O Peregrino*: uma apologia alegórica para o
cristianismo, a razão e o romantismo]. 2 ed. Londres: Bles.

_____. 1961. *An Experiment in Criticism* [Experimento em crítica literária].
Cambridge: CUP.

LEWIS, J. P. 1964. "What Do We Mean by Jabneh?" [O que queremos dizer por
Jâmnia?], *Journal of Bible and Religion* 32:125-32.

LINCOLN, Andrew T. 1981. *Paradise Now and not Yet: Studies in the Role of the
Heavenly Dimension in Paul's Thought with Special Reference to His Eschatology*
[Paraíso agora, mas ainda não: estudos no papel da dimensão celestial no
pensamento de Paulo, com especial referência à sua escatologia]. Society of New
Testament Studies Monograph Series, vol. 43. Cambridge: CUP.

_____. 1990. *Ephesians* [Efésios]. Word Biblical Commentary, vol. 42. Waco, Tex.:
Word Books.

LINDARS, Barnabas. 1989. "The Rhetorical Structure of Hebrews" [A estrutura
retórica de Hebreus], *New Testament Studies* 35:382-406.

LOEWE, R. 1981. "'Salvation' is not of the Jews" ["Salvação" não é dos judeus],
Journal of Theological Studies 22:341-68.

LOGAN, A. H. B.; A. J. M. Wedderburn, ed. 1983. *The New Testament and Gnosis:
Essays in Honour of Robert McL. Wilson* [O Novo Testamento e a gnose: ensaios
em homenagem a Robert McL. Wilson]. Edimburgo: T & T Clark.

BIBLIOGRAFIA

LONGENECKER, Bruce W. 1991. "Eschatology and the Covenant in 4 Ezra and Romans 1–11" [Escatologia e aliança em 4Esdras e Romanos 1-11], *Journal for the Study of the New Testament Supplement Series*, vol. 57. Sheffield: Sheffield Academic Press.

LONERGAN, Bernard J. F. 1973. *Method in Theology* [Método e teologia]. 2 ed. Nova Iorque: Herder & Herder.

_____. 1978. *Insight: A Study of Human Understanding* [*Insight*: estudo da compreensão humana]. Nova Iorque: Harper & Row.

LOUTH, Andrew. 1983. *Discerning the Mystery: An Essay on the Nature of Theology* [Discernindo o mistério: ensaio sobre a natureza da teologia]. Oxford: Clarendon Press.

LOWE, Malcolm. 1976. "Who Were the Ἰουδαῖοι?" [Quem são os Ἰουδαῖοι?] *Novum Testamentum* 18:101-30.

LUCAS, John R. 1976. *Freedom and Grace* [Liberdade e graça]. Londres: SPCK.

LÜDEMANN, Gerd. 1980. *Paulus, der Heidenapostel* [Paulo, apóstolo dos gentios]. Vol. 1. *Studien zur Chronologie* [Estudos de cronologia]. Forschungen zur Religion und Literatur des Alten und Neuen Testaments [Pesquisas sobre religião e literatura do Antigo e Novo Testamentos], vol. 123. Göttingen: Vandenhoek & Ruprecht. [ET 1984: *Paul, Apostle to the Gentiles: Studies in Chronology*. Filadélfia: Fortress.]

LÜHRMANN, Dieter. 1969. *Die Redaktion der Logienquelle* [A escrita da fonte Q]. Wissenschaftliche Monographien zum Alten und Neuen Testament [Monografias científicas do Antigo e Novo Testamentos]. Neukirchen-Vluyn: Neukirchener Verlag.

_____. 1989. "The Gospel of Mark and the Sayings Collection Q" [O evangelho de Marcos e os dizeres coletados de "Q"], *Journal of Biblical Literature* 108:51-71.

LUNDIN, Roger; WALHOUT, Clarence; THISELTON, Anthony C. 1985. *The Responsibility of Hermeneutics* [A responsabilidade da hermenêutica]. Grand Rapids: Eerdmans; Exeter: Paternoster.

LYOTARD, Jean-François. 1984 [1979]. *The Postmodern Condition: A Report on Knowledge* [Uma condição pós-moderna: um relatório sobre o conhecimento]. Trad. Geoff Bennington e Brian Massumi. *Theory and History of Literature* [Teoria e história da literatura], vol. 10. Manchester: Manchester U. P.

LYTTLETON, Margaret; FORMAN, Werner. 1984. *The Romans: Their Gods and Beliefs* [Os romanos: seus deuses e crenças]. Londres: Orbis.

_____. 1991. *Paul and Hellenism* [Paulo e o helenismo]. Londres: SCM; Filadélfia: Trinity Press International.

MCELENEY, Neil J. 1973. "Orthodoxy in Judaism of the First Christian Century" [Ortodoxia no primeiro século cristão], *Journal for the Study of Judaism* 4:19-42.

MCGRATH, Alister E. 1986. *The Making of Modern German Christology: From the Enlightenment to Pannenberg* [A formação da cristologia alemã moderna: do Iluminismo a Pannenberg]. Oxford: Blackwell.

MACINTYRE, Alasdair. 1985 [1981]. *After Virtue: A Study in Moral Theory* [Em busca da virtude: estudos da teoria moral]. 2 ed. Notre Dame, Ind.: Notre Dame U. P.

O NOVO TESTAMENTO E O POVO DE DEUS

MCKELVEY, R. J. 1969. *The New Temple: The Church in the New Testament*. Londres: OUP.

MACKINNON, Donald M. 1979. *Explorations in Theology* [Explorações em teologia]. Londres: SCM.

MCLAREN, James. 1991. *Power and Politics in Palestine: The Jews and the Governing of Their Land 100 BC–AD 70* [Poder e política na Palestina: os judeus e o governo de sua terra santa (100 a.C.—70 d.C.)], *Journal for the Study of the New Testament Supplement Series*, vol. 63. Sheffield: JSOT Press.

MCMANNERS, J. 1981. "The Individual in the Church of England" [O indivíduo na Igreja Anglicana]. Em *Believing in the Church: The Corporate Nature of Faith* [Crendo na igreja: a natureza corporativa da fé], Comissão doutrinária da Igreja Anglicana, p. 209-36. Londres: SPCK.

MACMULLEN, Ramsey. 1967. *Enemies of the Roman Order* [Inimigos da ordem romana]. Cambridge, Mass.: Harvard U. P.

_____. 1974. *Roman Social Relations 50 B.C. to A.D. 284* [Relações sociais romanas (50 a.C. a 284 d.C.)]. New Haven: Yale U. P.

_____. 1981. *Paganism in the Roman Empire* [Paganismo no Império Romano]. New Haven: Yale U. P.

MACQUARRIE, John. 1966. *Principles of Christian Theology* [Princípios da teologia cristã]. Londres: SCM; Nova Iorque: Scribner's.

_____. 1990. *Jesus Christ in Modern Thought* [Jesus Cristo no pensamento moderno]. Londres: SCM; Filadélfia: Trinity Press International.

MACCOBY, Hyam. 1986. *The Mythmaker: Paul and the Invention of Christianity* [O formador de mitos: Paulo e a invenção do cristianismo]. Londres: Wiedenfeld & Nicolson.

MACK, Burton L. 1988. *A Myth of Innocence: Mark and Christian Origins* [Um mito de inocência: Marcos e as origens cristãs]. Filadélfia: Fortress.

MADDOX, R. 1982. *The Purpose of Luke-Acts* [O propósito de Lucas-Atos]. Edimburgo: T & T Clark.

MALHERBE, Abraham J. 1983 [1977]. *Social Aspects of Early Christianity* [Apectos sociais do cristianismo primitivo]. 2 ed. Filadélfia: Fortress.

_____. 1987. *Paul and the Thessalonians: The Philosophic Tradition of Pastoral Care* [Paulo e os tessalonicenses]. Filadélfia: Fortress.

MANN, Thomas. 1961. *The Genesis of a Novel* [A gênese de um romance]. Trad. Richard Winston e Clara Winston. Londres: Secker & Warburg.

_____. 1968 [1947]. *Dr Faustus: The Life of the German Composer Adrian Leverkühn as Told by a Friend* [Dr. Fausto: a vida do compositor alemão Adriam Leverkühn contada por um amigo]. Trad. H. T. Lowe-Porter. Londres: Penguin Books.

MARIN, Louis. 1976a. "Jesus Before Pilate: A Structural Analysis Essay" [Jesus perante Pilatos: um ensaio analítico-estrutural]. Em *The New Testament and Structuralism* [O Novo Testamento e o estruturalismo], ed. Alfred M. Johnson, Jr., p. 97-144. Pittsburgh Theological Monograph Series, n.º 11. Pittsburgh: The Pickwick Press.

666

_____. 1976b. "The Women at the Tomb: A Structural Analysis Essay of a Gospel Text" [As mulheres junto ao sepulcro: ensaio analítico-estrutural de um texto do evangelho]. Em *The New Testament and Structuralism* [O Novo Testamento e o estruturalismo], ed. Alfred M. Johnson, Jr., p. 73-96. Pittsburgh Theological Monograph Series, n.º 11. Pittsburgh: The Pickwick Press.

MARSHALL, I. Howard. 1972–3. "Palestinian and Hellenistic Christianity: Some Critical Comments" [Cristianismo palestino e helenístico: alguns comentários críticos], *New Testament Studies* 19:271-87.

MARSHALL, Paul A.; GRIFFIOEN, Sander; MOUW, Richard J., eds. 1989. *Stained Glass: Worldviews and Social Science* [Vitral: cosmovisóes e a ciência social]. Lanham, Nova Iorque: University Press of America.

MARTIN, Luther H. 1987. *Hellenistic Religions: An Introduction* [Religiões heleníticas: uma introdução]. Nova Iorque & Oxford: OUP.

MASON, S. N. 1988. "Priesthood in Josephus and the 'Pharisaic Revolution'" [Sacerdócio em Josefo e a "revolução farisaica"], *Journal of Biblical Literature* 107:657-61.

_____. 1989. "Was Josephus a Pharisee? A Re-Examination of *Life* 10–12" [Josefo era um fariseu? Um reexame de *Vida* 10-12], *Journal of Jewish Studies* 40:31-45.

_____. 1991. *Flavius Josephus on the Pharisees: A Composition-Critical Study* [Flávio Josefo sobre os fariseus]. Studia Post-Biblica, vol. 39. Leiden: Brill.

MATERA, Frank J. 1987. "The Plot of Matthew's Gospel" [O enredo do evangelho de Mateus], *Catholic Biblical Quarterly* 49:233-53.

MEALAND, David L. 1991. "Hellenistic Histories and the Style of Acts" [Histórias heleníticas e o estilo de Atos], *Zeitschrift für die neutestamentliche Wissenschaft* 82:42-66.

MEEKS, Wayne A. 1983. *The First Urban Christians: The Social World of the Apostle Paul* [Os primeiros cristãos urbanos: o mundo social do apóstolo Paulo]. New Haven: Yale U. P.

_____. 1986. *The Moral World of the First Christians* [A moralidade dos primeiros cristãos]. Filadélfia: Westminster; Londres: SPCK.

MENUHIN, Yehudi. 1977. *Unfinished Journey* [Jornada inacabada]. Londres: MacDonald e Jane's.

MESHORER, Yaakov. "Jewish Numismatics" [Numismática judaica]. Em *Early Judaism and Its Modern Interpreters* [Judaísmo primitivo e seus intérpretes modernos], ed. Robert A. Kraft and George W. E. Nickelsburg. Em *The Bible and Its Modern Interpreters* [A Bíblia e seus intérpretes modernos], ed. Douglas A. Knight, p. 211-20. Atlanta, Ga.: Scholars Press; Filadélfia: Fortress.

MEYER, Ben F. 1979. *The Aims of Jesus* [Os objetivos de Jesus]. Londres: SCM.

_____. 1986. *The Early Christians: Their World Mission and Self-Discovery* [Os primeiros cristãos: sua missão mundial e autodescoberta]. Good News Studies, n.º 16. Wilmington, Del.: Michael Glazier.

_____. 1989. *Critical Realism and the New Testament* [Realismo crítico e o Novo Testamento]. Princeton Theological Monograph Series, vol. 17. Allison Park, Pennsylvania: Pickwick Publications.

_____. 1990. "A Tricky Business: Ascribing New Meaning to Old Texts" [Um negócio arriscado: dar novo sentido a textos antigos]. *Gregorianum* 71 (4):743-61.

_____. 1991a. "A Caricature of Joachim Jeremias and His Work" [Uma caricatura de Joachim Jeremias e sua obra], *Journal of Biblical Literature* 110:451-62.

_____. 1991b. "The Philosophical Crusher" [O esmagador filosófico]. *First Things: A Monthly Journal of Religion and Public Life* 12 (abril): 9-11.

MILBANK, John. 1990. *Theology and Social Theory: Beyond Secular Reason* [Teologia e teoria social: além da razão secular]. Signposts in Theology [Indicadores em teologia]. Oxford: Blackwell.

MILLAR, Fergus G. B. 1981 [1967]. *The Roman Empire and Its Neighbours* [O Império Romano e seus vizinhos]. 2 ed. Londres: Duckworth.

_____. 1990. "Reflections on the Trial of Jesus" [Reflexões sobre o julgamento de Jesus], ed. P. R. Davies e R. T. White. Em *A Tribute to Geza Vermes: Essays on Jewish and Christian Literature and History* [Tributo a Geza Vermes: ensaios sobre história e literaturas judaica e cristã], p. 355-81, *Journal for the Study of the Old Testament Supplement Series*, vol. 100. Sheffield: JSOT Press.

MILLER, Patrick D. 1985. "Israelite Religion" [Religião israelita]. Em *The Hebrew Bible and Its Modern Interpreters* [A Bíblia hebraica e seus intérpretes modernos], ed. Douglas A. Knight e Gene M. Tucker, p. 201-37. Chico, Calif.: Scholars Press; Filadélfia: Fortress.

MILLGRAM, A. E. 1971. *Jewish Worship* [Adoração judaica]. Filadélfia: Jewish Publication Society of America.

MOLTMANN, Jürgen. 1974. *The Crucified God: The Cross of Christ as the Foundation and Criticism of Christian Theology* [O Deus crucificado: a cruz de Cristo como o fundamento e a crítica da teologia cristã]. Trad. R. A. Wilson e John Bowden. Nova Iorque: Harper & Row.

_____. 1985. *God in Creation: A New Theology of Creation and the Spirit of God* [Deus na criação: uma nova teologia da criação e do Espírito de Deus]. Trad. Margaret Kohl. São Francisco: Harper & Row.

_____. 1990 [1989]. *The Way of Jesus Christ: Christology in Messianic Dimensions* [O caminho de Jesus Cristo: a cristologia nas dimensões messiânicas]. Trad. Margaret Kohl. Londres: SCM.

MOMIGLIANO, Arnaldo. 1984 [1981]. "Greek Culture and the Jews" [Cultura grega e os judeus]. Em *The Legacy of Greece: A New Appraisal* [O legado da Grécia: uma reavaliação], ed. M. I. Finley. 2 ed., p. 325-46. Oxford: OUP.

MOORE, George Foot. 1927–30. *Judaism in the First Centuries of the Christian Era: The Age of the Tannaim* [O judaísmo nos primeiros séculos da era cristã: a era dos *Tannaim*]. 3 vols. Cambridge, Mass.: Harvard U. P.

BIBLIOGRAFIA

MOORE, Stephen D. 1989. *Literary Criticism and the Gospels: The Theoretical Challenge* [Crítica literária e os evangelhos: o desafio teórico]. New Haven & Londres: Yale U. P.

MORGAN, Robert. 1973. *The Nature of New Testament Theology: The Contribution of William Wrede and Adolf Schlatter* [A natureza da teologia do Novo Testamento: contribuição de William Wrede e Adolf Schlatter]. Studies in Biblical Theology [Estudos em teologia bíblica], 2 ed., n.º 25. Londres: SCM.

_____. 1977. "A Straussian Question to 'New Testament Theology'" [Questionamento de Strauss para a "teologia do Novo Testamento"], *New Testament Studies* 23:243-65.

_____. 1987. "The Historical Jesus and the Theology of the New Testament". Em *The Glory of Christ in the New Testament: Studies in Christology in Memory of George Bradford Caird* [A glória de Cristo no Novo Testamento: estudos cristológicos em memória de George Bradford Caird], ed. L. D. Hurst e N. T. Wright, p. 187-206. Oxford: Clarendon Press.

_____. 1988. *Biblical Interpretation* [Interpretação bíblica]. Em colaboração com John Barton. Oxford Bible Series. Oxford: OUP.

MØRKHOLM, O. 1989. "Antiochus IV" [Antíoco IV]. Em *Cambridge Ancient History* [História Antiga de Cambridge], eds. W. D. Davies e L. Finkelstein, vol. 2. *The Hellenistic Age* [A era helenística], p. 278- 91.

MOULE, Charles F. D. 1958/9. "Once More, Who Were the Hellenists?" [Mais uma vez, quem eram os helenistas?], *Expository Times* 70:100-2.

_____. 1967. *The Phenomenon of the New Testament: An Inquiry Into the Implications of Certain Features of the New Testament* [O fenômeno do Novo Testamento: pesquisa sobre as implicações de certas características do Novo Testamento]. *Studies in Biblical Theology*, série. 2 ed., vol. 1. Londres: SCM.

_____. 1970. "Jesus in New Testament Kerygma" [Jesus no querigma do Novo Testamento]. Em *Verborum Veritas (für G. Stählin)*, ed. O. Böcher e K. Haaker, p. 15-26. Wuppertal: Brockhaus.

_____. 1975. "On Defining the Messianic Secret in Mark" [Sobre a defesa do segredo messiânico em Marcos]. Em *Jesus und Paulus: Festschrift Für Werner Georg Kümmel Zum 70. Geburtstag* [Jesus e Paulo: *Festschrift* para o aniversário de 70 anos de Werner Georg Kümmel], ed. E. Earle Ellis e Erich Grässer, p. 239-52. Göttingen: Vandenhoek & Ruprecht.

_____. 1977. *The Origin of Christology* [As origens da cristologia]. Cambridge: CUP.

_____. 1982 [1962]. *The Birth of the New Testament* [O nascimento do Novo Testamento]. 3 ed. Londres: A & C Black; São Francisco: Harper & Row.

MULDER, Michael Jan. 1987. *Mikra: Text, Translation, Reading and Interpretation of the Hebrew Bible in Ancient Judaism and Early Christianity* [*Mikra*: texto, tradução, leitura e interpretação da Bíblia hebraica no judaísmo antigo e no cristianismo primitivo]. *Compendia* 2.1.

MUNCK, Johannes. 1959 [1954]. *Paul and the Salvation of Mankind* [Paulo e a salvação da humanidade]. Trad. Frank Clarke. Londres: SCM; Richmond, Va.: John Knox.

MURPHY, Frederick J. 1985. "2 *Baruch* and the Romans" [*2Baruque* e os romanos], *Journal of Biblical Literature* 104:663-9.

MURPHY-O'CONNOR, J. 1974. "The Essenes and Their History" [Os essênios e sua história], *Révue Biblique* 81:215-44.

MYERS, Ched. 1990. *Binding the Strong Man: A Political Reading of Mark's Story of Jesus* [Amarrando o homem valente: uma leitura política da história de Jesus contada por Marcos]. Maryknoll, Nova Iorque: Orbis.

NEILL, Stephen C. 1976. *Jesus Through Many Eyes: Introduction to the Theology of the New Testament* [Jesus através de muitos olhares: introdução à teologia do Novo Testamento]. Filadélfia: Fortress.

_____; WRIGHT, N. Thomas. 1988 [1964]. *The Interpretation of the New Testament* [A interpretação do Novo Testamento], *1861–1986.* 2 ed. Oxford: OUP.

NEIRYNCK, Frans. 1974. *The Minor Agreements of Matthew and Luke Against Mark* [As pequenas concordâncias de Mateus e Lucas contra Marcos]. Bibliotheca Ephemeridum Theologicarum Lovaniensium, n.º 37. Leuven: Leuven U. P.

NEUSNER, Jacob. 1970. *A Life of Johanan Ben Zakkai* [A vida de Johanan ben Zakkai]. Studia Post-Biblica, vol. 6. Leiden: Brill.

_____. 1971. *The Rabbinic Traditions About the Pharisees Before 70* [Tradições rabínicas dos fariseus antes de 70 d.C.]. Leiden: Brill.

_____. 1973. *From Politics to Piety* [Da política à piedade]. Englewood Cliffs: Prentice-Hall.

_____. 1979. "The Formation of Rabbinic Judaism: Yavneh (Jâmnia) from A.D. 70 to 100" [A formação do judaísmo rabínico: Yavneh (Jâmnia) de 70 a 100 d.C.]. Em *ANRW* 2.19.2:3-42.

_____. 1987. ed., com W. S. Green e E. Frerichs. *Judaisms and Their Messiahs at the Turn of the Christian Era* [Judaísmos e seus messias na virada da era cristã]. Cambridge: CUP.

_____. 1989. "Money-Changers in the Temple: The Mishnah's Explanation" [Cambistas no Templo: a explicação da *Mishná*], *New Testament Studies* 35:287-90.

_____. 1991. *Jews and Christians: The Myth of a Common Tradition* [Judeus e cristãos: o mito de uma tradição comum]. Londres: SCM; Filadélfia: Trinity Press International.

NEWBIGIN, Lesslie. 1986. *Foolishness to the Greeks: The Gospel and Western Culture* [Loucura para os gregos: o evangelho e a cultura ocidental]. Genebra: WCC.

_____. 1989. *The Gospel in a Pluralist Society* [O evangelho em uma sociedade pluralista]. Londres: SPCK; Grand Rapids, Mich.: Eerdmans.

NEWTON-SMITH, W. H. 1981. *The Rationality of Science* [A racionalidade da ciência]. Londres: Routledge.

BIBLIOGRAFIA |

NICKELSBURG, George W. E. 1972. *Resurrection, Immortality and Eternal Life in Intertestamental Judaism* [Ressurreição, imortalidade e vida eterna no judaísmo intertestamentário]. Harvard Theological Studies, vol. 26. Cambridge, Mass.: Harvard U. P.

_____. 1980. "The Genre and Function of the Markan Passion Narrative" [O gênero e a função da narrativa da paixão de Marcos], *Harvard Theological Review* 73:153-84.

_____. 1981. *Jewish Literature Between the Bible and the Mishnah* [Literatura judaica, a Bíblia e a *Mishná*]. Filadélfia: Fortress; Londres: SCM.

_____. 1984. "The Bible Rewritten and Expanded" [A Bíblia reescrita e expandida]. Em *Compendia* 2.2.89-156.

NINEHAM, Dennis. 1976. *The Use and Abuse of the Bible: A Study of the Bible in an Age of Rapid Cultural Change* [O uso e abuso da Bíblia: um estudo da Bíblia numa era de mudança cultural acelerada]. Library of Philosophy and Religion. Londres: Macmillan.

NOLLAND, John. 1989. *Luke 1—9:20*. Word Biblical Commentary [Comentário Bíblico Palavra], vol. 35a. Dallas, Tex.: Word Books.

NORDLING, John G. 1991. "Onesimus Fugitivus: A Defense of the Runaway Slave Hypothesis in Philemon" [Onesimus Fugitivus: uma defesa da hipótese do escravo fugitivo em Filemom], *Journal for the Study of the New Testament* 41:97-119.

O'DONOVAN, Oliver M. T. 1986. *Resurrection and Moral Order: An Outline for Evangelical Ethics* [Ressurreição e ordem moral: um esboço para a ética evangélica]. Leicester: IVP; Grand Rapids, Mich.: Eerdmans.

O'NEILL, John C. 1991. "The Lost Written Records of Jesus' Words and Deeds Behind Our Records" [Registros perdidos das palavras e dos feitos de Jesus subjacentes aos nossos registros], *Journal of Theological Studies* 42:483-504.

OAKMAN, Douglas E. 1986. *Jesus and the Economic Questions of His Day* [Jesus e as questões econômicas de sua época]. Studies in the Bible and Early Christianity, vol. 8. Lewiston, Queenston: Edwin Mellen Press.

OLTHUIS, James H. 1989 [1985]. "On Worldviews" [Sobre as cosmovisões]. Em *Stained Glass: Worldviews and Social Science* [Vitral: cosmovisões e a ciência social], ed. Paul A. Marshall, Sander Griffioen, e Richard J. Mouw, p. 26-40. Lanham, Nova Iorque: University Press of America.

OPPENHEIMER, A. 1977. *The Am Ha-Aretz: A Study of the Social History of the Jewish People in the Hellenistic-Roman Period* [*Am Ha-Aretz:* estudo da história social do povo judeu no período helenístico-romano]. Leiden: Brill.

PANNENBERG, Wolfhart. 1968 [1964]. *Jesus: God and Man* [Jesus: Deus e homem]. Trad. Lewis L. Wilkins e Duane A. Priebe. Filadélfia: Westminster Press.

_____. 1970 [1963]. *Basic Questions in Theology: Collected Essays* [Questões básicas em teologia: coletânea de ensaios]. Filadélfia: Westminster; Londres: SCM.

_____. 1971 [1967]. *Basic Questions in Theology: Collected Essays* [Questões básicas em teologia: coletânea de ensaios]. Filadélfia: Westminster; Londres: SCM.

PASSMORE, John. 1967. "Logical Positivism" [Positivismo lógico]. Em *The Encyclopedia of Philosophy*, [Enciclopédia de filosofia] ed. P. Edwards, vol. 5, p. 52-7. Nova Iorque: Macmillan Co. & the Free Press; Londres: Collier-Macmillan Ltd.

PATTE, Daniel. 1976. *What is Structural Exegesis?* [O que é exegese estrutural?]. Filadélfia: Fortress.

_____. 1983. *Paul's Faith and the Power of the Gospel: A Structural Introduction to the Pauline Letters* [A fé de Paulo e o poder do evangelho]. Filadélfia: Fortress.

_____; PATTE, Aline. 1978. *Structural Exegesis: From Theory to Practice* [Exegese estrutural: da teoria à prática]. Filadélfia: Fortress.

PEARSON, Birger A. 1980. "Jewish Elements in Gnosticism and the Development of Gnostic Self-Definition" [Elementos judaicos no gnosticismo e o desenvolvimento da autodefinição gnóstica]. Em *Jewish and Christian Self-Definition* [Autodefinição judaica e cristã], vol. 1. *The Shaping of Christianity in the Second and Third Centuries* [A formação do cristianismo nos segundo e terceiro séculos d.C.], ed. E. P. Sanders, p. 151-60. Filadélfia: Fortress.

_____. 1984. "Jewish Sources in Gnostic Literature" [Fontes judaicas na literatura gnóstica]. Em *Compendia* 2.2.443-81.

PERKINS, Pheme. 1984. *Resurrection: New Testament Witness and Contemporary Reflection* [Ressurreição: testemunho do Novo Testamento e reflexão cultural]. Londres: Geoffrey Chapman.

PERRIN, Norman. 1970. *What is Redaction Criticism?* [O que é crítica da redação?] Londres: SPCK.

_____. 1983 [1974]. "Apocalyptic Christianity" [Cristianismo apocalíptico]. Em *Visionaries and Their Apocalypses* [Visionários e seus apocalipses], ed. Paul D. Hanson, p. 121-45. Issues in Religion and Theology [Questões em religião e teologia], n.º 2. Filadélfia: Fortress; Londres: SPCK.

_____; DULING, Dennis C. 1982 [1974]. *The New Testament: An Introduction. Proclamation and Parenesis, Myth and History* [O Novo Testamento: introdução, proclamação e parênese, mito e história]. 2 ed. Nova Iorque: Harcourt Brace Jovanovich.

PETERSEN, Norman R. 1978. *Literary Criticism for New Testament Critics* [Crítica literária para críticos do Novo Testamento]. Filadélfia: Fortress.

_____. 1985. *Rediscovering Paul: Philemon and the Sociology of Paul's Narrative World* [Redescobrindo Paulo: Filemom e a sociologia do mundo narrativo de Paulo]. Filadélfia: Fortress.

PETTEM, Michael. 1989. *Matthew: Jewish Christian or Gentile Christian?* [Mateus: cristão judeu ou cristão gentio?]. Tese de doutorado não publicada, McGill University, Montreal.

PIPER, Ronald A. 1989. *Wisdom in the Q Tradition: The Aphoristic Teaching of Jesus* [Sabedoria na tradição "Q": ensinos aforísticos de Jesus]. Society for New Testament Studies Monograph Series, vol. 61. Cambridge: CUP.

PIXNER, Bargil. 1976. "An Essene Quarter on Mount Zion?" [Um canto essênio no monte Sião?], *Studia Hierosolymita* 1:245-84.

BIBLIOGRAFIA

POLANYI, Michael. 1958. *Personal Knowledge: Towards a Post-Critical Philosophy* [Conhecimento pessoal: rumo a uma filosofia pós-crítica]. Londres: Routledge & Kegan Paul.

_____. 1966. *The Tacit Dimension* [A dimensão tácita]. Garden City, Nova Iorque: Doubleday.

POLZIN, Robert M. 1977. *Biblical Structuralism: Method and Subjectivity in the Study of Ancient Texts* [Estruturalismo bíblico: método e subjetividade no estudo de textos antigos]. Filadélfia: Fortress; Missoula: Scholars Press.

PORTON, Gary G. 1986. "Diversity in Postbiblical Judaism". Em *Early Judaism and Its Modern Interpreters* [Judaísmo primitivo e seus intérpretes], ed. Robert A. Kraft e George W. E. Nickelsburg. Em *The Bible and Its Modern Interpreters* [A Bíblia e seus intérpretes modernos], ed. Douglas A. Knight, p. 57-80. Atlanta, Ga.: Scholars Press; Filadélfia: Fortress.

POWELL, Mark A. 1992. "The Plot and Subplots of Matthew's Gospel" [Enredo principal e enredos secundários no evangelho de Mateus]. *New Testament Studies* 38:187-204.

POYTHRESS, Vern S. 1978-9. "The Philosophical Roots of Phenomenological and Structuralist Literary Criticism" [Raízes filosóficas da crítica literária fenomenológica e estruturalista], *Westminster Theological Journal* 41:165-71.

PROPP, Vladimir. 1968. *The Morphology of the Folktale* [A morfologia do folclore]. Trad. L. Scott. 2 ed. Austin, Tex.: U. of Texas Press.

QUASTEN, J. 1950. *Patrology*. Vol. 1. *The Beginnings of Patristic Literature* [Os primórdios da literatura patrística]. Utrecht: Spectrum. Rad, Gerhard von. 1962. *Old Testament Theology* [Teologia do Antigo Testamento]. Trad. D. M. G. Stalker. Vol. 1. *The Theology of Israel's Historical Traditions* [Teologia das tradições históricas de Israel]. Nova Iorque: Harper & Row.

RÄISÄNEN, Heikki. 1990a. *Beyond New Testament Theology: A Story and a Programme* [Além da teologia do Novo Testamento: uma história e um programa]. Londres: SCM; Filadélfia: Trinity Press International.

_____. 1990b [1976]. *The "Messianic Secret" in Mark* [O "segredo messiânico" em Marcos]. Trad. Christopher M. Tuckett. Edimburgo: T & T Clark.

RAJAK, Tessa. 1983. *Josephus: The Historian and His Society* [Josefo: o historiador e sua sociedade]. Londres: Duckworth; Filadélfia: Fortress.

_____. 1990. "The Hasmoneans and the Uses of Hellenism" [Os asmoneus e os usos do helenismo]. Em *A Tribute to Geza Vermes: Essays on Jewish and Christian Literature and History* [Tributo a Geza Vermes: ensaios sobre história e literaturas judaica e cristã], ed. Philip R. Davies e Richard T. White, p. 261-80, *Journal for the Study of the Old Testament Supplement Series*, vol. 100. Sheffield: Sheffield Academic Press.

RAMSEY, Ian T. 1964a. *Models and Metaphors* [Modelos e metáforas]. Londres: OUP.

_____. 1964b. *Models and Mystery* [Modelos e mistério]. Londres: OUP.

RAPSKE, Brian M. 1991. "The Prisoner Paul in the Eyes of Onesimus" [Paulo, o prisioneiro, aos olhos de Onésimo]. *New Testament Studies* 37:187-203.

O NOVO TESTAMENTO E O POVO DE DEUS

REINHARTZ, A. 1989. "Rabbinic Perceptions of Simeon Bar Kosiba" [Percepções rabínicas de Simeão bar Kosiba], *Journal for the Study of Judaism* 20:171-94.

RHOADS, David M. 1976. *Israel in Revolution 6 –74 C.E. A Political History Based on the Writings of Josephus* [Israel nas revoluções de 6—74 d.C.: história política baseada nos escritos de Josefo]. Filadélfia: Fortress.

_____; MICHIE, Donald. 1982. *Mark as Story: An Introduction to the Narrative of a Gospel* [Marcos como uma história: introdução à narrativa de um evangelho]. Filadélfia: Fortress.

RICHES, John K. 1990. *The World of Jesus: First-Century Judaism in Crisis* [O mundo de Jesus: judaísmo do primeiro século em crise]. Understanding Jesus Today [Entendendo Jesus hoje]. Cambridge: CUP.

RICOEUR, Paul. 1977. *The Rule of Metaphor: Multi-Disciplinary Studies of the Creation of Meaning in Language* [A regra da metáfora: estudos multidisciplinares da criação do significado na linguagem]. Trad. Robert Czerny, Kathleen McLaughlin e John Costello. Toronto: Toronto U. P.; Londres: Routledge & Kegan Paul.

_____. 1984, 1985, 1988. *Time and Narrative* [Tempo e narrativa]. Trad. Kathleen McLaughlin e David Pellauer. 3 vols. Chicago: Chicago U. P.

RIEGEL, Stanley K. 1978. "Jewish Christianity: Definitions and Terminology" [Cristianismo judaico: definiçõees e terminologia], *New Testament Studies* 24:410-15.

RIESENFELD, Harald. 1970. *The Gospel Tradition* [A tradição do evangelho]. Filadélfia: Fortress.

RIESNER, Rainer. 1981. *Jesus als Lehrer* [Jesus como professor]. Tubinga: Mohr.

RIVKIN, Ellis. 1969–70. "Defining the Pharisees: The Tannaitic Sources" [Definindo os fariseus: fontes tanaíticas], *Hebrew Union College Annual* 40/41:205-49.

_____. 1978. *A Hidden Revolution* [Uma revolução escondida]. Nashville: Abingdon.

_____. 1984. *What Crucified Jesus?* [O que crucificou Jesus?]. Nashville: Abingdon; Londres: SCM.

ROBINSON, John A. T. 1976. *Redating the New Testament* [Redatando o Novo Testamento]. Londres: SCM.

_____. 1984. *Twelve More New Testament Studies* [Mais doze estudos do Novo Testamento]. Londres: SCM.

ROFÉ, Alexander. 1988. "The Onset of Sects in Postexilic Judaism: Neglected Evidence from the Septuagint, Trito-Isaiah, Ben Sira, and Malachi" [O estabelecimento de seitas no judaísmo pós-exílico: evidências negligenciadas da Septuaginta, do Terceiro Isaías, Eclesiástico e Malaquias]. Em *The Social World of Formative Christianity and Judaism: Essays in Tribute to Howard Clark Kee* [O mundo social do cristianismo e do judaísmo formativo: ensaios em homenagem a Howard Clark Kee], ed. Jacob Neusner, Peder Borgen, Ernest S. Frerichs e Richard Horsley, p. 39-49. Filadélfia: Fortress.

674

BIBLIOGRAFIA

ROTH, C. 1962. "The Pharisees in the Jewish Revolution of 66–73" [Os fariseus na revolução judaica de 66–73], *Journal of Semitic Studies* 7:63-80.

ROWE, William. 1989. "Society After the Subject, Philosophy After the Worldview" [Sociedade atrás do sujeito, filosofia atrás da cosmovisão]. Em *Stained Glass: Worldviews and Social Science* [Vitral: cosmovisões e a ciência social], ed. Paul A. Marshall, Sander Griffioen e Richard J. Mouw, p. 156-83. Lanham, Nova Iorque.: University Press of America.

ROWLAND, Christopher C. 1982. *The Open Heaven: A Study of Apocalyptic in Judaism and Early Christianity* [Os céus abertos: estudo do apocalíptico no judaísmo e no cristianismo primitivo]. Nova Iorque: Crossroad.

_____. 1985. *Christian Origins: From Messianic Movement to Christian Religion* [Origens cristãs: do movimento messiânico à religião cristã]. Londres: SPCK; Mineápolis: Augsburg.

ROWLEY, H. H. 1946. *The Re-Discovery of the Old Testament* [A redescoberta do Antigo Testamento]. Filadélfia: Westminster.

RUDOLPH, Kurt, ed. 1975. *Gnosis und Gnostizismus* [Gnose e gnosticismo]. Wege der Forschung, vol. 162. Darmstadt: Wissenschaftliche Buchgesellschaft.

_____. 1983 [1977]. *Gnosis: The Nature and History of an Ancient Religion* [Gnose: a natureza e história de uma religião antiga]. Trad. e ed. R. McL. Wilson. Edimburgo: T & T Clark.

RUNNALS, D. R. 1983. "The King as Temple Builder" [O rei como construtor do Templo]. Em *Spirit Within Structure. Essays in Honour of George Johnston on the Occasion of His Seventieth Birthday* [Espírito em meio à estrutura: ensaios em honra a George Johnston por ocasião de seu septuagésimo aniversário], ed. E. Furcha, p. 15-37. Allison Park, Penn.: The Pickwick Press.

RUSSELL, Bertrand. 1961 [1946]. *History of Western Philosophy and Its Connection with Political and Social Circumstances from the Earliest Times to the Present Day* [História da filosofia ocidental e sua conexão com as circunstâncias políticas e sociais, da antiguidade aos dias atuais]. 2 ed. Londres: George Allen & Unwin.

_____. 1967 [1957]. *Why I Am not a Christian and Other Essays on Religious and Related Subjects* [Por que não sou cristão e outros ensaios sobre religião e assuntos correlatos]. Ed. Paul Edwards. Londres: George Allen & Unwin.

SAFRAI, S. 1976a. "Religion in Everyday Life" [Religião na vida diária]. Em *Compendia* 1.2.793-833.

_____. 1976b. "The Temple" [O Templo]. Em *Compendia* 1.2.865-907.

_____, ed. 1987. *Compendia*. Section Two. Vol. 3. *The Literature of the Sages, First Part: Oral Torah, Halakha, Mishnah, Tosefta, Talmud, External Tractates* [A literatura dos sábios, primeira parte: Torá oral, Halaká, Mishná, Tosefta, Talmude, tratados externos]. Filadélfia: Fortress; Assen, Maastricht: Van Gorcum.

_____; STERN, M., ed. 1974-6. *Compendia*. Section 1. *The Jewish People in the First Century: Historical Geography, Political History, Social, Cultural and Religious Life and Institutions* [O povo judaico no primeiro século: geografia histórica, história política e cultural, vida religiosa e instituições]. 2 vols. Filadélfia: Fortress/ Assen, Maastricht: Van Gorcum.

SALDARINI, Anthony J. 1975. "Johanan Ben Zakkai's Escape from Jerusalem: Origin and Development of a Rabbinic Story" [O escape de Johanan ben Zakkai de Jerusalém: origem e desenvolvimento de uma história rabínica], *Journal for the Study of Judaism* 6:189-204.

_____. 1988. *Pharisees, Scribes and Sadducees in Palestinian Society* [Fariseus, escribas e saduceus na sociedade palestina]. Wilmington, Del.: Michael Glazier; Edimburgo: T & T Clark.

SALMON, Edward T. 1968 [1944]. *A History of the Roman World 30 B.C.—A.D. 138* [História do mundo romano (30 a.C.—138 d.C.)]. Methuen's History of the Greek and Roman World [História Methuen dos mundos grego e romano]. Londres: Methuen.

SANDERS, E. P. 1969. *The Tendencies of the Synoptic Tradition* [Tendências da tradição sinótica]. Society for New Testament Studies Monograph Series, n.º 9. Cambridge: CUP.

_____. 1977. *Paul and Palestinian Judaism: A Comparison of Patterns of Religion* [Paulo e o judaísmo palestino: uma comparação de padrões de religião]. Londres: SCM; Filadélfia: Fortress.

_____. 1983. *Paul, the Law, and the Jewish People* [Paulo, a lei e o povo judeu]. Filadélfia: Fortress; Londres: SCM.

_____. 1985. *Jesus and Judaism* [Jesus e o judaísmo]. Londres: SCM; Filadélfia: Fortress.

_____. 1990a. *Jewish Law from Jesus to the Mishnah: Five Studies* [Lei judaica, de Jesus a *Mishná*: cinco estudos]. Londres: SCM; Filadélfia: Trinity Press International.

_____. 1990b. "Jewish Association with Gentiles and Galatians 2:11–14" [Associação de judeus com os gentios em Gálatas 2:11-14]. Em *The Conversation Continues: Studies in Paul and John in Honor of J. Louis Martyn* [O diálogo continua: estudos em Paulo e João em homenagem a J. Louis Martyn], ed. Robert T. Fortna e Beverly R. Gaventa, p. 170-88. Nashville: Abingdon.

_____. 1991a. "Defending the Indefensible" [Defendendo o indefensável], *Journal of Biblical Literature* 110:463-77.

_____. 1991b. *Paul* [Paulo]. Past Masters. Oxford: OUP.

_____. 1992. *Judaism: Practice and Belief, 63 BCE—66 CE* [Judaísmo: prática e crença (63 a.C.—66 d.C.)]. Londres: SCM; Filadélfia: Trinity Press International.

_____. 1992b. "Sin/Sinners (NT)" [Pecado/Pecadores (NT)]. Em *Anchor Bible Dictionary* [Dicionário bíblico Anchor (Âncora)], ed. D. N. Freedman, vol. 6, p. 40-7. Nova Iorque: Doubleday.

_____; DAVIES, Margaret. 1989. *Studying the Synoptic Gospels* [Estudando os evangelhos sinóticos]. Londres: SCM; Filadélfia: Trinity Press International.

SATO, Migaku. 1988. *Q und Prophetie* [Q e profecia]. Wissenschaftliche Untersuchungen zum Neuen Testament [Pesquisa científica do Novo Testamento]. Tubinga: Mohr.

SCHÄFER, Peter. 1975. "Die sogennante Synode von Jabne: Zur Trennung von Juden und Christen im ersten/zweiten Jh. n. Chr" [O suposto sínodo de Jâmnia: sobre a separação de judeus e cristãos nos séculos I e II d.C.]. *Judaica* 31:54-64, p. 116-24.

_____. 1979. "Die Flucht Johanan b. Zakkais aus Jerusalem und die Gründung des 'Lehrhauses' in Jabne" [A fuga de Johanan ben Zakkai de Jerusalém e o estabelecimento da casa do aprendizado em Janmia]. Em *ANRW* 2.19.2:43-101.

_____. 1990. "Hadrian's Policy in Judaea and the Bar Kokhba Revolt: A Reassessment" [Política de Adriano na Judeia e a revolta de Bar Kokhba: uma reavaliação]. Em *A Tribute to Geza Vermes: Essays on Jewish and Christian Literature and History* [Tributo a Geza Vermes: ensaios sobre história e literaturas judaica e cristã], ed. Philip R. Davies e Richard T. White, p. 281-303, *Journal for the Study of the Old Testament Supplement Series*, vol. 100. Sheffield: Sheffield Academic Press.

_____. 1991. "Der vorrabinische Pharisäismus" [Farisaísmo pré-rabínico]. Em *Paulus und das antike Judentum* [Paulo e o judaísmo antigo], ed. Martin Hengel e Ulrich Heckel, p. 125-72. Wissenschaftliche Untersuchungen zum Neuen Testament, vol. 58. Tubinga: Mohr.

SCHÄFERDIEK, Knut. 1991. "Christian Mission and Expansion" [Missão e expansão cristã]. Em *Early Christianity: Origins and Evolution to AD 600. In Honour of W. H. C. Frend* [Cristianismo primitivo: origens e evolução até 600 d.C. Em homenagem a W. H. C. Frend], ed. Ian Hazlett, p. 65-77. Londres: SPCK.

SCHECHTER, S. 1961 [1909]. *Aspects of Rabbinic Theology: Major Concepts of the Talmud* [Aspectos da teologia rabínica: conceitos importantes do Talmude]. Nova Iorque: Schocken Books.

SCHENKE, Hans-Martin. 1983. "The Book of Thomas (NHC II.7): A Revision of a Pseudepigraphical Epistle of Jacob the Contender" [O livro de Tomé (NHC II.7): revisão da epístola pseudoepigráfica de Jacó, o lutador]. Em *The New Testament and Gnosis: Essays in Honour of Robert McLachlan Wilson* [O Novo Testamento e a gnose: ensaios em homenagem a Robert McLachlan Wilson], ed. A. H. B. Logan e A. J. M. Wedderburn, p. 213-28. Edimburgo: T & T Clark.

SCHIFFMAN, Lawrence H. 1983. "Legislation Concerning Relations with Non-Jews in the *Zadokite Fragments* and in Tannaitic Literature" [Legislação concernente às relações com gentios nos Fragmentos Zadoquitas e na literatura tanaítica], *Révue de Qumran* 11:378-89.

_____, ed. 1989. *Archaeology and History in the Dead Sea Scrolls* [Arqueologia e história nos Manuscritos do mar Morto], *Journal for the Study of the Pseudepigrapha Supplement Series*, vol. 8. Sheffield: JSOT Press.

SCHLATTER, Adolf. 1955 [1926]. *The Church in the New Testament Period* [A igreja no período do Novo Testamento]. Trad. Paul P. Levertoff. Londres: SPCK.

_____. 1960 [1931]. *Das Evangelium des Lukas: aus seinem Quellen erklärt* [O evangelho de Lucas: explicado a partir de suas fontes]. 2 ed. Stuttgart: Calwer Verlag.

_____. 1973 [1909]. "The Theology of the New Testament and Dogmatics" [Teologia do Novo Testamento e dogmática]. Em *The Nature of New Testament Theology* [A natureza da teologia do Novo Testamento], ed. e Trad. Robert Morgan, p. 117-66. Londres: SCM.

SCHMIDT, F. 1982. "Hésiode et l'Apocalyptique: acculturation et résistance juive à l'hellénisme" [Hesíodo e o apocalíptico: aculturação e resistência ao helenísmo], *Quaderni Di Storia* 15.

SCHMIDT, Karl Ludwig. 1919. *Der Rahmen der Geschichte Jesu. Literarkritische Untersuchungen Zur Ältesten Jesus Überlieferung* [O quadro da história de Jesus: estudos críticos literários sobre tradições de Jesus mais antigas]. Berlim.

SCHMITHALS, W. 1980. "Kritik der Formkritik" [Uma crítica da crítica da forma]. *Zeitschrift für Theologie und Kirche* 77:149-85.

SCHOEDEL, William R. 1989. "The Apostolic Fathers" [Os pais da igreja]. Em *The New Testament and Its Modern Interpreters* [O Novo Testamento e seus intérpretes modernos], ed. Eldon J. Epp e George W. MacRae, p. 457-98. Atlanta, Ga.: Scholars Press.

SCHOEPS, H. J. 1961 [1959]. *Paul: The Theology of the Apostle in the Light of Jewish Religious History* [Paulo: a teologia do apóstolo à luz da história religiosa judaica]. Trad. H. Knight. Londres: Lutterworth.

SCHOLEM, Gershom. 1971. *The Messianic Idea in Judaism, and Other Essays on Jewish Spirituality* [A ideia messiânica do judaísmo e outros ensaios sobre a espiritualidade judaica]. Nova Iorque: Schocken.

SCHRAGE, Wolfgang. 1979. "Die Frage nach der Mitte und dem Kanon im Kanon des Neuen Testaments in der Neueren Diskussion" [A questão do meio e do cânone do Novo Testamento nas discussões modernas]. Em *Rechtfertigung. Festschrift für Ernst Käsemann zum 70. Geburtstag* [Justificação: *Festschrift* para o aniversário de 70 anos de Ernst Käsemann], ed. J. Friedrich, W. Pöhlmann e P. Stuhlmacher, p. 415-42. Tubinga: Mohr; Göttingen: Vandenhoek & Ruprecht.

SCHRECKENBERG, H. 1980. "Flavius Josephus und die lukanischen Schriften" [Flávio Josefo e os escritos de Lucas]. Em *Wort in der Zeit: Neutestamentliche Studien* [Palavra no tempo: estudos do Novo Testamento]. *Festgabe für Karl Heinrich Rengstorf zum 75. Geburtstag* [*Festschrift* para o aniversário de 75 anos de Karl Heinrich], eds. Wilfrid Haubeck e Michael Bachmann, p. 179-209. Leiden: Brill.

SCHULZ, Siegfried. 1985 [1964]. "Mark's Significance for the Theology of Early Christianity" [A importância de Marcos para a teologia do cristianismo primitivo]. Em *The Interpretation of Mark* [A interpretação de Marcos], ed. William R. Telford. Issues in Religion and Theology [Questões em religião e teologia], n.º 7. Filadélfia: Fortress; Londres: SPCK.

SCHÜRER, E. 1973-87. *The History of the Jewish People in the Age of Jesus Christ (175 B.C.—A.D. 135)* [A história do povo judeu na era de Jesus Cristo (175 a.C.—135 d.C.)]. Rev. e ed. G. Vermes, F. Millar, e M. Black. 3 vols. Edimburgo: T & T Clark.

SCHWARTZ, D. R. 1983. "Josephus and Nicolaus on the Pharisees" [A posição de Josefo e de Nicolau sobre os fariseus], *Journal for the Study of Judaism* 14:157-71.

_____. 1992. *Studies in the Jewish Background of Christianity* [Estudos no contexto judaico do cristianismo]. Wissenschaftliche Untersuchungen zum Neuen Testament [Pesquisa científica do Novo Testamento], vol. 60. Tubinga: Mohr.

SCHWEITZER, Albert. 1925 [1901]. *The Mystery of the Kingdom of God* [O mistério do Reino de Deus]. Trad. W. Lowrie. Londres: A & C Black.

_____. 1954 [1910]. *The Quest of the Historical Jesus: A Critical Study of Its Progress from Reimarus to Wrede* [Em busca do Jesus histórico: um estudo crítico de seu progresso — de Reimarus a Wrede]. Trad. W. B. D. Montgomery. 3 ed. Londres: A & C Black.

_____. 1968a [1967]. *The Kingdom of God and Primitive Christianity* [O reino de Deus e o cristianismo primitivo]. Ed. Ulrich Neuenschwander. Trad. L. A. Garrard. Londres: A & C Black.

_____. 1968b [1931]. *The Mysticism of Paul the Apostle* [O misticismo do apóstolo Paulo]. Trad. William Montgomery. Nova Iorque: Seabury Press.

SCOTT, James M. 1992a. *Adoption as Sons of God. An Exegetical Investigation Into the Background of* ΥΙΟΘΕΣΙΑ *in the Pauline Corpus* [Adoção como filhos de Deus: uma investigação exegética no contexto de ΥΙΟΘΕΣΙΑ no *corpus* paulino]. Wissenschaftliche Untersuchungen zum Neuen Testament [Pesquisa científica do Novo Testamento], vol. 48. Tubinga: Mohr.

_____. 1992b. "'For as Many as Are of Works of the Law Are Under a Curse' (Galatians 3.10)" [Pois todos quantos são das obras da lei estão debaixo de maldição (Gálatas 3:10)]. Em *Paul and the Scriptures of Israel* [Paulo e as Escrituras de Israel], ed. James A. Sanders e Craig A. Evans. *Journal for the Study of the New Testament Supplement Series*. Sheffield: JSOT Press.

SEELEY, D. 1992. "Jesus' Death in Q" [A morte de Jesus em "Q"]. *New Testament Studies* 38:222-34.

SEGAL, Alan F. 1977. *Two Powers in Heaven: Early Rabbinic Reports About Christianity and Gnosticism* [Dois poderes no céu: antigos registros rabínicos sobre o cristianismo e o gnosticismo]. Leiden: Brill.

_____. 1984. "'He Who Did not Spare His Own Son…' Jesus, Paul and the Akedah" ["Aquele que nem ao seu próprio filho poupou…": Jesus, Paulo e *Akedah*]. Em *From Jesus to Paul: Studies in Honour of Francis Wright Beare* [De Jesus a Paulo: estudos em honra a Francis Wright Beare], p. 169-84. Waterloo, Ontario: Wilfrid Laurier U. P.

_____. 1986. *Rebecca's Children: Judaism and Christianity in the Roman World* [Os filhos de Rebeca: judaísmo e cristianismo no mundo romano]. Cambridge, Mass.: Harvard U. P.

SEVENSTER, J. N. 1975. *The Roots of Pagan Anti-Semitism in the Ancient World* [Raízes do antissemitismo pagão no mundo antigo]. Supplements to *Novum Testamentum* [Suplementos ao *Novum Testamentum*], vol. 41. Leiden: Brill.

SHANKS, Hershel. 1979. *Judaism in Stone: The Archaeology of Ancient Synagogues* [Judaísmo registrado em pedras: a arqueologia das antigas sinagogas]. São Francisco: Harper & Row.

SHERWIN-WHITE, Adrian N. 1969 [1963]. *Roman Society and Roman Law in the New Testament* [A sociedade romana e a lei romana no Novo Testamento]. 3 ed. Oxford: OUP.

SKEHAN, Patrick W.; DI LELLA, Alexander A. 1987. *The Wisdom of Ben Sira: A New Translation with Notes* [A sabedoria de Eclesiástico: uma nova tradução com notas]. The Anchor Bible, vol. 39. Nova Iorque: Doubleday.

SLINGERLAND, Dixon. 1991. "Acts 18:1-18, the Gallio Inscription, and Absolute Pauline Chronology" [Atos 18:1-18, a inscrição de Gálio e a cronologia paulina absoluta], *Journal of Biblical Literature* 110:439-49.

SMITH, Jonathan Z. 1990. *Drudgery Divine. On the Comparison of Early Christianity and the Religions of Later Antiquity* [Labuta divina: sobre a comparação do cristianismo primitivo e as religiões da antiguidade]. Londres: School of Oriental and African Studies.

SMITH, Morton. 1971. "Zealots and Sicarii, Their Origins and Relation" [Os zelotes e os sicários: suas origens e relações], *Harvard Theological Review* 64 (January):1-19.

_____. 1977 [1956]. "Palestinian Judaism in the First Century" [Judaísmo palestino no primeiro século]. Em *Essays in Greco-Roman and Related Talmudic Literature* [Ensaios na literatura greco-romana e talmúdica], ed. H. Fischel, p. 183-97. Nova Iorque: Ktav.

_____. 1978. *Jesus the Magician* [Jesus, o mágico]. Londres: Gollancz.

SMITH, Ralph L. 1984. *Micah—Malachi* [Miqueias a Malaquias]. Word Biblical Commentary, vol. 32. Waco, Tex.: Word Books.

SORRI, Mari; GILL, Jerry H. 1989. *A Post-Modern Epistemology: Language, Truth and Body* [Uma epistemologia pós-moderna: linguagem, verdade e corpo]. Lewiston, Nova Iorque e Lampeter: Edwin Mellen Press.

SOSKICE, Janet Martin. 1985. *Metaphor and Religious Language* [Metáfora e linguagem religiosa]. Oxford: Clarendon Press.

SPARKS, H. F. D., ed. 1984. *The Apocryphal Old Testament* [Antigo Testamento apócrifo]. Oxford: Clarendon Press.

STAMBAUGH, John; BALCH, David. 1986. *The Social World of the First Christians* [O mundo social dos primeiros cristãos]. Filadélfia: Westminster; Londres: SPCK.

STANTON, Graham N. 1974. *Jesus of Nazareth in New Testament Preaching* [Jesus de Nazaré na pregação do Novo Testamento]. Society for New Testament Studies Monograph Series. Cambridge: CUP.

_____. 1975. "Form Criticism Revisited" [Uma reavaliação da crítica da forma]. Em *What About the New Testament? Essays in Honour of Christopher Evans* [E quanto ao Novo Testamento? Ensaios em homenagem a Christopher Evans], eds. Morna D. Hooker e Colin Hickling, p. 13-27. Londres: SCM.

_____. 1980. "Stephen in Lucan Perspective" [Estêvão na perspectiva de Lucas]. Em *Studia Biblica 1978*. 3 vols. *Journal for the Study of the New Testament Supplement Series*, vol. 3, p. 345-60. Sheffield: JSOT Press.

STECK, Odil H. 1967. *Israel und das gewaltsame Geschick der Propheten. Untersuchungen zur Überlieferung des deuteronomistischen Geschichtsbildes im Alten Testament, Spätjudentum und Urchristentum* [Israel e o destino violento dos profetas: investigações sobre a transmissão da visão deuteronomista da história no Antigo Testamento, no judaísmo tardio e no início do cristianismo]. Wissenschaftliche Monographien zum Alten und Neuen Testament [Monografias científicas do Antigo e Novo Testamentos], vol. 23. Neukirchen-Vluyn: Neukirchener Verlag.

_____. 1968. "Das Problem theologischer Strömungen in nachexilischer Zeit" [O problema das correntes teológicas no período pós-exílico], *Evangelische Theologie* 28:445-58.

_____. 1980. "Weltgeschehen und Gottesvolk im Buche Daniel" [Acontecimentos mundiais e o povo de Deus no livro de Daniel]. Em *Kirche. Festschrift für Günther Bornkamm zum 75. Geburtstag* [Igreja: *Festschrift* para o aniversário de 75 anos de Günther Bornkamm], ed. Dieter Lührmann e Georg Strecker, p. 53-78. Tubinga: Mohr.

STEMBERGER, Günter. 1977. "Die sogennante 'Synode von Jabne' und das frühe Christentum" [O suposto Sínodo de Jâmnia e o cristianismo primitivo], *Kairos* 19:14-21.

_____. 1991. *Pharisäer, Sadduzäer, Essener* [Fariseus, saduceus, essênios]. Stuttgarter Bibelstudien, vol. 144. Stuttgart: Verlag Katholisches Bibelwerk.

STENDAHL, Krister. 1962. "Biblical Theology" [Teologia bíblica]. Em *The Interpreter's Dictionary of the Bible*, vol. 1, p. 418-32. Nashville: Abingdon Press.

STERN, Menahem. 1973. "Zealots" [Zelotes]. Em *Encyclopaedia Judaica Year Book 1973*, p. 135-52. Jerusalém: Keter.

_____. 1976. "The Jews in Greek and Latin Literature" [Os judeus nas literaturas grega e latina]. Em *Compendia* 1.2.1101-59.

STIBBE, Mark W. G. 1992. *John as Storyteller: Narrative Criticism and the Fourth Gospel* [João como contador de histórias: crítica narrativa e o quarto evangelho]. Society for New Testament Studies Monograph Series, vol. 71. Cambridge: CUP.

STOLDT, Hans-Herbert. 1980 [1977]. *History and Criticism of the Marcan Hypothesis* [História e crítica da hipótese de Marcos]. Macon, GA.: Mercer U. P.

STONE, Michael E. 1984. *Compendia*. Seção Dois. Vol. 2. *Jewish Writings of the Second Temple Period: Apocrypha, Pseudepigrapha, Qumran Sectarian Writings, Philo, Josephus* [Escritos judaicos do período do segundo templo: apócrifos, pseudoepígrafes, escritos sectários de Qumran, Filo, Josefo]. Filadélfia: Fortress; Assen: Van Gorcum.

_____. 1987. "The Question of the Messiah in 4 Ezra" [A questão do Messias em 4Esdras]. Em *Judaisms and Their Messiahs at the Turn of the Christian Era*

[Judaísmos e seus Messias na virada da Era Cristã], ed. Jacob Neusner, William S. Green e Ernest Frerichs, p. 209-24. Cambridge: CUP.

_____. 1990. *Fourth Ezra: A Commentary on the Book of Fourth Ezra* [Comentário do livro de 4Esdras]. Ed. Frank Moore Cross. Hermeneia. Mineápolis: Fortress.

STOPPARD, Tom. 1967. *Rosencrantz and Guildenstern Are Dead* [Rosencrantz e Guildenstern estão mortos]. Londres: Faber & Faber.

STOWERS, Stanley K. 1986. *Letter-Writing in Greco-Roman Antiquity* [A composição de cartas na antiguidade greco-romana]. Library of Early Christianity, vol. 5. Filadélfia: Westminster; Londres: SPCK.

STRACK, H. L.; STEMBERGER, G. 1991 [1982]. *Introduction to the Talmud and Midrash* [Introdução ao Talmude e à *Midrash*]. Trad. M. N. A. Bockmuehl. Edimburgo: T & T Clark; Mineápolis: Fortress.

STRECKER, Georg, ed. 1975. *Das Problem der Theologie des neuen Testaments* [O problema da Teologia do Novo Testamento]. Wege der Forschung. Darmstadt: Wissenschaftliche Buchgesellschaft.

_____. 1983 [1966]. "The Concept of History in Matthew" [O conceito de história em Mateus]. Em *The Interpretation of Matthew* [A interpretação de Mateus], ed. Graham N. Stanton, p. 67-84. Issues in Religion and Theology [Questões em religião e teologia], n.º 3. Filadélfia: Fortress; Londres: SPCK.

_____. 1988. *The Sermon on the Mount: An Exegetical Commentary* [O Sermão do Monte: um comentário exegético]. Edimburgo: T & T Clark.

STREETER, B. H. 1930 [1924]. *The Four Gospels: A Study of Origins* [Os quatro evangelhos: um estudo das origens]. 2 ed. Londres: Macmillan.

STROBEL, A. 1961. *Untersuchungen zum Eschatologischen Verzögerungsproblem, auf Grund der spätjüdisch-urchristlichen Geschichte von Habakuk 2,* p. 2-s [Investigação sobre o problema do atraso escatológico, com base na história judaico-cristã tardia de Habacuque 2]. Supplements to *Novum Testamentum* [Suplementos ao *Novum Testamentum*]. Leiden: Brill.

STROUP, George W. 1984. *The Promise of Narrative Theology* [A promessa da teologia narrativa]. Londres: SCM.

STUHLMACHER, Peter. 1966. *Gerechtigkeit Gottes bei Paulus* [Paulo e a justiça de Deus]. Forschungen zur Religion und Literatur des Alten und Neuen Testaments [Pesquisa sobre religião e literatura do Antigo e Novo Testamentos], vol. 87. Göttingen: Vandenhoek und Ruprecht.

_____. 1977. *Historical Criticism and Theological Interpretation of Scripture: Towards a Hermeneutics of Consent* [Crítica histórica e as interpretações teológicas das escrituras: rumo à uma hermenêutica de consenso]. Trad. Roy A. Harrisville. Filadélfia: Fortress; Londres: SPCK.

SYKES, Stephen W., ed. 1991. *Sacrifice and Redemption: Durham Essays in Theology* [Sacrifício e redenção: ensaios de Durham em teologia]. Cambridge: CUP.

TALBERT, Charles H. 1977. *What is a Gospel? The Genre of the Canonical Gospels* [O que é um evangelho? O gênero dos evangelhos canônicos]. Filadélfia: Fortress; Londres: SPCK.

TALMON, Shemaryahu. 1987. "Waiting for the Messiah: The Spiritual Universe of the Qumran Covenanters" [Aguardando pelo Messias: o universo espiritual dos *covenanters* de Qumran]. Em *Judaisms and Their Messiahs at the Turn of the Christian Era* [Judaísmos e seus messias na virada da era cristã], ed. Jacob Neusner, William S. Green e Ernest S. Frerichs. Cambridge: CUP.

TANNEHILL, Robert C. 1985a [1977]. "The Disciples in Mark: The Function of a Narrative Role" [Os discípulos em Marcos: a função de um papel narrativo]. Em *The Interpretation of Mark* [A interpretação de Marcos], ed. William R. Telford. Issues in Religion and Theology [Questões em religião e teologia], n.º 7. Filadélfia: Fortress; Londres: SPCK.

_____. 1985b. "Israel in Luke-Acts: A Tragic Story" [Israel em Lucas-Atos: uma história trágica], *Journal of Biblical Literature* 104:69-85. Taylor, M. C. 1982. *Deconstructing Theology* [Desconstruindo a teologia]. American Academy of Religion/Studies in Religion, vol. 28. Nova Iorque: Crossroad.

TAYLOR, Vincent. 1933. *The Formation of the Gospel Tradition* [A formação da tradição do evangelho]. Londres: Macmillan.

TCHERIKOVER, Victor. 1961. *Hellenistic Civilization and the Jews* [A civilização helenística e os judeus]. Trad. S. Applebaum. Filadélfia e Jerusalém: The Jewish Publication Society of America, The Magnes Press, The Hebrew University.

THEISSEN, Gerd. 1978 [1977]. *Sociology of Early Palestinian Christianity* [Sociologia do cristianismo palestino primitivo]. [*The First Followers of Jesus*] [Os primeiros seguidores de Jesus]. Trad. J. Bowden. Filadélfia: Fortress; Londres: SCM.

_____. 1982. *The Social Setting of Pauline Christianity: Essays on Corinth* [O contexto social do cristianismo paulino: ensaios sobre Corinto]. Ed. e Trad. John H. Schütz. Filadélfia: Fortress.

_____. 1987 [1986]. *The Shadow of the Galilean: The Quest of the Historical Jesus in Narrative Form* [A sombra do galileu: a busca pelo Jesus histórico em forma narrativa]. Trad. John Bowden. Londres: SCM.

_____. 1991 [1989]. *The Gospels in Context: Social and Political History in the Synoptic Tradition* [Os evangelhos no contexto: história social e política na tradição sinótica]. Trad. Linda M. Maloney. Mineápolis: Fortress.

THIEMANN, Ronald. 1989 [1985]. "The Promising God: The Gospel as Narrated Promise" [O Deus que promete: o evangelho como promessa narrada]. Em *Why Narrative? Readings in Narrative Theology* [Por que narrativa? Leituras na teologia narrativa], ed. Stanley Hauerwas e L. Gregory Jones, p. 320-47. Grand Rapids, Mich.: Eerdmans.

THISELTON, A. C. 1980. *The Two Horizons: New Testament Hermeneutics and Philosophical Description with Special Reference to Heidegger, Bultmann, Gadamer and Wittgenstein* [Dois horizontes: hermenêutica e descrição filosófica do Novo Testamento, com especial referência a Heidegger, Bultmann, Gadamer e Wittgenstein]. Exeter: Paternoster.

O NOVO TESTAMENTO E O POVO DE DEUS

_____. 1992. *New Horizons in Hermeneutics: The Theory and Practice of Transforming Biblical Reading* [Novos horizontes em hermenêutica: teoria e prática da transformação da leitura bíblica]. Londres & Nova Iorque: HarperCollins.

THOMPSON, A. L. 1977. *Responsibility for Evil in the Theodicy of IV Ezra* [Responsabilidade pelo mal e a teodiceia de 4Esdras]. Society of Biblical Literature Dissertation Series, n.º 29. Missoula, MT: Scholars Press.

TILLEY, Terrence W. 1985. *Story Theology* [O ato de contar histórias]. Wilmington, Del.: Michael Glazier.

TILLYARD, E. M. W.LEWIS, C. S. 1939. *The Personal Heresy: A Controversy* [Heresia pessoal: uma controvérsia]. Londres: OUP.

TORRANCE, Thomas F. 1976. *Space, Time and Resurrection* [Espaço, tempo e ressurreição]. Edimburgo: Handsel Press.

TOULMIN, Stephen E. 1958. *The Uses of Argument* [Os usos do argumento]. Cambridge: CUP.

TUCKETT, Christopher M., ed. 1983a. *The Messianic Secret* [O segredo messiânico]. Issues in Religion and Theology [Questões em religião e teologia], n.º 1. Filadélfia: Fortress; Londres: SPCK.

_____. 1983b. *The Revival of the Griesbach Hypothesis* [O reavivamento da hipótese de Griesbach]. Society for New Testament Studies Monograph Series, vol. 44. Cambridge: CUP.

_____. 1986. *Nag Hammadi and the Gospel Tradition: Synoptic Tradition in the Nag Hammadi Library* [Nag Hammadi e a tradição do evangelho: tradição sinótica na biblioteca Nag Hammadi]. Studies of the New Testament and its World [Estudos no Novo Testamento e seu mundo]. Edimburgo: T & T Clark.

_____. 1987. *Reading the New Testament: Methods of Interpretation* [Lendo o Novo Testamento: métodos de interpretação]. Londres: SPCK.

_____. 1988. "Thomas and the Synoptics" [Tomé e os sinóticos]. *Novum Testamentum* 30:132-57.

_____. 1989. "A Cynic Q?" [Um "Q" cínico?], *Biblica* 70:349-76.

TUGWELL, Simon. 1989. *The Apostolic Fathers* [Os pais da igreja]. Em *Outstanding Christian Thinkers* [Pensadores cristãos de destaque], ed. Brian Davies. Londres: Geoffrey Chapman.

TYRRELL, George. 1963 [1909]. *Christianity at the Cross-Roads* [O cristianismo em uma encruzilhada]. Londres: George Allen & Unwin. Urbach, E. E. 1987 [1975, 1979]. *The Sages: Their Concepts and Beliefs* [Os sábios: seus conceitos e crenças]. Trad. I. Abrahams. Cambridge, MA., Londres: Harvard U. P.

VANDERKAM, James C. 1988. "Jubilees and the Priestly Messiah of Qumran" [O livro de Jubileus e o Messias sacerdotal de Qumran], *Révue de Qumran* 13:353-65.

VERMES, Geza. 1973a. *Jesus the Jew: A Historian's Reading of the Gospels* [Jesus e os judeus: leitura dos evangelhos feita por um historiador]. Londres: Collins; Filadélfia: Fortress.

_____. 1973b [1961]. *Scripture and Tradition in Judaism* [Escritura e tradição no judaísmo]. 2 ed. Studia Post-Biblica, vol. 4. Leiden: Brill.

BIBLIOGRAFIA

_____. 1977. *The Dead Sea Scrolls: Qumran in Perspective* [Os Manuscritos do mar Morto: Qumran em perspectiva]. Londres: Collins; Filadélfia: Fortress.

_____. 1987 [1962]. *The Dead Sea Scrolls in English* [Os Manuscritos do mar Morto em inglês]. 3 ed. Londres: Penguin Books.

_____. 1991. "Josephus Treatment of the Book of Daniel" [O tratamento de Josefo do livro de Daniel], *Journal of Jewish Studies* 42:149-66.

VIA, Dan O. 1965. *Old Testament Theology* [Teologia do Novo Testamento]. Trad. D. M. G. Stalker. Vol. 2. *The Theology of Israel's Prophetic Traditions* [A teologia das tradições proféticas de Israel]. Nova Iorque: Harper & Row.

_____. 1967. *The Parables, Their Literary and Existential Dimension* [Parábolas: sua dimensão literária e existencial]. Filadélfia: Fortress.

_____. 1975. *Kerygma and Comedy in the New Testament: A Structuralist Approach to Hermeneutic* [Querigma e comédia no Novo Testamento: uma abordagem estruturalista à hermenêutica]. Filadélfia: Fortress.

WACHOLDER, Ben Zion. 1983. *The Dawn of Qumran: The Sectarian Torah and the Teacher of Righteousness* [O alvorecer de Qumnran: a Torá dos sectários e seu Mestre da Justiça]. Monographs of the Hebrew Union College, n.º 2. Cincinatti: Hebrew Union College Press.

WALASKY, P. W. 1983. *And So We Came to Rome: The Political Perspective of St. Luke* ["Foi assim que chegamos a Roma": a perspectiva política de Lucas]. Society for New Testament Studies Monograph Series, vol. 49. Cambridge: CUP.

WALSH, Brian J. 1989. *Who Turned Out the Lights? The Light of the Gospel in a Post-Enlightenment Culture* [A luz do evangelho em uma cultura pós-Iluminismo]. Toronto: Institute for Christian Studies.

_____; MIDDLETON, J. Richard. 1984. *The Transforming Vision: Shaping a Christian World View* [A visão transformadora: moldando uma cosmovisão cristã]. Downers Grove, Ill.: IVP.

WANSBROUGH, Henry, ed. 1991. *Jesus and the Oral Gospel Tradition* [Jesus e a tradição oral do evangelho], *Journal for the Study of the New Testament Supplement Series*, vol. 64. Sheffield: Sheffield Academic Press.

WARNER, Martin, ed. 1990. *The Bible as Rhetoric: Studies in Biblical Persuasion and Credibility* [A Bíblia como retórica: estudos na persuasão e na credibilidade bíblicas]. Londres & Nova Iorque: Routledge.

WEBB, Robert L. 1991. *John the Baptizer and Prophet: A Socio-Historical Study* [João, batizador e profeta: um estudo sócio-histórico], *Journal for the Study of the New Testament Supplement Series*, vol. 62. Sheffield: Sheffield Academic Press.

WEDDERBURN, Alexander J. M. 1987. *Baptism and Resurrection: Studies in Pauline Theology Against Its Graeco-Roman Background* [Batismo e ressurreição: estudos na teologia paulina em seu contexto greco-romano]. Wissenschaftliche Untersuchungen zum Neuen Testament. Tubinga: Mohr.

WEEDEN, Theodore J. 1985 [1968]. "The Heresy That Necessitated Mark's Gospel" [A heresia que impulsionou o evangelho de Marcos]. Em *The Interpretation of Mark* [A interpretação de Marcos], ed. William R. Telford. Issues in Religion and Theology, n.º 7. Filadélfia: Fortress; Londres: SPCK.

WELLS, Colin. 1984. *The Roman Empire* [O Império Romano]. Fontana History of the Ancient World [História Fontana do mundo antigo]. Londres: Fontana.

WENHAM, David. 1984. *The Rediscovery of Jesus' Eschatological Discourse* [A redescoberta do discurso escatológico de Jesus]. Gospel Perspectives, vol. 4. Sheffield: JSOT Press.

WENHAM, John W. 1991. *Redating Matthew, Mark and Luke: A Fresh Assault on the Synoptic Problem* [Lendo Mateus, Marcos e Lucas: um novo ataque ao problema sinótico]. Londres: Hodder & Stoughton.

WESTERHOLM, Stephen. 1988. *Israel's Law and the Church's Faith: Paul and His Recent Interpreters* [A lei de Israel e a fé da igreja: Paulo e seus intérpretes recentes]. Grand Rapids, Mich.: Eerdmans.

WHITE, Roger. 1982. "Notes on Analogical Predication and Speaking About God" [Notas sobre predicação analógica e falar sobre Deus]. Em *The Philosophical Frontiers of Christian Theology: Essays Presented to D. M. MacKinnon* [Fronteiras filosóficas da teologia cristã: ensaios apresentados ao D. M. MacKinnon], ed. Brian Hebblethwaite e Stewart Sutherland, p. 197-226. Cambridge: CUP.

WHITTAKER, Molly. 1984. *Jews and Christians: Graeco-Roman Views* [Judeus e cristãos: perspectivas greco-romanas]. Cambridge Commentaries on Writings of the Jewish and Christian World, 200 BC to AD 200 [Comentários Cambridge dos escritos do mundo judaico e cristão, de 200 a.C. a 200 d.C.], vol. 6. Cambridge: CUP.

WILDER, Amos N. 1982. *Jesus' Parables and the War of Myths: Essays on Imagination in the Scriptures* [Parábolas de Jesus e a guerra dos mitos: ensaios sobre imaginação nas Escrituras]. Ed. James Breech. Londres, Filadélfia: SPCK, Fortress.

WILKEN, Robert L. 1971. *The Myth of Christian Beginnings* [O mito dos primórdios cristãos]. Londres: SCM.

WILSON, Bryan. 1982. *Religion in Sociological Perspective* [Religião na perspectiva social]. Londres: OUP.

WILSON, R. McL. 1968. *Gnosis and the New Testament* [Gnose e Novo Testamento]. Oxford: Basil Blackwell.

WINTER, S. B. C. 1984. "Methodological Observations on a New Interpretation of Paul's Letter to Philemon" [Observações metodológicas em uma nova interpretação da carta de Paulo a Filemom], *Union Seminary Quarterly Review* 39:203-12.

_____. 1987. "Paul's Letter to Philemon" [A carta de Paulo a Filemom], *New Testament Studies* 33:1-15.

WITTGENSTEIN, Ludwig. 1961 [1921]. *Tractatus Logico-Philosophicus*. Trad. D. F. Pears and B. F. McGuiness. Londres: Routledge & Kegan Paul.

WOLTERSTORFF, Nicholas. 1979. *Works and Worlds of Art* [Obras e mundos da arte]. Oxford: Clarendon Press.

_____. 1980. *Art in Action* [Arte em ação]. Grand Rapids, Mich.: Eerdmans.

_____. 1984 [1976]. *Reason Within the Bounds of Religion* [Razão nos limites da religião]. 2ª ed. Grand Rapids, Mich.: Eerdmans.

WREDE, William. 1971 [1901]. *The Messianic Secret* [O segredo messiânico]. Londres & Cambridge: James Clarke; Greenwood, S.C.: Attic.

WRIGHT, G. Ernest. 1962. *God Who Acts: Biblical Theology as Recital* [Deus que age: teologia bíblica como recital]. Studies in Biblical Theology. Londres: SCM.

WRIGHT, N. T. ed. 1978. *The Work of John Frith* [A obra de John Frith]. The Courtenay Library of Reformation Classics, vol. 7. Appleford: The Sutton Courtenay Press.

_____. 1986a. "'Constraints' and the Jesus of History" ["Restrições" e o Jesus da história], *Scottish Journal of Theology* 39:189-210.

_____. 1986b. *The Epistles of Paul to the Colossians and to Philemon* [As cartas de Paulo aos Colossenses e a Filemom]. Tyndale New Testament Commentaries, new series. Leicester: IVP; Grand Rapids, Mich.: Eerdmans.

_____. 1991a. *The Climax of the Covenant: Christ and the Law in Pauline Theology* [O auge da aliança: Cristo e a lei na teologia paulina]. Edimburgo: T & T Clark; Mineápolis: Fortress.

_____. 1991b. "How Can the Bible Be Authoritative?" [Como pode a Bíblia ser autoritativa?], *Vox Evangelica* 21:7-32.

———. 1991c. "One God, One Lord, One People: Incarnational Christology for a Church in a Pagan Environment" [Um Deus, um Senhor, um povo: cristologia encarnacional para uma igreja em um ambiente pagão], *Ex Auditu* 7:45-58.

_____. 1992a. *The Crown and the Fire: Meditations on the Cross and the Life of the Spirit* [A coroa e o fogo: meditações sobre a cruz e a vida do Espírito]. Londres: SPCK.

_____. 1992b. "Romans and the Theology of Paul" [Romanos e a teologia de Paulo]. Em *Society of Biblical Literature 1992 Seminar Papers*, ed. Eugene H. Lovering. Atlanta, GA: Scholars Press.

_____. 1992c. "Jesus, Quest for the Historical" [Em busca do Jesus histórico]. Em *Anchar Bible Dictionary*, ed. D. N. Freedman, vol. 3, p. 796-802. Nova Iorque: Doubleday.

YAMAUCHI, Edwin. 1973. *Pre-Christian Gnosticism: A Survey of the Proposed Evidences* [Gnosticismo pré-cristão: uma pesquisa das evidências propostas]. Londres: Tyndale Press.

YEE, Margaret M. 1987. *The Validity of Theology as an Academic Discipline: A Study in the Light of the History and Philosophy of Science and with Special Reference to Relevant Aspects of the Thought of Austin Farrer* [A validade da teologia como disciplina acadêmica: estudo à luz da história e da filosofia da ciência, com especial referência aos aspectos relevantes do pensamento de Austin Farrer]. Tese de doutorado não publicada, Oxford University.

YOUNG, Frances M. 1990. *The Art of Performance: Towards a Theology of Holy Scripture* [A arte da performance: rumo a uma teologia da Escritura Sagrada]. Londres: Darton, Longman & Todd.

_____; FORD, David F. 1987. *Meaning and Truth in 2 Corinthians* [Significado e verdade em 2Coríntios]. Biblical Foundations in Theology [Fundamentos bíblicos em teologia]. Londres: SPCK.

ÍNDICE DE FONTES ANTIGAS

1. ANTIGO TESTAMENTO

Gênesis

1	550
1-2	547
1:26-8	357, 550
1:28	353
2	357, 391, 549
2:4	502
2:19-20a	357
3	339
5:1	502
6	339
9:1	353
9:7	353
10:1	502
12	350
12:2-s.	353
12:3	353
15	350
15:16	310
16:10	353
17	350
17:2	353
17:6	353
17:8	353
22	350, 367
22:16-s.	353
25:8	440
25:12	502
25:19	502
26:3-s.	353
26:24	353
28:3	353
34	301
35:11-s.	253
41:18-28	344
41:45	300
47:27	353
48:3-s.	353
49:9	421

Êxodo

1:7	354
2:23-5	511
2:24-s.	350
6:2-8	511
6:12	402
6:30	402
12:43	315
14:19-s.	311
19	354
32:13	354

Levítico

18:24-8	310
23:42	311
26:9	354
26:41	402

Números

15:30s.	369
24:17	231
24:17-19	417

Deuteronômio

1:10-s.	354
4:25-40	351
6:4	335, 481
6:20-4	297
7:7-s.	449
7:13-s.	354
8:1	354
9:4-5	310
10:16	402
18:12	310
25:7-9	312
26:15	351
26:17-19	351
27-30	513
27-32	364
27:15-26	513
28:1-2	513
28:3-6	513
28:5-9	297
28:7-14	513
28:15-68	351
28:16-19	513
28:20-68	513
28:63	354
29	513
29:6	402
29:16-28	351
30	515, 537
30:1-10	351
30:5	354
30:6	402
30:14	513
30:15-20	513
30:6	402
31-34	514
31:3-6	515

ÍNDICE DE FONTES ANTIGAS

31:16-21	351	10	358	2:1	414
31:27	351	10:1-29	504	2:2	423
31:29	351	17:17-24	568	2:4	221
				2:8-9	400
Josué		**2Reis**		18	416
24:2-13	297	4:32-7	568	19:7-10	319
		5:15-18	623	40:6-8	311
Juízes		6:15-17	389	46	306
5:5-21	297	6:15-19	520	48	306
		6:17	344	49:15	442
Rute				50:7-15	311
4:1-12	312	**1Crônicas**		51:16-s.	311
		1-9	313	61:2-s.	415
1Samuel				66:5-s.	569
1:1-2:11	502	**2Crônicas**		69:30-s.	311
5:1-5	623	36:21-s.	240	72	504
16:13	503			73:24	442
17	503	**Esdras**		78	297
17:26	623	2	313	80:8-19	379
17:36	623	2:59-63	313	84:9	390
17:43	623	8	313	89	295
17:45-6	623	9-10	313	89:19-37	504
18:6-16	503	9:2	313	93	405
19-30	503	9:6-15	364	93:1-5	569
		9:15	364	96	405
		10	313	96:4-5	335
2Samuel				96:10	335
1:1-s.	503			97	405
1:11-16	380	**Neemias**		101	416
5:1-5	503	7	313	104	416
5:6-10	503	8:17-s.	311	105	297, 296
7:4-29	413	9:6-37	297, 361	105:1-6	296
7:10	414	9:6-38	364	105:44-s.	296
7:11	414	9:8	364	106	297, 296
7:12	414, 440	9:17	364	106:47	296
7:13	414	9:26-s.	364	106:48	296
7:14	503	9:32-s.	364	112:10	572
12:1-15	388	9:33	364	113-18	326
18:29-33	379	9:36-s.	361	118:22-s.	419
		12	313	119:25	319, 345
		13:1-3	314	119:97	319
1Reis				119:159-s.	319
3:6	413			120-34	326
4:21-34	504	**Jó**		135	297
4:25	567	19:25	530	136	297, 326
8:1-5	223			141:2	311
8:10	360	**Salmos**		145:10-13	405
8:23-6	413	2	358, 416		

O NOVO TESTAMENTO E O POVO DE DEUS

Provérbios

1-9	584
8:22-31	547

Eclesiastes 253

Isaías

1:10	236
2:2-4	358
2:2-5	354
5	85
5:1-7	8, 34
6:13	287
9	414
10:5-9	340
10:5-15	339
11	414
11:1-s.	354
11:1-5	354
11:4	354
11:9-10	358
13:10	524
13:22	610
17:2	567
26:19	429
28:16	419, 595
32:15	402
33:22	405
35:5-s.	568
36:10	623
36:16	567
36:18-20	623
37:23	623
40-55	335, 364, 370, 373
40:1-2	366
42	414, 416
42:1	358
42:6	354
42:13-16	372
45:7	339, 354
45:8	354
49:6	354, 358
51:4	354
51:9-11	380
52-53	429
52:7	405
52:7-10	405, 623
52:8	360
52:10	623
52:11-s.	524
52:13-53:12	370, 405
53	370
53:10	370
54	402
54:4-8	402
54:11-14	595
55:3	426
61	414

Jeremias

1:13	387
2:13	379
3:16	354
4:4	402
4:23-8	380, 399
6:10	402
9:23-s.	402
23:3	354
25:12	240
29:10	240
31:31	366
31:3-s.	402
31:33	402
31:34	366
31:38	366
31:40	366
32:39	402
32:40	402
33:14-18	414
51:6	524
51:26	524
51:45	524
51:46	524

Lamentações

1:18	364

Ezequiel

1	384
11:19	402
11:19-s.	402
17:1-24	379, 387
20:4-44	297
34	544
36:11	354
36:22-32	402
36:24-5	366
36:26	402
36:27	402
36:28	366
37	290
37:1-14	275, 429
38:20	373
39:29	402
40-7	354
40-8	308
40:1-48:35	595
43:1-2	361
43:4-5	361
43:7	361
44:7	402
47:7-12	354
48:35	361

Daniel

1	392
1-6	393, 609
2	388, 392, 419, 422, 496
2:1-45	405
2:4b-7:28	392
2:29	418
2:33	406
2:34-s.	418
2:35	418
2:36-8	388
2:38	393
2:40-3	418
2:41-3	406
2:44	393
2:44-s.	411
2:47	623
3:12-29	623
3:29	623
4	392
4:2-3	623
4:3	393
4:34	393

ÍNDICE DE FONTES ANTIGAS

4:34-7	623	9:11	364	**Sofonias**
5	393	9:16	364	1:3 373
5:3-4	623	9:18	364	3:14-20 402, 405
5:13-s.	393	9:24-7	417, 418	3:15 402
5:16	393	10	389	3:19-20 402
5:23	623	10-11	389	3:20 354
5:29	393	10:12-21	389	
6	393	11	389	**Zacarias**
6:23	393	11-12	406	2:6 524
6:26	393	11:31	406	3-4 295
6:26-7	623	12	430	3:10 567
7	348, 364, 390, 391,	12:1	373	6:11 414
	392, 394, 396, 397,	12:1b-3	429	7:3-s. 318
	411, 418, 419, 421,	12:3	287, 417	8 318
	422, 423, 424, 455,			8:19 318
	605, 610	**Oseias**		8:20-3 400
7:1-8	388	4:3	373	8:22-3 623
7:2-8	389	5:15-6:3	429	9-14 295
7:4	394	6:2	530	10:8 354
7:7-8	388	6:6	226	12:10 402
7:8	393	13:13	372	13:1 379
7:9	412			14:5 609, 610
7:11	357	**Joel**		14:8-19 354
7:13	391, 609, 610	2:15-32	364	
7:13-14	390, 419, 524	2:28	402	**Malaquias**
7:14	357, 394			2:15 313
7:17	388	**Amós**		3:1 610
7:17-18	357	3:6	339	
7:18	421	4:13	340	**2. APÓCRIFOS**
7:19-26	388	5:8-s.	340	**Baruque**
7:21	424	7:7-9	387	1:15 364
7:21-2	389	9:5-s.	340	2:9 364
7:22	424	9:11	414, 426	3:6-8 362
7:23-7	357			3:9-5:9 364
7:25	406	**Miqueias**		4:1-s. 595
7:27	396	4:1-3	400	4:3-s. 314
8-9	419	4:1-4	358	5:2 364
8-12	396	4:1-5	354	5:4 364
8:21	406	4:4	401, 567	5:9 364
9	363, 418, 419	4:13	415	
9:2	240			**Bel e o Dragão**
9:4	364	**Habacuque**		4-5 623
9:3-19	364	2:3	328	24-5 623
9:7	364	2:4	447	
9:8	364			**Eclesiástico**
9:9	364	**Ageu**	307	5:4 364
				16:22 364

O NOVO TESTAMENTO E O POVO DE DEUS

17:17	352	7:95	438	**2Macabeus**	
18:2	364	7:97	438	1:2-6	351
24	548, 549, 550	7:101	438	1:27-9	362
24:1-23	311	8:36	364	4:11-17	220
24:1-38	547	9:1-12	373	6:12-s.	364
24:4	311	9:11	364	6:12-16	370
24:8	548	9:26-37	311	7	301, 394, 431, 661
24:8-10	548	10:16	364	7:7-40	275
24:8-12	311	10:27	595	7:9	431
24:8-23	352	10:50-5	595	7:9-11	357
24:10	548	11	421, 423	7:14	431
24:10-12	321	11-12	419	7:21-3	431
24:23	311	11-13	421	7:23	431
28:7	352	11:36-46	420	7:28	432
38:1-34a	320	12	421	7:29	431
44-50	352, 542	12:10-35	420	7:32-3	370
44:1	296	12:34	420	7:33	431
44:1-49:16	542	13	421	7:36	351
44:1-50:21	541	13:3	421	7:36-8	431
45:23	370	13:8-13	422	7:37-8	370
45:26	364	13:29-31	373	7:38	364
48:10	370	13:32-7	422	8:14-18	351
50:1-21	297, 542	13:51-s.	421	12:6	364
50:5-7	541	14:32	364	12:43-5	431
50:23-s.	297			14:6	255
50:25-s.		**Judite**	526	14:45-s.	431
323					
		1Macabeus		**3Macabeus**	
4Esdras		1	220	2:2-20	297
3:4-36	297	1:11-15	220		
4:23-s.	360	1:14-s-s.	321	**4Macabeus**	
4:29-31	297	1:15	351	1:11	371
4:35	438	1:43	623	6:27-9	371
5:1-9	373	2:20	351	6:29	371
5:21-30	352	2:32-60	297	7:19	432
6:17-25	373	2:42	255	8-17	431
6:55	304	2:49-68	351	9:8	431
6:55-9	536	2:50-s.	351	9:31	431
7:11	536	3:8	309	10:19	431
7:17-25	364	4:4-15	506	13:12	367
7:28-s.	419	4:8-11	351	13:16-s.	431
7:29	426	4:30-3	623	15:2-s.	431
7:32	438	7:12-s.	255	16:18-s.	431
7:33-s.	373	14	574	16:23	432
7:46-56	339	14:8-15	567	17:5	432
7:50	341	14:12	401	17:18	432
				17:20-22	371

692

ÍNDICE DE FONTES ANTIGAS

Salmo de Azarias
(27) (= 4) 364

Susana
56 301

Tobias
3:2 364
3:6 439
3:10 — 439
13-14 — 364
13:7-18 — 595
13:11 — 358
14:5-7 — 362
16:6 — 358

Sabedoria de Salomão
2-5 301
3   409
3-5 442
3:1-4 — 439
3:6-8 — 440
3:7-8 — 409
4:7 439
4:16-s. — 440
4:20-5:2 — 440
5:1 440
5:15-s. — 439, 440
5:18 — 364
6:17-20 — 439
7:22 — 548
7:26 — 550
8:4 547
9:9 547
10-19 — 298, 401
10:1-4 — 298
10:1-12:27 — 297
10:5-14 — 298
10:15-11:14 — 298
11:15-15:19 — 298
12:9-s. — 364
12:15 — 364
13-14 — 218
16:1-19:22 — 298
18:22 — 352

3. PSEUDOEPÍGRAFOS

Apocalipse de Abraão
12.3-10 — 377
19 381
20 381
31.1-8 — 425

Vida de Adão e Eva
41.3 — 438
43.2-s. — 438
51.2 — 438

História de Abikar 301

Carta de Aristeu
16 — 338
139 — 315

2Baruque
4:1-6 — 595
10:5-19 — 224
14:19 — 536
15:7 — 536
17:3 — 339
19:8 — 339
21:19-s. — 364
21:24 — 536
23:4 — 339
25:2-4 — 373
27:2-13 — 373
30:1 — 438
30:2 — 438
36:1-37:1 — 378
39 392
39-40 — 423
39:2-8 — 423
39:7 — 378
40:3 — 423
44:4 — 364
48:29-s. — 364
48:31-41 — 373
50:1-4 — 438
53-74 — 510
54.15 — 339
54.19 — 339
70.2-10 — 373

72 373
73 373
78.5 — 364
78-86 — 364

1Enoque
6-19 — 339
37-71 — 391
42 548, 549
45-57 — 423
45:3 — 423
46:2-8 — 591
48.1-10 — 423
48.2-s. — 348
48.10 — 423
51.1-5 — 438
52.4 — 423
58-69 — 424
61.8 — 348
62-3 — 424
62.1 — 424
62.5-9 — 424
62.14 — 424
63.3 — 364
63:11 — 424
69:27-9 — 424
69.29 — 348
71.14 — 424
85-90 — 363
90 363
90.13-19 — 373
90.33 — 438
91.10 — 438
91.12 — 373
91.12-17 — 510
93.1-10 — 510
93.9-10 — 363

Ezequiel, o Trágico
68-89 — 425

Martírio de Isaías
2:4 343
3:10 — 236
4:2 343

Testamento de Jó

4.11	364
37:5	364
43:13	364

José e Azenate

1.3	300

Jubileus

1.5	317
1.6	364
4:15	339
4.22	339
5.1-7	339
5.11-16	364
6.11	317
6.17	317
14.19-s.	351
15.1-24	317
15.1-34	351
15.30-2	351
15.33-s.	321
15.34	351
17.15-18.19	367
21.4	364
22.15-19	351
22.23	351
23.22-4	373
23.31	434
30.7	315
30.14-17	315
30.18	245
31.20	364
31.25	364
36.6	298

Apocalipse de Moisés: cf.
Vida de Adão e Eva 438

Assunção de Moisés: cf.
Testamento de Moisés 236

Testamento (Assunção) de Moisés

1.12-s.	536
4.5	352, 364

5.1-6	236
6.2-6	237
8.3	220
9	370
10.1-10	407
10.5	380
10:7	364

Pseudo-Filo

9.5	315
32.1-4	367
40.2-3	367
51.6	299

Oráculos Sibilinos

3.500-800	384
3.663-97	359
3.704	364
3.710-95	358
3.795-807	373

Salmos de Salomão

2:10-15	364
2:25-31	222, 609
3:11-s. (14s.)	436
8:7-s.	364
8:23-s.	364
9	364
9:2-4	364
14:10	437
15:3	437
17-18	400
17:21-4	359
17:21-32	416
18:5-9	416

Testamento de Abraão

10	364
20.14	441

Testamento dos Doze
Patriarcas
Testamento de Benjamim

10.2-9	438

Testamento de Dã	314
6.10	314, 566

Testamento de Judá

9.2-s.	245
22.2	364
25.1-5	438

Testamento de Levi

6.3	245

4. QUMRAN

Documento de Damasco
(CD)

1.3-11	361
1.7-10	363
1.18	251
2.4-s.	364
2.14-6.11	297
2.17-21	339
3.19-s.	356
5.6-7	282
6.11	284
6.19	351
7.16-s.	426
12.6-11	325
20.20	365

Regra da Comunidade
(1QS)

1.16-2.25	402
3:13-4:26	580
3.18-4.26	346
4.15-s.	346
4.22-s.	356
5.5	402
8.5-11	282
9.11	581
9.23	581
10.25-s.	365
11.2-3	448
11.5	448
11.5-7	580
11.9-s.	345
11.11-12	448
11.12-15	365
11.21-s.	345

ÍNDICE DE FONTES ANTIGAS

1QSa	
2.3-10	356
2.11-21	414
1QSb	
5.23-9	415
5.29	421
1QH	
2.15	245, 251
2.32	251
3.6-18	372
3.8-10	372
5.11-s.	402
6.25-9	282
6.34	434
7.6-s.	402
9.32	402
12.12	402
14.13	402
16.7	402
16.12	402
17.14-s.	356
17.26	402
1QLitPr	
2.3-6	356
1QM	
1.9-s.	415
1.9-12	372
2.10-14	359
6.4-6	408
12.7	409
1Q34bis	
2.5-7	402
4QDibHam	
5	402
4Q174 (= 4QFlor)	
1.10-13	414
1.18-s.	414
4QMMT	251

1QpHab	372
1.12-s.	569
2.1-10	569
2.11-5.569	
5.9-12	569
8.3-10.5	569
11.3-12.10	402
7.9-14	328
8.1-3	371, 447
11.13	402
4QpNah	
1.6-s.	251
1.6-9	388
2.2 251	
2.4 251	
4QpPs37	
3.1-s.	356
5. JOSEFO	
Vida	
10-12	252
12	251
14	323
62-s.	270
74-6	265
104-11	309
110	495
112-s.	321
189-98	265
196-s.	270
197	266
276-9	305
290	193, 318
Contra Ápio	
1.1-18	502
1.293	108
1.34	239
1.51	498
1.53	108
2.82	218
2.108	287
2.148	218
2.210	315, 324
2.218	275, 433

2.232-5	483
2.236	210
2.277	322
Guerras Judaicas	
1.17	502
1.31-40	220
1.88	240
1.88-s.	188
1.97	251
1.110	251
1.112	258
1.133-54	222
1.208-15	237
1.567-72	263
1.571-3	263
1.648	255
1.648-50	447
1.648-55	238, 629
1.650	435
1.653	435
2.1-13	239
2.39-50	239
2.55	239
2.56	239
2.57-98	239
2.60-5	239
2.66-79	239
2.80-100	239
2.111-13	240
2.118	240, 249, 255, 263
2.119-61	279
2.128	284
2.154-8	434
2.155	434
2.162-3	251, 275
2.163	433
2.164-s.	275
2.165	433
2.166	246, 288
2.169-74	241
2.175-7	241
2.203	242
2.224-7	242
2.228-31	242
2.232-46	243

2.253	243	5.412	496
2.254	243	6.94	224
2.258-9	265	6.125-s.	315
2.258-60	243	6.236-66	498
2.261-3	243	6.260	218
2.264-5	243	6.288-300	338
2.266-70	243	6.289	373
2.271	243	6.299	373
2.293	244	6.299-s.	417
2.390	496	6.312-s.	411
2.403	244	6.312-15	406, 417, 498
2.427-9	235	6.324	498
2.433	403	6.364	373
2.433-48	447	7.25-36	245
2.433-49	244	7.118	244
2.443	403	7.153-4	245
2.444	246	7.253-s.	248
2.451	266	7.262	248
2.564	246	7.263-4	244
2.567	283	7.323	403
2.590-632	244	7.324	248
2.651	246	7.343-8	435
3	433	7.349-s.	435
3.11	283	7.401	224
3.19	283	7.438	235
3.351-4	364		
3.374	275, 432	*Antiguidades*	
3.399-408	406, 496	1.222-36	367
3.536	218	3.86-s.	297
4.98-577	244	4.43-5	297
4.130-61	248	10	418
4.151-61	403	10.186-281	419
4.159	265	10.203-10	405
4.198	237	10.206-9	418, 498
4.208-23	248	10.208	388
4.225	246	10.210	411
5-6	245	10.263	419
5.97	498	10.263-s.	498
5.145	283, 307	10.266-8	357, 406
5.193-s.	315	10.267	240, 418
5.319	498	10.267-s.	391
5.360-s.	498	10.276	419
5.362-74	496	10.276-7	406
5.376-8	496	10.276-80	334
5.379-419	297	11.1	240
5.411-s.	334	11.153	314

11.337	406		
12.241	220		
12.246-331	220		
12.265	221		
12.271	246		
12.286	309		
12.322	406		
13.171-2	279		
13.172	251, 275, 283		
13.173	289		
13.245	315		
13.245-7	324		
13.247	260		
13.288-92	403		
13.288-98	260		
13.297	251		
13.298	251, 290		
13.299	260		
13.372	253		
13.372-s.	260		
13.380	251		
13.416	258		
14.37-79	222		
14.69-73	218		
14.158-60	237		
14.172-s.	260		
14.172-6	237, 262		
14.176	260		
14.213-16	215		
14.241-61	215		
14.420-30	237		
14.470-91	223		
15.3	260		
15.4	262		
15.23-41	288		
15.50-6	288		
15.363-s.	213		
15.370	262		
15.371-9	283		
15.380-7	223, 412		
15.380-425	307		
15.421-3	223		
17.41	262		
17.41-4	262		
17.41-5	263		
17.42	270		

ÍNDICE DE FONTES ANTIGAS

17.149	263	20.38-48	269, 321	mBikkurim	
17.149-63	403	20.97-9	242	3.2-4	317
17.149-66	238	20.102	242		
17.149-67	263	20.105-12	242	mShabbath	
17.152	255, 263	20.113-17	242	1.4	267
17.152-s.	436	20.118-36	243	7.1	369
17.155	255	20.160	237	11.6	369
17.206-18	239	20.173-7	243		
17.213-18	240	20.185-7	243	mErubin	321
17.219-49	239	20.188	243		
17.250-64	239	20.199	288	mPesahim	
17.269-s.	239	20.200-2	265	8.8	324
17.271	249	20.200-3	469		
17.271-2	239	20.201	265	mSukkah	
17.273-7	239	20.219-20	223	1.1-11	311
17.278-84	239	20.252-7	244		
17.286-98	239	20.252-8	498	mTaanith	
17.299-323	239			4.6	224
17.342-3	240	**6. FILO**			
18-20	433			mHagigah	
18.3-5	403	*De Migratione*		2.5-3.3	258
18.4-s.	263	16	441	2.7	258
18.4-10	240, 263	89-93	343	4.10	320
18.6-10	264			mYebamoth	
18.11	279	*Quem... Herdeiro*		12.1-6	312
18.12	259	276	440		
18.12-15	251	*Legatio ad Gaium*		mSotah	
18.13	275	299-306	241	9.15	373, 437
18.14	275, 434				
18.16	275, 290	*Quod Omnis*		mBaba Metzia	
18.17	251, 290	12 (75)-13 (91)	279	2.11	321
18.18	275, 283, 434	75	280		
18.18-19	282	*De Sacrificiis*		mSanhedrin	
18.18-22	281	5	440	7.8	369
18.20	280			10.1	275, 311, 437, 445,
18.23	263, 403, 465	*De Vita Contempl.*	279		447
18.23-5	240			mEduyoth	
18.24	403	*De Somniis*		5.3	253
18.55-9	215, 241	1.229	348		
18.60-2	241			mAbodah Zarah	
18.63-4	241, 470	**7. OBRAS RABÍNICAS**		1.1-3	323
18.85-9	242	***Mishná***		1.5	323
18.120-3	241	mBerakoth			
18.302-8	242	3.3	316	mAvot	
19.332-4	265	5.2	437	3.2 310	
20.5	242	7.1	323	3.5 274	

O NOVO TESTAMENTO E O POVO DE DEUS

3.6 274
4.10 320
4.22 437

mHorayoth
2.1-6 369
mZebahim
1.3 227

mBekhoroth
4.5 227
6.8 227

mKerithoth
1.2 369
2.6 369
3.2 369
6.9 321

mKelim
5.4 227

mOholoth
18.7 325

mParah
7.6 227

mTohoroth 321

mNiddah
3.7 325

mYadaim
3.5 227
4.2 227
4.7 363
4.8 269

Talmude Babilônico
bBerakoth
17a 311
32b 224, 311
61b 274

bShabbath
13b 267

bPesahim
68b 317

bYoma
19b 251

bTaanith
2a 311

bHagigah
14a 412

bSanhedrin
38b 412
97 364

bNiddah
33b 251

Talmude de Jerusalém
yShabbath
1 267
3c 267
16.8 (15d fim) 270

yTaanith
68d 272

Tosefta 675

tShabbath
1.16-20 267
13.5 624

tSukkah
3.16 253

Targumim etc.

Targum de Isaías
6:9-13 363

Targum de Jônatas
Gen. 21:21 300

Avot de Rabi Natá
4 311

Gênesis *Rabá*
14:6 339

Mekhilta em Êxodo
1.2.158 271

Midrash de Salmos
1:26 311
2:300 311

Números *Rabá*
4.8 355

8. NOVO TESTAMENTO

Mateus
1:1 510
1:1-17 510
1:18-21 511
1:21 509
1:22 515
1:23 515
2:1-12 571
2:5-s. 515
2:15 607
2:17-s. 515
2:23 515
3:9 595
5-7 512
5:3-11 512
5:17-20 509
6:9-13 560, 607
7:21-3 513
7:24-7 309
7:28 511
8:4 287
8:5 309
8:5-13 557
10:1-42 512
10:34-9 592
11:1 511
11:20-4 270
13:1-52 512
13:16 510
13:24-30 572, 573
13:31-2 573

698

ÍNDICE DE FONTES ANTIGAS

13:33	573	2:1-12	571	1:39-45	502
13:34-5	573	2:15-17	571	1:57-80	502
13:36-43	572, 573	2:16-s.	252	1:68-s.	509
13:40-3	572	2:18-22	571	2:21	557
13:52	508	2:23-8	571	3:1-2	501
13:53	511	3	571	3:8	595
14:13-27	569	3:1-6	571	3:22	503
15:10-20	509	3:6	252, 261	4:1-13	503
15:21-8	515	3:18	241	4:14-44	503
15:24	515	3:31-5	592	5:26	568
17:24-7	309	4	522	6:15	241
18:1-35	512	4:1-20	521, 522, 571	7:11-17	568
19:1	511	4:11-s.	517	7:36-s.	254, 267
19:28	515	6:4	523	9:7	438
21:41	117	6:51-s.	517	9:8	568
21:42-s.	419	7:1-s.	252	9:51-19:28	503
21:43	119	7:14-23	599	11:2-4	560, 607
22:23	275, 437	7:19	544	11:37-s.	254, 267
23 512		8:17-21	517	13:1	241
23-25	512	8:29	522	13:1-3	499
23:1-39	509	8:34-9:1	521	13:1-5	592
23:13-33	512	9:7	522	13:3	499
23:34	328	10:46-52	568	13:5	499
23:29-31	262	12:1-11	32	13:31	254
24 513		12:1-12	116, 234, 297	13:31-s.	267
24:30	609	13	119, 169, 373, 521, 573, 606	13:31-3	503
25:1-12	513			13:32-s.	568
25:11-s.	513	13:1-23	519	14:1	254
25:14-30	513	13:2	524	17:20-1	571, 578
25:31	609, 610	13:7-s.	524	18:9-14	557
25:31-46	513	13:14	517	19:11	503
25:44-s.	513	13:14-17	524	19:12	239
26:1	511	13:14-20	468	19:14	239
26:26-9	560	13:24	524	19:27	239
26:55	241	13:26	524	19:28-48	503
27:52	528	13:27	524	19:41-4	592
28:16-20	514	14	521	20:36	440
28:19	479, 590	14:22-5	560	20:38	432
28:20	467, 515, 607	14:53-64	571	20:41-4	504
		14:61	522	21:10-19	592
Marcos		15	521	21:20	520
1:1 517		15:39	522	21:24	498
1:2a	517	16:17	557	22:15-20	560
1:10-s.	522			22:30	557
1:15	523	**Lucas**		23:4	499
2	571	1:1-4	501, 502, 559, 637	23:14-s.	499
		1:5-25	502		

O NOVO TESTAMENTO E O POVO DE DEUS

23:18-25	241	10:17-s.	549	5:34	252
23:35-43	504	10:22	221	5:34-40	254
23:47	499	11:25	607	5:36	242
24	352, 497	11:49-52	549	5:37	240
24:26	495, 497, 504	11:55-19:42	544	6-7	301
24:26-s.	497	12:10-s.	437	6:1	592, 598
24:44	504	12:20-4	545	7	467
24:44-9	504	12:31-s.	607	7:2-53	297
24:47	479, 497	12:32	545	7:51	402
24:51	501	15:1-8	548	8:16	590
		16:33	607	9:1-2	261, 270
João		17:18-23	545	10:1-11:18	597
1:1-5	543	18:36	467	10:48	590
1:1-18	551	18:40	237	13:16-41	297
1:10-s.	545	19:5	550	13:50	484
1:12	551	19:31-6	544	14:19	484
1:14	547, 548	20	117, 551	15	604
1:17	543	20:17	551	15:1	588
1:29	544	20:21	479, 545	15:1-s.	588
1:36	544	20:28	551	15:5	252
1:45	544	20:30	559	15:36-40	597
2:13-25	544	20:31	470	16:7	464
2:20	223	21:24	108	16:35-9	499
3:14	544	21:25	559	17:7	479, 497
3:16	607			17:22-31	625
3:17	549	**Atos**		18:2	631
4:1-3	269	1	467	18:12-17	470
4:8	323	1:3	501	19:5	590
4:13-15	548	1:6	497	19:23-40	470
5:21	625	1:6-9	496	21:20	245
5:45-s.	544	1:7	498	21:38	243
6	569	1:8	479	22:3	245
6:4	544	1:9	609	23:6	608
6:25-71	544	1:10-s.	609	23:6-8	275
6:32	544	1:11	506	23:6-9	437
7:19	544	2:1-11	317	25:1-12	243
7:22	544	2:25-36	504	26:5	252
7:23	544	2:38	590	26:32	499
7:37-9	548	2:44-7	592	27:3	499
8	544	3	467	27:43	499
8:31-59	544	4:1-s.	437	28	497
8:39-59	625	4:11	419	28:16	497
9:28-s.	544	4:24-30	504	28:23	497
10:11	549	4:32-7	592	28:23-8	498
10:11-18	544, 607	5:1-11	592, 597	28:28	497
10:15	549	5:33-9	276, 499	28:30-1	497
				28:31	607

700

ÍNDICE DE FONTES ANTIGAS

Romanos

1	625
1:17	447
1:18-23	625
1:18-32	218, 625
2:17-s.	625
2:17-29	625
2:26-9	402
3:24-6	539
4	538
4:1	540
4:13	536
4:24-5	539
5:6-10	539
6:2-11	590
6:3-11	480
6:9-10	539
6:10	432
6:17	456
7	536
7:4	539
7:7-21	536
7:7-25	625
7:13-20	216
7:15-20	536
8	200
8:3-4	539
8:9	488
8:17-27	373
8:18-27	537, 608
8:38-s.	607
9-11	94, 297
9:1-5	592
9:14-s.	536
9:14-29	536
9:30-10:13	624
9:33	419
10:1-2	592
10:2-3	252
10:1-4	538
10:2	245, 249
10:2-3	252
10:3-4	539
10:16-17	625
11:11-s.	486
12	481

13:1-7	592
15:1-9	540
15:3	539, 540
15:7-9	539, 540

1Coríntios

1:12	216
1:18	487
3:16-s.	488
3:22-s.	607
5:9-13	592
6	481
6:19	488
7:10-12	540
7:19	594
7:26	373
8:1-4	217
8:1-6	144
8:4-6	488
8:6	481, 489
10:1-22	591
10:15-22	480
10:32-s.	592
10:18	540
11:17-34	591
11:23-6	560
12:1-3	229, 625
12:4-6	591
14:34-5	157
15	200, 537
15:1-8	488
15:3	529
15:3-s.	530
15:4	529
15:9-s.	588
15:12-28	607
15:19	193
15:20	435
15:20-8	608
15:24-8	420
16:17	610

2Coríntios

1:20	605
2:14-6:13	539
4:1-15	588

4:6	540
4:7-15	539
4:10	540
5:16	539
5:16-17	540
7:6-s.	610
10:4-5	607
10:10	610
11:24	593

Gálatas

1:13	229, 484, 593
1:13-14	229, 252
1:14	245, 249
2:11-15	588
2:15-21	535
2:19	432
2:19-21	588
3:1-4:7	538
3:11	447
3:13-14	538
3:28	455
4:1-6	591
4:1-7	625
4:3-6	538
4:8-11	625
4:23	540
4:26	595
4:29	229, 484
5:17-s.	537
6:12	484

Efésios

2:10	200
4:7-10	317

Filipenses

1:26	610
2	607
2:6-11	481, 601
2:12	610
3:1-11	535
3:2-11	535
3:4-6	252
3:5	254
3:6	245, 249

Colossenses

1:15-20	481, 607
2:15	607

1Tessalonicenses

2:2	606
2:13-16	484
2:14-16	229
4	611
4:13-15	435
5	611
5:1-11	611

2Tessalonicenses

3:6-13	592

1Timóteo

5:3-16	592

Filemom | 534

Hebreus

4:14	542
5-7	286
7:26	542
8:1	542
8:1-10:28	542
9:28	542
11	542
11:2-12:2	297
11:4-40	542
12:1-3	542
12:22	595

Tiago

2:26	332
5:10-11	297

1Pedro

1:3-5	607
2:6	419
2:13-17	592

2Pedro

3:1-13	610

1João

5:21	625

Judas | 602

Apocalipse

2:10	607
5:5	421
6:10	610
16:8	373
21	608
21:2	595
21:10-27	595
22	608

9. OUTRAS OBRAS DO CRISTIANISMO PRIMITIVO

Aristides

Apologia	475, 483
2	478
15	479, 482
17	479

Clemente de Roma

1Clemente

23:4-s.	610
46.6	591
58.2	591

Didaquê

1-6	481
7-10	480
8.2	607
9.1-5	560, 591
16	610
16.6	611

Carta de Barnabé

9	402
10.12	402
16:1-5	467

Eusébio

História Eclesiástica

2.6.6-7	241
2.23.1-25	469
2.23.4-18	469
3.5.2	469
3.5.3	468
3.17-18	472
3.18	472
3.19-20	466
4.3.3	475

Hipólito | 575

Inácio de Antioquia

Éfeso

6.1	466
9.2	488
15.3	488
18.1	487
20.2	591

Magnésia

7.2	488
8.1	229
10.1-3	229

Filadélfia

6.1	229, 466

Roma

4-8	484

Esmirna

1-4	466

Trales

9-10	466

Justino Mártir

1Apologia	475
1-5	481
1.66.3	560
4	471
5-s.	461
11	467
13	487
29	479
51	610
55	487

ÍNDICE DE FONTES ANTIGAS

61-s.	480
65-s.	480
65-7	480
2Apologia	357
4	484
11-s.	483
Diálogo com Trifo	475
2-8	478
Martírio de Policarpo	
3.2	479
8.2	462
9.1-3	461
12.2	462
13.1	462
Minúcio Félix	
Otávio	
29.6-8	487
Orígenes	
Contra Celso	
1.47	469
Comentário de Mateus	
10:17	469
Orósio	
Histórias	
7.6.15-s.	470
Pseudoclementinas	486
Sinésio	
de Insomniis	435
Tertuliano	
ad Nationes	
1.17	461
Apologia	
2.6-9	464
4.11	479
7.1-8.9	479
10-17	461
16.6-8	487

de Spectaculis	485
30	611

10. FONTES GNÓSTICAS

Diálogo do Salvador	579
Evangelho segundo Pedro	543
Evangelho segundo Tomé	
3	581
12	579
22	581
46	581
49	581
53	557
65	573
97	581
113	581
114	581

11. FONTES PAGÃS

Aristóteles	
Ética a Nicômaco	161
Livro 7	162, 536
Cícero	
De Natura Deorum	
2.38-s.	336
Dio Cássio	
História Romana	
37.15.2-16.4	222
49.22.6	223
57.18.5a	470
60.6.6-s.	470
67.13-s.	472
69.12.1-14.4	230
Diodoro Sículo	
História	
34/5.1.1-5	220
Epiteto	
Discursos	
1.9.1	565
1.12.1	337
1.12.1-3	338

1.14.10	336
1.25.18	336, 484
1.29.29	336, 483
2.6.22	484
2.15.6	336, 484
2.26.1-s.	216
2.26.1-5	536
3.4.18	536
3.13.9	214
3.13.14	336
3.22	256
4.1.147	536
Encheiridion	
27	336
Fragmentos	
3-4	336
11	566
18	216
Hecateu	
Fragmentos	
13	338
Heródoto	
Histórias	
2	618
5.23	264
Juvenal	
Sátiras	
3.62	479
14.103f.	324
Luciano	
Alexandre	
25	461
Ovídio	
Metamorfose	
7.19-s.	536
Plauto	
Trinummus	
657	536

Plínio, o Velho
História natural
5.15/73 — 279

Plínio, o Jovem
Cartas
6.16 — 462
10.96 — 462
10.97 — 464, 593

Salústio
Catiline
37.5 — 479

Sófocles
Filoctetes
440 — 264

Tráquia
235 — 435

Suetônio
Cláudio
25 — 241
25.4 — 471

Domiciano
15 — 472

Nero
16.2 — 468

Vespasiano
4 — 406, 417

Tácito
Agricola
30.6 — 214

Anais
1.1 — 129
12.54 — 243
15.44 — 468, 479

Histórias
5.1-13 — 218
5.2-4 — 218
5.5 — 324, 432
5.9 — 218, 238
5.13 — 417
13.1 — 218

ÍNDICE DE AUTORES MODERNOS

Abbagnano, N.,		63
Abrahams, I.,		270
Acton, J. D. Lord	133, 165
Alexander, L.,		501
Alexander, P.,		339
Allison, D. C.,	225, 372, 510, 511
Alon, G.,	227, 263, 268, 272, 324, 325
Alter, R.,		69, 71, 82
Appignanesi, L.,		62
Applebaum, S.,		234
Ashton, J.,	543, 544, 546
Attridge, H. W.,	210, 211, 290
Aune, D. E.,	225, 331, 377, 499, 502, 505, 556
Ayer, A. J.,		63, 64, 183
Bacon, B. W.,		386
Baird, J. A.,		531
Balch, D. L.,		474, 592
Bammel, C. P. H.,		465
Banner, M. C.,		63
Baras, Z.,		241
Barbour, I. G.,		63, 69
Barclay, J. M. G.,		42
Barker, M.,		305
Barnett, P. W.,		238
Barr, J.,		103
Barraclough, G.,		167
Barrett, C. K.,	470, 499, 539
Barth, K.,		91, 96, 158
Barthes, R.,		97, 98
Barton, J.,82, 95, 114, 212, 327

Bartsch, H.-W.,		575
Bauckham, R. J.,	339, 364, 466, 467, 481
Baumgarten, A. I.,251, 256, 263, 265, 273
Baur, F. C.,	158, 159, 454, 456, 457, 556
Beardslee, W. A.,72, 82, 94, 120
Beasley-Murray, G. R.,	410
Beckwith, R. T.,	272, 286, 417
Bellinzoni, A. J.,		575
Berger, K.,	276, 505, 553, 561
Berger, P. L.,	63, 87, 176, 179, 181
Bergonzi, B.,	92, 97, 100
Berkhof, L.,		188
Bernstein, R. J.,		65
Best, E.,		518
Betz, H.-D.,		56, 72
Beutler, J.,		543
Bilde, P.,		211
Blenkinsopp, J.,	255, 261
Boismard, M.-E.,		575
Bokser, B. M.,		224
Borg, M. J.,	156, 166, 214, 248, 250, 382
Borgen, P.,	335, 343, 348
Bornkamm, G.,		49
Boucher, M.,		571
Bousset, W.,		44
Brearley, M.,		101
Brock, S. P.,		436

Brooke, G. J.,		328, 414
Broshi, M.,		210, 305
Brown, R. E.,		474, 599
Bruce, F. F.,	165, 278, 323, 460, 598
Brueggemann, W.,		308
Buchanan, G. W.,		566
Buckert, W.,		215
Bultmann, R.,	34, 39, 43, 45, 46, 47, 48, 49, 50, 51, 53, 54, 55, 56, 57, 88, 89, 94, 130, 135, 136, 140, 141, 152, 155, 156, 168, 180, 200, 217, 339, 383, 454, 456, 457, 493, 533, 539, 540, 542, 548, 550, 553, 555, 556, 561, 562, 563, 565, 578, 588
Bunyan, J.,		385, 386
Burchard, C.,		300, 342
Burridge, R. A.,	495, 505, 516, 518, 543, 545
Bury, J. B.,		165
Butterfield, H.,		124
Caird, G. B.,		39, 73, 94, 102, 123, 124, 128, 137, 192, 317, 379, 382, 478, 557, 561, 562, 571, 601, 611, 621
Calloway, P. R.,		279
Câmara, H.,		40
Cameron, R. D.,	533, 575, 584

Campenhausen, H. von, 475

Capper, B. J., 283

Carnegy, P., 84

Carr, E. H., 124, 125, 132, 133, 148, 159, 164, 167, 169

Carson, D. A., 470

Cary, M., 483

Casey, P. M., 390, 392, 424

Catchpole, D. R., 577, 580, 583

Cave, C. H., 372, 430, 442

Chabrol, C., 115

Chadwick, H., 217, 475

Chapman, J., 651

Charles, R. H., 298

Charlesworth, J. H., 108, 206, 212, 226, 280, 281, 286, 298, 299, 300, 314, 338, 341, 342, 370, 407, 416, 419, 420, 422, 423, 424, 425, 437, 441

Chester, A., 338, 345

Chilton, B. D., 212, 367

Cohen, S. J. D., 206, 210, 213, 219, 225, 226, 229, 245, 253, 261, 262, 267, 273, 394

Collingwood, R. G., 124, 137, 160

Collins, J. J., 363, 377, 382, 387, 395, 396, 444

Conzelmann, H., 46, 340, 456, 527, 598

Cotterell, P., 82

Craig, W. L., 568

Cranfield, C. E. B., 382

Crenshaw, J. L., 355

Crites, S., 62, 69

Cross, F. M., 402

Crossan, J. D., 44, 73, 98, 100, 108, 111, 166, 237, 247, 455, 456, 457, 459, 533, 561, 567, 573, 577, 579, 580, 594

Cummins, S. A., 432

Dahl, N. A., 544

Daly, R. J., 367

Danby, H., 325

Davids, P. H., 558

Davies, M., 55, 82, 95, 98, 553, 555, 556, 565, 576, 582

Davies, P. R., 225, 255, 279, 280

Davies, W. D., 316, 457

de Jonge, M., 314

de la Mare, W., 83, 90, 110, 119, 182

Derrett, J. D. M., 229

Derrida, J., 91, 97

Descartes, R., 64

Dibelius, M., 553

Dihle, A., 505, 506

Di Lella, A. A., 297, 355

Dillistone, F. W., 51

Dimant, D., 251, 279

Dix, G., 588

Dodd, C. H., 39, 51, 141, 571

Donaldson, T. L., 246, 247, 249

Donfried, K. P., 471

Doran, R., 124

Douglas, M., 259

Downing, F. G., 158, 216, 494, 565, 580, 583, 597

Doyle, B. R., 509

Droge, A. J., 484

Drury, J., 571

Duling, D. C., 519, 527

Dummett, M., 64

Dunn, J. D. G., 39, 42, 45, 46, 225, 269, 323, 335, 350, 457, 459, 509, 550, 589, 596, 597

Eagleton, T., 179

Edwards, R. A., 509

Eichrodt, W., 335

Eliot, T. S., 84

Elton, G. R., 124, 164, 165

Epp, E. J., 18

Epstein, I., 624

Evans, C. A., 282, 307

Evans, C. F., 239, 499, 501

Falck, C., 62

Fallon, F. T., 575, 584

Farmer, W. R., 220, 221, 371, 575

Farrer, A. M., 460, 576

Fee, G. D., 157, 534

Feldman, L. H., 210, 265, 275, 433, 434

Ferguson, E., 206, 215, 216, 217, 219

Feuerbach, L., 135

Filson, F. V., 165

Finkel, A., 270

Finkelstein, L., 267, 268, 277

Fish, S., 91, 97

Fishbane, M., 212, 295, 328

Fitzmyer, J. A., 575

Flannery, A., 177

Florovsky, G., 124, 127, 137

Flusser, D., 213, 220

Ford, D. F., 81, 100, 181

Forman, W., 215

Fornara, C. W., 124, 128, 129

Foucault, M., 98, 100, 124

Fowl, S. E., 122

Fowler, R. M., 517

France, R. T., 481

Freeman, G. M., 275

Frei, H. W., 69, 71, 82

Freud, S., 93, 163

Freyne, S., 233, 269, 270, 293, 308, 309

Frost, S., 297, 542

Frye, N., 82

Fuller, R., 313

ÍNDICE DE AUTORES MODERNOS

Fuller, R. H., 46
Funk, R., 69, 101, 110
Furnish, V. P., 539
Gadamer, H.-G., 47
Gafni, I. M., 225, 226, 227, 229, 230, 250, 261, 263, 267, 269, 271
Gager, J. G., 219, 622
Galland, C., 95, 110
Garcia-Martinez, F., 280, 281
Garnsey, P., 212
Gärtner, B., 282
Gaston, L., 622
Geertz, C., 176
Georgi, D., 42, 534
Gerhardsson, B., 558
Gerhart, M., 63
Gilbert, M., 211
Gilkey, L., 32, 51, 124
Gill, J. H., 20
Ginzberg, L., 330
Glasson, T. F., 382
Goethe, J. W., 85
Golb, N., 280
Goldberg, M., 188
Goldingay, J. E., 363, 390, 392, 395
Goldstein, J. A., 213, 214, 220, 222, 363
Goodblatt, D., 260, 265, 277
Goodman, M., 16, 172, 209, 211, 214, 215, 218, 222, 224, 235, 244, 246, 247, 250, 256, 259, 262, 269, 277, 288, 290, 291, 373, 403, 404
Goppelt, L., 45, 47
Goulder, M., 158, 582
Gowan, D. E., 363
Greene, J., 63
Greimas, A. J., 95, 110, 111, 115, 182, 538
Griffioen, S., 666

Groome, T., 167
Gruenwald, I., 346, 381
Gunton, C. E., 32, 62, 368
Gutmann, J., 310
Güttgemanns, E., 559
Habermas, J., 109
Hall, S. G., 465, 475
Hanson, J. S., 210, 237, 244, 245, 247, 248, 249, 410, 411, 415, 416
Hare, D. R. A., 421
Hare, R. M., 162
Harnack, A. von, 150, 456, 486
Harper, G., 369, 447
Harrington, D. J., 298, 299
Hartt, J., 69
Harvey, A. E., 149, 166, 411, 560
Harvey, D., 62
Hauerwas, S., 69, 82
Hawking, S., 67
Hayman, P., 340, 341
Hays, R. B., 19, 108, 110, 122, 486, 536, 538
Hayward, C. T. R., 245, 264, 355, 368
Hegel, G. W. F., 158
Heidegger, M., 47
Hellholm, D., 377, 382
Hemer, C. J., 128, 470, 471, 494, 501, 505
Hengel, M., 16, 206, 213, 214, 215, 220, 224, 237, 240, 241, 243, 245, 246, 247, 248, 249, 250, 255, 265, 266, 267, 268, 271, 274, 276, 324, 403, 418, 432, 453, 457, 458, 470, 471, 479, 487, 523, 543
Hennecke, E., 486, 601
Hill, C. C., 278, 297, 458, 593

Hill, D., 556
Hirst, R. J., 65
Holmes, A. F., 135, 176
Holz, T., 297
Hommel, H., 536
Hooker, M. D., 142, 391, 518, 521, 522, 555, 559
Horbury, W., 229, 309, 412, 425
Horsley, R., 166, 210, 237, 243, 244, 245, 246, 247, 248, 249, 250, 410, 411, 415, 416, 567
Houlden, J. L., 499, 534
House, J., 87
Hubbard, B. J., 494
Hultgren, A. J., 51
Hurst, L. D., 541
Iersel, B. van, 518
Isaac, B., 230
Isaac, E., 341, 367, 424
Jacobson, D. M., 223
Jeanrond, W. G., 47
Jencks, C., 62
Jeremias, J., 45, 141, 457, 571
Jewett, R., 471
Johnson, A. M., Jr., 94
Johnston, G., 550
Jonas, H., 217
Jones, A. H. M., 223
Jones, L. G., 69, 82
Judge, E. A., 592
Juel, D., 307
Jülicher, A., 571
Jung, C., 163
Kadushin, M., 331
Kähler, M., 51
Kampen, J., 255
Kant, I., 67, 158
Käsemann, E., 39, 40, 44, 46, 50, 365, 383, 455, 456, 457, 532, 539

O NOVO TESTAMENTO E O POVO DE DEUS

Kasher, A., 218
Katz, S. T., 225, 229
Kee, H. C., 311, 314, 519
Keesmaat, S., 538
Kelber, W., 558
Kellerman, U., 431
Kelly, J. N. D., 488
Kelsey, D. H., 176
Kermode, F., 30, 49, 50, 57, 97, 517, 560, 573
Kerr, F., 64
Kimelman, R., 229, 230
Kingdon, H. P., 249
Kingsbury, J. D., 509
Kittel, G., 39
Klausner, J., 39
Klijn, A. F. J., 226, 423
Klinzing, G., 282
Kloppenborg, J. S., 577, 578, 579, 580, 581
Knibb, M. A., 363
Knox, J., 534
Koch, K., 50, 295, 382
Koester, H., 41, 133, 165, 213, 215, 216, 217, 222, 455, 456, 457, 459, 461, 465, 473, 474, 486, 500, 516, 533, 542, 543, 548, 570, 575, 577, 578, 579, 580, 584, 598
Kraft, R. A., 18, 206, 213, 219, 222
Krenkel, M., 494
Kuhn, T. S., 53, 63
Kümmel, W. G., 41, 45, 47, 454
Küng, H., 44, 96
Kysar, R., 543
Lake, K., 465
Lamport, F. J., 84
Landman, L., 410
Lane, W. L., 297, 521, 541
Lane Fox, R., 16, 215, 337, 435, 482
Lang, B., 335, 336

Lapide, P. E., 348
Lawson, H., 62
Layton, B., 217
Leaney, A. T. C., 402
Leavis, F. R., 90
Lemcio, E. E., 200, 505, 531, 543, 556
Lessing, G. E., 48
Levine, L. I., 276, 310
Lewis, C. S., 92, 93
Lewis, J. P., 134
Lightfoot, J. B., 39, 461
Lincoln, A. T., 317, 595
Lindars, B., 541
Loewe, R., 401
Logan, A. H. B., 217
Longenecker, B., 226, 350, 364
Louth, A., 32, 49, 62, 84, 95, 465
Lowe, M., 544
Lucas, J. R., 189
Luckmann, T., 63, 176, 179, 181
Lüdemann, G., 471
Lührmann, D., 575, 576, 578
Lundin, R., 98
Lutero, M., 163
Lyotard, J.-F., 62
Lyttleton, M., 215
McEleney, N. J., 331
McGrath, A. E., 150
MacIntyre, A., 32, 62, 68, 69, 70, 77, 168
McKelvey, R. J., 305
MacKinnon, D. M., 39
McLaren, J., 290
McManners, J., 193
MacMullen, R., 215, 218, 222
Macquarrie, J., 38
MacRae, G. A., 18
Maccoby, H., 39, 151, 254, 333
Mack, B. L., 44, 72, 108, 109, 138, 153,

216, 399, 455, 456
519, 520, 533, 561,
566, 568, 570, 573,
577, 597
Mackey, J. P., 46
Maddox, R., 499
Malherbe, A. J., 216, 458, 474, 592
Mann, T., 84, 85, 90, 101, 110
Marcus, R., 324, 406
Marin, L., 115
Marshall, I. H., 600
Marshall, P., 176
Martin, L. H., 215, 216, 217
Marx, K., 184, 189
Mason, S. N., 211, 250, 252, 257, 260, 263, 264, 269, 275, 277, 291
Matera, F. J., 509
Mealand, D. L., 502
Meeks, W. A., 45, 216, 458, 478, 479, 489, 592
Meier, J. P., 474
Melanchthon, P., 51
Menuhin, Y., 105
Meshorer, Y., 224
Metzger, B. M., 226, 420, 422
Meyer, B. F., 32, 39, 46, 62, 63, 76, 92, 94, 97, 100, 114, 124, 137, 146, 149, 158, 160, 166, 167, 180, 257, 402, 457, 458, 459, 473
Meyer, R., 402
Michie, D., 72, 110, 518
Middleton, J. R., 176, 177
Milbank, J., 32, 62, 69
Milik, J. T., 281
Millar, F. G. B., 212, 294
Miller, P. D., 350
Millgram, A. E., 311, 317, 318, 331, 351

ÍNDICE DE AUTORES MODERNOS

Moltmann, J., 38, 188, 348
Momigliano, A., 214
Montefiore, H. W., 39
Moore, G. F., 256, 267, 331
Moore, S. D.,
20, 82, 92, 93, 96, 97,
98, 100, 111
Morgan, R., 39, 43, 44, 45,
46, 47, 53, 55, 81, 92,
140, 149
Mørkholm, O., 220
Moule, C. F. D., 19,
39, 328, 391, 392, 396,
424, 461, 468, 469,
470, 481, 486, 505,
517, 518, 523, 527,
528, 531, 535, 539,
553, 557, 558, 560,
568, 571, 572, 574
Mulder, M. J., 212, 328
Munck, J., 457
Murphy, F. J., 274
Murphy-O'Connor, J., 280,
281
Myers, C., 517
Neill, S. C., 18,
39, 47, 152, 156, 158,
159, 166, 172, 454,
457, 533, 543, 575
Neirynck, F., 575
Neusner, J., 206, 208, 211,
226, 228, 250, 253,
254, 257, 258, 261,
263, 270, 271, 273,
275, 276, 305, 330,
331, 410, 482, 622
Newbigin, L., 32, 75, 192
Newton-Smith, W. H., 63
Nickelsburg, G. W. E.,
206, 209, 211, 212,
213, 219, 222, 298,
301, 342, 355, 387,
416, 424, 429, 430,
431, 432, 436, 439
Nietzsche, F. W., 98, 100,
124, 184

Nineham, D. E., 127, 175,
200
Nolland, J., 501
Nordling, J. G., 534
Norris, C., 100
O'Donovan, O. M. T., 19,
32, 199
O'Neill, J. G., 576
Oakman, D. E., 234
Olthuis, J. H., 176
Oppenheimer, A., 230, 293
Pannenberg, W., 38, 121,
150, 182
Passmore, J., 63
Patte, A., 115
Patte, D., 94, 110, 115
Pearson, B. A., 217, 337,
346
Perkins, P., 429
Perrin, N., 39, 134, 142,
342, 519, 527
Petersen, N. R., 94,
95, 108, 110, 181, 489,
533, 534
Pettem, M., 509, 598
Piper, R. A., 575
Pixner, B., 283
Polanyi, M., 63, 68
Polzin, R. M., 94
Porton, G. G., 250
Powell, M. A., 509, 510,
514
Poythress, V. S., 82
Priest, J., 407, 408
Propp, V., 71, 110, 114
Quasten, J., 453
Rabin, C., 298
Rad, G. von, 335, 341
Radice, B., 462
Rajak, T., 210, 213, 373,
417, 418
Ramsey, I. T., 185
Reimarus, H. S., 35, 45, 51,
140, 142, 155
Reinhartz, A., 230

Rhoads, D. M.,
72, 110, 222, 240, 245,
276, 518
Riches, J. K., 333
Ricoeur, P., 57, 68, 69, 73,
78, 102, 109, 185
Riegel, S. K., 599
Riesenfeld, H., 558
Riesner, R., 558
Rivkin, E.,
39, 251, 255, 256, 257,
258, 263, 273, 312
Robinson, J. A. T., 229,
459, 460, 472, 543,
544, 551
Robinson, J. M., 46
Rofé, A., 403
Rorty, R., 91, 97, 100
Rosenzweig, F., 622
Roth, C., 265, 267, 270
Rowe, W., 176
Rowland, C. C.,
19, 73, 206, 217, 343,
346, 372, 373, 377,
382, 457, 479
Rowley, H. H., 335
Rudolph, K., 217, 580
Runnals, D. R., 307
Russell, A., 63
Russell, B., 130, 165
Safrai, S., 211, 227, 233,
253, 255, 269, 305,
318, 367, 368
Saldarini, A. J., 211, 222,
226, 234, 250, 251,
255, 259, 276, 289
Saller, R., 212
Salmon, E. T., 212
Sanders, E. P.,
38, 39, 45, 51, 55, 82,
95, 98, 126, 146, 155,
166, 172, 206, 208,
209, 214, 215, 234,
235, 238, 250, 251,
252, 256, 257, 258,
260, 261, 262, 263,

O NOVO TESTAMENTO E O POVO DE DEUS

264, 266, 268, 269, 272, 276, 279, 282, 284, 285, 286, 287, 288, 289, 290, 291, 292, 305, 306, 308, 309, 310, 311, 312, 315, 316, 317, 321, 323, 324, 325, 331, 333, 335, 339, 340, 341, 346, 350, 352, 359, 365, 367, 368, 369, 400, 401, 403, 406, 410, 413, 437, 438, 441, 442, 443, 444, 445, 446, 553, 555, 556, 560, 565, 566, 576, 582

Sartre, J.-P., 114

Sato, M., 580

Saussure, F. de, 124

Schäfer, P., 225, 226, 230, 268, 271, 272

Schechter, S., 330, 331, 342

Schenke, H.-M., 584

Schiffman, L. H., 279, 325

Schlatter, A., 149, 175, 267, 457, 494

Schleiermacher, F. D. E., 93, 104

Schmidt, F., 214

Schmidt, K. L., 553

Schmithals, W., 517, 555, 559

Schoedel, W. R., 461

Schoeps, H. J., 151

Scholem, G., 411

Schönberg, A., 84

Schrage, W., 50

Schreckenberg, H., 494

Schulz, S., 518, 519

Schürer, E., 16, 24, 165, 166, 206, 209, 210, 211, 212, 213, 214, 215, 219, 220, 221, 222, 223, 224, 226, 227, 230, 231, 233,

239, 240, 241, 242, 243, 245, 249, 250, 251, 252, 256, 264, 281, 272, 274, 275, 279, 288, 290, 300, 307, 309, 314, 315, 317, 318, 321, 324, 326, 328, 335, 341, 342, 346, 348, 357, 359, 362, 367, 368, 370, 371, 372, 373, 387, 400, 403, 410, 416, 423, 427, 429, 430, 432, 433, 438, 441, 442, 469, 470

Schwartz, D. R., 245, 252, 260, 263, 277

Schweitzer, A., 39, 51, 150, 152, 167, 225, 372, 382, 383, 444, 454, 456, 457

Scott, J. M., 351, 363

Searle, J. R., 109

Seeley, D., 577

Segal, A. F., 344, 346, 348, 350, 367, 596

Sevenster, J. N., 218, 219

Shellard, B., 494

Sherwin-White, A. N., 30

Skehan, P. W., 297, 355

Slingerland, D., 470

Smith, J. Z., 597

Smith, M., 250, 253, 257, 260, 269, 270, 276, 277, 284

Smith, R. L., 313

Soskice, J. M., 73, 102, 185

Sparks, H. F. D., 206, 298, 314, 424, 436

Stambaugh, J., 474, 592

Stanton, G. N., 505, 509, 527, 555, 598

Steck, O. H., 363

Stemberger, G., 211, 225, 251, 260, 271, 300

Stendahl, K., 44, 49

Stern, M., 219, 233, 245, 249, 263, 266

Stibbe, M. W. G., 543

Stoldt, H.-H., 575

Stone, M. E., 19, 23, 209, 210, 211, 212, 226, 364, 381, 382, 419, 421

Stoppard, T., 170

Stowers, S. K., 56

Strack, H. L., 211, 300

Strauss, D. F., 140, 576

Strecker, G., 46, 88, 508, 517, 527

Streeter, B. H., 158, 575, 576

Strobel, A., 364

Stroup, G. W., 188

Stuhlmacher, P., 39, 46, 365

Styler, G., 575

Sykes, S. W., 368

Tabor, J. D., 484

Talbert, C. H., 505

Talmon, S., 286, 363, 414

Tannehill, R. C., 116, 506, 518

Taylor, M. C., 98

Taylor, V., 553, 566

Tcherikover, V., 213

Thackeray, H. St. J., 246, 249, 315, 417, 433, 435

Theissen, G., 45, 156, 458, 521, 558, 573, 576, 577, 579, 582, 592

Thiemann, R., 509

Thiselton, A. C., 19, 47, 62, 63, 68, 73, 78, 82, 92, 94, 95, 97, 98, 100, 101, 102, 103, 104, 109, 110, 111, 135, 136, 140, 167, 168, 561

Thompson, A. L., 364

Tilley, T. W., 188

Tillich, P., 35, 51, 176

ÍNDICE DE AUTORES MODERNOS

Tillyard, E. M. W., 92
Tolkien, J. R. R., 113, 182, 619
Torrance, T. F., 62
Toulmin, S. C., 146
Tracy, D., 104
Troeltsch, E., 143
Tuckett, C. M., 95, 575, 577, 583, 584
Tugwell, S., 461, 465, 466
Turner, M., 82
Tyrrell, G., 150
Urbach, E. E., 255, 272, 274, 338, 342, 437
vanderKam, J. C., 286
Vermes, G., 16, 24, 38, 39, 45, 212, 279, 350, 356, 357, 361, 367, 372, 408, 414, 415, 428, 434, 449
Via, D. O., 108, 111, 120
Wacholder, B. Z., 280
Walasky, P. W., 499

Walhout, C., 98
Walsh, B. J., 21, 75, 163, 176, 177
Wansbrough, H., 558
Warner, M., 82
Webb, R. L., 262
Wedderburn, A. J. M., 217, 590
Weeden, T. J., 518
Wells, C., 212
Wenham, D., 573
Westerholm, S., 323
White, R., 102
Whittaker, M., 219
Wikgren, A., 249
Wilder, A. N., 98
Wilken, R. L., 133, 158, 597
Williams, R. D., 19, 383
Wilson, B., 63
Wilson, R. McL., 217
Winter, S. B. C., 534
Wittgenstein, L., 109, 135

Wolterstorff, N., 68, 75, 109, 180, 199
Woude, A. S. van der, 280, 281
Wrede, W., 39, 43, 46, 53, 56, 57, 149, 153, 518, 619
Wright, G. E., 49
Wright, N. T., 15, 18, 21, 39, 94, 111, 122, 144, 149, 152, 156, 158, 159, 166, 172, 191, 195, 198, 278, 339, 353, 413, 454, 457, 471, 481, 489, 533, 534, 535, 536, 537, 539, 543, 575, 582, 587, 591
Wright, R. B., 416, 437
Yamauchi, E., 217
Yee, M. M., 63
Young, F. M., 31, 81, 100
Zeitlin, S., 265

ÍNDICE DE TÓPICOS SELECIONADOS

A

Abraão [importância de 339, 353, 357; "sacrifício" de Isaque, 367]

Acontecimentos: [problemas dos teólogos com, 89-90, 137-138; seu significado e importância, 137-138, 167-169; intrinsecamente públicos, 170]

Adão [recapitulação de, 355; inversão do pecado de, 339, 353, 357]

Adoração, cristã primitiva, 316

Adriano, 230, 478

"Ais messiânicos", 372, 373, 429

Alexandre, o Grande [conquistas de], 219

Aliança [judaica; importância da], 352

Analogia [princípio da], 143n

Antíoco Epifânio, 220, 221, 222, 297, 396, 430

Apiano, 226

"Apocalíptico", 376-399 [formas literárias e significado do, 376-384; sistemas metafóricos no,

380-381, 408, 561; e "mito", 561; nos Manuscritos, 284; possivelmente dualístico, 285, 340-341; contextos do, 384-388; perspectiva de Schweitzer, 382; muitos judeus do séc. I prov. não familiarizados com, 387; no cristianismo primitivo, 455, 530, 605-612; em Marcos, 519-525; em Paulo, 537-538]

Aquiba, 226, 231, 253, 272, 273, 274, 412

Aristides, 475, 478, 479, 482

Aristocracia judaica: [como oligarquia fantoche sob Herodes e Roma], 288, 404

Aristóteles, 158, 161, 162

Arquelau, filho de Herodes, o Grande: [reprime a revolta em 4 a.C, 239.; discute com Antipas sobre a sucessão, 239; judeus apelam contra, 239, 240; captura Atronges, 239; destituído por Roma, 239]

Atanásio, 158

Atronges, pretendente messiânico, 239

Atos [forma da história], 497

Autoridade: [de Jesus, 53, 151; das escrituras, 52-553, 131, 197-202, 619; criando problemas hermenêuticos, 131; narrativa e, 131; inacabada, 198-200, 619]

B

bar-Kochba [rebelião de], 227, 228, 231, 271, 272, 273, 324

Batismo, 480, 590

Bíblia [uso de: no judaísmo, 326-327; no cristianismo primitivo, 530-531; leituras pré-críticas de, 32; leituras "históricas" de, 32-34, 36; leituras "teológicas" de, 34, 37; leituras "pós-modernas" de, 34-35; "sentidos" diferentes de, 47-48]

Birkat ha-Minim, 229

C

Caio: planos de colocar uma estátua em Jerusalém, 693

ÍNDICE DE TÓPICOS SELECIONADOS

"Cânone dentro do cânone", 50

Ceia do Senhor, 479, 480, 482

Chreiai, 565, 566, 570, 571

Cícero 129

Cinismo [antigo], 577

Circuncisão [tentativas de remoção das marcas da, 220, 293; debates sobre a, 557]

Cláudio [expulsa os judeus de Roma, 470]

Clemente de Alexandria, 468

Clemente de Roma, 600, 604

Comunidades [subjacentes aos textos], 89

Conhecimento, natureza do, 61-80, 135, 136; [como forma de serviço, 79]

"*Continuum* fechado" [crença espúria em, 139; mentes fechadas, prejudiciais à erudição, 139, 382, 562]

Cosmovisão, cristã [essencialmente pública, 74-75, 192; narrativas que incorporam a, 108, 120-123; símbolos, práxis e perguntas da, 190, 477-491, 532-533; como variação da cosmovisão judaica, 602]

Cosmovisão, judaica: [essencialmente histórica, 74, 328-329; narrativas que incorporam, 108, 120-123; vista nos

escritos apocalípticos, 399]

Cosmovisões, 176-181 [quatro elementos fundamentais da, 177-178; ocidental moderna (colapso da), 53-54, 62; ocidental moderna (ancorada em), 168, 179; análise em relação à história, 69-78, 110; possibilidades de estar incorreta, 138-139; de ser mudada, 170, 180]

Credos [do cristianismo primitivo], 488

Crenças [no contexto da cosmovisão, 180-181]

"Cristianismo gentílico", 158, 600

"Cristianismo judaico", 158, 600

Crítica da forma, 89, 552-556, 564

Cruz [como símbolo cristão primitivo], 486-487

Cultura [humana, lugar em meio às cosmovisões], 178

Cumano, 242, 243

D

Dados [em hipóteses, 147-148, 154; formas astutas (porém custosas) de eliminar, 149-150, 158]

Daniel [livro de; como subversivo, 301; popular no séc. I, 357; "filho do homem" em, 390-397; interpretação do séc. I, 388-390, 391-5, 405, 417-423; usado por Lucas,496]

Davi [figura de; uso por Lucas], 502-503

Deísmo, 216, 337 [descartado no monoteísmo judaico, 337, 338]

Demitologização, 49

Desaparecimento do objeto [ameaça de], 133

Desconstrucionismo, 97, 98, 99 [subvertendo a si próprio, 97, 98 n.36; semelhanças com o pietismo, 99]

Deus: [linguagem de gênero específico em relação a, 16-17; uso da caixa baixa para, 15; formas de nos referirmos a, 15; perspectivas dos primeiros cristãos em relação a, 490; questões não respondidas sobre, 620-626]

"Dezoito bem-aven-turanças", 228, 274, 317

Dinastia asmoneu, 211, 221, 236, 281; [comprometida pelo helenismo], 211, 236

Dio Cássio, 222, 223

Documento de Damasco, 279, 281

Domiciano, 466-467, 471-473

Dualidades, 341, 345, 345, 347, 397

Dualismo: [distinto de dualidades, 340-343; versões prejudiciais em cosmovisões modernas, 54; em *1Enoque*, 548-549]

E

"Egípcio" (líder de uma revolta), 243

Eleazar ben-Jairo [neto do líder sicário Manaém], 243, 246, 435

Eleição [doutrina judaica da, 349-352; redefinição cristã da, 538]

Eliezer ben-Hircano, 224n, 227, 271, 273

Enoque, primeiro livro de: [escatologia pessoal, 549-550, 572; dualismo em, 548]

Epicurismo, 216, 389

Epiteto, 256, 336, 483, 484, 493

Era presente/ era vindoura, 341, 343, 400

Escatologia judaica: [problemas da, 359-363; essênia, 259-363; dualidade na, 340-345; não envolvendo o fim do mundo físico, 442-445; do cristianismo primitivo, 506, 530, 600, 604, 605-612; paulina, 537-538; e mito, 561; vertical e horizontal, 577]

Escritura, cf. sob Bíblia

Esdras, obra de, 313, 361

Essênios, 236, 279-287 [história, 279-282; tamanho, 279; práxis, 281-282; cosmovisão, 283-284; teologia, 284-285; escatologia, 285-286; atitude para com o Templo, 281-282]

Estoicismo, 216, 336, 435

Estruturalismo, 94-95

Estudo literário, cap. 3 passim, esp. 104-110 [seu lugar no estudo do NT, 37, 40-41, 54-56]

Estudos bíblicos [relacionamento simbiótico com a teologia], 194-197

Eurípides, 219

Eusébio, 461, 466, 469

Evangelhos: [problemas no estudo dos, 148, 505, 564-565; mistura de gêneros nos, 505-508, 517, 518-519, 525-533; intencionando história, 505-506]

Exegese alegórica, 95

Exílio [visto como um sacrifício, 370; expectativa de retorno do, 222, 326-327, 359-364, 511, 528, 537, 581]

Existencialismo, 32

Experiência religiosa [como objeto de investigação histórica], 44

Ezequias ("criminoso chefe" sob Herodes), 237, 249

F

Fariseus, 236, 250-279 [em Josefo, 88, 250-251, 256, 259, 275, 278; nos Manuscritos, 250-251; na evidência rabínica, 252; no NT, 252, 278; transmutados em rabinos?, 225-226, 252; identidade dos, 254-255; plano ideológico, 256-268; influência, 268-279; história primitiva dos, 258-261; atitude para com os asmoneus, 259-261, 277; para com os romanos, 261-269, 277; para com a revolução,

263-264, 266-269, 277; tamanho do partido, 269-271, 287; crença na ressurreição, 275; crença na providência, 275; disputas entre grupos, 277; cf. também Hilel, Shamai]

Fé [relação com a história], 140

Félix, 243

Fenomenologia, 65 [na crítica literária, 89, 134, 153]

Festas judaicas, 354, 480, 544 [cf. também festas específicas]

Festo, 243

Filo, filósofo judeu: [sobre os essênios, 279; crença na imortalidade, 440]

"Filho do Homem", interpretação da figura do, 390

Fundamentalismo, 29, 107, 144-145 [como um solipsismo corporativo religioso, 144; como um positivismo invertido, 183; medo entre acadêmicos, 152; suscetível ao dualismo, 192]

G

Galileia, 233-234

Gentios, atitudes judaicas para com, 323, 358-359, 403-404

Géssio Floro, 244, 247n

Gnosticismo, 35, 75, 109, 191, 217, 254, 337, 341, 346, 383, 386, 456

Gnósticos, textos s, 108-109, 473, 580

ÍNDICE DE TÓPICOS SELECIONADOS

Greimas, A. J. [como
pioneiro em um tipo
de análise narrativa],
110-111
Guerra dos judeus, 108,
210, 244

H

Hanukkah, instituição do,
221, 317
Hebreus, carta aos:
[equiparada ao livro de
Eclesiástico], 541-542
Hegésipo, 453, 466, 467,
469
Helenismo, 213-314, 218,
220, 222
Hermenêutica, 47, 68;
[desde Schleiermacher,
89; novas propostas,
103; da suspeita, 184]
Herodes Agripa, 242
Herodes, o Grande, 223
[reconstrói o Templo,
307-308; posiciona-se
como um novo
Salomão, 223n, 307,
411-412; uso astuto
da Cesareia Marítima,
220; casamento com a
casa real dos asmoneus,
223, 412; ascensão
ao poder, 237; pune
os responsáveis pelo
"incidente da águia",
239-240; revolta após
a sua morte, 239-240;
oposto pelos fariseus,
262-263; favorece os
essênios, 283]
Heródoto, 128 [historiador;
distingue história e
horografia, 128]
Hilel, casa de, 228,
253-254, 267-268,
270-273, 276

Hipótese e verificação,
69, 76, 79, 146-160
[exigências de uma
hipótese, 147-149;
sempre usadas, nem
sempre reconhecidas,
152-153; equilíbrio
entre e critérios para,
153-156; possibilidade
de uma hipótese ser
subestimada, 159]
História: [natureza da
cap. 4; envolve seleção,
127; relacionamento
com a teologia, 38-39,
108-109, 140n, 140;
descrições inúteis da,
128-130, 133; como
forma de conhecimento,
124-125, 131;
impossibilidade
da "mera história",
126-133; diz respeito
aos objetivos, intenções
do ser humano etc.,
141, 162-163; não uma
psicologia disfarçada,
162; necessidade da
narrativa no âmbito da,
164-167; cristianismo
comprometido com a,
499-500]
Histórias ilustrativas; *cf.*
Chreiai
Homero, 213

I

Identidade racial [como
símbolo no judaísmo],
305, 313-315
Iluminismo 18, 32, 33, 34,
35, 36, 48, 54, 62, 63,
128, 155, 173, 183,
193, 194, 195, 197
Inácio de Antioquia, 226,
229, 455, 458, 465,
474, 484

"Incidente da águia", 240
Intenção [autoral, 92-100;
na história, 160-164;
nas cosmovisões, 181]
Irineu, 486
Isaque, "sacrifício" de, 367
Israel, povo de [como a
verdadeira humanidade,
352-359]
Israel, terra de, 27, 28,
29 [como símbolo,
308-309]

J

Jâmnia [também escrito
como Jamnia, Javneh,
Yavneh etc.: sínodo
de, 225, 459, 596;
mitos modernos sobre,
225-226, 227-228;
significado factual de,
230]
Javneh *cf.* Jâmnia
Jejum, 282
Jerusalém: [significados
diferentes atrelados
à queda de, 169,
406, 459, 462, 467;
importância de, 233]
Jesus: [seu lugar em meio
à "teologia do Novo
Testamento" etc.,
46, 51-52, 149-150,
153; teologia dos
escritores do NT
sobre, 52, 528-529;
debate quanto a poder
ser descoberto ou
não, 52, 616-617;
retratos hipotéticos
de, 149-150, 156,
558-559; *cf. também*
Messias etc.]
João de Giscala, 244, 246
João, evangelista, 141,
542-551 [uso de

Gênesis, 543; de *Sab. Sal.*, 546-550]

Johanan ben-Zakkai, 226, 227

José e Azenate [recontando a história judaica], 300, 358

Josefo, historiador judeu, 210-212 [interpretação de Daniel, 417-419; conhece a diferença entre fato e ficção, 109; sobre os grupos e partidos judaicos, 235; tenta transferir a culpa para os rebeldes, 238, 247; atitude para com o farisaísmo, 250-254, 289-292; com relação aos essênios, 279; comparado com Lucas, 494-501]

Jubileus, livro dos: [como recontando a história de Israel] 351

Judaísmo, antigo: [fontes para, 210-212; problemas ao estudar o, 132, 148, 171-172, 205-210; periodização da história, 205-206n; história do, 219-231; cosmovisão do, 207, cap. 8; esperança do, cap. 10]

Judas Macabeu, façanhas de, 221

Judas, filho de Ezequias [= Judas, o Galileu?; revolta de], 240, 242

Judas, filho de Sarifeu [parcialmente responsável pelo "incidente da águia", 240]

Judas, o Galileu [revolta de], 223, 242, 244, 245, 248

"Justiça de Deus", 363, 365

Justificação [no judaísmo, 445-449, em Qumran, 448; no cristianismo primitivo, 557, 566]

Justino Mártir, 413, 453, 475, 486

L

Leitura, 86-91; [e realismo crítico, 100-104]

Linguagem, diferentes níveis de, 102

Literatura, seu lugar nas cosmovisões, 179

Lívio, historiador romano, 121, 129, 156

Lucas, evangelista, 34, 51, 93, 119, 158, 479, 492-517 [comparado com Josefo, 494-501; uso de 1Samuel, 502-506; intenções, 499]

Lucas-Atos, obra composta de, 116, 494, 498

Lúcio Albino, 469

M

Macabeus, revolta e efeitos dos, 221, 236-237, 258, 282

Manaém, líder sicário, 244, 246n, 249

Marcião, 486, 538

Marcos, evangelista, 34, 51, 72, 119, 134, 138, 153

Martírio: [judaico, 432, 447, cristão, 484, 489]

Massada, 224, 226, 244, 248, 249

Mateus, evangelista, 34, 56, 88, 119, 158, 241, 473, 474, 479, 492, 501, 508-517, 575-579, 581, 582, 595, 598

Messiânicas, expectativas [alimentadas por leituras de Daniel no séc. I, 414, 415, 425]

Messianidade, 410-427: [significado de, 14; de Jesus, 14, 130, 413-414, 537-541; nos Manuscritos, 414-415; em *Sl. Sal.*, 415-416; em Josefo, 417-418; "segredo messiânico", 153, 669]

Metáfora, 73, 102, 185 [mais fundamental do que o discurso "factual", 185; como pequena história, 192; como forma de falar verdadeiramente sobre Deus, 192; *cf. também* apocalíptico, mito]

Método "científico", 69

Mikvaot, em Massada, 266

Milagres, 139-140

Mishná, 312, 321, 323

Mito: [como necessário na teologia, 192; nos evangelhos, 561-563]

"Modernidade", modernismo 732, 55, 144, 197

Monoteísmo [judaico e de outras religiões, 334-340, 348; criacional, 336-337; providencial, 337-339; pactual, 339-340; modificações no, 345-349; redefinição no cristianismo primitivo, 480-481, 489-490; compromete o adepto à história, 563]

ÍNDICE DE TÓPICOS SELECIONADOS

N

"Narrativa" [como categoria, 18, 31, 62, cap. 3 *passim*, esp. 110-115; nas cosmovisões, 69-72, 109-110, 176-177; na literatura, 104-105; na história, 165-167; na teologia, 181-187; análise, 72-73, 110-123; e metáfora, 73; explicando histórias, 76; como história subversiva, 73, 85, 186; alcançando seu auge, 209; no judaísmo, 120-123, 294-304; forma de, 301-304; no cristianismo primitivo, 121-122, 492-551 *passim*, esp. 525-526; primeiras histórias cristãs como cumprimento da história judaica, 507-508]

Narrativas controversas, 569-571

Nero, 468-469

Neutralidade, impossibilidade de: [na epistemologia, 135; na teologia, 625]

Nicolau de Damasco, 252, 270

"Nova Crítica", 92

Novo Testamento: [objetivos no estudo do, 27-31, 617-610; abordagem histórica, 31-33, 37-38; sentido literal do, 47-48; abordagens literárias, 37-38; leituras pré-críticas, 33; formas de leitura do, 32-37]

O

Objetivação, medo da, 135

Oral, história/tradição, 558, 560; *cf. também Mishná*

Orígenes, 226, 575

P

Paganismo: [moderno, 192, antigo, 213-215; atitudes judaicas para com o, 218; Torá como cerca delimitadora contra, 234; atitudes para com o cristianismo, 461-472; atitudes cristãs para com o, 489-490]

Palavras, humanas, 192

Palestina, terra da, 17, 213, 215

Panteísmo, 32, 192, 216, 334, 336

Parábolas, 56, 73, 108, 119, 141, 200, 320, 571-573

"Parousia", 364, 537 ["atraso" da, 610]

Páscoa, 366-367, 455, 501

Pastor de Hermas, 475, 494

Paulo [retratos de, 151; teologia de, 533-541; carreira de, 534-535; uso de histórias por, 533-541; refere-se a Jesus, 540-541]

Pecado, no judaísmo, 365-374

Pentateuco, usado por Mateus, 511, 513

Pentecostes, festa de, 317

Perguntas, nas cosmovisões, 177

Perseguição [dos judeus por pagãos, 395-396; de cristãos por pagãos, 460-472; de cristãos por judeus, 594; de judeus por cristãos, 167-169]

Q

Q (documento hipotético), 583

Quadrato de Atenas, 475

Qumran, 280, 281, 282, 346, 580, 581

R

Realismo crítico [63-69 *et passim*; e a leitura, 100-104, 105-110; e a história da igreja primitiva, 134-135]

Realismo, crítico; *cf.* realismo crítico

Platão, 64, 71, 213, 335, 342

Plínio (o Jovem), 462-466

Policarpo de Esmirna, 460, 461, 462, 474, 478

Pompeu, general romano, 218, 222

Pôncio Pilatos, 224 [distúrbios durante o governo de, 241]

Positivismo, 57, 63, 64, 65, 67; [tratamento da teologia em meio ao, 65; adoção acrítica pelos teólogos, 67-68; na historiografia, 43-44, 64, 88, 98; cap. 2 *passim*]

Pós-modernismo, 18, 32, 53, 62, 66, 91, 99, 124, 144, 145, 533

"Povo da Terra", 293

Práxis [nas cosmovisões], 179

Pseudo-Filo, 298

Purificação [preocupação farisaica e rabínica com, 255, 262, 268, 282, 305, 321, 322; dos essênios, 284]

O NOVO TESTAMENTO E O POVO DE DEUS

Realismo, ingênuo, 64, 67, 86, 91, 164

Reducionismo, histórico, 134

Regra da comunidade (Qumran), 280, 281, 282, 346, 580, 581

Reino de Deus [esperança pelo, 236, 382, 403-410; não "dualístico", 409-410; no cristianismo primitivo, 497]

Relativismo, apenas relativamente verdadeiro, 187

Religião, nas cosmovisões, 178

Religio licita, condição do judaísmo sob Roma, 215n

Representação [literária e outras formas de, 388-390; em Daniel, 439]

Ressurreição [fé na, 428-443; em Josefo, 431-436; em *Sl. Sal.*, 437; em *Sab. Sal.*, 439; origem da crença na, 442; fé dos fariseus na, 275; negada pelos saduceus, 289; no cristianismo primitivo, 528-529]

Revolução, judaica, 236-250, 403-406

Roma [império de, 214; governando a Judeia, 222-224, 237-244; cristianismo em, 473]

S

"Sabedoria", 355; [identificada com a Torá, 355; seu uso em

João, 545-550; em "Q" e *Tomé*, 575-585]

Sabedoria de Salomão, história da, 298

Sacerdotes, 287-292

Sachkritik, 94n., 149n.

Sacrifício [seu significado no judaísmo, 367-374; atitude cristã para com o, 482-483]

Saduceus, 234, 289 [negam ressurreição, 289, 441]

"Salvação": [seu significado no judaísmo, 400, 445-449; no cristianismo, 530, 604]

Samuel, livros de: [uso por Lucas, 503-505

Sensus Plenior, 95, 96

Septuaginta [seu uso pelas comunidades cristãs primitivas], 229

Shakespeare [peças de, 30-31; propósito de, 89; como modelo de hermenêutica bíblica, 198, 502]

Shamai, casa de, 228, 253, 254, 263, 267

Shemá, 274, 317, 335

Sião: [restauração de, 528; peregrinação das nações a, 354, 357, 383]

Sicários, 237n, 243, 446; [diferentes dos "zelotes", 248, 249]

Significado: [na história, 142-143, 160-171, 175; reconhecido no judaísmo e no cristianismo, 176; de palavras, frases e narrativas, 167-169; de acontecimentos, 169-170]

Simão ben-Giora, 244, 247

Simão, pretenso messias, 239

Símbolos, 74; nas cosmovisões, 177; judaicos, 304-316; cristãos, 485-489

"Simples acontecimento": [a não existência de algo como um], 102, 175

Simplicidade [critério de, 148-149, 157; na história, 157-158, 159]

"Sobrenatural" e "racional", divisões espúrias entre, 30, 36, 144, 145

Sófocles, 435

Solipsismo: [resultado da fenomenologia extrema, 66; fundamentalismo como forma corporativa de, 134]

Suetônio, 24, 44, 129, 406, 468, 470-472

Suspeita, hermenêutica da, 184

Susana, história de, 301

T

Tabernáculos, festa dos, 311

Tácito, opinião dos cristãos, 468

Targumim, 300

Templo de Jerusalém, 223; [destruído pela Babilônia, 219; profanado por Antíoco Epifânio; purificado por Judas Macabeu, 221; reconstruído por Herodes, 223, 307; queda em 70 d.C., 224, 524; desejo pela reconstrução do,

ÍNDICE DE TÓPICOS SELECIONADOS

226; como símbolo, 305-307; atitudes judaicas para com o, 307; atitudes essênias para com o, 281-282; atitudes cristãs para com o, 485-486, 599; em Hebreus, 541-542]

Teologia, 174-202: [realismo crítico e, 185-186; como a cosmovisão da dimensão divina, 186-187; parte inegociável do estudo do NT, 186-187, 194-195]

"Teologia bíblica", 43

Teologia cristã [cf. Teologia, teologia cristã, história primitiva da; história da; diferentes teorias relacionadas à; problemas de estudar a; rompimento com o judaísmo; definida contra o paganismo; atitudes pagãs contra; espalhamento geográfico da; missão de; rápido crescimento da; como comunidade; variedades em meio à; comportamento; como uma comunidade contadora de histórias].

"Teologia do Novo Testamento", na discussão atual, 46-54

Teologia judaica [cf. Teologia, judaica]

Teologia, cristã: [significado da, 38-39, 187-194; resumida, 144-145,

190-191; origens da, 488-489, 602-605, 621-626; considerada como ateística pelos pagãos, 460-461; sua relação com a "história", 38-39, 47-48; nas cosmovisões, 179; integrada com símbolos, 182-183; com práxis, 183; recuando em face da teoria literária, 81]

Teologia, judaica, 121-122, 330-375 passim [problema de descrever a, 330-333; considerada ateística pelos pagãos, 218, 499-500; interação com a descrição social, 347-348; farisaica, 275-276; essênia, 284-285]

Tertuliano, 461, 464, 479, 486, 487

Teudas, 242

Tiago, morte de, 469-470

Tomé, evangelho segundo, 37, 44, 55, 98, 138, 487, 532, 543

Torá: [seu lugar no propósito divino, 302-303; como símbolo, 308-309; identificada com a Sabedoria, 265; importante como delimitadora territorial, 233; assume algumas funções do Templo, 233, 310-311, 320; sua aderência na Galileia, 233; *Torá* oral, 312; "obras da *Torá*", 322;

estudo da, 318-321; em Paulo, 536; em João, 547]

Tradições rabínicas, 254

Trajano, 461-465

Trindade, doutrina da incipiente da, 591

Tucídides, 129, 136[ciente da necessidade de honestidade intelectual, 136; como escritor de "história contemporânea", 167]

V

Varo, legado da Síria: [suprime revoltas em 4 a.C., 239; suprime o levante galileu, 239]

Verdade: [em história, 193; relação com justiça e paz, 193; provisoriedade das declarações humanas da, 193; "verdade atemporal" como pista falsa nos estudos do NT, 201]

Vespasiano, 231, 245, 338

Visão divino-panorâmica, 67, 147

Y

Yavneh [cf. Jâmnia]

Z

Zelotes, 244, 446 [debates sobre o uso adequado do termo, 245-250; distintos dos sicários, 248; intersectam com os fariseus, 262, 263]

Zoroastrismo, 217

Este livro foi impresso pela Ipsis, em 2022, para a Thomas Nelson Brasil.
O papel do miolo pólen soft 70g/m² e o da capa é couchê fosco 150g/m².